Dieses Buch erscheint mit Unterstützung
des Bundesverbandes der Deutschen Musikinstrumentenhersteller
aus Anlaß seines 25jährigen Bestehens 1987

Umschlaggestaltung: Karl-Heinz Lingner, Celle
Satz: Moeck Verlag + Musikinstrumentenwerk, Celle
Werkstättenfotos: Rolf G. R. Harms, Hannover
Repro, Farbe: ReproDukt GmbH, Langenhagen / Hannover
Repro, S / W: Moeck Verlag + Musikinstrumentenwerk, Cellesche Zeitung, Celle
Druck: Münstermann Druck KG, Hannover
Buchbinderische Verarbeitung: A. Rödiger, Langenhagen / Hannover

Ed. Moeck Nr. 4039 · ISBN 3-87549-030-4

FÜNF JAHRHUNDERTE DEUTSCHER MUSIKINSTRUMENTENBAU

Herausgegeben von Hermann Moeck

Hermann Moeck

EINLEITUNG

Der Ursprung ist immer gegenwärtig. Und die Gegenwart ist nicht das bloße Jetzt, das Heute oder der Augenblick. Sie ist nicht ein Zeitteil, sondern eine ganzheitliche Leistung und damit immer ursprünglich. Wer es vermag, Ursprung und Gegenwart als Ganzheit zu Wirkung und Wirklichkeit zu bringen, sie zu konkretisieren, der überwindet Anfang und Ende der Zeit.

(Jan Gebser: Ursprung und Gegenwart, Stuttgart 1949)

ZUR ENTWICKLUNG DES INSTRUMENTARIUMS VOM MITTELALTER ZUR GEGENWART

Die Welt der Töne, die wir als Musik verstehen, ist eine nuancenreiche Palette, mit der sich in ihr eigener Weise ausdrücken läßt, was Menschen bis in die irrationalen Tiefen des Daseins zwischen Meditation und Unruhe, manchmal bis zur Ekstase, bewegt: Glück - Angst, Trauer - Freude, Leid - Lust, Resignation - Protest, Selbsttäuschung - Sehnsucht, Verzweiflung - Trost, Wagnis - Befriedigung;[1] und ... ohne Musikinstrumente – das rein Vokale ist mehr die Ausnahme – ist Musik nicht möglich, sie waren von Anfang an dabei.

Bei den Naturvölkern war die Herstellung von Musikinstrumenten oft mit bestimmten Riten und Regeln verbunden. Den speziellen Beruf des Musikinstrumentenmachers gab es aber meist erst dann, wenn besondere akustische Kenntnisse und handwerkliche, auch kunsthandwerkliche Fertigkeiten gefordert wurden (Musikinstrumente dienen auch der Repräsentation). Zunächst waren es meist handwerklich besonders begabte Spieler, die aus dem Instrumentenbau eine Nebentätigkeit machten. Ein Musterbeispiel dafür sind die berühmten Hotteterres, Holzbläser und Instrumentenmacher am Hofe Ludwigs XIV. Sie entstammen einer Dudelsackspieler- und Drechslerfamilie aus dem Poitou. In diesem Zusammenhang sind unter vielen anderen auch der Erfinder der Klarinette, Jacob Denner in Nürnberg und – einige Generationen später – Theobald Boehm in München, sowohl Virtuose wie – als gelernter Mechaniker – auch Flötenbauer, zu nennen. Die Personalunion von Spieler und Instrumentenbauer, die heute insbesondere auf dem Gebiet der historischen Instrumente etliche junge Musiker erstreben, ist allgemeiner in Resten noch erhalten bei den Rohrbläsern, die sich, solange man zurückdenken kann, ihre Rohre selber machen.

Musikinstrumentenbau hat immer etwas Geheimnisvolles an sich gehabt. Neben aller Wissenschaft spielten Erfahrung und Intuition die größte Rolle; das gilt auch heute noch, wo die physikalisch-akustischen Grundfragen weitgehend geklärt sind. Hinsichtlich der Feinheiten der Intonation und des Klanges hat fast jeder Hersteller nach wie vor seine eigenen Erfahrungen, die er nur ungenügend begründen kann. Erst neuerdings kommt die akustische Forschung hier einen Schritt weiter.[2] – Bis ins 18. Jahrhundert schrieb man den Musikinstrumenten überirdische Herkunft zu. Und es wurden entweder antike Götter oder biblische Erzväter für deren Erfinder gehalten.[3] So verband man die Erfindung der Harfe mit David, die anderer Saiteninstrumente mit Hermes, Apollo oder Orpheus und die der Holzblasinstrumente u.a. mit Pan oder Jubal.[4]

Von den kunstreichen (z.T. mit Mechanismen in Feinwerktechnik) Holz-, Blechblas- und Saiteninstrumenten wie auch den Orgeln der Antike wissen wir, daß sie in speziellen Werkstätten gefertigt worden sind. Ob dieses Gewerbe handwerklich organisiert war oder mehr als freie Kunst betrieben wurde – eine unterschiedliche Bewertung, die die Musikinstrumentenbauer bis heute bewegt –, wissen wir nicht. In den Stürmen der Völkerwanderung ging das Know-how des antiken Instrumentenbaues weitgehend verloren, und es erregte besonderes Aufsehen, als 757 Pippin der Jüngere und 812 Karl der Große aus Byzanz Orgeln geschenkt erhielten. Ludwig der Fromme ließ sich dann 826 eine Orgel für seinen Aachener Kaiserpalast bauen.[5] Das

1 Vgl. Gieseler, Einleitung.

2 Vgl. den Beitrag von Meyer in diesem Buch.

3 Vgl. Virdung, Praetorius u.a.

4 Hierzu vgl. die Texte zu den Stichen von Weigel in den Artikeln Holz-, Blechblas- und Streichinstrumente.

5 Vgl. Behn. Auf den Orgelbau will ich im folgenden nicht weiter eingehen. Hierzu vgl. den Artikel Orgel.

war der eigentliche Anfang des Orgelbaues im nördlicheren Europa.

Bis zum Ende des 12. Jahrhunderts finden wir auf Bildern an Melodieinstrumenten vor allem Tuben und doppelt geblasene Oboen, diese wohl mehr als antike bzw. biblische Reminiszenz, aber auch Leiern und Harfen aus offensichtlich keltischer Tradition.

Mit dem Ende des 12. Jahrhunderts – gleichzeitig mit dem Beginn der europäischen Mehrstimmigkeit und der eigentlichen abendländischen Musik – formiert sich das europäische Instrumentarium binnen weniger Jahre neu, nicht zuletzt auch aus der Berührung mit der arabischen Kultur in Spanien. Instrumental Begabte stellen sich immer schnell auf neue musikalische Aktivitäten um, wie wir es beispielsweise in der Jazz- und Popmusik der letzten Jahrzehnte so augen- und ohrenfällig haben verfolgen können.

An Holzblasinstrumenten treten jetzt hervor Blockflöten (aus der europäischen Folklore; auch Einhandflöten mit Trommel), Querflöten (nach byzantinischem Vorbild), Schalmeien und Trichteroboen (um die Zeitenwende im Nahen Osten entstanden, aber über die Araber in die mittelalterliche Musik gekommen), Krummhörner (Platerspiele) und Dudelsäcke mit mehreren Bordunen (aus antiken Instrumenten weiterentwickelt).

An Blechblasinstrumenten finden wir – arabischer Provenienz – die ritterlichen Langtrompeten. Binnen kurzem wird es sie auch S-förmig gebogen geben. Vor 1400 erhalten sie dann auch z.T. einen Zugmechanismus hinter dem Mundstück (Zugtrompete), der um 1450 zur Posaune weiterentwickelt wurde.[6]

An Saiteninstrumenten kommen zu den älteren Leiern und Harfen Psalterium und Hackbrett arabisch-persischer Herkunft. Sie sind auch die Vorbilder für das Klavichord (1404 zuerst in der Minneregel von Eberhard von Cersne genannt) und das Spinett (1440 bei Henri Arnaut de Zwolle[7] beschrieben). Maurischer Provenienz ist vor allem die Laute, auf der bald, von Spanien ausgehend, eine hohe Spielkultur erreicht wurde. Daneben finden sich andere Zupfinstrumente, vor allem Gitarren teils maurischer, teils lateinischer Herkunft. Streichinstrumente gibt es in Europa erst nach der Jahrtausendwende.[8] Ausgehend von der arabischen Geige wurden u.a. die Fideln entwickelt. Eine Erfindung der Zeit ist offensichtlich die Drehleier mit ihren klanglich den Dudelsackbässen ähnlichen Borduntönen. Auf vielen Bildern sieht man im Ensemble auch die Handorgel. Ergänzend kommt ein reichhaltiges Schlaginstrumentarium hinzu.

Die mittelalterlichen Instrumente hatten einen verhältnismäßig geringen Tonumfang und wurden nicht konzertierend und solistisch im heutigen Sinne gespielt. Die Klangwelt des Mittelalters ist uns in Resten in der Volksmusik u.a. mit Dudelsack, Drehleier, Einhandflöte mit Trommel vor allem in Südwesteuropa erhalten geblieben; so recht plastisch ist unsere Vorstellung von dieser Musik aber nicht. Erst die Melodik und Harmonik der beginnenden Neuzeit, etwas vor 1500, mit Komponisten wie Josquin, Isaac, Senfl u.a. sind uns vertrauter. Hier beginnen auch die chorische Instrumentalmusik und der Ausbau der Melodieinstrumentenfamilien von den Bässen bis zu den Sopranen und darüber. Das 16. Jahrhundert ließ dann den Instrumentenbau wie nie zuvor aufblühen.

Am Ende der Renaissancezeit beschreibt Michael Praetorius 1619 in seiner dem Rat der Stadt Leipzig gewidmeten, fast 300 Seiten umfassenden *Organographia* dieses so vielfältig gewordene Instrumentarium: 9 verschiedene Größen von Blockflöten, 4 Querflötengrößen, ein Rohrblattinstrumentarium, das in dieser Differenzierung einmalig ist: verschiedene Größen von Sordunen, Kortholten, Fagotten, Ranketten, Pommern, Dudelsäcken, Bassanelli, Schreierpfeifen, Krummhörnern; an Kesselmundstückinstrumenten finden wir Zinken (mit Grifflöchern), Trompeten und Hörner, basierend auf den überblasenden Naturtönen, und Posaunen mit einem diese variierenden Zugmechanismus. An Zupfinstrumenten gibt es allerlei Zistern, Lauten, Theorben, Chitarronen, Harfen, Scheithölzer etc. und an Streichinstrumenten verschiedenste Geigen- und Gambenarten. Darüber hinaus beschreibt Praetorius sorgfältig den Orgelbau und die zahlreichen Klavierinstrumente.

Die Melodieinstrumente der Renaissancezeit bzw. des 16. Jahrhunderts wurden meist – orientiert an den Singstimmen – nicht über einen Umfang von anderthalb Oktaven gespielt. Ihr Klang ist verhältnismäßig grundtönig und verschmilzt deshalb leicht im chorischen Zusammenspiel.

Mit dem Aufkommen des konzertanten Musikstils findet dann ein grundlegender Wandel des Instrumentariums in der Barockzeit statt. Die Melodieinstrumente werden (auch mit vergrößertem Tonumfang) zu Soloinstrumenten weiterentwickelt. Zunächst sind hier die Violininstrumente zu nennen, die sich schon im 16. Jahrhundert in Oberitalien, aber auch unter Mitarbeit von Geigenbauern aus dem Allgäu in den heutigen klassischen Formen finden. Die geniale Konstruktion der klassischen Geigeninstrumente, die – bei aller Weiterentwicklung der akustischen Wissenschaft – bis heute nicht übertroffen worden ist, gehört zu den Glanzpunkten der abendländischen Musikgeschichte und ist eine intuitive künstlerische Leistung, einem musikalischen Kunstwerk vergleichbar.

Die barocken Instrumente sind im Gegensatz zu ihren Vorgängern obertöniger und weniger auf Verschmelzung als auf Klangdifferenzierung (Spaltklang) hin gebaut, wobei die Holzblasinstrumente klanglich auch aus dem Wechsel der offen klingenden diatonischen Töne und der gabelgegriffenen (also ohne Klappen) und darum gedeckter klingenden Halbtöne leben.

---

6 Vgl. Besseler und Welber.

7 Vgl. Le Cerf/Labande.

8 Vgl. Bachmann.

Die Umwandlung der Holzblasinstrumente zu Soloinstrumenten geht im wesentlichen von der Pariser Hofmusik nach 1660 aus. Hier waren u.a. Mitglieder der Familie Hotteterre (s.o.) die Vorreiter, die Blockflöte, Querflöte, Oboe und das schon entwickeltere Fagott chromatisch über mehr als zwei Oktaven spielbar machten. Dieser Trend lag in der Luft, denn es fanden sich schnell kreative Mitbewerber in Brüssel, London, Amsterdam und vor allem in Nürnberg (s.u.), wo auch die Klarinette erfunden worden ist.[9]

Mit der Vorklassik bahnt sich wiederum eine neue Entwicklung an, bei den Blasinstrumenten der Trend zu perfekterer Chromatisierung und zu mehr Größe und Gleichmäßigkeit der Töne. Dem setzte Theobald Boehm aus München für die Holzblasinstrumente die Krone auf, indem er vor der Mitte des 19. Jahrhunderts eine ganz neue Phase des Holzblasinstrumentenbaues einleitete mit seiner – gemäß den romantischen Klangvorstellungen – auf gleichmäßigen und vollen Ton gebauten und optimal mechanisierten Boehmflöte mit Tonlöchern (auch für die Halbtöne) so groß wie möglich und an der akustisch richtigen Stelle. Das 19. Jahrhundert war – auch in Frankreich und England – eines der erfindungsreichsten im Holzblasinstrumentenbau, und dessen klassisch gewordene Modelle Querflöte, Oboe, Fagott (hier besonders das von Carl Almenräder und Johann Adam Heckel), Klarinette, Saxophon haben sich bis heute nur in Details verändert.

Und was nun die nachbarocke Revolution der Trompete angeht: Sie war bis zum Ende des 18. Jahrhunderts reines Obertoninstrument (Grundton, Oktave, Quinte, Quarte, große Terz, kleine Terz bis hinauf zum 18. Oberton und weiter) und so im Tonvorrat begrenzt. Bei der Posaune und der älteren Zugtrompete hatte man sich durch die verschiebbare Länge geholfen und beim Horn durch das Stopfen mit der Hand (seit dem 18. Jahrhundert). In ihrer tonlichen Beschränkung war die Trompete vom Mittelalter bis zum Anfang des 19. Jahrhunderts vorwiegend das Instrument für repräsentative Anlässe und Militärmusik. Erst die Erfindung der mit Ventilen zu betätigenden Verlängerungen des Rohres (um die Zwischentöne zwischen den Überblastönen spielen zu können) durch den schlesischen „Berghoboisten" Friedrich Blühmel und den Berliner Heinrich Stoelzel um 1815 machte Horn und Trompete und ihre Abkömmlinge in den tiefen Lagen vollauf orchesterfähig. Das 19. Jahrhundert wurde so das Jahrhundert der Blechinstrumente, die den Orchestern jetzt zu nie gekannter monumentaler Klangfülle verhalfen, besonders gekennzeichnet durch die Werke Hector Berlioz', Richard Wagners und Anton Bruckners. Jetzt entstehen innerhalb weniger Jahre überall die militärischen Blaskapellen und in der Folge die bäuerlichen und bürgerlichen Blasmusikvereine, teilweise mit dem Schützen- und Feuerwehrwesen verbunden. Heute gibt es in der Bundesrepublik ca. 5000 Blasmusikvereine mit ca. 250.000 aktiven Spielern.

Auch die Streichinstrumente sind nicht die gleichen geblieben wie in der Barockzeit. Man machte seit etwa 1770 (aber auch schon vorher) die Hälse länger und die Saiten dicker, um mehr Spannung geben zu können und den Anforderungen nach einem möglichst großen Ton, wie ihn die neuen Konzertsäle verlangten, zu genügen. Die älteren zarter klingenden Instrumente baute man einfach um. Auch die Zupfinstrumente bekamen, wie die Tasteninstrumente, eine höhere Saitenspannung.

Das 19. Jahrhundert ist vor allem auch gekennzeichnet durch den Siegeszug des Klaviers. 1698 erfand Bartolomeo Cristofori in Florenz die Hammermechanik. Weitgehend waren es aber die deutschen (Andreas Stein, Gottfried Silbermann u.a.), englischen (der Silbermann-Schüler Johannes Zumpe, Burkhard Tschudi aus der Schweiz, sein Schwiegersohn John Broadwood u.a.) und französischen Klavierbauer, die die Entwicklung weitertrieben. Dieter Hildebrandt hat in seinem Buch *Pianoforte - Der Roman des Klaviers* dies alles sehr plastisch beschrieben. Klaviere waren in jedem besseren Haushalt zu finden. 1872 gab Julius Blüthner in Leipzig sein *Lehrbuch des Pianofortebaues* heraus. 1889 bauten im Deutschen Reich 380 Fabriken ca. 70.000 Stück, und 1913 waren es schon 170.000.[10] Allein in Berlin gab es zeitweise allein 190 Klavierfabriken mit ca. 4.000 Mitarbeitern. Die 1920er und 30er Jahre ließen in Deutschland die Produktion auf einen Bruchteil schrumpfen. Heute stellen die Klavierfirmen der Bundesrepublik ca. 30.000 Instrumente her.

Die Volksmusik bekommt im 19. Jahrhundert eine neue Note durch die zu Millionen hergestellten Harmonika-Instrumente. – Auf dem Prinzip der freischwingenden Zungen beruhte auch das Harmonium, ein Tasteninstrument, das vor dem Erscheinen der elektronischen Orgeln vor allem im sakralen Bereich als Pfeifenorgelersatz Verwendung fand. Die bekanntesten deutschen Hersteller waren wohl Lorenz Schiedmayer in Stuttgart, Mannborg und Lindholm, beide in Borna/Sachsen.

Wesentlich zum vorigen Jahrhundert und bis ins erste Drittel des unsrigen gehören auch die mechanischen Musikinstrumente. Automatische Glockenspiele und Blaswerke waren schon im Mittelalter bekannt. Im 16. und 17. Jahrhundert waren u.a. die Augsburger Meister führend in der Herstellung von allerlei „Kunst"-Instrumenten. Mit Ende des 18. Jahrhunderts kamen dann die Flötenuhren und die Spieldosen (mit Metallzungenkämmen) in Mode. Erstere entwickelten sich zu den in der Straßenmusik überall verbreiteten Drehorgeln weiter, und letztere standen bald im Großformat (die auswechselbaren Stiftwalzen wurden später durch Blechplatten abgelöst) zu Tausenden in Gaststätten, wo man sie mittels Einwurfs einer Münze betätigen konnte. Wahre Kunstwerke waren die Orchestrions mit zusätzlichen Flöten- und Harmonikastimmen, Xylophon, Schlagzeug und mechanisch betätigter Geige, Apparate, die –

[9] Vgl. Nickel.

[10] Aber in den USA schon mehr als das Doppelte.

gesteuert durch gelochte Papierrollen – ein volles Orchester simulieren konnten. Die Perfektion für den Hausgebrauch war dann – nach 1900 – das sogenannte Pianola, ein Klavier, das man ebenfalls mit Hilfe gelochter Papierrollen, die mittels Druckluft den Tastenanschlag steuerten, auch automatisch spielen lassen konnte. Die Firma Hupfeld in Leipzig stellte allein jährlich um 5 Millionen solcher Repertoirerollen dafür her. Die Schallplatte hat dann den mechanischen Instrumenten binnen kurzem den Garaus gemacht. Seit den 60er Jahren erleben sie aber besonders bei Sammlern eine nostalgische Renaissance.[11]

Die elektronischen Musikinstrumente sind eine Erfindung unseres Jahrhunderts. Sie haben besonders in der Unterhaltungsmusik eine so weitreichende Verbreitung erfahren wie fast kein Instrument zuvor. Wieweit die in der Retorte erzeugten oder gespeicherten Klänge in der Lage sein werden, dem Klang originaler Streich- und Blasinstrumente auch qualitativ nahezukommen, und wieweit „programmiertes" Musikmachen in der Lage sein wird, körperhaftes Musizieren zu ersetzen, bleibt abzuwarten. Der neueste Stand – unter Verwendung des Musikcomputers – ist MIDI (Musical Instrument Digital Interface). Hier gebietet der Musiker über die Klangstrukturen eines ganzen Orchesters, die er vorprogrammieren und beliebig abrufen kann, auch unter Verwendung gespeicherter Originalklänge von Orchesterinstrumenten (Sampling), auch in Kombination z.B. mit einem richtigen Klavier, das dann automatisch (über Tastenmagnete) spielt, wenn der Part einmal original eingespielt ist. So wäre im übrigen auch z.B. das reisende Orchester ohne persönliche Mitwirkung eines Klaviersolisten möglich, und in der Kirche käme man auch ohne Organisten aus, wenn der Pfarrer die von einer Diskette gesteuerte Orgel per Knopfdruck betätigt, wobei er Einspielungen berühmter Organisten verwenden kann, denn nicht nur die Tonfolge als solche ist gespeichert, sondern auch der individuelle Anschlag, im Gegensatz zur Drehorgel und vollkommener als beim Papierrollen-Pianola.[12] Über MIDI schreibt Bernd Enders in einer Information zur Frankfurter Musikmesse 1987:

Die Entstehungsgeschichte eines Songs könnte wie folgt aussehen: die Improvisation am Flügel wird auf Diskette gespeichert, am Bildschirm zwecks Fehlerausmerzung sichtbar gemacht, dann eventuell als fertige Partitur ausgedruckt. Nach Einspielung oder Programmierung des kompletten Arrangements dienen die MIDI-Daten des neuen Musikstücks im Tonstudio nach der gemeinsam diskutierten Auswahl der Klänge und Instrumente zur vollautomatischen Einspielung auf das Masterband ... Statt Noten, Partituren oder Schallplatten zu verkaufen, könnten Musikverlage dazu übergehen, die entsprechenden MIDI-Einspielungen eines Songs, eines Arrangements fertig anzubieten.

Auf Diskette kann man inzwischen schon einige Standards, gespielt von großen Interpreten (z.B. Gershwins Rhapsody in Blue), in dieser Form kaufen. Entsprechend könnten Tonstudios per Kabel Soundverbindungen herstellen, ein gefragter Musiker kann bei einer Platteneinspielung mitmachen, ohne persönlich anwesend zu sein, indem er zu Hause oder in einem anderen Studio die Basic Tracks abhört und seinen Part über Telephon dazusetzt, usw.

Nun, original lassen sich mit MIDI unkompliziert nur die Tasteninstrumente mit einbauen, Geigen, Trompeten, Oboen etc. nur sehr „mechanistisch", und diese über „Sampling" abzurufen, dürfte seine Grenzen haben in der Verbindung der einzelnen Töne miteinander und in der noch unvollkommenen Abstrahlung durch Lautsprecher.

In der E-Musik sind die direkt elektronisch erzeugten Klänge bisher durchweg ästhetisch noch nicht akzeptabel (vielleicht wird es zur Verbesserung in absehbarer Zeit neue Erfindungen geben), aus der U-Musik sind sie aber schon seit langem gar nicht mehr wegzudenken. So ist das, was an Rhythmusklängen heute aus den Lautsprechern kommt, fast ausschließlich Maschinenmusik, und die von einem Mann zu bedienenden „Orgeln" beherrschen zahlenmäßig das Feld. Und so ist es zu verstehen, daß in der Bundesrepublik von 1950 bis 1980 die Anzahl der ausübenden Musiker sich um 55 % reduziert hat, obwohl immer mehr Musik erklingt.[13] Ende der 20er Jahre gab es übrigens schon einen vergleichbaren Aderlaß, als Tausende von Kinomusikern arbeitslos wurden.

Wie schon gesagt: Die elektronischen Instrumente haben ihren Bereich in der Unterhaltungs-, bisweilen auch in der experimentellen Musik. Darüber hinaus wird man sie – trotz ihrer zahlenmäßig so unglaublich großen Verbreitung – nur bedingt als Konkurrenten der klassischen Instrumente sehen können, die auf den öffentlichen Musikschulen wie auch im Privatunterricht in einem ebenfalls früher nie geahnten Ausmaß unterrichtet werden. Die Entwicklung dieser öffentlichen Musikschulen (seit 1960) ist eine Jahrhunderttat, von der auch die hohe Qualität der jährlichen Wettbewerbe „Jugend musiziert" ein beredtes Zeugnis ablegt.

Unser Jahrhundert hat auch die historischen Musikinstrumente wiederentdeckt: Cembalo, Klavichord, Blockflöte und auch die alten Blas- und Streichinstrumente.

Konnte Theobald Boehm, der Erfinder der Boehm-Flöte, im Fortschrittsglauben des 19. Jahrhunderts 1847 noch schreiben: *Allein, obgleich Mozart im Stande war, seine Zuhörer auf einem Spinett (gemeint ist wohl das ältere Hammerklavier) zu entzücken, so wird doch Niemand in Abrede stellen, daß Mozarts Spiel auf einem gegenwärtigen, der mannigfaltigsten Nuancen fähigen Pianoforte, eine ganz andere Wirkung gemacht haben würde*, so stellt sich heute die Frage, ob zur Musik einer Zeit nicht auch das ihr eigene

[11] Vgl. u.a. die Zeitschrift *Das mechanische Musikinstrument*. Baden-Baden 1975ff

[12] Mit Tastenmagneten gesteuerte Klaviere waren auf den letzten Frankfurter Musikmessen bei etlichen Herstellern zu sehen.

[13] Vgl. Nyffeler.

Instrumentarium gehört.[14] Bei der technischen Entwicklung des Musikinstrumentariums kann man, wie allgemein im ethischen und künstlerischen Bereich (die Anhänglichkeit an die ältere Kunst ist ein Zeichen dafür), vielleicht doch nicht ganz so vom Fortschritt reden wie etwa bei der Entwicklung von der Postkutsche zum modernen Auto. Hat z.B. die einklappige Querflöte des Barock mit ihren gedeckter klingenden gabelgegriffenen Halbtönen nicht einen ganz anderen Klangcharakter und sagt sie so nicht ganz anderes aus als die moderne Querflöte mit ihrem starken, gleichmäßigen und fast zu „schönen" Ton?

Um dem alten Klangcharakter möglichst nahezukom men, hat man sogar im Cembalobau die zunächst vom Klavier her nützlich erscheinende stabile Rastenkonstruktion, die einen hohen Saitenzug erlaubt, wieder aufgegeben, was den Cembalobau, der in der Wiederbelebung immerhin schon auf das 19. Jahrhundert zurückgeht, völlig revolutioniert hat. Prophetisch mag das klingen, was in diesem Zusammenhang MacGillivray[15] in bezug auf die Bläser sagt:

Die Orchestertradition der letzten hundert Jahre hat die Bläser in der Richtung einer Vereinheitlichung des Tones beeinflußt, während der Kontrast zwischen den einzelnen Instrumentengruppen gesucht wird. Das derzeitige Wiederaufkommen des konzertanten Spiels mag ein Bedürfnis nach größerer Vielfalt der Effekte innerhalb des Bereichs der einzelnen Instrumente schaffen, und manche Holzbläser sind in dieser Richtung schon sehr weit fortgeschritten. Es kann kaum einen Zweifel geben, daß in diesem Falle die ganze Reinheit des, sagen wir, englischen oder französischen Tons, wie ihn Spezialisten hervorzubringen vermögen, verlorengehen wird ... Das wachsende Interesse der Musiker aber für alte Instrumente – und nicht etwa eine reaktionäre Vorliebe für das Vergangene um seiner selbst willen – wird vielleicht durch Hinweise auf individuelle Vorzüge, die im Zuge des allgemeinen Fortschritts geopfert wurden, einen Beitrag zur Musik der Zukunft leisten.

Zum verbreitetsten „alten" Instrument ist im 20. Jahrhundert die seit der Barockzeit vergessene Blockflöte geworden, zunächst mehr als Anfangsinstrument für die Musikpädagogik, seit den 60er Jahren – besonders auch für die moderne Musik – vermehrt aber auch als anspruchsvolles Soloinstrument, ausgehend von bekannten Solisten wie u.a. Frans Brüggen und Hans-Martin Linde. Des weiteren ist im pädagogischen Bereich in vielen Ländern das sogenannte Orff-Instrumentarium eingeführt worden.

Zum Schluß unserer Reise durch die Geschichte des Instrumentariums stellt sich die Frage, ob in absehbarer Zeit mit Neuentwicklungen zu rechnen ist. Auf dem Gebiete des klassischen Melodieinstrumentariums, das hinsichtlich seiner Verwendung im Bereich der zwölftönigen Skala ausgereift sein dürfte, wohl kaum. Hier bezieht sich alle akustische Forschung schon seit Jahrzehnten nur noch auf Verbesserungen im Detail. Darüberhinausgehendes wird es schon aus physikalischen Gründen nur sehr begrenzt geben. Die moderne Musik mit ihrer Vorliebe für musikalische Grenzbereiche ist allerdings an die zwölfstufige Skala nicht mehr so gebunden, aber von hier sind bisher – ausgenommen das Schlagzeug – nur wenige Anregungen für eventuelle Umgestaltungen von Instrumenten bzw. Neuschöpfungen gekommen. Viel Neues dürfte dagegen in den nächsten Jahren noch von der Elektronik zu erwarten sein.

[14] Vgl. hierzu auch TIBIA, Heft 4/1986, das sich diesem Thema widmet.

[15] Im Sammelband Anthony Baines: *Musikinstrumente*, München 1982^2.

Musikinstrumente des 9. Jahrhunderts. Oben: Leier und Harfe. Unten: Harfe und Leier, Hörner und Orgel. Utrechter Psalter, Universitätsbibliothek Utrecht.

Die 24 „Alten“ musizieren um das Lamm Gottes

Miniaturen in der Handschrift Heinrich Czuns' (1448) zu Otto von Passau „Die 24 Alten oder Der goldene Thron der minnenden Seele“ (1386). Landesbibliothek Coburg, MS Cas. 43, Fol. III

Diese Darstellung nimmt auch die bis dahin in der Kirche weniger genehmen Blasinstrumente mit auf. So findet sich hier der biblische Ältestenrat bei der Aufführung eines *Agnus dei* in orchestraler Besetzung von 3 Sängern zu Schalmei, 2 Zinken, Posaune, 3 Streichern (Fideln, Trumscheit, Drehleier), 5 Zupfinstrumenten (2 Harfen, Psalterium, Laute, Mandora, letztere beiden mit Plektrum gespielt), 3 Klavieren (Klavichord, Portativorgel, auch das Hackbrett sollte man dazuzählen) und 6 Schlagzeugern (2 Handglöcknern; einer davon der Hauptsänger, Triangel, Schellen, Doppelpauke, Hängeglocken). Einer spielt kein Instrument, er hat ein Weihrauchgefäß in der Hand und zeigt mit dem Finger auf die Sängergruppe. Ob er sozusagen der Dirigent dieses mit dem überbesetzten Schlagzeug klanglich differenten Stückes ist?

Zu den einzelnen Instrumenten ist zu vermerken: In der Ecke rechts oben ist eine S-förmige Trompete in Alt-Tenorlage, eine sogenannte Menestreltrompete, d.h. eine Musikertrompete im Gegensatz zur geraden *trompette de guerre,* der Kriegs- oder Adelstrompete, die die Ritter von den Arabern aus den Kreuzzügen mitgebracht hatten. Die Menestreltrompete ist auch meist das Unterstimmeninstrument der sogenannten Alta-Kapelle (Freiluftensemble) mit Schalmei und Pommer. Vor 1400, wohl in Deutschland, erhält sie einen Zugmechanismus hinter dem Mundstück. Das ist auch auf unserem Bild zu sehen, denn der Spieler preßt das Mundstück gegen den Mund, und von hier aus kann er den ganzen Korpus bis ca. 25 cm verlängern. Zwischen 1434 und 1468 ist dieser Mechanismus dann zur Posaune weiterentwickelt worden, die einen bequemeren U-förmigen Zugteil hat.

In der oberen Reihe der Dritte von links und der Spieler rechts neben dem Lamm-Medaillon blasen wohl einen krummen und einen geraden Zinken, ein Trompeteninstrument mit Grifflöchern, das im Prinzip schon nach 1000 n. Chr. auf Bildern identifiziert werden kann, wohl aber aus älterem folklorischen Besitz stammt. Unter den Streichern finden wir die Fidel und das Trumscheit, die *tromba marina,* Marientrompete oder Nonnengeige, ein einsaitiges Streichinstrument in länglicher Kastenform, das nur die Flageolettöne ohne Grundton spielt und so – mit verhältnismäßig losem Steg – trompetenartig schnarrend klingt. Es ist schon im 12. Jahrhundert nachweisbar. Besonders verbreitet ist es seit dem 15. Jahrhundert in Deutschland und Frankreich. – Die Drehleier unten rechts ist eigenartigerweise ohne Tastatur und wird wie eine Fidel gegriffen.

Unter den Zupfinstrumenten sehen wir eine mit Plektrum gespielte Laute und eine kleine Mandora, ein Psalterium und zwei Harfen.

Unten links ist ein Klavichord zu sehen, ein sogenanntes gebundenes Klavichord, dessen einzelne Saiten bis zu drei Tönen dienen und dessen Tangenten darum entsprechend schief laufen. Der Ton klingt nur, solange der Anschlagstift an der Saite ist. Das Klavichord erscheint namentlich zum erstenmal in der sogenannten Minneregel von Eberhard Cersne (1404), ist aber vermutlich identisch mit dem englischen *chekker* des 14. Jahrhunderts. Eine genaue technische Beschreibung dieses *dulce melos* gibt 1440 Henri Arnaut de Zwolle. Vorläufer des Klavichords ist das mit Klöppeln geschlagene Hackbrett *(dulcimer),* das hier mit Schalmei und Harfe zusammenspielt. Saiten mit Klöppeln zu schlagen finden wir erstmals dargestellt in einer in Byzanz hergestellten Elfenbeinminiatur des 12. Jahrhunderts. Danach erscheint diese Spielweise erst wieder auf Bildern des 15. Jahrhunderts. Zu erläutern wäre auch noch das Portativ, die tragbare Kleinorgel. Die Pfeifen sind hier wie ein Kirchenbau geordnet. Zu sehen sind 14 Knopftasten. Das ist auch ungefähr die Anzahl der großen und die der kleinen Pfeifen. Demnach hätte dieses Portativ 2 Register, wobei natürlich merkwürdig ist, daß diese nicht hintereinander in Reihen, sondern nebeneinander angeordnet zu sein scheinen. Der Blasebalg des Instruments ist nicht zu sehen. Das erste bekannte mittelalterliche Zeugnis eines Portativs stammt aus dem 12. Jahrhundert (Brit. Mus. Ms 17333), ebenfalls in einer Darstellung der 24 Alten.

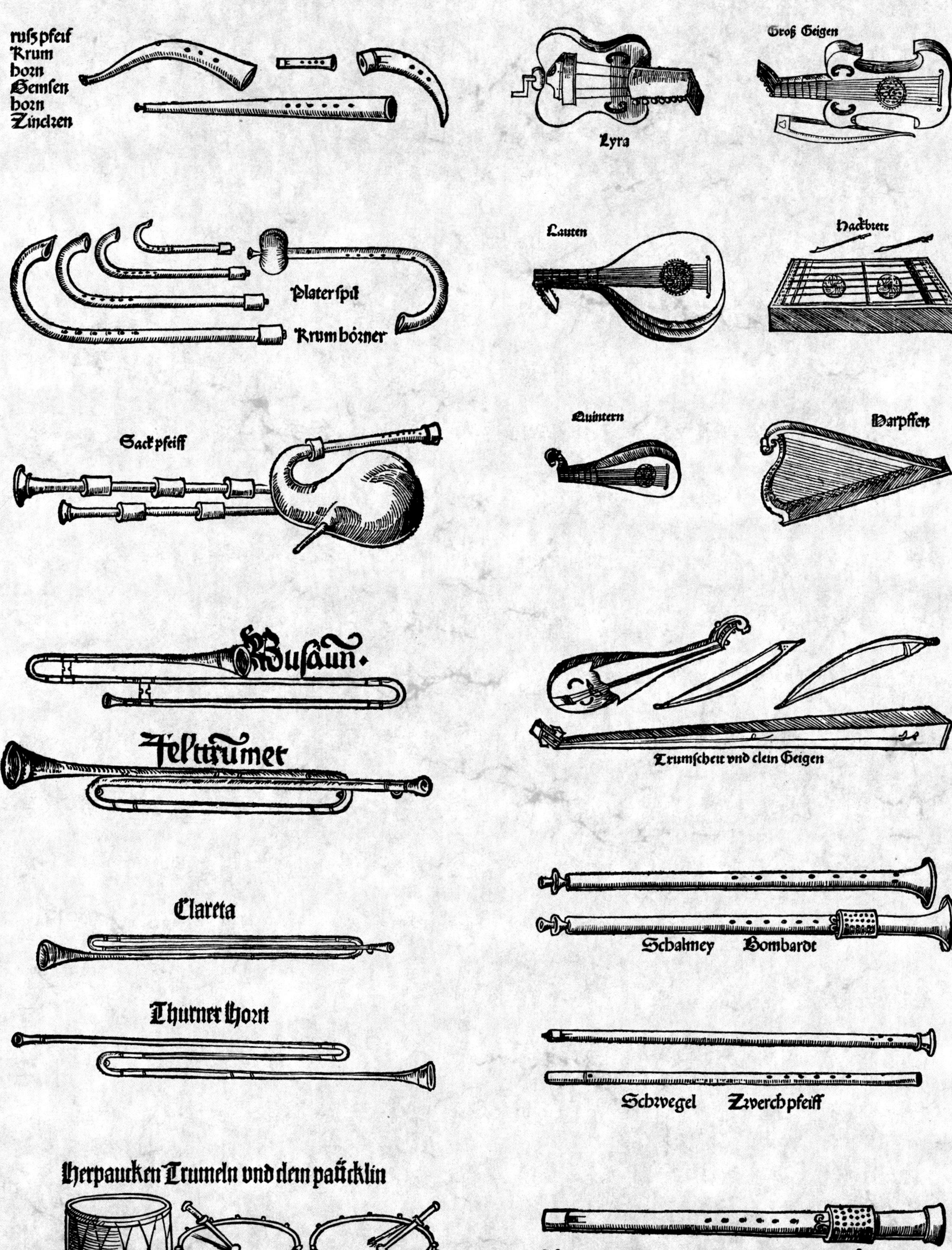

russpfeif
Krum
horn
Gemsen
horn
Zincken
Lyra
Groß Geigen
Plater spil
Krumhörner
Lauten
Hackbrett
Sackpfeiff
Quintern
Harpffen
Busaun.
Trumschett vnd clein Geigen
Felttrumet
Clareta
Schalmey
Bombardt
Thurner horn
Schwegel
Zwerchpfeiff
Herpaucken Trumeln vnd clein päucklin
Flöten

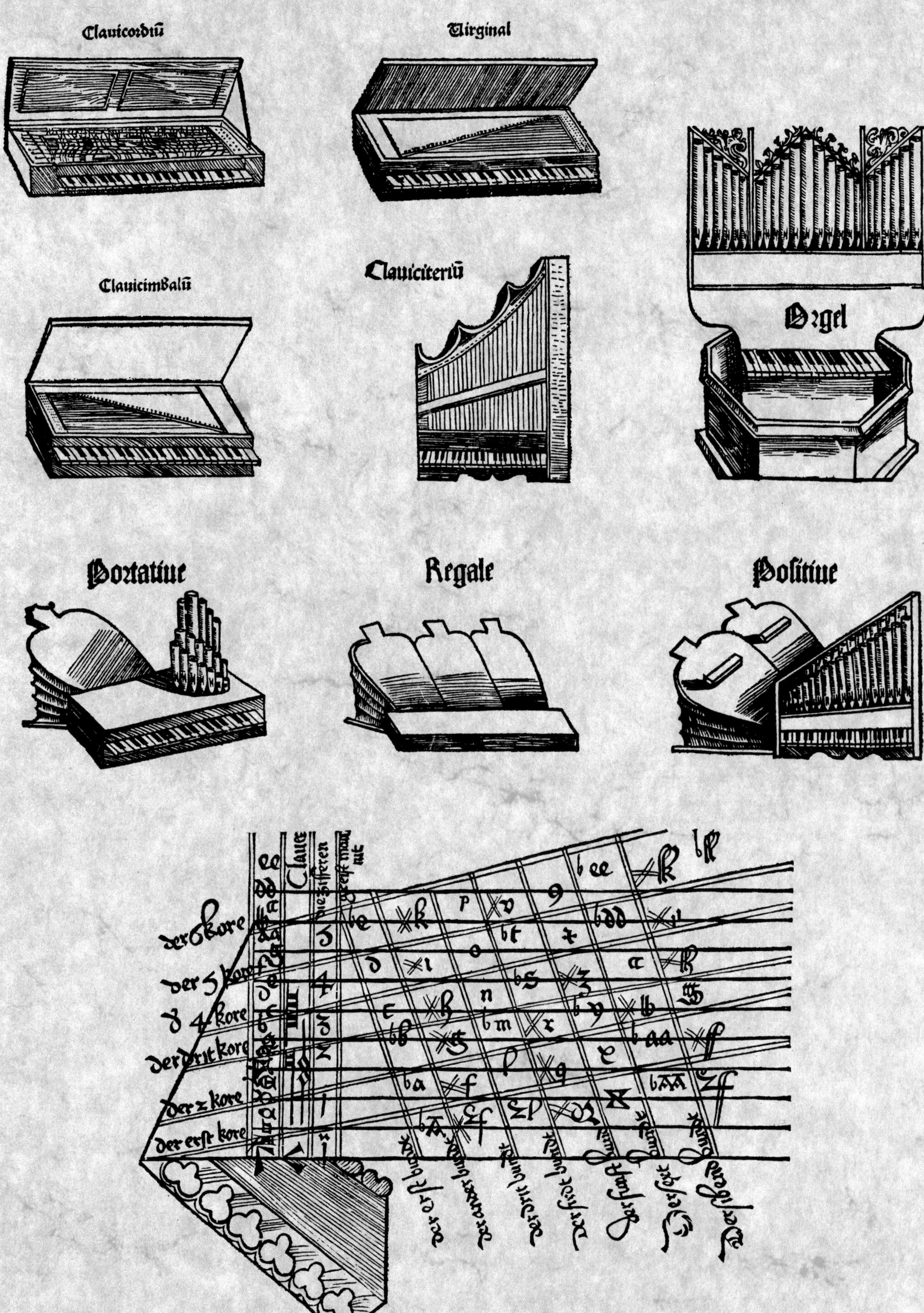
Clavicordiũ
Virginal
Clavicimbalũ
Claviciteriũ
Orgel
Portatiue
Regale
Positiue

1. Positieff. 2. Regahl.

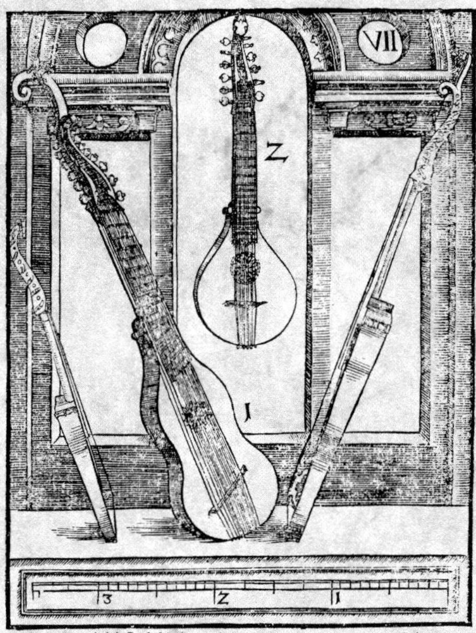

1. Dominici Zwölff Chörichte Cither. 2. Sechs Chörichte Cither.

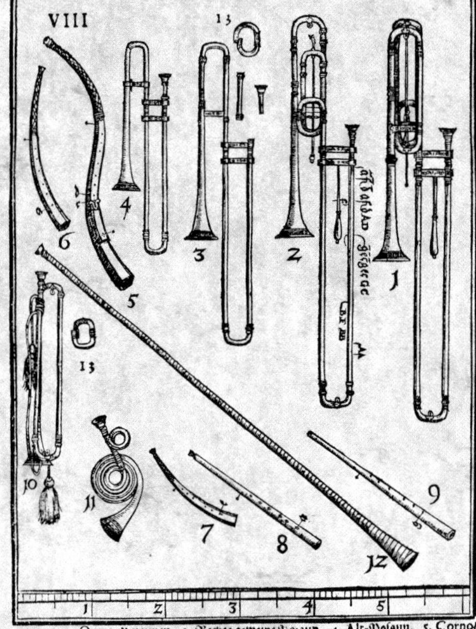

1. 2. Quart-Posaunen. 3. Rechte gemeine Posaun. 4. Alt-Posaun. 5. Corno/ Groß Tenor-Cornet. 6. Recht Chor Zinck. 7. Klein Discant Zinck/ so ein Quint höher. 8. Gerader Zinck mit eim Mundstück. 9. Still Zinck. 10. Trommet. 11. Jäger Trommet. 12. Hölzern Trommet. 13. Krumbbügel auff ein ganz Thon.

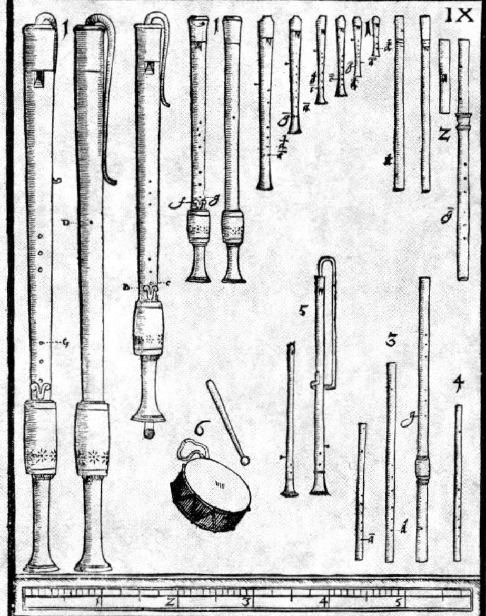

1. Blockflöiten/ ganz Stimwerck. 2. Dolzflöit 8 g. 3. Querflöiten/ ganz Stimwerck 4. Schweitzer Pfeiff. 5. Stamentien-Baß vnd Discant. 6. Klein Päucklin: zu den Stamentien Pfeifflin zugebrauchen.

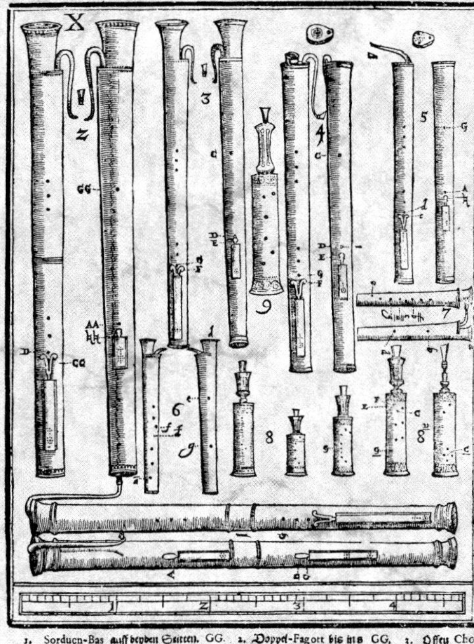

1. Sordun-Bas auff beyden Seitten. GG. 2. Doppel-Fagott bis ins GG. 3. Offen Chorist-Fagott C. 4. Gedact Chorist-Fagott. C. 5. Singel Korthol. Dancket Tenor zum Chorist-Fagott. C. 6. Alt. D. 7. Discant oder Exilent zum Chor: Fagott. a. 8. Stimwerck Racketten. 9. Groß Rackett: so tieff als der gar Grosse Baß-Bombard, CC, Vff 16 · Fuß Thon.
NB. Zu den 1. 2. 3. 4. 5. stehen die Buchstaben des Clavis beym Loch/ do es zugemacht wird Im 6. 7. 8. 9. aber stehen die Buchstaben des Clavis, do das Loch offen bleibt.

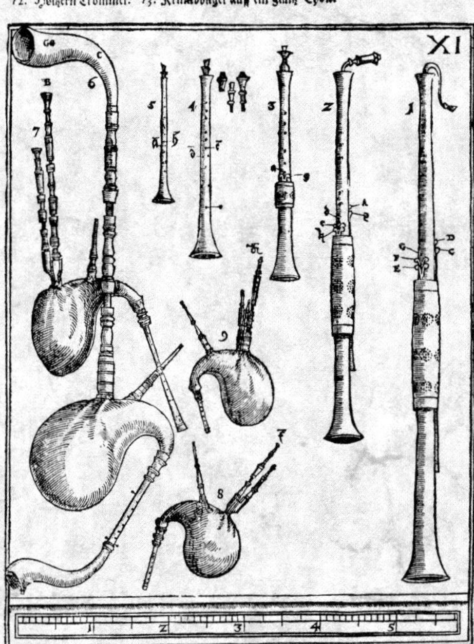

1. Bas-Pommer 2. Basset oder Tenor-Pommer. 3. Alt Pommer. 4. Discant Schalmey. 5. Klein Schalmey. 6. Grosser Bock. 7. Schaper Pfeiff. 8. Hümmelchen. 9. Dudey.

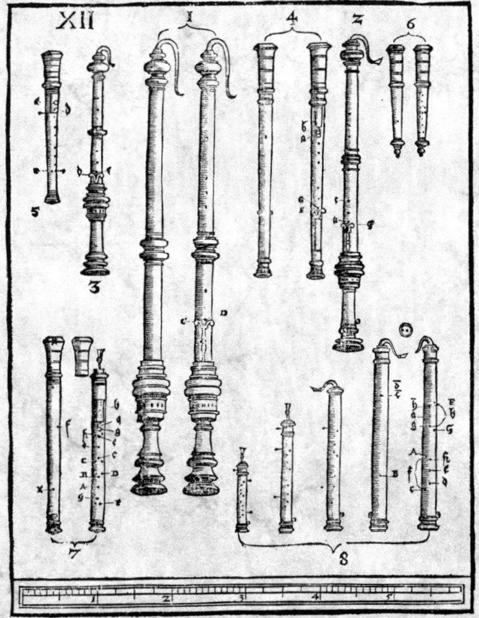

1. Baß vom Bassanelli. 2. Tenor vnd Alt Bassanelli. 3. Discant Bassanelli. 4. Bass vom Schryari. 5. Tenor, Alt Schryari. 6. Cant Schryari. 7. Korthol oder Kurtz Pfeiff: 8. Ein ganz Stimwerck von Sordunen

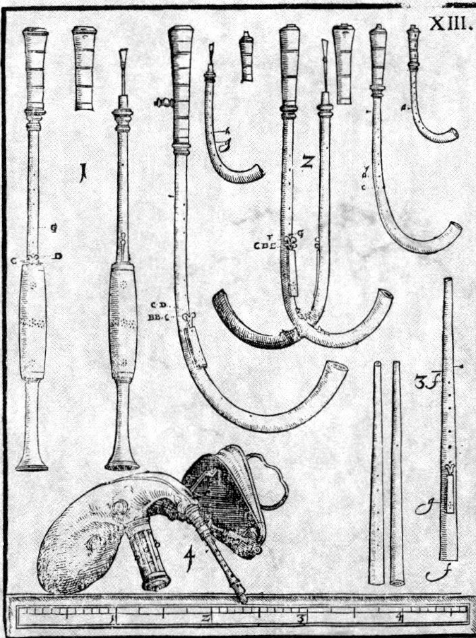

1. Bassett: Nicolo. 2. Krumbhorner. 3. Cornetti muti: stille Zincken. 4. Sackpfeiff mit dem Blaßbalg.

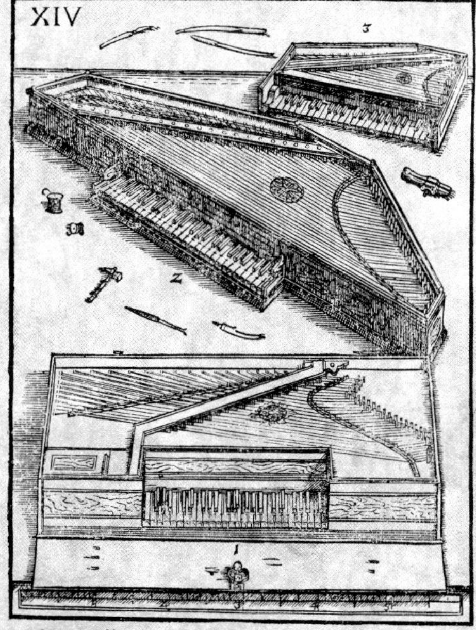

1. 2. Spinetten: Virginal (in gemein Instrument genant) so recht Chor-Thon. 3. Octav Instrumentlin.

Musikinstrumente um 1600. Aus: Michael Praetorius, *Syntagma musicum II. De Organographia.* Wolfenbüttel 1619

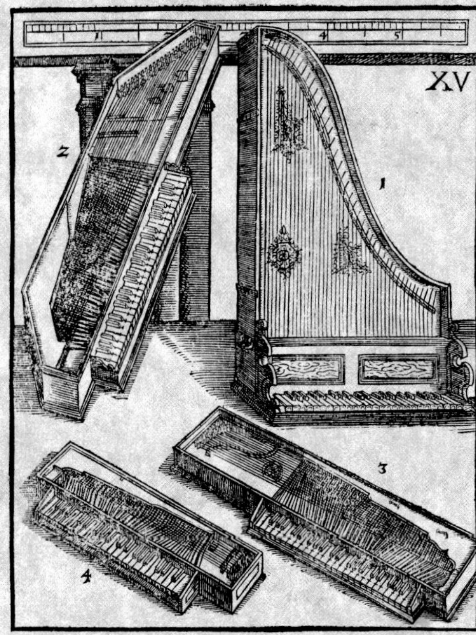

1. Clavicytherium. 2. Clavichordium, Italianischer Mensur. 2. Gemein Clavichord. 4. Octav Clavichordium.

1. Paduanische Theorba. 2. Laute mit Abzügen oder Testudo Theorbata. 3. Chorlaute. 4. Quinterna. 5. Mandōraen. 6. Sechs Chörichte ChorZitter: 7. Klein Englisch Zitterlein. 8. Klein Geig Posche genant.

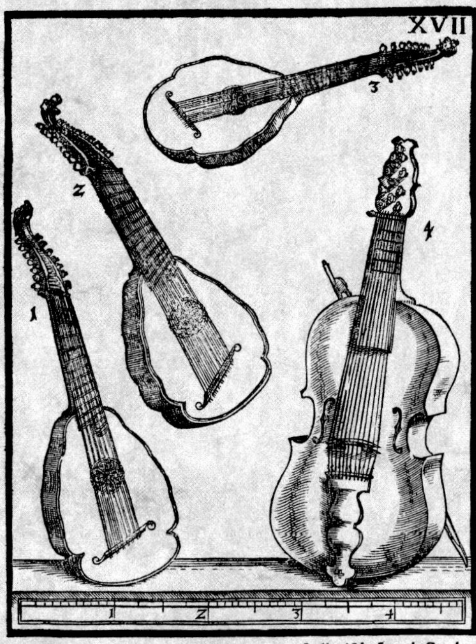

1. Bandoer. 2. Orpheoreon. 3. Penorcon. 4. Italianische Lyra de Gamba.

1. Gemeine Harff. 2. Irlendisch Harff mit Messinges Saiten 3. Hackbreit.

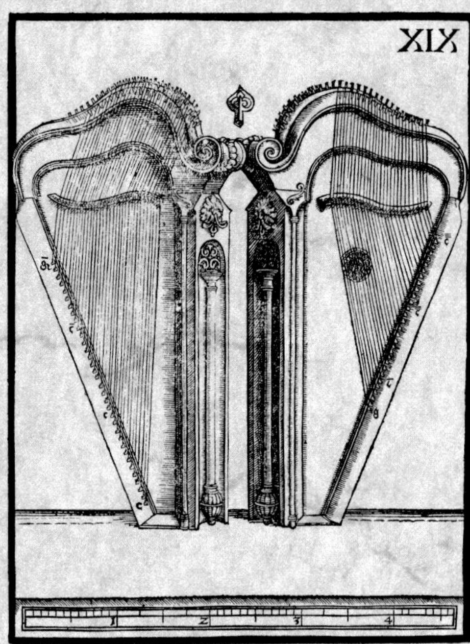

Groß Doppel-Harff.

1. 2. 3. Violn de Gamba. 4. Viol Bastarda. 5. Italianische. Lyra de bracio.

1. 2. Kleine Poschen / Geigen ein Octav höher. 3. Discant-Geig ein Quart höher. 4. Rechte Discant-Geig. 5. Tenor-Geig. 6 Bas-Geig de bracio. 7. Trumscheidt. 8. Scheidtholtt.

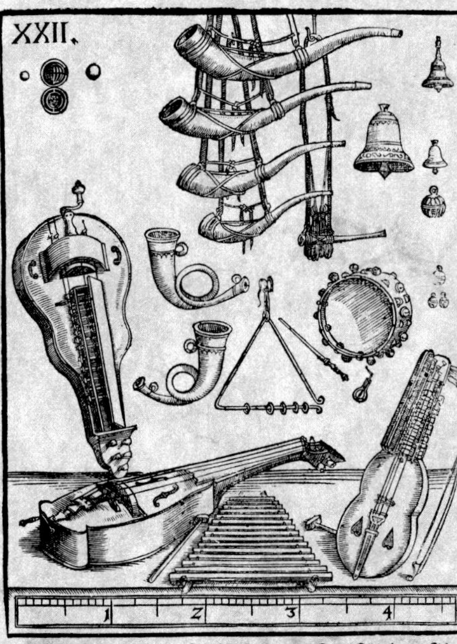

1. Allerley Bawren Lyren. 2. Schlüssel Fiddel. 4. Stroh Fiddel. 4. Jäger-hörner. 5. Triangel. 6. Singekugel. 7. Morenpaucklin. 8. Glocken 9. Cimbeln : Schellen.

1. Heerpaucken. 2. Soldaten Trummeln. 3. Schweitzer Pfeifflin 4. Amboß

Musikinstrumente um 1600. Aus: Michael Praetorius, *Syntagma musicum II. De Organographia.* Wolfenbüttel 1619

ORTE - JAHRE - NAMEN

HANDWERK ODER FREIE KUNST, VERLAGSWESEN UND INDUSTRIE

Unser Jubiläum heißt *Fünf Jahrhunderte deutscher Musikinstrumentenbau.* Instrumentenmacher sind im Deutschen Reich allerdings bereits seit dem 13. Jahrhundert in den Bürgermatrikeln erwähnt. Als Beruf hat es sie sicher auch schon davor gegeben (vgl., was oben über den Orgelbau gesagt worden ist). Eine geschlossenere berufliche Gruppierung des Instrumentenbaues kann man aber erst mit dem Beginn der Neuzeit sehen, mit dem letzten Viertel des 15. Jahrhunderts, mit dem Instrumentarium der Renaissance, und dies natürlich im europäischen Zusammenhang, insbesondere mit Italien, Frankreich, den Niederlanden und England. Die abendländische Musik lebte durch die Jahrhunderte vom Geben und Nehmen von Land zu Land, auch im Instrumentenbau. Der deutsche Instrumentenbau hat aber in dieser Verbindung immer eine individuelle und sehr erfindungsreiche Note gehabt, was Deutschland in den Augen vieler zeitweise als klassisches Land des Instrumentenbaues erscheinen läßt, gefördert natürlich auch durch die Weltgeltung der deutschen vorklassischen, klassischen und romantischen Musik.

Nun zu den Orten, wobei ich die älteren Zeugnisse vorwegnehme:

In Köln wird 1250 Magister Johannes als „factor organorum“[16] erwähnt, und in Köln hieß eine Gasse am Heumarkt „Tastegazze“, die 1260 dann als „Clavirgazze“ und 1334 als „Tastinkunstgassen“ erscheint. Köln scheint eine lange Tradition im Bau von Orgeln, Portativen, Drehleiern, Klavichorden und Spinetten gehabt zu haben. Auch die ersten Klavierbauer in Antwerpen (der späteren Hochburg des Cembalobaues) scheinen nach 1500 aus Köln gekommen zu sein.[17]

1297 erschienen drei Trompetenmacher vor dem Rat in Paris und baten um eine Zuordnung zum Drechslerhandwerk. Erstmals wird hier aktenkundig in Europa das Problem einer Handwerksordnung angesprochen.[18]

Im 14. Jahrhundert werden Lautenmacher schon in Florenz, Prag, Venedig, Wien und anderen Städten ausgewiesen. 1312-1346 ist in Lübeck der „Rottenmacher" Wigandus verzeichnet.

Saiteninstrumentenverkauf. Holzschnitt aus dem Lübecker Druck *Dat Narren Schyp* 1497 (nach: Musikgeschichte in Bildern III.9, Leipzig 1976)

Interessant ist eine Eintragung in der *Limburger Chronik*[19] im Jahre 1360 in bezug auf Holzblasinstrumente: *Item in disem selben jare .. hat es sich also verwandelt mit den pyffen unde pyffenspel unde hat uffgestegen in der museken, unde ny also waren bit her, als nu in ist anegangen. Dann wer vur funf oder ses jaren eyn gut pyffer was geheissen in dem ganzen lande, der en dauc itzunt nit eyne flyge.* Gemeint ist das wohl in Deutschland entstandene neue Freiluft-Bläserensemble mit Schalmeien, Altpommer und Dudelsack oder Zugtrompete bzw. Posaune als Baß.[20] Welche Holzblasinstrumentenmacher hier kreativ mitgewirkt haben, ist nicht überliefert.

In Wien wird 1424 zuerst ein Lautenmacher erwähnt und in Augsburg schon 1412 und dann ziemlich zahlreich, ähnlich wie in Köln zwischen 1483 und dem Ende des 16. Jahrhunderts. In Augsburg wird 1499 auch ein Hackbrett-und 1507 ein Saitenmacher genannt. Größere Bedeutung erlangte Augsburg mit seinen Tasteninstrumenten, so mit Samuel Bidermann (1540 - 1622) und seinen Söhnen und mit der Herstellung von kunstvollen Musikautomaten. Der genialste Augsburger Klaviermacher war dann der auch von Mozart gerühmte Johann Andreas Stein (1728-1792).[21]

Interessant hinsichtlich der handwerklichen Zuordnung sind die Bürgermatrikel von Basel[22]. So wird 1429 ein Saitenmacher in der Zunft der Krämer und 1453 in der Zunft der Zimmerleute nachgewiesen, wie mehrere Lautenmacher ebenfalls in der Zunft der Krämer[23], einer sogar in der Zunft der Schneider. Für eine eigene Zunft waren sie zu wenige, und so schlossen sie sich, um einer bürgerlichen Form Genüge zu tun, locker an die eine oder andere Zunft an.

---

16 Die ältesten deutschen Zunftdokumente stammen aus dem 12. Jahrhundert. Ob Meister Johannes schon in einer Zunft organisiert war? Aus dem Umfeld nicht unwahrscheinlich.

17 Vgl. Altenburg, „Musikinstrumentenbau in Köln“.

18 Vgl. Dullat, „Aufstieg und Niedergang eines Kunsthandwerkes“.

19 In: *Deutsche Chroniken* IV, 1. Marburg 1883.

20 Vgl. Besseler. In: *Kongreßbericht Basel.* Kassel 1951; vgl. auch Fußnote 6.

21 Das in diesem Absatz Gesagte nach Küppers, Altenburg und van der Meer

22 Vgl. Küppers.

23 Wie auch in Heilbronn 1530.

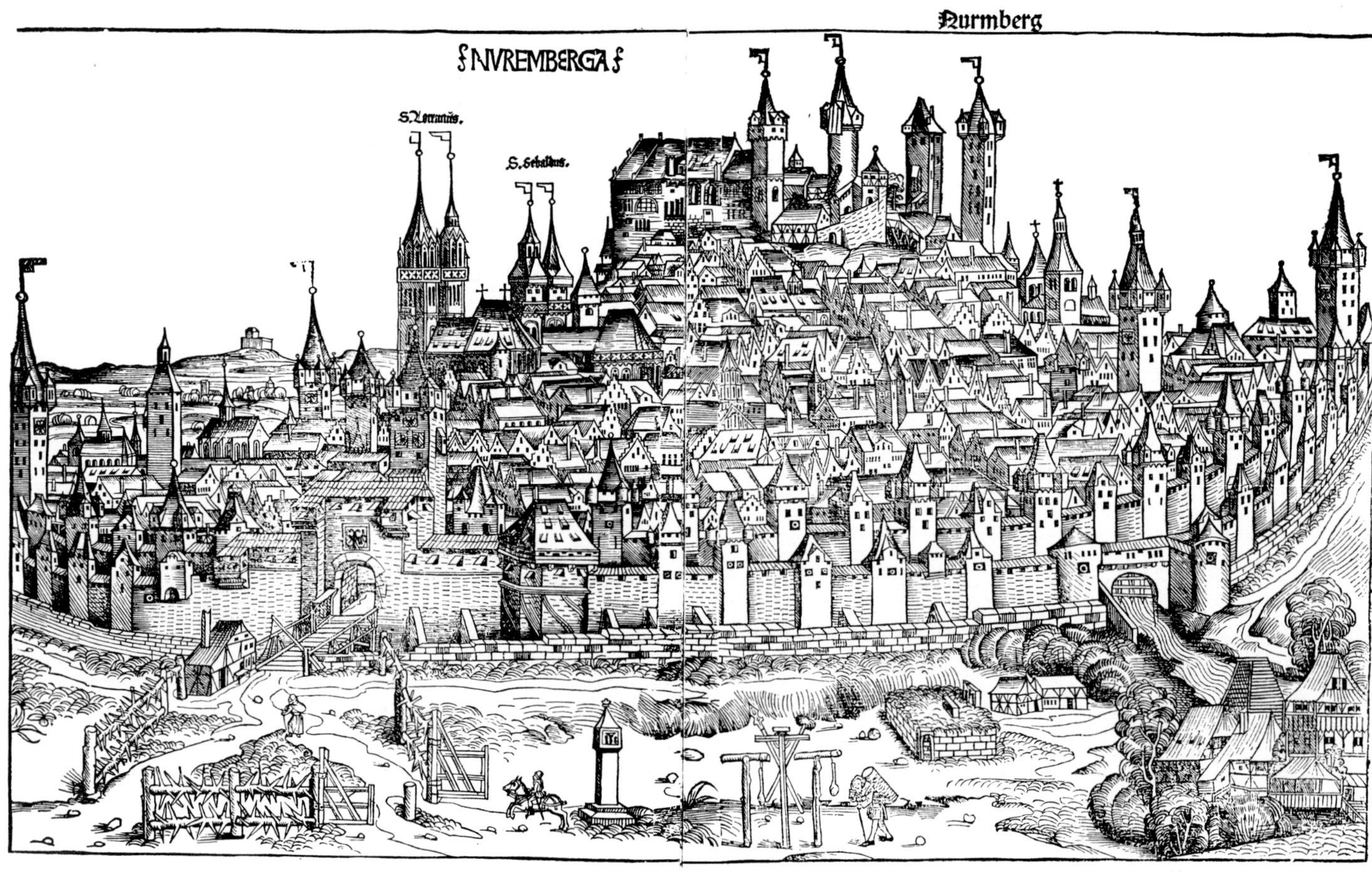

Abb. 6: Aus der Schedelschen Weltchronik, Nürnberg 1493

Ausführlicher sei hier auf Nürnberg eingegangen. Von dort stammen übrigens die ältesten in Museen erhaltenen deutschen Kunstmusikinstrumente. Zum einen ist es ein Mandürchen des wohl aus Füssen stammenden Hans Ott, der 1434[24] in der Nürnberger Bürgermatrikel erscheint. Dieses Instrument befindet sich heute auf der Wartburg.[25] Zum anderen ist es eine Trompete mit der Inschrift „MACHT SEBASTIAN HAINLEIN *M*CDLX" (1460), die sich im Museum of Fine Arts in Boston befindet. Edward Tarr, der sich sehr mit der Geschichte der Trompete befaßt hat, hält das in der Inschrift angegebene Entstehungsjahr für echt, obwohl ansonsten die Familie Hainlein als Nürnberger Instrumentenmacher erst gegen 1600 aktenkundig ist.

Nürnberg ist die erste deutsche Stadt, die eine universellere Bedeutung für den Musikinstrumentenbau hat. Und so beginnt, was man charakteristisch unter deutschem Musikinstrumentenbau versteht, mit Nürnberg im letzten Viertel des 15. Jahrhunderts. Es ist die Zeit, da die Instrumentalmusik im Umbruch zur Renaissance ganz neue Dimensionen bekommt und sich dementsprechend auch das Instrumentarium verändert, wie es erstmalig bei Virdung 1511 (Tafel S. 13f) und im Triumphzug Kaiser Maximilians (1512 - 1519)[26] bildlich dokumentiert ist. In dieser Zeit hatte auch binnen weniger Jahrzehnte das Handwerk eine bis dato nie gekannte Kunstfertigkeit erreicht[27], und die Instrumente zeugen erstmals von komplizierteren akustischen Überlegungen. Auch der Gedankenkreis um Albrecht Dürers Proportionslehre, d.h. die Vorstellung „gültiger" Maße, spielt hier hinein.

Die Nürnberger Bürgermatrikel weist seit 1393 eine Reihe von Lautenmachern aus, so 1434 den schon genannten Hans Ott aus Füssen. Dorther kamen auch Hans Frei (1450 - 1523) und Conrad Gerle (gest. 1521), dessen Sohn Hans zusammen mit Hans Neusiedler (gest. 1563) die berühmten Nürnberger Lautenmacher des 16. Jahrhunderts waren.[28] Als zünftiger Beruf werden die Lautenmacher aber nicht geführt.

Umfangreiche Untersuchungen gibt es über die Nürnberger Metallblasinstrumentenmacher.[29] 1427 wird Hans Franck als Verfertiger eines „trummetenhorns" genannt. Er dürfte damit der älteste namentlich bekannte deutsche Trompetenmacher sein.[30] Den internationalen Ruf in die-

[24] Vgl. Küppers.

[25] Vgl. van der Meer.

[26] Vgl. TIBIA-Kalender, Celle 1986.

[27] Vgl. Zweeden

[28] Vgl. van der Meer und Küppers.

[29] Vgl. Jahn und Wörthmüller.

[30] Vgl. Nickel, S. 20.

sem Gewerbe hat aber Hans Neuschel der Jüngere geschaffen, der 1493 das Meisterrecht bei den Rotschmieden (Kupferschmieden)[31] erwarb wie sein Vater schon 1479. Die Trompetenmacher gehörten also zur Zunft der Kupferschmiede bzw. Kesselmacher wie auch in Paris. Von jeher gehörte dazu übrigens auch die Paukenmacherei.[32] Hans Neuschel war als Bläser zeitweilig Mitglied der Kapelle Kaiser Maximilians I., bis der Nürnberger Rat ihn dringlichst beim Kaiser zurückreklamierte. Große Ehre für ihn: Papst Leo X. hatte zwei silberne Posaunen bei ihm bestellt und ließ sie sich von ihm persönlich überbringen.

Weitere berühmte Nürnberger Trompetenmacherfamilien sind Schnitzer (belegt seit 1492; eine Posaune von Anton Schnitzer mit der Jahreszahl 1594 befindet sich in der Edinburgh University Collection) und im 17. Jahrhundert Ehe und Haas. 1625 erließ der Rat eine Trompeten- und Posaunenmacher-Ordnung[33], die erste im Deutschen Reich. Mit dieser Ordnung wurde das ursprünglich freie Handwerk ein „gesperrtes“, d.h. die Betroffenen durften nicht von Nürnberg wegziehen und auch keine Ortsfremden anlernen. Desgleichen durften nur Stücke verkauft werden, die vom Schaumeister begutachtet waren. Meister konnte man erst nach 6 Lehr- und 6 Gesellenjahren werden, die Ausbildung der Meistersöhne ging etwas schneller. Solch eine strenge, eine gesunde Konkurrenz ausschließende Ordnung war möglicherweise mit der Grund, daß Nürnberg seine Vorrangstellung im Blechblasinstrumentenbau im 18. Jahrhundert verlor.

In vielerlei Hinsicht anders verhielt es sich mit den Nürnberger Holzblasinstrumentenmachern, über die es eine ebenfalls sehr gründliche Untersuchung von Ekkehart Nikkel gibt. 1434 und 1474 werden Holzblasinstrumente noch aus Landshut und Esslingen bezogen, aber 1467 werden als erste Nürnberger Holzblasinstrumentenmacher Hermann Pfeiffer und Jacob Pfeiffenmacher erwähnt; ersterer verkaufte sogar in Nördlingen auf der Messe. Im 16. Jahrhundert sind es insgesamt 19 in diesem Gewerbe, die z.T. zu den Drechslern, aber auch zu den Hornmachern gehörten, insbesondere waren es die Familie Schnitzer und Jörg Ringler aus München. Im Gegensatz zu den Trompetenmachern waren die Nürnberger Holzblasinstrumentenmacher im 16. Jahrhundert nicht konkurrenzlos. Viele Instrumente kamen z.B. aus Venedig[34], aber auch verstreut anderswoher, z.B. aus Memmingen (s.u.); andererseits lieferten die Nürnberger viele ihrer Krummhörner, Rauschpfeifen, Pommern etc. beispielsweise nach Antwerpen, Köln, Königsberg, Schlesien etc.

Was die Handwerksordnung angeht, gab es 1555 einen Ratserlaß: das Pfeifenmachen sei eine „freie Kunst“ und keiner handwerklichen Ordnung unterstellt. Realiter gehörte man aber meist zu den Drechslern oder Horndrehern. Die Nürnberger Holzblasinstrumentenmacher verloren bald nach 1600 zwischenzeitlich an Bedeutung. Bis über die Mitte des 17. Jahrhunderts tat sich aber – der 30jährige Krieg ist symptomatisch für diese Zeit – im Instrumentenbau überall nicht viel.

Zwischen 1670 und dem Ende des 18. Jahrhunderts erlebte der Holzblasinstrumentenbau in Nürnberg eine besondere Hochblüte mit Namen bzw. Familien wie Kynseker, Denner, Gahn, Schell, Oberlender, Löhner u.a., die Nürnberg zu einem internationalen Zentrum des Holzblasinstrumentenbaues machten. Kynseker hat noch versucht, aufbauend auf den alten Instrumenten, der neuen Forderung nach mehr Tonumfang gerecht zu werden. Johann Christoph Denner schließlich begann nach 1690 systematisch mit der Herstellung „frantzesischer Fletten“ etc. und überflügelte hier eigentlich die Franzosen. Daß die Nürnberger Holzblasinstrumentenmacher nicht den Anschluß an die Erfordernisse der vorklassischen und klassischen Musik fanden, ist eine andere Frage; es haben sich wohl, wie auch bei ihren Blechblaskollegen, keine kreativen Nachfolger gefunden.

Ein Wort noch zum Nürnberger Klavierbau[35]: Der erste bekannte Klavierbauer war Bonifazius Nottler (1568). Hans Haiden (1540 - 1613) erfand 1575 ein „Nürnbergisch Geigenwerk“, einen Streichflügel in Art einer Superdrehleier, von denen er allein 23 (!) Stück herstellte; das läßt auf eine größere Werkstatt schließen. Sebastian Virdung hat 1511 im übrigen noch gesagt: *Das clavichordium vnnd andere instrument wie man dye machen soll das wil ich nit beschreiben dann das trifft mer ... das handwerck der schreyner an dann dye musicam ...*, was natürlich die Klavierbauer weit von sich weisen würden.

Wie schon gesagt, Nürnberg ist – bis zum Ende des 18. Jahrhunderts – die erste geschlossene Einheit im deutschen Musikinstrumentenbau, und sie füllt zum großen Teil das erste der fünf Jahrhunderte, das Anlaß für unser Jubiläum ist.

Kommen wir auf einen anderen, kleineren Ort, der im 16. Jahrhundert auch eine gewisse Bedeutung in unserem Zusammenhang gehabt hat, auf das schwäbisch-bayerische Memmingen. Hier war u.a. Jörg Wier als Holzblasinstrumentenmacher tätig. Das Wiener Instrumentenmuseum

Inschriften auf den Metallringen einer Bassettflöte (Salzburg) von Hans Rauch von Schratt

31 Auch Rotschmieddrechsel = Abdrehen gegossener Stücke.

32 Heute noch: Metallblasinstrumenten- und Schlagzeugmacher. Ein alter Zopf der Handwerksordnung. Realiter handelt es sich mittlerweile um zwei ganz verschiedene Berufe.

33 Vgl. Dullat.

34 Vgl. hierzu: Lasocki: „The Bassanos...“ In: *Early Music,* November 1986, und Organo: „16th century Venetian wind instrument makers“. In: dto., August 1985.

35 Vgl. van der Meer.

Die Stadt Füssen am Lech.
Holzschnitt von Stefan Hamer 1546.
Stadtarchiv Füssen

bewahrt zwei Krummhörner von ihm mit der Jahreszahl 1522 auf und das Berliner eine Krummhornschutzkapsel mit der Inschrift „1537 Joerg zuo Memingen".

Hierher gehört möglicherweise auch Hans Rauch von Schratt(enbach), das in der Nähe von Memmingen liegt. Von ihm sind zahlreiche Blockflöten überliefert (München, Antwerpen, Salzburg[36], Sammlung Moeck).

Ein wichtiger Ort ist Füssen[37], die Lechstadt an der ehemaligen Via Claudia, der Verbindungsstraße zwischen Italien und Süddeutschland.

Der Lauten- bzw. Geigenbau beginnt hier aktenkundig 1461 mit Pechtold, 1493 dann Jörg Wolf. Im 16. Jahrhundert folgen Georg Fronthofer, Kaspar Rauch, Hans Purkholtzer u.a. Von Füssen ging eine große Ausstrahlung aus, z.B. nach München, Wien, Nürnberg (Hans Ott aus Füssen arbeitete 1434 - 1463 dort), Prag, Lübeck, Rostock, Straßburg u.a. Nach Lyon zog 1546 der berühmte Kaspar Tieffenbrugger. Bedeutend ist auch die Tätigkeit der Füssener Lauten- und Geigenbauer in Italien. Der wohl aus Füssen stammende Laux Maler (gest. 1550) unterhielt in Bologna schon eine Art Massenfertigung. 1562 wurde in Füssen eine Lautenmacherzunft[38] gegründet, die älteste bekannte Musikinstrumentenmacherzunft in Deutschland. Mit der Familie Stoß erlosch das Handwerk Ende des 18. Jahrhunderts.

Demgegenüber kam der Geigenbau nach Mittenwald erst mit Matthias Klotz (1653 - 1743), der bei dem Füssener Giovanni Railich in Padua gelernt hatte. Matthias Klotz brachte aber etwas Besonderes in die Geigenfertigung: das sogenannte Verlegertum. Er ließ von anderen auf Vorrat arbeiten und sorgte für den Absatz, eine Produktionsform, die uns auch im vogtländischen „Musikwinkel" begegnen wird. Angefangen hat es mit dem Hausierhandel. Man zog, wie es der alte Klotz getan hatte, mit einer „Butte" (auf die ein Heiligenbild mit einer Geige gemalt war) zunächst in der näheren Heimat umher. Die musikliebenden bayerischen Klöster waren gute Abnehmer, später ging man u.a. auf die Messen nach Frankfurt und Leipzig. Mittenwalder Verlegerfirmen waren ab 1750 die Gebrüder Neuner, später Neuner und Hornsteiner, und ab 1790 J. A. Baader & Co. 1910 waren es immerhin ca. 40.000 Geigen, die neben Zithern, Gitarren, Bässen etc. jährlich auf diese Weise verkauft wurden. Später verlor die Mittenwalder Hausindustrie gegenüber der des „Musikwinkels" an Bedeutung.[39] Eine Geigenmacherzunft hat es in Mittenwald nicht gegeben.

Als weiterer Alpenort ist Berchtesgaden[40] zu nennen. Hier erhielten am 11. 5. 1581 die Pfeifenmacher einen eigenen Zunft- und Handwerksbrief. Bis ins 19. Jahrhundert sind 50 Meister der Familie Walch bekannt. Daneben sind es die Familien Renoth, Hochbichler, Fischer und Öggl. Letztere Familie machte bis heute noch die Berchtesgadener Pfeiferln. Neben den wertvollen barocken Holzblasinstrumenten, die vor allem von der Familie Walch hergestellt wurden, waren es in Berchtesgaden vor allem Spielzeugpfeifen, die über Verleger vertrieben wurden. Joseph Haydns *Sinfonia Bertholdgadnensis à 2 Violini: e Basso con Guckuck, Trompette, Trommel, Nachteule, Schnarre, Cimblstern, Pfeifel oder Wachtel* ist für Berchtesgadener Kinderinstrumente geschrieben. Christoph Weigels Pfeifenmacherbild (1698, s. S. 41) könnte eine Berchtesgadener Werkstatt sein, denn als eigene Zunft gab es Pfeifenmacher sonst nicht.

Leipzig.[41] 1356 ist hier schon ein Orgelbauer Joachim Schund nachgewiesen, der die Orgel für die Thomaskirche baute. Von hier stammt auch das älteste datierte deutsche Cembalo mit der Inschrift GOTTES WORT BLEIBT

---

36 Vgl. Langwill, S. 212; über Rauch kündigt Young eine Untersuchung an.

37 Vgl. van der Meer.

38 Noch vor der Zunft der „faiseurs de lutz" 1599 in Paris. 1557 hatten sich aber schon die Klavierbauer in Antwerpen zur Gilde des Heiligen Lukas zusammengeschlossen.

39 Vgl. Kürth.

40 Vgl. Bruckner.

41 Vgl. Küppers und Lubnow; über den Leipziger Klavierbau vgl. das betreffende Kapitel.

EWICK BEISTAN DEN ARMEN ALS DEN REICHEN · DURCH HANS MULLER CU LEIPCIK · IM 1537.[42]

Orgel- und Klavichordienmacher werden hier seit 1523 mehrfach in der Bürgerliste ausgewiesen, ab 1569 auch mehrere Lautenmacher. Besonders war in Leipzig die Saitenmacherei zu Hause. So schreibt Bürgermeister Hieronymus Rauscher 1575 an seinen Kurfürsten: „... alhie aber werden die allerbesten gemacht". Als erste Darmsaitenmacher[43] nennt uns die Bürgermatrikel 1556 Niclas Guden und Arnold Findiger.

Verleger- bzw. Heimarbeitsunternehmen im Streichinstrumentenbau gab es in Leipzig schon im 16. Jahrhundert. Hierzu gehörten Stadtpfeifer Bernhard Krause (gest. 1574) und Peter Hackenbroich (gest. 1611), während ein Jurist Hirschstein (gest. 1760) schon ein sehr breit gefächertes Sortiment, besonders für den Export in den Osten, unterhielt.[44]

Flöten- und Maultrommelhändler. Stich nach einem Ölbild von Pieter Bruegel d.Ä. (1525-1569). Bibliothek Albert I, Brüssel

Leipzig. Anonymer Kupferstich von 1713

In Leipzig gab es auch einen Markthandel mit Musikinstrumenten, offenbar nicht nur zu Messezeiten. So schreibt 1556 der Student Christoph Kress an seine Familie, er wolle ein kleines Tasteninstrument zum Üben kaufen „dan man hat ir jetzund auf dem marckt fil fail". Er kaufte das unbezogene Instrument für 8 Thaler und ließ es von seinem Lehrer, einem Organisten, beziehen.

Markt- und Wanderhandel mit Musikinstrumenten gab es auch anderswo, wovon der folgende Bildausschnitt zeugt.

Die Leipziger Instrumentenmacher fühlten sich nicht „zünftig", sondern eher als von einer „anerkannt freien Kunst"[45]. Aus gegebenen Schwierigkeiten haben aber einzelne u.a. bei den Tischlern einen Beitrag bezahlt, um von ihnen Gesellen zu bekommen. — In Leipzig wirkte auch Johann George Tromlitz (1725 - 1805), Jurist, Flötensolist und -konstrukteur, der die Querflöte in Stimmung und Klang zu verbessern versuchte. An weiteren Holzblasinstrumentenmachern sind u.a. zu nennen die Bauermanns, die Crones, die Eichentopfs und J. Pörschmann. Aus der Familie Sattler stammten sowohl Holz- wie auch Blechblasinstrumentenmacher. Als solche waren auch Schwabes bekannt. Anhand einer Notiz aus den Leipziger Ratsakten von 1792 schreibt Küppers[46] über die Leipziger Blasinstrumentenmacher, die neben den Dresdnern seit ca. 1750 für einige Jahrzehnte in der Bedeutung die Nürnberger abgelöst hatten (1764 waren es schon 25 an der Zahl, nach den napoleonischen Kriegen ging ihre Zahl drastisch zurück):

Im Uebrigen hat ein loses äusseres Band auch die Leipziger (Blas-)Instrumentenmacher umschlungen. Es bestand unter ihnen eine Art freier Vereinigung — wie im Voigtlande —, welche ihr Quartal hielt und dergleichen mehr. In Bezug auf Lehrlingswesen u. s. w. hatten auch sie bestimmte Normen. Eine Aeusserung hierüber aus dem Munde des „ältesten der hiesigen musikalischen Instrumentenmacher" findet sich in den Akten des Jahres 1792. Es wäre bei ihnen üblich — erklärt der Experte vor dem Rathsaktuar — „dass ein Lehrling sechs Jahre, und wenn er dem „Lehrherrn" ein Bette mitbringe, fünf Jahre in der Lehre stehen müsse". Verhalte sich jedoch der Lehrling gut und lerne zeitig etwas, so stehe dem Lehrherrn frei, jenem ein halbes, auch nach Befinden wohl ein ganzes Jahr von der Zeit zu erlassen. Losgesprochen

[42] Vgl. Aufsatz van der Meer in diesem Buch, Fußnote 1.

[43] In München und Ulm waren die Saitenmacher den Metzgern zugeordnet. Vgl. Musikgeschichte in Bildern III, 9. Leipzig 1976, S. 136.

[44] Vgl. Heyde: Musikinstrumentenbau, S. 52.

[45] Vgl. Küppers.

[46] Vgl. auch Heyde, Leipzig.

werde ein Lehrling bei ihnen nicht. Der Lehrherr pflege vielmehr ihn nur loszugeben und ertheile den Lehrbrief bloss unter seiner Unterschrift...

Als selbständiger Meister sich niederzulassen, stand freilich im Belieben eines Jeden, war weder an eine Form noch an eine Bedingung geknüpft. Wer sich geschickt dafür hielt, mochte Tongeräth verfertigen. Das Instrumentenmacher-Gewerbe war eben eine „freie Kunst".

Die Leipziger Geigen- und Blasinstrumentenmacher arbeiteten im 19. Jahrhundert in kleinerem Rahmen u.a. auch für die Mitglieder des Gewandhausorchesters. Über die bedeutende Leipziger Klavierindustrie vgl. die Artikel von Batel und Goebels.

Nördliche Ansicht von Dresden. Nach Schiffner (1840)

Dresden ist berühmt wegen seiner Silbermann-Orgeln. Gottfried Silbermann (1683 - 1753), der auch ein bedeutender Klavichord-, Cembalo- und Hammerklavierbauer war, hatte seine Werkstatt allerdings in der 40 km entfernten Bergstadt Freiberg. Dresden trat im 18./19. Jahrhundert besonders auch durch den Blasinstrumentenbau hervor. Als Holzblasinstrumentenmacher am bekanntesten ist hier neben Jacob Friedrich Grundmann die Familie Grenser. Die Dresdner Oboen und Fagotte waren Vorreiter für die weitere Entwicklung. Erstere waren bis in die 1930er Jahre mit führend. In diesem Zusammenhang sind auch Floth, Bormann, Golde, Zencker, Pinder, Seeling und Poppe zu nennen. Im Blechblasinstrumentenbau hat Dresden eine ältere Tradition. Aus dem 16. Jahrhundert ist Walter Springer bekannt, aus dem 17. Jahrhundert als kurfürstlich sächsische Posaunenmacher die Familie Koch, und aus dem 18. Jahrhundert kennen wir Johann Werner, J. C. Müller, C. F. Riedel, J. G. Leutholt und Friedrich Wilhelm Jacobi (1762 - 1813), der eine größere Werkstatt unterhielt. In Dresden erfand der Hornist Anton Joseph Hampel (1705-1771) das Inventionshorn mit austauschbaren Aufsatzbögen, das Johann Werner zwischen 1750 und 1755 dann nach seinen Angaben baute. Seit Anfang des 19. Jahrhunderts lassen sich verschiedene Vogtländer als Blechblasinstrumentenmacher in Dresden nieder (u.a. Heckel und Eschenbach), nach 1850 auch etliche Geigenbauer.[47]

In Berlin läßt sich der Musikinstrumentenbau bis ins 17. Jahrhundert zurückverfolgen. Michael Praetorius erwähnt 1619 Hans Schreiber als Verfertiger einer Oktavposaune und eines außergewöhnlichen Kontrafagotts (s. S. 40). Schreiber war ein Bläser der kurfürstlichen Kapelle, der zugleich auch für die Blasinstrumente zu sorgen hatte wie sein Kollege Peter Rutte für die Streichinstrumente. 1738 empfiehlt Philipp Eisel in seinem *Musikus autodidaktos* (Erfurt 1738) besonders die Berliner Fagottrohre. Als Kunstdrechsler und Holzblasinstrumentenmacher hatte Johann Heitz 1713 das Bürgerrecht erworben. Von ihm sind etliche Blockflöten erhalten. Vom Kupferschmied Blanvalet existiert eine silberne Trompete von 1721.

Für die Entwicklung der Querflöte ist besonders Johann Joachim Quantz, der 1741 als Flötenlehrer Friedrichs des Großen an den Berliner Hof kam, zu nennen. Seit 1739 machte er auch selber Flöten bzw. machte sie spielfertig. Seine Schule setzte Friedrich Gabriel August Kirst (1750 - 1806) fort, der 1772 die Werkstatt seines Meisters Freyer übernahm und ein Privileg für die preußischen Armeeinstrumente erhielt. Sein Nachfolger war sein Stiefsohn Johann Gottlieb Freyer, der sich zeitweise mit seinem Kollegen Martin zusammentat. Des weiteren werden Mautinn und Lehmann genannt. 1788 erhielt August Friedrich Krause in Potsdam den Auftrag, der Armee 180 Flügelhörner zu liefern. Krause galt auch als bester Hersteller der Inventionstrompete über Berlin hinaus. Des weiteren sind als Blasinstrumentenmacher Grießling und Schlott (beide aus der Werkstatt Kirst), Gabler, Poehla, Piering, Dölling, Weiße, Knochenhauer, Skorra und vor allem die Familie Moritz zu nennen. Erstere bauten um 1815 – sozusagen in einer Berliner Sternstunde – für Heinrich Stoelzel nach dessen Angaben das erste Blechblasinstrument mit Ventilen (vgl. oben), auch arbeiteten sie mit Iwan Müller an der Entwicklung der Klarinette. A. Knochenhauer wurde mit Patent vom 8. Mai 1841 der Akademie der Künste zum königlich akademischen Künstler ernannt, eine speziell Berliner Ehrung für viele Instrumentenmacher.

In Zusammenarbeit mit dem die Militärmusik revolutionierenden Musikdirektor des Garde du Corps Wilhelm Wieprecht vervollkommnete das Ventilsystem an Blechblasinstrumenten vor allem die „Jahrhundertfirma" Moritz. Diese war 1808 von Johann Gottfried Moritz, aus Sachsen kommend, gegründet und von seinen Nachkommen mit Erfolg über mehrere Generationen als eine der bedeutendsten Blasinstrumentenfirmen fortgeführt worden. An kleinen Firmen der Gründerzeit sind u. a. zu nennen Zetsche, Stürtzbecher und Michel, Paulus, Sprinz, Glaß, Eschenbach (der sich besonders den Posthörnern widmete), Gnädig, Seiffert, Wernicke u. a., etliche von ihnen mit dem Titel Hofinstrumentenmacher, der in Berlin freigebig verliehen wurde.

Oskar Oehler (1858 - 1936), gelernter Orgelbauer, Mitbegründer und Klarinettist des Berliner Philharmonischen Orchesters, gründete 1887 eine eigene Werkstatt von

[47] Vgl. Drechsel.

hohem Rang. Er war der Schöpfer der Klarinette „System Oehler“, das in Mitteleuropa – mit Abwandlungen – noch weitgehend führend ist.

Emil Rittershausen († 1927), Gold- und Silberschmied, war bei Theobald Boehm in München als Gehilfe tätig, bevor er sich 1876 mit seiner Nobelwerkstatt für Boehm-Flöten in Berlin niederließ.

Otto Steinkopf (1904 -1980) begann nach 1950 in Berlin, sich der Rekonstruktion historischer Holzblasinstrumente zu widmen (was 1912 schon Julius Schetelig unter anderen Aspekten angefangen hatte). Er setzte seine Arbeit ab 1964 bei Moeck in Celle fort.

Offensichtlich muß es an der berühmten „Berliner Luft“ gelegen haben, daß die dortigen Blasinstrumentenmacher so erfindungsreich gewesen sind. Leider ..., es gibt sie alle nicht mehr, wobei es wohl nicht nur die zentrifugalen Kräfte der Isolation Berlins sind.

Eine gute Tradition hat Berlin auch im Saiteninstrumentenbau. In der Hofkapelle des 17. Jahrhunderts waren besagter Peter Rutte und Blasius Maukisch angestellt. Um 1700 wirkte als königlicher „Hoff, Violdegam- und Lautenmacher“ Jacob Meinertzen, ihm folgte Anton Bachmann, diesem sein Sohn Carl Ludwig.

Ein bekannter Gitarrenmacher nach 1800 war B. J. G. Thielemann. Den „akademischen“ Geigenbau begann 1825 Carl Grimm, gefolgt von Söhnen und Gehilfen, der ebenso wie August Riechers (der 300 Stradivaris in seinen Händen gehabt haben soll) mit dem damals an der Berliner Hochschule tätigen führenden Violinisten Joseph Joachim Verbindung hatte. Für seine Imitationen vornehmlich nach Guadagnini und Gagliano war Michael Dötsch (1874 - 1929) bekannt.

Berühmt war die Möckel-Schule. Oswald Möckel (1843 - 1912) machte sich 1869 selbständig. Ihm folgten seine beiden verfeindeten Söhne Otto (1869 - 1937) und Max (1873 - 1937), die beide den Vater noch übertrafen. Von Max stammt die Theorie des Goldenen Schnittes im Geigenbau. Otto war auch einer der bekanntesten Geigenforscher und Verfasser von Lehrbüchern. Den Geheimnissen des Geigenbaues auf die Spur zu kommen versuchte auch Carl Schulze mit seinem 1882 gegründeten Atelier. Ihm nach tat es 1898 Sanitätsrat Dr. Max Großmann, der als technischer Leiter einer später in Verruf gekommenen Neu-Cremona Kunstinstrumentenbau-GmbH. agierte. – Aus den alten Traditionen kommen noch etliche der jetzigen Berliner Geigenbauer.

Vor allem unter den Berliner Klavierbauern waren zahlreiche „akademische Künstler“ bei der Akademie der Künste und mechanischen Wissenschaften immatrikuliert, die nach dem Statut von 1790 ihre Kunst „ungehindert, frey und sicher ohne den geringsten Widerspruch aller Zünfte und Gilden“ (1810 wurde allerdings die Gewerbefreiheit eingeführt) ausüben konnten. Der akademische Künstler war vor Nachahmungen seiner Produkte geschützt, war aber auch verpflichtet, von ihm Erfundenes in einem Gratisstück der Akademie zu überlassen. – Über die einzelnen Klavierbauer, unter denen die Firma Bechstein besonders hervorragt, vgl. die Artikel von Batel und Goebels. Von den 1911 in Berlin gezählten ca. 200 Klavierfabrikanten sind nur noch drei geblieben.

Ein Wort noch zur Herstellung von Spieluhren, Leierkästen etc. in Berlin. Friedrich der Große ließ 40 Schweizer Uhrmacher nach Berlin kommen, und 1786 schreibt Friedrich Nicolai in seinem Ortsführer „Spieluhren ... werden in Berlin in so großer Vollkommenheit gemacht, als sonst nirgends.“

Der älteste Berliner Drehorgelhersteller war Pietschmann (1835), der um 1900 500 Mitarbeiter beschäftigte. Aus Italien kamen Frati, Cocchi, Bacigalupo und Graffigna, zum Teil bedeutende Firmen mit viel Export. 800 Drehorgelspieler gab es einmal in Berlin, heute nur noch knapp 10; auch gibt es nur noch einen Drehorgelbauer.

Zwischen 1925 und 1933 waren auch die goldenen Jahre der Berliner Schallplattenproduktion[48].

München hatte durch die Jahrhunderte immer seine Instrumentenmacher. Unter ihnen war Theobald Boehm (1794 - 1881), Konstrukteur der revolutionären Boehm-Flöte, der genialste. Ihm stand als Akustiker Karl F.E. von Schafhäutl (1803-1890) zur Seite. Hinsichtlich der Klarinette sind Benedikt Pentenrieder (1809-1849) und Georg Ottensteiner (1815-1879) zu nennen. Heinrich (1784-1847) und sein Sohn Carl Baermann (1810-1885) waren berühmte Münchener Klarinettisten, die die Weiterentwicklung der Klarinette vorantrieben. Die Saurles waren bekannte Münchener Blechblasinstrumentenmacher des 19. Jahrhunderts.

Wien hat seine spezielle Tradition. Aus dem 16. Jahrhundert wissen wir, daß die Paukenherstellung hier eine Heimstatt hatte; Heinrich VIII. von England, der Ritter Blaubart, ließ sich einige kommen. Ansonsten waren dort viele Lauten- bzw. Geigenmacher zu Hause. Um 1800 gab es ca. 150 Klavier- und Orgelmacher, 32 Geigenbauer und 25 Blasinstrumentenmacher. Bekannte Wiener Blasinstrumentenmacherfamilien sind u.a. die Leichamschneiders (18. Jahrhundert), die Kochs und Uhlmanns (18./19. Jahrhundert) und die Riedls und Zieglers (19. Jahrhundert). Der Wiener Blasinstrumentenbau hat seine besondere Bedeutung, denn die Wiener Oboen, Hörner und Trompeten sind in ihrer Bauart sehr eigenständig. Wiener Oboen z.B. sind zarter und beweglicher in sich als ihre französischen Schwestern.

Von den berühmten Wiener Klaviermachern wird in den betreffenden Artikeln die Rede sein.

Auch Mainz, eine musikinteressierte Stadt, in der sich etliche Klaviermacher ernähren konnten, soll nicht unerwähnt bleiben. Die dem Verlag Schott (gegründet 1770) zeitweilig angegliederte Blasinstrumentenwerkstatt betreute Karl Almenräder. Hier war auch C. F. H. Jehring tätig, und 1829 trat dessen Neffe Johann Adam Heckel ein, der sich später mit Almenräder im nahen Biebrich insbesondere für

[48] Hierzu vgl. Droysen-Reber/Elste/Haase, Lit.verz. Anhang

die Fagottherstellung selbständig machte. 1782 gründete Franz Ambros Alexander die für Hörner und Tuben berühmte Blechblasinstrumentenwerkstatt in Mainz.

Stuttgart hat einige Bedeutung für die Klavierherstellung wie ebenso etliche Orte in Thüringen (Gera, Eisenberg, Jena etc.), wo auch – wie in Trossingen – die Harmonikaherstellung florierte. Für Klaviere sind des weiteren Braunschweig, Nordhausen, Liegnitz, Barmen und Schwelm, Hamburg u.a. zu nennen, für den Holzblasinstrumentenbau des 19. Jahrhunderts noch Bayreuth (Stengl), Fulda und Kassel (Familien Mollenhauer) und Eerfurt (Kruspe), für die Saitenherstellung seit 1798 Offenbach (Pirazzi) und für den Schlaginstrumentenbau seit 1875 Weissenfels an der Saale (Link, heute Aue in Westfalen).

Ein besonderes Kapitel ist die Geschichte des sogenannten sächsisch-böhmischen „Musikwinkels".

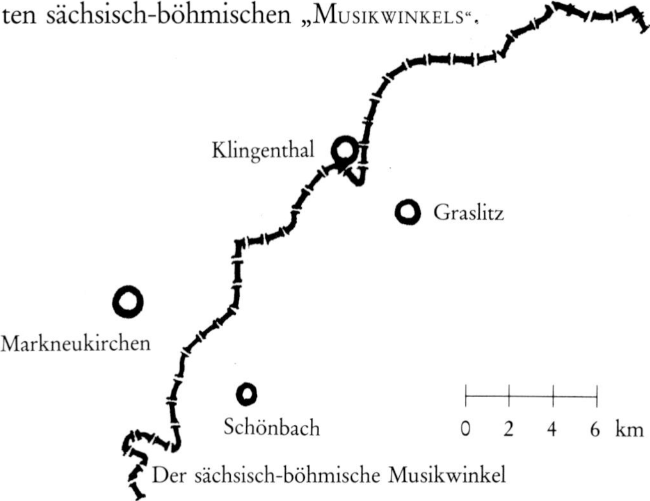

Der sächsisch-böhmische Musikwinkel

Gemeint sind die böhmischen Orte Graslitz (gleichermaßen auch für seine Textilindustrie bekannt) und Schönbach und die über die Grenze nur wenige Kilometer entfernten vogtländisch-sächsischen Orte Markneukirchen, Klingenthal u.a., deren Konkurrenz der ältere Streichinstrumentenbau in Erfurt und in Randeck und Helbigsdorf im Erzgebirge im 17. Jahrhundert erlag.[49]

Viele heute auch anderswo – auch im Handel – zu findende bekannte Namen in unserer Branche kommen von dort; um nur einige zu nennen[50]: Brandner, Brückner, Dörfler, Dotzauer, Elgas, Fuchs, Glassl, Glässel, Götz, Hammerschmidt, Hammig, Hannabach, Herold, Höfner, Hopf, Hoyer, Hüller, Hüttl, Junger, Keilwerth, Klier, Kohlert, Kühnl, Langhammer, Lausmann, Lorenz, Lutz, Mädler, Meinl, Meinlschmidt, Meisel, Modl, Päsold, Petzold, Püchner, Rauner, Riedl, Roth, Rudert, Sandner, Schaller, Schuster, Siebenhüner, Teller, Übel, Wilfer, Winter, Wunderlich, Wurlitzer, Zöphel.

Wenn wir auf den „Musikwinkel" so ausführlich eingehen, hat das seinen Grund darin, daß mit dem Aufkommen des Industriezeitalters und der Popularisierung des Instrumentenspiels in einem nie vorher gekannten Ausmaß hier ein Herstellungszentrum entstand, das über ein Jahrhundert mit besonderer Emsigkeit weltmarktbeherrschend war. Die Geschichte dieses „Musikwinkels" – eine Formulierung, deren Herkunft mir unbekannt ist, die aber in vielerlei Hinsicht für sich spricht – ist im Zusammenhang noch nicht geschrieben worden.

Angefangen hat es wohl in Graslitz, wo, wie auch in den anderen Orten, der Bergbau zurückging und man nach neuen Erwerbsquellen suchte. 1610 finden wir als ersten Geigenbauer Johann Artus, dann 1631 Melchior Lorenz, 1645 Bartol Lippolt u.a. Ab 1650 – nach anderen schon früher – wandern Graslitzer Familien aus Glaubensgründen ab. Melchior Lorenz erscheint jedenfalls schon 1661 in den Steuerlisten des evangelischen Markneukirchen; was lag auch näher, als in diese nur wenige Kilometer entfernten Orte zu fliehen, zu denen man enge nachbarschaftliche Beziehungen hatte; man besuchte seit langem dort schon die evangelischen Gottesdienste. Immerhin wird 1669 (über 100 Jahre später als in Füssen) noch eine Geigenmacher-Innung gegründet. Als dann aber nach dem vehementen Einsetzen der Gegenreformation über die Hälfte der Bevölkerung exulierte – die Geigenbauer nach Markneukirchen, Klingenthal und Schöneck –, stagnierte der Geigenbau in Graslitz, und die Innung nahm seit 1771 auch andere Instrumentenmacher auf, vor allem Blasinstrumentenmacher. Joseph Simon Anger hatte Blechblasinstrumentenbau in Leipzig gelernt und brachte dieses Gewerbe 1778 in seine Heimatstadt Graslitz, wie Peter Ignaz Riedl (1769 - 1821) der erste Holzblasinstrumentenmacher dort war.[51]

Graslitz wurde dann im 19. Jahrhundert das Zentrum für Blech- und auch Holzblasinstrumente der österreichisch-ungarischen Monarchie. Für Blechblasinstrumente war aber eine große Konkurrenz die Firma Cervený in Königgrätz (gegründet 1842).[52]

Um 1850 gab es in Graslitz 20 Blechblas- und 12 Holzblasinstrumentenmachermeister. 1824 gründete Wenzel

Graslitz, mittlerer Stadtteil. Steindruck um 1885

[49] Vgl. Heyde/Liersch.

[50] die ich hier nicht den einzelnen Orten zuweisen will, weil sie z.T. ortsübergreifend sind. Abweichende Schreibweisen nicht berücksichtigt.

[51] Vgl. Kolb, S. 21.

[52] 1945 als Staatsbetrieb in Graslitz weitergeführt.

Stowasser eine Bechblasinstrumentenfirma, die bis 1945 bestand. 1830 beginnt Josef Soukup mit der Produktion der von Johann Keil in Wien erfundenen Zylindermaschine für Blechinstrumente, 1848 folgt ihm Josef Modl. Mit der Zylindermaschine war Graslitz bis 1945 führend. 1840 gründete der Graslitzer Ratswirtssohn Vinzenz Kohlert eine Klarinetten- und 1850 Josef Bohland (Bohland und Fuchs, später die erste Fabrik dieser Art mit Dampfantrieb) eine Blechinstrumentenwerkstatt, aus denen große Firmen hervorgingen. Um 1874 bestand die jährliche Graslitzer Produktion u.a. aus 8000 Blechblasinstrumenten, 7000 Zylindermaschinen, 2000 Holzblasinstrumenten, 6000 Mundharmonikas und einer Million Kindertrompeten (seit 1865 fertigte man in Graslitz vor allem auch Kinderinstrumente). Im letzten Jahrhundertviertel blühte die Stadt sehr auf. 1877 traten als bedeutende Blechinstrumentenhersteller A. K. Hüttl und 1882 F. X. Hüller hinzu und 1906 Johann Köstler als Harmonikaerzeuger neben der älteren Firma Daniel Langhammer. 1893 begann Johann Prorok mit der Fertigung von Darmsaiten und 1907 Luis Scheffler mit deren fabrikmäßiger Herstellung. Seit 1900 wurde Graslitz auch für seine Saxophone bekannt.

Sensationell war der große Streik der Musikinstrumentenarbeiter vom 11. Mai 1908 bis zum 14. Februar 1909, bei dem es nicht um höhere Löhne, sondern um Mitbestimmung gegangen sei. Es wäre vielleicht wert, über diese interessante Episode Näheres zu erfahren. Im übrigen gab es in Graslitz seit 1883 eine „Genossenschaft der Musikinstrumentenerzeuger des Bezirkes Graslitz" mit 14 Fachgruppen und über 400 Mitgliedern — das, was man später als Produktivgenossenschaft bezeichnete.

1914 hatte Graslitz 9 Blasinstrumenten-, eine Mundharmonika-, zwei Musikspielwarenfabriken und 157 Kleinbetriebe. Daß in Graslitz nicht nur hergestellt, sondern auch Musik gemacht wurde, kommt hinzu. Die in den 30er Jahren 14.000 Einwohner zählende Stadt mit eigener Musikfachschule und vielen Kapellen war immerhin in der Lage, die Beethoven-Sinfonien mit eigenen Kräften zu besetzen, wie ähnlich auch in den anderen Orten des Musikwinkels.

Schwere Zeiten machte die Graslitzer Musikinstrumentenindustrie zwischen den beiden Weltkriegen durch; das schwerste Schicksal war aber die Enteignung 1945 und die spätere Ausweisung. Die Graslitzer Betriebe siedelten sich

Schönbach vom Süden her gesehen. 1920er Jahre. Nach einem Ölbild von Helmut Glaß

dann verstreut u.a. in Nauheim bei Groß-Gerau, Gelnhausen, Frankenberg/Eder, Neustadt/Aisch, Winnenden bei Stuttgart, Waldkraiburg bei Mühldorf/Inn, Wolfhagen, Geretsried bei Wolfratshausen und Burgau bei Günzburg/Donau an.

Kommen wir zum 12 km von Graslitz entfernten SCHÖNBACH. Hier soll 1721[53] der Förster Elias Placht mit dem Geigenbau begonnen und dann seine Söhne nach Prag in die Lehre geschickt haben. Das war der Beginn der weitgehend auf dem arbeitsteiligen Verlagswesen beruhenden Schönbacher Saiteninstrumenten-Hausindustrie, die ihre Instrumente übrigens zum großen Teil über Markneukirchener Exporteure vermarktete; nach dem 1. Weltkrieg waren es immerhin 70 %.

1826 stifteten 55 Geigenmacher die Zunftfahne des „Ehrsamen Geigenmacher-Korbs" in Schönbach. 1847 gründet Franz Hoyer eine Fabrik mit 50 Mitarbeitern, später mit einem Zweigbetrieb in Wien. 1850 Gründung der Musikinstrumenten- und Saitenfabrik Osmanek. 1871 Gründung der Stimmpfeifen- und Bestandteilefabrik Leopold Müller (Osmanek und Müller, heute als Karl Junger in Bubenreuth). 1873 Musikfachschule. 1882 waren es bereits 600 Musikinstrumentenmacher. 1887 wird die Firma Otto Josef Klier gegründet, die damals allein nach Wien wöchentlich 120 Geigen lieferte. 1897 wird auch die Saiteninstrumentenfirma Karl Höfner gegründet, beide heute in BUBENREUTH. Des weiteren gab es in der Saitenherstellung die Firmen Hannabach (heute in Egglkofen), Placht und Siebenhüner (heute in Walldorf). 1904 versuchten die Schönbacher eine Produktivgenossenschaft nach Graslitzer Muster, die sich aber bald wieder auflöst. 1909 wird an die Musikschule eine Geigenbauschule angeschlossen.

Besonders erwähnenswert sind die Schönbacher Tonholzhändler. Sie holten Fichten aus dem Böhmerwald und Ahorn aus den Alpen, den Karpathen und Bosnien und verkauften ihr Tonholz in alle Welt, vor allem auch nach Markneukirchen und nach Mirecourt in den Vogesen (der französischen Geigenmetropole), und daneben Böden, Decken, Hälse, Schachteln, Wirbel, Saitenhalter, Stege etc. an die handwerklichen Geigenbauer.

---

53 Nach anderen soll es schon 1580 hier Geigenbauer gegeben haben, die aus Glaubensgründen über die Grenze ins Sächsische exulierten, hierzu vgl. Karl Mädler: „Entwicklung der Geigenmacherei im Schönbacher Ländchen". In: *Heimatbuch der Musikstadt Schönbach.* Bubenreuth 1969. Aber alle dortigen diesbezüglichen Angaben sind nicht überzeugend. Vgl. auch in selbiger Veröffentlichung: Jahnel/Mädler/Büchner/Lutz: „Die Instrumentenmacher des Schönbacher Ländchens". Hierin wird 1670 ein Geigenmacher Ferdinand Boller genannt, „vielleicht aus Mittenwald", und Johann Adam Pöpel aus Bruck, dessen 1664 gebaute Bratsche im Germanischen Nationalmuseum in Nürnberg liegt. Der Beginn der Hausindustrie dürfte nichtsdestoweniger auf die Familie Placht zurückzuführen sein. Die älteren Quellen sind beim großen Brand 1739 alle verbrannt.

Markneukirchen. Postkarte von 1927 (Musikinstrumentenmuseum Markneukirchen)

Um 1900 wurden in Schönbach von ca. 150 Betrieben 110.000 fertige Geigen, Celli, Bässe, Gitarren, Zithern und Mandolinen hergestellt, darüber hinaus gab es ca. 200 Betriebe für Bestand- und Zubehörteile und 30 für Blasinstrumente. In den 20er Jahren wurden in Schönbach jährlich um 250.000 Saiteninstrumente hergestellt, was in der Wirtschaftskrise 1929 - 1932 bis auf 20 % zurückging, sich dann aber erholte: 1937 waren es wieder ca. 200.000 Saiteninstrumente, davon – neben Ukuleles und Banjos – ca. 50.000 Gitarren. Immerhin wurden in den USA, dem ehemaligen Hauptabnehmerland, in dieser Zeit jährlich um 370.000 Gitarren selbst hergestellt, was verdeutlicht, daß mit der „Musikalisierungswelle" die Musikinstrumentenherstellung überall in großer Schnelligkeit wuchs, was die ursprünglichen Zentren nicht gerade schmälerte, aber ihren Prozentanteil erheblich minderte.

Die 1945 enteigneten und 1948 endgültig ausgewiesenen Schönbacher Instrumentenmacher siedelten sich z.T. in Ostdeutschland, in Hessen, in Mittenwald, vor allem aber in Franken an. Am 20. 10. 1949 erfolgte die feierliche Grundsteinlegung zur Geigenbauersiedlung Bubenreuth, das mit seinen umliegenden Orten wieder Heimat für viele junge und alte von neuem aufstrebende Betriebe wurde. Aus den verbliebenen Resten in Schönbach ist die tschechische Streichinstrumentenfabrik „Cremona" hervorgegangen.

Wenden wir uns nun der vogtländischen Seite des „Musikwinkels" zu, in dem im Laufe der Zeit – außer Klavieren – alles produziert bzw. vermarktet wurde, was es an Musikinstrumenten gab, wobei dieses ursprüngliche „Auswanderergebiet" die nur wenige Kilometer entfernten Heimatorte der Vorväter weit überflügelte.

In Markneukirchen schlossen sich 1677 12 Meister zu einer Geigenbauerinnung zusammen; 10 davon waren ehemalige Graslitzer, die wegen ihres Glaubens ins evangelische Kursachsen übergewechselt waren. 1709 war der Ruf Markneukirchens als Musikinstrumentenort schon so gefestigt, daß Kurfürst August der Starke dem Rat der Stadt eine besondere Bitte gewährte mit dem Kommentar: „Wir wollen es den Leuten nicht abschlagen; denn wenn die auf ihren Geigeln und Pfeiffeln darüber zu lamentieren anfingen, so müßte wohl die Hälfte unseres Voigtlandes vor Angst davonlaufen."[54]

1716 gründeten „Exuli Christi" auch im konkurrierenden Klingenthal eine eigene Geigenmacherinnung. 1777 folgte in Markneukirchen eine Saitenmacherinnung (1907 waren darin 41 Einzelhandwerker und 66 Betriebe mit im Schnitt 10 Gehilfen). Die Markneukirchener Qualitätssaite geht auf eine Erfindung Israel Kämpffes 1782 zurück. Interessant ist der Reisebericht eines Markneukircheners, der zur Beschaffung von Schafdärmen bis weit hinter den Ural gereist ist. 1790 versuchten auch die Markneukirchener Bogenmacher, eine Innung zu bekommen, wurden aber behördlicherseits abgewiesen. Bogen wurden bis dato meist aus dem thüringischen Schmalkalden eingeführt. 1907 gab es immerhin 38 Alleinarbeitende und 42 Gehilfenbetriebe, die in Markneukirchen Bogen herstellten.

Wie die Mittenwalder mit ihren Geigen auf die Märkte gingen, haben es zunächst auch die Vogtländer gemacht mit Ranzen und Schiebekarren von Ort zu Ort. Aber Herstellung und Verkauf bedürfen verschiedener Talente. So nahmen die Markneukirchener schon 1713 einen Ungelernten, Johann Elias Pfretzschner, in ihre Zunft auf mit der Verpflichtung, nur Handel zu treiben. Das war das sogenannte „Meisterrecht mit Handel und Wandel".[55] 1771 waren es schon 50 solcher Händler, die für die Vermarktung sorgten.

---

[54] Vgl. Wild, S. 241.

[55] Hierzu vgl. ausführlich Lütgendorff I.

Anzeige einer 1906 gegründeten Firma

Das führte dann später dazu, daß vor allem die kleinen Meister immer mehr in Abhängigkeit gerieten. Die bittere Not, mit der sie z.T. zu kämpfen hatten, schildert die Erzählung von Karl Gustav Nieritz (1795 - 1876) *Der arme Geigenmacher und sein Kind.* Frauen und Kinder arbeiteten allgemein mit, und die Söhne erlernten gewöhnlich den Beruf des Vaters. Fremde Lehrlinge waren aus Ortsinteresse unüblich. So vererbte sich in den Familien das Gewerbe von den Exulanten bis ins 20. Jahrhundert.

Die Saiteninstrumentenherstellung (bis ins späte 18. Jahrhundert noch in Einzelfertigung, doch schon 1717 wird der erste Wirbeldrechsler in die Innung aufgenommen) erreicht um 1850 eine – dem Verlagssystem entsprechende – fast völlige Arbeitsteilung: Es gab bis in die umliegenden Orte Schachtelmacher, Halsschnitzer, Stegschnitzer, Griffbrettmacher und bei den Bogenmachern sogar Froschmacher und Beinchendreher u.a.m. Das war natürlich eine höchst rationalisierte Herstellungsweise, die preislich nicht zu schlagen war.

Seit der 2. Hälfte des 19. Jahrhunderts gab es auch Kleinbetriebe mit mehr als 5 Arbeitskräften, und 1906 begann eine Aktiengesellschaft mit 150 Mitarbeitern mit der maschinellen Herstellung von Geigen.[56] 1907 waren darüber hinaus 111 Einzelhandwerks- und 96 Gehilfenbetriebe mit 417 Gehilfen in der Geigenherstellung tätig. Dazu kamen noch für die Zupfinstrumentenherstellung 61 Einzelhandwerker und 41 Gehilfenbetriebe. Die noch heute in vielen Haushalten zu findenden Geigen mit den Pseudozetteln Stradivari, Guarneri, Amati etc. sind im übrigen vogtländischer Herkunft.

Isaak Eschenbach hatte um 1750 die „Waldhornmacherei“ von Leipzig nach Markneukirchen gebracht. Und bald baute man hier auch das von Hampel in Dresden erfundene Inventionshorn. Dann kamen die vielen Neuerungen mit den Ventilen, die der Branche einen ungeheuren Aufschwung gaben. Alles Neue wurde vor allem durch die Vermittlung der Händler schnell angenommen.

1797 wollten sich die inzwischen zahlreicher gewordenen Markneukirchener Blasinstrumentenmacher zusammenschließen, was ihnen als Innung nicht gelang. So vereinigten sie sich zu einer „besonderen Gesellschaft musikalischer Instrumente-Mechanici“, ähnlich wie 1805 im nahen Adorf.[57] 1844 - 1958 versuchten die Blasinstrumentenmacher wieder mehrmals, eine Innung zu bekommen. Die Regierung verhielt sich zögernd: Das „Fabrikmäßige“ würde durch den Zunftzwang gestört werden. Mit der Einführung der Gewerbefreiheit 1858 erledigte sich der Antrag dann von selbst. 1907 gab es in Markneukirchen 65 Blechblasinstrumentenmacher und mehrere größere Fabrikbetriebe.

Etwas jüngeren Datums ist die Holzblasinstrumentenmacherei in Markneukirchen. Johann Georg Gütter, der in Hof bei Johann Wolfgang Hoe nach 1770 gelernt haben soll, war der erste. 1820 gab es 28 Werkstätten, „welche Flöten alter Art, Clarinetten, Hautbois, Bassethörner, Fagotts, Oktavflöten, Stockflöten usw. fertigen“. 1907 waren es 11 Einzelhandwerker und 14 kleine und mittlere Betriebe.

Die arbeitsteilige hausindustrielle, aber auch die nach 1850 aufkommende fabrikmäßige Herstellung von Musikinstrumenten, bei der die 1881 gegründete „Sächsische Musikinstrumenten-Manufaktur Schuster und Co.“ besonders hervorragt, hat Markneukirchen mit seinen umliegenden Orten im 19. Jahrhundert zum weltgrößten Kleinmusikinstrumentenzentrum gemacht. Damit wurde dem überkommenen handwerklichen Kleininstrumentenbau in den einzelnen Städten weitgehend die Konkurrenzfähigkeit entzogen, soweit er nicht qualitativ Besonderes bieten konnte. Die Folge dieser Herstellungsart war auch – bis zu 90 % – die Anonymität der Instrumente und das Aufkommen der sogenannten Handelsmarken, wo die eigentliche Herkunft der Instrumente nicht mehr vermerkt war. Erst nach dem 1. Weltkrieg fand hier eine bewußte Gegenbewegung statt: Es entstanden wieder renommierte Meisterwerkstätten, die ihre Instrumente in kleineren Stückzahlen und in ständiger Verbindung mit kompetenten Solisten herstellten.

15 km nordöstlich von Markneukirchen liegt Klingenthal, nur 4 km vom böhmischen Graslitz entfernt. Der Ortsname ist keinesfalls etwa „musikalischer“ Herkunft, sondern bezieht sich auf das ehemalige Hammerwerk (wir haben es hier, wie schon gesagt, ursprünglich mit Bergwerksorten zu tun) Nicol Klingers. Der Ort formierte sich um 1628 durch die Ansiedlung böhmischer Exulanten vor allem aus Graslitz, dessen verbliebene protestantische Bewohner auch dann von dort kirchlich betreut wurden.

Den Geigenbau begannen in Klingenthal Mitglieder der Familien Hopf und Dörfler. 1716 gründeten vier Klingenthaler Geigenbaumeister eine eigene Geigenmacherinnung. Im übrigen sahen sie sich im 19. Jahrhundert länger als „Künstler“ an als sonst im Vogtland. Die Holzblasinstru-

[56] Etwa ähnlich wie auch in Mirecourt in Frankreich, wo 1790 Didier Nicolas eine Geigenmanufaktur gründete, die um 1850 an die 800 Mitarbeiter zählte.

[57] wo z.T. die Jehrings und Zenckers als Holzblasinstrumentenmacher ansässig waren.

Klingenthal um 1800 (Aus: *Das Akkordeon,* Leipzig 1964)

mentenherstellung führte kurz vor 1800 Johann Christoph Köhler ein, der gleichzeitig Händler war. Aus der Holzblasinstrumentenmacherfamilie Jehring zog Christian Friedrich hierher. Diese beiden Werkstätten legten den Grund für weitere.

Die Blechblasinstrumentenherstellung begann die Familie Glier um 1800. Aus dieser Familie stammen die beiden Brüder Glier, die nach 1829 – der Ort hatte damals 1500 Einwohner und auch etliche Textilbetriebe – die Begründer der Klingenthaler Harmonikaindustrie wurden. Die weitere Bedeutung Klingenthals lag – neben der Saiten- und Blasinstrumenten-Herstellung – vor allem in der Harmonika-Industrie. 1860 waren es bereits 1 Million Mund- und 200.000 Handharmonikas, 1929 50 Millionen und 1 Million.[58]

Mit dem Vogtland, an der Spitze Markneukirchen (wo es damals 138 Millionäre gegeben haben soll, allerdings weniger unter den Herstellern als unter den Kaufleuten, den „Fortschaffern") als Exporteur Nr. 1, war das Deutsche Reich bis 1928 mengenmäßig führend im Musikinstrumentenhandel. Dann aber vergrößerte sich die Fabrikation in den anderen Ländern beträchtlich, vor allem in den USA (Blech und Holz), wohin übrigens etliche aus dem Musikwinkel ausgewandert waren. In Mandolinen und Gitarren wurden Italien und Spanien Konkurrenten, in Holz und Blech vermehrt auch Frankreich (das in Mirecourt in den Vogesen seit 1690 ein dem Musikwinkel vergleichbares Geigenherstellungszentrum hat) und England, abgesehen davon, daß bis 1945 die stärksten Konkurrenten die „böhmischen Brüder" waren.

Neben Markneukirchen und Klingenthal sind noch einige kleinere Orte zu nennen, so Schöneck (Holzblasinstrumentenfabrik G. H. Hüller, gegründet 1878), Zwota, Wohlhausen, Erlbach, Wernitzgrün u.a., die sich aber im wesentlichen um die beiden Hauptorte gruppieren.

Über die im Zusammenhang mit der deutschen Teilung entstandenen volkseigenen (VEB) Musikinstrumentenfabriken und die Musikinstrumentenhandwerkergenossenschaft in der heutigen Deutschen Demokratischen Republik unterrichtet die Auflistung am Schluß des Buches.

Diese meine Ortsübersicht beansprucht keine Vollständigkeit vor allem in Hinsicht auf die vielen kleinen, aber oft nicht unbedeutenden Handwerksbetriebe, die abseits der Zentren lagen. Nicht eingegangen bin ich auf den Orgelbau und nur am Rande auf die Klavierindustrie. Hierzu ist alles Wesentliche den gesonderten Artikeln zu entnehmen. Das betrifft ebenso die Harmonika-Industrie. Deutlich hervorheben möchte ich aber, daß im 19. / Anfang des 20. Jahrhunderts fast 80 % der Musikinstrumentenherstellung im ehemaligen Deutschen Reich (1875: 4200 Betriebe mit 16.000 Mitarbeitern; 1925: 9000, einschließlich 340 Klavierfabriken, mit 60.000) im sächsischen Raum stattfand. Wie schon oben gesagt, die Weltwirtschaftskrise Ende der 20er Jahre und der Ausgang des 2. Weltkrieges veränderten die Szene völlig. Die Betriebe aus den abgetretenen Gebieten und auch etliche aus Ostdeutschland siedelten nach Westdeutschland über, die ostdeutschen wurden meist verstaatlicht. In Böhmen und auch in zu Polen gekommenen Gebieten entstanden aus verbliebenen Einrichtungen zum Teil neue Firmen.

Eine ausführliche Übersicht über die heute in der Bundesrepublik Deutschland, in der Deutschen Demokratischen Republik und in der Republik Österreich im Musikinstrumentenbau tätigen Betriebe findet sich am Schluß dieses Buches.

War schon vor 1939 die Musikinstrumentenherstellung in den USA, Frankreich (vor allem Blasinstrumente), England, Spanien (Gitarren) und Italien (Zupfinstrumente und Harmonikas) sehr aufgeblüht, so internationalisierte sie sich seit den 60er Jahren mit Japan, Korea und China weltübergreifend. In die Bundesrepublik importieren wir heute fast 60 % unseres eigenen Bedarfs, andererseits aber führen wir 70 % unserer eigenen Herstellung aus.[59] In dieser Internationalisierung hat der deutsche Musikinstrumentenbau, der u. a. im Holz-, Blechblas-, Klavier-, Schlaginstrumenten- und Harmonikabau nach wie vor mit führend ist, nur durch besondere Qualität eine Chance. Darüber hinaus wächst vermehrt eine junge Generation von Musikinstrumentenbauern heran, die ihr Handwerk wieder mehr als bisher als besondere Kunst sehen. Angesichts der heutigen weltweiten Massenherstellung von Instrumenten und des sich immer neue Kreise erschließenden Instrumentenspiels kommt dem künstlerisch hochwertigen Instrument als Leitbild und Gegengewicht besondere Bedeutung zu.

Musikinstrumentenbauer waren durch die Jahrhunderte in Zusammenarbeit mit den Musikern oft sehr erfindungsreiche und fleißige Leute, die von ihrem Beruf zum Teil ohne Rücksicht auf wirtschaftlichen Erfolg fasziniert waren. Was sie sich alles haben einfallen lassen, zeigt das ausgereifte heutige Instrumentarium. Und viele Tausende von Patentschriften des 19. und 20. Jahrhunderts zeigen, wie mühsam manchmal die Schritte waren.

---

[58] Vgl. Autorenkollektiv.

[59] Heute stellt die bundesdeutsche Industrie Instrumente für ca. 3/4 Milliarden DM (zu Erzeugerpreisen) her, wozu ca. 1/4 Milliarde von 650 Handwerksbetrieben kommt. Alles in allem wird dieser Umsatz von ca. 10.000 Beschäftigten erbracht.

Den Schluß dieses Einleitungskapitels bilden eine Zeittafel zur Geschichte der berufsständischen Vereinigung[60] und interessante Bilddokumente zur Handwerksgeschichte, die wir nicht in die anderen Artikel eingeordnet haben.

BERUFSSTÄNDISCHE VEREINIGUNGEN DER DEUTSCHEN MUSIKINSTRUMENTENBAUER

1562 Lautenmacherzunft in Füssen
1581 Pfeifenmacherzunft in Berchtesgaden
1625 Trompeten- und Posaunenmacherordnung in Nürnberg
1669 Graslitz
1677 Markneukirchen } Innungen der Geigenbauer
1716 Klingenthal
1777 Innung der Saitenmacher in Markneukirchen
1797 Besondere Gesellschaft musikalischer Instrumente-Mechanici (Blasinstrumentenmacher) in Markneukirchen
1863 Verein zur Hebung des Clavierbaues (in den preußischen Provinzen Rheinland-Westfalen)
1883 Genossenschaft der Musikinstrumentenerzeuger des Bezirks Graslitz (14 Fachgruppen mit über 400 Mitgliedern)
1888 Innung der Bogenmacher in Markneukirchen
1893 Verein Deutscher Pianoforte-Fabrikanten, Leipzig
1896 Freie Vereinigung der Berliner Pianoforte-Fabrikanten und verwandter Berufsgenossen
1897 Verband der Orgelbaumeister Deutschlands mit verschiedenen Landesverbänden
1897 Verein Deutscher Musikwerke-Fabrikanten, Leipzig
1899 Verband Deutscher Klavierhändler, Leipzig, mit den Untergruppen:
- Verein Berliner Klavierhändler und -fabrikanten (gegründet 1908)
- Verein der Hamburger Pianoforte-Fabrikanten und -händler (gegründet 1908)

1900 Verband Deutscher Harmonium-Fabrikanten, Leipzig
1901 Berufsgenossenschaft der Musikinstrumenten-Industrie, Leipzig, mit den Sektionen: Leipzig-Sachsen-Thüringen, Berlin-Preußen-Norddeutschland und Stuttgart-Bayern-Baden-Hessen-Württemberg
1904 Verband Deutscher Geigenbauer e. V., Berlin
1905 Schutzverband der Klavierindustriellen Westdeutschlands, Elberfeld
1907 Schutzverband der Deutschen Blasinstrumenten-Industrie und verwandter Gewerbe e. V., Berlin

[60] Für diese Zusammenstellung sei Notker Anton vom Bundesverband der deutschen Musikinstrumenten-Hersteller gedankt.

Verein zur Hebung des Clavierbaues
in den preussischen Provinzen
Rheinland-Westphalen.

№ 1936 der Vereins-Matrikel. Gültig für 1863.

Actien-Schein № 1936

geschrieben: [illegible]
für Rud Ibach jun in Barmen

CÖLN, den 1. Juli 1863.

Der Vorstand des Vereins:
Professor L. Bischoff, I. Vorsitzender. Capellmeister F. Hiller, II. Vorsitzender. H. Seligmann, Schatzmeister. Geschäftsführer (Friedr.)

Gegenwärtiger Actien-Schein gilt als Nachweis der Mitgliedschaft des Vereins und als Quittung des für das laufende Jahr geleisteten Beitrages von **zwei Thalern**, gleichzeitig als Loos für die Vereins-Verloosung. Er gewährt das Recht zum Besuch der Pianoforte-Ausstellung des Vereins in Cöln und der Permanenten Industrie-Ausstellung eben daselbst (Glockengasse 3).

1913 Verband Deutscher Pianomechanik-Fabrikanten, Berlin
1916 Verband der Musik-Industrie, Leipzig
(Bezirksverband des Reichsverbandes der deutschen Klavierindustrie und verwandter Berufe, Berlin, s.u.)
1917 Verband der Klaviaturen-Fabrikanten, Berlin
Verband Deutscher Saiten- und Catgutfabrikanten, Markneukirchen
Verband Musikinstrumenten-Industrieller, Markneukirchen
1918 Gesamtverband Deutscher Harmonikafabrikanten, Berlin
Verband Sächsischer Harmonikafabrikanten und verwandter Industrien, Klingenthal
Reichsverband der deutschen Klavierindustrie und verwandter Berufe, Berlin
Angeschlossene Mitgliedsverbände:
- Arbeitgeberverband der Berliner Musikinstrumenten-Industrie
- Bezirksverband Berlin des Reichsverbandes der Deutschen Klavierindustrie und verwandter Berufe
- Vereinigung der Klavierindustrie Dresden und Umgebung
- Bezirksverband Schlesien, Liegnitz
- Bezirksverband Thüringen, Zeitz
- Verband der Musik-Industrie e. V., Leipzig (gegr. 1916)
- Verband Württembergischer Pianoforte-Fabrikanten und verwandter Berufsgenossen, Stuttgart
- Schutzverband der Klavierindustriellen Westdeutschlands, Barmen
- Bezirksgruppe Eisenberg (Thüringen) des Reichsverbandes der deutschen Klavierindustrie und verwandter Berufe
- Verband Deutscher Pianofortefabrikanten e. V., Berlin (Zusammenschluß des Vereins Deutscher Pianofortefabrikanten, Leipzig, und der Freien Vereinigung der Berliner Pianofortefabrikanten und verwandter Berufsgenossen)
- Verband der unabhängigen Klavierindustrie, Dresden

1919 Verband der Bestandteilfabrikanten für Musikinstrumente, Berlin

1922 Verband Deutscher Klavierbauer und -stimmer, Magdeburg

1934 Musikinstrumentenmacher-Innung, Düsseldorf

1935 Arbeitsgemeinschaft Reichsmusikkammer-Musikinstrumentengewerbe, Berlin, mit u.a. folgenden Untergruppen:
- Fachgruppe Musikinstrumentenindustrie
- Fachuntergruppe Klavierindustrie
- Reichsinnungsverband des Musikinstrumentenmacher-Handwerks

1947 Bund Deutscher Orgelbaumeister (BDO)
Fachverband Deutsche Klavierindustrie e. V. (FDK) (bis 1954 Fachabteilung des Hauptverbandes der deutschen Holzindustrie)

1948 Verband Deutscher Geigenbauer (VDG)

1948 Fachausschuß für Hessen der Musikinstrumenten-Industrie, Nauheim
Bayerischer Verband der Musikinstrumenten-Erzeuger, Nürnberg
Fachverband Musikinstrumenten-Industrie, Stuttgart
(Diese drei 1962 zusammengeschlossen zum Bundesverband der deutschen Musikinstrumenten-Hersteller e. V., BdMH)

1950 Gemeinschaft Deutscher Musikverbände, Bonn, u. a. mit folgenden Verbänden:
- Fachabteilung Klaviere, Stuttgart
- Verband Deutscher Klavierhändler e. V., Viersen (VDK)
- Musikinstrumentenmacherinnung, Düsseldorf (ab 1951 Zentralverband, ab 1960 Bundesinnungsverband)
- Fachverband Musikinstrumente und Phonographische Erzeugnisse, Stuttgart
- Verband Deutscher Geigenbauer e. V., Köln (VDG)
- Bund Deutscher Orgelbaumeister e. V., München (BDO)
- Europiano

1951 Zentralverband des Musikinstrumentenmacher-Handwerks, Dortmund

1958 Bund Deutscher Klavierbauer (BDK)

1959 Fördergemeinschaft Klavier e. V.

1960 Bundesinnungsverband für das Musikinstrumenten-Handwerk, Dortmund (siehe unter 1951), seit 1968 in Nürnberg, seit 1974 in Kassel

1962 Bundesverband der deutschen Musikinstrumenten-Hersteller e. V., Frankfurt/Main (BdMH)

1966 Forschungsgemeinschaft Musikinstrumente e. V., Frankfurt a. M.

1969/70 Fördergemeinschaft Musik e. V.

1977 Confédération des Associations des Facteurs d'Instruments de Musique de la Communauté Économique Européenne (CAFIM), Brüssel, mit folgenden Verbänden:
- Association of Music Industries (AMI), Großbritannien
- Bundesverband der deutschen Musikinstrumenten-Hersteller e. V. (BdMH), Bundesrepublik Deutschland
- Chambre Syndicale de la Facture Instrumentale (CSFI; Fédération Nationale de la Musique), Frankreich
- Federazione Italiana Strumenti Musicali ed Accessori (FISMA), Italien
- Fachverband Deutsche Klavierindustrie e. V. (FDK), Bundesrepublik Deutschland
- Pianoforte Manufacturers' and Distributors' Association (PMDA), Großbritannien
- Asociacion Fabricantes Instrumentos Musicales y Accesorios (AFIMA), Spanien (ab 1986)

Postkarte mit Unterschriften bekannter Klavierhersteller

1977 Arbeitsgemeinschaft Musikwirtschaft (AGMW) im Deutschen Musikrat, Bonn,
mit folgenden Verbänden:
- Bundesverband der deutschen Musikinstrumenten-Hersteller e. V., Frankfurt a. M.
- Bundesverband der Phonographischen Wirtschaft e. V., Hamburg
- Deutscher Musikverleger-Verband e. V., Bonn
- Fachverband Deutsche Klavierindustrie e. V., Frankfurt
- Gesamtverband Deutscher Musikfachgeschäfte e. V., Bonn
- Verband Deutscher Bühnenverleger e. V., Berlin
- Verband der Deutschen Konzertdirektionen e. V., Stuttgart

1980 Fördergesellschaft der Deutschen Musikinstrumenten-Hersteller mbH., Frankfurt am Main

1985 Fachverband Historische Tasteninstrumente, Frankfurt am Main

1986 Ständiges Generalsekretariat der CAFIM in Frankfurt am Main

Literaturhinweise

Aicher, Richard: *Das MIDI-Praxisbuch.* München 1987

Altenburg, Detlef: *Musikinstrumentenbau in Köln.* (Studien zur Musikgeschichte des Rheinlandes) IV. Köln 1976.

Ders.: *Untersuchungen zur Geschichte der Trompete im Zeitalter der Clarinblaskunst (1500-1800).* I-III. Regensburg 1973.

Anton, Notker: „Zur Situation der deutschen Musikinstrumentenindustrie im Jahre 1984". In: *Das Musikinstrument,* 11(1984) S. 58ff.

Autorenkollektiv: *Das Akkordeon.* Leipzig 1964.

Bachmann, Werner: *Die Anfänge des Streichinstrumentenspiels.* Leipzig 1964.

Bahnert/Herzberg/Schramm: *Metallblasinstrumente.* Leipzig 1958.

Behn, Friedrich: *Musikleben im Altertum und im frühen Mittelalter.* Stuttgart 1954.

Berg, Hans-Walter: „Blasmusik in der Bundesvereinigung Deutscher Blas- und Volksmusikverbände - eine Untersuchung über die Situation der Musikvereine". In: *Deutscher Musikrat,* 47(1981) S. 22-30.

Berthold, Theodor u. Fürstenau, Moritz: *Die Fabrikation musikalischer Instrumente und einzelner Bestandteile derselben im Königl. Sächsischen Vogtlande.* Leipzig 1876.

Besseler, Heinrich: „Die Entstehungsgeschichte der Posaune". In: *Acta musicologica* XXII, 1-2. Kopenhagen 1950.

Bethmann, Rudolf: *Die Versorgung der Welt mit Musikinstrumenten.* Dissertation Berlin 1929.

Bletschacher, Richard: *Die Lauten- und Geigenmacher des Füssener Landes.* Hofheim a.T. 1978.

Böckh, Franz Heinrich: „Verfertiger von Instrumenten". In: *Wiens lebende Schriftsteller, Künstler und Dilettanten im Kunstfache ... Ein Handbuch für Einheimische und Fremde.* Wien 1822, S. 418-420.

Braune, Gerd: *Der Einfluß von Schallplatte und Rundfunk auf die deutsche Musikinstrumentenindustrie.* Dissertation Berlin 1934.

Bruckner, Hans: „Die Pfeifenmacherei in Berchtesgaden". In: *TIBIA,* 4(1979) S. 289ff.

Bullmann, Franz G.: „Berliner Instrumentenbau in der zweiten Hälfte des 18. Jahrhunderts". In: *Bericht über den Internationalen Musikwissenschaftlichen Kongreß 1974 in Berlin.*

Cieplik, Theobald: *Entwicklung der deutschen Klavierindustrie bis zu ihrer heutigen Bedeutung als Exportindustrie unter besonderer Berücksichtigung der nordamerikanischen Konkurrenz.* Dissertation Gießen 1923.

Deutscher Holzarbeiter-Verband: *Die Heimarbeit in der Holzindustrie. - Zur Heimarbeitausstellung in Berlin v. 28.4.-15.5.1922.* Berlin 1925.

Diderot/d'Alembert: *Encyclopédie des sciences, des arts et des métiers.* Paris 1762.

Doerfel, Curt Gustav: *Mei Klingetholer Hamet in Wort und Bild.* Brunndöbra 1925.

Drechsel, F. A.: „Zur Geschichte des Instrumentenbaus in Dresden". In: *Zeitschrift für Instrumentenbau.* 49(1928)

Dullat, Günter (Hrsg.): *Holz- und Metallblasinstrumente. Zeitschrift für Instrumentenbau 1881-1945.* Siegburg 1986.

Ders.: „Aufstieg und Niedergang eines Kunsthandwerks. Die Nürnberger Trompeten- und Posaunenmacher-Ordnung aus dem Jahre 1625". In: *Das Orchester,* Heft 11/12 1981.

Enders, Bernd: *MIDI-Presseinformationen zur Frankfurter Musikmesse 1987.* „MIDI - die digitale Brücke zwischen elektronischen und mechanischen Musikinstrumenten".

Euting, Julius: *Handel und Produktion in der Musikinstrumenten-Industrie.* Marburg 1931.

Festschrift anläßlich der gemeinschaftlichen Gedenkfeier der Saiteninstrumentenmacher-Innung und der Saitenmacher-Innung zu Markneukirchen zur Erinnerung an ihre Gründungsjahre 1677 und 1777. Markneukirchen 1927.

Festschrift für die 600-Jahr-Feier der Musikstadt Markneukirchen. Markneukirchen 1960.

Festschrift Schönbach. Festschrift anläßlich der 600-Jahrfeier der Musikstadt Schönbach. Schönbach 1921.

Fuchs, Adolf: *Die Standortverlagerung der sudetendeutschen Kleinmusikinstrumentenindustrie von Graslitz nach Schönbach.* Marburg 1953.

Gieseler, Walter: *Komposition im 20. Jahrhundert.* Celle 1975

Haenger, Wilhelm: *Die Musikinstrumenten-Industrie.* Dissertation Tübingen 1919.

v. Haller, Dorothea u. Leitherer, Eugen: „Die ehemalige Schönbacher und Graslitzer Musikinstrumenten-Industrie". In: *Berichte des Instituts für Exportforschung Nürnberg, Reihe B / Nr. 1: Die Exportverhältnisse von Flüchtlingsbetrieben in Bayern.* Nürnberg 1955, S. 76-96.

Haupt, Helga: *Wiener Instrumentenbau um 1800.* Dissertation Wien 1952.

Heimatbuch der Musikstadt Schönbach. Hrsg. vom Festausschuß zur 650-Jahr-Feier Schönbachs. Bubenreuth 1969.

Hellwig, Friedemann: „Der Lautenbau im späten 15. und im 16. Jahrhundert". In: *Das Musikinstrument,* 7(1985) S. 8-16.

Heyde, Herbert: „Die Blasinstrumentenbauer Jehring (Adorf) und Heckel (Adorf, Dresden, Biebrich). In: *Beiträge zur Musikwissenschaft* XIX/2(1977)

Ders.: „Carl Almenräders Verdienst um das Fagott". In: *Beiträge zur Musikwissenschaft* 14(1972) S. 225-231.

Ders.: *Trompete und Trompeteblasen im europäischen Mittelalter.* Dissertation Leipzig 1965.

Ders.: „Der Instrumentenbau in Leipzig zur Zeit Johann Sebastian Bachs". In: *300 Jahre Johann Sebastian Bach.* Tutzing 1985.

Ders.: „Der Holzblasinstrumentenbau in Leipzig in der 2. Hälfte des 18. Jahrhunderts". In: *TIBIA* 12 (1987).

Ders.: *Musikinstrumentenbau. 15. - 19. Jahrhundert. Kunst - Handwerk - Entwurf.* Leipzig 1986.

Heyde, Herbert u. Liersch, Peter: „Studien zum sächsischen Musikinstrumentenbau des 16./17. Jahrhunderts". In: *Jahrbuch Peters 1979.* Leipzig 1980.

Hildebrandt, Dieter: *Pianoforte oder Der Roman des Klaviers im 19. Jahrhundert.* München 1985.

Höfner, Karl: „Leistung hat Zukunft - Hundert Jahre Karl Höfner". In: *Das Musikinstrument* 1(1987) S. 130.

Hohner, Kurt: *Der deutsche Musikinstrumentenmarkt.* Dissertation Zürich 1969.

Jahn, Fritz: „Die Nürnberger Trompeten- und Posaunenmacher im 16. Jahrhundert". In: *Archiv für Musikwissenschaft.* 7(1925)

Jahnel, Franz: *Die Gitarre und ihr Bau.* Frankfurt/M. 1963.

Joppig, Gunther: „Deutscher Blasinstrumentenbau gestern und heute". In: *Das Musikinstrument* 11(1986) S. 6-30.

Ders.: „Aus dem Musikwinkel der DDR". In: *Das Musikinstrument* H.6(1986) S. 27ff.

Ders.: „Entwicklungstendenzen im Holz- und Blechblasinstrumentenbau". In: *Das Musikinstrument* H.11(1984) S. 8-21.

Junger, Karl: *Wiederansiedlung und Wiederaufbau der Sudetendeutschen Streich-und Zupfinstrumentenindustrie nach 1945.* Diplomarbeit Universität Erlangen-Nürnberg 1965.

Klier, Otto Jos.: „Betriebsjubiläum Otto Jos. Klier: Hundert Jahre der Musik verbunden". In: *Das Musikinstrument* H.1(1987) S. 128f.

Kolb, Emil (Hrsg.): *Graslitz. Die klingende Stadt. Ein Blick in die verlorene Heimat.* Dettingen/Main 1956.

Küppers, Paul: *Ein Beitrag zur Geschichte des Musik-Instrumentenmacher-Gewerbes mit besonderer Rücksicht auf Leipzig.* Dissertation Leipzig 1886.

Kürth, Walter: *Die hausindustrielle Fabrikation kleinerer musikalischer Instrumente im Vogtland und in Oberbayern.* Borna-Leipzig 1910.

Lachmann, Ulrich: *Die Struktur des deutschen Musikmarktes.* Dissertation Tübingen 1960.

Langwill, Lyndesay G.: *An Index of Musical Wind-Instrument Makers.* Edinburgh 1980[6].

Layer, Adolf: *Die Allgäuer Lauten- und Geigenmacher.* Augsburg 1978.

Le Cerf/Labande: *Les traités d'Henri Arnaut de Zwolle.* Paris 1971.

Liebig, Walter: *Die Preisentwicklung in der Klavierindustrie.* Dissertation Rostock 1923.

Lubnow, Adolf: „Die Verfertigung von Streich- und Blechblasinstrumenten". In: *Untersuchungen über die Lage des Handwerks in Deutschland,* VI. Leipzig 1897 S. 597-642.

Lütgendorff, Willibald Leo, Frhr. v.: *Die Geigen- und Lautenmacher vom Mittelalter bis zur Gegenwart.* I/II, Frankfurt/M. 1922[4].

Lutz, Friedemann: „Ein Besuch bei den Klarinetten- und Saxophonmachern in Markneukirchen". In: *Die Klarinette,* 1/4 (1986).

Mädler, Karl: „Zur Geschichte der Schönbacher Geigenbaukunst". In: *Egerer Zeitung,* 3. Jg. Folge 19-21, 4. Jg. Folge 1-5, 10-12, 14, 23. Tirschenreuth 1952, 1953.

Masel, Andreas: „Der Münchener Holzblasinstrumentenmacher Benedikt Pentenrieder (1809-1949)". Diss. phil. München 1986.

Matzke, Hermann: „Musikinstrumentenindustrie". In: *Handwörterbuch der Sozialwissenschaften,* Bd. VII, Stuttgart 1961, S. 480-485.

van der Meer, John Henry: „Musikinstrumentenbau in Bayern bis 1800". In: *Musik in Bayern.* Tutzing 1972.

Mummenhoff, Ernst: *Der Handwerker in der deutschen Vergangenheit.* Köln 1924, Nachdruck

Nickel, Ekkehart: *Der Holzblasinstrumentenbau in der Freien Reichsstadt Nürnberg.* München 1971.

Nödl, Karl: *Metallblasinstrumentenbau.* Frankfurt a. M. 1970.

Nyffeler, Max: „Falsche Schlagzeuger". In: *Frankfurter Allgemeine Zeitung* v. 21. 2. 1987.

Ottner, Helmut: *Der Wiener Instrumentenbau 1815 - 1833.* Tutzing 1977.

Praetorius, Michael: *Syntagma musicum II: De organographia.* Wolfenbüttel 1619. Nachruck Kassel 1929.

Reinhard, Otto: „Der Geigenbau in Mittenwald". In: *Schmollers Jahrbuch,* Bd. XI 40 (1916), S. 159-193.

Reiß, Heinz: „Bubenreuth, ein Zentrum des deutschen Streich- und Zupf-

Roos, Gerhard: *Die Entwicklung der deutschen Klavierindustrie.* Dissertation Berlin 1924.

Sallagar, Walter Hermann: „Wiener Holzblasinstrumente". In: *TIBIA* 3 (1978) S. 1-6.

Salmen, Walter (Hrsg.): *Jakob Stainer und seine Zeit.* Tagungsbericht, Innsbruck 1984.

Schaal, Richard: „Biographische Quellen zu Wiener Musikern und Instrumentenmachern". In: *Studien zur Musikwissenschaft.* 26 (1964) S. 194ff.

Schiffner, Albert: *Beschreibung von Sachsen und der Ernestinischen, Reußischen und Schwarzenburgischen Lande.* Stuttgart 1840, Nachdruck Frankfurt 1981.

Schilpp, Karl: *Die Württembergische Akkordeon- und Harmonikaindustrie.* Berlin 1915 (=Tübinger Staatswiss. Abhandlungen. N.F., H.11).

Tarr, Edward H.: *Die Trompete. Ihre Geschichte von der Antike bis zur Gegenwart.* Bern 1977.

Virdung, Sebastian: *Musica getutscht.* Basel 1511, Reprint Kassel 1970.

Vogtland, Das obere. Ergebnisse der heimatkundlichen Bestandsaufnahme in den Gebieten von Adorf. Klingenthal, Bad Elster und Schönberg. Berlin 1976.

Welber, Lorenz: „Alta capella ..." In: *Basler Jahrbuch für hist. Musikpraxis* VII. Winterthur 1984.

Werte unserer Heimat, Band 26: *Das obere Vogtland,* Berlin 1976

Wild, Erich: „Die Geschichte des Markneukirchner Musikinstrumentengewerbes". In: E. Wild (Hrsg.): *Geschichte von Markneukirchen, Stadt und Kirchspiel.* Plauen i. V. 1925.

Wille, Hermann Heinz: *Von Plauen zum Kapellenberg. Wanderfahrt durchs Vogtland.* Leipzig 1971.

Wörthmüller, Willi: „Die Nürnberger Trompeten- und Posaunenmacher des 17. und 18. Jahrhunderts. Ein Beitrag zur Geschichte des Nürnberger Musikinstrumentenbaus". In: *Mitteilungen des Vereins für Geschichte der Stadt Nürnberg,* 45 (1954).

Ders.: „Die Instrumente der Nürnberger Trompeten- und Posaunenmacher". In: *Mitteilungen des Vereins für Geschichte der Stadt Nürnberg,* 46 (1955).

Young, Philipp T.: „2500 historical woodwind instruments. An inventory...". New York 1982.

Zimmermann, J.: „Die Flötenmacher Friedrichs des Großen". In: *Zeitschrift für Instrumentenbau.* (1940).

Zweeden, Ernst Walter: „Deutsche Kultur in der frühen Neuzeit". In: *Handbuch der Kulturgeschichte.* Frankfurt a. M. 1968.

Nachtrag

Droysen-Reber, Dagmer / Elste, Martin / Haase, Gesine: *Handwerk im Dienste der Musik – 300 Jahre Berliner Musikinstrumentenbau.* Berlin 1987.

Zu nebenstehender Tafel:

Ein schöner Spruch von dem löblichen Handwerk der Holz-, Metall- und Beindrechsler in Nürnberg. Gedruckt im Jahr Christi 1668 den 9. Januar. Diese Verse wurden „gemacht im Jahr Christi 1589 den 2. April." Staatsbibliothek Berlin YA 2295

Im Text steht zu lesen, was im einzelnen die Drechsler arbeiten, so u.a.: „So trehen wir auch den Rothschmieden mancher Gattung unterschieden..." d.h. z.B. das Abdrehen der Trompeten-Schallstücke. Vor allem machen die Drechsler aber auch Holzblasinstrumente: „Wir trehen Zwergpfeiffen in das Feld / Die braucht man in den Krieg ich meld / Fagoten / Zincken / auch mancherley / Groß und kleine Flötten darbey".

Vgl. auch die linke obere Bildecke.

Ein schöner Spruch / von dem Löblichen Handwerck / der Holtz / Metal und Bain-Trechsler in Nürnberg / Gedruckt / Im Jahr Christi 1668. den 9. Januarij.

Ach dem die fröliche Sommer-Zeit /
Sich nahet mit ihrer Löblichkeit /
Das sich erlustiget Jederman /
Macht ich mich auf un ging davon /
Hinaus wol für das Lauffer Thor /
Ein Weeg nahen ich mir für dervor /
Der trug mich bis gehn Erlastegen /
Indem bekam mir unterwegen /
Ein seiner Alter betagter Mann /
Der ging zu mir und redt mich an /
Wo ich naus wolt / ich sagt ihm bald /
Mein Sinn der stünd in grünen Wald /
Ich fragt ihn wider mit Begehr /
Wo er naus wolt und wer er wär /
Er antwort mir gantz ohne Trauren /
Ich will hinaus zu einen Bauren /
Ihme Holtz abkauffen / daraus zu machen /
Von Drehwerck allerley schöne Sachen /
Solchs magst du fassen in deinen Sinn /
Wiß daß ich ein Holtz-Trechsler bin /
Ich Sprach / mein Freund mich eins bescheid /
Weil ihr dann ein Holtz-Trechsler seyd /
So saget mir an dieser Statt /
Wo das Trehwerck sein Anfang hat /
Er sprach zu mir von Hertzen gern /
Will ich dir ein solches erklären /
Im Ersten Buch Moses zu mal /
Beschrieben hat wie von Jubal /
Auch sey das Säitenspiel aufkommen /
Da er dann unter die Händ genommen /
Das Trehwerck zu dem Säitenspiel /
Da er dann getreht der Pfeiffen viel /
So schreibt Moses weiter klar /
Wie das Volck in der Wüsten war /
Bauet man dem HErren ein Hütten rein /
Darzu treht man Knöpff und Seulein /
Und als der König Salomon /
Dem HErren fieng den Tempel an /
Wurd er Sinnreich erbauet frey /
Von den fünff Seulen merck darbey /
Daß er ließ trehen in den Tempel /
Den Nachkömmlingen zum Exempel /
Von Trehwerck auff schöne Posament /
Auch Knöpff und Seulen wol erkennt /
Die gieng mit getrehten Seulen kunstreich /
Wurden vergüld alle zu gleich /
Also das Trehwerck mit Verlangen /
Sich bey den Alten angefangen
Ich sprach mein Freund sagt mir Bedacht /
Was man jetzund für Trehwerck macht /
Er sprach merck auf ich sag dirs frey / (Cantzley
Man treht Schreibzeug und Streubiren in die
Auch Sigelbiren groß und klein /
Damit die Brieff verwahret seyn /
Auch Faden-Biren mancher Gestalt /
Als Kugl und Aeichel mannichfalt.
Darein Bindfaden wird gelegt /
Wie sichs in Schreibstuben erstreckt.
Die hengt man oben an die Dill /
Dardurch man zubind der Brief viel /
Zu Gärten man dergleichen sicht /
Manch schönes Trehwerck zugericht /
Glender mit trethen Seulen schön /
Die werden angestrichen grön /
Auch treht man Seulen wol besonnen /
Zu manchen schön springeten Brunnen /
Viel schöner Futter trehen wir /
Drein thut man verguldt Trinckgeschir /
Groß und kleine mancher hand /
Darin mans bringet über Land /
Desglichen auch zu manchen Glas /
Machen wir Futter über das /
Die Credentzscheiden wir auch trehen /
Den Messerschmieden thue verstehen /.
So trehen wir auch den Rothschmieden /
Mancher Gattung unterschieden /
Von schönen Leuchtern mit ihren Füssen /
Daß sie es von Messing können giessen /
Den Schreinern trehen wir bisweilen /
Zu ihrer Arbeit schöne Seulen /
Zu Tisch und Bänck auch Bett und Wiegen /
Bey dem Holtz-Trechsler kan mans kriegen /
Den Goldschmieden schöne Posament /
Von Gold und Silber giest ers behend /
Zu ihren Hämern und Grabstichlen thu verstehen /
Wir ihnen grosse und kleine Stiel trehen /
Desgleichen auch der Zimmermann /
Wann er ein Bau will fangen an /
So muß er haben einen Zug /
Drein trehen wir die Rädlein klug /
Den Steinmetzen in Cränich seyn /
Trehen wir eine Scheibe nicht klein /
Die Brunnen-Scheiben wir auch trehen /
Wann man wil schöpffen thut mans sehen /
Den Scheibenziehern allesampt /
Scheiben und Radt / Spulen zu hand /
Die Goldspinner auch haben wöllen /
Groß und kleine Spulen sampt den Röllen /
Räder und Scheiben trehen wir viel /
Die man braucht zu der Saffra Mühl /
Den Steinschneider trehen wir die Scheiben /
Die er künstlich weiß umb zu treiben /
Den Kürschnern runde Stöck thu glauben /
Drüber machens schöne Ertzene Hauben /
Der Huter braucht trethe Stöck so gut /
Darüber formmt er manchen Hut /
Wir trehen Hefft mancherley Gstalt /
Wie mans wil haben für Jung und Alt /
Für Zirckl-Kupfferschmid / Schuster und Beutler
Viel Spulen der Weber brauchen thut / (gut /
Von Gold / Silber / Metal / Horn und Bain /
Trehen wir viel Arbeit groß und klein /
Den Barbieren trehen wir von Bain /
Schaidler Ohrlöffl zart und rein /
Den Bürstenbindern Stiel schneeweiß /
Von schönen Bain mit allen Fleiß /
Viel Knöpff von Horn und Bain auch trehen wir /
Die geben den Wammes eine Ziehr / (Schrauben /
In die Stuben / an die Wand / trehen wir schöne
Dran hengt man Mäntel / Hut und Hauben /
Die Handtwehl-Höltzer trehen wir auch /
Daß man sie zum Handwaschen braucht /
Auch trehen wir Stühl die herummer gehn /
Mit trehten Glendern thu verstehn /
Dergleichen dreybeinete Stühl /
Für Jung und Alt / man braucht sie viel /
So trehen wir manch schönen Stern /
In die Stuben daran die Wäsch thut ghören /
Viel nützliche Arbeit in das Hauß /
Deller / Schüssel / trehen wir aus /
Getrethe Würtzbiren mit manchen Fach /
Darein thut man die Würtz ich sag /
Der getrethen Leuchter thu gedencken /
Die man mag in ein Kirchen hencken /
Künstlich gedreht sinst ein zuvor /
Bey St. Lorentzen in den Chor /
Auch schöne Spinnrädlein mit Sinnen /
Dran Frauen und Jungfrauen Spinnen /
So trehen wir auch manchen Rocken /
Daran spinnen die armen Docken /
Zum neuen Wein trehen wir fürbaß /
Auch die Pippen auff das Wein-Faß /
Kugel und Kegel für manchen Mann /
Reich und Arm wie ers will han /
Auch trehen wir das gantze Jahr /
In dem Handwerck viel Krämers Wahr /
Als Ludel / Becher und Schlötterlein /
Kindsstender / Haußraht groß und klein /
Dann die Krämer auch die Kauffleut /
Die kauffen uns ab viel Arbeit /
Und führens in die frembde Land /
Wie die selbigen sein genannt /
Wir trehen Zwergpfeiffen in das Feld /
Die braucht man in den Krieg ich meld /
Fagoren / Zincken / auch mancherley /
Groß und kleine Flötten darbey /
Käiser / König / Fürsten und Herren /
Viel Potentaten nah und fern /
Lernen offtmals selbst diese Kunst /
Liebens und tragen ihm groß Gunst /
Edleut / Burger und Baursmann /
Das Drehwerck nicht gerahten kan /
In Summa / unser Handwerck zwar /
Das ist nicht auszugründen gar /
Dann was ein Mensch auf Erd begehrt /
Von Trehwerck das wird er gewehrt /
Es sey Messing / Stahl und Eisen /
Von Bain / Holtz / rohten und auch weissen /
Wie auch von Gips sie können trehen /
Ich sprach / mein Freund last michs verstehen /
Macht ihr nicht auch ein Meisterstück /
Er antwort mir mit guten Glück /
Kein Meisterstück machen wir hie zu hand /
Aber in mancher Stadt bekannt /
Drinn man etlich Meisterstück macht /
Ein Würtzbiren / Spinrad und ein Schacht /
Allhier ein Wohl-Edler Raht zuletzt /
Drey Gschworne Meister drüber gsetzt /
Die alle Ding sein ordiniren,
Was sich im Handwerck thut gebühren /
Daß man in Fried und Einigkeit /
Beysam kan leben Allezeit /
Man thut über die Laden erwöhlen /
Zu rechter Zeit die Oerten-Gesellen /
Eine Herberg habens zu hand /
Aufm Lauffer Platz zum gulden Hertz genannt /
Da kehrt ein Erbar Handwerck ein /
Alle vier Wochen ins gemein /
Umbfrag / Handwercks-Gewohheit zu halten /
Beede mit Jungen und mit Alten /
Ich kan dir das nicht alls hersagen
Komm selbst zum Handwerck magstus wagen /
Er segnet mich und bot mir die Händ /
Und seinen Weg bald von mir wend /
So hab ich mich darüber gericht /
Und macht das seine Lobgedicht /
Dem Trechsler Handwerck hie zu Ehren /
Gott wol ihm alle Wohlfahrt mehren /
Durch unsern HErrn JEsum Christ /
Der unser Seligmacher ist /
Darbey auch aller Kunst ein Geber /
So spricht zu Nürnberg Hanns Weber.

Gemacht Im Jahr Christi / 1589 den 2. April.

Von Gottes Gnaden Wir Moritz
Herzog zu Sachßen, Jülich, Cleve und Berg, postulirter Administrator des*) Stiffts Naumburgk, Landgraff in Thüringen, Margkgraff zu Meißen auch Ober- und Nieder-Lausitz, Gefürsteter Graff zu Hennebergk, Graff zu der Margk und Ravensbergk, Herr zu Ravenstein und der Balley Thüringen Statthalter etc. Vor Uns, Unsere Erben und Nachkommen thuen hiermit kund und bekennen, daß Uns Unsere getreue die Geigenmacher zu Marck Neukirchen und an benachbarten Orthen etliche Innungs-Articul, deren sie sich untereinander verglichen, in unterthänigkeit haben fürtragen, und darneben fleißig suchen und bitten lassen, Daß Wir alß ihr iezigen Landesfürst ihnen solche confirmiren möchten. Wann wir dann aus Unsers Ambt Manns zu Voigtsbergk, Heinrich Gentzschens, und des Raths zu gedachtem Marck Neukirchen disfalls eingeschicktem unterthänigstem Berichte befunden, daß erwehnte Innung zu Auffnehmen der Kunst dienlich, auch sonsten niemanden nachtheilig, Alß haben Wir auch selbige hiermit in gnaden confirmiret und bestätiget, wie von wortt zu wortt hernach folget:

Articulus 1.

Es sollen alle diejenigen, so dieser Kunst, Zunfft und Innung beygethan, zu Quartal-Zeit, wenn sie uff Anordnung des Vormeisters durch den Jungmeister beruffen werden, zu angesezter Stunde gehorsamlich erscheinen, und ohne erhebliche ursache oder Entschuldigung bey Straff die Meister-kanne füllen zu lassen, nicht aussenbleibenn.

Artic. 2.

Und soll ieder, so der Kunst gemäß ist, dasjenige, was bey Versamblung vorgehet, wo es nicht wieder hohe Landesherschafft, Ordnung und Gesäze läuffet, verschwiegen halten, darbey erbar seyn, auch des Fluchens, Schwerens, Scheltens und Muthwillens, bey willkührlicher Straffe, der Zunfft sich enteüßern, Wann aber größere Excesse vorgehen, werden solche nicht unbillig von der Obrigkeit gestraffet.

Artic. 3.

Auch soll iedweder Kunst Verwandter bey gewöhnlichem Quartal einen groschen auffzulegen schuldig seyn, darbey wann die Lade eröffnet ist, und vom Ältesten Meister die drey Umbfragen erfolgen, iedem obliegen, do ein- oder andere was unziemendes von einem Verwandten wüste, solches zu eröffnen, ehe die Lade geschlossen wird; wenn nun dieses nicht erfolgete, sondern hernach erst einer den andern anklagen würde, und hatte es zu vorhero verschwiegen, so soll dieser Ankläger ümb sechs groschen gestraffet werden.

Artic. 4.

Würde aber einer eine Clage erheben, und hette solche nicht zu erweisen, oder keine rechtmäßige ursach und Anlaß darzu gehabt, soll derselbe doppelte Straffe, alß zwölff groschen zu geben schuldig seyn.

Artic. 5.

Derjenige, so die Kunst zu erlernen gesonnen ist, soll Vierzehen tage Versuch thun, hernach nebenst Bescheinigung Ehr- und Ehelicher Geburth, drey gülden halb in die Lade, und die andere helffte der Gerichts Herrschafft, nemlich, wenn der Innungsgenoße von Neükirchen ist, dem Rath, der auswertige aber dem Ambte entrichten, dann auch Vier Jahr lernen, und Sechzehen gülden Lehrgeld vor Kost und alles hinweggeben, Ausgangs der Vier Jahre soll er der ganzen Kunst einen Lehrbraten und zwey Eymer Bier geben, wie nichts weniger die Lehrjahre völlig und ehrlich ausstehen; Einns Meisters Sohn aber bey dem Freysprechen nur bey einem Eymer Bier ohne Lehrbraten gelassen werden.

Artic. 6.

Nach überstandenen Lehrjahren soll ieder zwey ganze Jahr wandern, es sey ein Frembder oder eines Bürgers Sohn; Eines Meisters Sohn aber soll bey einem Jahre gelassen werden. Würde nun derjenige, so zwey Jahre zu wandern schuldig, vor der Zeit sich wieder einfinden, soll er die zwey Jahr von forne wieder zu wandern antretten, und also solche, wie auch des Meisters Sohn das eine Jahr vollkömmlich in der Frembde ausstehenn.

Artic. 7.

Do auch einer bey dieser Kunst sich einlassen und Meister werden will, und seine zwey Jahre verwandert, so soll er hernach bey der wiederkunfft noch ein Jahr lang bey einem Meister dieser Zunfft vor einen Gesellen zu arbeiten verbunden seyn, oder zweene gülden davor der Kunst und einen gülden dem Ambte oder Rath nach obiger Beschaffenheit geben.

Artic. 8.

Binnen dieser Jahresfrist soll er drey Quartale muthen, und iedesmahl einen groschen Muthgeldt, und fünff groschen fordergeld geben, auch ehe zur Kunst zugelassen wird, wann er sich alhier niederlassen will, Bürger werden; so er aber anderwerts wohnet, ist er des letzten befreyet.

Artic. 9.

Nach beschehener dritten Muthung soll er das Kunststück binnen drey wochen fertigen, als:

1. Eine Discant-Geige mit schönem Holze, den Halß rein eingelegt, das Griffbret gewurffelt, den Boden und Decke auch mit dreyfachen Spähnen sauber eingeleget;
2. Eine Zitter von schönem Holz und rein auff dem Register;
3. Eine Viola di Gambe mit Brüchen und sechs Seiten ohne tadel, und sollen alle drey Stücke in gelber Farbe seyn ohne Flecken.

Der Anfang zu solcher Arbeit soll frühe Morgens umb Sechs Uhr gemachet werden, und zwar den ersten tag in gegenwart des Obmanns und zweyer Vormeistere, welchen ein warm Bier oder Brandtewein und etwas Semmeln zu reichen; die übrigen tage aber nur ein Vormeister, morgens umb Sechs Uhr bey dem Schluß der Arbeit seyn, und die uffsicht haben, da ihme dann mehr nicht als frühe etwas von Brandtewein und eine Semmel gegeben wird; Wann nun die arbeit nach gesezten dreyen wochen verfertiget, sollen diese drey Kunststücke uff einen gewissen hierzu angesezten tag der ganzen Kunst zur Besichtigung vorgeleget werden, und so ein Fehler daran zu finden, er schuldig seyn, solche noch einsten zu machen, oder sich deßhalber nach Befindung abstraffen lassen. Da dann nach beschehener Besichtigung die Meister Mahlzeit nach Nothdurfft ausgerichtet und drey Eymer Bier darzu eingeschaffet, auch drey gülden halb in die Lade und die andere helffte nach Beschaffenheit der Person, wenn er aus der Stadt oder uffm Lande ist, dem Ambte oder Rathe erleget und richtig gemachet werden. Wie ihme dann auch länger nicht denn ein Jahr ohne Weib zu bleiben zugelassen oder derselbe jährlichen, solange er ungefreyet bleibet, Einen Gülden in die Lade entrichten soll, es sey eines Meisters Sohn oder ein frembder: Eines Meisters Sohn aber, so der Kunst beygethan, soll in diesen allen bey der helffte gelassen werden, wie auch eines Meisters Tochter oder Wittbe, so sie einen heyrathet, der die Kunst gelernet, gleichfalls dieses beneficii zu genießen hat.

Artic. 10.

Das Jungmeister-Ambt soll allezeit der jüngste Meister verrichten, und dem Vormeister zu Geboth stehen, auch so lange solches über sich behaltten, biß ein anderer neüer Meister nach ihm antritt; Wolte und könte aber einer und der andere uffm Lande wegen der Abgelegenheit, das Jungmeister-Ambt nicht verrichten, So muß er entweder einen andern an seine Stelle zu denen Verrichtungen vermögen oder aber der Genießung der Meister Mahlzeit und anderer Wohlthaten, so in Eßen und Trinken bestehen, müßig gehen und dieselben entrathen.

Artic. 11.

Die Kunst-Meistere sollen keinen Frembden, welcher der Kunst nicht beygethan, zur Arbeit und Gehülffen gebrauchen, ausser Weib, Kinder und Gesellen: Noch weniger sollen sie die Käuffer einander abspännig machen bey Straff, so offt hierwieder gehandelt und einer dessen überführet wird, eines halben Güldens der Zunfft.

Artic. 12.

Und diesem nach soll keinem, der nicht in dieser Zunfft ist, nachgelassen seyn, dergleichen Wahren in hiesigem Ambte zu machen und zu verkauffen, sondern wenn solche von Pfuschern gefertigte Arbeit in Ambts- oder Rathsgerichten angetroffen wird, dieselbe halb dem Handwerge und die andere helffte entweder dem Ambte oder Rathe verfallen seyn und weggenommen werdenn.

Artic. 13.

Bey ieder Zusammenkunfft der Meister und Gesellen sollen die Gesellen, es seyn gleich Frembde oder Meisters-Söhne, quartaliter einen groschen Auffleggeldt geben, hernach, wenn die Lade geschlossen ist, ihren Abschied haben. Wolten aber die Meistere ihnen noch länger zu sizen erlauben, stehet es bey denenselben.

Artic. 14.

Wenn jemand aus dem Handwerge verstirbet, es sey Meister, Weib oder Kinder, sollen die Meister auff erfordern mit zu Grabe gehen, auch die Leiche tragen, und ohne erhebliche ursach nicht aussen bleiben. Do der Meister nicht selbst kommen kann, soll die Frau oder ein Kind mitgehen und sobalden die ursach eröffnen. Wer aber aus ungehorsam nicht erscheinet, noch Entschuldigung einwendet, soll fünff groschen zur straffe verbüssen. Und sollen die Leidtragenden, wenn es ein Mann und Weib ist, einen Gülden, ist es aber ein Kind, einen halben Gülden und weiter nichts gebenn.

Artic. 15.

Wann Geigenhändler bey einem dieser Kunst beygethanen Geigen kauffeten und nicht bezahleten, hernach bey einem andern Mit Meister Wahre nehmen wolten, und hetten den ersten noch nicht contentiret, so soll der erste fug und recht haben, dem letztern Mitmeister verbiethen zu lassen, daß er dem Geigenhändler die Wahre eher nicht, biß jener bezahlet sey, abfolgen laße; Wer nun hierwieder handelt, der soll in der Kunst straffe stehenn.

Artic. 16.

Auch sollen die Laden- und Vormeistere dieser Kunst mit der Einnahme getreülich ümbgehen, das geld und die Lade wohl verwahren, auch keiner vor sich alleine solche eröffnen, noch etwas daraus nehmen und ausgeben, zu dem Ende auch allezeit zwey Vormeister zu verordnen, deren ieder einen absonderlichen Schlüssel darzu haben soll. Und wenn nun das Jahr umb ist, soll derjenige, welcher die Lade bey sich hat, richtige Rechnung übergeben, damit, ehe ein anderer Vormeister gesezet wird, solche abgenommen und in Richtigkeit gebracht werden könne, Wie dann auch die Vormeistere ohne Noth und erhebliche Ursach das Handwergk nicht zusammen fordern lassen, und vergebliche unkosten verursachen sollen.

Confirmiren und bestättigen derohalben iezt erzehlete Articul und Ordnung hiermit und in krafft dieses dergestalt und also: daß sämbtliche darinnen begrieffene Kunstverwandte solche hinfüro haben, halten, und vorherbeschriebenermaßen gebrauchen sollen und mögen, Und gebiethen darauff allen und ieglichen Unseren Praelaten, Grafen, Herren, Haubt- und Ambtleuthen, denen von der Ritterschafft, Bürgermeistern und Räthen in Stätten, insonderheit aber Unserm iezigen und künfftigen Ambt Manne zu Voigtsbergk, und dem Rathe zu besagtem Marck-Neukirchen, hiermit gnädiglich und ernstlich, die Geigenmacher bey allen und ieden berührten Innungs-Articuln, krafft dieser Unser Begnadigung und Confirmation, biß an Uns, alß offt ihnen das nöthig seyn und ein ieder deßhalber ersuchet wird, treülich und mit Fleiß zu schüzen, auch diejenige, so darwieder thun und handeln möchten, mit ernster Straffe davon abzuhalten; Doran vollbringet ein ieder Unsere gnädige und gefällige Meinung; Jedoch behalten Wir Uns, Unseren Erben und Nachkommen bevor, mehr angezeigte Articul, nach Gelegenheit der Zeiten zu ändern, zu mindern, zu mehren, gar oder zum theil auffzuheben; Mitlerdeßen aber wollen Wir darob ernstlich gehalten und von niemanden darwieder gethan noch gehandelt wissen, treülich sonder gefehrde.

Zu urkund haben wir das zu Unserer Erblandes Regierung verordnete Canzley Secret hieran hängen lassen, So geschehen zur Morizburgk an der Elster, den sechsten Monatstag Martii, Nach Christi Unsers lieben Herrns und Seeligmachers Geburth, im Eintausent Sechshundert Siebenzigsten Jahre.

Die folgenden drei Tafeln sind entnommen aus: Martin Engelbrecht: *Assemblage nouveau des manouvries habilles* – Neueröffnete Sammlung der mit ihren eigenen Arbeiten und Werkzeugen eingekleideten Künstler, Handwerker und Professionen, Augsburg um 1730/40

Drechsler: 1. Kugel; 2. Quecksilber-Gefäß; 3. Schreibzeug; 4. Meißel; 5. Röhre; 6. Trompete; 7. Schalmei; 8. Klarinette; 9. Oboe; 10. „Hornisse“; 11. Hammer; 12. Spulen; 13. Tintenfaß; 14. Wirk-Kegel oder Klöppel; 15. Kegelkugeln; 16. Kegel; 17. Globus; 18. Tablett; 19. Stuhlbein; 20. Säulen; 21. Elefantenzahn; 22. Meisterstück-Becher

Drechslerin: 1. Perückenstock; 2. Zirkel; 3. Holztrompete; 4. allerlei Pfeifen; 5. Klöppel; 6. „Wargelholz“; 7. „Dütli“; 8. Holz-Ei; 9. Becher; 10. Kaffeemühle; 11. eine Jagd; 12. Spinnrad; 13. kleine Kegel und Kugeln; 14. Kaffee-Tablett; 15. Kaffeeschalen und Tassen; 16. Brettspiel; 17. Säulen; 18. Stuhlbeine

Orgelmacher: 1. hölzerne Pfeife; 2. zinnerne Pfeife; 3. Bohrer; 4. Säge; 5. Hobel; 6. Schnitzmesser; 7. Winkelmaß; 8. Lineal; 9. Bohrer, Meißel und Hammer; 10. Kessel; 11. Orgel

Orgelmacherin: 1. Klavier; 2. Stemmeisen; 3. Bohrer und weiteres Werkzeug; 4. Glutpfanne; 5. Säge; 6. Hobel; 7. Leimpfanne

Trompeten-, Posaunen- und Waldhornmacher: 1. Waldhorn; 2. Trompete; 3. Messingblech; 4. Haspel; 5. kleine Schere; 6. Holzhammer; 7. große Schere; 8. Teil einer Trompete; 9. Blechkännchen; 10. Haspelwelle; 11. Zieheisen; 12. „Betragblech"; 13. Gießlöffel; 14. Zange; 15. Schmelzkessel; 16. Eisenstange; 17. Gießtiegel; 18. Schraubzwinge; 19. kleine Zange; 20. Amboß; 21. Amboß-Holz; 22. Keil zum Überstülpen der Trompete; 23. Posaune; 24. Posthorn

Trompetenmacherin etc.: 1. Haspel; 2. Messingblech; 3. Posthorn; 4. Trompete; 5. Feilen; 6. Hammer; 7. kleine Zange; 8. Schere; 9. Zwei Waldhörner; 10. Riemenzug für die Haspel; 11. Holzhammer; 12. Dreheisen; 13. Keil zum Überstülpen der Trompete; 14. Kännchen; 15. Teil einer Trompete; 16. Zange; 17. Eisenbogen zum Biegen der Rohre; 18. Zieheisen; 19. „Betragblech", 20. Posaune

Instrument- oder Geigenmacher: 1. Baß/Violoncello; 2. Bratsche/Violetta; 3. Geige; 4. Pochette; 5. Laute; 6. Mandora; 7. Kleine Harfe; 8. Zither; 9. Messer; 10. Stemmeisen; 11. Schlegel; 12. Säge; 13. Hobel; 14. Lauten-Futteral; 15. Boden einer Laute

Instrument- oder Geigenmacherin: 1. Violone/Basso grosso; 2. Viola d'amore; 3. umgewandte Geige; 4. Laute; 5. Mandora; 6. Gitarre; 7. Fidelbogen; 8. Steg; 9. Hals

ergamenter: 1. Sonnenschirm; 2. unbearbeitete Haut; 3. Rechenblätter; 4. grünes Pergament; 5. gerollte Haut oder ergament; 6. Heerpauken-Schlegel; 7. Heerpauken; 8. Lichtschirm; 9. Kupferkessel; 10. Schabeisen; 11. Kreide; 2. Bimsstein; 13. Messer; 14. Rahmen; 15. aufgespannte Haut („meergrün"); 16. Pinsel; 17. Trommel; 18. Stahl; 9. Kinderpauke; 20. Gerbeisen

Pergamenterin: 1. Sonnenschirm; 2. gegerbte Haut; 3. Lichtschirm; 4. Schlegel; 5. Trommel; 6. Rechenblätter; 7. auf gespannte Haut („meergrün"); 8. Rahmen; 9. Pergamentrolle; 10. Raquett; 11. Federball; 12. Heerpauke

feifenmacher: 1. Schnitzbank; 2. Späne; 3. Beil; 4. Bohrer; 5. Säge; 6. Oboe; 7. Fagott; 8./9. Zinken; 10. allerlei Flöten

Pfeifenmacherin: 1. Dudelsack; 2. Cornettflöte [Gemshorn]; 3. Fagott; 4. Bohrer; 5. Schalmei; 6. Dreheisen; 7. aller

Gunther Joppig

HOLZBLASINSTRUMENTE

Zusammenfassende Darstellungen speziell zum deutschen Holzblasinstrumentenbau sind in dieser Form bisher noch nicht versucht worden. Für Frankreich dagegen gibt es die alten Arbeiten von Louis Adolphe Le Doulcet (1794 - 1881) und Pierre Constant (1855 - 1918)[1], die sich u.a. auch auf die Pariser Patentschriften stützen konnten, während im Deutschen Reich ein Patentgesetz erst spät, nämlich am 25. Mai 1877, erlassen wurde und die vorherigen wie auch die Gewerbeprivilegien der deutschen Kleinstaaten nur einen begrenzten Informationswert haben. Die zwischen 1877 und 1970 erschienenen deutschen Patentschriften für Holzblasinstrumente hat jetzt Günter Dullat herausgegeben. Den französischen und belgischen Holzblasinstrumentenbau haben neuerdings Malou Haine, Ignace de Keyser und Nicolas Meeùs[2] sehr gründlich aufgearbeitet. In England erschien schon 1871 eine Zusammenfassung der seit 1694 erteilten Patente für Musikinstrumente[3].

Wie Lütgendorff[4] schon 1913 für den Geigenbau eine Übersicht über die nationalen Schulen erstellt hat, so hat dies erst ein halbes Jahrhundert später der schottische Steuerberater, dekorierte Tierschützer und Hobby-Fagottist Lyndesay Graham Langwill (1897 - 1983) zumindest lexikalisch für den Blasinstrumentenbau versucht mit seinem *Index of Musical Wind Instrument Makers*, den er zwischen 1960 und 1980 in 6 Auflagen im Selbstverlag herausbrachte, eine Arbeit, die jedem musikwissenschaftlichen Institut wohl zu Gesicht gestanden hätte, wie es sinngemäß Hermann Moeck einmal formulierte. Dieses Werk wird jetzt von William Waterhouse weitergeführt. In unserem Zusammenhang besonders interessant ist auch die Bestandsaufnahme der historischen Holzblasinstrumente in den Museen von Philipp T. Young[5]. Die deutschsprachige Musikwissenschaft liefert uns dagegen eine Reihe interessanter Monographien über Instrumentenmacher in den einzelnen Städten[6]. Hier ist als besonders vorbildlich zu nennen die Arbeit von Ekkehart Nickel über den Holzblasinstrumentenbau in der Freien Reichsstadt Nürnberg. Günter Harts Arbeit über die Musikinstrumentenmacher in Göttingen ist leider bis jetzt Manuskript geblieben. Hinsichtlich der Monographien zu den einzelnen Instrumenten verweise ich auf das ausführliche Literaturverzeichnis; hier sind besonders die englischen Autoren führend.

Ein deutschsprachiges Publikationsorgan für Holzblasinstrumente, TIBIA, Magazin für Freunde alter und neuer Bläsermusik, erscheint seit 1976 im Moeck Verlag. Darüber hinaus sind die englischsprachigen instrumentenkundlichen Periodica *The Galpin Society Journal* (seit 1948) und *Journal of the American Musical Instrument Society* (seit 1975) zu nennen.

Daß die Musikwissenschaft an sich ein gespaltenes Verhältnis zur Instrumentenkunde hat, sei am Rande vermerkt. Symptomatisch beklagt Hermann Moeck in seiner Rezension des 6. Bandes von Carl Dahlhaus, *Die Musik des 19. Jahrhunderts*, „daß Namen wie Sax und Boehm nicht vorkommen und daß vom Orchester als solchem .... überhaupt nicht die Rede ist ...“[7].

Hier knüpft man offensichtlich an eine ganz alte „Tradition“ an, denn auch vor dem 19. Jahrhundert gehört die Erwähnung von Instrumentenbauern und Instrumentenbau zu den ganz großen Seltenheiten in der Musikliteratur, was Ernst Ludwig Gerber (1746 - 1819) in der Vorrede zu seinem Lexikon (1812) schon als Manko feststellte:

Aber von dem hohen Grade der Vollkommenheit aller dieser unserer Instrumente möchten sich unsere Nachkommen eben so wenig einen deutlichen und anschaulichen Begriff machen können, als wir von den im 8ten Jahrhunderte gebräuchlichen Instrumenten, da unsere Literatur über den Bau und die Form des größten Theils derselben ein tiefes

---

1 Auch Berlioz' Instrumentationslehre und Kastners Anweisung für die Militärmusik sind bedeutende Zeugnisse für die Entwicklung der Instrumente.

2 Vgl. Literaturverzeichnis.

3 S. „Patents ...“ im Lit.verz.

4 Vgl. Lit.verz.

5 Vgl. Lit.verz.

6 Vgl. Lit.verz.

7 In *TIBIA*, 6. Jg. 1981, S. 435.

Stillschweigen beobachtet. Denn höchstens haben wir das nöthige vom Baue der Orgel durch Bedos de Celles, und des Fagotts durch Cugnier im La Borde, auch hin und wieder etwas von der Flöte, aufzuweisen. Wo aber suchen wir die Nachrichten von der Struktur, den Mensuren und den Abzeichnungen der Pianoforte, der Klaviere, der Guitarre, der Violine, der Hoboe, der Klarinette, des prächtigen Baßhorns, der Bassethörner, der Inventionshörner, der Pauken, der übrigen Bogeninstrumente u.s.w.? Dies alles ist und bleibt ein Geheimniß der Herren Instrumentenmacher, denen aus leicht zu begreifenden Ursachen nicht viel an der Publicität dieser Dinge gelegen seyn mag.[8]

Auch Michael Praetorius (ca. 1571-1621) erwähnt in seinem wichtigsten Quellenwerk über das Instrumentarium der Renaissancezeit (siehe Tafeln vor Seite 17) nur einen Instrumentenbauer, den „Kunstpfeiffer Hanß Schreiber", und zwar einmal im Zusammenhang mit der „Oktav-Posaun", die er erfunden haben soll[9]; und dann weiter unten wohl denselben noch einmal:

Es ist jtzo der Meister / welcher die OctavPosaunen gemacht / im Werck / einen grossen Fagotcontra / welcher noch ein Quart unter dem DoppelFagott / unnd also ein Octav unterm ChoristFagott / das C von sechzehen Fueß Thon geben unnd intoniren soll / zuverfertigen: gereth es ihm / so wirds ein herrlich Instrument werden / dergleichen hiebevor nicht gesehen / und sich wol drüber zuverwundern seyn wird; Sintemahl auch den Orgelmachern bißweilen schwer fürfelt / die untersten zween Claves D oder C von sechzehen Füssen in den grossen Posaunen recht rein und wol anzubringen. Die zeit wirds geben.[10]

Leider ist er weniger auskunftsfreudig, was die Hersteller der anderen Blasinstrumente betrifft, obwohl er schon den im Entstehen begriffenen dreiteiligen Blockflötentyp der Barockzeit beschreibt, der jedoch auf den sehr genauen Bildtafeln noch unberücksichtigt bleibt. Wie das nachfolgende Zitat deutlich macht, nimmt Praetorius die Idee der Teilung des Blockflötenkörpers für sich in Anspruch:

Da dann wol nötig / daß zweyerley blasende Instrumenta, do die eine Sort oder Accort umb ein halb Semitonium von der andern stünden / verhanden seyn möchte. Daher mir dann dieses Mittel eingefallen / daß ich die Flötten/oben zwischen den Mund- und Fingerlöchern / mitten zertheilen / und das oberste Stück auff zweyer Finger breit lenger machen lassen/also daß man dasselb in das Untertheil/so weit man wil/oder von Noten ist/hinnein stecken/die Pfeiffen lenger/oder kürzer machen/und also einer solchen Flötten/daß die jünger oder gröber werde/so bald nunmal helffen kan. Und ob gleich auch etliche berühmte Instrumentmacher vermeynen/daß die Flötten dadurch in etlichen Löchern falsch werden möchten. So haben sie doch hernacher selbsten daran kein mangel/außgenommen diesen/ daß etliche in dem höchsten Clave *nicht so gar wol sprechen wollen/befunden.*[11]

Praetorius erwähnt beiläufig weiter unten, daß ein Stimmwerk, bestehend aus acht Blockflötenbaugrößen, „kan auß Venedig umb 80. Thaler ongefehr herauß gebracht werden."

Aber auch die frühen Inventare geben nur selten Aufschluß darüber, von wem die Blasinstrumente gebaut und woher sie bezogen wurden. Sehr deutlich kann man diesen Tatbestand im *Verzaichnuß Rayd. Fuggers Instrument vnd Musica* (1566) ablesen, das im Hauptstaatsarchiv München erhalten geblieben ist. Während bei der Auflistung der Lauteninstrumente auch einige Erbauer genannt werden, findet sich eine derartige Angabe bei keinem der aufgezählten Blasinstrumente. In nur zwei Fällen wird die Herkunft angedeutet:

11. Erstlich ain groß Fueter darin 27 Fletten. groß vnd klain / Im Engelandt gemacht worden ..

40. Mer 1 klain Doltzana zue Venedig gemacht worden.[12]

Auch hier wird Venedig – das nach den Bassanos seine Bedeutung für den Holzblasinstrumentenbau offensichtlich verliert – als einziger Herstellungsort genannt, und bekannt ist, daß neben München auch kleinere Höfe Holzblasinstrumente aus Venedig kommen ließen. Wie sich aus den Archivalien der Hechinger Hofkapelle ergibt, kamen etliche Instrumente über den Grazer Obristmusikus Francesco Mosto nach Süddeutschland. So schreibt Ernst Fritz Schmid:

Francesco Mosto scheint die Instrumente für den Hechinger Hof vor allem aus Venedig besorgt zu haben, wo auch der bayerische Hof seine Instrumente vielfach her hatte. Im selben Jahr 1589 bestellte Graf Eitelfriedrich dort ein Fagott für 12 Kronen, Geigen für 36 Kronen, ein Klavierinstrument für 30 Kronen und einen Zinken für 2 Kronen. Mosto sollte die Instrumente in Venedig abholen lassen, wobei Graf Eitelfriedrich einen Transport durch Augsburger Kaufleute vorschlug, die ja seit jeher besonders gute Beziehungen zu der Dogenstadt unterhielten; bald darauf sandte der Graf eigens einen Lakaien nach Graz, der alle bestellten Instrumente in Venedig abholen und sie samt einem „fueter mit fletten" und zwei weitern Zinken auf einem Tragesel nach Hechingen bringen sollte.[13]

In einem anderen Inventar der *Accademia Filarmonica* in Verona befindet sich unter dem 25. 3. 1559 ein Eintrag, daß bei „M. Andrea a Venecia"[14] drei große und ein kleiner schwarzer Zink gekauft wurden.

[8] Gerber, S. XV, XVI.

[9] Vgl. Praetorius, *De organographia*, S. 32.

[10] Dass. S. 38.

[11] Dass. S. 34/35.

[12] Schaal, S. 216; über die venezianisch-englische Holzblasinstrumentenmacherfamilie Bassano vgl. Ongaro, S. 391-397 und Lasocki, S. 558-560, in *EARLY MUSIC*, August 1985 und November 1986.

[13] Schmid, S. 528.

[14] Turrini, S. 134 - 200.

Der Pfeiffenmacher.

Wer Wolthat übet, schweige: Wer nimt, sich laut erzeige.

Die Armut ist den Pfeiffen gleich;
Läst sie den Liebes-Athem spühren,
Freygebigkeit, die Finger rühren
Ihr Danck-Schall macht euch Freude reich,
indem er durch die Wolcken dringet
und Segen zur Vergeltung bringet.

Die musicalischen Instrumenten werden insgemein in dreyerley Sorten abgetheilet/ nemlich in die jenige/ so/ ohne die benöthigste Griffe/ entweder mit dem Bogen gestrichen/ oder mit den Fingern gerühret und geschnellet/ oder aber mit dem Mund geblasen werden. Von der erst- und andern Art haben wir bey dem Geigen- und Lautenmacher gehandelt: Die dritte aber ist wol zu unterscheiden; Dann sie wird entweder/ wie gedacht/ durch den Mund geblasen/ oder aber/ sie empfähet den benöthigten Wind durch die hiezu angeordnete Blas-Bälge; von solcher letzern Art mag der ebenfalls schon beschriebene Orgel-Macher gesehen werden/ nun aber wollen wir von den Pfeiffen/ so durch den Mund geblasen werden/ handeln.

Daß Jubal der Pfeiffen erster Erfinder seye/ meldet Moyses/ wiewohl bey denen Scribenten unterschiedliche gefunden werden/ welchen solche Erfindung zugeleget wird; wie dann Athenæus Seiriten nennet/ und meinet/ daß die Pfeiffen von ihm zu erst in Libyen erfunden worden. Eustachius hingegen eignet solches den Thebanern in Egypten zu/ Plutarchus dem Apollini, Hyginus dem Marsyæ, welcher die Pfeiffe/ Cerodeton genannt/ erfunden; Strabo dem Sileno, welcher zu erst viele Pfeiffen aneinander gemachet. Pan soll die erste Pfeiffe aus den Rohren zu machen angegeben haben/ die Thebaner aus den Röhren-Beinen der Rehe-Böcke und der Geyer; die Libyer aus Holtz von Buchsbaum/ Theodorus/ aus obgedachtem Egyptischen Theben gebürtig/ hat die Löcher auf der Pfeiffe vermehret/ da sie im Anfang mehr nicht als mit vieren versehen gewesen; und Olympus hat selbige zu erst bey den Griechen bekannt gemacht/ auch bey dem Heydnischen Opffer-Dienst derselben eingeführet.

Die Anleitung zur Erfindung der Pfeiffen/ soll Minerva von dem Gezisch der Schlangen an dem Haupt Medusæ, oder aber/ wie andere wollen/ Pan von dem Wind/ so in ein hohles Rohr gewehet/ genommen haben. Dieser geringe Anfang der Pfeiffen/ ist mit der Zeit so weit gebracht worden/ daß man fast unzählbare Arten derselben/ auf mancherley Weise formiret/ ausgedacht/ wovon Caspar Bartholinus in seinem schönen Tractat von den Pfeiffen zu sehen; sondern auch selbige nicht mehr aus den Beinen der vierfüssigten Thiere und des Geflügels/ sondern so gar aus Gold/ Silber/ Elffenbein/ Horn und dergleichen verfertiget hat/ wie aus den Schrifften des Philostrati, Plinii, Propertii und Apuleji erhellet.

Heut zu Tag werden von den Pfeiffen-Machern/ welche mit den Wild-Ruff- und Horn-Drehern heben und legen/ indeme sie/ weil ihrer sehr wenig sind/ nirgend eine eigene Zunfft haben/ ebenfalls Pfeiffen von Silber/ zarten Elffenbein/ Rosen- Cypressen- Eben- Brasilien- und andern dergleichen Holtz verfertiget/ davon die meinste Arten folgende sind: Flagelet und **Flöten**/ nach gemeiner Art/ wie auch andere/ so einen etwas gehämmeten Laut von sich geben/ und daher Flaute douse genennet werden/ **Alt/ Tenor und Baß-Flöten**/ welche man theils durch einen geringen Handgriff/ nach einem jeden Clavier/ hoch oder nieder stimmen kan. **Cornet oder Zincken**/ **Fagott** und so genannte **Dulcian**/ unterschiedlicher Grösse und Arten/ **Schalmeyen** und **Pombarden**/ wie auch die heut zu Tag fast am meinsten beliebteste Hautbois, und besondere Spatzier-Stäbe/ so man ebenfalls statt einer Flöte gebrauchen kan: Absonderlich sind der Zeit in Nürnberg zwey berühmte Meister annoch im Leben/ und aller Orten bekannt/ so diese Instrumenten aus dermassen wohl verfertigen/ davon der Eine/ alle jetzt-benannte/ nicht nur zu machen/ sondern mit accurater Beobachtung der Mensur/ sehr schicklich zu blasen weiß.

Noch etwas von dem **Gebrauch der Pfeiffen** zu melden/ so waren selbige anfänglich bey den Griechen nicht sonders geachtet/ nachgehends aber so sehr beliebt/ daß derjenige sonderbar gerühmet und werth gehalten wurde/ der auf der Flöte zierlich zu blasen wuste/ wie aus der Vorrede des Cornelii Nepotis, und deme daselbst angezogenen Exempel des Epaminondæ zu sehen. Alcibiades aber/ da er auf der Pfeiffen lernen sollte/ und merckte/ daß er den Mund wider die Natur verziehen müste/ hat er selbige zerbrochen/ hingegen Ismenian zu Corintho vor eine einige Pfeiffe 700. Talenta oder 4200. Cronen bezahlet/ wie bey Luciano zu sehen.

Bey den Römern haben sich so gar Heliogabalus, Severus, Nero und Gallienus, die Käysere/ mit der Flöte und Pfeiffe belustiget/ und gebrauchte man sich selbiger nicht nur bey denen Opffern und Götzendienst/ sondern auch bey Comödien und Schau-Spielen/ Täntzen und Gastereyen/ Hochzeiten und Leich-Begängnüssen/ und wusten sie den Thon nach der Zeit und Sachen Beschaffenheit sehr künstlich zu moderiren und zu verändern.

Man bedienete sich auch selbiger/ und zwar die Poeten bey Absingung ihrer Gedichte/ im Krieg zu Ermunterung der Soldaten/ ja so gar zu Linderung der Schmertzen und Kranckheiten/ davon wir eines theils bey dem Musico Meldung gethan/ anders theils aber ein mehrers bey oben-erwähntem Bartholino zu finden/ und ist fast keine Nation/ auch so gar die wilde Indianer/ nicht davon ausgeschlossen zu finden/ so sich nicht mit der Pfeiffe belustigen sollte; doch werden die Flöten/ Cornetten und der Fagott am meinsten so wohl zur Kirchen- als Tafel-Musick/ die Schalmeyen aber und Hautbois/ ob sie schon von jener nicht gäntzlich ausgeschlossen/ doch mehrers eigentlich in dem Krieg/ und sonderlich bey den Compagnien zu Fuß/ und der sogenannten Dragoner gebrauchet.

Aus: Christoff Weigel: *Abbildung der gemeinnützlichen Hauptstände.* Regensburg 1698

Für Nürnberg weist Ekkehart Nickel den ersten namentlich bekannten Holzblasinstrumentenmacher im Jahre 1467 nach. Ein „Jacob pfeiffenmacher" erwirbt gegen Zahlung einer Gebühr von 2 Gulden das Bürgerrecht, und ein „Hermann Pfeiffer von Nür(em)berg" ist als Instrumentenmacher in den Nördlinger Messestandsregistern erwähnt[15]. Nürnberg gilt fortan als Zentrum des Instrumentenbaues, wobei am berühmtesten die Blechblasinstrumentenbauer waren, denen die Holzblasinstrumentenbauer, was die Qualität der Erzeugnisse betraf, nicht viel nachstanden.

Gleich Georg Stengel, genannt Neuschel (gest. 1557), bat auch Sigmund (I) Schnitzer (gest. 1557) Kaiser Karl V. um das Privileg, ein Meisterzeichen führen zu dürfen, um sich

[15] Nickel, S. 21; über weitere frühe Zeugnisse vgl. auch das Einleitungskapitel unseres Buches.

Der Drechsler.

Man erfindet viel, wenig taugt zum Ziel.

Der schlaue Mensch weiß wie er soll
den Sachen Form und Zierde geben:
Doch er bleibt, krummer Fehler voll,
ein grobes Holtz in seinem Leben:
Dann wo man bessert Hertz und W...
ist keiner der sein H...

Der Drechsler.

ICh stehe im Zweiffel / ob nicht dieses Handwerck seines gleichen / und wegen des Alterthums / der Nutzbarkeit seiner vielfältigen Materie so es zu verarbeiten pfleget / und daß es zugleich / (welches das fürnehmste) von so hohen Potentaten / Fürsten / Königen und Kaysern selbst zur Belustigung gelernet und zum Zeit-Vertreib getrieben worden / vor andern sich zu rühmen habe? . . .

• • •

An vielen Orten machen sie kein Meister-Stuck / an einigen aber eine runde hölzerne mit ebenfalls runden tieffen Löchern versehene **Würz-Büchse / ein Spinn-Rad und ein Schach-Spiel. Das Alterthum der Drechsler** wollen einige von Jubal / dem Sohn Lamechs herleiten / weil von ihme geschrieben wird / Gen. 4. v. 19. daß er die Pfeiffen erfunden habe / wann aber die erste Pfeiffen nicht so wohl aus Holz / sondern vielmehr aus den Röhren-Beinen der Thiere / oder welches fast am glaubwürdigsten / aus denen in sumpffichten Orten und Wassern wachsenden Rohren bestanden / wovon ich bey dem Pfeiffenmacher ein mehrers gemeldet habe / hat Jubal keines Drehens hiezu nöthig gehabt.

Die Nutzbarkeit des Drehens ist allzuweitläufftig / und alle Stücke / so der Drechsler verfertiget / anzuzeigen unmöglich / es werden aber die meinste aus der gleich nachfolgenden Beschreibung der so vielfältigen Materie / so sie zu verarbeiten pflegen / erhellen.

Wir fangen von den **Metall-Drechslern** an / welche von Gold / Silber / und Messing sehr vielerley schöne und zierliche groß und kleine Sachen drehen / sonderlich diejenige / welche rund gewunden / und passicht seyn sollen / in welcher letzt-benahmten Kunst die Augspurger billig den Vorzug behalten.

Auf diese möchten die **Bein-Drechsler** folgen / welche sowohl gemeines Ochsen- als köstliches Elffenbein / und zwar dieses letzere künstlich und sehr zart verarbeiten / daraus sehr artige Becher / Schiffe / Büchsen / Bretspiel-Steine / und tausenderley andere Kunst- und Nutz-Sachen / welche wegen ihrer Zartigkeit und Seltenheit hin und wieder in denen Kunst-Kammern / grosser Herren und besonderer Liebhaber genugsam zu finden und zu bewundern.

Der **Holz-Drechsler** ist mit Drehung der so wohl in Artillerie und Feuerwerck / als Bau- und Haushaltungs-Sachen benöthigter Stücke beschäfftiget / und weiß anbey zu Stillung der Kinder viele artige Docken- und Puppen-Wercke zu schnitzen und zu drehen / allerley Kling- und Klapper-Wercke zu verfertigen / und denen Bildern / ja offt vielen zugleich / fast natürliche Beugungen und Bewegungen mit einem einigen Trieb so schicklich und künstlich beyzubringen / daß auch wohl Erwachsene und Alte selbige nicht ohne Belustigung anschauen. . . .

• • •

Es ist aber die **Drehe-Kunst so nöthig und nützlich** / daß sehr viele Handwercker sich selbiger bedienen müssen und keines wegs entrathen können / nemlich der Goldschmied / welcher des Silber-Drechslers zu vielen Sachen sehr benöthiget ist / der Dratzieher zu Scheiben und Spulen / der Ziengiesser zu seinem Geschirr / der Trompeten-Macher zu den Mundstücken / der Schellenmacher zu Schellen und Knöpfen / der Ringdreher zu seinen Ringen / ꝛc. der Zien-Knöpfmacher zu seinen Knöpfen / und der Rothschmied hat seinen besondern Drechsel : doch muß der Holtz-Drechsler dem Former die höltzernen Formen drehen; der Pfeiffenmacher muß seine so aus Elffenbein / als Holtz zu machende Flagelet / Flöten und Pfeiffen selbst drehen / der Schreiner und die Zimmerleute gebrauchen des Drechslers zu allerley Kugeln / Knöpfen und Stollen / ihre Schräncke / Tische / Stühl und Bäncke darauf zu stellen / auch die Gang- und Stiegen-Geländer damit zu umsetzen / der Schneider zu seiden- und tuchenen Knöpfen / ja fast alle Metall- und Eisen-Arbeiter müssen von dem Drechsler die Handhäben zu ihrem Werckzeug herhohlen. . . .

• • •

Ich will nicht sagen / daß viele Fürsten / sondern auch so gar einige von den regierenden Churfürsten und Seulen des H. Reichs / ihre Belustigung dann und wann in dem künstlichen Drehen gesucht / ja selbst von den **Allerdurchläuchtigsten** und höchstseeligsten / auch bey der späten Posterität in **Glorwürdigstem Angedencken** ewig ruhenden **Kayserl. Kayserl. Majest. Majest. Rudolpho dem Ersten und Ferdinand dem dritten** sehr beliebet worden / so daß auch allerhöchst besagte seine **Kayserl. Maj.** *FERDINANDUS*, einen Nürnbergischen Kunst-Drechsler / Zick genannt / zu sich nach Wien erfordert / und mit sonderbaren Kayserl. Gnaden angesehen hat; ja es soll unter der höchstbeglückten Regierung unseres GOtt gebe wieder alle seine Feinde höchst-siegreich noch ferner triumphierenden **Großmächtigsten Kaysers und Herrns** *LEOPOLDI* **des Grossen** / diese Kunst so hoch gestiegen seyn / daß sich auch einige Künstler gefunden / welche sowohl nach einer recht geraden Linie als auch Oval / und welches fast unglaublich / Conterfey noch ziemlich ähnlich / zu drehen angefangen: Ich geschweige / daß die in der Kayserl. Welt-berühmten Residentz-Stadt Wien / befindliche schöne Marien Magdalenen Kirche von einer Drechslers Tochter / so diesen Vornahm aus H. Tauf erhalten / gestifftet worden sey / und die sehr künstlich ausgedrehete Drechsler Zunfft-Fahne auch noch daselbst zum ewigen Gedächtnis aufbehalten werde; Wer solte mich dann verdencken / wann ich diese Beschreibung / wie ich sie angefangen / beschliesse / und aus jetzt-angeführten Ursachen / mit recht noch einmahl schreibe / es habe sich dieses Handwerck vor andern billig deßwegen zu rühmen.

Aus: Christoff Weigel: *Abbildung der gemeinnützlichen Hauptstände.* Regensburg 1698

gegen geringwertige Nachahmungen zu schützen. Während Neuschel eine Krone benutzte, brachte die Schnitzer-Familie ein- oder zweimal den Buchstaben A als Brandstempel an. Nickel bezweifelt zwar, daß Schnitzer der Erfinder des Fagotts oder Dulzians gewesen sei (schreibt ihm aber die Erfindung des Großbaßpommers zu), da der Dulzian nicht vor den 70er Jahren des 16. Jahrhunderts nachweisbar sei, während William Waterhouse *fagotti* bereits ab 1546 in verschiedenen Inventaren nachweist[16].

Die Bedeutung des Holzblasinstrumentenbaues in Nürnberg erfährt in der zweiten Hälfte des 16. Jahrhunderts eine Abschwächung, um dann ein Jahrhundert später um so stärker wieder aufzuleben. Keine Stadt auf deutschem Boden hat von 1670 bis 1765 so bedeutende Holzblasinstrumentenmacher aufzuweisen wie Nürnberg. Auch wenn, wie dargelegt, der Holzblasinstrumentenbau außerhalb Nürnbergs noch wenig erschlossen ist und einige Hersteller von hochwertigen Holzblasinstrumenten wie Kelmer, Klenig, Kraus und Liebau sich einer Lokalisation bisher entziehen, die bei der Priorität der Erfindung des Chalumeaus und der Klarinette mit Johann Christoph Denner (1655 - 1707) eine gewichtige Rolle spielen könnten, muß man Nickel zweifellos recht geben, wenn er schreibt:

Ein Vergleich der Verhältnisse in Nürnberg mit denjenigen in anderen deutschen Städten zeigt, daß zumindestens bis zur Mitte des 18. Jahrhunderts Nürnberg auf dem Gebiete des Holzblasinstrumentenbaus absolut führend war.

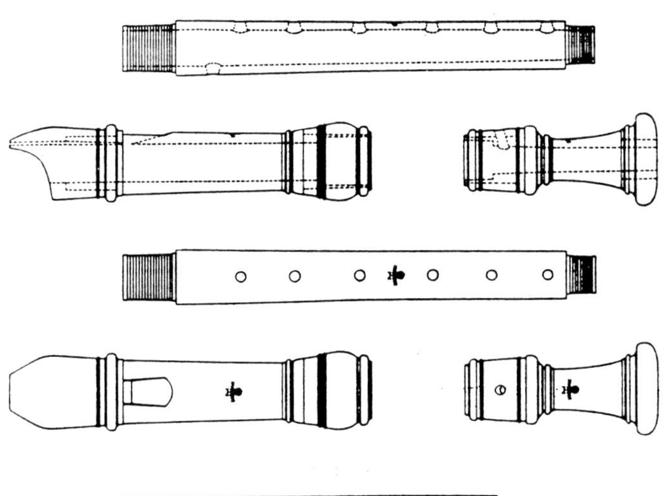

Diagramm einer Altblockflöte von Johann Christoph Denner (Nürnberg 1655-1707). Musikhistorisches Museum Kopenhagen, Zeichnung: Friedrich von Huene

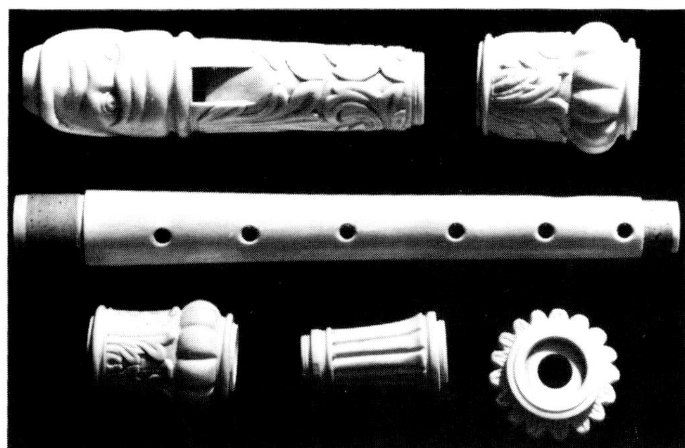

Verzierte Elfenbein-Altblockflöte von Johann Benedikt Gahn (Nürnberg 1674-1711). Kopf- und Fußstück hier auseinandergeschraubt. Privatbesitz

Die folgende Zusammenstellung[17] möge das verdeutlichen.

a) Der Zeitraum von 1670 - 1705 (vom Beginn der Tätigkeit Kynsekers bis zum Ende der Tätigkeit Joh. Chr. Denners)

Es wirkten in

Nürnberg:	*Joh. Christoph Denner (1655 - 1707)* *Joh. Carl Denner (1660 - ?)* *Joh. Benedikt Gahn (1674 - 1711)* *Michael Herbst (1620 - 1698)* *Joh. Paul Herbst (1665 - 1727)* *Hier. Franz Kynsecker (1636 - 1686)* *Johann Schell (1660 - 1732)*
Dresden:	*Johann Jacob Lindner (1653 - 1734)*
Berchtesgaden:	*Mitglieder der Familien Walch, Eggl (Öggl), Renoth, Hochbichler, Fischer und Plaikherer*[18]
Leipzig:	*Andreas Bauermann (1636 - 1717)* *Johann Gottfried Bauermann (1666 - 1721)*

b) Der Zeitraum von 1705 - 1735 (die Wirkungszeit Jakob Denners)

Es waren tätig in

Nürnberg:	*Jakob Denner (1681 - 1735)* *Johann Benedikt Gahn (1674 - 1711)* *Wendelin Meisenbach (1684 - 1761)* *Joh. Wilh. (I) Oberlender (1681 - 1763)* *Johann Schell (1660 - 1732)* *Nikolaus Staub (1664 - 1734)*
Berchtesgaden:	*Mitglieder der Familie Walch u. a. (s. oben)*
Berlin:	*Johann Heitz (1673 - 1737, Kunstdrechsler)*
Breslau (?):	*A. Schütze (18. Jh. - keine Jahreszahl)*
Leipzig:	*Joh. Heinrich Eichentopf (1678 - 1769)* *Johann Pörschmann (1680 - 1757)* *Johann Gottlob Bauermann (1696 - ca. 1736)* *Johann Cornelius Sattler (um 1691 - 1739)*
Mannheim:	*Joh. Georg Eisenmenger (1698 - 1742)*

16 Artikel „Bassoon“, In: *The New Grove Dictionary of Musical Instruments*, Bd. 1, S. 181.

17 Nickel, S. 173 - 176 (Ergänzungen Berchtesgaden, Butzbach, Eichentopf, Lindner, Tölcke, Sattler und aktualisierte Daten nach neueren Veröffentlichungen von mir hinzugesetzt).

18 Bruckner, in *TIBIA* 1979, S. 289.

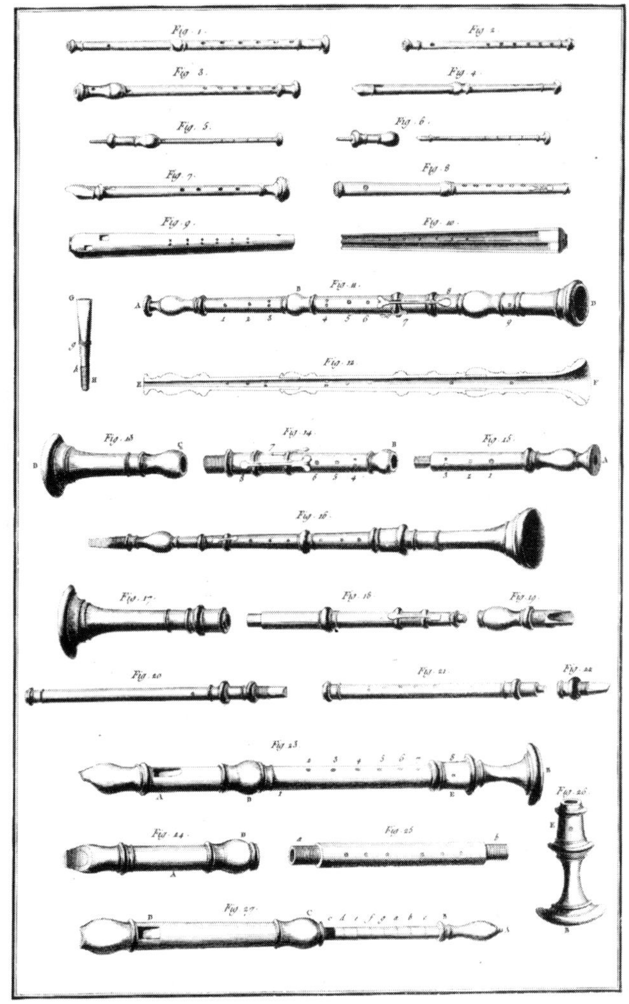

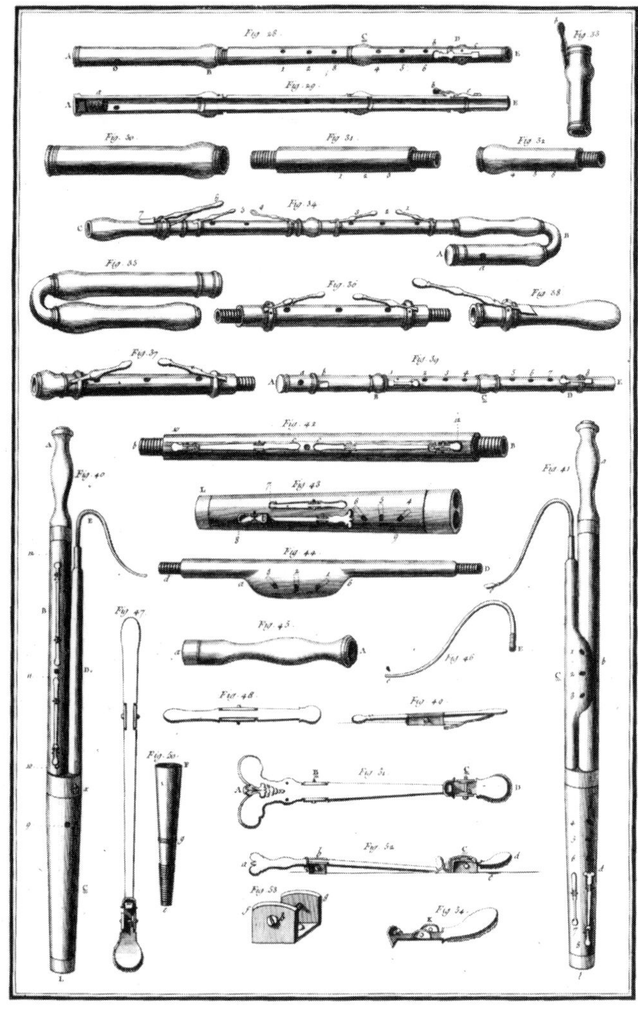

Holzblasinstrumente des 18. Jahrhunderts. Aus: Diderot/d'Alembert, *Encyclopédie ou Dictionnaire des Sciences, des Arts et des Métiers.* Paris 1762ff. – 1. Schweizer Pfeife; 2. Trommelflöte; 3. sog. Dolzflöte (quergeblasene Blockflöte); 4. Einhandflöte (Galoubet); 5./6. Vogelflageolett; 7. sog. französisches Flageolett (4 Oberlöcher, 2 Daumenlöcher); 8. Piccolo-Querflöte; 9./10. Akkordflöte; 11.-15. Barockoboe; 16.-19. Klarinette; 20.-22. Chalumeau; 23.-26. Blockflöte; 27. Stimmflöte; 28.-33. Barocktraverse; 34.-38. Baßquerflöte; 39. Dolzflöte (flûte traversière à bec); 40.-54. Basson (Fagott).

Roding/Opf.:	*(Johann) Andreas Königsberger († zwischen 1753/57)*
	*Johann Wolfgang Königsberger (Sohn des Vorigen, * vermutl. 1705, † 1752)*
Wien:	*J. G. Bauer (um 1719)*

c) Der Zeitraum von 1735 - 1765 (die Wirkungszeit Joh. David Denners und Johann Wilhelm (II) Oberlenders)
Es waren tätig in

Nürnberg:	*Johann David Denner (1691 - 1764)*
	Wendelin Meisenbach (1684 - 1761)
	Johann Friedrich Meisenbach (1726 - 1754)
	Johann Wilhelm (I) Oberlender (1681 - 1763)
	Johann Wilhelm (II) Oberlender (1712 - 1779)
	Wendelin Oberlender (1714 - 1751)
Bayreuth:	*Wolfgang Thoma (um 1753, Kunstdrechsler)*
Berchtesgaden:	*Mitglieder der Familie Walch u. a.*
Berlin:	*... Rolander (um 1747)*
Braunschweig:	*Heinrich Karl Tölcke (1719/20 - 1792)*
Breslau (?):	*A. Schütze*
Dresden:	*Carl August Grenser (1720 - 1807; seit 1744)*
	Jakob Friedr. Grundmann (1729 - 1800)
	Johann Werner (um 1753-1755)
Hof:	*Johann Wolfgang Hoe (um 1750)*
Leipzig:	*Gottlieb Crone (um 1744)*
	Joh. Heinrich Eichentopf (1678 - 1769)
	... Hirschstein (um 1750)
	Joh. Georg Tromlitz (1726 - 1805, nach 1750)

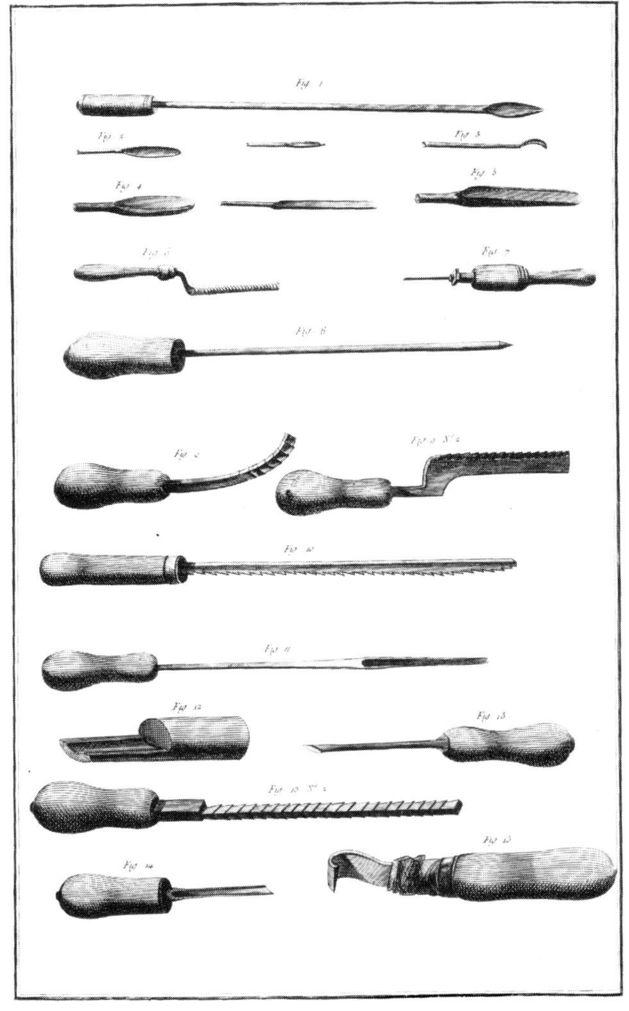

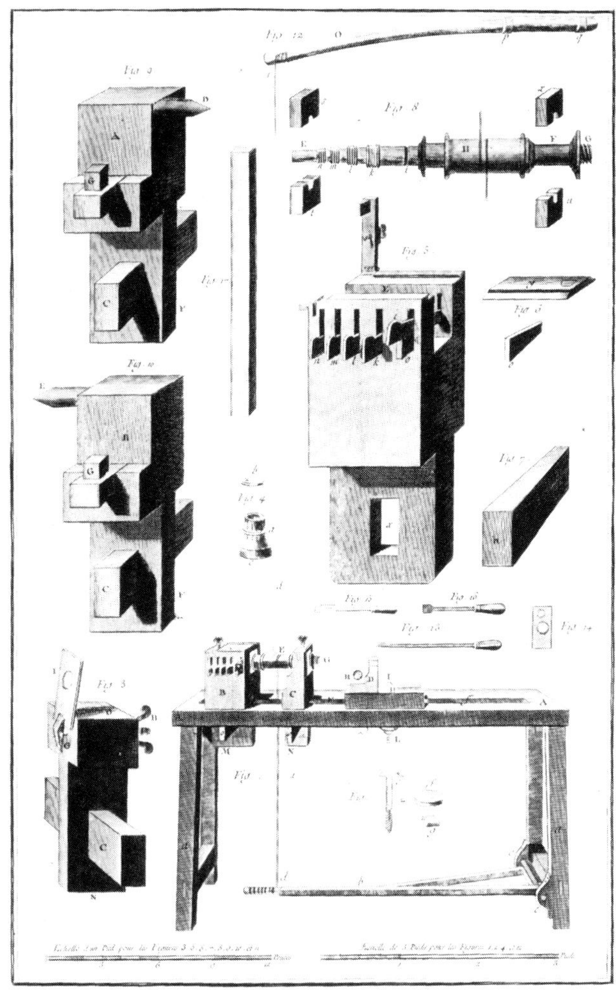

Holzblasinstrumentenmacher-Werkzeuge des 18. Jahrhunderts. Aus: Diderot/d'Alembert, *Encyclopédie ou Dictionnaire des Sciences, des Arts et des Métiers*. Paris 1762ff. 1.-5. Löffelbohrer, bzw. Räumer verschiedener Kaliber; 7./8./11./13./14. Bohrer; 6./9./10./13bis verschiedene Sorten von Kratzern; 15. Schaber; rechts eine Drehbank, wie sie von Holzblasinstrumentenmachern benutzt wird.

	Johann Cornelius E. Sattler (um 1691 - 1739)
Mannheim:	*Johann Georg Eisenmenger (1698 - 1742)*
Roding/Opf.:	*(Johann) Andreas Königsberger († zw. 1753/57)*
	Joh. Wolfgang Königsberger (1705 - 1752)
	Johann Georg Königsberger um 1714 - 1765) (Sohn des Johann Andreas)
Triftern/Ndb.:	*T. W. Joseph (um 1750)*

Zu Recht konstatierte John Henry van der Meer in einer Übersicht *Musikinstrumentenbau in Bayern bis 1800*: „Innerhalb der Grenzen des heutigen Freistaates Bayern lag von jeher eines der im Instrumentenbau produktivsten Gebiete Europas."[19]

Der Freien Reichsstadt Nürnberg kam dabei überregionale Bedeutung zu, und der Holzblasinstrumentenbau ist durch die Arbeit von Ekkehart Nickel auch am besten dokumentiert.

Josef Saam[20] konnte archivalische Belege für die Erfindung von gebogenen Bassetthörnern um 1760 in Passau durch den Oboisten Anton Mayrhofer senior (1706 - 1774), den Geigenbauer Anton Mayrhofer junior (1738 - 1794), den Organisten Michael Mayrhofer (1707 - 1778) und den Trompetenmacher Franz Schofftlmayr (1724 - 1788) nachweisen. Ein Bassetthorn im Germanischen Nationalmuseum in Nürnberg (Mi 133) trägt die in Leder geprägte Signatur „ANT=et MICH./MAYRHOFER/INVEN. & ELABOR./PASSAVII". Den Passauer Bassetthörnern ist noch eine frühe Baßklarinette aus der gleichen Werkstatt an die Seite zu stellen, die ebenfalls die gebo-

19 *Musik in Bayern*. II. Ausstellungskat. Augsburg, S. 17.

20 Vgl. Saam.

gene Bauform in der Art früher Oboi da caccia aufweist. Sie befindet sich im Musikinstrumentenmuseum im Münchner Stadtmuseum (52-50)[21].

In Roding im Bayerischen Wald war die Familie Königsberger (Kenigsperger) ab 1699 ansässig. Vom Vater Johann Andreas Königsberger, gestorben zwischen 1753 und 1757, sind bisher nur Oboen bekannt geworden. Sein Sohn Johann Wolfgang Königsberger (1705 - 1752) baute, den erhaltenen Instrumenten nach zu urteilen, alle Holzblasinstrumente, denn eine Oboe da caccia, eine Klarinette mit drei Klappen und ein Fagott haben sich erhalten. Von Johann Georg Königsberger (um 1714 - 1765) weiß man ebenfalls, daß er Blasinstrumentenmacher war, obwohl bisher keine Instrumente nachgewiesen wurden. Von einem F. Königsberger kennen wir ein Bassetthorn und ein Fagott.

In Memmingen wirkte bereits in der ersten Hälfte des 16. Jahrhunderts Jörg Wier, der damit einer der ersten Holzblasinstrumentenbauer war, der seine Instrumente signierte. Nicht weit von Memmingen liegt auch Schrattenbach, ein Ort, mit dem man Hans Rauch von Schratt(enbach) in Verbindung bringt. Von ihm sind einige Blockflöten überliefert. Große Bedeutung kommt auch den verschiedenen Mitgliedern der Familie Walch in Berchtesgaden zu, die den Blockflötenbau vom 17. bis in das 19. Jahrhundert hinein pflegten[18]. Konrad Ruhland hat den zuletzt von John Henry van der Meer[19] genannten Werkstätten noch einige weitere von regionaler Bedeutung hinzugefügt[22]. So wirkte in Straubing ein laut Sterbeurkunde „Faber Instrumentorum" Georg Waldhauser (1765 - 1831)[23], von dem sich Fagotte und geknickte Englischhörner erhalten haben.

Wir hatten zu Beginn bereits darauf hingewiesen, daß Äußerungen von Musiktheoretikern über Instrumentenbau und Instrumentenbauer zu den seltenen Ausnahmen gehören. Vor diesem Hintergrund dürften die Ausführungen von Christian Friedrich Daniel Schubart (1739 - 1791) in seinen *Ideen zu einer Ästhetik der Tonkunst*, die posthum 1806 von seinem Sohn Ludwig Schubart herausgegeben wurden, von Interesse sein. Im Abschnitt „Die Grundsätze der Tonkunst" heißt es im Kapitel „Von blasenden Instrumenten" über die „Hoboe": „Der berühmte Künstler Tenner in Nürnberg verbesserte das Instrument, indem er Klappen anbrachte, wodurch noch mehrere Töne darauf hervorgebracht werden konnten."[24]

Die Querflöte

... Unsere Querflöte ist sicher eine deutsche Erfindung. Zu Anfang dieses Jahrhunderts hat ein Meister in Nürnberg zuerst ein solches Instrument geliefert. Seine zwei Söhne, die helle musikalische Köpfe waren, legten sich darauf, reisten mit ganzen Kisten solcher Instrumente in Europa herum und brachten einen Gewinn von Tausenden zurück.

(Fußnote: Ihr Gewinn war so groß, daß sie sich Rittergüter davon kauften und noch Tausende übrig hatten.)

Diese Gebrüder hießen Tenner, und ihre Flöten sind in aller Welt berühmt. Die drangen bis nach Konstantinopel und Isphahan, ja sogar durch die Missionärs bis nach China, ob sich gleich die Chinesen für Erfinder dieses Instruments ausgaben. Jetzt werden auch in Frankreich, Italien, England und in vielen deutschen Städten vortreffliche Querflöten gemacht, meistenteils aus Holz und Elfenbein, denn die man aus Porzellan und Silber versuchte, wollten den Künstlern nicht behagen."[25]

Der Fagott

... Dies Instrument wird zu Nürnberg mit vieler Vollkommenheit verfertigt, doch haben die Pariser Fagotte noch einen merklichen Vorzug."[26]

Auch wenn Schubart aus dem Gedächtnis zitierte — er schrieb bzw. diktierte die *Ideen zu einer Ästhetik der Tonkunst* während seiner Festungshaft auf dem Hohenasperg (1777 - 1787) —, so kommt seinen Ausführungen doch einige Bedeutung zu, denn 1756 - 1758 weilte er in Nürnberg, als die dort ansässigen Instrumentenbauer gerade noch ihre Vorherrschaft behaupten konnten. Er irrt sicherlich, wenn er die Erfindung der Querflöte den Deutschen zuschreibt, denn Johann Christoph Denner und Johann Schell selbst hatten ihr Meistergesuch vom 10. November 1696 an den Rat der Stadt Nürnberg „wegen Verfertigung der französischen Musicalischen Instrumenta, so mainsten in Hautbois und Flandadois bestehen" begründet.

In der zweiten Hälfte des 18. Jahrhunderts läßt die Bedeutung Nürnbergs zugunsten anderer Zentren spürbar nach. Charles Burney (1726 - 1814) bestätigte zwar nach seinen Reisen durch Frankreich und Italien die Vorherrschaft des deutschen Instrumentenbaus, erwähnt Nürnberg aber nur noch wegen seiner „berühmtesten Musikalienhandlungen". In seiner Einleitung zum zweiten Band schreibt er:

Denn obgleich Italien die Vokal-Musik zu einer in allen andern Ländern unbekannten Vollkommenheit gebracht hat, so hat man doch einen grossen Theil der gegenwärtigen Vortreflichkeit der Instrumental-Musik gebohrnen Deutschen zu verdanken, weil vielleicht zu keinen Zeiten und in keinem Lande die Blas- und Clavierinstrumente zu einem höhern Grade der Verfeinerung gebracht worden, als durch die neuern Deutschen, sowohl in Ansehung ihres Baues als des Gebrauchs.[27]

Die Vorherrschaft, die Burney dem deutschen Instrumentenbau und der Instrumentalmusik bewundernd einräumt, findet nach Johann Joachim Quantz (1697 - 1773)

---

21 Vgl. Young, S. 36 - 46.

22 Vgl. Ruhland.

23 Die Lebensdaten verdanke ich dem Nachfahren Hans Waldhauser in Grünwald.

24 Schubart, *Ideen zu einer Ästhetik der Tonkunst*, S. 245.

25 Dass. S. 248.

26 Dass. S. 251.

27 Carl Burney's *Der Musik Doctors Tagebuch* ...Bd. 2, S. 5.

ihre Ursache in der idealen Wahl des Stimmtones. Quantz, den Burney 1772 in Potsdam traf, hatte diesem über seine eigenen Erfahrungen als Flötenbauer berichtet:

Wegen Mangel an guten Flöten fieng Herr Quantz 1739 selbst an, welche zu bohren und abzustimmen. Ein Unternehmen, welches ihm in der Folge Geld eingetragen hat.[28]

1752 beschrieb Quantz in seinem *Versuch einer Anweisung die Flöte traversiere zu spielen ...* nicht nur die bis dahin vorgenommenen Verbesserungen der Querflöten, sondern auch die Gründe, die zum vierteiligen Korpus geführt haben, sowie die Wirkungsweise der austauschbaren Mittelstücke, deren Zahl 6 und mehr betragen konnte. Quantzens Ausführungen sind vor allem als Quelle für die Stimmungsprobleme, denen sich ein Instrumentalist in der ersten Hälfte des 18. Jahrhunderts gegenübergestellt sah, von großem Interesse. Als hochqualifizierter Musiker und privilegierter Lehrer Friedrichs II., der ihm den Flötenbau ausdrücklich gestattete, gehörte Quantz noch einer zunehmend geringer werdenden Gruppe von umfassend gebildeten Personen an, die Musiker und Instrumentenbauer in Personalunion waren.

Die Paragraphen 6 und 7 aus dem VII. Abschnitt „Von den Pflichten welche alle begleitenden Instrumentisten überhaupt in Acht zu nehmen haben" belegen, wie sich aus einer Vielzahl von Stimmtönen der Kammerton herauszubilden begann:

6. §.

Der Ton, in welchem die Orchester zu stimmen pflegen, ist nach Beschaffenheit der Orte und Zeiten immer sehr verschieden gewesen. Der unangenehme Chorton hat einige Jahrhunderte in Deutschland geherrschet, welches die alten Orgeln sattsam beweisen. Man hat auch die übrigen Instrumente, als: Violinen, Baßgeigen, Posaunen, Flöten a bec, Schallmeyen, Bombarte, Trompeten, Clarinetten, u. s. w. darnach eingerichtet. Nachdem aber die Franzosen, nach ihrem angenehmen tiefern Tone, die deutsche Querpfeife in die Flöte traversiere, die Schallmey in den Hoboe, und den Bombart in den Basson verwandelt hatten; hat man in Deutschland auch angefangen, den hohen Chorton mit dem Kammertone zu verwechseln: wie auch nunmehro einige der berühmtesten neuen Orgeln beweisen. Der venezianische Ton ist itziger Zeit eigentlich der höchste, und unserm alten Chortone fast ähnlich. Der römische Ton war, vor etlichen und zwanzig Jahren, tief, und dem pariser Tone gleich. Anitzo aber fängt man an, den pariser Ton dem venezianischen fast gleich zu machen.

7. §.

Die Verschiedenheit des Tones, in welchen man stimmet, ist der Musik sehr schädlich. Bey der Singmusik verursachet er die Unbequemlichkeit, daß die Sänger diejenigen Arien, die an einem Orte, wo die Stimmung hoch ist, für sie gemacht waren, an einem andern Orte, wo man tief stimmet, und umgekehrt, die Arien, die nach einer tiefen Stimmung eingerichtet sind, an einem Orte, wo die Stimmung hoch ist, kaum brauchen können. Es wäre daher sehr zu wünschen, daß an allen Orten einerley Ton bey der Stimmung eingeführet werden möchte. Es ist nicht zu läugnen, daß der hohe Ton viel durchdringender ist, als der tiefe: er ist aber dagegen bey weitem nicht so angenehm, rührend, und prächtig. Ich will eben nicht die Parthey von dem ganz tiefen französischen Kammertone nehmen; ob er gleich für die Flöte traversiere, den Hoboe, den Basson, und einige andere Instrumente der vortheilhafteste ist: ich kann aber auch den ganz hohen venezianischen Ton nicht billigen; weil die Blasinstrumente in demselben allzu widrig klingen. Ich halte deswegen den deutschen sogenannten A-Kammerton, welcher eine kleine Terze tiefer ist, als der alte Chorton, für den besten. Denn dieser ist weder zu tief, noch zu hoch, sondern das Mittel zwischen dem französischen und venezianischen: und in diesem können sowohl die mit Saiten bezogenen, als die Blasinstrumente, ihre gehörige Wirkung thun. Der ganz hohe Ton würde machen, daß obgleich die Figur der Instrumente bliebe, doch endlich aus der Flöte traversiere wieder eine Querpfeife, aus dem Hoboe wieder eine Schallmey, aus der Violine eine Violino piccolo, und aus dem Basson wieder ein Bombart werden würde. Die Blasinstrumente, welche doch eine so besondere Zierde eines Orchesters sind, würden hiervon den größten Schaden haben. Dem tiefen Tone haben sie eigentlich ihren Ursprung zu danken. Wenn nun vornehmlich die Hoboen und Bassone, welche zum tiefen Tone gemacht worden, durch Verkürzung der Röhre und Esse in die Höhe gezwungen werden müssen; so werden sie durch diese Verkürzung durch und durch falsch. Die Octaven gehen auseinander, und der unterste Ton einer Octave wird tiefer, der oberste aber höher: so wie im Gegentheile, bey allzuweiter Ausziehung des Rohres und Verlängerung des Esses, die Octaven zusammen gehen, und der unterste Ton höher, der oberste aber tiefer wird. Es hat damit eben die Beschaffenheit, wie mit der Flöte, wenn man den Pfropf derselben entweder allzutief einstecket, oder allzuweit auszieht. Denn im ersten Falle gehen die Octaven auf oben gemeldete Weise auseinander; im zweyten aber, geben sie sich zusammen. Man könnte zwar allenfalls kleinere und engere Instrumente, zum Vortheile des hohen Tones, verfertigen lassen: allein die meisten Instrumentmacher arbeiten nach ihrem einmal angenommenen, nach dem tiefen Tone eigerichteten Modelle; und die wenigsten würden im Stande seyn, die Mensur nach gehörigem Verhältniß so zu verjüngen, daß das Instrument zwar hoch würde, doch aber auch seine Reinigkeit behielte. Geriethe auch endlich eins und das andere, so wäre doch noch die Frage, ob die obgemeldeten Instrumente, wenn sie auf den hohen Ton eingerichtet sind, noch eben die Wirkung thun würden, welche sie thun, wenn sie bey ihrem alten ihnen eigenen Maaße bleiben? Die Partheylichkeit für ein Instrument ist zwar an sich selbst gut; aber nur so lange, als sie den andern Instrumenten nicht zum Schaden gereichet. In einigen Theilen Welschlands liebt man die obengedachte Erhöhung des Tones. Denn in diesem Lande werden die Blasinstrumente weniger, als in andern Ländern, gebrauchet: und folglich hat man davon nicht einen solchen guten Geschmack, als von andern Dingen in der Musik. In Rom wurden einsmals die Blasinstrumente aus der Kirche verbannet. Ob nun vielleicht der unangenehme hohe Ton, oder die Art sie zu spielen, daran Ursache gewesen, lasse ich dahin gestellet seyn. Denn obgleich der römische Ton tief, und für den Hoboe vortheilhaft war: so spieleten doch damals die Hoboisten auf solchen Instrumenten, die einen ganzen Ton höher stunden, und mußten folglich transponiren. Allein diese hohen Instrumente thaten, gegen die übrigen tiefgestimmten, eine solche Wirkung, als wenn sie deutsche Schallmeyen wären. [29]

Nach Quantz bestand die wesentliche Leistung der deutschen Instrumentenbauer darin, über die Übernahme der französischen Instrumente hinaus deren Grundstimmung um einen Halbton angehoben zu haben. Dabei hat sicher der hohe Chorton der aus der Renaissance stammenden Orgeln eine Rolle gespielt, gegenüber denen die französischen Instrumente eine kleine Terz tiefer standen. Bruce Haynes hat eine Reihe von Originalinstrumenten diesbezüglich überprüft und diesen Sachverhalt bestätigt.[30] Aber auch andernorts übernahm man die französischen Instrumente, und es bildeten sich Zentren heraus.

In Leipzig nahm seit dem Ende des 17. Jahrhunderts besonders der Blasinstrumentenbau einen beträchtlichen Aufschwung, so daß es in der zweiten Hälfte des 18. Jahrhunderts von damaligen Wirtschaftsbeobachtern als eines

---

[28] Dass., Bd. 3, S. 143/144.

[29] Quantz, S. 241 - 243.

[30] Vgl. Haynes, S. 55 - 114.

der großen deutschen Zentren dieses Gewerbezweiges angesehen wurde.[31]

Der bekannteste Leipziger Holz- und zugleich Blechblasinstrumentenmacher war Johann Heinrich Eichentopf (1678 - 1769), in dessen Oboen da caccia Heyde Nachfahren der Altinstrumente der Schalmeipfeiferchöre im sächsisch-polnischen Raum erkannte. Eichentopf orientierte sich bei diesen Oboen da caccia wie auch bei seinen Flöten, Oboen, Oboen d'amore und Fagotten in der Stilistik an Nürnberger Arbeiten. Neben dem genannten Meister wirkten zur Bachzeit Johann Cornelius Sattler (um 1691 - 1739), von dem neben mehreren Blockflöten und Oboen je eine Traversflöte und eine Oboe d'amore nachweisbar sind, sowie Johann Pörschmann (um 1670 - 1757), dessen Blasinstrumente aus seiner unmittelbaren Praxis als ausübender Oboist und Fagottist entstanden und die wie die Sattlerschen von entsprechender Qualität waren.

Zwei Schüler Pörschmanns sollten später ihren Meister noch übertreffen und ihrer Wirkungsstätte Dresden zu noch größerem Ruhm verhelfen: Karl August(in) Grenser I (1720 - 1807) und Jakob Friedrich Grundmann (1727 - 1801). Grundmann, der neben Flöten, Klarinetten, Bassetthörnern und Fagotten vor allem Oboeninstrumente baute, datierte ab 1774 mehrere seiner Oboen, die laut Verkaufsanzeigen in der *Allgemeinen musikalischen Zeitung* als die „echten Grundmannschen Oboen" bezeichnet wurden. Bis in die dreißiger Jahre unseres Jahrhunderts konnte Dresden seine Vorherrschaft im Oboenbau behaupten, die von Grundmann herrührt und die zunächst von seinen Schülern Johann Ferdinand Floth (1761 - 1807) und Carl Gottlob Bormann (1770/1 - 1839) fortgesetzt wurde. Ab 1832 wirkte Carl Theodor Golde I (1803 - 1873) als hervorragender Oboenbauer in Dresden. War Christian Wilhelm Liebel (1793 - 1873) aus Adorf mehr auf Querflöten spezialisiert, so baute sein Nachfolger Gottlieb Louis Zencker (1813-1886) neben Klarinetten auch Oboen, denen sich auch dessen Nachfolger, Heinrich Edward Franz Pinder (1857 - 1913) – ebenfalls aus Adorf stammend –, ab 1882 in Dresden widmete. Pinders Nachfolger war Theodor Karl Poppe, der 1934 starb und dessen Oboen bis in unsere Tage gespielt wurden.

Der Begründer der Grenser-Werkstatt war Karl Augustin (I) Grenser, der ab 1733 sein Handwerk bei dem bereits erwähnten Johann Pörschmann in Leipzig erlernt hatte. Aus der ursprünglich bäuerlichen Familie gingen einige hochqualifizierte Meister und Instrumentenbauer hervor, wobei die Grenser-Werkstatt nicht vom Vater auf den Sohn überging, sondern 1796, nach 16jähriger Zusammenarbeit, auf den Neffen Johann Heinrich Wilhelm Grenser (1764 - 1813), der die 11 Jahre ältere Tochter von Karl Augustin I, Henrietta Rosina, heiratete, die aber schon 1805 starb. Johann Heinrich Wilhelm heiratete dann die Hofpfeiferstochter Carolina Wilhelmina Frost. 1813 starb Johann Heinrich Wilhelm. Carolina heiratete dann den Werkstattmitarbeiter Samuel Gottfried Wiesner (1791 - 1868), der bis

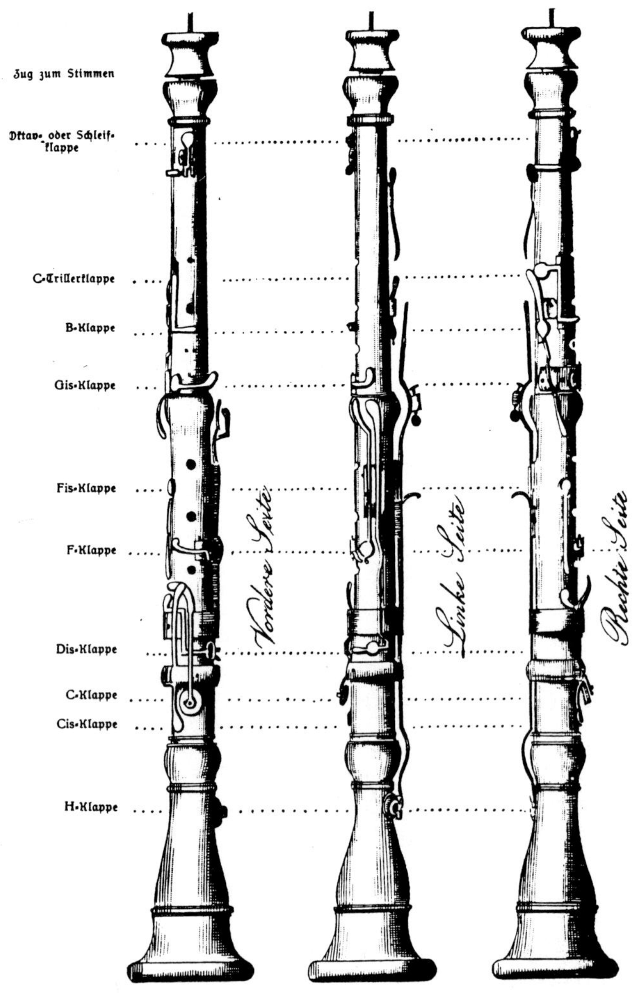

Oboe zu Anfang des 19. Jahrhunderts. (Aus Sellners Oboeschule.)

1826 als „Grenser & Wiesner" signierte. Nach dem Tode von Carolina heiratete Wiesner zum zweitenmal, gab die alten Werkstatträume auf und zog nach Dresden-Neustadt, wo die Wiesner-Werkstatt bis 1867 bestand.

Schon Karl Augustin (I) Grenser hatte seine 1744 gegründete Werkstatt schnell zu beachtlicher Blüte gebracht, wie wir nachfolgend noch sehen werden. Er galt ebenso als geschickter Musiker und vererbte seine Anlagen auf die Söhne und Enkel. Karl Augustin (II) Grenser machte sich um 1780 mit einer eigenen Werkstatt selbständig. Seine Arbeiten, soweit sie bekannt wurden, erreichen nicht diejenigen seines Vaters. Johann Friedrich (II) Grenser machte als einer der besten Oboisten seiner Zeit Karriere, starb aber schon mit 36 Jahren als Königlich Schwedischer Kammermusikus in Stockholm. Zu dem Zeitpunkt, als Karl Augustin (II) eigene Wege ging, trat Johann Heinrich Wilhelm Grenser in die Werkstatt seines Onkels ein. Eine der frühesten Würdigungen Karl Augustin (I) Grensers und Heinrich Grensers, die auf ältere Recherchen zurückgeht, da das Todesjahr von Augustin (I) Grenser noch nicht erwähnt wird, finden wir in Ernst Ludwig Gerbers Lexikon:

---

[31] Heyde, *Der Instrumentenbau in Leipzig* ..., S. 73.

Grenser *(August) Hofinstrumentenmacher in Dresden, geb. zu Wiehe in Thüringen 1720, ist schon seit vielen Jahren wegen der guten Flöten, Klarinetten, Hoboen und Fagotte, die wir von seiner Arbeit haben, rühmlichst bekannt. Da er in seiner Jugend große Lust zu diesem Metier bezeigte, so brachte ihn sein Vater, ein Landmann, zum Instrumentmacher* Pörschmann *nach Leipzig. Hier kam er so weit in seiner Kunst, daß, nachdem er sich 1739 von seinem bisherigen Meister nach Dresden gewandt hatte, er sich daselbst wenige Jahre darnach etablieren konnte. Seine Flöten, welche er mit 3, 5 auch 7 Mittelstücken und mit 1 bis 4 Klappen verfertigt, sind von jeher besonders geschätzt worden. Im Jahr 1796 hatte er Alters wegen seine sämmtlichen Geschäfte an nachfolgenden übergeben.*

Grenser *(Heinrich) des vorhergehenden Schüler in der Kunst und Schwiegersohn, Hof-Instrumentmacher zu Dresden, führt gegenwärtig die sämmtlichen Geschäfte des vorhergehenden rühmlichst fort. Ueberdies machte er 1793 die Erfindung eines neuen Instruments bekannt, welches er Klarinetten-Baß nannte. Selbiges geht bis ins tiefe H. Jede Octave giebt es viermal, die aber von H und C fünfmal, und soll von schönem und starkem Tone seyn. Jeder Klarinettist und Bassethornist kann auch sogleich dies Instrument spielen. Einige Nachrichten von seiner Feder über seinen und des Hrn.* Tromlitz *Flötenbau findet man No. 11. des Intelligenzbl. zur Leipz. mus. Zeit. Jahrg. II.*[32]

Durch einige Schriftstücke und Zeugnisse sind wir über die Einschätzung der Arbeiten des Werkstattgründers, der schon am 10. Dezember 1753 zum Kurfürstlich Sächsischen Hofinstrumentenmacher ernannt wurde, ein wenig unterrichtet. Nach offensichtlichem Qualitätsverlust der Nürnberger begann der Aufstieg von sächsischen Werkstätten. Aufschlußreich sind diesbezüglich die Bemühungen Johann Georg Leopold Mozarts (1719 - 1787) um Anschaffungen von Instrumenten aus der Grenser-Werkstatt für den Salzburger Hof. Aus erhaltenen Briefen Leopold Mozarts[33] an Johann Gottlob Immanuel Breitkopf (1719 - 1794) über einen Zeitraum von 10 Jahren, vom 7. Februar 1772 bis zum 29. April 1782, können wir die Bemühungen nachvollziehen, die nötig waren, um an die offenbar begehrten und oft nur nach längeren Wartezeiten lieferbaren Instrumente Augustin (I) Grensers zu gelangen. 1772 erhielt er binnen weniger Wochen je 2 Oboen und Fagotte, die er dringend für die Aufführungen anläßlich der Huldigung des neuen Salzburger Erzbischofs Colloredo brauchte und mit denen er sehr zufrieden war. Die Fagotte haben möglicherweise seinen Sohn Wolfgang Amadeus zum Fagottkonzert KV 191 für Melchior Sandmayr (1728 - 1810) angeregt.[34] 1776 brauchte Leopold Mozart für eine ebenfalls wichtige Aufführung wieder 2 Oboen und 2 Englischhörner, aber Grenser ließ ihn bis 1778 warten, was Leopold Mozart sehr enttäuschte und ihn in große Verlegenheit brachte, zumal ihm auch die beiden Englischhörner nicht gefielen. Ob diese zurückgingen, läßt sich nicht klären. Jedenfalls blieb Grenser einen entsprechenden Antwortbrief schuldig und hat auch nicht das Geld eingefordert, was Leopold Mozart geradezu erboste. Offensichtlich hatte Grenser so viele Aufträge, daß er sie in seiner kleinen Werkstatt nicht voll bewältigen konnte.

Die große Wertschätzung, der sich die Grenserschen Produkte erfreuten und die eine derart große Nachfrage hervorrief, muß auf besonders geglückten Modellen beruhen, die den Anforderungen der Musiker im ausgehenden 18. Jahrhundert in idealer Weise entsprachen. Denn man muß sich vergegenwärtigen, daß der Ruf der Grenser-Instrumente nicht etwa auf ausgesprochen progressiven Konstruktionen beruhte, etwa auf Flöten, Oboen, Klarinetten und Fagotten mit besonders vielen Klappen, sondern im Gegenteil zunächst auf in technischer Hinsicht einfachen Modellen mit einer Klappe bei den Flöten, 2 Klappen bei den Oboen und je 4 bis 5 Klappen bei den Klarinetten und Fagotten.

Quantz' epochemachende Schrift *Versuch einer Anweisung, die Flöte traversiere zu spielen* regte auch eine Reihe anderer Autoren an, sich auf diesem Felde zu versuchen. Eine wichtige Schrift stellen die *Bemerkungen über die Flöte und Versuch einer kurzen Anleitung zur besseren Einrichtung und Behandlung derselben* von Justus Johannes Heinrich Ribock (1743 - 1785) dar, in denen dieser unter anderem die damals gängigen Flöten einem Vergleich unterzog.

Bei den Flöten von Quantz rügte Ribock den aufgrund der weiten Bohrung hohlen, waldhornartigen Ton und die fehlende Ansprache der Höhe ab dem dreigestrichenen e. Die Flöten von Friedrich Gabriel August Kirst (1750 - 1806) seien denjenigen von Quantz sehr ähnlich, jedoch tonlich etwas klarer. Besonders lobte Ribock die ausgezeichnete Arbeit und die „spiegelnd polierte Innenbohrung", die er bei einer Ebenholzflöte gesehen habe.

Aufschlußreich ist, was Ribock über die Flöten von Augustin (I) Grenser äußerte:

Gänzlich verschieden von diesen Flöten sind die des Herrn Grenser, mit denen hinwiederum die vom Herrn Tromlitz viel Aenlichkeit haben. Zur Vergleichung des Tons dieser zwei Arten halte ich durchaus nothwendig auf die höhere oder tiefere Stimmung Rücksicht zu nehmen. In der Tiefe, worin die Berliner stehen, kommt keine sächsische, wegen des für eine solche Stimmung zu engen Calibers, dagegen. Noch Nro. *1 und 2 sächsisch, die doch da erst anfangen, wo Quantz mit einem ziemlichen Intervalle schon aufgehört hat, rechne ich für nichts; aber mit* Nro. *4 des Herrn Tromlitz, und 3, 4, des Herrn Grenser, halte ich den Ton dieser Instrumente unstreitig schöner. Er ist klingender, heller und reinlicher, und doch, nach Maaßgabe der mehrern Höhe eben so voll und dick als Quantzens seiner, auch mit desselben besten Mittelstücken. Dieses sind die*

32 Gerber, S. 392/393.

33 Deutsch, S. 455f, 531, 533; II, 3, 323, 392f, 493, 546; vgl. auch Drechsel, S. 998.

34 Vgl. Joppig, Deutsches Fagott.

tiefsten, denn Nro. *5 und 6 taugen gewiß eben so wenig, als sächsisch* Nro. *1, 2, ob zwar auf entgegengesetzte Weise.*

Daß die Richtigkeit der Mensur in sich selbst bei den sächsischen Instrumenten vollkommner sei, leidet, glaube ich, keinen Zweifel, weil sie nicht nur überhaupt leichtsprächiger sind, sondern beides, sowohl die äußerste Höhe als Tiefe vollständiger liefern, davon jene den quantzischen gänzlich fehlt.[35]

Der Leser mag in der bisherigen Übersicht den Namen Tromlitz vielleicht zu Recht vermißt haben. Johann George Tromlitz (1725 - 1805) war Notar in Leipzig, nannte sich aber selbst im Titel seiner letzten Schrift „Tonkünstler und Flötenist". Es scheint bezeichnend für das 18. Jahrhundert zu sein, daß sich eine Reihe von Dilettanten in des Wortes besserer Bedeutung in Schrift und Tat für technische Verbesserungen an Holzblasinstrumenten einsetzte. So soll schon 1727 ein Bauverwalter namens Gerhard Hoffmann (1690 - 1757) die as'- und b'-Klappe für die Querflöte erfunden und auch auf die Oboe übertragen haben, zumindest gehört diese Angabe zu den heute nicht mehr nachprüfbaren, gleichwohl scheinbar gesicherten Fakten der instrumentenkundlichen Literatur[36]. Ribock, der auf Tafel II seiner bereits erwähnten Schrift eine Grifftabelle für eine Querflöte mit den Klappen für dis, es, f, gis und b unter der Überschrift „Anleitung zum Gebrauch der Klappen an der Flöte, und einigen Schwebungen" zum Abdruck bringt, schreibt die Erfindung der drei Klappen für f, as und b entweder Johann George Tromlitz oder Henry Kusder (2. Hälfte des 18. Jahrhunderts) zu:

Wie alt sie (die Erfindung) eigentlich sei, und wer sie gemacht habe, kann ich nicht mit Gewißheit sagen; doch scheint sie mir nicht über 20 Jahre höchstens hinauszugehen, und entweder von dem Herrn Tromlitz in Leipzig, oder einem Instrumentenmacher in London, Namens Kusder, herzurühren, indem ich sie, alles Nachforschens ungeachtet, noch bei keiner andern Flöte angetroffen habe.[37]

Dabei wissen wir spätestens aus Hermann Halbigs Arbeit über die Geschichte der Klappe, welch komplexe Klappensysteme es bereits im 16. und 17. Jahrhundert gegeben hat.[38] Dabei gilt nach französischen Quellen als Erfinder der cis'/gis''- Klappe auf der Klarinette der für seine Klavichorde und Cembali gerühmte Barthold Fritze (1697 - 1767) in Braunschweig, der eine Reihe von Verbesserungen bei Tasteninstrumenten ersann und eine *Anweisung, wie man Claviere, Clavecins und Orgeln, nach einer mechanischen Art, in allen zwölf Tönen gleich rein stimmen könne* bei Breitkopf in Leipzig 1757 herausgab.

Tromlitz setzte sich in seinen Schriften vehement für eine Flöte mit acht Klappen ein, mit Hilfe derer man allein in der Lage sei, in allen Tonarten reinstimmend zu spielen. Während Quantz dem Flötisten noch empfahl, Stücke in schwierigen Tonarten nur dann vorzutragen, wenn dem Zuhörer die Schwierigkeiten dieser Tonarten bewußt seien[39], forderte Tromlitz vom Flötisten:

Ein solcher muß nicht nur in den gewöhnlichen Tonarten Fertigkeit haben, sondern er muß sich auch in den entfernten Tonarten durch Fertigkeit und unerwartete harmonische Wendungen im Gesang, und in künstlichen Passagen auszuzeichnen verstehen. Kann er dieses nicht, so verliehret er gegen einen guten Geiger sehr viel, und er bleibt immer nur ein Leyermann. Wie armselig stehet ein solcher nicht gegen einen guten Geiger da mit seiner einklappigen Pfeife![40]

Tromlitz störte sich an den seiner Auffassung nach „stumpfen und matten" Gabelgriffen und hatte zu diesem Zweck Klappen für es', dis', zwei für f', gis', zwei für b' und c'' angebracht. Er übernahm dabei die beiden Klappen für es' und dis' von Quantz und fügte der schon bekannten f'-Klappe für den Ringfinger der rechten Hand eine zweite für den kleinen Finger der linken Hand hinzu, die er als seine Erfindung ausgab. Der blinde Flötist Dülon (1769 - 1826) beschrieb diese Klappe schon 1783 als Erfindung seines Vaters, der Goldschmied gewesen war. Tromlitz verlegte die gis'-Klappe an das Unterstück oberhalb der f-Klappe, um nicht an jedem Wechselstück dieselbe anbringen zu müssen. Die b-Klappe war alternativ mit dem linken Daumen und dem rechten Zeigefinger zu spielen. Die c''-Klappe war als offene Klappe konzipiert und wurde vom linken Daumen geschlossen gehalten. Tromlitz' Achtklappenflöte hätte unter den Instrumentenbauern möglicherweise eine wohlwollendere Beurteilung gefunden, wenn er nicht selbst noch in hohem Alter immer wieder bissig formulierte Ausfälle gegen den Instrumentenbau seiner Zeit in seine Schriften eingeflochten hätte.

Das 2. Kapitel „Von der Lage dieser Klappen, und ihrer Bestimmung" beginnt wie folgt:

Dieses Capitel gehöret eigentlich zum Flötenbau, das ich also wohl hätte weglassen können. Vielleicht geschiehet aber denen, die dieses Instrument bauen wollen, ein Gefalle damit. Gewöhnliche Instrumentenmacher werden es wohl nicht brauchen können, weil diese Art von Unterricht außer ihrem Wirkungskreise liegt. Auch für diese wird es nicht

35 Ribock, S. 34.

36 Zuerst erwähnt: Ernst Ludwig Gerber widmet diesem Gerhard Hoffmann mehr als eine Spalte in seinem *Historisch-Biographischen Lexikon der Tonkünstler* von 1790 und beruft sich dabei auf Anmerkungen, die Johann Gottfried Walther als Nachträge für sein *Musikalisches Lexikon oder musikalische Bibliothek 1732* vorsah. Gerbers *Neues historisch-biographisches Lexikon der Tonkünstler*, 1812-14 erschienen, enthält keinen Eintrag mehr über Gerhard Hoffmann.

37 Ribock, S. 2.

38 Vgl. Lit.verz. Halbigs Zeichnungen aufgrund von Instrumenten, die heute teilweise zu den Kriegsverlusten gerechnet werden müssen, wurden in der genannten Zeitschrift nicht mitgedruckt und sollen gleichfalls dem Krieg zum Opfer gefallen sein. Durch Kopien eines Engländers wurden diese jedoch überliefert. Freundlicher Hinweis von William Waterhouse, London.

39 Quantz, S. 170.

40 Tromlitz, S. VII.

seyn, die zu ihrem Flötenspielen blos durch Zufall gekommen sind. Also nur für wissenschaftliche Künstler; wenn sie es anders annehmen wollen. Ich wollte ihnen auch gern den ganzen Bau, so wie ich ihn durch lange und mühsame Jahre gefunden, geben, wenn man Zutrauen genug hätte, zumahl da ich mit einem Fuße im Grabe stehe.[41]

Tromlitz war also mit den deutschen Flötenbauern unzufrieden, aber nicht nur mit diesen:

Von den gewöhnlichen Instrumentenmachern kenne ich Keinen, der nach Gründen arbeitete, alle machen nur nach, in und außer Deutschland. Dahero sind dergleichen Flöten auch nur in wenigen Tonarten brauchbar.[41]

Es läßt sich denken, daß die Instrumentenbauer derartige Sentenzen nicht auf sich sitzen lassen wollten. Heinrich Grenser machte sich kraft seines Renommees zum Sprecher seiner Kollegen in einer Kritik in der Beilage zur *Allgemeinen musikalischen Zeitung*:

Von allem übrigen, was Herr Tromlitz über die Flöte vorbringt, und, in Rücksicht des Baues, andern mitzutheilen wünscht, kann wenigstens ich ... einigen Gebrauch deswegen nicht machen, weil ich in seinen, von ihm selbst so sehr gerühmten, Flöten, das vorzüglichste Muster der Vollkommenheit nicht finde, auch keinen von allen den grossen Virtuosen und Künstlern fast jeder Nation, mit denen ich in Bekanntschaft zu stehen die Ehre habe, kenne, der sich der Tromlitzischen Flöten bediente ... Bis zur Erscheinung einer solchen Flöte aber ersuche ich Herrn Tromlitz, alle selbstgefällige Erhebung über die teutschen Instrumentmacher einzustellen.[42]

In seinem *Kleinen Handbuch der Musiklehre und vorzüglich der Querflöte* aus dem Jahre 1801 gibt Andreas Dauscher eine Zusammenfassung über die nach seiner Meinung ideale Querflöte am Beginn des 19. Jahrhunderts:

Quanz fügte im Jahr 1726 die (dis) zweyte Klappe hinzu, und Tromlitz glaubte vor einiger Zeit durch zweckmäßige Ausschnitte der Greiflöcher; durch Anbringung noch vier anderer (f, gis, b und c) Klappen; durch die Pfropfschraube und durch den, nach der Verhältnißlänge der Mittelstücke lang oder kurz zu machenden und deswegen mit einem Register versehenen Fuß, den Bau der Querflöte der Vollkommenheit am nächsten zu bringen; allein jetzt hält man diese nimmer für die besten, sondern diejenigen neuern Tromlitzischen Flöten am zweckmäßigsten, welche aus Ebenholz, Buxbaum- Grenatille- oder Franzosenholz verfertigt, deren Mittelstücke an den Zapfen, wegen der reinen Stimmung, durch hinzusetzende oder wegzunehmende Ringe verlängert und verkürzt werden können, die nur 2 (es und dis) Klappen, eine Pfropfschraube und einen nach einem Register beweglichen Fuß haben.[43]

Dauschers Grifftabelle ist auch für ein Instrument mit zwei Klappen angelegt.

Die von Tromlitz immer wieder kritisierten „Naturfehler der Flöte" wurden im ausgehenden 18. Jahrhundert allgemein offensichtlich als nicht so gravierend empfunden. In einem Aufsatz *Studien zu Stimmung und Klang der Querflöte zwischen 1500 und 1850* hat Dieter Krickeberg festgestellt, „daß die Spieler an der ein- oder zweiklappigen Flöte festhielten, obwohl sie die Gleichheit des Klanges schätzten."[44]

Johann Heinrich Grenser formulierte noch 1811 in der *Allgemeinen musikalischen Zeitung*, worin er das ideale Instrument sah:

Nicht in der Anzahl der Klappen, nein, in der möglichsten Einfachheit der Flöte, ohne der Eleganz etwas aufzuopfern, muß die wahre Vervollkommnung dieses schönen Instruments gesucht werden.

In seiner erst jüngst erschienenen Arbeit *Musikinstrumentenbau* vertritt Herbert Heyde die Auffassung, daß die Instrumentenbauer bis ins 19. Jahrhundert hinein ihre Instrumente nach bis ins Mittelalter nachweisbaren Proportionslehren gebaut hätten. Bei den Holzblasinstrumenten spielten nach seiner Meinung die sogenannten Goldenen Reihen, darunter besonders die Fibonaccische Reihe, die 1202 aufgezeichnet wurde, eine entscheidende Rolle. Schon früh sei es zu einer Synthese zwischen den theoretischen Berechnungen der Gelehrten, den Künstlern (Malern, Bildhauern und Baumeistern) und den Handwerkern gekommen. Heyde erkannte noch an Flöten August und Heinrich Grensers das Vorliegen mathematischer Proportionen, wenn man mit den um 1800 gültigen Zollmaßen rechnet:

Die Zollrundungen zeigen, daß um 1800 die alten Ordnungsregeln noch angewendet wurden. Andererseits dürfen die angeführten Beispiele nicht darüber hinwegtäuschen, daß Nachbauen und empirisches Arbeiten um 1800 oft schon die maßgebende Methode war.[45]

Wieweit sich die von Heyde herausgefundenen Proportionen an weiteren noch zu untersuchenden historischen Musikinstrumenten bestätigen lassen, kann derzeit noch nicht beurteilt werden. Um bei der Grenser-Familie zu bleiben, erwähnt Heyde selbst, daß offensichtlich nicht nach Berechnungen, Skizzen oder Zeichnungen gearbeitet wurde:

41 Dass. S. 3 und 133.
42 Heinrich Grenser, in: *Intelligenz-Blatt zur Allgemeinen musikalischen Zeitung*, Leipzig Nr. XI, März 1800; s. auch das Vorwort von Karl Ventzke im Reprint der Schrift von Tromlitz.
43 Dauscher, S. 64.
44 Krickeberg, *Studien*, S. 113. Vgl. Lit.verz.
45 Heyde, *Musikinstrumentenbau*, S. 174.

Nachdem die Werkstatt August Grensers an seinen Neffen Heinrich Grenser übergegangen war, wurde, als Heinrich am 12. Dezember 1813 das Zeitliche gesegnet hatte, ein detailliertes Inventarverzeichnis von allem, einschließlich Werkzeug, aufgenommen. Es finden sich darunter keine Zeichnungen, sondern nur fertige Modelle ...[46]

Herbert Heyde teilt den Instrumentenbau in zwei große Epochen. In eine erste, in der „die alte geometrisch und metaphysisch fundierte Bauweise" dominierte, und eine darauf folgende, in der „der geistesgeschichtliche Begriff des Natürlichen und der der akustischen Richtigkeit ... zur Plattform für den wissenschaftlich orientierten Instrumentenbau im 19. Jahrhundert" wurde. Dagegen steht die Meinung, daß die Instrumente auf empirischen Wegen entwickelt wurden, wobei es wichtig sei, daß der Instrumentenbauer seine Instrumente auch selbst beherrschte. Ob man eher der einen Meinung zuneigt oder der anderen: Tatsache bleibt, daß mit Beginn des 19. Jahrhunderts, beeinflußt durch die Weiterentwicklung der physikalischen Akustik, ein neues Kapitel im Instrumentenbau beginnt.

Wenn auch Heinrich Grenser seinen Oheim nur um 6 Jahre überlebte, hat er doch viele Instrumente entscheidend ausgestaltet und mit seinen eigenen Entwicklungen den Boden für eine neue Epoche bereitet. Bekanntlich hatte Theobald Boehm (1794 - 1881) nach seinen eigenen Angaben bereits 1810 eine Flöte mit 4 Klappen von Grenser kopiert und in der Folge weitere Experimente in Zusammenarbeit mit seinem Lehrer Johann Nepomuk Capeller (1776 - 1843) durchgeführt, die Carl Maria von Weber (1779 - 1839) in der *Allgemeinen musikalischen Zeitung* besprochen hatte. Auf Heinrich Grenser geht offensichtlich, wie sich anhand der deutschen Übersetzung der berühmten Fagottschule von Etienne Ozi (1753 -1813) feststellen läßt, die Verlegung der Es-Klappe von der Daumenseite auf die Kleinfingerseite der linken Hand an der Baßstange des Fagotts zurück:

Diese Es-Klappe liegt bei unsern, vorzüglich den Grenzerschen Fagots - *nach einer unstreitig bessern Bauart - auf der Hinterseite des grossen Mittelstücks, also nicht neben der tiefen D-Klappe; und eben dieser Bauart halber dürften auch manche derer von Hrn.* Ozi *angegebenen* Triller *auf unsern deutschen Fagotts nicht anwendbar sein.*[47]

Franz Joseph Fröhlich (1780 - 1862) fügte seiner Fagottschule von 1810/11 eine „Scala für einen Dresd'ner Fagott mit der hohen A und C Klappe" bei und prägte damit einen Begriff, der besonders für eine Tonqualität stand, die die späteren viel moderneren Konstruktionen nach den Ideen von Carl Almenräder (1786 - 1843) und Wenzel Neukirchner (1805 - 1889) nur annähernd aufzuweisen hatten. Noch

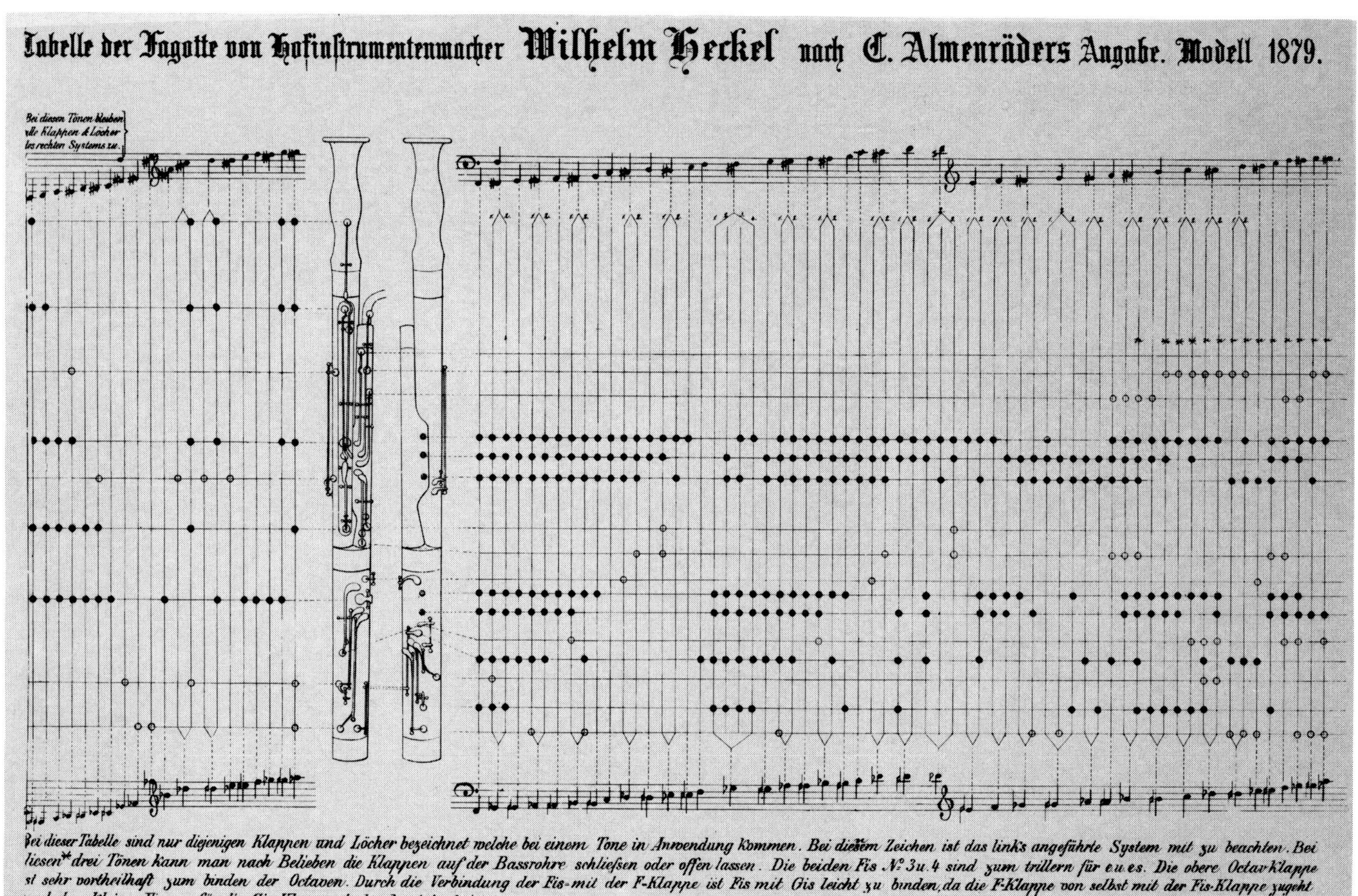

1887 schrieb Christian Ludwig Weissenborn (1837 - 1888) in seiner berühmten Fagottschule:

Obwohl man sich allerwärts bestrebte, die schwachen Seiten des Fagotts zu beseitigen, so waren es namentlich (Anfang des 19. Jahrhunderts) die Instrumentenmacher Grenser und sein Nachfolger Wiesner in Dresden, die als vorzügliche Fagottbauer einen grossen Ruf besassen.— Vor Allem zeichneten sich deren Instrumente durch einen schönen weichen Ton aus.[48]

Der bereits bei Gerber erwähnte „Klarinetten-Baß", den Heinrich Grenser 1793 erfand (nicht zu verwechseln mit Anton Stadlers, 1753 - 1812, „bass clarinet", einer Bassettklarinette), war eine echte Baßklarinette in Fagottform, die

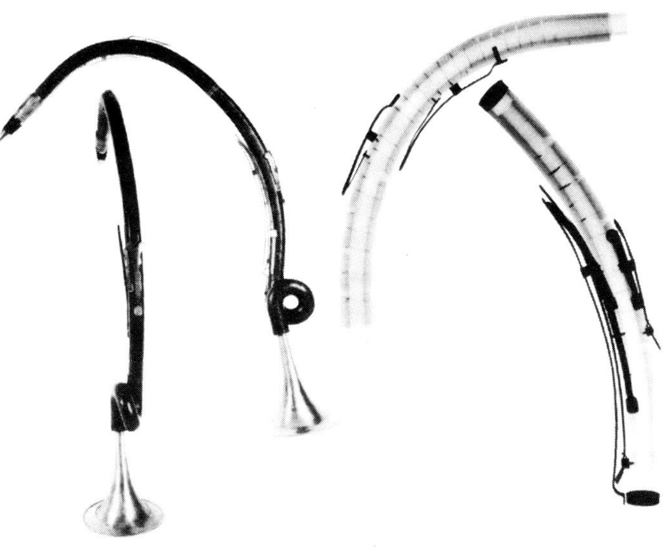

Baßklarinette (Vorder- und Seitenansicht sowie Röntgenbild) von Anton und Michael Mayrhofer, Passau um 1770. Musikinstrumentenmuseum im Münchner Stadtmuseum

Vorbild wurde für eine Reihe ähnlicher Konstruktionen, so 1828 von Gottlieb Streitwolf (1779 - 1837) bis hin zu den Militärinstrumenten von Johann Simon Stengel (1803 - 1885) in Bayreuth, von Georg Jakob Berthold (1824 - 1904) in Speyer oder den Metallbaßklarinetten von Augustin Heinrich Rott (1815 - 1868) in Prag.

Drechsel[49] zufolge baute Heinrich Grenser 1808 auch die von Iwan Müller (1786 - 1854) propagierte Altklarinette in gestreckter Form. Auch Heinrich Grensers hervorragend gebaute Klarinetten mit 5 bis maximal 11 Klappen dürfte er nach dem Prinzip „so viel Klappen wie nötig — so wenig Klappen wie möglich" gebaut haben. In der *Allgemeinen Musikzeitung* vom 16. März 1808 war darüber folgendes zu lesen:

Endlich wird die Klarinette nur dann den begründeten Forderungen entsprechen, wenn sie, ohne Inventions-Klarinette zu seyn, wenigstens neun Klappen hat, womit man inzwischen ausreicht, und die Schwierigkeiten nicht ohne Ursach mehrt. Zwar bin ich der Meynung, dass die Klappen eigentlich nur Nothbehelfe sind, deren Zahl man möglichst verringern muss; denn bald ist das Eine, bald das Andere an den Ledern oder einer lahm gewordenen Feder u.s.w. zu verbessern, welche Schwierigkeiten mit der wachsenden Menge derselben gleichen Schritt halten. Allein ohne diese Klappen sind in der Tiefe die halben Töne als nicht vorhanden anzusehen: sie sind so dumpf, dass man sie eigentlich gar nicht gebrauchen kann.

Carl Baermann (1810 - 1885) schließlich, der auf der Basis der Klarinette mit 13 Klappen von Iwan Müller zusammen mit dem Münchner Instrumentenmacher Georg Ottensteiner (1815 - 1879) die Baermann-Ottensteiner-Klarinette schuf, „gab einmal seiner Ueberzeugung Ausdruck, die einfache Klarinette seines Vaters habe besser geklungen als die mit Klappenballast überladenen neueren Instrumente, was er hauptsächlich der geringeren Durchbrechung der Wandung durch Tonlöcher und dem Buchsbaum als verwendetem Material" zuschrieb.[50]

Obwohl in der Folgezeit viele Musiker ihre Instrumente von Dresdner[51] und Leipziger Werkstätten bezogen, verlegte sich der progressive Klarinettenbau in andere Zentren. Den Beginn machten die Bemühungen Iwan Müllers, nicht nur die Anzahl der Klappen zu vermehren, sondern auch durch zusätzliche Klappenverbindungen größere technische Geläufigkeit zu erreichen. Nachdem er sich von Heinrich Grenser die gestreckte Altklarinette hatte bauen lassen, konzertierte er mit dieser mit Erfolg in Wien. Seine Verbesserungen am Fagott hatte er seit dem Dresdner Aufenthalt anscheinend nicht mehr weiter betrieben. In Zusammenarbeit mit dem Instrumentenmacher Johann Merklein (1761?-1849) in Wien entwickelte er seine Klarinette mit 13 Klappen, die er schon 1809 in verschiedenen Konzerten vorstellte, wobei er neben eigenen Werken auch ein Konzert von Philipp Jakob Riotte (1776 - 1856) „pour la Nouvelle Clarinette, composé et dédié à son ami Iwan Müller" zur Aufführung brachte. Paris war zu dieser Zeit ein Zentrum des Klarinettenspiels, und Iwan Müller wandte sich dorthin, um seine Erfindung 1812 einer Kommission des Konservatoriums vorzustellen, wie dies später auch Theobald Boehm mit seiner Ringklappenflöte tat. Die Kommission, bestehend aus den Komponisten Charles-Simon Catel (1773 - 1830), François-Joseph Gossec (1734- 1829), Etienne Nicolas Méhul (1763 - 1817), dem Direktor Bernard Sarrette (1765 - 1858) und den Professoren für Klarinette Jean Xavier Lefèvre (1763 - 1829) und Charles Duvernoy (1766 - 1845), wandte sich besonders gegen den Anspruch Iwan

---

46 Ders. S. 185.

47 Ozi, S. 4.

48 Weissenborn, S. VII.

49 Vgl. Lit.verz..

50 Altenburg, Klarinette, S. 23.

51 So z.B. der finnische Virtuose Bernhard Henrik Crusell (1775 - 1838), der eine 10klappige Grenser-Klarinette mit auswechselbarem Oberstück spielte; vgl. Dahlström, S. 81

Aus einer Preisliste der Fa. Seeling, Dresden 1906

Müllers, alle Klarinettenpartien nur auf der B-Klarinette ausführen zu lassen, und sprach sich für die Beibehaltung der C-, B- und A-Klarinette aus. Die Herstellung kam zwar vorerst nicht so recht in Gang, der Typus mit 13 Klappen setzte sich jedoch nach und nach auch in Paris durch. 1822 erschien Müllers epochemachendes Schulwerk *Méthode pour la nouvelle Clarinette et Clarinett-Alto* bei Gambaro in Paris und 1826 die deutsche Fassung *Anweisung zu der neuen Clarinette und der Clarinett-Alto* bei Hofmeister in Leipzig. In seiner Vorrede verweist Müller selbst auf seine Bemühungen um die Verbesserung des Fagotts, die die Klappen für die Töne Kontra-H, Cis, B, cis/des und dis/es betrafen. Diese von Müller beschriebenen Verbesserungen nahm später jedoch auch Carl Almenräder (1786 - 1843) für sich in Anspruch. Müller beklagte aus seinen Erfahrungen eines reisenden Virtuosen die unterschiedliche Stimmtonhöhe in Frankreich, Deutschland, England und Italien. Wilhelm Altenburg hat Iwan Müllers Bestrebungen wie folgt zusammengefaßt:

Keineswegs also erstrebte Iwan Müller lediglich durch sein neues Klappensystem die Reinigung des Instrumentes von den ihm seit alters her anhaftenden Mängeln und damit eine leichtere Spieltechnik und die Korrektur der bisher üblichen Triller, seine Reform umfasste vielmehr alle irgend in Betracht kommenden akustischen Punkte, wie die Funktion und die richtige Lage der quintierenden Oeffnung, die möglichst genaue Einteilung der Finger- und Klappenlöcher und deren Einfluss auf Tonreinheit und Tonfülle ...[52]

Sowohl der Komponist Michail Glinka (1804 - 1857) als auch der Musikschriftsteller Johann Friedrich Rochlitz (1769 - 1842) äußerten sich nicht gerade positiv über Müller, während Carl Baermann in seiner Klarinettenschule (1864 ff) schrieb:

Der unermüdlich nach Vervollkommnung dieses Instrumentes ringende Iwan Müller hat sich in vieler Beziehung gleich grosse Verdienste um die mechanische Verbesserung der Clarinette erworben, wie mein Vater, der sie durch sein tiefes edles seelenvolles Spiel zum ersten Blasinstrument erhob. Durch seine Behandlung kam sie dem edelsten Tone in der Musik, dem der menschlichen Stimme am nächsten.[53]

Unter dem Eindruck von Heinrich Baermanns Konzerten in Paris im Jahre 1818 stellte sich die französische Klarinettistenschule nicht nur auf die deutsche Ansatzart des „Untersichblasens" um, also das Blatt mit der Unterlippe zu spielen, sondern auch auf die Klarinette mit 13 Klappen, der dann unter Hyacinthe Elénore Klosé (1808- 1880)die „Clarinette à anneaux mobiles" folgte, die erst später den Namen Boehm-Klarinette erhielt.

Carl Baermann perfektionierte dagegen in München die Müller-Klarinette erst in Zusammenarbeit mit dem Oboisten und Instrumentenbauer Benedikt Pentenrieder (1809-1849) und nach dessen Tode mit Georg Ottensteiner zur Baermann-Ottensteiner-Klarinette, deren Weiterentwicklung die deutsche Klarinette bis hin zum Oehler-Modell darstellt. Carl Baermann dazu in seiner bereits genannten Schule:

Ich selbst arbeitete viele Jahre mit einem rastlosen und mechanisch erfindungsreichen Kopf, und wir brachten nach Hunderten von Versuchen ein Instrument zu Stande, auf welchem sich durch einen einzigen Druck auf einen Hebel die C-dur Scala in die Cis-dur Scala verwandelte, und eben so leicht in alle übrigen schwierigen Tonarten. Allein der Mechanismus war so ungeheuer complicirt, dass er bei der grössten Genauigkeit nie mit Sicherheit und Ruhe zu gebrauchen war, und im Piano-Spiel ebensoviel Klappen als Töne zu hören waren. Dieser Mann, der dieser Erfindung seine Nächte und endlich auch sein Leben geopfert hat, verdient hier genannt zu werden: es war der Instrumentenmacher Benedikt Pentenrider in München. Nach dessen Tod trat ich mit dem damals aus Paris gekommenen Instrumentenmacher Georg Ottensteiner in Verbindung, und bestimmte ihn sich in München niederzulassen. Die vielen Erfahrungen welche ich durch die unzähligen Versuche mit Pentenrider erhalten hatte benützend, arbeitete ich längere Zeit mit Ottensteiner, und so entstand die oben abgebildete Clarinette, wobei das Griffsystem von Theobald Böhm zum Theil benutzt wurde.[54]

Wenn auch die Boehm-Flöte in bezug auf wissenschaftliche Berechnungen die renommierteste instrumentenbauliche Leistung in ihrem Rahmen ist, so wollen wir doch zunächst auf die Oboe und das Fagott im ersten Viertel des 19. Jahrhunderts eingehen. Betreffs der Oboe war es ebenfalls ein Schulwerk, das bis heute durch seine Duette und Terzette nichts von seinem Wert eingebüßt hat. 1825

52 Altenburg, Klarinette, S. 20f.

53 Baermann, S. 1.

54 Dass. S. 2.

erschien die *Theoretisch praktische Oboe Schule* von Joseph Sellner (1787 - 1843) für eine Oboe mit der zu ihrer Zeit ungewöhnlich hohen Anzahl von 10 Klappen. Der kurz zuvor in der *Allgemeinen Musik-Zeitung* ausgesprochenen Befürchtung des berühmten Oboevirtuosen Wilhelm Theodor Johann Braun (1796 - 1867) „Zu viele Klappen schaden offenbar dem Tone, und führen den Nachtheil herbey, dass, wenn sie nicht vollkommen gut gemacht sind, bald die eine bald die andere nicht gehörig deckt ..." hält Sellner entgegen,

Dass diese letzteren immer gut schliessen müssen, braucht wohl nicht erst bemerkt zu werden, doch glaube ich hier anführen zu müssen, dass der bekannte Instrumentenmacher Herr Stephan Koch (1772 - 1828) in Wien, dem überhaupt die Verbesserung der Blas-Instrumente vieles verdankt, und der rastlos strebt, sie zu vervollkommnen, eine Deckung der Klappen macht, bei welcher man nach Jahren kaum einmal nachzusehen Ursache findet, und die also diesfalls nichts zu wünschen übrig lässt. Seiner Thätigkeit verdanken auch die Oboe, Clarinette und der Fagott den Zug, um die Stimmung zu erhöhen und zu erniedrigen, der bisher blos bei der Flöte angewendet wurde, und wodurch die drei zuerst genannten Instrumente sehr viel gewonnen haben.[55]

Wenn Joseph Sellner sich auch nicht auf akustische Untersuchungen berief, darf man doch nicht vergessen, daß man sich in einer fortschrittsgläubigen Zeit befand. Auf allen Gebieten wurde wissenschaftlich geforscht, und in diese Zeit fallen auch die akustischen Untersuchungen von Ernst Florens Friedrich Chladni (1759 - 1827), der in seinem Buch *Die Akustik*, 1802 in Leipzig erschienen, die akustisch richtige Stellung von Tonlöchern auf Blasinstrumenten beschrieb. Mit letzterem befaßte sich auch der Jurist, Musiktheoretiker, Komponist und Herausgeber der Zeitschrift *Caecilia*, Gottfried Weber (1779 - 1839), in seinem „Versuch einer praktischen Akustik der Blasinstrumente", 1816/17 in der *Leipziger Allgemeinen musikalischen Zeitschrift* erschienen. In den Musikzeitschriften wurde das Für und Wider dieser Instrumentenbauprobleme diskutiert und von der Fachwelt mit scharfen gegenseitigen Angriffen ausgetragen. Aber insbesondere auch handwerklich geschulte Musiker gingen daran, ihre Instrumente nach akustischen Gesichtspunkten zu verändern und vor allem mit mehr Klappen zu versehen. So präsentierte Carl Almenräder im Jahre 1822 eine *Abhandlung über die Verbesserung des Fagotts*, Iwan Müller 1825 seine *Anweisung zu der neuen Clarinette und der Clarinett-Alto* und schließlich Theobald Boehm die Schrift *Theobald Boehms neu Construirte Flöte*, München 1834.

Den Holzblasinstrumentenbau wissenschaftlich anzugehen war fast ein Zwang: Die Orchester- und Kammermusik war in bezug auf die Harmonik und Instrumentation anspruchsvoller geworden, und die Komponisten nahmen wenig Rücksicht auf die einzelnen Musiker und ihre instrumentenbedingten Probleme.

Eine „Recension" aus dem Jahr 1826 gibt die Situation treffend wieder:

Welche Fortschritte in den jüngsten Decennien die Blasinstrumente gemacht haben, kann man schon aus der Zahl der Virtuosen entnehmen, die sich durch eine ausgezeichnete Behandlung derselben Ruf und Ruhm erworben haben. Die mechanische Vervollkommnung dieser Instrumente, durch welche sie hauptsächlich zu grösseren Leistungen befähigt wurden, hat nicht allein auf die Tuttistücke jeder Art, und vor allem auf die Symphonie, den sichtbarsten und — wir dürfen sagen — den vortheilhaftesten Einfluss geäussert, sondern es hat sich auch dadurch eine bis dahin kaum gekannte und nur selten gewagte Art und Weise gebildet, sie als Principalstimmen zu behandeln, und die Wirkungen ihrer Eigenthümlichkeit theils einzeln hervortretend, theils in reizendem Wettstreit und in Verbindung, glänzen zu lassen. Noch in den Werken aus dem Anfange des vorigen Jahrhunderts stehen Flöten, Oboen und Fagotte keineswegs auf eigenen Füssen, sondern lehnen sich, wie Kinder, an die ältere und gesetztere Persönlichkeit der Singstimmen und Streichinstrumente an ... .[56]

Besonders beliebt wurden Bläserkonzerte, und auch Carl Almenräder gehörte zu den reisenden Virtuosen. Eine Kritik über sein erstes solistisches Auftreten in Frankfurt im Jahre 1813 mag mit der Anlaß gewesen sein, sich mit dem Fagottbau auseinanderzusetzen:

Hr. Almenröder (sic!), ein fremder Fagottist, blies ein Conc. von Stumpf. Er bewies Fertigkeit und Deutlichkeit: aber sein Ton schien für das Concertspiel nicht geeignet — er war zu voll und zu hohl, und darum das Gefühl nicht ansprechend.[57]

Almenräder kam 1816 als Fagottist nach Mainz zum 34. Linienregiment, wechselte 1817 ans Stadttheater und fand hier in Gottfried Weber einen gleichgesinnten, vielseitig gebildeten Freund. Im gleichen Jahr begann er in der Instrumentenbauabteilung (Blech- und Holzblasinstrumente und Klaviere) des Musikverlages B. Schott's Söhne mit seinen Experimenten. Schott verlegte auch die Zeitschrift *Caecilia*, die eine wichtige Quelle für Almenräders Verbesserungen ist. Nachdem bereits 1825 ein Beitrag von Gottfried Weber über „Wesentliche Verbesserungen des Fagottes" die Arbeiten Almenräders betreffend erschienen war, schrieb er 1828:

Herr Almenräder, dessen bedeutende, auf meine Akustik der Blasinstrumente gegründete Verbesserungen des Fagotts, bereits früher in diesen Blättern ausführlich mitgetheilt worden sind, hat in seinen Vervollkommnungen wieder weiter schreitend, an dem Instrumente noch einige weitere Verbesserungen angebracht ...[58]

und an anderer Stelle in einer Fußnote:

55 Sellner, S. 6.

56 *Caecilia*, Band 4, 1825, S. 43f.

57 *Allgemeine musikalische Zeitung*, Band 15, 1813, S. 403.

58 *Caecilia*, Band 9 (1828), S. 123.

Den Namen des ausgezeichneten Fagottisten Almenräder kennen unsere Leser schon aus der im 6. Hefte der Cäcilia *(2. Bd., S. 123) gegebenen Nachricht von seiner Verbesserung des Fagottes. Einen sehr rühmenden Auszug jenes Cäcilienartikels liefert nunmehr auch die Pariser* Revue musicale *(Nro. 34, Vol. 2, Octbr. 1827, p. 220 flgg.), mit der Nachricht, dass die Pariser Fagottisten die Almenrädersche Einrichtung adoptiert haben, und ein dortiger Instrumentenmacher* Adler *Fagotte der befraglichen Art anfertigt. Dass sie, nach des Erfinders Anleitung und unter seiner eigenen Aufsicht, in der B. Schottischen Instrumentenmanufaktur in Mainz, mit grösster Genauigkeit, sowohl neu angefertigt, als auch bereits gebrauchte Fagotte nach Almenrädischer Art eingerichtet werden, ...*[59]

1829 kam Johann Adam Heckel (1812 - 1877) nach Mainz. Er stammte aus einer alteingesessenen Familie in Adorf im Vogtland. Den Instrumentenbau erlernte Johann Adam Heckel wahrscheinlich bei im gleichen Gewerbe arbeitenden Verwandten und folgte wohl einer Anregung seines Onkels Carl Friedrich August Jehring (1798 - 1837), nach Mainz zu kommen und ebenfalls für Schott zu arbeiten. Almenräder wird schon früh auf die besondere Befähigung dieses Mannes aufmerksam geworden sein. Am 11. März 1831 gründeten Carl Almenräder und Johann Adam Heckel die Instrumentenfabrik „Almenräder und Heckel". Der „Kontrakt" wurde von Almenräder aufgesetzt und regelte vor allem die Einlagen, die Verteilung der Einkünfte und die Kosten. Während sich Johann Adam Heckel ganz der Produktion von Fagotten nach dem nun so genannten „Heckel-Almenräder-System" widmete, blieb Almenräder weiter als Fagottist tätig. Bis 1835 war dieser neue Fagott-Typ der sich als der bessere gegenüber den vielen anderen Marken und Konstruktionen durchzusetzen begann, zu einer gewissen Reife gediehen.

Das Vorliegen dieser „progressiven" Modelle bedeutete aber nicht, daß die Musiker sich spontan die neuen Instrumente aneigneten. Die Hersteller-Kataloge verschiedener Firmen zeigen, daß Querflöten mit einer Klappe (jedenfalls für Liebhaber), Klarinetten mit 6 Klappen sowie Oboen und Fagotte mit 11 Klappen aufwärts noch bis ins 20. Jahrhundert hergestellt und angeboten wurden.

Das Almenräder-Fagott erschien vielen Fagottisten als zu hell im Ton, Richard Wagner (1813 - 1883) belegte die Boehm-Flöte mit dem Beinamen „Gewaltröhre", und die Oboe, die früher ohne jegliche Überblas- oder Schleifklappen ausgekommen war, benötigte nun bis zu drei Überblashilfen in Form von Halbloch- und Oktavklappen. Der Fortschritt – mit Hilfe vieler Klappen in allen Tonarten leicht spielen zu können – wurde offensichtlich mit einer weniger guten Ansprache und einer Mechanik erkauft, für die es in der Anfangszeit kaum geeignete Reparateure gab.

Eine Anzeige in Carl Almenräders *Abhandlung über die Verbesserung des Fagotts*[60] von 1822 enthält die folgende Aufstellung:

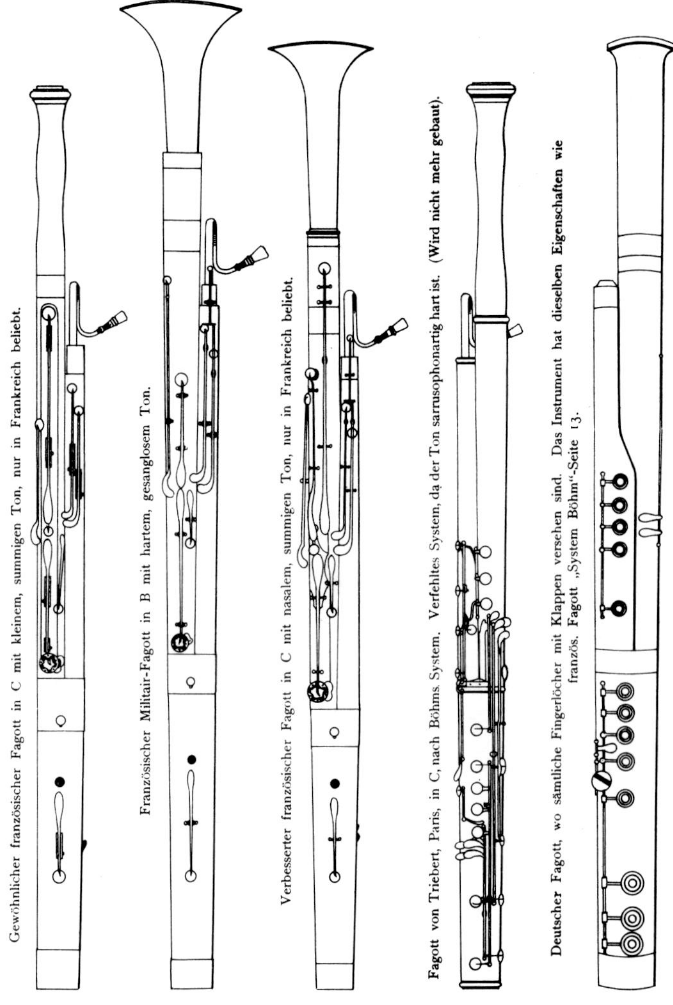

Ausschnitt aus *Typen-Tafel zur Entwicklungsgeschichte des Fagotts* aus der Schrift *Der Fagott* von Wilhelm Heckel aus dem Jahre 1899. Die Urteile über die Fabrikate der Konkurrenz fallen entsprechend kritisch aus.

Verzeichniß der Instrumenten welche bei B. Schott Söhnen in Mainz mit allem Fleiß und guten Materialien zu möglichst billigem Preiß verfertigt werden.

Czakan mit 1 und 4 Klappen, Flageolets ohne und mit 3 und 4 Klappen, doppelte Flageolets mit 7 Klappen, Flöten mit 1, 4, 6, 8 und 9 Klappen, Clarinetten mit 5, 9, 12 und 15 Klappen, letztere nach Ivan Müller's *neuester Erfindung. Hoboen mit 2 und 13 Klappen, Englischhorn mit 13 Klappen, Basethorn mit 14 Klappen; diese Instrumenten werden von Buchs und Ebenholz mit silbernen und messingnen Klappen verfertigt. Fagotte mit 9, 10 und 15 Klappen, letztere nach* Carl Almenräder's *neuester Erfindung, Octav Conterfagott mit 7 Klappen, Serpent und Englisch-Basshorn mit 6 Klappen; diese Instrumente werden von Ahornholz mit meßing- und elfenbeinernen Klappen verfertigt ...*

59 Dass. Band 7 (1828), S. 186.

60 Vgl. Lit.verz.

Ein handschriftliches Preisverzeichnis von Wiesner, Dresden, 25 Jahre später zeigt ebenfalls noch das breite Angebot von Instrumenten mit einfacher und komplexerer Klappenanlage:

Preis-Verzeichnis

1.	*Fagott mit 2 Flügel 2 S und außer den gewöhnlichen 8 Klappen noch die tiefe H, cis, sind außer tiefe D-Loch, doppelte Gis, B, Cis für den Daumen der rechten Hand (auf Unterstück) Dis und hohe Dis oder Schleifenklappe, zusamen 16 Klappen, Beschläge Klappen und S von Neusilber*	*45 Taler - gr.*
1.	*desgleichen ohne tiefe H. Klappe*	*42 Taler - gr.*
1.	*desgleichen die Klappen von Meßing*	*38 Taler - gr.*
1.	*desgl. mit 10 Klappen ohne die B und Cis Klap. ist*	*32 Taler - gr.*
1.	*desgleichen mit 8 Klappen*	*30 Taler - gr.*
1.	*desgleichen mit 1 Flügel*	*25 Taler - gr.*
1.	*Oboe von Buxbaum mit Elfenbein garnirt und 13 Neusilberklappen*	*22 Taler - gr.*
1.	*desgl. die Klappen von Messing*	*20 Taler - gr.*
1.	*desgl. ungarniert*	*18 Taler - gr.*
1.	*B.Clarinett von Ebenholz mit 11 silbernen Klappen Elfenbein garnirt mit A-Stück*	*60 Taler - gr.*
1.	*desgl. ohne A-Stück*	*42 Taler - gr.*
1.	*desgl. von Buxbaum mit messingen Klappen und A-Stück*	*30 Taler - gr.*
1.	*desgl. ohne A-Stück*	*21 Taler - gr.*
1.	*desgl. mit Horn garniert*	*17 Taler - gr.*
1.	*desgl. mit den gewöhnlichen Klap. u. A-Stück*	*17 Taler - gr.*
1.	*desgl. ohne A-Stück*	*13 Taler - gr.*
1.	*C-Clarinette von Ebenholz mit 11 silbernen Klappen und Elfenbein garniert*	*40 RThaler - gr.*
1.	*desgl. von Buxbaum mit 11 Meßingen Klappen*	*19 RThaler - gr.*
1.	*desgl. mit den gewöhnlichen Klap. und Horn garniert*	*12 RThaler - gr.*
1.	*desgl. mit Elfenbein und 11 Klappen*	*16 RThaler - gr.*
1.	*desgl. mit Horn garniert*	*13 RThaler - gr.*
1.	*D. desgl. mit Elfenbein*	*17 RThaler - gr.*
1.	*desgl. mit Horn garniert*	*14 RThaler - gr.*
1.	*desgl. in F mit Elfenbein*	*14 RThaler - gr.*
1.	*desgl. mit Horn garniert*	*11 RThaler - gr.*
1.	*G. desgl. mit den gewöhnlichen 5 Klappen*	*7 RThaler - gr.*
1	*Alt Clarinette von Buxbaum mit 11 meßingen Klappen und Horn garniert*	*30 RThaler - gr.*

G. Wiesner
Instrumentenmacher
Dresden[61]

Ein ähnliches Bild ist durch eine Preisliste von Ottensteiner in München belegt, die aus den 1860er Jahren stammt[62]. Darin dominieren die herkömmlichen Modelle, obwohl bereits Flöten und Klarinetten nach dem Boehm-System, allerdings zu sehr hohen Preisen, aufgeführt sind.

Wiesners handgeschriebenes Preisverzeichnis deutet schon darauf hin, daß seine Produktion nicht so groß gewesen ist, um dafür mit aufwendigen Druckerzeugnissen zu werben. Der Musikverlag Schott hingegen scheint eine nicht unbeträchtliche Produktion von Musikinstrumenten betrieben zu haben, wie er auch Instrumente von umliegenden Instrumentenmachern anfertigen ließ. Eine dieser Werkstätten war die noch heute bestehende Firma Gebrüder Alexander, deren Urahn Franz Ambros Alexander (1753 - 1802) als „blasender Instrumentenmacher" im Jahre 1782 in Mainz um Einbürgerung und Aufnahme in die Dreherzunft nachsuchte. Dessen Sohn Kaspar Anton Alexander (1803 - 1872) – sechs Wochen nach dem Tode des Vaters geboren – erlernte ebenfalls den Instrumentenbau und kam während seiner Wanderjahre bis nach Wien, wo er bei Wolfgang Kühs (1799 - 1834) und Stephan Koch arbeitete. Eine andere war die bereits erwähnte Heckel-Werkstatt in Biebrich, die, wie ein Vergleich der Instrumente ergab, auch die Werkstatt von Joseph Franz Seidel (1806 - 1872) in Mainz belieferte.

Über die Musikinstrumentenherstellung im sogenannten Musikwinkel ist in der Einleitung zu diesem Buch ausführlich gesprochen worden.

Johann Georg Gütter aus Neukirchen (bzw. Markneukirchen) erlernte wahrscheinlich bei Johann Wolfgang Hoe (Werkstatt 1750 - 1772)[63] im oberfränkischen Hof die Anfertigung von Holzblasinstrumenten und gilt als der erste dortige „Pfeifenmacher"[64]. Während in Markneukirchen überwiegend Masseninstrumente hergestellt wurden, die durch Handelsfirmen auf den Markt kamen, versorgten sich die Berufsmusiker meist in den örtlichen Handwerksbetrieben. Hierzu schreibt Heinrich Welcker von Gontershausen 1855 (S. 411):

Der Verkauf von guten Blasinstrumenten (Meisterinstrumenten) ist noch fast ganz in den Händen der Producenten. Sehr viele werden auf Bestellung von Kapellmeistern der Militairmusik-Chöre oder von Musiklehrern verfertigt, und gelangen unter ähnlichen Auspicien wie das Fortepiano ... in die Hände der Dilettanten und Schüler. Dagegen sind die Fabrikinstrumente ... ein Gegenstand des kaufmännischen

---

[61] Karl Ventzke stellte dem Verfasser eine Kopie dieses äußerst seltenen Dokuments freundlicherweise zur Verfügung.

[62] Abgebildet im Katalog der Ausstellung zum 100. Todestag von Th. Boehm im Musikinstrumentenmuseum im Münchner Stadtmuseum, München, 1981, S. 163.

[63] Vgl. Günter Hart, S. 9/10.

[64] Vgl. *Das Obere Vogtland ...*

Verkehrs, und kommen als Handelswaare *vor. Dass sowohl thatsächlich als fingirt sich auch manche Meisterfirma unter die Fabrikwaare des Krämers und Händlers verirrt, ist natürlich. Im Allgemeinen darf aber angenommen werden, dass in diesem Artikel der geschickte Meister den Kaufmann noch nicht nöthig hat, und ihm daher nichts abgibt. Ist indessen ein Meister gezwungen, an den Händler abzusetzen, so wird er seine Arbeit kaum um* Weniges besser liefern als auch die grossen Marktwaaren-Fabrikanten.

Die Praxis, Musikinstrumente fingiert in den Handel zu bringen, beschreibt nur unvollkommen die tatsächlichen Verhältnisse. Im Gefolge der Dresdener Gewerbe- und Industrieausstellung, auf der alle Markneukirchener Fabrikanten ihre Musikinstrumente ausgestellt hatten, wurde 1875 eine Kommission aus Mitgliedern der „Königlichen musikalischen Kapelle" gebildet mit dem Ziel, „namentlich den Holzblas- und den Messinginstrumentenmachern bezüglich der Construction der von ihnen ausgestellten Instrumente mit Rath und That an die Hand zu gehen."[65] Die Kommission bereiste das Vogtland und schilderte detailliert die Produktion der verschiedenen Musikinstrumente. Besonders aufschlußreich sind die Auswirkungen der Einführung der Ventile bei den Blechblasinstrumenten in bezug auf den Absatz der Holzblasinstrumente, der – die Kapellen strukturierten sich um – in dem Maße abnahm, wie die Produktion der Blechblasinstrumente gesteigert wurde. Nach dem Vorbild französischer und belgischer Firmen, die große Fabriken für die industrielle Fertigung von Blechinstrumenten unter Zuhilfenahme von Dampf und Wasserkraft gebaut hatten, errichtete die Firma M. Schuster 1862 „eine Fabrik zum Bau von Messinginstrumenten durch Maschinen und zwar Anfangs mittelst Wasserkraft, der später, da diese nicht ausgiebig genug war, Dampfbetrieb beigefügt wurde ..."[66]. In welchem Maße sich das Verhältnis zwischen Holz und Blech verschoben hatte, wird durch die Zahlen der in diesen beiden Bereichen Tätigen deutlich. Im Blechblasinstrumentenbau waren 421 Personen tätig, darunter 147 Meister, die weiblichen Arbeitskräfte, die das Polieren der Instrumente besorgen mußten, nicht eingerechnet. Im Holzblasinstrumentenbau waren es dagegen nur 160 Personen, darunter nur 17 Meister. In dem Bericht heißt es deshalb über die Lage des Holzblasinstrumentenbaues in der Mitte des 19. Jahrhunderts:

Die Fabrikation der Holzblasinstrumente ist zwar auch den Ansprüchen der Zeit entsprechend fortgeschritten, doch hat hierin in Markneukirchen nicht die gleiche Ausdehnung der Production stattgefunden, wie in den anderen Branchen. Die Ursache liegt theils darin, daß durch die allgemeine Einführung der Messinginstrumente, namentlich der eine Zeit lang fast gänzlichen Beseitigung der Holzinstrumente bei den Militair-Musikchören, der Gebrauch der Holzblasinstrumente im Allgemeinen abgenommen hatte, theils darin, daß diese Fabrikation sich mehr, als dies bei anderen Artikeln der Fall, in den umliegenden Dörfern ausgebreitet hat, die jedoch alle an Markneukirchener Händler abliefern. In neuerer Zeit ist mit Wiedereinführung der Holzinstrumente bei den Blasmusik- oder Harmonie-Musikchören auch in diesen Geschäftszweig wieder mehr Leben gekommen. Jetzt werden in Markneukirchen sehr gute Clarinetten und Flöten gebaut, die den besten auswärtigen Fabrikaten wenig nachstehen, während die Fabrikation von Fagotten und Oboen sehr in den Hintergrund getreten ist. Flöten und Clarinetten dürfen auch in dem kleinsten Orchester nicht fehlen, dies ist mit Oboe und Fagott nicht der Fall. Deshalb auch hat die Ueberwucherung der Messingmusik auf den Verfall der Fabrikation dieser Instrumente den meisten Einfluß gehabt. Die alten Meister dieser Branche in Markneukirchen sind theils gestorben; deren Nachkommen aber haben, weil der Artikel nicht gefragt war, den Bau desselben nicht gelernt. In neuerer Zeit jedoch scheint sich dies zu bessern. Herr Robert Schuster fertigt Oboen und Fagotts und sind diese Instrumente mit vollem Recht als sehr empfehlenswerth zu bezeichnen...

Gelegentlich werden auch Flöten und Clarinetten ganz von Neusilber oder Messing gemacht und neuerdings sind auch Clarinetten von Alumnium gefertigt worden.

*Die Markt*preise *für die Holzblasinstrumente stufen sich in größter Mannigfaltigkeit ab. Es werden geliefert Flöten im Preise von ⅓ - 60 Thlr. das Stück (Elfenbeinkopf und Silbergarnitur); Clarinetten im Preise von 2 - 25 Thlr. (Neusilber), ja selbst bis 100 Thlr. à Stück (Silbergarnitur); Fagotts im Preise von 12 Thlr. à Stück (8 Klappen) bis 50 Thlr. (16 - 18 Klappen); Oboen im Preise von 12 - 30 Thlr. à Stück. Zum Versandt liefert Markneukirchen und Umgegend nach ungefährem Ueberschlag:*

Flöten	*6000 Stück*	*à*	*2 - 60 Thlr.*
Flöten	*3000 Stück*	*à*	*1 - 2 Thlr.*
Flöten	*8000 Stück*	*à*	*⅓ - 1 Thlr.*
Piccolos	*10000 Stück*	*à Dtzd.*	*1 - 48 Thlr.*
Flageolets	*2500 Stück*	*à Stck.*	*½ - 4 Thlr.*
Clarinetten	*3000 Stück*	*à Stück*	*2 - 25 Thlr. und 100 Thlr.*

Der Arbeitsverdienst hat in letzter Zeit wenig Veränderung erfahren. Ein Gehilfe verdient bei freier Station (Kost, Logis) 1⅚ - 2½ Thlr. wöchentlich. Der Verdienst der selbständigen Arbeiter und der Inhaber von Werkstätten mit mehreren Arbeitern richtet sich auch hier nach der Qualität der Waare, die geliefert wird. Zu beklagen ist auch bei diesem Artikel, daß die beste und feinste Waare ihren Geburtsort verleugnet und unter fremder Etiquette den Markt betritt. So werden z. B. für den amerikanischen und russischen Markt die feineren Sorten von Holzblasinstrumenten von Markneukirchen durch auswärtige Firmen bezogen und unter ihren Etiquetten werden dieselben mindestens doppelt so theuer bezahlt.

---

65 Theodor Berthold und Moritz Fürstenau, S. III, IV.

66 Dass. S. 27.

Klappenwerkaufsetzer der Fa. G.H. Hüller in Schöneck/Sachsen, 1928. (Musikinstrumentenmuseum Markneukirchen)

Bemerkenswerth ist, daß im Jahre 1871 auch aus Südamerika, wo bisher die französische Waare den Markt ausschließlich beherrschte, in Markneukirchen Aufträge eingingen.

Sehr erschwert wird dieser Industriezweig dadurch, daß die Klappenmacherei auswärts besorgt werden muß und daß es noch an einer allgemein giltigen Normalstimmung mangelt. Der letztere Umstand ist für die gesammte Instrumentenfabrikation, vorzüglich aber für die Holzblasinstrumentenmacherei von großem Nachtheil, da je nach Umständen die französische, Wiener, Berliner, Dresdner, Münchner Stimmung bei der Fabrikation berücksichtigt werden muß.

Der Werth sämmtlicher in einem Jahre fabrizirten Holzblasinstrumente beträgt nach ungefährer Schätzung ca. 70.000 Thlr.

In der Gewerbeausstellung zu Dresden erregten die preiswürdigen und trefflichen Fabrikate folgender Aussteller viel Interesse:

J. Friedrich Paulus: Flöten.
Wilh. Aug. Mönnig: Flöten und Clarinetten.
Aug. Herrm. Penzel: Clarinetten.
Ferd. Reiniger (Erlbach): Clarinetten.
Robert Schuster: Oboen. (Fertigt auch Flöten, Clarinetten und Fagotts und ist Inhaber der Firma C. H. Ficker.)
Außerdem sind noch die Clarinettenmacher
Gebr. Paager und
Aug. Wilh. Schulze
zu erwähnen.[67]

[67] Dass. S. 23 - 25.

Angesichts dieser Verhältnisse war es kein Wunder, daß eine Reihe tüchtiger Holzblasinstrumentenmacher das Vogtland verließ, um sich teilweise weit entfernt von der Heimat eine Existenz aufzubauen.

Johann Georg Braun (um 1790 - 1833) wirkte ab 1815 in Mannheim als Holzblasinstrumentenmacher. Carl Friedrich August Jehring baute in Mainz Almenräder-Fagotte. Johann Adam Heckel begründete 1831 die noch heute bestehende Firma, die in der Folge mit zahlreichen Entwicklungen hervortrat. Ferdinando Roth (1815 - 1898) eröffnete 1838 in Mailand eine bedeutende Werkstatt und baute Sarrusophone in Saxophonform unter dem Namen „Rothphone". Die Nachfolger – die Gebrüder Bottali – bezeichneten die Firma noch 1912 als die größte Musikinstrumentenfabrik Italiens.

Hans Kreul stammt ebenfalls aus dem Vogtland, der Wiege des deutschen Instrumentenbaues, wie es im Firmenprospekt heißt, und begründete 1919 in Tübingen die gleichnamige Firma. Aus der 1875 gegründeten Firma Gebrüder Mönnig ging Horst Mönnig 1922 in die Vereinigten Staaten, ein Enkel, Hans Mönnig, folgte 1923.

Die Verfasser der Denkschrift Berthold und Fürstenau vergaßen jedoch nicht, die benachbarte böhmische Instrumentenindustrie zu erwähnen:

Graslitz und Schönbach erzeugen zugleich Blas- und Saiteninstrumente, doch ist in Graslitz die erstere, in Schönbach die letztere Fabrikation überwiegend. Von dort aus hat sie sich in einzelnen Ablegern nach Schwaderbach, Silberbach, Neudorf und Pechbach, von hier aus nach Oberschönbach, Böhmisch-Neukirchen und Abtsroth verbreitet. Die Fabrikation ist in der Art und Qualität dieselbe wie im Vogtlande. ... Der Absatz der Instrumente ist, soweit er nicht durch säch-

sische Unternehmer vermittelt wird, zum größten Theil auf die Oesterreichische Monarchie beschränkt und Prag, Wien, Ungarn, Siebenbürgen und Galizien sind Hauptkundschaften.[68]

In dieser Konzentration gab es Zentren für den Holzblasinstrumentenbau sonst nur noch in Frankreich, besonders in Paris mit den großen Firmen von Pierre Louis Gautrot (zwischen 1835 und 1884) und Adolphe Sax (1814 - 1894), in Mailand und in Wien, während in Deutschland sich in vielen Städten oft nur eine Werkstatt halten konnte. Unter den Firmen, die heute noch bestehen, verdient zuerst die Firma Conrad Mollenhauer genannt zu werden, die, wie drei weitere Betriebe mit dem Namen Mollenhauer, sich auf den Firmengründer Johann Andreas Mollenhauer (1798 - 1871) zurückführt. Nach Lehr- und Wanderjahren, die ihn nach Linz, Preßburg und München führten, eröffnete J. A. Mollenhauer 1822 eine Werkstatt in Fulda und erhielt schon 1825 durch den Kurfürsten Wilhelm II. von Hessen die Würde eines „Hof-Instrumentenmachers". J. A. Mollenhauers Söhne Gustav (1837 -1914) und Thomas I. Mollenhauer (1840 -1914) führten wiederum das Stammunternehmen gemeinsam weiter, bis sich Conrad Mollenhauer 1912 selbständig machte.

In Koblenz trat Heinrich Joseph Haseneier (1798 - 1890) mit einigen in der Mitte des 19. Jahrhunderts sehr progressiven Konstruktionen hervor, die sich auf die Verbesserung des Fagotts und des Kontrafagotts bezogen. Sein „Contrabassophon" gehört in eine Gruppe weitmensurierter Doppelrohrblattinstrumente in der Kontrabaßlage, die vor allem dem entsprechenden Register der großen Militärkapellen Kraft verleihen sollten. Darüber hinaus konstruierte Haseneier auch ein Fagott mit Boehm-System.

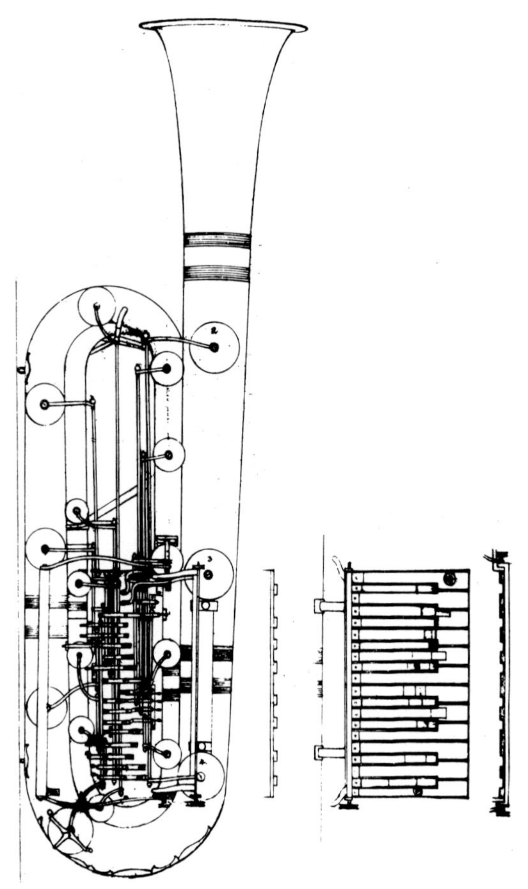

Klaviatur-Kontrafagott nach dem Patentantrag von W.F. Wieprecht und der Fa. C.W. Moritz, Berlin 1856

Georg Jakob Berthold gründete eine bedeutende Werkstatt in Speyer, die von seinen drei Söhnen Friedrich Wilhelm (1854 - 1937), Johann Wilhelm (1855 - 1937) und Georg Daniel (1857 - 1937) unter der Firmierung Georg Berthold & Söhne, Bayer. Hof-Musik-Instrumenten-Fabrikanten, bis vor dem 2. Weltkrieg bestand[69]. Die Produktion umfaßte alle Arten von Holzblasinstrumenten, darunter auch Contrabassophone.

Der preußische Militärkapellmeister Wilhelm Wieprecht (1802 - 1872) erwarb 1856 gemeinsam mit der Witwe von Carl Wilhelm Moritz (1811 - 1855) einen Patentanspruch auf ein Claviatur-Contrafagott, von dem sich offensichtlich nur die Patentzeichnung und eine Abbildung mit einem marschierenden Soldaten erhalten hat. Jürgen Eppelsheim wies nach, daß die später sogenannte „Kais. König. Allerhöchst. priv. Musik-Instrumenten-Fabrik Vincenz Franz Cervený & Söhne zu Königgrätz in Böhmen" ab 1854 ein „Tritonicon" genanntes Blechkontrafagott baute, das in der Stimmung Es und B ebenfalls den Bedürfnissen der Militärkapellen entgegenkam. Cervený lebte von 1815 - 1896. Die genannten Konstruktionen stellen nur eine Auswahl der vielfältigen Versuche dar, klangintensive Instrumente zu bauen. Letzten Endes setzte sich das an den engen Mensuren des gewöhnlichen Fagotts orientierte Kontrafagott-Modell von Johann Adam Heckel, Wilhelm Heckel (1856 - 1909) und Heinrich Reinhard Friedrich Stritter (1849 - 1922) durch. Die weitmensurierten Kontrabässe mit Doppelrohrblatt überlebten nur im französischen Kontrabaß-Sarrusophon und dem italienischen Contrabasso ad ancia.[70]

Alle diese Konstruktionen, im Hinblick auf die Verwendung in der Militärmusik konzipiert, zeichneten sich durch zumeist weite Bohrungen und große Tonlöcher aus, die in etwa den Bohrungsdurchmesser an der jeweiligen Rohrposition erreichten. Adolphe Sax' 1846 zum Patent angemeldete Saxophone umfaßten ursprünglich primär die Kontrabaß-, Baß- und Baritonlage und wurden erst im zweiten Patent von 1850 zur heute gebräuchlichen Familie ausgebaut.

Nun zu Theobald Boehm, der Pilotfigur des Holzblasinstrumentenbaues im 19. Jahrhundert. Nach einer überwie-

68 Dass. S. 7/8.

69 Die Lebensdaten übermittelte freundlicherweise Karl Ventzke in Düren.

70 Über Fachbuchkapitel hinaus erschien über die hier nur kursorisch aufgeführten Instrumententypen in den letzten Jahren eine Reihe von bemerkenswerten Aufsätzen von Dullat, Eppelsheim, Jansen, Joppig u.a. (vgl. Lit.verz.).

Festfeier
für den
königl. Hofmusikus Herrn Theobald Böhm
von
dem Central-Verwaltungs-Ausschuß des polytechnischen Vereins für Bayern.

Der durch seine vielseitigen industriellen Bestrebungen und vorzugsweise durch den originellen Bau der Blaseinstrumente rühmlichst bekannte Hr. Hofmusikus Theobald Böhm hat in Anerkennung seiner unübertroffenen Leistungen im letztgenannten Fache nicht allein schon im Jahre 1851, wo er in London bei der Welt-Ausstellung mit denselben auftrat, dann im J. 1854, wo er in München die Konkurrenz aller seiner teutschen Fachgenossen überflügelte, die höchsten Auszeichnungen erhalten, sondern neuerdings bei der Pariser Welt-Ausstellung für Kunst und Industrie in dem jüngst abgelaufenen Jahre 1855 die grande medaille d'honneur empfangen, von welcher auf ganz Deutschland mit Einschluß von Oesterreich nur neun gefallen sind, und wovon durch die Verdienste dieses Künstlers zur Ehre für ganz Bayern Eine auch auf unser Vaterland traf.

Der Central-Verwaltungs-Ausschuß des polytechnischen Vereins für das Königreich Bayern, zu dessen geachtetsten Mitgliedern Herr ꝛc. Böhm seit dem Jahre 1835 zählt, hat, die Bedeutung dieser Auszeichnung wohl anerkennend, demselben am 23. Dezember 1855 dazu eine Festfeier, bestehend in einem Mittagsessen, bereitet, wobei dem Gefeierten die genannte Medaille überreicht wurde. Diese ward nämlich durch das Kgl. Staats-Ministerium des Handels und der öffentlichen Arbeiten dem Central-Verwaltungs-Ausschusse des polytechnischen Vereins zur Aushändigung an Herrn ꝛc. Böhm zugeschlossen, und der erste Vorstand desselben Hr. Obermünzmeister Fr. Xav. von Haindl hat sie nun dem Gefeierten mit einer tiefgreifenden Anrede überreicht und daran in rührenden Worten auch die Aushändigung einer kalligraphisch ausgeführten Gratulations-Addresse, welche von sämmtlichen Mitgliedern des Central-Verwaltungs-Ausschusses eigenhändig unterzeichnet war, gereiht.

Von Freude erfüllt dankte der Gefeierte und bemerkte, wie Er gerade dießmal bei der Vollendung seines Instrumentes von einer Krankheit ergriffen wurde, die Ihn, als Er im Begriffe war, nach Paris zu reisen, sogar nöthigte, am Rheine wieder umzukehren, und wie Er nun Niemanden hatte, der seine Arbeit dort vorgeführt oder vertreten haben würde. Sie mußte selbst sprechen, und hat sohin ohne alle Bevormortung von der Jury den höchsten Grad der Auszeichnung errungen. In dieser Freude konnte der Gefeierte aber auch nicht unterlassen, in Ausdrücken der tiefsten Rührung seinem vieljährigen gelehrten Freunde Herrn Conservator ꝛc. Dr. K. Schafhäutl, von welchem die wissenschaftlichen Prinzipien zu seinem Systeme stammen, dafür zu danken.

Die Medaille ist von Gold, 18 bayr. Linien im Durchmesser und 2 Linien dick, auf der Aversseite mit dem Bildnisse des Kaisers Napoleon III. und auf der Reversseite mit dem kaiserlichen Wappen, um welches sich in einem offenen Kreise die Wappen sämmtlicher Ausstellungsstaaten reihten, versehen, und hat einen Werth von 600 Franks. Sie ist meisterhaft ausgeführt und in einem Etui von grünem Leder aufbewahrt.

Die erhebende Durchführung des Endzweckes unsers Festes ermunterte und begeisterte alle Anwesenden. Es wurde sofort in passenden Toasten der Vorstände des polytechnischen Vereins für Bayern, und der bayerischen Commissaire, welche bei der Auswahl und Absendung der bayerischen Ausstellungs-Gegenstände hier, und bei der Aufstellung und Beurtheilung derselben in Paris, wie auch bei ihrer Verwerthung und Heimsendung thätig waren, ehrend gedacht, und ein Jeder der Anwesenden verließ, wie der Gefeierte, das Festmahl in der heitersten Stimmung und im Selbstgefühle des technischen Fortschrittes in Bayerns Künsten und Gewerben.

Aus: *Kunst- und Gewerbe-Blatt des polytechnischen Vereins für das Königreich Bayern.* Januar 1856

genden Tätigkeit als Eisenhüttentechniker nahm er 1844 seinen ursprünglichen Beruf als Hofmusiker in München wieder auf und damit auch seine Entwicklungsarbeit an einem nunmehr streng auf akustischen Berechnungen beruhenden Flötenmodell mit zylindrischem Korpus und parabolischem Kopfstück. 1847 meldete Theobald Boehm in München „eine in akustischen Verhältnissen und Material neue Art von Flöten" zum Patent an. Boehm beschreibt in seiner Schrift „Ueber den Flötenbau und die neuesten Verbesserungen desselben" 1847 sehr detailliert, was ihn bewogen hat, nach seiner erfolgreichen konischen Ringklappenflöte nochmals ein völlig neues Modell zu entwickeln. Unter Berücksichtigung von Schafhäutls *Theorie gedeckter konischer und cylindrischer Pfeifen und der Querflöten*[71] schreibt er:

> *In diesem Werkchen, als kurzer und zum Theil sehr entstellter Auszug aus einer Vorlesung über den obigen Gegenstand, wurde die Theorie der einfachern Betrachtungsweise halber blos auf die älteste Querflöte, von der oben gesprochen wurde, die cylindrische Schweizerflöte angewendet.*[72]

Theobald Boehm hat jedoch, die Beobachtungen seines Freundes analysierend, erkannt, welche Einflüsse ein konisches Rohr auf den Ton hat. „Da bei konischen Luftsäulen eine geringere Luftmasse in Vibration zu versetzen ist, als

Theobald Boehm (1794-1881). Steindruck von 1835

bei cylindrischen, so folgt, dass die konischen Pfeifen leichter ansprechen, aber auch dass der Ton in demselben Verhältniss an Stärke verliert, in welchem die Verjüngung des Rohres zunimmt, wesswegen konische Pfeifen nur zu den sanfttönenden Registern der Orgel genommen werden."[73]

Boehm hatte seine Experimente mit Flötenröhren aus verschiedenen Materialien durchgeführt und schließlich ein Silberrohr als das am besten geeignete ausgewählt. Während jedoch seine Erfindung in Frankreich (verwertet durch Claude Godefroy aîné und dessen Schwiegersohn Louis

---

71 Unter dem Pseudonym von Pellisov (vgl. Lit.verz.) erschienen.

72 Boehm, *Flötenbau ... S. 33.*

73 Dass. S. 43.

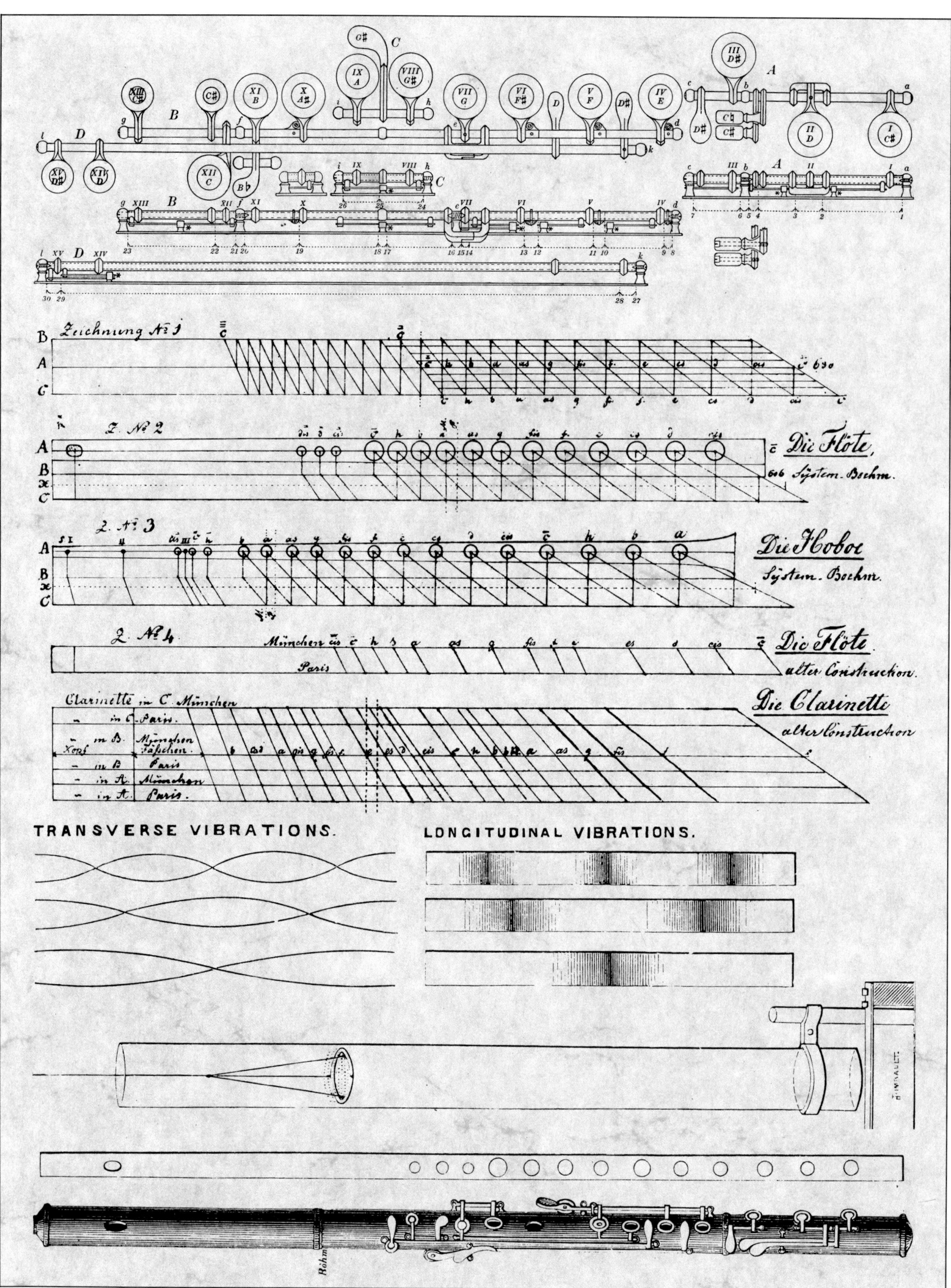
Zeichnung No. 1
Z. No. 2
Die Flöte,
System Boehm.
Z. No. 3
Die Hoboe
System Boehm.
Z. No. 4
Die Flöte
alter Construction.
Die Clarinette
alter Construction
TRANSVERSE VIBRATIONS.
LONGITUDINAL VIBRATIONS.
Böhm

Lot) und in England (verwertet durch Rudall und Rose) schon 1847 wie in München patentiert wurde, stieß die Boehm-Flöte in Deutschland bis in unser Jahrhundert hinein nicht auf ungeteilte Gegenliebe. Heinrich Welcker von Gontershausen, sonst allen Neuerungen – vor allem was die Klappenzahl betraf – aufgeschlossen, erwähnt Theobald Boehms Flöte nur zweimal. Im Zusammenhang mit der Münchner Industrieausstellung von 1854:

Die bezüglich des Materials an Werth am höchsten stehende Flöte hatte Th. Böhm, königlich bairischer Hofmusiker und privilegierter Instrumentenmacher in München, ausgestellt. Sie war nämlich ganz von Silber verfertigt und hatte eine goldene Embouchure. Sachkenner wollen ihren Tonwerth jedoch weit geringer empfunden haben als den vieler anderen von Buchs- oder Ebenholz (S. 373).

und im Abschnitt „Construction der Flötenröhre":

Th. Böhm, Blasinstrumentenmacher und königlicher Hofmusikus in München, hat in der neuesten Zeit eine Flöte aus Silber verfertigt, der er sogar ein goldenes Mundloch (Embouchure) einsetzte. Der Klang soll aber bei al' diesem Aufwand weder golden noch silbern sondern äusserst – hölzern *sein. (S. 397).*

Während sich die Boehmflöte in Frankreich und England zunehmend durchsetzte, hielten die deutschen Flötisten überwiegend an der weiterentwickelten konischen Flöte fest, allen voran der renommierte Flötist Anton Bernhard Fürstenau (1792 - 1852), der die Flöten von Christian Wilhelm Liebel (1793 - 1873) in Dresden bevorzugte und sie in seinen Schulwerken empfahl. Gontershausen lobte in seinem bereits erwähnten Werk ausdrücklich die Blasinstrumente von Georg Michael Pfaff (1823 - 1893) in Kaiserslautern (der später ein weltberühmter Nähmaschinenhersteller wurde) und diejenigen von Johann Ziegler & Sohn, Wien. Die letztgenannte Werkstatt wurde von Johann Joseph Ziegler (1795 - 1858) wohl 1821 gegründet und von Johann Baptist Ziegler (1824 - 1878) fortgesetzt. Ziegler verlängerte die Flöte über das üblich gewordene kleine h hinaus mitunter bis zum kleinen a und noch tiefer. Noch heute sind die sogenannten Meyer-Flöten des Hannoveraners Heinrich Friedrich Meyer (1814 - 1897) ein Begriff, der sich derart eingebürgert hat, daß man konische Mehrklappenflöten, die häufig auch ohne Signaturen zu finden sind, einfach Meyer-Flöten nennt, obwohl sie in der Mehrzahl aus dem Vogtland stammen dürften.

So sahen sich deutsche frühe Boehm-Flötisten oft Anfeindungen ausgesetzt, so der Boehm-Schüler Rudolf Tillmetz (1847 - 1915). Tillmetz beschreibt und begründet seine Rückkehr zur konischen Flöte im Vorwort seines Schulwerkes *Anleitung zur Erlernung der Theobald Boehm'schen Cylinder- und Ringklappenflöte op. 30* wie folgt:

Als ich im Jahre 1882 in Bayreuth bei den Parsifal-Aufführungen als Orchesterspieler mitwirkte, bemerkte ich, daß Richard Wagner keine Sympathien für die Cylinderflöte zeigte. Er belegte sie nämlich mit dem Namen „Kanonen". Ich entschloß mich daher, weiters noch angeregt durch den kgl. Generalmusikdirektor Hermann Levi, zur Ringklappenflöte konischer Bohrung überzugehen, was ich nicht zu bereuen hatte. ... Ganz besonders aber entzückte mich die Weichheit in der Tongebung, die zarte Ansprache und Modulationsfähigkeit sämtlicher Töne.

Auch Wilhelm Heckel, der bei Meyer in Hannover gelernt hatte, wandte sich 1899 in seiner Schrift *Der Fagott* gegen den Ton der Boehmflöte:

Ein jeder Fachmann wird dies auch bei der Boehmflöte empfunden haben. So rein, wie die Boehmflöte ist, so wenig einschmeichelnd ist ihr Ton und besonders wird der Vergleich bezgl. Schönheit und Weichheit des Flötentones zu Ungunsten der Boehmflöte *ausfallen, wenn man die* alte Flöte *dagegen spielt.*[74]

Noch Wilhelm Hermann Heckel, der die 2. Auflage betreute, revidierte diese Auffassung nicht:

Die Boehmflöte hat sich heute insonderheit nur deshalb im Orchester eingebürgert, weil die eigenartige Mechanik größtmögliche Technik bei geringerer Anstrengung *des Bläsers erlaubt.*[75]

Der Dresdner Flötenschule entstammte auch Maximilian Schwedler (1853 - 1940), der am entschiedensten für die konische Flöte eintrat und in Zusammenarbeit mit der Firma C. Kruspe in Erfurt die „Schwedler-Kruspe-Flöte" 1885 einführte. Carl Kruspe (1808 - 1885) hatte vor seiner Etablierung bei Streitwolf in Göttingen gearbeitet, sein Sohn Friedrich Wilhelm Kruspe (1838 - 1911) baute Schwedlers Flötenmodell. Schwedler beschrieb sein Konzept wie folgt:

Schon vor mehreren Jahren beschäftigte mich das Studium der Böhmflöte, da ich aber nicht zu der Ueberzeugung gelangte, daß eine gänzliche Annahme dieses Systems meinem Beruf in allen Teilen nur *Vorteilhaftes bringen würde, blieb ich bei dem Gebrauch der gewöhnlichen Flöte. Im Jahre 1885 machte ich dem Hofinstrumentenfabrikanten*

[74] Heckel, *Der Fagott*, S. 14.

[75] Dass., durchgesehen und wesentlich ergänzt von Wilhelm Hermann Heckel, S. 32.

Zur nebenstehenden Abbildung:

Boehms Ringklappenflöte von 1832 und Versuchsanordnung der Schwingungsknoten (mittels Erregung des Eigentones der Röhre; im Schwingungsknoten bleibt der auf dem Sieb befindliche Sand in Ruhe). Aus: Boehm, *Flötenbau*, 1847 (hier engl. Ausgabe, London 1882). – Schema zur Bestimmung der Löcherstellung auf Blasinstrumenten. Aus: Boehm, *Schema zur Bestimmung der Löcherstellung auf Blasinstrumenten*, 1862. – Klappenmechanismus der vollständig beklappten Boehm-Flöte. Aus: Boehm, *Die Flöte...*, 1871.

Kruspe in Erfurt den Vorschlag, mir nach meinen Wünschen ein Instrument anzufertigen. Die bei diesem Instrument von Herrn Kruspe angewendete Bohrung (Conus), *sowie besonders auch das eigenartige Mundloch, erzeugten nicht nur große Tonstärke, sondern auch sehr leichte Tonansprache. Da auch die Tonreinheit durch zweckentsprechende Lage der Klappen und Grifflöcher und Ausarbeitung einer passenden Griffordnung für alle Tonarten gleich vollkommen wurde, habe ich mich seitdem ausschließlich dieser Flöte bedient.*[76]

In Zusammenarbeit mit dem Flötenbauer Moritz Max Mönnig in Leipzig verbesserte Schwedler sein System nochmals zur nun sogenannten „Reformflöte“, auch Schwedlerflöte genannt. Schwedler beseitigte bei diesem Modell die Schwierigkeiten mit den alternativen F-Klappen entweder mit dem Ringfinger der rechten Hand oder dem kleinen Finger der linken Hand. Durch Einbau einer speziellen Mechanik konnte mit dem Zeigefinger der rechten Hand sowohl Fis als auch F gegriffen werden, wenn man beim Ton F eine Rolle zusätzlich niederdrückte. Die konische Flöte hielt sich besonders in Deutschland auch deshalb, weil Boehmflöten im Verhältnis zu konischen Flöten recht teuer waren und nicht jeder Instrumentenbauer den komplizierten Mechanismus auch reparieren konnte.

PREIS-COURANT

von

Theobald Böhm & Mendler in München.

		Mark	Pf.
No. I.	Eine Silberflöte (in C) mit Embouchure von Gold	410	–
	Dito mit H-Fuss	450	–
II.	Flöte von Cocus- oder Grenadille-Holz mit Silber	375	–
	Dito mit H-Fuss	410	–
„ III.	Holzflöte mit Neusilber	300	–
„ IV.	Flöte von Neusilber mit Holz-Embouchure		
„ V.	Eine Altflöte (in G) von Silber mit Gold-Embouchure	630	–
	Dito von Neusilber mit Holz-Embouchure	450	–
„ VI.	Piccolo von Silber mit Holz-Embouchure	300	–
	Dito von Holz mit Silber	250	–
	Dito von Holz mit Neusilber		
Zu den Flöten No. I und II wird auf Verlangen noch gemacht:			
	a) Ein Trillerhebel zur $\overset{2}{C}$-Klappe	24	–
	*b) Eine Schleifklappe	18	–
	c) Federn von Gold	18	–
Requisiten:	Eine Garnitur Klappenpolster	3	–
	Schraubenzieher und Federnhäckchen	3	–
	Stopselmass	1	–
	Grifftabelle	3	–
	Emballage mit Holzkistchen	2	–

Bemerkungen. * Mittelst der sehr bequemen Schleifklappe können die Töne: $\overset{2}{dis}$-$\overset{2}{es}$, $\overset{3}{d}$, $\overset{3}{dis}$-$\overset{3}{es}$, $\overset{3}{e}$, $\overset{3}{a}$ und $\overset{3}{b}$, auch im Pianissimo vollkommen rein und sicher gespielt werden.

Versendungen werden nur gegen erfolgte Baarzahlungen oder Wechsel auf bekannte deutsche Bankhäuser gemacht.

FIG. 50. A facsimile of Boehm and Mendler's Price List of Flutes, of the year 1877.

Preisliste der Fa. Boehm & Mendler aus dem Jahre 1877

Die Firma Julius Heinrich Zimmermann, Leipzig, verzeichnete in einer Preisliste um die Jahrhundertwende konische Flöten von 1 bis zu 15 Klappen zu Preisen von 5 bis zu 120 Mark. Die ebenfalls angebotenen Boehmflöten („gute französische Arbeit“) kosteten jedoch zwischen 160 und 175 Mark in der Neusilber-Ausführung von Evette, Paris.[77]

Es ist eine erstaunliche Tatsache, daß in München, wo die Boehmflöte erfunden wurde und wo sie zuerst im Orchester durch Tillmetz um 1860 gespielt worden ist, sich die konische Flöte mit am längsten gehalten hat und mit ihr die deutsche Oboe. Der Musikkritiker Alexander Berrsche (1883 -1940) schrieb 1934 einen Artikel mit der Überschrift „Die alten Holzblasinstrumente“:

Es ist große, alte süddeutsche Tradition in dem Musizieren unserer Bläser, Tradition im Geistigen wie im Klanglichen, Tradition, die von Staats wegen gefördert und geschützt werden sollte. Leider sehe ich ein Stück dieser Tradition schwer gefährdet: das Klangliche. Seit längerer Zeit schon fällt einem im Theater auf, daß die alte Münchener Oboe mit ihrer schönen, ausdrucksvollen Herbheit (die Reichenbächer-Oboe) nicht mehr Alleinherrscherin in ihrer Gruppe ist. Die Allerweltsoboe französischen Geschmacks mit ihrem dünnen, nasalen Klang darf sich ebenfalls vernehmen lassen. ... Wie lange wird es dauern, bis man auch die konisch gebohrte Flöte mit der schlanken Anmut ihres Tones aussterben läßt und durch die zylindrisch gebohrte ersetzt, deren dicker, orgelregistermäßiger Klang schon Richard Wagners Zorn erregt hatte.[78]

Während sich das Spiel der konischen Flöte und der deutschen Oboe bis in unsere Tage zumindest in München bis in die 60er Jahre des 20. Jahrhunderts gehalten hat, konnte der Berichterstatter von der Pariser Ausstellung von 1855 bereits vermelden: „In der Mehrzahl herrschte das Böhm'sche System bereits vor ...“[79]. So ist es auch zu verstehen, daß die rationelle Serienherstellung von Boehmflöten im Ausland und nicht in Deutschland entwickelt wurde. Dieser Abstand vergrößerte sich noch, als es durch die 1914 patentierte Erfindung des amerikanischen Flötenbauers William S. Haynes (1864 - 1939) möglich wurde, die Tonlochkamine direkt aus der Korpuswand zu ziehen, wodurch Undichtigkeiten an den Rändern zwischen Korpus und Kamin zuverlässig vermieden wurden. Das Patent

[76] Schwedler, *Katechismus* ..., S. 16.

[77] Vgl. Jul. Heinr. Zimmermann, Musikinstrumente, S. 134 - 139.

[78] Berrsche, *Trösterin Musica*, S. 673.

[79] Vgl. Jónak.

hatte Haynes auch auf Saxophone bezogen, bei denen es sich gleichfalls bewährte.

Trotz direkter Werkstatt-Schüler von Theobald Boehm und Karl Mendler wie Thomas Mollenhauer und Emil Rittershausen (1852 - 1927) blieb der Boehmflötenbau in Deutschland nur ein auf wenige Werkstätten beschränktes Spezialfach überwiegend handwerklicher Prägung. Eine weitere Erfindung Theobald Boehms kam erst nach dem 2. Weltkrieg so richtig zum Tragen: die Alt-Querflöte. Schwedler empfahl schon 1897 die Boehm-System-Altflöten von Otto Mönnig (1862 - 1943) in Leipzig.

Wie traditionell der Instrumentenbau besonders in den deutschsprachigen Ländern noch um die Jahrhundertmitte des 19. Jahrhunderts arbeitete, läßt sich besonders deutlich an den Oboen ablesen, über die Welcker von Gontershausen 1855 schreibt:

An der gewöhnlichen Hoboe befinden sich z. B. nur zwei Klappen. In Sellners Schule wird das Instrument mit 9 Klappen angegeben, nämlich mit einer Schleifklappe und den C-, B-, Gis-, Fis-, F-, Dis-, C- *und* Cis-*Klappen. Die in vorstehender Figur abgebildete Hoboe hat 13 Klappen, nämlich acht an dem unteren Mittelstück, wovon zwei (tief* h *und* c*) offen sind, und fünf an dem oberen Mittelstück. Nach der neuesten Art wird unter dem Kopfstück eine Metallröhre eingesetzt, welche behufs einer tieferen Stimmung ausgezogen werden kann. ... Gewöhnlich sind die Klappen bei der Hoboe gleich in dem Holz der Röhre befestigt, d. h. man lässt da, wo sie in der Achse liegen, so viel Holz stehen, dass es eine Erhöhung bildet, die hinreichend ist, sie darin einzuklingen und mittelst eines Stiftes zu befestigen. Manche Instrumentenmacher verwenden jedoch auch kleine Säulchen von Metall, zwischen die sie die Klappen legen, und befestigen dieselben mittelst Schräubchen an den Punkten, wo die Achse ihre Lage haben muss.*[80]

Wie schon bei der Boehmflöte hatte sich auch der Oboenbau in Paris unter der Führung der Triébert-Familie besonders hervorgetan. Der Begründer dieser Werkstatt, Georg Ludwig Wilhelm Triébert (1770 -1848), wurde im hessischen Storndorf geboren, wanderte nach Frankreich aus und entwickelte zusammen mit dem Oboisten Henri Brod (1799 - 1839) einen schlankeren französischen Oboentyp. Später wurden seine Söhne Charles-Louis (1810 - 1867) und Frédéric Triébert (1813 -1878) seine Mitarbeiter und Werkstattnachfolger. In dem bereits erwähnten Ausstellungsbericht von 1855 heißt es:

Unter den Ausstellern von Holzblasinstrumenten tritt uns zuerst die Firma Triebert et Comp. *in Paris entgegen. Ihr verdankt man vornehmlich die Ausbildung der Oboe und der anderen zu deren Familie gehörigen Instrumente. Ihren Bemühungen ist es gelungen, die Reinheit der Scala wesentlich zu verbessern, den näselnden Ton zu beseitigen und zugleich dessen Kraft zu verstärken, ohne ihm den eigenthümlichen Timbre zu benehmen, dann mit Benützung des Klappen-Systems von* Böhm *den Fingersatz und zugleich das Spiel in allen Tonarten zu erleichtern. ... Auch das englische Horn* (Contre-Alt Hautbois) *erfuhr durch ihn namhafte Verbesserungen, ebenso das Bassinstrument in der Familie der Oboen, der Fagot, dessen Mängel in Bezug auf Ungleichheit, Unreinheit und unverlässliche Ansprache in der Mittellage bisher den Musikern viel zu schaffen machten.*

Triebert *und seinem Associé* Mazoli *soll es geglückt sein, im Vereine mit* Böhm, *welcher ihnen die Übertragung seines Systems auf die Oboen anvertraute, ein Fagot zu bauen, welches in Schönheit, Reinheit und leichter Ansprache des Tones allen Anforderungen entspricht, und dessen Mechanismus der Art ist, dass die bei dem alten Systeme so schwierigen Passagen nunmehr mit Leichtigkeit auszuführen sind. Doch wurde das Instrument in dieser vollendeten Gestalt zu spät fertig, um noch einen Gegenstand der Ausstellung bilden zu können.*

Triebert et Comp. *vervollständigten überdies die bereits in drei Stimmen, nämlich Sopran, Contre-Alt und Bass, vertretene Familie der Oboen noch durch ein Tenorinstrument, das sie Baryton nennen.*[81]

Ein Brief von Frédéric Triébert an Theobald Boehm vom 21. September 1855 bestätigt diesen Tatbestand. Der Teilhaber Mazoli stellte später dieses Boehm-System-Fagott einer Jury vor. Die Komponisten Rossini, Aubert und Meyerbeer lehnten das Instrument jedoch ab, weil es klanglich einem Fagott nicht mehr ähnelte. Auch die Boehm-System-Oboen ereilte wegen ihrer abweichenden Bohrung das gleiche Schicksal. Diejenigen Modelle jedoch, die Triébert auf der Basis der herkömmlichen Oboen verbesserte, sollten Bestand haben und zu der sogenannten Französischen Oboe führen. Man benutzt heute oft die Bezeichnung „Triébert System Nr. 4, 5 oder 6“, um damit eine ganz bestimmte Klappenanordnung zu charakterisieren. Diese Bezeichnungen gehen jedoch auf die Preislisten von Triébert zurück, in denen unter den laufenden Nummern 1 - 3 Oboen des alten Systems und ab Nummer 4 aufwärts Oboen des neuen Systems beschrieben waren. Der deutsche Oboenbau übernahm in den folgenden Jahren einige Äußerlichkeiten der französischen Oboe, ohne auch deren Bohrungsmaße und die Griffsysteme zu übernehmen.

Die Dresdner Tradition im Oboenbau dagegen setzte lediglich der Wiener Oboenbau im 19. und 20. Jahrhundert fort. Der aus Dresden stammende Oboist Richard Baumgärtel (1858 - 1941) trat 1880 in die Hofoper ein und brachte eine Oboe von Carl Golde mit, die als Entwicklungsgrundlage für die später nach ihm genannte Baumgärtel-Oboe diente, als 1885 der Kammerton auf 870 Hz festgelegt wurde. Zusammen mit dem Instrumentenmacher Josef Hajek (1849 - 1926) wurde auf empirischem Wege durch

---

80 Heinrich Welcker von Gontershausen, *Magazin musikalischer Tonwerkzeuge*, S. 394/395.

81 Jónak, S. 40f.

unzählige Versuche der noch heute gespielte Wiener Oboentyp entwickelt. Den von Hajek und Baumgärtel eingeschlagenen Weg setzte der aus Graslitz stammende Holzblasinstrumentenmacher Hermann Zuleger (1885 - 1949) in

Wiener Oboe von Zuleger um 1930

Zusammenarbeit mit Professor Hans Hadamowsky (1906 - 1986) fort. In den dreißiger Jahren entstand in Zusammenarbeit mit Akustikern der Technischen Hochschule in Wien die „Zuleger-Oboe", die noch heute von Walter Kirchberger gebaut wird.

In Wien hat sich damit eine Bläsertradition erhalten, die sich bis in das 18. Jahrhundert über die jeweils gespielten Oboenmodelle zurückverfolgen läßt. In jüngster Zeit hat es durch den Instrumentenmacher Guntram Wolf u. a. auch in Zusammenarbeit mit der Firma Hans Kreul in Tübingen, dann aber auch durch die japanische Firma Yamaha Wiederbelebungsversuche auch andernorts gegeben, deren Auswirkungen derzeit noch nicht abzusehen sind.[82] Die eigentliche deutsche Oboe lehnte sich äußerlich im 19. Jahrhundert immer stärker an die französische Oboe an. Sie verlor den für die Wiener Oboe so typischen Balluster, die Verdikkung am oberen Ende des Unterstückes, und den in 2 Bögen geschweiften Schallbecher. Als Richard Strauss sich in seinen Anmerkungen zur Instrumentationslehre von Hector Berlioz zu Beginn unseres Jahrhunderts sehr kritisch mit dem Ton der deutschen Oboe auseinandersetzte, bürgerte sich mehr und mehr die französische Oboe mit dem Konservatoriumssystem ein, jedoch mit den in Frankreich nicht üblichen automatischen Oktavklappen. Insbesondere nach dem 2. Weltkrieg gelang es einigen auf Oboen spezialisierten Firmen, im In- und Ausland zu reüssieren, darunter die Firmen Püchner in Nauheim, Kreul in Tübingen (die jetzt auch Inhaber von Marigaux in Paris ist), Mollenhauer in Kassel und Schreiber in Nauheim.

Hatte die französische Klarinettenschule zuerst gezögert, Iwan Müllers Klarinette mit 13 Klappen zu übernehmen, so setzte sich der Professor für Klarinette am Pariser Konservatorium, Hyacinthe Elénore Klosé (1808 - 1880), für die Übernahme dieser Klarinette ein, wenige Jahre später aber für die „Clarinette à anneaux mobiles" (d. h. mit Ringklappen), die Louis Auguste Buffet jeune auf der Basis von Boehms Klappensystem entwickelt hatte. In der Erstausgabe des Klarinettenlehrwerkes von Klosé, die 1843 erschien, wird Boehm allerdings nicht erwähnt. Buffet ließ sich diese Klarinette 1844 patentieren. Erst 1858 veröffentlicht V. Bretonnière seine Klarinettenschule für die Klarinette mit 6, 13 oder 14 Klappen „et Omnitonique ou Système Boehm".[83]

Der Bedeutung, die das Schulwerk von Klosé für die französischen Klarinettisten hatte und noch hat, entsprach in Deutschland dasjenige von Carl Baermann. Die von ihm propagierte deutsche Klarinette verbesserte Oscar Oehler (1858 - 1936) nochmals entscheidend zu dem nach ihm benannten Oehler-Modell. Nach einer Orgelbauerlehre wurde Oehler Klarinettist und studierte auf seinen Reisen die großen noch lebenden Meister der Klarinette, so auch Carl Baermann in München. 1882 gehörte er zu den Gründungsmitgliedern des Berliner Philharmonischen Orchesters, dem er bis 1888 angehörte. 1887 eröffnete er eine Werkstatt in Berlin und entwickelte auf der Basis der Baermann-Klarinette sein System mit 22 Klappen, 5 Ringen und einer Fingerplatte. Die tonlichen Qualitäten dieser Oehler-Klarinette wurden durch die Boehm-Klarinette nicht in dem Maße erreicht, als daß diese sich in den deutschen Orchestern auf Dauer etablieren konnte. Gegenwärtig unternehmen die Boehm-Klarinettenhersteller große Anstrengungen, den „deutschen" Ton zu erreichen.

In welchem Maße die Verbreitung eines Schulwerkes auch einen Instrumententyp beeinflussen kann, läßt sich auch an der Fagottschule von Christian Julius Weissenborn ablesen, der sich in diesem Schulwerk, das bis heute nichts von seiner Bedeutung eingebüßt hat, für das Heckel-Modell von 1885 aussprach. „Seit December 1885 ist es Wilhelm Heckel, dem Sohne des Vorigen, endlich gelungen, Fagotte herzustellen, die sowohl die Anhänger des neuen wie die des alten Systems zufrieden stellen müssen."

Werkstatt der Fa. Wilhelm Heckel, Biebrich um 1928

Obwohl die Heckelwerkstatt seit 1831 bestand, gewinnt sie ihre eigentliche Bedeutung erst am Ende des 19. Jahrhunderts mit Modellen, die vorbildhaft für den deutschen Fagott- und Kontrafagottbau wurden und für die sich der Begriff „Heckel-System" allgemein durchgesetzt hat, in Abgrenzung zu den französischen Fagotten oder „bassons", wie sie heute auch bezeichnet werden. Unter den vielen wei-

[82] Vgl. Sallagar, in *TIBIA* 1978, S. 1 - 6.

[83] Vgl. Joppig, *Die Entstehung einer Instrumentenfamilie*, S. 10 - 14.

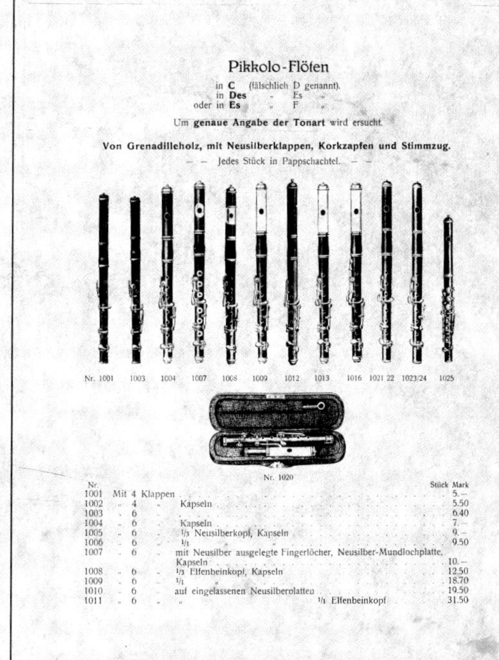

Pikkolo-Flöten

in **C** (fälschlich D genannt).
in **Des** „ Es „
oder in **Es** „ F „

Um **genaue Angabe der Tonart** wird ersucht.

Von Grenadilleholz, mit Neusilberklappen, Korkzapfen und Stimmzug.

— — Jedes Stück in Pappschachtel. — —

Nr. 1001 1003 1004 1007 1008 1009 1012 1013 1016 1021/22 1023/24 1025

Nr. 1020

Nr.		Stück Mark
1001	Mit 4 Klappen	5.–
1002	„ 4 „ Kapseln	5.50
1003	„ 6 „	6.40
1004	„ 6 „ Kapseln	7.–
1005	„ 6 „ 1/3 Neusilberkopf, Kapseln	9.–
1006	„ 6 „ 1/1 „ „	9.50
1007	„ 6 „ mit Neusilber ausgelegte Fingerlöcher, Neusilber-Mundlochplatte, Kapseln	10.–
1008	„ 6 „ 1/3 Elfenbeinkopf, Kapseln	12.50
1009	„ 6 „ 1/1 „	18.70
1010	„ 6 „ auf eingelassenen Neusilberplatten	19.50
1011	„ 6 „ „ 1/1 Elfenbeinkopf	31.50

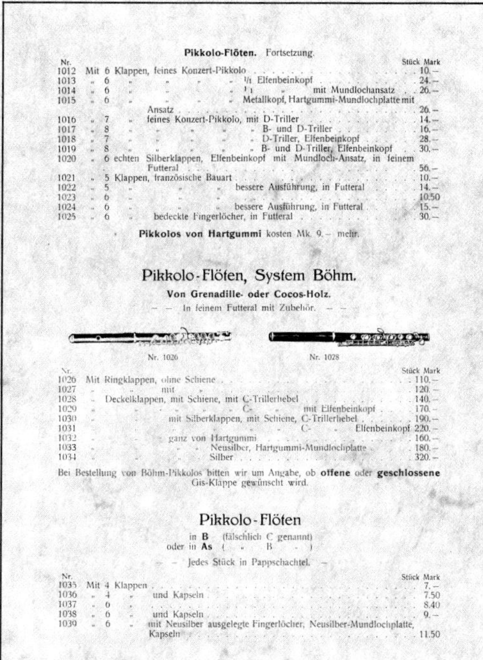

Pikkolo-Flöten. Fortsetzung.

Nr.		Stück Mark
1012	Mit 6 Klappen, feines Konzert-Pikkolo	10.–
1013	„ 6 „ „ „ „ 1/1 Elfenbeinkopf	24.–
1014	„ 6 „ „ „ „ 1/1 „ mit Mundlochansatz	26.–
1015	„ 6 „ „ „ „ Metallkopf, Hartgummi-Mundlochplatte mit Ansatz	26.–
1016	„ 7 „ feines Konzert-Pikkolo, mit D-Triller	14.–
1017	„ 8 „ „ „ „ „ B- und D-Triller	16.–
1018	„ 7 „ „ „ „ „ D-Triller, Elfenbeinkopf	28.–
1019	„ 8 „ „ „ „ „ B- und D-Triller, Elfenbeinkopf	30.–
1020	„ 6 echten Silberklappen, Elfenbeinkopf mit Mundloch-Ansatz, in feinem Futteral	56.–
1021	„ 5 Klappen, französische Bauart	10.–
1022	„ 5 „ „ „ bessere Ausführung, in Futteral	14.–
1023	„ 6 „ „ „	10.50
1024	„ 6 „ „ „ bessere Ausführung, in Futteral	15.–
1025	„ 6 „ bedeckte Fingerlöcher, in Futteral	30.–

Pikkolos von Hartgummi kosten Mk. 9.– mehr.

Pikkolo-Flöten, System Böhm.

Von Grenadille- oder Cocos-Holz.

— — In feinem Futteral mit Zubehör. — —

Nr. 1026 Nr. 1028

Nr.		Stück Mark
1026	Mit Ringklappen, ohne Schiene	110.–
1027	„ „ mit „	120.–
1028	„ Deckelklappen, mit Schiene, mit C-Trillerhebel	140.–
1029	„ „ „ „ „ C- „ mit Elfenbeinkopf	170.–
1030	„ „ mit Silberklappen, mit Schiene, C-Trillerhebel	190.–
1031	„ „ „ „ „ C- „ Elfenbeinkopf	220.–
1032	„ „ ganz von Hartgummi	160.–
1033	„ „ „ „ Neusilber, Hartgummi-Mundlochplatte	180.–
1034	„ „ „ „ Silber	320.–

Bei Bestellung von Böhm-Pikkolos bitten wir um Angabe, ob **offene** oder **geschlossene** Gis-Klappe gewünscht wird.

Pikkolo-Flöten

in **B** (fälschlich C genannt)
oder in **As** („ B „)

— — Jedes Stück in Pappschachtel. —

Nr.		Stück Mark
1035	Mit 4 Klappen	7.–
1036	„ 4 „ und Kapseln	7.50
1037	„ 6 „	8.40
1038	„ 6 „ und Kapseln	9.–
1039	„ 6 „ mit Neusilber ausgelegte Fingerlöcher, Neusilber-Mundlochplatte, Kapseln	11.50

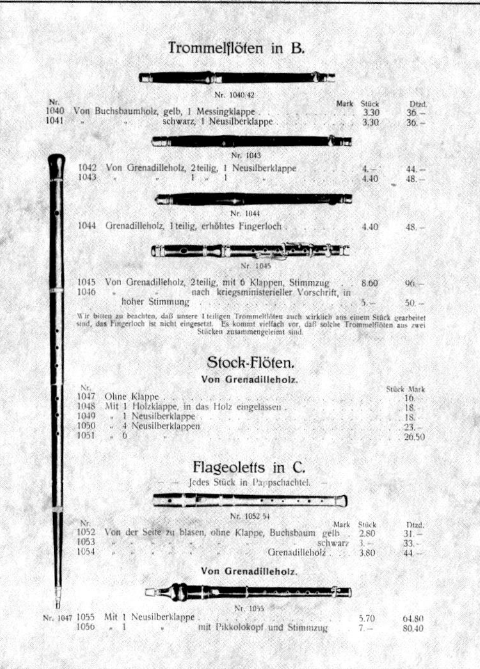

Trommelflöten in B.

Nr. 1040/42

Nr.		Mark Stück	Dtzd.
1040	Von Buchsbaumholz, gelb, 1 Messingklappe	3.30	36.–
1041	„ „ schwarz, 1 Neusilberklappe	3.30	36.–

Nr. 1043

Nr.		Mark Stück	Dtzd.
1042	Von Grenadilleholz, 2teilig, 1 Neusilberklappe	4.–	44.–
1043	„ „ 1 „ 1 „	4.40	48.–

Nr. 1044

Nr.		Mark Stück	Dtzd.
1044	Grenadilleholz, 1teilig, erhöhtes Fingerloch	4.40	48.–

Nr. 1045

Nr.		Mark Stück	Dtzd.
1045	Von Grenadilleholz, 2teilig, mit 6 Klappen, Stimmzug	8.60	96.–
1046	„ „ nach kriegsministerieller Vorschrift, in hoher Stimmung	5.–	50.–

Wir bitten zu beachten, daß unsere 1teiligen Trommelflöten auch wirklich aus einem Stück gearbeitet sind, das Fingerloch ist nicht eingesetzt. Es kommt vielfach vor, daß solche Trommelflöten aus zwei Stücken zusammengeleimt sind.

Stock-Flöten.

Von Grenadilleholz.

Nr.		Stück Mark
1047	Ohne Klappe	16.–
1048	Mit 1 Holzklappe, in das Holz eingelassen	18.–
1049	„ 1 Neusilberklappe	18.–
1050	„ 4 Neusilberklappen	23.–
1051	„ 6 „	26.50

Flageoletts in C.

— — Jedes Stück in Pappschachtel. —

Nr. 1052/54

Nr.		Mark Stück	Dtzd.
1052	Von der Seite zu blasen, ohne Klappe, Buchsbaum gelb	2.80	31.–
1053	„ „ „ „ „ „ „ „ schwarz	3.–	33.–
1054	„ „ „ „ „ „ „ Grenadilleholz	3.80	44.–

Von Grenadilleholz.

Nr. 1055

Nr. 1047

Nr.		Mark Stück	Dtzd.
1055	Mit 1 Neusilberklappe	5.70	64.80
1056	„ 1 „ mit Pikkolokopf und Stimmzug	7.–	80.40

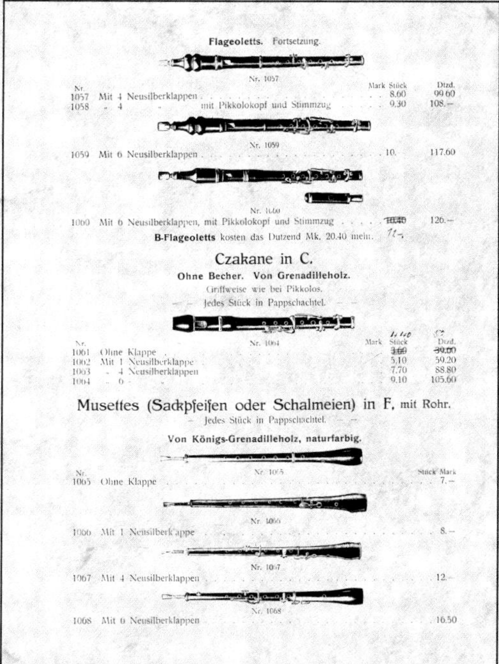

Flageoletts. Fortsetzung.

Nr. 1057

Nr.		Mark Stück	Dtzd.
1057	Mit 4 Neusilberklappen	8.60	99.60
1058	„ 4 „ mit Pikkolokopf und Stimmzug	9.30	108.–

Nr. 1059

Nr.		Mark Stück	Dtzd.
1059	Mit 6 Neusilberklappen	10.	117.60

Nr. 1060

Nr.		Mark Stück	Dtzd.
1060	Mit 6 Neusilberklappen, mit Pikkolokopf und Stimmzug	~~10.40~~ 11.–	126.–

B-Flageoletts kosten das Dutzend Mk. 20.40 mehr.

Czakane in C.

Ohne Becher. Von Grenadilleholz.

Griffweise wie bei Pikkolos.

— — Jedes Stück in Pappschachtel. — —

Nr. 1064

Nr.		Mark Stück	Dtzd.
1061	Ohne Klappe	~~3.60~~ 4.40	~~39.00~~
1062	Mit 1 Neusilberklappe	5.10	59.20
1063	„ 4 Neusilberklappen	7.70	88.80
1064	„ 6 „	9.10	105.60

Musettes (Sackpfeifen oder Schalmeien) in F, mit Rohr.

— Jedes Stück in Pappschachtel. — —

Von Königs-Grenadilleholz, naturfarbig.

Nr. 1065

Nr.		Stück Mark
1065	Ohne Klappe	7.–

Nr. 1066

Nr.		Stück Mark
1066	Mit 1 Neusilberklappe	8.–

Nr. 1067

Nr.		Stück Mark
1067	Mit 4 Neusilberklappen	12.–

Nr. 1068

Nr.		Stück Mark
1068	Mit 6 Neusilberklappen	16.50

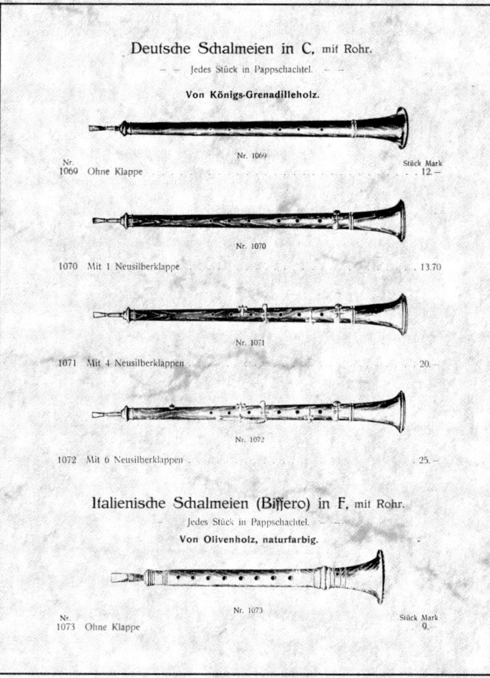

Deutsche Schalmeien in C, mit Rohr.

— — Jedes Stück in Pappschachtel. — —

Von Königs-Grenadilleholz.

Nr. 1069

Nr.		Stück Mark
1069	Ohne Klappe	12.–

Nr. 1070

Nr.		Stück Mark
1070	Mit 1 Neusilberklappe	13.70

Nr. 1071

Nr.		Stück Mark
1071	Mit 4 Neusilberklappen	20.–

Nr. 1072

Nr.		Stück Mark
1072	Mit 6 Neusilberklappen	25.–

Italienische Schalmeien (Biffero) in F, mit Rohr.

— Jedes Stück in Pappschachtel. — —

Von Olivenholz, naturfarbig.

Nr. 1073

Nr.		Stück Mark
1073	Ohne Klappe	9.–

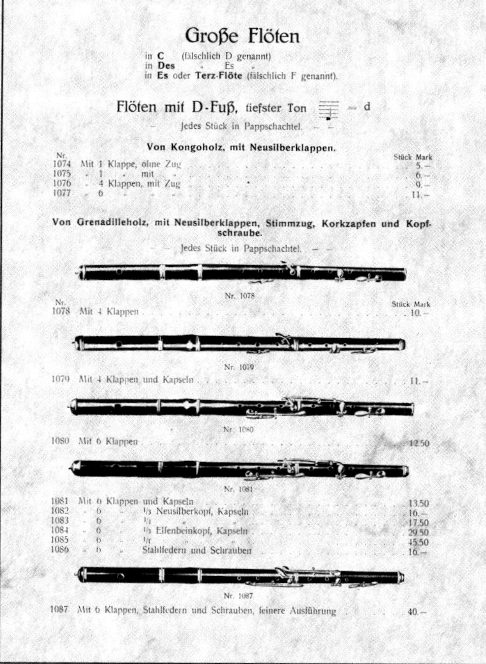

Große Flöten

in **C** (fälschlich D genannt)
in **Des** „ Es „
in **Es** oder **Terz-Flöte** (fälschlich F genannt).

Flöten mit D-Fuß, tiefster Ton = d

— Jedes Stück in Pappschachtel. — —

Von Kongoholz, mit Neusilberklappen.

Nr.		Stück Mark
1074	Mit 1 Klappe, ohne Zug	5.–
1075	„ 1 „ mit „	6.–
1076	„ 4 Klappen, mit Zug	9.–
1077	„ 6 „ „ „	11.–

Von Grenadilleholz, mit Neusilberklappen, Stimmzug, Korkzapfen und Kopfschraube.

— — Jedes Stück in Pappschachtel. — —

Nr. 1078

Nr.		Stück Mark
1078	Mit 4 Klappen	10.–

Nr. 1079

Nr.		Stück Mark
1079	Mit 4 Klappen und Kapseln	11.–

Nr. 1080

Nr.		Stück Mark
1080	Mit 6 Klappen	12.50

Nr. 1081

Nr.		Stück Mark
1081	Mit 6 Klappen und Kapseln	13.50
1082	„ 6 „ 1/3 Neusilberkopf, Kapseln	16.–
1083	„ 6 „ 1/1 „ „	17.50
1084	„ 6 „ 1/3 Elfenbeinkopf, Kapseln	29.50
1085	„ 6 „ 1/1 „ „	45.50
1086	„ 6 „ Stahlfedern und Schrauben	16.–

Nr. 1087

Nr.		Stück Mark
1087	Mit 6 Klappen, Stahlfedern und Schrauben, feinere Ausführung	40.–

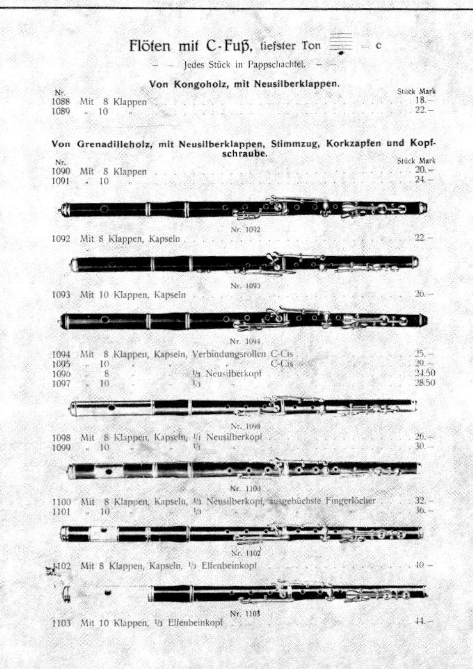

Flöten mit C-Fuß, tiefster Ton = c

— — Jedes Stück in Pappschachtel. — —

Von Kongoholz, mit Neusilberklappen.

Nr.		Stück Mark
1088	Mit 8 Klappen	18.–
1089	„ 10 „	22.–

Von Grenadilleholz, mit Neusilberklappen, Stimmzug, Korkzapfen und Kopfschraube.

Nr.		Stück Mark
1090	Mit 8 Klappen	20.–
1091	„ 10 „	24.–

Nr. 1092

Nr.		Stück Mark
1092	Mit 8 Klappen, Kapseln	22.–

Nr. 1093

Nr.		Stück Mark
1093	Mit 10 Klappen, Kapseln	26.–

Nr. 1094

Nr.		Stück Mark
1094	Mit 8 Klappen, Kapseln, Verbindungsrollen C-Cis	25.–
1095	„ 10 „ „ „ C-Cis	29.–
1096	„ 8 „ „ 1/3 Neusilberkopf	24.50
1097	„ 10 „ „ 1/3 „	28.50

Nr. 1098

Nr.		Stück Mark
1098	Mit 8 Klappen, Kapseln, 1/1 Neusilberkopf	26.–
1099	„ 10 „ „ 1/1 „	30.–

Nr. 1100

Nr.		Stück Mark
1100	Mit 8 Klappen, Kapseln, 1/3 Neusilberkopf, ausgebüchste Fingerlöcher	32.–
1101	„ 10 „ „ 1/3 „ „ „	36.–

Nr. 1102

Nr.		Stück Mark
1102	Mit 8 Klappen, Kapseln, 1/3 Elfenbeinkopf	40.–

Nr. 1103

Nr.		Stück Mark
1103	Mit 10 Klappen, 1/3 Elfenbeinkopf	44.–

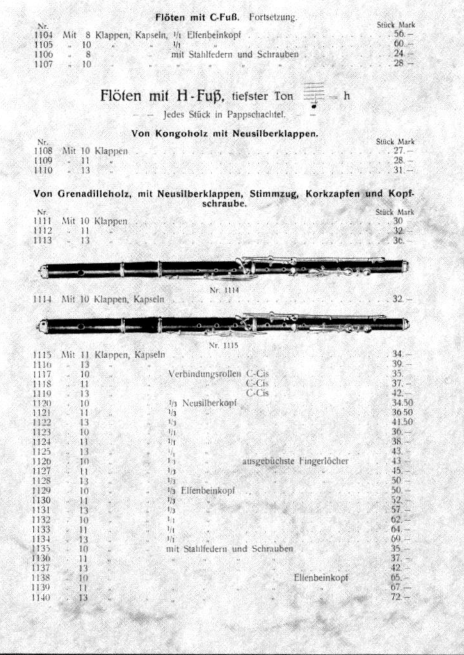

Flöten mit C-Fuß. Fortsetzung.

Nr.		Stück Mark
1104	Mit 8 Klappen, Kapseln, 1/1 Elfenbeinkopf	56.–
1105	„ 10 „ „ 1/1 „	60.–
1106	„ 8 „ mit Stahlfedern und Schrauben	24.–
1107	„ 10 „ „ „ „ „	28.–

Flöten mit H-Fuß, tiefster Ton = h

— — Jedes Stück in Pappschachtel. — —

Von Kongoholz mit Neusilberklappen.

Nr.		Stück Mark
1108	Mit 10 Klappen	27.–
1109	„ 11 „	28.–
1110	„ 13 „	31.–

Von Grenadilleholz, mit Neusilberklappen, Stimmzug, Korkzapfen und Kopfschraube.

Nr.		Stück Mark
1111	Mit 10 Klappen	30.–
1112	„ 11 „	32.–
1113	„ 13 „	36.–

Nr. 1114

Nr.		Stück Mark
1114	Mit 10 Klappen, Kapseln	32.–

Nr. 1115

Nr.		Stück Mark
1115	Mit 11 Klappen, Kapseln	34.–
1116	„ 13 „ „	39.–
1117	„ 10 „ „ Verbindungsrollen C-Cis	35.–
1118	„ 11 „ „ „ C-Cis	37.–
1119	„ 13 „ „ „ C-Cis	42.–
1120	„ 10 „ „ 1/3 Neusilberkopf	34.50
1121	„ 11 „ „ 1/3 „	36.50
1122	„ 13 „ „ 1/3 „	41.50
1123	„ 10 „ „ 1/1 „	36.–
1124	„ 11 „ „ 1/1 „	38.–
1125	„ 13 „ „ 1/1 „	43.–
1126	„ 10 „ „ 1/3 „ ausgebüchste Fingerlöcher	43.–
1127	„ 11 „ „ 1/3 „ „ „	45.–
1128	„ 13 „ „ 1/3 „ „ „	50.–
1129	„ 10 „ „ 1/3 Elfenbeinkopf	50.–
1130	„ 11 „ „ 1/3 „	52.–
1131	„ 13 „ „ 1/3 „	57.–
1132	„ 10 „ „ 1/1 „	62.–
1133	„ 11 „ „ 1/1 „	64.–
1134	„ 13 „ „ 1/1 „	69.–
1135	„ 10 „ „ mit Stahlfedern und Schrauben	35.–
1136	„ 11 „ „ „ „ „ „	37.–
1137	„ 13 „ „ „ „ „ „	42.–
1138	„ 10 „ „ „ „ „ „ Elfenbeinkopf	65.–
1139	„ 11 „ „ „ „ „ „ „	67.–
1140	„ 13 „ „ „ „ „ „ „	72.–

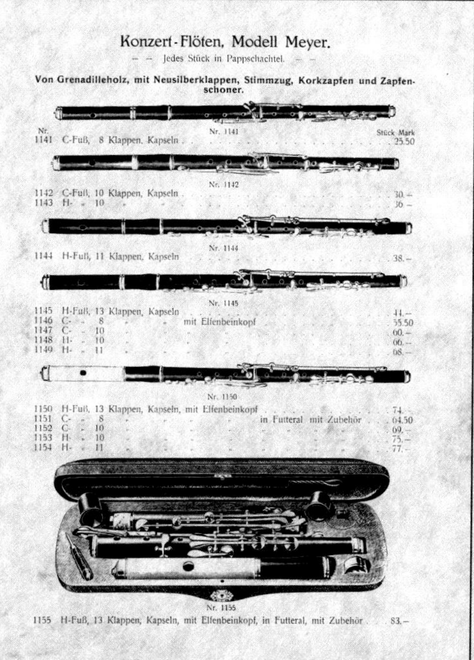

Konzert-Flöten, Modell Meyer.

— — Jedes Stück in Pappschachtel. — —

Von Grenadilleholz, mit Neusilberklappen, Stimmzug, Korkzapfen und Zapfenschoner.

Nr. 1141

Nr.		Stück Mark
1141	C-Fuß, 8 Klappen, Kapseln	25.50

Nr. 1142

Nr.		Stück Mark
1142	C-Fuß, 10 Klappen, Kapseln	30.–
1143	H- „ 10 „ „	36.–

Nr. 1144

Nr.		Stück Mark
1144	H-Fuß, 11 Klappen, Kapseln	38.–

Nr. 1145

Nr.		Stück Mark
1145	H-Fuß, 13 Klappen, Kapseln	44.–
1146	C- „ 8 „ „ mit Elfenbeinkopf	55.50
1147	C- „ 10 „ „ „ „	60.–
1148	H- „ 10 „ „ „ „	66.–
1149	H- „ 11 „ „ „ „	68.–

Nr. 1150

Nr.		Stück Mark
1150	H-Fuß, 13 Klappen, Kapseln, mit Elfenbeinkopf	74.–
1151	C- „ 8 „ „ „ „ in Futteral mit Zubehör	64.50
1152	C- „ 10 „ „ „ „ „ „ „ „	69.–
1153	H- „ 10 „ „ „ „ „ „ „ „	75.–
1154	H- „ 11 „ „ „ „ „ „ „ „	77.–

Nr. 1155

Nr.		Stück Mark
1155	H-Fuß, 13 Klappen, Kapseln, mit Elfenbeinkopf, in Futteral, mit Zubehör	83.–

Aus dem Katalog der Holzblasinstrumentenfirma Oskar Adler und Co. Markneukirchen um 1910

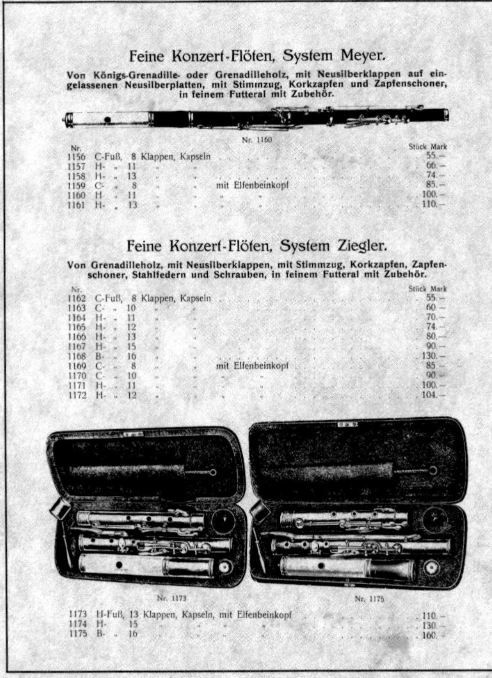

Feine Konzert-Flöten, System Meyer.

Von Königs-Grenadille- oder Grenadilleholz, mit Neusilberklappen auf eingelassenen Neusilberplatten, mit Stimmzug, Korkzapfen und Zapfenschoner, in feinem Futteral mit Zubehör.

Nr. 1160

Nr.		Stück Mark
1156	C-Fuß, 8 Klappen, Kapseln	55.–
1157	H- „ 11 „ „	66.–
1158	H- „ 13 „ „	74.–
1159	C- „ 8 „ „ mit Elfenbeinkopf	85.–
1160	H- „ 11 „ „ „ „	100.–
1161	H- „ 13 „ „ „ „	110.–

Feine Konzert-Flöten, System Ziegler.

Von Grenadilleholz, mit Neusilberklappen, mit Stimmzug, Korkzapfen, Zapfenschoner, Stahlfedern und Schrauben, in feinem Futteral mit Zubehör.

Nr.		Stück Mark
1162	C-Fuß, 8 Klappen, Kapseln	55.–
1163	C- „ 10 „ „	60.–
1164	H- „ 11 „ „	70.–
1165	H- „ 12 „ „	74.–
1166	H- „ 13 „ „	80.–
1167	H- „ 15 „ „	90.–
1168	B- „ 16 „ „	130.–
1169	C- „ 8 „ „ mit Elfenbeinkopf	85.–
1170	C- „ 10 „ „ „ „	90.–
1171	H- „ 11 „ „ „ „	100.–
1172	H- „ 12 „ „ „ „	104.–

Nr. 1173 Nr. 1175

1173	H-Fuß, 13 Klappen, Kapseln, mit Elfenbeinkopf	110.–
1174	H- 15 „ „ „ „	130.–
1175	B- „ 16 „ „ „ „	160.–

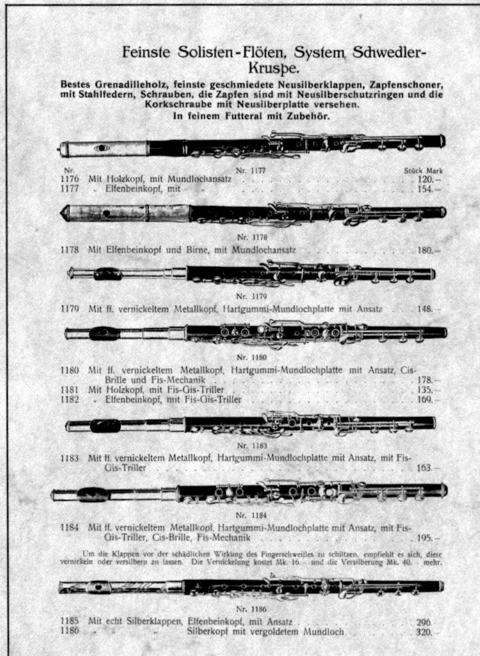

Feinste Solisten-Flöten, System Schwedler-Kruspe.

Bestes Grenadilleholz, feinste geschmiedete Neusilberklappen, Zapfenschoner, mit Stahlfedern, Schrauben, die Zapfen sind mit Neusilberschutzringen und die Korkschraube mit Neusilberplatte versehen.

In feinem Futteral mit Zubehör.

Nr. 1177

Nr.		Stück Mark
1176	Mit Holzkopf, mit Mundlochansatz	120.–
1177	„ Elfenbeinkopf, mit „	154.–

Nr. 1178

1178 Mit Elfenbeinkopf und Birne, mit Mundlochansatz . . . 180.–

Nr. 1179

1179 Mit ff. vernickeltem Metallkopf, Hartgummi-Mundlochplatte mit Ansatz . . . 148.–

Nr. 1180

1180	Mit ff. vernickeltem Metallkopf, Hartgummi-Mundlochplatte mit Ansatz, Cis-Brille und Fis-Mechanik	178.–
1181	Mit Holzkopf, mit Fis-Gis-Triller	135.–
1182	„ Elfenbeinkopf, mit Fis-Gis-Triller	169.–

Nr. 1183

1183 Mit ff. vernickeltem Metallkopf, Hartgummi-Mundlochplatte mit Ansatz, mit Fis-Gis-Triller . . . 163.–

Nr. 1184

1184 Mit ff. vernickeltem Metallkopf, Hartgummi-Mundlochplatte mit Ansatz, mit Fis-Gis-Triller, Cis-Brille, Fis-Mechanik . . . 195.–

Um die Klappen vor der schädlichen Wirkung des Fingerschweißes zu schützen, empfiehlt es sich, diese vernickeln oder versilbern zu lassen. Die Vernickelung kostet Mk. 16.– und die Versilberung Mk. 40.– mehr.

Nr. 1186

1185	Mit echt Silberklappen, Elfenbeinkopf, mit Ansatz	296.–
1186	„ „ „ Silberkopf mit vergoldetem Mundloch	320.–

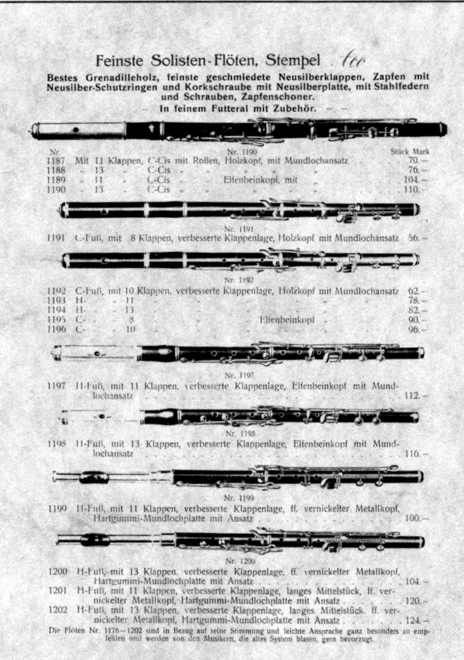

Feinste Solisten-Flöten, Stempel . Ѻ

Bestes Grenadilleholz, feinste geschmiedete Neusilberklappen, Zapfen mit Neusilber-Schutzringen und Korkschraube mit Neusilberplatte, mit Stahlfedern und Schrauben, Zapfenschoner.

– In feinem Futteral mit Zubehör. – –

Nr. 1190

Nr.		Stück Mark
1187	Mit 11 Klappen, C-Cis mit Rollen, Holzkopf, mit Mundlochansatz	70.–
1188	„ 13 „ C-Cis „ „ „ „ „	76.–
1189	„ 11 „ C-Cis „ „ Elfenbeinkopf, mit „	104.–
1190	„ 13 „ C-Cis „ „ „ „ „	110.–

Nr. 1191

1191 C-Fuß, mit 8 Klappen, verbesserte Klappenlage, Holzkopf mit Mundlochansatz 56.–

Nr. 1192

1192	C-Fuß, mit 10 Klappen, verbesserte Klappenlage, Holzkopf mit Mundlochansatz	62.–
1193	H- „ 11 „ „ „ „ „	78.–
1194	H- „ 13 „ „ „ „ „	82.–
1195	C- „ 8 „ „ „ Elfenbeinkopf „	90.–
1196	C- „ 10 „ „ „ „ „	96.–

Nr. 1197

1197 H-Fuß, mit 11 Klappen, verbesserte Klappenlage, Elfenbeinkopf mit Mundlochansatz . . . 112.–

Nr. 1198

1198 H-Fuß, mit 13 Klappen, verbesserte Klappenlage, Elfenbeinkopf mit Mundlochansatz . . . 116.–

Nr. 1199

1199 H-Fuß, mit 11 Klappen, verbesserte Klappenlage, ff. vernickelter Metallkopf, Hartgummi-Mundlochplatte mit Ansatz . . . 100.–

Nr. 1200

1200	H-Fuß, mit 13 Klappen, verbesserte Klappenlage, ff. vernickelter Metallkopf, Hartgummi-Mundlochplatte mit Ansatz	104.–
1201	H-Fuß, mit 11 Klappen, verbesserte Klappenlage, langes Mittelstück, ff. vernickelter Metallkopf, Hartgummi-Mundlochplatte mit Ansatz	120.–
1202	H-Fuß, mit 13 Klappen, verbesserte Klappenlage, langes Mittelstück, ff. vernickelter Metallkopf, Hartgummi-Mundlochplatte mit Ansatz	124.–

Die Flöten Nr. 1176–1202 sind in Bezug auf reine Stimmung und leichte Ansprache ganz besonders zu empfehlen und werden von den Musikern, die altes System blasen, gern bevorzugt.

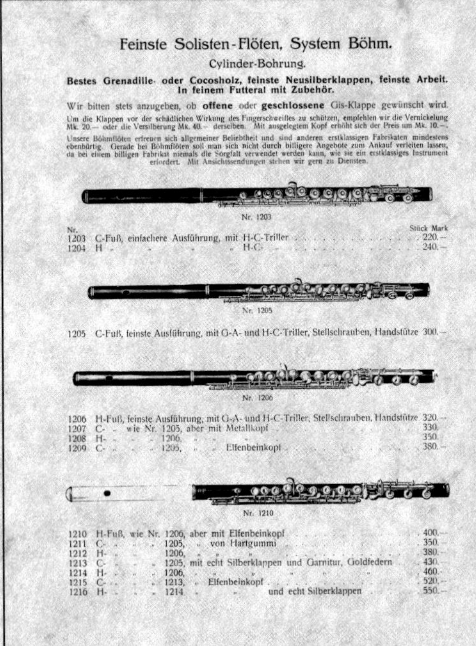

Feinste Solisten-Flöten, System Böhm.

Cylinder-Bohrung.

Bestes Grenadille- oder Cocosholz, feinste Neusilberklappen, feinste Arbeit. In feinem Futteral mit Zubehör.

Wir bitten stets anzugeben, ob **offene** oder **geschlossene** Gis-Klappe gewünscht wird.

Um die Klappen vor der schädlichen Wirkung des Fingerschweißes zu schützen, empfehlen wir die Vernickelung Mk. 20.– oder die Versilberung Mk. 40.– derselben. Mit ausgelegtem Kopf erhöht sich der Preis um Mk. 10.–.

Unsere Böhmflöten erfreuen sich allgemeiner Beliebtheit und sind anderen erstklassigen Fabrikaten mindestens ebenbürtig. Gerade bei Böhmflöten soll man sich nicht durch billigere Angebote zum Ankauf verleiten lassen, da bei einem billigen Fabrikat niemals die Sorgfalt verwendet werden kann, wie sie ein erstklassiges Instrument erfordert. Mit Ansichtssendungen stehen wir gern zu Diensten.

Nr. 1203

Nr.		Stück Mark
1203	C-Fuß, einfachere Ausführung, mit H-C-Triller	220.–
1204	H „ „ „ „ H-C- „	240.–

Nr. 1205

1205 C-Fuß, feinste Ausführung, mit G-A- und H-C-Triller, Stellschrauben, Handstütze 300.–

Nr. 1206

1206	H-Fuß, feinste Ausführung, mit G-A- und H-C-Triller, Stellschrauben, Handstütze	320.–
1207	C- „ wie Nr. 1205, aber mit Metallkopf	330.–
1208	H- „ „ „ 1206, „ „ „	350.–
1209	C- „ „ „ 1205, „ „ Elfenbeinkopf	380.–

Nr. 1210

1210	H-Fuß, wie Nr. 1206, aber mit Elfenbeinkopf	400.–
1211	C- „ „ „ 1205, „ von Hartgummi	350.–
1212	H- „ „ „ 1206, „ „ „	380.–
1213	C- „ „ „ 1205, mit echt Silberklappen und Garnitur, Goldfedern	430.–
1214	H- „ „ „ 1206, „ „ „ „ „	460.–
1215	C- „ „ „ 1213, „ Elfenbeinkopf	520.–
1216	H- „ „ „ 1214 „ „ und echt Silberklappen	550.–

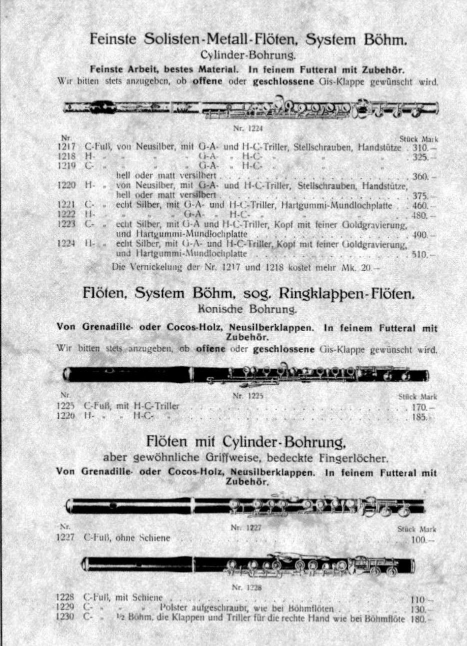

Feinste Solisten-Metall-Flöten, System Böhm.

Cylinder-Bohrung.

Feinste Arbeit, bestes Material. In feinem Futteral mit Zubehör.

Wir bitten stets anzugeben, ob **offene** oder **geschlossene** Gis-Klappe gewünscht wird.

Nr. 1224

Nr.		Stück Mark
1217	C-Fuß, von Neusilber, mit G-A- und H-C-Triller, Stellschrauben, Handstütze	310.–
1218	H- „ „ „ „ G-A- „ H-C- „ „ „	325.–
1219	C- „ „ „ „ G-A- „ H-C- „ „ „ hell oder matt versilbert	360.–
1220	H- „ von Neusilber, mit G-A- und H-C-Triller, Stellschrauben, Handstütze, hell oder matt versilbert	375.–
1221	C- „ echt Silber, mit G-A- und H-C-Triller, Hartgummi-Mundlochplatte	460.–
1222	H- „ „ „ „ G-A- „ H-C- „ „ „	480.–
1223	C- „ echt Silber, mit G-A und H-C-Triller, Kopf mit feiner Goldgravierung, und Hartgummi-Mundlochplatte	490.–
1224	H- „ echt Silber, mit G-A- und H-C-Triller, Kopf mit feiner Goldgravierung, und Hartgummi-Mundlochplatte	510.–

Die Vernickelung der Nr. 1217 und 1218 kostet mehr Mk. 20.–

Flöten, System Böhm, sog. Ringklappen-Flöten.

Konische Bohrung.

Von Grenadille- oder Cocos-Holz, Neusilberklappen. In feinem Futteral mit Zubehör.

Wir bitten stets anzugeben, ob **offene** oder **geschlossene** Gis-Klappe gewünscht wird.

Nr. 1225

Nr.		Stück Mark
1225	C-Fuß, mit H-C-Triller	170.–
1226	H- „ „ H-C- „	185.–

Flöten mit Cylinder-Bohrung,

aber gewöhnliche Griffweise, bedeckte Fingerlöcher.

Von Grenadille- oder Cocos-Holz, Neusilberklappen. In feinem Futteral mit Zubehör.

Nr. 1227

Nr.		Stück Mark
1227	C-Fuß, ohne Schiene	100.–

Nr. 1228

1228	C-Fuß, mit Schiene	110.–
1229	C- „ „ „ Polster aufgeschraubt, wie bei Böhmflöten	130.–
1230	C- „ ½ Böhm, die Klappen und Triller für die rechte Hand wie bei Böhmflöte	180.–

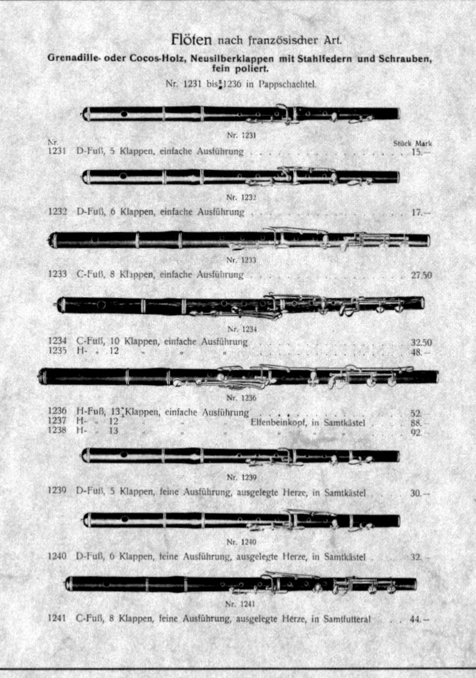

Flöten nach französischer Art.

Grenadille- oder Cocos-Holz, Neusilberklappen mit Stahlfedern und Schrauben, fein poliert.

Nr. 1231 bis 1236 in Pappschachtel.

Nr. 1231

Nr.		Stück Mark
1231	D-Fuß, 5 Klappen, einfache Ausführung	15.–

Nr. 1232

1232 D-Fuß, 6 Klappen, einfache Ausführung . . . 17.–

Nr. 1233

1233 C-Fuß, 8 Klappen, einfache Ausführung . . . 27.50

Nr. 1234

1234	C-Fuß, 10 Klappen, einfache Ausführung	32.50
1235	H- „ 12 „ „ „	48.–

Nr. 1236

1236	H-Fuß, 13 Klappen, einfache Ausführung	52.–
1237	H- „ 12 „ „ „ Elfenbeinkopf, in Samtkästel	88.–
1238	H- „ 13 „ „ „ „ „ „	92.–

Nr. 1239

1239 D-Fuß, 5 Klappen, feine Ausführung, ausgelegte Herze, in Samtkästel . . . 30.–

Nr. 1240

1240 D-Fuß, 6 Klappen, feine Ausführung, ausgelegte Herze, in Samtkästel . . . 32.–

Nr. 1241

1241 C-Fuß, 8 Klappen, feine Ausführung, ausgelegte Herze, in Samtfutteral . . . 44.–

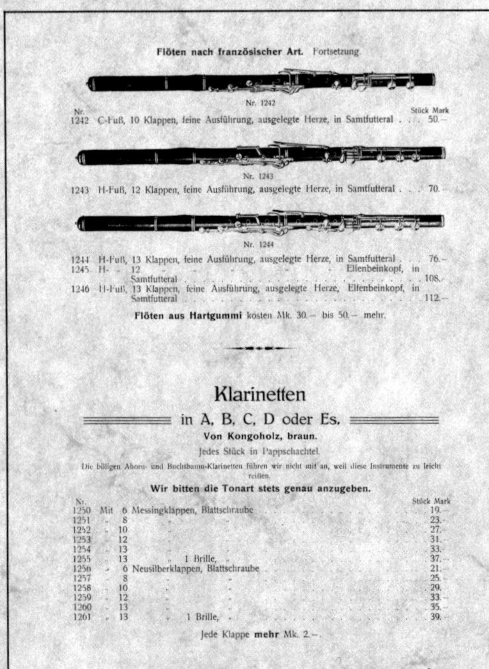

Flöten nach französischer Art. Fortsetzung.

Nr. 1242

Nr.		Stück Mark
1242	C-Fuß, 10 Klappen, feine Ausführung, ausgelegte Herze, in Samtfutteral	50.–

Nr. 1243

1243 H-Fuß, 12 Klappen, feine Ausführung, ausgelegte Herze, in Samtfutteral . . . 70.–

Nr. 1244

1244	H-Fuß, 13 Klappen, feine Ausführung, ausgelegte Herze, in Samtfutteral	76.–
1245	H- „ 12 „ „ „ „ „ Elfenbeinkopf, in Samtfutteral	108.–
1246	H-Fuß, 13 Klappen, feine Ausführung, ausgelegte Herze, Elfenbeinkopf, in Samtfutteral	112.–

Flöten aus Hartgummi kosten Mk. 30.– bis 50.– mehr.

Klarinetten

in A, B, C, D oder Es.

Von Kongoholz, braun.

Jedes Stück in Pappschachtel.

Die billigen Ahorn- und Buchsbaum-Klarinetten führen wir nicht mit an, weil diese Instrumente zu leicht reißen.

Wir bitten die Tonart stets genau anzugeben.

Nr.		Stück Mark
1250	Mit 6 Messingklappen, Blattschraube	19.–
1251	„ 8 „ „	23.–
1252	„ 10 „ „	27.–
1253	„ 12 „ „	31.–
1254	„ 13 „ „	33.–
1255	„ 13 „ 1 Brille, „	37.–
1256	„ 6 Neusilberklappen, Blattschraube	21.–
1257	„ 8 „ „	25.–
1258	„ 10 „ „	29.–
1259	„ 12 „ „	33.–
1260	„ 13 „ „	35.–
1261	„ 13 „ 1 Brille, „	39.–

Jede Klappe **mehr** Mk. 2.–.

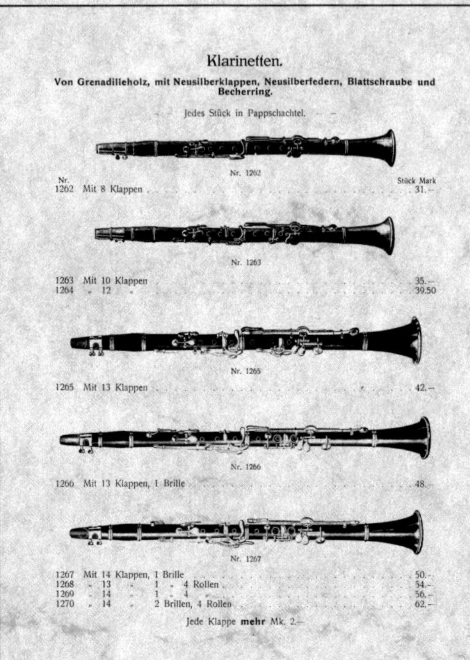

Klarinetten.

Von Grenadilleholz, mit Neusilberklappen, Neusilberfedern, Blattschraube und Becherring.

– – Jedes Stück in Pappschachtel. – –

Nr. 1262

Nr.		Stück Mark
1262	Mit 8 Klappen	31.–

Nr. 1263

1263	Mit 10 Klappen	35.–
1264	„ 12 „	39.50

Nr. 1265

1265 Mit 13 Klappen . . . 42.–

Nr. 1266

1266 Mit 13 Klappen, 1 Brille . . . 48.–

Nr. 1267

1267	Mit 14 Klappen, 1 Brille	50.–
1268	„ 13 „ 1 „ 4 Rollen	54.–
1269	„ 14 „ 1 „ 4 „	56.–
1270	„ 14 „ 2 Brillen, 4 Rollen	62.–

Jede Klappe **mehr** Mk. 2.–

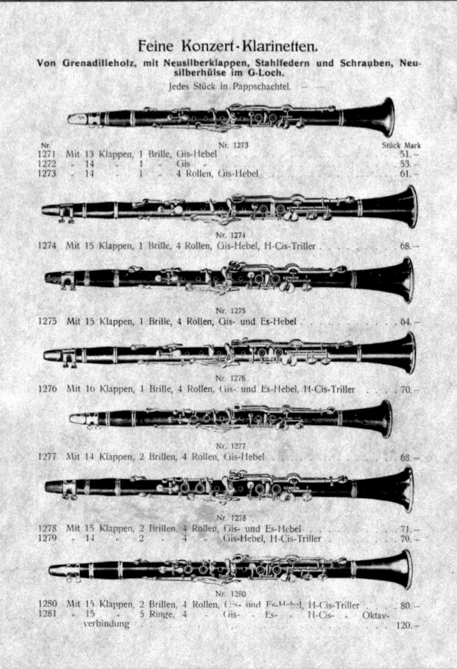

Feine Konzert-Klarinetten.

Von Grenadilleholz, mit Neusilberklappen, Stahlfedern und Schrauben, Neusilberhülse im G-Loch.

Jedes Stück in Pappschachtel. – –

Nr. 1273

Nr.		Stück Mark
1271	Mit 13 Klappen, 1 Brille, Gis-Hebel	51.–
1272	„ 14 „ 1 „ Gis „	53.–
1273	„ 14 „ 1 „ 4 Rollen, Gis-Hebel	61.–

Nr. 1274

1274 Mit 15 Klappen, 1 Brille, 4 Rollen, Gis-Hebel, H-Cis-Triller . . . 68.–

Nr. 1275

1275 Mit 15 Klappen, 1 Brille, 4 Rollen, Gis- und Es-Hebel . . . 64.–

Nr. 1276

1276 Mit 16 Klappen, 1 Brille, 4 Rollen, Gis- und Es-Hebel, H-Cis-Triller . . . 70.–

Nr. 1277

1277 Mit 14 Klappen, 2 Brillen, 4 Rollen, Gis-Hebel . . . 68.–

Nr. 1278

1278	Mit 15 Klappen, 2 Brillen, 4 Rollen, Gis- und Es-Hebel	71.–
1279	„ 14 „ 2 „ 4 „ Gis-Hebel, H-Cis-Triller	70.–

Nr. 1280

1280	Mit 15 Klappen, 2 Brillen, 4 Rollen, Gis- und Es-Hebel, H-Cis-Triller	80.–
1281	„ 15 „ 5 Ringe, 4 „ Gis- „ Es- „ H-Cis- „ Oktavverbindung	120.–

Aus dem Katalog der Holzblasinstrumentenfirma Oskar Adler und Co. Markneukirchen um 1910

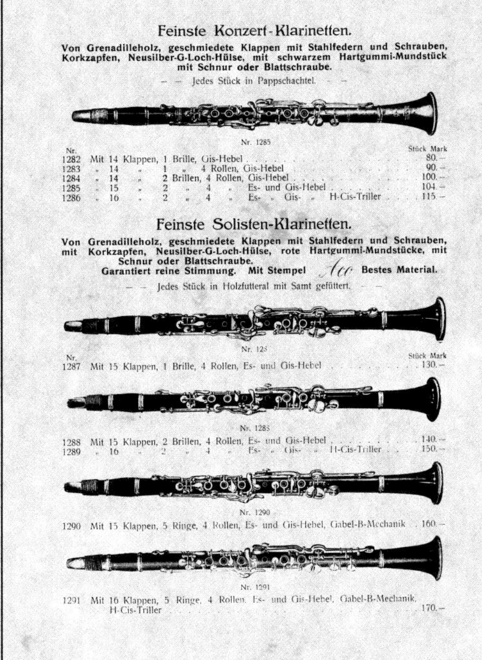

Feinste Konzert-Klarinetten.

Von Grenadilleholz, geschmiedete Klappen mit Stahlfedern und Schrauben, Korkzapfen, Neusilber-G-Loch-Hülse, mit schwarzem Hartgummi-Mundstück mit Schnur oder Blattschraube.

— — Jedes Stück in Pappschachtel. — —

Nr. 1285

Nr. — Stück Mark
1282 Mit 14 Klappen, 1 Brille, Gis-Hebel . . . 80.–
1283 „ 14 „ 1 „ 4 Rollen, Gis-Hebel . . . 90.–
1284 „ 14 „ 2 Brillen, 4 Rollen, Gis-Hebel . . . 100.–
1285 „ 15 „ 2 „ 4 „ Es- und Gis-Hebel . . . 104.–
1286 „ 16 „ 2 „ 4 „ Es- „ Gis- „ H-Cis-Triller . . . 115.–

Feinste Solisten-Klarinetten.

Von Grenadilleholz, geschmiedete Klappen mit Stahlfedern und Schrauben, mit Korkzapfen, Neusilber-G-Loch-Hülse, rote Hartgummi-Mundstücke, mit Schnur oder Blattschraube. Garantiert reine Stimmung. Mit Stempel *Acc* **Bestes Material.**

— — Jedes Stück in Holzfutteral mit Samt gefüttert. — —

Nr. 128

Nr. — Stück Mark
1287 Mit 15 Klappen, 1 Brille, 4 Rollen, Es- und Gis-Hebel . . . 130.–

Nr. 1283

1288 Mit 15 Klappen, 2 Brillen, 4 Rollen, Es- und Gis-Hebel . . . 140.–
1289 „ 16 „ 2 „ 4 „ Es- „ Gis- „ H-Cis-Triller . . . 150.–

Nr. 1290

1290 Mit 15 Klappen, 5 Ringe, 4 Rollen, Es- und Gis-Hebel, Gabel-B-Mechanik . . . 160.–

Nr. 1291

1291 Mit 16 Klappen, 5 Ringe, 4 Rollen, Es- und Gis-Hebel, Gabel-B-Mechanik, H-Cis-Triller . . . 170.–

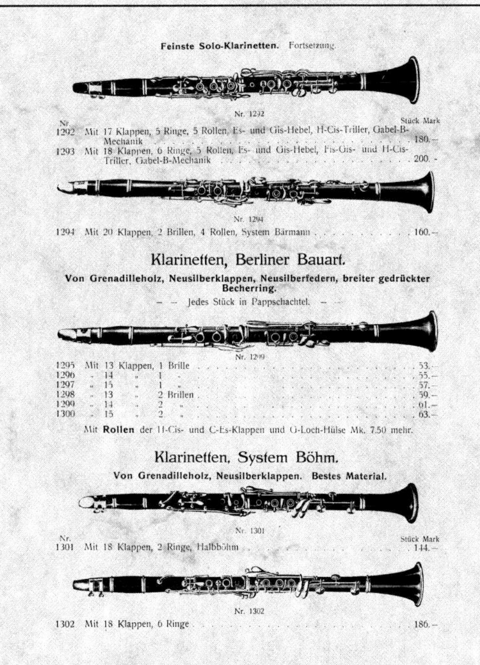

Feinste Solo-Klarinetten. Fortsetzung.

Nr. 1292

Nr. — Stück Mark
1292 Mit 17 Klappen, 5 Ringe, 5 Rollen, Es- und Gis-Hebel, H-Cis-Triller, Gabel-B-Mechanik . . . 180.–
1293 Mit 18 Klappen, 6 Ringe, 5 Rollen, Es- und Gis-Hebel, Fis-Gis- und H-Cis-Triller, Gabel-B-Mechanik . . . 200.–

Nr. 1294

1294 Mit 20 Klappen, 2 Brillen, 4 Rollen, System Bärmann . . . 160.–

Klarinetten, Berliner Bauart.

Von Grenadilleholz, Neusilberklappen, Neusilberfedern, breiter gedrückter Becherring.

— — Jedes Stück in Pappschachtel. — —

Nr. 1299

1295 Mit 13 Klappen, 1 Brille . . . 53.–
1296 „ 14 „ 1 „ . . . 55.–
1297 „ 15 „ 1 „ . . . 57.–
1298 „ 13 „ 2 Brillen . . . 59.–
1299 „ 14 „ 2 „ . . . 61.–
1300 „ 15 „ 2 „ . . . 63.–

Mit **Rollen** der H-Cis- und C-Es-Klappen und G-Loch-Hülse Mk. 7.50 mehr.

Klarinetten, System Böhm.

Von Grenadilleholz, Neusilberklappen. Bestes Material.

Nr. 1301

Nr. — Stück Mark
1301 Mit 18 Klappen, 2 Ringe, Halbböhm . . . 144.–

Nr. 1302

1302 Mit 18 Klappen, 6 Ringe . . . 186.–

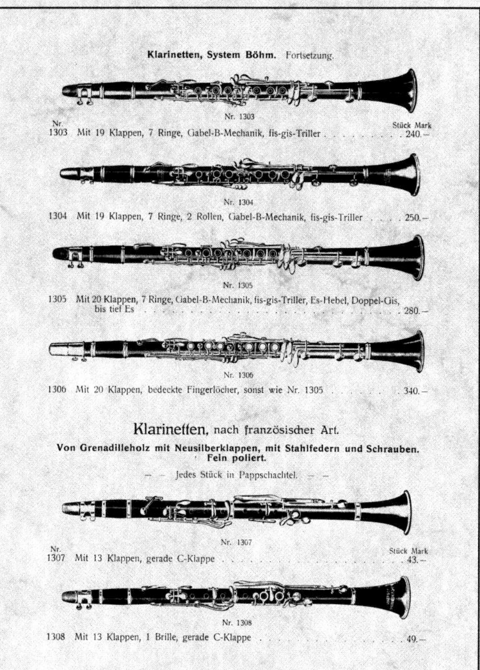

Klarinetten, System Böhm. Fortsetzung.

Nr. 1303

Nr. — Stück Mark
1303 Mit 19 Klappen, 7 Ringe, Gabel-B-Mechanik, fis-gis-Triller . . . 240.–

Nr. 1304

1304 Mit 19 Klappen, 7 Ringe, 2 Rollen, Gabel-B-Mechanik, fis-gis-Triller . . . 250.–

Nr. 1305

1305 Mit 20 Klappen, 7 Ringe, Gabel-B-Mechanik, fis-gis-Triller, Es-Hebel, Doppel-Gis, bis tief Es . . . 280.–

Nr. 1306

1306 Mit 20 Klappen, bedeckte Fingerlöcher, sonst wie Nr. 1305 . . . 340.–

Klarinetten, nach französischer Art.

Von Grenadilleholz mit Neusilberklappen, mit Stahlfedern und Schrauben. Fein poliert.

— — Jedes Stück in Pappschachtel. — —

Nr. 1307

Nr. — Stück Mark
1307 Mit 13 Klappen, gerade C-Klappe . . . 43.–

Nr. 1308

1308 Mit 13 Klappen, 1 Brille, gerade C-Klappe . . . 49.–

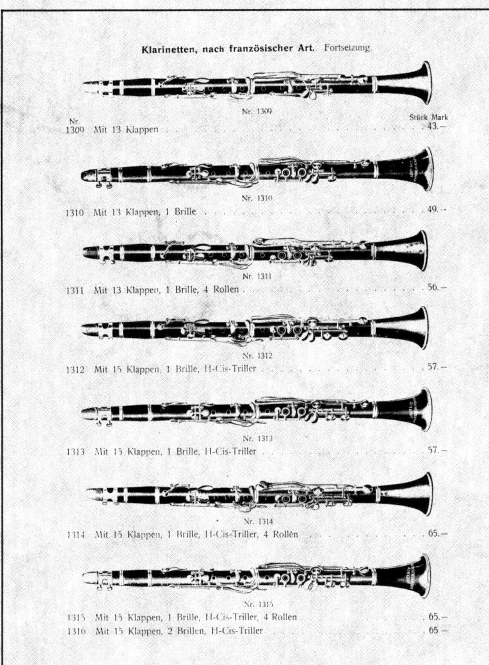

Klarinetten, nach französischer Art. Fortsetzung.

Nr. 1309

Nr. — Stück Mark
1309 Mit 13 Klappen . . . 43.–

Nr. 1310

1310 Mit 13 Klappen, 1 Brille . . . 49.–

Nr. 1311

1311 Mit 13 Klappen, 1 Brille, 4 Rollen . . . 56.–

Nr. 1312

1312 Mit 15 Klappen, 1 Brille, H-Cis-Triller . . . 57.–

Nr. 1313

1313 Mit 15 Klappen, 1 Brille, H-Cis-Triller . . . 57.–

Nr. 1314

1314 Mit 15 Klappen, 1 Brille, H-Cis-Triller, 4 Rollen . . . 65.–

Nr. 1315

1315 Mit 15 Klappen, 1 Brille, H-Cis-Triller, 4 Rollen . . . 65.–
1316 Mit 15 Klappen, 2 Brillen, H-Cis-Triller . . . 65.–

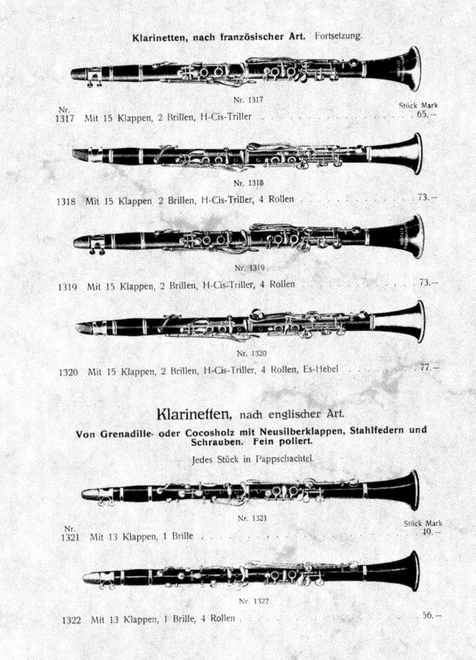

Klarinetten, nach französischer Art. Fortsetzung.

Nr. 1317

Nr. — Stück Mark
1317 Mit 15 Klappen, 2 Brillen, H-Cis-Triller . . . 65.–

Nr. 1318

1318 Mit 15 Klappen 2 Brillen, H-Cis-Triller, 4 Rollen . . . 73.–

Nr. 1319

1319 Mit 15 Klappen, 2 Brillen, H-Cis-Triller, 4 Rollen . . . 73.–

Nr. 1320

1320 Mit 15 Klappen, 2 Brillen, H-Cis-Triller, 4 Rollen, Es-Hebel . . . 77.–

Klarinetten, nach englischer Art.

Von Grenadille- oder Cocosholz mit Neusilberklappen, Stahlfedern und Schrauben. Fein poliert.

Jedes Stück in Pappschachtel.

Nr. 1321

Nr. — Stück Mark
1321 Mit 13 Klappen, 1 Brille . . . 49.–

Nr. 1322

1322 Mit 13 Klappen, 1 Brille, 4 Rollen . . . 56.–

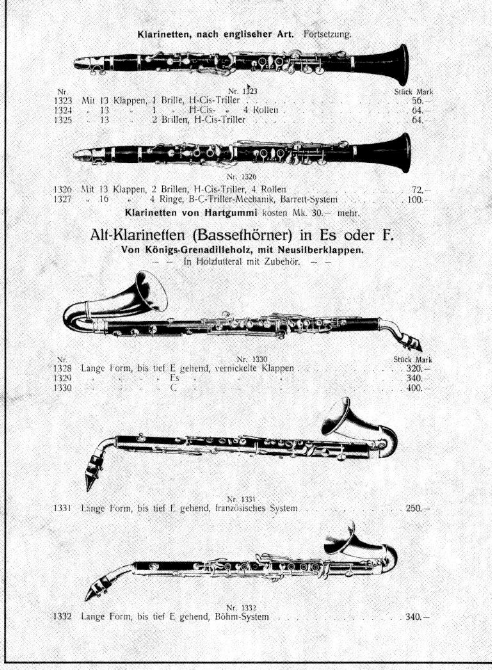

Klarinetten, nach englischer Art. Fortsetzung.

Nr. 1323

Nr. — Stück Mark
1323 Mit 13 Klappen, 1 Brille, H-Cis-Triller . . . 56.–
1324 „ 13 „ 1 „ H-Cis- „ 4 Rollen . . . 64.–
1325 „ 13 „ 2 Brillen, H-Cis-Triller . . . 64.–

Nr. 1326

1326 Mit 13 Klappen, 2 Brillen, H-Cis-Triller, 4 Rollen . . . 72.–
1327 „ 16 „ 4 Ringe, B-C-Triller-Mechanik, Barrett-System . . . 100.–

Klarinetten von Hartgummi kosten Mk. 30.– mehr.

Alt-Klarinetten (Bassethörner) in Es oder F.

Von Königs-Grenadilleholz, mit Neusilberklappen.

— — In Holzfutteral mit Zubehör. — —

Nr. 1330

Nr. — Stück Mark
1328 Lange Form, bis tief E gehend, vernickelte Klappen . . . 320.–
1329 „ „ „ „ Es „ „ „ . . . 340.–
1330 „ „ „ „ C „ „ „ . . . 400.–

Nr. 1331

1331 Lange Form, bis tief E gehend, französisches System . . . 250.–

Nr. 1332

1332 Lange Form, bis tief E gehend, Böhm-System . . . 340.–

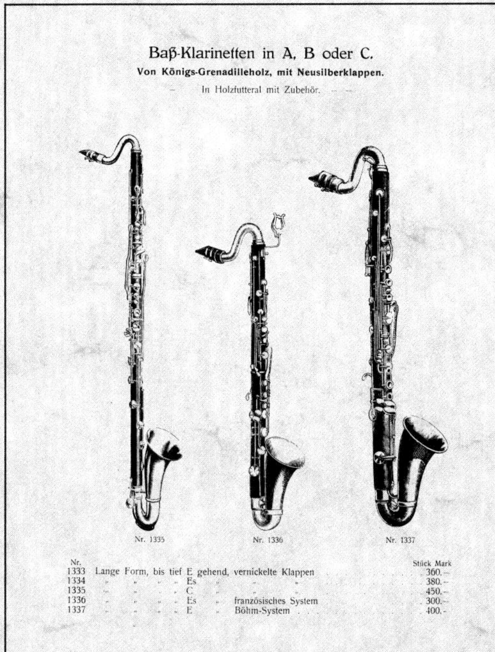

Baß-Klarinetten in A, B oder C.

Von Königs-Grenadilleholz, mit Neusilberklappen.

— In Holzfutteral mit Zubehör. — —

Nr. 1335 Nr. 1336 Nr. 1337

Nr. — Stück Mark
1333 Lange Form, bis tief E gehend, vernickelte Klappen . . . 360.–
1334 „ „ „ „ Es „ „ „ . . . 380.–
1335 „ „ „ „ C „ „ „ . . . 450.–
1336 „ „ „ „ Es „ französisches System . . . 300.–
1337 „ „ „ „ E „ Böhm-System . . . 400.–

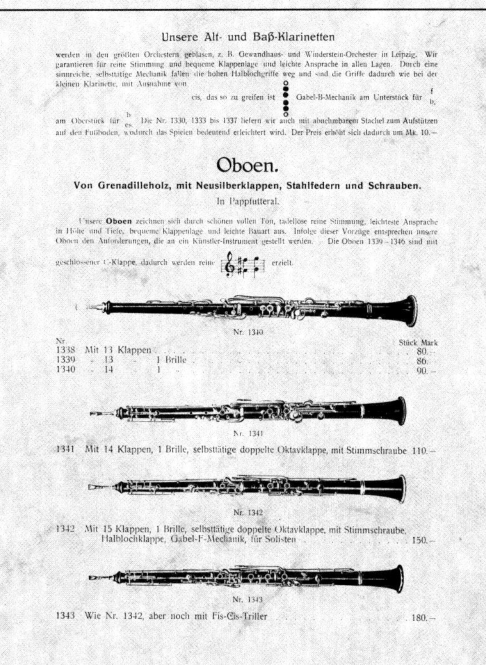

Unsere Alt- und Baß-Klarinetten

werden in den größten Orchestern geblasen, z. B. Gewandhaus- und Winderstein-Orchester in Leipzig. Wir garantieren für reine Stimmung und bequeme Klappenlage und leichte Ansprache in allen Lagen. Durch eine sinnreiche, selbsttätige Mechanik fallen die hohen Halblochgriffe weg und sind die Griffe dadurch wie bei der kleinen Klarinette, mit Ausnahme von cis, das so zu greifen ist Gabel-B-Mechanik am Unterstück für f/b, am Oberstück für b/es. Die Nr. 1330, 1333 bis 1337 liefern wir auch mit abnehmbarem Stachel zum Aufstützen auf den Fußboden, wodurch das Spielen bedeutend erleichtert wird. Der Preis erhöht sich dadurch um Mk. 10.–

Oboen.

Von Grenadilleholz, mit Neusilberklappen, Stahlfedern und Schrauben.

In Pappfutteral.

Unsere **Oboen** zeichnen sich durch schönen vollen Ton, tadellose reine Stimmung, leichteste Ansprache in Höhe und Tiefe, bequeme Klappenlage und leichte Bauart aus. Infolge dieser Vorzüge entsprechen unsere Oboen den Anforderungen, die an ein Künstler-Instrument gestellt werden. Die Oboen 1339–1346 sind mit geschlossener C-Klappe, dadurch werden reine [Notenbeispiel] erzielt.

Nr. 1340

Nr. — Stück Mark
1338 Mit 13 Klappen . . . 80.–
1339 „ 13 „ 1 Brille . . . 86.–
1340 „ 14 „ 1 „ . . . 90.–

Nr. 1341

1341 Mit 14 Klappen, 1 Brille, selbsttätige doppelte Oktavklappe, mit Stimmschraube 110.–

Nr. 1342

1342 Mit 15 Klappen, 1 Brille, selbsttätige doppelte Oktavklappe, mit Stimmschraube, Halblochklappe, Gabel-F-Mechanik, für Solisten . . . 150.–

Nr. 1343

1343 Wie Nr. 1342, aber noch mit Fis-Cis-Triller . . . 180.–

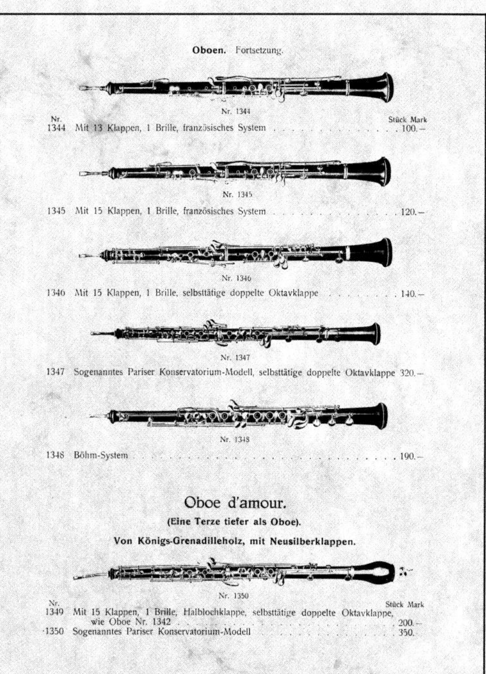

Oboen. Fortsetzung.

Nr. 1344

Nr. — Stück Mark
1344 Mit 13 Klappen, 1 Brille, französisches System . . . 100.–

Nr. 1345

1345 Mit 15 Klappen, 1 Brille, französisches System . . . 120.–

Nr. 1346

1346 Mit 15 Klappen, 1 Brille, selbsttätige doppelte Oktavklappe . . . 140.–

Nr. 1347

1347 Sogenanntes Pariser Konservatorium-Modell, selbsttätige doppelte Oktavklappe 320.–

Nr. 1348

1348 Böhm-System . . . 190.–

Oboe d'amour.

(Eine Terze tiefer als Oboe).

Von Königs-Grenadilleholz, mit Neusilberklappen.

Nr. 1350

Nr. — Stück Mark
1349 Mit 15 Klappen, 1 Brille, Halblochklappe, selbsttätige doppelte Oktavklappe, wie Oboe Nr. 1342 . . . 200.–
1350 Sogenanntes Pariser Konservatorium-Modell . . . 350.

Aus dem Katalog der Holzblasinstrumentenfirma Oskar Adler und Co. Markneukirchen um 1910

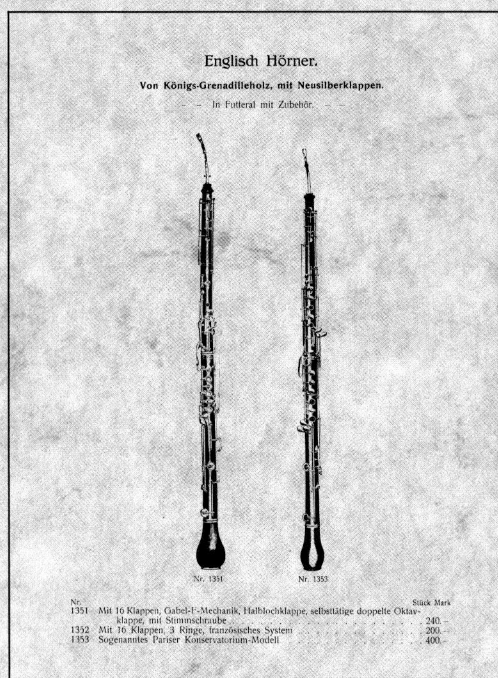

Englisch Hörner.

Von Königs-Grenadilleholz, mit Neusilberklappen.

— — In Futteral mit Zubehör. — —

Nr. 1351 Nr. 1353

Nr.		Stück Mark
1351	Mit 16 Klappen, Gabel-F-Mechanik, Halblochklappe, selbsttätige doppelte Oktavklappe, mit Stimmschraube	240.–
1352	Mit 16 Klappen, 3 Ringe, französisches System	200.–
1353	Sogenanntes Pariser Konservatorium-Modell	400.–

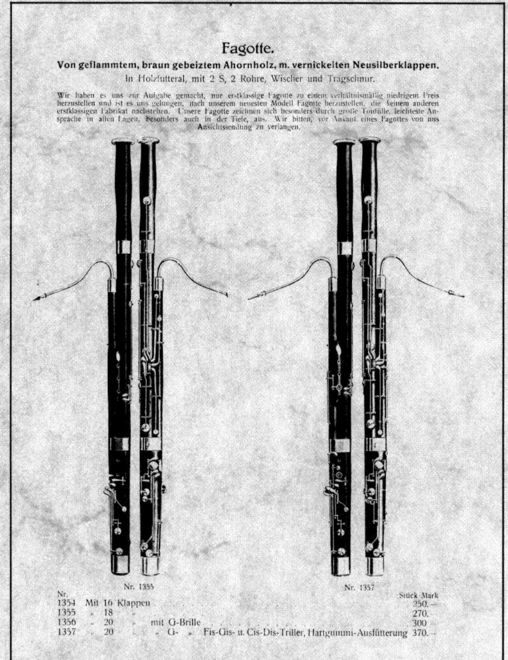

Fagotte.

Von geflammtem, braun gebeiztem Ahornholz, m. vernickelten Neusilberklappen.

In Holzfutteral, mit 2 S, 2 Rohre, Wischer und Tragschnur.

Wir haben es uns zur Aufgabe gemacht, nur erstklassige Fagotte zu einem verhältnismäßig niedrigem Preis herzustellen und ist es uns gelungen, nach unserem neuesten Modell Fagotte herzustellen, die keinem anderen erstklassigen Fabrikat nachstehen. Unsere Fagotte zeichnen sich besonders durch große Tonfülle, leichteste Ansprache in allen Lagen, besonders auch in der Tiefe, aus. Wir bitten, vor Ankauf eines Fagottes von uns Ansichtssendung zu verlangen.

Nr. 1355 Nr. 1357

Nr.		Stück Mark
1354	Mit 16 Klappen	250.–
1355	„ 18 „	270.–
1356	„ 20 „ mit G-Brille	300.–
1357	„ 20 „ „ G- „ Fis-Gis- u. Cis-Dis-Triller, Hartgummi-Ausfütterung	370.–

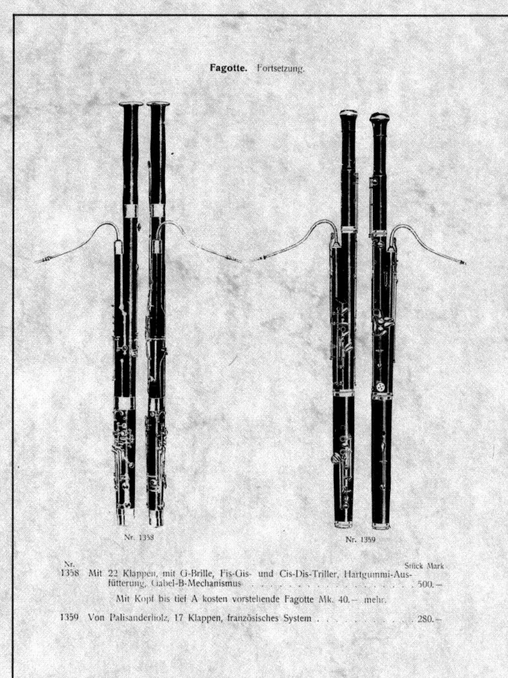

Fagotte. Fortsetzung.

Nr. 1358 Nr. 1359

Nr.		Stück Mark
1358	Mit 22 Klappen, mit G-Brille, Fis-Gis- und Cis-Dis-Triller, Hartgummi-Ausfütterung, Gabel-B-Mechanismus	500.–
	Mit Kopf bis tief A kosten vorstehende Fagotte Mk. 40.– mehr.	
1359	Von Palisanderholz, 17 Klappen, französisches System	280.–

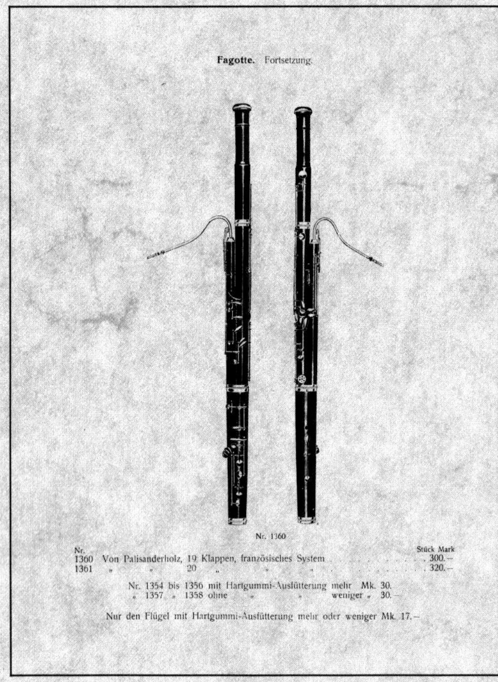

Fagotte. Fortsetzung.

Nr. 1360

Nr.		Stück Mark
1360	Von Palisanderholz, 19 Klappen, französisches System	300.–
1361	„ „ 20 „ „ „	320.–

Nr. 1354 bis 1356 mit Hartgummi-Ausfütterung mehr Mk. 30.
„ 1357 „ 1358 ohne „ „ weniger „ 30.–

Nur den Flügel mit Hartgummi-Ausfütterung mehr oder weniger Mk. 17.–

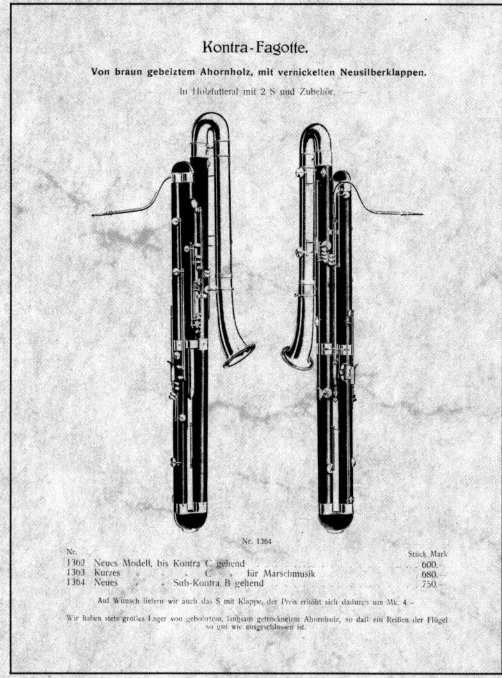

Kontra-Fagotte.

Von braun gebeiztem Ahornholz, mit vernickelten Neusilberklappen.

— — In Holzfutteral mit 2 S und Zubehör. — —

Nr. 1364

Nr.		Stück Mark
1362	Neues Modell, bis Kontra C gehend	600.–
1363	Kurzes „ „ „ C „ für Marschmusik	680.–
1364	Neues „ „ Sub-Kontra B gehend	750.–

Auf Wunsch liefern wir auch das S mit Klappe, der Preis erhöht sich dadurch um Mk. 4.–

Wir haben stets großes Lager von gebohrtem, langsam getrocknetem Ahornholz, so daß ein Reißen der Flügel so gut wie ausgeschlossen ist.

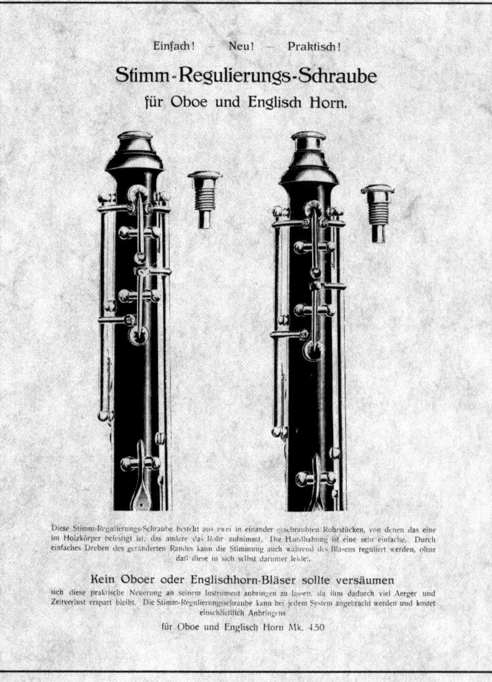

Einfach! — Neu! — Praktisch!

Stimm-Regulierungs-Schraube

für Oboe und Englisch Horn.

Diese Stimm-Regulierungs-Schraube besteht aus zwei in einander geschraubten Rohrstücken, von denen das eine im Holzkörper befestigt ist, das andere das Rohr aufnimmt. Die Handhabung ist eine sehr einfache. Durch einfaches Drehen des geränderten Randes kann die Stimmung auch während des Blasens reguliert werden, ohne daß diese in sich selbst darunter leidet.

Kein Oboer oder Englischhorn-Bläser sollte versäumen

sich diese praktische Neuerung an seinem Instrument anbringen zu lassen, da ihm dadurch viel Aerger und Zeitverlust erspart bleibt. Die Stimm-Regulierungsschraube kann bei jedem System angebracht werden und kostet einschließlich Anbringens

für Oboe und Englisch Horn Mk. 4.50

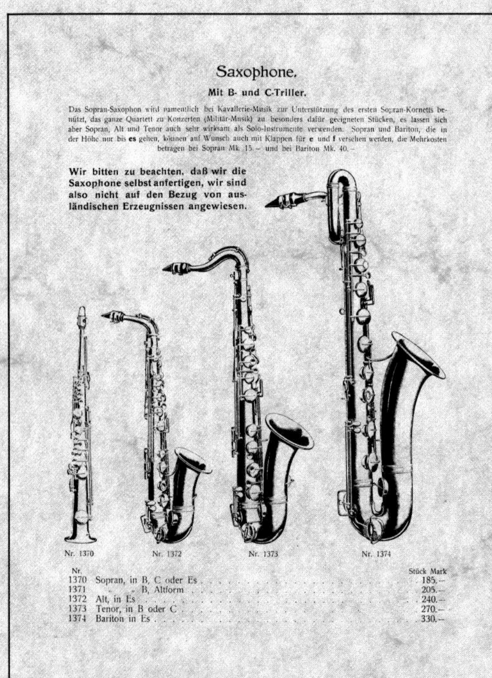

Saxophone.

Mit B- und C-Triller.

Das Sopran-Saxophon wird namentlich bei Kavallerie-Musik zur Unterstützung des ersten Sopran-Kornetts benützt, das ganze Quartett zu Konzerten (Militär-Musik) zu besonders dafür geeigneten Stücken, es lassen sich aber Sopran, Alt und Tenor auch sehr wirksam als Solo-Instrumente verwenden. Sopran und Bariton, die in der Höhe nur bis **es** gehen, können auf Wunsch auch mit Klappen für **e** und **f** versehen werden, die Mehrkosten betragen bei Sopran Mk. 15.– und bei Bariton Mk. 40.–

Wir bitten zu beachten, daß wir die Saxophone selbst anfertigen, wir sind also nicht auf den Bezug von ausländischen Erzeugnissen angewiesen.

Nr. 1370 Nr. 1372 Nr. 1373 Nr. 1374

Nr.		Stück Mark
1370	Sopran, in B, C oder Es	185.–
1371	„ „ B, Altform	205.–
1372	Alt, in Es	240.–
1373	Tenor, in B oder C	270.–
1374	Bariton in Es	330.–

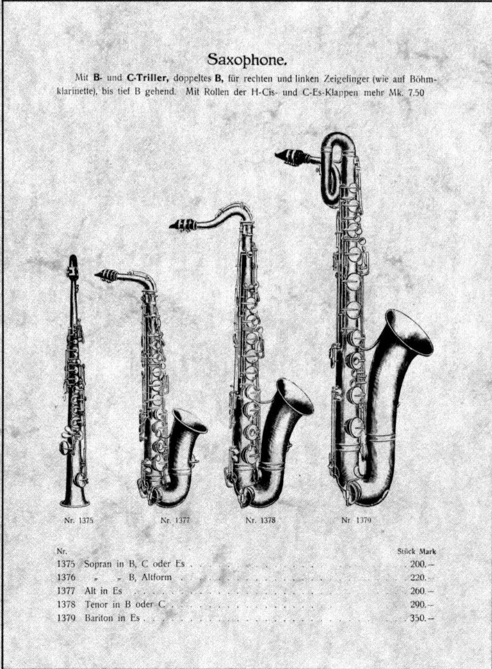

Saxophone.

Mit **B-** und **C-Triller,** doppeltes **B,** für rechten und linken Zeigefinger (wie auf Böhmklarinette), bis tief B gehend. Mit Rollen der H-Cis- und C-Es-Klappen mehr Mk. 7.50

Nr. 1375 Nr. 1377 Nr. 1378 Nr. 1379

Nr.		Stück Mark
1375	Sopran in B, C oder Es	200.–
1376	„ „ B, Altform	220.–
1377	Alt in Es	260.–
1378	Tenor in B oder C	290.–
1379	Bariton in Es	350.–

Saxophone.

Mit **B-** und **C-Triller,** doppeltes **B,** für rechten und linken Zeigefinger, **Fis-Gis-Triller,** doppelte **B-, H-** und **Cis-Klappe** für den rechten Mittelfinger, doppelte Es-Klappe für den rechten Ringfinger. Bei Tenor und Alt neue obere **F-Klappe,** für 1. Finger der linken Hand. Bis tief B gehend, **H-Cis-** und **C-Es-Klappen** mit Rollen.

Nr1380 Nr. 1382 Nr. 1383 Nr. 1384

Nr.		Stück Mark
1380	Sopran in B	230.–
1381	„ „ B, Altform	250.–
1382	Alt in Es	280.–
1383	Tenor in B	310.–
1384	Bariton in Es	370.–

Auf Wunsch liefern wir die Saxophone auch mit selbsttätiger **doppelter Oktavklappe,** der Preis erhöht sich dadurch um Mk. 30.–

Preise für ff. Vernickelung.

Sopran	Mk. 16.–
Alt	„ 24.–
Tenor	„ 30.–
Bariton	„ 40.–

Bei Vernickelung von alten Instrumenten müssen etwaige Reparaturkosten, als Ausbeulen, Aufpolieren etc., besonders angerechnet werden.

Preise für ff. Versilberung.

Sehr zu empfehlen gegen das Oxydieren.

Sopran	ungefähr Mk. 60.–
Alt	„ „ 90.–
Tenor	„ „ 120.–
Bariton	„ „ 150.–

Mit Preisen für hochfeine **Versilberung** und **Goldgravierung** stehen wir gern zu Diensten.

Hiermit empfehlen wir unsere vorzüglich eingerichtete **Vernickelungsanlage** und stehen wir mit Preisen über dauerhafte **Vernickelung von Blechinstrumenten** gern zu Diensten.

Aus dem Katalog der Holzblasinstrumentenfirma Oskar Adler und Co. Markneukirchen um 1910

teren Erfindungen, die unter dem Begriff „Heckel-Instrumente“ kursieren, der „Heckel-Clarina“, der „Heckelphon-Klarinette“ und dem „Heckelphon“, war nur letzterem dauerhafter Erfolg beschieden. Das Heckelphon, 1904 von Richard Strauss in seiner Oper *Salome* erstmalig vorgeschrieben, darf heute als etabliertes Spezialoboeninstrument gelten.

Mit den „Heckel-Clarinas“ in B und Es versuchte die Firma, an den Erfolg der Saxophone anzuknüpfen, der sich von Frankreich und Belgien ausgehend abzeichnete. Die Clarinas hatten den traditionellen F-Griff der deutschen Flöten, Oboen und Klarinetten. Eine deutsche Richtung im Saxophonbau konnte damit jedoch nicht erreicht werden, zumal um 1890 in Markneukirchen mit dem Bau von Saxophonen nach Saxschem Vorbild begonnen wurde. Um die gleiche Zeit begann man auch in Graslitz mit dem Saxophonbau. Als nach dem 2. Weltkrieg viele Instrumentenbauer ihre Heimat verließen, wurde der Saxophonbau auch in der Bundesrepublik heimisch und entwickelte sich unter der Führung von Julius Keilwerth zu besonderer Bedeutung im internationalen Saxophonbau.

Der Bogen unserer Betrachtung über den Holzblasinstrumentenbau schließt sich zu einem Kreis, wenn wir die heutigen Bemühungen um die historische Aufführungspraxis betrachten und die Rekonstruktionen und Nachbauten historischer Instrumente. Der wesentlichste Impuls für die „Renaissance“ der Blockflöte kam aus England durch Arnold Dolmetsch (1858 - 1940), so Hermann Moeck in seinem Aufsatz *Zur Nachgeschichte und Renaissance der Blockflöte*[84]. Eine regelrechte „Blockflötenbewegung“ im Geiste der Jugendbewegung und der Reformpädagogik wurde in Deutschland durch Peter Harlan (1898 - 1966) um 1930 in Gang gesetzt. Mittlerweile ist die Blockflöte das verbreitetste Instrument nicht nur im westlichen Europa und — vor allem seit den 60er Jahren — längst nicht nur mehr das Anfängerinstrument, sondern auch ein anspruchsvolles Liebhaberinstrument, angeführt von international bekannten Virtuosen wie Frans Brüggen, Hans-Martin Linde und anderen. Einen besonderen Stellenwert hat sie auch im Bereich der modernen Musik bekommen. Blockflöten wurden mit der Wiederbelebung Ende der 20er Jahre bis um 1950 vor allem in vogtländischen Werkstätten gebaut (meist als Handelsmarken). Die bedeutende westdeutsche Herstellung mit den Firmen Moeck, Mollenhauer, Roessler und Hohner (einige andere haben die Herstellung inzwischen wieder aufgegeben) formierte sich erst seit den 50er Jahren. Heute sind die deutschen Blockflötenhersteller — jedenfalls was Instrumente aus Holz angeht — zusammen mit ihren Schweizer Kollegen führend in der Welt, während das Feld der Plastikflöte vor allem die Japaner beherrschen. Darüber hinaus gibt es in vielen Ländern hochqualifizierte Einzelhandwerker, die sich mit der Rekonstruktion historischer Originale befassen.

[84] in: *TIBIA 1978,S. 88.*

Die — versehentliche — Erfindung der sogenannten „deutschen“ oder „modernen“ Griffweise (gemeint sind die Griffe für die 4. Stufe und ihre Erhöhung) durch Peter Harlan hat fast nur im deutschsprachigen Gebiet und im pädagogischen Bereich Bedeutung gehabt, die aber mehr und mehr zurückgeht zugunsten der spieltechnisch besseren originalen sogenannten „barocken“ Griffweise.

Im Rahmen der Wiederbelebung historischer Instrumente, die mit Cembalo, Klavichord und Gambe zum Teil schon auf das 19. Jahrhundert zurückgeht, hat man sich über die Blockflöte hinaus der Holzblasinstrumente der Renaissance- und Barockzeit erst verhältnismäßig spät angenommen. Wurde die einklappige Traversflöte schon in den 30er Jahren z. B. von dem Dresdner Flötisten Fritz Müller wieder gespielt, so hat sich nach 1950 erst Otto Steinkopf (1904 - 1980) systematisch mit dem historischen Holzblasinstrumentarium als ganzem befaßt. Er war es, der die Krummhörner, Cornamusen, Kortholte, Pommern, Rackette, Zinken, Dulciane und die barocken Oboen, Fagotte und Chalumeaux wieder zum Klingen gebracht hat, bis 1964 in seiner kleinen Werkstatt in Berlin, dann in größerem Rahmen unter den Fittichen des Moeck Verlages. Mittlerweile ist die Rekonstruktionstechnik historischer Originalinstrumente vielerorts zu einer regelrechten Kunst geworden, und nachdem die klassischen Holzblasinstrumente einen in technischer Hinsicht kaum noch zu steigernden Stand erreicht haben, greift mancher Musiker wieder zur Traversflöte mit einer Klappe, zur Oboe mit zwei oder drei Klappen, zum Chalumeau, zur frühen klassischen Klarinette oder zum Barock-Fagott, um den intimeren Klangcharakter wieder zu empfinden, den diese Instrumente auf dem Weg in das 21. Jahrhundert ganz oder teilweise verloren haben.

Literaturhinweise

Carl Almenräder: *Traité sur le perfectionnement du Baßon avec deux tableaux. Abhandlung über die Verbesserung des Fagotts. Nebst zwey Tabellen. Mainz 1822.*

– „Bemerkungen über Blasinstrumente mit Tonlöchern; insbesondere die Doppellöcher am Fagott betreffend.“ In: *Caecilia* 74 (1837) S. 77-87.

Detlef Altenburg: *Untersuchungen zur Geschichte der Trompete im Zeitalter der Clarinblaskunst (1500 - 1800).* Regensburg 1973.

Wilhelm Altenburg: *Die Klarinette. Ihre Entstehung und Entwicklung bis zur Jetztzeit in akustischer, technischer und musikalischer Beziehung.* Heilbronn 1904.

Carl Baermann: *Vollständige Clarinett-Schule von dem ersten Anfange bis zur höchsten Ausbildung des Virtuosen. Theil I (Abthl. I.II.III) op. 63.* Offenbach 1864ff.

Anthony Baines: *Woodwind Instruments and their History.* London 1957.

– *Musikinstrumente. Die Geschichte ihrer Entwicklung und ihrer Formen.* München 1962 (engl.: Harmondsworth 1961).

– *European and American Musical Instruments.* London 1966.

Phillip Bate: *The Oboe.* London/New York 1956.

– *The Flute.* London/New York 1966.

Hector Berlioz: *Grand traité d'instrumentation et d'orchestration.* Paris 1843.

Theodor Berthold und Moritz Fürstenau: *Die Fabrikation musikalischer Instrumente und einzelner Bestandtheile derselben im Königl. Sächsischen Vogtlande.* Leipzig 1876.

Alexander Berrsche (= Alexander Lösch): *Trösterin Musica. Gesammelte Aufsätze und Kritiken.* München 1949.

Kurt Birsak: *Die Holzblasinstrumente im Salzburger Museum Carolino Augusteum. Verzeichnis und entwicklungsgeschichtliche Untersuchungen.* Salzburg 1973.

Theobald Boehm: *Ueber den Flötenbau und die neuesten Verbesserungen desselben.* Mainz 1847, Reprint (Ventzke) Buren 1982.

– *Die Flöte und das Flötenspiel in akustischer, technischer und artistischer Beziehung.* München 1871, Reprint (Böhm) München 1980.

– *Schema zur Bestimmung der Löcherstellung auf Blasinstrumenten.* München 1862, Reprint (Ventzke) Celle 1980.

Helmut Boese: *Die Clarinette als Soloinstrument in der Musik der Mannheimer Schule.* Diss. phil. Berlin 1940.

Hans Bruckner: „Die Pfeifenmacherei in Berchtesgaden". In: *TIBIA* (1979), S. 289-296.

Carl Burney's der Musik Doctors Tagebuch seiner Musikalischen Reisen. Zweyter Band. Durch Flandern, die Niederlande und am Rhein bis Wien. (Aus dem Englischen) Hamburg 1773.

– *Dritter Band. Durch Böhmen, Sachsen, Brandenburg, Hamburg und Holland.* (Aus dem Englischen) Mit einigen Zusätzen und Anmerkungen zum zweyten und dritten Bande. Hamburg 1773.

– „Bassetthorn-Studien"., In: *Studia organologica, Festschrift John Henry van der Meer zu seinem 65. Geburtstag.* Tutzing 1987, S. 69-125.

Pierre Constant: *La Facture instrumentale à l'exposition universelle de 1889. Notes d'un Musicien sur les Instruments à souffle humain.* Nouveaux & Perfectionnés. Paris 1890.

– *Les Facteurs d'instruments de musique. Les Luthiers et la Facture Instrumentales.* Paris 1893, Reprint Genf.

Fabian Dahlström: *Bernhard Henrik Crusell. Klarinettisten och hans större instrumentalverk.* (= Skrifter Utgivna av Svenska Litteratursällskapet i Finland Nr. 470).

Andreas Dauscher: *Kleines Handbuch der Musiklehre und vorzüglich der Querflöte.* Kempten 1801.

Dietz Degen: *Zur Geschichte der Blockflöte in den germanischen Ländern.* Kassel 1939.

Fritz Demmler: *Johann George Tromlitz (1725 - 1805). Ein Beitrag zur Entwicklung der Flöte und des Flötenspiels.* Diss. phil. Berlin 1961

Otto Erich Deutsch (Hrsg.): *Mozart Briefe und Aufzeichnungen, I: 1750 - 1776.* II: 1777-1779. Kassel 1962.

Louis Adolphe Le Doulcet: *Organographie - Essai sur la Facture Instrumentale. Art, Industrie et Commerce.* Paris 1861, Reprint Knuf, Amsterdam.

F. A. Drechsel: „Zur Geschichte des Instrumentenbaus in Dresden". In: *Zeitschrift f. Instrumentenbau* 49 (1928), S. 995-1000.

Günter Dullat: *Holz- und Metallblasinstrumente. Zeitschrift für Instrumentenbau 1881 - 1945.* Siegburg 1986.

– *Blasinstrumente und Deutsche Patentschriften 1877 - 1970. Holzblasinstrumente.* Nauheim (Eigenverlag) 1985.

– „Vom Contrahorn über den 16füßigen Orgelbaß und den Contra-Bassophon zum Claviatur-Contrafagott". In: *TIBIA* 2 (1984), S. 99-105.

Eva-Maria Duttenhöfer: *Gebrüder Alexander. 200 Jahre Musikinstrumentenbau in Mainz. Ein Beitrag zur Musikinstrumentenkunde.* Mainz 1982.

Jürgen Eppelsheim: „Das Subkontrafagott". In: *Bericht über die erste internationale Fachtagung zur Erforschung der Blasmusik,* Graz 1974. Tutzing 1976. S. 233 - 272.

Francis W. Galpin: *Old English Instruments of Music. Their History and Character.* London 1910.

– *A Textbook of European Musical Instruments. Their Origin, History and Character.* London 1937.

Ernst Ludwig Gerber: *Neues historisch-biographisches Lexikon der Tonkünstler.* Leipzig 1812.

Hans Hadamowsky: *Die Oboe im Zeitalter des Barock.* Diss. phil. Wien 1930

Malou Haine: *Adolphe Sax (1814 - 1894). Sa vie, son oeuvre et ses instruments de musique.* Bruxelles 1980.

– *Ignace de Keyser: Catalogue des Instruments Sax au Musée Instrumental de Bruxelles suivi de la liste de 400 instruments SAX conservés dans des collections publiques et privées.* Bruxelles 1980.

– *Les facteurs d'instruments de musique à Paris au XIXe siècle.* Bruxelles 1985.

Malou Haine und Nicolas Meeùs: *Dictionnaire des facteurs d'instruments de musique en Wallonie et à Bruxelles du 9e siècle à nos jours.* Bruxelles 1986.

Hermann Halbig: „Die Geschichte der Klappe an Flöten und Rohrblattinstrumenten bis zum Beginn des 18. Jahrhunderts". In: *Archiv für Musikwissenschaft* V (1923), S. 1-53.

Günter Hart: „Biographische Notizen über Instrumentenmacher". In: *GLAREANA,* 10 (1961) Nr. 3, S. 9/10.

Walter Haseke: *Untersuchungen zur Flötenspielpraxis des 18./19. Jahrhunderts.* Diss. phil. Köln 1954.

Helga Haupt: *Wiener Instrumentenbau um 1800.* Diss. phil. Wien 1953.

Bruce Haynes: „Johann Sebastian Bach's Pitch Standards: The Woodwind Perspective". In: *Journal of the American Musical Instrument Society,* Vol XI (1985), S. 55-114.

Wilhelm Heckel: *Der Fagott. Kurzgefaßte Abhandlung über seine historische Entwicklung, seinen Bau und seine Spielweise.* Biebrich 1899, Leipzig[2] 1931.

Wilhelm Heinitz: *Instrumentenkunde* (= Handbuch der Musikwissenschaft). Potsdam 1932.

Herbert Heyde: *Flöten. Musikinstrumenten-Museum der Karl-Marx-Universität Leipzig.* Katalog. Band 1. Leipzig 1978.

– „Der Instrumentenbau in Leipzig zur Zeit Johann Sebastian Bachs". In: *300 Jahre Johann Sebastian Bach. Eine Ausstellung der Internationalen Bachakademie in der Staatsgalerie Stuttgart.* Tutzing 1985, S. 73-88.

– *Musikinstrumentenbau. 15. - 19. Jahrhundert. Kunst - Handwerk - Entwurf.* Leipzig 1986.

– „Carl Almenräders Verdienst um das Fagott". In: *Beiträge zur Musikwissenschaft* 3 (1972), S. 225-230.

Will Jansen: „Beitrag zur Geschichte des Kontrafagotts". In: *GLAREANA,* 10 (1961), S. 1-12.

Eberhard A. Jónak (Hrsg.): *Bericht über die allgemeine Agricultur- und Industrie-Ausstellung zu Paris im Jahre 1855.* III. Band. Berichterstatter: Eberhard Schebeck. Wien 1857/58.

Gunther Joppig: „Zur Entwicklung des Kontrafagotts im 19. und 20. Jahrhundert". In: *Das Musikinstrument* 11 (1985), S. 20-26.

– „Rohrblech". In: *TIBIA* 2 (1982), S. 96 - 103.

– „Sarrusophone, Rothphone oder Saxorusophone und Rohrkontrabaß". In: *Bericht über die 4. internationale Fachtagung .. Uster 1981.* Tutzing 1984, S. 77-122.

– „Die Entstehung einer Instrumentenfamilie". In: *Das Orchester* 11 (1985), S. 10-14.

– „Zur Entwicklung des deutschen Fagotts". In: *Studia organologica, Festschrift John Henry van der Meer zu seinem 65. Geburtstag.* Tutzing 1987, S. 253-276.

Roswitha Vera Karpf: „Gewaltröhren und Kanonen oder Richard Wagner und die Flöte". In: *Bläserklang und Blasinstrumente im Schaffen Richard Wagners,* Seggar 1983. Tutzing 1985. S. 73-88.

Jean-Georges Kastner: *Traité général d'instrumentation.* Paris 1837.

– *Manuel Général de Musique Militaire à l'usage des Armées Françaises.* Genf 1973.

F. Kelbetz: *Blockflöte und Querflöte im 16. Jahrhundert.* Diss. phil. Berlin 1941.

Jindrich Keller: „Über Erzeugung von Blasinstrumenten in Böhmen vor dem Jahr 1800". In: *Acta Musei Nationalis Pragae* 1975.

Dieter Krickeberg: „Studien zu Stimmung und Klang der Querflöte zwischen 1500 und 1850". In: *Jahrbuch des Staatlichen Instituts für Musikforschung Preußischer Kulturbesitz 1968.* Berlin 1969. S. 99-118.

Lyndesay G. Langwill: *An Index of Musical Wind-Instrument Makers.* Edinburgh[6] 1980.

– *The Bassoon and Contrabassoon.* London/New York 1965.

David Lasocki: „The Bassanos: Anglo-Venetian and Venetian". In: *EARLY MUSIC* 4 (1986), S. 558-560.

Willibald Leo, Frhr. v. Lütgendorff: *Die Geigen- und Lautenmacher vom Mittelalter bis zur Gegenwart.* I/II. Frankfurt/M. 1922.

John Henry van der Meer: „Musikinstrumentenbau in Bayern bis 1800". In: *Musik in Bayern.* II. Ausstellungskatalog Augsburg, Juli bis Oktober 1972.

Lenz Meierott: *Die geschichtliche Entwicklung der kleinen Flötentypen und ihre Verwendung in der Musik des 17. und 18. Jahrhunderts.* Tutzing 1974.

Raymond Meylan: *Die Flöte. Grundzüge ihrer Entwicklung von der Urgeschichte bis zur Gegenwart.* Bern und Stuttgart 1974.

Franz Mixa: *Die Klarinette bei Mozart.* Diss. phil. Wien 1929.

Hermann Moeck: *Ursprung und Tradition der Kernspaltflöten des europäischen Volkstums und das Herkommen der musikgeschichtlichen Kernspaltflötentypen.* Diss. phil. Göttingen 1951. Kurzfassung als „Typen europäischer Kernspaltflöten". Celle 1977.

– „Zur Nachgeschichte und Renaissance der Blockflöte". In: *TIBIA* (1978), S. 13-20 und 79-88.

Michael Nagy: „Die Wiener Oboe - ein traditionelles Instrument hat Zukunft". In: *Das Orchester* 2 (1986), S. 122-127.

Ekkehart Nickel: *Der Holzblasinstrumentenbau in der Freien Reichsstadt Nürnberg.* München 1971.

Giulio M. Ongaro: „16th-century Venetian wind instrument makers and their clients". In: *EARLY MUSIC* 3 (1985), S. 391-397.

Helmut Ottner: *Der Wiener Instrumentenbau 1815 - 1833.* Tutzing 1977.

Friend Robert Overton: *Der Zink. Geschichte, Bauweise und Spieltechnik eines historischen Musikinstruments.* Mainz 1981.

Etienne Ozi: *Neue Fagot-Schule.* Leipzig 1806.

Patents for Inventions. *Abridgements of Specifications relating to Music and Musical Instruments. A. D. 1694 - 1866.* London 1871, Reprint Bingham, London.

C. E. Pellisov (d.i.: Emil von Schafhäutl): *Theorie gedeckter cylindrischer und konischer Pfeifen und der Querflöten.* Halle 1833.

Hildemarie Peter: *Die Blockflöte und ihre Spielweise in Vergangenheit und Gegenwart.* Berlin 1953.

Michael Praetorius: *Syntagma musicum. Band II: De organographia.* Wolfenbüttel 1619, Reprint Kassel 1958.

Johann Joachim Quantz: *Versuch einer Anweisung, die Flöte traversiere zu spielen.* Breslau 1789, Reprint Kassel 1953.

Geoffrey Rendall: *The Clarinet.* London/New York 1954.

Justus Johannes Heinrich Ribock: *Bemerkungen über die Flöte und Versuch einer Kurzen Anleitung zur bessern Einrichtung und Behandlung derselben* (1782). Reprint (Ventzke) Buren 1980.

Konrad Ruhland: *Alte Musikinstrumente aus niederbayerischen Werkstätten.* Bayerische Vereinsbank, München 1978.

Josef Saam: *Das Bassetthorn, seine Erfindung und Weiterbildung.* Mainz 1971.

Walter Hermann Sallagar: „Wiener Holzblasinstrumente". In: *TIBIA* (1978), S. 1-6.

Wolfgang Sandner: *Die Klarinette bei Carl Maria von Weber.* Wiesbaden 1971.

Joseph Sellner: *Theoretisch-praktische Oboe Schule.* Wien 1825.

Richard Schaal: „Die Musikinstrumenten-Sammlung von Raimund Fugger d. J.", in: *Archiv f. Musikwissenschaft*, 21 (1964), S. 212-216.

Gustav Scheck: *Die Flöte und ihre Musik.* Mainz 1975.

Ernst Fritz Schmid: *Musik an den schwäbischen Zollernhöfen der Renaissance. Beiträge zur Kulturgeschichte des deutschen Südwestens.* Kassel 1962.

Hans-Peter Schmitz: *Querflöte und Querflötenspiel in Deutschland während des Barockzeitalters.* Kassel 1952.

Christian Friedrich Daniel Schubart: *Ideen zu einer Ästhetik der Tonkunst.* Hrsg. v. Ludwig Schubart. Wien 1806, Reprint Leipzig 1977.

Maximilian Schwedler: *Katechismus der Flöte und des Flötenspiels. Ein Lehrbuch für Flötenbläser.* Leipzig 1897.

Wilhelm Stauder: *Einführung in die Instrumentenkunde.* Wilhelmshaven 1974.

Richard Stegemann: „Das Patentwesen". In: *Das Goldene Buch des Deutschen Volkes an der Jahrhundertwende.* Leipzig 1900, S. 57/58.

Johann George Tromlitz: *Ueber die Flöte mit mehrern Klappen.* Leipzig 1800, Reprint (Ventzke) Amsterdam 1973.

Giuseppe Turrini: „L'Accademia Filarmonica di Verona dalla fondazione (maggio 1543) al 1600 e il suo patrimonio musicale antico". In: *Atti e Memorie dell' Accademia di Agricoltura, Scienze e Lettere di Serie V.* Band XVIII 1940, S. 134-200.

Karl Ventzke: *Die Boehmflöte.* Frankfurt/M. 1966.

– „Urkundliche Beiträge über ältere Münchner Holzblasinstrumentenbauer". In: *Das Musikinstrument*, Ausg. A, Heft 4 (1965), S. 483/484.

Das Obere Vogtland. Ergebnisse der heimatkundlichen Bestandsaufnahme in den Gebieten von Adorf, Klingenthal, Bad Elster und Schönberg. Berlin 1976.

Gottfried Weber: „Wesentliche Verbesserungen des Fagotts". In: *CAECILIA* 6 (1825), S. 123-140.

– „C. Almenräder's weitere Fagott-Verbesserungen". In: *CAECILIA* 34 (1828), S. 128-130.

Julius Weissenborn: *Fagottschule.* Leipzig 1887.

Heinrich Welcker von Gontershausen: *Magazin musikalischer Tonwerkzeuge.* Frankfurt/M. 1855.

Paul Wetzger: *Die Flöte.* Heilbronn o. J.

Hans Wlach: *Die Oboe bei Beethoven.* Diss. phil. Wien 1927.

Philipp T. Young: *Twenty-five hundred historical woodwind instruments. An Inventory of the Major Collections.* New York 1982.

– „The Scherers of Butzbach". In: *The Galpin Society Journal*, 34 (1986), S. 112-124.

– „A Bass Clarinet by the Mayrhofers of Passau". In: *Journal of the American Musical Instrument Society.* 7 (1981), S. 36-46.

Julius Heinrich Zimmermann: *Musikinstrumente* (Katalog der Firma). Reprint der Originalausgabe, Leipzig o. J., (Joppig) Frankfurt/M. 1984.

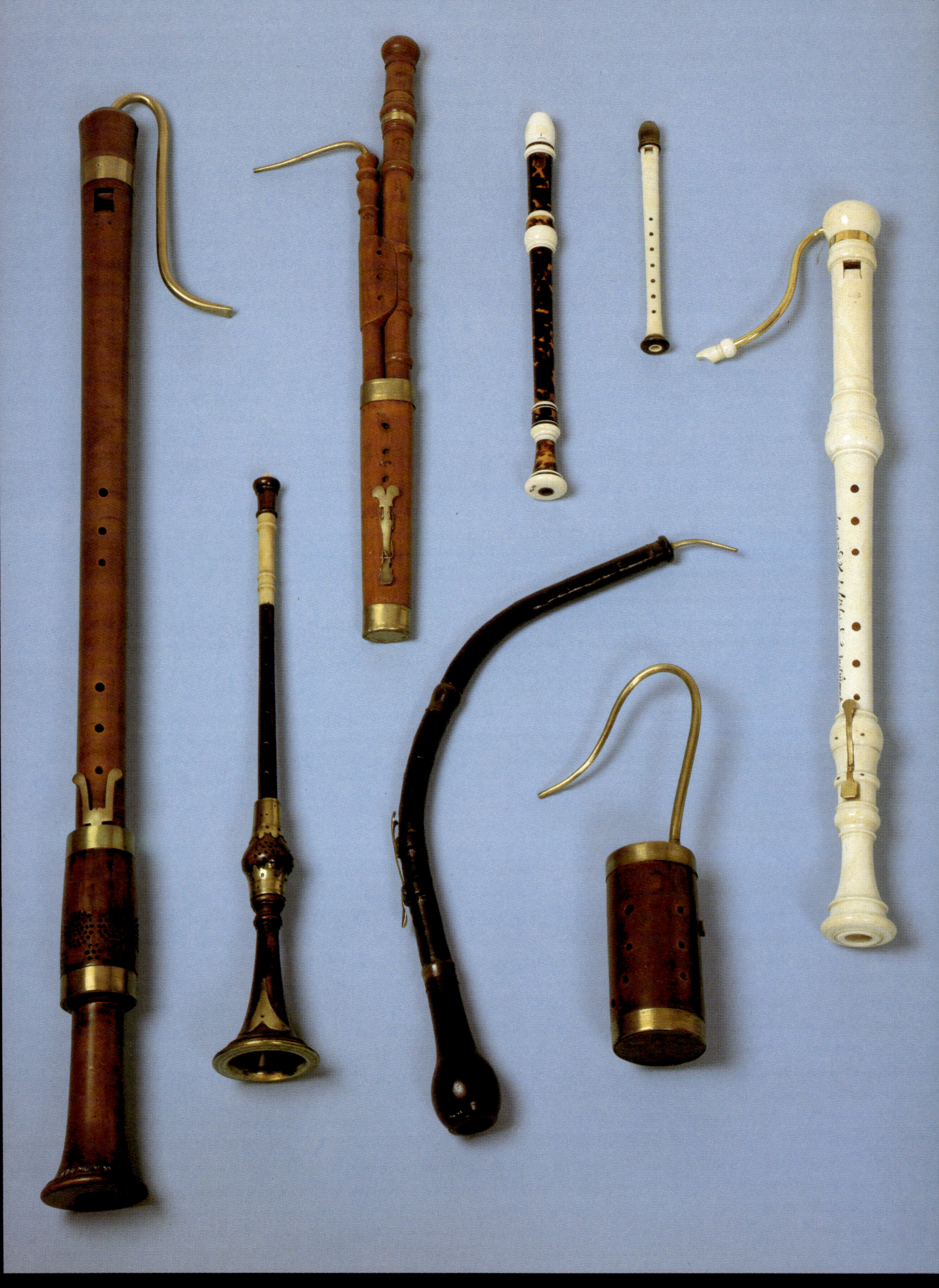

Holzblasinstrumente des 16., 17. und 18. Jahrhunderts (Musikinstrumentenmuseum im Münchner Stadtmuseum. Foto: Patricia Partl). – Erläuterungen s. Seite 75

Querflöte von Johann Joachim Quantz aus dem Besitz Friedrichs des Großen, Grifftabelle und Verzeichnis der in Sanssouci bereitliegenden Flötenwerke. Staatl. Institut für Musikforschung, Preußischer Kulturbesitz. Musikinstrumentenmuseum Berlin.

Zur nebenstehenden Abbildung:

Holzblasinstrumente des 16., 17. und 18. Jahrhunderts (Musikinstrumentenmuseum im Münchner Stadtmuseum. Foto: Patricia Partl). – Großbaß-Blockflöte in C von Hans Rauch von Schratt(enbach), um 1535. Gebeizter Ahorn mit Messing, aus einem Stück gearbeitet. – Untere Reihe: Deutsche Schalmei, 17. Jahrhundert. Gebeiztes Ahornholz mit Knochen- und Messingringen. – Englischhorn in F von Engelbert Johann Ehrlich (1765-1839, Wien), um 1800. Lederüberzogenes Ahornholz mit Horn. – Rackett mit der Marke ISW (vermutlich aus der Walch-Familie, Berchtesgaden, frühes 18. Jahrhundert). Gebeiztes Ahornholz mit Messing. – Obere Reihe: Fagottino (in der Oberquinte zum Fagott) von I. Kraus, um 1750. Ahornholz mit Messing, ergänzter S-Bogen. – Altblockflöte von Johann Heitz (1673-1737, Berlin), um 1730. Buchsbaumholz mit Schildpattummantelung und Elfenbein. – Sopranblockflöte, den Arbeiten von Hieronymus Kynseker (1636-1686, Nürnberg) ähnelnd, um 1650. Elfenbein mit Horn. – Baßblockflöte von Johann Christoph Denner (1655-1707), Nürnberg), um 1700. Elfenbein mit vergoldetem Messing.

Zur Abbildung Seite 76 oben:

Chalumeaux und tiefe Klarinetten des 18. Jahrhunderts. (Musikinstrumentenmuseum im Münchner Stadtmuseum. Foto: Patricia Partl). – Klarinette d'amore in G von I. S. Walch, Berchtesgaden. 2. Viertel 18. Jahrhundert. Gebeiztes Ahornholz mit Horn. – Obere Reihe: Chalumeau, tiefster Ton c'. Unleserlich gestempelte deutsche oder französische Arbeit aus der 1. Hälfte 18. Jahrhundert. Buchsbaumholz. – Klarinette d'amore in G, vermutlich aus der Walch-Familie in Berchtesgaden, 1. Hälfte 18. Jahrhundert. Pflaumenholz. – Chalumeau von Johann Christoph Denner (1655-1707, Nürnberg), um 1705. Tiefster Ton f; in der Form an die Blockflöte angelehnt. Buchsbaumholz. – Klarinette in D von Johann Wolfgang Königsberger (1705?-1752, Roding), 2. Viertel 18. Jahrhundert. Pflaumenholz mit Horn. – Untere Reihe: Bassetthorn in D mit Stempel von Johann Georg Eisenmenger (1698-1742), aber wohl von einem seiner Söhne, da vor 1770 unwahrscheinlich. Buchsbaumholz, ovale Messingstürze. – Bassetthorn in F von Johann Georg Otto (1762-1821, Neukirchen), 1801. Gebeiztes Ahornholz mit Elfenbein. – Baßklarinette in B von Anton und Michael Mayrhofer, Passau um 1770). Ahornholz mit Leder überzogen, mit Messing.

Zur Abbildung Seite 76 unten:

Holzblasinstrumente des 18. und frühen 19. Jahrhunderts (Musikinstrumentenmuseum im Münchner Stadtmuseum. Foto: Patricia Partl). – von links nach rechts: Tenoroboe in F von Johann Jacob Lindner (1653-1734). Ahornholz gebeizt. – Oboe d'amore in A von J. Dotzell, vor 1750. Pflaumenholz. – Oboe von Friedrich Gabriel August Kirst (1750-1806, Potsdam). Buchsbaumholz mit Elfenbein; 3 auswechselbare Oberteile für verschiedene Stimmungen. Messingklappen für c, es und dis. – Fagott von Gottfried August Lehnhold (1766-1833, Leipzig). Hierzu gehören ebenfalls 2 weitere auswechselbare Flügelstücke. Ahornholz gebeizt, 5 Messingklappen. Privatbesitz. – Fagott von Johann Heinrich Wilhelm Grenser (1764-1813, Dresden). Flügelstück von Friedrich Heinrich Finke, Dresden um 1820. Ahornholz gebeizt, 8 Messingklappen. – Querflöte von Carl Andreas Wilhelm Sattler, Leipzig, 1809. Auswechselbare Mittelstücke. Buchsbaumholz mit Elfenbein. – Klarinette in B von C. F. Paulus, Neukirchen, um 1780. Ebenholz mit Elfenbein. 6 - ursprünglich 5 - Messingklappen. Hierzu gehört ein auswechselbares Mittelteil für Stimmung in A. Privatbesitz.

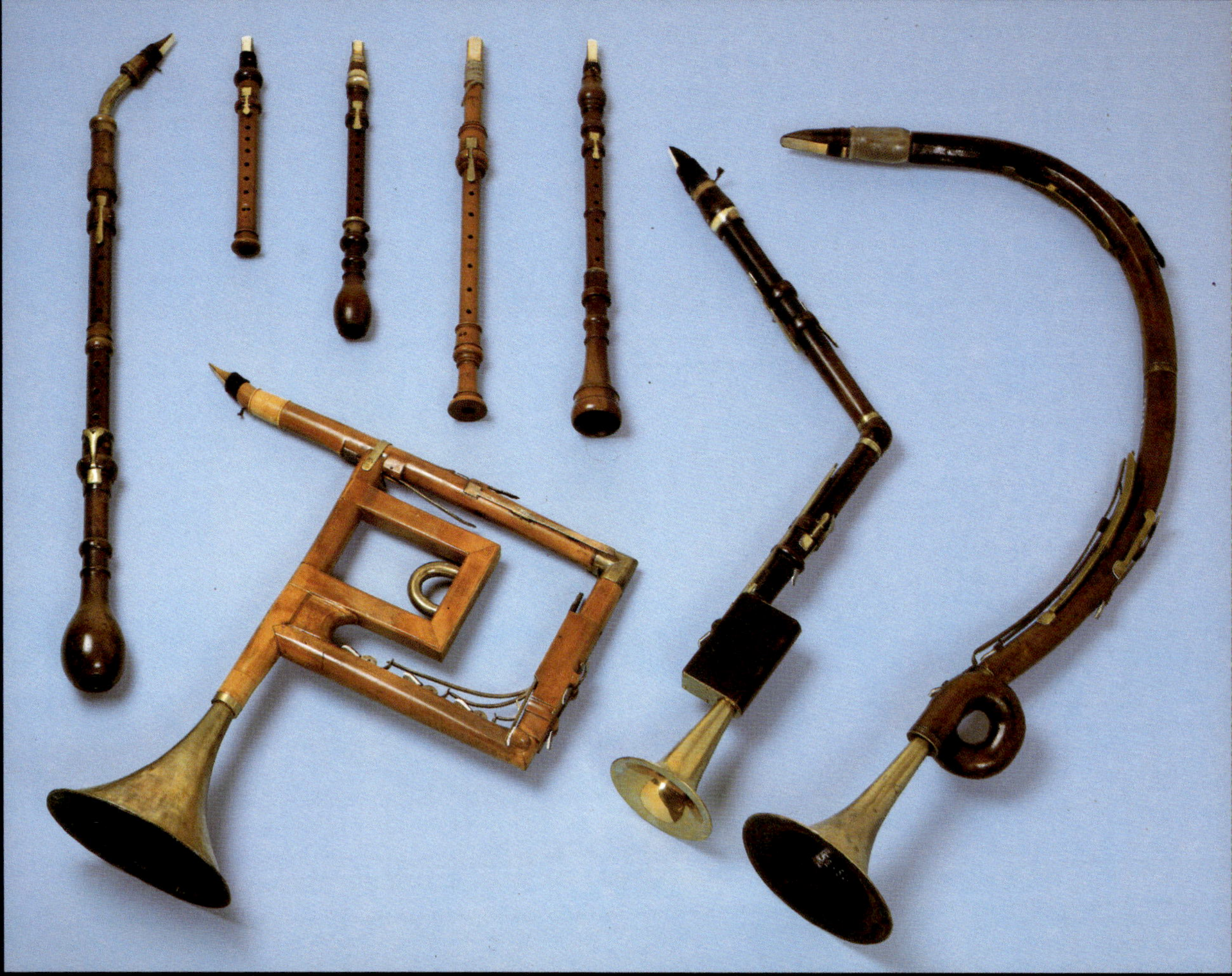

Chalumeaux und tiefe Klarinetten des 18. Jahrhunderts (Musikinstrumentenmuseum im Münchner Stadtmuseum. Foto: Patricia Partl). – Erläuterungen s. Seite 75

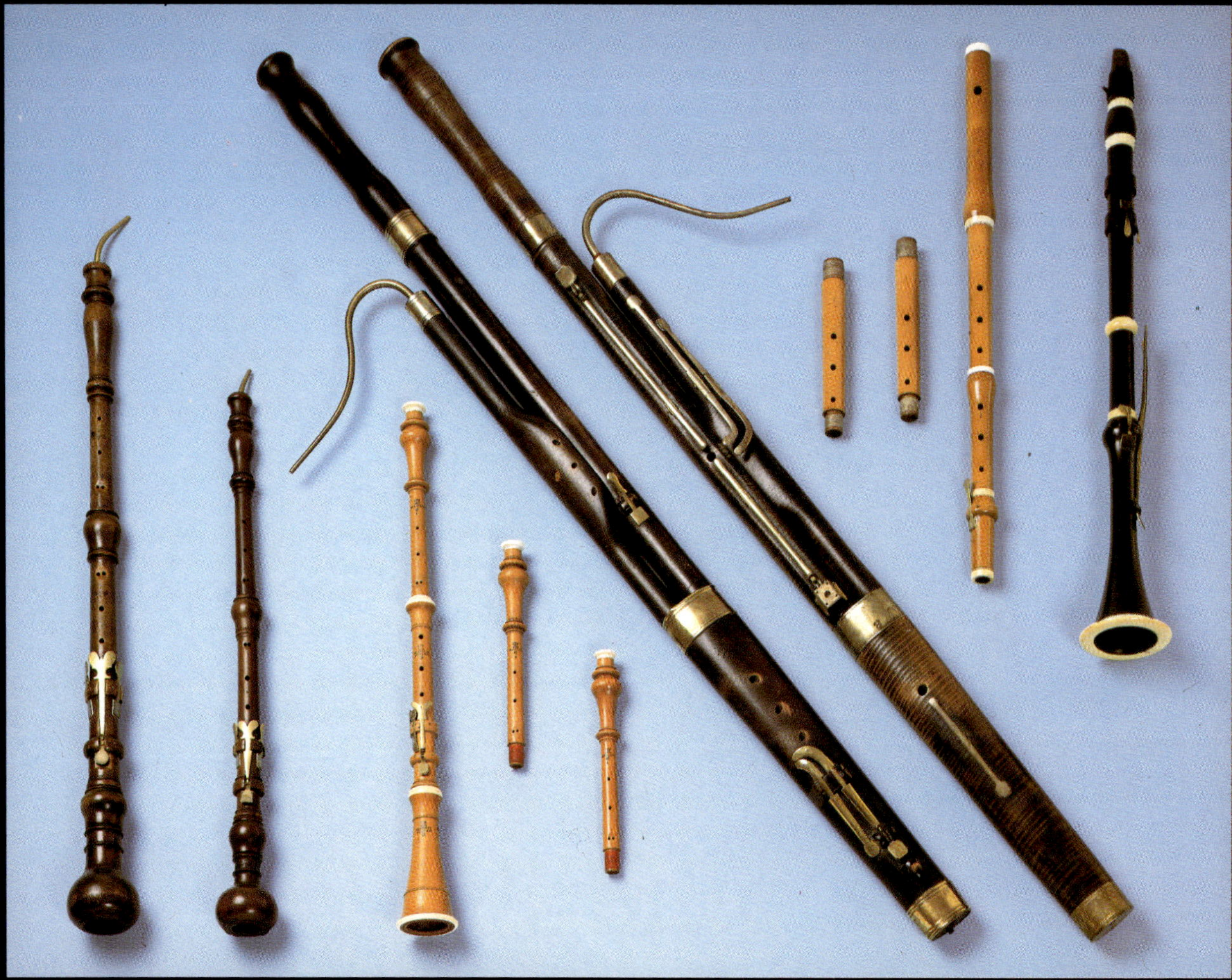

Holzblasinstrumente des 18. und frühen 19. Jahrhunderts (Musikinstrumentenmuseum im Münchner Stadtmuseum. Foto: Patricia Partl). – Erläuterungen s. Seite 75

Holzblasinstrumente des 19. und frühen 20. Jahrhunderts (Musikinstrumentenmuseum im Münchner Stadtmuseum, Foto: Dorothee Jordens). – Erläuterungen s. Seite 8[illegible]

Aus einer Werkstatt für historische Holzblasinstrumente (Moeck, Celle). Bearbeitung eines Tenorzinken; links Krummhörner, rechts Teile von Barockoboen. Foto: Harms

Blockflötenwerkstatt. Schnitzen von Labialen an Baßblockflöten (Moeck, Celle). Foto Harms

Arbeiten am Corpus einer Boehm-Flöte (Richard Müller, Bremen). Foto: Harms

Einrichten der Klappenmechanik einer Oboe (Richard Müller, Bremen). Foto: Harms

Anbringen der Klappenmechanik einer Klarinette (Richard Müller, Bremen). Foto: Harms

Einrichten der Klappenmechanik eines Fagotts (W. Schreiber und Söhne, Nauheim). Foto: Harms

Mollenhauer

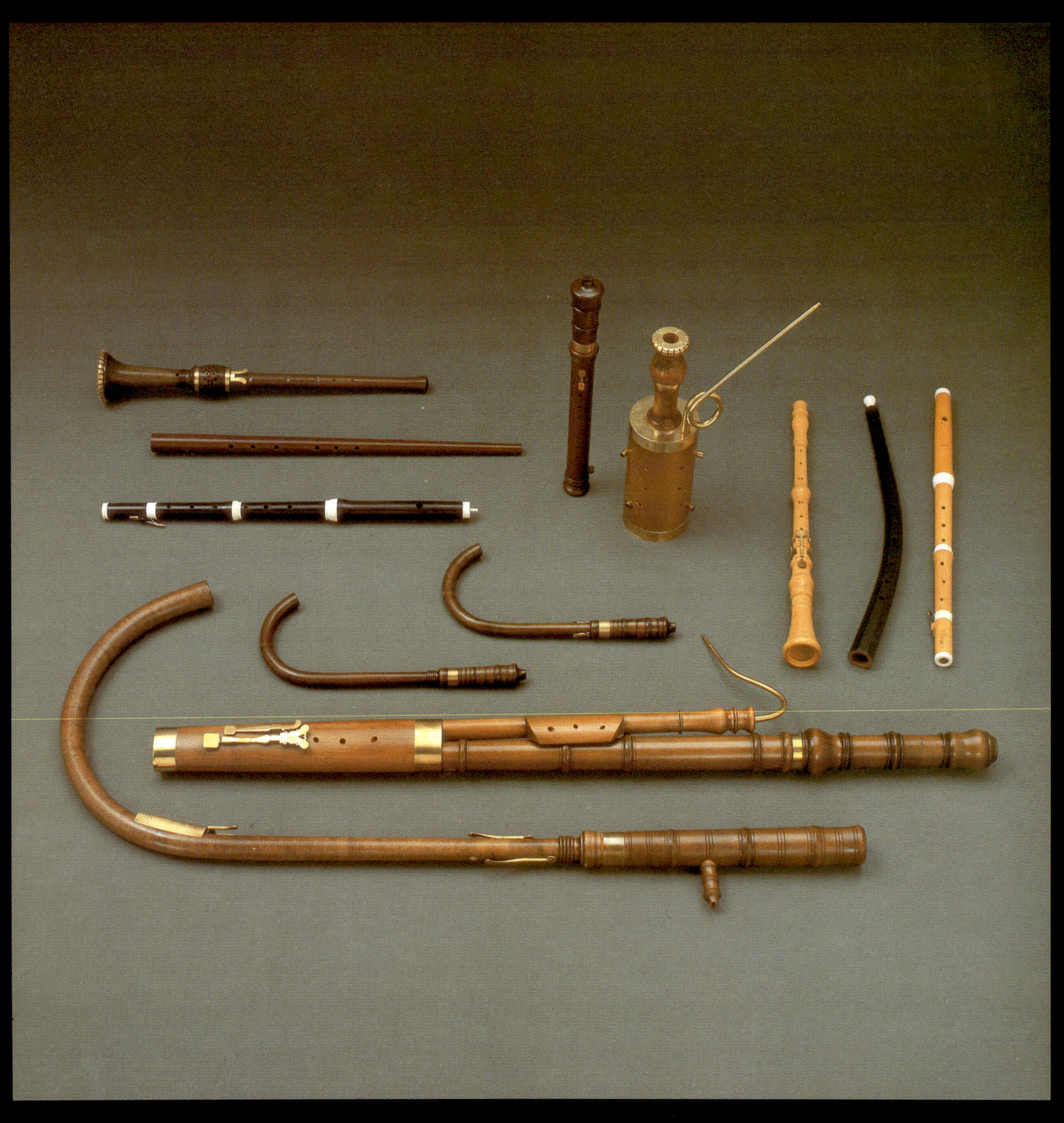

Nachkonstruktionen historischer Holzblasinstrumente (Moeck Verlag und Musikinstrumentenwerk, Celle). – Von unten nach oben: Baßkrummhorn. Doppelrohrblatt-Blasinstrument mit Windkapsel. – Barock-Fagott, Alt- und Soprankrummhorn, einklappige Barockquerflöte, Grenadill-Holz mit Elfenbein. – Sogenannter „Stiller" Zink. Der Zink ist ein Trompeteninstrument mit Grifflöchern. Beim Stillen Zink ist das Kesselmundstück eingearbeitet. – Sopran-Pommer. Vorläufer der Oboe. – Von links nach rechts: Alt-Kortholt. Doppelrohrblatt-Blasinstrument mit Windkapsel. U-förmig gebogene Innenbohrung wie beim Fagott. Es greifen alle 10 Finger. Im Klang zart. – Barock-Rankett. Ein durch 10-fache Unterteilung der Innenbohrung sehr handliches Fagott. – Barock-Oboe. Buchsbaum. – Krummer Zink. Aus zwei Teilen gefertigt und mit Leder überzogen. Mundstück aus Elfenbein. – Barock-Querflöte. Buchsbaum (Foto: Harms).

Moderne Instrumentenbau-Technologie: Computergesteuerte Kopiermaschine mit Tausendstel-Millimeter-Präzision (Richard Keilwerth, Gelnhausen).

Zur Abbildung Seite 77:

Holzblasinstrumente des 19. und frühen 20. Jahrhunderts (Musikinstrumentenmuseum im Münchner Stadtmuseum. Foto: Dorothee Jordens). – Links: Fagott von Carl August Schaufler (1792-1877, Stuttgart), um 1845. Nach dem System von Wenzel Neukirchner (1805-1889), 12 Messingklappen. – Rechts: Heckel-Almenräder-Fagott Nr 042 (1877) von Wilhelm Heckel (1856-1909, Biebrich). Privatsammlung. – Obere Reihe: Piccoloflöte in Des von Wilhelm Hess (1800-1874, München). Buchsbaumholz mit Horn. – Querflöte (Meyer-Flöte) in C. Grenadill, Elfenbein, Neusilber. Sächsische Arbeit um 1890. – Zylinderflöte Nr. 24 (1849) von Theobald Boehm (1794-1881, München). Boehm-System; Neusilber, Elfenbein. – Konische Reformflöte (Schwedler-Flöte) von Moritz Max Mönnig, Leipzig, um 1925. Grenadill, Neusilber. – dto Reformpiccolo, um 1930. – Untere Reihe: Alt-Klarinette in F von Johann Simon Stengel (1803-1885, Bayreuth) nach dem System von Iwan Müller (1786-1854). Buchsbaumholz, Elfenbein, Messing. – Oboe von Wolfgang Küß (1779-1834, Wien) nach Joseph Sellner (1787-1843). Grenadill, Elfenbein, Neusilber. – Oboe von Stengel, Bayreuth (s. o.) um 1860. Buchbaumholz, Elfenbein, Messing. Einfaches deutsches System. – Klarinette in A von Joseph Pöschl (1866-1947, München). Buchsbaumholz gebeizt, Neusilber. Bärmann-Ottensteiner System.

Zur Abbildung Seite 83:

Flauto dolce Alt f′, Buchsbaum (Conrad Mollenhauer, Fulda). – Altblockflöte in f′ nach Jan Steenbergen (1675-1728, Amsterdam), Buchsbaum (Moeck Verlag und Musikinstrumentenwerk, Celle). – Tenorblockflöte in c′ nach Jean-Hyacinth-Joseph Rottenburgh (1672-1756, Brüssel), Grenadill (Moeck). – Tenorblockflöte in c′ nach Hieronymus F. Kynseker (1636-1686, Nürnberg), Pflaumenholz (Mollenhauer). – Voice-Flute in d′ nach Johann Christoph Denner (1655-1707, Nürnberg), Buchsbaum (Heinz Rössler, Heide). – Altblockflöte in f′ nach Johann Wilhelm Oberlender (1681-1763, Nürnberg), Königsholz (Rössler). Foto: Harms.

Baßklarinette in B; Bassetthorn in F; D-, A-, B-, G- und Es-Klarinette, alle deutsches System. Herbert Wurlitzer, Neustadt an der Aisch

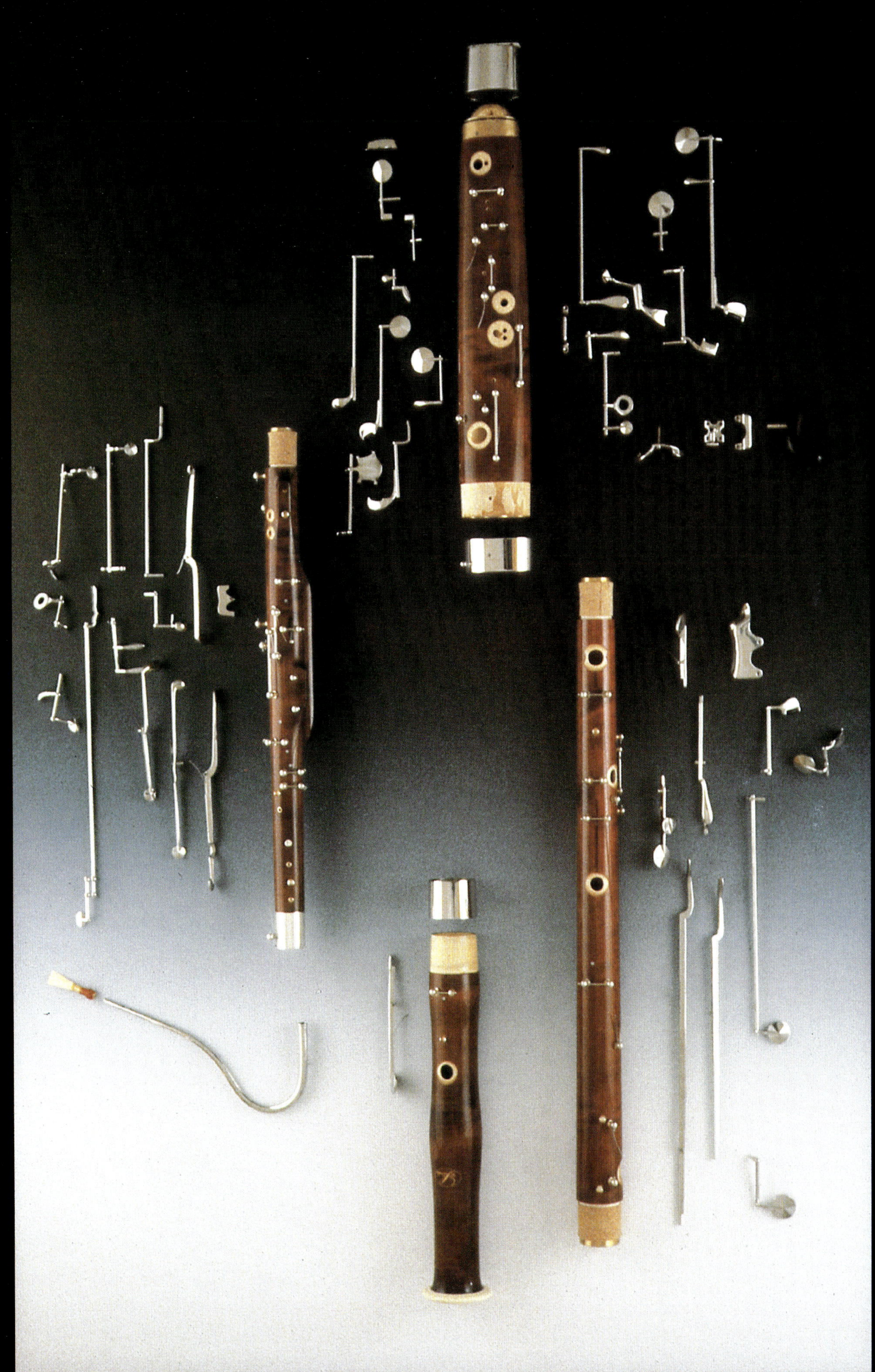

Teile eines Fagotts. W. Schreiber und Söhne, Nauheim

Fagotte, Kreul und Moosmann, Waiblingen

Christian Ahrens

BLECHBLASINSTRUMENTE

Blechblasinstrumente aus deutschen Werkstätten genießen seit Jahrhunderten Weltruhm, und zwar gleichermaßen ihres hohen Fertigungsstandards wie ihrer guten Intonation wegen. Beides ist für die Klangqualität einer Trompete, einer Posaune oder eines Hornes nicht weniger bedeutsam als für andere Instrumente. Nicht zuletzt aber resultierte die Wertschätzung deutscher Blechblasinstrumente aus der kontinuierlichen technisch-musikalischen Innovationsbereitschaft der Hersteller. Im Zusammenwirken mit den Musikern arbeiteten sie ständig an der Vervollkommnung und technischen Modernisierung ihrer Instrumente – ein Prozeß, der keineswegs erst im 19. Jahrhundert begann, in dieser Zeit freilich mit der Erfindung der Ventile und der Entwicklung von Ventilinstrumenten seinen Kulminationspunkt erreichte.

ZUR FERTIGUNG IM 16., 17. UND 18. JAHRHUNDERT

Das erste Zentrum des Blechblasinstrumentenbaues entstand in Nürnberg, einer Stadt, die später auch für ihre Holzblasinstrumente bekannt wurde. Schon im 15. Jahrhundert konzentrierte sich in dieser bedeutenden Handelsmetropole die Fertigung von Trompeten und Posaunen (hierzu vgl. auch Einleitung S. 12f.), und 1625 erlangten die Nürnberger Trompeten- und Posaunenmacher das Zunftrecht[1]. Dieses sicherte sie nicht nur vor unlauterer Konkurrenz, sondern regelte auch den Ausbildungs- und Werdegang eines jeden Meisters und diente überdies der Garantie eines möglichst hohen und gleichmäßigen Qualitätsstandards.

Unter den zahlreichen Blechblasinstrumentenherstellern Nürnbergs ragten im 16. und frühen 17. Jahrhundert die Mitglieder der Familien Neuschel und Schnitzer hervor; ihre Erzeugnisse gingen an alle großen Fürstenhäuser Europas, in die Weltmetropolen wie in die fernsten Winkel des Kontinents. Hans Neuschel der Jüngere und sein Bruder Lienhart beispielsweise lieferten ihre Instrumente nach München und Trier, nach Schleswig-Holstein und Königsberg, nach Sachsen und Brandenburg, ja selbst nach Dänemark, Italien und England[2]. Christoph Weigel berichtete 1698, die Nürnberger Meister hätten ihre Produkte „fast an die meisten Kur- und Fürstenhöfe und in großer Menge nach Spanien, Frankreich, Dänemark, Holland, sogar nach Moskau verführt."[3]

Nicht nur die Zahl der Aufträge und die Namen der Auftraggeber lassen Rückschlüsse zu auf die außerordentliche Qualität der Nürnberger Blechblasinstrumente, auch die geforderten – und in aller Regel bereitwillig gezahlten – hohen Preise dokumentieren die Güte der Erzeugnisse und den Stolz der Trompeten- und Posaunenmacher auf ihre Instrumente. In einem Dokument von 1547 heißt es über Hans Neuschel:[4]

Hans Neuschel, Posaunenmeister und Stadt-Trommeter. Was Zier und Lobs in dieser Stadt, auch Ruhms in allen Städten, darin man die musikalischen Instrumente braucht, dieser Neuschel hat auch was man seiner Arbeit mit Posaunenmachen in mancher Stadt, das wissen alle die so in kgl. und fürstlichen Höfen mit Posaunen umgehen, denn er nicht allein dieselben zum besten zu machen geübt, sondern auch dieselben zu blasen, zu dämpfen und zu stimmen, auch mit aller Lieblichkeit ins Gesäng zu richten, künstlich gewest ist.

Ein weiteres Zeugnis liefert die Auseinandersetzung zwischen Georg Neuschel und dem Markgrafen von Brandenburg um die Bezahlung von Instrumenten[5]. Neuschel hatte 1541 für 24 Trompeten und einige Bomharte nicht weniger als 230 Gulden in Rechnung gestellt, also etwa 9 Gulden für eine Trompete. Der Markgraf seinerseits wollte nur ein Viertel des Preises anerkennen und führte zur Begründung an, er habe „anderwärts eine deutsche Trompete für 3 fl. und eine wälsche für 4 fl. gekauft." Unbeugsam beharrte indessen Neuschel auf seiner Forderung und erklärte selbstbewußt:[6]

Wer meine Arbeit versteht, wird gewiß auf einen Preis von mehr als 200 fl. raten. Ich meines Teils bin überzeugt,

1 Fritz Jahn: „Die Nürnberger Trompeten- und Posaunenmacher im 16. Jahrhundert". In: *AfMW* 7 (1925), S. 32.
2 Ebda., S. 34ff.
3 Zitiert nach F. Jahn, a. a. O., S. 37.
4 Zitiert nach F. Jahn, a. a. O., S. 29.
5 Ebda., S. 34ff.
6 Zitiert nach F. Jahn, a.a.O., S. 35.

Der Trompeten-Macher.

Piseus Tyrrhenus soll / nach des Plinii und Virgilii Zeugnus / der erste **Erfinder der aus Ertz oder Kupffer gemachten Trompeten** gewesen seyn / von dero Gebrauch aber die alten Griechen nichts gewust haben / sondern obige Erfindung von Archida / welcher mit Beyhülff des Heraclidis / in Griechenland geschifft / daselbst bekannt gemachet worden seyn / wie bey dem Scholiaste des Euripidis zu sehen; da zuvor die Griechen an statt der Trompeten / auf einer gewissen Art der grössern gewundenen Meer-Muscheln / zu blasen gewohnet waren / welche man daher auch Buccina oder Blaß-Hörner nennet / und die Mahler annoch öffters die Tritones und Wasser-Götter damit abzubilden pflegen: wiewohl Higinus will / daß Tyrrhenus, der Sohn des Herculis, zu erst auf denen bewundenen Muschel-Schnecken zu blasen / den Anfang gemacht / und das ob der Grausamkeit seiner Gesellen entlauffene Land-Volck wiederum damit herbey gelocket habe.

Acron hingegen meldet / es habe Dircæus, oder wie ihn Justinus nennet / Tyrtæus, ein berühmter Poet / die ährne Trompete erfunden; dann als die Lacedemonier wider die Messiner Krieg führten / und von des Apollinis Oraculo- und Wahrsager-Bild auf ihre Frage / wie sie den Messiniern überlegen seyn könnten? die Antwort erhalten / wann sie einen Athenienser zum Heerführer erwehlen würden. Es haben ihnen aber die Athenienser / auf beschehene Ersuchung / diesen Poeten / als einen hinckenden und ungestallten / unansehnlichen Mann / zum Schimpff / zugeschicket / welcher / nachdem sie ihn vor ihren Heerführer angenommen / die Trompeten erfunden / und in den Streit zu blasen befohlen / von deren starck-thönendem / dazumahl noch unerhörten Hall die Messinier erschröcket / in die Flucht gebracht worden / und den Lacedemoniern den so lang verlangten Sieg überlassen haben.

Nun mag es seyn / das Piseus bey den Tyrrhenern / Dircæus bey den Lacedemoniern die Trompeten erfunden / und Helegius, der Sohn des Tyrrhenii, solche bey den Doriern bekannt gemacht habe / wie Pausanias schreibet / der jenigen Art der Trompeten / welche die Minerva unter dem Nahmen Σάλπιγξ, und derer / so die Osiris bey den Egyptiern erfunden / zu geschweigen / so eignet doch Joseph / der Jüdische Geschichtschreiber / mit gutem Recht / die Erfindung derselben dem Moysi zu; wiewohl er nicht vor sich / und aus eigenem Angeben / sondern aus Göttlichen Befehl 4. Buch Moysis Cap. 10. v. 2. zwey silberne Trompeten machen lassen / und zwar durch die Hand Bezaleels / welcher wohl / solchem nach / vor den ersten Trompetenmacher nicht unfüglich möchte gehalten werden.

Isocrates, der berühmte Atheniensische Redner / welcher über die vierhundert und etliche zwantzig Jahre vor Christi Geburt gebohren worden / hatte einen Trompetenmacher zum Vatter / Nahmens Theodorus / welcher / wie Dionysius Halicarnasseus, Plutarchus und Suidas bezeugen / das Handwerck sehr starck getrieben / daß er davon reich worden / und darauf Gesellen gehalten habe; Woraus mit Verwunderung zu sehen / daß bereits vor mehr als zwey tausend Jahren das Trompeten-Machen schon ein würckliches Handwerck gewesen / so in Meistern und Gesellen bestanden / welches gewißlich denen Trompeten-Machern zu besondern Ruhm ihres Alterthums vor andern angedeyet.

Es ist aber doch gleichwohl das **Trompetenmachen** nachgehends vor eine **freye Kunst** gehalten worden / und ohne alle Gesetze und Ordnung gewesen / bis endlich die zu Nürnberg seßhaffte Trompeten-Macher im Jahr 1635. bey einem Hoch-Edlen und Hochweisen Rath daselbst um **Gesetz und Ordnung** angehalten / auch selbige groß-günstig und hochgeneigt **erhalten**.

Die heut zu Tag gewöhnliche Arbeit der Trompeten-Macher sind meinstens **Trompeten / Posaunen / Wald- und Post-Hörner.** Es bestehen aber alle **Trompeten** / ohne die Zierrathen / so auf mancherley Art gemachet werden / aus fünff Stücken / als dem Hauptstück / welches also genennet wird / weil das meinste daran gelegen / zweyen Rohren oder Stangen / und zweyen Krumm-Bogen. Doch gleichwohl sind die Trompeten unterschiedlicher Arten / nemlich **Teutsche** / und so genannte Ordinari-Trompeten / **Frantzösische** / so einen Thon höher sind als jene / **Englische** / welche die Ordinari-Trompeten um eine gantze Terz an der Höhe übertreffen. Man findet auch eine Gattung von **gewundenen** Trompeten / und sind die **Italienische** oder Welsche bey die sechsmahlen rund herum gewunden; hieher gehören auch die **Trompeten-Stöcke** / und **Streithämmer** / worauf man wie auf der besten Trompeten blasen und sich tapffer hören lassen kan.

Der Trompetenmacher.

An gut und bösen Schall kennt man das Hertz-Metall.

Verstopfft das Ohr, zeigt nicht Gefallen,
Wann Lob-Trompeten üm euch schallen,
dürch die offt Heüchel Athem dringt;
Dann den wird Lob ünd Ehre küssen,
der sich zü seines Heylands Füssen,
in Demüt dürch die Rühm-Lüfft schwingt.

Die **Posaunen** sind ebenfalls unterschiedlicher Gattungen / als **Discant- Alt- Tenor- Baß- und Quart-** Posaunen / wann diese beysammen / werden sie ein Stimm-Werck genennet; die Baß- und Tenor-Posaunen gebrauchet man am meisten / auf der Quart-Posaune aber pfleget man den Sub-Bass zu blasen / und gehöret eine sehr starcke Person dazu.

Die **Wald-Hörner** sind groß und klein / anbey auf mancherley Art gewunden / einige einfach / und das Hauptstuck derselben im Diameter so weit als eine ziemliche Schüssel / gibt auch einen starcken und weit erschallenden Hall von sich; andere / welche man die gedoppelte nennet / sind zweymal / andere drey / biß viermal umwunden; der **Post-Hörner** / so allenthalben zur Genüge bekannt / zu geschweigen.

Die Materie / woraus die Trompeten-Macher jetzt besagte ihre Arbeit verfertigen / sind Silber / Messing und Kupffer: Die Trompeten werden heut zu Tage vor die Käyser- Königl. Chur- und Fürstlichen Höfe von klaren Silber / insgemein aber von Messing oder Kupffer gemacht. Die Posaunen und Wald-Hörner bestehen ebenfalls aus Messing / jedoch hat die jetzt regierende **Allerhöchste Käyserliche Majestät** / welche der höchste GOtt bey sieg-beglückter Regierung annoch lang erhalte! in ihrer / bey dem Anfang des annoch fortwährenden Reichs-Tages höchsten Anwesenheit zu Regenspurg ihren Hoff-Musicum und dazumahl berühmtesten Trombonisten in Europa / Nahmens Helwig / mit einer zu Nürnberg verfertigten silbernen Posaunen allergnädigst beschencket.

So ist auch vor die **Römische Königl. Majestät** / welche der gute GOtt mit allen Königlichen höchsten Glückseeligkeiten kröne / und beständig erfreue! zu gedachten Nürnberg ein silbernes Wald-Horn / zu Dero allergnädigsten Vergnügen / gemachet worden: Wie dann die Nürnbergischen Meister biß hieher vor andern dergestalt beglückt gewesen / daß ihre Arbeit fast an den mehresten Chur- und Fürstlichen Höfen beliebet / und in grosser Menge nach Spanien / Franckreich / Dennemarck / Holland / ja so gar in Moscau ꝛc. ꝛc. verführet werden.

Aus: Christoff Weigel, *Abbildung der gemeinnützlichen Hauptstände*, Regensburg 1698

Es muß aber der Trompeten-Macher zu seiner Arbeit/so wohl die Silberne als aus Messing und Kupffer gemachte Bleche/ erstlich zu recht schneiden/auf das netteste zusammen fügen/mit guter Vorsichtigkeit löthen/ richten/und auf dem Ambos und Becher-Eisen heraus schlagen. Zu der silbernen Arbeit muß man gutes Prob-Silber schmelzen/ so dann in einen hiezu dienlichen Einguß / ausgiessen / mit dem Hammer zu einem dünnen Blech schlagen/ und wan es auf oberzehlte Art / wie wir gleich zuvor von dem Messing und Kupffer gesagt/gearbeitet worden/wieder weiß gesotten/die Zieraten aufgelöthet/und auf das schönste verguldet werden.

Betreffend nun auch den Nutzen und Gebrauch der Trompeten/ so war selbiger schon zu Moysis Zeiten bey dem Gottesdienst üblich/dann so heist der Göttliche Befehl im 4. Buch Moysis Cap. 10. v. 3. Wann man beede Trompeten schlecht bläset/soll sich zu dir versammlen die gantze Gemeine für der Hütten des Stifftes; und dieneten ihnen also an statt der bey uns gebräuchlichen Glocken. So ordnete ja auch der Weiseste unter den Königen/ Salomo/ bey der Einweihung des von ihme erbaueten herrlichen Tempels/ daß hundert und zwantzig Priester/ welche neben andern Musicis gegen Morgen des Altars stunden / 2. Chron. 5. v. 12. mit Trompeten blasen musten / und da Salomo zwey und zwantzig tausend Ochsen / und hundert zwey und zwantzig tausend Schaafe opfferte / 2. Chron. 7. v. 5. und 6. stunden die Priester in ihrer Hut / und die Leviten / mit den Saiten-Spielen des HErrn/und die Priester trommeteten gegen ihnen.

Die Heyden äfften solche Gewohnheit denen Ebräern nach/ daher dann Suidas die Trompeten Σάλπιγξ ἱερατικὸν ὄργανον ein geistliches oder zu dem Gottesdienst gehöriges Instrument nennet. Heut zu Tag pfleget man die Trompeten nicht weniger so wol bey der Kirchen- als Hof-Music zu gebrauchen/doch ist zu beklagen/daß man nicht alle Thon gleich auf den andern Instrumenten darauf exprimiren kan/sondern der Componist muß/so er etwas auf die Trompete setzet/ nur in genere Diatonico, wo er nicht einen Fehler begehen will/verbleiben/nemlich nur allein in diesen Tonis.

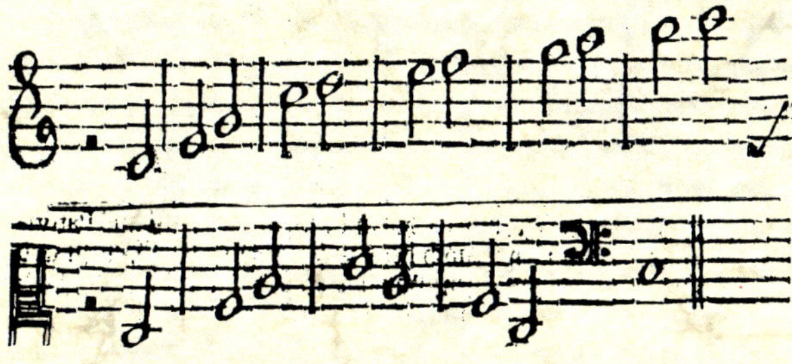

wiewohl man jetziger Zeit so künstlich-musicalische Trompeter findet/ welche auch das Genus Chromaticum in tono secundo auf diese und andere dergleichen Art

auf das lieblichste hervor zu bringen wissen/ allein es gehöret eine solche Geschicklichkeit dazu/ die nicht jedem gegeben ist/doch kan man in beeden generibus alle tonos und semitonia auf der Posaune anstossen/weil sie mit zweyen Zügen versehen/ deren aber die Trompete ermangelt/ wiewohl man vor sehr vielen Jahren auch einige mit einem Zug verfertiget/weil sie aber den verhofften Effect nicht gethan/wieder abgeschafft worden.

Es wurden vor Zeiten/ und werden auch noch heut zu Tage die Trompeten gebrauchet in dem Krieg/nicht nur die Soldaten anzufrischen/ sondern auch zu einem Zeichen/ ob sie marschiren / den Feind angreiffen und verfolgen / oder aber sich in guter Ordnung zurucke ziehen sollen; Dann so heist es an gedachtem Ort / v. 9. wann ihr/ nemlich die Israeliten / in den Streit ziehet wider eure Feinde/ sollet ihr trommeten mit Trompeten/und v. 5. und 6. wann ihr trommetet sollen die Lager aufbrechen/ die gegen Morgen liegen/ und wann ihr zum andernmahl trommetet/so sollen die Lager aufbrechen/die gegen Mittag liegen.

Bey den Heyden war solches ebenfalls gebräuchlich/wie bey dem Vegetio aus dessen 2. Buchs 22. Cap. zu sehen / dessen Worte/ weil ich mich der Kürtze befleissen muß/ hieher zu setzen/viel zu lang fallen würde; und wer weiß nicht/daß noch heut zu Tage die Trompeter anderst zum March / anderst zum Auf- und Abzug blasen?

Man gebrauchte die Trompeten bey hohen Festivitäten und Freuden-Bezeugungen: Von den Juden heist es ja Num. c. 10. v. 10. Wann ihr frölich seyd an euren Festen und Neumonden/sollt ihr mit Trompeten blasen. Wie trefflich sich bey denen Triumph-Aufzügen der Römer die Trompeter hören lassen musten / ist aus Panvinio bekannt / und müssen ja noch heut zu Tag bey grosser Herren und Potentaten Ein- und Aufzügen/ Panqueten/ Taffeln/und Gesundheit-Trüncken/unter dem Knallen der Stücke und Salven der Musqueten/Trompeten und Paucken erschallen.

Man bedienet sich aber auch der Trompeten bey Klag- und Leich-Begängnüssen/ von den Römern beweiset es Servius klar/ wann er sagt/ daß bey den Leichen der alten Personen die Trompeten/ bey den Jungen aber die Pfeiffen geblasen worden: Doch gebrauchten sie sich hiezu einer besondern Art der Trompeten/ welche/nach des Magii Bericht / viel weiter und länger waren/als die andere / und weiln sie einen sehr traurigen und beweglichen Thon von sich gaben/ wurden die/so sie zu blasen pflegten Siticines, Leich- und Klag-Trompeter genennet/daher es vielleicht kommen mag/ daß bey den Leichen hoher Potentaten und militarischer Personen die Trompeter auch dermahlen den sonst durchdringenden Schall ihrer Trompeten zu moderiren / und auf den so genannten Sardin zu blasen pflegen. Ein mehrers von den Trompeten/und dero Gebrauch/mag der geneigte Leser bey dem Erasmo Bartholino in seinem tractatu de Tibiis Veterum, nach Belieben / aufschlagen.

daß mir's mit dem Stimmen und der Arbeit Keiner weder in Deutschland noch in Wälschland nachmacht.

Die Fürsprecher, die Neuschel beibrachte, bestätigten seine Forderung und damit die allgemeine Reputation des Trompeten- und Posaunenmachers. Der beachtliche Preis übrigens wird verständlich, wenn man neben dem notwendigen hochwertigen Material (vorzugsweise Silber und Messing) den Zeitaufwand für die Herstellung berücksichtigt: Neuschel brauchte nach eigenem Bekunden für das Anfertigen und Einstimmen von 12 Trompeten fast ein halbes Jahr Zeit[7]. Selbst wenn diese Angabe aus naheliegenden Gründen übertrieben scheint, wird man davon ausgehen müssen, daß in einer Nürnberger Werkstatt jährlich kaum mehr als 2 bis 3 Dutzend hochwertige Blechblasinstrumente gefertigt werden konnten, nicht gerechnet Pauken sowie verschiedene andere Instrumente, beispielsweise Zinken, und die allfälligen Reparaturen. Die Gesamtproduktion in Nürnberg kann mithin kaum mehr als 200 bis 300 Stück im Jahr betragen haben, doch reichte sie offenbar aus, um die Nachfrage zu befriedigen. Denn obschon diese im Laufe des 16. Jahrhunderts kräftig angestiegen war, blieb sie doch immer noch weit hinter der nach Holzblas- oder gar Saiteninstrumenten zurück. Immerhin war der Einsatz von Trompeten auf die Fürsten-, Königs- und Kaiserhöfe sowie allenfalls die freien Reichsstädte begrenzt, Posaunen wurden vornehmlich von Türmern und Stadtpfeifern geblasen, die in städtischen Diensten standen und in aller Regel nicht selbst über ihre Instrumente verfügten. Diese wurden vielmehr zumeist vom Dienstherrn beschafft und den Musikern leihweise überlassen, blieben mithin über einen relativ langen Zeitraum hinweg in Gebrauch, unbeschadet eines etwaigen Wechsels in der Zusammensetzung des Türmer- oder Stadtpfeiferkorps[8].

7 Neuschels Forderung von 230 Gulden muß man vor dem Hintergrund des seinerzeit üblichen Gehaltsniveaus betrachten: Hans Schnitzer beispielsweise erhielt als Trompeter und Zinkenbläser 1550 ein (damals ungewöhnlich hohes und nur mit seiner Reputation erklärliches) Jahresgehalt von 60 Gulden!

8 F. Jahn, a. a. O., S. 43.

Auch im 17. Jahrhundert konnten die Nürnberger Trompeten- und Posaunenmacher die hohe Qualität ihrer Produkte halten und ihre internationale Reputation verteidigen. Und wiederum waren es vornehmlich einige wenige Familien, in denen sich das Handwerk vom Vater auf den Sohn oder einen anderen Nachfahren „vererbte“, so daß ihre Namen über Jahrzehnte hinweg die verschiedensten Blechblasinstrumente zierten. Neben den Familien Ehe, Hainlein und Schmidt ist insbesondere die Familie Haas zu nennen, deren einprägsames Werkstatt-Zeichen vielen Generationen als besonderes Gütesiegel galt. Johann Ernst Altenburg schrieb noch 1795 in seinem *Versuch einer Anleitung zur heroisch-musikalischen Trompeter- und Pauckerkunst*[9]: „Indessen hält man die zu Nürnberg von W. Hasen verfertigten und mit Engelsköpfchen besetzten [Trompeten] gemeiniglich für die besten.“

Daneben wirkten verschiedene Mitglieder der Familien Kodisch und Steinmetz sowie einzelne Trompetenmacher, deren Vorfahren zumeist andere Berufe ausgeübt hatten. Im Unterschied zu den Söhnen von Trompetenmacher-Meistern, die gewisse Vorrechte besaßen und erheblich früher zu Meisterehren gelangen konnten, mußten Zunftfremde nach der 6jährigen Lehrzeit noch eine mindestens 6jährige Gesellenzeit absolvieren, ehe sie sich selbständig machen konnten – sofern eine entsprechende Stelle freigeworden war. Die Zunftgesetze dienten mithin nicht zuletzt dazu, den Zugang zum Handwerk kontrollieren und so die wirtschaftliche Existenz der bereits bestallten Meister garantieren zu können. Sieht man von besonderen widrigen Umständen ab, die zumeist in der Person des einzelnen Gesellen bzw. Meisters begründet waren, so konnten die Nürnberger Blechblasinstrumentenmacher im 17. Jahrhundert weder über einen Mangel an Aufträgen klagen noch gar über wirtschaftliche Schwierigkeiten. Nicht wenige Meister gelangten in ihrer Heimatstadt zu Ehren, waren angesehene Mitglieder der bürgerlichen Gesellschaft und genossen hohes Ansehen, wie sich etwa aus den Zeugnissen über eine Taufe anno 1680 im Hause von Jakob Schmidt erkennen läßt[10]:

1680 erschien bei der Taufe seiner Tochter Esther Susanna gar die Gräfin Heberstein mit einem großen Gefolge als Taufpatin. Dieser Aufzug von Grafen und Edelmännern, wie er sich aus der langen Reihe von Einträgen im Taufbuch rekonstruieren läßt, bringt so recht die Wertschätzung zum Bewußtsein, die einzelne Meister dieses Handwerks zu dieser Zeit in Adelskreisen genossen.

Daß die Trompetenmacher auch bei der Nürnberger Obrigkeit gut angesehen waren – und zwar ganz offensichtlich aus rein wirtschaftlichen Erwägungen heraus –, manifestiert sich in zahlreichen Verhandlungen wegen ungebührlichen Verhaltens einzelner Zunftmitglieder oder ganzer Gruppen von ihnen. Bemerkenswert viele ließen sich kleine oder große Verfehlungen zuschulden kommen, mußten wegen Raufereien oder anderer Händel sowie wegen Ehebruchs oder Schwängerung einer Jungfrau vor Gericht und wurden bestraft. Doch bemerkenswerterweise zeigte sich der Rat häufig außerordentlich entgegenkommend und wandelte die Strafen in Geldbußen um, deren Begleichung den zumeist begüterten Handwerkern kaum schwerfallen konnte, oder erließ sie ihnen ganz, auf Bewährung gewissermaßen. Ganz und gar unnachgiebig zeigte man sich freilich, wenn ein Meister versuchte, sich andernorts niederzulassen, und Gefahr bestand, daß er sein Wissen und Können fremden Lehrlingen und Gesellen weitergeben und damit die Monopolstellung der Reichsstadt gefährden konnte. Ihm wurde dringend anempfohlen, unverzüglich in seine Heimatstadt zurückzukehren, widrigenfalls er seiner Bürgerrechte und seines Vermögens verlustig gehe. Zudem mußte er damit rechnen, daß seine noch in der Stadt verbliebenen Verwandten Repressalien ausgesetzt wurden – was Wunder, daß nur wenige Fälle von Stadtflucht überliefert sind![11]

Verschiedene Trompeten- und Posaunenmacher brachten es zu beträchtlichem Vermögen. Paul Hainlein beispielsweise hinterließ seinen vier Kindern 1686 nicht weniger als 2.500 Gulden, allein das „Silbergeschmeid“ wurde auf 340 Gulden geschätzt![12] Einige Familien – z. B. die der Haas – konnten ihren Wohlstand bis ins 18. Jahrhundert hinein behaupten. Beim Tode von Ernst Johann Conrad Haas im Jahre 1792 wurde das Kapital abzüglich der Passiva auf 2.360 Gulden beziffert[13]. Demgegenüber konnten sich aber in der zweiten Hälfte des 18. Jahrhunderts die meisten Nürnberger Trompetenmacher nur noch mit Mühe ernähren. Das hängt vornehmlich damit zusammen, daß die Trompeter ihre einstige Vormachtstellung einbüßten, weil man sich nicht mehr mit den auf äußere Wirkungen zielenden Fanfaren der Trompetercorps zufrieden gab. Von Frankreich ausgehend setzte sich eine neue militärische Musik durch, in der die Holzblasinstrumente dominierten. An die Stelle der Trompeter traten die „Hoboisten“, statt schmetternder Signale spielte man nunmehr melodiöse mehrstimmige Sätze. Daß zur gleichen Zeit die Trompete Eingang fand in die Orchester und dort alsbald zum festen Bestand des Instrumentariums zählte, wenn auch unter vollkommen anderen musikalischen Voraussetzungen, vermochte nichts daran zu ändern, daß die Nachfrage nach Trompeten drastisch zurückging. Auch die Einsatzmöglichkeiten der Posaune wurden eingeschränkt. Die bis ins frühe 18. Jahrhundert übliche colla-parte-Praxis – d.h. die Parallelführung von Singstimmen und Instrumenten – hatte man inzwischen weitgehend aufgegeben, in der Oper oder Sinfo-

[9] Johann Ernst Altenburg: *Versuch einer Anleitung zur heroisch-musikalischen Trompeter- und Pauckerkunst.* Halle 1795/Reprint 1966, S. 10.

[10] Willi Wörthmüller: „Die Nürnberger Trompeten- und Posaunenmacher des 17. und 18. Jahrhunderts“. In: *Mitteilungen des Vereins für Geschichte der Stadt Nürnberg*, Bd. 45,1954, S. 238.

[11] Vgl. hierzu W. Wörthmüller, a. a. O., S. 251ff.

[12] Ebda., S. 235.

[13] Ebda., S. 243.

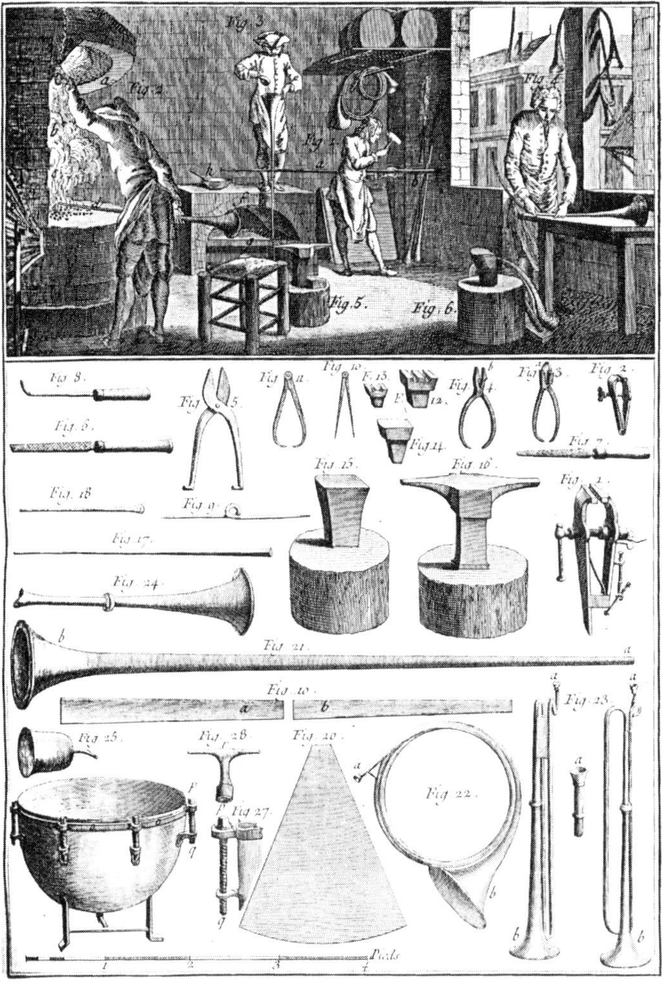

Aus: *L'Encyclopédie méthodique – Arts et metiers mécaniques*, Paris 1762-1777. Blechblasinstrumentenwerkstatt um 1750 und Werkzeuge (zum Blechblasinstrumentenmacherhandwerk gehörte auch die Herstellung vom Pauken). Fig. 1: Blechstreifen werden über einen Dorn zu einem Rohr gebogen, gelötet und gehämmert; Fig. 2: Erhitzen der Röhre, um das Material leichter biegbar zu machen; Fig. 3: Ausgießen mit Blei, um die Röhre faltenfrei biegen zu können; Fig. 4: Biegen der Röhre. Das Blei wird danach wieder ausgeschmolzen.

nie wurde die Posaune nur in bestimmten symbolträchtigen Partien eingesetzt. Lediglich die Nachfrage nach Waldhörnern stieg im Laufe des 18. Jahrhunderts erheblich an, doch gaben sich die Nürnberger Meister – aus welchen Gründen auch immer – kaum mit der technisch schwierigen und arbeits- bzw. materialintensiven Herstellung von Hörnern ab.

Hatte die Zahl der Meisterbetriebe in der Blütephase zwischen 1550 und 1710 im Schnitt bei rund 10 gelegen – wobei der Rekordmarke von 13 im Jahre 1625 wegen der damals erlassenen restriktiven Zunftgesetze zunächst ein Abschwung folgte, der erst nach 1640 allmählich wieder ausgeglichen werden konnte –, so ging die Zahl nach 1750 kontinuierlich und seit 1780 rapide zurück. 1796, als Johann Adam Haas das Meisterrecht beantragte, waren nur mehr zwei Meister in Nürnberg tätig, und als Johann Adam 1817 an „Auszehrung" starb, segnete mit ihm der letzte Angehörige jener traditions- und ruhmreichen Trompeten- und Posaunenmacherzunft, die Nürnberg seit gut 250 Jahren zu besonderem Ruhm verholfen und den Meistern Ehre und Wohlstand gesichert hatte, das Zeitliche[14].

Am Niedergang ihrer Zunft trugen die Meister selbst nicht geringe Schuld. Denn ihre allseits gerühmte handwerkliche Kunstfertigkeit kann nicht darüber hinwegtäuschen, daß sie zäh am Altbewährten festhielten und die jahrhundertealten Modelle weiter fertigten, die sie allenfalls in Details (etwa der Mensur oder dem Verlauf des Schalltrichters) ein wenig abänderten. Es scheint, als habe sich hier die Zunftordnung letztlich negativ ausgewirkt, weil sich die Meister innerhalb des kartellartigen Gesetzeswerkes zu sicher fühlten und den Anschluß an die Zeitströmungen verpaßten. Denn daß in der zweiten Hälfte des 18. Jahrhunderts der Wunsch, die Blechblasinstrumente zu vollwertigen Orchesterinstrumenten zu machen, zunehmend technisch versierte Tüftler mit Neuentwicklungen auf den Plan rief, war offenkundig. So ging der Blechblasinstrumentenbau an andere Orte über: Wien vor allem (berühmte Familien waren hier schon am Anfang des 18. Jahrhunderts die Leichamschneiders und die Kerners), später Mainz (die Firma Alexander wurde 1782 gegründet), München (hier waren es seit Ende des Jahrhunderts die Sauerles), Linz (die Lorenz'), dann vor allem Sachsen und das Vogtland.[15]

Ursprünglich ließen sich auf den Hörnern und Trompeten lediglich die sog. Naturtöne hervorbringen, die in den unteren Lagen relativ weit auseinanderliegen und erst von der 4. Oktave an ein Melodiespiel ermöglichen. Wollte man eine Trompete melodieführend einsetzen, so mußte man sie bis in die zwei- oder gar dreigestrichene Oktave führen, in die sog. Clarinlage. Das Spiel in dieser Höhe erforderte neben einem speziellen Mundstück eine ausgefeilte Blastechnik, die Clarinbläser standen wegen ihrer Fertigkeiten in hohem Ansehen. Denn sie wußten nicht nur die „unsauberen" Naturtöne 7 (b^1), 11 (f^2), 13 (a^2) und 14 (b^2) zu korrigieren, sondern darüber hinaus auch Zwischenstufen – etwa im Wechsel f^2/fis^2 – zu blasen, Triller und Vorschläge allein mittels der Lippen auszuführen, usw. Zwar standen die Trompeten den Zinken an Beweglichkeit nach, im Hinblick auf die Lautstärke und die strahlende Leuchtkraft der Töne aber waren sie ihnen weit überlegen. Zudem bereitete die Intonation, die bei den Zinken immer besonders heikel war, weniger Probleme. Um die Wende zum 18. Jahrhundert wurden Clarinpartien bisweilen in schwindelnde Höhe geführt. Begnügte sich J.S. Bach in der Regel mit dem 16. Naturton (c^3) als oberer Grenze, so forderten Johann Joseph Fux (1660-1741) oder Antonio Caldara (1670-1736) nicht selten f^3 oder g^3, also den 22. bzw. 24. Naturton. Sie schrieben diese Partien für Johann Heinisch, der zwischen 1727 und 1750 in Wien wirkte und als einer der bedeutendsten Trompeter aller Zeiten gilt. Aber nicht nur er brillierte durch die Beherrschung extremer Höhen, auch ein gewisser

14 Vgl. W. Wörthmüller, a. a. O., S. 297 bzw. 244.

15 Vgl. hierzu W. Wörthmüller, a. a. O., S. 300f.

Der Leipziger Stadtpfeifer Gottfried Reiche
mit einer gewundenen Trompete

J.B. Resenberger, für den Michael Haydn (1737-1806) und Georg v. Reutter der Jüngere (1708-1772) ihre Konzerte komponierten, hatte sich „sonderlich in der Höhe [...] sehr berühmt gemacht", wie Leopold Mozart anerkennend vermerkte.[16] Übrigens gab es auch beim Horn eine – allerdings relativ kurze – Phase, in der man die Clarinlage bis hinauf zum g^3 nutzte: Leopold Mozart, aber auch Joseph Haydn und selbst noch W.A. Mozart schrieben entsprechende Stücke.[17] Bemerkenswerterweise fällt diese Erscheinung in die Zeit nach 1750, als die Stopftechnik schon erfunden, aber vermutlich noch nicht überall verbreitet war und man anders keine Möglichkeit fand, das Horn melodisch einzusetzen. Im letzten Viertel des 18. Jahrhunderts, dem Beginn der Wiener Klassik, wurde das Clarinblasen entbehrlich. Im Vordergrund stand nunmehr der Einsatz der Trompete im Orchester, und zwar vorwiegend in der Mittellage, etwa bis zum 12. Naturton (g^2). Dabei erwies sich, daß die Trompete den anderen Instrumenten nicht ebenbürtig war. Denn außerhalb der Clarinlage ließen sich keine längeren Melodien spielen, allenfalls kurze Motive, der Einsatz der Trompete blieb mithin auf Akkordtöne in Tutti-Passagen beschränkt.

Dies galt freilich nicht für das Horn als Soloinstrument, seitdem der Dresdener Hornist Anton Joseph Hampel (ca. 1705-1771) um 1750 das sog. Stopfen erfunden hatte. Dabei legt der Spieler seine Hand in den Schalltrichter, den er nach Belieben ganz oder teilweise verschließen kann. So lassen sich die Naturtöne kontinuierlich bis zu einem Ganzton vertiefen, bei vollständigem Verschluß indessen um einen Halbton erhöhen. Von der zweiten Oktave an war das Horn somit diatonisch, von der dritten Oktave an sogar chromatisch spielbar. Freilich setzte diese Technik eine entsprechende Schulung voraus, zudem erforderte es große Geschicklichkeit, die klanglichen Unterschiede zwischen offenen bzw. den teilweise oder vollkommen gestopft geblasenen Tönen auf ein Minimum zu reduzieren. Daher beschränkten sich die Komponisten in der Regel darauf, die Stopftechnik in Solowerken vorzuschreiben, begnügten sich hingegen im Orchester zumeist mit den Naturtönen bzw. reservierten die Stopftöne für besondere musikdramatische Wirkungen.

In der zweiten Hälfte des 18. Jahrhunderts gab es zahlreiche Versuche, die Einsatzmöglichkeiten der Blechblasinstrumente zu verbessern. In Analogie zum Horn konstruierte Michael Wöggel in Karlsruhe um 1770 eine Stopftrompete, doch wogen deren Unzulänglichkeiten, namentlich die klangliche Unausgewogenheit zwischen offenen und gestopften Tönen, so schwer, daß dem Instrument kein Erfolg beschieden war.[18] Als Problem erwies sich im Laufe des 18. Jahrhunderts auch die Erweiterung der Tonalität. Hatte man sich bis in die erste Hälfte des 18. Jhs. mit der D-Stimmung zufrieden gegeben, so schrieben die Komponisten nun Trompeten und Hörner in allen möglichen Stimmungen vor, die noch dazu im Laufe eines Stückes oftmals wechselten. Dies ließ sich mit Hilfe von Einsatzbögen (den sog. Inventionsbögen) bewerkstelligen, welche die

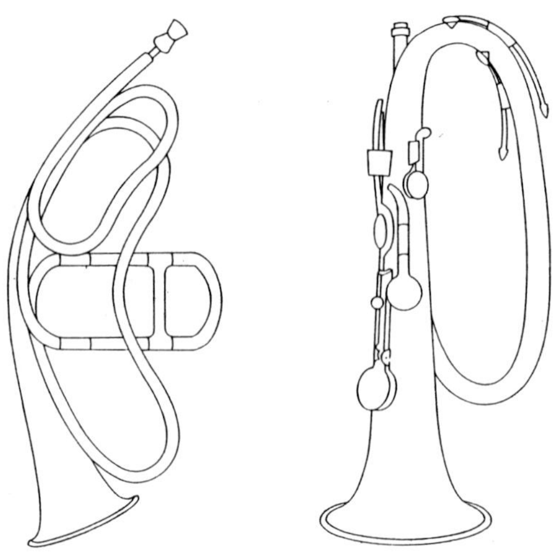

Stopftrompete 18. Jahrhundert und Klappentrompete um 1800

[16] Vgl. hierzu Edward Tarr: *Die Trompete.* Bern und Stuttgart 1977, S. 10, 85f. und 100f.

[17] Vgl. hierzu Kurt Janetzky und Bernhard Brüchle: *Das Horn.* Bern und Stuttgart 1977, S. 42f.

[18] Vgl. E. Tarr, a.a.O., S. 104f.

Naturtonreihe des Instruments entsprechend vertieften. Freilich kam es in der Praxis nicht selten zur Verwechslung einzelner Stimmbögen, so daß plötzlich Hornisten und Trompeter in einer anderen Tonart musizierten als das übrige Orchester.

Eine weitere Möglichkeit, den Tonvorrat der Blechblasinstrumente zu vergrößern, bot die Anbringung von Grifflöchern, die mittels der Finger oder eines Klappensystems geöffnet werden konnten, um die Luftsäule des Instruments – und damit seine Tonhöhe – zu erhöhen. Die ersten Experimente nahm um 1766 der in St. Petersburg tätige böhmische Hornist Kölbel (ca. 1700-1780) an einem Waldhorn vor, seiner Erfindung gab er den Namen „Amorschall". Dabei handelte es sich um zwei ganz unterschiedliche Innovationen: Einmal um einen Klappenmechanismus, mit dessen Hilfe leiterfremde Töne erzeugt werden konnten, dann um eine – in Analogie zum Liebesfuß der Holzblasinstrumente entwickelte – Vorrichtung, die auf den Schalltrichter aufgesetzt wurde und den Klang soweit dämpfte, daß sich das Horn auch kammermusikalisch einsetzen ließ.[19] Zwar fand Kölbels Erfindung keinen Zuspruch, jedenfalls nicht beim Horn, indessen griff man die Idee auf und übertrug sie alsbald auf eine Trompete. Erste Versuche begannen bereits um 1777, doch gelang der Durchbruch erst dem Wiener Trompetenmacher Anton Weidinger (1767-1852). Sein 1795 konstruiertes Modell mit zunächst drei, später bis zu 5 Klappen veranlaßte Joseph Haydn zur Komposition seines berühmten Trompetenkonzertes in Es-Dur (1796), in dem er die chromatisch nutzbare Mittellage (c^1-c^2) wirkungsvoll einsetzte, insbesondere im zweiten Satz. Bemerkenswerterweise konnte sich die Klappentrompete, trotz einiger unbestreitbarer Vorzüge, in der Kunstmusik nicht durchsetzen, wohl aber fand sie in der Militärmusik bis weit ins 19. Jahrhundert hinein Verwendung. Das System der Klappen wurde sogar auf ein anderes Instrument, das weit mensurierte Bügelhorn, übertragen und dieses Klapp(en)horn vermochte sich erstaunlich lange neben den Ventilinstrumenten zu behaupten. Auch Zugmechanismen, wie sie bei der Posaune erfolgreich verwendet wurden, hatten zumindest in bestimmten Ländern einen begrenzten Erfolg. In England bevorzugte man bis gegen Ende des 19. Jahrhunderts Zugtrompeten für die Ausführung barocker Clarinpartien, und auch in Frankreich priesen namhafte Musiker und Komponisten noch um 1850 die Vorzüge der Zugtrompete gegenüber dem Ventilinstrument.[20]

19. UND 20. JAHRHUNDERT

Nachdem Friedrich Blühmel und Heinrich Stoelzel – offenkundig unabhängig voneinander – um 1814 einen Ventilmechanismus erfunden und darauf im April 1818 ein Patent erhalten hatten, war der Weg frei für eine Modernisierung aller Blechblasinstrumente, die nicht, wie die Posaune, konstruktionsbedingt lückenlos chromatisch einsetzbar waren. Zugleich aber eröffnete sich die Möglichkeit, jene Instrumente in einem bis dahin ungekannten Ausmaß in der musikalischen Praxis zu verankern. Horn, Trompete und die zahlreichen neu erfundenen Blechblasinstrumente eroberten sich nicht nur feste Plätze in den Orchestern, wobei einige der Neuschöpfungen sich ausschließlich oder vorwiegend in den Ensembles der Volks- oder Militärmusik etablieren konnten, sie erlaubten überdies den Komponisten, mit gänzlich ungewohnten Klangfarben im Orchester zu experimentieren. Daß sich ihnen, über den Bereich des Klanges hinaus, völlig neue Perspektiven eröffneten, die auf die Kompositionstechnik und die Wahl der Stilmittel zurückwirkten, und daß es demzufolge zunächst darum ging, sich allmählich an das musikalisch Machbare heranzutasten, bedarf keiner weiteren Erläuterung. Insofern wurde das Versprechen, das Heinrich Stoelzel 1814 Friedrich Wilhelm III. von Preußen gegeben hatte[21] – „durch diese [= Blechblasinstrumente mit Ventilen] eine Musik herzustellen, worüber die Welt erstaunen soll" –, schließlich eingelöst; vermutlich hatte der Erfinder selbst damit kaum zu rechnen gewagt. Und zunächst sah es auch gar nicht danach aus, denn die Widerstände gegen die neuen Instrumente waren unerwartet groß und hielten überdies viel länger an, als die wenigen Befürworter glauben mochten.

Freilich muß man aus heutiger Sicht zugestehen, daß die Auswirkungen, welche die Erfindung der Ventile zeitigte, gravierender waren als jemals zuvor in der Geschichte der europäischen Musik seit der Konstruktion der Violine, und daß sie sich überdies auf alle Lebensbereiche erstreckten: auf die soziale Stellung der Musiker ebenso wie auf die „musikalische Bildung" der Massen, auf die Entwicklung der Militärmusik nicht weniger als auf die Kammermusik und das Solokonzert, auf das Spiel im Ensemble gleichermaßen wie auf das Musizieren der Instrumentalvirtuosen. Und die Folgen beeinflußten schließlich auch die sozialen und wirtschaftlichen Lebensbedingungen unzähliger Menschen, die mit der Musik selbst gar nichts zu tun hatten. Denn das wohl erstaunlichste Phänomen war das unglaublich rasche Aufblühen einer Industrie, in der man sich modernster Fertigungsmethoden bediente und die neuesten Produktionsmaschinen einsetzte – kurz, in der man auf der Höhe der technischen Entwicklung und des Fortschritts war. Und da der Bedarf an Blechblasinstrumenten und die Nachfrage in bis dahin ungekanntem Ausmaß weltweit anstiegen, wuchs die Blechblasinstrumenten-Industrie schon bald zu einem bedeutenden Wirtschaftsfaktor heran. Von der Rohstofflieferung über die Herstellung selbst bis zum Vertrieb der

[19] Vgl. hierzu Christian Ahrens: *Eine Erfindung und ihre Folgen – Blechblasinstrumente mit Ventilen.* Kassel 1986, S. 14f.

[20] Vgl. E. Tarr, a.a.O., S. 106f. sowie C. Ahrens, a.a.O., S. 40.

[21] Zitiert nach Herbert Heyde: „Zur Frühgeschichte der Ventile und Ventilinstrumente in Deutschland (1814-1833)". In: *Brass Bulletin* (1979), S. 13.

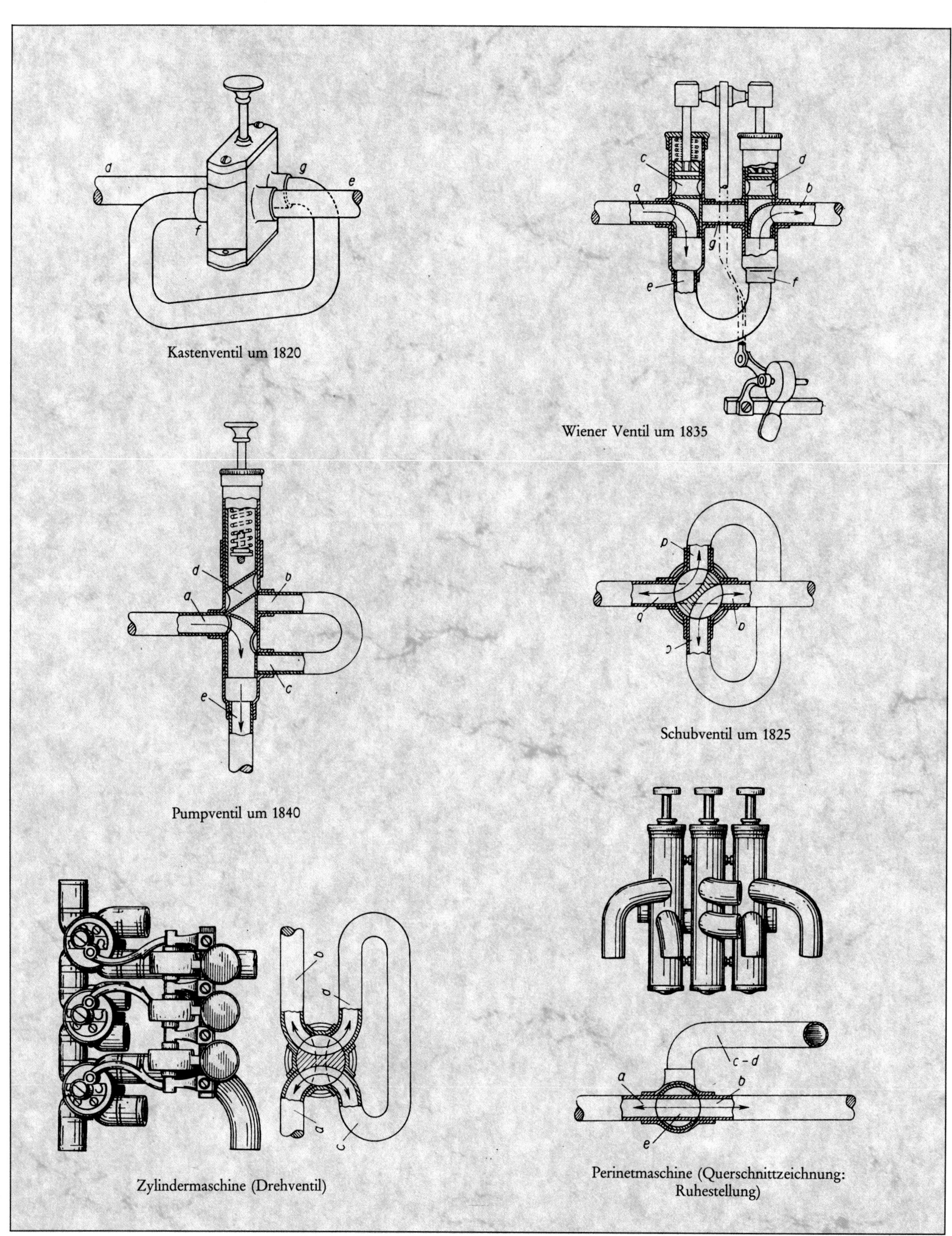

Kastenventil um 1820

Wiener Ventil um 1835

Pumpventil um 1840

Schubventil um 1825

Zylindermaschine (Drehventil)

Perinetmaschine (Querschnittzeichnung: Ruhestellung)

Aus: Bahnert, Herzberg, Schramm: *Metallblasinstrumente.* Leipzig 1958

Instrumente und schließlich ihrem Einsatz in der musikalischen Praxis war nicht nur eine große Zahl von Menschen aktiv beteiligt, es wurden zugleich erhebliche Werte geschaffen und umgesetzt.

Seit dem 15. Jahrhundert vollzog sich die Herstellung von Blechblasinstrumenten, wie bereits erwähnt, nach strengen Zunftgesetzen, denen sich jedermann zu unterwerfen hatte, wodurch sich Produktionsumfang und Qualität der Instrumente relativ leicht kontrollieren und garantieren ließen. Dies sicherte den ordnungsgemäß freigesprochenen Handwerksmeistern, den Gesellen und ihren Familienangehörigen ein angemessenes Einkommen, schloß Außenstehende hingegen von diesem Fertigungsbereich aus. Was den einen zum unbestreitbaren Vorteil gereichte, nahm den anderen eine Existenzmöglichkeit und ein Betätigungsfeld, auf dem sie sich u. U. erfolgreich hätten profilieren können.

Diese Bedingungen der Instrumentenfertigung koinzidierten mit Normen, welche die Nutzung der Blechblasinstrumente in der Musik jener Zeit bestimmten. Denn Blechblasinstrumente ließen sich selbst im 18. Jahrhundert keineswegs immer und bei jeder Gelegenheit einsetzen, obschon beispielsweise die Zunftgesetze nach 1740 – trotz erneuter Bestätigung, u. a. durch den sächsischen Kurfürsten und König von Polen – allmählich an Bedeutung verloren. Seit ca. 1700 erfreute sich etwa das Horn einer zunehmenden Beliebtheit, und da sein Einsatz weitgehend liberalisiert wurde, konnte es sich als wichtigster Vertreter seiner Gruppe in der Orchester- wie der Kammermusik etablieren. Hingegen zählte die Trompete noch um die Mitte des 18. Jahrhunderts keineswegs zu jenen Instrumenten, deren Nutzung jedermann freigestellt war. Die 1743 ausdrücklich bestätigten Reichsprivilegien sahen zwar vor[22],

> *... daß kein Trompeter, und Heer-Paucker, sich zu gemein machen, mit ihrem Instrument, nicht anders, als beym Gottes-Dienste, Kayser, Königen, Chur-Fürsten, Grafen, Freyherrn, und adelichen Ritterschafften, oder sonst qualificirten Personen, (worunter man Herrschafften, vornehme Bediente, und Graduirte, verstehet), gebrauchen...*

und räumten damit den Trompetern ein erheblich größeres Betätigungsfeld ein als wenige Jahrzehnte zuvor. Immer noch aber blieb das Spiel der Trompete im wesentlichen jenen zunftmäßig organisierten, privilegierten Musikern vorbehalten, die sich einer geregelten Unterweisung unterzogen, vor den Oberen eine Prüfung abgelegt hatten und anschließend ordnungsgemäß freigesprochen worden waren. Den Zuwiderhandelnden drohten übrigens empfindliche Strafen! Und auch der Einsatz der Posaune unterlag strengen Reglementierungen, die relative Freizügigkeit des 16. und 17. Jahrhunderts war durch musikästhetische Normen stark eingeschränkt worden.

22 *Abhandlung von den Trompetern, und ihren besonderen Rechten [...]*, Halle 1743 (zitiert nach D. Altenburg: *Untersuchungen zur Geschichte der Trompete im Zeitalter der Clarinblaskunst (1500-1800)*. Regensburg 1973, Bd. 2, S. 177f.)

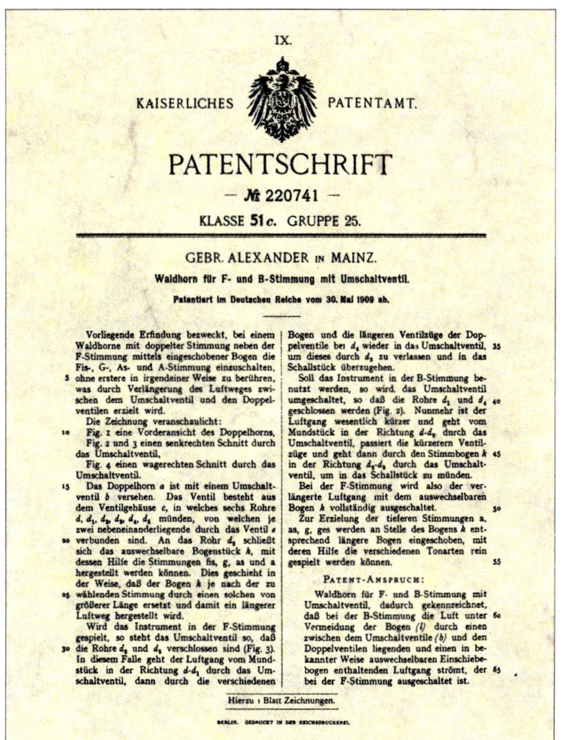

IX.

KAISERLICHES PATENTAMT.

PATENTSCHRIFT

— № 220741 —

KLASSE **51** *c*. GRUPPE 25.

GEBR. ALEXANDER IN MAINZ.

Waldhorn für F- und B-Stimmung mit Umschaltventil.

Patentiert im Deutschen Reiche vom 30. Mai 1909 ab.

Vorliegende Erfindung bezweckt, bei einem Waldhorne mit doppelter Stimmung neben der F-Stimmung mittels eingeschobener Bogen die Fis-, G-, As- und A-Stimmung einzuschalten, ohne erstere in irgendeiner Weise zu berühren, was durch Verlängerung des Luftweges zwischen dem Umschaltventil und den Doppelventilen erzielt wird.

Die Zeichnung veranschaulicht:

Fig. 1 eine Vorderansicht des Doppelhorns,

Fig. 2 und 3 einen senkrechten Schnitt durch das Umschaltventil,

Fig. 4 einen wagerechten Schnitt durch das Umschaltventil.

Das Doppelhorn *a* ist mit einem Umschaltventil *b* versehen. Das Ventil besteht aus dem Ventilgehäuse *c*, in welches sechs Rohre $d, d_1, d_2, d_3, d_4, d_5$ münden, von welchen je zwei nebeneinanderliegende durch das Ventil *e* verbunden sind. An das Rohr d_2 schließt sich das auswechselbare Bogenstück *k*, mit dessen Hilfe die Stimmungen fis, g, as und a hergestellt werden können. Dies geschieht in der Weise, daß der Bogen *k* je nach der zu wählenden Stimmung durch einen solchen von größerer Länge ersetzt und damit ein längerer Luftweg hergestellt wird.

Wird das Instrument in der F-Stimmung gespielt, so steht das Umschaltventil so, daß die Rohre d_2 und d_5 verschlossen sind (Fig. 3). In diesem Falle geht der Luftgang vom Mundstück in der Richtung d-d_1 durch das Umschaltventil, dann durch die verschiedenen Bogen und die längeren Ventilzüge der Doppelventile bei d_4 wieder in das Umschaltventil, um dieses durch d_3 zu verlassen und in das Schallstück überzugehen.

Soll das Instrument in der B-Stimmung benutzt werden, so wird das Umschaltventil umgeschaltet, so daß die Rohre d_1 und d_4 geschlossen werden (Fig. 2). Nunmehr ist der Luftgang wesentlich kürzer und geht vom Mundstück in der Richtung d-d_5 durch das Umschaltventil, passiert die kürzerern Ventilzüge und geht dann durch den Stimmbogen *k* in der Richtung d_2-d_3 durch das Umschaltventil, um in das Schallstück zu münden.

Bei der F-Stimmung wird also der verlängerte Luftgang mit dem auswechselbaren Bogen *k* vollständig ausgeschaltet.

Zur Erzielung der tieferen Stimmungen a, as, g, ges werden an Stelle des Bogens *k* entsprechend längere Bogen eingeschoben, mit deren Hilfe die verschiedenen Tonarten rein gespielt werden können.

Patent-Anspruch:

Waldhorn für F- und B-Stimmung mit Umschaltventil, dadurch gekennzeichnet, daß bei der B-Stimmung die Luft unter Vermeidung der Bogen *(l)* durch einen zwischen dem Umschaltventile *(b)* und den Doppelventilen liegenden und einen in bekannter Weise auswechselbaren Einschiebebogen enthaltenden Luftgang strömt, der bei der F-Stimmung ausgeschaltet ist.

Hierzu 1 Blatt Zeichnungen.

BERLIN. GEDRUCKT IN DER REICHSDRUCKEREI.

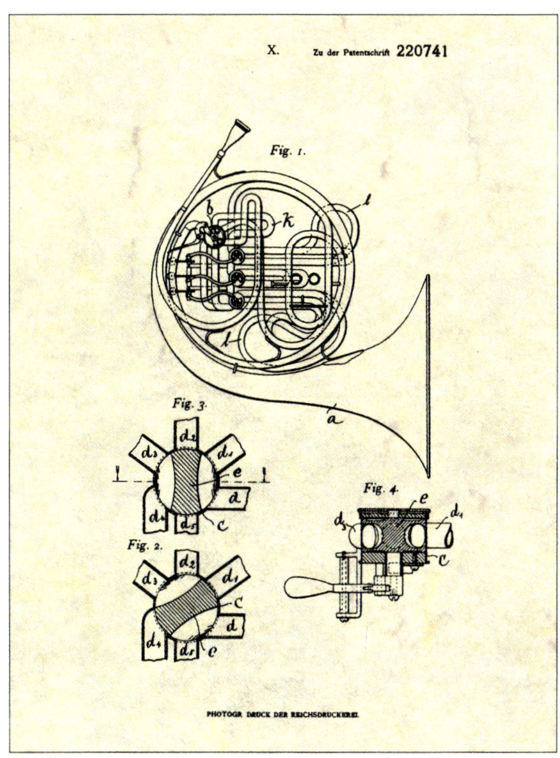

Alexander-Doppelhorn mit Umschaltventil.
Faksimile der Patentschrift

Eine fundamentale Veränderung der skizzierten Situation trat erst in dem Augenblick ein, da einerseits die neu erfundenen Ventile die Einsatzfähigkeit der Blechblasinstrumente entscheidend verbesserten, andererseits dieser vergrößerte Einsatzbereich die Notwendigkeit nach sich zog, mehr und mehr musikalisch geschulte Bläser auszubilden. Dieser Aufgabe widmeten sich viele Militärmusiker, später in zunehmendem Maße auch die Konservatorien und andere Institutionen, doch gab es gerade dort lange Zeit erhebliche Widerstände. Die entscheidenden Innovationsimpulse gingen von Militärmusikern aus, von denen nicht wenige zeitlebens der volksmusikalischen Praxis verbunden waren, und griffen erst zu einem relativ späten Zeitpunkt auf die Kulturorchester über. Jedenfalls dauerten die Auseinandersetzungen um das Für und Wider der Blechblasinstrumente mit Ventilen bis über die Jahrhundertmitte an; was das Horn betrifft, so zog sich die Kontroverse sogar bis gegen Ende des 19. Jahrhunderts hin.

Generell gesehen waren die Widerstände in Frankreich und England deutlich stärker als in Deutschland und Österreich, doch läßt sich nachweisen, daß die größere Aufgeschlossenheit in Österreich vornehmlich den böhmischen Musikern zu danken war, die sich mit Feuereifer dem Studium der neuen Instrumente widmeten und erheblich dazu beitrugen, daß man sich an die erweiterten Einsatzmöglichkeiten der Ventilinstrumente gewöhnte. Und dies setzte schließlich auch die Mitglieder der Kulturorchester dem Zwang aus, sich der Mühe einer Neubesinnung zu unterziehen und ihre gewohnten Instrumente gegen die mit Ventilen versehenen auszutauschen.

Produktionstechniken

Angesichts der widersprüchlichen Meinungen kann es nicht verwundern, daß die Fertigung von Blechblasinstrumenten bis um 1850 weitgehend auf der Basis handwerklicher Traditionen und zumeist in kleinen Familienbetrieben sich vollzog und daß sich erst danach industrielle Produktionsmethoden mehr und mehr durchsetzten. Eine fabrikmäßige Herstellung ist zwar in Frankreich – gefördert insbesondere durch die geniale Innovationsfreude von Adolphe Sax – bereits um 1845 nachzuweisen, in Deutschland aber gewinnt sie erst nach 1860 an Bedeutung.

Um der schier übermächtigen französischen Konkurrenz auf den internationalen Märkten begegnen zu können – von der österreichischen und namentlich der böhmischen, welche den mittel- und süddeutschen Herstellern eigentlich viel mehr Sorgen hätte bereiten müssen, ist in diesem Zusammenhang aus naheliegenden Gründen kaum die Rede –, gründeten 1861/62 in Markneukirchen Ernst Paulus sen., Franz Eschenbach, Ludwig Schuster und Albin Bauer die Firma „Paulus und Schuster". In einem Bericht der *Zeitschrift für Instrumentenbau* von 1883 hieß es dazu[23]:

Zwar waren schon zu jener Zeit viele Blech-Blas-Instrumenten-Werkstätten in Markneukirchen thätig, jedoch war der Betrieb ein viel zu kleiner, als dass grössere überseeische Aufträge schnell und in wahrhaft guter Ausführung hätten erledigt werden können, keineswegs waren dieselben dazu fähig, auf dem Weltmarkte ebenbürtig neben der ausländischen Concurrenz zu bestehen; waren doch in einer solchen Werkstätte selten mehr als 8 Arbeiter thätig. Dazu waren auch die Werkzeuge so äusserst primitiver Natur, dass z.B. die Herstellung von grösseren Blasinstrumenten eine ungemein schwierige, ja selbst lebensgefährliche war.

Daß Frankreich auf dem Gebiet der industriellen Fertigung von Blechblasinstrumenten einen entscheidenden Wettbewerbsvorteil errungen hatte und daß die französischen Produkte im Hinblick auf eine handwerklich saubere, zugleich aber wirtschaftlich rationelle Fertigung den deutschen Instrumenten überlegen waren, ist nicht allein das Verdienst von Adolphe Sax, der seit 1842 in Paris tätig war. Aber ohne Zweifel verlieh er dem Instrumentenbau entscheidende Impulse. Schon im Jahre 1848 fertigte Sax mit rund 200 Arbeitern ca. 1.000 Blechblasinstrumente mit Ventilen, eine Produktionsziffer, die bis 1870 annähernd konstant blieb[24]. Das waren seinerzeit erstaunliche Zahlen, sowohl was die Menge der beschäftigten Arbeiter betrifft als auch den Ausstoß an Instrumenten. Freilich machen sie auch plausibel, warum die Firma Sax nicht weniger als dreimal in Konkurs ging: die Arbeitsproduktivität lag erheblich niedriger als in Deutschland.

Aber nicht nur in bezug auf die Produktionsziffern waren die Franzosen zunächst den Deutschen voraus, sondern auch in der Ausstattung mit neuesten Maschinen und Werkzeugen. Bereits 1827 hatte Guichard in Paris mit der Massenherstellung von Blechblasinstrumenten begonnen und beschäftigte 1844 rund 210 Mitarbeiter[25], und seit ca. 1840 setzte P. Gautrot Dampfmaschinen für die Herstellung von Musikinstrumenten ein und erprobte das Prinzip der Teilefertigung in der Praxis[26] – beides setzte sich in Deutschland erst rund 20 Jahre später durch.

Hatte die Firma Paulus & Schuster zunächst vorwiegend Signalinstrumente hergestellt (und zwar nicht nur für die Armeen der verschiedenen deutschen Staaten, sondern auch für die Hollands und Rußlands), ohne doch das eigentliche Ziel der Firmengründung – Herstellung und Vertrieb von Blechblasinstrumenten mit Ventilen in großem Umfang, was allein einen hohen Gewinn versprach – erreicht zu haben, so setzte nach 1866 eine größere Nachfrage nach jenen Instrumenten ein. Diese erlaubte es, die Zahl der Arbeiter in der Fabrik auf 40 und bis 1883 auf immerhin 100 zu erhöhen. Da zudem in der Ausstattung mit Werkzeugen und Maschinen seither eine deutliche Verbesserung eingetreten war, konnte sich die Firma durchaus mit ausländischen Konkurrenten messen[27]:

---

23 Ludwig Schuster, der Senior der Musikinstrumenten-Fabrik Paulus & Schuster in Markneukirchen. In: *Zeitschrift für Instrumentenbau (ZfIB)* 1883, S. 131.

24 Malou Haine: *Adolphe Sax. Sa vie, son oeuvre, ses instruments de musique.* Brüssel 1980, S. 129.

25 Constant Pierre: *Les Facteurs d'instruments de musique.* Paris 1893/ Reprint Genf o.J., S. 363.

26 Ebda., S. 364.

27 *ZfIB* 1883, S. 132.

1. Gebrüder Alexander, Mainz

2. Bohland und Fuchs, Graslitz

3. Bohland und Fuchs, Graslitz

4. Bohland und Fuchs, Graslitz

Blechblasinstrumentenherstellung um 1900

Die Fabrik von Paulus und Schuster arbeitet mit einer liegenden Dampfmaschine von 10 Pferdekräften und einer Anzahl diversen Drehbänken, Zug- und Biegemaschine, wovon letztere von dem technischen Leiter des Geschäftes, Ludwig Schuster, speciell zum Zwecke der Instrumentenfabrikation construirt worden ist und sich als ausserordentlich zweckmässig und leistungsfähig bewährt.

Bereits 1862 hatte M. Schuster jun. in Markneukirchen eine Fabrik[28] „zum Bau von Messinginstrumenten durch Maschinen und zwar Anfangs mittelst Wasserkraft, der später, da diese nicht ausgiebig genug war, Dampfbetrieb beigefügt wurde, errichtet", doch blieb es lange Zeit bei diesen beiden Etablissements – lediglich in Klingenthal bestanden drei weitere, die freilich ausschließlich Harmonikainstrumente herstellten.

Daß die Fertigung von Blechblasinstrumenten großen Gewinn versprach und die, wenigstens beim Militär, von Anfang an rege Nachfrage den Aufbau größerer Betriebe ermöglichte, erkannten allerorten findige Instrumentenbauer. Dies gilt auch für die Firma Alexander in Mainz, seit dem Ende des 18. Jahrhunderts spezialisiert auf die Fertigung von Holzblasinstrumenten, deren Inhaber um 1860 spürten, daß es günstiger war, sich der Herstellung von Blechblasinstrumenten zu widmen[29]:

Da er [= Franz Anton Alexander] *jedoch weitblickend die Zeichen der Zeit erkannte, den Bau von Blechblasinstrumenten als neuen und zukunftsträchtigen Geschäftszweig einführen möchte, schickt er seinen Bruder, Georg Philipp, in die Zentren der Blechblasinstrumentenfabrikation, damit dieser das Handwerk eines Blechblasinstrumentenmachers erlerne.*

Georg Philipp reiste nach Sachsen, Prag und Wien, wo er die erforderlichen Kenntnisse erwarb, und nahm 1864 die neue Fertigung auf, die bald zum Hauptzweig des Unternehmens werden sollte; innerhalb kurzer Zeit stieg die Zahl der Arbeiter von 3 auf 18 an.

[28] Theodor Berthold und Moritz Fürstenau: *Die Fabrikation musikalischer Instrumente und einzelner Bestandtheile derselben im königl. Sächsischen Vogtlande.* Leipzig 1876, S. 27.

[29] Eva-Maria Duttenhöfer: *Gebrüder Alexander. 200 Jahre Musikinstrumentenbau in Mainz.* Mainz 1982, S. 33.

Daß sich übrigens durch den Einsatz von Maschinen nicht nur die Produktionsziffern erhöhen ließen, sondern daß auch die Instrumente „namentlich durch dabei bestehende Theilung der Arbeit, correcter und gleichmäßiger, als dies mit bloßer Handarbeit möglich ist“ gefertigt werden konnten, war eine wichtige Erkenntnis[30]. Und da die Probleme der Stimmung und Intonation beim Zusammenspiel vieler Blechbläser, wie es sowohl beim Militär als auch in der Volksmusik üblich geworden war, sich ungemein störend bemerkbar machten, setzten sich jene Produktionstechniken rasch durch. Dies führte dazu, daß schon bald Einzelteile – etwa Ventile, Schallstücke oder Stimmzüge – in spezialisierten Werkstätten hergestellt und an Firmen im In- und Ausland verkauft wurden, die daraus Instrumente

Hydraulische Presse. Die vorgefertigten Teile bekommen in den Matrizen unter Wasserdruck ihre Endform – ein Verfahren, daß in den USA entwickelt wurde. (Aus: Bahnert)

zusammensetzten – ein Verfahren, das namentlich in Sachsen und Böhmen weit verbreitet war. Nicht eben selten auch vertrieb man in Sachsen produzierte Instrumente unter fremden – wohl zumeist französischen – Firmennamen als ausländische Fabrikate, was gelegentlich heftige Kritik hervorrief[31]:

Am wenigsten haben die sächsischen Vogtländer nöthig, ihren Instrumenten durch fremde Firmen einen Nimbus zu verleihen. Seit vier Jahrzehnten ist in ganz Deutschland wie im Auslande die allgemeine Ansicht herrschend, daß im sächsischen Vogtlande die besten Blas- und Streichinstrumente verfertigt werden. Sendet also eure Producte unter eurer ehrlichen deutschen Firma in die Welt, das wird euren Ruf noch vermehren und euch viel reichere Absatzgebiete verschaffen, als das Wort Paris.

Welche Auswirkungen die Ausbreitung der Blechblasinstrumente zeitigte, läßt sich am Beispiel Markneukirchen ablesen. Dort waren ursprünglich auch mehrere Werkstätten angesiedelt, die Holzblasinstrumente fertigten, doch ging ihre Zahl in dem Maße zurück, wie die „Blechmusik“ ihren Aufschwung nahm und die Nachfrage nach derartigen Instrumenten anstieg. Hierzu hieß es 1876 bei Berthold und Fürstenau[32]:

Die Fabrikation der Holzblasinstrumente ist zwar auch den Ansprüchen der Zeit entsprechend fortgeschritten, doch hat hier in Markneukirchen nicht die gleiche Ausdehnung der Production stattgefunden, wie in anderen Branchen. Die Ursache liegt theils darin, daß durch die allgemeine Einführung der Messinginstrumente, namentlich der eine Zeit lang fast gänzlichen Beseitigung der Holzinstrumente bei den Militär-Musikchören, der Gebrauch der Holzblasinstrumente im Allgemeinen sehr abgenommen hatte, theils darin, daß diese Fabrikation sich mehr [...] in den umliegenden Dörfern ausgebreitet hat [...].

Entsprechend entwickelten sich auch die Umsätze in den einzelnen Branchen: Die Fertigung von Holzblasinstrumenten sank auf einen geringen Betrag, jene der Blechblasinstrumente erreichte fast den für alle Saiteninstrumente zusammen[33]:

Zahl der Arbeiter und Umsätze in der Instrumenten-Industrie Markneukirchen um 1875

	Arbeitskräfte	Umsatz
Saiteninstrumente	254	300.800 Taler*
Holzblasinstrumente	160	70.000 Taler
Blechblasinstrumente	421**	250.000 Taler
Musikinstrumente*** insgesamt		ca. 2.000.000 Taler

* In der Summe sind die Schlaginstrumente mit enthalten.
** Nicht inbegriffen sind Frauen, die in großer Zahl, vornehmlich zum Polieren der Instrumente, eingesetzt wurden.
*** Hier sind Harmonika-Instrumente und die in großer Zahl gefertigten Kinderinstrumente eingerechnet.

Während die Betriebe, in denen Holzblasinstrumente hergestellt wurden, maximal 5 Arbeiter beschäftigten, hatten die beiden Industriefirmen M. Schuster jun. und Paulus & Schuster zusammen 105 Arbeiter – und auch hier waren die Frauen nicht mit eingerechnet[34]. Daneben gab es mehrere Werkstätten mit bis zu 8 Arbeitern und eine mit ca. 12 Arbeitern[35]. Auch die Produktionsziffern sprechen für sich:

Instrumente	Stückzahlen
Flöten*	29.500
Klarinetten	3.000
Oboen und Fagotte	unbedeutend
Blechblasinstrumente	20.000
zusätzl. Teile (insbes. Schallbecher)	2.800

* Mitgerechnet sind allein 10.000 Piccolo-Flöten und 2.500 Flageoletts.

30 Th. Berthold und M. Fürstenau, a.a.O., S. 27.
31 J. Schucht: „Die Fortschritte der deutschen Industrie musikalischer Instrumente, ihre Stellung im Welthandel und die Bedingungen ihres ferneren Gedeihens“. In: *NZfM* (II/1883), S. 131.
32 Th. Berthold und M. Fürstenau, a.a.O., S. 23.
33 Ebda., S. 12, 15, 23, 25, 27, 30 und 39.
34 Ebda., S. 23.
35 Ebda., S. 28.

Neben der Ausbildung entsprechend geschulter Arbeiter und ihrer – relativ – guten Bezahlung erforderte die Produktion von Blechblasinstrumenten in so großer Zahl eine leistungsfähige Zulieferindustrie, wurden doch allein in Markneukirchen ungeheure Mengen an Rohmaterialien verarbeitet: so in einer der beiden Fabriken (M. Schuster jun. oder Paulus & Schuster) jährlich 62.500 kg Messing und 13.000 kg Neusilber. Zum Löten wurden 700 Klafter Holz (für Holzkohle) verbraucht, der Wert der Rohmaterialien allein belief sich auf rund 140.000 Taler![36]

Daß damit nicht nur Menschen in der unmittelbaren Umgebung von Markneukirchen wirtschaftlich von der Blechblasinstrumentenindustrie profitierten, sondern auch in weit entfernt liegenden Gebieten der Stahlerzeugung, leuchtet ein. Für Markneukirchen jedenfalls war nach ca. 1870 der Instrumentenbau zu einer der Haupteinnahmequellen geworden[37]:

Der Bezirk der Instrumentenfabrikation im sächsischen Vogtlande umfaßt einen Flächenraum von fast einer Quadratmeile. Klingenthal mit Brunndöbra, Adorf und Brambach bezeichnen in demselben so ziemlich die Endpunkte und die Bevölkerung von einigen 30 Ortschaften findet außer in der Landwirtschaft, die hier schon ergiebiger, als im oberen Erzgebirge ist, in diesem Zweige mehr oder weniger ihren Haupterwerb.

Neben Zulieferfirmen in Sachsen selbst sowie in Westfalen war es insbesondere die Firma Jos. Anton Beck & Co. in Augsburg, welche die erforderlichen Messingbleche lieferte[38].

Wie man die vorstehenden Angaben über Mitarbeiter und Umfang der Produktion zu bewerten hat, wird evident, wenn man sich vergegenwärtigt, daß noch zwischen 1920 und 1925, als die deutsche Musikinstrumentenindustrie ihre größte Blütezeit erlebte, nicht weniger als 95 % aller Betriebe maximal 10 Beschäftigte hatten und der weit überwiegende Teil zu den Klein- und Kleinstbetrieben zählte[39]. Sicher, im Laufe der technischen Entwicklung ließen sich, unter verstärktem Einsatz modernster Maschinen und Werkzeuge und der Perfektionierung des Produktionsablaufes, immer mehr Instrumente mit immer weniger Beschäftigten herstellen – insoweit also darf man aus den Zahlen selbst keine Rückschlüsse auf die Produktionsziffern späterer Jahrzehnte ziehen. Aber es steht wohl außer Frage, daß der Niedergang der Blechblasinstrumentenindustrie bereits mit dem Ende des 1. Weltkrieges begann und damit ein Jahrzehnt vor jenem Zeitpunkt, da auch die übrigen Branchen infolge der Wirtschaftskrise in arge Bedrängnis gerieten.

Theodor Berthold und Moritz Fürstenau, die 1876 ihren Bericht über die Musikinstrumentenindustrie im Vogtland der Öffentlichkeit vorlegten, unterbreiteten auch Vorschläge, welche darauf abzielten, das Niveau der Produktionstechnik und zugleich die handwerklichen Fähigkeiten und musikalischen Kenntnisse der Arbeiter zu erhöhen. Dies schien ihnen um so eher notwendig, als noch bis 1830 „Concertmusik, Kirchenmusik, ja einfache Tanzmusik [...] nur mit Unterstützung aus dem nahen Böhmen ausgeführt werden [konnte]", es mithin in der gesamten Umgebung an geschulten Musikern mangelte[40]. Mitte der 1830er Jahre wurde in Markneukirchen eine Musikschule gegründet, deren Unterricht „sich auf Erlernung *aller* Instrumente" erstreckte. In Klingenthal bestand eine ähnliche Einrichtung seit 1844, in Adorf seit 1860, doch beklagte man allgemein, daß kein Unterricht erteilt wurde, welcher geeignet war, die handwerkliche Qualifikation der jungen Arbeiter zu verbessern. Die Forderung zielte auf die Neuorganisation einer Institution, in der musikalische und technische Ausbildung – im Sinne der heutigen Berufsschule – miteinander verbunden waren[41]:

Da nun eine Musikschule vorzüglich den unmittelbaren Arbeitern zu Gute kommen würde, ganz intelligenten Arbeitern, welche aber doch in einem mehr oder weniger abhängigen Verhältniß zum Händler stehen, durch die Musikschule aber eine bessere Vor- und Durchbildung erlangen, damit nach Innen selbständiger werden und nach Außen hin sich mehr Ruf erwerben können, so liegt der Nutzen, den die Musikschule zu gewähren befähigt ist, wohl unbestritten zu Tage.

Die Schule sollte nach dem Willen der Kommissionsmitglieder folgende Abteilungen umfassen:

1. Eine Vorschule für die 10-14jährigen (Elementarunterricht in Musik und Instrumentalspiel: Streich-, Holz- und Blechblasinstrumente)
2. Eine Fachschule für die Lehrlinge der Fabrikanten (Fortsetzung des Elementarunterrichts: „Keine virtuose Ausbildung erstrebt, sondern das Augenmerk immer gerichtet auf genaue Kenntniß der Natur und Einrichtung der verschiedenen Instrumente, den Bau und die vorkommenden verschiedenen Systeme usw.")
3. Eine Maschinenwerkstatt (also eine Lehrwerkstatt)

Angestrebt war eine effektive Verbindung von musikalisch-praktischer und theoretischer Ausbildung einerseits, Schulung der handwerklich-technischen Fähigkeiten andererseits, und zwar mit dem Ziel, durch eine Hebung des Niveaus der Arbeiter zugleich die Fertigungstechnik in den Fabriken und damit die Qualität der Produkte zu verbessern. Wenn auch Ausgangspunkt der Überlegungen augenscheinlich nicht die mangelnde Bildung der Arbeiter war, sondern der Umstand, daß vogtländische Erzeugnisse oft als musikalisch minderwertig angesehen wurden, jedenfalls soweit sie unter diesem Signum auch tatsächlich verkauft wurden – die zahllosen, auf fremde Rechnung gefertigten

36 Ebda., S. 30.
37 Ebda., S. 4.
38 *ZfIB* (1883) S. 132.
39 *Die Deutsche Musikinstrumentenindustrie - Geschichte und Gegenwart.* Frankfurt/M. 1982, S. 7.
40 Th. Berthold und M. Fürstenau, a.a.O., S. 43.
41 Ebda., S. 44; Zur Institutsgliederung s. S. 46.

und unter anderem Firmennamen vertriebenen Produkte erfreuten sich, wie die Kommission bemängelte, oftmals eines sehr viel besseren Rufes –, wenn also die unterbreiteten Vorschläge eher wirtschaftlichen als sozialen Gesichtspunkten Rechnung trugen, so steht doch außer Zweifel, daß die Maßnahmen, die kurz darauf ergriffen wurden, entscheidend dazu beitrugen, daß ganze Generationen von gut geschulten Facharbeitern herangezogen werden konnten. Insofern war die Staatsschule für Metall- und Holzblasinstrumente jedenfalls Vorbild für ähnliche Institutionen, die andernorts gegründet wurden. Und daß der Bedarf an derartigen Einrichtungen ausgerechnet in Markneukirchen sich manifestierte, also in einem Ort, in dem die Blechblasinstrumenten-Fertigung von zentraler Bedeutung war, ist ein bemerkenswerter Umstand. Denn er zeigt, daß jene Instrumentengruppe, die bis zur Erfindung der Ventile eher im Schatten stand und deren Spieler, von den privilegierten Trompetern abgesehen, sich eines nur geringen Prestiges erfreuen konnten, im Laufe des 19. Jahrhunderts eine Bedeutung erlangte, die jener der Streichinstrumente oder der Klaviere in nichts nachstand – dies gilt sowohl für die sozialen als auch für die rein ökonomischen Aspekte. Friedrich Blühmel und Heinrich Stoelzel gelang mithin, vermutlich ohne daß sie sich dessen bewußt waren, eine revolutionäre Erfindung. Eine Erfindung, die einzig in der Entwicklung der Harmonika-Instrumente und des Klaviers eine Parallele hat.

Die Instrumente

Erstaunlich ist die große Vielfalt der Blechblasinstrumente, wie sie sich im Laufe von rund 70 Jahren (zwischen 1820 und 1890) herausgebildet hatte – dies übrigens war eine deutsch-österreichische Sonderentwicklung*, denn in Frankreich richtete Adolphe Sax erhebliche Anstrengungen darauf, vollkommen homogene Instrumentenfamilien zu konstruieren, etwa die Saxhörner und Saxotrombas.

Ein Katalog der Firma Moritz (Berlin) aus der Zeit um 1900 enthielt nicht weniger als 86 verschiedene Modelle von Blechblasinstrumenten, jedes Instrument wahlweise mit drei verschiedenen Ventilsystemen lieferbar (Pumpen-, Perinet- und Zylinder-Ventile) und in drei Materialqualitäten: IIa, Ia und Superior; letztere erforderte einen Aufschlag von 20-50 % gegenüber der untersten Preisklasse.

Im einzelnen handelte es sich um folgende Instrumentengruppen:

1. Cornets	Vom Piccolocornet in hoch As bis zum gewöhnlichen Cornet à pistons in C oder B; die zahlreichen Sondermodelle, die sich etwa in der Verzierung unterschieden, wurden nicht berücksichtigt.
2. Taschencornets	Nur mit Perinet-Ventilen lieferbar
3. Jagdcornets in Waldhornform	Nicht mit Perinet-Ventilen lieferbar
4. Flügelhörner	
5. Altcornets	In Trompeten-, Tuba- oder Ovalform, desgleichen nach französischem Vorbild
6. Tenorhörner	Mit 3-4 Ventilen und ähnlicher formaler Vielfalt, wie die Altcornets
7. Barytons	Ebenfalls mit 3-4 Ventilen, wie Tenorhörner
8. Große Bässe (Tuben)	Nicht weniger als 29 Modelle, vom französischen mit enger Bohrung und 3 Ventilen bis zum extra weiten „Kaiserbass“ in Tuba- oder Helikonform mit 4 Ventilen
9. Trompeten	In C, B, A, G, F, Es oder D, dazu Baßtrompeten in C, B und A
10. Waldhörner	Angeboten wurden die verschiedensten Stimmungen, neben B, F und Es auch A, As, G, E und D; einige Modelle hatten Stimmbögen, Doppelhörner fehlen noch.
11. Waldhorn-Tuben für die Wagner-Opern	2 Modelle
12. Trompeten für die Oper „Aida“	Mit 1 oder 2 Ventilen, in As oder Ces
13. Ventilposaunen	Alt bis Contra-Baß
14. Zugposaunen	Alt bis Contra-Baß, incl. Tenor-Baß mit Stellventil (Quartposaune)
15. Ophikleïden	In C oder B mit 9, 10 oder 11 Klappen

Ganz ähnlich das Angebot der Firma Lehne und Co. in Hannover 1905: insgesamt 103 Modelle von Blechblasinstrumenten, darunter als Besonderheit Naturhörner (also ohne Ventile) in C, B, G und F und viele Helikons in verschiedenen Stimmungen und Ausführungen.

Zieht man in Betracht, daß der Katalogteil der Holzblasinstrumente bei Moritz nur 69 Positionen umfaßte (nicht gerechnet die Saxophone), so wird klar, welche Bedeutung, und zwar sowohl in musikalischer wie in ökonomischer Sicht, die Blechblasinstrumente seinerzeit hatten. Demgegenüber nimmt sich das Angebot unserer Tage eher bescheiden aus: Die Firma Gebr. Alexander in Mainz offerierte in ihrem Katalog Nr. 196 von 1978 insgesamt 50 Blechblasinstrumente (nicht gerechnet die Sondermodelle der Waldhörner), die fast alle in 4 verschiedenen Qualitäten gefertigt wurden, doch sind hier die unterschiedlichen Ventilsysteme jeweils unter eigenen Nummern aufgeführt! Natürlich spiegelt sich darin sowohl die Standardisierung der Stimmung, der Ventil-Ausstattung und der Formgebung, wie sie im Laufe des 19. Jahrhunderts eintrat, wider als

* Über die Herstellung in Graslitz vgl., was in der Einleitung (S. 17f.) gesagt ist.

Cornets à pistons in B.

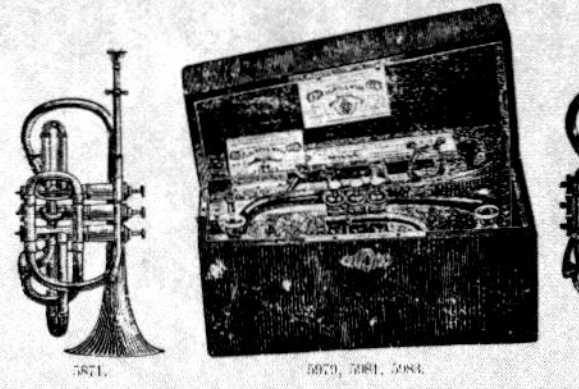

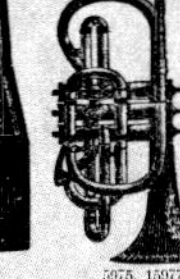

5849, 5855. 5857, 5861. 5859, 5869. 5863.

5871. 5979, 5981, 5983. 5975, 15977.

Mit Pumpenventilen.

Nr.		per Stück M.
5849.	Für Schüler, mit A-Stift, ohne Etui	22.—
5855.	do. mit A-Stift, in Holz-Etui	28.—
5857.	Für Orchester, mit doppelter Wasserklappe, A-Stift, ohne Etui	30.—
5861.	do. do. do. mit Holz-Etui	35.—
5859.	do. mit weiter Mensur, ohne Etui	35.—
5869.	do. do. in Holz-Etui	45.—
	Eins oder mehrere dieser Cornets im Militär-Orchester angewandt, geben der Melodie einen schönen, vollen Ton.	
5863.	Kleines Taschencornet, in Holz-Etui	40.—
5871.	Für Orchester, mit A- und As-Stift, feine Qualität, in Holz-Etui	60.—
5975.	Für Solisten, do. in feinem Holz-Etui	75.—
15977.	Konzertcornet, versilbert, feinste Qualität, ff. Etui	150.—
5979.	Echtes Courtois-Paris Cornet, in ff. Etui	150.—
5981.	do. do. versilbert, in ff. Etui	250.—
5983.	do. do. versilbert und vergoldet, graviert	400.—

Cornets fein vernickelt M. 10.— teurer.

Sämtliche Blas-Instrumente werden in tiefer Normalstimmung (A=870) geliefert, falls nicht andere Stimmung vorgeschrieben ist.

═══ Cornets mit Zylinderventilen siehe nächste Seite. ═══

Zusammenstellungen von Bläserchören auf Seite 123, sowie auf der vorletzten Umschlagseite.

Cornets in B.

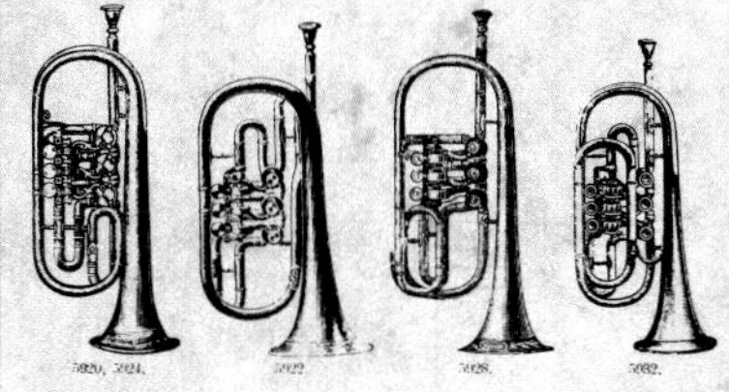

5920, 5924. 5922. 5928. 5932.

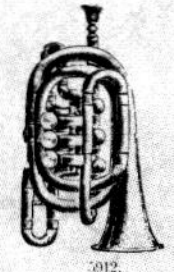

5910. 5912.

Mit Zylinderventilen.

Nr.		per Stück M.
5920.	Für Orchester, mit A-Stift, ohne Etui	30.—
5910.	Für Schüler und Dilettanten, Posthorn in C mit B-Bogen	35.—
5912.	do. do. Taschencornet in C mit B-Bogen	35.—
5922.	Für Orchester, mit A-Stift, ohne Etui, Berliner Form	35.—
5924.	do. , mit A-Stift und Holzetui, bessere Qualität	45.—
5928.	Für Solisten, mit A-Bogen, feine Qualität, in Holzetui	50.—
5932.	Konzertcornet, mit A-Bogen, allerbeste Qualität, in Holzetui	75.—

Sämtliche Blas-Instrumente werden in tiefer Normalstimmung (A=870) geliefert, falls nicht andere Stimmung vorgeschrieben ist.

═══ Cornets à pistons siehe Seite 98. ═══

Zusammenstellungen von Bläserchören siehe Seite 123, sowie auf der vorletzten Umschlagseite.

Cornets in Es.

Cornets in Es (Piccolo-Cornets) werden nur im Blas-Orchester verwendet.

Für Solisten und Dilettanten eignen sich Cornets in B auf Seite 98 und 99.

5950, 5952. 5951. 5955.

Nr.		per Stück M.
5950.	Mit Zylinderventilen, ohne Etui	28.—
5952.	do. feine Qualität, in Holz-Etui	40.—
5951.	Mit Pumpenventilen, ohne Etui	30.—
5955.	do. feine Qualität in Holzetui	45.—
5960.	**Mundstück für Es-Cornet,** mit Zylinderventilen, Messing	—.50
5962.	do. do. Neusilber	1.25

Mundstücke für Es-Cornets mit Pumpenventilen sind dieselben wie für Cornets à pistons auf Seite 100.

Flügelhörner in B,

in gleicher Stimmung wie Cornet, aber weiter gebaut.

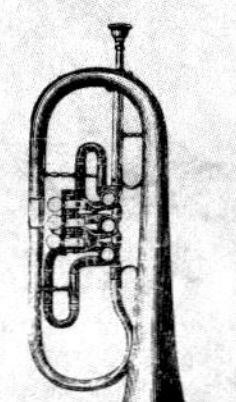

5966, 5970.

Nr.		per Stück M.
5966.	Mit Zylinderventilen, ohne Etui	30.—
5970.	do. feine Qualität, in Holzetui, Solo-Instrument	55.—
5971.	Mit Pumpenventilen, ohne Etui	35.—
5973.	do. feine Qualität, mit Etui, Solo-Instrument	55.—
5976.	**Mundstück für Flügelhorn,** Messing	—.60
5978.	do. do. Neusilber	1.—
5974.	**Dämpfer aus Holz** für Flügelhorn	2.—

5971, 5973.

Schule wie für Cornet à pistons.

Sämtliche Blas-Instrumente werden in tiefer Normalstimmung (A=870) geliefert, falls nicht andere Stimmung vorgeschrieben ist.

Zusammenstellungen von Bläserchören siehe Seite 114, 115, 123, sowie auf der vorletzten Umschlagseite.

Trompeten in B

5980. 5982, 5984. 5986. 5989, 5987.

5986. 5984.

Nr.		per Stück M.
5980.	Mit Zylinderventilen, A-Stift, ohne Etui	30.—
5982.	do. A-Bogen, feine Qualität, ohne Etui	50.—
5984.	do. do do. mit Holzetui	60.—
5986.	do. feinste Qualität, aus Goldmessing mit Neusilber-Maschine in ff. Form-Etui mit Lederüberzug	120.—
5989.	Mit Pumpenventilen, A-Stift, ohne Etui	35.—
5987.	do. do. feine Qualität, mit Holzetui	60.—
	Fein vernickelt M. 10.— teurer.	
5990.	**Mundstück für Trompete,** Messing	—.60
5992.	do Neusilber	1.—
5994.	do. für Solisten, mit Firma Zimmermann, Messing	1.20
5995.	do. do. do. Neusilber	1.75
5999.	do. do. do. versilbert	3.—
5997.	**Dämpfer aus Holz für Trompete**	1.80
5949	do. aus Messing, vernickelt, für Trompete	2.40

Trompeten in F.

6018. 6044. 6045, 6043.

Nr.		per Stück M.
6018.	Mit Zylinderventilen, mit Es-Bogen, ohne Etui	35.—
6044.	do. mit Es-Bogen, bessere Qualität in Holz-Etui	60.—
6045.	Mit Pumpenventilen, do. ohne Etui	35.—
6043.	do. do. feine Qualität in Holz-Etui	60.—
	Gute Holz-Etuis für Trompete von M. 10.— bis	40.—
6047.	**Mundstück für Trompete,** Messing	—.60
6049.	do. Neusilber	1.—
5997.	**Dämpfer aus Holz für Trompete**	1.80

Schule für F- und Es-Trompete.

		M.
Kietzer, Rob.	Schule für F- und Es-Trompete, für den Selbstunterricht geeignet. Teil 1 und 2 gebunden à	2.—
	Beide Teile zusammen, gebunden	3.—

Sämtliche Blas-Instrumente werden in tiefer Normalstimmung (A=870) geliefert, falls nicht andere Stimmung vorgeschrieben ist.

Schule für B-Trompete.

		M.
Bagantz, A. F.	Schule für B-Trompete oder B-Cornet. Teil 1 und 2 gebunden à	2.—
	Beide Teile zusammen, gebunden	3.—
Schollar, F.	Universalschule für alle Blasinstrumente . . gebunden	2.—

☛ Noten für B-Trompete (Cornet à pistons) auf Seite 100. ☚

Fanfaren-Trompeten.

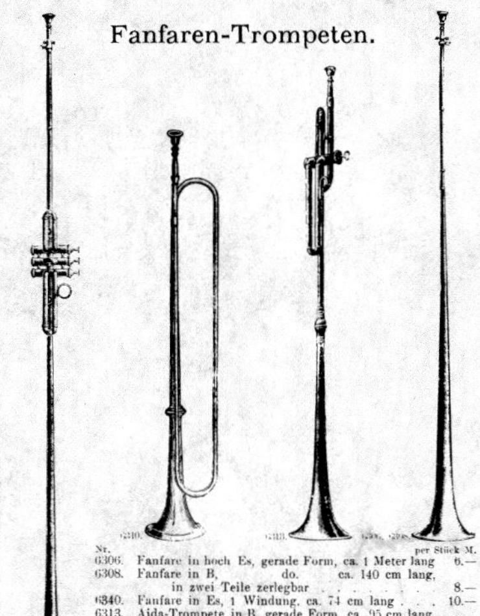

6306. 6340. 6313. 6308.

6317.

Nr.		per Stück M.
6306.	Fanfare in hoch Es, gerade Form, ca. 1 Meter lang	6.—
6308.	Fanfare in B, do. ca. 140 cm lang, in zwei Teile zerlegbar	8.—
6340.	Fanfare in Es, 1 Windung, ca. 74 cm lang	10.—
6313.	Aida-Trompete in B, gerade Form, ca. 95 cm lang, mit 1 Ventil	24.—
6315.	Aida-Trompete in As für die gleichnamige Oper, gerade Form, ca. 150 cm lang, mit 1 Ventil	24.—
6317.	Fanfaren-Trompete in B, gerade Form, ca. 140 cm lang, in zwei Teile zerlegbar, mit 3 Pumpenventilen, in Holzetui	38.—

Schulen und Albums für Fanfaren-Trompeten.

Schule für Nr. 6306 und 6308 von **H. Wahls**	1.—
Schule für Nr. 6340 von **H. Berger**	1.—
Album für Nr. 6340, für 1, 2, 3 und 4 Fanfaren in Es (mit Begleitung von Kesselpauken) von **H. Berger**	1.—

Schule und Noten für Nr. 6317 auf Seite 100.

Feld-Trompeten

für Militär-Vereine, Turn-Vereine und Radfahrer-Klubs,

die beim Blasen mit der rechten Hand gehalten werden.

16427. 16429. 6435.

Mit Pumpenventilen.

Nr.		per Stück M.
16427.	Piccolo-Trompete in Es	30.—
16429.	Erste do. in B	35.—
6435.	Zweite do. in Es	35.—
6437.	Bass- do. in B	50.—

Die schwächste Besetzung ist:

2 erste, 2 zweite und 1 Bass-Trompete.

Zu empfehlen ist folgende Besetzung:

1 Piccolo, 3 erste, 2 zweite und 2 Bass-Trompeten.

Schulen zum Erlernen dieser Instrumente, zum Selbstunterricht geeignet, Teil 1 und 2 à M. 2.—

Beide Teile zusammen, gebunden M. 3.—

Marsch-Albums, enthaltend je 15 bekannte Lieder-Märsche, pro Quintett M. 1.—, pro Octett M. 1.60

Sämtliche Blas-Instrumente werden in tiefer Normalstimmung (A=870) geliefert, falls nicht andere Stimmung vorgeschrieben ist.

Altcornon.

(Althorn in Waldhornform.)

Diese Instrumente können das Waldhorn ersetzen, sind aber leichter zu spielen. Man bläst wie auf einem Althorn.

Besonders sind diese Waldhörner Schüler- und Liebhaber-Orchestern zu empfehlen.

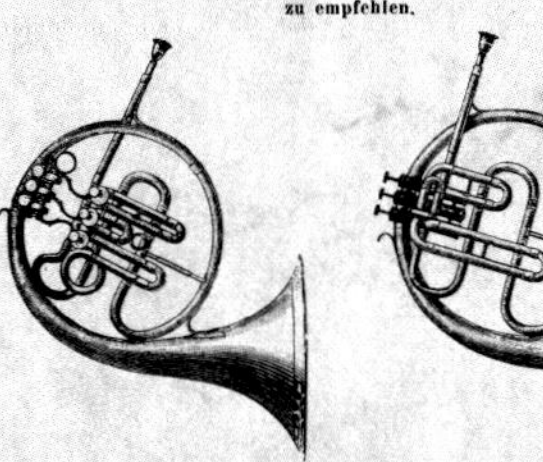

6084. 6083.

Nr.		per Stück M.
6084.	Altcornon in F mit Es-Bogen, gutes Orchester-Instrument mit Zylinderventilen für die rechte Hand	65.—
6083.	Altcornon in F mit Es-Bogen, gutes Orchester-Instrument mit Pumpenventilen für die rechte Hand	65.—
6118.	Horn (Corno) in B-Alto, Zylinderventile für die linke Hand, mit Bogen für A, As, G, F, E und Es Stimmung und mit einem extra Satz Ventilzüge für die tiefen Stimmungen	125.—
	Das Horn Nr. 6118 wird nur auf Bestellung angefertigt.	
6077.	**Mundstück für Altcornon,** Messing	—.75
6079.	do do. Neusilber	1.25

Schule für Altcornon (Althorn).

		M.
Kietzer, Rob.	Schule f. den Selbstunterricht geeignet. Teil 1 u. 2 gebunden à	2.—
	Beide Teile zusammen, gebunden	3.—
Köhler, Ernesto.	Op. 38. Frühlingslied, mit Klavierbegleitung	1.20
Wasielewsky, W. J. v.	Op. 21. Notturno, mit Klavierbegleitung	2.—

Sämtliche Blas-Instrumente werden in tiefer Normalstimmung (A=870) geliefert, falls nicht andere Stimmung vorgeschrieben ist.

Balladen-Hörner (Ballad-Horns)

in C mit B-Bogen (Tenorhörner in Waldhornform).

Diese Hörner finden im Orchester selten Verwendung, sondern werden im allgemeinen von Dilettanten gespielt. Man bläst wie auf einem Tenorhorn. Die Balladen-Hörner stehen um eine Oktave tiefer als wie die Cornets à pistons; die Noten erklingen eine Oktave tiefer als wie sie geschrieben sind.

6117.

6119.

Nr.		per Stück M.
6117.	Balladen-Horn (Ballad Horn) in C mit B-Bogen, mit Pumpenventilen für die rechte Hand, gute Qualität, grosses Format	80.—
6119.	Balladen-Horn (Ballad Horn) in C mit B-Bogen, mit Pumpenventilen für die rechte Hand, gute Qualität, kleines Format	75.—
6120.	**Mundstück für Balladen-Horn,** Neusilber	2.—

Schule und Noten wie für Cornets à pistons auf Seite 100.

Die Balladen-Hörner werden nur auf Bestellung angefertigt und falls nicht anders vorgeschrieben, in englischer Stimmung geliefert.

Althörner in Es.

6034. 6012, 6052. 6051. 6053.

Nr.		per Stück M.
6012.	Mit Zylinderventilen	42.—
6052.	do. beste Qualität	60.—
6034.	do. gerade Cornetform, Altcornet	42.—
6051.	Mit Pumpenventilen	40.—
6053.	do. beste Qualität	60.—

Gute Holz-Etuis für Althorn . . . von M. 18.— bis 30.—

6055.	**Mundstück für Althorn,** Messing	—.75
6057.	do. Neusilber	1.25

Schule für Althorn.

M.

Kietzer, Rob. Althornschule, für den Selbstunterricht geeignet.
Teil 1 und 2 gebunden à 2.—
Beide Teile zusammen, gebunden 3.—

Sämtliche Blas-Instrumente werden in tiefer Normalstimmung (A = 870) geliefert, falls nicht andere Stimmung vorgeschrieben ist.

Waldhörner in F.

Bei Bestellung bitte anzugeben, ob die Ventile mit der linken Hand, wie Nr. 6068, meistens gebräuchlich, oder mit der rechten Hand, wie Nr. 6066, gespielt werden sollen. Wenn nicht anders vorgeschrieben, liefere ich die Ventile für die linke Hand.

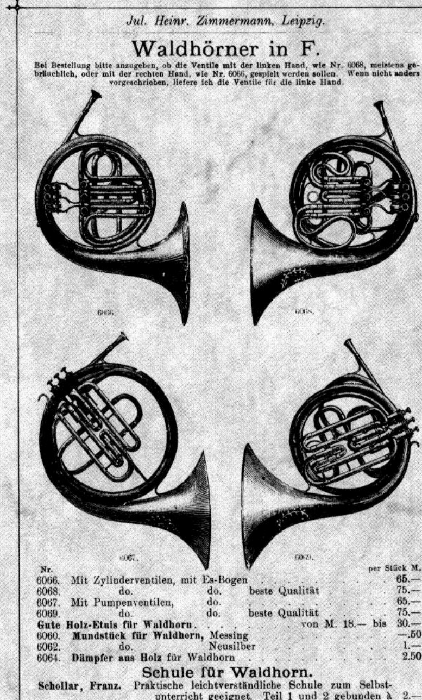

6066. 6068. 6067. 6069.

Nr.		per Stück M.
6066.	Mit Zylinderventilen, mit Es-Bogen	65.—
6068.	do. do. beste Qualität	75.—
6067.	Mit Pumpenventilen, do.	65.—
6069.	do. do. beste Qualität	75.—
	Gute Holz-Etuis für Waldhorn . . . von M. 18.— bis	30.—
6060.	**Mundstück für Waldhorn,** Messing	—.50
6062.	do. Neusilber	1.—
6064.	**Dämpfer aus Holz** für Waldhorn	2.50

Schule für Waldhorn.

Schollar, Franz. Praktische leichtverständliche Schule zum Selbstunterricht geeignet. Teil 1 und 2 gebunden à 2.—
Beide Teile zusammen, gebunden 3.—

Tenorhörner (Bassflügelhorn, Basstrompete) in B.

6159. 6138. 6154, 6156. 6158.

Nr.		per Stück M.
6138.	Basstrompete in B, mit Zylinderventilen	50.—
6154.	Tenorhorn in B, mit Zylinderventilen	50.—
6156.	do. do. bessere Qualität	60.—
6158.	do. do. halbrunde Form, Solo-Instrument, feinste Qual.	75.—
6157.	Tenorhorn in B, mit Pumpenventilen	50.—
6159.	do. do. feinste Qualität	70.—
	Gute Holz-Etuis für Tenorhorn . . . von M. 20.— bis	30.—
6161.	**Mundstück für Tenorhorn,** Messing	1.25
6163.	do. Neusilber	1.75

Schule für Tenorhorn.

Kietzer, Rob. Praktische leichtverständliche Schule, zum Selbstunterricht geeignet. Teil 1, 2 und 3 gebunden à 2.—
Alle 3 Teile zusammen, gebunden 4.—

Sämtliche Blas-Instrumente werden in tiefer Normalstimmung (A = 870) geliefert, falls nicht andere Stimmung vorgeschrieben ist.

Baritons. (Euphonium oder Tenortuba) in B.

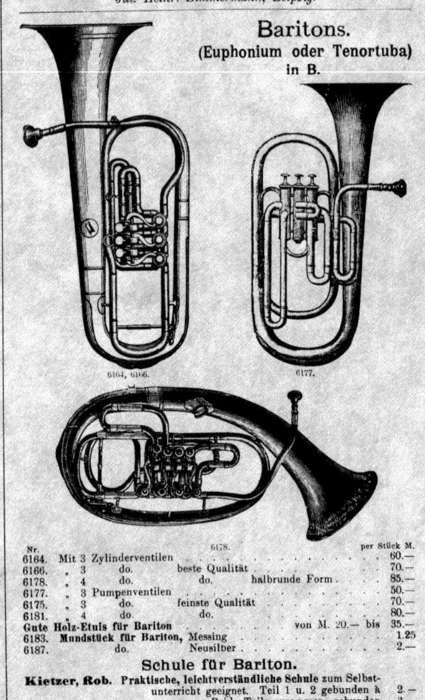

6164, 6166. 6177. 6178.

Nr.		per Stück M.
6164.	Mit 3 Zylinderventilen	60.—
6166.	„ 3 do. beste Qualität	70.—
6178.	„ 4 do. do. halbrunde Form	85.—
6177.	„ 3 Pumpenventilen	50.—
6175.	„ 3 do. feinste Qualität	70.—
6181.	„ 4 do. do.	80.—
	Gute Holz-Etuis für Bariton . . . von M. 20.— bis	35.—
6183.	**Mundstück für Bariton,** Messing	1.25
6187.	do. Neusilber	2.—

Schule für Bariton.

Kietzer, Rob. **Praktische, leichtverständliche Schule** zum Selbstunterricht geeignet. Teil 1 u. 2 gebunden à 2.—
Beide Teile zusammen, gebunden 3.—

Zugposaunen in B.

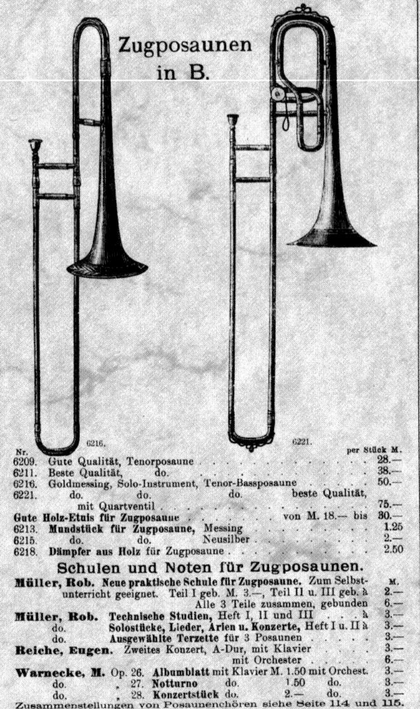

6216. 6221.

Nr.		per Stück M.
6209.	Gute Qualität, Tenorposaune	28.—
6211.	Beste Qualität, do.	38.—
6216.	Goldmessing, Solo-Instrument, Tenor-Bassposaune	50.—
6221.	do. do. do. beste Qualität, mit Quartventil	75.—
	Gute Holz-Etuis für Zugposaune . . . von M. 18.— bis	30.—
6213.	**Mundstück für Zugposaune,** Messing	1.25
6215.	do. do. Neusilber	2.—
6218.	**Dämpfer aus Holz** für Zugposaune	2.50

Schulen und Noten für Zugposaunen.

M.

Müller, Rob. **Neue praktische Schule für Zugposaune.** Zum Selbstunterricht geeignet. Teil I geb. M. 3.—, Teil II u. III geb. à 2.—
Alle 3 Teile zusammen, gebunden 6.—

Müller, Rob. **Technische Studien,** Heft I, II und III . . . à 3.—
do. **Solostücke, Lieder, Arien u. Konzerte,** Heft I u. II à 3.—
do. **Ausgewählte Terzette** für 3 Posaunen 3.—

Reiche, Eugen. Zweites Konzert, A-Dur, mit Klavier 3.—
mit Orchester 6.—

Warnecke, M. Op. 26. **Albumblatt** mit Klavier M. 1.50 mit Orchest. 3.—
do. „ 27. **Notturno** do. 1.50 do. 3.—
do. „ 28. **Konzertstück** do. 2.— do. 3.—

Zusammenstellungen von Posaunenchören siehe Seite 114 und 115.

Tenorposaunen in B. Tenor-Bassposaunen in B.

6246, 6254. 6257. 6258.

Nr.		per Stück M.
6246.	Mit 3 Zylinderventilen	55.—
6254.	„ 3 do. beste Qualität	60.—
6258.	„ 4 do. feinste Qualität (Tenor-Bassposaune in B)	85.—
6257.	„ 3 Pumpenventilen	45.—
6259.	„ 4 do. feinste Qualität (Tenor-Bassposaune in B)	75.—
	Gute Holzetuis für Tenorposaune . . . von M. 18.— bis	30.—
6213.	**Mundstück für Tenor- oder Zugposaune,** Messing	1.25
6215.	do. do. Neusilber	2.—

Schule für Tenorposaune.

Kietzer, Rob. **Schule für Tenorposaune** im Tenorschlüssel zum Selbstunterricht geeignet. Teil 1 und 2 gebunden à 2.—
Beide Teile zusammen, gebunden 3.—

Zusammenstellungen von Posaunenchören siehe Seite 114 und 115.

Altposaunen in Es.

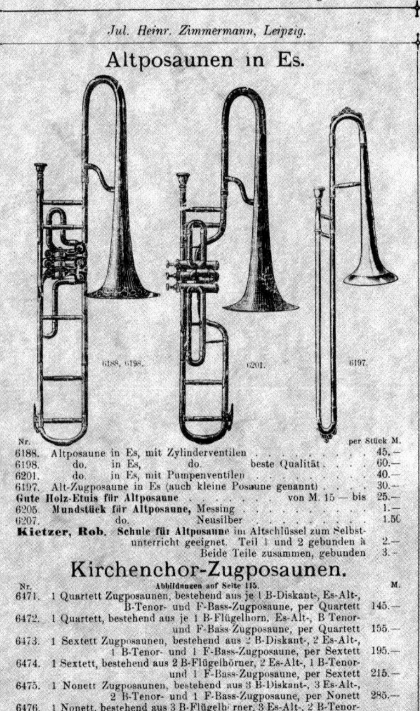

6188, 6198. 6201. 6197.

Nr.		per Stück M.
6188.	Altposaune in Es, mit Zylinderventilen	45.—
6198.	do. in Es, do. beste Qualität	60.—
6201.	do. in Es, mit Pumpenventilen	40.—
6197.	Alt-Zugposaune in Es (auch kleine Posaune genannt)	30.—
	Gute Holz-Etuis für Altposaune . . . von M. 15 — bis	25.—
6205.	**Mundstück für Altposaune,** Messing	1.—
6207.	do. Neusilber	1.50

Kietzer, Rob. **Schule für Altposaune** im Altschlüssel zum Selbstunterricht geeignet. Teil 1 und 2 gebunden à 2.—
Beide Teile zusammen, gebunden 3.—

Kirchenchor-Zugposaunen.

Abbildungen auf Seite 115.

Nr.		M.
6471.	1 Quartett Zugposaunen, bestehend aus je 1 B-Diskant-, Es-Alt-, B-Tenor- und F-Bass-Zugposaune, per Quartett	145.—
6472.	1 Quartett, bestehend aus je 1 B-Flügelhorn, Es-Alt-, B Tenor- und F-Bass-Zugposaune, per Quartett	155.—
6473.	1 Sextett Zugposaunen, bestehend aus 2 B-Diskant-, 2 Es-Alt-, 1 B-Tenor- und 1 F-Bass-Zugposaune, per Sextett	195.—
6474.	1 Sextett, bestehend aus 2 B-Flügelhörner, 2 Es-Alt-, 1 B-Tenor- und 1 F-Bass-Zugposaune, per Sextett	215.—
6475.	1 Nonett Zugposaunen, bestehend aus 3 B-Diskant-, 3 Es-Alt-, 2 B-Tenor- und 1 F-Bass-Zugposaune, per Nonett	285.—
6476.	1 Nonett, bestehend aus 3 B-Flügelhörner, 3 Es-Alt-, 2 B-Tenor- und 1 F-Bass-Zugposaune, per Nonett	315.—

Im Allgemeinen beginnt man mit einem Sextett.

Schulen z. Erlernen dieser Instrumente, z. Selbstunterricht geeignet, geb. à 3.—

Fortsetzung auf Seite 115.

Kirchenchor-Zugposaunen.

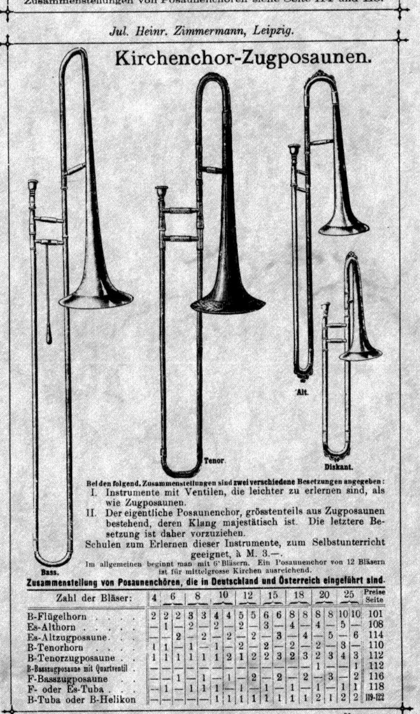

Bei den folgend. Zusammenstellungen sind zwei verschiedene Besetzungen angegeben:

I. Instrumente mit Ventilen, die leichter zu erlernen sind, als wie Zugposaunen.

II. Der eigentliche Posaunenchor, grösstenteils aus Zugposaunen bestehend, deren Klang majestätisch ist. Die letztere Besetzung ist daher vorzuziehen.

Schulen zum Erlernen dieser Instrumente, zum Selbstunterricht geeignet, à M. 3.—.

Im allgemeinen beginnt man mit 6 Bläsern. Ein Posaunenchor von 12 Bläsern ist für mittelgrosse Kirchen ausreichend.

Zusammenstellung von Posaunenchören, die in Deutschland und Österreich eingeführt sind.

Zahl der Bläser:	4	6		8		10		12		15		18		20		25		Preise Seite
B-Flügelhorn	2	2	2	3	3	4	4	5	5	6	6	8	8	8	8	10	10	101
Es-Althorn	—	1	—	2	—	2	—	2	—	3	—	4	—	4	—	5	—	108
Es-Altzugposaune	—	—	2	—	2	—	2	—	2	—	3	—	4	—	5	—	6	114
B-Tenorhorn	1	1	—	1	—	1	—	2	—	2	—	2	—	2	—	3	—	110
B-Tenorzugposaune	1	1	1	1	1	1	2	1	2	2	3	2	3	2	3	4	3	112
B-Basszugposaune mit Quartventil	—	—	—	—	—	—	—	—	—	—	—	—	—	1	—	—	1	112
F-Basszugposaune	—	—	1	—	1	—	1	—	2	—	2	—	2	—	3	—	2	116
F- oder Es-Tuba	—	1	—	1	1	1	—	1	—	1	—	1	—	1	—	1	1	118
B-Tuba oder B-Helikon	—	—	—	—	—	1	1	1	1	1	1	1	1	2	1	2	2	119-122

Bassposaunen in F.

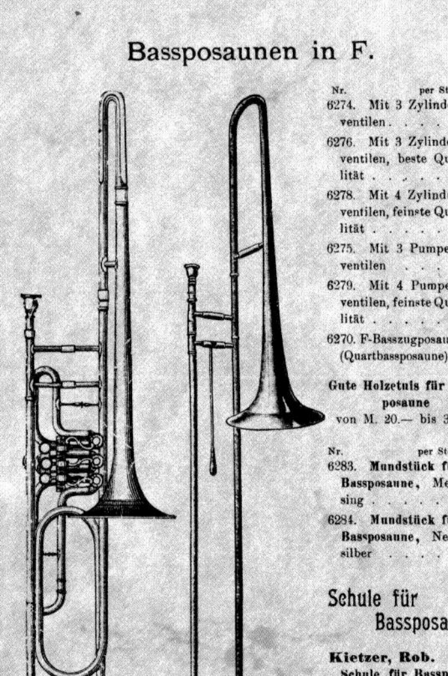

6274, 6276. 6270.

Nr.		per Stück M.
6274.	Mit 3 Zylinderventilen	60.—
6276.	Mit 3 Zylinderventilen, beste Qualität	70.—
6278.	Mit 4 Zylinderventilen, feinste Qualität	100.—
6275.	Mit 3 Pumpenventilen	55.—
6279.	Mit 4 Pumpenventilen, feinste Qualität	100.—
6270.	F-Basszugposaune (Quartbassposaune)	60.—

Gute Holzetuis für Bassposaune von M. 20.— bis 35.—

Nr.		per Stück M.
6283.	**Mundstück für Bassposaune,** Messing	1.50
6284.	**Mundstück für Bassposaune,** Neusilber	2.25

Schule für Bassposaune.

M.

Kietzer, Rob. **Schule für Bassposaune,** zum Selbstunterricht geeignet, Teil 1 u. 2 à 2.—
Beide Teile zusammen, gebunden 3.—

Zusammenstellungen von Posaunenchören siehe Seite 114 und 115.

Euphoniums in B.

(Kaiser-Bariton, Kleiner B-Bass.)

6322. 6327.

Nr.		per Stück M.
6322.	Mit 3 Zylinderventilen	65.—
16324.	„ 4 do.	90.—
6327.	„ 3 Pumpenventilen	55.—
6329.	„ 4 do. feinste Qualität	85.—

Gute Holzetuis für Euphonium (kleiner Bass) . . von M. 20.— bis 35.—

6188.	**Mundstück für Euphonium (kleiner Bass),** Messing	1.25
6187.	do. do. do. Neusilber	2.—

Schule für Euphonium (kl. Bass).

Kietzer, Rob. **Schule für Euphonium, Bariton und kleinen Bass,** zum Selbstunterricht geeignet. Teil 1 und 2 à 2.—
Beide Teile zusammen, gebunden 3.—

Tubas in F oder in Es.

(Bombardon.)

6336, 6338. 6337.

Nr.		per Stück M.
6336.	In F mit Es-Bogen, 3 Zylinderventile	80.—
16328.	do. do. beste Qualität	90.—
6338.	In Es mit 3 Zylinderventilen	80.—
6346.	do. 4 do weite Bauart, voller Ton	110.—
6337.	do. 3 Pumpenventilen	65.—
6339.	do. 4 do. weite Bauart, voller Ton	100.—
6342.	**Mundstück für F oder Es-Tuba,** Messing	1.50
6344.	do. Neusilber	2.25

Schule für Tuba in F oder Es.

Kietzer, Rob. Schule zum Selbstunterricht geeignet. Teil 1 und 2 à 2.—
Beide Teile zusammen, gebunden 3.—

Tubas in B.

(Bombardon.)

6370. 6375.

Nr.		per Stück M.
6370.	Mit 3 Zylinderventilen	100.—
6372.	„ 4 do. weite Bauart, voller Ton	150.—
6375.	„ 3 Pumpenventilen	100.—
6377.	„ 4 do. weite Bauart, voller Ton	150.—
6378.	**Mundstück für B-Tuba,** Messing	2.—
6379.	do. Neusilber	3.—

Schule für Tuba in B.

Kietzer, Rob. Schule zum Selbstunterricht geeignet. Teil 1 und 2 à 2.—
Beide Teile zusammen, gebunden 3.—

Helikon-Bässe in Es und in B.

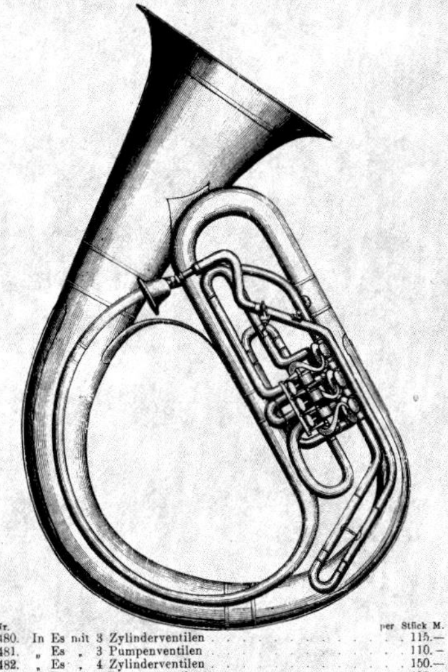

Nr.		per Stück M.
6480.	In Es mit 3 Zylinderventilen	115.—
6481.	„ Es „ 3 Pumpenventilen	110.—
6482.	„ Es „ 4 Zylinderventilen	150.—
6483.	„ Es „ 4 Pumpenventilen	150.—
6484.	„ B „ 3 Zylinderventilen	160.—
6485.	„ B „ 3 Pumpenventilen	140.—
6486.	„ B „ 4 Zylinderventilen	180.—
6487.	„ B „ 4 Pumpenventilen	175.—
6342.	**Mundstück für Es-Helikon,** Messing	1.50
6344.	do. Neusilber	2.25
6378.	**Mundstück für B-Helikon,** Messing	2.—
6379.	do. Neusilber	3.—

Schulen auf Seite 121 und 122.

Helikon-Bässe in Es.

6444.

Nr.		per Stück M.
6444.	Mit 3 Zylinderventilen	150.—
6438.	„ 4 do. weite Bauart, voller Ton	170.—
6443.	„ 3 Pumpenventilen	125.—
6441.	„ 4 do weite Bauart, voller Ton	170.—
6342.	**Mundstück für Es-Helikon,** Messing	1.50
6344.	do. Neusilber	2.25

Schule für Helikon in Es.

M.

Kietzer, Rob. Schule zum Selbstunterricht geeignet. Teil 1 und 2 à 2.—
Beide Teile zusammen, gebunden 3.—

Helikon-Bässe in B.

Nr.		per Stück M.
6440.	Mit 3 Zylinderventilen	175.—
6448.	„ 4 do. weite Bauart, mit sehr vollem Ton für grosse Chöre	225.—
6445.	„ 3 Pumpenventilen	175.—
6449.	„ 4 do. weite Bauart, mit sehr vollem Ton für grosse Chöre	210.—
6378.	**Mundstück für B-Helikon,** Messing	2.—
6379.	do. Neusilber	3.—

Schule für Helikon in B.

M.

Kietzer, Rob. Schule zum Selbstunterricht geeignet. Teil 1 u. 2 à 2.—
Beide Teile zusammen, gebunden 3.—

Militär-Signaltrompeten.

6320. 6330. 6340.

Nr.		per Stück M.
6320.	**Infanterie-Signalhorn** in C, 1 Windung	7.—
6321.	**B-Aufsteckbogen** für C-Signalhorn	1.25
6330.	**Artillerie-Signaltrompete** in Es, 2 Windungen	10.—
6340.	**Kavallerie-Signaltrompete** in Es od. Heroldstrompete, 1 Windung ca. 74 cm lang	10.—
6341.	**Kavallerie-Ordonnanztrompete** in Es, 2 Windungen	10.—

Wahls, Heinr. Schule für Signalhorn in C . . . 1.—
Berger, H. Schule für Signaltrompete in Es . . . 1.—
Album für 1, 2, 3 und 4 Signaltrompeten in Es (mit Begleitung von Kesselpauken) . . . 1.—

Zusammenstellung von Militär- oder Dilettanten-Musikchors

bestehend **nur** aus Messing-Blas-Instrumenten, Fanfare oder Kavallerie-Musik (Brass Band).

Benennung der Instrumente	Zahl der Musiker																Preise auf Seite
	4	5	6	7	8	10	12		15	20	25	30	35	40	45	50	
Es Cornet (Sopran)	—	—	—	1	1	1	1	1	1	2	3	4	4	4	4	5	101
B Flügelhorn (B Cornet)	2	1	1	1	1	2	2	2	3	4	5	6	6	6	8	10	98, 99, 101
B Trompete (Prinzipal)	—	1	1	1	2	2	2	2	2	3	3	4	4	4	4	4	102
Es Trompete (Prinzipal)	—	—	—	—	—	—	—	1	1	1	2	2	2	3	3	3	103
Es Althorn (Obligat)	1	2	2	2	2	2	2	2	2	2	2	3	4	4	4	4	108
B Tenorhorn (Bassflügelhorn)	1	—	1	1	1	1	3	2	3	3	3	4	4	6	8	8	110
B Bariton (Euphonium)	—	—	—	—	—	—	—	—	—	1	2	2	2	2	3	3	111
Kleiner B Bass (Oktavbass)	—	—	—	—	—	—	—	—	—	—	—	—	—	2	2	2	117
B Zugposaune	—	—	—	—	—	1	1	1	1	1	1	1	3	3	3	3	112
Es oder F Tuba oder Helikon	—	1	1	1	1	—	—	—	1	2	2	2	3	3	3	4	118
B Tuba oder B Helikon (B Contrabass)	—	—	—	—	—	1	1	1	1	1	2	2	3	3	3	4	119-122

Kleine Trommel, grosse Trommel, Becken und Pauken extra.

An Stelle der Zugposaunen können auch Ventilposaunen verwendet werden und zwar für 1 Zugposaune eine Tenorposaune, für 3 Zugposaunen je eine Alt-, Tenor- und Bass-Ventilposaune.

Weitere Zusammenstellungen sind auf Seite 115 und auf der vorletzten Umschlagseite angegeben.

Feuerwehrhörner.

(Siehe auch Seite 123.)

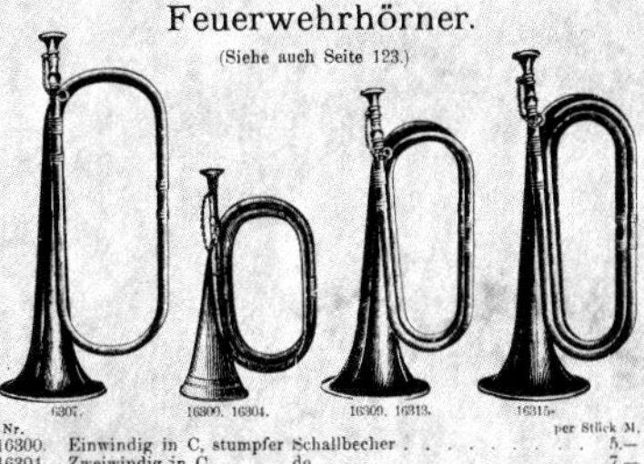

6307. 16300. 16304. 16309. 16313. 16315.

Nr.		per Stück M.
16300.	Einwindig in C, stumpfer Schallbecher	5.—
16304.	Zweiwindig in C, do.	7.—
16307.	Einwindig in B, gebogener Schallbecher	8.—
16309.	Zweiwindig in F, do.	10.—
16313.	Zweiwindig in Es do.	12.—
16315.	Dreiwindig in B-Bass do.	14.—
16318.	**Wollene Schnur** mit Quasten	2.—

Wahls, Heinr. **Schule für Feuerwehrhorn** in C oder in B . . . 1.—
Berger, H. **Schule für Feuerwehrhorn** in F, Es und in B-Bass . 1.—
Album do. do. . 1.—

Turnerhörner.

16330. 16334. 16337. 16339, 16343.

Nr.		per Stück M.
16330.	Zweiwindig	3.—
16334.	Dreiwindig, grössere Form	5.—
16337.	Zweiwindig in C, stärkere, bessere Qualität	7.50
16339.	do. in B, mit Neusilberkranz	10.—
16343.	do. in B, aus Kupfer	12.—
16345.	**Wollene Schnur** mit Quasten	2.—

Wahls, Heinr. **Schule für Turnerhorn** in C oder in B. . . . 1.—

Jagdhörner.

(Siehe auch Seite 126—131.)

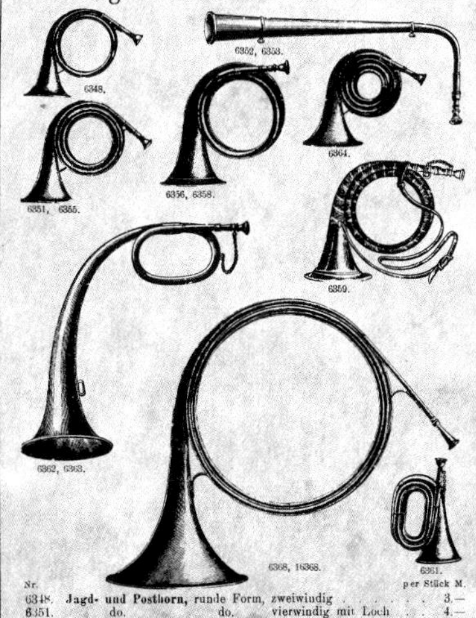

6348. 6352, 6353. 6351, 6355. 6356, 6358. 6364. 6359. 6362, 6363. 6368, 16368. 6361.

Nr.		per Stück M.
6348.	**Jagd- und Posthorn,** runde Form, zweiwindig	3.—
6351.	do. do. vierwindig mit Loch	4.—
6355.	**Posthorn,** Reichspostmodell, vierwindig	9.—
	Posthorn mit Ventilen siehe Seite 99.	
6352.	**Jagd-Fanfare,** Messing, 41 cm, in D	4.—
6353.	do. do. 53 „ in B	5.—
6356.	**„Fürst Pless"-Jägerhorn** in B, zweiwindig mit Neusilberkranz	9.—
6359.	do. do. in B, mit Lederbewickelung u. Tragriemen	14.—
6358.	do. do. in B, ganz Neusilber mit Tragriemen	15.—
6361.	**Jagd- und Turnerhorn,** ovale Form, vierwindig mit Kette in B	9.—
6362.	**Jäger-Hifthorn,** Messing in D	8.—
6363.	do. Neusilber in D.	12.—
6364.	**Jagdhorn,** runde kleine Form, sechswindig in F	12.—
6368.	do. „ grosse Form, dreiwindig in D.	16.—
16368.	do. von Kupfer	25.—

Wahls, Heinr. **Schule für Jagd- oder Posthorn** . . . 1.—

auch die Normalisierung, welche zu einer gleichmäßigeren Besetzung der Blasorchester mit Holz- und Blechblasinstrumenten führte – dies war noch Ende des 19. Jahrhunderts keineswegs eine Selbstverständlichkeit.

Eine der bemerkenswertesten Entwicklungen ist die Ausprägung nationaler Besonderheiten im Bereich des Instrumentenbaues. Zwar blieb dies keineswegs auf die Blechblasinstrumente beschränkt, denn auch in der Fertigung von Holzblasinstrumenten gab es, als Folge bestimmter ästhetischer Normen, nationale Schulen; selbst das Pianoforte blieb von solchen Tendenzen nicht verschont. Aber nirgends sonst waren sie so stark, nirgends sonst auch zeitigten sie so gravierende Konsequenzen für einen ganzen Industriezweig, ja wesentliche Teile einer Volkswirtschaft. Denn im Zuge der wachsenden wirtschaftlichen Kontakte mit Ländern der Dritten Welt, unter denen zunächst die jeweiligen Kolonien eine besondere Rolle spielten, trachteten alle europäischen Staaten danach, ihren Produkten neue Absatzmärkte außerhalb Europas zu öffnen. Es kann demnach nicht verwundern, daß die Verbreitung der nationalen Instrumentenbau-Traditionen weitgehend übereinstimmte mit den wirtschaftlichen und politischen Einflußsphären und daß alle Versuche, das Monopol in der Ausstattung von Militärkapellen und ihrer Belieferung mit Produkten der heimischen Industrie zu durchbrechen, zum Scheitern verurteilt waren. Bereits 1870 unterschied die Firma Schuster in Leipzig vier verschiedene Einflußgebiete, die untereinander fast hermetisch abgeschottet waren[42]:

Um dem Handel mit seinen verschiedenen Märkten einen schnellen Ueberblick zu geben, theile ich die Blechblasinstrumente in folgende 4 Hauptsysteme:
1) das Preußische System, üblich in Norddeutschland, Norwegen, Schweden und Dänemark,
2) das Oesterreichische System, üblich in Oesterreich, Italien, Spanien, der Türkei und Rußland,
3) das Saxhorn-System und das Französische beziehentlich Vereinigte Staaten von Nordamerika-System, üblich in Frankreich, Italien, England, Vereinigte Staaten von Nordamerika, Central- und Südamerika, auch Rußland,
4) die diesen drei erwähnten Systemen gemeinschaftlich angehörenden folgenden Instrumente: Trompeten, Concert- oder Waldhörner, Posaunen, Trommeln, Becken (Cinellen), Pauken, Glockenspiele, Schellenbäume und Triangeln; ferner die Jagdhörner, Posthörner
Die blos in einigen Gegenden Sachsens, Baierns, und der Rheingegend üblichen Instrumente mit Trommel-Ventilen [...] *führe ich, da ohne weitere Verbreitung, nur der Vollständigkeit halber an, um etwaigen Nachfragen zu begegnen.*

Ein Austausch war, wie Schuster ausdrücklich vermerkte, möglich, doch blieb er in der Regel auf wenige Fälle und auf Länder begrenzt, zwischen denen ohnehin vielfältige kulturelle Kontakte bestanden[43]:

Natürlich kann das eine oder andere Instrument aus einem der drei ersten Systeme auch in einem anderen System verwendet werden, und wird auch verwandt. So z. B. werden die Helikons des Oesterreichischen Systems häufig des vollen Tones und der Bequemlichkeit halber auch im Saxhorn-System oder im Preußischen System als Bässe gebraucht.

Was die verschiedenen Ventilsysteme betrifft, so trat zwar insofern eine Vereinheitlichung ein, als heute nurmehr zwei (das deutsch/österreichische Dreh- und das französische Pumpen-Ventil) in Gebrauch sind; keineswegs aber kam es zu einer Übernahme des jeweils anderen Systems. Mit Blick auf die Absatzmärkte der Firma Schuster in den USA hieß es 1883, die dorthin gelieferten Instrumente seien ausnahmslos mit Perinet-Ventilen versehen[44]:

Es kann auch nicht geleugnet werden, dass diese Ventilart ihrer einfachen Construction halber den Vorzug verdient, weil Reparaturen sich seltener nothwendig machen und sich jeder Musiker, ohne gerade Fach Instrumentenmacher zu sein, bei etwaiger Stockung des Ventils leichter helfen kann, als es bei ‚Rotary-Valves' der Fall ist, die wohl wegen ihrer complicirten Construction nur noch wenig [in den USA] *verlangt werden. Hingegen dürfte die Einführung der Périnet-Ventile in Deutschland, Österreich, Italien noch in weiter Ferne sein, da die eingebürgerte und beliebte Art der Drehventile nach deutscher Construction noch auf lange Zeit den Anforderungen deutscher Musiker entsprechen dürfte.*

Nachdem Deutschland 1884 in den Kreis der Kolonialmächte eingetreten war, eröffneten sich der heimischen Blechblasinstrumenten-Industrie neue Märkte, die sie unverzüglich zu erobern trachtete. Den Unterlagen der Firma Moritz in Berlin[45] ist zu entnehmen, daß man im Jahre 1899 Kapellen in verschiedenen Teilen Afrikas (etwa in Kamerun und Sansibar) ebenso belieferte wie in Hawaii oder Thailand. Nachdem Carl Moritz (1839 - 1897) bereits in den Feldzügen von 1864, 1866 und 1870 „die gesamte preußische Armee mit Musik- und Signal-Instrumenten versehen" hatte, gingen seine Nachfolger gegen Ende des Jahrhunderts daran, systematisch ihre Lieferungen auf die außerhalb der Landesgrenzen liegenden Gebiete auszudehnen. Mitte 1899 wurde die Ausstattung der „Ecole Militaire" von Argentinien mit Musikinstrumenten vereinbart: Moritz stellte nicht weniger als 21 Blech- und 19 Holzblasinstrumente in Rechnung, dazu diverse Schlaginstrumente. Ende 1902 erhielt Moritz – und zwar unter ausdrücklicher Berufung darauf, daß die zuvor gelieferten Instrumente den Erwartungen der argentinischen Militärbehörden vollkommen entsprochen hätten – den Auftrag, drei komplette Mili-

42 Zitiert nach Th. Berthold und M. Fürstenau, a.a.O., S. 28f.

43 Ebda., S. 29.

44 *ZfIB* (1883) S. 132.

45 Der Nachlaß Moritz befindet sich im Archiv des Musikinstrumentenmuseums in Berlin - Staatliches Institut für Musikforschung - Stiftung Preußischer Kulturbesitz.

tärkapellen in Argentinien mit je 43 Instrumenten auszustatten. Bereits 1901 waren 47 Blech-, 25 Holz- und 18 Schlaginstrumente nach Kolumbien geliefert worden, 1904 nach Guatemala 65 Holz- und 30 Schlaginstrumente. Auch Kapellen in El Salvador waren mit Instrumenten der Firma Moritz versehen, wie ein Schreiben beweist, das im Firmenkatalog von ca. 1904 abgedruckt ist:

Bescheinige hiermit, dass die hiesige Regierung seit vielen Jahren von Herrn C. W. Moritz in Berlin nicht nur Instrumente für die Militärmusikkapellen, sondern auch Trommeln und Signalhörner bezogen hat, welch stets zur grössten Zufriedenheit ausgefallen sind.

Die erstaunlich intensiven Handelsbeziehungen zu verschiedenen Staaten des amerikanischen Kontinents sind vermutlich auch darauf zurückzuführen, daß bereits um 1805 Gottlob Paulus, ein Schuhmacher aus Markneukirchen, nach Amerika ging und dort einen Handel mit Musikinstrumenten eröffnete. Ihm folgte 1816 sein Neffe Heinrich Gütter nach, ein Jahr zuvor hatten sich die Gebrüder Georg und August Klemm ebenfalls in Amerika niedergelassen. Von den USA (insbesondere von New York und Philadelphia) aus weitete sich der Handel mit Blechblasinstrumenten deutscher, speziell sächsischer Fertigung nach Mittel-und Südamerika aus[46]. In Markneukirchen wurden offenkundig auch zahlreiche Saxinstrumente hergestellt, die vornehmlich für den Export nach den USA bestimmt waren[47].

Einer detaillierten Mitteilung des ehemaligen Hoboisten Karl Härtlinger aus Erfurt, der als Kapellmeister nach Honduras engagiert worden war, konnte man 1897 in der Zeitschrift für Instrumentenbau entnehmen, daß Honduras seine Militärkapellen nach deutschem Vorbild organisierte und mit deutschen Instrumenten ausstattete[48]:

Die Musiker, denen er als Kapellmeister vorsteht, sind alle Indianer, denen er sich am Anfange nur durch ein paar spanische Wörter verständlich machen konnte. Auch befand sich alles, sowohl Musiker wie Instrumente, in einem total verwahrlosten Zustande. Doch hat er jetzt alles nach deutschem Muster eingerichtet und es ist ihm gelungen, in kurzer Zeit die Regierung derart für sein Korps zu interessieren, daß er die Erlaubnis erhielt, dasselbe auch mit deutschen Instrumenten auszurüsten [...].

Die Besetzung umfaßte 67 Blasinstrumente, darunter nicht weniger als 37 aus Blech, sowie ein komplettes Schlagwerk (Pauken, Trommeln und eine Lyra); alle Instrumente wurden von der Firma Alexander in Mainz geliefert. Empfehlungsschreiben lassen im übrigen erkennen, daß Alexander ebenfalls in die USA, aber auch nach Ostindien und sogar nach England exportierte[49].

Wenn auch die Ausweitung des Handels in andere Länder Europas und gar nach Übersee im Hinblick auf die Auslastung der Produktionsanlagen höchst willkommen war, bestand doch auch innerhalb Deutschlands rege Nachfrage nach derartigen Instrumenten, und zwar keineswegs allein beim Militär. Hinzu kamen die zahlreichen Volksmusikensembles, in denen seit ca. 1845 Blechblasinstrumente in immer größerer Zahl zum Einsatz kamen, desgleichen die Werkskapellen, die namentlich in den Industrieregionen des Rhein- und Saarlandes, aber auch in Süddeutschland, Sachsen und Thüringen eine bedeutende Rolle spielten[50].

Daß es daneben noch andere Einsatzbereiche gab, verrät eine Mitteilung im Katalog der Firma Moritz von ca. 1904, derzufolge das Friedrichs-Waisenhaus zu Rummelsburg bei Berlin mit Instrumenten ausgerüstet worden war. Die Firma rühmte sich ausdrücklich, Blasinstrumente geliefert zu haben, welche die „für eine Knabenkapelle unbedingt erforderliche sehr leichte Ansprache“ hatten. Die Kapelle des Waisenhauses war folgendermaßen zusammengesetzt:

4 Trompeten in B	1 Piccoloflöte in C
4 Cornets in B	1 Piccoloflöte in Des
4 Trompeten in Es	6 Klarinetten in B
4 Altcornets in Es	2 Klarinetten in Es
4 Tenorhörner in B	6 Klarinetten in C
2 Barytons in B	1 Glockenspiel
4 Helikons in F	

Es handelte sich um eine Besetzung, welche der in der Militärmusik vollkommen entsprach, mit anderen Worten: Hier wurde offenkundig der Nachwuchs herangezogen, dessen die Militärmusikkorps der Preußischen Armee bedurften, wollten sie ihren anerkannt hohen Standard halten.

DIE KLANGKONZEPTION

Eine der nationalen Besonderheiten in der Konstruktion von Blechblasinstrumenten liegt in der typologischen und klanglichen Vielfalt, wie sie für Österreich und Deutschland charakteristisch ist, einerseits und der Ausbildung klanghomogener Familien in Belgien und Frankreich andererseits. Die Entwicklung in Frankreich ist untrennbar verbunden mit dem Namen Adolphe Sax, obschon er nicht der erste war, der Blechblasinstrumente in Familien baute. Der eigentliche Erfinder war der in Paris lebende Instrumentenmacher Danays, als Hersteller fungierte freilich Guichard: 1838 wurde das „Clavicor“ patentiert, ein Instrument in Altlage und Tubaform, das rein äußerlich als Vorläufer der Saxhörner etc. gelten kann, die Adolphe Sax seit 1842 entwickelte, in immer neuen Varianten patentieren ließ und zum Kauf feilbot. Warum man in Deutschland keine Versuche unternahm, ganze Familien von Blechblasinstrumenten mit einheitlichem Klangcharakter vom Sopran oder Sopranino bis zum Baß oder Kontrabaß zu bauen, ist schwer zu sagen. Vermutlich war man sich der Tatsache bewußt, daß ein solches Unterfangen im Grunde anachro-

46 Th. Berthold und M. Fürstenau, a.a.O., S. 3f.

47 Ebda., S. 29.

48 E.-M. Duttenhöfer, a. a. O., S. 38f.

49 Ebda., S. 38.

50 Vgl. Monica Steegmann (Hrsg.): *Musik und Industrie. Beiträge zur Entwicklung der Werkschöre und Werksorchester.* Regensburg 1978.

nistisch war, führte es doch zu jenen ästhetischen Normen zurück, die während der Renaissance den gesamten Instrumentenbau bestimmten, und zwar ohne Rücksicht auf die Klangqualität der einzelnen Instrumente – nicht jedes volltönende Sopraninstrument behält ja seine klanglichen Vorzüge, wenn man es in Tenor- oder Baßlage baut – sowie auf die Spielbarkeit und leichte Handhabung. Im Laufe des 18. Jahrhunderts waren jene Familienmitglieder, die klanglich oder technisch den Anforderungen der Komponisten und Spieler nicht mehr zu genügen vermochten, aus der musikalischen Praxis verschwunden. Und was durch diesen Selektionsprozeß an klangfarblicher Vielseitigkeit verlorengegangen sein mochte, das wurde durch verbesserte Einsatzmöglichkeiten der verbleibenden Instrumente, jedenfalls nach dem Urteil der zeitgenössischen Musiker, mehr als aufgewogen.

Als man daher in Deutschland darüber nachzudenken begann, ob sich die Ventile auf neu zu konstruierende Blechblasinstrumente übertragen ließen – und das hieß konkret: auf Instrumente tieferer Lagen –, da rückte zwar auch eine Baßtrompete ins Blickfeld der Erfinder, aber das von Heinrich Stoelzel als „Tenortrompetenbaß" bezeichnete Instrument (Vorläufer des Tenorhorns) hatte ganz offenkundig bereits eine erweiterte Mensur. Im Laufe der weiteren Entwicklung bestanden bei deutschen und österreichischen Konstrukteuren keine Zweifel daran, daß sich auf die neu zu schaffenden Instrumente weder die Mensuren der Trompete oder Posaune noch jene des Waldhorns einfach übertragen ließen. In weitgehender Übereinstimmung mit ihren österreichischen Kollegen, namentlich dem Böhmen F. V. Červený in Königgrätz, sahen auch die deutschen Blechblasinstrumentenbauer das Ideal darin, ihren Modellen entweder eine besonders enge Mensur zu geben – was einen trompetenhaft strahlenden Klang bewirkte – oder aber die Bohrung extrem zu erweitern, was bei den Baßinstrumenten nicht nur dazu führte, daß der Grundton leicht und sicher ansprach, sondern zugleich einen weichen und vollen Ton garantierte. Die Eindrücke beim ersten Hören einer Blechmusik in Österreich, die mit den von Červený konstruierten Instrumenten ausgestattet war, schilderte W. Altenburg 1891 in der Zeitschrift für Instrumentenbau[51]:

Als ich im Jahre 1879 auf dem Bahnhofsplatz zu Innsbruck zuerst den Vorträgen des tirolischen Kaiserjäger-Musikkorps lauschte, empfing ich sofort den Eindruck, als ob ich noch nie zuvor – von der starken Besetzung völlig abgesehen – eine solche Fülle und Kraft, eine solche Reinheit und Ausdrucksfähigkeit des Tons, eine solche Mannigfaltigkeit des Klanggepräges und der Klangschattierungen bei Metallblasinstrumenten vernommen hatte.

Jene Klangfülle gerade der tiefen Instrumente, jener weiche und doch zugleich tragfähige Ton, an den wir uns heute so weit gewöhnt haben, daß er uns vollkommen normal erscheint, waren offenbar für die damalige Zeit ganz und gar neu. Als „normal" galt, wenigstens im Bereich des Blechs, der durchdringend scharfe, grelle Ton, der zwar einzelne Melodielinien deutlich hervortreten ließ, einer echten Klangverschmelzung hingegen eher hinderlich war. Man geht wohl nicht fehl in der Annahme, daß in dem Klangideal, das Červený als erster in seinen Blechblasinstrumenten realisierte und das schon bald zur Norm für die deutschen Instrumentenmacher wurde, Vorstellungen wirksam waren, welche auch den Orgelbau bestimmten und sich in diesem Bereich seit langem bewährt hatten. Es scheint mehr als ein Zufall zu sein, daß kein geringerer als Adolf Bernhard Marx[52] im Zusammenhang mit den Blechblasinstrumenten und ihrem Klangcharakter in der Musik um 1850 die Orgel ausdrücklich zum Vergleich heranzog. In der Tat muß man sich fragen, ob die vielfach bezeugten Übereinstimmungen in den Klangstrukturen von Orgel und Orchester im 19. Jahrhundert wirklich nur darauf zurückzuführen sind, daß Orgelbauer versuchten, die für das Orchester gültigen Normen auf ihr Instrument zu übertragen, oder ob es nicht auch – vielleicht eher unreflektiert – Wechselwirkungen in die andere Richtung gab. Jedenfalls bemühte man sich im deutschsprachigen Raum schon seit ca. 1850 erfolgreich darum, den Blechblasinstrumenten ihre klanglich-akustischen Mängel zu nehmen und sie hinsichtlich der Variabilität des Tones und der edlen Klangfarben den übrigen Orchesterinstrumenten anzugleichen.

Wenn Komponisten, wie etwa Richard Wagner, versuchten, die Instrumentenfamilien nach oben oder unten zu ergänzen und innerhalb der Familien den homogenen Klangcharakter über einen möglichst weiten Tonraum zu wahren, so traten die neu entwickelten Instrumente immer zu den bis dahin verwendeten hinzu, niemals aber an ihre Stelle, wie etwa in Frankreich, wo das Cornet à pistons die Trompete für lange Zeit vollkommen verdrängte oder die Saxhörner als einzige die Gruppe der Blechblasinstrumente vertraten.

Mit dem Namen Wagners verbunden ist der einzige Versuch, eine neue Familie von Blechblasinstrumenten in das Orchester zu integrieren – ein Versuch übrigens, der trotz einiger hervorragender Komponisten als gescheitert betrachtet werden muß: die Rede ist von den Wagner- oder Waldhorntuben. Die Legende, Wagner habe sie erdacht, ist inzwischen eindeutig widerlegt[53]: Der Komponist fand die Instrumente in der Militärmusik bereits vor. Dort nämlich sah man sich veranlaßt, die aus verschiedenen Gründen unpraktischen Waldhörner, namentlich bei der Kavallerie, durch anders geformte Instrumente zu ersetzen, wobei man freilich bestrebt war, den Klang des Horns weitgehend zu bewahren. Entsprechende Konstruktionen legte um 1845

---

51 W. Altenburg: „Die Umgestaltung des Metall-Blasinstrumentenbaues durch F. V. Červený in Königgrätz". In: *ZfIB* (1891) S. 46.

52 Adolf Bernhard Marx: *Die Musik des neunzehnten Jahrhunderts und ihre Pflege*. Leipzig 1855, S. 128.

53 Vgl. Hans Kunitz: *Die Instrumentation, Teil IX: Tuba*. Leipzig 1959, S. 886 f.

nicht nur Červený vor, sondern in Köln ein gewisser L. A. Schröder[54].

Wagner ging es darum, den Klangraum des Horns nach unten, also in die Tenor- und Baßregion auszuweiten; die Wagnertuben sind mithin als tiefe Vertreter der Hörnergruppe anzusehen. Selbst wenn keine eigenständigen Alt- und Sopraninstrumente entwickelt wurden, ergibt sich dennoch eine voll ausgebildete Familie mit relativ homogenem Klang. Ganz offenkundig bestand freilich kein Bedarf nach einer solchen Familienbildung, denn die Einsatzmöglichkeit der Wagnertuben blieb eigentlich stets auf bestimmte Bereiche beschränkt: nicht zufällig treten sie etwa im 2. Satz (der Trauermusik zum Gedenken an Richard Wagner) der 7. Sinfonie von Anton Bruckner besonders hervor.

Sieht man von obskuren Blechblasensembles ab, dann hielt man in Deutschland bis heute an jenem Ideal des vielfach differenzierten, verschmelzungsfähigen Klanges fest, d. h. man stellte sich bewußt in die Tradition der Klassik und des Barock. Und daß die gebräuchlichen Blechblasinstrumente alles andere als eintönig klingen, daß sich mit ihrer Hilfe durchaus ein interessantes Klangbild produzieren läßt, ist heute eine communis opinio. Nicht nur besteht für Neukonstruktionen auf diesem Gebiet kein ernsthafter Bedarf; wer sich eingehender mit der Materie beschäftigt, wird, wie Adam Carse[55] bereits 1839 schrieb, feststellen, daß alles, was neben Waldhorn, Trompete, Posaune und Tuba entwickelt werden könnte, bereits erfunden worden ist. Es war alles schon einmal da, und weil es für schlecht befunden wurde, mußte es aus der Praxis verschwinden.

TECHNISCHE NEUERUNGEN

Ohne den Anspruch auf Vollständigkeit erheben zu wollen, seien nachfolgend einige bedeutsame Neuerungen an Blechblasinstrumenten aufgeführt, an denen deutsche Musiker und Firmen entscheidenden Anteil hatten.

1. Die Konstruktion von sogenannten Doppelhörnern

War bei Waldhörnern seit dem ausgehenden 18. Jahrhundert die F-Stimmung zur Norm geworden, so gewann nach 1850 die hoch-B-Stimmung, die einen sicheren Ansatz, namentlich in der Höhe, garantierte, zunehmend an Bedeutung. Es lag daher nahe, beide Stimmungen in einem Instrument zu verbinden. Was freilich beim ventillosen Naturhorn ohne Schwierigkeiten mittels der Aufsteckbögen sich bewerkstelligen ließ – etwa ein Herunterstimmen von hoch B nach F, das freilich einige Zeit beanspruchte und daher kaum während des Spiels vorgenommen werden konnte –, wurde beim Ventilhorn zum Problem. Denn eine bloße Verlängerung der Hauptröhre führte zwangsläufig zu erheblichen Unreinheiten jener Töne, die man mit Hilfe der Ventile erzeugte. Der Erfurter Instrumentenmacher Eduard Kruspe konstruierte kurz vor der Jahrhundertwende auf Anregung des Hornisten Gumbert ein Doppelhorn, bei dem separate Stimmzüge für jede der beiden Stimmungen vorhanden waren, die mittels eines zusätzlichen Stellventils vorgewählt werden konnten. Dieses 1899 patentierte Doppelhorn wurde zwar seither in einigen Details verbessert – daneben gibt es heute auch ein sogenanntes Kompensationsmodell, das sich wegen der Gewichtsersparnis und des geringeren Preises einiger Beliebtheit erfreut –, doch blieb Kruspes Grundkonzeption nahezu unverändert und hat sich inzwischen bei Orchester- wie Solohornisten gleichermaßen durchgesetzt.

Nachdem man offenbar bereits um 1965 in England erfolgreich versucht hatte, das Doppelhorn in F/B durch Hinzufügen der hoch-F-Stimmung zum „Tripelhorn“ zu erweitern, stellte die Firma Alexander in Mainz 1979 entsprechende Modelle vor, die inzwischen auch von anderen Herstellern gefertigt werden. Da die bei diesem Instrument erforderlichen komplizierten Ventile sowie die zusätzlichen Stimmzüge eine Erhöhung des Gewichts – und selbstverständlich auch des Preises – verursachen, stehen viele Hornisten dem Tripelhorn noch abwartend gegenüber.

2. Die Konstruktion von sogenannten Bachtrompeten und Clarinen

Da seit ca. 1750 die Clarinblaskunst zunehmend in Vergessenheit geriet und die entsprechenden Kompositionen aus dem Repertoire verschwanden, war es zu Beginn des 19. Jahrhunderts, als man die Werke Bachs und Händels wieder zum Leben erweckte, unmöglich, Clarinpartien auf den damaligen Trompeten auszuführen. Lange begnügte man sich mit dem Ersatz durch Klarinetten in C oder D, und noch 1909 sah sich Richard Strauss veranlaßt, die erste Trompetenstimme in J. S. Bachs zweitem Brandenburgischen Konzert F-Dur durch ein Piccolo-Heckelphon ausführen zu lassen[56]. Dabei war man schon seit ca. 1880 in verschiedenen Ländern darum bemüht, Trompeten in hoch D oder gar hoch F zu konstruieren, was wegen der geringen Abmessungen der Ventile und Stimmzüge sowie der damit verbundenen Intonationsprobleme erhebliche Schwierigkeiten bereitete. Als Erfinder der sogenannten Bachtrompete gilt Julius Kosleck, der 1884 erstmals in Deutschland Bachsche Clarinpartien auf einer Ventiltrompete ausführte: Das Instrument stand in B/A, hatte eine gerade Röhre mit überwiegend konischer Bohrung und zwei Ventile[57]. Die Konzerte erregten Aufmerksamkeit, und schon bald begannen auch andere Instrumentenbauer in Deutschland (in Frankreich und Belgien hatte es ähnliche Versuche seit ca. 1880 gegeben), Trompeten hoher Stimmung zu entwickeln.

Um 1930 baute die Firma Alexander in Mainz Naturtrompeten in D, die ab 1934 zumindest gelegentlich auch in

54 Vgl. *Wiener Musik-Zeitung* (1847) S. 326 und *NZfM* (I/1848) S. 23.

55 Adam Carse: *Musical Wind Instruments*. London 1939/Reprint New York 1965, S. 316.

56 E.-M. Duttenhöfer, a.a.O., S. 53.

57 A. Carse, a.a.O., S. 242.

der Praxis Verwendung fanden, doch kam es erst nach dem 2. Weltkrieg zu einer Intensivierung jener Versuche, welche darauf abzielten, den Originalklang des barocken Orchesters wiederzubeleben. Anfang der 1960er Jahre brachte die Firma Fincke in Herford, angeregt durch Otto Steinkopf, gewundene Naturtrompeten heraus, die jenem Instrument nachgebildet waren, das der Leipziger Trompeter Gottfried Reiche auf dem berühmten, von Haußmann gemalten Porträt in Händen hält. An den Instrumenten waren drei Stimmlöcher angebracht, welche es ermöglichten, jeweils bestimmte Partialtonreihen ein- oder auszuschalten und somit das Spiel in der Clarinlage, wo die Naturtöne sehr eng beieinander liegen, zu erleichtern. Die Konstruktion blieb heftig umstritten, nicht zuletzt deshalb, weil sich praktisch keine Originalinstrumente mit derartigen Stimmlöchern erhalten haben. Zudem lassen bildliche wie literarische Quellen den Schluß zu, daß Clarinbläser sich vornehmlich der normalen Langtrompete bedienten. Um 1967 baute die Firma Meinl + Lauber in Zusammenarbeit mit Edward Tarr Kopien barocker Langtrompeten, und seitdem haben verschiedene Virtuosen in Europa und den USA nachweisen können, daß sich Clarinpartien sehr wohl auf diesen Instrumenten mit zufriedenstellender Genauigkeit und Brillanz ausführen lassen.

Daß man nicht nur in Frankreich, wo Adolphe Sax mit seinen zahlreichen, teilweise kuriosen Konstruktionen jahrzehntelang Freunde wie Gegner in Atem hielt, gelegentlich die theoretisch durchaus wünschenswerte absolute Genauigkeit der Stimmung und Intonation ohne Rücksicht auf die Anforderungen der Praxis und die Meinungen der Bläser auf dem Wege völliger Neukonstruktionen zu realisieren suchte, sei nur am Rande vermerkt. Die auf Anregung von Martin Vogel bei Alexander in Mainz und Fincke in Herford gebaute „enharmonische Trompete“ konnte sich bis heute trotz ihrer unbestreitbaren — wenngleich vornehmlich theoretisch begründeten — Vorzüge nicht durchsetzen.

3. Die Rekonstruktion (?) des sogenannten Cimbasso

Der von Giuseppe Verdi in seinen Opern als Baß der Posaunengruppe eingesetzte Cimbasso, dessen genaue Identität bis heute im Dunkel liegt, ließ findige Musiker und Instrumentenmacher nicht ruhen, und so ließ Hans Kunitz Anfang der 1960er Jahre in Markneukirchen eine Baß-Zugposaune mit zwei zusätzlichen Ventilen bauen, ein Instrument also, in dem sich die Vorzüge der eigentlichen Posaune — eine absolut saubere Stimmung und ein Höchstmaß an Intonationsreinheit — mit denen eines Ventilinstruments vereinen, was namentlich der Geläufigkeit in der tiefen Lage zugute kommt. Obschon die Vorstellungen des Konstrukteurs nicht von allen geteilt werden — manche meinen noch immer, es müsse sich beim Cimbasso um ein Instrument handeln, welches eher der Ophikleïde ähnele —, und obgleich Adolphe Edouard Sax schon um die Jahrhundertwende Posaunen fabrizierte, die mit Zügen und Ventilen versehen waren, erfüllte das inzwischen von Alexander in Mainz gefertigte „neue“ Instrument technisch und klanglich alle Erwartungen. Es erlaubt den Musikern, Verdis Cimbasso-Partien in einer Weise zu realisieren, die, selbst wenn sie nicht authentisch sein sollte, dem Original vermutlich näherkommt als die übliche Ausführung auf einer Tuba.

RÜCK- UND AUSBLICK

Betrachtet man die neuere kurze Geschichte des Blechblasinstrumentenbaues in Deutschland, so muß man feststellen, daß diese Industrie sich unglaublich rasch zu einem bedeutenden Wirtschaftszweig entwickelte, bereits um 1880 sowohl hinsichtlich der Zahl der gefertigten Instrumente und des Umsatzes als auch der Zahl der Beschäftigten und der Betriebsgrößen die Holzblasinstrumentenindustrie überflügelt hatte und ihre Vormachtstellung bis zum 1. Weltkrieg halten konnte. Nach seinem Ende ging die Nachfrage nach Blechblasinstrumenten drastisch zurück, was einen spürbaren Einbruch verursachte und dazu beitrug, daß in diesem Bereich jene gravierenden Veränderungen, die sich in der Musikinstrumentenproduktion insgesamt Ende der 1920er Jahre vollzogen, vorweggenommen wurden. Und dieser Prozeß, der mit einem kontinuierlichen Rückgang der Zahl der Betriebe und einem ständigen Abbau der Arbeitskräfte einherging, setzte sich auch in den folgenden Jahrzehnten fort.

Einen entscheidenden Aderlaß erlebte die Blechblasinstrumentenindustrie nach dem Ende des 2. Weltkrieges, als Inhaber und Mitarbeiter vieler Betriebe aus den östlichen Landesteilen und der CSSR vertrieben wurden und sich z. T. in der Bundesrepublik Deutschland, namentlich in Hessen und in Süddeutschland, neu ansiedelten. Daß sie trotz aller Schwierigkeiten schon relativ rasch Fuß fassen und ihre Produktion ausweiten konnten, verdient besondere Beachtung[58]. Vor allem konnten sich Blechblasinstrumente deutscher Fertigung in der gehobenen Qualitätsklasse national wie international gut behaupten. Und wenn heute in vielen Spitzenorchestern des Auslandes deutsche Instrumente gefragt sind und technische Spezifika — wie etwa das Drehventil, die „Zylindermaschine“ — sich mehr und mehr durchsetzen, so ist auch dies ein Beweis für die Leistungsfähigkeit der deutschen Blechblasinstrumentenindustrie. Einer Industrie, deren Ursprünge zurückreichen in das geschichtsträchtige Jahr 1814, als Heinrich Stoelzel und Friedrich Blühmel von den Wasser- und Luftleitsystemen im Bergbau sich anregen ließen, einen ähnlichen Mechanismus für Blechblasinstrumente zu entwickeln, der es ermöglichte, die Luft wahlweise in verschiedene Rohrabschnitte zu lenken. Einer Industrie schließlich, die — selbst ein Produkt des allgemeinen technischen Fortschritts — einen nicht geringen Anteil hatte an der wirtschaftlich-technischen Entwicklung Deutschlands.

[58] *Die Deutsche Musikinstrumentenindustrie*, a.a.O., S. 8 und 19 f.

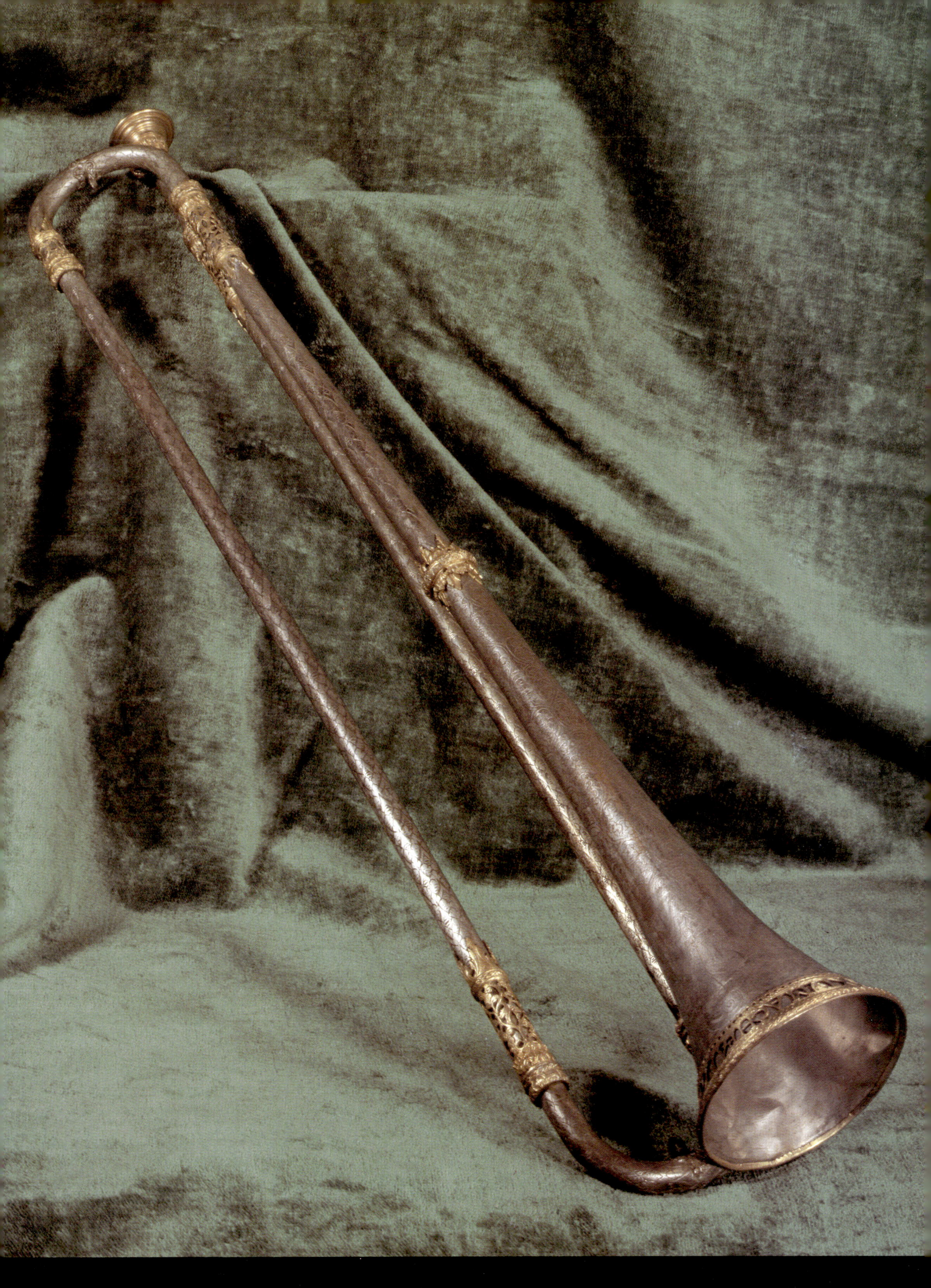

Fanfarentrompete in D von Antoni Schnitzer, Nürnberg 1581. Kunsthistorisches Museum Wien. Foto: Kitlitschka

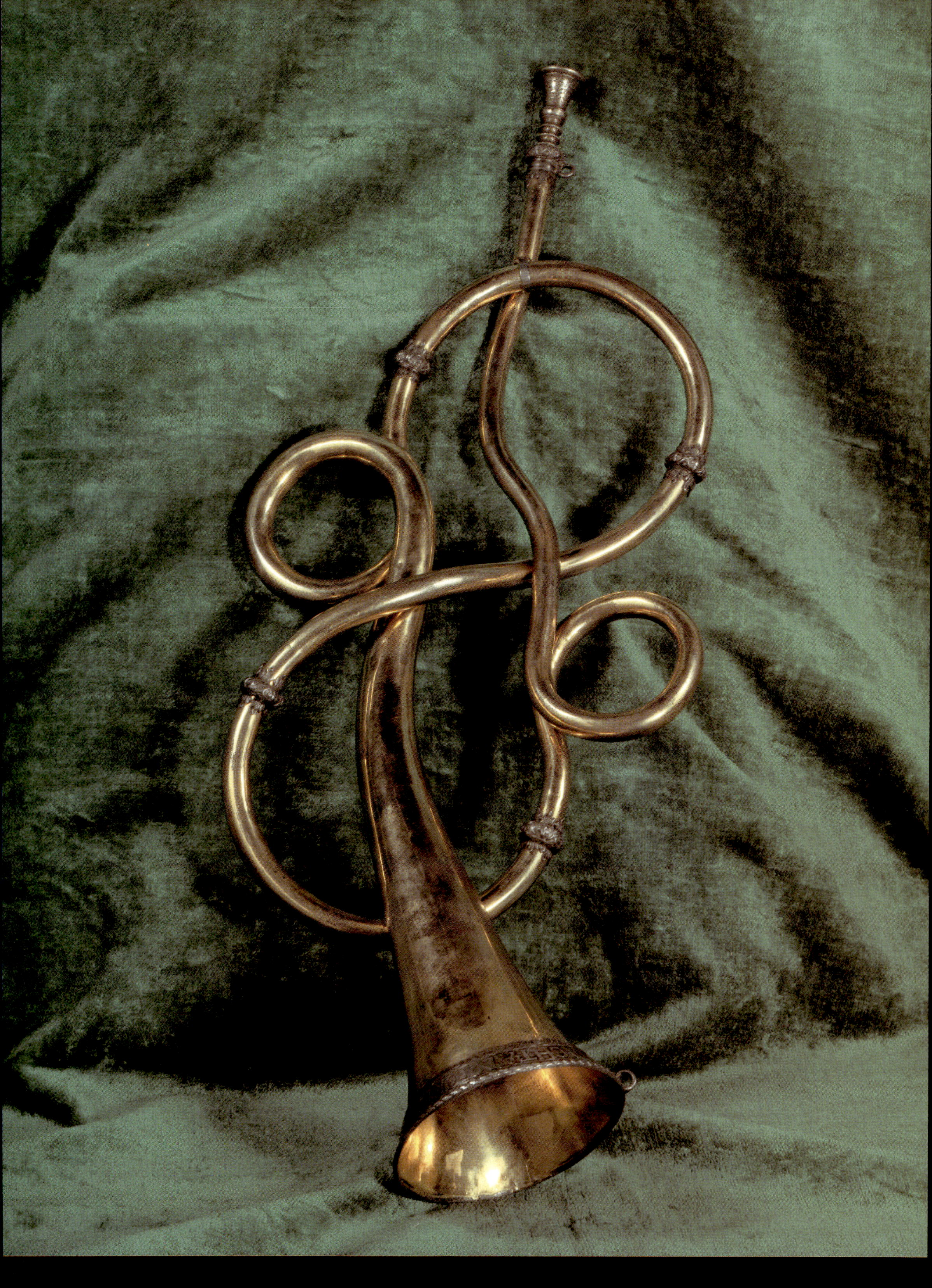

Gewundene Trompete von Antoni Schnitzer, Nürnberg 1598. Kunsthistorisches Museum Wien. Foto: Kitlitschka

Baßposaune von Johann Isaak Ehe, Nürnberg 1612. Germanisches Nationalmuseum Nürnberg

Trompete in Es von C. W. Moritz, Berlin 1857. Staatliches Institut für Musikforschung, Preußischer Kulturbesitz, Berlin. Foto: F. K. Meier

Biegen der Teile einer Posaune (H. Lätzsch, Bremen). Foto: Harms

Lötarbeiten an einer Posaune (H. Lätzsch, Bremen). Foto: Harms

Prüfen einer Zylindermaschine (Wenzel Meinl, Geretsried). Foto: Harms

Abdrehen eines Schallstücks (Wenzel Meinl, Geretsried). Foto: Harms

Fertigstellung einer Tuba (Wenzel Meinl, Geretsried). Foto: Harms

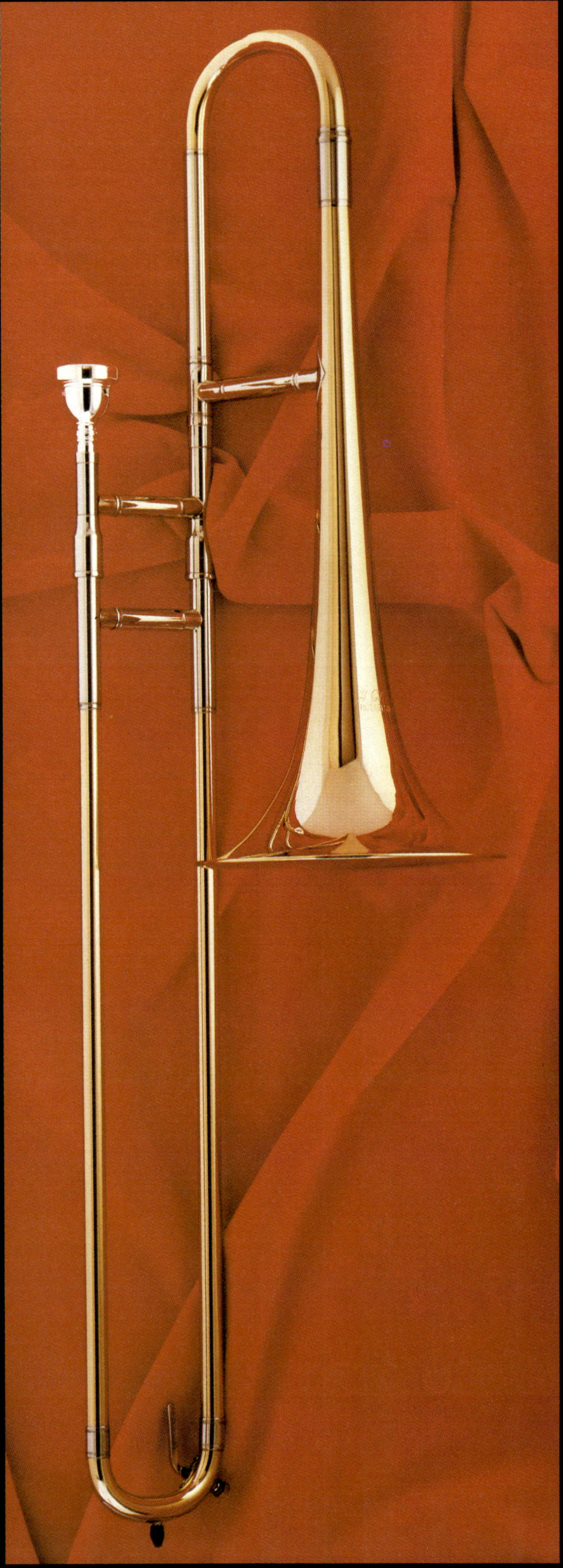

Es-Alt-Posaune (Heribert und Jürgen Glassl, Rüsselsheim)

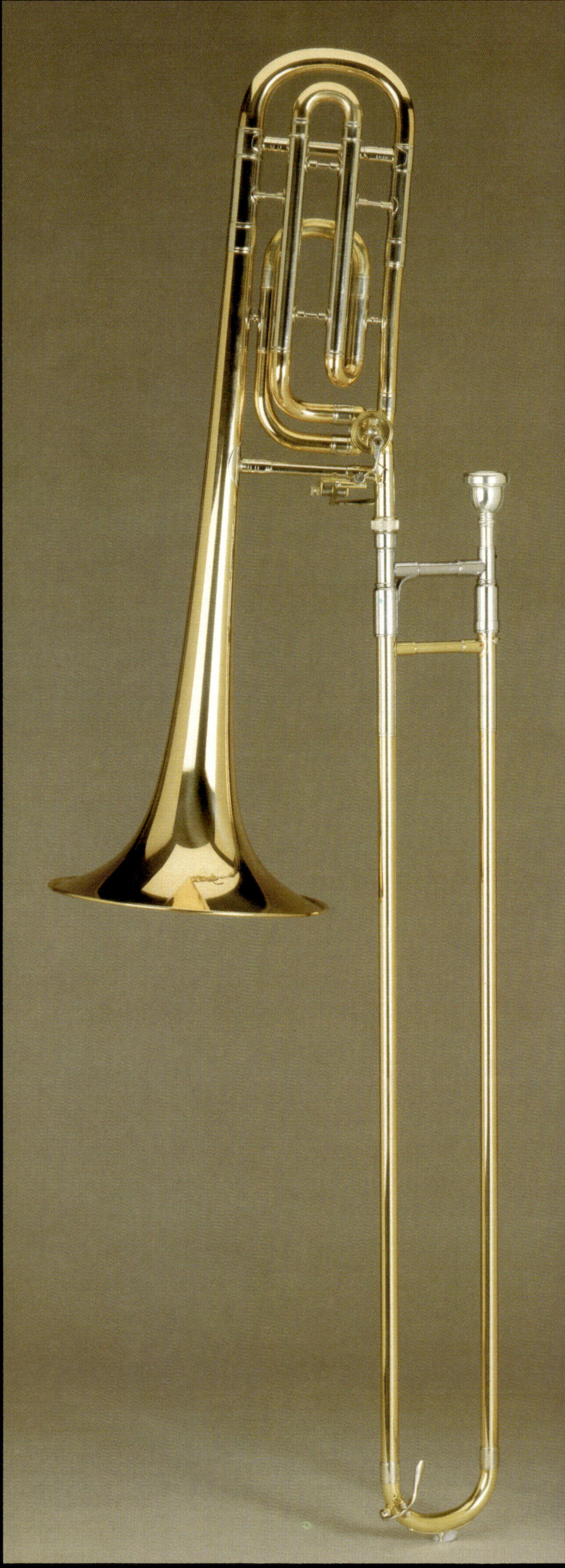

Tenorposaune mit Quartventilen
(Wenzel Meinl, Geretsried). Foto: Raith

Sousaphon (Heribert und Jürgen Glassl, Rüsselsheim)

Karl Roy

STREICHINSTRUMENTE

Der Beginn des deutschen Instrumentenbaues liegt im dunkeln. Waren es anfangs die Spielleute, die ihre Instrumente selbst bauten, so sind doch schon relativ früh auch vereinzelt seßhafte Instrumentenbauer nachgewiesen. (Vgl. hierzu die Einleitung zu vorliegendem Buch.)

Skulpturen und überlieferte bildliche Zeugnisse zeigen eine im Detail fast unübersehbare Vielfalt an Formen und Größen von Saiteninstrumenten, die darin begründet ist, daß die Hersteller auch zugleich die Spieler waren und die Instrumente entsprechend ihren persönlichen Bedürfnissen gebaut haben. Eine gewisse Systematik und Einteilung erfolgte erst mit den frühen Veröffentlichungen der Musikliteratur (Zwolle, Agricola, Virdung, Praetorius u. a.). Hier finden sich bereits interessante Einzelheiten in bezug auf Handhabung, Stimmung, Saitenauswahl und vieles mehr.

Die erste bekannte Lautenkonstruktion neben eingehender Beschreibung auch anderer Instrumente ist überliefert in dem handschriftlichen Werk „Les traités" von Henri-Arnault de Zwolle um 1440. Erst langsam wird eine gewisse Vereinheitlichung erkennbar.

Entsprechend den heute vorliegenden Forschungsergebnissen (Bletschacher, Layer) haben wir den Ausgangspunkt des deutschen Saiteninstrumentenbaues in Füssen zu suchen, in dem Sinne, daß sich dort erstmals Instrumentenmacher an einem Platz fanden, die nach einheitlichen Regeln arbeiteten und schließlich 1562 durch Zusammenschluß in der ersten Zunft der Lautenmacher den Grundstein legten für das heute noch in den wesentlichen Punkten geltende Handwerksrecht. Die wichtigsten Artikel – Dauer der Ausbildung, Anzahl der Lehrlinge, Gesellen- und Wanderzeit, Meisterrecht, Fortbildung, Fürsorge – waren richtungweisend und würden noch heute jeder Innung zur Ehre gereichen.

Wichtig ist, daß mit dem Seßhaftwerden an zunächst einem Platz, mit der Befolgung gleicher Methoden und Regeln im Instrumentenbau nicht nur der Aufstieg ins Bürgertum erfolgte, sondern der Beruf des Lautenmachers als ehrbarer Beruf anerkannt und festgeschrieben war. Das zeigt auch die noch heute z. B. in Frankreich (luthier) und Italien (liutaio) übliche Berufsbezeichnung.

Caspar Tieffenbrucker (1514-71)
Kupferstich von Pierre Woeiriot 1562

Aus nur zu vermutenden, aber nicht näher bekannten Gründen wanderten schon sehr früh, bereits vor Gründung der Zunft, einheimische Lautenmacher von Füssen aus nach Oberitalien, Frankreich, Salzburg, Wien, sogar bis Prag und begründeten oder beeinflußten zumindest ganz wesentlich den dort gepflegten Instrumentenbau.

Das System des Lautenbaues – Herstellung der Muschel über eine Massivform, den sogenannten Lautenstock, Ansetzen des Halses und Befestigung mittels eines geschmiedeten Nagels, dann Aufleimen der Decke und letztlich die Anbringung des Griffbrettes – findet sich im klassischen italienischen Geigenbau ebenso wieder wie im süddeutschen Sprachraum oder auch in der frühen Prager Schule.

Aber nicht nur Lauten wurden in Füssen gebaut. So stellte sich z.B. eine im Besitz des Tiroler Landesmuseums Ferdinandeum in Innsbruck befindliche große Bratsche

Der Instrumentist.
Der Falschen Hand, schallt nach die Schand.

Ein Saiten=Spiel kan zwar ergetzen,
und Ohren in Entzückung setzen,
nachdem es brauchet Kunst u: Zeit:
Doch führt es nicht in sanfften Hören,
das Hertz hinauff zu höhern Chören,
so ist es nichts, als Eitelkeit.

Der Geigen= und Lauten=Macher.

Geigen und Lauten sind es zwar / wovon diejenige die Benennung haben / deren Beschreibung obiger Titel in dieser Reyhe erfordert / aber nicht / als ob sie sonst nichts als Lauten und Geigen machten / sondern weil die Geigen und Lauten unter denen heut zu Tag gebräuchlichen Saitenspielen den Vorzug behalten / und obschon die wohl=klingende Harffe von solchem Vor=Recht keines wegs auszuschliessen / findet sie doch dermahlen nicht so viele Liebhaber / wird auch in denen Music=Chören entweder gar nicht / oder doch selten/und wenigstens nicht so offt / als die Geige und Laute/gebrauchet.

Es machen und verfertigen aber **die Geigen= und Lauten=Macher** erstlich **eine Art von dem** Monochordio , oder eine Geige nur mit einer Saite / und sehr langen und hohlen Copore, so gemeiniglich / vermittelst eines Spanners / durch ein eisernes Rädlein / und nicht wie andere Geigen durch die Zwecke gespannet und gestimmet / auch von wegen ihres Klanges / womit sie/mit dem Fiedel=Bogen gestrichen / einer Trompette gleichet / Trompette marina genennet wird.

Die Geigen sind unterschiedlicher Arten / als **Boschetgen oder Sack=Geiglein / davon einige wie ein Messer formieret** / nur drey= andere aber vier Saiten haben / und sehr bequem in den Schub=Sack gestecket werden können : Einfache oder **Bretleins=Geigen** vor die Lehrlinge / **Quart=Geiglein** / welche kleiner sind als die Violinen / und weit höher / als selbige gestimmet werden können : Gemeine Violinen und **Discant=Geigen / Violen/oder** so genannte Alt-**und** Tenor-**Geigen.** Hieher gehöret die Viola d'amour, welche / ihrer Lieblichkeit wegen / solchen Nahmen führet / und aus sechs von Messingen Drat gemachten Saiten bestehet : Die Viola da Gamba , welche / weil man sie mit den Beinen zwischen den Waden fasset / und nicht wie die andere kleinere Geigen an die Brust oder Hals setzet / also benahmset wird / **kleine Bassetgen** und **grosse vollkommene Baß=Geigen.**

Sie verfertigen / neben denen ordentlichen **Lauten** / auch **Mandor / Angeliquen / Theorben / Cithern und Cithringen** / welche letzere nicht nach Art der Lauten an dem Boden gewölbt / sondern blatt und eben / mit stählernen oder messingen Saiten bezogen / und vornen / wo man mit der Hand zu spielen pfleget / um einen wohl=klingenden trillo zu machen/etwas offen sind.

Sie machen auch **einfache und gedoppelte Harffen** / **samt einer kleinen Art derselben** / welche man auf einen Tisch stellen / und nach Belieben darauf spielen kan. Kurtz zu sagen / sie verfertigen allerley Saitenspiel / welche mit dem Bogen gestrichen / oder aber mit den Fingern geschnellet und angeschlagen werden. Diese Musicalische Instrumenten wissen sie mit sehr guten Vortheil zu verfertigen / daß sie einen guten Resonantz und lieblichen Glantz von sich geben / sehr schön mit Fürnis zu überziehen / auch öffters mit fremden Holtz und Elffenbein sehr künstlich und zierlich einzulegen.

Die **Geigenmacher haben keine gewisse Zunfft** / ob sie schon auch Jungen lernen und Gesellen befördern / welche hier und dar genugsame Arbeit finden. **Ihre Wissenschafft ist sehr alt** / und stammet bereits von Lamech ab / welcher der erste Erfinder der Saiten=Spiele annoch vor der Sündfluth gewesen / wie Moyses in seinem Buch von Erschaffung der Welt bald im vierten Capitel meldet. Ob aber solche Art des Saitenspieles eine Geige / Cither oder Leyer gewesen / wovon unter den Gelehrten viel Streitens ist / lasse ich dahin gestellet seyn / gewiß aber ist es / daß die Leyer und Cither mit guten Fug unter die älteste Arten der Saiten=Spiele gezählet werden / und zwar/was die Leyer betrifft / soll solche Mercurius / der Egypter / erfunden / und hierzu Anleitung genommen haben von einer Schild=Kröte / welche er / als er an dem Nilo spatzieren gieng / daselbst liegend / und biß auf die Nerven und Spann=Adern verzehret gefunden / anbey aber beobachtet / daß sie / mit den Fingern berühret / einen Klang von sich gegeben / solchem nach hat er das darnach gemachte Corpus Anfangs nur mit Faden bezogen / biß die Saiten erfunden worden / wie Polydorus Vergilius berichtet. Solche Leyer bestunde dazumahl nur aus dreyen Saiten / die vierte und fünffte hat Corœbus, die sechste Hiagnis aus Phrygien / die siebende Terpander erfunden. Aristoteles meldet auch von der achten Saiten. Apollo soll / nach der Zahl der neun Musen/die neunte hinzu gethan haben / daher er gemeiniglich mit einer Leyer von neun Saiten abgebildet wird / welche aber von einer gantz besondern Art und Gestalt gewesen seyn soll. Die zehende und eilffte Saite aber wird Timotheo / einem berühmten Musico , zugeeignet / die Cither hingegen soll ihre Erfindung dem Amphioni zu dancken / auch wie Hieronymus in Epist. ad Dardanum will / die Gestalt eines Dreyangels gehabt haben / und mit vier und zwantzig Saiten bezogen gewesen seyn.

Beede / die Leyer und die Cither/waren in besonderm Werth/und so wohl im Krieg / als zu Verkündigung des Friedens / bey Gastereyen / Täntzen / und Schauspielen gebrauchet. Die Poeten und Dichter bedienten sich dieser Instrumenten absonderlich / und liessen selbige / bey Absingung ihrer Gedicht / mit darunter spielen.

Ob David/der Königliche Prophet/auf einer Harffe odet Cither gespielet habe / sind vielerley Meinungen / und ist hievon der gelehrte Bochart in seinem Hierozoico zu sehen. Ravisius Textor saget/und vielleicht aus dem Scholiaste des Martialis, es seye die Leyer so wohl mit den Fingern / als einem besonderen Bogen / gespielet worden. Scaliger hingegen setzet ausdrücklich / man habe keinen Bogen dazu gebraucht / sondern man habe sie Setis, mit harten Haaren oder Borsten gerühret; Wann nun obiges einigen Grund hat / möchte man wohl die erste Erfindung der Geigen/und anderer mit dem Bogen heut zu Tag zu streichen üblicher Instrumenten davon herleiten.

Ein sehr lächerliches und gewiß nicht allzuwohl lautendes Instrument mag es gewesen seyn / welches die Scythen erfunden / und selbiges/vor die Saiten/ mit ledernen Riemen von Ochsen=Häuten bespannet / an statt des Fiedel=Bogens aber / darauf zu spielen / sich der Kiefer von den Geisen oder Ziegen bedienet haben / wie solches Alex. Sardus Erzehlungs=Weise anführet : Ein mehrers von den Saiten=Spielen der Alten vor dieses mahl nicht zu gedencken/sondern den geneigten Leser/wegen der Sachen Weitläufftigkeit/auch daß die meinste der Zeit gantz unbekannt / und was sie gewesen strittig ist/nicht ferner aufzuhalten / will ich die ein mehrers zu wissen Begierige an den Gelehrten Vossium de Musica, und des berühmten Jesuitens R. P. Athanasii Kirchers Musurgiam hiemit verwiesen haben.

Aus: Christoff Weigel, *Abbildung der gemeinnützlichen Hauptstände.* Regensburg 1698

– ursprünglich der Brescianer Schule zugeordnet – als Arbeit eines Füssener Meisters Jonas Heringer († 1679) heraus. Die in dem Werk von R. Bletschacher *Die Lauten- und Geigenmacher des Füssener Landes* nachgewiesene große Zahl von Instrumentenbauern zeigt anschaulich die heute vielfach vergessene Bedeutung dieses ersten Zentrums. Mit dem Schwedeneinfall 1632, mit Pest und Brandschatzung endet die große Zeit des Lechtaler Instrumentenbaues. Einige Meister überlebten und versuchten, die große Tradition fortzusetzen, aber die ursprüngliche Bedeutung war verloren. 1866 starb Josef Alois Stoß, der letzte Geigenbauer Füssens.

Es waren nun die ausgewanderten Füssener Meister, die die Kunst des Instrumentenbaues bewahrten und weiterentwickelten. Im uralten Kulturland Tirol finden sich Mitglieder der Füssener Familie Seelos in Kaltern und Innsbruck neben weniger bekannten Meistern aus dem Lechgau. Der bedeutendste Geigenbauer aber war der in Absam bei Innsbruck um 1617 geborene Jacobus Stainer. Seine Arbeiten waren so geschätzt, daß sie nicht nur im näheren Umkreis, sondern in ganz Europa den Geigenbau beeinflußten. Er gilt als der Begründer der Tiroler Schule, obwohl er zeit seines Lebens allein arbeitete, also keine Gesellen oder Lehrlinge hatte. Über seine Lehrzeit ist nichts bekannt. Seine Arbeiten zeigen jedoch, daß er in Italien, wahrscheinlich Cremona, gearbeitet haben muß. Von ihm sind nur Streichinstrumente bekannt, die aber so vollkommen den Erfordernissen und dem Geschmack der Zeit entsprachen, daß eine Vielzahl von Meistern nach seinem Modell arbeitete. Das führte natürlich auch zu einer Unzahl von Fälschungen, so daß heute ein originales Instrument dieses Meisters zu den größten Seltenheiten und Kostbarkeiten gehört.

Wenn auch fast alle Tiroler Meister ihre Instrumente nach dem Prinzip des Füssener Lautenbaues über eine Innenform bauten, so gab es doch Ausnahmen. Eine kürzlich aufgefundene große Viola des Geigenmachers Matthias Steiger, Mittersill 1664, zeigt eine ganz andere Technik. Das Instrument wurde ohne Innenform gebaut, die Zargen sind in eine in den Boden geschnittene Nut eingelassen, der Hals ist durchgesetzt, also nicht auf einen Oberklotz genagelt. Dieses Beispiel läßt vermuten, daß Steiger eine ausgedehnte Wanderschaft absolvierte und wahrscheinlich im flämischen Raum mit dieser dort gebräuchlichen Arbeitsweise bekannt wurde. Näheres über diesen Meister ist nicht bekannt, die erhaltene Viola aber zeigt, daß es sich mit Sicherheit nicht um ein Einzelstück handelt.

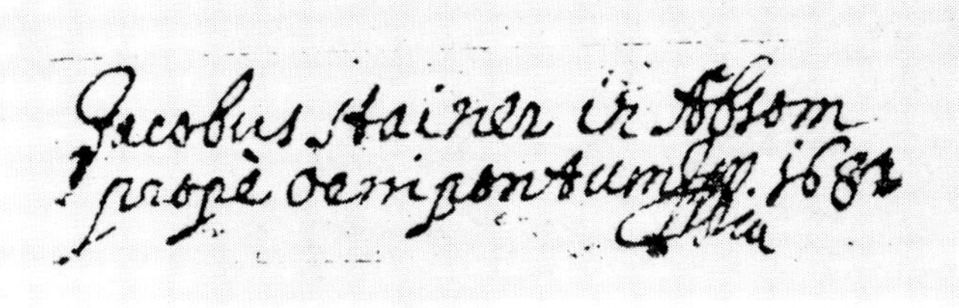

Geigenzettel von Jacobus Stainer

Wenn hier von einer Tiroler Schule gesprochen wird, so ist darunter im Gegensatz zu Füssen nicht eine Ortschaft oder eine Familie, ein Meister als Ausgangspunkt zu verstehen, sondern im allgemeinen die auf der Füssener Tradition

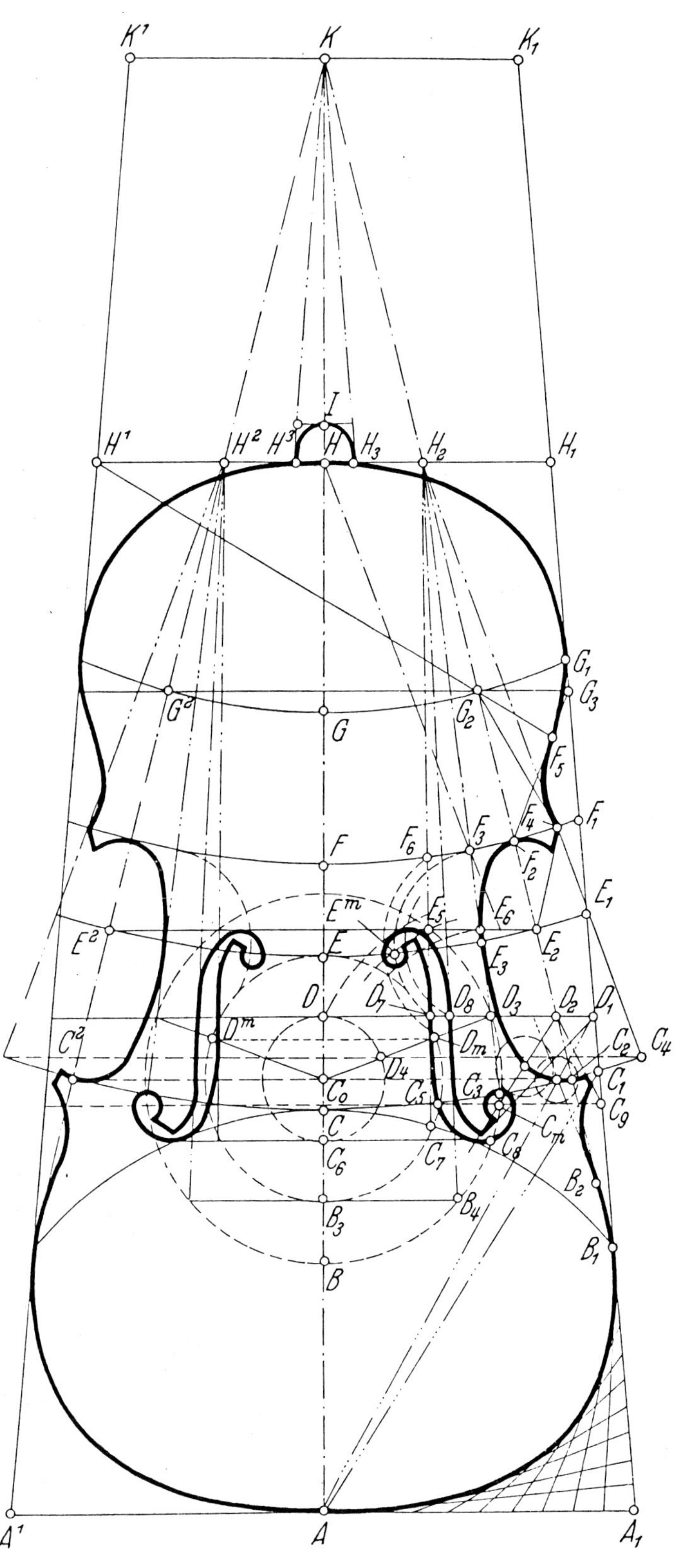

Geometrische Konstruktion der Geige unter Verwendung des Goldenen Schnittes. Aus: Möckel / Winkel, *Die Kunst des Geigenbaues.*

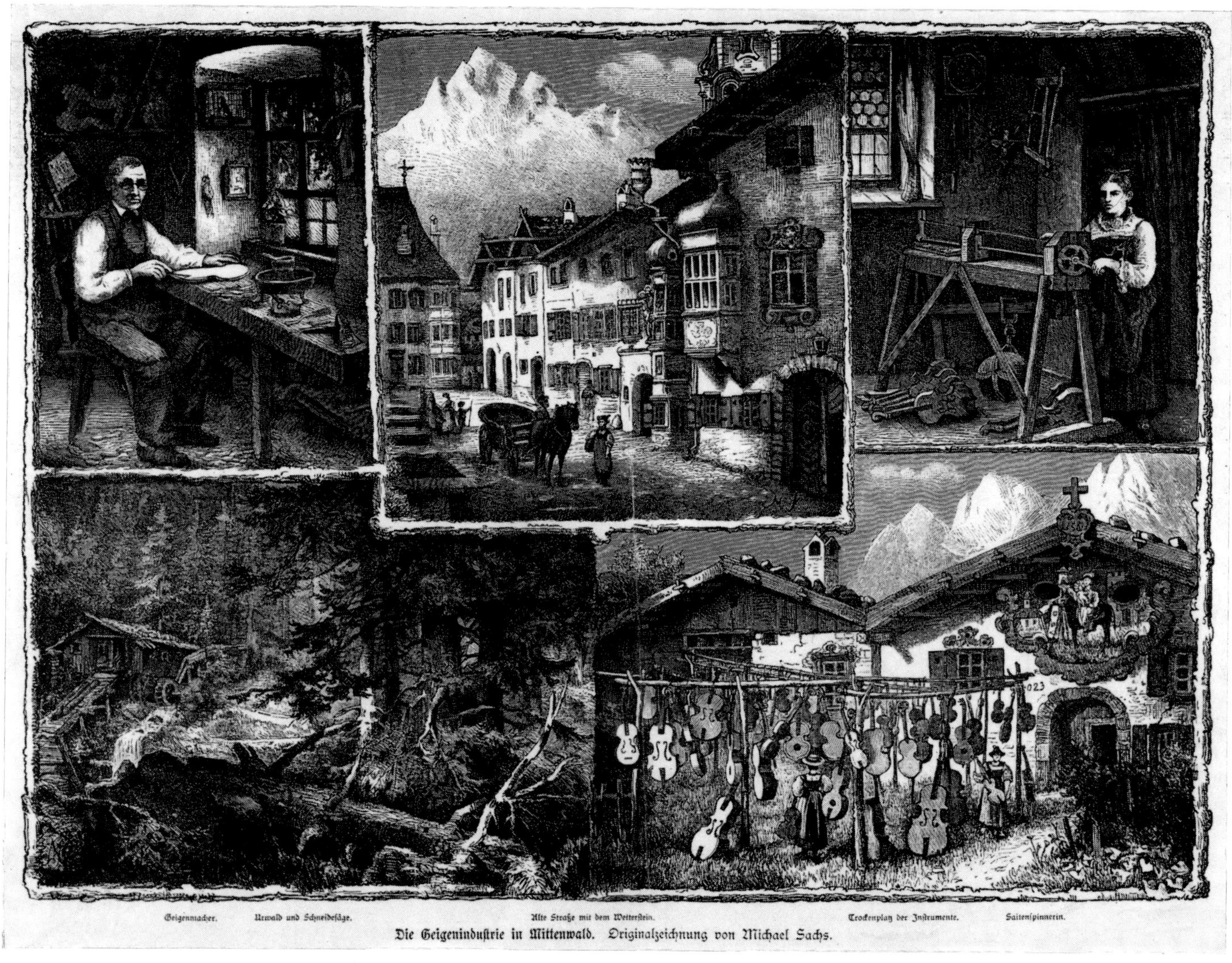

Geigenmacher. Urwald und Schneidesäge. Alte Straße mit dem Wetterstein. Trockenplatz der Instrumente. Saitenspinnerin.

Die Geigenindustrie in Mittenwald. Originalzeichnung von Michael Sachs.

Aus: *Illustrierte Zeitung*, Leipzig 1883

basierende Technik der Herstellung im Großraum Tirol - Salzburg.

In Mittenwald verlief die Entwicklung anders. Der hier 1653 geborene Matthias Klotz ist der Begründer der heute über 300 Jahre alten Tradition. In der Literatur findet sich manchmal die Behauptung, schon vor Matthias Klotz wären in Mittenwald Instrumente gebaut worden, ein Beweis hierfür läßt sich aber weder in den Kirchenbüchern, Gerichtsprotokollen noch in anderen Archivalien der Zeit finden. So ist Matthias Klotz also ohne Einschränkung als der Begründer des Mittenwalder Geigenbaues anzusehen. Auch hier fehlen sichere Nachrichten über seine Ausbildung. Nachgewiesen ist lediglich eine 6jährige Tätigkeit bei dem Paduaner Lautenmacher Johann Railich, einem ausgewanderten Füssener Meister. Es läßt sich vermuten, daß Klotz während seiner 20jährigen Abwesenheit auch in anderen italienischen Werkstätten gearbeitet hat; verläßliche Belege fehlen jedoch.

So beginnt die Geschichte des Mittenwalder Geigenbaues erst um 1684, mit der Rückkehr von Matthias Klotz in die Heimat. Als Bürgersohn konnte er sich problemlos niederlassen, das Material für die Instrumente war in den umliegenden Bergen zu finden, Handel und Gewerbe blühten. Kaufbriefe zeigen, daß Klotz relativ schnell zu einem gewissen Wohlstand kam, und so verwundert es nicht, daß andere Mittenwalder ihre Söhne zu ihm in die Lehre schickten, die dann die Tradition fortsetzten. Über die Gründung einer Zunft ist nichts bekannt, obwohl wie in Füssen ein Lehrgeld verlangt und gezahlt wurde. Auch hinsichtlich eines Meisterrechts ist nichts überliefert. Lehrbriefe wurden nur auf ausdrücklichen Wunsch des Lehrlings ausgestellt, anfangs nur vom Lehrmeister unterschrieben, später zusätzlich von zwei Mitgliedern des inneren Rates mitunterzeichnet und mit dem mittleren Marktsiegel versehen. Im Ort selbst wurde ein Zeugnis zur Eröffnung einer eigenen Werkstatt nicht benötigt, denn weder durch die Freisingsche Landesherrschaft und somit auch nicht durch den Mittenwalder Magistrat noch durch eine Zunftordnung wurde dem einzelnen irgendeine Beschränkung auferlegt.

Der Absatz erfolgte anfangs hauptsächlich auf dem Wege des Hausierhandels. Abnehmer waren die umliegenden Klöster, aber auch die größeren Städte wie München, Augsburg, Nürnberg. Durch die früheren Beziehungen wurden auch Instrumente, zum Teil unlackiert, nach Italien geliefert. Schon bald jedoch waren die Geigenbauer gezwungen, Absatzmärkte in der weiteren Umgebung zu suchen. Ihre Wege führten sie, zum Teil im Zuge der Flößerei, bis nach Frankfurt/Main, Leipzig, Passau, Wien, Budapest. Da aber auf Dauer die Reisekosten und der Zeitaufwand in keinem Verhältnis zueinander standen, ging diese Art des Absatzes sehr bald zurück, und der Vertrieb wurde von Händlern und Kaufleuten übernommen.

In Mittenwald wurden alle Arten von Streichinstrumenten gebaut. Nachgewiesen ist aber auch - heute vielfach nicht mehr bekannt - seit 1788 die Herstellung von Saiten, Bogen und Zubehör. In diese Zeit fällt auch die Gründung der sogenannten Verlegerfirmen, die den Verkauf der Instrumente übernahmen und sehr schnell internationale Beziehungen knüpften. Sie bauten den Export nach Amerika auf und unterhielten zeitweise Niederlassungen in Moskau und St. Petersburg. Die noch erhaltenen alten Geschäftsbücher weisen z. B. für die Jahre 1805/06 aus, daß sogar auch Geigen, Bogen und Saiten „aus Sachsen und Neukirchen“ von den Mittenwalder Verlegern vertrieben wurden.

Zwangsläufig entwickelte sich nun ein Abhängigkeitsverhältnis zwischen Verlegern und Geigenmachern, das sehr schnell zur Teilarbeit führte, hatten die Mittenwalder doch alle auch eine Landwirtschaft zu betreiben und konnten nur in der schlechten Jahreszeit als Geigenmacher arbeiten. So gab es bald Korpus- und Halsmacher, nurmehr wenige Meister fertigten ganze Instrumente. Die Lackierung und Fertigstellung erfolgte bei den Verlegern, in den „Verlagen“. Das führte dann natürlich auch zu einer Massenfertigung, bedingt durch eine zunehmende Nachfrage nach einfachen Schülergeigen, die seit dem frühen 19. Jahrhundert in den Kreisen des Bürgertums bestand. Die Kunst des Geigenbaues sank ab zur Heimarbeit, zur Teilarbeit, und die schlechte Wirtschaftslage um die Mitte des 19. Jahrhunderts tat ein übriges, führte zu Absatzschwierigkeiten und teilweiser Arbeitslosigkeit. Die meisten Geigenmacher konnten jetzt gar keine spielfertigen Geigen mehr herstellen.

Die bayerische Regierung erkannte, daß die Notlage großenteils auf die Massenfertigung zurückzuführen war, und versuchte, durch entsprechende Maßnahmen die einzelnen Geigenbauer wieder in die Lage zu versetzen, ganze spielfertige Instrumente herzustellen und somit auch die Qualität wieder anzuheben. Nach dem ersten nicht sehr erfolgreichen Versuch, einen Wanderlehrer mit dem Besuch der einzelnen Werkstätten zwecks Qualitätsverbesserung zu betrauen, wurde dann 1858 die noch heute bestehende Staatliche Geigenbauschule gegründet. Allerdings stand sie anfangs noch stark unter dem Einfluß der Verleger, die kein Interesse an voll ausgebildeten Geigenbauern hatten, sondern bessere Teilarbeiter haben wollten. Erst um die Jahrhundertwende gelang es dann, diese Einflüsse zurückzudrängen und den Schülern eine wirklich umfassende Ausbildung zu geben.

Der 1. Weltkrieg brachte auch für Mittenwald einen tiefen Einschnitt. Waren vorher noch etwa 150 Heimarbeiter für die Verleger tätig, so konnten nun die Auslandsmärkte nicht mehr beliefert werden; der Absatz stockte. Die Weltwirtschaftskrise der 20er Jahre hatte zur Folge, daß der Mittenwalder Geigenbau weiter zurückging und an Bedeutung verlor. Die sächsische Konkurrenz lieferte zudem wesentlich billiger. So wandten sich die verbliebenen Geigenbauer zwangsläufig anderen Berufen zu, und vor dem 2. Weltkrieg war dann kaum mehr ein Geigenbauer in Mittenwald zu finden. Auch die Verlegerfirmen mußten schließen.

Nach 1945 ließen sich einige vertriebene Schönbacher Geigenbauer in Mittenwald nieder und bauten bald blühende Werkstätten auf, die heute zum Teil schon von den in Mittenwald ausgebildeten Söhnen geführt werden. Aber auch neue Mittenwalder Werkstätten wurden gegründet. So beginnt sich der Geigenbau im Ort von der vorangegangenen Depression zu erholen. Die Zahl der gebauten Instrumente erreicht natürlich bei weitem nicht mehr die früheren Umsätze, da es keine Massenproduktion mehr gibt. Trotz dieser bekannten Tatsache machen sich leider immer noch bzw. wieder in- wie ausländische Händler und Importeure den traditionell guten Namen der Mittenwalder Instrumente zunutze, versehen billigste Importware mit Mittenwalder Fiktivzetteln und führen so den Käufer in die Irre. Diesem Unwesen sollte ein Ende gemacht werden, um dem Ruf echter deutscher Streichinstrumente nicht weiter zu schaden.

Der Instrumentenbau in Sachsen und Böhmen ging insbesondere im Hinblick auf die Herstellungstechnik andere Wege. Auch hier ist über die Anfänge nicht viel bekannt. In verschiedenen Veröffentlichungen (Meisel, Wild, Werner) wird als erster Instrumentenmacher in Graslitz Johannes Artus genannt. Die Matrikeln von 1610 weisen ihn als „Kunstmaler und Instrumentisten“ aus, ohne daß dadurch der Beweis erbracht wäre, es habe sich um den ersten Instrumentenbauer und nicht um einen Instrumentalisten gehandelt. Woher nun dieser Johannes Artus stammte, ist nicht bekannt. Mit ziemlicher Sicherheit kann gesagt werden, daß er kein Einheimischer war. Vermutungen, basierend auf der frühen Graslitzer Arbeitsweise, weisen auf flämische Herkunft hin, vielleicht sogar auf eine Verbindung zur flämischen Malerschule des frühen 17. Jahrhunderts.

Die Arbeitsweise der frühen Graslitzer Geigenbauer unterschied sich grundlegend von den in Füssen, Tirol, Mittenwald und selbstverständlich Cremona gebräuchlichen Methoden. Die Graslitzer Instrumente hatten keinen Oberklotz, der Hals war durchgesetzt, die Zargen seitlich in den Hals eingelassen. Der Aufbau erfolgte ohne Formbrett. Diese Arbeitsweise findet sich zur gleichen Zeit auch in Frankreich, in Flandern, selbst bei Brescianer Liren ebenso wie noch heute bei Gitarren spanischer Bauweise. Diese Technik basiert also nicht auf dem Prinzip des Lautenbaues, sondern ist anderen Ursprungs.

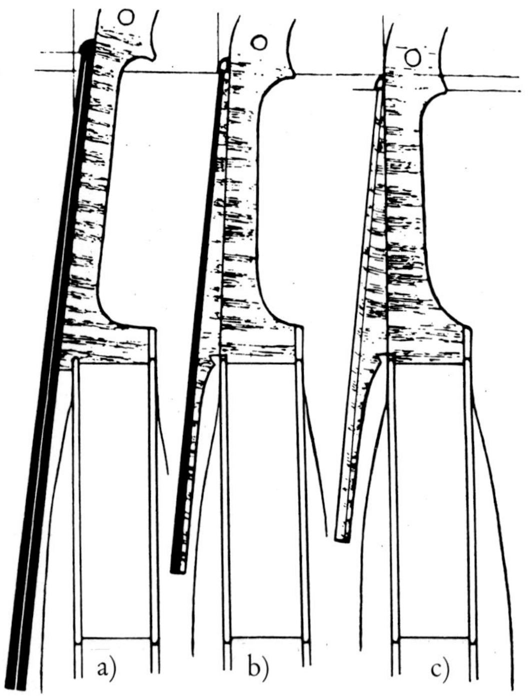

Mit verändertem Hals und Griffbrett werden die Instrumente der Violinfamilie tonstärker gemacht. a) Moderne Violine; b) Anfang 18. Jahrh.; c) Zweite Hälfte 17. Jahrh. Nach Walter Senn in *Musik in Geschichte und Gegenwart*, Bd. 13, Kassel 1966

Hier nun erscheint es wichtig, auf die geschichtliche Entwicklung näher einzugehen. Bedingt durch wirtschaftliche Zwänge, mußten die Vogtländer Geigenbauer schon sehr früh eine Arbeitsteilung vornehmen. Sie waren gezwungen, schnell, oft flüchtig, zu arbeiten. Deshalb hatten viele Instrumente innen ein billiges Aussehen, das oft zu der fälschlichen Annahme führte, die Konstruktionsmethode als solche sei billig und daher abzulehnen. Man kann nicht allein aufgrund eines „angestochenen" Balkens und eines durchgesetzten Halses auf handwerkliches Unvermögen, Billigkeit, Bequemlichkeit schließen, werden doch heute bei Gitarren spanischer Bauweise auch die Hälse durchgesetzt, und hier steht diese Arbeitsweise für höchste Qualität.

Die ursprüngliche Graslitzer Bauweise basiert auf anderen Traditionen und ist nur durch schon erwähnte wirtschaftliche Zwänge in einen gewissen Verruf geraten. Selbstverständlich hat es im Musikwinkel wie auch in den anderen Zentren zu allen Zeiten hervorragende Meister gegeben, die individuell unter ihrem Namen gefertigt und verkauft haben.

Wie aber ist nun die Entwicklung im Vogtland im einzelnen verlaufen? Vier Orte waren von Bedeutung: Graslitz und Schönbach in Böhmen, Markneukirchen - früher nur als Neukirchen bezeichnet - und Klingenthal in Sachsen. Selbstverständlich fanden sich auch in der näheren Umgebung der genannten Orte Werkstätten, doch würde die Aufzählung den hier gesetzten Rahmen sprengen.

Der älteste Ort in bezug auf den Geigenbau ist Graslitz, wo 1631 mit Sicherheit als erster Geigenbauer Melchior Lorenz nachgewiesen ist. Auch hier ist die Herkunft ungeklärt, ein Lehrer nicht bekannt. Aber ebenso wie in Mittenwald sind schon recht bald weitere Geigenmacher in den Matrikeln verzeichnet. Als ältestes erhaltenes Instrument gilt eine Bratsche von Johann Adam Pöpel aus dem Jahre 1664 im Besitz des Germanischen Nationalmuseums in Nürnberg.

Hatte Graslitz schon unter den Folgen des Dreißigjährigen Krieges gelitten, so wirkte die Gegenreformation sich für die Geigenbauer noch schlimmer aus. Gingen sie zunächst in Scharen zum sonntäglichen Gottesdienstbesuch über die Grenze ins 4 km entfernte Klingenthal, so waren sie schon bald gezwungen, zu exulieren, auszuwandern. Beginnend um die Mitte des 17. Jahrhunderts, verließen viele Graslitzer Familien ihre Heimat, um sich im benachbarten Klingenthal niederzulassen. Da sie aber die vom dortigen

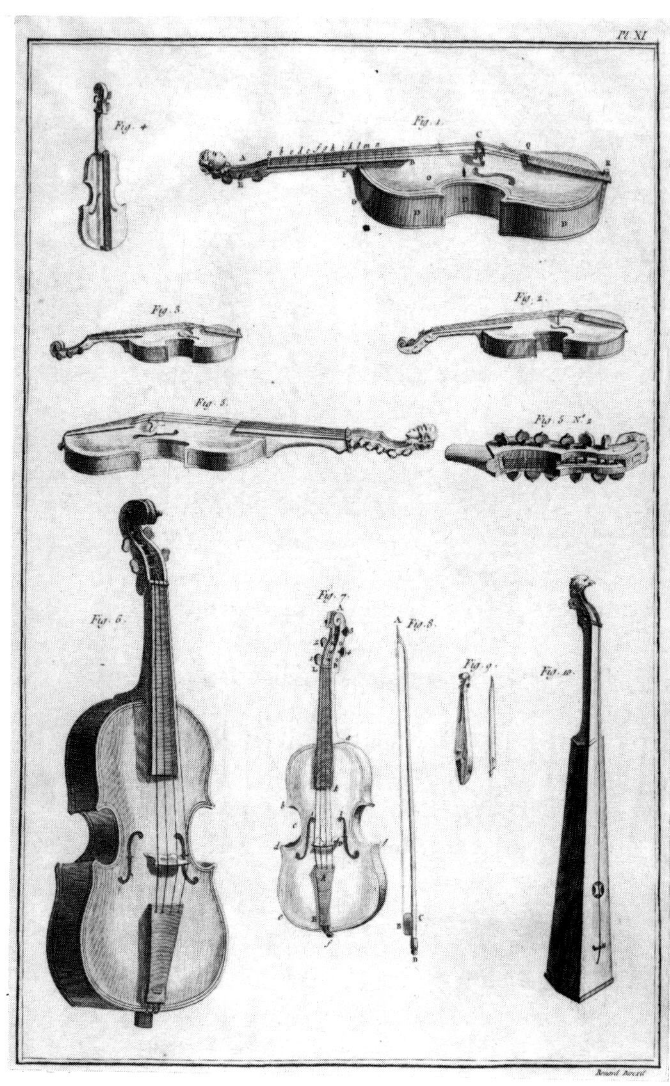

Streichinstrumente nach *Encyclopédie ... des métiers* (Diderot/d'Alembert), Paris 1762. 1-3: Gamben in verschiedenen Größen; 4: stumme Geige; 5: Viola d'amore (mit Detail der Führung der mitschwingenden Aliquotsaiten); 6: Kontrabaß; 7: Violine; 8: Bogen; 9: Tanzmeistergeige mit Bogen; 10: Nonnengeige (Marientrompete)

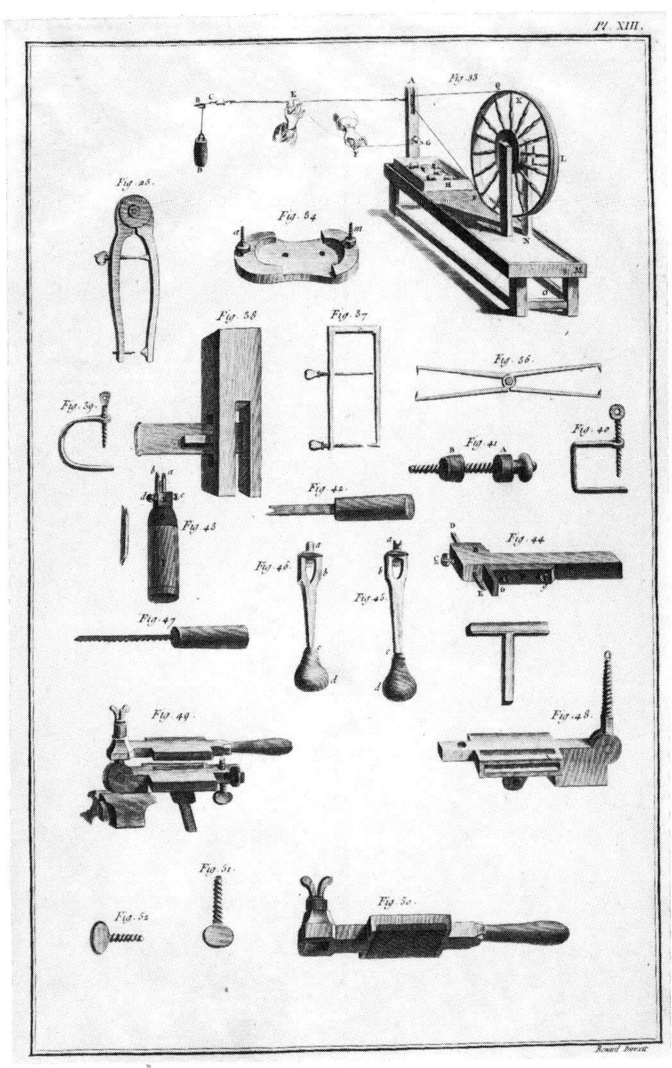

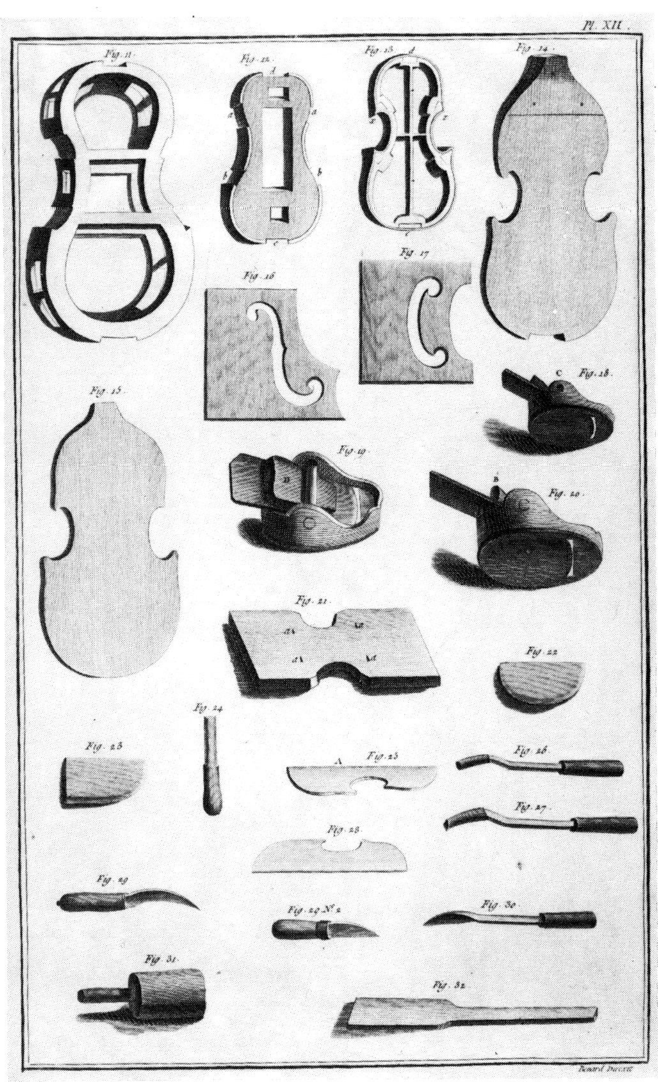

Streichinstrumentenmacherwerkzeuge nach *Encyclopédie ... des métiers* (Diderot/d'Alembert), Paris 1762. Pl. XII und XII

Landesherrn gemachten Auflagen nicht erfüllen konnten, zogen sie weiter nach Markneukirchen. Trotz der Abwanderung verblieb in Graslitz aber noch eine Reihe von Geigenbauern, die sich 1669 zu einer Zunft zusammenschlossen. Auch diejenigen, die sich in Markneukirchen zusammengefunden hatten, gründeten schon bald eine Zunft – im Jahre 1677. Es waren die Stammväter der zum Teil noch heute im Instrumentenbau tätigen Familien. Diese Zunft nahm schnell einen großen Aufschwung, während die Graslitzer Innung stagnierte und bald nach 1771 in der Innung der Instrumentenmacher aufging.

Die Zunftordnungen bzw. Innungssatzungen enthielten im wesentlichen die gleichen Vorschriften, wie sie schon bei der Füssener Zunft zu finden waren.

Die wenigen in Klingenthal angesiedelten Geigenbauer, Exulanten wie die Markneukirchner, gehörten zunächst zur Markneukirchner Innung. Im Ringen um Absatzmärkte kam es aber schon bald, vor Ende des 17. Jahrhunderts, zu tiefgreifenden Meinungsverschiedenheiten bezüglich der Lieferung und des Verkaufs von Geigen, die im Jahre 1716 zur Gründung einer eigenen Klingenthaler Innung führten.

Änderungen ergaben sich auch in den Innungssatzungen. Schrieben diese für die jungen Gesellen ursprünglich eine Wanderzeit vor, so galt schon bald das Gegenteil. Die Begründung hierfür lautete in einer Streitsache mit dem Magistrat von Markneukirchen (Meisel): „So ist es eine wahre Unmöglichkeit, daß unsere Leuthe wandern können, indem im ganzen Römischen Reich kein Orth, wo dergleichen Innung und soviel Geigenmacher anzutreffen, wird namhafftig gemacht werden können; und obgleich in Nürnberg, Hamburg, Danzig und anderen Orthen einzelne Geigenmacher wohnhafftig seindt, so können doch unsere Gesellen bey denselben keine Arbeit haben, weil derselben Art von unsren ganz unterschieden ist.“ Zudem hätten „Johann Schönfelder, Hans Georg Poller und Adam Braun, welche dreye als einzige ... unter allen wandern wollen und in die Frembde gezogen, Soldaten werden müssen und Neukirchen nicht wiedergesehen.“ Endlich sei es auch nicht gut, wenn mit dem Wandern die Geigenmacherei verschleppt würde.

Die Kunst des Geigenbaues war offensichtlich so weit fortgeschritten, daß man – entgegen den früheren Vorstellungen - nicht mehr glaubte, noch Neues im Ausland in Erfahrung bringen zu können, sondern nunmehr Angst hatte vor der Weitergabe eigener Erkenntnisse und dem möglichen Heranwachsen einer Konkurrenz.

In der Tat war der Geigenbau nun in jeder Weise gefestigt. Im Jahre 1723 wird in den nach Bränden neu angelegten Taufmatrikeln in Schönbach der aus Böhmen stammende Förster Elias Placht als erster Geigenmacher erwähnt. Es heißt in der Überlieferung, er habe sich die Kunst von Markneukirchner Geigenbauern abgesehen. Wie weit dies den Tatsachen entspricht, ist nicht mehr festzustellen.

In allen vier genannten Orten wurden Geigen, hier als Synonym für alle Arten von Streichinstrumenten, gebaut. Wie anderswo hatte man aufgrund der allgemeinen wirtschaftlichen Entwicklung und der zunehmenden Zahl der hergestellten Instrumente mit Absatzschwierigkeiten und Preisdruck zu kämpfen. Die Arbeitsteilung war eine zwangsläufige Folge. Bereits im Jahre 1710 wurde ein Wirbeldrechsler in die Markneukirchner Innung aufgenommen. Bestandteil- und Zulieferbetriebe wurden in größerer Zahl gegründet. Schon früh begann man die Instrumente zu exportieren. Im Jahre 1713 bereits wurde ein Händler in die Innung aufgenommen, ein Zeugnis dafür, daß die einzelnen Geigenbauer gar nicht mehr in der Lage waren, ihre Instrumente individuell zu verkaufen.

Seit der Mitte des 19. Jahrhunderts wurden in Markneukirchen auch Gitarren und Zithern in größeren Stückzahlen gebaut; der eigenständige Beruf des Zupfinstrumentenherstellers erstand wieder. Im Jahre 1904 wurde die Produktionsgemeinschaft der selbständigen Instrumenten-Hersteller gegründet, ein Zusammenschluß von selbständigen Meistern und Instrumentenbauern für Ein- und Verkauf. 1908 erfolgte die Gründung der Staatlichen Fachschule.

Bedingt durch das neue Gewerberecht in Sachsen - Gewerbefreiheit seit 1861 –, verloren verschiedene Innungsartikel ihre Bedeutung, der Umsatz aber stieg. Der Umsatz bzw. der Exportwert der Schönbacher Instrumente betrug vor dem 1. Weltkrieg mehr als 1,5 Millionen Goldkronen. Ähnliche Zahlen zeigen die Blüte des Instrumentenbaues in den anderen Orten des Musikwinkels. Als Beispiel mag der Wert der Ausfuhr Markneukirchner Instrumente nur nach den USA im Jahre 1907 in Höhe von 3.580.111,-- Mark (nach Haubensack) dienen.

Diese hohen Zahlen bedingten natürlich auch ein Anwachsen der Zuliefer-Betriebe. Insbesondere die Bogenmacher versuchten bereits - zunächst vergeblich - im Jahre 1790 eine Innung zu gründen. Der Widerstand der Geigenmacher war zu stark. Erst im Jahre 1888 gelang unter anderen Voraussetzungen dieses Vorhaben. Der Überlieferung zufolge waren in Markneukirchen im Jahre 1790 18 Bogenmacher tätig, 1806 waren es 24 und 1840 bereits 33. Bei der Berufs- und Betriebszählung 1907 befanden sich in der Stadt 38 allein arbeitende Meister und 42 Gehilfenbetriebe.

Ähnlich sah es bei den Saitenmachern aus. Bereits um 1720 sollen in Markneukirchen die ersten Saiten hergestellt worden sein. 1751 gab es bereits so viele Saitenmacher, daß sie um die Erlaubnis nachsuchten, eine Innung zu gründen. Nach Überwindung vieler Schwierigkeiten führten die Bemühungen dann 1772 zum Erfolg. Die Innung erhielt das ausschließliche Recht der Saitenherstellung für ganz Sachsen. Es waren 12 Meister, die sich zunächst zusammengeschlossen hatten, und bei dieser Zahl blieb es auch bis etwa 1780. Entsprechend den Innungsartikeln durfte die Zahl der Werkstätten nicht größer sein als 12, die Zahl der Meister durfte die Zahl 10 nicht überschreiten. Diese Beschränkung

Werkstätte für Kunstgeigenbau Hermann Todt, Markneukirchen um 1910. (Musikinstrumentenmuseum Markneukirchen)

wurde im Jahre 1780 aufgehoben, und von diesem Zeitpunkt an nahm die Zahl der Mitglieder zu. 1840 zählte man bereits 50 Meister, 1877 waren es 90, und im Jahre 1907 wurden 41 alleinarbeitende Meister und 66 Betriebe mit 663 Gehilfen gezählt (lt. Haubensack).

Der 1. Weltkrieg brachte auch hier einen gravierenden Einschnitt, und die dann bald folgende Weltwirtschaftskrise tat ein übriges. Eine gewisse Erholung weisen die Statistiken der Jahre 1924/25 aus. Beispielsweise betrug die Anzahl der aus Deutschland exportierten Geigen im August 1925 132.484 Stück, wobei der weitaus überwiegende Teil aus dem Musikwinkel stammen dürfte. Nach dem 2. Weltkrieg erfolgten Aussiedlung und Vertreibung, ein tiefer Einschnitt in die Tradition des vogtländischen Geigenbaues. Zunächst fand eine Anzahl von vertriebenen Geigenbauern mit ihren Familien in Mittenwald eine vorübergehende Unterkunft und beschränkte Arbeitsmöglichkeit. Schon bald jedoch ergab sich die Möglichkeit einer Ansiedlung in dem bis dahin unbekannten Ort Bubenreuth bei Erlangen. Hier wurde am 20. 10. 1949 der Grundstein für die Geigenbauersiedlung gelegt. Aber auch in den umliegenden Ortschaften wie Tennenlohe, Eltersdorf, Möhrendorf, Baiersdorf u. a. siedelten sich aus ihrer Heimat vertriebene Geigenbauer an und bauten zielstrebig wieder Handel und Gewerbe auf. Zu den in der Mehrzahl aus Schönbach Vertriebenen stießen auch geflüchtete Markneukirchner, und bald konnten die durch den Krieg unterbrochenen ausländischen Beziehungen wieder aufgenommen und intensiviert werden.

Am 10. 7. 1954 wurde die Streich- und Zupfinstrumentenmacher-Innung Bubenreuth gegründet. Der vorher fast unbekannte Ort wurde Heimstatt der vertriebenen Geigenbauer und hat durch ihre Tatkraft und ihren Fleiß Weltgeltung erreicht.

Selbstverständlich gab und gibt es außerhalb der genannten Zentren immer hervorragende Geigenbauer, ja zum Teil sogar Dynastien, die den Geigenbau in ihrem Umfeld so geprägt haben, daß man zumindest in der Vergangenheit teilweise von Schulen gesprochen hat. Es sei in diesem Zusammenhang erinnert an die bekannten Geigenmacher u.a. in Leipzig, Berlin, München, Salzburg, Wien, Prag, Hamburg.

Es würde den Rahmen dieser kurzen Übersicht sprengen, wollte man auf Einzelheiten eingehen. Zusammenfassend aber kann gesagt werden, daß sich heute in zunehmendem Maße auch die Meister außerhalb der traditionellen Zentren wieder mit dem Neubau befassen, so daß die in der Vergangenheit manchmal geäußerte Befürchtung, es könne zu einer Arbeits- bzw. Aufgabenteilung kommen dergestalt, daß in den Großstädten nur mehr Reparaturen gemacht würden, nicht zutrifft.

In der heutigen Zeit, wo billige ausländische Massenware nicht nur den deutschen Markt überschwemmt, sondern auch in den traditionellen deutschen Exportgebieten Fuß zu fassen versucht, ist der deutsche Geigenbau in besonderer Weise gefordert und muß allen Bedürfnissen Rechnung tragen. Es müssen Meister- wie auch preiswerte Schülerinstrumente hergestellt werden, die den ausländischen Billigprodukten überlegen sind, denn die Schüler von heute sind ja Kunden für Meisterinstrumente von morgen. Eine fruchtbare Zusammenarbeit aller, großer und kleiner Betriebe, ist erforderlich zur Erreichung der gesteckten Ziele, zum Wohle des deutschen Instrumentenbaues.

Opifex Pandurarum & Teſtudinum.

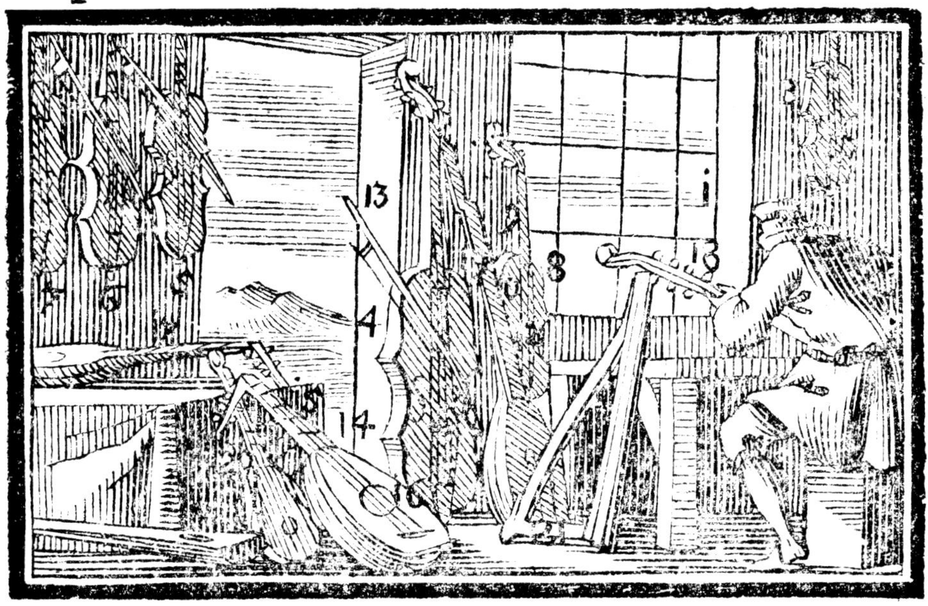

Der Geigen- und Lauten-Macher.

Aus: Johannes Comenius, *Orbis Sensua Lium Piati,* Nürnberg 1754

Literaturverzeichnis

Martin Agricola: *Musica instrumentalis deudsch.* Wittenberg 1528.

Johann Baader: *Chronik des Marktes Mittenwald.* Mittenwald 1936.

Richard Bletschacher: *Die Lauten- und Geigenmacher des Füssener Landes.* Hofheim a.Ts. 1978.

David D. Boyden: *Die Geschichte des Violinspiels von seinen Anfängen bis 1761.* Mainz 1971.

Festschrift anläßlich der gemeinschaftlichen Gedenkfeier der Saiteninstrumentenmacher- (früher Geigenmacher-)Innung und der Saitenmacher-Innung zu Markneukirchen zur Erinnerung an ihre Gründungsjahre 1677 und 1777 am 25. September 1927. Markneukirchen 1927.

Brigitte Geiser: *Studien zur Frühgeschichte der Violine.* Bern u. Stuttgart 1974.

Fridolin Hamma: *Meister Deutscher Geigenbaukunst.* Stuttgart 1961

Otto Haubensack: *Ursprung und Geschichte der Geige.* Marburg 1930.

Helmut W. Klinner: *300 Jahre Mittenwalder Geigenbau.* Mittenwald 1983.

Adolf Layer: *Das Allgäu - Die Wiege der Lauten- und Geigenbaukunst.* München 1967.

Ders.: *Die Allgäuer Lauten- und Geigenmacher.* Augsburg 1978.

W. Frh. v. Lütgendorff: *Die Geigen- und Lautenmacher.* 2 Bände, 3. Auflage, Frankfurt/M. 1922

Fritz Meisel: „Der Geigenbau im sächsisch-böhmischen Musikwinkel im 17. und 18. Jahrhundert", Vortrag anläßlich einer Versammlung des Verbandes Deutscher Geigenbauer.

Otto Möckel / Fritz Winkel: *Die Kunst des Geigenbaues,* Berlin 1954.

Pfarrarchiv Mittenwald. Bayer. Archivinventare, Heft 40, o.J.

Michael Praetorius: *Syntagma musicum II.* Wolfenbüttel 1619.

Johann Reiter: *250 Jahre Mittenwalder Geigenbau 1685-1935.*

Walter Salmen: *Der fahrende Musiker im europäischen Mittelalter.* Kassel 1960

60 Jahre Hopf. 1906-1966. Jubiläumsschrift. Wehen i.Ts. 1966.

Walter Senn / Karl Roy: *Jacobus Stainer 1617 - 1683.* Frankfurt 1986.

Streich- und Zupfinstrumentenmacher-Innung Erlangen: *30 Jahre Musikinstrumentenbau in Bubenreuth.* Erlangen 1979.

Sebastian Virdung: *Musica getutscht.* Basel 1511.

Georg Walther: *50 Jahre GEWA 1925-1975.* Mittenwald 1975.

Erich Werner: „30 Jahre Musikinstrumentenbau im Bubenreuther Raum und seine Wurzeln im Egerland", Vortrag anläßlich der Tagung des VDG, Bubenreuth 1982.

Arnault de Zwolle: *Les traités d'Henri-Arnault de Zwolle et de diverses anonymes.* Facsimile-Ausgabe der Handschrift um 1440, Kassel 1972.

Viola da Gamba von Joachim Tielke, Hamburg 1691, mit Verzierungen in Ebenholz, Elfenbein und Schildpatt; mythologische Motive und Sinnsprüche. Gebaut für Kurfürst Johann Wilhelm von der Pfalz (1658-1716). (Bayerisches Nationalmuseum, München)

Schleifen eines Kontrabaß-Halses (Benedikt Lang, Mittenwald). Foto: Harms

Geigenbauer-Werkstatt (Josef Kantuscher, Mittenwald). Foto: Harms

Klaus Grünke

BOGENBAU

Die Bedeutung des Bogens ist jedem bekannt, der mit dem Fachgebiet der Streichinstrumente vertraut ist, denn er ist mit der Entstehung und Geschichte dieser Instrumentengattung untrennbar verbunden. Als unverzichtbares „Werkzeug" zur Tonerzeugung gibt er dem Spieler die Möglichkeit, alle Klangreserven seines Instrumentes voll auszuschöpfen. Mit dem Bogen führt der Künstler eine Vielzahl von Stricharten aus, von der gesanglichen Cantilene bis hin zum rasanten Spiccato, wobei der Musiker dem Instrument eine so große Bandbreite von Tönen entlockt, wie dies wohl bei keiner anderen Instrumentengruppe sonst möglich ist. Vor allem in der virtuosen Entwicklung des Streichinstrumentenspiels kommt dem Bogen eine entscheidende Rolle zu. Aber neben seiner Eigenschaft als „Werkzeug" des Musikers ist der Bogen auch ein kunsthandwerkliches Produkt, das für den Kenner eine Vielzahl von Stil- und Geschmacksrichtungen zeigt.

Erste Zeugnisse für den Bogen finden wir im mittelasiatischen und im arabischen Raum (ca. 900 n. Chr.). Unsere Kenntnisse stützen sich vor allem auf Zeichnungen und Miniaturen. Der Bogen hatte damals dieselbe Form wie das gleichnamige Jagdgerät. Interessant ist allerdings, daß uns schon frühe schriftliche Zeugnisse darüber erhalten sind, daß der „Bezug" aus Roßhaar bestand, das mit Harzen eingerieben wurde, um so die Saite des Instrumentes zum Schwingen zu bringen.

Bis ins späte Mittelalter veränderte der Bogen kaum seine Form. Dabei muß man berücksichtigen, daß die Streichinstrumente, im Vergleich mit anderen Instrumentengruppen, in dieser Zeit eine sehr untergeordnete Rolle spielten.

Kleingeige und Trumscheit mit ihren Bogen
Aus: Sebastian Virdung, *Musica getutscht.* Basel 1511

Im 16. Jahrhundert sind dann erste Verbesserungen am Bogen zu erkennen, die sich bis zum Ansatz eines festsitzenden Frosches am einen Ende und zu ersten Vorläufern des Kopfes am anderen entwickelten. In dieser Zeit verwendete man einheimische Harthölzer wie Obstbaum, Buche, Ahorn und Nußbaum. In der Regel wurde der Bogen damals noch vom Instrumentenmacher oder Musiker selbst hergestellt. Die Qualität der Ausführung blieb meist hinter der des Instrumentes zurück. Wie bei den Streichinstrumenten finden wir auch bei den Bogen eine Vielzahl von Formen, Längen und Größen, da es zu dieser Zeit noch keine festgelegten Maße gab.

Im 17. Jahrhundert, das zum großen Jahrhundert des Geigenbaues wurde, erfuhr auch der Bogen einige Verbesserungen. Die konvexe Form der Stange wurde begradigt. Man veränderte die Spannvorrichtung, um nicht wie bisher die Haare während des Spiels mit den Fingern spannen zu müssen. Durch das Anbringen eines sogenannten „Sägezahnfrosches" wurde der Bezug beweglich. Am Ende dieses Jahrhunderts finden wir dann die ersten Bogen mit Schraubenführung und Knochenende - dem „Beinchen", das sich bis heute in seiner Funktion kaum verändert hat. Wir erkennen auch eine Weiterentwicklung des Bogenkopfes zum „Schwanenkopf". Bei den beiden letzten Veränderungen ist vor allem Arcangelo Corelli zu nennen, der als Geiger in Zusammenarbeit mit den Instrumentenmachern einen großen Einfluß auf die Entwicklung des Bogens ausübte.

Da in diesem Jahrhundert der Handel mit Übersee bereits florierte, verwendete man nun auch andere Hölzer für die Stange. Wir finden viele Bogen aus südamerikanischen und afrikanischen Hölzern, wie Schlangenholz, Eisenholz, Palisander, Ebenholz usw. Soweit man für den Frosch nicht dasselbe Holz wie für die Stange benutzte, verwendete man häufig Knochen, Elfenbein und Ebenholz. Erste Zeugnisse von Bogen, die aus dem heute gebräuchlichen Fernambuk (Pernambuco, Caesalpina echinata) gefertigt sind, gibt es erst seit Ende des 17./Anfang des 18. Jahrhunderts. Im deutschen Sprachraum nannte man dieses Holz damals „Indianisches Holz".

Anfang bis Mitte des 18. Jahrhunderts ging die Entwicklung des Bogenbaues zunächst kontinuierlich weiter. Hier ist insbesondere Giuseppe Tartini hervorzuheben. Er ließ die Form des Kopfes verkürzen und das Ende der Stange mit Riefen versehen, um den Fingern beim Spiel mehr Halt zu geben. Auch die Froschmechanik wurde etwas verbessert.

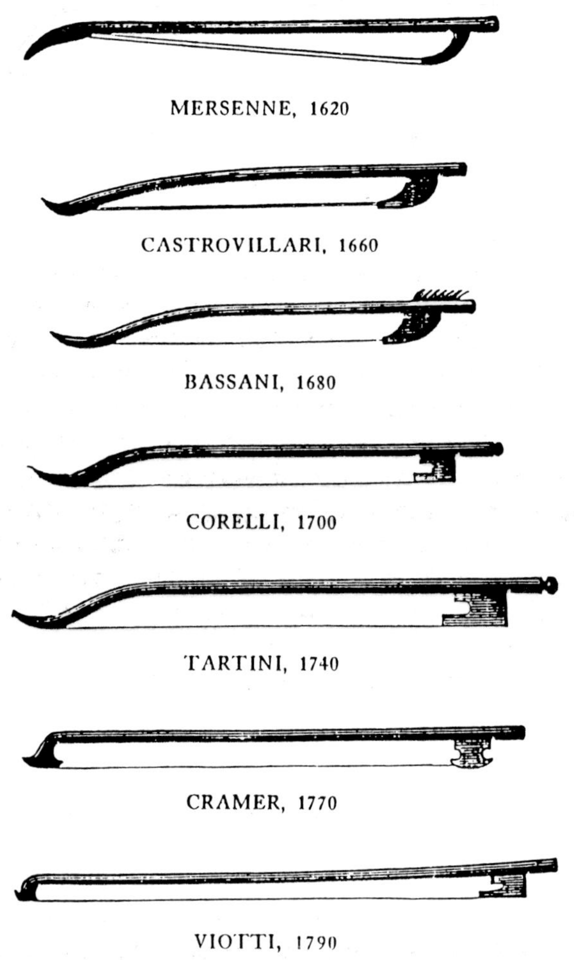

Bogenformen des 17. und 18. Jahrhunderts
Aus: F.J. Fétis, *Antoine Stradivari...* Paris 1856

Während die Entwicklung des Bogens im gesamteuropäischen Raum bisher mehr oder weniger parallel verlief, vollzogen sich zwischen 1740 und 1800 die entscheidenden Neuerungen zum größten Teil in Frankreich. Einfluß darauf hatte sicher die Beliebtheit des Streichinstrumentenspiels in Paris Mitte des 18. Jahrhunderts. Zwischen 1740 und 1750 datieren die ersten mit Namen signierten Bogen. Wichtig ist, daß wir diese Namen nicht mehr in Instrumenten finden und es sich deshalb wohl um solche der ersten hauptberuflichen Bogenmacher handelt.

Nach den bisherigen Nachforschungen galt Duchaine, der seinen Namen in großen Lettern ins Stangenende einritzte, als der erste uns namentlich bekannte Bogenmacher. Er ist auch in den Stadtregistern von Mirecourt (Lothringen) eingetragen, wo er von 1750 bis 1760 gearbeitet hat. Allerdings wurden inzwischen die Arbeiten von zwei weiteren Bogenmachern, Meauchand und Tainturie, gefunden, die etwa gleichzeitig sind. Beide stempelten ihre Namen ins Stangenende, wobei Meauchand zwei Stempel benutzte: MEAUCHAND und MEAUCHAND A PARIS. Letzteres zeigt uns, daß sich diese Entwicklung zum Beruf des Bogenmachers nicht nur in Mirecourt, sondern zur selben Zeit auch in Paris vollzog.

Es ist schwer festzustellen, welcher der drei obengenannten Bogenmacher nun tatsächlich der erste war, denn eine genaue Datierung ist nicht möglich, weil uns nur sehr wenige Beispiele erhalten und viele schriftliche Zeugnisse aus Frankreich aus dieser Zeit durch die Revolution von 1789 verlorengegangen sind. Ihre Bogen haben den sogenannten Hammerkopf, die Stangen sind vor allem bei den letztgenannten aus Fernambuk und weisen schon eine leichte, allerdings ausgesägte, konkave Biegung auf. Uns ist dieses Modell als Cramerbogen bekannt.

Es ist anzunehmen, daß sich die entscheidende Weiterentwicklung des Bogenbaues in Paris vollzogen hat, da hier die berühmtesten Virtuosen Europas konzertierten und arbeiteten. Zwischen diesen Musikern und ihrem Wunsch und Bedürfnis nach einem verbesserten Bogen und den Bogenmachern kam es in den kommenden Jahren zu einer sehr fruchtbaren Zusammenarbeit. Als besonders wichtig hervorzuheben sind hier L. (wahrscheinlich Louis, Geburts- und Sterbedatum unbekannt) und François Xavier Tourte (1750-1835). Diese beiden entwickelten den Bogen in den Jahren zwischen 1750 und 1800 bis zu seiner modernen Form. Wir sprechen hier ausdrücklich von beiden, denn in einigen älteren Abhandlungen über den Bogenbau wird dies hauptsächlich François X., dem Sohn des Erstgenannten, zugeschrieben. Wir können aber feststellen, daß sich die entscheidenden Veränderungen am Bogen bereits bei L. Tourte nachweisen lassen, was sich in Zusammenarbeit mit seinem Sohn nur steigerte und was dieser in allen Details zur Vollendung brachte.

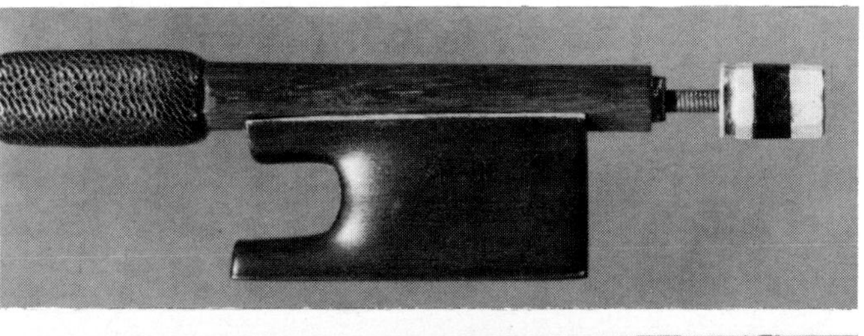

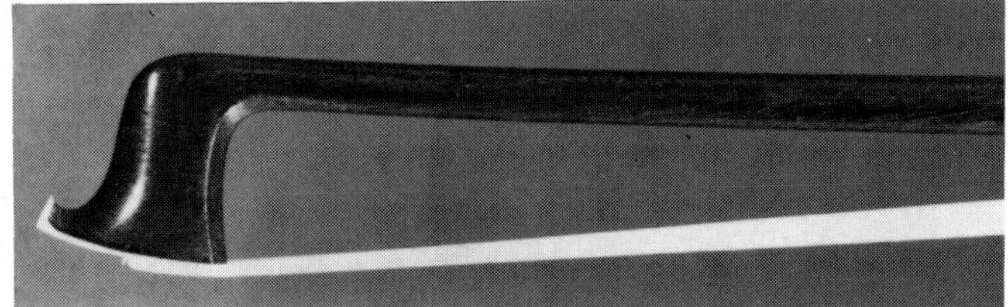

Bogen von L. Tourte, Paris zwischen 1770-80,
kurz vor der modernen Form

Neben wichtigen Veränderungen an Kopf und Frosch war vor allem die Ausarbeitung der Stange von spieltechnisch entscheidender Bedeutung. Im Gegensatz zu seinen Vorgängern sägte L. Tourte die konkave Biegung des

Bogens nicht aus, sondern schnitt die Stangen gerade nach dem Lauf der Fasern aus dem Holz heraus und brachte sie mit Hilfe von Hitze und Druck in ihre Form.

L. Tourte war nicht der erste, der das als Farbholz aus Brasilien importierte Fernambuk verwendete, doch er erkannte bald den entscheidenden Vorzug dieses Holzes: die über Hitze gebogene Stange hielt die ihr gegebene Spannung im Gegensatz zu allen anderen Hölzern über Jahre hinweg.

François X. Tourte begann etwa 1770 mit dem Vater zusammenzuarbeiten. Zielstrebig führte er die vom Vater eingeleiteten Verbesserungen fort und schloß die gesamte Entwicklung des Bogens zwischen 1780 und 1810 ab. Neben seiner großen Meisterschaft in der Ausführung von Kopf und Frosch ist vor allem seine Ausarbeitung der Stange mit der dazu proportional verlaufenden Biegung bis heute unübertroffen. Von entscheidender Bedeutung war seine enge Zusammenarbeit mit den Musikern. Hier sei vor allem der italienische Virtuose Viotti genannt, der 1780 Direktor der Pariser Oper wurde. Aber auch der Kontakt mit den Geigern Kreutzer, Rode, Spohr und anderen gab ihm neue Impulse. Letztgenannter war sehr bedeutend für die Verbreitung von Tourtes Entwicklungen im deutschen Bogenbau.

Wir sollten aber auch auf die vielen Zeitgenossen Tourtes hinweisen, die vor allem in den Zentren Paris, Mirecourt, London und Markneukirchen, aber auch an anderen Orten Hervorragendes leisteten. Hier seien nur die wichtigsten genannt: Jacques Lafleur (1757-1833), François Lupot (1774-1837), beide in Paris, Jean Adam (Mitte 18. - Anfang 19. Jahrhundert) in Mirecourt, John Dodd (1752-1839) in London und Christian Wilhelm Knopf (1767-1837) in Markneukirchen, mit dem wir uns später noch eingehender beschäftigen wollen.

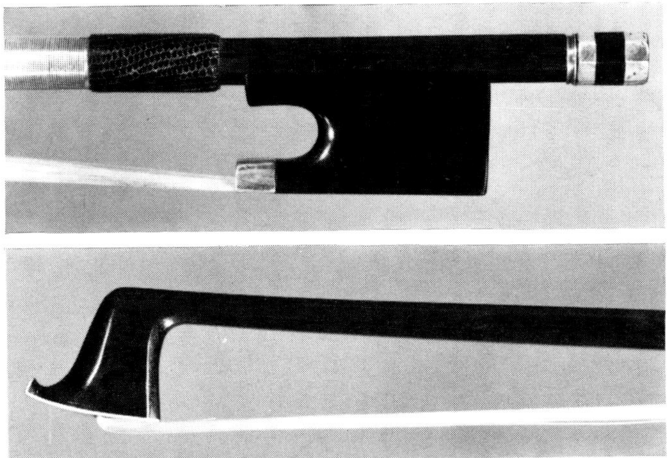

Bogen von John Dodd, London 1752-1839. Einfluß des Tourtebogens

Es finden sich auch viele ungezeichnete Bogen aus dieser Zeit, die wir nicht mehr den entsprechenden Meistern zuordnen können. Viele dieser Bogen, die eine gewisse Ähnlichkeit mit der Arbeit François X. Tourtes aufweisen, sind heute unter der Bezeichnung „Tourte-Schule" im Handel.

In der Folgezeit in Frankreich müssen wir noch den Geigenbauer Jean Baptiste Vuillaume (1798-1875) nennen, der in seinem Pariser Geschäft zwischen 1828 und 1875 eine Vielzahl von bekannten Bogenmachern seiner Zeit beschäftigte. Er setzte sich vor allem theoretisch mit dem Bogen auseinander und machte sich Gedanken über die Stärkeverteilung und die Biegung der Bogen François X. Tourtes. Er fand eine gewisse Regelmäßigkeit, und es gelang ihm, diese mathematisch zu begründen. Diese Erkenntnisse ließ er durch seine Bogenmacher sehr erfolgreich in die Praxis umsetzen. Die Bogen, die sein Geschäft verließen, waren in ganz Europa für ihre handwerkliche und spielerische Qualität bekannt. Mit einigen Neuerungen („Stahlrohrbogen", „Selbstbehaarbogen", „Vuillaume-Frosch") stieß er allerdings an die Grenzen des Machbaren und Gewünschten. So konnten sich diese schon in seiner Zeit nicht durchsetzen.

Angezogen durch den Ruf seiner Werkstatt kamen auch deutsche Bogenmacher nach Paris zu Vuillaume. Namentlich waren dies Ludwig Christian Bausch, Johann Christoph Nürnberger und Hermann Richard Pfretzschner. Nach Deutschland zurückgekehrt, brachten sie neue stilistische und handwerkliche Einflüsse in den deutschen Bogenbau ein.

Das Bogenmacherhandwerk in Deutschland hat seinen Ursprung in Markneukirchen im böhmisch-sächsischen Musikwinkel. Der Ort ist – mit wenigen Ausnahmen – die Heimat fast aller bekannten deutschen Bogenmacherfamilien, die dieses Handwerk von hier aus u.a. auch nach Berlin, Leipzig und Dresden brachten. Durch die jahrhundertealte Musikinstrumentenbautradition in dieser Gegend verbreitete sich der Beruf des Bogenmachers sehr schnell bis nach Böhmen und gab vielen Familien dieser strukturschwachen Region ein Auskommen. Wirkliche Nutznießer des hier Ende des 18. Jahrhunderts aufkommenden neuen Handwerks waren vor allem die zahlreichen Instrumentengroßhändler Markneukirchens. Diese hatten schon im 18., aber vor allem im 19. und Anfang des 20. Jahrhunderts eine Art Monopolstellung des Absatzmarktes inne. Der Großteil der Bogenmacher arbeitete für diese Handelshäuser und geriet sehr schnell in deren Abhängigkeit. Der geringe Stücklohn, den sie für ihre Arbeit bezahlt bekamen, konnte nur durch erhöhte Produktion ausgeglichen werden. Dies führte, wie auch im Geigenbau, zu einer ausgeprägten Arbeitsteilung, in die anfangs die Familienmitglieder, Frauen und Kinder, und später auch viele Kleinbauern integriert wurden. Da sie ihre Bogen ungestempelt ablieferten, ist uns über die meisten dieser Bogenmacher wenig oder nichts bekannt. Die Händler verkauften die Bogen in großen Mengen und mit erheblichem Gewinn vor allem nach England, aber auch nach Frankreich, Rußland und später vor allem in die USA. Es war auch üblich, sie, wenn nicht mit dem Firmennamen, mit anderen Namen zu signieren, wie Tourte, Dodd, Voirin, um nur einige zu nennen. Dieser

Umstand brachte den deutschen Bogenmachern, vor allem im Ausland, des öfteren den Ruf als Kopisten und Massenhersteller ein. Es gab aber auch eine Anzahl namhafter deutscher Bogenmacher, die unabhängig waren, in engem Kontakt mit den Musikern ihr Handwerk ausübten und in der Weiterentwicklung des Bogenbaues Bedeutendes leisteten.

Als erster Bogenmacher wird uns ein gewisser Josef Strötz (1715-1760) genannt, ein Musiker und Tischler aus Bayern, der Mitte des 18. Jahrhunderts nach Markneukirchen zog und sich dort auf das Bogenmachen spezialisierte. Er fand schnell viele Nachahmer, die nun in diesem neuen Handwerk arbeiteten, von denen wir aber leider nur sehr wenig wissen

Ein erster Versuch einer interessanten Gruppierung von Handwerkern, nämlich „von je einem Tuchmacher, Tischler und Fleischer, 4 Geigenmachern und 10 weiteren Handwerkern"[1], sich im Jahre 1790 zu einer Bogenmacherinnung zusammenzuschließen, scheiterte noch am Einspruch der Geigenbauer. Die Gründung sollte ihnen erst 1888 gelingen, vor allem durch die Initiative Franz Albert Nürnbergers.

Als ersten wirklich wichtigen deutschen Bogenmacher können wir Christian Wilhelm Knopf (1767-1837) nennen. Es ist anzunehmen, daß er durch Musiker Bogen der Familie Tourte zu sehen bekam, deren Neuerungen er in seine Arbeit voll aufnahm und ihnen noch einige kleine Verbesserungen hinzufügte (Metallbahn beim Frosch, Verbesserung der Schraube). Er war der Stammvater der Bogenmacherfamilie Knopf, die wir als die bedeutendste des 19. Jahrhunderts in Deutschland bezeichnen können. Von ihren vielen Mitgliedern wollen wir vor allem noch Heinrich Knopf (1839-1875) nennen. Er arbeitete zuerst bei den Geigenbauern Otto Bausch, Leipzig, und C. Grimm, Berlin. Aus dieser Zeit sind uns von ihm sehr schöne Bogen erhalten, die mit den Namen dieser Geigenbauer gezeichnet sind. 1868 ließ er sich in Berlin nieder und stempelte von diesem Zeitpunkt an die Bogen mit seinem Namen H. KNOPF BERLIN. Aber auch einige Bogen der Firmen Weichold, Dresden, Neuner, Berlin, und Nikolaus Kittel, St. Petersburg, wurden von ihm gebaut. Seine Bogen gehören zu den besten, die in Deutschland gefertigt wurden.

Ein anderer herausragender Bogenmacher war Ludwig Bausch (1805-1871). Seine Lehre als Geigenbauer absolvierte er bei J. B. Fritzsche in Dresden. Er widmete sich aber anschließend mehr dem Bogenbau und ließ sich zunächst in Dresden nieder. Ab 1839 arbeitete er mit Unterbrechungen in Leipzig. Zu Studienzwecken unternahm er viele Reisen, die ihn bis St. Petersburg und nach Paris zu Vuillaume führten. Bekannt ist uns vor allem seine enge Zusammenarbeit mit dem Geiger Louis Spohr, durch den er die spieltechnischen Möglichkeiten des Tourteschen Bogens erkennen und studieren konnte. Seine Arbeit war zwar durch den französischen Bogenbau beeinflußt, aber dennoch können wir bei ihm, wie auch bei der Familie Knopf, von einem ausgeprägten deutschen Stil sprechen.

Seine Bogenbautradition setzte sich durch seine Söhne Ludwig und Otto in Leipzig fort. Bei der Firma Bausch waren mehrere Bogenmacher angestellt, wodurch wir die Vielzahl der Bogen, die mit diesem Namen gestempelt sind, erklären können. Allerdings finden wir auch sehr billige Bogen, auch aus jüngerer Zeit, die den Namen Bausch tragen, aber nichts mit dieser Werkstatt zu tun haben.

Wir kommen nun zu den Familien Nürnberger und Pfretzschner, die schon auf eine lange Tradition als Geigenbauer in Markneukirchen zurückblicken konnten.

Der erste Bogenmacher der Familie Nürnberger war Karl Gottlob (1793-1868). Er erlernte das Handwerk bei Christian Friedrich Knopf, dessen Einfluß zeitlebens in seiner Arbeit sichtbar blieb.

Sein Sohn Franz Albert I (1826-1895) begann seine Lehrzeit im väterlichen Betrieb und vervollständigte seine Ausbildung bei der Firma Bausch in Leipzig. Nach Markneukirchen zurückgekehrt, arbeitete er beim Vater und setzte sich mit Erfolg für die Gründung einer Bogenmacherinnung ein, der er mehrere Jahre lang vorstand. Daran wird deutlich, wie sehr sich nach dem ersten gescheiterten Versuch 1790 in der Zwischenzeit das Ansehen und die Position der Bogenmacher innerhalb Markneukirchens verändert hatten.

Das handwerklich herausragendste Mitglied der Familie Nürnberger war Franz Albert II (1854-1931), Sohn und Schüler von Franz Albert I. 1880 verließ er die Werkstatt des Vaters und gründete sein eigenes Geschäft. Sein Grundmodell, gestempelt ALBERT NÜRNBERGER, bei dem man einen starken Einfluß des Tourteschen Bogens sehen kann, besticht durch seine handwerklich genaue und stilistisch äußerst gekonnte Arbeit; das von ihm verwendete Material war immer von hervorragender Qualität. Er fertigte auch einige ausgezeichnete, detailgetreue Kopien, vor allem von Tourte, aber auch von anderen Meistern.

Als weiteres Mitglied der Familie Nürnberger wollen wir noch Johann Christoph (1839-1899) nennen, der um 1860 einige Jahre bei Vuillaume arbeitete und so einiges der französischen Schule in den deutschen Bogenbau einbrachte.

Mitglieder der Familie Nürnberger üben das Bogenmacherhandwerk in der Tradition ihrer Familie bis heute aus.

Erster Bogenmacher der alteingesessenen Geigenbauerfamilie Pfretzschner war Richard Pfretzschner (1832-1893). Sein Sohn Hermann Richard (1857-1921) begründete den großen Ruf der Familie als Bogenmacher. Nach seiner Ausbildung beim Vater ging er 1874 zu Vuillaume nach Paris. Obwohl er nur kurz dort arbeitete, hatte der Aufenthalt in Frankreich einen prägenden Einfluß auf seine Arbeit. 1880 gründete er in Markneukirchen seine eigene Firma und beschäftigte mehrere Mitarbeiter. Er kam schnell zu großem Ansehen und wurde 1901 zum königlich-sächsischen Hoflieferanten ernannt. Von da an brannte er das sächsische

[1] *Werte unserer Heimat: Das obere Vogtland.* Berlin 1976, S. 113

Königswappen in die Frösche seiner Bogen ein. Bekannt ist auch seine Zusammenarbeit mit dem berühmten Geiger Wilhelmj, nach dem er ein besonderes Bogenmodell benannte. Die kommenden Generationen, beginnend mit seinen Söhnen Hermann Richard II und Berthold, setzten die Tradition des Bogenbaues in dieser Familie bis heute erfolgreich fort.

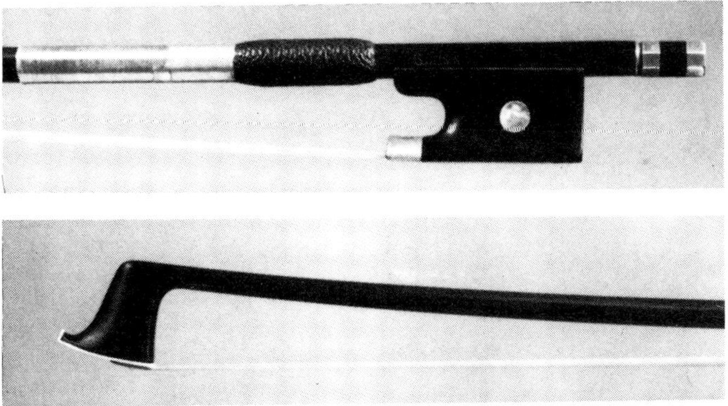

Bogen von Johann Christian Süss, Markneukirchen (1829-1900)

Zwei einflußreiche Vertreter des deutschen Bogenbaues, wenn auch ohne lange Familientradition, waren Johann Christian Süss und August Rau. Johann Christian Süss (1829-1900) fertigte zunächst nur einfache Bogen, bis er als Gehilfe in der Werkstatt C.F.W. Knopfs (1815-1897) in Dresden arbeitete. 1860 kehrte er nach Markneukirchen zurück und eröffnete ein eigenes Geschäft. Die von da an mit SUESS oder SUSSE gestempelten Bogen gehören zu den schönsten Beispielen des deutschen Bogenbaues. Breite Anerkennung fand er jedoch erst spät, wobei ihm Geiger Wilhelmj, der seine Bogen aufs höchste lobte, sehr behilflich war.

Als letzten großen Vertreter des deutschen Bogenbaues vor 1945 können wir August Rau (1866-1951) nennen. Er absolvierte seine Lehre von 1880 bis 1884 und ging dann nach Dresden zu Knopf, später zur Firma Weichold. 1890 kehrte er nach Markneukirchen zurück und machte sich dort selbständig. Neben seinen hervorragend gearbeiteten Bogen war er überall für seine Offenheit gegenüber ratsuchenden jungen Bogenmachern bekannt.

Die Kriegsjahre und vor allem das Kriegsende 1945 markieren einen tiefgreifenden Einschnitt in die Struktur des böhmisch-sächsischen Musikwinkels.

Die Tradition des Bogenmacherhandwerks im sächsischen Teil konnte sich aber bis heute fortsetzen, und einige Einzelhandwerker finden internationale Anerkennung. Die Innung wurde zwar umbenannt in „Fachsparte des Bogenbaus", aber das eigenständige und bewährte Ausbildungs- und Prüfungswesen blieb im großen und ganzen erhalten.

Im Sudetenland nahm die geschichtliche Entwicklung einen dramatischeren Verlauf. 1946 kam es zur Aussiedlung. Die Streich-, Zupfinstrumenten- und die Bogenmacher Schönbachs sammelten sich 1949 in Bubenreuth, wo der Grundstein der Geigenbauersiedlung gelegt wurde. Dann gingen auch einige aus Markneukirchen und Umgebung in den Westen und ließen sich z.T. ebenfalls in Bubenreuth nieder.

Vor allem mit Hilfe der St. Joseph-Stiftung wurde schon in der Aufbauzeit 1951 eine Instrumentenbaufachschule mit den drei Ausbildungsberufen Bogenmacher, Geigenbauer und Gitarrenbauer gegründet, nach Vorbild der Schule, die schon in Schönbach bestanden hatte. Allerdings mußte diese Schule bereits 1964 wegen mangelnder Förderung wieder geschlossen werden. 1954 wurden die Bogenmacher bei der Gründung der Streich- und Zupfinstrumentenmacherinnung Erlangen als gleichberechtigte Partner integriert. Zunächst war vor allem die Materialversorgung (Fernambuk aus Brasilien) für die Bogenmacher problematisch, und auch die Wiederaufnahme der durch den Krieg verlorengegangenen Handelsbeziehungen verlief nur schleppend.

In den Anfangsjahren, aber auch in der Folgezeit, machte sich neben anderen vor allem Gotthart Schuster (geb. 1903) verdient um den Ruf des Bubenreuther Bogenbaues. Er lernte erst beim Vater und ging dann zur Weiterbildung nach Markneukirchen, wo ihm vor allem der schon genannte August Rau besonders behilflich war. Sein dort erworbenes Können gab er in seiner kurzen Zeit als Lehrer an der Fachschule Bubenreuth und vor allem später in seinem eigenen Betrieb an seine Schüler und zahlreichen Mitarbeiter weiter. Die meisten seiner Arbeiten gingen über das Haus Wurlitzer, New York, in die USA, wo seine Bogen bis heute sehr begehrt sind.

In dieser schlichten Werkstatt baute Johann Wilhelm Knopf in Dresden (1835-1914) seine berühmten Bogen

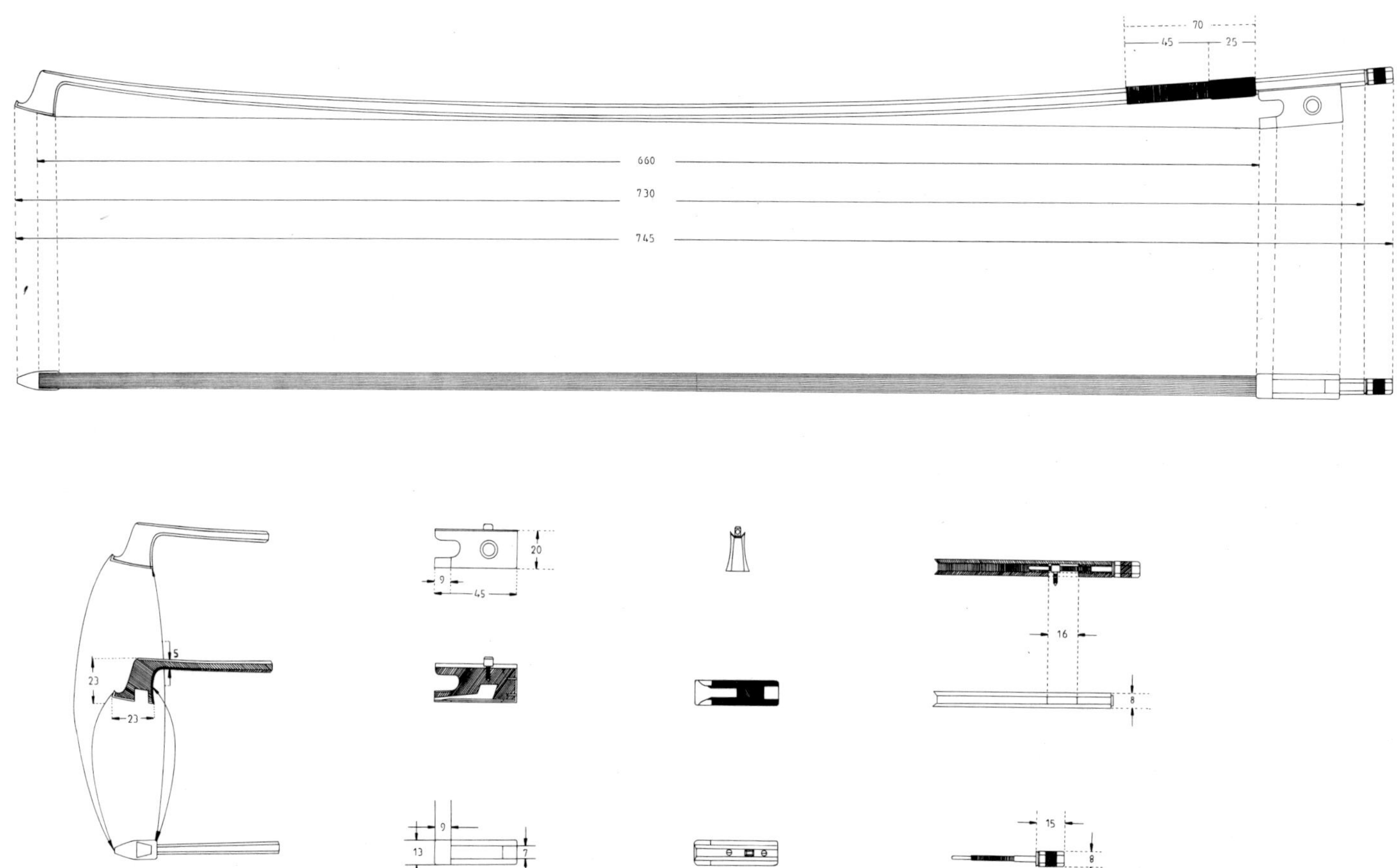

Zeichnung eines Bogens für die Meisterprüfung (Norbert Seifert, Bubenreuth)

Nach der anfänglichen Exportorientierung in den Aufbaujahren verstärkte sich Mitte der sechziger Jahre die Binnennachfrage, ein Trend, der sich durch die erfolgreiche Teilnahme Bubenreuther Bogenmacher an nationalen und internationalen Wettbewerben in den letzten Jahren noch steigerte. Aufgrund dieser Erfolge entwickelte sich wieder eine sehr fruchtbare Zusammenarbeit mit Musikern.

Um diese Position zu halten und zu stärken, streben die bundesdeutschen Bogenmacher seit Jahren die Wiederherstellung des Status eines eigenständigen Ausbildungsberufes innerhalb der Handwerksordnung an, der im Zuge einer Straffung des Handwerks- und Ausbildungswesens in den frühen fünfziger Jahren gestrichen und dem Geigenbauerhandwerk zugeordnet wurde. In anderen Ländern wie der Schweiz, Frankreich, England, Italien und der DDR sind die Bogenbauer eigenständig.

Literaturhinweise

Paul Otto Apian Bennewitz: *Die Geige, der Geigenbau und die Verfertigung.* Leipzig 1920 (Faksimile-Ausgabe, Frankfurt).

Hanna Jordan: *Führer durch das Musikinstrumenten-Museum Markneukirchen.* Markneukirchen 1975.

Willibald Leon von Lütgendorff: *Die Geigen- und Lautenmacher vom Mittelalter bis zur Gegenwart.* Frankfurt/M. 1922 (unveränderter Nachdruck der 6. Aufl. 1975).

Roger Millant: *J. B. Vuillaume - Sa Vie et son Œuvre.* London 1972.

Joseph Roda: *Bows for Musical Instruments of the Violin Family.* Chicago 1959.

Etienne Vatelot: *Les Archets Français.* Tome I/II.

*Werte unserer Heimat,*Band 26: *Das obere Vogtland.* Berlin 1976.

Friedrich Wunderlich: *Der Geigenbogen. Ratschläge für alle Geiger.* Wiesbaden 1952.

Gerold Karl Hannabach

ZUPFINSTRUMENTE

Zupfinstrumente wurden und werden überall auf der Welt gespielt; der Vielfalt der Spieltechniken und ihrer Wandlungen entspricht die reiche Gliederung und Entwicklung der Zupfinstrumentenfamilie. Im mitteleuropäischen Raum läßt sich dieser Prozeß bis weit ins Mittelalter zurückverfolgen.

Aus der Gruppe der Psalterien, die in der europäischen Kunstmusik bis ins 16. Jahrhundert eine besondere Rolle gespielt haben, ist das Scheitholt noch im 19. Jahrhundert bekannt. Die Zither mit ihren vielen Sonderformen – Akkord- oder Autoharpzither, Konzertzither, Streichzither, Harfenzither, Elegiezither – und das Hackbrett stellen Weiterbildungen des Psalteriums und des Scheitholtes dar. Die mittelalterliche Cister (Sister), zu deren Familie die Erzcister (Cistertheorbe) und als Sonderentwicklungen Cithrinchen, Pandora und Orpheoreon gehören, lebt in der Thüringer (Wald-) Zither fort. Die Lauten erlebten in der Barock- und Renaissance-Epoche ihre Blütezeit; Alt-, Tenor- und Baßlaute gehören ebenso in diesen Bereich wie Theorbe, Chitarrone (Erzlaute) und Angelica, auch Mandoline und Mandola sind Abkömmlinge der Lautenformen.

Die um 1850 in Mode gekommene Gitarrenlaute hingegen gehört zur großen Familie der Gitarren, die sich aus der Vihuela entwickelte und in der Barockgitarre eine besonders reich verzierte Form fand. Neben den Sonderformen der gebauchten italienischen Chitarra battente mit ihrer schönen Stufenrosette, der im 18. Jahrhundert beliebten Lyragitarre und der Streichgitarre wurden Terz-, Baß- und Oktavgitarren entwickelt; im 20. Jahrhundert kommen Schlaggitarre, Halbresonanz-, Vollholz- (Brettgitarre) und Elektrobaß, Western-, Hawaiigitarre, Steelguitar und Ukulele hinzu. Auch das Banjo, das heute in Deutschland in größeren Werkstätten seriengefertigt wird, zählt mit seinen Varianten als Tenor-, Guitar- und Five-String-Banjo zur Familie der Zupfinstrumente. Sonderbereiche des Zupfinstrumentenbaus sind der Harfenbau und die Leierherstellung.

So vielfältig und facettenreich wie die Gruppe der Zupfinstrumente ist auch die Geschichte ihrer Erbauer, die Entwicklung von Zentren und Werkstätten bis hin zur industriellen Produktion, wobei die Geschichte des Instrumentenbaus in Deutschland durch die Umsiedlungen aus dem böhmischen Musikwinkel nach 1945 eine ganz eigene Prägung erhält.

Dieses umfangreiche Kapitel kann daher hier nur in groben Umrissen dargestellt werden. Um die Chronologie der Entwicklung der einzelnen Instrumentengruppen deutlich werden zu lassen, müssen oft tatsächlich bestehende Zusammenhänge auseinandergerissen werden; sprunghafte Übergänge und ein wiederholtes Vor-und Zurückgehen lassen sich nicht vermeiden. Der Text beginnt mit einer kurzen Zusammenfassung der Geschichte des Lautenbaues, stellt dann die Gitarre und ihre Weiterentwicklung vor allem im 19. und 20. Jahrhundert in den Mittelpunkt und fügt kürzere Überblicke über den Bau von Zithern und Mandolinen sowie einen Exkurs über die Harfen- und Leierherstellung an. Da die jeweilige Weiterentwicklung des Instruments im Vordergrund stehen soll, kann die Geschichte ihrer Erbauer nur auszugsweise und im Hinblick auf diese Weiterentwicklung dargestellt werden; eine namentliche Würdigung aller Instrumentenbauer, die die Lebendigkeit dieses alten Gewerbes begründen, ist deshalb in diesem Rahmen leider nicht möglich.

Lauten

Füssen gilt als frühestes historisch nachweisbares Zentrum des Saiteninstrumentenbaues im deutschsprachigen Raum; hier wurde bereits um die Mitte des 16. Jahrhunderts eine Zunft der Lautenmacher gegründet. In dieser Zeit gingen aber wesentliche Impulse auf allen künstlerischen Gebieten, so auch in der Musik, von den oberitalienischen Handelsstädten aus. Viele Künstler und Handwerker wurden von den kulturellen Mittelpunkten Italiens angezogen: Venedig, Padua, Florenz, Mailand und Bologna waren Kristallisationspunkte dieser Bewegung. Auch die besten uns noch bekannten Lautenmacher dieser Zeit wanderten nach Oberitalien aus und beeinflußten den einheimischen Instrumentenbau wesentlich: Laux Maler und Hans Frey aus Nürnberg, deren Lauten noch im 18. Jahrhundert sehr begehrt waren, arbeiteten bereits Anfang des 16. Jahrhunderts in Bologna. Berühmte Instrumentenbauer gingen aus der Familie Tieffenbrucker hervor, die in Padua, Venedig und Bologna arbeiteten und bis ins 17. Jahrhundert maßgeb-

Der Lautenmacher.

Gut Lauten hab ich lang gemacht
Auß Tännenholtz/gut vnd geschlacht/
Erstlich vber die Form gebogn/
Darnach mit Saiten vberzogn/
Vnd angestimmt mit süssem Klang/
Eben gleich figuriertem Gsang/
Gefürnist Kragen/Bodn vnd Stern/
Auch mach ich Geigen vnd Quintern.

Holzschnitt von Jost Amman aus dem Ständebuch von 1568. Der Text stammt von Hans Sachs.

lich an der Entwicklung der Laute beteiligt waren. Von Wendelin Tieffenbrucker, der in Padua wirkte, sind schöne Lauten, Theorben sowie eine Harfencister erhalten. Michael Hartung, der bei Leonhard Tieffenbrucker lernte und in Padua arbeitete, kam ebenso aus Füssen wie sein Schüler Raphael Mest. Auch Matteo Buechenberg, der in Rom lebte, kam ursprünglich aus Deutschland. Die Wanderbewegung deutscher Instrumentenmacher war allerdings nicht auf Italien beschränkt: auch nach anderen bedeutenden Residenzen und Handelsplätzen wie Wien und Salzburg, Lyon und Prag zogen Lautenmacher.

Die Laute hatte sich im 14. Jahrhundert im europäischen Raum ausgebreitet und ihre zentrale Stellung im Verlauf des 15. Jahrhunderts erobert. Die Umwandlung der zunächst fast runden zur eleganten Mandelform wird Laux Maler zugeschrieben. Mit Beginn des 16. Jahrhunderts hat sich der klassische Typ der Renaissance-Laute durchgesetzt: mandelförmige Muschel aus 9 - 11 Spänen, kurzer Hals mit fast rechtwinklig abgeknicktem Wirbelkasten, Knüpfsteg und fein geschnitzten Rosetten. Die Instrumente waren in der Regel 6-chörig und hatten 8 Bünde. Als Materialien wurden Fichte, Ahorn, Zypresse, Eibe, Sandelholz, Brasilholz, Ebenholz und Elfenbein verwendet.

In der zweiten Hälfte des 16. Jahrhunderts entstand mit der Chitarrone ein neuer Lautentyp, der sich besonders zum Basso-Continuo-Spiel eignete. Einige Chitarronen aus der Familie Tieffenbrucker sowie von Matteo Buechenberg sind noch erhalten. Die Instrumente hatten einen verlängerten Wirbelkasten, an dem die Baßsaiten befestigt waren. Mensuren von 160 cm für die Baßsaiten und 80 cm für die Spielsaiten waren nicht ungewöhnlich.

Gleichzeitig vergrößerte sich die Saitenzahl der Laute beständig; zu den 6-chörigen Instrumenten, die zu Anfang des 16. Jahrhunderts gebaut wurden, kamen im 17. Jahrhundert 7- bis 13-chörige Instrumente hinzu. Auch wurden, dem Umbruch in der Musik folgend, Anfang des 17. Jahrhunderts verschiedene Stimmungen auf der Laute ausprobiert, wobei sich allmählich die d-Moll-Stimmung allgemein durchsetzte. Die Barockzeit war die Blütezeit der Laute und des Lautenbaues in Deutschland. Es bildeten sich neue Hochburgen des Saiteninstrumentenbaues heraus.

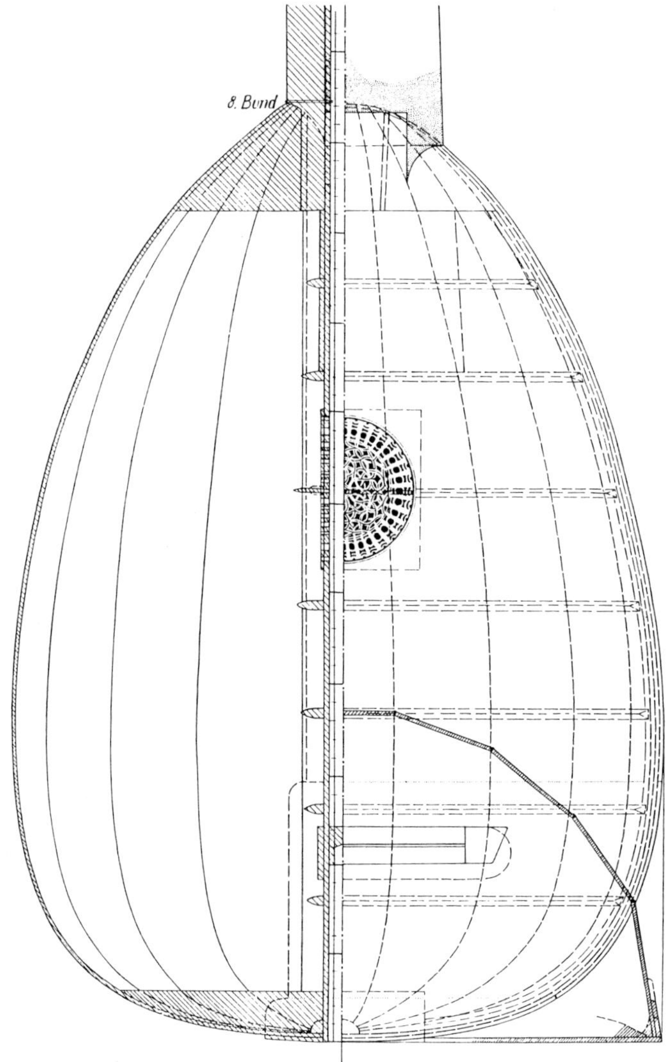

Bauplan für eine Laute. Aus: Jahnel, *Die Gitarre und ihr Bau*, Frankfurt/M. 1963

Der wohl berühmteste Lautenmacher des Barock ist Joachim Tielke, der von 1641 - 1719 in Hamburg lebte. Seine Instrumente sind mit Elfenbein und Ebenholz sowie Gold-, Silber- und Perlmutteinlagen prächtig ausgestattet. Besonders seine Elfenbeinarbeiten und Schnitzereien sind unübertroffen. Berühmt sind die von ihm gebauten Hamburger Cithrinchen. Das mit 5 Saitenpaaren bespannte, glockenförmige Instrument gehört zur Familie der bereits im Mittelalter nachweisbaren Cistern, die, aus Südeuropa kommend, um 1600 auch in Deutschland heimisch wurden. Die Hamburger Cithrinchen stellen nur einen kleinen Teil von Tielkes umfangreichem Schaffen dar: neben Theorben und Angelicen sind auch Violinen, Pochetten (Taschengeigen), Violen d'amore, Violen da gamba, Barytone, Bögen sowie viele Gitarren aus seiner Werkstatt erhalten. Tielkes Gitarren sind vornehmlich im Stil der Instrumentenbauer aus Venedig gemacht, wobei der gewölbte Boden aus 11 Spänen zusammengesetzt oder mit kunstvollen Einlagen versehen wurde. Die schönsten und am sorgfältigsten gearbeiteten Gitarren entstanden um 1703.

Jacob Heinrich Goldt (1700 - 1755), der als einer der besten Lautenbauer seiner Zeit bezeichnet wird und der ebenfalls in Hamburg arbeitete, ist vermutlich ein Schüler Tielkes. Auch von Jacob Meinertzen und Jacques Sainprae, die in Berlin wirkten, wird angenommen, daß sie bei Tielke lernten. In Leipzig arbeitete Martin Hoffmann, dessen Sohn und Schüler Johann Christian (1683 - 1750) zu den besten deutschen Lautenmachern zählt; er war mit Johann Sebastian Bach befreundet. Als bester Nürnberger Lautenmacher seiner Zeit wird Sebastian Schelle bezeichnet, der in der ersten Hälfte des 18. Jahrhunderts lebte. Nürnberg hatte bereits im 16. Jahrhundert mit der Lautenmacherfamilie Gerle hervorragende Instrumentenbauer hervorgebracht. In der Nähe von Regensburg arbeiteten im 18. Jahrhundert drei Generationen der bekannten Geigen-und Lautenmacherfamilie Buchstetter.

Während die Laute in anderen Ländern bereits im 17. Jahrhundert ihren Höhepunkt überschritten hatte und ebenso wie die Cister von der Gitarre verdrängt wurde, blieb sie in Deutschland bis in das 18. Jahrhundert das wichtigste Instrument. Dann mußte sie auch hier der Gitarre weichen, so daß im 19. Jahrhundert keine großen Lautenbauer mehr bekannt sind.

In unserer Zeit werden von guten Zupfinstrumentenmachern wieder hochwertige Barock- und Renaissance-Lauten gebaut. Als Pionier auf diesem Gebiet gilt Ernst Jordan aus Markneukirchen, der kurz vor dem 2. Weltkrieg mit dem Bau von Lauten aus Fichte und Ahorn begann. Er arbeitete mit dem Lautenisten und Gitarristen Walter Gerwig zusammen, der ihn wie auch andere Lautenbauer stark beeinflußte und einige Modelländerungen anregte. Die Lauten Jordans waren seinerzeit Spitzeninstrumente. Mit dem zunehmenden Interesse für die originale Lautenmusik und ihre Spieltechniken, genährt durch die Wiederentdeckung verschollen geglaubter Tabulaturen, stieg das Interesse der Lautenisten an der Rekonstruktion und Ausformung des historischen Instrumententyps. Bis zu diesem Zeitpunkt war die bevorzugte Spieltechnik geprägt durch den Nagelanschlag der Gitarristen. Die Renaissance historischer Anschlagtechniken und die damit einhergehende Spezialisierung von Spielern auf die Laute förderte die Entwicklung von Instrumenten, die sich an historischen Modellen orientierten. Gleichzeitig damit stiegen die Anforderungen an die Konzertfähigkeit des Instruments, an seine Tragfähigkeit, Ansprache und sein akustisches Potential. Ein Hauptmerkmal neuerer guter Lauten ist ihr federleichter, äußerst ausgefeilter Bau. Derartige Instrumente werden derzeit von Hendrik Hasenfuß, Bernd Holzgruber und Dieter Hense gebaut; Helmut Neubauer aus Bubenreuth verfertigt neben Barock-, Konzert- und Plektrumgitarren ebenfalls hochwertige Renaissance- und Barocklauten. Hans Hermann Herb (Erlangen), der besonders schön gearbeitete Lauten und Theorben aus sehr ausgesuchten Materialien herstellt, hat 1980 eine Laute aus Elfenbein gebaut, die sich durch einen kräftigen, klaren Ton auszeichnet.

Die musikalischen Möglichkeiten und Herausforderungen, die durch eine derartige Entwicklung des Lautenbaues sichtbar wurden, konnten ihre Auswirkung auch auf Gitarristen nicht verfehlen. Die Faszination der Musik dieser Zeit und die Möglichkeiten des Ensemblespiels mußten daher auch für den Musiker, der auf die Vorteile der modernen Gitarretechnik nicht verzichten wollte, die Chance eröffnen, seine Spieltechnik mit den Anforderungen der historischen Musikliteratur in Einklang zu bringen. Als gute Alternative zur Renaissance-Laute wurde von Gerold Karl Hannabach für Gitarristen die 8-saitige Terzgitarre weiterentwickelt.

Gitarren

Bereits in der Blütezeit der Laute wurden Gitarren gebaut; es waren zu dieser Zeit vornehmlich Lautenbauer, die Gitarren herstellten. Nach dem Niedergang der Laute übernahmen im wesentlichen die Streichinstrumentenhersteller den Gitarrenbau. Eine Spezialisierung zum reinen Gitarrenbauer erfolgte erst Mitte des 19. Jahrhunderts, wie ja auch die Gitarre erst zu dieser Zeit ihre heute gebräuchliche Form erhielt. Ihre mannigfachen Vorformen sind Spiegel ihrer über einen langen Zeitraum vielfältigen Verwendung, die einer Normierung entgegenwirkten. So wurden bis Anfang des 16. Jahrhunderts verschiedene Instrumententypen sowohl gestrichen als auch gezupft; eine Spezialisierung auf das Zupfen setzt erst um 1500 ein. Damit wird auch eine vom Streichinstrument abweichende Konstruktion notwendig; da die Saite beim Anschlag nur einmal erregt wird, muß das Zupfinstrument einen ausgeprägten Nachhall ermöglichen. So bildet sich allmählich eine Typologie heraus, nach der Streichinstrumente sich eher durch eine Achtform, f-Löcher und Sattelknopf auszeichnen, während Zupfinstrumente zu einer ovalen, eingeflankten Form,

Rosette und Querriegel tendieren. Dabei sind zwei grundlegende Formen zu unterscheiden, die sich parallel, aus Spanien und aus Italien kommend, entwickelt haben. Die spanische Form zeichnet sich durch einen nur wenig eingeflankten Korpus aus; eine spanische Vihuela, die um 1500 entstand, ist als einziges Instrument dieser frühen Epoche noch erhalten. Die aus Zypresse und Fichte gebaute Vihuela prägt den spanischen Typus der Gitarre. Die italienische Form ist durch eine stärkere Einschnürung und geringere Weite des Oberbügels gekennzeichnet. Vermutlich macht sich hier der Einfluß der Streichinstrumentenbauer im süddeutschen, Tiroler und italienischen Raum besonders bemerkbar.

Mitte des 16. Jahrhunderts erscheinen die ersten gedruckten Tabulaturen, durch die uns auch erstmals gesicherte Angaben darüber zur Verfügung stehen, was eine Gitarre zu diesem Zeitpunkt kennzeichnet: ein kastenförmiger, eingeflankter Korpus, der vom Hals abgesetzt ist, eine Decke mit zentralem Schalloch und Rosette, ein aufgeleimter Querriegel sowie ein Wirbelblatt mit hinterständigen Wirbeln. Die Instrumente vor 1600 sind in der Regel 5-chörig und haben entweder einen gespanten oder einen flachen Boden. Nach 1600 ändert sich zunächst die Besaitung der Vihuela, es lassen sich 4- bis 7-chörige Instrumente nachweisen. Mitte des 17. Jahrhunderts setzt sich endgültig die 5-chörige Vihuela durch.

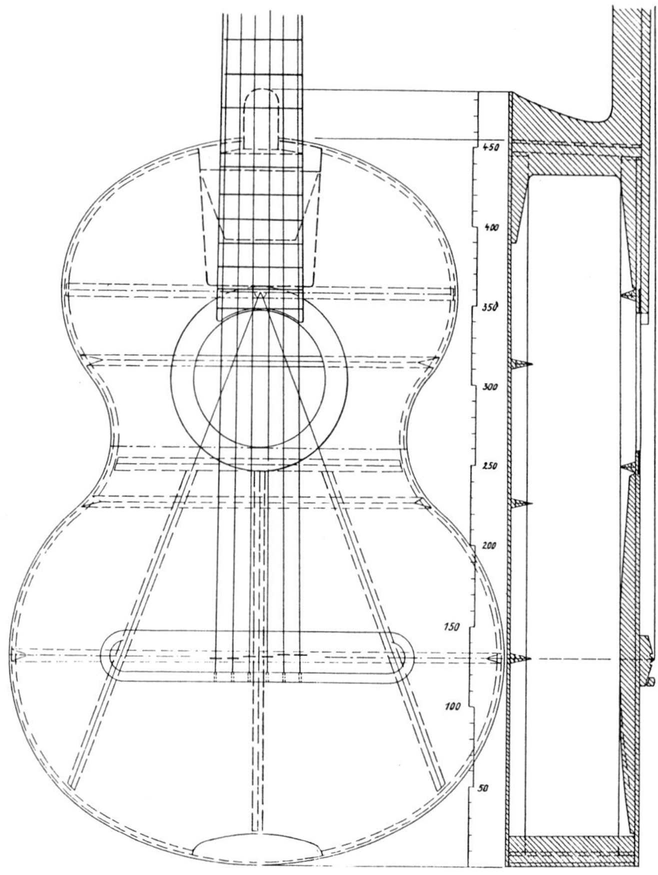

Plan einer Gitarre. Aus: Jahnel, *Die Gitarre und ihr Bau*, Frankfurt/M. 1963

Die sich Mitte des 18. Jahrhunderts wandelnden Forderungen der Musik führten schließlich zum Übergang auf eine Bespannung mit 6 Einzelsaiten, eine Entwicklung, die wesentlich von den Instrumentenbauern des süd- und mitteldeutschen Raumes gefördert und geprägt wurde. Viele 4- und 5-chörige Instrumente wurden in der Folgezeit auf 6 Einzelsaiten umgebaut. Diese Veränderung im Bezug führte zu wesentlichen konstruktiven Änderungen der Gitarreninstrumente: der Gitarrenhals wurde schmaler und mußte, um dem Saitenzug standzuhalten, mit einem Griffbrett versteift werden. Als Folge erhöhte sich der Steg, der die Decke nunmehr stärker belastete. Gleichzeitig rückte der Steg, der bei der 5-chörigen Gitarre mehr am unteren Korpusrand positioniert war, in das Zentrum des Schwingungsbereichs der Decke hinein, so daß die traditionelle Querbeleistung nicht mehr ausreichte. Auch sollte nicht vergessen werden, daß seit Beginn des 19. Jahrhunderts der Kammerton um fast einen halben Ton angehoben wurde. Konstruktive Neuerungen, die mittels Quer-, Längs- und Radialleisten die Schwingungen und Druckkräfte verteilen sollen, waren die Folge – eine Entwicklung, die bis heute nicht abgeschlossen ist. Vor dem Aufkommen umsponnener Saiten mußten die Instrumente eine relativ große Mensur aufweisen; sie lag bei der Verwendung von Draht- und Bronzesaiten zwischen 65 und 80 cm. Mit dem Aufkommen umsponnener Saiten reduzierte sich die Mensur der Gitarren auf 60 - 65 cm, um sich Mitte des 19. Jahrhunderts auf Maße um 65 cm einzupendeln. Gleichzeitig setzte sich allgemein eine stärkere Einbuchtung des Korpus durch. Die Bünde, die für die Gitarre als Zupfinstrument notwendig waren, um die im Vergleich zum Saiteninstrument nur sehr kurzfristige Saitenerregung durch stärkeren Saitendruck des Greiffingers auszugleichen, waren zunächst wie bei den Lauten aus Darm gebunden. Es folgten Versuche mit fest eingesetzten Elfenbeinbünden, die allmählich durch Metallbünde ersetzt wurden. Die Gitarren hatten meistens einen Ebenholzsattel, ein Nullbund tauchte fast ausschließlich bei einfachen Instrumenten auf, um Ungenauigkeiten bei Mensur und Saitenlage auszugleichen. Um die Mitte des 19. Jahrhunderts wurde der Profilbunddraht eingeführt, der im weiteren Verlauf der Entwicklung durch unterschiedlichen Nickelgehalt verschieden hart gehalten werden konnte. Der extrem harte Profilbunddraht der modernen E-Gitarren, der heutzutage gelegentlich auch für Konzertgitarren verwendet wird, ist für diese – nebenbei bemerkt – völlig ungeeignet. Nicht nur beim Bunddraht wurden Materialien, die traditionell in anderen Bereichen des Saiteninstrumentenbaues Verwendung fanden, auf die Gitarre übertragen: als Hölzer für den Gitarrenbau wurden die im Streichinstrumentenbau gängigen Materialien – Ahorn und Fichte – verwendet. Die schwarze Färbung des Halses ist vermutlich auf Traditionen des Zitherbaues zurückzuführen, bei dem stets schwarz poliert wurde. Sorgfältig gebaute Instrumente hatten dagegen einen mit Ebenholz furnierten Hals. Bevor in der 1. Hälfte des 19. Jahrhunderts aus Frankreich die ersten Mechaniken aufkamen, waren die Gitarren, ähnlich wie Lauten, meistens mit Wirbeln aus Buchsbaum, seltener mit Wirbeln aus Palisander oder Ebenholz versehen.

Die weitreichenden Tendenzen zur Vereinheitlichung von Gitarrenform und -materialien, die sich zu Anfang des 19. Jahrhunderts mit der zunehmenden Eigenständigkeit der Gitarre als Instrument durchsetzten, kulminierten schließlich in der von Torres in der 1. Hälfte des 19. Jahrhunderts konzipierten Gitarre. Nicht zufällig ging der Impuls für eine allgemein akzeptierte Form und Konstruktionsweise von Spanien aus: Hier hatte sich der Gitarrenbau lange vor entsprechenden Entwicklungen im mitteleuropäischen Raum als eigenständiges Handwerk konstituiert, das durch die tiefe Verwurzelung des Gitarrespiels in der spanischen Volksmusik fest verankert und ständig weiterentwickelt wurde.

Die klassische Konzertgitarre, deren Form sich seit Torres nur noch in Details geändert hat, ist gekennzeichnet durch eine wesentliche Verbreiterung des Unterbügels der Gitarre, mit der der untere Teil der Decke zum Hauptschwingungsbereich wird. Wirbel und Rosette weichen Mechaniken und offenem Schalloch, das verleimte Griffbrett mit festliegenden Bünden und festgelegter Mensur wird ebenso zur Norm wie ein wegen der notwendigen Steifigkeit gesperrter Hals.

Hermann Hauser (1882 - 1952), der als Zithern- und Gitarrenmacher in München lebte, übernahm im deutschsprachigen Raum als einer der ersten das von Torres entwickelte große Konzertmodell mit seiner Beleistung. Er baute seine Gitarren aus Fichte und Palisander. Exotische Hölzer waren mit den durch die Kolonisation erschlossenen Märkten längst neben das traditionell verwendete Ahorn getreten und verdrängten es mehr und mehr. Hausers Torres-Kopien wurden von Heinrich Scherrer, dem Hauptvertreter der Münchener Gitarristenbewegung nach der Jahrhundertwende, gespielt und vor allem durch Andres Segovia weltberühmt gemacht. Die Tradition der Werkstatt Hauser wird durch die Nachfahren, Hauser II und Hauser III, fortgesetzt.

Etwa parallel zur Normierung der klassischen Gitarre entstand im deutschsprachigen Raum ein Gitarrentyp, der versuchte, Lauten- und Gitarrenform zu verbinden. Die ersten Gitarrenlauten kamen, wie bereits erwähnt, um 1850 auf, wiewohl bereits 100 Jahre zuvor Lauten zu Gitarren umgebaut wurden. An diese Entwicklung knüpfte zu Beginn des 20. Jahrhunderts mit der Wandervogelbewegung die Jugendstillaute an, die durch eine Ahornmuschel, eine in Heimarbeit gefertigte und nachträglich eingesetzte Rosette (meist aus Birnbaum), Steckerlsteg und Stahlsaiten in Gitarrestimmung gekennzeichnet war. Die Jugendstillaute wurde auch in theorbierter Form gebaut, wobei der Saitenzug der angehängten Baßsaiten durch einen metallenen Stützstab abgefangen werden mußte. Einen erneuten Versuch der Verbindung von Laute und Gitarre, wobei Klangcharakteristika der Laute auf die Gitarre übertragen

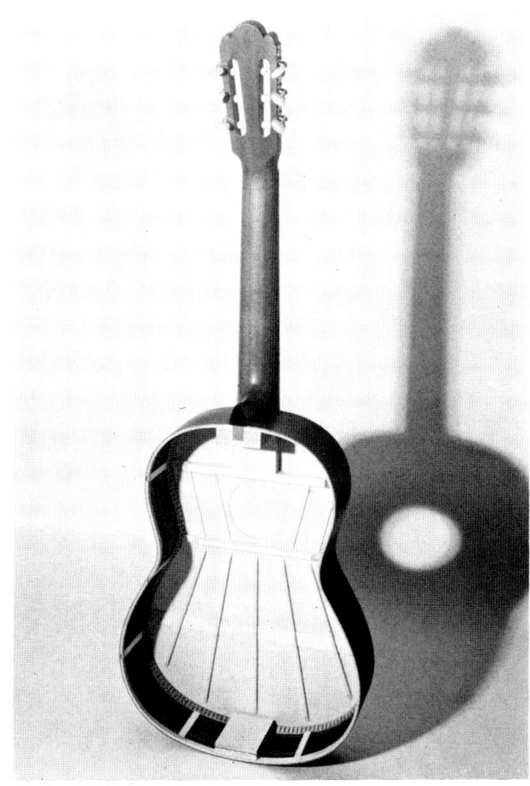

Deckenkonstruktion einer Gitarre (Höfner)

werden sollen, unternahm in unserer Zeit der Gitarrist Hans Haider mit seiner „Lautarre". Im Vergleich zu diesem anspruchsvolleren Instrument blieb die Jugendstillaute, die sich lediglich in der äußeren Form an Elementen des Lautenbaues orientierte, ebenso eine Modeerscheinung wie die Lyragitarre, die den Umriß der griechisch-römischen Kithara nachahmte, aber in bezug auf Griffbrett, Saiten und Querriegel völlig der gewöhnlichen 6-saitigen Gitarre glich. Dieses Instrument, das von seinen klanglichen Qualitäten her eher dem Kunstgewerbe zuzurechnen ist, hielt sich nach 1800 im deutschsprachigen Raum vor allem durch den Berliner Zupfinstrumentenmacher J. G. Thielemann relativ lange. Auch die von Johann Georg Staufer 1823 entwickelte Streichgitarre blieb eine vorübergehende Erscheinung. Die Wiener Schule jedoch, zu deren Hauptvertreter Staufer zu zählen ist, war bestimmend für die Entwicklung im deutschsprachigen Raum für das ganze 19. Jahrhundert.

Aus der Familie Staufer gingen mehrere Instrumentenbauer hervor, der Geigen-und Gitarrenbauer Johann Georg Staufer (1778 - 1853) ist der berühmteste Instrumentenmacher dieses Namens. Seine Gitarren zeichnen sich durch ein relativ großes Format und ausgesuchte Materialien – zumeist Ahorn, wenig Exotenhölzer – aus. Staufer erprobte verschiedentlich Neuerungen, um die Klangstärke seiner Instrumente zu erhöhen; so baute er Gitarren mit doppeltem Boden oder beweglichem Hals. Berühmt ist vor allem sein *Legnani*-Modell, eine Gitarre, die in großer Zahl gebaut wurde. Sein Sohn Johann Anton, der sich auf den Bau von Terzgitarren spezialisierte, führte die Werkstatt des Vaters fort. Johann Gottfried Scherzer (1843 - 1870), der zeitweilig für Staufer arbeitete, verfertigte ebenfalls Gitarren mit

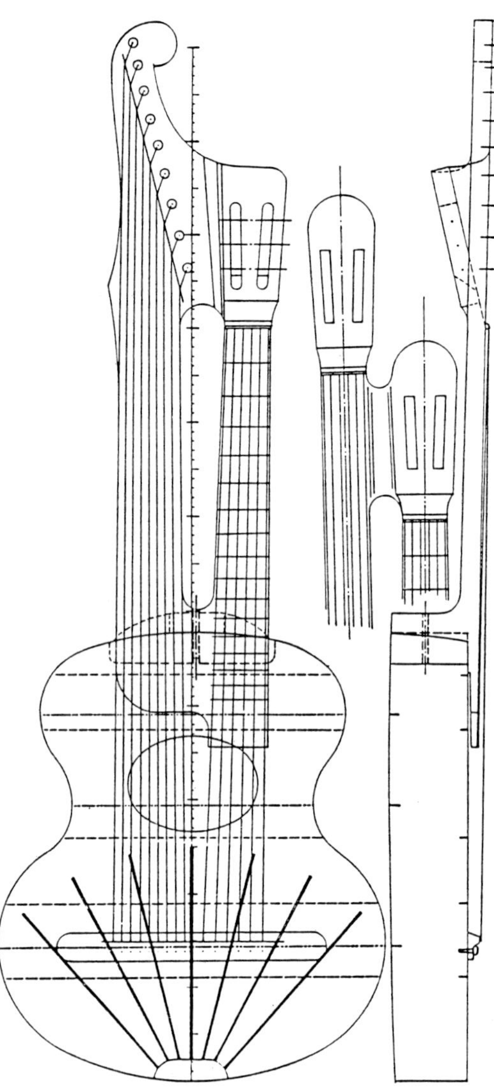

Bauplanskizze für eine Baßgitarre. Aus: Jahnel, *Die Gitarre und ihr Bau*, Frankfurt/M. 1963

doppeltem Boden. Er fügte als einer der ersten der 6-saitigen Gitarre Kontrasaiten hinzu und zog Eisenstäbe ins Innere des Resonanzkörpers ein, um dem Saitenzug entgegenzuwirken. Neben der 12-saitigen Gitarre mit Doppelhals, 13-saitigen Instrumenten mit Bodenwölbung und 6-saitigen Gitarren mit einwärts geneigten Zargen baute Scherzer auch Wappenformgitarren, eine Tradition, die in Wien u.a. von Wendelin Lux (gest. 1896) und Gabriel Lemböck (1814 - 1892) fortgesetzt wurde und die auch in München starken Einfluß auf den Zupfinstrumentenbau ausübte. Auch Friedrich Schenk, ebenfalls ein Schüler Staufers, versuchte, durch Neuerungen in der Form des Instruments die Klangqualitäten der Gitarre zu verbessern: bei seiner Bogengitarre ist die Resonanzfläche des Instruments durch einen mit dem Griffbrett verbundenen Arm vergrößert. Seine Terzgitarren baute Schenk als Lyragitarren.

Die Tradition des Wiener Gitarrenbaues verlagerte sich in der 2. Hälfte des 19. Jahrhunderts auf die Herstellung von Baßgitarren; das wohl berühmteste Instrument dieser Art ist die 13- bis 15-saitige Baßgitarre, die von den Gebrüdern Schrammel in ihrem Quartett gespielt wurde, die sogenannte Schrammelgitarre. Als Beispiel dafür, daß die Wiener Schule auch heute noch ausgezeichnete Arbeiten hervorbringt, sei hier nur Novi Guggenberger erwähnt, der in den 60er Jahren hervorragende Gitarren baute. Auch außerhalb Wiens wurde natürlich die Tradition des handwerklich sorgfältigen Zupfinstrumentenbaues fortgeführt. So ist etwa eine sehr schön gearbeitete Gitarre des Leipziger Instrumentenbauers Johann Knößling von 1807 erhalten; im Bubenreuther Geigenbaumuseum hängt ein guterhaltenes Instrument des Mittenwalder Geigen- und Gitarrenmachers Joseph Rieger, das um 1820 entstanden ist. Mittenwald war und ist allerdings im wesentlichen ein wichtiges Zentrum des Streichinstrumentenbaues; Gitarren wurden hier nur gelegentlich von Streichinstrumentenmachern hergestellt. Diese Instrumente wurden dann häufig auch wie Geigen lackiert.

Im sächsisch-böhmischen Teil des Erzgebirges hatte sich daneben seit dem 17. Jahrhundert ein Musikinstrumentenmacherzentrum herausgebildet, von dem bis heute wesentliche Impulse für den Zupfinstrumentenbau des deutschsprachigen Raumes ausgingen. Das Gebiet war zwischen dem 11. und 13. Jahrhundert von nordbayrisch-ostfränkischen Bauern besiedelt worden, die zunächst, nachdem reichhaltige Eisen-, Blei-, Kupfer- und Silberminen entdeckt worden waren, ein Auskommen im Bergbau fanden. Nachdem Mitte des 17. Jahrhunderts der Bergbau zunehmend verfiel und es für die Bevölkerung wegen des nur mäßig fruchtbaren Bodens, des rauhen Klimas und der steilen Berghänge schwierig wurde, sich eine Existenzgrundlage zu schaffen, wurde allmählich die Kleinmusikinstrumentenherstellung zur Haupterwerbsquelle des größten Teils der Bevölkerung. Gefördert wurde diese Entwicklung sicherlich durch den Holzreichtum dieser Gegend; andererseits ist auch nachgewiesen, daß bereits früh Füssener Lautenmacher nach Böhmen kamen: die Archive der Stadt Prag verzeichnen 1628 den Füssener Lautenmacher Balthasar Kögl, 1660 den ebenfalls aus Füssen stammenden Lautenmacher Andreas Otten als Bürger der Stadt. Im böhmischen Schönbach und Graslitz arbeiteten bereits im 16. Jahrhundert Lauten- und Geigenmacher; da jedoch die Archive hier bei Bränden Mitte des 18. Jahrhunderts vernichtet wurden, lassen sich keine näheren Angaben mehr machen. Die Geigenmacher-Innung des sächsischen Markneukirchen, die 1677 gegründet wurde, richtete sich nach dem bereits bestehenden Vorbild der Innung Schönbachs, was insofern nahelag, als alle in Markneukirchen arbeitenden Streich- und Zupfinstrumentenmacher „Exulanten" aus dem böhmischen Schönbach und Graslitz waren, die im Zuge der Gegenreformation nach dem Dreißigjährigen Krieg aus den böhmischen Gebieten ins naheliegende Sachsen flohen. So waren es auch böhmische „Exulanten", die 1716 im sächsischen Klingenthal eine Geigenmacherinnung gründeten. Bis ins 19. Jahrhundert kristallisierte sich eine immer stärkere

Spezialisierung der einzelnen Städte dieses Gebiets, das als „Musikwinkel" bezeichnet wurde, heraus: Im böhmischen Graslitz wurden hauptsächlich Blech- und Holzblasinstrumente hergestellt, im sächsischen Klingenthal Blasinstrumente und Harmonikas; das sächsische Markneukirchen und das böhmische Schönbach konzentrierten sich auf die Streich- und Zupfinstrumentenerzeugung, wobei der Gitarrenbau um 1800 durch wandernde Gesellen aus Wien hereingebracht wurde; der Zithernbau kam etwa um 1850 hinzu und bestimmte vor allem den Markneukirchener Instrumentenbau.

Während sich vor allem in Schönbach bei der Geigenproduktion eine Hausindustrie mit weitgehender Arbeitsteilung herausbildete, wurden in Markneukirchen viele Geigenbauer Händler; es entwickelte sich ein ausgeprägtes Verlagswesen, das von Markneukirchener Unternehmern kontrolliert wurde. Schönbach wurde als Lieferant von den Markneukirchener Exporteuren völlig abhängig und blieb trotz seiner Produktionsbreite arm: vor dem 1. Weltkrieg wurden ca. 70 % der Schönbacher Erzeugnisse nach Markneukirchen geliefert. Neben der Hausindustrie für die Geigenerzeugung hatten sich schon früh spezialisierte Hilfsindustrien entwickelt: Mechanikenerzeuger, Saitenhersteller, Bestandteilwerkstätten und Werkzeugmachereien, Tonholzhandlungen und Etui-Fabrikanten. Da diese Hilfsindustrien alle in unmittelbarer Umgebung der Instrumentenhersteller angesiedelt waren, wurden lange Lieferzeiten und -wege vermieden, ein Umstand, der die Entwicklung der Kleininstrumentenindustrie sehr förderte. Handwerklich wurden im Streichinstrumentenbau nur noch Geigen mit erhöhten Qualitätsanforderungen gebaut, während sich die überwiegend handwerkliche Herstellung beim Bau von Gitarren, Lauten, Zithern und Mandolinen länger hielt, da hier aus technischen Gründen nur wenige Teile mechanisiert hergestellt werden konnten.

Der handwerkliche Bau von Streich- und Zupfinstrumenten wurde in Schönbach seit 1873 in der Fachschule für Musikinstrumentenerzeugung vermittelt, die 1883 verstaatlicht wurde. Mit Beginn des 20. Jahrhunderts versuchten sich die Schönbacher Instrumentenhersteller durch die Gründung einer „Produktivgenossenschaft der Musikinstrumentenhersteller" aus der Abhängigkeit von den Markneukirchener Händlern zu lösen. Die Produktionsgenossenschaft faßte eine größere Anzahl von selbständigen Meistern und Instrumentenherstellern zusammen, die sich Vorteile beim Rohstoffeinkauf, beim Export und bei der Preisgestaltung von diesem Zusammenschluß erwarteten. Die Genossenschaft bestand bis 1945.

Mit dem Ende des 2. Weltkrieges wurden die über Jahrhunderte gewachsenen Verflechtungen im Musikwinkel zunächst und in kürzester Zeit zerrissen. Die deutschsprachigen böhmischen Instrumentenmacher wurden aus dem wieder tschechoslowakischen Staatsgebiet ausgesiedelt. Nur wenige konnten während der kurzen Zeit der Besetzung Schönbachs durch amerikanische Truppen ihr Werkstatt-Inventar und Material illegal auf US-Transportern in die Westzonen Deutschlands bringen und so halbwegs bruchlos ihre Arbeit in den neuen Siedlungsgebieten wieder aufnehmen. Die meisten durften bei den Aussiedlungstransporten nur 30 kg, später bis 75 kg Gepäck mitnehmen und waren so für lange Zeit ihrer Produktionsmittel (u.a. langabgelagerten Tonholzes) beraubt. Aus Schönbach wurden etwa 10 Transportzüge zusammengestellt, die in der Zeit von 1945 bis 1950 zunächst recht wahllos in die Zonen Deutschlands geleitet wurden. So versuchte ein Teil der Flüchtlinge, im sächsischen Musikwinkel ansässig zu werden, ein Teil siedelte sich im hessischen Kreis Groß-Gerau an und baute in Nauheim neue Produktionsstätten der Musikindustrie auf; ein kleiner Teil versuchte im Raum Eschwege bei Kassel Fuß zu fassen. Schon früh war aber klar, daß sich die Bedeutung der gewachsenen Produktionsgemeinschaft, die sich um den Streich- und Zupfinstrumentenbau unter Berücksichtigung der traditionellen Arbeitsteilung herausgebildet hatte, als gesunder wirtschaftlicher Faktor nur erhalten ließ, wenn ein neuer zentraler Siedlungspunkt geschaffen wurde, wobei der Raum Erlangen bereits 1945 ins Auge gefaßt worden war. Es galt allerdings noch erhebliche Schwierigkeiten und Widerstände zu überwinden, bevor 1949 mit dem Bau der Bubenreuther Geigenbausiedlung begonnen werden konnte und die z.T. schon vorher als Siedlungsgebiete genutzten Nachbargemeinden Tennenlohe, Heroldsberg, Möhrendorf, Eltersdorf und Baiersdorf hier ein Zentrum des Zupf-und Streichinstrumentenbaues fanden.

1951 wurde mit dem Bau einer Lehrwerkstätte in Bubenreuth begonnen, die 30 Lehrlingen Platz bot. Sie wurde 1954 in eine Geigenbauerfachschule umgewandelt und später in „Berufsfachschule für Musikinstrumentenbau, Bubenreuth" umbenannt. In der Schule wurde Geigenbau (Willi Raab), Bogenbau (Emanuel Buchner) und Gitarrenbau unterrichtet; die Ausbildung im Gitarrenbau übernahm zunächst Rudolf Mettal, dessen Vater Ignaz Mettal zu den besten Schönbacher Gitarrenbauern zählte. Rudolf Mettal verunglückte beim Tonholzeinkauf für die Fachschule tödlich. Seine Aufgabe übernahm der ebenfalls verstorbene Meister Horner und zuletzt Gerold Karl Hannabach. Aus der Schule gingen viele hervorragende Instrumentenmacher hervor, die häufig Bundes- und Landessieger wurden. Die Schule stand in engem Kontakt mit Peter Harlan, der 1921 in Markneukirchen eine eigene Werkstatt gegründet hatte und nach 1945 auf Burg Sternberg bei Lemgo eine Art Musikheim und eine Werkstatt hatte. Peter Harlan war vor allem mit seinen Fideln der Hauptauftraggeber der Fachschule. Versuche, diese vielversprechende Institution, deren Trägerschaft zunächst der Diözesan-Caritasverband Bamberg übernommen hatte, zu verstaatlichen, scheiterten am Widerstand der bayrischen Regierung, die auf die bereits bestehende Fachschule in Mittenwald verwies. Da sich auch sonst kein Träger fand, mußte die Schule schließlich 1965 geschlossen werden, obwohl Lehrlingsinteressen und finanzielle Lage der Schule einen solchen Schritt nicht begründen konnten. Hinzu kommt, daß andere Interessen, die sich in der Weiterentwicklung des Instrumentenbaues im Erlanger Raum nach 1945 herausbildeten, dazu führten, daß kein tragfähiger Konsens zur Weiterführung der Schule gefunden werden konnte. Die seriell gefertigte Instrumentenproduktion, die bereits in Schönbach eingesetzt hatte, konnte sich im Boom der Nachkriegszeit mit seinen expandierenden Märkten enorm vergrößern. Der Arbeitskräftebedarf hatte sich in dem Maße auf angelernte Arbeiter verschoben, wie die industrielle Fertigung sich ausweitete.

Zum Ausbau der Betriebe hatte wesentlich die Schlaggitarre beigetragen, die in den 40er Jahren in Mode gekommen war und in den 50er Jahren auf eine sehr starke Nachfrage stieß. Der Schönbacher Gitarrenbauer Franz Hirsch, der ursprünglich Zithernbau gelernt hatte und vor allem Jugendstillauten und theorbierte Jugendstillauten in eigener Werkstatt herstellte, baute bereits 1936 die erste Schlaggitarre nach Art des Gibson-Modells im Auftrag der Schönbacher Genossenschaft; ab 1939 stellte er Schlaggitarren für die Firma Rossmeisel in Berlin her. Hirsch ist ein hervorragendes Beispiel dafür, wie gute Instrumentenbauer aus alter Tradition auch neue Trends aufgreifen und zu Spitzenmodellen entwickeln können. Er selbst baute bis ins hohe Alter von 80 Jahren noch Barock- und Renaissance-Lauten. Sein Schwiegersohn, Anton Neubauer, spezialisierte sich auf den Bau von Schlaggitarren, die auch noch von dessen Sohn Helmut, der sich hauptsächlich auf historischen Zupfinstrumentenbau konzentriert, hergestellt werden. Die Neubauer-Schlaggitarren sind durch ihre gestreift-gespritzten Zargen bemerkenswert. Die Firma Rossmeisel, für die Franz Hirsch sein Schlaggitarren-Modell fertigte, etablierte sich nach dem Krieg in Mittenwald (später Neumarkt/St. Veit) und firmierte unter dem Namen des Sohnes Roger. Die Roger-Schlaggitarren wurden ausschließlich aus Fichte und Ahorn, zunächst in schattierter Ausführung, später naturbelassen, produziert. Ein Roger-Katalog von 1956 bot drei Schlaggitarren-Modelle mit und ohne Cut-away an, deren Besonderheit vor allem im vollständig gesperrten Hals und den Roger-Einzelmechaniken bestand. Die Firma fertigte zu dieser Zeit auch bereits einen eigenen, für jede Seite regulierbaren Tonabnehmer und stellte eine elektrische Brettgitarre sowie eine elektrische Hawaii-Gitarre her.

Als erste Firma im Erlanger Raum nahm Arnold Hoyer in Tennenlohe die Produktion auf. In einem Katalog von 1948 wurden drei Schlaggitarren mit Zargenhöhen von 50 und 80 mm, mit f- oder Halbmondlöchern sowie Schallöchern in Tropfenform angeboten. Außer Wander- und Konzertgitarren sowie Zithern stellte die Firma zu dieser Zeit auch eine „Gibson-Mandoline" her, aber auch eine elektrische Vollholz-Hawaiigitarre. Nach Hoyer nahmen auch die Firmen Klier, Höfner und Framus die Produktion auf; die Framus „Lorento"-Gitarre, ein halbakustisches Modell mit einem ins Schlagbrett integrierten Mischpult, war bald ebenso bekannt wie der „Star-Baß", ein wie eine Gitarre gebauter Baß dieser Firma. Höfner bot 1949 vier Schlaggitarren an, 1952 waren es bereits 8 Modelle, die auch schon exportiert wurden. Ein Jahr darauf kamen die ersten elektrischen Schlaggitarren und Hawaii-Gitarren von Höfner auf den Markt. Die ersten Hawaii-Gitarren lehnten sich noch stark an den Typ der klassischen Konzertgitarre an, die mit geschliffenen Stahlsaiten und einem Hawaii-Sattel versehen wurden; die ersten elektrischen Hawaii-Gitarren sind als Massiv-Gitarren gebaut.

Die Schlaggitarren dieser Zeit sind als Instrumente mit besonders breitem Korpus, violinartiger Boden- bzw. Deckenwölbung und einem auf 48 - 54 cm verlängerten Resonanzkörper ausgelegt. Der Unterbügel ist auffallend breit; die Stahlsaiten mit einer Mensur von 63 - 65 cm werden an einem metallenen Saitenhalter am unteren Zargenende befestigt. Der Steg ist verstellbar, wobei die Saitenlänge durch einzeln einstellbare Böckchen bis zu 8 mm verlängert werden kann. Statt des bei der Konzertgitarre üblichen Schalloches haben die Schlaggitarren f-Löcher in nicht genormter Form, auch finden sich häufig Tropfen- und Halbmondformen. Die Firma Lang in Garmisch-Partenkirchen bot Schlaggitarren mit geteilten f-Löchern an (diese Gitarren weisen als weitere Besonderheit auf die Zarge aufgesetzte Stoßränder auf).

Die Schlaggitarren wurden z.T. in Heimarbeit vorgefertigt: Decken und Böden wurden von Celloschnitzern ausgeformt, die Schachtel vom Schachtelmacher aufgesetzt. Der Betrieb arbeitete, je nach Produktionsorganisation, von unterschiedlichen Fertigungsstadien aus weiter: So wurde bei der Firma Hoyer der Korpus in der Werkstatt von Gitarrenbauern zusammengebaut, während bei Höfner nicht nur Schachtelmacher, sondern auch Korpusmacher in Heimarbeit eingesetzt wurden. Auch die Hälse wurden z.T. in Heimarbeit verfertigt. Die Hälse mußten wegen des erhöhten Saitenzugs besonders verstärkt werden; daher wurde das Anfang der 50er Jahre von Amerika importierte System der Spannstange, die in den Hals eingelassen ist, übernommen und weiterentwickelt: Bei Hoyer wurde z.B. zunächst eine einfache Vierkantstahlstange unter dem Griffbrett eingelassen; aus Gewichtsgründen wurden diese Stangen bald von Profilaluminium abgelöst. Die einfachen Spannstangensysteme der 50er Jahre wurden zu hochwertigen Mechanismen weiterentwickelt, die eine Feineinstellung des Halses — meist durch einen Zugang oberhalb des Sattels, seltener durchs Schalloch — zulassen. Die Weiterentwicklung der Spannstange steht ebenso wie das Aufkommen und die zunehmende Verfeinerung der Tonabnehmer in Zusammenhang mit dem Übergang von der Schlaggitarre zur E-Gitarre. Pionierarbeit leistete hier auch wieder die amerikanische Firma Gibson, die bereits 1935 eine halbakustische Gitarre herausbrachte, deren Saitenschwingungen elektrisch verstärkt wurden. 1950 brachte die Firma Leo Fender mit der „Broadcaster" die erste kommerziell produzierte Vollholz E-Gitarre auf den Markt. Gibson folgte mit der

Jazz-Gitarre mit 2. Tonabnehmer (Höfner)

„Les Paul“ 1952. Zwei Jahre später wurde die erste Solid Body E-Gitarre mit eingebautem Tremoloarm angeboten. 1956 schließlich erfand Gibson den „Humbucking“-Tonabnehmer, womit die Brummspannungen des „Single coil“-Einzeltonabnehmers beseitigt werden konnten.

Eigene Tonabnehmersysteme wurden auch in Deutschland schon Anfang der 50er Jahre entwickelt und von den Firmen Melo, Fuma und Hilos für Gitarren und Zithern angeboten. Zunächst wurden elektrische Schlaggitarren als Resonanzkörperinstrumente mit montiertem Tonabnehmer gefertigt. Mit der Integration der Tonabnehmersysteme in den Gitarrenkorpus gingen die Betriebe dazu über, Eigenkonstruktionen zu produzieren. Spitzenmodelle für die moderne E-Gitarre und Neuentwicklungen wie der aktive Tonabnehmer, bei dem der Verstärker im Pick-up-Gehäuse eingebaut ist, kommen heute aus den USA; EMG, Bartolini, Alembic, Bill Lawrence sind hier marktführend. Deutsche Tonabnehmersysteme werden hauptsächlich von den Firmen Schaller und Shadow produziert.

Doch zurück zu den Anfängen: Als Vorläufer der E-Gitarre in Deutschland wurde 1956 ein Instrument auf den Markt gebracht, dessen Zargenhöhe nur noch 2 cm betrug. Boden und Decke waren flach, der Tonabnehmer eingebaut, der Hals eingeschraubt. Die Gitarre hatte keine f-Löcher mehr, war aber innen noch hohl, so daß starke Rückkoppelungseffekte auftraten. Zu dieser Zeit wurden auch die ersten Modelle auf den Markt gebracht, die sich an der „Les Paul“ orientierten, Gitarren mit kleinem Cutaway-Korpus, Decken- und Bodenwölbung und ein bis zwei Tonabnehmern. Auch diese Instrumente waren innen noch hohl. 1956 entwickelte die Firma Höfner einen E-Baß, der bald als „Beatles-Baß“ berühmt wurde: Es handelte sich um die verkleinerte und vereinfachte Form eines Kontrabasses, bei dem die f-Löcher sowie die überstehenden Boden- und Deckenränder weggelassen wurden. Der „Beatles-Baß“ wird von Höfner heute noch in seiner ursprünglichen Form hergestellt.

Elektrobaß (Höfner)

Anfang der 60er Jahre kamen schließlich die ersten Elektrogitarren ohne Klangkörper auf den Markt, Brett-Gitarren, die zunächst farbig lackiert, später auch kunststoffüberzogen angeboten wurden. Bei den über einen langen Zeitraum fast gleichbleibenden Serien von E-Gitarren und entsprechenden Bässen wurden in der Folgezeit hauptsächlich die Tonabnehmersysteme, Vorschaltungen und Vibratoren weiterentwickelt und die Stegsysteme (etwa durch die Einführung eines Gleitstegs) verbessert.

In den 70er Jahren kam die Firma Hoyer, die sich zunehmend auf E-Gitarren und Bässe spezialisierte, mit einem Patent heraus, der Foldaxe Vollholzgitarre: Bei dieser Gitarre war der Hals bei voller Stimmung umklappbar, so daß die Gitarre, etwa für Flugreisen, auf die Hälfte ihrer normalen Größe reduziert in einem Spezialkoffer leicht transportiert werden konnte. Während es in dieser Zeit um die deutsche E-Gitarre eher still wurde und der Markt stark von amerikanischen und fernöstlichen Produkten bestimmt war, werden in letzter Zeit auch von den deutschen Firmen

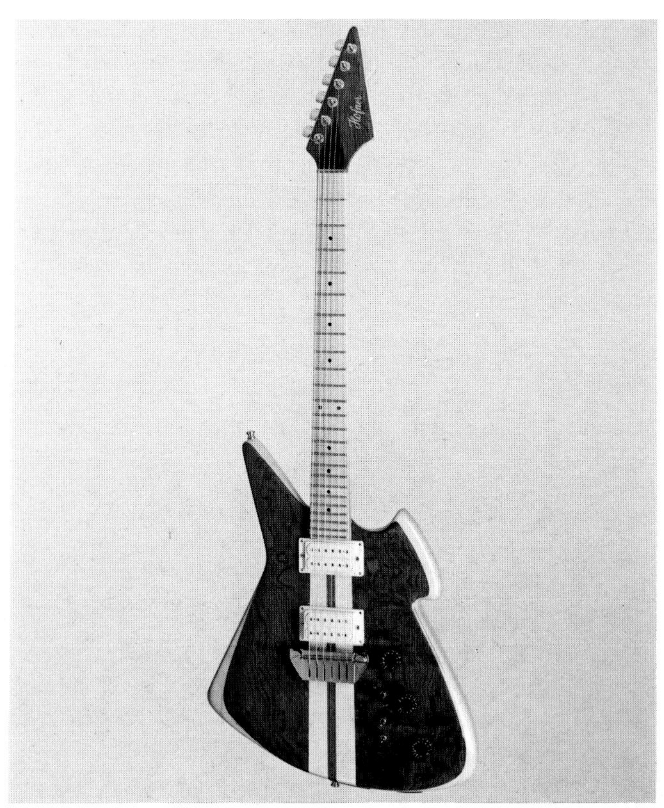

Elektrogitarre als Country-Rock-Gitarre konzipiert (Höfner)

wieder Neuentwicklungen herausgebracht, die zur Spitzenklasse dieser Instrumentengattung zu rechnen sind: Das neue Modell von Höfner, eine Vollholzgitarre mit Ahorn-Hals und Palisander-Griffbrett, wird zum Teil mit einer „reserved"-Kopfplatte angeboten, durch die die Stimmstabilität des Instruments erhöht wird. Eine Besonderheit stellt auch die Weiterentwicklung des Tremolosystems durch Höfner dar. Neben einem E-Baß mit neuem Tonabnehmersystem bietet die Firma auch eine Halbresonanzgitarre an, die sich an den Klangeigenheiten der E-Gitarre der 60er Jahre orientiert. Auch Hoyer bringt mit seinem „Les Paul"-Modell einen hochwertigen Nachbau heraus. Neben zwei weiteren guten E-Gitarren aus Ahorn/Mahagoni mit Palisander- bzw. Ebenholzgriffbrett bietet die Firma heute vier Spitzenmodelle von E-Bässen an, die sich u.a. durch ihre hochwertigen aktiven Tonabnehmersysteme auszeichnen. Die Firma Hohner hat als Spezialität eine E-Gitarre ohne Kopfplatte entwickelt. Steel-Guitars, doppelhalsige Tischgitarren, die mittels Pedalen bedient werden, wurden von Framus und Müller (Tennenlohe) herausgebracht.

Wie die Elektro-Instrumente wird auch die Westerngitarre, die nach dem 2. Weltkrieg in Deutschland in Mode kam, im wesentlichen industriell gefertigt. Das aus der Country and Western Music hervorgegangene typisch amerikanische Instrument ist mit sechs oder zwölf Stahlsaiten bezogen, der Korpus ist auffallend groß und hoch, die Decke mit einer kräftigen Kreuzbeleistung versehen. Der mehr oder weniger verzierte Steg ist fest auf der Decke verleimt und wird darüber hinaus wegen der hohen Saitenspannung gelegentlich verschraubt. Die in der Regel aus Mahagoni-Arten gefertigten Hälse sind mit einer Spannstange versehen. Die Fichtendecke hat einen aufgeklebten Deckenschutz, Boden und Zargen werden aus Mahagoni- oder Jacaranda-Arten hergestellt. Einfache Western-Gitarren werden aus furnierten Hölzern verfertigt, hochwertige Instrumente haben eine Ia-Alpenfichtendecke und äußerst präzise Saitenspannvorrichtungen.

Western-Gitarren werden von den Firmen Framus, Hoyer, Höfner und Hopf angeboten. Sehr sorgfältig gearbeitete handwerkliche Einzelstücke stellte der kürzlich tödlich verunglückte Roland Oetter her, der die Hälse seiner Western aus Rio-Jacaranda fertigte. Einzelstücke in schöner, sorgfältiger Handarbeit baut auch Roland Scharbattke, der ein Spezialverfahren zur Halsverleimung entwickelte, das eine Verstärkungsstange überflüssig macht.

Werden die Western-Gitarren, bis auf diese wenigen Ausnahmen, schon in der Hauptsache industriell produziert, so werden Banjos unseres Wissens in Deutschland ausschließlich in größeren Werkstätten seriengefertigt. Das Banjo besteht aus einem relativ flachen, doppelt bezogenen Metallkessel als Schallkörper. Der mit Metallschrauben verspannte Bezug bestand nach dem 2. Weltkrieg zunächst immer aus Nylon oder einem anderen Kunststoffmaterial; gute Banjospieler bevorzugen allerdings ein Naturtrommelfell. Der lange, mit einem Griffbrett versehene Hals des Banjo, z.T. mit Spannstangen, wird aus Mahagoni-Arten

Akustik-Gitarre, auch „Western-Gitarre" genannt – 6saitig (Höfner)

gefertigt. Das mit 18 Metallbünden versehene Instrument hat hinterständige Metallpatentwirbel mit mechanischer Übersetzung, einen unterständigen Saitenhalter sowie einen Aufstellsteg. Bei älteren Typen ist am 5. Bund ein Wirbel für die Chanterelle (Melodiesaite) angebracht, die mit dem Daumen gespielt wird. Die Mensurlänge der Chanterelle beträgt 47 cm, die der anderen Saiten 63 cm. Als Sonderformen werden Tenor-, Guitar- und Five-String-Banjos gebaut. Die Teile für den Kessel werden von Spezialfirmen

5saitiges Banjo (Höfner)

wie Müller (Tennenlohe) angefertigt; die Betriebe, die Banjos anbieten, bauen die Instrumente zusammen und stellen die Hälse für die verschiedenen Typen her. Auch die mit einem viersaitigen Stahlsaitenbezug versehenen Ukuleles, die als Prim-, Sekund- und Baritoninstrumente mit trapezförmigem Wirbelbrett hergestellt werden, sind in der Regel in Serie gefertigt. Sie werden bei uns vor allem von der Firma Kollitz (Eltersdorf) produziert.

Auch für die Konzertgitarre ist die Bedeutung größerer Betriebe nicht zu unterschätzen. Ein brauchbares Schülerinstrument, das für den Anfänger erschwinglich bleibt, muß in 4 - 6 Fertigungsstunden entstehen. Eine derartige Leistung kann nur von Firmen erbracht werden, deren Arbeitsprozeß durch Arbeitsteilung und Mechanisierung stark rationalisiert ist. Eine noch weitgehend ungelöste Aufgabe, der sich diese Firmen in Zukunft verstärkt widmen sollten, ist auch die Herstellung von Kindergitarren, die sich in ihrer Größe und Ausführung an den physiologischen und psychologischen Besonderheiten des kindlichen Spielers ausrichten, wie es im übrigen bei Geigen längst üblich geworden ist. Gerade für Kinder sind gut spielbare, d.h. in der Saitenlage, Halsstärke und Mensurgenauigkeit sauber gearbeitete Instrumente wichtig, wenn die Kinder nicht schnell wieder die Lust am Gitarrespiel verlieren sollen. Hannabach hat kürzlich drei verschiedene Prototypen für Kindergitarren vorgelegt, die diese Anforderungen berücksichtigen und sich für eine serielle, preiswerte Herstellung eignen. Die angesprochenen Betriebe haben auf den Vorschlag positiv reagiert, so daß auf diesem Gebiet für die Zukunft interessante Entwicklungen zu erwarten sind.

Eine wichtige Zwischenstufe zwischen Großbetrieb und Meisterwerkstätte bilden auch die Handwerksbetriebe, die durch Teilmechanisierung und manufakturelle Arbeitsweise kleine Serien von Konzertgitarren und Schülerinstrumenten herstellen, die preislich und tonlich dem Anfänger und fortgeschrittenen Spieler genügen können, für den eine Meistergitarre noch nicht in Frage kommt. So werden in der Werkstatt Helmut Hanika, einem reinen Familienbetrieb in Baiersdorf, kleine hochwertige Konzertgitarrenserien gefertigt, die grundsätzlich aus Massivhölzern bestehen; die

Konzertgitarre („Musikstudent"; Höfner)

Decken dieser Gitarren sind mattiert. Horst Teller, dessen Vater Oskar Teller noch bei Ignaz Mettal gelernt und sich auf den Bau von Konzertgitarren spezialisiert hatte, hat ebenfalls eine Zeitlang die Serienfertigung von Gitarren betrieben. Einen guten Namen bei der Herstellung preiswerter Instrumente hat auch die Werkstätte von Manfred Pletz in Taunusstein. Zum Schluß dieser unvollständigen Liste sei noch die traditionsreiche Firma Strohmer in Nürnberg erwähnt, die nun schon in 4. Generation außer Meisterinstrumenten auch kleine Serien von Konzert-, Oktav- und Terzgitarren herstellt.

Konzertgitarre (Höfner)

Der Bau hochwertiger Konzertgitarren wird in kleinen Meisterwerkstätten gepflegt. Ihre Chance besteht angesichts des starken Drucks vor allem japanischer Konkurrenz in der Entwicklung handgearbeiteter Spitzeninstrumente, die höchsten Ansprüchen genügen, und gleichzeitig darin, im Gegensatz zur fernöstlichen Konkurrenz durch die räumliche Nähe zum Spieler auf dessen individuelle Bedürfnisse eingehen zu können und bei Reparaturfragen schnell zur Verfügung zu stehen. Als Beispiel sei hier, neben den bereits in anderen Zusammenhängen erwähnten Meistern, etwa auf Gerhard Schnabl (Bräuningshof) verwiesen, der neben hochwertigen Konzertgitarren auch schöne Terz- und Oktavgitarren baut, auf den in Deutschland lebenden Japaner Sato, auf Erwin v. Grüner (Baiersdorf), der relativ kleine, leistungsstarke Modelle aus Ahorn, Palisander und Rio-Jacaranda mit Fichtendecke herstellt.

Mit Materialien und Korpusmaßen wurde in den letzten 20 Jahren verschiedentlich experimentiert. So kam im Gefolge der Ramirez-Gitarren die Zederndecke in Gebrauch, gleichzeitig wurden überlange Mensuren (66,5 - 67 cm) und eine tendenziell steigende Korpushöhe eingeführt. Die Konzertgitarren Dieter Henses (Breithardt/Ts.), die mit einer Zederndecke versehen wurden, waren hier sehr gefragt. Auch Dieter Hopf (Taunusstein) baute große, sehr lautstarke Konzertgitarren mit Zederndecke. Heute werden wieder niedrigere Modelle nachgefragt, die den Vorteil eines schöneren, runderen Tones haben. Wengé für Boden und Zargen wurde ab 1980 als Ersatzmaterial für die rarer werdenden Palisanderarten versucht; das schön klingende Holz ist allerdings so dominant, daß viele Spieler mit der nur wenig zu beeinflussenden Klangfärbung dieser Instrumente nicht zurechtkamen. Nicht nur mit Holzarten, Korpus- und Mensurmaßen wurden Versuche unternommen, auch Konstruktionsdetails wurden immer wieder geändert und z.T. patentiert. Bekannt ist die Halsschraubengitarre des von Professor Walter Gerwig (derzeit Musikhochschule Köln) stark beeinflußten Vogtländers Klein in Koblenz – eines Meisters, der neben Konzertgitarren auch Waldzithern, Cistern, Mandolinen und Jazz-Gitarren baute und schöne, eigene Mosaikeinlagen herstellte. Dieter Hopf entwickelte einen sogenannten Rosettensteg, mit dem die Schwingungsübertragung auf das Deckensystem verbessert werden sollte, und führte eine unterständige Saitenbefestigung für bestimmte Konzertgitarrenmodelle ein. Der Gitarrenbaumeister Walter J. Vogt (Horb-Mühlen) entwickelte ein Griffbrett, bei dem alle Bünde für jede Saite separat eingerichtet werden können, so daß sich die Instrumente genau temperiert stimmen lassen; Vogt bietet zudem Gitarren mit ovalem Schalloch an. Der Gitarrist und Gitarrenbauer Bernd Ahlert (Hamburg) führte Mitte der 70er Jahre einen Steg mit dreigeteilter Stegauflage ein, bei der die beweglichen, auf einer schrägen Ebene stehenden Stegelemente durch den Saitenzug gehalten werden. Eine ähnliche Konstruktion mit durchgehender verformbarer Stegauflage ließ sich Karl Sandvoß (Düsseldorf) 1984 patentieren.

Auch auf dem Gebiet der Materialverarbeitung wurden immer wieder Versuche unternommen, Schwierigkeiten durch Neuerungen zu überwinden. Als gelungenes Beispiel, unkonventionelle Verarbeitungstechniken auf den Zupfinstrumentenbau zu übertragen, kann die Arbeit des Dipl. Ing. Winfried Heitland angesehen werden. Als eher problematisch muß dagegen das bereits vor dem 2. Weltkrieg aufgekommene Verfahren zur künstlichen Holztrocknung angesehen werden; durch dieses Verfahren kann das Holz seine Fasergeschmeidigkeit verlieren. 1984 meldete Dieter Hopf ein Patent zum künstlichen Altern des Deckenholzes an, um die Notwendigkeit, lange abgelagertes Holz zu verwenden, zu umgehen. In letzter Zeit kam eine Methode ins Gespräch, Gitarren durch „Einschütteln" schwingungsfreudiger zu machen. Damit sollen mittels einer Unwucht maschinell erzeugte Schwingungen auf den Steg übertragen werden, ein Verfahren, das dem guten Instrument mit Sicherheit schadet, weil bei diesem ursprünglich für Kontrabässe entwickelten „Einschütteln" beim Zupfinstrument viel zu starke Schwingungskräfte entstehen.

Der große Bogen von der Entwicklung der Gitarre über ihre Meister bis zu Serien-Produktionsstätten und Neuentwicklungen wäre ohne den Blick auf den Zupfinstrumentenbau in der DDR unvollständig. Die Tradition des sächsischen Musikwinkels um Markneukirchen war eng mit der Schönbacher Geschichte verknüpft. Einer der bekanntesten Gitarrenbauer, Christian Friedrich Martin, kam aus Markneukirchen; er wanderte 1833 in die USA aus und legte den Grundstein der heutigen Gitarrenfabrik. Die Martin-Gitarre

Zupfinstrumentenwerkstatt Adolf Meinel, Markneukirchen, um 1935 (Musikinstrumentenmuseum Markneukirchen).

dürfte die bekannteste Western-Gitarre überhaupt sein. Auch der berühmte Gitarrenbauer Richard Jacob (Weißgerber) lebte in Markneukirchen. Der 1877 geborene Sohn und Schüler von Karl August Jacob erlernte, wie viele Markneukirchener Zupfinstrumentenmacher, zunächst das Zithernmachergewerbe. Nachdem er sich 1905 selbständig gemacht hatte, baute er fast ausschließlich Gitarren nach italienischen, französischen und spanischen Vorbildern, die er an Versandgeschäfte lieferte. Seit 1921 versah er seine Gitarren mit einem Brandstempel, auf dem die registrierte Nummer und der Name „Weißgerber" (als alter Familienstammname) zu lesen waren. Weißgerber hat jede Gitarre um Nuancen verändert; er baute viele Korpusse und Hälse auf Vorrat, die er lagerte und nicht mehr fertigstellte. Sein Sohn Martin konnte bei der Fortführung der väterlichen Werkstatt auf dieses Material zurückgreifen. Nicht unerwähnt bleiben darf im Zusammenhang mit Weißgerber der Markneukirchener Paul Uhlemann, der heute in Bubenreuth lebt. Uhlemann fertigte für weltbekannte Zupf- und Streichinstrumentenbauer wertvolle Schnitzarbeiten; er arbeitete für Weißgerber und später, in Bubenreuth, für Schnabl und Hannabach und steht heute noch, mit 80 Jahren, in der Werkstatt.

Nach Ende des 2. Weltkrieges wurde es zunächst stiller um die Zupfinstrumentenbauer im sächsischen Gebiet. Sie wurden 1946 in der Einkaufs-und Liefergenossenschaft MIGMA zusammengefaßt; 1953 erfolgte der Zusammenschluß im VEB MUSIMA. Die Umstellung der Produktionsweise, Schwierigkeiten bei der Materialbeschaffung und die stark eingeschränkten Kontakte zur internationalen Elite von Konzertmusikern dürften dazu beigetragen haben, daß die DDR-Instrumente zunächst weit hinter dem Niveau des Instrumentenbaues im Westen zurückblieben. In den letzten Jahren hat sich dieses Bild allerdings wesentlich geändert. Die Materialschwierigkeiten, auch bei Exotenhölzern, sind überwunden; die Kinder und Nachfahren der alten Meister leisten heute hervorragende Arbeit im Zupfinstrumentenbau. Einer der bekanntesten Meister ist derzeit der Gitarren- und Zithernbauer Adolf Richard Meinel, der einer alten Musikinstrumentenmacherfamilie entstammt und den Zupfinstrumentenbau bei seinem Vater erlernte. Meinel ist seit 1972 Obermeister und Sachverständiger für den Zupfinstrumentenbau. Auch seine Tochter Ulrike hat sich als Gitarrenbauerin und Restauratorin bereits einen Namen gemacht. Bekannt für gute Konzertgitarren, historische Zupfinstrumente und Lauten ist zudem der Vogtländer Peter Dietrich (Erlbach); Armin Weller stellt ebenfalls sehr sorgfältig gebaute Gitarren her. Edgar Mönch, geb. 19.10.1907 in Leipzig, kam aus deutschem Ostgebiet (Danzig), 1965 - 1971 in Toronto, vorher in München tätig, vor seinem Tod (16.2.1977) in Freiburg ansässig. Josip Krog, stammend aus Jugoslawien, jetzt ansässig in Hessen, Gitarrenbaumeister.

Zithern

Auch der Zithernbau, der in Markneukirchen wie in Schönbach eine lange Geschichte hatte, ist heute in der DDR wieder hervorragend repräsentiert: am bekanntesten dürften die Zithern des Vogtländers Horst Wünsche sein, dessen sehr gefragte Modelle von gleichbleibend hoher Qualität sind. Daneben stehen die Zithern Meinels sowie die Instrumente von Georg Voigt, Reinhard Glier, Otto Schuster und Max Dölling für das gute Produktionsniveau derzeitiger Zupfinstrumentenbauer im Markneukirchener Raum. Sie führen damit eine Tradition fort, die im Musikwinkel durch Namen wie Siebenhüner, Alfred Bräuer, Johann Fuchs, Josef Hoyer, Rudolf Brander und Wenzel Hannabach gekennzeichnet waren, um nur die besten und größten Zithernhersteller aufzuführen.

Der Zithernbau hatte sich, von Wien und München ausgehend, um 1800 rasch verbreitet; Zithernbauer kamen aus diesen Regionen nach Brünn, Prag und Znaim in Südmähren. Aus Znaim kam mit Anton Schäfer auch der erste Zithernbauer nach Schönbach. Der sprunghaft ansteigende Bedarf an diesen Instrumenten nach 1860 war wesentlich mitverantwortlich für den Aufschwung der Musikinstrumentenindustrie im Musikwinkel.

Seinen Ursprung hatte der Zithernbau im bayrischen und Tiroler Alpenland. Hier war bereits im Mittelalter das Scheitholt als Volksinstrument verbreitet. Bei dem aus Fichtenholz gefertigten Instrument, dessen Decke 2 bis 5 Schalllochöffnungen aufwies, waren zunächst Eisen- oder Messingbünde unmittelbar in die Decke eingelassen. Die Kratzzither, die in Tirol ab Ende des 17. Jahrhunderts nachweisbar ist, hatte demgegenüber bereits ein aufgeleimtes Griffbrett sowie einige Bordunsaiten; damit wurden erstmals Elemente des Scheitholts mit anderen Formen des bis dahin noch als Instrument gebräuchlichen Psalteriums vereint. Kratzzithern dienten der alpenländischen Gebirgsbevölkerung vornehmlich zur Liedbegleitung; die Instrumente wurden von ihren Benutzern in der Regel selbst gebaut.

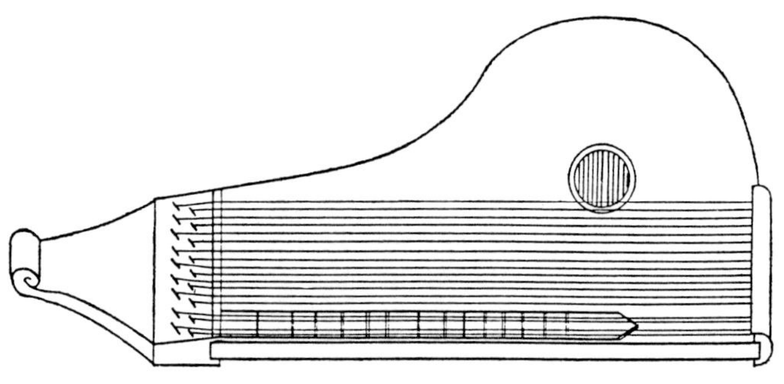

Schlagzither

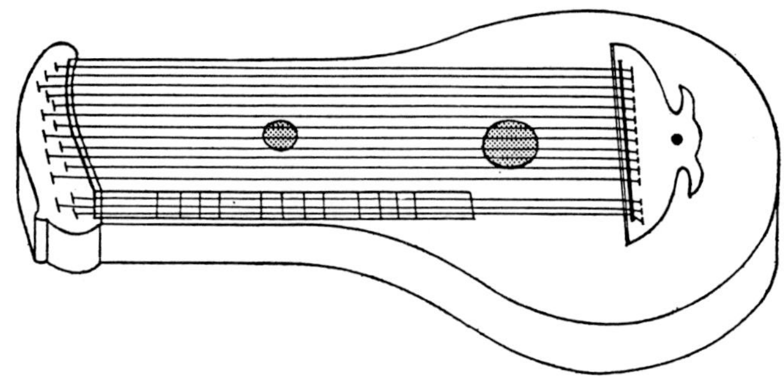

Mittenwalder Zither

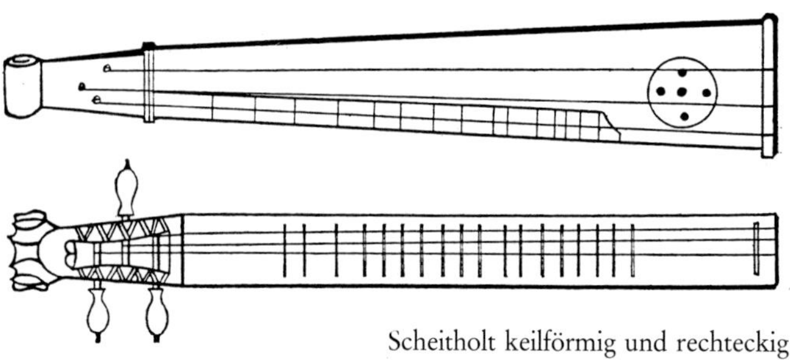

Scheitholt keilförmig und rechteckig

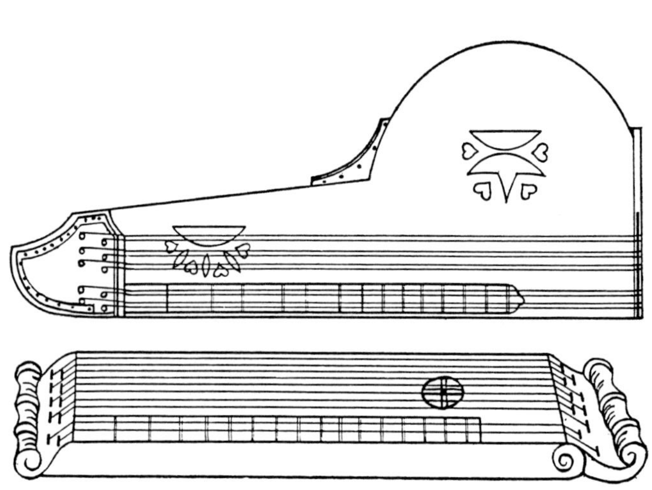

Kratzzither (kistenförmig, rechteckig)

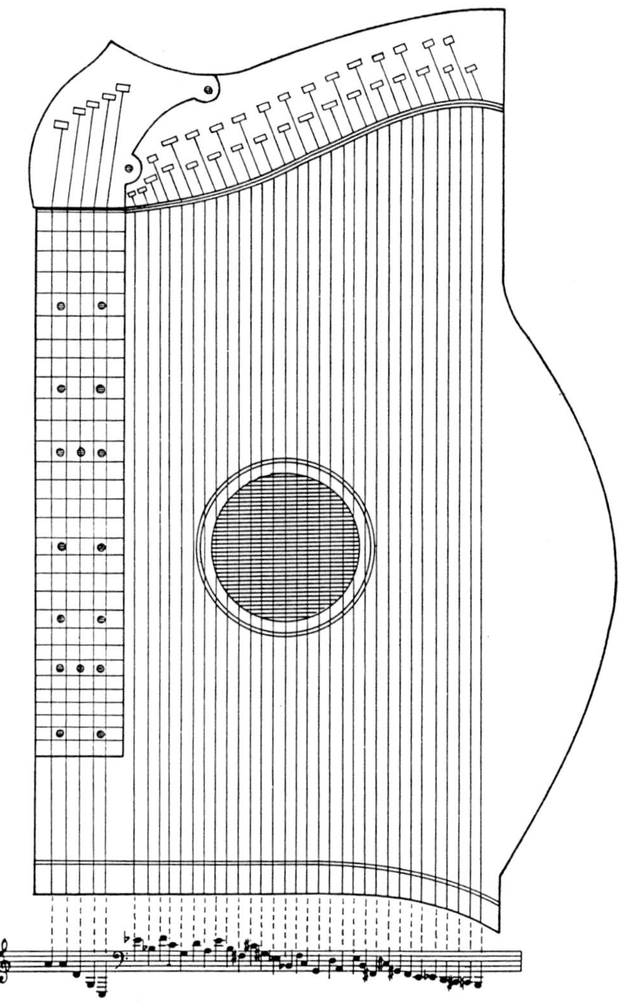

38saitige Konzertzither mit Besaitungsschema in Notenschrift

Aus: Brandlmeier, *Handbuch der Zither*

In der 2. Hälfte des 18. Jahrhunderts tritt neben die primitive Kratzzither bereits die Schlagzither, die als unmittelbare Vorläuferin der heutigen Zither gelten kann. Entsprechend der Heimat ihrer Erbauer gab es Pinzgauer-, Halleiner-, Salzburger- und Mittenwaldzithern, wobei sich die Mittenwalder Form von den übrigen Zitherntypen durch ihre schön geschwungene, birnenförmige Gestalt unterschied. Diese Instrumente, bei denen, ähnlich wie bei Gitarre und Laute, Griffbrett und Saiten in der Resonanzkörpermitte verliefen, wurden offensichtlich bereits von Instrumentenbauern im Werdenfelser Land hergestellt: in Mittenwald entstand Mitte des 18. Jahrhunderts bereits eine stark ausgeprägte Zithernfabrikation. Die Mittenwalder Form der Zither konnte sich gegenüber der Salzburger Bauart jedoch auf Dauer nicht durchsetzen; sie geriet in der 2. Hälfte des 19. Jahrhunderts allmählich in Vergessenheit und lebte bis in unser Jahrhundert lediglich noch in der Form der Arion-Zither fort, die vor allem von Markneukirchener Zithernbauern sowie dem Regensburger Instrumentenmacher Xaver Kerchensteiner hergestellt wurde.

Die dominierende Salzburger Zithernform, die mit der Halleiner und Pinzgauer Bauart weitgehend identisch war, ist durch einen nur einseitig gebauchten, 2½ bis 4 cm hohen Resonanzkasten gekennzeichnet, der mit zwei bis drei stern- oder rosettenförmigen Schallöchern versehen ist. Die mehr oder weniger ausgebauchte Seite des Instruments verläuft, schmaler werdend, in den je nach Saitenzahl unterschiedlich breiten Wirbelstock, während die Griffbrettseite gerade gehalten ist. Die Instrumente sind in der Regel mit 14 Bünden und meist doppelchörigen Metallsaiten versehen. Die ersten Instrumente dieser Art wurden noch wie die Kratzzithern von den Bauern des Alpenlandes für den eigenen Gebrauch selbst verfertigt.

Ende des 18. Jahrhunderts werden die Zithern allmählich auch im Flachland und in den größeren Städten bekannt. Ihren Siegeszug treten diese Instrumente von München und Wien aus an: Der Münchener Salzhändler Franz Kren, der sich später selbst als Zithernbauer einen Namen machte, brachte um 1800 die ersten Zithern aus Tirol nach München mit. Ignaz Simon, ein ehemaliger Ziegeleiarbeiter, der sich später ganz dem Instrumentenbau widmete, gilt als der erste Münchener Zithernbauer, der akustisch wertvolle Instrumente erzeugte. Die Anfänge des Zithernbaues in Wien, wohin die Instrumente ebenfalls aus Tirol und über Salzburg gelangten, sind mit dem Namen des Instrumentenbauers Anton Rehrer verbunden, der erstmals 1773 erwähnt wird.

Der endgültige Durchbruch der Zither ist mit zwei Namen verknüpft: Nikolaus Weigel regte in seiner 1838 erschienenen ersten Zitherschule die Quart/Quintstimmung für das Instrument an, womit die Möglichkeiten des Zitherspiels entschieden erweitert werden konnten. Dem Auftreten des Violin- und Zitherspielers Anton Petzmayer verdankt die Zither ihre Konzertfähigkeit. Petzmayer war nicht nur ein hervorragender Spieler, er entwickelte mit der Streichzither selbst eine Zithernvariante, bei der die vier violin-, bratschen- oder celloartig gestimmten Saiten sowohl gezupft als auch gestrichen werden konnten. Der Instrumentenbau verdankt Petzmayer viele Anregungen. Die von ihm in Konzerten gespielte Zither wurde von Anton Kiendl gebaut, der von München nach Wien gekommen war und als Schöpfer der heutigen modernen Form der Zither gilt. Bei seinen Bamberger Konzerten auf dieser Zither begeisterte Petzmayer den bayrischen Herzog Maximilian derart, daß dieser Petzmayers Schüler und die Zither in Bayern hoffähig wurde.

Das 18-saitige Instrument, das der Herzog von Bayern spielte, baute der Münchener gelernte Geigenmacher Georg Tiefenbrunner (1812 - 1880), der sich nach der Heirat mit der Tochter des Zithernmachers Kren auf dieses Instrument verlegte. Von Tiefenbrunner, der zu den bedeutendsten Zithernmachern Mitte des 19. Jahrhunderts zählt, sind schöne, reichverzierte Zithern erhalten. Max Amberger, der 1862 eine eigene Werkstatt in München gründete, war ein Schüler Tiefenbrunners. Amberger versuchte, den neuen Forderungen, die an die Zither als Konzertinstrument gestellt wurden, durch den Bau eines Instruments mit größerer Mensur gerecht zu werden. Die Konzertzither ist eng mit seinem Namen verknüpft; es handelt sich bei diesem Instrument um eine Primzither mit verlängerter Mensur, aber meist gleicher, selten eine große Terz tieferer Stimmung. Die Elegiezither, ein oft Tiefenbrunner zugeschriebenes Instrument, ist ebenfalls eine Entwicklung, die den erhöhten Anforderungen an ein Konzertinstrument gerecht werden soll: der Korpus ist länger und weniger geschweift als beim herkömmlichen Modell, seine Stimmung um einen Ganzton bis zu einer Quart tiefer als bei der Konzertzither.

Die stetig wachsende Nachfrage nach Zithern regte in der Folgezeit nicht nur immer mehr Instrumentenbauer zum Zithernbau an, sondern führte auch zu Weiterentwicklungen und Neuschöpfungen auf dem Gebiet der Zithernherstellung. Der Münchener Zithernmacher Josef Haslwanter etwa, ein Pflegesohn Ignaz Simons, tat sich durch Modifikationen sowohl in der Instrumentenherstellung als auch in der Saitenproduktion hervor. Karl Kiendl, ein Neffe Anton Kiendls, der über Mittenwald und München nach Wien kam, erfand die Konzertzither mit schiefen Griffbrettbünden, den Resonator (einen Zithertisch mit Luftresonanz) und die Eurekazither.

Auch in unserem Jahrhundert wird die Tradition des Instrumentenbaues fortgeführt und durch neue Impulse belebt: Der Passauer Johann Hornsteiner baute „Germania-Zithern", der Grazer Johann Jobst konzentrierte sich auf die Herstellung von Luftresonanzzithern. Eduard Heidegger in Linz entwickelte eine Konzertzither mit hohlem Griffbrett sowie einer Decken- und Bodenwölbung. Xaver Kerchensteiner in Regensburg ist, außer für die bereits erwähnten Arion-Zithern, für seine Harfenzithern und Wappenformgitarren bekannt. Bis heute läßt sich sagen, daß Südbayern das wohl bedeutendste Zentrum des Zithernbaues im deutschsprachigen Raum geblieben ist. Namen wie Helmut Buchsteiner (Neumarkt/St. Veit), Gabriel Gruber (Bad Tölz), Richard Hefele und Rudolf Bitterer (Farchant) stehen hier stellvertretend für viele; aus der Werkstatt Kurt Hartwigs, dessen Vater bereits Zithern baute und der vereidigter Sachverständiger für den Zupfinstrumentenbau ist, gehen sehr gute Zithern hervor; Ernst Volkmann (Ingolstadt) tritt besonders mit einer 42-saitigen Harfenresonanzzither sowie einer Zither in Psalterform hervor.

Harfenzither (Herbert Volkmann, Bubenreuth)

Außerhalb Südbayerns sei neben industriellen Produktionsstätten wie Höfner und Walter Sandner die Werkstatt des Schönbacher Zithernbaumeisters Herbert Volkmann in Bubenreuth erwähnt, der Diskant-, Quint-, Alt- und Baßzithern in handwerklicher Fertigung baut. Aus der Werkstatt Horst Teller und Söhne in Bubenreuth gehen neben Zithern insbesondere Hackbretter hervor. Das Hackbrett ist als trapezförmige Abart des Psalteriums mit der Zither verwandt. Das mittelalterliche Instrument, das sich vornehmlich in Gebirgsregionen gehalten hatte, weist kein Griffbrett auf. Seine chörigen Metallsaiten, die über den gesamten Resonanzkörper gespannt und an Wirbelbrettern aus Ahorn befestigt sind, werden mit zwei kleinen hakenförmigen Holzstäbchen angeschlagen. Boden und Decke sind in der Regel aus Fichte, das Deckblatt aus Ahorn oder Mahagoni. In die Decke sind eine oder mehrere Holzrosetten eingelegt. Mit Ausnahme der Werkstatt Tellers wurden und werden Hackbretter fast ausschließlich im südbayrischen Raum gebaut. Traditionell beschäftigen sich auch Harfenbauer mit der Hackbrettherstellung, die ansonsten eng mit dem Zithernbau verbunden blieb.

Mandolinen

Zithernmacher waren es auch im wesentlichen, die die italienische Tradition des Mandolinenbaues fortführten und weiterentwickelten. So war der in Schönbach arbeitende Vater Josef des Musikinstrumentenherstellers Arnold Hoyer, in dessen Firma heute noch Zithern und Mandolinen produziert werden, als Zithernmacher zugleich weltberühmt für seine Wappenform-Mandolinen. Die heute bekannten Instrumente der Mandolinenfamilie gehen auf mehrere Wurzeln zurück. Das im neuzeitlichen Mandolinenorchester gebräuchliche Instrument erhielt um 1700 als neapolitanische Mandoline seine typische Form, die sich aus der Mandola als verkleinertem Lauteninstrument ableitete. Die Mandoline ist durch eine tiefgewölbte, schmalspanige Muschel sowie durch eine mit einem offenen ovalen Schallloch versehene leicht abgeknickte Decke gekennzeichnet, die mit einer harten Schlagplatte geschützt wird. In das kurze Griffbrett sind Metallbünde eingelassen, am nur wenig abgeknickten Wirbelbrett mit hinterständigen Wirbeln sind vier doppelchörige Metallsaiten in Violinstimmung befestigt, die über einen niedrigen Steg geführt und unterständig fixiert sind. Die neapolitanische Mandolinenform setzte sich gegenüber anderen Varianten durch; der Streichinstrumentenfamilie entsprechend kamen Mandola (nunmehr als vergrößerte Mandoline), Mandoloncello und Mandolone (Baßmandoline) hinzu. Parallel zu dieser Mandolinenfamilie entwickelte sich in Südwesteuropa aus der Verbindung von Lauten- und Zargeninstrumenten die Citole, die bis ins 19. Jahrhundert in verschiedenen Cistern-

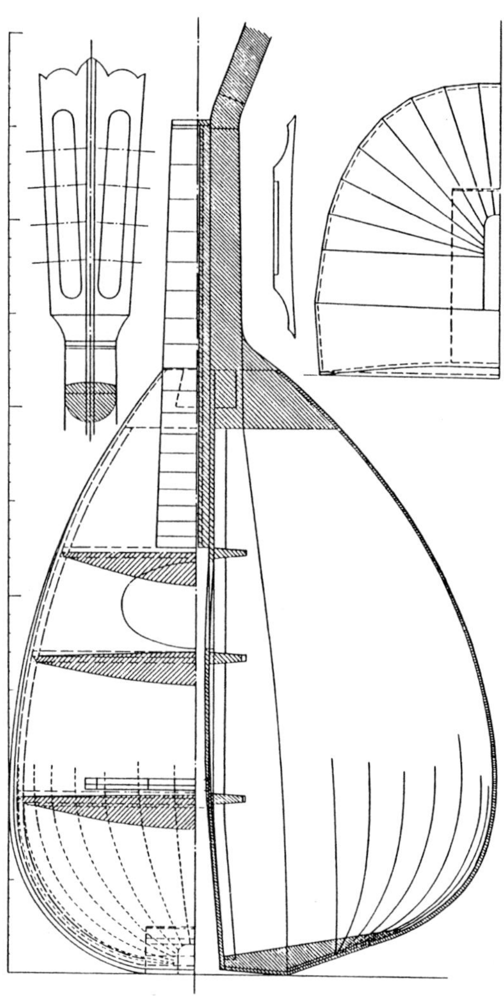

Bauplan für eine Mandoline. Aus: Jahnel, *Die Gitarre und ihr Bau*, Frankfurt/M. 1963

formen fortlebte. Der geschweifte Wirbelkasten mit seinen seitenständigen Wirbeln, der später gelegentlich durch einen Mechanikenkopf ersetzt wurde, die flache Decke und die Zargen bilden wesentliche Unterscheidungsmerkmale zur neapolitanischen Mandoline.

Die Cisterntypen haben der Konkurrenz der Gitarre nur wenig standgehalten: in England hielt sich die 8- bis 10-saitige Citter, in Portugal die mit einer Fächermechanik versehene Guitarra; aus Spanien kommt die einer Wappengitarre ähnliche Bandurria sowie die auch in Portugal übliche Form der unter dem Namen „Flachmandoline" bekannten Diskantcister. In Deutschland war das bereits erwähnte Cithrinchen des Hamburger Instrumentenmachers Joachim Tielke besonders berühmt.

Um die Jahrhundertwende war als Cisternvariante die Waldzither beliebt, die von der portugiesischen Guitarra die Fächermechanik und von der neapolitanischen Mandoline die leicht gewölbte Decke übernahm. Der Publikumserfolg der Waldzither vor allem im Zeitabschnitt der Wandervogelbewegung veranlaßte die Hamburger Firma Böhm zur Produktion einer sogenannten Waldoline, die die Vorteile der italienischen Mandoline mit denen der in der Waldzither fortlebenden Diskantcister verbinden sollte. Auch in den USA wurde der Typus der Diskantcister um die Jahrhundertwende aufgegriffen: Hier wurden die im Geigenbau üblichen Prinzipien der gewölbten Decken- und Bodenkonstruktion mit Elementen des Mandolinenbaues in der „Flachmandoline" kombiniert und zur „Gibson-Mandoline" weiterentwickelt. Dieses Instrument, das sich durch einen klaren, hellen Ton auszeichnet, wurde in Deutschland verschiedentlich nachgebaut.

Auch die von anderen europäischen Ländern ausgehenden Impulse sind von deutschen Instrumentenmachern immer wieder aufgegriffen worden: nordeuropäische, italienische, portugiesische und spanische Ausformungen des Cistern- und Mandolinenbaues konnten in eigene Weiterentwicklungen einbezogen werden. Für den Korpus wurden unterschiedlichste Hölzer ausprobiert; Varianten der Mandolinenform wurden mit der Taschenmandoline (einem Instrument mit normalen Halsmaßen, aber besonders schmalem Korpus) und der Piccolomandoline erprobt.

Während die Anschlagtechnik der italienischen Mandoline zunächst durch das mit dem Plektrum hervorgerufene Tremolo geprägt war, entwickelt sich die Mandoline durch die in letzter Zeit forcierte Einzelanschlagtechnik zu einem Konzertinstrument fort, das sich in seinem Klangcharakter wesentlich von der traditionellen Mandoline abhebt. Die Instrumente, die im Sog dieser Entwicklung hervortreten, behalten zwar einerseits die traditionellen Materialien (Fichtendecke, Palisandermuschel) bei, sind aber gleichzeitig im Muschelbau wesentlich flacher gehalten als die herkömmliche Mandoline; die Anzahl der Späne nimmt ab, während der Korpus breiter ausgeformt ist. Für diesen neuen Prototyp der Mandoline sei hier insbesondere Reinhold Seiffert erwähnt, der sich auf die Herstellung von konzertfähigen Mandolinen mit flachem Muschelbau konzentriert. Die Tradition hochwertigen Konzertmandolinenbaues führt auch der Enkel des Schönbacher Instrumentenmachers Bräuer in Erlangen fort. Nicht zuletzt prägen die Mandolinen der Brüder Franz und des kürzlich verstorbenen Albin Dotzauer den derzeitigen Stand des Mandolinenbaues, die damit das Erbe ihres Großvaters Franz Dotzauer lebendig halten.

Harfen

Der Harfenbau stellt einen ganz eigenen Bereich der Zupfinstrumentenherstellung dar; in ihm vereinen sich Anforderungen an den guten Holztechniker mit denjenigen an den Feinmechaniker. Das Instrument entwickelte sich über die antiken Harfen sowie die mittelalterlichen Winkel- und Dreieckharfen zur Romanischen Harfe, die durch eine gedrungene Gestalt, stark gebogene Vorderstange und deutlich voneinander abgesetzte Einzelbauteile gekennzeichnet ist. Aus der späteren gotischen Form mit ihrem schlanken Bau und der nur wenig geschwungenen Vorderstange, die als „gemeine Harf" mit ca. 23 Saiten ausgestattet war, entstand das moderne, noch heute gebräuchliche Instrument.

Im deutschsprachigen Raum wird der Harfenbau traditionell im Süden und in Tirol gepflegt. Anfang des 18. Jahrhunderts erfand Jacob Hochbruckner aus Donauwörth die Pedalharfe, die, verbunden mit der klassizistischen Form der französischen Harfe des 18. Jahrhunderts, als direkter Vorläufer der heute weltberühmten Harfen von Max Horngacher gelten kann. Horngacher arbeitet in Starnberg als Nachfolger Josef Obermayers, der ursprünglich Techniker von Beruf war und sich, um sich dem Harfenbau widmen zu können, zum Feinmechaniker und zum Schreiner ausbilden ließ. Von seiner Werkstatt gingen viele Impulse für den Konzertharfenbau aus, in dessen Tradition die großen Instrumente Horngachers stehen.

Der Körper (auch Resonator oder Schallkasten) der modernen Harfe ist in der Regel aus Ahorn gefertigt und mit einer berippten Fichtendecke versehen, die mit Schalllöchern, Rosetten und Schnitzereien oft reich verziert ist. Die an der Decke befestigten 46 - 47 Saiten führen freischwingend zum Hals (Mechanikbogen), der die Mechanikteile hält und als die eigentliche saitenspannungstragende Konstruktion aus Hartholz hergestellt wird. Das Instrument ruht auf dem Fuß (Pedalkasten), in dem die Pedale eingebaut sind, mit denen die diatonisch gestimmten Saiten jeweils um einen Halbton höhergestimmt werden können. Die Verbindungsstangen zwischen Pedalen und Mechaniken, die Abstrakten, werden von der gedrechselten Säule aufgenommen, die oft mit aufwendigen Schnitzereien verziert und vergoldet ist.

Während sich Horngacher ganz dem Bau von Konzertharfen und Mehrfachpedalharfen widmet, wird die Tradition des Volks- und Bauernharfenbaues heute hauptsächlich von den Tiroler Instrumentenmachern Franz Bratl, Josef

Sappl, Kröll und Karl Petutschnigg vertreten. In Kitzbühel baut Benedikt Murnseer 36-saitige Einfachpedalharfen im Stil der Tiroler Volksharfen. Bekannt sind auch die Harfen Alfred Pichlmairs in Fraunberg und die Instrumente des in Bad Reichenhall lebenden Harfenbauers Bernhard Kammels.

Leiern

Abschließend noch ein kurzer Blick auf ein Nebengleis des Zupfinstrumentenbaues, die Leierherstellung: In unserer Zeit wurde von Edmund Pracht und Lothar Gärtner eine Neuentwicklung der Leier vorgestellt, deren Ursprünge wohl in den antiken Harfen, der Lyra und den Leiern unserer Vorfahren zu suchen sind. Auch die von Gärtner gebaute Kantele, die ursprünglich aus Finnland kommt, kann als Vorläuferin der „Gärtner-Leier" betrachtet werden.

Entwickelt wurde dieses Instrument ab 1926; zu diesem Zeitpunkt erhielt es auch schon die teilweise bis heute gebräuchliche eckige Form. Im Laufe der Jahre wurden dieser ersten (Sopran-) Leier Alt-, Tenor- und Baßinstrumente zugesellt und gerundete Korpusformen entworfen. Das vor allem bei Anthroposophen gebräuchliche Instrument, das mit 40 Saiten bespannt ist, wird sowohl in diatonischer als auch in chromatischer Stimmung hergestellt. Die Konstruktion der Leier ist der der Harfe vergleichbar: der als Mechanikbogen dienende Hals und die geschwungene Säule setzen am Korpus an, der aus gebeiztem oder naturbelassenem Fichten- und Ahornholz besteht. Während jedoch bei der Harfe die Saiten an der Decke befestigt sind, laufen sie bei der Leier über einen Steg und sind unterständig gehalten. Korpus- und Schallochformen variieren, sind bei den Gärtner-Leiern aber stets von anthroposophischen Maßstäben geprägt.

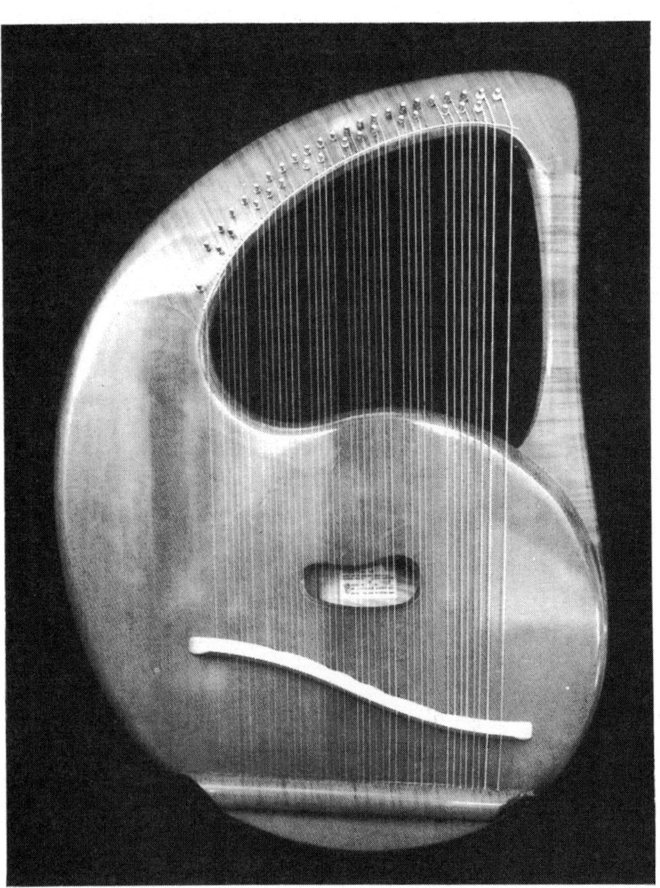

Große Alt-Leier, 38saitig (Lothar Gärtner, Konstanz)

Nach dem Tod Gärtners setzt heute der Sohn, Leierbaumeister Horand Gärtner, die Tradition des Betriebes fort. Aus der Werkstatt Gärtners sind auch einige andere Leiermacher hervorgegangen, die sich inzwischen selbständig gemacht und z. T. eigene Leierformen entwickelt haben.

Literaturhinweise

Ernst Gottlieb Baron: *Untersuchung des Instruments der Lauten.* Nürnberg 1727; Reprint Amsterdam 1965.

Josef Brandlmeier: *Handbuch der Zither.* München 1963.

Fritz Buek: *Die Gitarre und ihre Meister.* Berlin 1926.

Günther Hellwig: *Joachim Tielke: Ein Hamburger Lauten- und Violinmacher der Barockzeit.* Frankfurt/M. 1980.

Franz Jahnel: *Die Gitarre und ihr Bau.* Frankfurt 1963.

Karl Junger: *Wiederansiedlung und Wiederaufbau der sudetendeutschen Streich- und Zupfinstrumentenindustrie nach 1945.* Nürnberg 1965.

Musik Spezial: Sonderheft Dez./Jan. 1985/86, Nr. 1/86: Gitarren-Bässe.

Heinz Nickel: *Beitrag zur Entwicklung der Gitarre in Europa.* Hainhausen 1972.

August Viktor Nikl: *Die Zither.* Wien o. J.

Peter Päffgen: *Laute und Lautenspiel in der ersten Hälfte des 16. Jahrhunderts.* Regensburg 1978.

Ernst Pohlmann: *Laute, Theorbe, Chitarrone.* Bremen 1982.

Josef Powrozniak: *Gitarrenlexikon.* Wilhelmshaven 1980.

Konrad Ragossnig: *Handbuch der Gitarre und Laute.* Mainz 1978.

Curt Sachs: *Handbuch der Musikinstrumentenkunde.* Leipzig (1920) 1930², Reprint Hildesheim 1971.

Ders.: *Reallexikon der Musikinstrumente.* Berlin 1913, Reprint Hildesheim 1979.

Fred Seeger: *Gitarre: Geschichte(n) eines Instruments.* Berlin o. J.

Hans Joachim Zingel: *Lexikon der Harfe.* Frankfurt/M. 1977.

Josef Zuth: *Handbuch der Laute und Gitarre.* Wien 1926, Reprint Hildesheim 1978.

Für ausführliche Informationen bedankt sich der Autor bei: W. Lothar Gärtner (Konstanz), Kurt Hartwig (München), Karl Höfner (Bubenreuth), Max Horngacher (Starnberg), Alfred Pichlmair (Fraunberg), Ernst Volkmann (Ingolstadt). Insbesondere dankt er aber Margarethe Brunswicker-Apelt (Frankfurt) für ihre Mitarbeit.

Chitarrone von Matthias Alban, Bozen 1704 (Germanisches Nationalmuseum, Nürnberg)

Theorbe von Leopold Widhalm, Nürnberg 1755 (Germanisches National-museum, Nürnberg)

Erzzisther von Andreas Ernst Kram, Nürnberg 1764 (Germanisches Nationalmuseum Nürnberg)

Wölbgitarre von Georg Seelos, Venedig 1624 (Germanisches Nationalmuseum, Nürnberg)

Lyragitarre von J. G. Thielemann, Berlin um 1800 (Staatliches Institut für Musikforschung, Preußischer Kulturbesitz, Berlin)

Theorbierte Laute mit Etui. Zettel: Matthias Fuchs, Wien 1685. Foto: Liepe (Staatliches Institut für Musikforschung, Preußischer Kulturbesitz, Berlin).

Gitarrenwerkstatt (Dieter Hopf, Taunusstein). Foto: Harms

Gitarrenwerkstatt (Dieter Hopf, Taunusstein). Foto: Harms

Gitarrenwerkstatt (Dieter Hopf, Taunusstein). Foto: Harms

Harfenwerkstatt (Löffler, Wiesbaden). Foto: Harms

Karl Junger

SAITEN

Saiten aus Pflanzenfasern befanden sich schon auf dem ältesten - steinzeitlichen - Saiteninstrument der Welt, dem Musikbogen. Ein vollständig erhaltener Darmsaitenbezug auf einer Laute wurde in Ägypten gefunden und stammt aus der Zeit der Königin Hatschepsut (1520 - 1484 v. Chr.).

Das althochdeutsche Wort *saita, seit(o)* bedeutete „Faden, Saite, Strick, Band". In der modernen Definition ist die Saite ein „transversal schwingender, langer, dünner, zylindrischer und elastischer Körper", wie es im trockenen Sprachgebrauch der Naturwissenschaftler heißt, bestehend aus Stahl, Messing, Bronze, Darm oder Seide, in neuester Zeit auch aus Kunststoff, wie z.B. Nylon oder Perlon.

Die Saite, an zwei Enden fest eingespannt und durch Zupfen, Streichen oder Schlagen in Schwingungen versetzt, stellt den Klangerreger der Saiteninstrumente dar. Die Grundfrequenz einer schwingenden Saite wird bestimmt von ihrer Länge, Spannung und Masse, wobei letztere wiederum von der Dichte des jeweiligen Saitenmaterials und dessen Dicke, d.h. vom Saitenquerschnitt abhängt. Neben der Grundschwingung werden stets auch Oberschwingungen angeregt.

Während man in prähistorischer Zeit Pflanzenfasern und Tiersehnen verwendete, fanden in den Hochkulturen des vorderasiatischen Raumes Roßhaar, Seide und Tierdärme Verwendung. Die Seide als Saitenmaterial breitete sich von Westasien her aus. Drahtsaiten waren im Altertum nicht bekannt; die antiken Mittelmeervölker benutzten Därme. Möglicherweise schon seit dem Mittelalter benutzte man auch Metall.

Als Werkstoff für den Saitenkern setzt man heute Darm, Stahl- und Bronzedraht, Stahlseil und seit 1946 Nylon-Multifilament ein. Monofilamente aus Polyamid, vor allem Nylon, werden bevorzugt für Diskantsaiten, Kerne aus multifilen Polyamiden und anderen Kunststoffen für Baßsaiten von Zupfinstrumenten verwendet. Die Umspinndrähte haben verschiedene Durchmesser und unterschiedliche Zugfestigkeiten und Härtegrade. Die Drähte bestehen aus Aluminium, Bronze, Kupfer, versilbertem Kupfer, Messing, Monel, Nickel, Silber und Tombak. Neben Runddrähten werden für bestimmte Instrumentengattungen, besonders für Streichinstrumente, auch Flachdrähte, sogenannte Plätten, eingesetzt. Je nach Saitentyp gibt es Einfach- und Mehrfach-Umspinnungen. Neben dem am häufigsten verwendeten Runddraht werden auch Flachdrähte und Kombinationen aus beiden Drahtsorten bei der Saitenherstellung eingesetzt. Um dickere Saiten für die Finger des Spielers glatter zu machen und um gleichzeitig störende Fingergeräusche zu vermeiden, bedient man sich der Flachdraht-Umspinnung. Flachdrahtumsponnene Saiten können auf zwei grundsätzlich verschiedene Arten hergestellt werden: die einfachste davon ist, ein Band aus Flachdraht um den Kern zu spinnen. Die zweite, kompliziertere Methode besteht darin, einen runden Draht um den Kern zu spinnen und dann die Hälfte davon wegzuschleifen. Hierdurch entsteht eine ähnlich glatte Saitenoberfläche wie bei Flachdraht.

Das Band aus Flachdraht bietet einen Vorteil gegenüber anderen Windungen. Der dünne Flachdraht eignet sich nämlich besonders für Saiten, die aus mehreren Umspinnungen zusammengesetzt sind: ein Kerndraht, bereits mit ein oder zwei Lagen Runddraht umsponnen, erhält zuletzt eine Umspinnung mit Flachdraht, wobei jede Lage in verschiedenen Richtungen aufgebracht wird.

Darm-, Stahl- oder Stahlseilkerne werden mit Seiden- oder Kunststoff-Fäden beflochten, um einen besonders festen Sitz des Umspinndrahtes auf dem Kern und einen etwas gedämpfteren Klang zu erzielen. Das Aufbringen von Kunststoff-Ummantelungen auf Stahlkernen schließlich wird praktiziert, um der Saite einen weicheren Klang unter Beibehaltung ihres Stahlsaitencharakters zu geben. Das schwierige Ziel, höchste Qualität bei gleichzeitig rationeller Fertigung, ist nur durch sorgfältige Auswahl der geeignetsten Materialien und Herstellungsverfahren erreichbar. Um die geforderten Eigenschaften einer Saite, wie Obertonreichtum, Brillanz, leichte und gleichmäßige Ansprache, Bund- und Quintenreinheit sowie kräftigen, lang anhaltenden Ton sicherzustellen muß sie zunächst vor allem einen gleichbleibenden, kreisrunden Querschnitt besitzen. Der Durchmesser einer guten Saite darf um nicht mehr als höchstens zwei Hundertstelmillimeter differieren. Das Material von Kern und Umspinndraht darf auch keine Schwankungen in der Dichte aufweisen, da sich dies negativ auf den Klang auswirken würde.

Die Entwicklung der Saitenspinnmaschinen vollzog sich von der manuell betriebenen Handspinnmaschine, dem sogenannten Handrad, über elektrisch angetriebene Spinnmaschinen mit Drahtführung von Hand bis hin zu den heutigen elektronisch gesteuerten Spinnmaschinen mit automatischer Spinndrahtführung. Um die Jahrhundertwende wurde das Handrad von Saitenspinnmaschinen, die elektrisch über Transmissionen angetrieben wurden, abgelöst: ein Elektromotor als Energiequelle übertrug die Kraft über Lederflachriemen auf mehrere Maschinen.

Mit dem Aufkommen der elektrischen Spinnmaschinen erhöhte sich der Mechanisierungsgrad erheblich. Den nächsten Schritt stellten die mit elektrischem Einzelantrieb ausgestatteten Spinnmaschinen dar. Diese besaßen teilweise schon eine Vorrichtung zum Einstellen verschiedener Umdrehungszahlen bzw. Spinngeschwindigkeiten. Die Spinndrahtführung erfolgte von Hand. In den dreißiger Jahren wurde dann mit der Entwicklung mechanisch gesteuerter Drahtführungen begonnen. Nach 1950 fand der Einsatz pneumatischer Zusatzvorrichtungen für das Spannen und Entspannen des Saitenkerns Eingang in das Produktionsverfahren. Damit war es auch möglich geworden, den Saiten vor dem Umspinnen die jeweils benötigte Vorspannung zu geben. Die pneumatischen Druckzylinder dienten außerdem noch dazu, den Stahlkern am Ende der Saite mechanisch zu verformen, um zu verhindern, daß sich der Umspinndraht später wieder von der Saite lösen und sie dadurch unbrauchbar machen konnte.

Den wohl wichtigsten Fortschritt in der Technik der Spinnmaschinen stellten die seit 1960 entwickelten Maschinen mit elektronisch gesteuerter Drahtführung und individuell regelbarer Vorspannung des Saitenkerns dar. Diese neuen Maschinen brachten, da eine Spinnerin in der Regel jeweils zwei Maschinen mit entsprechend höherem Ausstoß bedient, einen hohen Produktivitätszuwachs mit sich.

Aufbau und Arbeitsweise einer Saitenspinnmaschine lassen sich wie folgt kurz beschreiben: Auf einem Stahlträger befindet sich auf der rechten Seite ein von einem Elektromotor angetriebener Getriebeblock. Auf der linken Seite des Trägers ist ein gleichartiger Getriebeblock auf einem Support montiert, und die gesamte Einheit kann in Längsrichtung des Trägers verschoben werden. Beide Getriebeblöcke sind durch eine Stahlwelle miteinander verbunden und gewährleisten einen synchronen Antrieb der an ihnen befindlichen Spinnhaken. Am rechten Getriebeblock ist eine Handkurbel angebracht, um bestimmte Arbeitsabläufe

Saitenspinnmaschine nach 1950 mit elektrischem Einzelantrieb, Zahnradgetriebe, mit bis zu 3 Geschwindigkeitsbereichen und pneumatischen Zusatzeinrichtungen. Umdrehungszahl am Spinnhaken: 5.000 - 9.000 U.p.M.

Werkfoto Pyramid, Bubenreuth

Saitenspinnmaschine mit Handbetrieb um die Jahrhundertwende. Diese Maschine gab es in gleicher Bauweise mit Elektromotorantrieb. Die Kraftübertragung erfolgte mit Lederflachriemen über Transmissionen auf die einzelnen Spinnmaschinen.

Werkfoto Pyramid, Bubenreuth

Saitenspinnmaschine etwa ab 1960. Stufenlos regelbare Geschwindigkeiten, elektronisch gesteuerte Drahtführung, pneumatische Zusatzeinrichtungen. Umdrehungszahl am Spinnhaken: bis 20.000 U.p.M.

Werkfoto Pyramid, Bubenreuth

ohne Motoreinsatz und entsprechend langsamer ausführen zu können. Zwischen den Spinnhaken wird der Kern der Saite, bestehend aus Darm, Stahldraht oder multifilen Kunststoff-Fasern, befestigt und über den Support ausgespannt. Nach dem Einfädeln und Befestigen des Umspinndrahtes am rechten Anfang der Saite und Einschalten der Maschine wird der Saitenkern in Drehung versetzt und der von Hand geführte Umspinndraht nach links bis zum Saitenende hin aufgewickelt. Die Umdrehungszahlen der Spinnhaken und damit des Saitenkerns sind zwischen 10.000 und 20.000 pro Minute regulierbar. Am Ende des Arbeitsablaufes, der natürlich auch seitenverkehrt erfolgen kann, wird die Saite per Support entspannt und abgenommen.

Dieses Prinzip des Aufwickelns eines Drahtes auf einen in Eigenrotation versetzten Saitenkern ist bis heute gleichgeblieben. Die Elektronik der neuen Spinnmaschinen erfüllt, besser als die menschliche Hand, eine der wichtigsten Qualitätsanforderungen an umsponnene Saiten, nämlich die des exakten Aneinanderliegens von Windung an Windung und des gleichmäßig festen Aufspinnens des Drahtes über die gesamte Saitenlänge hinweg. Trotz der beachtlichen technischen Weiterentwicklung der Saitenspinnmaschinen muß deren Beschickung nach wie vor von Hand erfolgen, so daß der Rationalisierung hier Grenzen gesetzt sind.

Die akustischen Gegebenheiten in bezug auf die Saite wurden oben bereits erwähnt. Besonders betont werden soll hier jedoch noch einmal die von den Saiteninstrumenten ausgenutzte Bedeutung der Transversalschwingungen. Neben diesen spielen für den Saitenfabrikanten auch diverse technisch-physikalische Faktoren wie Dehnung, Dichte, Dämpfung, Elastizitäts-Modul, Härtegrad, Steifigkeit und Zugfestigkeit der verwendeten Materialien eine bedeutsame Rolle, um nur die wichtigsten zu nennen.

Seine Aufgabe und Kunst muß u. a. auch darin bestehen, diese Komponenten bei der Gestaltung des Saitenaufbaues bestmöglich miteinander zu kombinieren. Dies bedeutet in der Praxis, eine Saite so dünn und elastisch wie möglich, aber gleichzeitig, um ihrer Spielbarkeit willen, so dick wie nötig zu machen. Dickere Saiten sind zwar gut spielbar, doch dafür ist hier ein komplexerer Saitenaufbau erforderlich, um die Elastizität zu erhalten. Einfacher wäre es natürlich, nur den Durchmesser entsprechend zu erhöhen. Dies allein wäre dann allerdings zu einfach, denn je dicker eine blanke Saite ist, desto weniger ist es ihr möglich, in Unterabteilungen zu schwingen. Deshalb geben dicke Saiten kaum hohe Teiltöne her, und ihr Klang ist dumpfer als jener von gleichlangen umsponnenen Saiten, welche eine viel größere Neigung zur Ausbildung und zum ungedämpften Mitklingen höherer Teilschwingungen zeigen. Kurz, die Saite muß ein gewisses Verhältnis von Querschnitt zu schwingender Länge aufweisen. Hier liegt auch der Grund für das Umspinnen von Saiten überhaupt: die Erhaltung der Elastizität trotz größerer Dicke bzw. Masse der Saite.

Bei Saiten mit einem Kern aus Kunststoff spielt z.B. die Dehnung des für den Saitenkern verwendeten Materials eine wesentliche Rolle; je geringer sie ist, desto weniger müssen die Saitenseele beim Aufspinnen vorgedehnt und die fertige Saite auf dem Instrument nachgestimmt werden. Wünschenswert ist, immer die richtige Spannung vorausgesetzt, neben der geringen Dehnung eine hohe Zugfestigkeit, denn diese ermöglicht eine bei gleicher Masse dünnere und somit wieder elastischere Saite. Die Höhe der Spannung, die eine bestimmte Saite verlangt, stellt einen der wichtigsten Aspekte bei der Auswahl bzw. dem Aufbau der betreffenden Saite überhaupt dar.

In freier, durch keinerlei Widerstand gehemmter Schwingung erzeugt eine Saite harmonische Obertöne. Verschiedene Faktoren können jedoch Abweichungen von der harmonischen Obertonreihe verursachen. Erstens vermindert die innere Dämpfung die Anregungsenergie und reduziert sehr stark die oberen Harmonischen einer schwingenden Saite[1]. Die Reibungsdämpfung der Luft beeinflußt die hochfrequenten Bestandteile schneller als die niedrigeren Obertöne. Zweitens beeinflußt die Steifheit einer Saite deren Unterteilung in diejenigen Teile, welche die Obertöne hervorbringen. Drittens verändert jede Ungleichheit ihrer zylindrischen Form die Schwingungsknoten, wodurch eine Verzerrung der Obertonreihe verursacht wird.

Obwohl die Saite die unmittelbare Energiequelle ist, spielt auch der Resonanzkörper eine wesentliche Rolle. Es herrscht hier eine Wechselwirkung von Saite und Resonanzkörper. Mit seinen besonderen Schwingungsformen wählt er gewisse Frequenzen der Saite aus und verstärkt, unterdrückt oder modifiziert sie.

In der Praxis können die Baßsaiten auf einem Instrument nicht so lang sein, wie sie nach der Taylorschen Formel sein müßten, denn um einen um eine Oktave tieferen Ton zu erhalten, müßte die Saitenlänge verdoppelt werden. Damit die Saiten die gewünschte Frequenz mit einer kurzen Mensur erreichen, muß ihre Masse erhöht werden. Dies war zunächst, solange man nur blanke Saiten aus Darm, Kupfer- oder Eisendraht herstellen konnte, nur durch Vergrößerung des Querschnitts möglich. Mit dem Aufkommen des Ziehens feiner Drähte, also des „Feinzuges" gewissermaßen, war es gegen Ende des 17. Jahrhunderts möglich geworden, blanke Saiten bzw. Seidenfasern mit dünnen Metalldrähten zu umspinnen. Bis dahin waren tiefere Töne nur durch Verlängerung der Saite und damit der Mensur des betreffenden Instruments (was meist als Möglichkeit ausschied) oder durch Verwendung dickerer Därme oder Drähte (mit den geschilderten klanglichen Nachteilen) zu erzielen.

Um bei festgelegter Länge und Spannung einer Saite einen tieferen Ton hervorzubringen, ohne daß der Quer-

[1] Jeder Werkstoff kann mechanische Schwingungen mehr oder weniger absorbieren. Als Maß für dieses Absorptionsvermögen gilt die Dämpfung, worunter man den natürlichen Logarithmus des Verhältnisses der Amplituden zweier aufeinanderfolgender Schwingungen versteht.

Der Saitenmacher.

Berühmter Freündschafft Treü, springt in der Prob entzwey.

Aüs den Gedärmen kommen Saiten,
die wann man sie recht braücht, aüsbreiten,
in Tempeln, ihren sanfften Thon:
Gehn aüs dem Innern gute Wercke,
voll zarter Lieb ünd Glaübens-Stärcke,
so schallen sie vor Gottes Thron.

Der Saiten-Macher.

Zu den Geigen und Lauten gehören die Saiten / dann ohne dieselbe können sie einen schlechten Klang geben : Ja eben darumb werden diese und andere dergleichen Musicalische Instrumenten Saiten-Spiele genennet / weil sie ohne die Saiten gleichsam todt und ohne Leben sind / durch dieselbige aber begeistet und belebet werden ; Dann so bald man die aufgezogene und angespannete Saiten nur mit einem Finger berühret / machen sie gleich so fort eine gleichsam zitterende Bewegung in der Lufft / welche in dem hohlen Theil des höltzernen Cörpers erhallet / und den Klang zu wegen bringet : Wann aber die künstliche Finger eines Music-Liebenden mehr als eine Saiten zugleich greiffen und anschlagen / oder mit dem auf- und abgezogenen Bogen berühren / wird dadurch eine lieblich- und hell-klingende Harmonie und Zusammenstimmung zu weg gebracht.

Der **Erfinder der Saiten** muß gewiß seltzame Einfälle gehabt haben / da er in dem stinckenden Gedärm das Fundament der Kling-Kunst gesuchet hat? So dörffte / wie ich wähne / mancher gedencken / dann Mercurius / so die Leyer / oder das erste und älteste Saiten-Spiel erfunden / hat selbige nur mit leinenen Faden bezogen. Allein dem Apollo / der solches abgethan / und die noch heut zu Tage gebräuchliche Saiten eingeführet / ist es so schwehr nicht gefallen / solche zu diesem Gebrauch zu erwehlen / weil er / als der Erfinder der Artzney-Kunst / vielleicht gar wohl gewust / daß das Gedärm aus sehr vielen Fibris und Fasern zusammen gesetzet bestehe / welche / so sie zertheilet werden / denen Faden fast ähnlich / jedoch aber viel zäher seyen / auch nicht so balden reissen / und anbey etwas durchdringender erklingen : wie er aber solche zubereitet habe / indeme sie an sich selbst mit der Zeit allzuspröt werden würden / finde ich nirgend aufgezeichnet / heut zu Tag aber werden sie also gemacht.

Die Gedärme von Schafen schlitzet man erstlich nach der Länge auf / schabet und reiniget sie auf einem Bretlein von Eichen Holtz / so viel als es immer möglich ist / dann werden sie über sehr breite Rahmen gewickelt oder aufgeschlagen und gedörret / hernach davon abgezogen / in sehr scharffer Lauge / so bey den Saifen-Siedern zu bekommen / acht Tage lang eingelegt / und täglich viermahl daraus gewaschen / alsdann die Fibræ oder Faden desselben / auf Sailer-Art / vermittelst etlicher Schrauben an einem Rad vest gemachet / und durch vortheilhafftes Umbdrehen desselben gesponnen.

Zu den kleinesten und kläresten Saiten werden die Fibræ und Fasern der Gedärme gespalten und annoch zärter gemacht / zu den mittlern Gattungen / nach dero Unterscheid zwey / drey / biß vierfach / zu den gröbern und grössesten Saiten aber zwölff und dreyzehen / und zu dem Gebrauch der Huter wohl sechzehenfach genommen : Wann sie also besagter massen klar oder grob gesponnen / pflegt man sie über höltzerne an der Wand fest gemachte Nägel zu schlagen / und abermahl zu trocknen / das Zimmer aber aller Orten wohl vermacht mit Schwefel zu durchrauchern / damit die Saiten schön gelb werden.

Wann es verlanget wird / kan man sie auch roth / grün und blau färben / indeme die dazu gehörige Farben glatt abgerieben / mit scharffer Lauge angezwüret / und die Saiten darein getuncket / und wieder aufgetrocknet werden. Wann sie nun gantz fertig / sie mögen gleich gelb oder gefärbt seyn / werden sie mit dem besten Oel überstrichen / über eine besondere von Eisen gemachte Form geschlagen / und in Büschelein aufgewunden ; man rechnet aber jedesmahl sechtzig Büschelein vor einen Bund / und werden gemeiniglich sechzehen Bünde in einem Kästlein zusammen gepacket / versendet und verkauffet.

Ausser deme / daß die Saiten zu Belebung der davon also benahmten Saiten-Spiele und Beförderung der angenehmen Music dienen / nutzet man sie ferner / theils an statt der Schnüre und Saile / die Räder damit zu mancherley Arbeit zu belegen / und desto bequemer in dem Zug zu erhalten ; Sie werden gebrauchet von den Hutmachern zu denen so genannten Woll-Bögen / umb die Haare vest auf einander zu schlagen ; Sie dienen zu falschen Schein-Geweb / indeme sie mit Silber übersponnen / und so dann aus solchem Darm-Silber allerley Arten von Borten und Galaunen gewircket werden / die sehr wohl in das Gesicht kommen / und anbey gar wohlfeyl sind / zugeschweigen / daß man auch mancherley sehr artige und curiose Notiometra, die Trockne und Feuchte der Lufft dadurch zu erkennen / vermittelst der Saiten verfertigen könne : woraus dann abzunehmen / es seyen auch offt / dem Ansehen nach / geringe Dinge / durch kluge Erfindung / zu vielfältigen Nutzen anzuwenden und zu gebrauchen.

Aus: Christoff Weigel: *Abbildung der Gemeinnützlichen Hauptstände.* Regensburg 1698

schnitt zu groß, die Saite zu dick und unelastisch wurde, ging man nun dazu über, die Saiten mit feinen Drähten aus Kupfer, Silber oder Eisen zu umspinnen. Auf diese Weise erhöhte man die Masse der Saite, ohne ihre Elastizität zu beeinträchtigen, und es war endlich gelungen, die bisher unbefriedigende Situation bei den tieferen Tönen zu meistern. Bei gleichbleibender bzw. je nach Erfordernis auch höherer Masse bestand jetzt die Möglichkeit, den Saitenkern erheblich dünner zu wählen und damit die Schwingungsfähigkeit und die klanglichen Eigenschaften einer Saite, wie z.B. ihren Obertonreichtum, bei etwa unverändertem Gesamtdurchmesser signifikant zu steigern. Während eine Gitarren-E-Saite aus blankem Darm früher einen Durchmesser von ca. 2,35 mm haben mußte, genügten der besponnenen nun ca. 1,20 mm.

Darüber hinaus war nun auch eine weitere wichtige Gestaltungsmöglichkeit gegeben, und zwar die je nach Erfordernis freie Wahl der vom Saitenkern aufzunehmenden Spannkraft im Verhältnis zu dessen Zugfestigkeit. Zur Berechnung der korrekten Spannungsbelastung des Saitenkerns bei umsponnenen Saiten ist die Kenntnis des Elastizitäts-Moduls erforderlich, welches als Verhältnis zwischen Spannung und elastischer Dehnung die Widerstandsfähigkeit der als Saitenmaterialien verwendeten Werkstoffe gegenüber Formveränderungen kennzeichnet.

Da jedoch die klanglichen Eigenschaften einer Saite nicht allein von ihrer Fähigkeit zur Obertonbildung abhängen, sondern auch von der Art der verwendeten Umspinndrähte, waren mit der Verfügbarkeit solcher Drähte aus verschiedenen Metallen auch differenziertere Klangfarben erzielbar geworden. Zusammenfassend kann festgestellt werden, daß mit dem Umspinnen einer der größten Fortschritte in der Technik der Saitenherstellung überhaupt gelungen ist.

Dennoch lassen sich Zielsetzung und Verwirklichung bei der Anfertigung einer „idealen" Saite bzw. die Wünsche der Künstler und Spieler nicht immer ohne weiteres miteinander vereinbaren. Erhöht man z.B. die Spannung einer Saite, weil dies der Bauart und den sonstigen akustischen Verhältnissen eines Instruments entgegenkommen würde, lediglich durch Vergrößerung ihres Querschnitts, so erhöht man damit auch ihre Steifigkeit und vermindert ihre Elastizität. Die Steifigkeit einer Saite, das Produkt aus Elastizitäts-Modul und Querschnitt, wächst bei gleichem Saitenmaterial mit zunehmendem Querschnitt. Zur Vermeidung dieses negativen Effekts bietet sich das Umspinnen an. Verlangt ein Instrument Saiten niedriger Spannung aus einem Material mit geringer Zugfestigkeit, z.B. Bronze- oder Messingdraht, um dem spezifischen Klang historischer Saiteninstrumente nahezukommen, so ist dies, besonders bei hohen Tönen, oft nicht realisierbar, weil Mensur- und Stimmungsverhältnisse es nicht zulassen. In diesem Fall muß man dann eben doch ein Material mit höherer Zugfestigkeit und härterem Klang, wie z.B. Stahldraht, einsetzen.

Hier, sowohl hinsichtlich der Materialien als auch der Produktionstechniken, liegt noch ein weites Feld für künftige Forschungen. Es ist z.B. durchaus denkbar, daß in naher Zukunft neuartige Verbindungen von hochfesten Kunststoff-Fasern mit bestimmten Metallen entwickelt werden. Derartige Forschungstendenzen einiger Unternehmen der Großchemie sind jedenfalls in letzter Zeit bekanntgeworden, und die Hoffnung, daß sie zu praktisch verwertbaren Erfolgen führen werden, ist nicht unbegründet.

Die Saitenhersteller selbst können bei den Materialien allerdings nur begrenzt ansetzen, denn ihre aufgrund des geringen Saitengewichtes relativ kleinen Abnahmemengen lassen bei den Stahldraht- und Kunstfaser-Lieferanten naturgemäß fast keinen Spielraum für Änderungswünsche bezüglich Legierung, Härtegrad oder Dehnung.

Bereits in der Antike hatte sich die Wissenschaft mit Untersuchungen auf akustischem Gebiet beschäftigt (Pythagoras, Aristoxenos, Aristoteles, Boethius, Quintilianus u. a.). Später und durch das ganze Mittelalter hindurch sind keine weiteren Versuche akustischer Art bekanntgeworden. Erst der italienische Mathematiker Galileo Galilei (1564 - 1642) knüpfte wieder an die antike Tradition an, indem er die Abhängigkeit der Tonhöhe von Saitenlänge, -dicke und -spannung erforschte und ihre Gesetzmäßigkeit darlegte. Etwa zur gleichen Zeit war der französische Mathematiker und Mönch Marin Mersenne (1588 - 1648) zu den gleichen Ergebnissen gelangt. Beide Forscher wußten bereits, daß die Tonhöhe durch die Zahl der Schwingungen in der Zeiteinheit bestimmt wird. Der englische Mathematiker Brook Taylor (1685 - 1731) leitete aus diesen Zusammenhängen bzw. Gesetzmäßigkeiten seine berühmte Formel für die Eigenschwingungen der Saiten ab. Rameau und d'Alembert stellten Untersuchungen über die Obertöne an und veröffentlichten ihre Erkenntnisse 1762. Der schweizer Mathematiker Leonhard Euler (1707 - 1783) beschäftigte sich in mehreren Abhandlungen mit der Theorie der Seilwellen und stellte 1779 die Gesetze der Fortpflanzung transversal schwingender Wellen in gespannten Saiten auf. Von besonderer Bedeutung für die Akustik ist der Satz Georg Ohms (1789 - 1854), daß eine Schwingung mit sinusförmigem Druckverlauf die Empfindung eines reinen Tones hervorrufe. Wesentlich ergänzt wurde dieser Satz durch den französischen Mathematiker Fourier (1768 - 1830), der erkannte, daß jede beliebige periodische Schwingungskurve aus einer Überlagerung von einfachen Sinusschwingungen zusammengesetzt ist, deren Schwingungszahlen ein-, zwei-, n-mal so groß sind wie die tiefste Frequenz der gegebenen Schwingung. Dem Mediziner und Physiker Hermann v. Helmholtz (1821 - 1894) gelang es mit Hilfe selbstentwikkelter Apparate, Schwingungen von Saiten sichtbar zu machen und in ihre Bestandteile zu zerlegen. 1863 legte er seine Forschungsergebnisse, besonders die Oberschwingungen und Klänge betreffend, in seinem Werk *Die Lehre von den Tonempfindungen als physiologische Grundlage für die Theorie der Musik*, Braunschweig 1863, vor.

Doch nun zurück zu Taylor und seiner Schwingungsformel. Sie lautet[2]

$$f = \frac{1}{2l} \sqrt{\frac{F}{m}}$$

und ermöglicht die Berechnung der Grundfrequenz einer schwingenden Saite. Setzt man für 1 nacheinander die Zahlen 2, 3, 4 ... ein, so erhält man die Frequenzen der Oberschwingungen. Hieraus folgt, daß die Frequenzen der Oberschwingungen ganzzahlige Vielfache der Grundfrequenz sind. Die Saite erzeugt also harmonische Obertöne und damit einen Klang. In der Formel kommt zum Ausdruck, was man bei allen Saiteninstrumenten beobachten kann: die Frequenz ist umgekehrt proportional zur Saitenlänge, d.h. je kürzer die Saite, desto höher der Ton. Nicht ganz so stark, nämlich nur mit der Wurzel aus dem Quotienten $\frac{F}{m}$, ist die Tonhöhe von der Saitenspannung abhängig, das ist die Kraft, mit der die Saite an beiden Enden eingespannt ist. Zuletzt ist die Tonhöhe noch von der Masse pro Einheit der Saitenlänge abhängig, und zwar umgekehrt proportional zur Wurzel aus dieser Größe. In der Praxis bedeutet dies, daß Saiten, welche tiefe Töne erzeugen sollen, ein- oder mehrfach umsponnen werden müssen, um die nötige Masse zu erhalten.

Neben der Frequenz einer Saite kann man aus obiger Formel nach entsprechender Umformung auch ihre schwingende Länge, ihre Spannung sowie ihre Masse bzw. ihren Durchmesser oder Querschnitt ausrechnen. Einschränkend muß jedoch gesagt werden, daß dies nur für eine sogenannte blanke, d.h. nicht umsponnene Saite gilt. Bei einfach oder mehrfach mit Drähten unterschiedlicher Abmessung und Dichte umsponnenen Saiten liegen die Verhältnisse wesentlich komplizierter.

Die Taylorsche Formel enthält folgende Aussagen über eine schwingende Saite:

1. Die Frequenz einer Saite ist umgekehrt proportional zu ihrer schwingenden Länge. Verkürzt man diese auf die Hälfte, so erhält man die doppelte Schwingungszahl, d.h. die Saite erklingt eine Oktave höher. Allgemein kann man sagen, je kürzer die Mensur, desto höher der Ton und umgekehrt.
2. Die Frequenzen zweier Saiten von sonst gleicher Beschaffenheit, aber mit unterschiedlicher Spannung, verhalten sich wie die Quadratwurzeln ihrer Saitenzugkräfte (Saitenspannungen). Vervierfachung der Spannung ergibt Verdoppelung der Frequenz, und es gilt ganz allgemein: je höher die Spannung, desto höher der Ton und umgekehrt.
3. Die Frequenzen von Saiten unterschiedlicher Durchmesser verhalten sich umgekehrt proportional zu diesen, d. h. bei Vergrößerung des Durchmessers auf das Doppelte schwingt die Saite nur mit der halben Frequenz. Mit anderen Worten: je größer der Durchmesser, desto tiefer der Ton und umgekehrt.
4. Die Frequenzen von Saiten unterschiedlicher Querschnitte verhalten sich umgekehrt proportional zur Quadratwurzel aus dem Verhältnis ihrer Querschnitte. Oder, anders ausgedrückt, die Frequenz einer Saite ist umgekehrt proportional zur Quadratwurzel aus ihrem Querschnitt, d.h. je größer der Querschnitt, desto tiefer der Ton und umgekehrt.
5. Die Frequenzen von Saiten aus unterschiedlichen Materialien verhalten sich umgekehrt proportional zu den Quadratwurzeln aus dem Verhältnis ihrer Dichten. Mit anderen Worten: Verringert man die Dichte auf ein Viertel, dann steigt die Frequenz um das Doppelte. Oder umgekehrt, erhöht man die Dichte auf das Vierfache, so halbiert sich die Frequenz, d.h. es gilt: je höher die Frequenz, desto geringer die Dichte und umgekehrt.

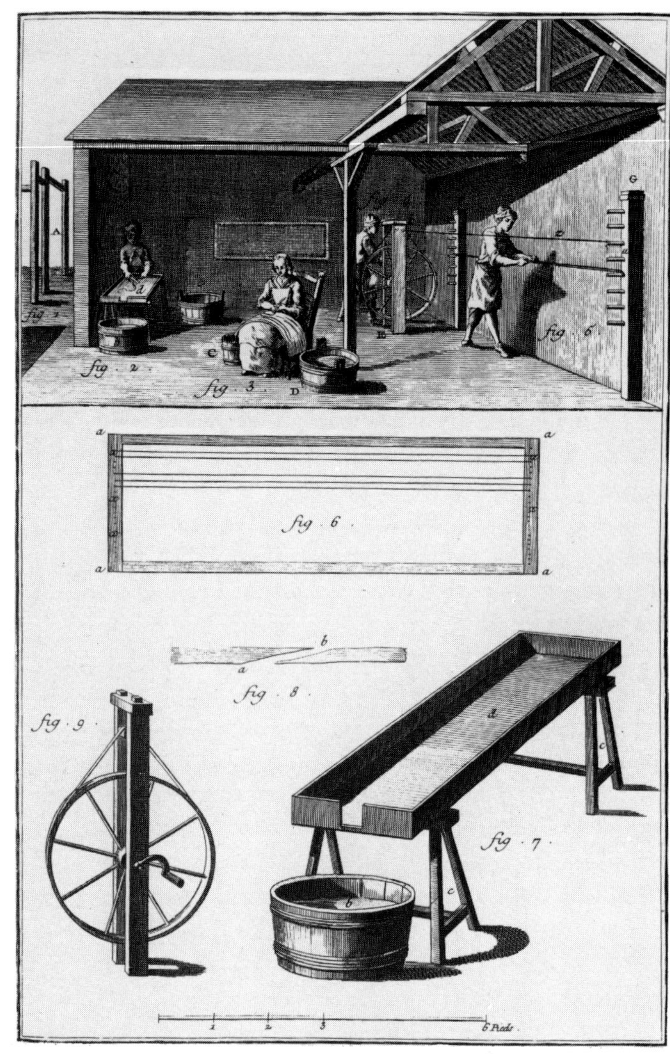

Darmseitenherstellung im 18. Jahrhundert. Die Abbildung zeigt eine Werkstatt, in der Darmsaiten hergestellt werden: Entfetten der Därme auf einem Tisch; Reinigen und Bleichen in Trögen, die mit Wasser bzw. Laugen gefüllt sind; Zusammendrehen mit Hilfe eines Rades; Glätten der zwischen zwei Pfosten aufgespannten Saiten mit Roßhaar; Trocknen der fertigen Saiten. Aus: *Recueil de Planches sur ... les arts méchaniques.* Paris 1964

Die bereits in der Antike eingegangene Verbindung der Musik mit der Welt der Zahlen findet in der Taylorschen Formel zur Saitenberechnung ihren modernen Nieder-

[2] f = Frequenz (Hz); l = schwingende Saitenlänge (Mensur) (m); F = Saitenzugkraft (N); m_L = Masse pro Längeneinheit ($\frac{kg}{m}$)

Drahtzieher um 1425. Aus: *Hausbuch der Mendelschen Zwölfbrüderstiftung zu Nürnberg* (Bibl. d. Germanischen Nationalmuseums Nürnberg)

schlag. Sie ist unverzichtbar für den Saitenhersteller und Instrumentenbauer. Aber auch für den Restaurator historischer Musikinstrumente ist sie eine wichtige Hilfe bei der Analyse vorgefundener Besaitungen bzw. bei der Berechnung neuer Bezüge.

Da Saiten keine Eigenelastizität besitzen, müssen sie an beiden Enden fest eingespannt werden, um elastische Schwingungen ausführen zu können. Von besonderer Bedeutung sind die Transversal- oder Querschwingungen, welche bei den Saiteninstrumenten akustisch ausgenutzt werden. Zum besseren Verständnis der folgenden Darlegungen erscheint es zweckmäßig, einige Formeln voranzustellen:[4]

1.) $f = \frac{1}{T}$ 2.) $c = f \cdot \lambda$ 3.) $c = \sqrt{\frac{F}{m_L}}$

Für den Grundton ist die Länge der Saite die halbe Wellenlänge (λ). Da diese festliegt, kann die Höhe bzw. Schwingungszahl des Grundtones gemäß der Formel $f = \frac{c}{\lambda}$ nur noch von der Fortpflanzungsgeschwindigkeit c der Wellen in der Saite abhängen. Da c bei zunehmender Spannung größer wird, muß, da λ gleichbleibt, auch f wachsen, d.h. der Ton muß höher werden. Bei höherer Dichte sinkt die Fortpflanzungsgeschwindigkeit, und bei größerem Querschnitt bzw. Durchmesser sinkt sie ebenfalls. Bei gleicher Spannung und Länge geben dickere Saiten wegen der geringeren Fortpflanzungsgeschwindigkeit tiefere Töne als dünnere. Bei den tiefen Saiten der Streich- und Zupfinstrumente wird, wie bereits erwähnt, die erforderliche Erhöhung der Masse durch Umspinnen mit Drähten erreicht.

Völlig unabhängig von der Schwingungszahl und damit von der Tonhöhe ist die Fortpflanzungsgeschwindigkeit der Welle in der Saite, d.h., wenn die Frequenz gesteigert wird, wird die Wellenlänge entsprechend kleiner und umgekehrt. In der Praxis bedeutet dies, daß sich hohe und tiefe Töne gleich schnell fortpflanzen. Man stelle sich die Wirkung für die Musik vor, wenn es anders wäre!

Die Schwingungsweite oder Amplitude einer Saite ist auf die Schwingungszahl bzw. Tonhöhe gleichfalls ohne Einfluß. Bei größerer Schwingungsweite, d.h. bei stärkeren Schwingungen, bleibt daher der Ton gleich, nur seine Stärke nimmt zu. Dies rührt daher, daß eine größere Amplitude auch über eine größere Energie an Schwingungsbewegung verfügt.

Auf der Suche nach frühen Hinweisen auf das Saitenmachen stößt man auf eine Überlieferung aus dem Jahre 1045, nach der sich die Spielleute des Mittelalters ihre Saiten aus Schafsdärmen selbst angefertigt haben. Etwa um diese Zeit vermutet man auch die Existenz der ersten Drahtsaiten, denn es scheint, daß das Zieheisen im mittelalterlichen Europa nicht vor dem 10. Jahrhundert benutzt wurde und daß frühestens von da an Eisendraht für Musikinstrumente verfügbar war. Manche Quellen siedeln den Gebrauch solcher Saiten aus Kupfer-, Eisen-, Silber- oder Golddraht, neben Darm- und Seidensaiten, auch erst im 13. Jahrhundert an. In größerem Umfang scheinen Metallsaiten vom 14. Jahrhundert an verwendet worden zu sein.

Im Hausbuch der Mendelschen Zwölfbrüderstiftung zu Nürnberg sind im Jahre 1425 bereits die Tätigkeiten von Drahtziehern, „Leyrnczieher" oder „Schockentzieher" genannt, beschrieben und Abbildungen davon enthalten. Der Leiernzieher zog seine Drähte mit der Leier oder Handkurbel[4] von Rolle zu Rolle. Der Schockenzieher saß auf einer an der Decke aufgehängten Schaukel („Schocke") und zog den Draht mit einer langen Zange durch das in einem Block befestigte Zieheisen. Beim Ziehen stemmte er sich mit den Füßen ab, wobei er beim Rückwärtsgang den Draht durch das Zieheisen, eine Stahlplatte mit trichterförmigen Löchern, zog. Der Schockenzieher stellte groben Draht her[5]. Es ist daher ohne weiteres denkbar, daß solcher Draht, eventuell nach Herunterhämmern auf die benötigten dün-

3 f = Frequenz; T = Schwingungsdauer; c = Fortpflanzungsgeschwindigkeit

4 Der Leierndrahtzieher zieht also nicht Drähte für Leiern (Musikinstrument), wie oft fälschlich geschlossen wurde, sondern mittels des Werkzeuges Leier.

5 Die Nürnberger Drahtzieher verfügten schon 1593 über ein Berufswappen. Sie führten ein Zieheisen zwischen zwei Knäuelrollen in ihrem Schild, die Nürnberger Silberdrahtzieher dagegen zwei schräggekreuzte gelbe Werkzeuge wie Pfähle mit je zwei verschieden geformten Drahtrollen.

neren Abmessungen, auch schon als Saitendraht Verwendung gefunden hat. Spätestens jedoch seit Virdungs Erwähnung der „weissen stehelin saite" aus dem Jahre 1511 darf man das Vorhandensein metallener Saiten als sicher annehmen. Unbestreitbar vorherrschend war und blieb allerdings die Darmsaite im mittelalterlichen Europa.

Bis zum Ende des 18. Jahrhunderts standen überhaupt nur 5 Arten von Metalldrähten als Saitenmaterial zur Verfügung: Silber, Gold, rotes Kupfer, Messing (auch gelbes Kupfer genannt) und Eisen; ab 1834 kam Stahldraht hinzu. Als Bezugsquellen für Eisendraht waren Lüttich, Köln, Hamburg[6], die Schweiz und Schweden im 18. Jahrhundert besonders geschätzt; Nürnberg war für seinen Messingdraht berühmt[7].

Messing, als eine Legierung aus Kupfer und Zink, konnte in Europa nicht vor dem späten 18. bzw. frühen 19. Jahrhundert hergestellt werden. Das Hauptproblem bestand darin, die beiden Metalle, deren Schmelz- und Siedepunkte weit auseinanderliegen, miteinander zu verbinden.

Das Eisen mußte damals wie heute bestimmte Eigenschaften besitzen, um als Draht gezogen werden zu können; die wichtigste davon ist seine Duktilität, d. h. Verformbarkeit, Streckbarkeit. Neben den bereits genannten Zentren der Eisendrahtfabrikation wären hier noch die Eisendrahtfabriken in Tours und Laigle in Frankreich zu erwähnen.

Die deutschen Metallsaiten erfreuten sich eines besonders hohen Rufes, weil sie jahrhundertelang aus einem Rohmaterial gezogen wurden, welches als „Osemundeisen" für seinen hohen Härte- und Reinheitsgrad bekannt war.

Tafeln aus Kupfer, Eisen oder Messing wurden gehämmert und geglüht, bis sie schließlich die Form dünner Metallplatten von 4 oder 5 mm Dicke angenommen hatten. Das Drahtziehen selbst lief dann in zwei Stufen ab: Mehr oder weniger runde Metallstreifen, durch das Hämmern noch härter geworden, zog man durch ein konisches Loch, welches in ein härteres Metall als das zu ziehende gebohrt war. Die Duktilität des zu ziehenden Metalls erlaubte die laufende Verkleinerung des Durchmessers des Zieheisens. So wurde fortschreitend ein dünnerer und längerer Draht erzielt. Jeder Zug durch das Zieheisen erhöhte die Härte des Drahtes. Nach einer gewissen Zeit mußte der noch mehrere Millimeter dicke Draht wieder geglüht werden, da sein Formänderungsvermögen erschöpft war und er sonst vor Sprödigkeit gebrochen wäre. Neben der menschlichen wurde in den Drahtwerkstätten des 14. und 15. Jahrhunderts auch bereits Wasserkraft eingesetzt (sogenannte Drahtmühlen). Sobald nun der Draht einen Durchmesser von 1,5 bis 2 mm erreicht hatte, konnte er von Hand fertiggestellt, d.h. auf dünnere Abmessungen heruntergezogen werden, die dann auch als Saiten zu gebrauchen waren.

Eine ausführliche Beschreibung des Drahtziehens in früheren Jahrhunderten findet sich in dem Artikel „Draht" von Karl Karmarsch in *Technologische Enzyklopädie*, herausgegeben von Joh. Jos. Prechtl, Stuttgart 1833, Band 4.

Heute wird Stahldraht für Musiksaiten, sogenannter Klaviersaitendraht, wie folgt hergestellt: Der gewalzte Draht von mehr als 5,50 mm Stärke wird stark erhitzt und dann in einer heißen Flüssigkeit, wie z.B. Blei oder Salz, „abgeschreckt" und anschließend „gebeizt". Das Ziehen erfolgt auf Einzel- oder Mehrfachziehmaschinen, wobei diese entsprechend der Querschnittsverminderung des Drahtes in der Geschwindigkeit aufeinander abgestimmt sein müssen. Nach mehrmaliger Reduzierung des Querschnitts muß durch erneutes starkes Erhitzen und Abschrecken wieder ein ziehfähiges Zwischenprodukt hergestellt werden, wenn noch dünnere Drähte als Endprodukt entstehen sollen. Am Ende schließt sich eine Richtbehandlung sowie eine Oberflächenveredelung an, bei der der fertige Draht mechanisch poliert wird oder eine Feuerverzinnung erhält. Mit abnehmendem Querschnitt nehmen das Veredelungsstadium und natürlich auch die Länge des Drahtes weiter zu. Entsprechend der wachsenden Veredelung nehmen auch die Güteeigenschaften zu, was sich durch die Erhöhung der Festigkeit, Zähigkeit und Elastizität ausdrückt.

Während Stahldraht heute vorwiegend für die Herstellung von sogenannten blanken Saiten oder als Kern für umsponnene Saiten dient, setzt man Kupferdraht, dessen heutige Herstellung nachstehend kurz beschrieben ist, hauptsächlich als Umspinndraht ein: Ein schwerer, hellrot glühender Elektrolytkupfer-Drahtbarren gleitet über den Rollgang zum Walzgerüst. Dort wird er in mehreren Stichen zum Walzdraht ausgewalzt. Sein Durchmesser beträgt 6 mm, wenn er nach Beendigung des Walzvorganges in die Beizanlage wandert. Nun folgt das Ziehen, zunächst im „Grobzug", der die Stärke von 6 auf 1 mm mindert. Daran schließt sich ein Glühprozeß zu Veredelungszwecken an, bevor der Draht im „Mittelzug" auf etwa 0,2 mm weitergezogen werden kann. Nach Passieren des „Feinzuges" hat der dünnste Musiksaitendraht nur noch das Maß einer „Haaresbreite" von 0,06 mm.

Nachdem man sich bei der Saitenherstellung schon im Mittelalter verschiedener Materialien wie Seide, Roßhaar, Hanf u.a. bedient hatte, setzten sich in Europa lediglich Darm- und Metallsaiten allgemein durch. Aufgrund ihres

6 Das Siegel der Gold- und Silberdrahtzieher in Hamburg zeigt einen quergelegten Hammer, schräg überlegt von zwei lanzenartigen Stangen mit Metallspitzen vorn, überhöht von zwei schräggekreuzten Wickeln Draht, unten eine Zange.

7 In einer ersten Ordnung der Leonischen Drahtzieher in Nürnberg wurden 1632 die Zahl der Meister, Verleger, Stückwerker, die Lehrjahre und in den Jahren von 1688 bis 1750 auch die Anzahl der Ziehbänke und Plättmühlen festgelegt. Auch in Freystadt und andernorts ergingen solche dem mittelalterlichen Zunftwesen entsprechende Ordnungen. Die Bezeichnung „Leonische Drähte" für alle versilberten oder cementierten Drähte auf Kupferbasis geht auf französische Ursprünge (Lyon) zurück, denn die Franzosen erfanden ein Verfahren, bei dem sich Zinkdämpfe auf einer Kupferstange absetzten und sich mit deren Oberfläche zu Messing verbanden. Die Kupferstange erhielt dadurch eine goldähnliche Haut, die sich bis auf feinste Durchmesser ziehen ließ. Dieser Draht wurde „or faux", in Deutschland „Cement" genannt.

weichen, biegsamen Tones wurden sie vor allem von Streichern bevorzugt. Man gebrauchte meist Schafsdärme, wie man u.a. auch aus der Kolmarer Liederhandschrift entnehmen kann, wo es an einer Stelle heißt, daß „der schafdarm also sueze uf holze kan erclingen".

Italienische Städte wie Rom, Neapel, Siena, Florenz und Venedig waren führend in der Darmsaitenerzeugung und belieferten den gesamten europäischen Kulturbereich. Gasparo da Salò z.B. bezog seine Darmsaiten um das Jahr 1588 aus Rom. Die Kunst des Darmsaitenmachens wurde streng als Geheimnis gehütet. Auch Leipzig hatte mit seinen Darmsaiten einen guten Ruf. 1575 schreibt Bürgermeister Hieronymus Rauscher an seinen Kurfürsten: „... alhie .. werden die allerbesten gemacht", und 1556 nennt die Bürgermatrikel Niclas Guden und Arnold Findiger als Darmsaitenmacher. 1698 bildet Christoph Weigel den Darmsaitenmacher als Beruf in seinem Ständebuch ab (vgl. Abb. S. 182), doch erst in der ersten Hälfte des 18. Jahrhunderts erfahren wir Näheres über die einzelnen Vorgänge bei der Herstellung. Diderot (vgl. auch Abb. S. 184) beschreibt in seinem Artikel „corde" sehr ausführlich das Reinigen und Entfetten mit Hilfe von Wasser und Laugen langsam steigender Konzentration, das Bleichen, das Zusammendrehen auf dem Seilerrad, das Abreiben mit Roßhaar und schließlich das Trocknen der Därme in gespanntem Zustand, um ihnen die gewünschte Elastizität zu verleihen.

Dem 1765 in Neapel verstorbenen Angelucci sollen Verbesserungen gelungen sein, die auf lange Sicht der italienischen Darmsaitenerzeugung einen Vorsprung vor anderen Ländern gaben. Im Laufe des 18. Jahrhunderts breitete sich die Erzeugung von Darmsaiten von Italien her auf andere Länder aus, und seit dieser Zeit stand auch die Produktion im Ausland meist unter italienischer Führung.

In Frankreich z.B. zählte man in der Zeit zwischen 1800 und 1830 insgesamt 11 Saitenhersteller, darunter auch verschiedene ursprüngliche Lautenbauer, die sich ausschließlich mit der Herstellung von Saiten beschäftigten. Sie rivalisierten mit Italien, besonders mit Neapel, von wo große Mengen von Darmsaiten nach Frankreich exportiert wurden.

Die von Italien ausgehende Verbreitung der Darmsaitenmacherei erreichte im Jahre 1798 Deutschland. In diesem Jahre nämlich wurde die Offenbacher Saitenfabrik Pirazzi - Markenname PIRASTRO - von dem aus Rom kommenden Giorgio Pirazzi gegründet, welcher die Produktion von Darmsaiten aufnahm und sich in Saitenfragen von dem Violinvirtuosen Paganini beraten ließ.

In Markneukirchen/Vogtland fertigte man Mitte des 18. Jahrhunderts die ersten Darmsaiten, und bereits 1771 berichtete der Stadtrat an die Regierung, daß „die Neukirchner Saiten den römischen an Güte fast gleich kämen, die böhmischen und bayrischen Saiten aber an Güte übertreffen" (vgl. Drechsel). Im Jahre 1777 gründete man eine Saitenmacher-Innung, die erste und einzige Deutschlands. Nach 1800 begann man mit der Erzeugung von sogenannten Spinnsaiten, d.h. mit Silberdraht umsponnenen Darm- und Seidensaiten für Streich- und Zupfinstrumente. Eine bedeutende Verbesserung gelang in Markneukirchen mit der Spaltung der Därme: diese wurden der Länge nach in Streifen geschnitten und dann zusammengedreht. Auf diese Weise war es möglich geworden, eine Saite aus einer größeren Anzahl viel feinerer Teile anzufertigen.

Den Rohstoff für übersponnene Stahlsaiten, den Spinndraht, lieferten Nürnberg, Fürth und Schwabach, dann auch Mülheim am Rhein. Früher wurden die ganz feinen Stahlsaiten aus englischem Stahldraht gefertigt, doch auch dafür wurde um 1900 nur noch westfälischer Draht verarbeitet. Die Rohseide, das Material für den Kern umsponnener Saiten, lieferten, wie schon um 1800, vorzugsweise die Schweiz (Zürich) und Frankreich (Lyon).

In Schönbach/Sudetenland ist bereits im Jahre 1739 ein Saitenspinner erwähnt. Seit 1815 erzeugte man dort seidene Saiten aus chinesischer Seide und führte 1849 die Darmsaitenerzeugung ein.

Nach dem 2. Weltkrieg fanden bedeutende Standortverlagerungen bei der deutschen Saitenindustrie statt. Nur der Standort der Firma Pirazzi in Offenbach/Hessen blieb unverändert. Aus dem Vogtland kamen die Firmen Friedrichs nach Endorf/Oberbayern, Götz nach Erlangen/Mittelfranken, Hopf nach Taunusstein/Hessen, Kämpffe nach Bubenreuth/Mittelfranken bzw. später nach Naila/Oberfranken und Maxima nach Geretsried/Oberbayern. Die Saitenfabriken aus Markneukirchen und Umgebung (Fisoma, Geigenmüller, Gläsel, Künzel, Paulus, Schlosser und andere) sind, soweit noch existent, im VEB Musima zusammengefaßt worden.

Aus Schönbach/Sudetenland übersiedelten infolge Vertreibung die Firmen Hannabach nach Egglkofen/Niederbayern, Junger, jetzt Pyramid (vormals A. Osmanek) und Romana nach Bubenreuth/Mittelfranken und Siebenhüner nach Walldorf/Hessen. Die Saitenspinnereien Osma und Regina in Tennenlohe/Mittelfranken waren Neugründungen nach 1945, entstanden aus der Schönbacher Firma A. Osmanek.

Ebenfalls nach dem 2. Weltkrieg wurde die Saitenspinnerei Weidler in Nürnberg gegründet, hervorgegangen aus einer langjährigen Zusammenarbeit mit der Saitenfabrik Dr. Thomastik, Wien. Als weitere Neugründungen sind Aristona, Allensbach/Bodensee, und Kürschner, Darmsaitenerzeugung in Taunusstein, zu nennen. Aristona, Hopf, Kämpffe, Osma und Romana haben die Saitenerzeugung inzwischen eingestellt.

Die heute in der Bundesrepublik bestehenden zehn mittelständischen Betriebe der Saitenbranche stellen Saiten für Streich- und Zupfinstrumente aus Darm, Stahl, Bronze, Stahlseil und Kunststoff her. An dieser Stelle muß bemerkt werden, daß die Klavierfabriken ihre Saiten traditionsgemäß selbst herstellen. Die direkte Umsetzung von Entwicklungen, veränderten Produktionsverfahren etc. und die Modellvielfalt an Klavieren und Flügeln erforderte die Saitenanfertigung im eigenen Haus. Zur Herstellung der größer dimensionierten Klaviersaiten werden auch dementsprechend größere Spinnmaschinen sowie ein Drahtsortiment von erheblich stärkeren Abmessungen benötigt.

Bedingt durch den hohen Exportanteil der westdeutschen Saitenindustrie werden auch Saiten für viele außereuropäische Musikinstrumente hergestellt. Diese Art vielfältiger Produktion setzt große Flexibilität, Zuverlässigkeit und Bereitschaft, auch auf Sonderwünsche der Kunden einzugehen, voraus. Die bundesdeutsche Saitenherstellung mit ihrer langen Tradition wird weiterhin vor allem auf Qualität setzen müssen, um ihren Platz auf dem Weltmarkt erfolgreich behaupten zu können. Mittlerweile produziert eine ganze Reihe einstiger Abnehmerländer selbst Saiten zu niedrigen Kosten, und deren Anzahl wird eher zu- als abnehmen. Angesichts der hohen Produktionskosten hierzulande wird die Wettbewerbsfähigkeit der deutschen Saitenhersteller in der Zukunft entscheidend auch von ihren Investitionen in den technischen Fortschritt abhängen.

Literaturhinweise

Werner Bachmann: *Die Anfänge des Streichinstrumentenspiels.* Leipzig 1964.

Hans Borucki: *Einführung in die Akustik.* Mannheim-Wien-Zürich 1980.

Ludwig Darmstaedter (Hrsg.): *Handbuch der Naturwissenschaften und der Technik.* Berlin 1908[2], Reprint Millwood 1960.

Diderot/d'Alembert: *Encyclopédie ou Dictionnaire raisonné des sciences, des arts et des métiers.* Tome quatrième. Paris 1754. Nouvelle impression en facsimilé de la première édition de 1751-1780, Vol. 4. Stuttgart-Bad Cannstatt 1966.

Die Gross-Industrie Oesterreichs. Festgabe zum glorreichen fünfzigjährigen Regierungsjubiläum seiner Majestät des Kaisers Franz Josef I. Dargebracht von den Industriellen Österreichs. Bd. 3, Wien 1898.

Friedrich-August Drechsel: „Geschichte der Saitenmacher-Innung". In: *Festschrift .. der Saiteninstrumenten- ... und der Saitenmacher-Innung zu Markneukirchen.* Markneukirchen 1927.

Rafael Engl: *Österreichs Cremona. Ein kurzgefaßter Überblick.* Schönbach 1897.

Rémy Gug: „Histoire d'une corde de clavecin hier et aujourd'hui". In: *Musique Ancienne*, Nr. 15. (Jan. 1983), S. 5 - 28.

Malou Haine: *Les facteurs d'instruments de musique à Paris au XIXe siècle.* Brüssel 1985.

Günther Hartmann: *Praktische Akustik.* Bd. 1, München-Wien 1964.

Friedemann Hellwig: *Arbeitsblätter für Restauratoren.* Heft 2, Mainz 1983.

Hubbard/Wraight: Artikel „String". In: *The New Grove Dictionary of Musical Instruments.* London etc. 1984.

Franz Jahnel: *Die Gitarre und ihr Bau.* Frankfurt/M. 1963.

Walter Kolneder: *Das Buch der Violine.* Zürich 1972.

Kupferwerkstoffe. Herstellung, Verarbeitung und Eigenschaften. Wieland-Werke AG, Ulm 1978[4].

Werner Lottermoser: „Akustik (Geschichte)" in: Friedrich Blume (Hrsg.): *Die Musik in Geschichte und Gegenwart (MGG).* Bd. 1, Kassel u. Basel 1949, Sp. 211-224.

Walter Kürth: *Die hausindustrielle Fabrikation kleinerer musikalischer Instrumente im Vogtland und in Oberbayern.* Diss. Borna-Leipzig 1910.

Karl Bartsch (Hrsg.): *Meisterlieder der Kolmarer Handschrift.* Stuttgart 1862. Lied CXX, Vers 17ff.

Marin Mersenne: *Harmonie Universelle.* Bd. 1, Paris 1636, Reprint Paris 1963.

Jean Rousseau: *Traité de la Viole,* Paris 1687. Reprint Genf 1975.

Curt Sachs: *Real-Lexikon der Musikinstrumente.* Berlin 1913, Reprint Hildesheim 1972.

Walter Salmen: „Der Spielmann im Mittelalter". In: *Innsbrucker Beiträge zur Musikwissenschaft VIII.* Innsbruck 1983.

J. Siebmacher: *Berufswappen: oder des grossen u. allgemeinen Wappenbuchs erster Band, Theil VII.* Reprint Neustadt/Aisch 1976 der Reedition durch Gustav A. Seyler, Nürnberg 1898.

Brook Taylor: *Philosophical Transactions.* Bd. 28, Nr. 337, London 1714.

Tradition und Fortschritt - Goldene Fäden. Leonische Drahtwerke AG. Nürnberg. Frankfurt/M. 1957.

Sebastian Virdung: *Musica getutscht.* Basel 1511, Nachdruck Kassel 1931.

Vorgeschichte der Leonischen Drahtwerke AG, Nürnberg. Garmisch-Partenkirchen 1978.

Christoff Weigel: *Ständebuch.* Regensburg 1698.

Zum Trocknen aufgespannte gespaltene Därme (Gustav Pirazzi, Offenbach). Foto: Harms

Eine Polierschleifmaschine garantiert die bewährte Durchmessergenauigkeit und sorgt für eine überaus glatte Oberfläche aller Pirastro-Saiten. Foto: Harms

Dieter Einfeldt

PAUKEN, TROMMELN UND ANDERE SCHLAGINSTRUMENTE

Die Darstellung einer Geschichte des Schlaginstrumentenbaues – zumal in kurzer Form – stößt aus sehr unterschiedlichen Gründen auf mancherlei Schwierigkeiten; denn in der heutigen Musikpraxis (Symphonieorchester, Unterhaltungsorchester, Jazzbands, Rock- und Pop-Gruppen, Marsch- und Tanzorchester, Spezialensembles für neue und avantgardistische Musik, reine Perkussionsensembles, Orff-Instrumentalgruppen u.a.) werden verschiedenartigste Percussionsinstrumente aus fast allen Kulturen unserer Erde in ihrer zum Teil sehr alten Urform, in technisch verbesserter oder in stilisierter Form verwendet, so daß Varianten *eines* Instrumententyps in unübersichtlicher Fülle vorkommen. Die meisten Schlagzeuger beziehen natürlich ihre Instrumente von industriellen Herstellern; aber manche, und besonders die Solistenvirtuosen, bringen sich auch von ihren Auslandsreisen unveränderte Urformen alter Kultinstrumente mit heim, bereichern damit unser abendländisches Musikinstrumentarium und inspirieren speziell Komponisten neuer Musik zum Ausprobieren noch ungenutzter Klangfarben; der Avantgardekomponist Mauricio Kagel, die „Percussions de Strasbourg" oder das noch junge Ensemble „L'art pour l'art" in Hamburg sind dafür nur einige wenige Beispiele. Ihre Sammlungen an exotischen Schlaginstrumenten sind an Umfang und Vielfalt beträchtlich.

Siamesisches Xylophon

Xylophon (Amakosa-Kaffern) um 1800

Trommel aus einem Baumstamm gefertigt (Afrika)

Trommel mit Pflockspannung (Afrika)

Trommeln (Afrika)

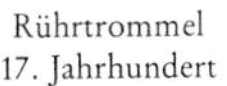

Rührtrommel 17. Jahrhundert

Trommel Nassau, Mitte 18. Jahrhundert

Trommel Preußen, Anfang 19. Jahrhundert

Baßtrommel, Hannover 1850

Trommel Braunschweig (Artillerie) Mitte 19. Jahrhundert

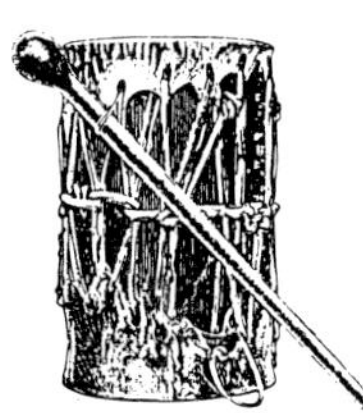

Boxertrommel Chinafeldzug 1890

Die Bedeutung und Verbreitung der Schlaginstrumente ist besonders im Verlauf des 20. Jahrhunderts stetig und erheblich gewachsen. Die Geschichte des Baues und der Verwendung einzelner Instrumente jedoch vollzog sich unterschiedlich und durchaus nicht immer regelmäßig etwa von einer gleichsam „primitiven" Ur- oder Vorform bis zu einer, wie auch immer gearteten, technisch sozusagen „perfekten" Hochform; denn einige der ältesten Percussionsinstrumentengattungen gerieten über lange Zeiträume hinweg in den Hintergrund oder in totale Vergessenheit. Besonders die abendländische Musik vom Beginn des 20. Jahrhunderts an öffnete sich jedoch zunehmend den Klängen außereuropäischer Kulturen und bezog folgerichtig – und besonders intensiv im Bereich der Schlaginstrumente – exotische Klänge verschiedenster Herkunft, produziert auf Originalinstrumenten, in die eigene musikalische Praxis ein. Dadurch wurden manche Instrumentengattungen wieder- und andere ganz neu entdeckt und ihr Klang als Bereicherung der bisherigen Musizier- und Instrumentationsmöglichkeiten dankbar begrüßt oder die originale Spielweise durch westeuropäische Virtuosität adaptiert und dadurch dem abendländischen Klangideal zumindest teilweise auch angeglichen.

PAUKEN

Am stärksten konform mit der Entwicklung der Musikgeschichte der letzten Jahrhunderte geht die bautechnische Entwicklung der Pauken.

Die *Handpauke* kam im Mittelalter von den Sarazenen über Spanien und Süditalien nach Westeuropa; sie tat im Krieg und bei Festen ihre Dienste. Wesentlich für die Klangerzeugung war bei ihr das Fell. Die tonstärkere *Kesselpauke* kam aus dem Osten über Ungarn nach Westeuropa. Am französischen Hofe ist sie 1457 zuerst im Zusammenhang mit einer ungarischen Delegation belegt. Bei ihr ist der Kessel für die Klangerzeugung der wesentliche Teil des Instruments. Statt einer Schnurspannung hatte sie offenbar von vornherein Schraubenspannung, wobei das Fell zwischen Kessel und Reifen geklemmt wurde. Als ältester Herstel-

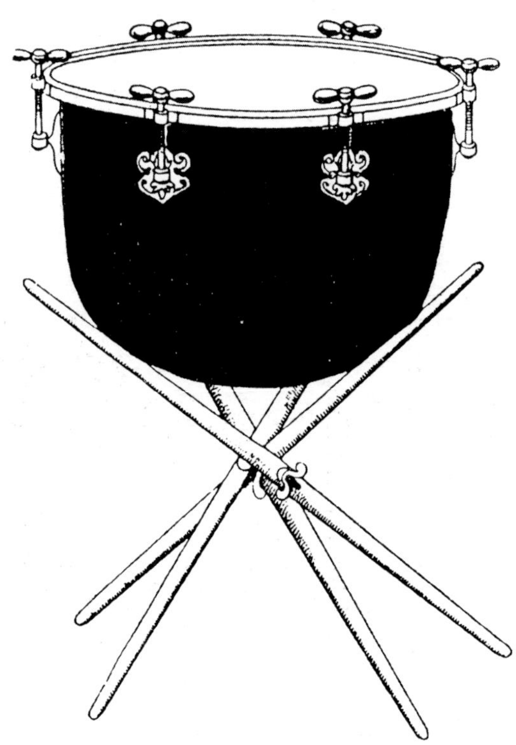

Schraubenpauke (um 1900)*

lungsort im westlichen Europa für Kesselpauken ist uns Wien bekannt. Heinrich VIII. von England ließ 1542 von dort einige holen.

Für die Signalmusik im Kriege wurden die Pauken mit Trompeten kombiniert und zu Pferde transportiert und gespielt. Da Pauker und Trompeter im Mittelalter zum ritterlichen Heerbann gehörten, waren sie hochangesehen und blieben es bis in die Barockzeit hinein, in der selbst Fürsten gelegentlich die Pauken schlugen.

Mit der Entwicklung der ersten Opern nach 1600 wurden das Ausdrucksbedürfnis und das Differenzierungsbestreben der Komponisten allmählich stärker; man benutzte nun Pauken mit einem Kupferkessel von 50 cm Durchmesser. Mit dem großen repräsentativen Reformator der französischen Oper zur Zeit Ludwigs XIV., dem einflußreichen Jean-Baptiste Lully (1632 - 87), wurden Pauken und Trompeten vornehmlich in D-Dur als Ausdruck von Festlichkeit und Repräsentationsbedürfnis verwendet.

In der Hamburger Oper wurden von Anfang an (1678) Pauken und Trompeten eingesetzt. Der wichtigste Musiktheoretiker der Aufklärungszeit, der Hamburger Johann Mattheson (1681 - 1764), berichtet in seinem Buch *Das neueröffnete Orchester*, daß die Pauken im Quartabstand (Tonika und Dominante)

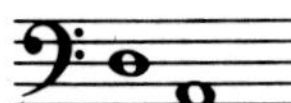

gestimmt wurden und als Baßergänzung der Trompeten dienten. Wichtig ist Matthesons Bemerkung, daß auch vier, sechs oder noch mehr (!) Pauken verwendet worden sein sollen, um in verschiedenen Tonarten Kadenzen mit Paukeneinsatz spielen zu können. Die Verwendung von mehr als zwei Pauken in den Partituren großer Komponisten ist jedoch erst mit dem Beginn der Romantik nach 1800 festzustellen.

In dem heute noch lebendigen Repertoire der Spätbarockzeit, insbesondere in den Werken Johann Sebastian Bachs, kommen Pauken nicht oft, aber dann paarweise vor; allerdings treten sie hier auch in verschiedenen Stimmungen auf. Neben der konventionellen Kombination mit zwei oder drei Trompeten kommen auch Koppelungen mit den Waldhörnern vor, so daß neben der bevorzugten Stimmung in Quarten in D-Dur auch Quintstimmungen z.B. in G-Dur

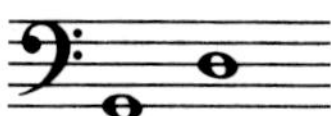

auftauchen.

Während der Gebrauch der Pauken bei den Mannheimern ziemlich selten ist, kommt bei Christoph Willibald Gluck (1714 - 87) in einer seiner späten, musikgeschichtlich so folgenreichen Reformopern, *Iphigenie auf Tauris* (1779), auch eines der ersten Beispiele für Paukentremoli vor, um auf für die Aufklärungszeit typische Art ein stilisiertes Donnergrollen darzustellen. Interessant ist hier außerdem, daß sich die Pauken dabei von der Koppelung an die Trompeten lösen und sich mit den Streichern verbinden; zudem werden

* Schwarz-Weiß-Abbildungen, wenn nicht anders genannt, aus dem Archiv der Firma SONOR

sie auch bedeckt verwendet. Spezielles Ausdrucksbedürfnis also verdrängt den bisherigen typisierenden Gebrauch.

In der Klassik dominiert weiterhin der *Schraubenmechanismus,* bei dem die Spannung des Fells durch sechs bis zehn oder acht bis dreizehn Schrauben gleichmäßig reguliert wird. Wenn wir heute Haydn-, Mozart- oder Beethoven-Sinfonien hören, müssen wir uns stets der Tatsache bewußt sein, daß die Pauken damals technisch noch unvollkommen waren und in der Mitte des Fells geschlagen wurden, was einen anderen als den heute gewohnten, sozusagen „runden" Klang erzeugte. Außerdem waren die damaligen kleinen Pauken auch nicht in der Lage, das übrige Orchester zu übertönen.

Bis ca. 1770 werden Pauken nur in den Trompetentonarten C- und D-Dur gespielt; danach wird der verwendete Tonartenradius nach und nach größer, aber das *Umstimmen* innerhalb eines Werkes bleibt weiterhin die Ausnahme, wie z.B. in den folgenden bekannten Werken:

Joseph Haydn (1732 - 1809): Sinfonie Nr. 94, G-Dur (*Mit dem Paukenschlag,* 1791)

Sätze 1, 3 und 4: Satz 2:

Joseph Haydn: Sinfonie Nr. 103, Es-Dur (*Mit dem Paukenwirbel,* 1795)

Sätze 1, 3 und 4: Satz 2:

Ludwig van Beethoven (1770 - 1827): Sinfonie Nr. 7, A-Dur, op. 92 (1812)

Sätze 1, 2 und 4: Satz 3:

Bis 1767 waren Pauken und Trompeten in der Kirche verboten. Die Haydnsche Paukenmesse (*Missa in tempore belli,* 1796) löste bei den Zeitgenossen Betroffenheit besonders durch das „Agnus dei" aus, in dem die Pauken das „Herzklopfen der Völker vor Krieg und Not" ausdrücken sollten. Dieser für seine Entstehungszeit kühne, in die Zukunft weisende Satz beeinflußte speziell Beethovens *Missa solemnis,* die besonders durch den unkonventionellen Gebrauch von Pauken und Trompeten 1823 heftige Diskussionen auslöste. Während Mozart und Schubert die Pauken vergleichsweise konventionell einsetzten, ist es im wesentlichen Beethoven gewesen, der durch stark und eindeutig spürbare individuelle Paukenbehandlung die Instrumentenbauer allmählich bewog, in der Paukentechnik neue Wege zu gehen. Im Finale seiner VIII. und dem Scherzo seiner IX. Sinfonie (1812 und 1824) erweitert er den üblichen Quart- oder Quintabstand zur Oktave,

dem seinerzeit größten Umfang der Paukengruppe.

Am stärksten neue Wege weist jedoch der Beginn der Kerkerszene in der Oper *Fidelio* (1805/6) auf; bis dahin hatte nämlich die Stabilität in der Stimmung der Pauken auf Tonika und Dominante stets Sicherheit, Lebensfreude und Optimismus ausgedrückt. Jetzt jedoch zwingt die Darstellung einer Episode aus der französischen Revolution den Komponisten auf einen neuen, absolut unkonventionellen Weg. Das Schauerliche des Kerkers und die desolate Lage des zu Unrecht inhaftierten Florestan drückt Beethoven quasi durch eine „Verstimmung" der Pauken aus, die erstmalig in der Musikgeschichte eine verminderte Quinte anstelle einer reinen aufweist,

wobei außerdem k e i n e r der beiden Töne den Grundton des dazugehörigen Streicherakkords bildet, was ebenfalls neu ist. Diese Stelle bedeutet in der Ausnutzung der damals möglichen Technik und der dadurch erreichten Atmosphäre etwas durchaus Singuläres.

An den Entstehungsdaten der oben genannten Werke Haydns und Beethovens, die den Pauken neue Aufgaben abverlangten, sieht man, daß von 1791 bis 1812 der traditionelle Gebrauch immer häufiger und überzeugender verlassen und damit der Zwang zu neuen Wegen im Instrumentenbau dringender wurde. Der Münchner Hofpauker Gerhard Cramer ist es gewesen, der die erste *Maschinenpauke* im Jahre 1812 erfand, über deren Konstruktion Detailkenntnisse heute nicht mehr eindeutig in Erfahrung gebracht werden können.

Einen weiteren musikhistorischen Ruck bildet dann die Paukenbehandlung in der Ouvertüre und in der Wolfsschlucht-Szene von Webers *Freischütz* (1821). Hector Berlioz schließlich, der selber konzertreif Pauken spielen konnte, forderte in seiner *Symphonie fantastique* (1829) im 3. Satz:

1. Pauker 2. Pauker

Diese vier Töne erklingen auch gleichzeitig (!). Im 4. Satz desselben Werkes verlangt Berlioz

1. Pauker 2. Pauker

und im 5. Satz

1. Pauker 2. Pauker

und

In Berlioz' *Requiem* (1837) werden alle 12 Töne (!) der chromatischen Skala verlangt.

Dadurch werden Akkorde und Modulationen in variabler Form möglich. Dieser Aufwand wäre nicht nötig, hätte Berlioz bessere Umstimmungsmöglichkeiten gehabt. Außerdem treten bei Berlioz genauere Forderungen nach verschiedenen Schlegelarten auf:

a) Holzschlegel, b) Holzkopf mit Lederüberzug,
c) Schwammschlegel.

Richard Wagner basiert im Gebrauch der Pauken auf den Praktiken von Berlioz und Meyerbeer. Richard Strauss schreibt in seiner Oper *Elektra* (1908) sechs bis acht Pauken vor, und Gustav Mahler verwendet von seiner 1. Sinfonie (1885) an zumeist vier Pauken mit zwei Spielern und dehnt den Umfang der gesamten Paukengruppe erheblich aus.

Die letzte und höchste Stufe auffälliger spieltechnischer Erweiterungen ist im 20. Jahrhundert das *Paukenglissando*, das jedoch erst mit der Erfindung der Pedalmaschinenpauke möglich wurde. Béla Bartók: *Concerto for Orchestra* (1943), 5. Satz, T. 254 ff:

Paukenbau

Aus den bisherigen Ausführungen geht hervor, daß das Umstimmungsproblem bei den Pauken bis zum Beginn des 19. Jahrhunderts nicht gelöst war. Insofern ist Gerhard Cramer aus München mit seiner *Maschinenpauke* 1812 ein Vorreiter der Entwicklung gewesen.

Der nächste Meilenstein ist dann die Erfindung einer *Drehmaschinenpauke* (1820/21) durch Johann Christian Niclas Stumpff in Amsterdam. Bei dieser Pionierleistung werden durch das Drehen des Paukenkessels die gewünschten Tonhöhen schnell und geräuschlos erreicht; die Mechanik ist innerhalb des Kessels angebracht.

Drehkesselpauke (1906) 68/72 cm, 38/40 kg

Als Nachteil dieser Konstruktion wurde es empfunden, daß das Kupfer der Kesselwand nicht so dünn getrieben werden konnte, weil auf ihm selbst die Umspannungslast ruhte. Außerdem bekam man bei diesem Paukentyp nach einer jeweiligen Umstimmung infolge des Drehens des Kessels auf einem Schraubengewinde einen anderen Schlagfleck, was eine Änderung des Timbres eines jeden Tones nach sich zog. Das Umstimmen nach unten war wegen des dabei nötigen geringeren Kraftaufwandes leichter als das Umstimmen nach oben.

Die Erfindung von Johann Caspar Joseph Einbigler ist eine *Hebelpauke* (1836); der hier aus dünnem Kupfer gearbeitete Kessel ist mit seinem oberen Rand in einem Ring befestigt, der auf in den Boden geschraubten Eisenfüßen steht; das Fell ist über einen Reifen gespannt, der seinerseits durch einen Spannreifen aus Eisen, der die Umspannungslast trägt, und mit acht Schrauben gehalten wird. Die Schrauben führen an der Kesselwand nach unten und können einzeln zur Feinabstimmung betätigt werden. Unten gehen die Schrauben in eine eiserne Scheibe ein, die unter dem Fußgestell mit einem Hebel verbunden ist, der die gewünschte Tonhöhe innerhalb einer Quarte einstellen läßt. Der Hebel wird von oben mit der Hand des Spielers durch eine Schraube bewegt. Problematisch ist bei diesem Typ lediglich die geringe bzw. umständliche Transportfähigkeit des Instruments. Die Idee, mit einem Hebel schnell umstimmen zu können, blieb jedoch für die Zukunft von Bedeutung und fand rasche Verbreitung.

Die Erfindung von Franz Reisse (1815), der von Stumpff nicht unähnlich, und die von Carlo Antonio Boracchi (ca. 1840) gehen ein in die Konstruktion von August Knocke,

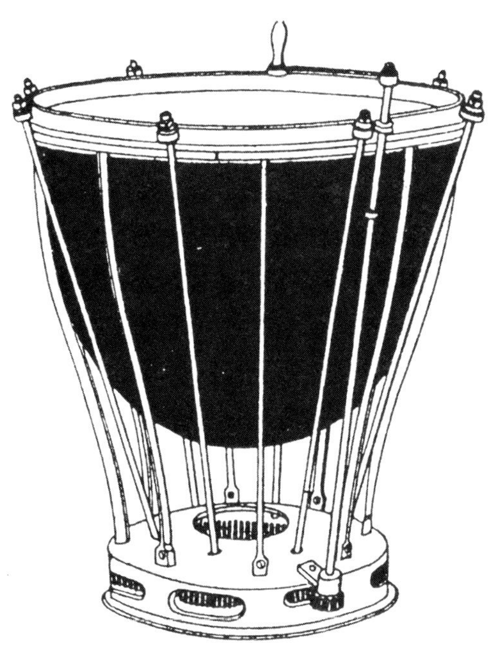

Hebelpauke, 65-70 cm Durchmesser, Gewicht 43/44 kg (1906)

München (um 1845), bei der das Fell gegen die Kesselwand gedrückt wird. Die Umstimmungen sind vom Spieler relativ leicht ausführbar, so daß dieser Typ schnell verbreitet wurde und auch lange in Gebrauch war.

Den nächsten Schritt tat Friedrich Hentschel (1853), indem er, ausgehend von Einbiglers und Knockes sogenannter Münchner Pauke, eine erfolgreiche *Hebelpauke* ersann, die aber insgesamt gesehen nur kleine Neuerungen einbrachte. Die verlängerten acht Fellschrauben gehen dicht

Moderne Pedalmaschinenpauke mit Skala und Zeiger

am Kessel entlang und führen darunter zusammen in einen Teller, der zum Hebel Verbindung hat und der durch Betätigung einer Hauptschraube den Teller und durch ihn das Fell herunterzieht.

Carl Pittrichs *Pedalmaschinenpauke* (die sogenannte Dresdener Pauke, 1881 zum Patent angemeldet), auf der Basis von Hentschel beruhend, bringt als Neuheit eine Pedalmechanik ein, die bis heute, lediglich mit kleineren Verbesserungen versehen, in Gebrauch ist. Durch den Fuß des Spielers wird ein Hebel auf der Welle in Bewegung gesetzt und dadurch, von einer Grundstimmung ausgehend, die Spannung des Fells und damit die Tonhöhe verändert. Ein Zahnkranz zum Einrasten sorgt dafür, daß die jeweilige Spannung auch gehalten werden kann. An einem Zeiger auf einer Skala kann der Spieler ablesen, welche Tonhöhe gerade eingestellt ist.

Pauken mit Seilrollenmechanismus

Auf einem Paar Pauken dieser Art soll es möglich gewesen sein, chromatisch ansteigend von F bis f ohne Unterbrechung durchzuwirbeln. Dieser Paukentyp erfuhr im Laufe der Zeit bis heute die meisten Verbesserungen.

Der große Instrumentationskünstler Richard Strauss, selbst an spieltechnischen Neuerungen aller Art stets interessiert und Bearbeiter der Neuauflage der *Großen Instrumentationslehre* von Hector Berlioz, protegierte besonders Hans Schnellar, der sich in Wien (ca. 1908) mit der Verbesserung von Pedalpauken, fußend auf Pittrichs Konstruktion, beschäftigte. Bei Schnellar preßt ein Stift am Mittelpunkt des Kessels diesen gegen das Fell, und die Spannschrauben halten den Fellreifen unmittelbar.

Hans Anheier stellte 1924 den Versuch einer Verwirklichung der alten Idee vor, daß alle Spannschrauben gleichzeitig gedreht werden können; anstatt der Flügelmuttern werden bei ihm Seilrollen verwendet, die untereinander durch Spannungsseile so verbunden sind, daß alle Schrauben gleichmäßig gedreht werden können.

Ausgehend von vielen Details seiner Vorgänger, stellte Hans Anheier 1952 wiederum spieltechnische Verbesserungen an der Pauke vor, bei der eine Schraubenpauke auf einfache Weise zu einer Pedalpauke umgestaltet werden kann, wobei Spannschrauben verwendet werden, deren Enden unten mit einem Zughebel verbunden sind. Die Pedalmechanik hat einen Hebel mit einer Fußplatte und einen Zahnkranz zum Einrasten. Der Spieler kann mit dem Fuß bequem die Spannung verändern. Die Stimmvorrichtung paßt praktischerweise für alle Paukengrößen und hat keinen negativen Einfluß auf das Timbre der umgestimmten Töne; der Tonumfang kann sogar über den der großen Sexte hinausgehen – insgesamt gesehen eine wesentliche Neuerung.

Die Entwicklung der wichtigsten Paukentypen im Überblick

1. *Schraubenpauken*: Seit dem 15./16. Jahrhundert, rings um den Fellrand mit sechs oder mehr Schrauben, die durch Drehung die Spannung des Fells verändern. Teilweise noch heute in Gebrauch wegen ihres geringen Gewichts; das Umstimmen ist zeitraubend.
2. *Maschinenpauken*: Eine Hauptschraube dreht alle Spannschrauben.
3. a) *Hebelpauken*: Maschinenpauken, bei denen ein Hebel die Hauptschraube unmittelbar dreht und das Fell gegen den Kessel oder ein Ring gegen das Fell gedrückt wird; zumeist als dritte oder vierte Beipauke verwendet.
   b) *Hebelpauken*: Hebel wirkt auf alle Zugstangen des Fells und wird durch eine Hauptschraube betätigt.
4. *Drehpauken*: Zentralschraube ist arretiert, Kessel und Fell werden gedreht, um die Spannung zu verändern. Umstimmungsmechanik innerhalb oder außerhalb des Kessels. Bei guter Fellverarbeitung oder der Verwendung von Plastikfellen heutzutage keine klanglichen Einbußen mehr bei Veränderung des Schlagflecks.
5. *Pedalpauken*: Der Fußhebel wirkt auf den Stimmhebel, das Fell wird gegen den Kessel oder der Kessel gegen das Fell gedrückt. Diese technisch vollkommenste Art der Pauken erlaubt eine sehr schnelle Umstimmung während des Spielens. Außerdem sind nur bei diesem Typ Glissandi möglich.

Eine komplette Übersicht gibt Herbert Tobischek in *Die Pauke*, S. 261 ff.

Die Kessel

Die zumeist halbkreisförmigen Kessel früherer Pauken wurden aus *einem* Stück gefertigt. Beim Heraushämmern der Form mußte man geschickt vorgehen, um gleichmäßig dicke Wandungen zu erzielen. Während man früher auch Messing und gelegentlich Silber verwendete, werden die Kessel heute in halbkreisförmigen oder parabolischen Formen aus Kupferblech gehämmert; Wandung und Boden werden dabei getrennt hergestellt und dann miteinander verlötet. Kessel aus Kupfer sind in Deutschland und England, Kessel aus Messing in Frankreich verbreitet. Die Resonanzqualität des Kessels steht mit den Vibrationen des Fells in Wechselbeziehung durch die im Kessel mitschwingende Luft, wodurch die ideale Konstanz des Paukentons erreicht wird.

Seit der Zeit der Romantik liegt der Schlagfleck nicht mehr wie vorher in der Mitte des Fells, sondern infolge der Wandlung des Klangideals ca. eine Handbreit vom Rande entfernt. Der Schlag in die Mitte erzeugt dumpfere, ungenauere Klänge. Insgesamt betrachtet, ist der Paukenton eine Mischform zwischen Ton und Geräusch. Der Kessel verstärkt im wesentlichen die untersten Teiltöne; die Oberquinte und die Oberoktave schwingen mit. Den Geräuscheindruck bewirken weitere, unregelmäßige Obertöne, so daß der eigentliche Grundton schwer auszumachen ist. Mitunter glaubt man, ihn eine Oktave unter seiner tatsächlichen Höhe wahrzunehmen.

Der *Tonumfang* der gesamten Paukengruppe beträgt heutzutage bis zu 3 Oktaven[1]:

Tiefe oder Baßpauke
D-Pauke
Ø ca. 75 cm

Große Pauke
G-Pauke
Ø ca. 70 cm

Kleine Pauke
C-Pauke
Ø ca. 63 cm

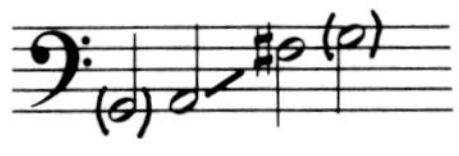

Hohe Pauke
F-Pauke
Ø ca. 58 cm

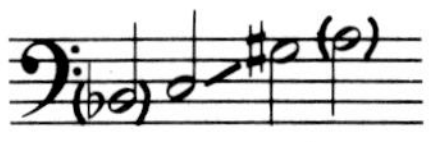

Hohe Pauke
H-Pauke
Ø ca. 48 cm

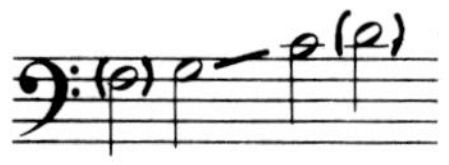

Sopranpauke
Ø ca. 20/25 cm

[1] Vgl. Avgerinos, *Pauke*, S. 87, und Kunitz, S. 915.

Die *Lautstärken* der Pauken wurden am 27. Januar 1962 in der Berliner Hochschule für Musik im großen unbesetzten Saal folgendermaßen gemessen:

1. *fff*-Wirbel, gemessen am Rande der Pauken — 120 Phon
2. *fff-Wirbel*, gemessen am Ohr des Spielers — 115 Phon
3. *fff*-Einzelschläge — 112 Phon
4. *fff*-Wirbel mit Hartfilzschlegel, Kopf 30 mm — 105 Phon
5. *fff*-Wirbel auf zwei Pauken, ein Spieler — 103 Phon
6. Versuch 1, Messung am Dirigentenpult, ca. 10 m — 99 Phon
7. Versuch 1, Messung im Parkett, ca. 18 m — 95 Phon
8. Versuch 1, Messung an der Endseite des Saales — 88 Phon

Bis auf Versuch 4 wurden normale, etwas feste Filzschlegel verwendet, mit ca. 45 mm Kopfdurchmesser[2].

Als *Schlegel* werden in der Regel verwendet: a) Filzschlegel in verschiedenen Härten, b) Holzschlegel (meistens nur dann, wenn vom Komponisten besonders gefordert), c) Korkschlegel, d) Schaumgummischlegel, e) Hartfilzschlegel und f) Flanellschlegel (selten). „Die beste Tonqualität und das geringste Anschlaggeräusch produzieren die heute am meisten verwendeten Schlegel aus weichen Merino-Wollfilzköpfen mit Tonkingrohrstielen.“[3]

Hiermit kommt der heutige Spieler der Pauke, des höchstentwickelten Instruments der Membranophone, bequem aus.

Die Felle

Nach der mächtigen, antiken Stadt Pergamon, einem kulturellen Zentrum der Alten Welt, ist das frühere Schreibmaterial *Pergament* benannt worden; im 2. Jahrhundert v. Chr. gelang dort die vollkommene Fertigung dieses Materials, das auch zur Fellherstellung für die Membrane der Schlaginstrumente verwendet wird. Von Rom und Byzanz breitete sich die Herstellungskunst des Pergaments über das gesamte Abendland aus; über Italien und Frankreich kam sie auch nach Deutschland.

Die enthaarten, geglätteten und getrockneten Tierhäute (Schaf-, Ziegen- und hauptsächlich Kalbfelle) werden geweicht, geäschert, entfleischt und in besonderen Verfahren genau egalisiert, zugerichtet und getrocknet.

Als Schreibmaterial wurde das Pergament im Mittelalter durch das Papier verdrängt. Bis weit ins 19. Jahrhundert hinein hatten neben den einschlägigen Berufen der Instrumentenbauer auch speziell die Sieb- und Pergamentenmacher das Recht, Pauken und Trommeln zu verfertigen (z.B. Johann C. J. Einbigler oder Johannes Link, Gründer der SONOR-Werke). Wenngleich das Prinzip der Fellherstellung bis heute gleichgeblieben ist, ging man nach 1900 allmählich immer mehr zu maschineller Herstellung über.

Schon im Altertum versahen die Chinesen aus Ton oder Holz hergestellte Klangkörper mit der Bespannung aus Tierhäuten; die dadurch erreichten, unserer heutigen großen Trommel vergleichbaren Klänge hatten symbolische Bedeutung und bildeten das Fundament des damaligen Instrumentariums. In fast allen Kulturen unserer Erde ist die Tierhaut als Membran zur Erzeugung von Klängen mit unbestimmter Tonhöhe verbreitet. Dem Abendland jedoch blieb es vorbehalten, mit den Pauken auch Schlaginstrumente zu schaffen, die bestimmte Tonhöhen zuverlässig ermöglichen.

Kalkfelle oder Pergamente sind mit Kalk geäscherte, mit Kreide geglättete, getrocknete, geschabte und mit Bimsstein auf der Innenseite abgeriebene Häute, die härter und steifer als Leder und sehr glatt und weiß sind. Besonders bei Witterungswechsel sind sie unempfindlich, so daß sie z. B. gut für Tourneen geeignet sind.

Eine Erfindung unserer Zeit sind die *Plastikfelle*, hergestellt aus homogener Plastikfolie, die, durch Wärmebehandlung vorgeformt, um den Reifen gelegt und verschweißt wird. Als vorteilhaft wird dabei angesehen, daß sie keinen Fellrücken und keinen Schlagfleck aufweisen und total unempfindlich gegen Hitze und Kälte und Nässe und Trockenheit sind. Die Musiker lieben jedoch weiterhin mehr den „runden“ Klang der natürlichen Felle.

In früheren Zeiten nähte man das noch nasse Paukenfell mit einer Sacknadel auf den Reifen; das Risiko dabei war, daß das Fell beim Spannen an den Einstichstellen leicht reißen konnte. Heute legt man das durch und durch eingeweichte Fell mit der glatten Seite auf eine Platte, legt den Fellreifen darauf, schneidet es so zu, daß einige Zentimeter überstehen, und wickelt es gleichmäßig auf den Reifen. Das gut vorgereckte Fell muß jedoch locker aufgezogen werden, weil es sich beim Trocknen zusammenzieht; auf diese Weise „kommen“ die tiefen Töne gut heraus. Danach werden Rand und Schrauben befestigt. Um gleichmäßig einstimmen zu können, empfiehlt es sich, bei jeder Schraube auf das Fell zu schlagen, um unterschiedliche Tonhöhen durch Drehen der Schrauben auszugleichen. Auf diese Weise bekommt man auch im Forte reingestimmte Töne.

TROMMELN

Die sogenannten *Idiophone*, also die selbstklingenden Schlaginstrumente, gelten als die kulturgeschichtlich ältesten Instrumente überhaupt. Die Idee aber, einen Hohlraum mit einer Tierhaut als Membran zu überziehen, gehört einer späteren Kulturstufe an, immerhin lassen sich aber die ersten *Membranophone* bis in die Steinzeit zurückverfolgen. Die Form des Corpus hing dabei vom jeweils vorhandenen Material ab. Die Felle wurden häufig nur übergestreift oder

[2] Fritz Winkel; vgl. Avgerinos, Lexikon, S. 51.

[3] Peinkofer/Tannigel, S. 39.

Der Pergamenter.

Wol dem, der offt anschaut, die Sünden-Rechenhaut.

Will uns der Ehre Kertze blenden,
und von dem wahren Licht abwenden,
das nie verlieret Glantz und Schein:
So muß ein Schirm der blöden Augen,
damit sie schärff zu sehen taugen,
die Sterblichkeits-Betrachtung seyn.

Der Pergamenter.

DEr Gebrauch des Permentes oder Pergamentes ist sehr alt / und wollen einige / daß es von der berühmten Haupt-Stadt in Mysien / des alten Hippocratis Vatterland / Pergamo / seinen Namen und Ursprung erhalten habe; denn als Attalus der König / sampt seinen beeden Söhnen / Eumene und Attalo / eine stattliche Bibliothec daselbst aufzurichten willens war / wollte ihn Ptolomeus / der Egypter König / aus Neid kein Papier aus Schilff / nach damaliger Art zubereitet / darzu abfolgen lassen / damit er den Ruhm mit seiner Bibliothec allein erhalten möchte / dessen er doch benöthiget war. Derowegen fassete Attalus seine Sinnen zusammen / und erdachte die Art / wie man Kalb- Schaaf- und Ziegen-Häute gerben sollte / daß man füglich darauf schreiben könnte / wie bey Varrone zu sehen; allein es scheinet der Gebrauch des Pergamentes weit älter zu seyn / wie denn schon bereits die Griechen zu sagen pflegten ἀρχαιότερα διφθέρας, ein altes Pergament. Und bezeuget Diodorus Siculus, daß die Perser ihre Annales und Jahr-Bücher auf Pergament geschrieben / und Ctesias seine Schrifften von den Persischen Geschichten / ex membranis Regiis, aus den Königlichen auf Pergament geschriebenen Urkunden zusammen getragen habe. So ist auch / wie Joseph der Jüdische Geschicht-Schreiber meldet / der Gebrauch des Pergamentes auch schon vor langer Zeit bey den Juden bekannt gewesen; denn Eleazar / der Bischoff zu Jerusalem / hat die Gesetz-Bücher mit göldenen Buchstaben auf schön und zartes Pergament geschrieben / durch die zwey und siebenzig Dolmetscher / welche nachmals dasselbe in die Griechische Sprach übersetzet haben / dem König Ptolomäo zugesendet / welcher / als er die Zärtigkeit besagtes Pergaments gesehen / sich höchlich darüber verwundert hat. Auch schreibet der heilige Paulus an seinen Timotheum / er solle ihm den Mantel / den er zu Troada bey Carpo gelassen / mitbringen / wann er kommen werde / und die Bücher / sonderlich aber das Pergament. Herodotus scheinet ebenfalls schon des Pergamentes einige Anregung zu thun / wann er berichtet / daß man auf Ziegen- und Schaaf-Felle / wie auch anders dergleichen Leder geschrieben habe. Wie aus Isidoro erhellet / sollen eben nicht nur aus der Haut der Thiere die Alten ihr Pergament allein gemachet haben / sondern auch aus dem Gedärm und dem Netz derselben / sonderlich der Elephanten und der Drachen. Von der letztern Art soll dasjenige gewesen seyn / so man / nach des Zonarä Bericht / in der Bibliothec zu Alexandria gefunden / darauf des Homeri Bücher geschrieben gewesen; aus welchem allen dem genugsam abzunehmen / daß die Zubereitung des Pergamentes sehr alt / und noch älter seye / als der Gebrauch auf Papier oder Leinwat zu schreiben / wie Joh. Gerhard Vossius erweiset / und lässet sich fast schliessen / ob schon das Pergament nicht zu Pergamo erfunden / jedoch daselbst in vorigen Zeiten etwan am besten und schönsten verfertiget worden seye / und ist sich billich zu verwundern / daß annoch eine so grosse Menge alt-geschriebenes Pergament hin und wieder gefunden wird / da doch desselben bereits so viel von vielen Jahren her / zu Einbindung der Bücher / verbrauchet worden.

Heut zu Tag wird ebenfalls annoch viel Pergament gemacht / und haben die Pergamenter / welche also genennet werden / weil sie damit einig und allein ihre Nahrung treiben / ein geschencktes Handwerk / auch finden die Gesellen / in den berühmtesten Städten Teutschlandes und der angrentzenden Königreiche / wann sie solche durchreisen / genugsame Arbeit; sie machen aber kein Meisterstuck / sondern werden nach einer gewiß überstandenen Zeit und zurückgelegten Wanderschafft zu Meistern gesprochen. Ihre Arbeit bestehet eigentlich darinnen / daß sie das Leder in Kalch einmachen / und darinnen so lange liegen lassen / bis die Haare davon gehen / nachdem werden die Häute geschmieret / in in grosse höltzerne Rahmen gespannet / getrocknet / mit dem Schab-Eisen abgeschabet / alsdann mit Kreiden eingestaubet / mit Bimsenstein abgerieben / und zu allerley Gebrauch zurecht gerichtet; dann es ist das Pergament unterschiedlich / als ein zart oder starckes Schreib-Pergament / davon das letztere auch zu andern Sachen / wie wir bald hören werden / gebraucht wird. Roth / grün / gelb / und auf andere Art gefärbtes Pergament / gemeines Schaaf- und gutes Kalb-Compert / besonders zugerichtetes Pergament zu Rechen-Häuten und Schreib-Tafeln zu gebrauchen / &c. &c.

Der Nutz und Gebrauch des Pergamentes ist unterschiedlich und vielerley / denn man gebrauchet selbiges fürnemlich / umb Kayserliche / Königliche / Chur- und Fürstliche hohe Begnadigungen / Adel- Wappen- Lehen- und Freyheit-Briefe / wie auch Kauff- und Geburts-Briefe / und andere wichtige der spaten Nachwelt zu wissen dienliche Sachen darauf zu schreiben / als in welchen Fällen es dem Papier billig vorgezogen wird. Es wird das Pergament gebrauchet zur Mahlerey / sonderlich von den curiosen Miniatur-Mahlern / und offt ein kleines Quart-Blat vor etliche Hundert Thaler bezahlet / ja manchmal den köstlichen Edlensteinen gleich geachtet. Es werden darauf / sonderlich zu Augspurg / viele Tausend in Kupffer gestochene Figuren abgedrucket / und mit Farben nachgehends illuminiret. Man gebrauchet das Pergament / die ~~heisere~~ Paucken und summende Trommeln damit zu überziehen / welche so wol in dem Feld als Guarnisonen / bevorab aber die Paucken an hoher Potentaten Höfen gebrauchet / und in so hohem Werth gehalten werden / daß sie denen Privatis zu führen nicht erlaubt sind; und so man sie in denen Schlachten und Treffen erbeutet / fast so hoch achtet / als die den Feinden abgenommene Fahnen und Standarten. Die gröste Art der Paucken / so man die Artillerie-Paucken nennet / werden auf einer Calesse geführet / sind gemeiniglich drey Schuhe breit / und mit Pergament / von Rind-Leder gemacht / überzogen. Es werden aus Pergament gemacht Ballet-Bretgen / womit das liebreiche Frauenzimmer die Ballet- oder Feder-Kügelein zu schlagen und seine Ergötzung zu suchen pfleget.

Es werden daraus gemacht unterschiedliche Arten von Schirmen / umb die Augen zu erfrischen / und für denen ihnen sehr empfindlichen Strahlen der bey Nacht brennenden Liechter und Kertzen zu verwahren. Es dienet das Pergament den Buchbindern / und zwar so wol das geschriebene alte / als neue gefärbte / gute und gemeine Compert / umb die Bücher darein einzubinden; es dienet denen Sattlern und Riemern zu Peitschen / Zäumen und dergleichen; man machet daraus Rechen-Häute und Schreib-Tafeln / so nicht nur von der Jugend in den Schulen / sondern auch zu vielfältigem Nutzen gebrauchet und angewendet werden. Womit ich denn die Nutzbarkeit dieses Handwercks zur Genüge dargethan zu haben verhoffe.

Aus: Christoff Weigel: *Abbildung der Gemeinnützlichen Hauptstände.* Regensburg 1698

einfach festgenagelt, später auch angeschnürt oder eingeklemmt, womit die Uridee der großen Trommel umschrieben ist. Durch die Verwendung von gefäß-, röhren- oder rahmenartigen Klangkörpern ist auch die heute in der großen Trommelfamilie verbreitete Begriffsverwirrung in der Benennung der einzelnen Trommeltypen in den verschiedenen europäischen Sprachen entstanden[4].

Wurden die Pauken und Trompeten im Mittelalter dem ritterlichen Stande zugerechnet, so begleiteten die zylindrischen Trommeln mit den Pfeifen das niedere Fußvolk, die Söldner. Im 18. Jahrhundert vollzog sich dann bei der Fertigung der Zylinder der Übergang vom Holz zum Messing und von der Schnur- zur Schraubenspannung. Die Höhe des Zylinders wurde verkürzt, bis sich das Instrument ergab, das heute *Kleine Trommel* genannt wird und bei dem die zusätzliche Anbringung von *Schnarrsaiten* für einen hellen und harten Klang sorgt. Die eigentliche *Große Trommel* (Wirbeltrommel) blieb jedoch ohne Schnarrsaiten und behielt damit ihren dunklen und dumpfen Grundklang bei.

Aus der Zeit der türkischen Belagerung von Wien stammen die Einflüsse der sogenannten Janitscharen auf die westeuropäische Musik. Bei den Türken standen die Membranen senkrecht, und die Große Trommel wurde von beiden (!) Seiten geschlagen. In Mozarts Oper *Die Entführung aus dem Serail* (1782), in Haydns *Militär-Symphonie* in G-Dur Nr. 100 (1794) und Beethovens *9. Symphonie* (1824) sind Einflüsse davon erkennbar. Durch Berlioz wird die Große Trommel in ihrem Ansehen durch eine differenziertere Behandlung als bisher stark angehoben. Im Laufe des 19. Jahrhunderts wird die Sperrholzzarge kürzer und weiter. Die bevorzugten Maße im Symphonieorchester sind: ∅ des Kessels 78 cm, Höhe des Kessels bis zu 56 cm.

Schlagapparat, um 1900

[4] Eine übersichtliche und komplette Darstellung der gebräuchlichen Termini für alle Schlaginstrumente in deutscher, französischer, englischer und italienischer Sprache gibt Peinkofer/Tannigel, S. 10 ff, für die usuellen Schlegelarten S. 19 ff und für die in heutigen Partituren zumeist üblichen Symbole S. 17 f. Vergleiche auch Gieseler et al.: *Instrumentation* S. 108 ff.

Den Schraubenpauken vergleichbar sind auch bei den Großen Trommeln die Felle auf Fell- und Spannreifen (früher aus Holz, heute aus Leichtmetall) durch einen Zugring aus Eisen gespannt. Die Feinregulierung erfolgt je nach Größe des Instruments durch 8 bis 12 Stellschrauben. Man unterscheidet zwischen dem stärkeren „Schlagfell" und dem schwächeren „Resonanzfell"; da dieses asynchrone Gegenbewegungen zu den Schwingungen der Schlagmembran ausführt, entsteht der für die Große Trommel so überaus geschätzte tiefe, unbestimmbare, sonore und durch seinen Obertonreichtum so verschmelzungs- und anpassungsfähige Klang. Für Einzelschläge werden sehr große Filzschlegel verwendet; Tremoli werden jedoch gern mit den etwas kleineren Paukenschlegeln ausgeführt. Der heutige Spieler der Großen Trommel muß über die gleiche Palette verschiedener Schlagarten verfügen wie der Paukist.

Große Trommel mit Holzkessel, Holzspannreifen, durchgehenden Eisenschrauben, verzinkt, glasige Felle, mit Schlegel, 70 x 42 cm (1952)

Bass Drum 1956/57

Bevorzugt die Konzertmusik einen runden, vollen und nachklingenden Ton, so braucht das Klangideal des Jazz einen kurzen, trockenen und harten Ton. Hier kommt der

Fußmaschine eine entscheidende Aufgabe zu. Die Besonderheiten der Fußmaschine sind ein tiefliegender Drehpunkt und ein in der Höhe verstellbarer Schlegel.

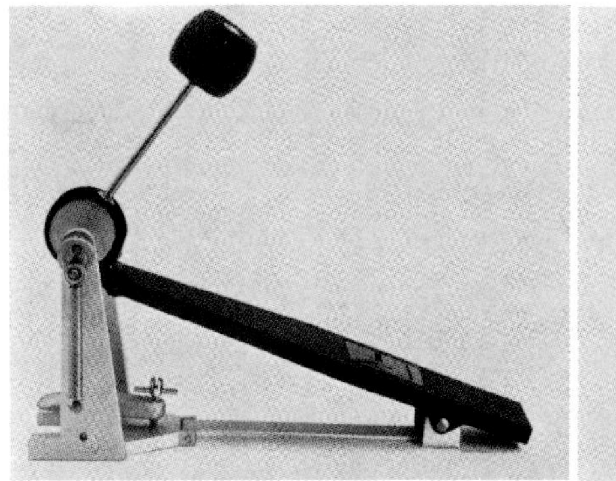
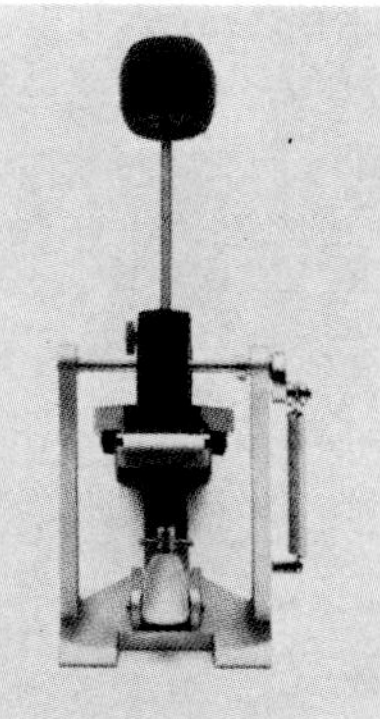

Fußmaschine mit Filzkopfschlegel (1964/65)

Bei der *Militärtrommel* wurde der Schraubenmechanismus 1837 erfunden, so daß ihr Fell effektiver gespannt und der Kessel auf etwa 30 cm Höhe und 37 cm Durchmesser verringert werden konnte. Das Spannblocksystem mit 8 bis 12 Schnarrsaiten (aus Darm oder umsponnenem Kunststoff) strafft die Membran stramm über den Metallkessel, so daß die Schnarrsaiten eng auf das Fell zu liegen kommen. Die Schnarrsaiten bewirken ein rasselnd-klirrendes Nebengeräusch, indem das Resonanzfell ständig gegen sie vibriert und sie selbst in Vibration geraten. Außerdem halbieren die Schnarrsaiten die Schwingungen des Resonanzfells direkt an den Auflagestellen und lassen Schwingungsknoten entstehen; auf diese Weise resultiert der typisch helle, trockene Ton. Durch eine Entspannungsvorrichtung können die Schnarrsaiten von der Membran schnell wieder abgehoben werden.

Salonorchester, Tanzorchester und Jazzensembles förderten die Entwicklung der Kleinen Trommel. Im Symphonieorchester hat sie einen Durchmesser von 35-38 cm bei einer Höhe von 15 cm. Der Durchmesser des Kessels der ehemaligen Militärtrommel ging dann auf 20 bis 10 cm zurück; nach 1900 kamen dafür allmählich die Begriffe „Kleine Trommel", „snare drum", „caisse claire", „tamburo piccolo" oder „cassa chiara" auf. Die ideale Zargenhöhe liegt bei 16 bis 18 cm; das Schlagfell ist auch hier stärker als das Resonanzfell.

Insbesondere im Jazz ist der harte, aber leicht modulierbare *secco*-Ton gefragt. Der Spiralenteppich mit der Saitenabhebevorrichtung sorgt für eine leichte Ansprache bei der Kleinen Trommel; er muß überall am Fell gleichermaßen anliegen und geräuschlos abhebbar sein, was besonders bei Tonaufnahmen wichtig ist. Der Dämpfer soll nur den Oberton wegnehmen und deshalb an das Fell herangebracht werden; die Tonkontrolle erfolgt am besten durch einen eingebauten Dämpfer, der einen verlängerten Arm hat und durch einen großen Einstellknopf bis zu einem Zehntelmillimeter fein reguliert werden kann. Dämpfer bestehen aus einer Kunststoff-Form, einem Schaumstoffring und einer oder zwei Schaumstoffscheiben. Damit sind vier Soundvarianten zu erreichen:

1. Montiert man nur die Kunststoff-Form unter dem Schlagfell, werden die Obertöne um ca. 80 % reduziert, ohne den Grundton zu verändern.
2. Nimmt man den Schaumstoffring hinzu, werden alle Obertöne abgedämpft.
3. Verwendet man statt des Schaumstoffringes eine Schaumstoffscheibe unter dem Schlagfell, erhält man einen noch trockeneren Sound.
4. Legt man zusätzlich zu 3. eine zweite Schaumstoffscheibe auf das Resonanzfell, wird die Trommel komplett abgedämpft und kann ähnlich wie eine Practice Pad (Übungsscheibe) gespielt werden.

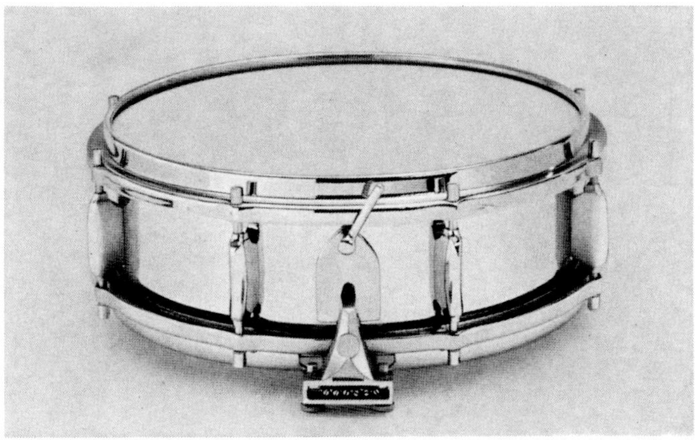

Kleine Trommel, 37 x 15 cm (1964/65). Metallkessel, nahtlos gezogen, Profilreifen, „schwimmende" Plastikfelle

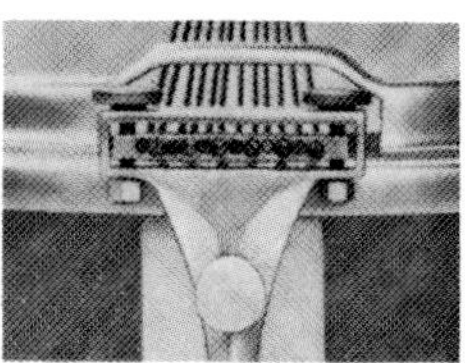

Zuverlässige Handhabung sowohl bei anliegenden als auch bei abgehobenen Snares gewährleistet eine parallelarbeitende Abhebevorrichtung. Die Snares sind einzeln spannbar und lassen sich auch in ihrer Stellung so regulieren, daß eine völlig gleichmäßige Auflage des Spiralteppichs erreicht wird.

Im 20. Jahrhundert hat die Herstellung von Kleinen Trommeln eine steile Entwicklung durchlaufen. Bereits um die Jahrhundertwende umfaßt z. B. der SONOR-Katalog mehr als 20 „Concert-Wirbeltrommeln", darunter Modelle mit Messingkesseln und vernickelten Beschlagteilen. Die Entwicklung und schnelle Verbreitung des Jazz und jazzverwandter Musik in den 20er und 30er Jahren zog Neuentwicklungen und Verbesserungen im Trommelbau zwangsläufig nach sich.

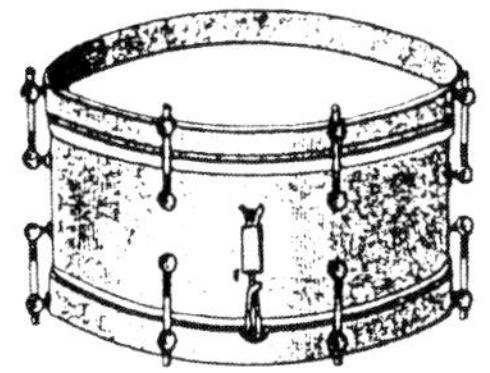
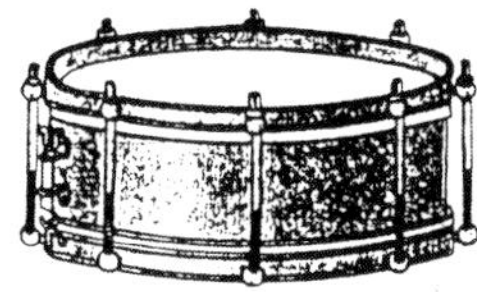

Konzert-Wirbeltrommeln um 1900

„Favorit“ Snare Drum von SONOR aus dem Jahre 1930

Die „Favorit“-Snare-Drum von SONOR 1930 wies schon alle technischen Merkmale einer modernen Snare Drum auf: *throw-off*-Abhebevorrichtung, Feinregulierung des Snare-Teppichs und *floating heads.* In der Nachkriegszeit kam die nächste Neuerungswelle mit der ersten zentralstimmbaren Kleinen Trommel und dem ersten parallel arbeitenden Innendämpfer. Heute gibt es Snare Drums in einer Fülle von verschiedenen Ausführungen. Holzkessel (Buche, Birke) – vielschichtig verleimt – sorgen für einen wärmeren, Metallkessel (Ferro-Mangan-Stahl) für einen härteren Klang. Je tiefer der Kessel, desto mehr Klangvolumen entsteht durch ihn. Trommeln mit dicker Wandstärke des Kessels erzeugen weiche, obertonarme Klänge, Trommeln mit dünnem Kessel erregen mehr Obertöne und mischen sich daher klanglich besser mit anderen Instrumenten.

Zur Trommelakustik

Noch bis vor kurzem wurden die *akustischen* Qualitäten von Trommeln von den Handwerkern empirisch nach dem

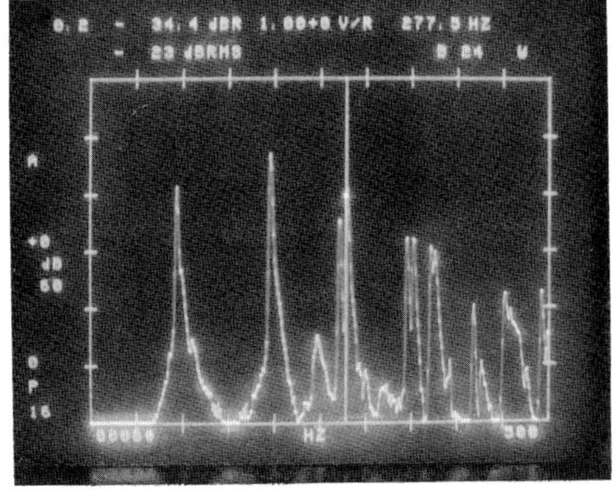

Frequenzspektrum einer Trommel ohne Resonanzfell mit Grundton (89 Hz) und Obertönen

Gehör ermittelt und beruhten daher auf einem stark subjektiven Urteil der Hersteller. Um objektive und verbindliche Kriterien zu erarbeiten, haben Forscher der Physikalisch-Technischen Bundesanstalt in Braunschweig (PTB) im Auftrag der „Forschungsgemeinschaft Musikinstrumente“ im Bundesverband der deutschen Musikinstrumenten-Hersteller die Grundlagen der *Trommelakustik* ergründet, primär die Frage nach dem Zusammenhang zwischen Material, Form, Größe und klanglichen Eigenschaften der Instrumente erforscht.

Der Trommelklang setzt sich aus einem Grundton und den dazugehörigen Obertönen zusammen; ob man einen Klang als hoch oder tief empfindet, hängt hauptsächlich vom Grundton ab. Die Obertöne beeinflussen die Klang-„Farbe“ des Instruments. Die durch einen Schlag angeregte Membran bringt die umgebende Luftmasse in Schwingung; somit ist das Fell einer Trommel sowohl Klangerreger als auch Schallabstrahler. Je freier das Fell schwingen kann, desto stärker ist die Schallenergie des Instruments.

Auch das Material des Fells beeinflußt den Klangcharakter durch unterschiedliche Dämpfung der Obertöne; z.B. klingen Felle mit größerer Dämpfung (Pin Stripe, CS) weicher und dunkler, weil sie die Grundtöne stärker schwingen lassen.

Fellbezeichnung	Masse	Dicke	Ausklingzeit in Sekunden	
	m/g	h/mm	Grundton 176 HZ/s	Obertöne 500 Hz-Terz/s
Ambassador	50	0,3	0,9	2,5
Diplomat	40	0,25	0,8	2,7
Emperor	75	0,46	1,05	2,5
Pin Stripe	62	0,35	1,0	1,4
Controlled Sound	50	0,3/0,4	1,0	1,1

Vergleich der Ausklingzeiten von Grundton und Obertönen bei verschiedenen Felltypen. Deutlich erkennbar die starke Dämpfung der Obertöne bei *Pin Stripe* und *Controlled-Sound*-Fellen.

Wissenschaftlich ausgedrückt, ist der *Trommelkessel* „akustisch passiv“, d.h., er strahlt keinen Schall ab, aber er bestimmt die Frequenz; je größer also die schwingende Luftmasse, desto tiefer der Grundton bei sonst gleicher Fellspannung. Der Kessel beeinflußt die Fellschwingungen und ihre Schallabstrahlung; deswegen müssen Kessel folgende Bedingungen erfüllen:

a) Sie müssen schwingungsneutral sein, damit dem Fell keine Schwingungsenergie verlorengeht.
b) Sie müssen biegesteif sein, damit sie nicht zu Eigenschwingungen gebracht werden können.
c) Sie sollten eine große Kesselmasse aufweisen, die die Ausklingzeit unbeeinflußbar macht von der Aufhängung

auf Haltegelenken oder Ständern und die Abstrahlung des Grundtones verstärkt.

d) Sie sollten geringe Reibungsverluste aufweisen, um die Schwingungsenergie des Fells nicht zu hemmen.

Schmale Kesselränder dämpfen wenig, breite dämpfen intensiv. Hartes Kesselmaterial bringt wenig Dämpfungswirkung mit sich, weswegen für den obertonreichen Klang von Snare Drums gern Metallkessel verwendet werden. Nur äußerst stabile, schwingungsneutrale Kessel mit schmalem und hartem Rand bringen ideale Schwingungsbedingungen für das Fell mit sich. Kessel mit geringer Wandmasse drängen den Grundton zugunsten der Obertöne zurück, Kessel mit großer Wandmasse lassen den Grundton stärker durchklingen und erzielen einen runden Klang.

Mechanische Eigenschaften verschiedener im Trommelbau verwendeter Holzarten

Holzart	Spez. Gewicht g/cm³	Elastizitäts-modul N/mm²	Druck-festigkeit N/mm²	Biege-festigkeit N/mm²	Härte N/mm²
Bubinga	0,88	15.800	66	132	
Buche	0,69	14.270	56	116	34
Birke	0,67	14.780	60	121	29
Lauan*	0,64	13.250	51	94	22
Ahorn	0,61	11.720	48	98	23
Pappel	0,43	9.680	37	71	12

Elastizitätsmodul: Proportionalitätsfaktor für den Zusammenhang zwischen Kraft und Biegung.
Druckfestigkeit: Zum Bruch führende Druckbeanspruchung des Holzes.
Biegefestigkeit: Zum Bruch führende Beanspruchung auf Biegung.
Härte: Maß für die Verformung durch Druckbeanspruchung. Härte senkrecht zur Faser.
N/mm²: Kraft / Fläche
* Red Lauan wird gelegentlich auch als „Philippine Mahogany“ bezeichnet, obwohl es kein Mahagoni ist.

Das Prinzip der floating heads bei den Orchesterpauken wurde für den Trommelbau übernommen; d.h. die Kessel und die Spannreifen sind so berechnet, daß die Fellreifen die Kessel nicht berühren, und die Felle liegen nur auf den Rändern auf. Bei einem Winkel von 45 Grad vom Rand zum Fell ergibt sich die intensivste Schallabstrahlung.

SCHLAGZEUG-SETS

Nach der Jahrhundertwende tritt das Schlagzeug aus dem Schattendasein der Begleitrolle und des Backgrounds immer anspruchsvoller heraus; seit der Komposition von Werken wie *Die Geschichte vom Soldaten* (1918) von Igor Strawinsky und dem Jazz mit seinem Einfluß auch auf die Kunstmusik, wie z.B. im Ballett *La création du monde* (1923) von Darius Milhaud, werden immer häufiger abwechslungsreiche und virtuose Soli verlangt, denen sich der Schlagzeuger mit variablen Spieltechniken und bunt besetzten Sets stellen muß. Von den großen Klöppeln der Landsknechte war es ein weiter Weg zu den heutigen konisch zugespitzten und ca. 38 cm langen Trommelstöken aus Hickory und Ahorn mit kleinen kugelförmigen und nach oben hin sich verjüngenden Enden oder zu den Jazzbesen aus Stahldraht.

Schon die Janitscharenmusik der Türken in der ersten Hälfte des 18. Jahrhunderts kannte die *große* Schlagzeugbesetzung:

Große Pauke, 2 Kleine Pauken, 3 Kleine Trommeln, Große Trommel, 2 Cymbeln (jede mit 2 kleinen Cymbeln), Becken, 1 Cymbel mit 2 großen Becken und 2 Triangel[5]. Mit dem geschilderten Erstarken des Schlagzeugs im 20. Jahrhundert ging sowohl im Symphonieorchester als auch in den Jazzbands schnell ein Trend zu großen Besetzungen einher. Wechselnd nach der jeweiligen Mode der Zeit ergeben sich u. a. folgende Jazz-Kombinationen:

a) Anfang der 20er Jahre: 1 Große Trommel mit Fußmaschine, daran ein Klöppel, der gleichzeitig gegen ein am Trommelrand vertikal angebrachtes chinesisches Becken wirkt, 1 am Galgen aufgehängtes meist chinesisches Becken, 1 Kleine Trommel auf Ständer, Holztrommel, Triangel und diverse Schlegel.

b) um 1930: 1 Große Trommel mit Fußmaschine (manchmal auch 2 Große Trommeln mit 2 Fußmaschinen), 1 Kleine Trommel mit Ständer, 2 bis 3 Ständertomtoms, 2 bis 3 türkische Becken, an Einzelständern aufgesteckt, 1 Hi-Hat-Pedal, 1 Kuhglocke und diverse Schlegel. Für besondere Tanzformen kommen die afro-amerikanischen Instrumente Maracas, Bongos, Timbales, Claves usw. hinzu.

c) *Moderne Kombination*: 1 Große Trommel mit Fußmaschine (manchmal auch 2 Große Trommeln mit 2 Fußmaschinen), 1 Kleine Trommel mit Ständer, 2 bis 3 Ständertomtoms, 2 bis 3 türkische Becken an Einzelständern aufgesteckt, 1 Hi-Hat-Pedal, 1 Kuhglocke und diverse Schlegel. Für besondere Tanzformen kommen die afro-amerikanischen Instrumente Maracas, Bongos, Timbales, Claves usw. hinzu[6].

Meistens kommt ein *4-piece Set-up* mit 18″ Bass Drum, 5¾″ Snare Drum, 12″ oder 13″ Tomtom und 14″ Floor Tom in Frage; in Rockgruppen sind größere Drums erforderlich. Die *Bass Drum* bildet die Basis eines Sets; von ihr sollte man bei einer Anschaffung ausgehen. Dazu stellt die *Snare Drum* die wichtigste Komponente dar; sie bildet das Herzstück für den Gesamtsound des Sets. Die *Tomtoms* und die *Floor Toms* (quasi die „größeren“ Kleinen Trommeln) bilden dazu eine klangliche Ergänzung; auch sie gibt es heute in verschiedenen Größen von 25 bis 45 cm Durch

[5] Vgl. Avgerinos, S. 44.

[6] Vgl. Avgerinos, Handbuch, S. 89.

messer und 20 bis 60 cm Höhe. Sie haben einen Spannschraubenmechanismus wie die Kleinen Trommeln und einen zylindrischen Corpus. Ebenso befindet sich bei ihnen unten ein Resonanzfell, so daß sie im Set gut mit Bass Drum und Snare Drums kombinierbar sind; geschlagen werden sie mit Trommelstöcken.

Die *Cymbals* dienen als Klangkrone und zur rhythmischen Variierung und Akzentuierung. Zur Grundausstattung gehören: Ride, Crash und ein Paar Hi-Hat-Cymbals; zur Ergänzung können herangezogen werden: Chinese, Flat Ride und Splash Cymbals.

Zur *Hardware* schließlich gehören: Fußmaschine, Hi-Hat, Cymbalständer, Haltegelenk oder Tomtom-Ständer, Snare-Drum-Ständer und Drummersitz.

DAS ORFF-INSTRUMENTARIUM

Für die Musikpädagogik entwickelte der Komponist Carl Orff (1895 - 1982) in Verbindung mit der Günther-Schule für Gymnastik, Musik und Tanz in München ein nach ihm benanntes Instrumentarium für die musikalisch-rhythmische Früh- und Grunderziehung. In der ersten Ausgabe des sogenannten Orff-Schulwerks (Mainz 1930) heißt es: „Das Schulwerk will als elementare Musikübung an Urkräfte und Urformen der Musik heranführen." Die einzelnen Instrumente entwickelte Orff Ende der 20er und Anfang der 30er Jahre zusammen mit dem Münchener Cembalobauer Karl Maendler, um seine Ideen von einer auf Tanz und Szene zielenden Einheit von Sprache, Musik und Bewegung zu praktizieren. Seitdem hat sich das Orff-Instrumentarium über das Schulwerk hinaus zu einem weltweit verwendeten Instrumentarium für Musik und Bewegung in Unterricht, Freizeit und Sonderschule sowie für Musiktherapie weiterentwickelt.

Zum Orff-Instrumentarium gehören:

Stabspiele	Xylophone, Glockenspiele, Metallophone, Klingende Stäbe sowohl diatonisch als auch chromatisch
Fellinstrumente	Pauken, Handtrommeln, Schellentrommeln, Große und Kleine Trommel
Kleines Schlagwerk	Triangeln, Cymbeln, Hängende Becken, Kastagnetten, Holztrommeln, Claves, Kugel- und Schellenrasseln

DAS SCHLAGZEUG IN DER NEUEN MUSIK

Spezialkombinationen

Die Neue und avantgardistische Musik des 20. Jahrhunderts tendiert zum von Stück zu Stück in der Instrumentenkombination wechselnden Spezialensemble in kleinen und größeren Kammerbesetzungen. Durch die kreativen Anregungen des Pioniers der Neuen Musik in den 20er Jahren unseres Jahrhunderts, Edgar Varèse (1885 - 1965), emanzipierten und erweiterten sich Instrumentarium und Spieltechnik namentlich des Schlagzeugs beträchtlich. Seine *Ionisation* (1934) verlangt 13 (!) Schlagzeuger. Die Vorworte zu den nachstehend aufgeführten Partituren geben genaue Anweisungen über Auswahl und Aufstellung des Instrumentariums und über benutzte Symbole[7] in der Partitur, z.B.:

Pauken	Bongos
Rührtrommel	Conga
Provençalische Trommel	Tomtoms
Militärtrommel	Timbales
Tenortrommel	Triangel
Kleine Trommel	Claves
Große Trommel	Holzblock
Schellentrommel	Tempelblock

[7] Vgl. Peinkofer/Tannigel, S. 17 f.

Karlheinz Stockhausen (1928) verlangt in seinem *Zyklus für einen Schlagzeuger* (1961) genaue Tonhöhen der Holztrommeln, Tomtoms und Almglocken: möglichst 4 aufeinanderfolgende Töne der Skala (Tomtoms möglichst tief stimmen):

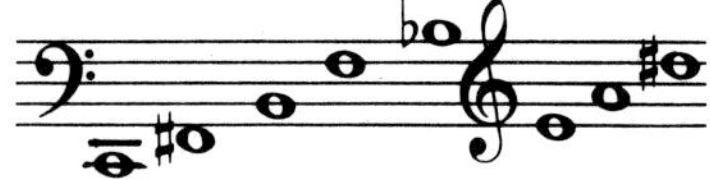

Kazimierz Serocki (1922 - 1981) fordert für sein *Continuum* (1965/66; Edition Moeck) nach Möglichkeit eine stereophone (!) Aufstellung der sechs Percussionisten um das Publikum herum:

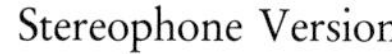
Stereophone Version

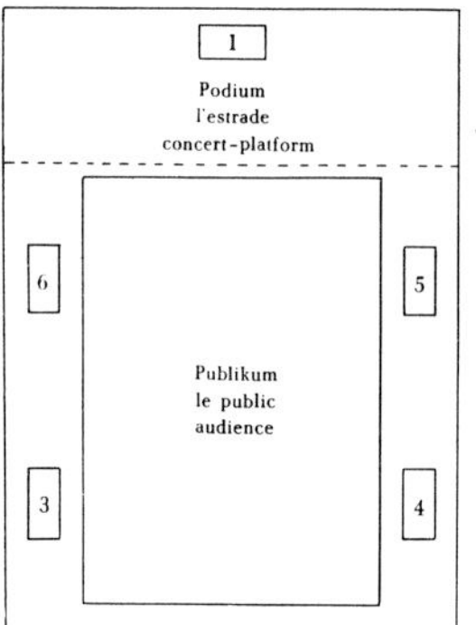

Vereinfachte Version

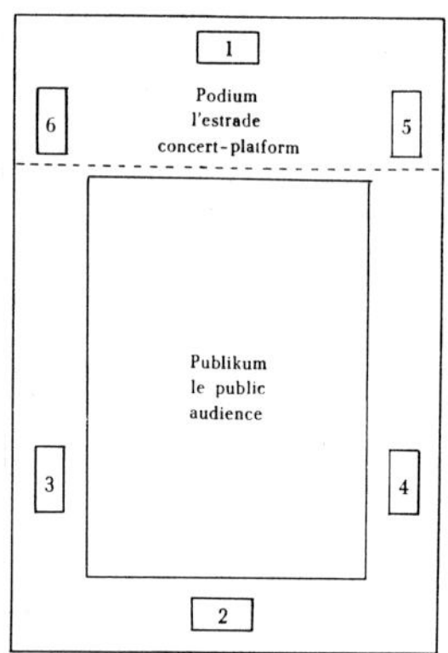

Podiumsversion

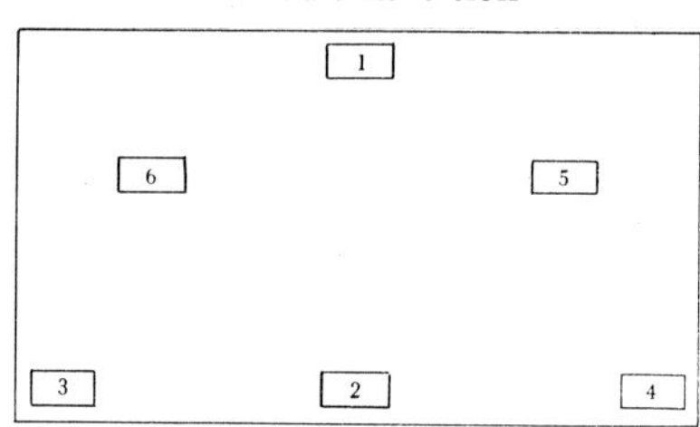

Standardwerke Neuer Musik mit großen Schlagzeugbesetzungen

Edgar Varèse (1885 - 1965), *Ionisation* (1934) für 13 Spieler (Ricordi):

1. Großes chinesisches Becken, Große Trommel, Kuhglocke, Tamtam (hoch)
2. Gong, Tamtam (hoch), Tamtam (tief), Kuhglocke
3. 2 Bongos (hoch, tief), Militärtrommel, 2 verschieden große Trommeln
4. Militärtrommel, Rührtrommel
5. Sirene (hoch), Reibetrommel
6. Sirene (tief), Peitsche, Guiro
7. 3 Woodblocks (hoch, mittel, tief), Claves, Triangel
8. Kleine Trommel, 2 Maracas (hoch, tief)
9. Tarole (hoch, mit snares), Kleine Trommel, Becken aufgehängt
10. 1 Paar Becken, Schellen, Röhrenglocken
11. Guiro, Kastagnetten, Klavierglockenspiel
12. Tambourin, 2 Ambosse (hoch, tief), Tamtam groß (sehr tief)
13. Peitsche, Triangel, Schellen, Klavier

Karlheinz Stockhausen (geb. 1928), *Zyklus* für einen Schlagzeuger (UE 1961):
Marimbaphon, Guiro, 2 Holztrommeln mit je 2 Tonhöhen, Schellen (aufgehängt, möglichst indische Schellen verschiedener Größe), Kleine Trommel (sehr hoch, mit snares), 4 Tomtoms (Rand und Fell zugleich geschlagen), 2 Becken, Hi-Hat, 2 Triangel (sehr hoch), Vibraphon, 4 Almglocken, Buckelgong und Tamtam

Miloslav Kabelac (geb. 1908), *8 Invenzioni* (1962) für 6 Spieler (Panton, Prag 1966):
2 Xylophone, Marimbaphon, 2 Vibraphone, Glockenspiel, Röhrenglocken, 4 Pauken (2 mit Pedalen), 7 Becken (26 cm - 72 cm), 1 Paar Becken, 5 Tamtams, Fingerzimbeln, 3 x 3 Tomtoms, 2 x 2 und 1 Bongo, 2 Kleine Trommeln, 1 Rührtrommel, 2 Große Trommeln, 5 Tempelblocks und 12 Gongs

Kazimierz Serocki (1922 - 1981), *Continuum* (1965/66) für 6 Spieler (Edition Moeck):
2 Xylorimba, 1 Marimbaphon, 3 Vibraphone, 2 Glockenspiele, Glocken, 16 Fingerbecken, 4 Kuhglocken, 5 Pauken (2 mit Pedal), 9 Gongs, 3 Paar Maracas, 4 Triangel, 9 Flaschen, 3 x 3 Tempelblocks, 3 Claves, Ratsche, 2 Peitschen, 3 Paar Bongos, 2 Kleine Trommeln, Rührtrommel, Wirbeltrommel, 3 Tambourins, 3 x 3 Tomtoms, 2 Congas, 3 Große Trommeln, 12 Becken (26 cm - 72 cm), 2 chinesische Becken, 3 x 2 Tamtams

Dieter Einfeldt (geb. 1935), *Rotation* (1971) über 2 Rhythmen aus *Symphonie Les Echanges* von Rolf Liebermann für 6 Spieler (Peer-Musikverlag):
1 Glockenspiel, 2 Xylophone, 1 Vibraphon, 1 Marimbaphon, 8 Röhrenglocken, 4 Pauken, 3 Gongs, 3 Tamtams, 1 tiefes Tamtam, 4 Bongos, 1 Conga, 3 Tomtoms, 2 Timbales, 3 Kleine Trommeln, 4 Claves, 4 Holzblocks, 4 Tempelblocks, Kastagnetten, 2 Maracas, 1 Amboß, Schellen, 3 Almglocken, 2 Paar Becken (klein, groß), 5 aufgehängte Becken, Militärtrommel, Rührtrommel, Große Trommel, Schreibmaschine, Autohupe und Lotosflöte

Literaturhinweise

Gerassimos Avgerinos: *Lexikon der Pauke*. Frankfurt a.M. 1964.

Ders.: *Handbuch der Schlag- und Effektinstrumente*. Frankfurt a.M. 1967.

James Blades: *Percussion Instruments and their History.* London 1970.

Alfredo Casella/Virgilio Mortari: *Die Technik des modernen Orchesters.* Mailand 1961.

der drummer. Frankfurt 1953-56.

Walter Gieseler, Luca Lombardi, Rolf-Dieter Weyer: *Instrumentation in der Musik des 20. Jahrhunderts.* Akustik - Instrumente - Zusammenwirken. Celle 1985.

Hans Kunitz: *Die Instrumentation. Schlaginstrumente.* Leipzig 1960.

Musikinstrumente Made in Germany. Eine Dokumentation der Deutschen Musikinstrumentenhersteller. Frankfurt 1981.

Karl Peinkofer/Fritz Tannigel: *Handbuch des Schlagzeugs.* Mainz, 1981[2].

Curt Sachs: *Reallexikon der Musikinstrumente.* Berlin 1913; Reprint Hildesheim.

Herbert Tobischek: *Die Pauke. Ihre spiel- und bautechnische Entwicklung in der Neuzeit.* Tutzing 1977.

Fotos zur Akustik: Physikalisch-Technische Bundesanstalt Braunschweig.

Die Schwarz-Weiß-Abbildungen sind, wenn nicht ausdrücklich anders vermerkt, aus diversen Katalogen der Firma SONOR, Aue/Westf., entnommen.

Orff-Instrumentarium (Studio 49, Gräfelfing)

Herstellung eines Paukenkessels (Kolberg, Uhingen). Foto: Harms

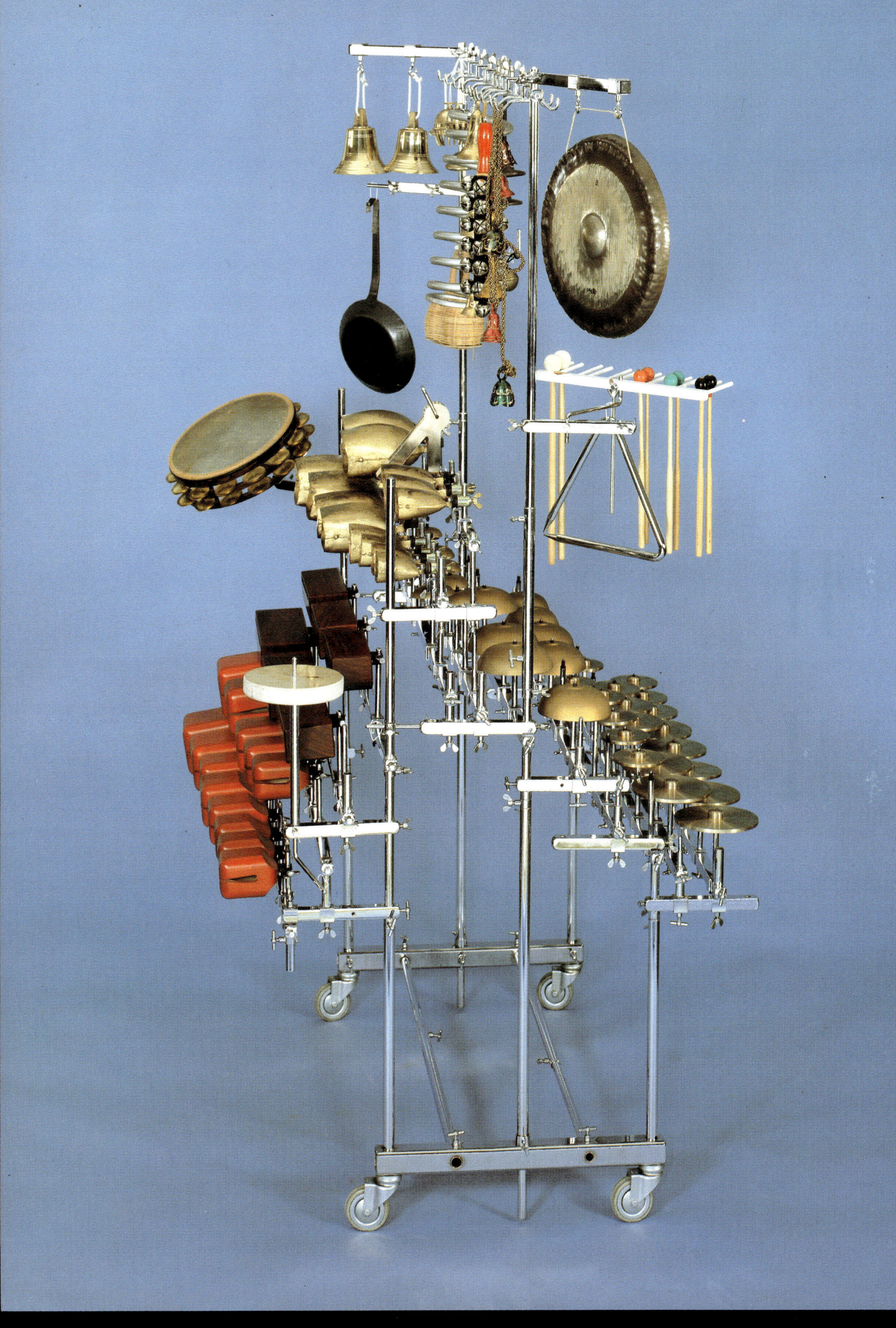

Kombinationsständer für Schlaginstrumente und Zubehör. Glocken, Gongs, Almglocken (Cencerros), Schalenglocken, Crotales, Holztrommeln, Tempelblocks, Tambourin, Schellen, Triangeln, Becken, Trommeln und andere Effektinstrumente (Kolberg, Uhingen).

Günther Batel

DATEN ZUR GESCHICHTE DER TASTENINSTRUMENTE

Die aus dem europäischen Kulturkreis hervorgegangenen Tasteninstrumente haben wesentlich zur Entwicklung der abendländischen Musikkultur beigetragen. Heute spielen sie weltweit in allen Bereichen des Musiklebens eine herausragende Rolle. Welche instrumentenkundlichen Entwicklungslinien lassen sich in die Geschichte zurückverfolgen? Hierauf versucht die nachfolgende Übersicht stichwortartig Antwort zu geben.

Die Orgel

Die Geschichte der Orgel, auf die wir in dieser Übersicht nicht weiter eingehen wollen, reicht bis ins 3. Jahrhundert vor Christus zurück. 757 bekommt Pippin der Jüngere vom byzantinischen Kaiser Konstantin Kopronymos eine Orgel geschenkt und läßt sie auf seinem Landsitz in Compiègne aufstellen. Mit den Karolingern wird die Orgel dann Kircheninstrument.

Das Clavichord

Dieses Instrument ist aus dem Monochord hervorgegangen, einem Lehrinstrument, an dem sich die Saitenteilung gut demonstrieren läßt. Die Tastatur ist der Orgel entlehnt. Ein auf dem Tastenende befestigtes Metallplättchen („Tangente") drückt bei Betätigung gegen die Saite und übernimmt Abteilung und Schwingungserregung der Saite in einem. Während das hintere Ende der abgeteilten Saite mittels eines Tuchstreifens gedämpft wird, erklingt der vordere ungedämpfte Teil, solange die Tangente gegen die Saite drückt. So können auf einer Saite mehrere Töne erzeugt werden (vgl. hierzu den unregelmäßigen Verlauf der Anschlaghebel in der Clavichordzeichnung Abb. S. 211). Diese Clavichorde nennt man „gebunden". Bei den „bundfreien" Clavichorden, die zur Interpretation chromatisch reicherer Musik geeignet sind, ist jeder Saitenchor nur für einen Ton gedacht.

1404	Erstmalige Erwähnung des *Clavichordium* (wahrscheinlich identisch mit dem englischen *chekker* des 14. Jahrhunderts) in einem niederdeutschen Gedicht, den „Minneregeln" des Eberhard Cersne von Minden
1425	Darstellung eines Clavichords auf einer Holzplastik (Altarstück) in Minden/Westf.
1440	Erstmalige ausführliche Beschreibung des Clavichords durch Heinrich Arnold von Zwolle aufgrund eines noch früheren Traktates eines gewissen Baudecet von Reims
1459/63	Das Pedalclavichord wird erstmals von Paulus Paulirinus erwähnt.
1543	Ältestes erhaltenes Clavichord von Domenicus Pisaurensis
1693	Erste Erwähnung eines bundfreien Clavichords
1723	Ältestes erhaltenes bundfreies Clavichord von Gottfried Silbermann
18. Jahrh.	Blütezeit des Clavichordspiels zur Zeit des „galanten und empfindsamen Stils", das in Carl Philipp Emanuel Bach seinen Meister findet. Die einfache Mechanik gibt ein sehr direktes Saitengefühl, wobei der Ton – auch durch das sogenannte Beben – modulierbar ist.
19. Jahrh.	Das Clavichord wird (wie die Kielinstrumente) vom Hammerklavier aus dem Musikleben weitgehend verdrängt, nur noch vereinzelt Clavichordbau.
20. Jahrh.	Im Rahmen der Wiederbelebung alter Instrumente werden auch Clavichorde wieder neu gebaut. Vor dem 2. Weltkrieg war es besonders Cornelia Auerbach, die als Clavichord-Virtuosin bekannt wurde.

Die Kielklaviere

14. Jahrh.	Cembalo (*Clavicymbalum*, flügelförmiges Kielinstrument) Spinett und Virginal entstehen: platzsparende Bauform der Kielinstrumente, bei der die Sai-

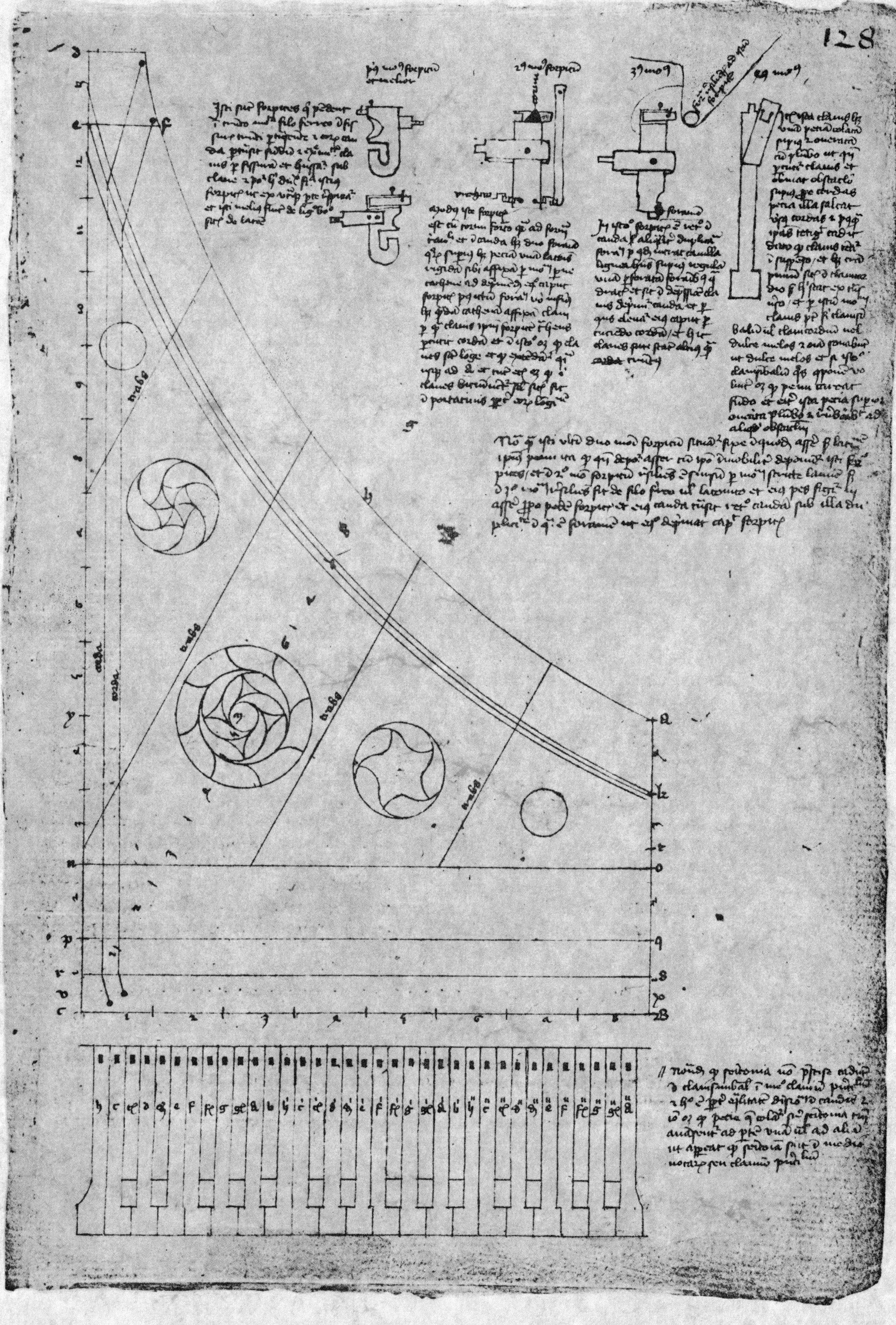
128

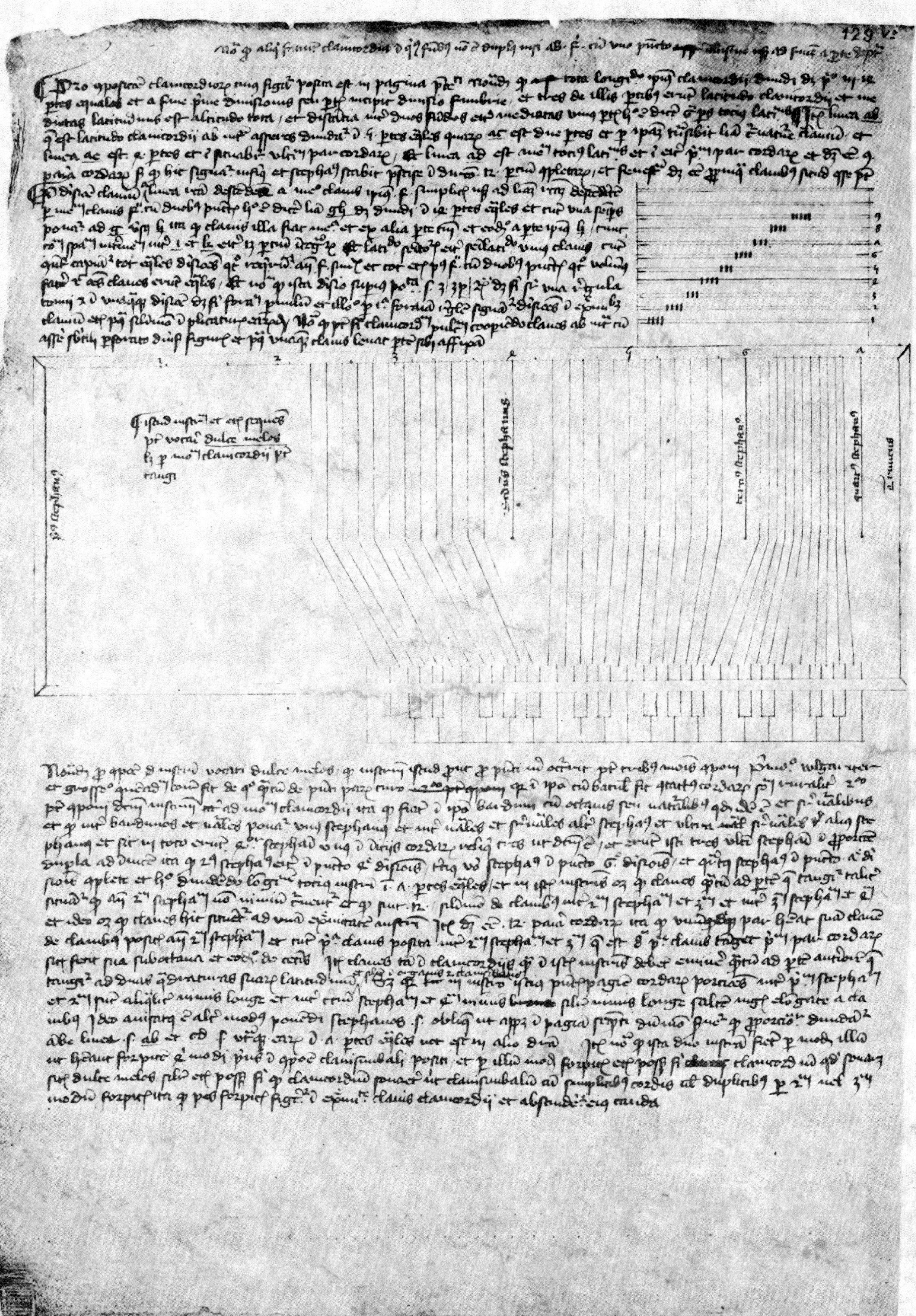

Zeichnungen und Beschreibungen zu Clavichord und Cembalo in Heinrich Arnold von Zwolles Instrumentenbautraktat um 1440 (Paris, Bibl.Nat.ms.lat.7295, Reprint Kassel 1972)

ten nicht parallel, sondern in einem Winkel zu den Tasten verlaufen.

1397 Erstmalige Erwähnung des *Clavicymbalum* in einem lateinischen, in Italien geschriebenen Brief

1409 Erstmalige Abbildung eines Saitenklaviers in Flügelform in den *Très belles heures* des Herzogs von Berry

1440 Cembalobeschreibung und -darstellung bei Heinrich Arnold von Zwolle

um 1460 Erstmalige Beschreibung eines Clavicytheriums (Aufrechtkielflügels) durch Paulus Paulirinus

1480 Erstmalige Darstellung eines Clavicytheriums durch eine Altarskulptur auf dem Altar zu Kefermarkt in Oberösterreich

1516 Ältestes erhaltenes Cembalo des Italieners Vicentius

1523 Ältestes erhaltenes Spinett von Franciscus de Portalupis, Verona

1537 Ältestes erhaltenes deutsches Cembalo von Hans Müller, Leipzig

1538 Einführung von 4′-Registern neben 8′-Registern

1548 Ältestes erhaltenes flämisches Virginal des aus Köln zugewanderten Joes Karest

1576 Franco Ungaro, ein venezianischer Instrumentenbauer, verfertigt Kielinstrumente mit drei Registerzügen, wahrscheinlich 8′, 8′, 4′.

1599 Ältestes erhaltenes zweimanualiges Cembalo von Hans Ruckers, Antwerpen

1658 Girolamo Zenti, Rom, baut ein Cembalo mit 16′-Register.

1676 Thomas Mace berichtet über eine von John Haward erfundene Pedalanlage zur Cembaloregistrierung.

vor 1714 Ältestes erhaltenes Cembalo mit einem 16′-Register von Harrass, Großbreitenbach

1740 Dreimanualiges Cembalo von Hieronymus Albrecht Hass, Hamburg (mit 2′- und 16′-Register)

1809 Mit dem letzten von Joseph Kirckman gebauten Cembalo endet die Epoche des klassischen Cembalobaues

1889 Für die Weltausstellung in Paris wurden einige Cembali neu gebaut (vgl. S. 244). Das war der Beginn des modernen Cembalobaues. Hierzu vgl. in der Firmenliste S. 383 ff die Firmen Hildebrand, Hoppe, Neupert, Saßmann & Kramer, Senftleben, Sperrhake, Walter, Wittmayer, Zahl u.a.

Das Pianoforte

1598 Zwei Briefe von Hippolito Cricca, genannt Paliarino, an Alphonse II., Herzog von Modena, erwähnen zwei Klavierinstrumente, eines mit Orgelwerk, genannt *Pian e Forte con l'orghano di sotto*, das andere *di due registri ed il Piano e Forte*.

1698 Bartolomeo Cristofori erfindet in Florenz ein *Gravecembalo col piano e forte*, das Pianoforte.

1711 Cristoforis Erfindung wird von Marchese Maffei im *Giornale dei Letterati di Venezia* beschrieben.

1717 Unabhängig von Cristofori erfindet Gottlieb Schröter in Dresden eine Hammermechanik. Bau von 2 Modellen, eines mit aufwärtsschlagender, eines mit abwärtsschlagender Mechanik.

1720 Erster erhaltener Hammerflügel von Cristofori

1725 Mattheson veröffentlicht in seiner *Critica musica* eine deutsche Übersetzung des Berichtes von Maffei. Dadurch wird Cristoforis Erfindung in Deutschland bekannt.

1731 Gottfried Silbermann in Freiberg bei Dresden baut 2 Hammerflügel.

1732 Lodovico Giustini gibt in Florenz 12 Sonaten für Hammerflügel heraus; älteste ausdrücklich für Hammerflügel geschriebene Komposition.

1736 Gottfried Silbermann zeigt J.S. Bach zwei seiner Pianoforti. Ablehnende Haltung Bachs

1739 Domenico del Mela di Gagliano baut den ersten aufrechten Flügel.

1742 Tafelklavier von Johann Socher aus Sonthofen im Allgäu. Ältestes erhaltenes Tafelklavier

1745 Christian Ernst Friederici in Gera baut den ersten Pyramidenflügel. Schrägsaitenbezug

1747 J.S. Bach spielt in Potsdam in Gegenwart Friedrichs des Großen die verbesserten Silbermann-Hammerflügel und lobt die Instrumente; „völlige Gutheißung" (J.F. Agricola).

1752 Johann Joachim Quantz erwähnt in seinem *Versuch einer Anweisung, die Flöte traversiere zu spielen* das Pianoforte in anerkennendem Sinn.

1753 Carl Philipp Emanuel Bach erwähnt in seinem *Versuch über die wahre Art, das Clavier zu spielen* das Fortepiano gleichberechtigt neben dem Clavichord.

1760 Ankunft von Johannes Zumpe und elf anderen deutschen Klavierbauern, meistens Silbermann-Schülern, in London; Beginn des Tafelklavierbaues in England. Zumpe baut Stoßmechanik mit starrem Stößer.

1762 Ältestes bekanntes Zumpe-Tafelklavier

1763 Johann Baptist Schmid gibt im Burgtheater Wien das erste öffentliche Konzert auf einem Hammerflügel.

1767 16. Mai. Eine Konzertanzeige in London meldet, „daß Dibdin in einem Konzert im Covent Garden Theater für eine Liedbegleitung ein neues Instrument, genannt Pianoforte, gebrauchen wird".

1768 Mlle. Lechantre spielt in einem „Concert spirituel" in Paris am 8. September mit geringem Erfolg erstmalig auf einem Hammerklavier.

1767-72 Americus Backers, John Broadwood und Robert Stodart bauen das sogenannte *English Grand-Action-Anschlagsystem.*

1769 Burkat Shudi (Burkhardt Tschudi) in London nimmt seinen Schwiegersohn John Broadwood als Teilhaber auf.

1773 Johann Andreas Stein baut in Augsburg die später unter dem Namen *Wiener Mechanik* bekannte Prellmechanik mit Einzelauslösung.

1775 John Brent (Johann Behrent) stellt in Philadelphia das erste amerikanische Tafelklavier aus.

1777 Erstmalige Anwendung des Dämpferpedals durch Adam Beyer

1780 Gründung von Erard in Paris. (Unter dem Namen Erard werden heute Flügel und Klaviere von Schimmel in Braunschweig hergestellt.)

1783 Broadwood läßt sich das Dämpfer- und Pianopedal patentieren.

1790 Gründung von Rohlfing in Osnabrück

1794 Gründung von Ibach in Barmen-Beyenburg. Heute: Herstellung von Flügeln und Klavieren in Schwelm

1795 Gründung von Ritmüller in Göttingen.
Robert Stodarts Schrankflügel wird patentiert. Das Instrument findet den Beifall Joseph Haydns.

1796 Erster Hammerflügel von Sébastien Erard, der seit 1777 in Paris bereits Tafelklaviere gebaut hat.

1799 Joseph Smith patentiert die Erfindung der Eisenspreizen im Flügel- und Tafelklavierbau. Erstmalige Anwendung von Eisenverstärkungen im Rahmenbau, der bis zu diesem Zeitpunkt ausschließlich aus Holz verfertigt wurde.

1800 Isaak Hawkins patentiert in Philadelphia ein *Aufrechtes Klavier*, dessen Resonanzboden in einen Eisenrahmen eingelassen und hinten mit Eisenspreizen verstrebt ist. Auch der Stimmstock ist aus Metall.
Hillebrand in Nantes wendet erstmals den kreuzsaitigen Bezug für Tafelklaviere an.
Die ersten *Aufrechten Klaviere* von Hawkins in Philadelphia und Matthias Müller in Wien

1801 Gründung von Ehrbar in Wien; Firma existiert dort noch heute.

1804 *Pyramiden-* und *Giraffenflügel* von Wachtl, Bleyer und Seuffert in Wien
Gründung von Graf in Wien

1807 Erfindung des *Cabinet Pianos*
Gründung von Pleyel in Paris. (Unter dem Namen Pleyel werden heute Flügel und Klaviere von Schimmel in Braunschweig hergestellt.)

1808 Sébastian Erard läßt sich die *Agraffe* patentieren (Sattelschrauben für Diskantsaiten am Stimmstock)

1809 Gründung von Schiedmayer (Johann Lorenz) in Stuttgart unter dem Namen Deudonne & Schiedmayer, später Schiedmayer und Söhne. Heute: Herstellung von Celesten und Tastenglockenspielen

1818 Gründung von Irmler in Leipzig

1819 Gründung von Sauter in Spaichingen. Heute: Herstellung von Flügeln und Klavieren ebendort

1820 Gründung von Strunz in Außergefild (Böhmerwald). Heute: Herstellung von Resonanzböden, Rippenstäben und Resonanz-, Rippen- und Klaviaturholz in Pocking/Ndb.

1821 Sébastien Erard erfindet die Repetitionsmechanik mit doppelter Auslösung (das Patent wird in England unter dem Namen seines Neffen Pierre Erard eingetragen, der die dortige Niederlassung leitet).

1823 Gründung von Laukhuff in Cannstatt bei Stuttgart. Heute: Herstellung von Klaviaturen für alle Tasteninstrumente und von Bestandteilen für Pfeifenorgeln in Weikersheim

1825 Alpheus Babcock in Boston baut erstmalig Tafelklaviere mit gußeisernem Rahmen aus einem Stück *(Cast Iron Frame).*

1826 Jean-Henri Pape, Paris, beschreibt die Verwendung von Filz statt Leder als Bezug für die Hammerköpfe.

1828 Gründung von Bösendorfer in Wien. Heute: Herstellung von Flügeln und Klavieren ebendort
Pape patentiert den kreuzsaitigen Bezug seines Piano *Console.*
Gründung von Adam in Wesel

1830 Gründung von Dörner in Stuttgart

1831 Gründung von Lipp in Stuttgart

1832 Gründung von Mand in Koblenz

1834 Gründung von Thürmer in Meißen/Sachsen. Heute: Herstellung von Flügeln und Klavieren in Herne

1835 Heinrich Engelhard Steinweg baut in Seesen sein erstes Klavier.

1837 Gründung von Zeitter & Winkelmann in Braunschweig. Heute: bei Seiler in Kitzingen

1838 Erfindung des *Capodasters* durch Pierre Erard

1840 Streicher geht allmählich von der Prell- auf die Stoßzungenmechanik über.
Erard und Herz vereinfachen die Repetitionsmechanik mit doppelter Auslösung, Entstehung der modernen Flügelmechanik.

1845 Gründung von Rönisch in Leipzig. Heute: in Böhlitz-Ehrenberg in Sachsen

1846 Gründung von Haegele in Aalen. Heute: bei Euterpe in Pfofeld

1847 Gründung von Gaveau in Paris. (Unter dem Namen Gaveau werden heute Flügel und Klaviere von Schimmel in Braunschweig hergestellt.)

1849 Gründung von Eduard Seiler in Liegnitz. Heute: Herstellung von Flügeln und Klavieren in Kitzingen

1851 Gründung von Feurich in Leipzig. Heute: Herstellung von Flügeln und Klavieren in Pfofeld (bei Gunzenhausen/Altmühl)

1852 Gründung von Steingraeber in Bayreuth. Heute: Herstellung von Flügeln und Klavieren ebendort

1853 Gründung von Bechstein in Berlin. Heute: Herstellung von Flügeln und Klavieren ebendort, in Karlsruhe und Eschelbronn

1853 Gründung von Blüthner in Leipzig. Heute: ebendort
Gründung von Schiedmayer (Julius und Paul!) in Stuttgart. (Unter dem Namen Schiedmayer werden heute Flügel und Klaviere von Kawai in Japan hergestellt. Vertrieb durch Sarkai in Speicher)
Gründung von Steinway & Sons in New York. Die Gründung in New York erfolgte durch Heinrich Engelhard Steinway, ursprünglich Steinweg aus Seesen. Heute: Herstellung von Flügeln und Klavieren in New York und Hamburg

1858 Friedrich Grotrian wird Teilhaber von Theodor Steinweg, dem Sohn Heinrich Engelhard Steinways, in Wolfenbüttel. 1859 Verlegung nach Braunschweig

1859 Gründung von Förster in Löbau. Heute: ebendort

1862 Gründung von Pfeiffer in Stuttgart. Heute: Herstellung von Flügeln und Klavieren ebendort

1863 Gründung von Homberg in Zeitz. Heute: Herstellung von Klavierstühlen, Pulten und Intarsien in Stutensee-Büchig bei Karlsruhe

1865 Theodor Steinweg (Braunschweig) verkauft seine Geschäftsanteile an Grotrian, Helfferich und Schulz. Die Familie Grotrian ist seit 1886 Alleininhaber. Heute: Herstellung von Klavieren und Flügeln der Marken Grotrian und Grotrian-Steinweg ebendort

1867 Fast ausschließliche Verwendung der Gußeisenrahmen seit der Pariser Weltausstellung; auch hat sich der kreuzsaitige Bezug durchgesetzt.

1868 Gründung von Neupert in Münchberg. Heute: Herstellung historischer Tasteninstrumente in Bamberg
Gründung von Manthey in Berlin. Heute: tätig im Klavierbau und Service ebendort

1869 Gründung von Grand in Berlin. Heute: als Warenzeichen zu Manthey zugehörig
Gründung von Moers & Co in Berlin. Seit 1931 May. Heute: Herstellung von Klavieren ebendort

1870 Gründung von Krauss in Stuttgart. Heute: Herstellung von Krauss-Klavieren durch Sauter in Spaichingen

1871 Gründung von Berdux in München

1872	Gründung von Wolffram in Dresden
1874	Patentierung des Tonhaltepedals für Steinway in New York
1874	Gründung von Flemming in Leipzig
1875	Gründung von Euterpe in Berlin. Heute: Herstellung von Flügeln und Klavieren in Pfofeld
1876	Gründung von Kluge in Wuppertal. Heute: Herstellung von Klaviaturen ebendort
1877	Gründung von Geyer in Eisenberg/Thüringen
1882	Gründung von Renner in Stuttgart. Heute: Herstellung von Mechaniken, Hammerköpfen, Bestandteilen, Spezialwerkzeugen und Zubehör ebendort
1883	Gründung von Matthaes in Stuttgart
1884	Gründung von Zimmermann in Leipzig. Heute: ebendort
1885	Gründung von Schimmel in Leipzig. Heute: Herstellung von Flügeln und Klavieren in Braunschweig
1893	Gründung von Hoffmann in Berlin. Heute: Herstellung von Hoffmann-Instrumenten durch Euterpe in Pfofeld
1895	Gründung von Reiner in Stuttgart. Heute: Herstellung von Klavierstühlen ebendort
1907	Gründung von Balz in Winnenden. Heute: Herstellung von Klavierstühlen ebendort
1926	Gründung von Willis in Landshut. Heute: Herstellung von Flügeln und Pianos ebendort
1948	Gründung von Jahn in Kronach. Heute: Herstellung von Bestandteilen, Spezialwerkzeugen und Zubehör in Grub am Forst
2. Hälfte 20. Jahrh.	In Europa zunehmende Konzentration der Herstellung hochwertiger Flügel und Klaviere in den traditionsreichen Pianofortefabriken der Bundesrepublik Deutschland.

Historische Tasteninstrumentenhersteller, vgl. Artikel Cembalobau.

Tafelklavier von F. Helmholz, Hannover 1860 (Sammlung Schimmel, Braunschweig)

Hammerflügel von Johann Heinrich Silbermann, Straßburg 1776 (Staatl. Institut für Musikforschung, Preußischer Kulturbesitz, Berlin)

Schimmel & Nelson

Franzpeter Goebels

ABENTEUER KLAVIER

Aspekte zu Klavierbau und Klavierspiel

Eine Liebeserklärung anstelle eines Vorwortes

Jemand, der in vielen Jahren professionellen Umgangs mit dem Klavier zum „Klavierliebhaber" gereift ist, hat das Recht, aber auch die Pflicht, seine Studenten und sich selbst zu fragen: Warum spielst du eigentlich Klavier? Die Antworten darauf sind vielfältig und bunt, lassen sich jedoch zumeist auf eine sekundäre Motivation zurückführen:

- Die Eltern waren selbst „des Klavierspiels Beflissene" (man brauchte in der musizierenden Familie noch einen Klavierspieler, oder schlicht, man besaß eben noch ein Instrument).
- Vielleicht hatte man auch einmal einen Virtuosen gehört und war davon fasziniert.

Wie dem auch sei: irgendwie, irgendwo und irgendwann begann alles einmal. Nur selten war es „Liebe auf den ersten Blick". Eine Wandlung zur „verliebten Hingabe" und zur Identifikation, also zu einer primären Motivation, entfaltet sich gewöhnlich erst in der erfahrenen Weggenossenschaft, und da hat die Klavierpädagogik ihre große Aufgabe.

Was sind denn – landläufig betrachtet – die „Vorteile" des Klaviers? Gewiß, man ist sein eigener Herr, braucht niemanden zur Unterstützung. Auch kann man „mit zwey Stimmen und bey weiteren Progressen mit drei und mehr Stimmen obligat verfahren" und dabei auch anderen Mitspielern Partner und Stütze sein. Der Klavierton liegt in meiner Hand, ich bin noch „Handwerker" in einer Knopfdruckzeit. Nicht zuletzt aber kann ich mich auf eine schier unerschöpfliche Fülle von musikalischen Abenteuern einlassen. Die Literatur in Geschichte und Gegenwart bietet Entdeckungsmöglichkeiten jeglicher Art und jeglichen Aufwands.

Ob das alles schon das Wesentliche trifft? Vielleicht liegt das Faszinans *Klavier* nur in einem Phänomen: Sein Ton ist nach der Geburt unwiderruflich dem Sterben überantwortet, und keine noch so verbesserte Mechanik hat dies wegschaffen *wollen*. Der Streicher hält seinen Ton mittels Bogenstrichs am Leben, der Bläser durch seinen lebendigen Atem. Diese Töne kann man gleichsam wachsen hören. Der Klavierton ist schön und edel, doch eben schnell vergänglich. Das ist die Herausforderung an den Komponisten, an den Interpreten und auch an den Hörer: zu schreiben, zu spielen und zu hören „als ob". Das Klavier ist eben der große Schauspieler unter den Instrumenten, der in viele Rollen hineinschlüpfen kann und dennoch erkennbar immer derselbe bleibt. Die Aktivierung von Leitvorstellungen, das Bemühen, ihnen möglichst nahezukommen, ist faszinierend und „ergreifend" im wahrsten Sinne des Wortes. Dafür lohnt sich ein ganzer Einsatz von „Kopf, Herz und Hand". Käme ich nochmals zur Welt – ich würde das Klavier nochmals heiraten.

Man achte das Pianoforte

Seine Nachteile sind offenbar, stark und unwiderruflich. Das Nicht-Halten des Tones, und die unbarmherzige, harte Einteilung in unalterable Halbtöne. Aber seine Vorzüge und Vorrechte sind kleine Wunder.

Ein einzelner Mensch kann hier etwas Vollständiges beherrschen; die Möglichkeit vom Leisesten und Lautesten in einem einzigen Register übertrifft alle anderen Instrumente. Die Trompete kann schmettern und nicht säuseln, umgekehrt die Flöte. Das Klavier kann beides. Es verfügt über die höchsten und tiefsten anwendbaren Töne. Man achte das Klavier...

Und das Klavier besitzt etwas, das ihm ganz allein eigen ist, ein unnachahmliches Mittel, eine Photographie des Himmels, einen Strahl des Mondlichtes: das Pedal.

Diese Zeilen mit dem kategorischen Imperativ als Überschrift wurden 1910 von dem nachdenklichen und dem Abenteuer Klavier nachspürenden Pianisten Ferruccio Busoni (1866 - 1924) geschrieben. Sie zielen auf eine damals sich auf dem Höhepunkt befindliche Hybris einer Klavierauffassung und des Klavierspiels. Man hat viel von der „Klavierseuche" des ausgehenden 19. Jahrhunderts gesprochen, da es zum „guten Ton" gehörte, Klavier zu spielen, und man dem Instrument zutraute, Musik von sich zu geben, selbst wenn nur mechanisch die Finger zur richtigen Zeit die richtigen Tasten träfen, obwohl Kopf und Herz an allem unbeteiligt blieben. Die gutgemeinte Klavierübung der „Salonmusik“, symbolisch mit dem berühmt-berüchtigten *Gebet einer Jungfrau* der Polin Tecla Badarczewska repräsentiert, fußt auf dem großen Leitbild dieser Zeit: dem Virtuosen. In Titeln mancher Volksmusikschulen für Klavier, die sich für „Begabte und Unbegabte“ anboten, spiegelt sich dieses Faszinans: *Der kleine Virtuose.* Demgegenüber stellt Busoni die Virtuosität als Voraussetzung dar, betont nachdrücklich das Gleichgewicht von Wollen und Können, von Handwerk und Geist beim Klavierspieler: „Um über den Virtuosen hinauszuwollen, muß man zuerst Virtuose sein: was man erzielt, ist ein Plus und nicht ein Anderes. Man sagt: ‚er ist gottlob kein Virtuose‘. Man sollte sagen: ‚er ist nicht nur, er ist mehr als ein Virtuose‘.“

Franz Liszt hat in einem Brief vom 1847 in gewiß subjektiver Weise und in zeitgebundenem Sprachstil eindringlich seine Zuneigung zum Klavier und das Wesen des Klaviers bekannt. Daher seien diese Bekenntnisse allen, die sich um das Klavier bemühen, an die Hand gegeben:

... mein Klavier ist für mich, was dem Seemann seine Fregatte, dem Araber sein Pferd - mehr noch! Es war bis jetzt mein ich, meine Sprache, mein Leben! Es ist der Bewahrer alles dessen, was mein Innerstes in den heißen Tagen meiner Jugend bewegt hat; ihm hinterlasse ich all meine Wünsche, meine Träume, meine Freuden und Leiden. Seine Saiten erbebten unter meinen Leidenschaften, und seine gefügigen Tasten haben jeder Laune gehorcht! ... Im Umfang seiner 7 Oktaven umschließt es den ganzen Umfang eines Orchesters, und die zehn Finger genügen, um die Harmonien wiederzugeben, welche durch den Verein von Hunderten von Musizierenden hervorgebracht werden. Durch seine Vermittlung wird es möglich, Werke zu verbreiten, die sonst von den meisten wegen der Schwierigkeit, ein Orchester zu versammeln, ungekannt bleiben würden. Es ist so nach der Orchesterkomposition das, was der Stahlstich der Malerei ist; und entbehrt es auch der Farbe, so ist es doch im Stande, Licht und Schatten wiederzugeben. ... Wir machen gebrochene Akkorde wie auf der Harfe, lang ausgehaltene Töne wie auf den Blasinstrumenten, staccati und tausenderlei Passagen, welche vormals nur auf diesem oder jenem Instrument hervorzubringen möglich schien.... Das Klavier hat also einerseits die Fähigkeit der Aneignung, die Fähigkeit, das Leben aller in sich aufzunehmen; andererseits hat es sein eigenes Leben, sein eigenes Wachstum, seine individuelle Entwicklung.

Dank sey dem Man der Lust und Schmerz
Uns im Clavier erfand
Ihm danke jedes sanfte Herz
Und segne seine Hand.

Philippine Gatterer, 1797

Das mehr als 250 Jahre wirkende Klavier ist der jüngste Sproß aus der Familie der „Claviere“, zu der ebenfalls Clavichord und Cembalo gehören. Unter „Clavier“ ist im 18. Jahrhundert zumeist – wie bei Philippine Gatterer – das Clavichord verstanden worden. Dem Hammerklavier wird eine Vielzahl musikalischer Inspirationen und individueller Gestaltungen zugeordnet, die die Vorgänger bei weitem übertrifft. Angesichts des praktischen Anteils des Klaviers in der musikalischen Welt darf man getrost von einem Kulturträger ersten Ranges sprechen. Irgendwo trifft man immer auf ein Klavier: im Instrumental- oder Solokonzert, bei Kammermusikveranstaltungen, in Jazz-und Popmusikkonzerten mit jugendlichem Publikum, in Schule und Haus, in Musikschulen, bei Chorproben (Ibach baute zu Beginn unseres Jahrhunderts ein Dirigentenklavier), im Tanzsaal, in Europa wie im afrikanischen Busch (das habe ich selbst erlebt), zu Wasser (auf Kreuzfahrten) und in der Luft (der letzte Zeppelin hatte einen Blüthner-Flügel an Bord). Die Omnipräsenz zeugt von einer Universalität, was Werk und Gebrauchswert angeht. Um wieviel ärmer wäre unser Leben, hätte der einsame Bartolomeo Cristofori in Florenz zu Beginn des 18. Jahrhunderts mit seiner Findigkeit nicht den Impuls gegeben (und im Grunde die Lösung gleich dazu!), der zwar in seinem Heimatland zunächst noch ignoriert, doch anderwärts gleich aufgegriffen, immer wieder verbessert und umgedacht wurde, um schließlich nach mannigfachen Wandlungen und zeitgebundenen gültigen Prägungen zu dem Klavier der Gegenwart zu werden, das zum „Studio und Zeitvertreib“ (Bach) gleichermaßen beiträgt, Mittel musikalischer Begegnung und der Erziehung zur Musik ist. Damit sind die Vorgänger und Zwischenstufen nicht außer Kraft gesetzt oder überholt. Die Geschichte der Musik ist nicht die des stetigen Bessermachens, sondern die der musikalischen Wandlungen. Dies gilt auch für die Instrumente. Cembalo und Clavichord sind autonome Klangmöglichkeiten, denen eine entsprechende Literatur zugeordnet ist. Das Klavier ist eine Synthese dieser sich im 18. Jahrhundert ergänzenden Instrumente, dabei jedoch mehr als die Summe ihrer Teile.

In diesem Zusammenhang ist die kleine Story um Taskin nicht ohne Pikanterie. Als Taskin als „faiseur d'instruments“ Ende des 18. Jahrhunderts seinem Herrn, dem König Ludwig XVI., am Hofe sein op. 1, sein erstes Hammerklavier, vorstellte (bislang hatte er nur Cembali gebaut), äußerte der anwesende Hoforganist Balbastre: „Vous aurez beau faire, jamais ce nouveau venu ne detrônera le majestueux clavecin“ (Du kannst noch so schön reden, dieser Emporkömmling wird nie das majestätische Cembalo entthronen). Die Geschichte hat ihm nicht recht gegeben: aus „nouveau venu“ wurde ein „bienvenu“ (ein Willkommener). Etwa 100 Jahre später leitete ein Nachfahre des Pariser Cembalobauers Taskin die Renaissance des Cembalos in unserer Zeit ein: Professor Diemer spielte 1888 auf einem Taskin-Cembalo in Paris ein Konzert. Die Presse schrieb: „Das Cembalo kommt wieder in Mode“. Auch hier handelt es sich begreiflicherweise wiederum um ein Mißverständnis. Wir sehen es heute klarer und leidenschaftsloser: Die Verfügbarkeit historischer Clavierinstrumente gehört zum Spektrum heutiger schöpferischer Musikausübung. Diese Instrumente schließen einander nicht aus, vielmehr befruchten die nachvollziehbaren Leitvorstellungen Komponisten und Spieler des modernen Klaviers in angemessener Weise. Damit ist auch die oft kompromißlos behandelte Frage angesprochen, ob sich Barockmusik für eine Wiedergabe auf dem Klavier eigne. Bach auf dem Klavier? Auf diese formelhaft gestellte Frage mag wiederum Busoni die nötige Antwort geben. Seine Antwort zielt zwar auf das Problem der Transkription im allgemeinen Sinne ab, sie kann aber auch für das „Absetzen" angewendet werden, so nannte man im 17./18. Jahrhundert die Übertragung von einem clavierten Instrument auf das andere (Orgel - Cembalo):

Von ihm (Bach) lernte ich die Wahrheit erkennen, daß eine gute, große ‚universelle' Musik dieselbe bleibt, durch welches Mittel sie auch ertönen mag. Aber auch die zweite Wahrheit, daß verschiedene Mittel eine verschiedene (ihnen eigene) Sprache haben, in der sie diese Musik immer wieder etwas anders verkünden. Denn das musikalische Kunstwerk besteht, vor seinem Ertönen und nachdem es vorübergeklungen, ganz und unversehrt. Es ist zugleich in und außer der Zeit.

Der Bezug auf die Werkidee und musikalische Struktur rückt das Klangbild in die zweite Linie, zwar nicht unerheblich, doch nicht so vordringlich, wie es zumeist gesehen wird. Steuerung und Disziplinierung sowie Orientierung der Wiedergabe vermag der dem Cembalo oder dem Clavichord zugeordneten Literatur sinngemäß und in dem Maße gerecht zu werden, wie es die Modulationsfähigkeit des heutigen Klaviers ermöglicht. Ein Rest bleibt sowohl vom Instrument her als auch – und das muß an dieser Stelle einmal gesagt werden – vom Hörer her unerfüllbar. Musik von gestern und Instrumente der Vergangenheit werden nämlich psychologisch „von rückwärts" erfahren, statt wie einst von vorwärts, noch unbelastet von allen Hörerfahrungen, die uns inzwischen zugewachsen sind. Es fällt gewiß schwer, das frühe Hammerklavier als avantgardistisches Instrument zu hören, „cette invention de chaudronnier" (Voltaire), diese Erfindung für Kupferschmiede. Zumeist hören wir heute die *a-moll-Sonate* von Mozart, gespielt auf einem Steinschen Flügel, als zart und zerbrechlich, während sie dem Hörer damals als rauh und aggressiv erschien. Nur aus dem damals Unerhörten kann man auch den langwierigen Lernprozeß verstehen, den die damaligen Musiker durchmachen mußten, um das neue Instrument anzunehmen und „auszustudieren".

Neben dem aufkommenden Hammerklavier waren in Deutschland zwei Clavierinstrumente im 18. Jahrhundert verfügbar: Clavichord und Cembalo, jenes für die Kammer und als Ausdruck individueller musikalischer Zwiesprache, dieses „pour la grande musique" Ausdruck des musikalischen *ordo*, überhöhter Repräsentation. „Man lernet singend auf dem Clavichord denken, und man kann die Fähigkeit des Musikers am besten darauf beurteilen", so einige Kennzeichen des Clavichords und seines Spiels durch Carl Philipp Emanuel Bach, der im 18. Jahrhundert sein Lieblingsinstrument, den seelischen Seismographen Clavichord, zur Repräsentanz der Empfindsamkeit emporhob.

Sein Vater, Johann Sebastian Bach, praktizierte als Pädagoge die Methode: vom Clavichord zum Cembalo. Das Faszinierende des intimen Clavichords: mittels Dynamik instrumentaliter sich an der Vokalität als Grundlage des Klavierspiels zu orientieren. Beim Übergang zum Cembalo sollte diese Grundlegung gewiß nicht außer Kraft gesetzt werden; im Gegenteil, die Grunderfahrung des dynamisch differenzierten Clavichordspiels setzt sich beim angeblich starren Cembalo, das eine dynamische Nuancierung nicht erlaubt, in Zeitmodulation um, mit anderen Worten in Agogik, die mit dynamischen Verläufen verbunden ist. So ist das Cembalo mit seinem „argentinischen" (silbrigen) Ton mehr ein graphisch ausgerichtetes, die Höraktivität bedeutend mehr ansprechendes, forderndes Instrument der Zeitkunst. Ob alle Spieler damals (vielleicht auch heute) diese Kunst der Zeitdynamik, die dieses „clavecin majestueux" so elitär macht, beherrschten, darf mit Fug bezweifelt werden. Darauf deutet auch eine Bemerkung hin, die isoliert im Raum völlig unverständlich ist: mit dem Aufkommen des Hammerklaviers habe die Musikalität bei den Spielern zugenommen, man höre heute (Ende des 18. Jahrhunderts) viel mehr musikalische Spieler als auf dem Cembalo, das allgemein nur durch Schnelligkeit glänzt. Letztlich ist damit nur gemeint (aber etwas unglücklich formuliert), daß die verstärkte Dynamik leichter und unmittelbarer zu plastischer und nachvollziehbarer Gestaltung und eindringlicheren Hörbildern führt, da dynamische Verläufe sensuell direkter und leichter realisierbar sind als jene subtile Zeitdifferenzierung mittels Agogik. Insofern ist die Geburt des Hammerklaviers auch als Ausdruck der Verbürgerlichung der Musikkultur um die Jahrhundertwende des 18. und 19. Jahrhunderts zu sehen.

Vom Cembalo übernahm das Hammerklavier den perlenden, punktuell wirkenden Einzelton infolge der anfänglich noch harten Belederung des Hammers, vom Clavichord die Nuancierungsfähigkeit mittels Anschlags. Eine weitere Anregungsquelle parallel zum Clavichord mag das seinerzeit hoch im Ansehen stehende „Hackbrett" gewesen sein, mit dem der hervorragende Interpret Pantaleon Hebenstreit viel Aufmerksamkeit erregte.

Womit Hebenstreit seine Zuhörer in Bann zu schlagen wußte und was diese an seinen Künsten so faszinierte, erläuterte 1717 Johann Kuhnau, der Vorgänger Johann Sebastian Bachs im Amte des Thomaskantors zu Leipzig, in einem Schreiben an Johann Mattheson, das dieser 1725 in seiner *Critica musica* abdruckte. Darin hieß es:

Der vornehme und excellente Lautenist, der Graff Logi, stellte vor 20 Jahren ohngefehr (also vor 1700), und zu der Zeit, als Monsr. Pantalon noch bey uns einen Maitre de Danse agirte, ein Concertgen zwischen ihm, diesen und mir, an. Der Graff liesse sich auf seinem Instrument (...) in sehr gelehrten praeludiren, und mit einer schönen und galanten Partie, mit aller ersinnlichen delicatesse, hören: Ich that auch, was ich auf meinem Clavicordio vermochte (...). Endlich that Monsr. Pantalon seine Sprünge, und nachdem er uns seinen Schatz von der Musik durch praeludiren, fantasiren, figuriren und allerhand caprices mit den blossen Schlägeln gewiesen hatte, verbandt er endlich die Tangenten mit Baum-Wolle, und spielte eine Partie. Da wurde der Herr Graff gantz auser sich gesetzet, (...) und sagte: Ey was ist das? Ich bin in Italia gewesen, habe alles, was die Musica schönes hat, gehöret, aber dergleichen ist mir nicht zu Ohren kommen.

Kuhnau darf sicher als unvoreingenommener und objektiver Zeuge gelten, und aus seinen Äußerungen muß man wohl den Schluß ziehen, daß Hebenstreit auf seinem Instrument eben das zuwege brachte, was man von einem Klavierinstrument seinerzeit erwartete, was indessen die Cembalisten nur vermittelt oder in der beschriebenen Weise und die Spieler des Clavichords nur in sehr beschränktem Maße leisten konnten: den bruchlosen Übergang vom Forte zum Piano („als worinnen ein grosses momentum ducedinis & gratiae musicae besteht", wie es Kuhnau formuliert), das „liebliche Sausen der Harmonie" und die geradezu „wollüstig" anmutenden „Resolutiones der Dissonantien".

Die Bezeichnungen *Gravicembalo col pian e forte, Fortbien, Pianoforte* bzw. *Fortepiano* — Beethoven übersetzte einmal (in einer schwachen Stunde) „Stark-Schwach-Tasten-Kasten" — treffen im Grunde nicht ganz das heute kaum noch so eindringlich wahrgenommene faszinierende Phänomen des Hammerklaviers: *crescendo* und *diminuendo*, das kontinuierliche Anwachsen und Abnehmen der Tonlinien und die individuelle Färbung der Zusammenklänge. Man kann Energieströme aufbauend und abbauend nachvollziehen und hörbar machen, und ein Dreiklang ist kein Neutrum, sondern eine individuell gefärbte Konstellation von Tönen. Flächenhafte dynamische Gliederungen sind bei mehrregistrierten Cembali ebenso möglich wie plastisches Hervorheben einzelner Linien bei mehrmanualigen Instrumenten. Der Trend jedoch zum gleitdynamischen Spiel und individuell gefärbter Klanggestaltung war unaufhaltsam. Interpreten und Komponisten ließen sich bereits vorher spiel- und satztechnisch manches einfallen (Strukturdynamik mittels Stimmvermehrung und -reduzierung). Auch der Instrumentenbau trug dieser Tendenz Rechnung durch Erfindung der „Venetia Swell" (hierbei konnte der Deckel gehoben und geschlossen werden). Diese Erfindung wurde 1769 von Tschudi patentiert und bereits 1776 von Friederici in Deutschland eingeführt. Kurz: „Worauf alle schon längst gewartet hatten" (Burney) - der Hammerflügel machte es möglich, plastischer als das Clavichord und handlicher als das Hackbrett. Das Haupterfordernis des Klavierspiels ließ sich sinnfällig wahrmachen für eine breitere Hörerschaft, die nicht immer noch selbst spielte: vor allem *cantabel* spielen zu lernen (Bachs *Aufrichtige Anleitung* zu seinen Inventionen). Man kann dieses Faszinans des Klaviers nicht überschätzen. Daraus leitet sich auch die Wichtigkeit einer differenzierten Anschlagslehre ab, da ja die individuelle Klanggestalt und -gestaltung in ihrer Atmung Grundlage aller Kompositionen, Ausdruck kinetischer Energien ist (E. Kurth). Ein musikalischer Gedanke wird von der Polarität zweier Phasen bestimmt: der aufbauenden (effizienten) und abbauenden (defizienten); schematisch verkürzt, bestimmen drei Punkte in kleineren und größeren Dimensionen das musikalische Leben: *initium - culminatio - finis*. Die Lagerung der *culminatio* ist jeweils verschieden:

Aus diesem Modell ergibt sich jede musikalische Gestalt und ihre Verwirklichung: im kleinen die Motivik, im großen das Formgefüge. Ihre plastische Erfüllung in Nachvollzug und Ausführung ist Aufgabe des Spielers, die Mittel dazu gibt das Instrument in sinnfälliger Weise: das Hammerklavier.

Eigentlich hatte der Konservator der Instrumentensammlung am Hofe der Medici zu Florenz, Bartolomeo Cristofori (1655 - 1732), nichts anderes vor, als die Cembali klanglich variabel zu machen. So stand er im Grunde nur vor dem Problem, eine geeignete Anschlagsmechanik zu schaffen; die übrigen Komponenten wie Klangkörper, Gehäuse und Tastenanordnung waren ja bekannt. Man mache sich einmal sein Problem von der Ausgangsposition her klar. Derek Adam hat dies in einem Beitrag zum *Großen Buch zum Klavier* anschaulich getan:

Ein Erfinder mit musikalischen Neigungen, vor das Problem gestellt, eine Schlagzither mit Tastatur zu konstruieren, sieht sich einer Anzahl von Schwierigkeiten gegenüber. Es ist einfach, eine Reihe von aufgehängten Hämmern unter eine Reihe von gespannten Saiten zu setzen und die nötige auslösende Kraft vom Tastenhebel über den Hammer auf die Saite zu übertragen. Dieser Übertragungsmechanismus, der in der einfachsten Ausführung aus einem Metallstab mit Lederkopf besteht, heißt „Stoßzunge". Eine Komplikation tritt jedoch darin auf, daß die Stoßzunge, nachdem sie den Hammer nach oben aufgestellt hat, sich anschließend von ihm lösen muß, um dem Hammer Gelegenheit zu geben, zurückzufallen, damit die Saite frei schwingen kann. Diesen Vorgang nennt man Auslösung. Wenn der Hammer nicht „auslöst", bleibt er gegen die Saite gedrückt, und die Saite kann nicht schwingen. Der Ton ist dann „blockiert".

Eine zweite Erschwerung ergibt sich aus der großen Überlegenheit des Hammermechanismus über das Plektrum, nämlich aus der Fähigkeit, Abstufungen von lauten und weichen Tönen zu erzeugen, je nach der Geschwindigkeit, mit der der Hammer gegen die Saite geschleudert wird. Wenn eine Taste langsam und sachte niedergedrückt wird, bewegt sich der Hammer entsprechend langsam und erzeugt somit einen weicheren Ton als bei hartem Anschlag. Die

Geschwindigkeit, mit der ein Hammer auf die Saite treffen muß, um selbst einen weichen Ton hervorzubringen, ist beträchtlich größer als die Schnelligkeit, mit der die Taste sich ohne weiteres bewegen läßt; also muß unser Erfinder einen Mechanismus entwerfen, der die Tastenbewegung verstärkt. Dies ließe sich durch den Einbau eines „Zwischenhebels" zwischen Hammer und Stoßzunge erzielen. Das freie Ende des Zwischenhebels wirkt direkt auf den Hammer, doch die Stoßzunge wirkt auf den Hebel an einem Punkt ein, der seinem Drehpunkt viel näher ist, so daß der Abstand und die Schwunggeschwindigkeit des Hammers gesteigert werden.

Unser Erfinder hat ein weiteres Problem zu lösen: Ein Hammer, der sich mit hoher Geschwindigkeit bewegt, schnellt wahrscheinlich mit einer solchen Wucht von der Saite zurück, daß er von dem „Hammerruhepolster" abprallt und die Saite noch ein zweites Mal anschlägt. Um dies zu vermeiden, schiebt sich ein weiches Lederpolster bei Tastendruck vor, um den zurückfallenden Hammer aufzufangen. Erst beim Loslassen der Taste zieht sich das Polster zurück und gibt den Hammer frei. Diese Vorrichtung heißt „Fänger".

Zwischen jedem Saitenpaar steht ein aufrechter Holzstreifen, der ein Stück weiches Leder (Filz) trägt, das auf den Saiten aufliegt und die Vibration unterbindet. Wenn eine Note angeschlagen wird, hebt die Taste das Leder von den Saiten, die nun frei klingen können. Bei Loslassen der Taste fällt der Streifen zurück, und die Saiten verstummen. Hier haben wir den „Dämpfer".

Mit der in 280 Jahren angehäuften Erfahrung im Umgang mit dem Klavier und seiner Musik sagt es sich leicht, dies seien halt die Grundanforderungen an den Funktionsablauf des weiterentwickelten Klaviers, das verläßlich und empfindlich auf die Hände des Spielers zu reagieren hat. Doch gehen wir für einen Augenblick zum Anfang des 18. Jahrhunderts zurück: Da das Können eines Erfinders darin liegt, Probleme nicht nur zu erkennen und zu beschreiben, sondern sie auch zu lösen, und wenn wir einmal unsere heutigen Kenntnisse und das Wissen um die Durchschlagskraft dieser Idee vergessen, können wir den Mann, in dessen Kopf nicht nur die komplexe Folge von Anforderungen an das Instrument entwickelt wurde, sondern der auch den Mechanismus konstruierte, mittels dessen dieses Problem mit der Eleganz eines euklidischen Beweises gelöst wurde, ruhig ein Genie nennen.

Und dieses Genie war Cristofori. Der Klang seiner Instrumente – er baute etwa 20 davon – ist feingliedrig und zart.

Die damalige Cembalomusik ist im Grunde noch ganz im herkömmlichen Stil geschrieben, so die erste expressis verbis für das Pianoforte bestimmte Komposition: Ludovico Giustino di Pistoia, *Sei Sonate per il cembalo di pian e forte*. Die Instrumente Cristoforis fanden Nachahmer und Parallelerfinder in Frankreich (Jean Marius) und Dresden (Christoph Gottlieb Schröter). Allein der berühmte Freiberger Orgel- und Cembalobauer Gottfried Silbermann (1683-1753), der detaillierte Kenntnisse über die Hammermechanik Cristoforis besessen hatte, griff die italienische Erfindung auf, experimentierte systematisch weiter und baute zeit seines Lebens eine ganze Reihe grundlegender Hammerklaviere, die überall großes Aufsehen erregten. Zu seinen Bewunderern zählte auch Johann Sebastian Bach, der seinen Instrumenten nach anfänglicher Kritik 1747 „völlige Gutheißung" zusprach. Damit verlieh Silbermann dem europäischen Klavierbau seiner Zeit wichtige Impulse, er kann geradezu als Begründer des Klavierbaues bezeichnet werden.

Der vornehmlich „cantable Klavierstil" des Barock wird vom Hammerklavier übernommen. In seiner polyphonen Anlage („mit 2 Stimmen obligat verfahren" lautet eine weitere Kennzeichnung der *Aufrichtigen Anleitung* Bachs) bezieht sich dieser Klaviersatz auf die *vox humana*. Johann Christian Bach – 1762 nach England übergesiedelt – führte bereits 1768 das neue in England gebaute Fortepiano als Soloinstrument in einem Konzert überzeugt und überzeugend vor. Er wie auch Clementi, Carl Philipp Emanuel Bach und Mozart sind die ersten Komponisten gewesen, die für das neue Instrument auch eine neue Musik schrieben: in einem melodisch-flächigen Klavierstil. Der Ambitus des Melos wächst und wird beweglicher, das Spielerische verflächigt die Vokalität, die nur noch hindurchscheint, real nicht mehr nachvollziehbar ist. Sie stützt sich auf die „Begleitung" als schwingendes harmonisches Fundament, das sinnvoll strukturiert und rhythmisch gegliedert ist. Die Polyphonie wird zur Polymotivik. Diese Art des klassischen Satzes – zuweilen in weniger geprägten Stücken kleinerer Meister bis zur Harmlosigkeit verkümmert –, ist die für die 2. Hälfte des 18. Jahrhunderts für das Klavier bestimmende. Und obgleich eine Kollektivdämpfung vorhanden ist – entweder als Kniehebel oder Pedaltritt bedienbar – wird von diesem Mittel wenig Gebrauch gemacht. Die überlieferte Technik des Nachklingens mittels „Fingerpedals" (d. h. ausgewählte Töne klingen nach durch Liegenlassen niedergedrückt gehaltener Tasten) – sei es notiert oder lediglich aus aufführungspraktischer Tradition – bleibt in Anwendung (s. *Fantasie d-moll* von Mozart). Für die instrumentaltechnische und stilistische Entwicklung spielen die verschiedenen Zusatzregister mancher Klaviere (Moderator, Lautenzug, Fagottzug, Janitscharenzug) keine nennenswerte Rolle. Die Frühzeit des Hammerklaviers – aber auch noch das beginnende 19. Jahrhundert – brachte eine Fülle solcher Spielereien hervor. Dieser melodisch-flächige Klavierstil – in Mozarts Klaviersonaten am reinsten verkörpert – läßt sich noch bis zu Schuberts *Impromptus* verfolgen (Es-Dur op. 90 Nr. 2). Es versteht sich aus der Freude an den neuen Beweglichkeiten und dem Farbspiel, wenn um die Jahrhundertwende der Spielraum (inzwischen auf 6 bis 6½ Oktaven erweitert) technisch ausgenützt wird. Walter Georgi nennt die einschlägigen Komponisten die „Technischen" (Hummel, Steibelt, z.T. auch Weber). Sie erweitern jedoch die idiomatische Erfahrung des Instruments und bereiten den Boden für eine legitime „Brillanz", die mit in das Erscheinungsbild des Klaviers gehört.

Hatte bereits Mozart die charakteristischen Klanglagen der Hammerflügel von Stein und Walter bewußt mit in die

Werkanlage einbezogen (Baß: Fagott, Mittellage: Oboe, Diskant: Flöte) – s. *Sonate a-moll* –, entfaltete Beethoven einen orchestralen Klavierstil.

Le Piano [...] peut être considéré sous un double point de vue: comme instrument d'orchestre ou comme étant lui-même un petit orchestre complet. (Berlioz)

Die Ausgabe der Sonaten von Beethoven durch Hans von Bülow ist voll von Angaben wie „quasi flauto, quasi trombone" etc., Assoziationen, auf die jeder hellhörige Spieler von selbst verwiesen wird. Schon bei Haydns Klaviersatz lugt die orchestrale Leitvorstellung hervor. Voraussetzung für solch orchestrales Aushören und -spielen des Klaviers waren natürlich klangliche Verstärkung infolge stärkerer Besaitung, erweiterter Umfang, größerer Tiefgang der Tasten zur Erhöhung der Anschlagsdifferenzierung (una corda, due corde, tre corde) sowie eine gut funktionierende Kollektivdämpfung („senza sordino" meint mit aufgehobenem Dämpfer, also mit Pedal).

Beethoven bevorzugte Flügel mit englischer Mechanik wegen der größeren Klangfülle und des technischen Widerstandes beim Anschlag. Der ihm 1817 geschenkte Broadwood-Flügel entsprach seinen Erwartungen, hielt jedoch dem kraftvollen Spiel des Meisters nicht lange stand. Im Jahre 1824 erhielt Beethoven den Besuch des Harfenbauers Johann Stumpff aus London. Beethoven beklagte sich gegenüber Stumpff bitter über die Unzulänglichkeit der Klaviere, welche keinen effekt- und kraftvollen Vortrag gestatteten, und zeigte ihm seinen Broadwood-Flügel. „Welch ein Anblick bot sich mir dar", schrieb Stumpff, „der Diskant klang überhaupt nicht mehr und die zersprungenen Saiten waren ineinander verwickelt wie ein Dornbusch, über den ein Gewittersturm hinwegfegte." Der Gegensatz von Flügeln mit Wiener oder deutscher Mechanik einerseits und englischer Mechanik bildete noch lange bis ins 19. Jahrhundert hinein eine Polarität unter den Klavierbauern und -spielern. Noch Robert Schumann bevorzugte bis in die 40er Jahre Wiener Flügel wegen ihres flötenhaften Tons. Der Unterschied beider Spielwerke läßt sich so zusammenfassen:

Wiener Mechanik

Eine aufwärtsschlagende Hammermechanik, die nach dem Prellprinzip arbeitet, hat Gottfried Silbermann 1731 erstmals in Freiberg bei Dresden konstruiert. Bei den Prellmechaniken sitzt der Hammer in einer Kapsel auf dem Hinterende der Taste und wird bei Tastendruck an die Saiten geprellt. Das Hammerstielende befindet sich unter einer Leiste.

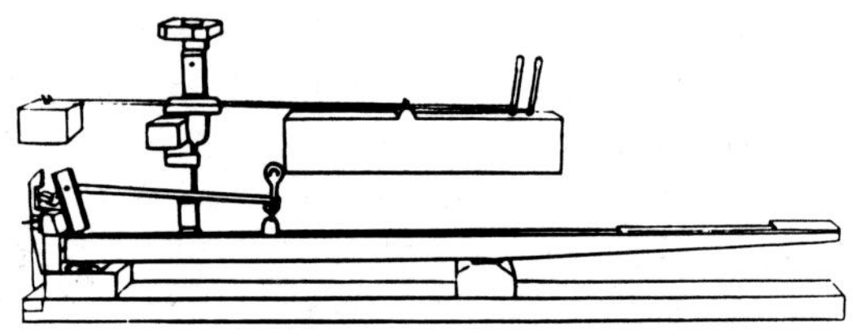

Steins Prellmechanik, um 1773

Der Augsburger Johann Andreas Stein hat die Silbermannsche Prellmechanik durch Anbringen einer für jeden Hammer federnd auslösenden Prellzunge verbessert. Ihr späteres hauptsächliches Verbreitungsgebiet ist neben Süddeutschland Wien. Deswegen wird diese Prellmechanik „Wiener Mechanik" genannt. Sie wird bis in die zweite Hälfte des 19. Jahrhunderts hinein verwendet.

Englische Mechanik

Mit Stoßzungenprinzip ist generell gemeint, daß die durch Tastendruck ausgelöste Bewegung über ein „Stoßzunge" genanntes Mechanikzwischenteil auf den Hammer übertragen wird. Die nachfolgende Abbildung zeigt eine hinterständige, nach oben schlagende Stoßzungenmechanik, die sich, vom Spieler aus gesehen, hinter dem Anschlagspunkt des Hammers befindet. Der Drehpunkt des Hammers ist bei Stoßmechaniken stets in einer Hammerleiste oder einzelnen Hammerkapseln fest eingeachst.

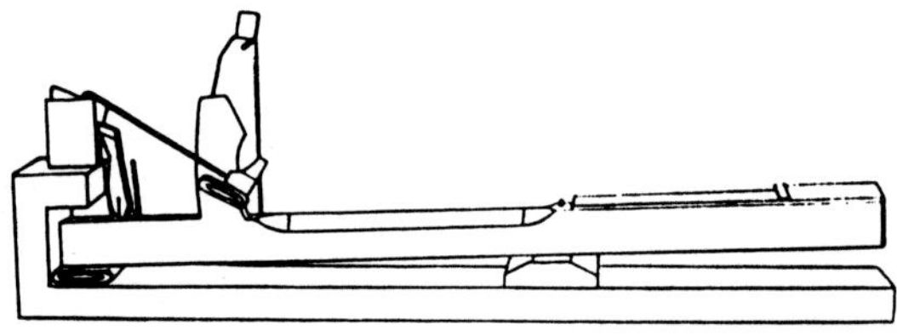

Stoßzungenmechanik für Tafelklavier, um 1790

Die *Wiener Flügel* (mit geringem Tastenfall) waren vor allem im ‚brillanten' Spiel und bei schnellen Tonrepetitionen den etwas schwerfälligeren englischen Instrumenten überlegen, blieben jedoch an Klangfülle und dynamischer Ergiebigkeit hinter diesen zurück. Hummel versuchte in seiner Klavierschule (1828), den Vorzügen beider Typen gerecht zu werden:

Es ist nicht zu läugnen, daß jeder dieser beiden Mechanismen seine eigenen Vorzüge hat. Der Wiener läßt sich von den zartesten Händen leicht behandeln. Er erlaubt dem Spieler, seinem Vortrag alle möglichen Nuancen zu geben, spricht deutlich und prompt an, hat einen runden flötenartigen Ton, der sich, besonders in großen Lokalen, von dem akkompagnirenden Orchester gut unterscheidet, und erschwert die Geläufigkeit nicht durch eine zu große Anstrengung; sie sind auch dauerhaft, und beinahe im halben Preise der Englischen.

Diese Instrumente wollen daher nach ihren Eigenschaften behandelt sein, sie erlauben weder ein heftiges Anstoßen und Klopfen der Tasten mit ganzer Schwere des Armes, noch einen schwerfälligen Anschlag; die Kraft des Tones muß allein durch die Schnellkraft der Finger hervorgebracht werden ...

Dem englischen Mechanismus muß man wegen seiner Dauerhaftigkeit und Fülle des Tones, allerdings Recht widerfahren lassen. Diese Instrumente gestatten jedoch nicht den Grad von Fertigkeit, wie die Wiener, indem sich der Anschlag der Tasten bedeutend gewichtiger anfühlt, sie auch viel tiefer fallen, und daher die Auslösung der Hämmer bei wiederholtem Tonanschlag nicht so schnell erfolgen kann.

Hummel entschied sich zwar nicht für den englischen Flügel, mußte jedoch zugeben, daß „der Gesang auf diesen Instrumenten durch die Fülle des Tones einen eigenen Reiz und harmonischen Wohllaut“ erhielt. Die Wahl des Instruments wurde in zahlreichen Klavierschulen jener Zeit auf ähnliche Weise erörtert. Die Verfasser kamen darin überein, daß den technischen Möglichkeiten beider Mechaniken Grenzen gesetzt waren; die Entscheidung hing letztlich von der bevorzugten Spieltechnik des Virtuosen ab.

Die Verwirklichung des orchestralen Klavierstils setzt beim Spieler natürlich Leitvorstellungen voraus, weshalb der Rat Carl Philipp Emanuel Bachs für den guten Vortrag besonders zutreffend ist: „Man höre sich vor allem geschickte Sänger und musikausübende Gesellschaften an.“ Mit letzteren sind Kammer- und Orchestervereinigungen gemeint. Sie sind für den Klavierspieler unumgängliche Leitbilder. Gewiß, eine echte Kantilene, eine Flöte oder Trompete können nur suggeriert werden durch die Satzanlage und Anschlagsdifferenzierung und -kombinationen. Doch eben dieses „quasi“, als ob, macht ja den Reiz aus und setzt beim Ausführenden hohe musikalische und technische Intelligenz voraus, um deren Entwicklung die Unterweisung stets bemüht sein sollte. Vielleicht trifft man bei Chopin auf einen Klavierstil, der für nichts anderes steht als für sich selbst. Man könnte Chopins Art, das Klavier zu instrumentieren, als einen „rhythmisch-farblichen“ Klavierstil bezeichnen. Eine ungewöhnliche Kunst der Lagenausnützung, der offenen Klangtransparenz durch Anordnung der Akkordtöne, eine rhythmisch durchbrochene Vorhaltsfiguration über grundierenden Baßklammern sowie eine feinnervige und gezielte Pedalisierung des Tongewebes zielt nicht auf Assoziationen fremder Leitvorstellungen ab, sondern auf autogenes Klavierspiel. Debussy hat diesen Klavierstil weitergeführt. Von ihm wurde gesagt, es klinge so, als ob das Klavier keine Hämmer hätte. Die von Erard 1822 patentierte doppelte Repetitionsmechanik besaß eine große Leichtgängigkeit, ermöglichte ein Spiel aus großer Tastennähe, Sonorität durch klanglich überlappendes legato „in der Taste“ sowie schnelle, aber auch langsame Tonwiederholungen (insbesondere „dichte Primen“ im melodischen Satz). Ein Klaviergenie wie Chopin wußte alle diese Neuerungen als Mittel seiner Tonsprache zu funktionalisieren. Zur Verdeutlichung sei hier eine knappe Beschreibung der sogenannten Repetitionsmechanik zitiert:

Der Hammer fiel nach der anfänglichen Auslösung nicht ganz zurück, sondern nur ein wenig, um gleichzeitig auf einem Fänger und einem gefederten, schrägen Hebel (Repetierschenkel) zur Ruhe zu kommen, die den Hammer in der Nähe der Saiten festhielten! Wenn dann die Taste etwas losgelassen wurde, ließ der Fänger den Hammer frei, der aufs neue gegen die Saiten geschleudert werden konnte, indem die Wirkung der Taste auf den Hammer nicht über die Stoßzunge, sondern durch den Repetierschenkel übertragen wurde. Diese Mechanik fand sofort wegen ihrer erstaunlichen Leichtigkeit, Flexibilität und Verläßlichkeit Anerkennung. Sie ist von größter Bedeutung, da sie nur mit geringen Detailänderungen die Grundlage für den modernen Flügel wurde.

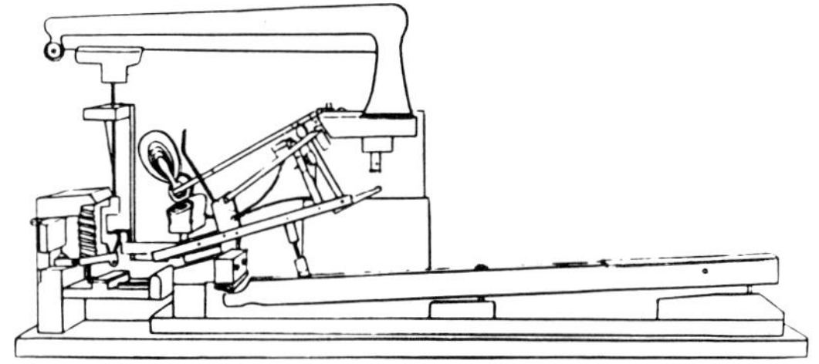

Erards Doppelrepetitionsmechanik für Flügel, um 1823

Nach Einführung des Eisenrahmens im zweiten Viertel des 19. Jahrhunderts vermochte das Instrument auch stärkere percussionale Beanspruchungen zu überstehen — so manche Klaviere hatten unter Liszts Händen ihren Zusammenbruch erlebt. Die bereits bei Liszt anzutreffende Klavier-Percussion ist als imposante Show-Seite seines Spiels oft in der Karikatur dargestellt worden, dabei jedoch auch ein höchst wirksames und als Erweiterung der Nachschlagstechnik der Klassik anzusehendes Mittel gewesen. Die Klavier-Percussion gewinnt bei Bartók ihre Stimulanz aus der Volksmusik *(Sonate 26)*, bei Hindemith zuweilen provokatorische Züge *(Suite 22)* und schließlich im Jazz ihre authentische Prägung, indem der Drummer mit in den Klavierstil integriert wird. Neben solcherart percussiver Klavierbehandlung läßt sich in der Musik unserer Zeit noch eine auf Durchsichtigkeit des Tongewebes hinzielende Verklanglichung des Klaviers feststellen, die auf Anton von Weberns punktuelle *Variationen* op. 27 zurückgeht (Boulez' *Structures*, einige Klavierstücke von Messiaen und Stockhausen mögen da stellvertretend erwähnt werden). Cages „prepared piano“ ist mehr dem orchestralen Klavierstil zuzurechnen. Seine *Interludes and Sonatas* entstanden ja auch als Ersatz für ein vorgesehenes Gamelanorchester (Gongorchester). Doch das sind ebenso Grenzfälle wie Ives Dritteltonkompositionen und der von der Firma Förster gebaute Vierteltonflügel, auf dem Alois Haba in den 20er Jahren große Erfolge erzielte. Leider ist diese Entwicklung aufgrund der noch differenzierenderen Elektronik in Vergessenheit geraten und zur Unwirksamkeit verurteilt.

Die Renaissance alter Klavierinstrumente beschränkt sich heute nicht nur auf solche des 18. Jahrhunderts (Cembalo/Clavichord). Auch innerhalb des Hammerklavier-Repertoires werden einzelne Modelle kopiert, und es werden Konzerte auf originalen Instrumenten des 19. Jahrhunderts veranstaltet, wobei die ihnen zugeordnete Literatur erklingt. Der Verfasser spielt selbst oftmals öffentlich auf einer Kopie des im Mozarteum befindlichen Walter-Flügels und hat Stücke des jungen Mozart, Haydns und Johann Christian Bachs eingespielt. Die Wiedergabe Chopinscher Werke auf einem Pleyel-Flügel von 1842 war ein besonderes Erlebnis für den Ausführenden und erbrachte fruchtbare Erfahrungen für die polymotivische Durchleuchtung auch kompakter Stücke wie des *Scherzo b-Moll.* Solche Begegnungen können prägend sein und anregend für die Wiedergabe auf unseren heutigen Instrumenten. Sie gleichen ja Schauspielern, die viele Rollen zu spielen haben gemäß der Spannbreite ihrer eigenen Prägung.

Unser heutiges Klavier (Flügel oder Pianino) hat eine funktionale Form, die als edel bezeichnet werden kann. Ihre Gestalten gehen auf die Vorläufer zurück: der Flügel auf das Cembalo, das im 18. Jahrhundert meist „Flügel" genannt wurde, das Klavier auf den aufrechten Flügel *(Pyramiden-, Lyra-, Giraffenflügel).*

Einen interessanten Fall stellt das sogenannte *Tafelklavier* dar, auf dem u.a. Clara Schumann und Liszt des öfteren und gerne spielten. Günther Batel führt in seinem *Handbuch der Tasteninstrumente und ihrer Musik* (Braunschweig 1986) in diesem Zusammenhang aus:

Die Zerstörungen des siebenjährigen Krieges (1756 - 1763) nahmen einer Gruppe von Silbermann-Schülern ihre Erwerbsmöglichkeiten. Sie wanderten in das mit Preußen verbündete England aus. Nach vorübergehender Mitarbeit im englischen Cembalobau machten sich einige von ihnen selbständig und nahmen die Produktion der bis dahin in England noch unbekannten Hammerklaviere auf. Sie wurden nach englischer Tradition vorwiegend in der virginalähnlichen, flachliegenden Rechteckform gebaut und „Tafelklavier" genannt. Der vielleicht wichtigste dieser sächsischen Tafelklavierbauer war Johannes Zumpe. Tafelklaviere mit Hammermechanik hatte zuvor bereits Johann Socher ab 1742 in Sonthofen sowie der berühmte Gerarer Klavierbauer Christian Ernst Friederici gefertigt. Tafelklaviere wurden bis weit ins 19. Jahrhundert gebaut, waren insbesondere in Amerika beliebt.

In Anlehnung an die genannten aufrechtstehenden Flügelmodelle verbreitete sich seit 1800 bald der Formtypus des aufrechtstehenden Klaviers, das Pianino. Es war der Vorgänger des heute üblichen Klaviers. Erste Versuche stellten die „Ditanaclasis" von Matthias Müller, die „Cottage Pianos" von Robert Wornum, die „Cabinet Pianos" von John Broadwood in London sowie das „Portable Grand Piano" von John Isaac Hawkins in Philadelphia dar. Hinzu kommt noch das Konsolenpiano von Jean-Henri Pape und die beiden Pianinos von Pleyel und Erard in Paris.

Im Grunde basierten die Formen der beiden Instrumentengehäuse auf den gebräuchlichen Möbelmustern: Tisch und Schrank. Franz Josef Hirt hat in seinem Bildband *Meisterwerke des Klavierbaus* die ganze Palette der Klaviere als Möbel exemplarisch ausgebreitet. Da erscheint das Klavier als Musik für das Auge, still und bescheiden, daneben auch prächtig und ausladend.

Etwas Besonderes mögen die sogenannten *Praktischen Klaviere* gewesen sein, am häufigsten die Schreibtischklaviere. Ein solches erhielt Richard Wagner 1864 von König Ludwig II. zum Geschenk, eine Fertigung von Bechstein. Ferner gab es Schubladenkommoden mit eingebautem Klavier, Teetisch- und Billardklaviere. Sie sind Zeuge einer heute eigenartig berührenden Verfremdung des Klaviers und einer Zeitströmung, die in ihren Kombinationen vielleicht bestenfalls hübsche und originelle Möbelstücke, doch wohl kaum brauchbare Instrumente geschaffen hat. Indes besteht die Kongruenz von Instrument und Zeitstil im Klavierbau zu Recht. Die Einordnung des Instruments in den

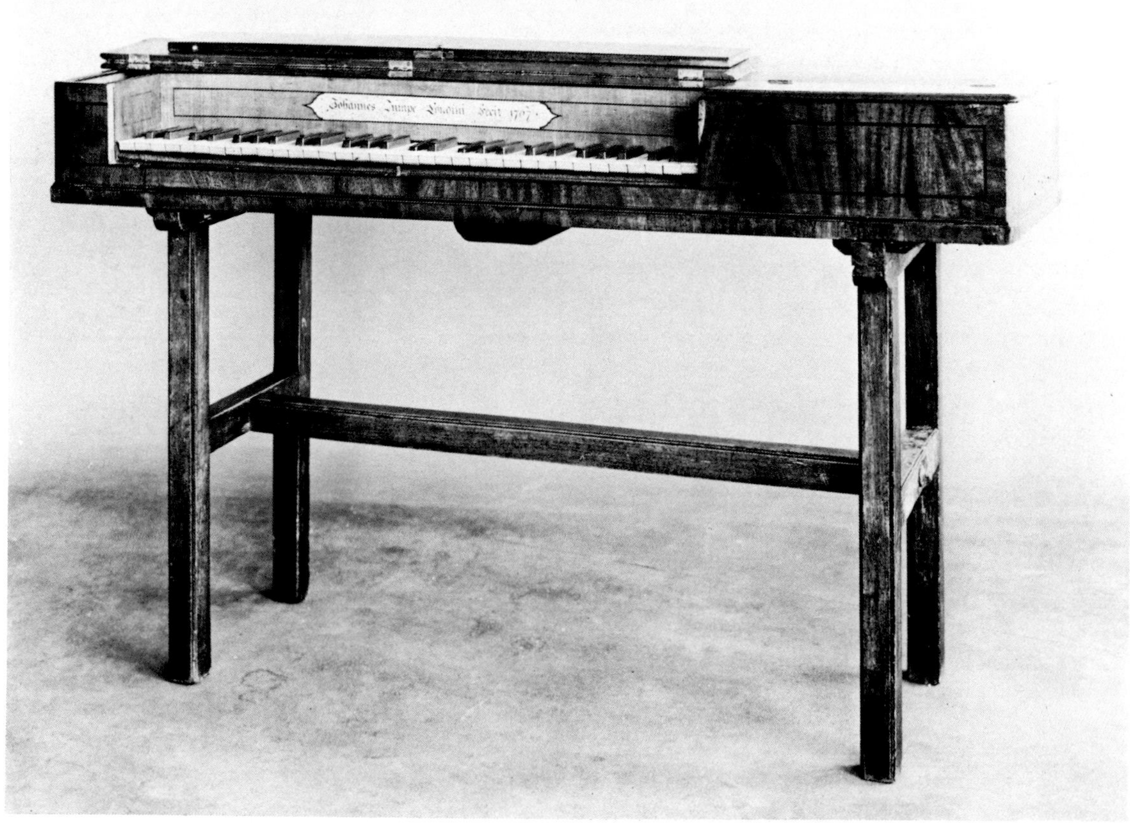

Tafelklavier von Johannes Zumpe, London 1767 (London, Victoria and Albert Museum)

Kontext des allgemeinen Mobiliars ist verständlich und legitim und wird heute noch von den Herstellern sorgfältig beachtet. Klavierfirmen schrieben und schreiben Wettbewerbe aus, um künstlerische Entwürfe zu erhalten, oder haben eigene Ateliers. Die Nostalgie-Welle der Gegenwart hat die äußere Gestalt des Klaviers – vornehmlich des Pianinos – zu einem Thema mit Variationen entfaltet. Noch allgemein vorherrschend im Konzertsaal ist der schwarze Flügel, der vielleicht mit der konventionellen Konzertgarderobe zusammenhängt. Gehäuse aus Plexiglas, weiße Klaviere und Flügel sind singuläre Erscheinungen. Wenn alles von innen stimmt, braucht man über die Kleider nicht zu streiten: Variatio delectat.

Das Klavier ist eine exakt funktionierende Maschine, die zu „beseelen" Aufgabe des Spielers ist. Diese Maschine hat eine Miniaturtanzfläche für die Finger, die als letztes Spielglied die Verbindung mit ihr zu bewältigen haben. Die Klaviatur dieses „ordentlichsten Instruments", wie Dieter Hildebrandt das Klavier treffend kennzeichnet, ist der „Leitzordner der Töne":

Da liegt, auf siebeneinhalb Oktaven verteilt, die gesamte abendländische Musik vorrätig, spielfertig, jederzeit durch Tastendruck abzurufen. Das Angebot übersteigt das sämtlicher Schallplatten und Tonkassetten, und zwischen Hänschen klein und Hammerklaviersonate gibt es mehr Möglichkeiten, als selbst die Musikwissenschaft sich träumt.

Man muß sich einmal klarmachen, daß die Klaviatur im Grunde gegen den Menschen konstruiert ist. Sie beruht auf der Geraden, während beim menschlichen Körper alles auf dem Kreis aufgebaut ist. Ohne sich nach rechts oder links zu versetzen bzw. sich nach vorn zu neigen, wenn beide Hände in den extremen Lagen zu spielen haben, ist eine „Umarmung" des Tonraums nicht möglich. Bei dem früher üblichen Umfang von 5 bis 6 Oktaven und der vornehmlich auf den Diskant gerichteten Orientierung des Klaviersatzes ließ sich eine Sitzposition vertreten, in der man alle Tasten ohne körperliche Bewegung erreichen konnte. Spätestens seit Beethovens zentrifugalem Klavierstil im Gegensatz zum zentripetalen Klanggeschehen bei Bach etwa ist eine Haltung mit eng an den Körper gelegten Oberarmen nicht mehr möglich noch tunlich – vielleicht nur noch als tektonisches Mittel bei Bilddarstellungen. So sollten Darstellungen von Klavierspielern in der bildenden Kunst nicht zum Maßstab genommen werden (Munch, van Gogh, Dolci u.a.).

Um die Klaviatur dem Aktionsradius der Arme sinnvoller anzupassen, wurden bereits im 19. Jahrhundert mannigfache Neuerungsvorschläge vorgelegt, die allerdings alle insgesamt keinen Erfolg hatten. 1874 baute Heinrich Joseph Vincent in Wien eine Tastatur, auf welcher die unteren und oberen Tasten in fortlaufenden Halbtonabständen arrangiert waren, so daß man alle Skalen und Tonarten mit nur zwei Arten von Fingersätzen spielen konnte. 1882 konstruierte der ungarische Klavierbauer Paul von Jankó noch eine andere Tastatur: die unteren Tasten produzierten nur Ganzton-Schritte (C-D-E-Fis-Gis-Ais-C), wobei für die ersten drei Töne ganz weiße Tasten vorhanden waren, über die nächsten drei Tasten aber eine schwarze Linie gezogen war; oberhalb dieser Ganztonreihe lief eine zweite mit den fehlenden Tönen der chromatischen Skala (Cis-Dis-F-G-A-H-Cis) mit einer schwarzen Linie über den ersten beiden Tasten. Die zweite Ganzton-Tastenreihe liegt in einem Abstand von einer halben Tastenhöhe über der ersten, und über diesem Paar von Tastenfolge liegen noch einmal zwei solcher Paare, so daß der Spieler eine Terrasse von sechs Ganzton-Tastenreihen vor sich hat. Die Tasten selbst sind nicht groß und liegen eng beieinander; der Spieler kann also eine große Reihe von Skalen und Figuren spielen und für alle transponierten Tonfolgen denselben Fingersatz nehmen. Das interessante System Jankós ist von vielen Theoretikern begrüßt worden, hat aber weder bei den Klavierbauern noch den Pianisten Anklang gefunden.

Jankós Reformklaviatur konnte sich wegen ihres radikalen Ansatzes nicht durchsetzen. Sie scheiterte aber nicht zuletzt auch daran, daß die Klavierinterpretation die Raumüberwindung innerhalb der Spielbreite als agogisches Moment einbezieht. Zum Beispiel ist der einleitende Sprung im *b-Moll-Scherzo* von Chopin ja nicht nur Lagenversetzung neutraler Art, sondern zugleich eine Spannungserhöhung, die sich in Übereinstimmung mit der Bewegung agogisch auswirkt. Das ließe sich gewiß auch künstlich machen in der erleichterten Fassung von Jankó, doch sucht die Klaviertechnik womöglich die Übereinstimmung von Technik und musikalischem Vorgang, die in der traditionellen Anordnung der Klaviatur eher gewährleistet ist als bei Jankó. Etwas anders liegen die Dinge bei der Bogen- bzw. Strahlenklaviatur. Die Distanzen würden sich kaum verändern, die körperliche Angemessenheit ist evident. Klavierbautechnisch bestehen kaum Probleme.

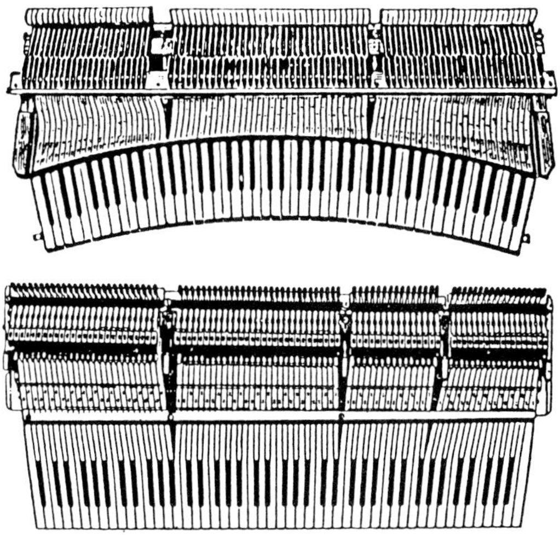

Bogenklaviatur (Clutsam) und Strahlenklaviatur (nach Norlind)

Da das mit der Firma Ibach seinerzeit geschlossene Patentübereinkommen des Erfinders Clutsam längst hinfällig geworden ist, wäre eine Revision dieses Vorschlags denkbar. Ein frommer Wunsch eines Pianisten?

Erst Ende des 19. Jahrhunderts wurden die Maße des Klaviers international festgelegt, der Tiefgang der Tasten, die Tastenbreite, die Länge der Unter- und Obertasten und das Gewicht. Bis dahin war dies dem einzelnen Hersteller überlassen. Mit dem Aufkommen des reisenden Virtuosen im erweiterten Umfang und normierender Industrialisierung war solche Vielfalt nicht mehr sinnvoll, da von diesen manche Unsicherheit und Umstellungen ausgingen. Doch hatten die Klavierbesitzer bis dahin immerhin die Wahl nicht nur des individuellen Klangs, sondern auch einer ihnen gemäßen und angemessenen Handlichkeit, – im Hinblick auf die Frühphase des Klavierunterrichts eine Chance, die es heute nicht mehr gibt.

Doch hängt mit der Gewichtigkeit und Tastentiefe des Anschlags – sie hat sich gegenüber den frühen Flügeln und Klavieren fast verdoppelt – auch die Interpretation zusammen, wenn man bedenkt, daß eine Anschlagsart *(legato, staccato, leggiero, portato, non legato)* jeweils auch mit einem bestimmten Tempo und einer ihr natürlich eigenen Dynamik verbunden ist. So sind z.B. die Kennzeichen eines *portato* ein langsames Tempo und ein mittlerer Lautstärkebereich, *leggiero* schnelles Tempo, Pianobereich etc. Verändern sich die Daten des Tastenmechanismus, hat das Konsequenzen. Ein Beispiel: Chopins *Etüde C-Dur* op. 10 Nr. 1 ist bezeichnet mit Tempo ♩ = 176, *leg., f.* Diese Spieleinheit ist auf einem Erardflügel 1842 mühelos und problemlos realisierbar: 4 mm Tiefgang, 30 gr. Gewicht ermöglichen das Tempo, die Spielart „in der Taste“ *(leg.)* und einen relativen *forte*-Grad. Bei einer Veränderung auf das Doppelte haben wir heute die Wahl: gleiches Tempo, dann *leggiero* und *mf* oder *leg., forte* und mäßigeres Tempo. Die Relationen zwischen den Instrumenten gestern und heute hat der Verfasser grundsätzlich per Computer durchspielen lassen. Es ergibt sich eine Temporelation von 5 : 3,5, was besonders für die Wiedergabe Schumannscher Tempi von Wichtigkeit ist.

Man wird bei Wahrung des Deutlichkeitsgrades relativieren müssen. Die Geschichte zeigt, daß man eben nicht alles haben kann. Gewinne auf der einen Seite ziehen Verluste auf der anderen nach sich. Die gegenwärtige Lösung unseres Klaviers stellt ein Optimum der Verfügbarkeit dar. Dafür zahlen wir den Preis des Kompromisses, der in einer vom Werk her gesehenen Toleranzgrenze bleiben muß und auch bleibt. Es mag interessant sein, hier die Entwicklung der Klaviatur von 1700 bis heute schematisch ablesbar zu machen:

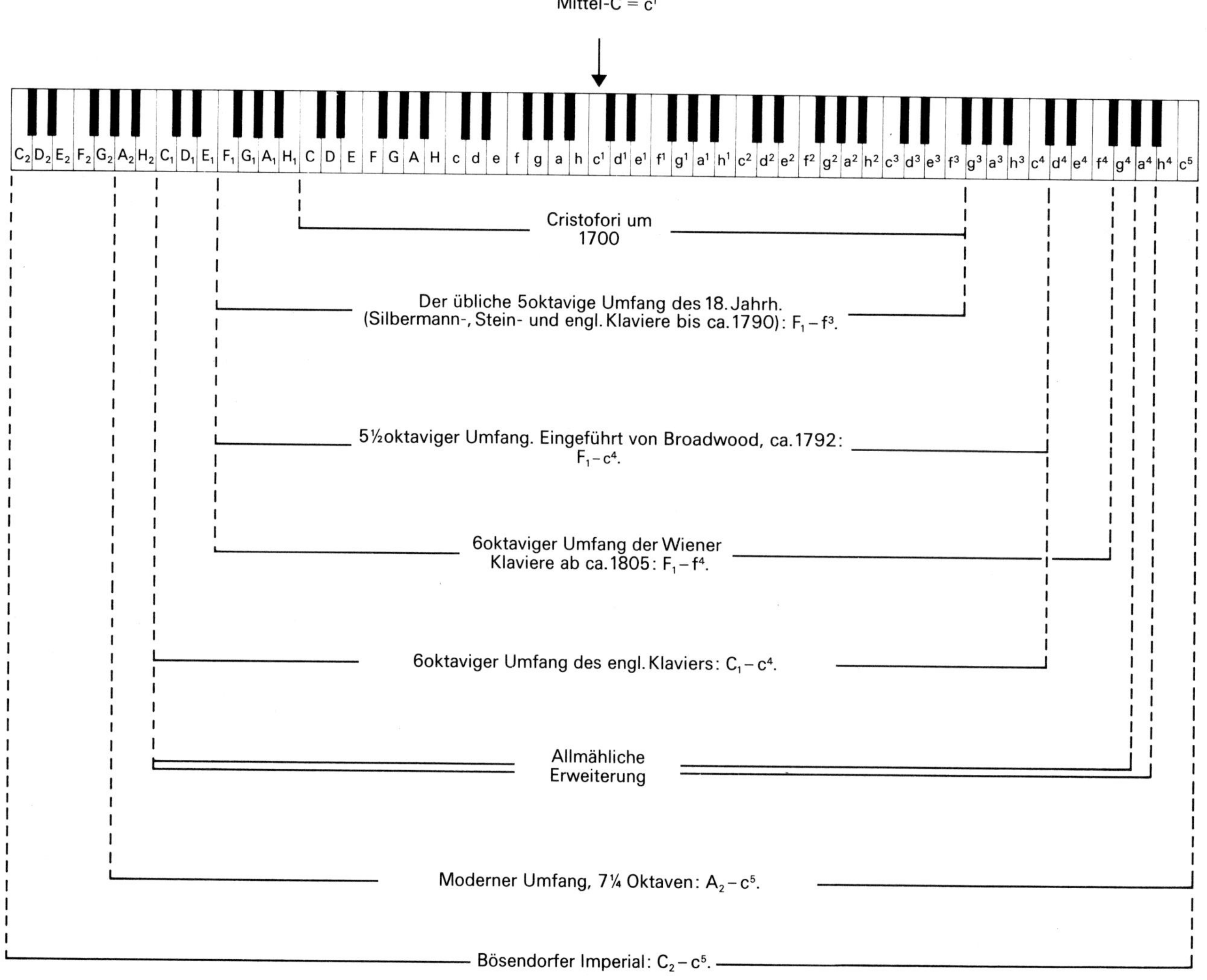

Die Entwicklungen des Klavierbaues haben natürlich auch Veränderungen des Klangideals nach sich gezogen. Dickere Saiten und schwerere Hammerköpfe bewirken zwar eine Verstärkung des Volumens, aber zugleich auch eine Eindunkelung des Klanges durch Verminderung des Obertonreichtums. Dem haben etwa das Aliquotsystem bei Steinway- und Blüthner-Flügeln und andere Patente in bestimmten Grenzen entgegenwirken wollen, doch hat die Schallverstärkung auf mechanischem Weg ihren Preis. Im Grunde bleiben im Rahmen des neugefundenen bzw. sich notwendigerweise ergebenden Klangbildes heute – die Eindunkelung hat Parallelentsprechungen auf anderen Gebieten des menschlichen Lebens – die alten Polaritäten bestehen. In Anlehnung an die bildende Kunst könnte man von mehr „malerisch" und „zeichnerisch" orientiertem Klavierklang sprechen. Sie werden von den einzelnen Herstellern individuell akzentuiert und lassen mannigfache Übergänge zu. Den gegenwärtigen Trend vom konturscharfen zeichnerischen Klavierton weg hin zu einem mehr weichen, verschmelzenden Klang beschreibt folgende Passage aus dem Text eines Klavierherstellers:

Es ist sicher richtig, daß sich die grundlegenden konstruktiven Merkmale der Klaviere und Flügel seit der Mitte des 19. Jahrhunderts nicht mehr wesentlich verändert haben. Im Gegensatz dazu hat sich aber das jeweils herrschende, zeitgenössische Klangideal immer wieder einmal verändert. Und solcher fortwährende, oft kaum bemerkbare Wandel ist bis heute zu beobachten. Auf solche zeitgenössischen Wechsel der Klangvorstellungen haben die Klavierbauer natürlich zu reagieren, sie zu nutzen versucht. So gab es nach dem 2. Weltkrieg, und besonders spürbar in Interpretationen der 40er und 50er Jahre, einen geradezu revolutionären Sprung des traditionsreichen europäischen Klangideals. Orchester wetteiferten nicht allein um musikalische Präzision oder die stichhaltige, analytisch scharf durchleuchtete Interpretation, sie schienen sich auch im Kampf um Klangnuancen, um den geschärftesten Klang überbieten zu wollen. Als äußeres Zeichen dieses Kampfes wurde die Stimmung der Instrumente in den 50ern extrem in die Höhe getrieben, nachdem sie zuvor, auf der Londoner Konferenz von 1938, bereits für den Kammerton a' von 435 auf 440 Schwingungen erhöht worden war. Begriffe wie strukturelles Komponieren, punktuelle und statische Struktur bezeichneten im Bereich der avancierten Komposition zugleich auch spezifische Klangideale. An Anton von Weberns Kompositionen, den Klavier-Variationen op. 27 beispielsweise, wurde die symmetrische Anlage, der kristallinische Aspekt seiner Mikro- und Makrostrukturen hervorgehoben. Und als einer seiner alten Schüler beiläufig erwähnte, daß Webern seine Klaviermusik eher mit romantischen Rückungen und viel Sinn für dynamische Nuancen gespielt habe als maschinell streng und im Klang steril, trocken, hart, bezichtigte man ihn der Ahnungslosigkeit, wenn nicht gar der musikalischen Dummheit. Zu sehr hing die zeitgenössische Vorstellung am brillanten, präzis konturierten, gleichsam anonymen Klang.

Kein Wunder, daß in dieser Zeit Klaviere, die eine Tendenz zum nahezu neutralen, brillanten, kristallharten Klang hatten, zum bevorzugten Partner der Pianisten wurden. Aber diese Mode klang bald ab. Und es ist kein Geheimnis, daß wir heute einem Klangideal, einem Klangbild zuneigen, das bei allem Bedürfnis nach dem großen, vollen Konzertflügel-Klang für Zwischentöne, für Nuancen des Intimen besonders aufgeschlossen ist.

Klavierspiel muß „Hand und Fuß" haben. Die Klaviatur und das Pedalwerk ergänzen einander. Im Gegensatz zu den mannigfachen „Veränderungen", die teils von den Vorgängern des Hammerklaviers übernommen, teils für das neue Instrument eigens erfunden wurden, ist die „Dämpfung" eine conditio sine qua non des Klaviers. Zwar ist es die Hauptaufgabe des Spielers, dem Instrument Töne zu entlokken, es zum Erklingen zu bringen durch sorgsamen Anschlag, es also zu „beleben", doch ebenso wichtig und bewußt zu steuern ist das Verstummen zur rechten Zeit. Anfang und Ende eines Tones liegen in der Hand des Spielers; er ist Herr über seine Lebensdauer. Über die historische Entwicklung der Dämpfung schreibt Hanns Neupert in seinem Beitrag *Vom Musikstab zum modernen Klavier* zusammenfassend:

Zunächst war eine Gesamtdämpfung üblich in Form einer auf dem Bezug aufliegenden, oft für Baß und Diskant unterteilten, mit Tuch oder Wollfransen besetzten Klappleiste. Als Pianozug wirkte eine Leiste mit Leder- oder Tuchzacken, die sich zwischen Hammer und Anschlagstelle einschob. Die Einzeldämpfung wie bei Cristofori kommt erst ungefähr vom letzten Drittel des 18. Jahrhunderts ab allgemein zur Anwendung. Die Verschiebung der Mechanik, um den Hammer nur mehr ‚una corda' anschlagen zu lassen, tritt schon bei Cristofori auf, wird aber auch erst durch den Silbermannschüler J.A. Stein allgemeiner. Diese Verschiebung ist jetzt noch bei Flügeln gebräuchlich, während bei Pianos fast ausschließlich der von Montal, 1851, erfundene Pianozug, der durch Verminderung der Steighöhe und Anschlagskraft des Hammers wirkt, üblich ist.

Hier ist nicht der rechte Ort, auf die verschiedenen Funktionen des „Rechten Pedals" einzugehen (Binde-, Klanganreicherungs-, Sammelpedal). *Con sordino – senza sordino*, dazwischen gibt es viele Übergänge, an denen man die Sensibilität und die musikalische Intelligenz abhören kann. Vielleicht kann das zunächst paradox erscheinende Wort von Hans von Bülow „für den, der heimlich lauschet", eine Anleitung zur Pedalbehandlung geben: „Gutes Pedaltreten heißt ohne Pedal spielen können."

Wir sollten für die Vervollkommnung des Pedalmechanismus dankbar sein! Ein Blick auf die Konstruktionen des frühen 19. Jahrhunderts läßt erahnen, was an Nebengeräuschen durch die Kastendämpfung, die zuweilen von dünnen Drähten und klappernden Holzpedalen betätigt wurde, „mitgespielt" hat. Eigene Erfahrungen an einem Ritmüller-Flügel von 1812 waren ernüchternd. Auch manche kuriose Anordnungen der Pedale – seitlich oder 4 Pedale im Halbkreis – sind nicht unbedingt praktisch zu nennen. Eine dankenswerte Einrichtung war die „geteilte" Dämpfungsaufhebung: Baß und Mittellage (die hohe Lage besaß ohnehin wie heute keine Dämpfer) getrennt. Mozarts Walter-

Flügel besaß zwei Kniehebel für solch geteilte Dämpfung. Noch Schuberts *Moment musical* op. 94 Nr. 2 (fis-Moll-Teil) von 1827 ist dafür gedacht. Beethovens Broadwood-Flügel von 1817 hat ebenfalls diese Einrichtung und zusätzlich einen besonderen Pfiff: das Pedal ist gespalten: rechte Hälfte für den Diskant, linke für den Baß (Ortsübereinstimmung), beide Hälften auch mühelos als Einheit zu bedienen. Für die Wiedergabe – nicht nur historischer Werke – kann eine solche Einrichtung ein Gewinn sein. Der Klavierbau heute sollte darüber nachdenken!

Die Wirkungen des Pedals sind noch unerschöpft, weil sie noch immer die Sklaven einer engherzigen und unvernünftigen harmonischen Theorie geblieben sind: man geht damit um, als ob man Luft und Wasser in geometrische Formen bringen wollte. – Beethoven, der unbestreitbar den größten Fortschritt im Klavier vollführte, ahnte die Natur des Pedals und ihm verdanken wir die ersten Feinheiten. – Das Pedal ist verrufen. Sinnlose Ungesetzlichkeiten sind daran Schuld. Man versuche es mit sinnvollen Ungesetzlichkeiten ... (Busoni)

Die Entwicklung des Klaviers seit Cristoforis genialem Anstoß wurde maßgeblich, einfallsreich und tatkräftig von deutschen Klavierbauern bestimmt. Namen wie Gottfried Silbermann in Freiberg, mit dem Bach in Austausch stand, Friederici in Gera, Zumpe als Silbermann-Schüler einer der „12 Apostel“ in England, Stein in Augsburg, über dessen Instrumente sich Mozart so lobend äußerte, Streicher in Wien und viele andere mehr gehören zu den Pionieren des Klavierbaues neben französischen Meistern (Erard – gebürtiger Elsässer Erhard, Pleyel – auch Elsässer und wie Clementi kompositorisch und konzertierend tätig) und amerikanischen Herstellern (Hawkins, Chickering und den amerikanischen Steinwegs–Steinway). Die Amerikaner haben zweifellos den entscheidenden Beitrag zur Konsolidierung des heutigen Klaviers geleistet. Die Pariser Weltausstellung von 1867 markiert im wesentlichen den Abschluß der grundsätzlichen Entwicklung des Klaviers. Die deutsche Klavierindustrie hatte bereits 1862 Qualitätsgleichheit mit dem amerikanischen Produkt erreicht; seit Gründung des deutschen Kaiserreiches 1871 besteht unbestritten Weltgeltung. Bedeutende deutsche Firmen – die älteste, heute noch bestehende ist die 1794 gegründete und noch im Familienbesitz befindliche Firma Ibach, zunächst als Orgel- und Pianofortefabrik zeichnend – konnten inzwischen auf eine 150- oder 100jährige Tradition zurückblicken (Feurich, Bechstein, Grotrian-Steinweg, Blüthner, Seiler, Pfeiffer, Steingraeber, Schimmel, Sauter). 1880 kehrte Steinway mit einer Tochtergesellschaft nach Hamburg zurück. Die großen Firmen hatten damals ihre Virtuosen unter Vertrag – von diesen oftmals scherzhaft Flügelmänner, Flügeladjutanten, Beflügeler genannt – und betätigten sich auch als Mäzene und Förderer des pianistischen Nachwuchses und kultureller Aufgaben, besaßen und bestückten ihre Konzertsäle in den Zentren des deutschen Musiklebens. Kurz: Es ist ein rühmliches Zeichen dieses Berufsstandes, neben der Herstellung hochqualifizierter Instrumente die kulturelle Verantwortung wahrzunehmen, die ihnen zufällt. Und dieser Zug hat sich bis heute erhalten, unbeschadet wirtschaftlich wechselvoller Zeiten. Erfreulicherweise bahnt sich gegenwärtig wieder eine schöpferische Zusammenarbeit zwischen Interpreten und Musikpädagogen einerseits und Klavierbauern andererseits an, wie es im 18./19. Jahrhundert üblich und fruchtbar war. Für den Klavierspieler bedeutet dies eine Abkehr von der Hybris des genialischen Künstlers,

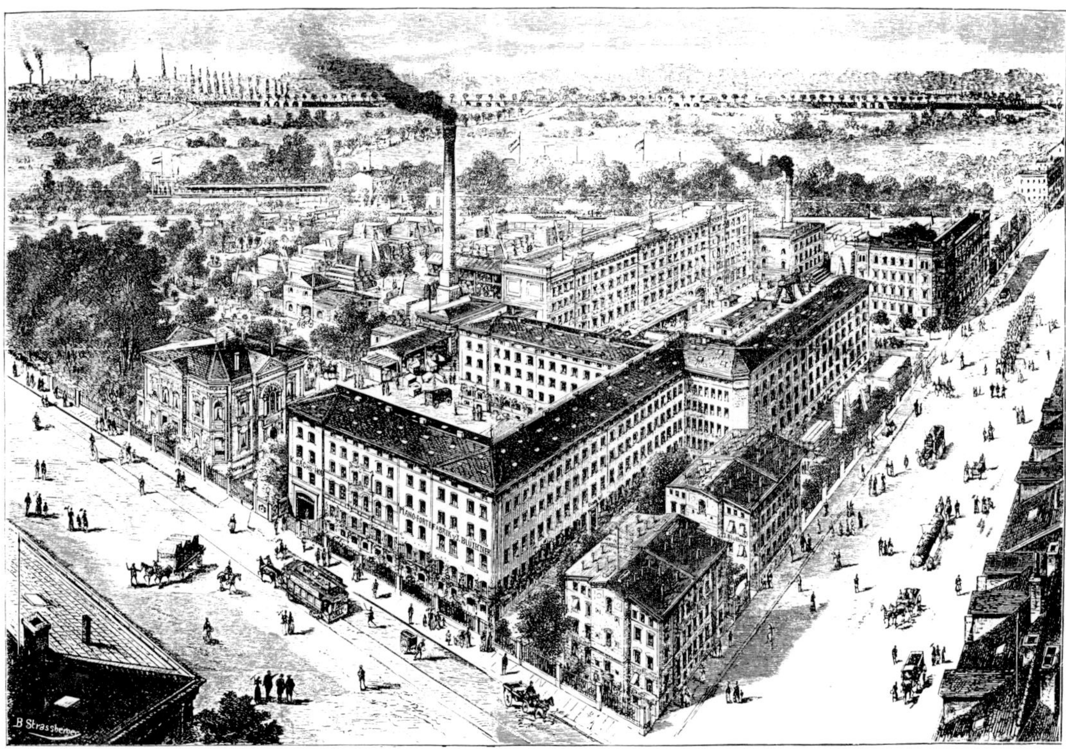

Die Königlich Sächsische Hof-Pianofortefabrik Julius Blüthner, Leipzig. Aus: *Illustrierte Zeitung*, Leipzig, 31. 10. 1899

der mit der handwerklichen Seite seines Tuns nichts im Sinn hat, für den Klavierbauer die Hellhörigkeit für die Bedürfnisse des Klavierspielers und Musikpädagogen – man sitzt in einem Boot.

Der gute Ruf der deutschen Klavierbauer – eng verbunden mit der deutschen Musiktradition – trug diesen Industriezweig auch über die wirtschaftlich kritischen Jahre 1929 und nach 1945, wo ein völlig neuer Anfang gesetzt werden mußte. Tradition und Offenheit für Neues sichern dem deutschen Klavierbau seinen angemessenen Platz, der unbestreitbar unter starkem Konkurrenzdruck aus Fernost steht. Der Interessenverband deutscher Klavierhersteller vereinigt alle am Klavierbau direkt und mittelbar beteiligten Unternehmen. Insgesamt repräsentieren sie, jedes Mitglied in seiner Weise und Größenordnung, den deutschen Klavierbau nach innen und außen.

Klavierspiel ist wieder „in". Laut Auskunft des Verbandes deutscher Musikschulen werden 25,7 %, das sind etwa 98.000 Schüler innerhalb der bestehenden Musikschulen, im Klavierspiel unterrichtet. Die Tendenz ist steigend. Hinzu kommt die große Zahl der nicht erfaßten „privaten" Klavierschüler. Begreiflicherweise lassen sich diese „stillen Gefährten", die von Mitgliedern des im VDMK (Verband deutscher Musikerzieher und konzertierender Künstler) zusammengeschlossenen Privatmusiklehrern geförderten Schüler, nur schwer erfassen. Und erst die vielen, die unauffällig ihre „Recreation des Gemüts" beim Klavierspiel suchen und finden. Klavierspiel macht Spaß, lautet ein Slogan einer bundesweit gestarteten Werbeinitiative des Fachverbandes deutscher Klavierhersteller – doch dieser Spaß will gelernt sein. Hier ist die Klavierpädagogik gefordert.

Die Frage, ob das Klavier eine Zukunft habe, läßt sich dahingehend beantworten: die Zeit des Primats des Klaviers ist vorbei. Grundsätzliche Veränderungen des Instruments sind nicht mehr zu erwarten noch wünschbar, wenn es sich selbst nicht fremd werden will. Es gilt vielmehr, seine Qualität zu veredeln. Dazu dient die Zusammenarbeit der deutschen Klavierindustrie mit den wissenschaftlichen Forschungseinrichtungen der Bundesrepublik, die u.a. spezielle Fragen der Akustik und sonstiger physikalischer Komponenten des Klavierklanges und der Konstruktion in die Produktion einbringen. Das Klavier hat sein großes musikalisches Erbe nicht museal zu bewahren. Es ist so jung, wie Menschen Werke der Vergangenheit auf ihm zu aktualisieren vermögen, wie ihm schöpferische Menschen neue Botschaften anvertrauen können, wie der deutsche Klavierbau dem Ideal seiner Instrumentvorstellung handwerklich zustrebt.

Literaturhinweise

Hugo Alker: *Literatur für alte Tasteninstrumente. Versuch einer Bibliographie für die Praxis.* Wien [2]1967.

Carl Ph. E. Bach: *Versuch über die wahre Art das Clavier zu spielen.* Berlin 1753/62.

Günther Batel: „Zur Klaviermusik des 20. Jahrhunderts", in: *Das Musikinstrument* 1 (1985), S. 132-144.

ders.: *Handbuch der Tasteninstrumente und ihrer Musik.* Braunschweig 1986.

Oscar Bie: *A History of the Pianoforte and Pianoforte Players.* New York 1966.

Donald H. Boalch: *Makers of the Harpsichord and Clavichord 1440 to 1840.* London 1956, Oxford [2]1974.

David Buckton / Kenneth van Barthold: *The Story of the Piano.* London 1975.

G. le Cerf / E. R. Labande: *Les traités d'Henri Arnaut de Zwolle et de divers anonymes.* Paris [2]1972

André Chenaud: *Les facteurs de pianos et leurs recherches.* 1970.

Ernest Closson: *History of the Piano.* New York 1974.

C. F. Colt: *The Early Piano.* London 1981.

Susanne Costa: *Glossar über Cembalo-Fachausdrücke.* Frankfurt am Main 1980.

Alfred Dolge: *Pianos and their Makers. A Comprehensive History of the Development of the Piano from the Monochord to the Concert Grand Piano.* New York 1972.

Cyrill Ehrlich: *The Piano. A History.* London 1976.

Friedrich Ernst: *Der Flügel Johann Sebastian Bachs. Ein Beitrag zur Geschichte des Instrumentenbaues im 18. Jahrhundert.* Frankfurt am Main [2]1966.

ders.: *Bach und das Pianoforte.* Frankfurt am Main [2]1980.

Fritz Ernst: *Vom Cembalo.* Zürich 1950.

Klaus Fenner: *Über den Klang des Klaviers und seine Wahrnehmung.* Frankfurt am Main 1975.

Joseph Fischhof: *Versuch einer Geschichte des Klavierbaues.* Wien 1953.

Ernst Flade: *Gottfried Silbermann. Ein Beitrag zur Geschichte des deutschen Orgel- und Klavierbaues im Zeitalter Bachs.* Leipzig [2]1953.

Walter Georgii: *Klaviermusik.* Zürich [5]1976.

Dominic Gill (Hrsg.): *Das Große Buch vom Klavier.* Freiburg/Basel/Wien 1983.

Josef Goebel: *Grundzüge des modernen Klavierbaues.* Leipzig [4]1952.

Franzpeter Goebels: „Das Klavier". In: *Handbuch des Musikunterrichts.* Regensburg 1970.

David S. Grover: *The Piano. Its Story from Zither to Grand.* London 1976.

Walter Haacke: *Am Klavier. Werke europäischer Maler aus sechs Jahrhunderten.* Königstein 1968.

Gesine Haase / Dieter Krickeberg: *Tasteninstrumente des Museums. Kielklaviere - Clavichorde - Hammerklaviere, hrsg. vom Staatlichen Institut für Musikforschung Preußischer Kulturbesitz.* Berlin 1981.

Siegfried Hansing: *Das Pianoforte in seinen akustischen Anlagen.* Berlin [2]1950.

Rosamond Harding: *The Piano-Forte. Its History Traced to the Great Exhibition of 1851.* Old Woking [2]1978.

Sidney Harrison: *Grand Piano.* London 1976.

Friedemann Hellwig: *Atlas der Profile an Tasteninstrumenten vom 16. bis zum frühen 19. Jahrhundert.* Frankfurt am Main 1985.

Hubert Henkel: *Clavichorde.* Leipzig 1981.

ders.: *Kielinstrumente.* Leipzig 1979.

ders. *Beiträge zum historischen Cembalobau.* Leipzig 1979.

Eva Hertz: *Johann Andreas Stein (1728-1792). Ein Beitrag zur Geschichte des Klavierbaues.* Wolfenbüttel 1937.

Franz Josef Hirt: *Meisterwerke des Klavierbaus.* Dietikon – Zürich ²1981.

Helen Rice Hollis: *The Piano. A Pictorial Account of its Ancestry and Development.* London 1978.

Cynthia Hoover: *Harpsichord and Clavichords.* Washington 1969.

Philip James: *Early Keyboard Instruments. From their Beginnings to the year 1820.* London ²1970.

Friedrich Martin Jehle: *Württembergische Klavierbauer des 18. und 19. Jahrhunderts.* Frankfurt am Main 1982.

Herbert Junghanns: *Der Piano- und Flügelbau.* Frankfurt am Main ⁶1984.

Louis Kentner: *Das Klavier* (= Yehudi Menuhins Musikführer, aus dem Englischen von Hans Toelle). Zug 1975.

Georg Kinsky: *Das Musikhistorische Museum von Wilhelm Heyer in Cöln,* Band I: Besaitete Tasteninstrumente. Köln 1910.

Charles Kützing: *Das Wissenschaftliche der Pianoforte-Baukunst.* Bern 1844.

Daniel Magne: *Guide pratique du piano.* Tours 1978.

Johann Mattheson: *Critica musica.* Hamburg 1725.

Werner Müller: *Gottfried Silbermann. Persönlichkeit und Werk.* Frankfurt am Main 1982.

Lawrence M. Nalder: *The Modern Piano.* Old Woking 1977.

Hanns Neupert: *Das Cembalo. Eine geschichtliche und technische Betrachtung der Kielinstrumente.* Kiel 1933.

ders.: *Das Klavichord. Geschichte und technische Betrachtung des „eigentlichen Claviers".* Kassel 1949.

ders.: *Vom Musikstab zum modernen Klavier.* Bamberg 1925.

Tobias Norlind: *Geschichte des Klaviers, Systematik der Saiteninstrumente.* Band 2, Hannover 1939.

Oscar Paul: *Geschichte des Claviers vom Ursprunge bis zu den modernsten Formen dieses Instruments nebst einer Übersicht über die musikalische Abtheilung der Pariser Weltausstellung im Jahre 1867.* Leipzig 1868.

Paulus Paulirinus: *Tractatus de musica.* Prag um 1460.

Otto Rindlisbacher: *Das Klavier in der Schweiz. Geschichte des schweizerischen Klavierbaus 1700 - 1900.* Bern/München 1972.

Edwin M. Ripin: *Keyboard Instruments. Studies in Keyboard Organology 1500 - 1800.* London ²1977.

Raymond Russell: *Early Keyboard Instruments.* London 1959.

ders.: *The Harpsichord and Clavichord. An Introductory Study.* London ²1973.

Curt Sachs: *Das Klavier.* Berlin 1923.

Colombe Samoyault-Verlet: *Les Facteurs de Clavecins Parisiens. Notices biographiques et Documents 1600 - 1793.* Paris. 1966.

Nikolaus Schimmel / Heinz K. Herzog: *Piano Nomenclatur. Bildwörterbuch der Teile.* Frankfurt am Main ²1983.

Ferdinand F. Schulz: *Pianographie. Klavierbibliographie der lieferbaren Bücher und Periodica sowie der Dissertationen in deutscher, englischer, französischer und italienischer Sprache.* Recklinghausen ²1982.

Herbert Shead: *The Anatomy of the Piano. An Illustrated Dictionary.* Old Woking 1978.

Theodore Steinway: *People and Pianos.* New York. 1953.

William L. Sumner: *The Pianoforte.* London ³1971.

Friedrich Weber-Robine: *Die Resonanz des Klaviers. Beiträge zur Entwicklungsgeschichte der Tasteninsturmente.* Dresden 1913.

Samuel Wolfenden: *A Treatise on the Art of Pianoforte Construction.* Old Woking 1975.

Klaus Wolters: *Das Klavier. Eine Einführung in Geschichte und Bau des Instruments und in die Geschichte des Klavierspiels.* Bern ³1975.

Arbeit am Rahmen eines Flügels. Foto: Harms

Einschlagen der Stimmnägel und Aufziehen der Saiten an einem Flügel. Foto: Harms

FERD-THÜRMER
1834

John Henry van der Meer

EIN ÜBERBLICK ÜBER DEN DEUTSCHEN CEMBALOBAU

VOM 16. JAHRHUNDERT BIS ZUM ANFANG DES 19. JAHRHUNDERTS

Cembali

Das älteste erhaltene deutsche Cembalo trägt die Signatur von Hans Müller, Leipzig, und die Jahreszahl 1537[1*]. Einen großen dokumentarischen Wert hat weiterhin das von Praetorius 1619 abgebildete (zweifelsohne deutsche) Cembalo[2]. Eine nicht besonders große Anzahl deutscher Cembali ist erhalten; einige weitere sind verschollen oder im zweiten Weltkrieg untergegangen, sind aber aus Beschreibungen bekannt. Es handelt sich um folgende Instrumente:

– Johann Mayer, Salzburg 1619[3]
– Mit Inschrift „Johann Loth Coloniae me fecit Anno Dni. MDCXXXXVII". Das Instrument mit Signaturrosette aus vergoldetem Blei mit harfespielendem Engel wurde 1959 in Vence (Alpes Maritimes) versteigert, wonach sich seine Spur verliert.[4]
– Unsigniertes Instrument des 17. Jahrhunderts in München[5]
– Unsigniertes Instrument des späten 17. Jahrhunderts, mit nicht entschlüsselten Initialen „GG" auf dem Klaviaturrahmen, früher im Leipziger Musikinstrumenten-Museum[6]
– Instrument mit falscher Signatur, nach der es aus der Werkstatt des Johannes de Perticis, Florenz, stammen soll[7]
– Friedrich Ring, Straßburg, 1700, in Stuttgarter Privatbesitz[8]. Straßburg, zum deutschen Sprachgebiet gehörend, wurde 1681 von den Franzosen erobert. Das Instrument ist ein mixtum compositum von deutschen und französischen Elementen.

Aus Süddeutschland:
– Joannes Leydecker, Wien 1755[9]. Leydecker stammte aus Mainz.
– Zwei Instrumente, die ursprünglich Cembali waren, später jedoch zu Hammerklavieren umgebaut wurden. Das eine Instrument hat einen Umfang F_1 - c''', mit später hinzugefügtem d'''[10], das andere einen Umfang F_1 - e'''[11].

Aus Hannover:
– Christian Vater, Hannover 1738[12]. Das Instrument trägt eine Signaturrosette aus vergoldetem Blei, in die der Name des Vaters des Erbauers, Martinus Vater, eingestanzt ist. Der Name des Erbauers und die Jahreszahl sind auf die Unterseite des Resonanzbodens geschrieben.

Aus Berlin:
– Ein einmanualiges und ein zweimanualiges Cembalo[13] auf Schloß Charlottenburg. Beide Instrumente werden aus guten Gründen Michael Mietke, Charlottenburg, zugeschrieben und können zwischen 1697 und 1713 datiert werden.
– Johann Christoph Oesterlein, Berlin 1792[14]

Aus Sachsen-Thüringen:
– Ein um 1715 zu datierendes thüringisches Cembalo[15]
– Ein Cembalo im Berliner Musikinstrumentenmuseum stammt möglicherweise aus der Werkstatt Johann Heinrich Silbermanns, der allerdings in Straßburg seine Werkstatt hatte, aber mit einer einzigen Ausnahme die sächsische Tradition seines Onkels Gottfried, Freiberg, fortsetzte, der ebenfalls Cembali gebaut haben soll, von denen jedoch keines erhalten ist.[16]
– Johann Heinrich Harrass (gest. 1714), Groß-Breitenbach in Schwarzburg[17]
– In der sächsischen Tradition steht auch das Cembalo Nr. 316 des Berliner Musikinstrumentenmuseums[18]. Der Überlieferung nach soll das Instrument Johann Sebastian Bach gehört haben, eine Tradition, die von Georg Kinsky und Friedrich Ernst[19] widerlegt worden ist. Dieter Krickeberg hat jedoch nachgewiesen, daß das Cembalo bis zu Wilhelm Friedemann Bach zurückzuführen ist.[20]
– Johann Heinrich Gräbner d. Ä., Dresden 1722 und 1739[21]
– Johann Hartmann, Dresden 1765[22]
– Johann Heinrich Gräbner d. J., Dresden 1774[23]
– Carl August Gräbner, Dresden 1782[24]

* Anmerkungen wegen der Vielzahl am Schluß des Artikels.

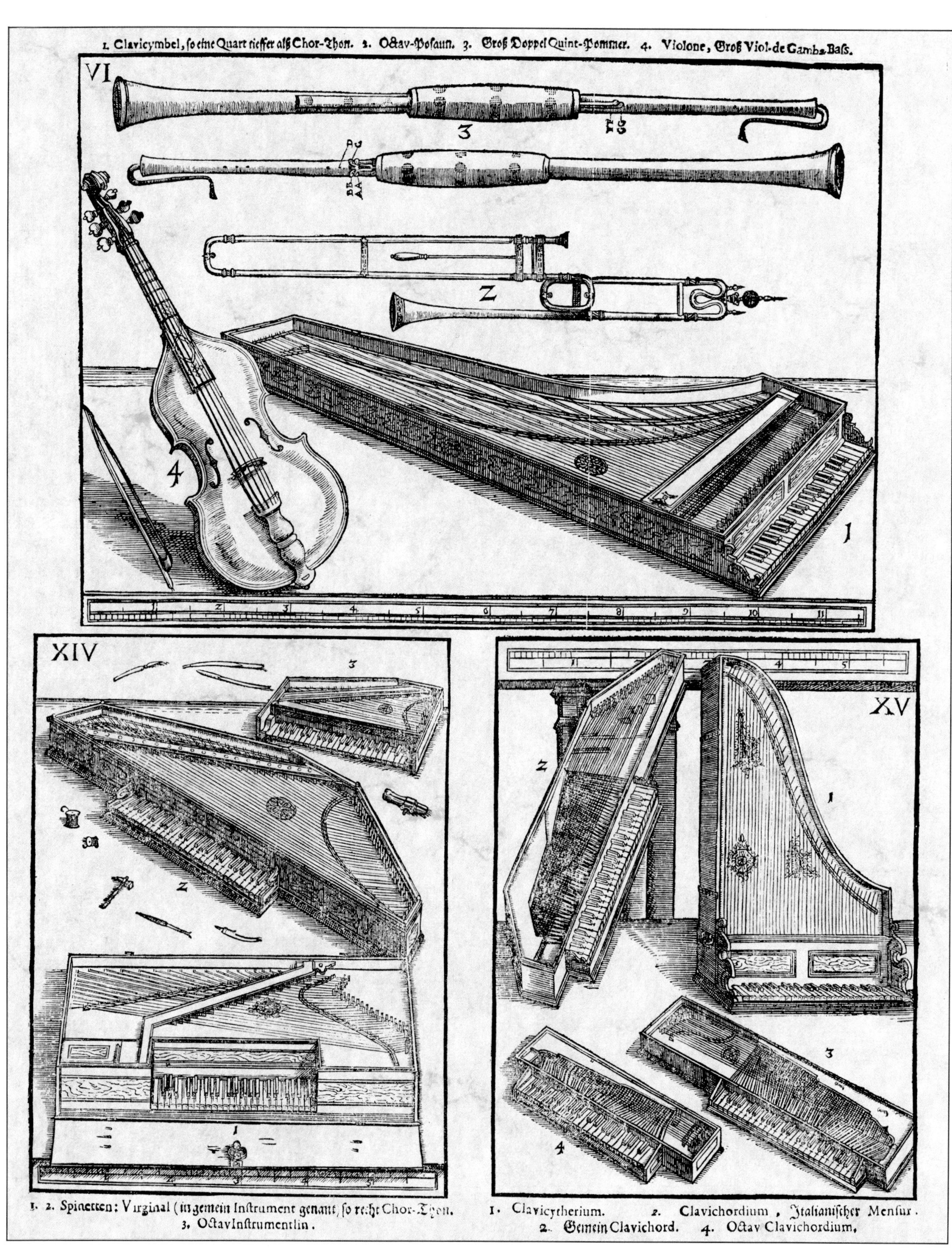

Cembalo, Spinette, Virginal, Klaviziterium und Klavichorde in: Michael Praetorius, *Syntagma musicum*, Wolfenbüttel 1619

Zweimanualiges Cembalo, Sachsen-Thüringen, 1. Hälfte 18. Jahrhundert, früher als „Flügel J.S. Bachs“ bekannt. Musikinstrumentenmuseum Berlin

Aus Hamburg:
- Johann Christoph Fleischer, 1710[25]
- Carl Conradt Fleischer, 1720[26]
- Hieronymus Albrecht Hass, 1721[27]. Dieses ursprünglich zweimanualige Cembalo, das früheste erhaltene Instrument dieses Erbauers, ist später zu einem Pianoforte umgebaut worden und hat somit wenig dokumentarischen Wert. In den weiteren Betrachtungen wird dieses Instrument nicht berücksichtigt.
- Carl Conradt Fleischer, vermutlich 1722[28]
- Hieronymus Albrecht Hass, 1723[29]
- Christian Zell, 1728[30]
- Hieronymus Albrecht Hass, 1732[31]
- Hieronymus Albrecht Hass, 1734[32]
- Christian Zell, 1737[33]
- Hieronymus Albrecht Hass, 1740[34]
- Christian Zell, 1741[35]
- Johann Adolph Hass, 1764[36]
- Johann Adolph Hass, 1750[37].

Die Cembali von Müller, Mayer, das Münchner Instrument und das bei Praetorius abgebildete sind sehr bis verhältnismäßig dünnwandig. Das Instrument von Müller hat dünne Zargen mit einem Furnier aus ungarischer Esche, das offensichtlich bis Leipzig gehandelt wurde. Es ist gesichert, daß nicht nur in Italien, sondern bis zum 17. Jahrhundert auch in Deutschland (und Frankreich) Kielklaviere in äußeren Kästen aufbewahrt wurden. Frühe Cembalobauer in Antwerpen wie Hans van Ceulen (aus Köln) und Josse Karest „de Colonia“[38] kamen aus Deutschland, und zwei erhaltene Spinette von Karest zeigen die dünnwandige Bauart. Erst gegen 1570 haben die flämischen Cembalobauer die dickwandige Bauweise entwickelt, die ihrerseits u. a. den deutschen Cembalobau beeinflußt hat. Auch bei starken Zargen übertrifft deren Stärke jedoch niemals 2 cm. Darüber hinaus ist kein historisches Kielklavier bekannt, das keinen Unterboden, also kein geschlossenes Gehäuse hätte.

Andere „typisch flämische“ Elemente findet man in deutschen Cembali wieder, etwa den mit Streublumen geschmückten Resonanzboden – hierzulande oft mit einer blauen Strichzeichnung, die in Flandern in dieser Form unbekannt ist – und die Signaturrosette aus vergoldetem Blei, wie sie bei zwei Cembali beobachtet wurde. Über die Innenkonstruktion deutscher Cembali ist wenig bekannt, aber fest steht, daß das Cembalo von Müller (1537!) ursprünglich eine Abbundrippe etwa parallel zum Resonanzbodensteg und drei Querrippen hatte. Hier findet man also bereits vor dem frühesten erhaltenen „typisch flämischen“ Instrument die „typisch flämische“ Resonanzbodenberippung. Man fragt sich, ob nicht manche „flämischen“ Elemente letzten Endes deutschen Ursprungs sind. Die Entwicklung und Verästelung der Kielklaviere ist wesentlich komplizierter als aus dem gemeinhin angenommenen Gegensatz zwischen italienischen und flämischen Kielklavieren hervorgehen würde. – Fest steht jedoch, daß die Resonanzbodenstärke nie 0,35 cm übertrifft und daß die Rippen verhältnismäßig dünn sind und, wenn sie den Resonanzbodensteg kreuzen, darunter ausgearbeitet sind.

Nach Sprengel (1773)[39] haben Berliner Cembali eine doppelt geschwungene Wand, also keine Ecke zwischen Rück- und Hohlwand. Das trifft tatsächlich für die Charlottenburger Cembali und für das von Oesterlein zu, aber auch für Vater, Hannover, und für alle Hamburger Cembali, so daß hier ein allgemeines norddeutsches Merkmal des 18. Jahrhunderts vorliegt.

Das Thüringer Cembalo um 1715 hat einen Hohlraum zwischen dem schmalen Stimmstock und dem Damm; dieser Hohlraum ist durch einen zweiten Resonanzboden bedeckt. Eine solche Vergrößerung der Resonanzbodenfläche ist sonst nur von italienischen Cembali bekannt.

Der bei gewissen Orgelinstrumenten vorkommende Klaviaturumfang C/E - g″/a″ begegnet bei den erhaltenen Kielklavieren nicht. Der Umfang des Cembalos von Müller (1537) entspricht diesem Umfang im Diskant, nicht jedoch im Baß, in dem keine kurze Oktave vorhanden ist, sondern die Klaviatur mit C-D-Es-E anfängt, wonach sie chromatisch bis g″ weiterläuft. Die Nichtverwendung der kurzen Oktave zu einem so frühen Zeitpunkt ist dadurch zu erklären, daß das Instrument einen Transpositionsmechanismus besitzt: die ganze Klaviatur unter den Docken kann um einen Ganzton verschoben werden. Einen solchen Mechanismus werden wir im 18. Jahrhundert beim thüringischen Cembalo antreffen.

Das Cembalo von Mayer, 1619, hat schon den Umfang B_1-C-D-c''', also ohne kurze Oktave und mit einer zweifellos ursprünglichen Obertaste anfangend. – Das Cembalo von „Joannes de Perticis" in Leipzig wurde nach den Untersuchungen Henkels zweimal abgeändert; der ursprüngliche Umfang zeigt schon nicht mehr die kurze Oktave, sondern war C - f''', zweifellos unter italienischem Einfluß. – Das verlorengegangene Leipziger Cembalo „GG" hat bereits den Umfang G_1/H_1 - f'''. Die beiden letztgenannten Instrumente stammen wohl von Ende des 17. Jahrhunderts. Die weitere Umfangsentwicklung sei tabellarisch zusammengefaßt:

– C/D - c''': wahrscheinlich der von Halle (1764)[40] erwähnte Umfang von 48 Tasten.
– C - c''': der von Adlung (1768)[41] genannte Umfang von vier Oktaven; Cembalo C.C. Fleischer, wahrscheinlich 1722; Thüringer Cembalo um 1715. Bei dem letztgenannten Instrument besitzt die Klaviatur diesen Umfang, aber es sind 52 Saitenchöre vorhanden, die auf dem Stimmstock A_1 - c''' benannt sind. Die Klaviatur ist zwecks Transposition in vier Stellungen festzusetzen. Den Tonbuchstaben auf dem Stimmstock gemäß ist die „rechte", höchste Stellung als Ausgangspunkt gemeint. Durch drei Verschiebungen der Klaviatur ist die Tonhöhe um jeweils einen Halbton zu erniedrigen. Noch 1758 erwähnte Adlung einen solchen Transpositionsmechanismus[42].
– C - d''': Cembali Zell 1734 und 1741, H. A. Hass 1732
– G_1/A_1 - c''': der ursprüngliche Umfang des einmanualigen Cembalos, wahrscheinlich von Mietke, im Schloß Charlottenburg. Der Umfang wurde später, wahrscheinlich von Oesterlein, bis F_1/G_1 - c''' erweitert.
– G_1 - c''': Cembali Fleischer 1710 und 1720.
  G_1 - d''': Cembalo H. A. Hass, 1734
  G_1/H_1 - e''': Cembalo Vater, 1738
– $F_1/G_1/A_1$ - c''': der ursprüngliche Umfang des zweimanualigen Cembalos, wahrscheinlich von Mietke, im Schloß Charlottenburg. Der Umfang wurde später, wahrscheinlich von Oesterlein, bis F_1/G_1 - e''' erweitert.
– F_1 -c''': ursprünglicher Umfang – dem später d''' hinzugefügt wurde – eines der beiden zu Hammerflügeln umgebauten Cembali. Merkwürdig ist die Beschaffenheit der Baßoktave: der Taste F_1 folgen gebrochene Untertasten $G_1/A_1/B_1$ und H_1/C, die F-Taste, eine gebrochene Obertaste D/Fis, die G-Taste, eine gebrochene Obertaste E/Gis, wonach von A an der Umfang normal chromatisch ist. Es fehlen also die Tasten Fis_1, Gis_1, Cis und Es.
– F_1 - c''': Cembalo H. A. Hass, 1723
– F_1 - d''': Cembali Ring, 1700; Zell, 1728; H. A. Hass, 1721. Daß dieser Umfang bei Ring in Straßburg so erstaunlich früh auftritt, ist wohl französischem Einfluß zuzuschreiben.
– F_1 - e''': mit einer Baßoktave mit gebrochenen Tasten, wie unter F_1 - c''' beschrieben, das andere zu einem Hammerflügel umgebaute Cembalo
– F_1/G_1 - e''': der jetzige Umfang der beiden Cembali, wohl von Mietke, im Schloß Charlottenburg
– F_1/G_1 - f''': Cembalo J. A. Hass, 1740
– F_1 - f''': Cembalo Leydecker, 1755. Dieses Instrument hat die gleiche Beschaffenheit der Baßoktave wie die beiden zu Hammerflügeln umgebauten Cembali. Joseph Haydn muß bis um 1766 ein Cembalo mit einer solchen Baßoktave mit gebrochenen Tasten zur Verfügung gestanden haben, denn sonst wären bestimmte Griffe in der linken Hand in drei frühen Kompositionen nicht ausführbar[43].

In diesen Instrumenten wird der Umfang also von vier Oktaven langsam bis zu fünf erweitert. Nach Halle (1764)[44] konnten Cembali bis zu 61 Tasten haben, nach Adlung (1768)[45] bis zu fünf Oktaven. Zweimanualige Cembali haben nach diesen Autoren immer diesen Umfang. Anfänglich war die Orientierung der Manuale jedoch nicht einheitlich:

– D_1 - d''': Cembalo J.H. Gräbner d. Ä., 1739
– E_1 - e''': Cembalo J.H. Gräbner d. Ä., 1722
– G_1 - g''': der Fünfoktavenumfang nach Halle (1764)
– F_1 - f''': Cembalo Harrass, vor 1714; Nr. 316 des Berliner Musikinstrumentenmuseums; weiterhin, abgesehen von Leydecker, alle Cembali – das einmanualige von J.A. Hass, 1764, sowie die zweimanualigen – seit 1741.

Alle Cembali des 16. und 17. Jahrhunderts sowie die Cembali von Leydecker, 1755, die beiden in Hammerflügel umgeänderten Cembali, das von Vater, 1738, eines der beiden Charlottenburger Cembali von Mietke, das thüringische Cembalo um 1715, die Cembali von J.C. Fleischer, 1710, C.C. Fleischer, 1720 und vermutlich 1722, H.A. Hass, 1732, Zell, 1737 und 1741 sowie – das späteste Instrument dieser Art – das Cembalo von J.A. Hass, 1764, haben nur ein Manual. Das früheste Instrument mit zwei Manualen ist wohl das Cembalo von Ring, 1700, aber die Zweimanualigkeit mag dort auf frühere französische Vorbilder zurückzuführen sein. Die frühesten direkt in Deutschland gebauten Instrumente mit zwei Manualen sind: Harrass, vor 1714, und das etwas davor – spätestens 1713 – gebaute zweimanualige Instrument wohl von Mietke im Schloß Charlottenburg. Es folgen J.A. Hass, 1723 und 1734, Zell, 1728, J. A. Hass, 1750, Oesterlein, 1792, sowie sämtliche sächsischen Cembali.

Nach Marpurg[46] soll Mathias Koch, Straßburg, ein dreimanualiges Cembalo gebaut haben. Das von Cramer[47] erwähnte dreimanualige Cembalo von Peter Johann Milchmayer, Mainz, auf dem 250 Kombinationen möglich waren, wird wohl ein Orgelklavier gewesen sein. Das einzige erhaltene von Anfang an dreimanualige Cembalo überhaupt ist das von H.A. Hass, 1740.[48]

Adlung (1758)[49] sagt, daß einmanualige Cembali meistens zwei, selten drei bis vier Register besitzen. Bei zwei

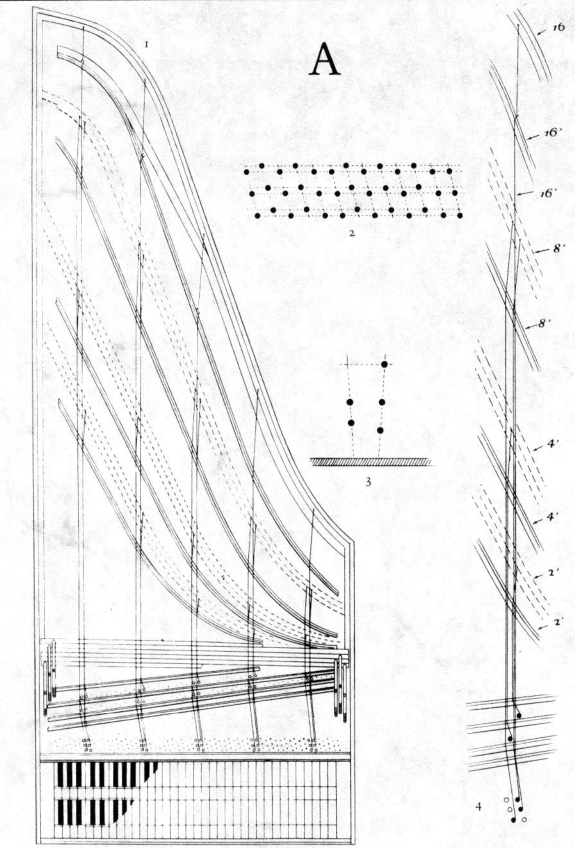

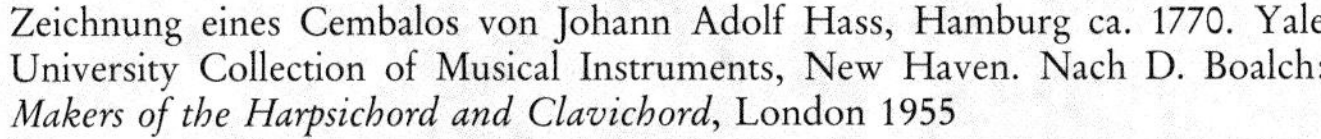

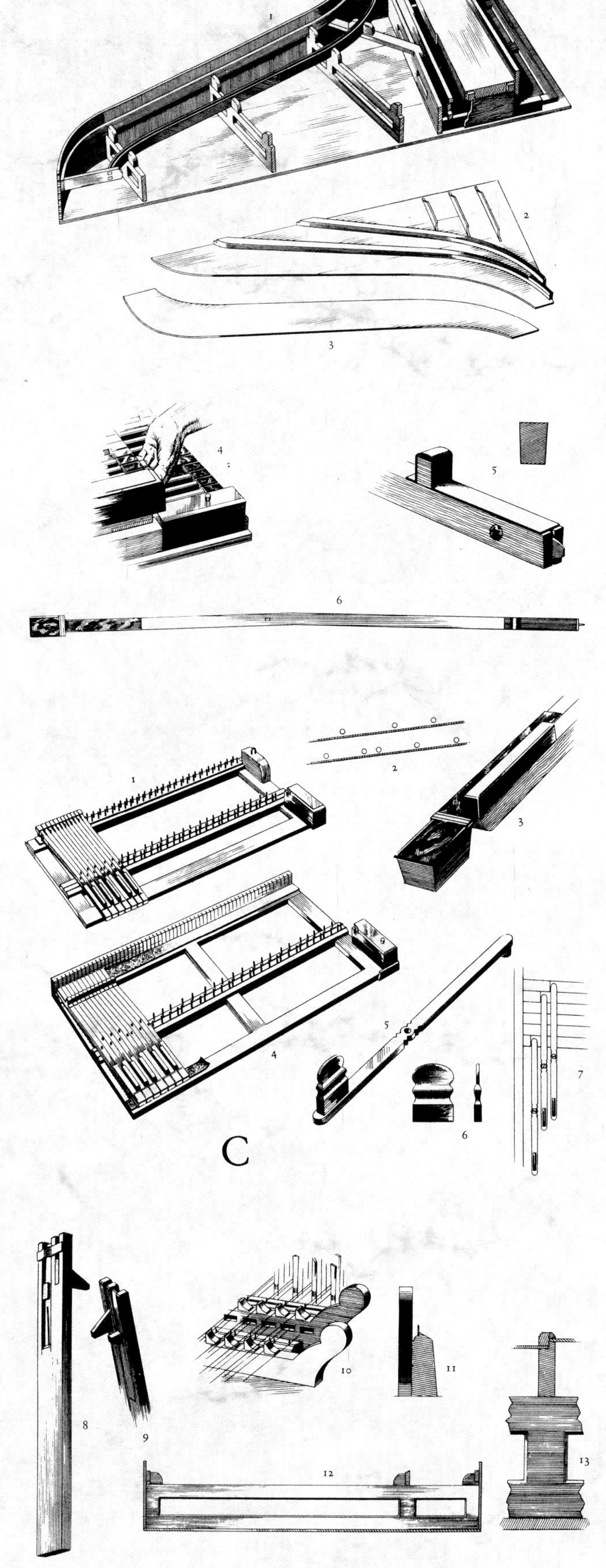

Zeichnung eines Cembalos von Johann Adolf Hass, Hamburg ca. 1770. Yale University Collection of Musical Instruments, New Haven. Nach D. Boalch: *Makers of the Harpsichord and Clavichord*, London 1955

A) 1. Bauplan des Instruments. Dispositon: 5 Saitenbezüge (1 x 16′, 2 x 8′, 1 x 4′, 1 x 2′), zwei Manuale, Klaviaturumfang F_1 - f^3. Durch Einschieben des Untermanuals kann das 8′-Register des Obermanuals vom Untermanual aus gespielt werden (s.B.5.). Zwei 2′-Register: Im Untermanual mit Umfang F_1 - c^2, im Obermanual mit Umfang F_1 - b, beide 2′-Register bedienen sich desselben Saitenbezugs, die Registerhebel sind links und rechts auf dem Stimmstock angeordnet. — 2. Ausschnitt des Wirbelfeldes im Stimmstock. Wirbelreihen in der Reihenfolge 16′, 8′-Obermanual, 8′-Untermanual (von unten nach oben). — 3. Schnitt, aus dem die relative Lage der einzelnen (nicht senkrecht untereinander liegenden) Saiten zu ersehen ist. Oben: 16′-Saite, mittlere Ebene: 8′-Saiten, unten: links 4′-, rechts 2′-Saite. — 4. Verlauf eines kompletten Saitenchores mit Stegen (durchgezogene Linien) und Anhangstegen (gestrichelte Linien). Die zugehörigen Springer werden in dem freien Mittelteil des Saitenchors angeordnet.

B) 1. Innenaufbau, wie er sich nach Entfernen von langer Wand und Resonanzboden darstellt. Man beachte den parallel zur Hohlwand verlaufenden 8′-Anhangsteg, der auf die rahmenförmigen Korpusverstrebungen aufgeleimt ist. — 2. Resonanzbodenunterseite mit 4′- bzw. 2′- Gegensteg und 3 Absperr-Rippen. — 3. 16′Resonanzboden, gegenüber dem 8′-Resonanzboden erhöht gelagert (s.B.13.). — 4. Blick auf linkes Klaviaturende: Das Obermanual liegt auf der hellen Leiste auf, die hinter dem dunkel gekennzeichneten Klaviaturbacken des Untermanuals zu erkennen ist. — 5. Blick auf hinteres Ende einer Untermanualtaste. Der Stößer auf der Taste betätigt beim Einschub des Untermanuals den treppenförmig abgesetzten Schaft des 8′-Obermanualspringers zur Kopplung. — 6. Untermanualtaste.

C) 1. Klaviaturrahmen des Obermanuals. Man beachte die Hintertastenführung mit Führungsstiften zwischen den Tasten. Der Klaviaturrahmen des Obermanuals ist breiter als der des Untermanulas und ruht fest auf links und rechts im Klaviaturraum angebrachten Leisten (s.B.4.). Das Untermanual wird zwischen den Leisten zur Kopplung verschiebbar angeordnet. — 2. Details der Sicht auf den Waagbalken. Zeigt als Drehachse dienende Schnüre längs der Stiftlinien. — 3. Vordertastenansicht. Belag der Untertasten: Schildpatt. — 4. Klaviaturrahmen des Untermanuals (ohne linken Klaviaturbacken). — 5. Registerhebel (Metall). — 6. Detail eines Registerhebels. — 7. Anordnung der Registerhebel links im Instrument. — 8. Springer 8′-Register Untermanual mit Lederplektrum (Rückansicht). — 9. Dto. Vorderansicht. — 10. Baßende der Lauten von 8′-Obermanual und 16′- Register. — 11. Sicht von Baßsaite auf 16′-Stimmstocksteg und 16′-Laute. — 12. Sicht auf eine Rahmenstrebe mit 8′-Anhangsteg und Winkelverstärkungen an den Enden. — 13. Detail eines Schnitts durch Rahmenstrebe und 8′- Anhangsteg. Der 8′-Resonanzboden verläuft nach links, der 16′-Resonanzboden nach rechts.

Registern ist die Disposition 8′8′. Das verlorengegangene Leipziger Cembalo hatte diese Disposition, ebenso wie ursprünglich das Cembalo von „Joannes de Perticis". Sie kommt sodann vor in Loth 1647, im thüringischen Cembalo um 1715, Vater 1738, im einmanualigen Cembalo wohl von Mietke im Schloß Charlottenburg, in Leydecker 1755 und den beiden zu Hammerflügeln umgebauten Cembali.

In vielen Fällen empfand man jedoch offensichtlich das Bedürfnis nach einem Aufhellungsregister. Das Cembalo von Müller, 1537, hat außer zwei normalen 8′-Registern noch ein 8′-Nasal. Das von Mayer, 1619, hat drei 8′-Register, deren Dockenreihen vom Diskant zum Baß hin fächerförmig verlaufen, offensichtlich um drei unterschiedliche Klangfarben zu erzeugen. Das am nächsten beim Stimmstock verlaufende Register ist als Nasal zu betrachten. Noch orgelmäßiger ist die Disposition des Münchner Cembalos. Außer zwei normalen 8′-Registern (den Orgelprinzipalen zu vergleichen) sind zwei Nasal-8′ vorhanden (den Zungenstimmen bei der Orgel zu vergleichen) sowie ein 8′- Register, dessen Docken die Saiten etwa in der Mitte anzupfen (dem Flötenregister bei der Orgel entsprechend).

Anfänglich ist somit in Deutschland, wie in England, das Nasalregister das am meisten vorkommende Aufhellungsregister, aber der 4′ fehlt nicht ganz: das von Praetorius 1619 abgebildete Cembalo hat ihn. (Das von diesem Autor beschriebene Quintregister[50] — zweifelsohne ein 5⅓′ — ist kein Aufhellungs-, sondern ein Transpositionszug.) Alle einmanualigen Hamburger Cembali haben die Disposition 8′8′4′. Über das Fehlen der Dämpfer beim 4′ im Cembalo von J. Chr. Fleischer, 1710, s. Berner, Anm. 25.

Nach Sprengel (1773) hat ein zweimanualiges Cembalo drei Register, die er nicht einzeln bezeichnet. Gemeint sind wohl zwei 8′- und ein 4′-Register. Adlung (1758) und Halle (1764) erwähnen weitere Dispositionsmöglichkeiten, die jedoch in erhaltenen Instrumenten nicht angetroffen werden.

Tatsächlich haben das zweimanualige Cembalo, wohl von Mietke, im Schloß Charlottenburg und alle erhaltenen sächsischen Cembali außer Nr. 316 des Berliner Musikinstrumentenmuseums diese Disposition mit je einem 8′ auf beiden Manualen und mit 4′ auf dem Untermanual. Die gleiche Disposition begegnet bei Zell 1728 sowie bei Ring 1700, aber hier war ursprünglich noch einmal der Nasal-8′ auf dem Obermanual vorhanden. Man beachte, daß immer der 4′ im Untermanual ist. Nur das Cembalo von H.A. Hass, 1723, ist etwas anders disponiert: unten 8′8′, oben 8′, 4′ mit abgesetzten Springern auf beiden Manualen.

Nach den *Straßburger Gelehrten Nachrichten* 1783[51] ist bekannt, daß Johann Heinrich Silbermann, Straßburg, ein besonders großes Cembalo mit 16′ gebaut habe. Nr. 316 des Berliner Musikinstrumentenmuseums hat jetzt 8′16′ im Unter-, 8′4′ im Obermanual. Krickeberg hat nachgewiesen, daß im ursprünglichen Zustand das Untermanual 16′4′, das Obermanual 8′ betätigte. Zacharias Hildebrand in Leipzig hat Cembali gebaut mit 16′8′ im Unter-, 8′4′ im Obermanual.[52]. H.A. Hass 1734 hat 4′8′16′ unten, einen 8′ mit abgesetzten Docken, also unten und oben, und Nasal-8′ oben.

Zwei erhaltene Cembali haben ein 2′-Register. J.A. Hass, 1750, hat 4′8′16′ unten, einen 8′ mit abgesetzten Docken, also oben und unten, und einen 2′ mit je zwei Dockenreihen auf beiden Manualen. Das dreimanualige Cembalo von H.A. Hass, 1740, ist faktisch im mittleren und obersten Manual ein zweimanualiges Cembalo mit 8′4′ in der Mitte, einem 8′ mit abgesetzten Docken in der Mitte und oben und einem 8′-Nasal oben. Das unterste Manual, das ganz eingeschoben, aber auch an das Mittenmanual gekoppelt werden kann, hat 16′ und einen 2′ bis c′.

Das alte Nasalregister tritt somit in einigen Hamburger Cembali wieder auf. Die Erbauer solcher Instrumente werden das Register wohl nicht von früheren deutschen Vorbildern, sondern vielmehr von gewissen englischen Cembali übernommen haben.

Abgesehen von J.H. Silbermann, Hildebrand, Berlin Nr. 316 und Johann Andreas Stein (s. u.) haben nur Vater und Sohn Hass 16′ und 2′ in Cembali eingebaut. Man beachte, daß mit Ausnahme von Hildebrand der 4′ immer im Untermanual liegt. Mit dem 16′ und dem 2′ werden weitere Orgelelemente in den Cembalobau eingeführt. Wenn man keine besonderen Vorkehrungen trifft, wird bei einem Cembalo mit 16′ und 4′ und eventuell 2′ entweder der 16′ oder der 4′ (und der 2′) schlecht klingen. Da die Hassens hervorragende Cembalobauer waren, haben sie solche Vorkehrungen getroffen: Die Anhängeleiste des 8′ teilt den Resonanzboden ab; der Resonanzbodenteil vor dieser Leiste dient dem 8′ und dem 4′ (und eventuell dem 2′), der Teil hinter ihr ausschließlich dem 16′[53].

Das *Spinett* bei Adlung (1758) und der *Kornettzug* bei Halle (1764) und Sprengel (1773)[54] sind wohl mit dem Nasalregister identisch. Nicht ganz deutlich ist, was Halle mit dem *Oktavkornetchen* meint. Praetorius beschreibt 1619[55] den mit Metallhaken besetzten *Arpichordum*-Zug, womit ein schnarrender Ton erzielt wird. Adlung (1758)[56] kennt noch den *Harfenzug*, mit dem *Arpichordum* identisch, obwohl ich aus dem 18. Jahrhundert kein Instrument mit diesem Zug kenne. Halles *Lautenzug* ist wohl mit dem identisch, was noch heute unter diesem Namen bekannt ist. Sprengel (1773)[57] kennt noch ein *Schnarrwerk*, eine unbelegte Holzleiste, die gegen die Saiten gedrückt wird. Mir ist kein Instrument mit diesem Register bekannt.

Das Cembalo von Müller (1537) hatte eine jetzt fehlende Leiste, die ein Arpichordum- oder ein Lautenzug gewesen sein kann. Einen Lautenzug auf ein einziges 8′-Register haben Mayer 1619, das Münchner Cembalo, das Cembalo von Loth 1647 und weiterhin viele Cembali des 18. Jahrhunderts. Die Cembali von Hass mit 16′ haben auch immer einen Lautenzug auf dieses Register. Das Thüringer Cembalo um 1715 hat einen Lautenzug, der in einer filzbelegten Leiste besteht, die von unten gegen die Saiten gedrückt werden kann.

Die Registerschaltung geschieht immer mit der Hand: durch Flankenzüge, Binnenhebel (in allen norddeutschen Cembali) oder Frontzüge durch das Vorsatzbrett (in sächsischen Instrumenten).

Einen Sonderfall bilden die Cembali von Johann Nikolaus Bach (1669-1753). Dieser war ein entfernter Verwandter Johann Sebastian Bachs und Organist in Jena. Nach Adlung (1768) hat er Cembali gebaut mit drei Registern und Tasten mit Ausschnitten. Durch Einschieben des Manuals in verschiedenen Distanzen konnten die Docken eines Saitenchors oder zweier über die Ausschnitte zu liegen kommen; sie wurden dann beim Niederdrücken der Taste nicht mitgehoben. Dadurch ließen sich sieben Registerkombinationen ermöglichen: 1+2+3, 1+2, 1+3, 2+3, 1, 3, 2.

Registerschaltung durch Pedale war bereits Thomas Mace 1676 bekannt[58]; John Haward (Hayward) habe sie nach ihm erfunden. Die englische königliche Kapelle besaß seit 1664 ein Cembalo mit Pedalschaltung, zunächst von John Hingston, später von Henry Purcell betreut[59]. C. Ph. E. Bach teilt 1762[60] mit, daß Johann Hohlfeld (1711-71) in Berlin eine Registerschaltung durch Pedal „erfunden“ habe. Er schreibt: „Es wäre zu wünschen, daß alle Flügel in der Welt zur Ehre des guten Geschmacks so eingerichtet würden.“ Sein Wunsch ist, zumindest in Deutschland, nicht einmal in der Spätzeit des Cembalos in Erfüllung gegangen, offensichtlich weil kaum ein Spieler das Bedürfnis nach Registerwechsel während des Spiels verspürte.

Zweimanualige Cembali haben immer eine Koppel. Sie kann französischer Art sein, wie von Sprengel (1773) beschrieben und in vielen norddeutschen Instrumenten vorkommend, wobei die Kopplung zustandekommt, indem man das obere Manual einschiebt; oder aber sächsischer Art und in sächsischen Instrumenten vorkommend, wobei die Kopplung zustandekommt durch Einschiebung des unteren Manuals.

Lorenz Christoph Mizler, der vor seiner Immatrikulierung für Philosophie an der Leipziger Universität 1731 in Ansbach das Gymnasium besucht hatte, war hier mit Johann Christoph Wiegleb (Wiclef) bekannt, der 1724-1740 in Ansbach als Orgel- und Cembalobauer tätig war. Mizler berichtet[61] – später von Adlung (1768) abgeschrieben[62] – über eine Erfindung Wieglebs, die u. a. in der Verwendung von Messingplektren bestand. Alle Plektren im Cembalo von Mayer, 1619, waren jedoch bereits aus Messing, offensichtlich zur Aufhellung des Klanges. Nach Ernst Ludwig Gerber[63] habe Oesterlein in Berlin Plektren aus Leder erfunden, offensichtlich zur Milderung des Klanges des Cembalos, das Ende des 18. Jahrhunderts mit dem Pianoforte konkurrieren mußte.

Angehängte Pedalklaviaturen waren in Deutschland bekannt, wie aus den Erwähnungen bei Adlung 1758 und 1768[64] hervorgeht. Das verlorengegangene Leipziger Cembalo muß eine solche gehabt haben.

Adlung bespricht weiterhin[65] besondere Pedalinstrumente, auf die ein normales Cembalo gestellt werden konnte. Die Klaviatur konnte von C bis c′ oder, besser, d′ laufen. Adlung beschreibt ein Cembalo im Besitz von Johann Caspar Vogler, einem Schüler J.S. Bachs und Hoforganist in Weimar. Zum Cembalo gehörte ein Pedalinstrument mit 16′8′8′; die 16′-Saiten waren umsponnen. Es liegt hier der einzige Beleg von umsponnenen Saiten bei Cembali vor. Georg Gebel, Breslau, hat laut seiner Autobiographie (1740)[66] ebenfalls ein Cembalo mit Pedalinstrument gebaut, das etwas undeutlich beschrieben wird. Wahrscheinlich muß man die Beschreibung dahin interpretieren, daß das Pedal einen 16′ hatte. Halle (1764)[67] bringt eine Nachricht über Pedalcembali mit nur einem 16′, zum Teil mit 7/0-Draht, somit nicht umsponnen.

Klaviziterien

Eine der Harfe nahestehende Art des Klaviziteriums ist um 1500 in Deutschland, im 17. Jahrhundert im Baltikum und in Skandinavien belegt[68].

Das Klaviziterium im Sinne eines aufrechten Cembalos kommt in Deutschland im 17. und zu Anfang des 18. Jahrhunderts vor. Das von Praetorius 1619[69] abgebildete Instrument hat den konservativen Umfang C/E - c‴; konservativ sind auch die drei Resonanzbodenrosetten. Vielleicht italienisch ist die Disposition (8′8′), sicher sind es die geschwungenen Klavierbacken. Deutsch dagegen muten die auf dem Resonanzboden angedeutete Strichzeichnung und die doppelt geschwungene Wand an.

Das Klaviziterium in Nürnberg[70] aus dem ersten Viertel des 17. Jahrhunderts ist dem Instrument bei Praetorius erstaunlich ähnlich: auch hier drei Resonanzbodenrosetten, die italienischen geschwungenen Klavierbacken, die deutsche Strichzeichnung auf dem Resonanzboden. Weitere italienische Elemente sind hier die Konstruktion als *false inner-outer* und die Innenkonstruktion mit Winkelhölzern sowie der Umfang C/E - f‴. Die Oberwand ist doppelt gewinkelt. Typisch deutsch ist die Disposition: von unten nach oben verlaufen die Registerzüge 8′-Nasal, 4′, 8′, 8′ fächerförmig auseinander vom Diskant zum Baß hin. Die Disposition ist der des Cembalos von Mayer, 1619, ähnlich, nur kommt hier ein 4′ hinzu. Alle Register sowie die Laute auf einen 8′ sind geteilt.

Das Klaviziterium von Martinus Kaiser, Düsseldorf, um 1676, aus dem Besitze Kaiser Leopolds I. in Wien[71] ist ganz italienisch: Umfang G_1/A_1 - c‴, Disposition 8′8′. Die Konstruktion in der Form einer Bischofsmitra mit der längsten Saite in der Mitte findet man in einem Instrument in Rom[72] aus dem Besitze des venezianischen Komponisten Benedetto Marcello. – In beiden Instrumenten werden die Dokken nach Loslassen der Taste ohne Feder zurückgezogen.

Ein früher in Nürnberg[73] befindliches Klaviziterium ist durch die Kriegsereignisse verlorengegangen. Der Umfang C - c‴ ließ auf den Anfang des 18. Jahrhunderts, die doppelt geschwungene Oberwand auf norddeutsche Herkunft schließen. Die Disposition war 8′8′.

Kleininstrumente

1. *Vieleckige seitenstimmige Spinette* (Stimmstock seitlich rechts): im 17. Jahrhundert mit Umfang C/E - c''' oder C/E - f''', einmal mit C/E - c''' und gebrochenen Obertasten D/Fis und E/Gis in der Baßoktave und Gis/As in den übrigen drei Oktaven (das letzte Instrument ist im zweiten Weltkrieg verlorengegangen)[74]. Ein Instrument wohl aus dem 18. Jahrhundert[75] hat C - c'''. Ein sehr spätes Spinett von Christoph Bock, Wien 1804[76], hat die Form der harfenförmigen Tafelklaviere von Matthias Schmahl, Ulm, und den Umfang C - f'''.

2. *Vieleckige seitenstimmige 4'-Spinette*: ein Instrument mit Umfang C/E - g''/a'', also wohl aus dem 16. Jahrhundert, bei Praetorius abgebildet[77].

3. *Trapezförmige vorderstimmige 4'-Spinette* (Stimmstock vorne im Gehäuse, direkt hinter der Klaviatur): eine Reihe zum Teil sehr schön geschmückter Instrumente aus dem 17. Jahrhundert mit Umfang C/E - c''' ist erhalten[78]. Ein solches Instrument mit Umfang C/D - c''' ist wohl auf Anfang des 18. Jahrhunderts zu datieren[79].

4. *Rechteckige Virginale*: Das früheste erhaltene Instrument von VK, 1585 datiert, im Heimathaus, Wasserburg/Inn, hat den Umfang C/E - c'''. Eine Reihe erhaltener Instrumente mit dem gleichen Umfang datiert wohl aus dem 17. Jahrhundert[80]. Ein solches Instrument, das Praetorius[81] abbildet, hat C/E - d''' mit gebrochenen Obertasten D/Fis und E/Gis. Ein Virginal im Leipziger Musikinstrumentenmuseum[82] wurde zweimal umgebaut, hatte nach Henkel ursprünglich den Umfang C/E - a'' und datiert aus der zweiten Hälfte des 17. Jahrhunderts.

5. *Rechteckige 4'-Virginale*: Ein Exemplar in München[83] hat den Umfang C/E - g''/a'' und ist sicher aus dem 16. Jahrhundert. Im 17. Jahrhundert ist C/E - c''' der Normalumfang[84].

6. *Eine Gruppe rechteckiger 2'-Virginale sowie rechteckiger 8'-, 4'- und 2'-Virginale mit Automatenbetrieb von Samuel Bidermann* Vater (1540-1622) und Sohn (1600-nach 1653), Augsburg, ist erhalten, für die auf die diesbezügliche Literatur verwiesen sei[85].

Zweimanualiges Oktavspinett, Israel Gellinger, Frankfurt/M. 1677.
Musikinstrumentenmuseum Leipzig

7. *Ein Spinett von Israel Gellinger*, Frankfurt a. M., 1677[86], in 2'- Lage mit zwei Manualen und französischer Manualkoppel (!) hat die Form eines trapezförmigen vorderstimmigen Oktavspinetts, bei dem der rückwärtige Teil der Diskantwand gebogen (hohl) ist. – Ein trapezförmiges vorderstimmiges 4'-Spinett in Salzburg[87] hat eine Diskantwand, die vollständig gebogen (hohl) ist. Das Instrument, das wohl noch aus dem 17. Jahrhundert stammt, hat den Umfang G_1 - c'''; die ersten Untertasten sind gebrochen für $G_1/A_1/B_1$ bzw. H_1/C, wonach von Cis an die Klaviatur chromatisch verläuft. Aus diesen beiden Instrumenten geht hervor, daß in Deutschland schon in der zweiten Hälfte des 17. Jahrhunderts die Hohlwand bei Spinetten bekannt war.

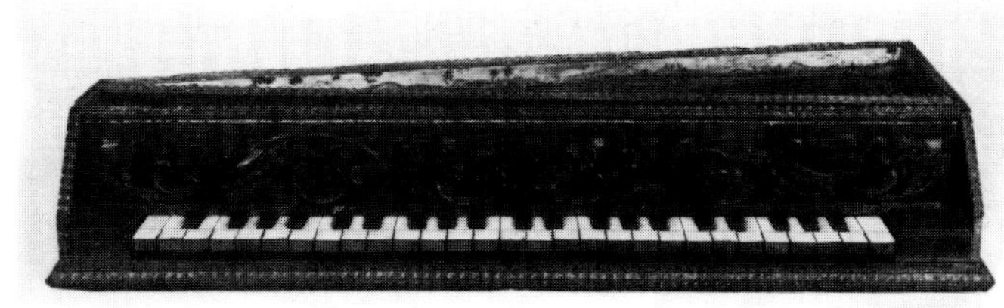

Trapezförmiges Oktavspinett, Deutschland, um 1700.
Musikinstrumentenmuseum Leipzig

Zweimanualiges Querspinett, Christoph Heinrich Bohr, Dresden 1713.
Musikinstrumentenmuseum Leipzig

8. *Vorderstimmige Querspinette*: Das älteste erhaltene Instrument von Christoph Heinrich Bohr, Dresden 1713[88], hat den Umfang G_1/H_1 - c''' mit gebrochener Obertaste H_1/Dis und zwei Manuale, ursprünglich mit 8'4' auf dem Unter-, 8' auf dem Obermanual, mit abgesetzten Docken auf dem Obermanual und Schiebekoppel. Dieses hochentwickelte Instrument sowie die Tatsache, daß eine Hohlwand schon im 17. Jahrhundert bei den unter 7 genannten Spinetten angewandt wurde, führen zu dem Schluß, daß das Spinett mit Hohlwand schon viel früher in Deutschland bekannt gewesen sein muß. Trotzdem umfaßt der Korpus

der erhaltenen Querspinette sonst nur Instrumente des 18. Jahrhunderts mit Fünfoktavenumfang F_1-f''': sieben Instrumente von Johann Heinrich Silbermann, Straßburg, sind bekannt[89], zwischen 1743 (als Silbermann seine Werkstatt eröffnete) und den 1760er Jahren entstanden; weiterhin eines von Christian Gottlob Hubert, Ansbach 1791, das 1956 in New York versteigert wurde[90]. Aus Basel sind noch je ein Instrument von Peter Friedrich Brosi, 1755[91], und Hans Jacob Brosi, 1775[92], erhalten.

In Frankreich war das Querspinett seit 1667 bekannt. Straßburg wurde 1681 von Frankreich erobert, und es ist nicht ausgeschlossen, daß dort Andreas Silbermann, seit 1702 tätig, den Querspinettbau angefangen hat. Peter Friedrich Brosi hat bei Andreas Silbermann gearbeitet. Es ist gerade möglich, daß Johann Heinrich Silbermann in der Werkstatt seines Vaters Andreas Querspinette gesehen hat, obwohl dieser schon 1734 starb, als der Sohn sieben Jahre alt war. Es ist aber nicht ausgeschlossen, daß auch Gottfried Silbermann, jüngerer Bruder und Schüler von Andreas, solche Instrumente gebaut hat, obwohl keines von ihm erhalten ist. Bei Gottfried Silbermann könnte dann der Neffe Johann Heinrich das Herstellen von Querspinetten erlernt haben.

Zweimanualiges Cembalo, Joh. Heinrich Gräbner, Dresden 1774. Musikinstrumentenmuseum Leipzig

Kombinationsinstrumente

1. *Kielklavier und Orgel*: Cembalo und Orgelpositiv: zwei von Valentin Zeiss, Linz, 1639 bzw. 1646[93]; ein Cembaloteil, als Cembalo Josephs II. in Budapest erhalten[94]; ein Orgelpositiv, das 1677 Theodor W.S. Gut einem Cembalo von Alessandro Bortolotti, Venedig 1585, hinzufügte[95]. Einem zweimanualigen Cembalo von Hermans Willen Brock (oder Willenbrock) – dessen Instrumente Mattheson pries[96] –, Hannover 1712, mit Umfang C/D - c''' ist ein Orgelregister hinzugefügt worden. Das Instrument wurde für den Hannoverschen Kurfürsten, den späteren König George I. von England, angefertigt. Leider ist das Instrument später zu einem Pianoforte umgebaut und noch in unserem Jahrhundert undokumentarisch restauriert worden[97]. – Seitenstimmiges vieleckiges Spinett und Orgelpositiv: Laurentius Hauslaib, Nürnberg 1596[98]; ein solches Instrument ist abgebildet auf dem von 1619 datierten Spinettdeckel von Lucas Friedrich Behaim[99]. – Rechteckiges Virginal und Orgelpositiv: der Virginalteil eines solchen Instruments im Berliner Musikinstrumentenmuseum erhalten[100]. – 2'-Virginal und 4'-Regal: Anthonius Meidting, Augsburg 1587, die beiden Instrumente allerdings nicht koppelbar[101]. – Spinett oder Virginal mit Orgelpositiv und Regal: das truhenförmige Instrument aus der Ambraser Sammlung[102]; Josua Pock, Innsbruck 1591[103]. – Automatisches Instrument, aus Spinett und Orgelpositiv bestehend: der Hottentottentanz aus dem ersten Viertel des 17. Jahrhunderts[104].

2. *Kielklavier und Pianoforte*: Von Johann Andreas Stein, Augsburg, sind zwei *Pianoforte vis-à-vis* erhalten, eines angeblich 1777 datiert[105], eines von 1783[106]. In einem rechteckigen Kasten sind ein Cembalo und ein Pianoforte untergebracht; die Cembaloklaviaturen und die Pianoforteklaviatur liegen an den kurzen Seiten des Rechtecks einander gegenüber. Beim Instrument von 1783 hat das Cembalo zwei Manuale mit 8'4' auf dem Untermanual und mit einem weiteren 8', der von beiden Manualen aus gespielt werden kann. Beim Instrument von 1777 sind an der Cembaloseite drei Manuale vorhanden; das mittlere und das oberste Manual betätigen das Cembalo, das komplizierter disponiert ist: ein nicht ganz durchgehender 16', zwei 8'-Register; ein 4' zur Aufhellung des Basses wie bei Klavichorden, als dritter 8' fortgesetzt. Das Pianoforte kann bei beiden Instrumenten nicht nur von der Pianoforteklaviatur, sondern auch vom unteren Manual an der Cembaloseite aus gespielt werden, was ein kompliziertes System von Abstrakten unter dem Unterboden notwendig macht, das Stein als Orgelbauer ausweist. – Ein normaler Hammerflügel von Ignace Joseph Senft, Augsburg, aus der ersten Hälfte der 1790er Jahre[107] hat einen Signaturzettel, wonach dieser Hersteller ebenfalls Pianofortes vis-à-vis gebaut hat. Es ist nichts darüber bekannt, daß Senft Schüler von Stein gewesen wäre. – Koch (1802)[108] erwähnt einen Klavierbauer Hofmann in Gotha, der 1779 einen „Doppelflügel" mit zwei Manualen an beiden Seiten erfand. Es ist nicht ausgeschlossen, daß dieses Instrument dem Steinschen Pianoforte vis-à-vis ähnelte. Ein etwas einfacheres Instrument, Ludwig Hellen in Bern zugeschrieben und um 1775 gebaut[109], ist im Berliner Musikinstrumentenmuseum. Das Instrument ist zwar Schweizer Herkunft, war aber schon 1779, wie ein Reparaturzettel aussagt, in Frankfurt (a. M.?). Es handelt sich um ein einfaches zweichöriges Pianoforte; eine Saite jedes Chors kann durch eine Docke angezupft werden.

3. *Kielklavier und Tangentenflügel*: In Austad Gård bei Drammen, Norwegen, befindet sich eine Kombination von Cembalo und Tangentenflügel, 1786 von einem Tischler Haucken beim Instrumentenmacher Carl Gottlob Sauer in Dresden hergestellt. Das Cembalo hat die Disposition 8′4′, je zwei zusätzliche 8′-Chöre sind für die Tangenten vorhanden. Vier Kniehebel: Ausschalten des 4′ bzw. des 8′ des Cembalos, Verschiebung und Forte des Tangentenflügels. Hier liegt der einzig bekannte Fall eines deutschen Cembalos vor, bei dem die Registerschaltung durch Kniehebel stattfindet.

Denaturierte Cembali

1. *Streichklaviere*: Hans Haiden erfand 1575 das *Nürnbergisch Geigenwerk*, ein cembaloförmiges Instrument, dessen Saiten nicht gezupft, sondern durch fünf oder sechs mit Kolophonium eingeriebene, in Rotation versetzte Räder gestrichen wurden[110]. Er hat 31 solche Instrumente hergestellt, die alle verlorengegangen sind. Außerdem muß er ein Geigenwerk für den spanischen Hof gemacht haben, von dem Fray Raymundo Truchado eine äußerst dürftige, noch erhaltene Kopie herstellte[111]. – Zur gleichen Gruppe gehören die *Clavier-Gamba* von Johann Georg Gleichmann, Hildburghausen, der das Instrument um 1722 erfunden hatte[112], und von Friedrich Ficker, Zeitz, und das *Gambenwerk* von Georg Mathias Riesch, Ilmenau, mit sieben Rädern[113]. Beim *Bogenflügel* von Johann Hohlfeld, Berlin, wurde beim Niederdrücken der Taste die entsprechende Saite gegen ein rotierendes Pferdehaarband gedrückt[114]. Das Instrument wurde von C. Ph. E. Bach hoch gelobt[115]. Ein ähnliches Instrument baute Johann Carl Greiner, Wetzlar, 1779[116]; dafür schrieb C. Ph. E. Bach 1783 eine Sonate[117]. Nach Gerber[118] wurden ähnliche Instrumente von Garbrecht, Königsberg, vor 1795, von Carl Andreas Meyer, Knonow in der Lausitz, vor 1812, von Thomas Anton Kuntz, Prag, und auf Anregung von Carl Leopold Röllig von Matthias Müller, Wien, 1801 gebaut. – Caspar Schott beschreibt 1657 ein Kombinationsinstrument, aus Nürnbergisch Orgelwerk und Orgelpositiv bestehend. – Nach Gerber hat Greiner 1783 ein *Bogenhammerclavier* gebaut, eine Kombination von Bogenflügel und Pianoforte.

2. *Lautenklaviere*: Nach Walther (1732)[119] hat Johann Christoph Fleischer, Hamburg, ein *Lauten-Clavessin* mit zwei 8′-Saitenreihen aus Darm und *Theorben-Flügel* in 16′-Lage mit zwei Reihen Darm- und einer Reihe Metallsaiten gebaut. – Adlung (1768)[120] bespricht vier Arten *Lautenwerke* von Johann Nikolaus Bach (1669-1753), Organist in Jena und entfernter Verwandter Johann Sebastians. Die erste Art hatte die Cembaloform, den Umfang C - c‴ und zwei Saiten pro Taste. Jedes Saitenpaar war an je einem Resonanzbodensteg befestigt, wobei die Länge jedes Saitenpaares genau der einer Lautensaite vom Bund bis zum Steg gleich zu sein hatte. Die zweite Art hatte ein lautenförmiges Gehäuse. Die dritte Art hatte zwecks dynamischer Schattierungen zwei oder drei Manuale und zwei oder drei Dockenreihen. Die vierte Art sollte der Theorbe ähnlich klingen und hatte daher den Umfang C_1- c‴. – Adlung erwähnt weiterhin die *Lautenclaviere* von Johann Georg Gleichmann (1685-1770) in Hildburghausen, Coburg und Ilmenau. – Johann Agricola, preußischer Hofkomponist und Schüler Johann Sebastian Bachs, erwähnt, daß Zacharias Hildebrand (1680-1743) nach J. S. Bachs Vorschlag ein *Lautenclavicymbel* mit zwei 8′-Registern aus Darm und einem 4′- Register aus Messing gebaut habe. Nach Agricola habe schließlich „Herr Friderici“ - wahrscheinlich Christian Ernst Friederici in Gera - auch *Lautenclavicymbel*, sei es von den genannten etwas verschieden, hergestellt.

DAS 20. JAHRHUNDERT

Im 19. Jahrhundert verschwand in Deutschland das Cembalo ganz. Nicht so in Frankreich und Belgien. In Paris spielten Ignaz Moscheles und 1888 Louis Diémer auf historischen Cembali in der Öffentlichkeit; ebenso begleitete in Brüssel François-Auguste Gevaert 1884 das Viola-da-Gamba-Spiel von Paul de Wit auf einem Ruckers-Cembalo. Für die Pariser Weltausstellung 1889 bauten Louis Tomasini, die Firma Erard und die Firma Pleyel Wolff Lyon & Cie je ein zweimanualiges Cembalo. Tomasinis Instrument war eine freie Kopie eines Cembalos von Henri Hemsch[121], das von Erard eine solche eines Cembalos der Firma Erard, 1779[122]. Wahrscheinlich hat Pleyel keine historische Vorlage genau kopiert; dessen Cembalo hat 8′4′ im Unter-, 8′ normal und nasal im Obermanual. Der Nasalzug kommt in französischen Cembali der Zeit vor 1800 nie vor; vielleicht hat Pleyel hier von einem Instrument englischer Herkunft eine Anregung erhalten.

Elemente des Pianofortes sind schon bei Tomasini und Erard zu beobachten: Beide Hersteller verwendeten die nur aus der Spätzeit des historischen Cembalos bekannten Lederkiele (Tomasini in allen, Erard in den 8′-Registern), offensichtlich, um dem Cembalo das Scharfe seines Klanges zu nehmen; Tomasini verwendete beim 8' des Obermanuals das „Pianissimo“ (seitliche Verschiebung der Springerreihe, so daß die Kiele die Saiten nur leise berührten). Tomasini war ein Einzelgänger; Erard baute Cembali bis zum Anfang des 20. Jahrhunderts, zunächst mit (in der Spätzeit auch von Pascal Taskin verwendeten) Kniehebeln und mit Pedalen zur Registerschaltung, später, offensichtlich ebenfalls in Anlehnung an den Pianofortebau, nur mit Pedalen.

Etwas mehr Pianoforte-Elemente sind im Cembalo von Pleyel zu beobachten: Lederplektren, Dämpfung durch selbständige Glieder, sechs in einer Lyra montierte Pedale. Die drei für die Weltausstellung 1889 erbauten Cembali befinden sich im Berliner Musikinstrumenten-Museum[123].

Die späteren Cembali von Pleyel haben Rastenkonstruktion (s. u.), einen dem des Pianoforte ähnlichen Mensurverlauf mit starken Saitenverkürzungen zum Baß hin und daher mit einer starken Besaitung und hohen Saitenspannungen im Baß, eine der des Pianofortes ähnliche Resonanzbodenberippung, hohe Stege und Pianoforteklaviaturen. 1912 wurde auf Drängen von Wanda Landowska für das Bachfest in Breslau ein neues Modell von Pleyel entwickelt mit starken Zargen, Spielschwere wie beim Pianoforte und — wohl unter dem Einfluß des deutschen Cembalobaues — mit 16′: auf dem Untermanual sind 16′8′4′ spielbar, auf dem Obermanual 8′ normal und nasal. Zu dieser Zeit führte Pleyel auch den Gußeisenrahmen des Pianoforte beim Cembalo ein. Wanda Landowska bildete 1913-19 an der Hochschule für Musik in Berlin eine ganze Generation Cembalisten aus. So wurden in den ersten zwei Jahrzehnten unseres Jahrhunderts die Grundlagen für den deutschen Cembalobau bis in die 1960er Jahre gelegt.

Mit dieser neuzeitlichen Bauart (weiterhin N-Bauart genannt) wollte man ein neuzeitliches Cembalo nach neuzeitlichen Klangvorstellungen schaffen, in das eine Anzahl „Errungenschaften" des Pianofortebaues integriert sind. Daß das klangliche Ergebnis mit dem des historischen Cembalos nicht übereinstimmte, dessen war man sich wohl kaum bewußt, zumal die Zahl der spielbar gemachten Cembali in Museen und Privatsammlungen minimal und die Zahl der nach historischen Prinzipien restaurierten Instrumente gleich null war. Es ist somit nicht richtig, von vornherein die N-Bauart zu belächeln, und schon überhaupt nicht, sie als „unhistorisch" abzuqualifizieren. Freilich war sie unhistorisch, aber man wollte ja nicht historisch bauen.

Ästhetisch wurde der N-Cembalobau von zwei gegenläufigen Strömungen beeinflußt. Einmal waren viele Cembalospieler von Haus aus Pianisten, und man wollte nicht ganz auf dynamische Abstufungen verzichten. In der ersten Hälfte unseres Jahrhunderts bildeten die Cembalowerke J. S. Bachs den Löwenanteil des Repertoires, und in der Tat sind dynamische Abstufungen im Satz der nord- und mitteldeutschen Cembalowerke kaum zu beobachten. Sie sind jedoch in Cembalowerken französischer und italienischer Komponisten — am stärksten wohl bei Domenico Scarlatti — im Satz selbst enthalten und können von reißenden Cluster- oder Acciaccatura-Akkorden bis zu einem einzigen Ton abgestuft sein. Außer von Bach war das hier aber nur wenig bekannt, und so kam diese Satzdynamik kaum ins Bewußtsein der Cembalospieler. Da man nicht auf dynamische Abstufungen verzichten wollte, wurden die vielen Pianozüge, dem *Pianissimo* Tomasinis entsprechend, eingeführt. — Auf der anderen Seite wurde im Zuge der Orgelbewegung der ganze Barock als objektiv und ohne innere Dynamik apostrophiert. So störte der harte Klang der N-Kielklaviere und ihre manchmal an die einer mechanischen Orgel gemahnende Spielschwere nicht weiter.

In Deutschland kam noch als Fehlentwicklung die Nr. 316 des Berliner Musikinstrumentenmuseums hinzu: Da man meinte, daß dieses Instrument J.S. Bach gehört habe, wurde es — mit 16′8′ auf dem Unter-, 8′4′ auf dem Obermanual, eine in Deutschland nicht völlig abwegige, aber doch mit J. S. Bach nicht zusammenhängende Disposition — die Grundlage von Hunderten von „Bach-Modellen".

In welcher Hinsicht entfernte sich nun die N-Bauweise von der historischen? Folgende Elemente sind zu unterscheiden:

Gehäuse:

1. Wandstärken bis 6 cm sind keine Seltenheit (bei historischen Instrumenten kaum über 2 cm).

2. Bei vielen N-Instrumenten kommt die „Rastenkonstruktion" vor: Solche Instrumente haben, wie das Pianoforte, keinen Unterboden, sondern pianoforteartige Verstrebungen zwischen den Zargen. Angeblich soll diese Bauart das freie Austreten des Schalls begünstigen. In Wirklichkeit haben N-Instrumente einen Klang, der in keinem Verhältnis zu ihrem Gewicht steht. (Historische Instrumente haben immer einen Unterboden, der die Stabilität fördert und durch den die Klangentwicklung keinesfalls nachteilig beeinflußt wird. Gewisse italienische Cembali haben ein total geschlossenes Gehäuse und ein Klangvolumen, welches das von N-Instrumenten um ein Vielfaches übertrifft.)

3. Manchmal muß ein aus dem Pianofortebau übernommener Gußeisenrahmen für die Stabilität des Gehäuses sorgen.

Resonanzboden:

1. Die Stärke des Resonanzbodens kann 0,6, ja 0,7 cm betragen (die historischer Kielklaviere nie über 0,35 cm).

2. Der Resonanzboden kann mit bis zu zwölf Rippen versteift sein, die den Steg (die Stege) kreuzen und darunter nicht ausgearbeitet sind. (In historischen Kielklavieren ist die Rippenzahl meistens drei bis sechs; wenn sie, wie in Italien manchmal, den Steg kreuzen, sind sie darunter meistens ausgearbeitet.)

Klaviaturumfang:

Klaviaturumfänge wie C - f‴ oder A_1 - f‴ sind nicht selten. Sie kommen bei historischen Instrumenten in Frankreich und Deutschland selten vor und sind darüber hinaus unpraktisch: Louis Couperin, François Couperin, Scarlatti, J.S. Bach, Händel und C. Ph. E. Bach gehen manchmal bis G_1, F. Couperin und J.S. Bach je einmal, Scarlatti ein paarmal bis F_1. Zum Glück haben größere Instrumente den seit 1740 immer häufiger werdenden Umfang F_1 - f‴, wodurch jedoch einiges von Scarlatti und vieles von Soler (bis g‴) ausfällt.

Klaviaturen:

1. Viele N-Instrumente haben schwere, vor allem rückwärts stark beschwerte Klaviaturen; manchmal werden die Klaviaturen von Pianofabriken bezogen. (Historische Kiel-

klaviere haben nur leicht oder überhaupt nicht beschwerte Klaviaturen.) Daß die Spielschwere bei N-Instrumenten wesentlich größer ist als bei historischen, braucht kaum erwähnt zu werden. Typisch ist das bekannte Foto von Wanda Landowska an ihrem Pleyel-Cembalo: die linke Hand ruht, krallenförmig gekrümmt, auf dem Untermanual, die rechte schwebt, ebenso gekrümmt, etwa 50 cm über dem Untermanual. Die Krallenform scheint gewissen historischen Abbildungen von Kielklavierspielern, die schwebende rechte Hand ist ohne Zweifel der Pianotechnik entnommen.

2. N-Instrumente haben, im Gegensatz zum geringen Tastengang bei historischen Kielklavieren, den Tastengang des Pianofortes.

3. Die Übernahme von Piano- oder doch zumindest pianoähnlichen Klaviaturen erleichtert zwar den Übergang vom Pianoforte zum Cembalo, erschwert dagegen die Ausführung gewisser Werke etwa von John Bull, in denen auch außerhalb des Bereichs der kurzen Oktave Dezimengriffe gefordert werden. (Historische Kielklaviere haben sehr unterschiedliche Oktavbreiten; diese sind in vielen Fällen geringer als die beim modernen Pianoforte. Bei geringen Oktavbreiten sind selbstverständlich weite Griffe eher möglich.)

Zahl der Klaviaturen:

Die Zahl nichttransponierender zweimanualiger Cembali vor 1700 ist verhältnismäßig gering; im 18. Jahrhundert werden sie etwas häufiger, obwohl nicht allgegenwärtig. Die Zahl der zweimanualigen N-Cembali ist groß. Das ist einerseits verständlich: Gerade einige beliebte Werke wie die *Pièces à mains croisées* von F. Couperin, die Goldberg-Variationen, weiterhin Stücke mit *p-f*-Gegensätzen von Rameau, J.S. Bach und C. Ph. E. Bach machen den Besitz eines zweimanualigen Instruments unerläßlich. Daß die Zweimanualigkeit von einigen vom Piano herkommenden Cembalisten zu dynamischen Gegensätzen mißbraucht wird, ist bekannt. – Dreimanualige Cembali stammen, außer denen, die in Florenz Leopoldo Franciolini gebaut und als Fälschungen angeboten hat, nur aus Deutschland. Sie sind selten: nur Hermann Seyffarth und Senftleben haben sich zur Dreimanualigkeit verleiten lassen.

Dispositionen:

1. Eine große Anzahl N-Cembali hat einen 16′, der dann mit wenigen Ausnahmen auf demselben Resonanzbodenteil wie der 8′ liegt. Nun hatte ein im Medici-Inventar aus dem Jahre 1700[124] aufgeführtes Cembalo „due principali unisoni et ottava bassa“, also zwei 8′-Register und einen 16′, ohne 4′, aber das Instrument ist nicht erhalten, und wir wissen somit nicht, wie im einzelnen die Konstruktion dieses Instrumentes war. Die Cembali der Familie Hass mit 16′ haben den 8′ und den 4′ auf einem, den 16′ auf einem separaten Resonanzboden.

2. Viele historische Cembali haben einen 4′. Nur in einem einzigen Fall liegt dieser bei zweimanualigen Cembali im Obermanual; meistens ist er vom Untermanual aus zu betätigen. Die vielen N-Cembali mit „Bach-Dispositionen“ haben den 16′ im Unter-, den 4′ im Obermanual.

3. Mindestens zwei Firmen haben regelmäßig N-Cembali mit 2′ gebaut. In historischen Cembali ist dieses Register eine große Seltenheit (Cembalo von Bartolomeo Cristofori, 1726[125], und zwei Cembali von Hieronymus Albrecht bzw. von Johann Adolph Hass).

4. Lautenzüge begegnen in historischen Cembali häufig, in Hamburger Cembali auch auf den 16′ wirkend. Ein 4′ mit Lautenzug kommt in historischen Cembali nie vor. N-Cembali zeigen manchmal eine Häufung von Lautenzügen, nicht nur auf 8′ und 16′, sondern auch auf 4′.

5. Die „Piano“züge vieler N-Kielklaviere kommen bei historischen Cembali nie vor.

Zum Glück ist der 1⅓′ nur Projekt geblieben. Nach Wörsching[126] würde dieser zusammen mit dem 4′ dem Cembalo „den Charakter des Positivs der Orgel verleihen“, also eben nicht den Charakter eines Cembalos.

Die Nomenklatur, die nach dem zweiten Weltkrieg für N-Modelle verwendet wird, entbehrt jeder historischen Grundlage. Das war gewissen Herstellern sehr wohl bekannt, wurde jedoch aus kaufmännischen Gründen jahrzehntelang toleriert. Einige Beispiele:

Monteverdi: 2 Manuale, F_1 - f‴, eine Variante der „Bach-Disposition“.(Monteverdi hat nur Cembali mit einem Manual, Umfang C/E - c‴ und 8′8′ gekannt).

Frescobaldi: 2 Manuale, A_1 - f‴, Disposition 8′4′/4′. (Frescobaldi hat nur Cembali mit einem Manual und 8′8′ gekannt; er überschreitet nie C/E - c‴).

Schütz: 2 Manuale, verschiedene Umfänge, die sich immer fünf Oktaven nähern oder sie erreichen, verschiedene Dispositionen immer mit 16′. (Schütz hat wahrscheinlich nie ein zweimanualiges Cembalo gesehen, er kann gerade den Umfang C/E - f‴ gekannt haben, und die von ihm benutzten Cembali hatten mit Sicherheit keinen 16′).

Vivaldi: 2 Manuale, F_1 oder A_1 - c‴, eine Variante der „Bach-Disposition“. (Vivaldi hat nur einmanualige Cembali mit 8′8′ oder 8′4′ und mit Umfang bis G_1 - c‴ gekannt).

Telemann: 1 Manual, Umfang C - f‴, Disposition 8′4′ (Telemann kann sehr gut Cembali mit zwei Manualen, einem Umfang unter C und einer etwas ausführlicheren Disposition gekannt haben).

Chambonnières: 2 Manuale, Umfang F_1 - f‴, Disposition 8′4′/4′. (Chambonnières überschreitet nie den französischen Umfang des 17. Jahrhunderts G_1/H_1 - c‴).

Couperin: 2 Manuale, Umfang C - f‴, Disposition 8′4′/8′. (Louis Couperin schreibt für den gleichen Umfang wie Chambonnièrs, François Couperin meistens für G_1 - d‴).

Rameau: 1 Manual, Umfang F_1 - f‴, Disposition 8′4′. (Rameau ist einer der wenigen Komponisten, die *p-f*-Gegensätze vorschreiben – somit zweifelsfrei für ein zweimanualiges Instrument; sein Umfang ist meistens G_1 - d‴).

Scarlatti: 1 oder 2 Manuale, Umfang C - f''' oder A_1 - f''', Disposition 8'4' oder 8'4'/8'. (Scarlattis Werk verlangt nie zwei Manuale; seine Umfänge sind unterschiedlich, aber umfassen als Ganzes den Umfang F_1 - g''', in einer Sonate, K.485, sogar ausdrücklich verlangt).

Händel: 2 Manuale, Umfang F_1 - f''', Variante der „Bach-Disposition“. (Händel macht nie zwei Manuale notwendig; sein Umfang ist G_1 - d''').

Bach: Umfang und Disposition von Nr. 316 des Berliner Musikinstrumentenmuseums.

Ruckers: 1 Manual, Umfang F_1 - f''', Disposition 8'4'. Kein Kielklavier der Familie Ruckers erreicht den Umfang von 5 Oktaven. Die mit Ruckers signierten Instrumente mit diesem Umfang sind entweder vergrößert oder französische Fälschungen des 18. Jahrhunderts. – Als „typische“ Ruckers-Disposition wird manchmal 8'4' unten, 8' oben betrachtet. Es ist nicht ganz ausgeschlossen, daß Mitglieder der Familie Ruckers diese Disposition gebaut haben, aber jetzt noch existierende, mit Ruckers signierte Instrumente sind wiederum entweder vergrößert worden oder aber französische Fälschungen des 18. Jahrhunderts.

Pertici: 1 Manual, Umfang A_1 - f''', Disposition (16') 8'4'. Ausgangspunkt war Nr. 74 des Leipziger Musikinstrumentenmuseums, von dem Henkel nachgewiesen hat[127], daß das Instrument vermutlich deutsch und zweimal umgearbeitet worden ist.

Baffo: 2 Manuale, Umfang A_1 - f''', Disposition 8'4'/4'. Ausgangspunkt war Nr. 221 des Baseler Musikinstrumentenmuseums. Das Instrument trägt eine gefälschte Baffo-Signatur, hatte ursprünglich kein zweites Manual und keinen 4'.

Cristofori: 1 Manual mit 8'4', oder 2 Manuale mit einer Variante der „Bach-Disposition“, Umfang C - f^3 (Cristofori hat nie über c''' gebaut, cis''' - f''' in Nr. 86 des Leipziger Musikinstrumentenmuseums[128] beruhen auf einer späteren Erweiterung; er hat nur einmal ein zweimanualiges Cembalo gebaut und nie einen 16' eingefügt).

Registerschaltung:

In historischen Cembali wird der Kniehebel erst in der Spätzeit von Pascal Taskin angewandt, während das Pedal, obwohl schon im 17. Jahrhundert bekannt, nur in der zweiten Hälfte des 18. Jahrhunderts in England verwendet wird. N-Kielklaviere haben häufig Kniehebel und Pedale, manchmal eine ganze Pedalbatterie in einer Lyra oder in einem rechteckigen Kasten.

Dockenrechen:

In N-Instrumenten sind immer Ober- und Unterrechen vorhanden. Die Rechen können aus Metall (oft Aluminium) sein. (In historischen Instrumenten sind die Rechen immer aus Holz und können die sehr praktische Blockform haben.)

Springer:

1. Die Springer historischer Kielklaviere sind immer flache Holzstückchen ohne Regulierschraube. In N-Instrumenten können sie aus Metall oder Kunststoff sein – beide erhöhen die Spielschwere –, gelegentlich rund (so die von der Firma Neupert verwendeten OK-Springer) und immer mit Regulierschraube für die Höhe der Docke, manchmal auch mit einer solchen für den Stand der Zunge und dadurch für den Vorsprung des Plektrums.

2. Die Plektren sind in historischen Kielklavieren meistens aus Vogelkiel, in Deutschland können sie gelegentlich aus Messing sein. Erst gegen Ende der Cembalozeit begegnen in Italien und England Plektren aus Hartleder, bei Pascal Taskin solche aus weichem Büffelleder in einem einzigen Register. In N-Kielklavieren sind die Plektren meistens aus Hartleder. In den letzten etwa dreißig Jahren wird auch Kunststoff angewandt, wogegen nichts einzuwenden ist, vorausgesetzt, daß die Elastizität der der Federn von Raub- oder Greifvögeln entspricht.

Saiten:

In N-Kielklavieren wird moderner Stahl- und Messingdraht verwendet, und im Baß sind die Saiten oft umsponnen. (In den letzten Dezennien ist über das Saitenmaterial in historischen Kielklavieren viel geschrieben worden. Fest steht, daß der verwendete Draht – sei es Eisen- oder Messingdraht oder aber der gelegentlich in der Literatur erwähnte „rote“ Draht – eine wesentlich geringere Reißfestigkeit als der moderne Draht hatte und daß die Spannung somit um ein Vielfaches geringer war als die bei N-Instrumenten angebrachte. Umsponnene Saiten sind nur gelegentlich in Pedalcembali belegt).

Mensuren:

N-Kielklaviere haben manchmal im Diskant eine viel größere Mensur als die größte der historischen Instrumente (36 cm), während die Zusammenziehung im Baß wesentlich größer ist, vor allem bei kleinen für die Wohnzimmer von Neubauwohnungen gedachten Instrumenten.

Zwei allgemeine Bemerkungen seien noch zu den N-Kielklavieren gemacht. Einmal haben sie den Vorteil, daß sie ohne großen Schaden neben einen Heizkörper in zentralgeheizten und nicht befeuchteten modernen Wohnungen gestellt werden können. Weitere Vorteile sind, daß Kiele und Saiten nicht leicht reißen und daß die Stimmhaltung, zumindest im europäischen Klima, verhältnismäßig gut ist. Spielern, die nicht in kurzen Abständen stimmen, Kiele einsetzen, Saiten aufziehen und die nicht für ein geeignetes Klima für ihr Instrument sorgen können oder mögen, ist mit einem N-Instrument zweifellos gedient.

Sodann sind die Abweichungen der N-Instrumente von historischen Vorbildern nicht überall gleich groß. Die Rastenbauweise ist kein absolutes Kriterium: So baut die Firma Neupert schon seit 1964 N-Instrumente in Gehäusebauart. Der Gußeisenrahmen wird im großen und ganzen in den 1930er Jahren fallengelassen. Die Abweichungen sind weiterhin bei Cembali am gravierendsten. Bei Spinetten und vor allem bei Klavichorden sind sie nicht so schwerwiegend.

Der Umfang dieses Artikels verbietet, Einzelheiten über die einzelnen Modelle zu erwähnen[129]. Es seien hier nur die wichtigsten Hersteller von N-Instrumenten genannt:

- Wilhelm Hirl, Berlin. Baute 1899 für Daniel François Scheurleer, Den Haag, ein zweimanualiges Cembalo mit der Disposition von Nr. 316 des Berliner Musikinstrumentenmuseums. Das Instrument kam 1935 mit der Sammlung Scheurleer in das Gemeentemuseum, Den Haag, wo es sich noch befindet.

Zweimanualiges Cembalo, Joh. George Steingraeber, Berlin 1930. Musikinstrumentenmuseum Berlin

- Johann George Steingraeber (1858-1932), Berlin. Baute zwischen etwa 1906 und seinem Tode sieben zweimanualige Cembali mit der gleichen Disposition. Ein Instrument von 1930 wird im Berliner Musikinstrumentenmuseum aufbewahrt[130].
- Firma Maendler-Schramm, München. Karl Maendler (1872-1958) fing 1906 an, Cembali zu bauen. Er war Teilhaber in der Firma seines Schwiegervaters Max Josef Schramm. Die Produktion wurde weitergeführt, bis um 1965 der Firmeninhaber Ernst Zucker seinen einzigen Sohn durch einen Autounfall verlor.
- K. G. Ammer, Eisenberg. Die Cembaloproduktion begann um 1906; sie wird noch heute fortgesetzt. Vor einigen Jahren wurde der Betrieb zu einem VEB. Die bisherige Inhaberin, Renate Ammer, machte sich selbständig und schlug andere Wege ein.
- Firma Neupert, Bamberg. Wurde 1868 von Johann Christoph Neupert (1842-1921) in Münchberg gegründet. 1874 siedelte sie nach Bamberg um. Nachdem zunächst Pianinos und Flügel hergestellt worden waren, wurde auf Anregung von Christian Döbereiner, München, 1906 das erste Cembalo auf der Bayerischen Landesgewerbeausstellung in Nürnberg gezeigt. Die Firma wurde zunächst von den drei Söhnen weitergeführt: Dr. Fritz (1872-1952), Dr. Reinhold (1874-1955) und Kommerzienrat Julius Neupert (1877-1970). Die Produktion wurde unter der nächsten Generation fortgesetzt: Hanns (1902-1980), Sohn von Fritz, Alfred (1900-1970), Sohn von Reinhold, und Dr. Arnulf Neupert (1904-1982), Sohn von Julius Neupert. Vor allem der besonders rührige Hanns Neupert entwickelte eine Vielzahl an Modellen. Von den drei Kindern von Hanns übernahm Wolf-Dieter Neupert (geb. 1937) 1975 die Leitung der Produktion und schlug andere Wege ein.
- Mindestens ein zweimanualiges Cembalo hat 1906 die Firma Berdux, München, gebaut, was aus einem Konzertbericht aus diesem Jahr hervorgeht[131].
- Gebr. Glaser, Jena. Anfang des 20. Jahrhunderts tätig. Ein Cembalo mit der Disposition von Nr. 316 des Berliner Musikinstrumentenmuseums wird im Musikinstrumentenmuseum in Leipzig aufbewahrt[132].
- Hermann Seyffarth (1846-1933), Leipzig. Baute einige dreimanualige Cembali („Spinettflügel"), von denen eines aus dem Jahre 1909 im Leipziger Musikinstrumentenmuseum[133], ein weiteres in der Instrumentensammlung in Leningrad aufbewahrt wird[134].

Dreimanualiges Cembalo („Spinettflügel"), Hermann Seyffarth, Leipzig 1909. Musikinstrumentenmuseum Leipzig

- Dr. h.c. Carl Pfeiffer (1861-1927), Stuttgart, baute zwischen etwa 1910 und 1914 einige Klavichorde, Spinette und eine Anzahl zweimanualiger Cembali mit der Disposition von Berlin, Nr. 316. Zweimanualige Cembali von ihm befinden sich im Deutschen Museum München, im Württembergischen Landesmuseum Stuttgart und in der Smithsonian Institution, Washington, D.C.[135].

- Walther Ebeloe, Hamburg. Vor dem zweiten Weltkrieg tätig.
- Emanuel Kemper, Lübeck. Vor dem zweiten Weltkrieg tätig.
- Walter Merzdorf (1896-1975). Eröffnete 1920 eine Firma in Markneukirchen. Begann mit dem Bau von Tasteninstrumenten 1923, sowohl Klavichorden als auch Cembali, die zum Teil historischen Vorlagen entsprachen: Mit dem Berliner Restaurator Hartmann als Berater wurden Kielklaviere u. a. mit Unterboden – also in Gehäusebauweise – und mit Gehäuseverstrebungen in der Form von Winkelhölzern gebaut. Nach dem Krieg wurde der Betrieb nach Grötzingen bei Karlsruhe verlegt. 1969 Umzug nach Remchingen-Wilferdingen. 1970 Betriebsübergabe an Eckehart Merzdorf, der andere Wege einschlug.
- Kurt Hutzelmann (geb. 1889), Eisenberg. Baute seit 1927 Cembali, über die mir keine weiteren Daten zur Verfügung stehen, als daß sie mit einem Gußeisenrahmen versehen waren.
- Kurt Sperrhake (geb. 1907), Passau. Firmengründung 1939. Seit 1948 Bau von Tasteninstrumenten in N-Bauweise. 1968 Betriebsübernahme durch Horst Sperrhake (geb. 1940), der andere Wege einschlug.
- Kurt Wittmayer (geb. 1917). 1946 Betriebsgründung in Bad Reichenhall. 1952 wurde der Betrieb nach Wolfratshausen verlegt. Bis zum Anfang der 1970er Jahre hauptsächlich Bau von N-Modellen, wonach eine andere Basis gewählt wurde.
- Rudolf Schüler (geb. 1911), Hechendorf am Pilsensee. Seit 1949 Produktion von Cembali, ursprünglich in N-Bauweise, stellte sich aber vor einigen Jahren um.
- Martin Sassmann (geb. 1924). Arbeitete seit 1948 bei der Firma Neupert. Meisterprüfung Klavier- und Cembalobau 1953. Seit 1955 selbständig, zunächst in Remscheid, seit 1965 in Hückeswagen-Wiehagen. Zunächst Produktion von Instrumenten in N-Bauweise, einiger zweimanualiger Cembali allerdings schon in Gehäusebauart. Seit Ende der 1960er Jahre fast nur noch Produktion historischer Modelle.
- Klaus Senftleben (1931-86). Nach Lehrzeiten bei Ammer, Blüthner (Leipzig) und Bechstein (Berlin) bestand er die Meisterprüfung im Klavier-, Cembalo-und Harmoniumbau. 1955-70 war der Betrieb in Buxtehude angesiedelt; 1970 zog er nach Lamstedt um. Nach dem Tode des Gründers wird der Betrieb von seinen Söhnen fortgesetzt. Das Programm besteht aus „15 Modelleinheiten"; „das herausragende Moment ist die eigene Konstruktion und deren Ausführung".
- O. Lindholm, Borna, Bezirk Leipzig. Dieser DDR-Betrieb ist seit 1964 tätig.
- Gerhard Ranftl, Kirchenlamitz. Baut seit 1967 Cembali mit gerader Wand zwischen der Rückzarge und der kurzen Zarge, mit geradem Resonanzbodensteg und mit Aluminiumrahmen.

Cembalo mit Jankó-Klaviatur, Percina, Schwerin um 1940.
Musikinstrumentenmuseum Leipzig

- Eine Kuriosität ist ein um 1940 gebautes Cembalo von Percina, Schwerin, das im Musikinstrumentenmuseum in Leipzig aufbewahrt wird[136]. Das Instrument hat ein extrem kurzes Gehäuse mit gerader Zarge zwischen Rück- und kurzer Wand. Die Tastatur mit Umfang A - gis'''' ist eine Jankó-Klaviatur mit einarmigen Tastenhebeln. Die Saiten laufen unter der Klaviatur weiter; die Docken sind an die Unterseite der Tasten beweglich angeleimt und haben Lederplektren. Weitere Einzelheiten über dieses vermutliche Unikat sind später zu veröffentlichen.

Es blieb nicht unbemerkt, daß Instrumente in N-Bauweise, vor allem solche mit Rastenkonstruktion, im Verhältnis zu ihrer Solidität einen sehr kleinen Ton haben. Schon 1906 wurde dieser beim erwähnten Berdux-Cembalo[131] festgestellt: „Das Cembalo als Einzelwesen gehört in die Kammer, als Orchesterinstrument kann es nur in mehrfacher Anzahl zur Geltung kommen... Ob die Klangfülle gesteigert werden kann, vermag ich nicht zu sagen". Diese kategorische Behauptung wurde gemacht offensichtlich im vollen Bewußtsein der Tatsache, daß J.S. Bach Konzerte für Cembalo und Orchester geschrieben hatte! – Später wurde entdeckt, daß die Klangfülle des Cembalos gesteigert werden konnte, und zwar durch elektronische Verstärkung. Solcherart verstärkte Cembali sind m.W. von Neupert und Wittmayer hergestellt worden. Das Ergebnis war nicht befriedigend: zwar wurde der Klang des Cembalos verstärkt, aber er wurde auch – infolge gewisser Eigenschaften der elektromagnetischen Tonabnehmer – verfälscht.

In den angelsächsischen Ländern hat man sich mit wenigen Ausnahmen nie so weit wie hierzulande von der Konstruktion historischer Originale entfernt. Auch in Deutschland sind schon früh einzelne Bestrebungen zu verzeichnen, den Bau der Originale und dadurch den historischen Klang nicht allzu sehr außer Betracht zu lassen. Schon Ende der 1920er Jahre beschäftigte sich Hans E. Hoesch, Hagen-Kabel, mit dem authentischen Klang historischer Instrumente; in den 1930er Jahren kamen August Wenzinger, Gustav Scheck und vor allem Fritz Neumeyer hinzu, während sich Erwin Bodky und Alfred Kreutz vor allem mit dem authentischen Klavichordklang auseinandersetzten. – Die Firma Neupert baute 1930 ein Oktavspinett nach den Anweisungen von Hoesch, 1932 ein „Bach-Modell" nach denen von Neumeyer. Das so verbesserte „Bach-Modell" wurde 1934 auch kommerziell angeboten. Es entzieht sich meiner Beobachtung, inwieweit diese Instrumente den Originalen nahestanden.

Eine Tatsache ist jedoch, daß die Vorlagen für Klaviere in etwas mehr historischer Bauart nicht immer glücklich gewählt wurden. Das Cembalo von „Pertici" in Leipzig wurde oft „kopiert", aber abgesehen von der Tatsache, daß die Signatur eine Fälschung ist, ist dieses Instrument zweimal umgebaut worden. – Die „D-Modelle" der Firma Neupert aus dem Jahre 1929 sind einem Cembalo mit der Signatur von Louis Dulcken, München, und mit der Jahreszahl 1793 nachempfunden. Das Instrument wurde 1929 von der Firma erworben und 1937 nach Dresden verkauft, von wo ich über dieses Instrument keine Nachricht bekommen konnte. Auf jeden Fall war dieses „Cembalo" ursprünglich ein Hammerflügel mit dem Umfang F_1 - f'''; von den zwei Chören war einer mit 16'-Saiten bezogen; auf den 8'-Chor wirkte ein Flageolett-4'. (Ein ähnliches Instrument, wohl vom selben Fälscher, wurde seinerzeit von Daniel François Scheurleer erworben und befand sich im Gemeentemuseum Den Haag während meiner Amtszeit an dieser Institution 1954-62.) – 1931 produzierte die Firma Neupert ein zweimanualiges Cembalo nach „Andreas Ruckers 1617". Das Original befindet sich noch immer in der klavierhistorischen Sammlung Neupert[137], stammt aber nach den Untersuchungen von Friedemann Hellwig und Bernhard von Tucher wahrscheinlich von Hieronymus Mahieu, Brüssel, und ist somit aus den 1730er Jahren. Hier liegt wieder eine falsche Grundlage für die „typische Ruckers-Disposition" vor.

Nach dem Umschwung in den Vereinigten Staaten (1949 Frank Hubbard und William Dowd, Waltham, Mass.) orientierten sich – nach Ansätzen bei Peter Harlan (1898-1966, seit 1921 in Markneukirchen, nach dem zweiten Weltkrieg auf Burg Sternberg, Lippe, tätig) – zunächst vor allem zwei Hersteller in Deutschland neu.

1. Dipl.-Ing. Rainer Schütze (geb. 1925), Heidelberg-Handschuhsheim, stellte schon Anfang der 1940er Jahre fest, daß die Klangwelt einigermaßen gut restaurierter historischer Originale von der der N-Instrumente völlig verschieden war. Zwar war die Anzahl der für ihn erreichbaren Originalinstrumente nicht sehr groß: ein Tafelklavier im Deutschen Museum München beeindruckte ihn; später entstanden Kontakte zu den Altmeistern Hans E. Hoesch, Fritz Neumeyer und Alfred Kreutz sowie zu den damals jungen Musikern Nikolaus Harnoncourt, Wien, und Gustav Leonhardt, Amsterdam. Die schon damals verhältnismäßig gut restaurierten Instrumente in Berlin, Leipzig und Nürnberg (Slg. Rück) blieben ihm vorerst unbekannt. Die Erkenntnis der Unterschiedlichkeit des Klanges der historischen Originale und der N-Instrumente war jedoch gewonnen. Manche akustischen Untersuchungen – nicht nur historischer Tasteninstrumente, sondern auch von Streichinstrumenten und Harfen – wurden angestellt; auf diesem Gebiet ist Schütze, auch publizistisch, bis auf den heutigen Tag tätig. Eine der wichtigsten Erkenntnisse war, daß der Klang eines historischen Tasteninstruments nicht durch Abstrahlung einer zweidimensionalen Membran – eben des Resonanzbodens – entsteht. Nach Schütze führe weiterhin das „freie Austreten" des Klanges aus der leeren Unterseite des Instru-

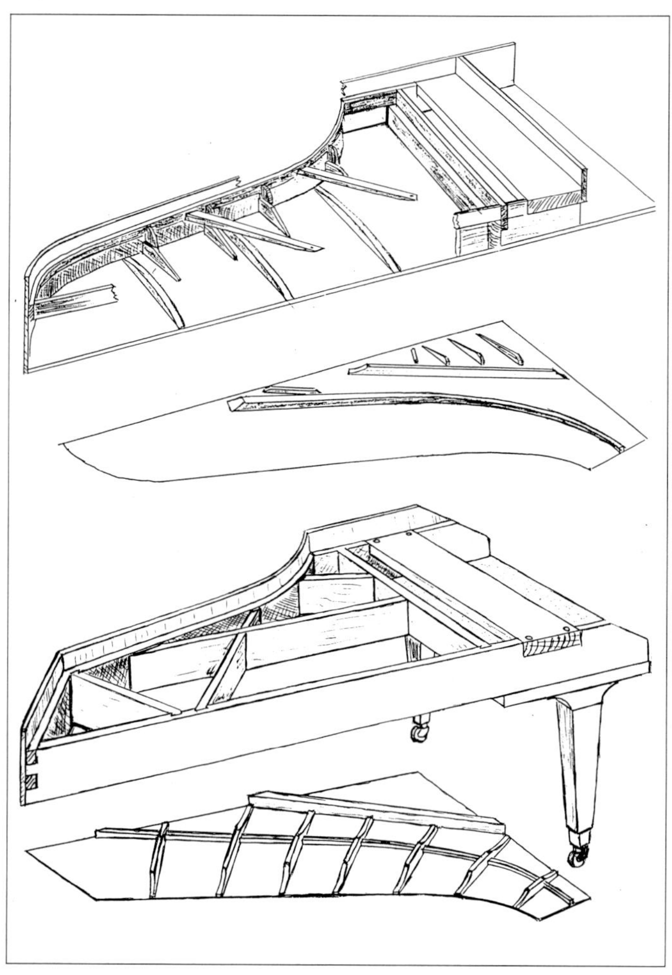

Oben: Kastenbauweise (Cembalo nach Christian Zell, 1728). Der Resonanzboden hat keine bzw. kaum Rippen im Klangbereich.

Unten: Cembalo in Kastenbauweise wie ein moderner Flügel. Der Resonanzboden ist stark berippt. Das Instrument ist nach unten offen.

Zeichnungen: Martin Saßmann, z.T. nach Frank Hubbard: *Three Centuries of Harpsichord Making*, Cambridge/Mass. 1965

ments zu Interferenzerscheinungen, die weder der Schwingungsamplitude noch der Tondauer dienlich seien. Da Wolf-Dieter Neupert in seiner Studie in *Das Musikinstrument* vom Juli 1971 zur gegenteiligen Auffassung gelangt, bleibe die Beurteilung der Richtigkeit von Schützes Behauptung physikalisch Kompetenteren als dem Verfasser dieser Zeilen überlassen. Auf jeden Fall hat Schütze keine Rasteninstrumente gebaut, und in den letzten dreißig Jahren ist die Herstellung in Rastenbauweise immer mehr zugunsten derjenigen in Kastenbauweise aufgegeben worden.

1956 produzierte Schütze sein erstes Spinett und ein zweimanualiges Cembalo nach Blanchet. Schütze kopiert ebensowenig wie Hubbard und Dowd sklavisch, sondern er wendet das bautechnisch-akustisch Wesentliche des jeweiligen Instruments bzw. der jeweiligen Schule an. Im Augenblick produziert er Cembali in italienischer Bauweise um 1700, in franko-flämischer Bauweise des 18. Jahrhunderts und in mitteldeutsch-elsässischer Bauweise nach Silbermann, daneben Hammer- und Tangentenflügel. Schütze ließ sich mehrere Erfindungen zur Erhöhung der Leistungsfähigkeit der Mechaniken patentieren.

2. Martin Skowroneck (geb. 1926), Bremen-Oberneuland. 1952 baute er sich für den eigenen Gebrauch ein Klavichord, ein Jahr später begann er den Cembalobau. Die ersten sechs Instrumente (1953-56) waren noch in Rastenbauweise angefertigt, doch schon weitgehend mit historischen Mensuren. Von großem Einfluß war der Kontakt zu Friedrich Ernst, damals Restaurator am Berliner Musikinstrumentenmuseum, der anregte, daß Skowroneck vielerorts Instrumente in Museen und Sammlungen vermaß und untersuchte. Bis dato hat er einige Cembali restauriert und pro Jahr etwa zwei Instrumente gebaut. Skowroneck will nicht als Kopist betrachtet werden; seine Instrumente sind Einzelanfertigungen, die, wie er schreibt, ohne Kopien zu sein, aus den jeweiligen historischen Schulen stammen könnten.

Während die soeben genannten Hersteller sich vom Kopieren distanzieren, wurde in den 1960er Jahren das Kopieren zur Mode. Die Argumente sind naheliegend: Die Erbauer der historischen Originale waren Anwender traditioneller Techniken, die inzwischen verlorengegangen sind. Um Instrumente mit einem Klang zu bauen, wie ihn die Komponisten des 16. - 18. Jahrhunderts im Sinn hatten, wäre es am sichersten, Originale philologisch genau zu kopieren, wobei auch die verwendeten Materialien, vor allem die für Saiten und Kiele, gleicher Art sein sollten.

Bei solchen Kopien ist vor allem natürlich auch die Spielbarkeit bestimmter Literatur zu berücksichtigen. Wenn man, um ein Beispiel zu nennen, Bach spielen will, ist eine Kopie nach einem Original mit Umfang C/E - c''' unbrauchbar, und ein Allround-Original gibt es nicht. Wenn ein Spieler sich nur ein Cembalo leisten kann und darauf die Literatur von den deutschen Koloristen und Cabezón bis zu Duphly, Soler und Haydn spielen will, muß er zumindest einen entsprechenden Klaviaturumfang zur Verfügung haben. Gelegentlich müssen dann auch Zugeständnisse an die Disposition oder die Zahl der Manuale gemacht werden. Solche Änderungen implizieren Abweichungen von einigen Konstruktionsdetails des Originals. Auch will der Besteller einer Kopie eventuell aus Preisgründen auf die manchmal sehr prachtvolle malerische Ausstattung des Deckelinneren, des Resonanzbodens und der Lackarbeiten am Gehäuse des Originals verzichten. Instrumente „nach" einem historischen Original sind somit oft keine exakten Kopien. Der Unterschied zwischen „Kopien" und dem „Nichtkopierenwollen" von Schütze und Skowroneck ist dadurch nur ein gradueller. Tatsache ist, daß die jetzt zu nennenden Hersteller, auch wenn sie nicht Instrumente *nach*bauen, im Stil der historischen Schulen arbeiten. Es handelt sich meines Wissens um folgende Personen und Firmen:

- Kurt Wittmayer, Wolfratshausen, hat schon 1955 für den Westdeutschen Rundfunk und für das Amsterdamer Konservatorium je eine Kopie des zweimanualigen Cembalos von Carl August Gräbner, 1782[24], gebaut. Dabei sei erwähnt, daß das Original nicht in jeder Hinsicht historisch getreu restauriert worden war. Um 1970 richtete er seine Werkstatt prinzipiell auf die Anfertigung von Instrumenten in historischer Bauweise aus. Bisher liegen einmanualige Cembali vor nach Giovanni Battista Giusti, Lucca 1681[138], und Carlo Grimaldi, Messina 1697[139], zweimanualige Cembali nach Joannes Ruckers, Antwerpen 1640[140], Joannes Daniel Dulcken, Antwerpen 1745[141], und Kirckman, Spinette nach Dominicus Pisaurensis, Venedig 1540[142], Virginale nach Andreas Ruckers d. Ä., Antwerpen 1620[143]; weiterhin Klavichorde nach Johann Adolph Hass, Hamburg 1763[144], und Hammerflügel nach Anton Walter, Wien um 1800[145]. Den Anlaß zu einigen dieser Typen bildete die Restaurierung der Originale.

- Martin Sassmann, Hückeswagen-Wiehagen, fing seit 1957 an, immer mehr nach historischen Vorlagen zu bauen. Im Augenblick werden, abgesehen von noch wenigen N-Modellen, zwei einmanualige Cembali in italienischer Bauweise (eines nach Grimaldi), zwei einmanualige flämische Modelle (eines nach Andreas Ruckers, Antwerpen 1639[146]), zwei zweimanualige flämische Modelle (eines nach Joannes Ruckers, 1640[140]), zweimanualige Cembali nach Blanchet, Paris 1730[147], nach Henri Hemsch, Paris 1756[148], Pascal Taskin, Paris 1769[149], und nach Christian Zell, 1728[30] gebaut, weiterhin ein Klavichord nach Christian Gottlob Hubert, Ansbach[150], und ein Hammerflügel nach Matthias Heilmann, Darmstadt 1785[151]. 1987 nahm er Matthias Kramer als Teilhaber auf.

- Klaus Ahrend (geb. 1937), Moormerland-Veenhusen (Ostfriesland), lernte zuerst Orgelbau und bestand 1962 die Meisterprüfung. Seit 1964 hat er eine eigene Werkstatt für historische Saitenklaviere. Er arbeitet nach historischen Modellen, ohne genau zu kopieren. Er hat sich auch mit der Restaurierung beschäftigt.

- Georg Zahl (geb. 1932), Planegg bei München, begann seine Berufsausbildung bei der Firma Neupert 1946. Nach der Ausbildung folgten Lehr- und Wanderjahre, die ihn u. a. nach Holland führten, wo er erste Kontakte mit Gustav Leonhardt hatte. Nach Ablegung der Meisterprüfung gründete er 1965 eine eigene Werkstatt. Angeboten werden ein einmanualiges Cembalo nach Hieronymus Bononiensis, 1521[152], ein ein- und ein zweimanualiges Cembalo in flämischer Bauweise, ein ein- und ein zweimanualiges Cembalo nach Blanchet, ein zweimanualiges nach Taskin, 1769[149], und eines nach Kirckman, weiterhin ein Klaviziterium, ein italienisches Spinett nach Alessandro Bertolotti, ein niederländisches Virginal, ein Querspinett nach J. H. Silbermann und zwei Klavichordmodelle.
- Eckehart Merzdorf, Remchingen-Wilferdingen. Nach der Betriebsübernahme 1970 wurde auch hier die Produktion auf historische Modelle ausgerichtet. Im Augenblick werden einmanualige Cembali u. a. nach Joannes Antonius Baffo, Venedig 1574[153], sowie zweimanualige in flämischer und franko-flämischer Bauweise, nach Blanchet, Paris 1746[154], und nach dem zweimanualigen Cembalo in Charlottenburg[13] hergestellt, weiterhin Spinette, Virginale, Klavichorde und Hammerflügel.
- Wolf-Dieter Neupert, Bamberg, beschränkte nach der Übernahme der Werkstatt 1975 die Produktion von N-Instrumenten auf wenige Modelle. Dafür werden seit 1976 zweimanualige Cembali nach Henri Hemsch, Paris 1754[155], seit 1979 einmanualige Cembali nach Blanchet, Paris 1737 (auch in einer zweimanualigen Variante), seit 1982 Querspinette nach Johann Heinrich Silbermann (Universität Erlangen) gebaut, daneben auch Klavichorde nach W.H. Baethman, Hannover 1799, weiterhin fünfoktavige Hammerflügel und seit kurzem auch sechsoktavige Hammerflügel nach Louis Dulcken, München um 1815.
- Horst Sperrhake, Passau. Nach der Betriebsübernahme werden auch hier historische Modelle gebaut: einmanualige Cembali nach Christian Vater, 1738[12], zweimanualige Cembali nach Taskin, 1769[149], Querspinette nach Johann Heinrich Silbermann, 1767[156], weiterhin Klavichorde.
- Rudolf Schüler, Hechendorf. In den letzten Jahren hat auch dieser Cembalobauer angefangen, nach historischen Modellen zu bauen. Angeboten werden zweimanualige Cembali nach französischen Vorbildern, Spinette in italienischer Bauweise und Virginale.
- Nikolaus Damm (geb. 1946), Hirschhorn-Langenthal. Nach einem Studium der Mathematik und Physik und fünf Jahren Schuldienst arbeitete er 1976-77 bei Rainer Schütze. Seit 1977 hat er eine eigene Werkstatt. Angeboten werden einmanualige Cembali nach Alessandro Trasuntino, Venedig 1531[157], in flämischer Bauweise, u. a. nach Andreas Ruckers d. Ä., Antwerpen 1640[158] (auch in einer zweimanualigen Variante), zweimanualige Cembali in flämischer und französischer Bauweise, u. a. ein zweimanualiges nach Antoine Vaudry, Paris 1681 (auch in einer einmanualigen Variante), weiterhin zweimanualige Cembali nach einem Instrument im Besitze dieses Cembalobauers, das er Johann Nikolaus Bach, Jena, zuschreibt (auch in einer einmanualigen Variante), weiterhin Hammerflügel nach Anton Walter und nach Conrad Graf, beide Wien.
- Monika May (geb. 1956). Nach einer Lehrzeit bei Rainer Schütze war diese einzige Cembalobauerin im deutschen Sprachgebiet 1977-79 Restauratorin an der Sammlung historischer Musikinstrumente des Germanischen Nationalmuseums Nürnberg. 1979 machte sie sich selbständig mit einer Werkstatt in Schriesheim/Bergstraße. 1982 verlagerte sie die Werkstatt nach Marburg/Lahn, wo sie mit Gerald Woehl eine Restaurierungswerkstatt für historische Tasteninstrumente betreibt. Im Programm stehen einmanualige Cembali nach Grimaldi, 1697, und nach Vater, 1738, ein- und zweimanualige Cembali nach den entsprechenden Instrumenten in Charlottenburg[13], weiterhin Hammerflügel nach Johann Andreas Stein, Augsburg[159], und nach dem wahrscheinlich zweitältesten Hammerflügel von Anton Walter, Wien um 1780[160].
- Bernhard von Tucher (geb. 1955), Leitheim bei Donauwörth. Nach seiner Ausbildung bei Pfeiffer, Stuttgart, arbeitete er 1977-79 bei Martin Sassmann als Cembalobauer. 1979-82 Restaurator an der Sammlung historischer Musikinstrumente des Germanischen Nationalmuseums Nürnberg. 1981 Meisterprüfung im Cembalobau. Ab 1983 selbständig. Im Programm stehen einmanualige Cembali in italienischer Bauweise, u. a. nach Giusti, 1681[138], Grimaldi, 1697[139], Antonius de Migliais, Florenz 1702[161], Aelpidius Gregorius, 1736[162], und Roberto & Federigo Cresci, Livorno 1778[163], ein Cembalo nach einem der seltenen ursprünglichen zweimanualigen italienischen Cembali um 1650[164], ein einmanualiges Cembalo nach Vater, 1738, ein zweimanualiges Cembalo nach dem Charlottenburger Instrument, ein Querspinett nach Johann Heinrich Silbermann, Straßburg, 1767[156], und verschiedene Klavichorde (gebunden nach Christian Gottlob Hubert, Ansbach 1789[165], bundfrei nach Johann Heinrich Silbermann, Straßburg um 1775[166], und nach Johann Adolph Hass, 1764[144]). Bernhard von Tucher hat auch einige zweimanualige Cembali nach dem Instrument von Goermans-Taskin[167] gebaut; die Produktion dieses Modells hat er eingestellt.
- Reinhard Hoppe, Wolfratshausen. Nach einer Lehrzeit bei Kurt Wittmayer baut er einmanualige Cembali nach Ruckers, zweimanualige Cembali nach Taskin, 1769 [149], Virginale und Klavichorde.
- Matthias Kramer, Weilheim. Baut einmanualige Cembali in Hamburger Bauweise sowie zweimanualige Cembali

„nach deutsch-französischen Vorbildern" und insbesondere nach Taskin. Seit 1987 Teilhaber der Firma Sassmann.

– Michael Walker, Neckargemünd. Baut einmanualige Cembali in italienischer Bauweise und nach Andreas Ruckers d. Ä., 1640[158], zweimanualige Cembali nach Blanchet und sechsoktavige Hammerflügel nach Michael Rosenberger, Wien um 1810.

Schließlich sei noch darauf hingewiesen, daß die Firma Ammer, Eisenberg, ein Lautencembalo gebaut hat, das 1932 anläßlich des 19. Deutschen Bachfestes in Heidelberg erklang, daß 1962 Martin Sassmann ein ähnliches Lautenklavier gebaut hat (beide Versuche mit Korpus in Cembaloform), und daß schließlich 1981 Rudolf Richter, Stuttgart, ein Lautenklavier mit Korpus in Lautenform hergestellt hat[168].

Zusammenfassend kann festgestellt werden, daß seit dem zweiten Weltkrieg und ganz besonders seit den 1960er und 1970er Jahren im deutschen Cembalobau eine Umorientierung stattgefunden hat. N-Modelle werden nur noch wenige hergestellt. Nach der Pionierarbeit von Schütze und Skowroneck haben Cembalobauer und Firmen wie (in alphabetischer Reihenfolge) Merzdorf, Neupert, Sassmann, Schüler, Sperrhake und Wittmayer die Produktion von N-Modellen ganz oder doch weitgehend aufgegeben; sie stellen jetzt ausschließlich oder doch hauptsächlich mehr oder weniger freie Kopien historischer Originale oder Instrumente in der Bauweise einer historischen Schule her. Diejenigen Cembalobauer, die das halbe Jahrhundert noch nicht erreicht haben – angefangen mit Ahrend –, bauen ausschließlich in historischer Weise. Anlaß zu dieser Umstellung bildeten nicht nur die von einem Teil dieser Cembalobauer und Firmen durchgeführten Restaurierungen, sondern auch die immer größere Offenheit der Museen und Sammlungen und die von solchen Institutionen hergestellten Konstruktionszeichnungen. Die Museen und Sammlungen tragen so etwas zur Bildung des musikalischen Geschmacks bei. Wenn ich mit einer persönlichen Bemerkung schließen darf: Nicht lange nach meinem Amtsantritt im Gemeentemuseum Den Haag (1954) konnte ich nicht nur Hubbard, sondern auch Schütze und Skowroneck einiges von dem untersuchen lassen, was mir anvertraut war.

Panta rhei. Alles entwickelt sich. Wie der Cembalobau sich in Zukunft gestalten wird, wird diese Zukunft lehren.

Anmerkungen

1 Luisa Cervelli/J. H. van der Meer: *Conservato a Roma il più antico cembalo tedesco,* Rom 1967. - Luisa Cervelli: „Per un catalogo degli strumenti a tastiera del Museo degli Antichi Strumenti Musicali". In: *Accademie e Biblioteche d'Italia* 44 (1976), S. 305-343, Nr. I.-Donald H. Boalch: *Makers of the Harpsichord and Clavichord 1440-1840,* Oxford 1974², S. 115.

2 Michael Praetorius: *Syntagma Musicum II,* Wolfenbüttel 1619, Sciagr. Col. VI.

3 Karl Geiringer: *Alte Musik-Instrumente im Museum Carolino Augusteum. Führer und beschreibendes Verzeichnis,* Leipzig 1932, Nr. 54. - Boalch, a.a.O., S. 111.-J. H. van der Meer: „Die Kielklaviere im Salzburger Museum Carolino Augusteum". In: *SMCA Jahresschrift* 1966-67, S. 83-87.

4 „Spinett eines Kölner Meisters aus dem 17. Jahrhundert". In: *Zeitschrift für Instrumentenbau* 21 (1900-01), S. 730-739. - Von der Versteigerung in Vence wurde ich dankenswerterweise von Dr. Walter Thoene, Berlin, unterrichtet.

5 Karl A. Bierdimpfl: *Die Sammlung der Musikinstrumente des Bayerischen Nationalmuseums,* München 1883, Nr. 156. - Georg F. Schorer: *Bildnis der Musik,* Bonn 1955, S. 38.

6 Hubert Henkel: *Musikinstrumenten-Museum der Karl-Marx-Universität Leipzig. Katalog II. Kielinstrumente,* Leipzig 1979, Nr. 80, sowie die dort angeführte Literatur.

7 Henkel, a.a.O., Nr. 74, sowie die dort angeführte Literatur.

8 Jörg-Dieter Hummel: *Friedrich Ring. Der vergessene Instrumentenbauer,* Augsburg 1976. - Boalch, a.a.O., S. 127.

9 Graz, Landesmuseum Joanneum. - Richard Schaal: „Biographische Quellen zu Wiener Instrumentenmachern". In: *Studien zur Musikwissenschaft* 26 (1964), S. 203. - Horst Walter: „Das Tasteninstrument beim jungen Haydn". In: *Der junge Haydn. Bericht der Arbeitstagung des Instituts für Aufführungspraxis der Hochschule für Musik und darstellende Kunst in Graz,* Graz 1972, S. 241. - Boalch, a.a.O., S. 101. - Gerhard Stradner: *Musikinstrumente in Grazer Sammlungen.* (= Tabulae Musicae Austriacae XI), Wien 1986, S. 66.

10 Nürnberg, Germanisches Nationalmuseum, Sammlung Neupert, Inv. Nr. MINe 99. - J.H. van der Meer: „Die klavierhistorische Sammlung Neupert". In: *Anzeiger des Germanischen Nationalmuseums 1969,* S. 260.

11 Konrad Sasse: *Besaitete Tasteninstrumente,*Katalog zu den Sammlungen des Händel-Hauses in Halle V. Musikinstrumentensammlung. Halle/Saale 1966, S. 54-55.

12 Germanisches Nationalmuseum, Inv. Nr. MI 449.

13 Dieter Krickeberg: „Der Berliner Cembalobauer Michael Mietke, die Hohenzollern und Bach". In: *Bach-Tage Berlin 1986,* S. 17-27. - Dieter Krickeberg/Horst Rase: „Beiträge zur Kenntnis des mittel-und norddeutschen Cembalobaus um 1700". In: *Studia organologica. Festschrift J. H. van der Meer zu seinem fünfundsechzigsten Geburtstag.* Hrsg. von Friedemann Hellwig, Tutzing 1987, S. 285-310.

14 Gesine Haase/Dieter Krickeberg: *Staatliches Institut für Musikforschung. Tasteninstrumente des Museums,* Berlin 1981, S. 48-50.

15 Herbert Heyde: *Historische Musikinstrumente im Bach-Haus Eisenach,* Eisenach 1976, S. 128-129. - Hubert Henkel: „Der Cembalobau der Bach-Zeit im sächsisch-thüringischen und im Berliner Raum". In: *Bericht über die wissenschaftliche Konferenz zum III. Internationalen Bach-Fest der DDR,* Leipzig 1977, S. 364.

16 Curt Sachs: *Sammlung alter Musikinstrumente bei der Staatlichen Hochschule für Musik zu Berlin. Beschreibender Katalog,* Berlin 1922, Nr. 5. - Franz Josef Hirt: *Meisterwerke des Klavierbaus,* Olten 1955, S. 282-283. - Boalch, a.a.O., unter Silbermann, Nr. 4. - Haase-Krickeberg, a.a.O., S. 37-39.

[17] Sondershausen, Staatliches Heimat- und Schloßmuseum. - G. Lutze: *Aus Sondershausens Vergangenheit,* Sondershausen 1908, II, S. 132. - Georg Kinsky: „Zur Echtheitsfrage des Berliner Bach-Flügels". In: *Bach-Jahrbuch 1924,* S. 136. - Boalch, a.a.O., S. 54-55. - Henkel: „Der Cembalobau".

[18] Sachs, Nr. 316.

[19] Kinsky a.a.O. - Friedrich Ernst: *Der Flügel Johann Sebastian Bachs,* Frankfurt a. M. 1955.

[20] Krickeberg a.a.O., S. 25. - Auch Krickeberg/Rase.

[21] 1722: Prag, Villa Bertramka; 1739: Schloß Pillnitz, eine Außenstelle des Museums für Kunsthandwerk, Dresden. - Henkel „Der Cembalobau". - Boalch, a.a.O., S. 54-55.

[22] Heyde, a.a.O., S. 132-134.- Hirt, a.a.O., S. 284-285. - Boalch, a.a.O., unter Silbermann, Nr. 3 und S. 61.

[23] Henkel, *Musikinstrumenten-Museum,* a.a.O., Nr. 91, sowie die dort angeführte Literatur.

[24] Slg. Rück im Germanischen Nationalmuseum, Nürnberg, Inv. Nr. MIR 1079. - Hirt, a.a.O., S. 286-287. - Boalch, a.a.O., S. 55.

[25] Alfred Berner: „Ein frühes Zeugnis deutschen Cembalobaus". In: *Jahrbuch der Stiftung Preußischer Kulturbesitz* 10 (1972), S. 296-302. - Haase/Krickeberg, a.a.O., S. 35-37. - Boalch, a.a.O., unter Fleischer, Nr. 1.

[26] Barcelona, Museu de Música. - Boalch, a.a.O., unter Fleischer, Nr. 2.

[27] Göteborg, Historiska Museet. - Boalch, a.a.O., unter Hass, Nr. 2.

[28] Florenz, Museo Stibbert.

[29] Angul Hammerich: *Das musikhistorische Museum zu Kopenhagen. Beschreibender Katalog,* Kopenhagen 1911, Nr. 471. - Boalch, a.a.O., unter Hass, Nr. 3.

[30] Hamburg, Museum für Kunst und Gewerbe. - Armin Conradt: „Hamburger Musikinstrumente des 18. Jahrhunderts mit Lackmalerei". In: *Jahrbuch der Hamburger Kunstsammlungen* 9 (1964), S. 29-48. - Boalch, a.a.O., unter Zell, Nr. l.

[31] Oslo, Kunstindustrimuseet. - Henrik Glahn: „Tysk Barok-cembalo og fransk Rokoko-harpe". In: *Kunstindustrimuseet i Oslo Årbok 1950-58,* S. 79-105. - Boalch, a.a.O., unter Hass, Nr. 4.

[32] Brüssel, Musée Instrumental du Conservatoire Royal de Musique. - Boalch, a.a.O., unter Hass, Nr. 5. - Raymond Russell: *The Harpsichord and Clavichord,* 2nd ed. rev. by Howard Schott, London 1973, Taf. 85-86.

[33] Barcelona, Museu de Música. - Boalch, a.a.O., unter Zell, Nr. 2.

[34] Hirt, a.a.O., S. 289. - Boalch, a.a.O., unter Hass, Nr. 6. - Russell, a.a.O., Taf. 87-88.

[35] Aurich, Museum Ostfriesische Landschaft. - Boalch, a.a.O., unter Zell, Nr. 3.

[36] *The Russell Collection and other Early Keyboard Instruments at Saint Cecilia's Hall Edinburgh,* Edinburgh 1968, Nr. 14. - Boalch, a.a.O., unter Hass, Nr. 15.

[37] William Skinner: *The Belle Skinner Collection of Old Musical Instruments, Holyoke, Mass.,* Holyoke 1933, Nr. 21. - *Checklist. Yale Collection of Musical Instruments,* New Haven 1968, Nr. 251. - Hirt, a.a.O., S. 280-281. - Boalch, a.a.O., unter Hass, Nr. 1.

[38] Victor Charles Mahillon: *Catalogue déscriptif et analytique du Musée Instrumental du Conservatoire Royal de Musique de Bruxelles,* Gent-Brüssel 1893-1922, Nr. 1587. - Hirt, a.a.O., S. 170-171. - Edwin M. Ripin: „On Joes Karest's Virginal and the Origin of the Flemish Tradition". In: *Keyboard Instruments,* ed. by Edwin M. Ripin, Edinburgh 1971, S. 65-73. - Nicolas Meeùs: „La facture de virginals à Anvers au 16e siècle". In: *The Brussels Museum of Musical Instruments Bulletin* 4 (1974), S. 55-64. - Cervelli, a.a.O., Nr. III.

[39] Peter Nathanael Sprengel: *Handwerke und Künste in Tabellen,* Bd. 11. Berlin 1773, S. 257-266.

[40] Johann Samuel Halle: *Werkstätte der heutigen Künste,* Bd. 3. Brandenburg-Leipzig 1764, S. 360.

[41] Jacob Adlung: *Musica Mechanica Organoedi,* Berlin 1768, Bd. 2, S. 107.

[42] Jacob Adlung: *Anleitung zur musikalischen Gelährtheit,* Erfurt 1758, S. 553.

[43] Walter, a.a.O., S. 237-248.

[44] Halle, a.a.O., S. 360

[45] Adlung: *Musica mechanica Organoedi,* Bd. 2, S. 103.

[46] Friedrich Wilhelm Marpurg: *Historisch-kritische Beiträge zur Aufnahme der Musik* 3 (1757-58). - Boalch, a.a.O., S. 96.

[47] *Cramer's Magazin der Musik,* 1783. - Boalch, a.a.O., S. 113-114.

[48] Die erhaltenen dreimanualigen "italienischen" Cembali sind alle Fälschungen.

[49] Adlung: *Anleitung,* S. 554.

[50] Praetorius, a.a.O., S. 63.

[51] Boalch, a.a.O., S. 164, der die *Straßburger Gelehrten Nachrichten,* 1783, S. 255, zitiert. - Siehe auch Johann Karl Jacobsson: *Technologisches Wörterbuch oder Alphabetische Erklärung aller nützlichen mechanischen Künste, Manufacturen, Fabriken und Handwerke,* Berlin 1781-94, Bd. 5, S. 573.

[52] Herbert Heyde: „Der Instrumentenbau in Leipzig zur Zeit Johann Sebastian Bachs". In: *Dreihundert Jahre Johann Sebastian Bach. Eine Ausstellung der Internationalen Bach-Akademie in der Staatsgalerie Stuttgart,* Tutzing 1985, S. 76.

[53] Frank Hubbard: *Three Centuries of Harpsichord Making,* Cambridge, Mass., 1965, Taf. XXVIII 1-3.

[54] Adlung: *Anleitung,* S. 555. - Halle, a.a.O, 359-360. - Sprengel, a.a.O., S. 265.

[55] Praetorius, a.a.O., S. 67.

[56] Adlung: *Anleitung,* S. 557.

[57] Sprengel, a.a.O., S. 265.

[58] Thomas Mace: *Musick's Monument,* London 1676, S. 235-236.

[59] Russell, a.a.O., S. 71-72.

[60] Carl Philipp Emanuel Bach: *Versuch über die wahre Art das Clavier zu spielen,* Bd. 2, 1762, S. 245.

[61] Lorenz Christoph Mizler: *Neu eröffnete Musikalische Bibliothek,* Bd. 1, 1736, S. 76.

[62] Adlung: *Musica Mechanica Organoedi,* Bd. 2, S. 107.

[63] Ernst Ludwig Gerber: *Neues historisch-biographisches Lexikon der Tonkünstler,* Leipzig 1812-14, Sp. 606-607.

[64] Adlung: *Anleitung,* S. 556. - Adlung: *Musica Mechanica Organoedi,* Bd. 2, S. 161.

[65] Adlung: *Anleitung,* S. 556. - Adlung: *Musica Mechanica Organoedi,* Bd. 2, S. 158-161.

[66] Johann Mattheson: *Grundlage einer Ehrenpforte,* Hamburg 1740, S. 405

[67] Halle, a.a.O., S. 363.

[68] J. H. van der Meer: „A Contribution to the History of the Clavicytherium". In: *Early Music* 6 (1978), S. 247-259.

[69] Praetorius, a.a.O., S. 66-67 und Sciagr. Col. XV.

[70] Nürnberg, Germanisches Nationalmuseum, Slg. Rück, Inv. Nr. MIR 1080.

[71] *Kunsthistorisches Museum Wien. Katalog der Sammlung alter Musikinstrumente I. Saitenklaviere,* Wien 1966, Nr. 13. - Hirt, a.a.O., S. 16-17. - Boalch, a.a.O., S. 80. - Russell, a.a.O., Taf. 84.

[72] Cervelli, a.a.O., Nr. XIII.

[73] Nürnberg, Germanisches Nationalmuseum, Inv. Nr. MI 271.

[74] Heinz Zirnbauer: „Lucas Friedrich Behaim, der Nürnberger Musikherr des Frühbarock". In: *Mitteilungen des Vereins für Geschichte der Stadt Nürnberg* 50 (1960), S. 330-351. - J. H. van der Meer: „Sweelinck and Nuremberg?" In: *Tijdschrift van de Vereniging voor Nederlandse Muziekgeschiedenis* 20/I-II (1964-65), S. 37-44. - Geiringer,

a.a.O., Nr. 49. - Van der Meer (1966-67), a.a.O., S. 87-88. - Wilhelm Dupont: *Geschichte der musikalischen Temperatur*, Kassel 1935, S. 49. - Boalch, a.a.O., S. 186.

75 Henkel: *Musikinstrumenten-Museum*, (1979), Nr. 58, sowie die dort angeführte Literatur.

76 Wien, *Katalog I* (1966), Nr. 17. - Boalch, a.a.O., S. 16.

77 Praetorius, a.a.O., Sciagr. Col. XIV.

78 Curt Sachs, a.a.O., Nr. 2212; Sp. 62, L. G.; Nr. 287; Taf. 4. - Henkel: *Musikinstrumenten-Museum*, Nr. 47, sowie die dort angeführte Literatur.

79 Henkel: *Musikinstrumenten-Museum*, Nr. 54, sowie die dort angeführte Literatur.

80 Raymond Russell: *Victoria and Albert Museum. Catalogue of Musical Instruments I. Keyboard Instruments*, London 1968, Nr. 10. - Boalch, a.a.O., S. 80. - Henkel *Musikinstrumenten-Museum*, a.a.O., Nr. 49, sowie die dort angeführte Literatur. - Geiringer, a.a.O., Nr. 50. - Walter Senn: *Musik und Theater am Hof zu Innsbruck*, Innsbruck 1954, S. 337.

81 Praetorius, a.a.O., Sciagr. Col. XIV.

82 Henkel: *Musikinstrumenten-Museum*, Nr. 59, sowie die dort angeführte Literatur.

83 Russell: *The Harpsichord*, Taf. 81 B.

84 Henkel: *Musikinstrumenten-Museum*, Nr. 44, sowie die dort angeführte Literatur.

85 Henkel: *Musikinstrumenten-Museum*, Nr. 35, 36 und 51, sowie die dort angeführte Literatur. - Boalch, a.a.O., unter Ruckers, Nr. 26 a und 26 b; unter Argano, S. 5; unter Bidermann. - Sachs, a.a.O., Nr. 331. - Carl Engel: *A Descriptive Catalogue of the Musical Instruments in the South Kensington Museum*, London 1874², S. 269-270. - Hirt, a.a.O., S. 188-189. - Russell: *Victoria and Albert Museum*, a.a.O., Nr. 9. - *Karl Claudius' Samling af Gamle Musikinstrumenter*, Kopenhagen 1913, Nr. 53. - *The Metropolitan Museum of Art. The Crosby Brown Collection of Musical Instruments of All Nations. Catalogue of Keyboard Instruments*, New York 1903, Nr. 1778, Taf. 114-115. - *The Metropolitan Museum of Art. Catalogue of the Crosby Brown Collection of Musical Instruments of All Nations I. Europe*, New York 1904, Nr. 1778. - G. Chouquet: *Le Musée du Conservatoire National de Musique. Catalogue raisonné*, Paris 1875, Nr. 217; Paris 1884², Nr. 316. - L. Pillaut: *Ier Supplément au Catalogue de 1884* Paris 1894, Nr. 1080. - Norbert Dufourcq: *La musique des origines à nos jours*, Paris 1946, S. 32. - Luisa Cervelli: *Mostra di strumenti musicali del '600 e '700, Roma 1965-66. Catalogo*, Nr. 84 und Taf. VII. - Cervelli: *Per un catalogo*, a.a.O., Nr. VI. - György Gábry: *Alte Musikinstrumente*, Budapest 1969, S. 5, 10 und Taf. 1. - Peter Epstein/Ernst Scheyer: *Schlesisches Museum. Führer und Katalog zur Sammlung alter Musikinstrumente*, Breslau 1932, Nr. 20 und Taf. I. - Albert Protz: *Mechanische Musikinstrumente*, Kassel 1939, S. 53-58. - Paul Nettl: „Ein spielender Musikautomat aus dem 16. Jahrhundert". In: *Zeitschrift für Musikwissenschaft* 2 (1920), S. 523-528. - Julius Schlosser: *Das Kunsthistorische Museum in Wien. Die Sammlung alter Musikinstrumente. Beschreibendes Verzeichnis*, Wien 1920, Nr. A.27. - *Kunsthistorisches Museum Wien. Katalog der Sammlung alter Musikinstrumente I*, Nr. 16. - John Böttiger: *Philipp Hainhofer und der Kunstschrank Gustav Adolfs in Uppsala*, Bd. 2, Stockholm 1910, S. 22-23. - Thomas Heineman: *Konstskåpet i Uppsala*, Uppsala 1977. - Geiringer, a.a.O., Nr. 55.

86 Henkel: *Musikinstrumenten-Museum*, Nr. 52, sowie die dort angeführte Literatur. - Boalch, a.a.O., S. 49.

87 Geiringer, a.a.O., Nr. 51 und Taf. I. - Van der Meer (1966-67), S. 88-90. - Boalch, a.a.O., S. 115.

88 Henkel: *Musikinstrumenten-Museum*, Nr. 56, sowie die dort angeführte Literatur.

89 Zwei in Eisenach, Bach-Haus (Heyde, *Historische Musikinstrumente*, a.a.O., Nr. I 75 und 76; Boalch, a.a.O., unter Silbermann, Nr. 11-12); eines in Leipzig (Henkel: *Musikinstrumenten-Museum*, Nr. 61, sowie die dort angeführte Literatur; Boalch, a.a.O., unter Silbermann, Nr. 9); eines in der Sammlung Neupert im Germanischen Nationalmuseum, Nürnberg (Inv. Nr. MINe 90; Hanns Neupert: *Das Cembalo*, Kassel 1951, Abb. auf S. 24; Boalch, a.a.O., unter Silbermann, Nr. 7; Russell: *The Harpsichord*, Abb. 91; Jürgen Eppelsheim: „Die Instrumente". In: *J.S. Bach, Zeit, Leben, Wirken*, hrsg. v. B. Schwendowius und W. Dömling, Kassel 1976, Abb. auf S. 140); eines von Dr. Reinhold Neupert der Universität Erlangen gestiftet (Van der Meer: *Klavierhistorische Sammlung*, S. 255; Boalch, a.a.O., unter Silbermann, Nr. 8); eines in Basel, Kirschgarten-Museum (Karl Nef: *Historisches Museum Basel, Katalog IV, Musikinstrumente*, Basel 1906, Nr. 266, S. 58; Walter Nef: *Alte Musikinstrumente in Basel*, Basel 1974, Beschreibung Nr. 14; Boalch, a.a.O., unter Silbermann, Nr. 10); eines wahrscheinlich in Zürich (Boalch, unter Silbermann, Nr. 13 a).

90 Boalch, a.a.O., S. 77. - Wolfgang Strack: „Christian Gottlob Hubert and his Instruments". In: *Galpin Society Journal* 32 (1979), S. 58.

91 Zürich, Schweizerisches Landesmuseum. - Otto Rindlisbacher: *Das Klavier in der Schweiz*, Bern-München 1972, S. 32-33.

92 Basel, Historisches Museum, Sammlung alter Musikinstrumente. Rindlisbacher, S. 34-35.

93 Geiringer, a.a.O., Nr. 264. - Rudolf Quoika: *Das Positiv in Geschichte und Gegenwart*, Kassel-Basel 1957, S. 36. - Van der Meer (1966-67), S. 90-93. - J.H. van der Meer: „Die Orgelklaviere von Valentin Zeiss, Linz". In: *Kunstjahrbuch der Stadt Linz 1967*, S. 154-163.

94 Gábry, a.a.O., S. 11

95 Russell: *The Harpsichord*, Taf. 8. - William R. Thomas/J. J. K. Rhodes: „The String Scales of Italian Keyboard Instruments". In: *Galpin Society Journal* 20 (1967), S. 50.

96 Johann Mattheson: *Das neu-eröffnete Orchestre*, Hamburg 1713, S. 262.

97 *New York, Metropolitan Museum of Art* (1903), Nr. 2741 und Taf. 114-115. - *The Metropolitan Museum of Art* (1904), Nr. 2741.

98 *The Metropolitan Museum of Art* (1904), Nr. 1191.

99 Germanisches Nationalmuseum, Inv. Nr. Gm 1615. - Zirnbauer, a.a.O. - Van der Meer, „Sweelinck and Nuremberg?", a.a.O.

100 Sachs, a.a.O., Nr. 2217 und Taf. 4. - Hirt, a.a.O., S. 194-195.

101 Schlosser, a.a.O., Nr. A.126. - *Kunsthistorisches Museum Wien. Katalog der Sammlung alter Musikinstrumente I*, Nr. 73. - Hirt, a.a.O., S. 300-301. - Boalch, a.a.O., S. 111. - Russell: *The Harpsichord*, Taf. 81 A.

102 Schlosser, a.a.O., Nr. A.132. - *Kunsthistorisches Museum Wien. Katalog der Sammlung alter Musikinstrumente I*, Nr. 72. - Hirt, a.a.O., S. 300-301.

103 Gerhard Croll: „Das Claviorganum des Josua Pock". In: *Alte und moderne Kunst* 19 (1974), Nr. 133, S. 13-18.

104 Protz, a.a.O., S. 58-61 und Notenbeilage, S. 17-19. - Boalch, a.a.O., S. 147.

105 Eva Hertz: *Johann Andreas Stein (1728-1792). Ein Beitrag zur Geschichte des Klavierbaues*, Wolfenbüttel/Berlin 1937, S. 46-47. - J. H. van der Meer/Rainer Weber: *Catalogo degli strumenti musicali dell' Accademia Filarmonica di Verona*, Verona 1982, S. 92-106. - Hirt, a.a.O., S. 306-307. - Boalch, a.a.O., unter Stein, Nr. 4. - Russell: *The Harpsichord*, Taf. 95.

106 Van der Meer/Weber, a.a.O., S. 92. - Boalch, a.a.O., unter Stein, Nr. 5.

107 Nürnberg, Germanisches Nationalmuseum, Slg. Rück, Inv. Nr. MIR 1105.

108 Heinrich Christoph Koch: *Musikalisches Lexikon*, Frankfurt a. M. 1802, Sp. 448.

109 Haase/Krickeberg, a.a.O., S. 44-46.

110 Georg Kinsky: „Hans Haiden. Der Erfinder des Nürnbergischen Geigenwerks". In: *Zeitschrift für Musikwissenschaft* 6 (1923-24), S. 193-214, sowie die dort angeführte Literatur, einschließlich Haidens eigener Schriften.

[111] Ferdinand J. de Hen: „The Truchado Instrument - a Geigenwerk?" In: *Keyboard Instruments. Studies in Keyboard Organology*, ed. by Edwin M. Ripin, Edinburgh 1971, S. 17-26. - Hirt, a.a.O., S. 162-163. - Russell: *The Harpsichord*, Taf. 103.

[112] Johann Gottfried Walther: *Musicalisches Lexicon*, Leipzig 1732, S. 170. - Adlung *Musica Mechanica Organoedi*, Bd. 2, a.a.O., S. 126-128.

[113] Ernst Ludwig Gerber: *Historisch-biographisches Lexicon der Tonkünstler*, Leipzig 1790-92, Bd. 2, Sp. 294.

[114] Gerber: *Lexicon der Tonkünstler*, Bd. 1, Sp. 657-658. - Koch, a.a.O., Sp. 263-264.

[115] C. Ph. E. Bach: *Versuch*, Bd. 2, S. 1. - J.H. van der Meer: *Die klangfarbliche Identität der Klavierwerke Carl Philipp Emanuel Bachs*, Amsterdam u.a. 1978, S. 43-44.

[116] Gerber: *Lexicon der Tonkünstler*, Bd. 1, Sp. 541-542.

[117] Wotquenne 65, 50

[118] Gerber: *Neues Lexicon der Tonkünstler*, Bd. 1, Sp. 251; Bd. 3, Sp. 147-149, 415-417 und 896-897.

[119] Walther, a.a.O., S. 248.

[120] Adlung: *Musica Mechanica Organoedi*, Bd. 2, S. 135-139.

[121] *Le clavecin et son histoire*, Paris 1969, Heft zur Schallplatte Erato STU 70513. - Boalch, a.a.O., unter Hemsch, Nr. 5.

[122] Paris, Musée Instrumental du Conservatoire Supérieur de Musique. - Boalch, a.a.O., unter Erard, Nr. 1.

[123] Haase/Krickeberg, a.a.O., S. 52-56.

[124] Vinicio Gai: *Gli strumenti musicali della Corte Medicea e il Museo del Conservatorio „Luigi Cherubini" di Firenze*, Florenz 1969, S. 6-7.

[125] Henkel: *Musikinstrumenten-Museum*, Nr. 85, sowie die dort angeführte Literatur.

[126] Joseph Wörsching: *Die historischen Saitenklaviere und der moderne Clavichord- und Cembalo-Bau*, Mainz 1946, S. 47.

[127] Henkel: *Musikinstrumenten-Museum*, Nr. 74, sowie die dort angeführte Literatur.

[128] Henkel: *Musikinstrumenten-Museum*, Nr. 86, sowie die dort angeführte Literatur.

[129] Die Literatur zum modernen Cembalobau ist sowohl gering als auch unvollständig. Die Unvollständigkeit mag damit zusammenhängen, daß einzelne Firmen außer Faltprospekten keine Daten zur Firmengeschichte liefern. So ist die ganze Literatur zum modernen Cembalobau auf zwei Titel zu reduzieren: Wörsching (vgl. Fußnote 126); und (obwohl nicht mehr auf dem neuesten Stand) Wolfgang Joachim Zuckermann: *The Modern Harpsichord*, New York 1969.

[130] Haase/Krickeberg, a.a.O., S. 56.

[131] *Deutsche Instrumentenbau-Zeitung*, 27 (Dez. 1906), S. 94. Herr Wolf-Dieter Neupert hatte die Liebenswürdigkeit, mich auf diese Notiz hinzuweisen.

[132] Liebenswürdige Mitteilung von Dr. Hubert Henkel.

[133] Henkel: *Musikinstrumenten-Museum*, Nr. 96, sowie die dort angeführte Literatur.

[134] Henkel: *Musikinstrumenten-Museum*, S. 115-116.

[135] *A Checklist of Keyboard Instruments at the Smithsonian Institution*, Washington, D.C., 1973^2, S. 44-45.

[136] Liebenswürdige Mitteilung von Dr. Hubert Henkel, der mir auch eine Beschreibung des Instrumentes hat zugehen lassen, die ich stark verkürzt wiedergebe, da das Instrument in der 2. Auflage vom Leipziger Kielklavier-Katalog erscheinen wird.

[137] Germanisches Nationalmuseum, Nürnberg, Slg. Neupert, Inv. Nr. MINe 86.

[138] Germanisches Nationalmuseum, Nürnberg, Slg. Neupert, Inv. Nr. MINe 78.

[139] Germanisches Nationalmuseum, Nürnberg, Slg. Rück, Inv. Nr. MIR 1075.

[140] Rudolf Reuter: „Das Ruckers-Cembalo der Grafen von Landsberg-Velen". In: *Westfalen*, Bd. 46, S. 123-128. - Boalch, a.a.O., unter Ruckers, Nr. 63.

[141] *Kunsthistorisches Museum Wien. Katalog der Sammlung alter Musikinstrumente*, Nr. 11.

[142] Nürnberg, Germanisches Nationalmuseum, Slg. Rück, Inv. Nr. MIR 1081.

[143] Mahillon: *Catalogue déscriptif*, Nr. 1597. - Boalch, a.a.O., unter Ruckers, Nr. 86.

[144] *The Russell Collection*, a.a.O., Nr. 22.

[145] Nürnberg, Germanisches Nationalmuseum, Slg. Neupert, Inv. Nr. MINe 109.

[146] *The Russell Collection*, a.a.O., Nr. 13. - Boalch, a.a.O., unter Ruckers, Nr. 83.

[147] Früher in der Slg. Raymond Russell; jetzt in englischem Privatbesitz.

[148] Besitz des New England Conservatory of Music, Boston, Mass.; jetzt als Leihgabe im Museum of Fine Arts, Boston.

[149] *The Russell Collection*, a.a.O., Nr. 15.

[150] Hubert Henkel: *Musikinstrumenten-Museum der Karl-Marx-Universität Leipzig. Katalog IV. Clavichorde*, Leipzig 1981, Nr. 24.

[151] Früher in der Slg. Neupert im Germanischen Nationalmuseum, Nürnberg (Inv. Nr. 103). Im Tausch abgegeben an The Colt Clavier Collection, Bethersden nr. Ashford, Kent, England.

[152] Russell: *Victoria and Albert Museum*,, Nr. 1.

[153] Russell: *Victoria and Albert Museum*, Nr. 5.

[154] Versailles, Palais.

[155] In Pariser Privatbesitz.

[156] Nürnberg, Germanisches Nationalmuseum, Slg. Neupert, Inv. Nr. MINe 90.

[157] London, Royal College of Music.

[158] Richard Rephann: *Checklist Yale Collection of Musical Instruments*, New Haven, Conn., 1968, Nr. 250. - Hirt, a.a.O., S. 12-13. - Boalch, unter Ruckers, Nr. 109.

[159] Stuttgart, Württembergisches Landesmuseum.

[160] Privatbesitz Gerald Woehl, Marburg.

[161] Henkel: *Musikinstrumenten-Museum*, Nr. 82.

[162] Privatbesitz John Barnes, Edinburgh.

[163] Nürnberg, Germanisches Nationalmuseum, Slg. Rück, Inv. Nr. MIR 1077.

[164] Nürnberg, Germanisches Nationalmuseum, Slg. Rück, Inv. Nr. MIR 1078.

[165] Nürnberg, Germanisches Nationalmuseum, Slg. Rück, Inv. Nr. MIR 1058.

[166] Nürnberg, Germanisches Nationalmuseum, Slg. Rück, Inv. Nr. MIR 1061.

[167] Edinburgh, Slg. Russell.

[168] Zu Dank verbunden bin ich Frau Monika May und den Herren Klaus Ahrend, Nikolaus Damm, Eckehart Merzdorf, Martin Sassmann, Martin Skowroneck, Horst Sperrhake, Bernhard von Tucher, Kurt Wittmayer und Georg Zahl für die Informationen, die sie mir haben zugehen lassen. Zu ganz besonderem Dank verpflichtet bin ich den Herren Wolf-Dieter Neupert und Dipl.-Ing. Rainer Schütze. Der erstgenannte hat mir in großzügigster Weise die Geschichte der Firma Neupert zugänglich gemacht; der letztgenannte hat mir eine ausführliche Dokumentation seiner Aktivitäten unterbreitet. Das mir so zugeflossene Material habe ich infolge des beschränkten mir zugedachten Raumes - den ich übrigens überschritten habe - nur sehr unvollständig verarbeiten können.

Für Lücken und Unvollständigkeiten im zweiten Teil dieses Beitrages möge man mich von vornherein entschuldigen. Sie sind zum Teil - besonders in fünf Fällen - dem Mangel an Information zuzuschreiben, obwohl ich darum gebeten hatte.

Automatenoktavvirginal von Samuel Bidermann d.J., Augsburg um 1640. (Germanisches Nationalmuseum, Sammlung Rück, Nürnberg)

Klaviziterium, deutsch, um 1620. (Germanisches Nationalmuseum, Sammlung Rück, Nürnberg)

Cembalo von Christian Vater, Hannover 1738. (Germanisches Nationalmuseum, Nürnberg)

Querspinett von Johann Heinrich Silbermann, Straßburg 1767. (Germanisches Nationalmuseum, Sammlung Neupert, Nürnberg)

Virginal, deutsch, 17. Jahrhundert. (Germanisches Nationalmuseum, Sammlung Rück, Nürnberg)

Cembalowerkstatt (Saßmann und Kramer, Hückeswagen). Regulieren der Springer. Foto: Harms

Cembalowerkstatt (Saßmann und Kramer, Hückeswagen). Foto: Harms

Uwe Pape

ORGELBEWEGUNG UND ORGELBAU HEUTE

PRÄAMBEL

Die Geschichte der Orgel, der „Königin der Instrumente", reicht bis in die vorchristliche Zeit zurück. Wir dürfen annehmen, daß Ktesibios von Alexandria, Mechaniker und Erfinder der Hydraulis, der Vorform unserer heutigen Orgel, im 3. Jahrhundert v. Chr. dieses Instrument in seinem Werk *Hypomnemata* erstmals beschrieb. Der Name leitet sich ab von der mit Wasser betriebenen Windanlage.

Nachweisbar ist die Hydraulis erst wenige Jahrzehnte später, und zwar in der *Mechanike syntaxis* von Philon von Byzanz. Die ersten bildlichen Darstellungen sind uns von Münzen Neros (54-68 n. Chr.) überliefert, allgemeiner bekannt sind jedoch Abbildungen auf Mosaiken, Grabstelen und Sarkophagen des 2. und 3. Jahrhunderts n. Chr.

Die ältesten Teile einer wahrscheinlich wasserbetriebenen Orgel wurden 1931 in Aquincum (heute im Vorstadtgebiet Budapests) gefunden. Dieses Instrument läßt sich durch eine Inschrift auf der Windlade auf das Jahr 228 n. Chr. datieren. Nach einer ersten im Jahre 1932 von Angster durchgeführten Rekonstruktion hat 1969 die Firma E.F. Walcker & Cie. in Ludwigsburg das Instrument nach neuen Überlegungen nachgebaut.

Es würde zu weit führen, wollten wir an dieser Stelle die geschichtliche Entwicklung der Orgel nachzeichnen. Durch die bis in unser Jahrhundert erhalten gebliebenen Gehäuse und Instrumente ist uns bekannt, daß bereits in der Spätgotik große mehrmanualige Instrumente gebaut worden sind. Die Zeichnungen von Arthur Hill geben einen eindrucksvollen Einblick in die Epoche, die wir als ersten Höhepunkt der Orgelgeschichte ansehen dürfen.

Die ältesten im deutschen Sprachraum erhaltenen Instrumente stehen in Ostfriesland (Rysum) und Tirol (Innsbruck). Andere Werke des 15. und 16. Jahrhunderts sind nur noch vergleichsweise rudimentär erhalten. Das von Esasia Compenius 1612 für das Schloß in Hessen bei Halberstadt geschaffene und in Frederiksborg bei Kopenhagen

Marienkirche, Lübeck. Aus: A.G. Hill, *The Organ-Cases and Organs of the Middle Ages and Renaissance*, London 1891

erhaltene Instrument darf als ein prächtiges Zeugnis der norddeutschen Renaissance angesehen werden.

Wie die klassische Orgelmusik in Johann Sebastian Bach ihre Vollendung erfahren hat, so führte Arp Schnitger in Hamburg die Orgelbaukunst zu einem weiteren Höhepunkt. Schnitger (1648-1719) vereinte die verschiedenen Strömungen vor seiner Zeit zu einer persönlichen Konzeption, die zugleich die Entwicklung des nordeuropäischen Orgelbaues im 18. und 19. Jahrhundert nachhaltig beeinflußte. Die große Schnitger-Orgel entspricht am besten jenen Forderungen, die Lübeck, Böhm, Bruhns, Buxtehude und der junge Bach in ihren Werken stellten.

Will man dagegen der Orgelmusik des Spätbarock besser gerecht werden, so darf der Name Gottfried Silbermann nicht fehlen. Dieser im Erzgebirge beheimatete und bei seinem Bruder Andreas in Straßburg ausgebildete Meister war zwei Jahre älter als Bach und Händel und zwei Jahre jünger als Telemann. 1710 begann er in seiner sächsischen Heimat mit dem Bau neuer Orgeln und hatte bis zu seinem Tode am 4. August 1753 nicht weniger als 45 Instrumente geschaffen. Viele dieser Werke sind gut erhalten und zeugen von der kaum zu übertreffenden Meisterschaft dieses genialen Orgelbauers.

Im Ausgang des Barock, das so reich mit künstlerisch hervorragenden Persönlichkeiten gesegnet war, verlor nicht nur die geistliche Musik an Ausstrahlung, sondern auch in der Orgelbaukunst machten sich die ersten Zeichen eines klanglichen Wandels bemerkbar. Mit dem Aufkommen der homophonen Musik wurden die Prinzipien der klassischen Orgel vernachlässigt; neue klangliche Qualitäten traten in den Vordergrund. Auf die konsequente Einführung der gleichstufigen Temperierung, die reichere Besetzung mit tiefer liegenden Registern und die Aufgabe hoher Mixturen folgen die Erfindung neuer Ladentypen und Trakturen und die Ausstattung des Spieltisches mit allen nur erdenklichen technischen Hilfsmitteln.

Der Orgelbau, der im 17. und in der ersten Hälfte des 18. Jahrhunderts synchron mit der Orgelkunst vor allem in Deutschland, aber auch in den Niederlanden und in Frankreich eine hohe Blüte erreichte, entwickelte in der zweiten Hälfte des 19. Jahrhunderts eine technisierte Eigendynamik. Hiermit verbunden ist ein Erfindungsreichtum im klanglichen Bereich, mit dem man den verschiedenen Forderungen an das Orchesterinstrument der Jahrhundertwende entsprechen wollte und gleichzeitig der materiellen und ästhetischen Dekadenz zu begegnen trachtete.

Hochburg der Orgelbaukunst in der Romantik war Weimar mit Franz Liszt als Musiker und Johann Gottlob Töpfer als dem führenden Theoretiker im Orgelbau. Orgelbaumeister wie Eberhard Friedrich Walcker in Ludwigsburg und Friedrich Ladegast in Weißenfels, aber auch kleinere Firmen wie Johann Friedrich Schulze in Paulinzella und Gebr. Peternell in Seligenthal setzten Maßstäbe, die schon heute als Rahmen für die Beurteilung der Instrumente nach 1850 herangezogen werden. Dies wird zunehmend zu einer erweiterten Praxis der Restaurierung historischer Orgeln führen.

Die immer stärker in das Bewußtsein dringende Veränderung im Orgelbau, insbesondere in den Jahren um 1900, war der Auslöser für zahlreiche Bemühungen, den Orgelbau in eine neue Richtung zu lenken. Die Orgelbewegung, die 1925 begann und in den Jahren bis 1960 zu einer völligen Abkehr von der romantischen Orgel führte, verlief völlig anders, als ihre Begründer erwartet hatten. Die geforderte Einbeziehung klassischer Prinzipien war nicht ohne systematische Aufarbeitung des historisch Gewachsenen und die Preisgabe eines beträchtlichen Anteils technischer Raffinessen, aber auch nicht ohne die entsprechenden finanziellen Mittel möglich. In diesem Spannungsfeld entstand nach dem zweiten Weltkrieg ein Orgeltyp, der vordergründig als Barockorgel klassifiziert wird, der aber musikalisch und technisch weit von dem entfernt ist, was wir heute als Ideal der Orgelbewegung sehen würden.

Das augenfällige Mißverhältnis von kulturellem Reichtum des Mittelalters und geistiger Armut in einer Zeit des vermeintlichen Wachstums ohne Grenzen mag die Ursache stark restaurativer Tendenzen in den verschiedensten Lebensbereichen der letzten Jahrzehnte sein. Auch der Orgelbau scheint diesem Gesetz zu gehorchen und zeitgenössische Leistung sich in der Erfüllung historischer Konsequenz zu erschöpfen. Liegt die Zukunft des europäischen Orgelbaues in der Restauration der Geschichte?

Im folgenden soll dieser Frage nachgegangen werden. Dies macht eine ausführlichere Darstellung der Bemühungen um eine „Neue Orgel" erforderlich, als es der Leser erwarten wird. Der Beitrag hebt dabei in den ersten Kapiteln vorwiegend auf die Probleme im protestantischen Norddeutschland ab. Dies hat verschiedene Ursachen: Einmal erlangte die Orgelbewegung durch die richtungweisende Arbeit von Christhard Mahrenholz im norddeutschen Raum ein besonderes Profil. Andererseits wirkte hier Paul Ott, jener Orgelbauer, der anders als seine Mitbewerber die Ideen der Orgelbewegung von sich aus in die Praxis umsetzte und seit den dreißiger Jahren durch sein und seiner Schüler Wirken den norddeutschen Orgelbau entscheidend prägte. Außerdem war angesichts der ungeheuren Fülle des verfügbaren Materials über die Orgelbewegung eine Beschränkung auf ausgewählte regionale und konfessionelle Bereiche unvermeidbar.

DIE ANFÄNGE DER ORGELBEWEGUNG

Die Erfahrung des Zusammenbruchs am Ende des Ersten Weltkriegs führte zu einem tiefgreifenden Umbruch des Bewußtseins im geistigen Leben Mitteleuropas. Der kulturelle Fortschrittsglaube in eine geistige und moralische Weiterentwicklung des Menschen war dahin, Ernüchterung trat an die Stelle des idealistischen Denkens der Vorkriegszeit.

Der Orgel-Macher.

UNter allen Musicalischen Instrumenten behalten billig die/ so durch das Clavier gespielet werden/ den Vorzug/ und unter diesen die Orgel: Dan jene/ sie werden gleich geschlagen/ gestrichen oder geblasen/ geben doch nur meinstens einen einfachen Schall und Thon von sich; und obschon einige mit gedoppelten und dreyfachen Griffen angegriffen werden/ ist doch die Harmonie nicht so vollkommen/ als auf einem Clavier/ welches die Kunstgeübte Organisten also vollstimmig und vielgriffig zu berühren wissen/ daß man/ dem Laut nach/ urtheilen solte/ sie bedienten sich hiezu nicht nur zweyer/ sondern wohl vier und mehrerer Hände; Und wann gleich auf denen so genannten Clavicymbeln/ Spinetten/ Regalen/ &c. &c. dergleichen præstiret werden kan/ behält das Orgel-Werck jedoch vor allen den Preiß/ weil es seinen Klang/ nach Vielheit der Register/ nicht nur verändern/ starck und leiß gezogen werden kan/ sondern auch bey einer starck übersetzten Music, wo jene zu schwach sind/ deren Mangel ersetzet/ und mit seinem tief- und starck-brummenden Baß/ als ein rechtes Fundament der andern Stimmen/ nachdrücklich durchdringet.

Der Orgelmacher.

Ungleiche Einigkeit, kennt keinen Vorzugs-Streit.

Geringe neben sich verlachen,
reist Glück und Staat der Grossen ein.
Was soll man mit der Orgel machen,
wo nicht auch kleine Pfeiffen seyn?
Last uns einander, gleich-getrieben,
zur Ehre unsers Meisters lieben.

Ob die Orgeln eine alt oder neue Erfindung seyen/ ist fast streittig; doch scheinet das erste am glaubwürdigsten zu seyn/ und wollen die in den Orientalischen Sprachen Erfahrne das Wort Ugabh oder Uggaff, so an verschiedenen Orten in Heil. Schrifft/ sonderlich von Jubal/ der Pfeiffen Erfinder/ und bey dem Hiob gedacht wird/ Orgeln/ oder Orgel-Pfeiffen teutschen. Die heutige Juden/ wie Prætorius in Organograph. erzählet/ geben vor/ es habe König Salomo in dem herrlichen Tempel zu Jerusalem eine Orgel aus eigener Erfindung bauen lassen/ welche die unserige weit übertreffe/ so wir aber zu dero Beweiß anheim stellen.

Gewiß ist es/ daß bereits bey denen Griechen einige Arten der Orgeln bekannt gewesen/ vor deren Erfinder etliche mit Tertulliano, den Archimedem/ andere aber/ mit Plinio, Vitruvio und Athenæo, den Ctesibium halten/ welche Art der Orgeln Hydraulæ genennet worden/ darum/ daß man deren Blaß-Bälge nicht nach heutiger Art getretten oder gezogen/ sondern selbige das Wasser durch gewisse Leitungen getrieben hat/ dergleichen man bey vielen Wasser-Wercken durch die künstliche Angebung der Röhren-Meister verfertiget/ annoch heut zu Tage hier und dar findet.

Solte ich mir die Mühe nehmen/ wie sehr schön Porphyrius in Lateinischen/ und Julianus, beygenahmet Parabates, in Griechischen Versen die Orgeln der Alten beschrieben/ in das Teutsche zu übersetzen/ würde man sich verwundern/ wie nahe jene alte Invention, der unsrigen heut zutagigen verwandt seye; und ist nicht zu zweifeln/ daß sie von gantz geringer Erfindung immerzu/ zu mehr und mehrerer perfection und Vollkommenheit gelanget seyen. Der Anfang ist sehr gering und schlecht gewesen/ und sollen die ersten Orgeln mehr nicht als funfzehen Pfeiffen gehabt haben/ zu welchen man jedesmal wann sie geschlagen werden sollen/ zwölff Blase-Bälge aus den Schmied-Essen entlehnet hat/ die den benöthigten Wind gegeben/ wie Aventinus berichtet.

Der heilige Hieronymus hat zu seiner Zeit/ nemlich umb das Jahr nach Christi Geburt 400. ein solches Orgel-Werck zu Jerusalem gefunden/ welches jedoch/ wie er schreibet/ einen so lauten Schall von sich gegeben/ daß er biß nach dem Oel-Berg erklungen. Im Jahr Christi 753. oder/ wie andere wollen 757. als in welchem die Orgeln in bessern Stand gebracht worden/ verehrte der Constantinopolitanische Käyser Constantinus/ mit dem Zunahmen Copronimus/ dem neugekrönten König in Franckreich/ und Vatter Kayser Carls des Grossen/ Pipino, unter andern ansehnlichen Præsenten/ auch eine künstliche Orgel/ welche die erste gewesen/ so man in Orient gesehen/ wovon einige sinnreiche Meister zu Nürnberg die Anleitung genommen/ Positiv und andere Orgel-Werck nachzumachen.

Pabst Vitalianus, welcher um das Jahr 635. gelebet/ soll/ wie bey dem Platina zu sehen/ zu mehrerer Vollkommenheit/ und bessern Klang der Kirchen-Gesänge/ die Orgeln in den Kirchen angeordnet haben/ wiewohl andere wollen/ es seyen solche lang hernach/ nemlich im Jahr Christi 660. oder wohl gar 820. in den Kirchen zu erst gebraucht worden. Und obwohl die Pfeiffen zu denen Orgeln meinstens aus Holtz und Zien gemachet waren/ so ließ jedoch Gilbertus Bischoff zu Reims/ so hernach unter dem Nahmen Sylvesters des andern/ auf den päbstlichen Stuhl erhoben wurde/ eine Orgel machen/ in welcher die Pfeiffen aus Ertz und Messing gemachet/ und alle in einer Reyhe neben einander gegossen waren. Und zu Venedig soll eine Orgel von gläsernen Pfeiffen vor diesen zu sehen gewesen seyn.

Dem Hertzog zu Mantua hat/ nach Prætorii Zeugnus/ ein fürtrefflicher Neapolitanischer Künstler eine Orgel verehret/ deren Lade/ Pfeiffen/ Clavier/ ja auch das auswendige der Blas-Bälge von lauter Alabaster gewesen. In der Chur-Fürstlichen Bayerischen Hof-Capelle/ deren Kostbarkeiten Hr. Lic. Ertel in seinem Chur-Bayerischen Atlante beschrieben/ ist die Orgel aus Ebenholtz mit vielen Edelgesteinen geschmücket/ das Clavier pranget mit Perlen und die Blas-Bälge sind mit Silber überzogen. Im Jahr 1470. hat Bernhard/ ein Teutscher/ und des Hertzogs zu Venedig vortrefflich berühmter Organist/ die Zahl der Orgel-Pfeiffen mercklich vermehret/ und den Unterscheid der Register samt dem Pedal eingeführet: vor gar kurtzer Zeit aber hat man auch angefangen die gebrochene Claves einzuführen:

Es bestehen aber die Pfeiffen der Orgeln fürnemlich aus dreyen Stucken/ der Röhre/ der Flassen/ und dem Fuß/ auch muß eine jede ihre besondere Höhe haben/ als worinnen der Thon und Laut haubtsächlich bestehet/ der Fuß der Pfeiffen wird in den Wind-Stock gestecket/ welche daselbst durch die vermittelst des Claviers und der Tangenten aufgedruckt/ oder durch die Tracturen aufgezogene Zellen/ aus der Wind-Lade den vermittelst der Bälge eingeblasenen Wind empfähet/ und den verlangten Laut von sich giebet; damit aber die Zellen nicht offen bleiben und die Pfeiffen heulen/ werden sie vermittelst der in der Wind-Lade befindlichen Scheeren/ so bald der Finger von dem Clavier weichet/ wieder in die Höhe geschnellet und geschlossen. Von den unterschiedlichen Arten der Register/ welche meinstens in dem grob und klein gedeckt/ Principal/ der Quint/ Octav/ Superoctav, Mixtur, Quinta-dehna, Scharfeneten/ Posaunen- und Zimbel-Wercken bestehen/ will ich weiter nichts gedencken.

Jedoch machen und verfertigen auch die künstliche Orgelmacher/ ausser denen Orgel-Wercken/ Regal oder Schnarr-Wercke/ sehr künstliche Geigen-Wercke/ welche einen Laut von sich geben/ als ob mancherley Geigen in schönster Harmonie zusammen gestrichen würden/ welche aber sehr selten gefunden werden. Sie verfertigen Clavicymbeln und Spinet/ einfache und gedoppelte Instrumenten/ Clavicordien und Cymbale/ wie auch allerhand Flöten-Pfeiffen- und Klingwerck/ welche/ durch besondere Griffe/ von sich selbst gewisse Lieder/ Täntze und Harmonien spielen/ dergleichen sonderlich zu Augspurg in Nähe-Küsse/ Schreib-Tische/ Kästigen und allerhand zierliches Schreiner-Werck verstecket/ verfertiget/ und durch die gantze Welt weit und breit verschicket werden.

Es dienen aber Haubtsächlich die Orgeln/ und jetzt erzehlte vermittelst des Claviers zu spielende Instrumenten theils zur Lust und Musicalisch-wohlerlaubter Ergötzung/ theils/ und zwar fürnemlich/ zum Lob und Ehre des Höchsten/ als wozu sie hauptsächlich anzuwenden/ damit/ sonderlich in der Gemeine des HErrn/ das Alter mit der Jugend/ ja alles/ was Athem hat/ möge loben den Namen des HERRN!

Aus: Christoff Weigel: *Abbildung der gemeinnützlichen Hauptstände.* Regensburg 1698

Der Glaube an die Schlüsselstellung des Individuums wurde abgelöst durch ein ausgeprägtes Gemeinschaftsgefühl, und eine neue Werteskala zur geistigen Orientierung bildete sich heraus. Der schon in Ansätzen zu Anfang des Jahrhunderts erkennbare pädagogische Erneuerungswille wurde gesteigert zu einer pädagogischen Revolution. Es kam die Zeit der Jugendbewegungen, und vor allem die Singbewegung gab dem gemeinschaftlichen Musizieren einen gewaltigen Aufschwung.

Mit dem geistigen Wandel wurde auch eine grundlegende Wende im musikalischen Stilempfinden wirksam. Hatte sich schon vor Ausbruch des Krieges die radikale Erneuerung angekündigt, so wurde deren zukunftweisende Bedeutung erst viel später erkannt. Die Zeit nach dem Weltkrieg gehörte den Antipoden Schönbergs wie Hindemith, Orff, Honegger und Weill.

Die Erneuerung der weltlichen Musik fand in der Kirchenmusik ihr Pendant in einer Rückbesinnung auf liturgische Werte und die wunderbare Klangwelt der alten Orgel. Die hier wirkende Erneuerung wurde getragen von Johann Nepomuk David, Ernst Pepping, Joseph Ahrens und Hugo Distler.

Albert Schweitzer

Albert Schweitzer gebührt bekanntlich das Verdienst der ersten Initiative zu einer Bewegung der Orgelerneuerung (1906) mit dem Aufruf „Zurück zur wahren Orgel !". In seinem Nachwort zur Neuauflage von 1927 schreibt er: *Erstaunlicherweise hatte es bis dahin noch niemand unternommen, den Organisten und Orgelbauern die Frage vorzuhalten, wohin es mit dem Orgelbau und der Orgelkunst eigentlich ginge.* Mit seiner Forderung *Zurück von der vom Erfindungsteufel eingegebenen modernen Fabrikorgel zur tonschönen und wahren Orgel!* erntete er anfangs nur Spott, und erst 1909, auf dem Kongreß der Internationalen Musikgesellschaft in Wien, konnte in einer Sektion für Orgelbau das „Internationale Regulativ für Orgelbau" verfaßt werden[1].

Das Ideal Schweitzers war eine Synthese der Orgeln der Silbermann-Familie und Cavaillé-Colls. Gegen einen Rückgriff auf Orgeln der Vor-Bach-Zeit hat er sich wie andere Vorkämpfer der späteren Jahre immer verwahrt.

Außerhalb der „Elsässischen Orgelreform" geschah Vergleichbares erst nach dem Weltkrieg: Die Einsicht in das Wechselspiel zwischen Satzstil und Klangideal der Instrumente und das Bedürfnis nach originalgetreuer Wiedergabe alter Werke führten im Jahre 1921 zum ersten Versuch der klanglichen Rekonstruktion einer Renaissance-Orgel, der Freiburger Praetorius-Orgel. Daß dieser Bau mit pneumatischen Kegelladen noch weit entfernt war von der erstrebten klanglichen Gestaltung, war dem Initiator Wilibald Gurlitt und dem Erbauer Oscar Walcker nicht bewußt; heute wissen wir, wie oberflächlich die Rezeption der historischen Voraussetzungen seinerzeit war[2]. Aber der entscheidende Anfang war getan.

Hans Henny Jahnn

Im Zusammenhang mit der Aufführung der Orgelwerke Vincent Lübecks 1922 in Leipzig wurde Günther Ramin durch Hans Henny Jahnn auf das Instrument in St. Jacobi in Hamburg aufmerksam. Aus den überlieferten Berichten müssen wir den Eindruck gewinnen, als hätte Ramin mit dieser Entdeckung das erste Mal eine wirkliche Orgel kennengelernt. In einer Serie von mehr als 30 Konzerten wurde die 1690 erbaute und nach dem ersten Weltkrieg in der Grundsubstanz noch weitgehend original erhaltene Schnitger-Orgel einem breiten Publikum vorgestellt[3].

1924 gelang es Ramin, Karl Straube zu einer Reise nach Hamburg zu bewegen. In „Rückblick und Bekenntnis" schreibt der Thomaskantor: *Schnitgers Meisterwerk in der Jakobi-Kirche zu Hamburg und die von Gurlitt rekonstruierte Prätorius-Orgel zu Freiburg waren die beiden Instrumente, deren eingehendes Studium meine Abkehr von dem romantischen Bach besiegelte und mir die Tür zu dem historischen Bach völlig öffnete.* In der neuen Folge der „Alten Meister des Orgelspiels" wurde die Disposition der Jacobi-Orgel den Registrierangaben zugrunde gelegt: *Das allein stilbestimmende Instrument für die Wiedergabe von Bachs Orgelpolyphonie kann nur die alte, unverfälschte Barockorgel sein.*[4]

Das Wirken Hans Henny Jahnns führte dann zu der denkwürdigen „Organisten-Tagung in Hamburg-Lübeck" vom 6. bis 8. Juli 1925, die Jahnn gemeinsam mit Günther Ramin ausrichtete. Hier versammelten sich erstmals Orgelbauer und Organisten in einem größeren Kreis und diskutierten grundlegende Probleme des Zusammenwirkens von Orgelbau und Orgelspielkunst[5]. Dieses Treffen war der Auftakt zu einer Reihe von Orgeltagungen, die die Grundlage der Orgelbewegung bildeten.

---

1 Albert Schweitzer: *Deutsche und Französische Orgelbaukunst und Orgelkunst.* Leipzig 1906, 1927, Nachwort S. 49-70. – Brief Albert Schweitzers an die Teilnehmer der Freiburger Tagung 1926. In: Wilibald Gurlitt: *Bericht über die Freiburger Tagung für Deutsche Orgelkunst.* Augsburg 1926, Vorwort, S. 10.

2 Vgl. z.B. Hermann J. Busch: „Entwicklungslinien des Bach-Spiels im 19. und 20. Jahrhundert". In: Alfred Reichling: *Acta Organologica,* Band 17(1984), S. 387-405, hier S. 402.

3 Heinz Wunderlich: „Die Schnitger-Orgel der Hauptkirche St. Jacobi zu Hamburg und ihre Bedeutung für die Orgelbewegung". In: *Die Arp-Schnitger-Orgel der Hauptkirche St. Jacobi Hamburg.* Festschrift 1961, S. 20-34, hier S. 20-22. Gustav Fock: – *Arp Schnitger und seine Schule.* Kassel 1974, S. 62.

4 Karl Straube: „Rückblick und Bekenntnis". In *Musik und Kirche* (1950), S. 85-91, hier S. 89.

5 Heinz Wunderlich: a.a.O., S. 22-23. Herbert Birtner: „Die Probleme der Orgelbewegung". In: *Theologische Rundschau* (1932), S. 39-66, 122-130, hier S. 47-53 über Hans Henny Jahnn, die im Kreise der „Ugrino"-Gemeinde lebendige und gepflegte Auffassung der Musik und die daraus erwachsende „höchst blutvolle Mystifizierung der Orgel".

Wilibald Gurlitt

Die Wandlungen des Klangideals der Orgel wurden erstmals systematisch von Wilibald Gurlitt untersucht. In seinem einleitenden Vortrag zur „Freiburger Tagung für Deutsche Orgelbaukunst" vom 27. bis 30. Juli 1926 erklärte er die Pluralität zum Prinzip: *In diesen aller irrationalen Mannigfaltigkeit der instrumentengeschichtlichen Einzelvorgänge voraus- und zugrundeliegenden Wandlungen des Klangideals, in dem großen geschichtlichen Geisteskampf der Klangideale ist vielleicht ein geisteswissenschaftlicher Ansatzpunkt gegeben für eine musikwissenschaftliche Sinndeutung und begriffliche Beherrschung der Geschichte der Orgel, von dem aus einsichtig wird, daß wir das Wesen der Orgel nur in einer Mehrheit ihrer geschichtlichen Klangtypen besitzen, und wie diese verschiedenen Klangtypen der Orgel in der Musikgeschichte stehen.*

Und er fährt fort: *Aber geschichtliche Erkenntnis überhebt nie der verantwortungsvollen Mitgestaltung des Kommenden, und alles Verstehen des Gewesenen gehört eng zusammen mit dem Willen mitzuwirken und mitzuschaffen an der Zukunft; denn in dem Erlebnis des musikalischen Zukunftswillens der eigenen Zeit entscheidet sich Ursprünglichkeit und Lebenskraft des Erschließens vergangener Musik; und das Verhältnis zur alten Musik ist stets abhängig von dem Verhältnis zur kommenden.*[6]

Orgelbautechnische Fragen hatten auf dieser Tagung neben musikwissenschaftlich orientierten Referaten eine vergleichsweise untergeordnete Bedeutung. Zwar referierten Oscar Walcker und Hans Henny Jahnn über Orgelmensuren und erteilten der Töpferschen Normalmensur einhellig eine Absage, und Hermann Mund brachte erstmals die Bedeutung des Orgelgehäuses zur Sprache, aber Christhard Mahrenholz stand in der improvisierten Nachsitzung, in der Traktur- und Ladensysteme diskutiert wurden, mit seiner Forderung nach Wiedereinführung der mechanischen

Christhard Mahrenholz

Traktur auf verlorenem Posten[7]. Die Mehrheit war nicht bereit, den technischen Errungenschaften der letzten 30 Jahre eine Absage zu erteilen.

Christhard Mahrenholz

Ein Jahr später, auf der dritten Tagung für Deutsche Orgelkunst in Freiberg in Sachsen vom 2. bis 7. Oktober 1927, hatte Christhard Mahrenholz in seinem Eröffnungsreferat die Orgelbaugeschichte aus dem Verständnis des Orgelbaues heraus dargestellt. Am Beispiel der Barockorgel hob er die Bedeutung der verschiedenen Registerfamilien hervor. Dabei machte die bevorzugte Erörterung der Barockzeit in besonderer Weise die Unterschiede zur zeitgenössischen Orgel deutlich. Die daraus abgeleiteten Forderungen waren vielfältiger Art; nur wenige wie variable Mensurierung, Dispositionsbestrebungen mit chorischer Gegenüberstellung und Ausbau des Werkprinzips sowie funktionelle Orgelgehäuse wurden konkret angesprochen[8].

Die Arbeit der Initiatoren der Orgelbewegung wurde wesentlich von Karl Vötterle unterstützt. Der Inhaber des 1924 in Augsburg gegründeten und 1927 nach Kassel verlegten Bärenreiter-Verlages publizierte die Tagungsberichte von Freiburg und Freiberg und gründete unter dem Eindruck der Freiburger Tagung die Zeitschrift *Musik und Kirche*, die 1929 erstmals erschien und in der regelmäßig über Aktivitäten aus der Orgelbewegung berichtet wurde[9].

6 Wilibald Gurlitt: „Die Wandlungen des Klangideals der Orgel im Lichte der Musikgeschichte". In: Wilibald Gurlitt: *Bericht über die Freiburger Tagung für Deutsche Orgelkunst.* Augsburg 1926, S. 11-42, hier S. 38.

7 Hans Henny Jahnn: „Gesichtspunkte für die Wahl zweckmäßiger Pfeifenmensuren". In: Wilibald Gurlitt: *Bericht über die Freiburger Tagung für Deutsche Orgelkunst.* Augsburg 1926, S. 50-58. – Oscar Walcker: „Zur Geschichte der Orgelmensuren und ihrer Bedeutung für die Kunst des Orgelbaues", ebenda, S. 43-49. – Christhard Mahrenholz: Diskussionsbeitrag. Ebenda, S. 160f.

8 Christhard Mahrenholz: „Der gegenwärtige Stand der Orgelfrage im Lichte der Orgelgeschichte". In: Christhard Mahrenholz: *Bericht über die dritte Tagung für Deutsche Orgelkunst.* Kassel 1928, S. 13-37.

9 Der Leser sei außerdem auf folgende zusammenfassenden Artikel zur Orgelbewegung zur Lektüre verwiesen: Herbert Birtner: „Die Probleme der Orgelbewegung". In: *Theologische Rundschau* (1932), S. 39-66, 122-130. – Christhard Mahrenholz: „Fünfzehn Jahre Orgelbewegung". In: *Musik und Kirche* (1938), S. 8-28. – Hermann J. Busch: „Historismus und historisches Bewußtsein in der deutschen Orgelmusik zwischen den Weltkriegen". In: Alfred Reichling: *Acta Organologica*, Band 17 (1984), S. 169-183.

Der Bärenreiter-Verlag veröffentlichte auch kurz darauf das wegweisende Buch Mahrenholz' *Die Orgelregister – ihre Geschichte und ihr Bau*, das viele Organisten, Orgelbauer und Organologen erstmals mit einer bis dahin kaum erforschten Instrumentenkunde vertraut machte[10].

Die 1927 in Freiberg von Mahrenholz formulierten Vorschläge sind von ihm erstmals in Göttingen, St. Marien (1925), verwirklicht worden. Das 1927 fertiggestellte und 1940 und 1950 auf seine ausdrückliche Anregung hin veränderte Instrument zeugt noch heute vom Weitblick dieses Organologen[11]. Die Integration der klanglichen Reform mit klassischen Laden- und Traktursystemen war jedoch seinerzeit noch nicht möglich, weil den Orgelbauern die Kenntnisse und die Erfahrung im Umgang mit historischen Orgeln fehlten[12].

Von 1925 bis 1930 wirkte Mahrenholz unter anderem an folgenden Orten: Raddestorf (Hammer, 1926), Hannover, Paulus-Kirche (Hammer, 1926), Hildesheim, St. Jacobi (Hammer, 1927), Düren, Blindenanstalt (Klais, 1929), Königsberg, Universitätsaula (Sauer, 1928) und Duderstadt, Servatii-Kirche (Hammer, 1930)[13].

In *Musik und Kirche* sind weitere Orte mit Disposition und Bild aufgeführt, wobei angemerkt werden muß, daß die Orgeln teilweise erst mit 1½-jähriger Verspätung Aufnahme fanden, weil Mahrenholz nicht den gesamten zur Verfügung stehenden Raum für die Instrumente beanspruchen konnte, an denen er tätig war: Köln, Karthäuser-Kirche (Sauer, 1928), Hamburg-Harburg, Dreifaltigkeitskirche (Hammer, 1928), Göttingen, Oberrealschule (Weigle, 1928), Nürnberg, Friedenskirche (Steinmeyer, 1928), Leipzig, Grassi-Museum, Karl-Straube-Orgel (Hammer, 1929), Hassitz, Orgel „Ver sacrum" im Jugendhof (Sauer, 1929), Eckernförde, Nicolai-Kirche (Kemper, Umbau, 1930), Frankfurt/Oder, Paul-Gerhardt-Kirche (Förster und Nicolaus, 1930), Pahlen/Schleswig-Holstein (Hammer, 1930) und Bad Wildungen, Stadtkirche (Walcker, 1930)[14].

Zu Mahrenholz' besonderen Aufgaben gehörte auch die Betreuung der Instandsetzung historischer Werke. Die Wiederherstellung der Schnitger-Orgel in Norden in den Jahren 1929-1931 gehört zu seinen ersten Arbeiten, „die unter den neu gewonnenen Grundsätzen der Orgelbewegung vorgenommen wurden ...". Sie haben aber, wie Fock fortfährt, „in vielen Punkten nicht das Richtige getroffen"[15]. Dieses Problem, das in einem unmittelbaren Zusammenhang mit einer generellen Umsetzung der Ziele der Orgelbewegung stand, wird Gegenstand der folgenden Abschnitte sein.

DIE VERWIRKLICHUNG EINER ORGELBEWEGUNG

Erste Ansätze

Mahrenholz schloß 1927 sein Freiberger Referat mit dem Bekenntnis: *Es genügt nicht, wenn wir ein neues Instrument von uns aus schaffen und dann ... in den Dienst des Kultus stellen. Der Weg muß umgekehrt sein. Das Instrument muß erwachsen aus dem Gottesdienst, das heißt, es muß geboren werden nicht aus den äußerlich-kultischen Bedürfnissen der verschiedenen Kirchen ..., sondern aus dem Geiste von Menschen, deren schöpferische Taten nichts anderes sein wollen und sein können als ein Gottdienen. Dann kann eine neue Orgel entstehen, die nicht als Geburt historischer Reflexionen und handwerklicher Überlegungen nur ein künstlich gehaltenes Scheindasein führt, sondern eine Orgel, die in ihrer unreflektierten Vitalität wieder die Instrumentenkönigin sein kann ...*[16].

---

10 Christhard Mahrenholz: *Die Orgelregister – ihre Geschichte und ihr Bau.* Kassel 1930.

11 Christhard Mahrenholz: *Die neue Orgel der St. Marienkirche zu Göttingen.* Kassel 1931[2]. – Zur Person und zum Werk von Christhard Mahrenholz siehe Hans Klotz: „In Memoriam Christhard Mahrenholz". In: *ISO-Information*, Nr. 21 (Dezember 1980), A 1.2, S. 11-14. – Zur Göttinger Orgel schreibt Mahrenholz 1975: *Der Denkmalschutz hatte sowohl gegen das Rückpositiv wie gegen Kupfer als Pfeifenmaterial im Prospekt der Pedaltürme Einwände erhoben. Das alte neugotische Gehäuse aus dem 19. Jahrhundert stand ca. 2 m zurück und zeigte in ca 2½ m Höhe 3 flache Felder mit stummen, fast gleichlangen Zink-Pfeifen als Prospekt. Dieser Prospekt wurde vor Beginn des Baues völlig entfernt. Der Prospekt der neuen Orgel wurde aus verschiedenen, auch finanziellen Gründen in Etappen hergestellt. Zuerst das Rückpositiv (dieser Prospekt war schon bei der Einweihung der Orgel im Januar 1926 fertiggestellt), dann kurz darauf die Pedaltürme, denen schließlich der die Pedaltürme verbindende Prospekt vor dem Oberwerk (Schwellwerk) folgte.*

12 Oscar Walcker: Diskussionsbeitrag in: Wilibald Gurlitt: *Bericht über die Freiburger Tagung für Deutsche Orgelkunst.* Augsburg 1926, S. 160.

13 Korrespondenz mit Christhard Mahrenholz, 1975. Diese Auswahl gab Mahrenholz aus dem Gedächtnis an.

14 *Musik und Kirche*, Dispositionen und Abbildungen, ab 1929. Korrespondenz mit Christhard Mahrenholz, 1975. – Zu dieser Auswahl schreibt Mahrenholz: *Manches wird fehlen, da in Musik und Kirche nur diejenigen Orgeln aufgenommen sind, die (nach meiner damaligen Auffassung) als gelungen bezeichnet werden konnten.* Und später schreibt er: *Außer den genannten Orgeln habe ich bei einer Reihe von weiteren Orgeln als Sachberater mitgewirkt, deren Namen mir aber entfallen sind. Ich erinnere mich nur daran, daß ich 1930 eine Aufstellung machte, die rund 20 Orgeln in jedem Jahr als von mir geplant bzw. mitgeplant nannte. Die Orgelakten von 1930 lagerten im Landeskirchenamt und sind mit dem Dienstgebäude 1944 verbrannt.*

15 Gustav Fock: *Arp Schnitger und seine Schule.* Kassel 1974, S. 150-151. Vgl. auch die Berichte zu Grauhof und Lemgo in: *Musik und Kirche*, 5(1933), S. 107 und 278-280. Die beteiligten Orgelbauer waren P. Furtwängler & Hammer bzw. Fr. Klaßmeyer.

16 Christhard Mahrenholz: „Der gegenwärtige Stand der Orgelfrage im Lichte der Orgelgeschichte". In: Christhard Mahrenholz: *Bericht über die dritte Tagung für Deutsche Orgelkunst.* Kassel 1928, S. 13-37.

Die 1925 bis 1927 diskutierten Ideale ließen sich natürlich nicht von einem Jahr zum anderen im vollen Umfang verwirklichen. Es bedurfte einer mehr als 10 Jahre währenden Auseinandersetzung mit den verschiedenen Prinzipien einer möglichen Orgelerneuerung. Neben zahlreichen Einzeldokumenten gibt die Dispositionssammlung von Carl Elis (1930) einen guten Einblick in das Ringen um die Wege der Bewegung; sie dokumentiert, wie weit der Einfluß der Gedanken seinerzeit schon reichte[17].

Das folgende Beispiel sei stellvertretend für den Anfang der bereits oben erwähnten Bemühungen ausgewählt, wie Mahrenholz seine Ideen in die Praxis umzusetzen versuchte. Es ist nach der Göttinger Orgel das zweite Instrument, das er zusammen mit Emil Hammer disponierte. Eine solche kleine Orgel ist als Beispiel besonders gut geeignet, weil sich hier die neuen Grundsätze deutlicher ausprägen als bei großen Instrumenten[18].

Der Orgeltyp, wie er in der folgenden Disposition zum Ausdruck kommt, wurde in Norddeutschland noch bis in die dreißiger Jahre gebaut, in West- und Süddeutschland noch länger, vor allem mit einem größeren Anteil an Grundstimmen.

Raddestorf, Lutherkirche

Neubau 1926 von P. Furtwängler & Hammer, Hannover

Disposition von Christhard Mahrenholz, Groß Lengden

Hauptwerk	Oberwerk	Pedal
Prinzipal 8' Quintaden 8' Nachthorn 4' Oktave 2' Scharf 3-4fach 1'	Gedackt 8' Salicional 8' Prinzipal 4' Rohrflöte 4' Blockflöte 2' Sesquialtera 2⅔' 1³/₅' Tremulant	Subbaß 16' Oktave 8' Liebl. Posaune 16' Gedackt 8') Prinzipal 4') Trm. Blockflöte 2')

Taschenladen, pneumatische Traktur, drei Normalkoppeln, drei Transmissionen (Trm.) vom Oberwerk ins Pedal[19].

Eine zweite Disposition stehe als Beispiel für die Instrumente jener Orgelbauer, die sich erst um 1930 selbständig gemacht haben und nicht direkt von Begründern der Orgelbewegung beeinflußt wurden. Bei diesen Werkstätten und den betreuenden Sachverständigen hat sich das neue Klangideal erst etwa 10 Jahre später durchgesetzt.

Braunschweig-Gliesmarode, Ev.-luth. Bugenhagenkirche

Neubau 1936 von Friedrich Weißenborn (Gebr. Sander), Braunschweig

Disposition von Walrad Guericke, Braunschweig

Hauptwerk	Oberwerk	Pedal
Prinzipal 8' Oktav 4' Nachthorn 2' Zimbel 3fach	Singend Gedackt 8' Spitzflöte 4' Quinte 1⅓'	Subbaß 16' Regal 8'

Kegelladen, pneumatische Traktur, drei Normalkoppeln, eine freie Kombination[20].

Die wesentlichen Kennzeichen der Dispositionen dieser Art sind folgende:

- Durchgehender Aufbau der Klangpyramide von der Grundtonlage bis zur Klangkrone bzw. bis zu einem Niveau, das für die musikalische Praxis jener Zeit ausreichend erschien.
- Eklektische Wahl von Registern, die in der Romantik kaum oder gar nicht gebaut wurden.
- Oftmals alternierende Verteilung der Register des Weitchores bzw. Engchores auf die Manuale.
- Aus heutiger Sicht zuweilen unorganische Verteilung dieser Register auf die einzelnen Tonlagen. Die Besetzung der Grundton-Lage läßt noch stark den Bezug zur Romantik erkennen; das Hauptwerk beginnt selbst bei sehr kleinen Orgeln fast immer mit einem Prinzipal 8'.

---

17 Carl Elis: *Neuere Orgeldispositionen.* Kassel 1930, 55 Seiten. Diese Arbeit gibt zugleich einen guten Einblick in das Wirkungsfeld Mahrenholz' und beschreibt 26 von ihm disponierte Orgeln.

18 Zur funktionellen Gliederung kleiner Orgeln äußerte sich schon Mahrenholz in: Christhard Mahrenholz: *Die Dorfkirchenorgel, Jahr des Kirchenmusikers.* 1929, S. 167-178.

19 Carl Elis, a.a.O.; Archiv Emil Hammer, Arnum, Akte 997; Dispositionsentwurf von Mahrenholz vom 2.7.1926 (hier noch mit Zimbel statt Scharf, Blockflöte 4' und Rohrflöte 2' und ohne Posaune 16', Salicional 8' wurde von Elis beim Druck vergessen); Kostenvoranschlag vom 5.7.1926; Änderungsvorschläge von Mahrenholz vom 2.8.1926.

Mahrenholz war trotz der geringen Höhe auf der Empore um eine Aufstellung der Laden übereinander bemüht; es existieren von ihm noch eine Schnittzeichnung und ein Prospektentwurf, die sich aber nicht realisieren ließen. Die Manualladen wurden nebeneinander auf unterschiedlicher Höhe und das Pedal dahinter aufgestellt. Die Posaune wurde zusätzlich disponiert, um das Pedal besser hörbar zu machen.

Die Orgelakte enthält einen Kostenvoranschlag vom 10.5.1926, der abgegeben wurde, bevor Mahrenholz hinzugezogen wurde. Die Disposition dokumentiert die Art und Weise, wie sonst seinerzeit geplant wurde:

Manual I	Manual II	Pedal
Principal 8' Offenflöte 8' Oktav 4' Mixtur 3-4fach	Viola alta 8' Gedeckt 8' Salicional 8' Gemshorn 4'	Subbaß 16' Principalbaß 8'

Taschenladen, pneumatische Traktur, drei Normalkoppeln, zwei Superoktavkoppeln, zwei Suboktavkoppeln.

20 Uwe Pape: *Die Orgeln der Stadt Braunschweig.* Wolfenbüttel 1966, 145 Seiten. – Pfarrarchiv Gliesmarode, Dispositionsentwurf von Walrad Guericke vom 22.1.1936; Kostenvoranschlag von Friedrich Weißenborn vom 6.2.1936; Ergänzungs-Kostenvoranschlag vom 2.3.1936.

– Disponierung hochliegender Mixturen, bei kleineren Instrumenten ohne Übergang von der 2'-Lage zur Mixtur.
– Disponierung von Aliquoten als Klangkrone im zweiten Manual.

Technisch gesehen standen diese Orgeln noch voll in der Tradition der Jahrhundertwende:

– Taschenladen oder Kegelladen mit chromatischer Aufstellung der Pfeifen.
– Pneumatische oder elektropneumatische Trakturen mit den damit verbundenen Spielhilfen wie Transmissionen, Oktavkoppeln, freien Kombinationen usw.
– Bau von weißen Untertasten und schwarzen Obertasten.
– Große Tiefe der Orgel durch unorganische Aufstellung der Laden, oftmals hintereinander und/oder nebeneinander.
– Vom Werk unabhängige Prospektgestaltung, nicht selten mit stummen Prospektpfeifen.
– Zentrales Windreservoir als Parallelbalg oder Kastenbalg mit elektrischem Gebläse.

Klanglich waren die Instrumente – von der Tonlage der Register einmal abgesehen – ebenfalls „romantisch":

– Stabile Windversorgung durch großzügige Dimensionierung der Windladen und Kanäle.
– Die Mensuren entsprachen der Praxis der beiden ersten Jahrzehnte dieses Jahrhunderts, nur in seltenen Fällen nicht mehr konstant, oft extrem weit oder eng.
– Relativ hoher Winddruck und Intonation mit starken Kernstichen, hohem Aufschnitt und stark eingekulptem Fuß.
– Stimmung durch lange Stimmeinschnitte oder Stimmausschnitte (Expressionen), klingende Prospektpfeifen mit langen Überlängen.
– Gleichschwebende Temperierung.

Die Tagungsberichte von Freiburg und Freiberg bestätigen aber, daß hier ein Ausweg aus der deprimierenden Situation des Orgelbaues in den zwanziger Jahren gewiesen war. Die Herausforderung der Orgelbewegung an die Orgelsachverständigen und Orgelbauer war groß, aber die Verwurzelung in der romantischen Tradition war ein gewaltiges Hindernis, denn in der pneumatischen Ära war das Verständnis für die Prinzipien des klassischen Orgelbaues völlig verlorengegangen.

Die für eine Orgelbewegung wesentlichen und bereits 1926 und 1927 formulierten Kriterien wurden von den Orgelbaufirmen nur zögernd angenommen. Großbetriebe wie P. Furtwängler & Hammer und Emanuel Kemper, Kooperationspartner von Christhard Mahrenholz und Hans Henny Jahnn, erwiesen sich als zu schwerfällig bei der Konzeptionierung neuer Systeme. Auch der anfangs höhere finanzielle Aufwand behinderte die Einführung von Schleifladen mit mechanischer Traktur.

Erst 1930 wurde die erste Schleifladenorgel von Hammer gebaut, eine Hausorgel, die später in der Kapelle des Friederikenstiftes in Hannover aufgestellt wurde. Hierzu schreibt Mahrenholz: *Dies war die erste Schleifladenorgel, zu der ich Hammer gezwungen habe, weil er anders mit den von mir vorgeschriebenen Maßen nicht fertig werden konnte: Er mußte nämlich für die Laden die Klaviaturteilung nehmen, und so schmale „Kanzellen" waren bei Taschenladen nicht möglich.*[21]

Noch nach dem Übergang zu Schleifladen und mechanischen Trakturen, bei den meisten Firmen erst nach dem Zusammenbruch 1945, orientierte sich der Orgelbau weitgehend an den Instrumenten der Romantik. Abgesehen von Positiven hatten die Laden keinen Bezug zu den Gehäusen, und die Trakturen waren demzufolge ungeschickt angelegt.

Paul Ott und die Orgelbewegung

Hier war eine junge Orgelbauer-Generation aufgerufen, sich die Ideale der Verfechter klassischer Prinzipien zu eigen zu machen und in Zusammenarbeit mit den Beratern jener Zeit einen neuen Orgeltyp zu prägen. Paul Ott war der erste, der ungeachtet einer für die neuen Ideen wenig dienlichen, wenn auch handwerklich soliden Orgelbaulehre von sich aus seinen eigenen Weg beschritt. Auch andere Orgelbauer haben ihren Beitrag geleistet, verfolgten aber die Ziele der Orgelbewegung nicht mit der gleichen Konsequenz wie Ott, auch wenn sie mit dem Bau mechanischer Instrumente früher begannen[22].

Paul Ott wurde am 28. August 1903 in Oberteuringen bei Friedrichshafen geboren. Er absolvierte auf eigenen Wunsch von 1926 bis 1928 eine zweijährige Schreinerlehre bei Hans Honacker in Memmingen und anschließend bis Oktober 1929 eine anderthalbjährige Orgelbaulehre bei G. F. Steinmeyer in Oettingen. Hier lernte Ott unter anderem den Bau von Harmonium-Bälgen und eine kernstichreiche Intonation auf hohem Winddruck[23].

Die von Mahrenholz ausgehenden Impulse zogen den in der Singbewegung aktiven Paul Ott nach Norddeutschland. Nach einem kurzen Aufenthalt in Kassel bei Karl Vötterle suchte Ott im November 1929 die Begegnung mit Mahren-

---

21 Korrespondenz mit Christhard Mahrenholz, 1975: *Musik und Kirche*, 3(1931)4, S. 202, Bild S. 180a.

22 Korrespondenz mit Christhard Mahrenholz, 1975: *Aber Ott war nicht der erste, Hammer war vor ihm an der Reihe, auch Kemper versuchte damals mit einer eigenen „Kemperlade", die an Hans Henny Jahnns Harmslade erinnerte, wegzukommen. Etwa gleichzeitig mit ihm begann Marcussen in Apenrade, wenn mich meine Erinnerung nicht täuscht, mit dem Bau von Schleifladenorgeln.*

23 *Gespräche mit Paul Ott*, Göttingen, 1978, anläßlich der Aufnahme des gesamten Orgelwerks Hugo Distlers durch Arno Schönstedt an ausgewählten Ott-Orgeln (Das Komponistenportrait 1001). – Uwe Pape: *Paul Ott und die Anfänge der Orgelbewegung*. Beiheft zur Schallplattenkassette „Das Komponistenportrait 1001".

Recklinghausen, Ev. Christuskirche. Orgel von Paul Ott, Göttingen, 1960. 42 Register, 3 Manuale und Pedal. Entwurf: Wolf Knipping; Foto: Röttger

holz in Göttingen, der dem jungen Orgelbauer eine eigenständige Arbeitsmöglichkeit im Gartenhaus auf dem Grundstück der Firma Carl Giesecke & Sohn vermittelte[24].

Mahrenholz war es auch, der die Einrichtung der ersten hauptamtlichen Kirchenmusiker-Stelle in der Hannoverschen Landeskirche an St. Johannis in Göttingen anregte und deren Besetzung am 15.12.1929 mit dem Straube-Schüler Ludwig Doormann entscheidend beeinflußte. Der Inhaber dieser Stelle hatte die Auflage, neben seiner gottesdienstlichen Aufgabe an St. Johannis auch regelmäßig Abendmusiken in der St.-Marien-Kirche und an der neuen, von Mahrenholz entworfenen Orgel zu veranstalten. Paul Ott leitete in den ersten Jahren seiner Göttinger Zeit den Kirchenchor an St. Marien und hatte dadurch wesentlichen Anteil an der Gestaltung des kirchenmusikalischen Lebens in dieser Stadt[25].

Da der Aufbau einer Werkstatt zur Herstellung neuer Orgeln mit großen finanziellen Problemen verbunden war, verdiente sich Ott anfangs mit Reparaturen sein Geld und arbeitete zeitweilig für Hermann Eule in Bautzen. Aber schon 1930 baute er ein erstes fünfregistriges Positiv für die Göttinger Marienkirche, das ein Jahr später an die Gemeinde der Versöhnungskirche in Leipzig-Gohlis verkauft wurde[26].

Ausstellungen auf den Kasseler Musikwochen und sein Engagement in der Singbewegung machten Paul Ott bald im norddeutschen Musikleben bekannt. Der Bedarf an Instrumenten für ein werkgerechtes Musizieren war groß, und da anfangs kein anderer als Ott geeignete Instrumente an Musikschulen, Hochschullehrer, Organisten und Liebhaber liefern konnte, lagen bereits 1934 zahlreiche Aufträge vor. Zu den bekanntesten Auftraggebern gehörten Ludwig Doormann (1935), Paul Rubardt (1935 und 1936), Adam Bernhard Gottron (1937 und 1938) und Hugo Distler (1938). Distlers Instrument war die erste größere zweimanualige Hausorgel[27].

Göttingen, Hausorgel von Ludwig Doormann, 1935

Hauptwerk	Oberwerk	Pedal
Gedackt 8' Rohrflöte 4' Prinzipal 2'	Holzregal 8' Gedackt 4' Zimbel 1-2fach	Regal 16' Gedackt 8') Rohrflöte 4') Trm. Prinzipal 2')

Schleiflade, mechanische Traktur, drei Normalkoppeln[28]

Stuttgart, Hausorgel von Hugo Distler, 1938

Hauptwerk (C-d3)	Oberwerk (C-d3)	Pedal (C-f1)
Liebl. Gedackt 8' Prinzipal 4' Nasal 2⅔' Waldflöte 2' Zimbel 2-3fach	Holzregal 8' Gedacktflöte 4' Prinzipal 2' Quinte 1⅓' Oktave 1' Terz 1fach Tremulant	Trichterdulzian 16' Gedackt 8' Rohrflöte 4' Rauschpfeife 2fach

Schleiflade, mechanische Traktur, drei Normalkoppeln, 45 mm WS[29]

Paul Ott gelang die Überwindung der Spätromantik, die Durchdringung der Forderungen der Orgelbewegung in einem gemäßigt historischen Bezug und die praktische Verwirklichung ihrer ersten Erkenntnisse über den Versuch der Gleichschaltung seit 1933 und die Nöte des zweiten Weltkrieges hinaus. Er widerstand den Unsicherheiten und Verwirrungen und wurde dank des starken Interesses an Positi-

24 *Gespräche mit Paul Ott.* Göttingen 1978.

25 *Gespräche mit Ludwig Doormann.* Göttingen 1978.

26 Archiv der Firma Paul Ott, Göttingen. – *Musik und Kirche,* 3 (1931)5, S. 250, Bild S. 220a. – In Leipzig-Gohlis war seinerzeit Herbert Schulze Organist.

27 Diverse von Vötterle gedruckte Werbeprospekte der Firma Ott. Anzeigen und Hinweise in *Musik und Kirche.* – Archiv der Firma Paul Ott, Göttingen.

28 Werbeprospekt der Firma Paul Ott. – Eigene Aufzeichnung 1978.

29 Erich Thienhaus: „Eine neue Hausorgel". In: *Musik und Kirche,* (1939) 1, S. 49-52, Abbildung gegenüber S. 16.

ven und Portativen seitens der Jugendmusikbewegung einer der bedeutendsten Wegbereiter und Führer der Orgelbewegung[30].

Umbau und Restaurierung historischer Orgeln

Die Klangvorstellung Paul Otts mit engen Mensuren, niedrigem Winddruck und geringem Aufschnitt muß als ein Programm gegen die Kulmination der Romantik und die damit verbundenen Auswüchse technischer und klanglicher Art des ersten Drittels unseres Jahrhunderts verstanden werden. Daß dieser Weg zugleich in ein anderes Extrem führte, blieb bei der Mehrzahl der unmittelbar Beteiligten mindestens zwei Jahrzehnte unerkannt.

In Norddeutschland gingen nach ihm Orgelbauer wie Emanuel Kemper, Karl Schuke, Alfred Führer, Gustav Steinmann, Rudolf von Beckerath u.a. eher einen Weg der Mitte, jedoch mit der Einschränkung, daß die frühen Instrumente nicht das Profil erlangten, das vor allem die kleinen Orgeln aus der Göttinger Werkstatt auszeichnet und das sie in der Musikbewegung so beliebt machte. Andererseits macht die besondere Ausprägung der Ott-Orgeln deren Erhaltung heute so schwer und nicht selten problematisch.

Gleiches gilt für die Arbeiten an alten Orgeln. Verbunden mit den Schwierigkeiten, für die neuen Ideale in Kirchengemeinden Verständnis zu finden, und angesichts des kriegsbedingten Materialmangels konzentrierten sich die Arbeiten im Orgelbau vor dem Zweiten Weltkrieg in erster Linie auf Reparaturen und danach auf die Instandsetzung beschädigter Orgeln und Harmonien.

Die Arbeiten beschränkten sich aber nicht auf die Restaurierung und Rekonstruktion des historischen Bestandes. Die Annahme, eine gute Besetzung der 8'-Lage und der hoch erscheinende Winddruck vieler Werke aus dem 18. Jahrhundert seien nicht original, sowie das Bestreben, Instrumente aus dem 19. Jahrhundert von ihrer Grundtönigkeit zu befreien, führten zu einschneidenden Veränderungen an wertvollen historischen Instrumenten[31].

Es lag im Zuge der Zeit, daß so gut wie kein Orgelbauer oder Berater Akten in Pfarrarchiven zur Hand nahm, um den originalen Bestand wenigstens hinsichtlich der Namensgebung und Tonhöhe zu überprüfen und gegebenenfalls zu rekonstruieren. Die Aktenlage in Landeskirchenämtern und Pfarrarchiven läßt erkennen, daß Orgelbauer dort, wo aufgrund des Bestandes die Sachlage einwandfrei war, oft keine andere Wahl hatten, als den Vorschriften der Sachberater zu folgen[32].

Waren Veränderungen im 19. Jahrhundert vorgenommen worden und diese nur geringfügig, so war eine Angleichung des Bestandes an die alte Disposition die Ausnahme. In der Regel wurde nach Ermessen des Sachverständigen eine Disposition erarbeitet, die zwar barock anmutete, aber in keiner Weise mit dem historischen Bestand in Zusammenhang stand. War die Veränderung des Werkes so erheblich, daß die Gesamtanlage betroffen war, ging man noch freizügiger bei der Wiederherstellung vor. Eine material- und mensurgetreue Restaurierung wurde nirgends in eine Überlegung einbezogen.

Den von den Sachverständigen geforderten Dispositionsveränderungen begegneten Ott und viele seiner Kollegen mit einer weitgehenden Wiederverwendung des alten Materials, z.B. der Hauptwerk-Mixtur im Pedal oder Umstellung von tiefen Registern in höhere Lagen. Hierdurch wird die Rückführung eines wesentlichen Teils des Pfeifenbestandes erleichert. Die erwünschte Reduzierung des Winddrucks wurde durch Einlöten am Oberlabium ermöglicht. Manchmal wurden die Pfeifen auseinandergeschnitten, mit neuen Kernen versehen und entsprechend niedrigerem Aufschnitt wieder zusammengelötet.

Die Lebendigkeit des Windes wurde durch Einbau von Kanal- und Ladenbälgen beseitigt. Die Erweiterung der Klaviaturen und Laden war nur selten von einer vollständigen Erneuerung des Spieltisches begleitet. Die Klaviaturen der Manuale wurden in der Regel nach altem Vorbild nachgebaut, eventuell erweitert, die des Pedals mit erweitertem Umfang und in neuartiger Ausführung hergestellt. Für das neue Pfeifenmaterial wurden kleine Laden gebaut, die neben den alten Platz fanden.

Daß sich angesichts der heute beliebten und zum Teil auch erforderlichen Re-Restaurierungen der Unmut vieler Sachberater auf Paul Ott konzentriert, ist bedingt durch die Tatsache, daß die Hannoversche Landeskirche besonders reich an historischen Orgeln ist und nach anfänglicher Zusammenarbeit mit der Firma P. Furtwängler & Hammer (bis etwa 1936) in erster Linie Ott zu Instandsetzungen und Restaurierungen herangezogen hatte. An der Planung dieser Arbeiten ist wesentlich Alfred Hoppe, Verden, beteiligt gewesen[33]. Anderen Orgelbauern konnte oder wollte man

30 Einen sehr guten Überblick über die Jugendmusikbewegung vermittelt die Dokumentation: *Die Deutsche Jugendmusikbewegung in Dokumenten ihrer Zeit von den Anfängen bis 1933.* Wolfenbüttel 1980. Wie hoch die Leistung Paul Otts heute eingeschätzt werden muß, wird deutlich durch die Vehemenz, mit der Christhard Mahrenholz in seinem Beitrag „Fünfzehn Jahre Orgelbewegung" in *Musik und Kirche*, (1938), S. 8-28, die uns heute selbstverständlichen Prinzipien zu Disposition, Registerfundus, Lade und Traktur, Stellung der Orgel im Raum und Spieltisch hervorheben mußte.

31 Einschneidende Veränderungen wurden beispielsweise in Barterode bei Göttingen vorgenommen, wo Ott ein Rückpositiv neu anlegte. Sachberater war Ludwig Doormann, Göttingen (Mitteilung in *Musik und Kirche* 6(1934)2, S. 111). Die Orgel ist inzwischen von Martin Haspelmath restauriert worden.

32 Diese Angaben und die der folgenden Absätze gehen zurück auf eigene Aufzeichnungen, Gespräche mit Revisoren der Hannoverschen und Braunschweigischen Landeskirche, Gespräche mit Orgelbauern und Restaurierungsberichte von Orgelbauern.

33 Alfred Hoppe: „Die Barockorgel in Mittelnkirchen". In: *Musik und Kirche*, 8(1936), S. 131-132. – Alfred Hoppe: „Die Otterndorfer Orgel". In: *Musik und Kirche*, 8(1937), S. 185-191. – Vgl. auch die Mitteilung zur neuen Orgel in Bexhövede in: *Musik und Kirche*, 6(1934)6, S. 335.

wichtige Arbeiten, wie sie beispielsweise in Stade, St. Wilhardi (1937-38), und Cappel (1937-39) ausgeführt wurden, nicht anvertrauen.

Daß es Orgelbauer gab, die, wie zum Beispiel in Schleswig-Holstein, auf Anweisung oder im Einvernehmen mit Sachberatern historische Instrumente rigoros durch Neubauten ersetzten, ist weithin bekannt. Daß aber schon vor dem Krieg eine Landeskirche wie die in Oldenburg in Zusammenarbeit mit Alfred Führer eine Politik der Konservierung betrieb, die den Verhältnissen entsprechend für unsere Zeit Vorbild sein kann, sollte auch bei der heute noch vielerorts praktizierten Leichtfertigkeit im Umgang mit alter Substanz zu denken geben.

Sachberater und Orgelbau

Das Amt eines Sachberaters, Sachverständigen oder Orgelrevisors läßt sich mindestens bis in die erste Hälfte des 19. Jahrhunderts zurückverfolgen, als mit dem Orgelboom der Frühromantik die Organisten der Stadtkirchen nicht nur zur Abnahme neuer Instrumente herangezogen wurden, sondern wesentlich die Gestaltung der Orgel mitzubestimmen hatten. Die Hannoversche Landeskirche hat auch hier eine führende Stellung eingenommen, indem sie 1932 eine Regelung der Fachaufsicht und 1934 eine Geschäftsanweisung für die Wahrnehmung der Orgelpflege veröffentlichte[34]. Stellvertretend für die große Zahl der danach tätigen Orgelsachberater seien im folgenden nur einige Namen erwähnt.

In der Hannoverschen Landeskirche war seit den dreißiger Jahren Alfred Hoppe unter Mahrenholz als Orgel- und Glockenrevisor tätig. Durch seine Sachkenntnis genoß er ein hohes Ansehen auch bei jenen Orgelbauern, die sich bei der Realisierung der neuen Erkenntnisse sicher fühlten. Hoppe gehört zu den wenigen, die sich schon früh zur Stellung des Orgelsachverständigen geäußert hatten[35]. Sein Wissen über historische Mensurprinzipien hat er in einem Manuskript über das Werkgeheimnis des Orgelbaues niedergelegt[36].

Hoppe ist allerdings durch seine unkritische Haltung gegenüber der historischen Substanz für die zahlreichen „Restaurierungen" im Küstenraum, zunächst mit Paul Ott, später mit Hermann Hillebrand, Altwarmbüchen, verantwortlich zu machen. Dies führte nach dem Höhepunkt seiner Tätigkeit in den fünfziger Jahren zunehmend zu Unstimmigkeiten mit der Landeskirche und schließlich zu seiner Entbindung von dem Amt eines Orgel- und Glockenrevisors[37].

Im süddeutschen Raum ist Helmut Bornefeld, Heidenheim, durch seine planerische Tätigkeit und sein aktives Mitwirken im Orgelbau bekannt geworden. Für ihn waren die Jugendmusikbewegung, die Tagungen in Freiburg und Freiberg und das Erscheinen von Mahrenholz' „Die Orgelregister" (1930) die ausschlaggebenden Faktoren, sich der Orgelbewegung anzuschließen. Sein 1939 in Genkingen begonnenes Wirken wurde durch den Krieg unterbrochen, konnte aber 1954 in Heidenheim und Nellingen fortgeführt werden. In 50 Umbauten und über 110 Neubauten konnte er seine eigenwilligen Klang- und Gestaltungsprinzipien entfalten[38].

Ein Hauptaugenmerk richtete Bornefeld auf eine farbige Disposition bei kleinen zweimanualigen Instrumenten. Hier verzichtet er auf den Ausbau eines vollständigen Prinzipalchores in den einzelnen Werken und konzipiert diesen nur durchgehend für den gekoppelten Zustand. Die entstehenden Lücken besetzt er mit Stimmen, die begrenzt plenofähig sind. Dieser Grundbestand wird durch Weitchor- und Farbstimmen ergänzt und seinerseits möglichst komplett ausgebaut. Quinten bleiben selbständig, während hohe Teiltöne aus Klang-, Stimmungs- und Geldgründen gebündelt werden. Dies heißt, daß auf die klassischen Register Sesquialtera und Tertian verzichtet wird, dafür aber eine Quinte unabhängig steht und die Terz durch eine Septime oder None ergänzt wird. Zungenstimmen werden mit Rücksicht auf das vorhandene labiale Obertonspektrum nur sparsam disponiert[39].

Diese Form der Dispositionstechnik führt zu einer Unterbewertung der Grundtonlage und deren Oktave und zu einer Trennung von Eng- und Weitchor erst auf höheren Teiltonebenen. Daß dennoch diese Instrumente von vielen Sachverständigen, die eine eher konservative Richtung vertreten, als vielseitig einsetzbar bezeichnet werden, ist einer langjährigen Erfahrung Bornefelds bei der Mitarbeit im Orgelbau, insbesondere bei der Mensurierung und Intonation, zuzuschreiben[40].

Eine weitere Persönlichkeit, die sich ebenfalls schon vor dem Kriege für die Ziele und Ideale der Orgelbewegung ein-

---

34 Christhard Mahrenholz: „Vorläufige Regelung der Fachaufsicht über die Kirchenmusiker in der Evangelisch-lutherischen Landeskirche Hannovers". In: *Musik und Kirche*, 4(1932), S. 38-40. – Landeskirchenamt Hannover: „Geschäftsanweisung für die Wahrnehmung der Orgelpflege". In: *Musik und Kirche*, 6(1934)3, S. 148-154 und 4, S. 207-211, hier S. 209-211. Bemerkenswert ist, daß bereits hier gefordert wird, *keinerlei Eingriffe in die Struktur der Orgel und ihrer Teile vorzunehmen, insbesondere nicht Winddruck, Aufschnitte, Stockbohrungen und dgl. zu verändern ...*, obwohl in genau dieser Landeskirche bis Ende der sechziger Jahre fortwährend gegen dieses Prinzip verstoßen worden ist.

35 Alfred Hoppe: „Zur gegenwärtigen Frage des Orgelbaus". In: *Musik und Kirche*, 8(1936), S. 175-179.

36 Ders.: *Das wiederentdeckte Werkgeheimnis des deutschen Orgelbaus.* Eigenverlag, 1977.

37 Rundschreiben des Landeskirchenamtes vom 14.2.1968, 19.9.1968 und 24.9.1968, Archiv Palandt.

38 Helmut Bornefeld: „Mein Orgel-Credo". In: *Württembergische Blätter für Kirchenmusik*, 43(1976)6, S. 221-241, hier S. 224-225.

39 Ders.: a.a.O. S. 225-228.

40 Ders.: a.a.O. S. 228-234. – Jürgen Schwab: „Bornefeldorgeln. Streifzug durch eine einzigartige Orgellandschaft". In: *Württembergische Blätter für Kirchenmusik*, 53(1986)6, S. 231-254.

gesetzt hatte, ist Walter Supper. Der studierte Architekt war nach 1945 Hauptkonservator am Staatlichen Amt für Denkmalpflege in Stuttgart und hatte als Orgelsachberater maßgeblichen Einfluß auf die Entwicklung im Orgelbau im südwestdeutschen Raum[41].

In seiner Dissertation *Architekt und Orgelbaumeister* (1934) und in der Neuauflage *Architekt und Orgelbau* (1940) wird bereits das Anliegen deutlich, das sein Wirken bis in die achtziger Jahre bestimmte: Einheit von Raum und Instrument. In seinem umfangreichen Buch *Die Orgeldisposition* (1950, Nachdruck 1976) entwickelte er eine Systematik der Klangprinzipien, die ihresgleichen bis heute sucht[42].

Im Gegensatz zu Bornefeld, der strenge Prinzipien für den Orgelbau formulierte und auch anwandte, verhielt sich Supper in der Praxis eher pragmatisch oder sogar opportunistisch. Für Hunderte von Instrumenten entwarf Supper Disposition und Gehäuse und bemühte sich oft um eine eigenständige Synthese von alt und neu. Daß er neben der Vordergründigkeit von Disposition und Gestalt wichtige Prinzipien des guten Orgelbaues außer acht ließ, blieb bereits zu seinen Lebzeiten nicht unwidersprochen.

Im Rheinland war Siegfried Reda als Leiter des Instituts für Evangelische Kirchenmusik an der Folkwangschule in Essen führend tätig. In der Nachkriegszeit hat er durch farbige Dispositionen mit obertonreichen gemischten Stimmen wegweisende Impulse für die zeitgenössische Kirchenmusik gegeben. Die Orgel von Karl Schuke in der Petri-Kirche zu Mülheim/Ruhr bringt wohl am besten seine Vorstellungen zum Ausdruck.

Eine extreme Eigenständigkeit in der Nachfolge der Orgelbewegung wurde von Herbert Schulze in Zusammenarbeit mit Karl Theodor Kühn in Berlin praktiziert. Schulze war Organist und Orgelsachverständiger, Kühn der Physiker und Techniker. Auch sie sahen die Zukunft der Orgel eng mit der kirchenmusikalischen Erneuerung verbunden, und die geforderte Entwicklung sollte sich an den musikalischen und vor allem physikalischen Möglichkeiten des „Klangwerkzeugs Orgel" orientieren.

Schulze und Kühn haben wohl am schärfsten eine Abkehr vom Historismus gefordert und in den realisierten Projekten das sinnvoll Machbare bis zur Grenze ausgeschöpft. Sie blieben Einzelkämpfer, und viele ihrer Instrumente sind heute verändert oder gar beseitigt, weil sie den Anforderungen an die kirchenmusikalischen Realitäten nur eingeschränkt genügen konnten. Sie sind nichtsdestoweniger interessante Experimente und ein wichtiger Meilenstein in der Orgelbewegung der vergangenen fünfzig Jahre[43].

Das Thema des Sachberaters hat für die Situation des Orgelbaues keineswegs an Aktualität verloren. Die Mitarbeit eines Sachberaters kann äußerst hilfteich sein, wenn dieser über gute Kenntnisse im Orgelbau, in der Orgelbaugeschichte und im Zusammenwirken von Orgelbau und Kirchenmusik verfügt. Der Einfluß, der vom kirchenamtlich bestellten Orgelinspektor ausgeht, steht aber häufig in keinem Verhältnis zu seiner Qualifikation im Orgelbau. Es bedarf mehr als einer A-Prüfung zur Bewältigung der Aufgaben zwischen unwissender Kirchengemeinde und Orgelbauern. Hier scheint sich kaum etwas zu bewegen: Orgelbau bleibt Zufall oder Vertrauenssache.

DER ORGELBAU NACH DEM ZUSAMMENBRUCH

Die Entwicklung bis in die fünfziger Jahre

Die ersten Jahre nach 1945 waren geprägt vom Wiederaufbau des zerstörten Deutschlands. Ausbesserung und Wiederaufbau beschädigter Kirchen und die damit verbundene Materialbeschaffung wurden erschwert durch die infolge der Gliederung Deutschlands in Zonen bedingten Transportsperren und durch den Mangel an Transportmitteln. So konzentrierte sich der Orgelbau notgedrungen auf kleine Reparaturen beschädigter Orgeln auf dem Lande, wo sich die Kriegsfolgen in Grenzen hielten und wo die Arbeiten in Naturalien bezahlt werden konnten[44].

Das größte Hindernis war die Beschaffung der Materialien. Holz und Häute ließen sich noch am einfachsten besorgen, aber der kriegsbedingte Mangel an Metallen ließ sich erst um 1948 nach und nach beheben. So waren Neubauten die Ausnahme und Umbauten die Regel. Die sich aus diesen Arbeiten ergebende Zusammenarbeit mit den zuständigen Sachverständigen hatte zur Folge, daß um 1950 nach dem Wiederaufbau der Stadtkirchen erste Aufträge für Neubauten in Stadtgemeinden erteilt werden konnten.

Orgelbauer, die sich noch dem pneumatischen System verpflichtet fühlten, hatten in Norddeutschland nur in den Anfängen eine Chance, attraktive Aufträge zu erhalten. Sie wurden schnell verdrängt von jenen Meistern, die die Bedeutung eines integrierten Konzeptes auf der Grundlage der Orgelbewegung erkannt hatten und auch in der Lage waren, dies in die Praxis umzusetzen. Hierzu gehört Rudolf von Beckerath, der von Hamburg aus ein weites Tätigkeitsfeld entwickelte und nachhaltigen Einfluß auf eine große Zahl von Schülern hatte.

In den katholischen Region und in Süddeutschland hielt sich der pneumatische und elektropneumatische Orgelbau noch bis in die sechziger Jahre. Hier kommt Ger-

41 Wolfgang Adelung: „Ein Leben für die Orgel - Walter Supper 70 Jahre". In: Alfred Reichling: *Mundus Organorum.* Berlin 1978, S. 13-19. Wolfgang Adelung: „Walter Supper †". In: *Ars Organi,* 32(1984)3, S. 151-152.

42 Walter Supper: *Architekt und Orgelbaumeister.* Diss. Würzburg 1934. — Walter Supper: *Architekt und Orgelbau.* Kassel 1940. — Walter Supper: *Die Orgeldisposition.* Kassel 1950.

43 Herbert Schulz und Karl Theodor Kühn: *Orgel-Projekte 1942-1978.* Berlin 1979.

44 Uwe Pape: „Alfred Führer Orgelbau". In: Uwe Pape: *Fünfzig Jahre Orgelbau Führer.* Berlin 1983, S. 18-23.

hard Schmid, Kaufbeuren, eine Schlüsselposition zu, der zwar bei Hindelang und Moser gelernt hatte, aber mit der Gründung seines eigenen Betriebes konsequent auf mechanische Orgeln überging.

Richard Rensch, der mehrere interessante Instrumente bauen konnte, hat vor allem durch seine leitende Funktion in der International Society of Organbuilders (ISO) und seine Lehrtätigkeit an der Meisterschule in Ludwigsburg Einfluß auf den Orgelbau unserer Zeit genommen. Mit seiner redaktionellen Arbeit für die ISO-Information schuf er in den letzten beiden Jahrzehnten eine wissenschaftliche Basis für den Orgelbau, wie sie bis dahin unbekannt war.

Der innere Aufbau der Instrumente orientierte sich auch nach 1945 weitgehend an den Orgeln der Romantik, weil den noch in der pneumatischen Ära verwurzelten Orgelbauern das Verständnis für die Mechanik völlig verlorengegangen war. Die Laden hatten kaum einen Bezug zum Gehäuse, die Werke waren hintereinander statt übereinander oder nebeneinander angeordnet, und die Trakturen waren demzufolge ungeschickt angelegt. Wurden Pedalpfeifen im Prospekt verwendet, so hatten sie wie in der Zeit der Pneumatik Frontladen; die eigentliche Pedallade stand hinten in der Orgel.

Die Prospektgestaltung wurde anfangs durch Freipfeifenprospekte mit horizontalen Abschlüssen oder emporschwingenden Linien bestimmt. Im Übergang zum historisch orientierten Gehäuseprospekt wurden die Elementarformen der Freipfeifenprospekte mit holzumrahmten Feldern kombiniert, und nur wenige Orgelbauer verwendeten nach 1945 ausschließlich Holzgehäuse mit Türmen und Flachfeldern[45].

Die Intonation war, von wenigen Ausnahmen abgesehen, anfangs hart und scharf, weil sich die Abwendung vom dicken, fülligen Charakter romantischer Orgeln mit hohem Winddruck und der Weg zu einem frischen und klaren Klangideal nur schwer erkaufen ließen. Versuche mit niedrigem Winddruck allein boten kaum eine Lösung der Problematik. Hinderlich war vor allem die fortgesetzte Wahl unzureichender Materialien.

Umschwung und wirtschaftliches Wachstum

Der wirtschaftliche Aufschwung der fünfziger Jahre in der Bundesrepublik führte zu einer stürmischen Entwicklung im Orgelbau, die um 1965 ihren Höhepunkt erreichte. Die gewaltigen Finanzkräfte für eine fast unüberschaubare Bautätigkeit der Kirchen rief bei den Orgelbauern in Deutschland eine so gute Auftragslage hervor, daß sehr viele Werkstätten expandieren mußten. Diese Erscheinung fand bei den Orgelbaufirmen ihren Niederschlag im Umfang der Werkverzeichnisse mit einem Ausstoß von 200 Registern jährlich und mehr, in Lieferfristen bis zu acht Jahren, in Neubauten von Hallen für mehrere Instrumente und sogar in der Gründung von Filialbetrieben[46].

In diesen Jahren der nahezu uneingeschränkten Möglichkeiten waren viele Betriebe darauf bedacht, schnell groß zu werden und an Einfluß zu gewinnen. Dies führte dazu, daß zu viel und zu schnell produziert wurde. Es ist verständlich, daß infolgedessen der Qualität keine große Aufmerksamkeit gewidmet wurde. Die Quantität, die sich in erster Linie in einer Uniformität im Dispositionsaufbau und in der Prospektgestaltung niederschlug, führte zu verminderten Qualitäten, vor allem bei der Wahl der Materialien im Pfeifenbau. In den tiefen Oktaven der größeren Stimmen wurde Zink verwendet, und auch gewalztes Zinn ist nicht selten zu finden. Sehr preisbewußte Orgelbauer bauten Zink sogar bis in die 2'-Lage hinein. Bei Orgelumbauten wurde Zink gerne als Ersatz für Weichholz verwendet.

Die Phantasie bei der Gehäusegestaltung hielt sich in sehr engen Grenzen. Wenige Grundformen, in der Regel fünfteilig, nur selten sieben- oder dreiteilig, wurden in unzähligen Varianten als Hauptwerk/Brustwerk/Pedal oder Hauptwerk/Rückpositiv/Pedal gebaut. Asymmetrische Formen ergaben sich vorwiegend aus einem chromatischen Aufbau und einer seitlichen Aufstellung im Kirchenraum. Die Berücksichtigung strenger geometrischer Proportionen blieb weitgehend unberücksichtigt[47].

Technisch und architektonisch bemerkenswerte Instrumente hat Hans Gerd Klais geschaffen. Er erhielt viele große Aufträge der katholischen Kirche im Westen und im Süden. An diesem Erfolg ist maßgeblich Josef Schäfer durch seine markanten Prospektentwürfe beteiligt.

Die schlichten, aber ausgewogenen Entwürfe von Wulf Knipping zählen aus heutiger Sicht zu den besten Lösungen jener Zeit. Aber auch Heinz Wolff, in Einzelfällen auch Personen wie Dieter Oesterlen und Egon Eiermann, versuchten dem stereotypen Aufbau der Durchschnitts-Orgeln durch ein im Orgelbau ungewohntes Design zu begegnen: der Neugotik und dem Freipfeifenprospekt entlehnte schwungvolle Gehäusekonturen, originelle Asymmetrie oder quadratische Kastenformen seien hier hervorgehoben.

Diese Bemühungen blieben Experiment, und die Arbeiten von Knipping und Wolff stellen sich heute als positive Ausnahme dar. Die meisten Entwürfe der hinzugezogenen Architekten, so auch viele Zeichnungen von Walter Supper, gingen an der orgelbaulichen Zielrichtung vorbei.

Technisch gesehen entwickelte sich ein am historischen Orgelbau orientierter Aufbau der Laden und Mechaniken, verbunden mit einer Verringerung der Gehäusetiefen auf ein

---

45 Werner David: *Gestaltungsformen des modernen Orgelprospekts.* Vortrag anläßlich der Ausstellung „Kunst der Kirche" im Charlottenburger Schloß, Sonderdruck, Berlin 1951.

46 Uwe Pape: „Alfred Führer Orgelbau". In: Uwe Pape: *Fünfzig Jahre Orgelbau Führer.* Berlin, 1983, S. 23-26.

47 Daniel Brunzema: *Die Gestaltung des Orgelprospektes im friesischen und angrenzenden Nordseeküstengebiet bis 1670 und ihre Bedeutung für die Gegenwart.* Aurich 1958. – Gerald Woehl: „Maßverhältnisse von Orgelprospekt und Kirchenarchitektur". In: *Ars Organi*, 1982, S. 79-90.

Lübeck, Ev. Dom. Orgel von Marcussen und Sohn, Apenrade, 1970. 47 Register, 3 Manuale und Pedal. Foto: Pape

wesentlich geringeres Maß, als es in den fünfziger Jahren Anwendung fand. Aber immer noch blieben wichtige Grundsätze unberücksichtigt oder unerkannt. Die Laden ruhen auf Stahlträgern, und das Gehäuse, oft aus Sperrholz oder Hartfaserplatten, hatte nur die Funktion eines Kleides. Im Vordergrund stand die Bequemlichkeit der Verarbeitung. Wellen aus Material mit hohem Torsionskoeffizienten und die Lagerung der Mechaniken in Filz führten zu schwammigen Trakturen.

Im Gegensatz zu einer gewissen Orientierungslosigkeit im deutschen Orgelbau haben einige Betriebe aus dem europäischen Ausland schon um 1960 Maßstäbe gesetzt und als Vorbild gewirkt. Firmen wie Marcussen (Sybrand Zachariassen), Rieger (Josef von Glatter-Götz), Metzler und Flentrop lieferten in die Bundesrepublik Neubauten, die noch heute von dem hohen handwerklichen Standard dieser Orgelbauer zeugen. Durch die rege Diskussion um attraktive Aufträge, die dem deutschen Orgelbau seinerzeit verlorengingen, kam vielen deutschen Orgelbauern zum Bewußtsein, daß überdurchschnittliche handwerkliche Leistungen unabdingbare Voraussetzung für einen guten Orgelbau sind.

Somit stellten sich schließlich mit der veränderten Materialwahl und revidierten Intonation Fülle und Wärme, ein tragender und vokaler Klang ein. Dieser Übergang war fließend und erstreckte sich auf den Zeitraum von etwa 1960 bis 1975. Über eine solch lange Periode veränderte sich auch das Stilempfinden grundsätzlich, und dieser Prozeß ist heute noch nicht abgeschlossen. Im Bewußtsein der neuen Qualitäten werden seit den sechziger Jahren nicht selten Register ausgetauscht und Orgeln auf höherem Winddruck umintoniert.

Die zweite und dritte Generation

Während sich Orgelbauer vor 1960 kaum systematisch mit Detailfragen bei Schleifladen, Trakturen und Mensuren vor Töpfers Zeiten beschäftigt hatten, sondern aus der neuen Situation heraus die Probleme auf eigenem Wege zu lösen versuchten, wuchsen in den fünfziger Jahren junge Orgelbauer in die Auseinandersetzung um die „wahre Orgel" und später auch in ein gefestigtes Verständnis vom Instrument hinein. Dieser zweiten und in Süddeutschland vor allem dritten Generation blieb eine umfassende Umsetzung der Prinzipien der Orgelbewegung vorbehalten. Ein weiteres Verdienst dieser Orgelbauer liegt vor allem in einem Wandel der Einstellung zur Restaurierungspraxis vor 1970[48].

Schüler von Paul Ott wie Jürgen Ahrend, Gerhard Brunzema, Albrecht Frerichs, Martin Haspelmath und Rudolf Janke oder Orgelbauer wie Peter Mönch, Christhard Rensch, Johannes Rohlf, Fritz Schild, Hartwig Späth und Gerald Woehl streben eine konsequente Hinwendung zu den wichtigsten Prinzipien des Orgelbaues unter Berücksichtigung der Details wie Rahmen aus Massivholz und bessere Materialien für Pfeifen, Laden und Trakturen an.

In der Zeit des Wirtschaftswunders waren die Inhaber eines Orgelbaubetriebes Manager und nicht mehr Orgelbauer. Die meisten Mitarbeiter waren Tischler für Windladen oder angelernte Pfeifenmacher. Sie waren zwar hervorragende Handwerker, aber oftmals nicht in das Gesamtkonzept einer Orgel hineingewachsen.

Dies änderte sich in den 70er Jahren mit dem Schwinden des technischen Fortschrittsglaubens, der einer Hinwendung zu den Grundforderungen an eine klassische Orgel im Wege stand. Die Orgel des 17. und 18. Jahrhunderts wurde der wichtigste Lehrmeister. Man glaubte, die klassische Orgel gut zu kennen, hatte aber immer nur Teilaspekte im Blickfeld; das Instrument als musikalische, technische und architektonische Einheit wurde selten erfaßt.

Eine wichtige Komponente in der neuen Restaurierungspraxis ist die größere Sachkenntnis der Sachverständigen

[48] Helmut Winter: „Zur Restaurierung frühromantischer Orgeln unter besonderer Berücksichtigung der Furtwängler-Orgeln in Altenhagen und Geversdorf". In: Uwe Pape: *Frühromantischer Orgelbau in Niedersachsen*. Berlin 1977, S. 41-59. – Uwe Pape: „Alfred Führer Orgelbau". In: Uwe Pape: *Fünfzig Jahre Orgelbau Führer*. Berlin 1983, S. 26-29.

und ein stärkeres Verantwortungsbewußtsein aller Beteiligten gegenüber der historischen Substanz. Die Arbeiten von Helmut Winter, Reinhardt Menger, Alfred Reichling, Hartmut Haupt oder Harald Vogel im deutschen Orgelbau oder beispielsweise Cor Edskes im niederländisch/norddeutschen Raum sind weithin bekannt.

Eine sorgfältige Bestandsaufnahme des Instruments, begleitet von einem Studium der Akten in Kirchen- und Staatsarchiven, und eine Analyse des Materials nach dem Abbau sind unabdingbare Voraussetzungen, das Instrument als Denkmal seiner Zeit erkennen und bewerten zu können. Die Erhaltung des Gesamtkonzepts, in der Regel verbunden mit einer Konservierung des gewachsenen Zustands, der selbst schon Denkmalswert hat, erfordert eine totale Identifizierung mit der Arbeitsweise jener Orgelbauer, die das Instrument erbaut oder maßgeblich an ihm gearbeitet haben.

Die Restaurierung alter Instrumente, die im 19. Jahrhundert oft unsachgemäß verändert oder erweitert wurden, erfordert viel Einfühlungsvermögen und Fingerspitzengefühl. Hierzu gehören Fragen einer angemessenen Temperierung, die oft nur rekonstruiert werden kann. Die Anforderungen an eine zeitgemäße kirchenmusikalische Praxis und an eine Betriebssicherheit für mehrere Generationen erleichtern die Arbeit keineswegs.

Wenn sich auch unsere Generation nicht anmaßen sollte, schon heute die Qualität einer Restaurierung zu beurteilen, so zeigen doch die Arbeiten von Jürgen Ahrend, Martin Haspelmath, Fritz Schild und Gernot Schmidt besonders instruktiv, wie sachkundig und meisterhaft ein Optimum zwischen Erhalten und Rekonstruieren erzielt werden kann. Besonders bemerkenswert ist die Vorgehensweise in der DDR, wo die wenigen möglichen Instandsetzungen mit viel mehr Akribie als in westdeutschen Landeskirchen geplant werden und den Restauratoren sehr viel Zeit eingeräumt wird. Das darf jedoch nicht darüber hinwegtäuschen, daß dort wertvolle Bestände infolge mangelnder Kirchenrestaurierungen dem Verfall preisgegeben sind.

Die bei Restaurierungen gewonnenen Erkenntnisse drangen sichtbar in das Bewußtsein vieler Orgelbauer und verstärkten die Orientierung am historischen Orgelbau bei Neubauten. Dies führte schließlich zu einer Scheidung des Handwerks in zwei Gruppen mit unterschiedlichen Bauprinzipien: jene, die den technischen und klanglichen Fortschritt in den 60er und 70er Jahren positiv beurteilen und beispielsweise an Stahlkonstruktionen, stabilem Wind und elektrischen Registertrakturen festhalten, und jene, die klassische Orgelbauprinzipien zur Grundlage ihrer Arbeit erheben.

Frankfurt-Nordweststadt, Ev. Kirche Cantate Domino. Orgel von Ahrend und Brunzema, Leer-Loga, 1970. 32 Register, 3 Manuale und Pedal. Foto: Meier-Ude

Es hat zwar schon immer im Orgelbau progressive und konservative Kräfte zur gleichen Zeit gegeben – man denke nur an die Diskussionen um die Kegellade und um die Pneumatik im 19. Jahrhundert –; die Kontroverse in der heutigen Zeit scheint von anderer Natur zu sein und uns mehr als die unserer Vorfahren zu berühren.

Hier geht es darum, erst einmal wieder die Qualität des früheren Orgelbaues zu erreichen und dann darauf aufbauend neue Wege zu suchen. Die in heutiger Zeit erkennbaren Tendenzen, die zu leicht mit einem Zurück zum historischen Orgelbau verwechselt werden können, sollen im nächsten Kapitel eingehender gewürdigt werden.

TENDENZEN IM ORGELBAU

Gehäuse und Werkaufbau

Nach einer Zeit der sparsamen Gehäusebauten und -ausstattung wird in zunehmendem Maße die Notwendigkeit erkannt, die Ausformung der Front anspruchsvoller und kostbarer als in den vergangenen Jahrzehnten vorzunehmen[49]. Dies gilt sowohl für die allgemeine Gliederung des Instruments und die Formgebung der Abschlüsse der Fel-

[49] Uwe Pape: „Die Gestaltung des neuzeitlichen Orgelprospektes“. In: *Musik und Kirche*, (1964), S. 222-228. – Burkhart Goethe: „Orgelprospekt und Zeit“. In: Uwe Pape: *Fünfzig Jahre Orgelbau Führer*. Berlin 1983, S. 35-51.

der und Türme als auch für die Ausstattung mit Ornamenten.

Im Gegensatz zu anderen Musikinstrumenten ist die Orgel in Tonfolge und Tonlage nicht an ein festes, absolutes System gebunden. Die Gliederung der Pfeifenabläufe reicht von der Chromatik über die Diatonik und Terzenteilung bis zu Gliederungen in Oktaven. Diese Freiheit der unterschiedlichen Tonanordnungen, die keinesfalls gleichwertig sind, findet sich in der vielfältigen Formgebung der Orgel wieder.

Die äußere Gestaltung ist ein Spiegelbild des inneren Aufbaues. Hierfür gibt es strenge Regeln. Daher muß der Entwurf des Gehäuses auch die Struktur der Disposition und die Gliederung der Pfeifenabläufe in geeigneter Weise berücksichtigen. Das Erscheinungsbild macht architektonisch und stilistisch die musikalische Ausstrahlung des Instruments deutlich; die Architektur zeigt dem Auge, was das Ohr erwarten darf. Vor dem Hintergrund der Entwürfe von Wulf Knipping, aber auch aufgrund der gestalterischen Leitgedanken von Josef Schäfer[50] und der neueren Entwürfe von Theo Heiermann und Elmar Hillebrand[51] wird man aus orgelbautechnischen und klanglichen Erwägungen immer mehr von der Funktion zur Form kommen und in der Regel den klassischen Aufbau aufgreifen. Das auf der Farbtafel dargestellte und von Mönch und Prachtel in Bad Krozingen gebaute Instrument sei als Beispiel erwähnt.

Heinz Wolff hat in seinem Beitrag in *Acta Organologica* erstmals eine Reihe von Kriterien aufgeführt, an denen Schönheit des Prospektentwurfs zu messen ist: *Da sind ausschlaggebend Proportionierung und Komposition. Da gelten die guten alten Regeln vom goldenen Schnitt, von der ruhigen Wirkung des Quadrats ... Da sind die Regeln von der Kontrastwirkung ... Symmetrie ist sinnfällig bei symmetrischer Aufstellung im Raum ...* Auch für Wolff ist *Mut zur „rückständigen" Vernunft* die Regel und *form follows fiction (und nicht function)* die Ausnahme[52].

Eine schnelle Anerkennung findet der Orgelprospekt, wenn dieser dem Stil des Kirchenraumes entspricht. Viele Orgelbaufirmen streben nach dieser stilistischen Übereinstimmung. Allerdings tendieren die Menschen entsprechend ihrem Stilempfinden entweder mehr zu geschichtlichen oder zu gegenwärtigen Stilelementen[53]. Und in einer Zeit des stärkeren Bewußtseins mangelt es nicht an der Bereitschaft zu kostspieligen Gehäusebauten, sowohl mit historischer als auch mit zeitgenössischer Formgebung.

In besonderem Maße problematisch ist jede Erweiterung eines bestehenden Gehäuses. Kleine Orgeln sollten unerweitert rein erhalten bleiben[54]. Wenn sich aber die Denkmalpflege nicht durchsetzen kann, dann muß ein Kompromiß gefunden werden. Das Hinzufügen neuer Prospektteile ist in der Rückschau nach 1925 nur selten gelungen: sowohl bei einer historisierenden Lösung als auch bei einem zeitgenössischen Design sind hohe Sachkenntnis des Originals und Einfühlungsvermögen in dessen Formensprache gefordert[55].

In den letzten Jahren wurde auch erkannt, daß es im allgemeinen keine echte Alternative zum Massivholz gibt, weder als tragendes Element noch als Plattenmaterial[56]. Spanplatte, Schichtholz und Tischlerplatte werden zwar immer noch viel verwendet, haben aber als Ersatzmaterial zur massiven Platte keine dauerhafte Perspektive. „Ein Massivholzgehäuse bewirkt eine andere Reflexion der Schallwellen als ein mit Tischlerplatte oder Preßspan gearbeitetes."[57] Allerdings gibt selbst Johannes Rohlf zu bedenken: *Das muß nicht heißen, daß die „Platte" nicht auch am Orgelgehäuse sinnvoll eingesetzt werden kann. Es gibt allerdings nur wenige Beispiele dafür. Dort wurde jedenfalls die Spanplatte nicht furniert, sondern belassen, wie sie ist, oder gestrichen.*[58]

Auch in der Zukunft wird sich die Freiheit der Gehäusegestaltung der Forderung nach Leistung des Klanges unterordnen müssen. „Die Konzession an die äußere Gestalt der Orgel zu ungunsten des Klanges ist ein schwerwiegender Schritt gegen die Qualität"[59].

Windladen und Mechanik

Die technischen Elemente einer Orgel unterliegen wie die Bestrebungen um ein gutes Gehäuse der Priorität des Klanges. Tonkanzellenladen sind eng verbunden mit der Polyphonie barocker Orgelwerke, und Schleifladen gelten daher heute als unverzichtbares Element einer guten Orgel. Registerkanzellenladen dagegen stützen die Homophonie in der romantischen Klangwelt, zu der wir erst in unseren Jahren den Zugang neu zu finden suchen.

Schleifladen werden auch in Zukunft die Grundlage einer guten Orgel bilden. Sie hat gute klangliche Eigenschaften, ist mit den heute zur Verfügung stehenden Materialien und

---

50 Wulf Knipping: „Die Orgel und ihr Prospekt". In: *Musik und Kirche* (1953), S. 232-236. – Josef Schäfer: „Der unkonventionelle Orgelprospekt". In: *ISO-Information*, Nr. 7, (Dezember 1971), D4, S. 1-20/505-528.

51 Heinz Wolff: „Über Prospektentwürfe". In: Alfred Reichling: *Mundus Organorum*. Berlin 1978, S. 385-402, Abbildungen auf den Seiten 389 und 393.

52 Ders.: „Die Gestalt alter und neuer Orgeln im niedersächsischen Raum". In: Alfred Reichling: *Acta Organologica*, 4 (1970), S. 146-165.

53 Christian Eickhoff: *Prospekte im Wandel der Zeit*. Arnum, Kunden-Mitteilung vom 9.3.1986.

54 Heinz Wolff: a.a.O., S. 149.

55 Uwe Pape: „Die zeitgemäße Erweiterung von Orgelgehäusen". In: *ISO-Information*, Nr. 17 (April 1978), D4, S. 11-28/1-18.

56 Johannes Rohlf: *Möglichkeiten der Qualitätsförderung im Orgelbau*. Referat BDO 1977, Sonderdruck für Kunden, 1977, S. 2-3.

57 Gerald Woehl: „Über die Restaurierung historischer Orgeln". In: *Ars Organi*, 23 (1975), S. 2153-2161, hier S. 2155.

58 Johannes Rohlf: a.a.O., S. 3.

59 Ders.: a.a.O., S. 2.

erprobten Konstruktionen funktionssicher und läßt sich mechanisch einfach steuern. Kegelladen, Kastenladen und Pitmanladen sind zwar hinsichtlich ihrer Konstruktion weniger problematisch, bedürfen aber einer aufwendigeren oder gar elektrischen Steuerung.

Der Bau von Schleifladen erfordert ein hohes Maß an Sachkenntnis im Detail. Die Verwendung des richtigen Materials und deren korrekte Lage bei Rahmen, Schieden und Platten oder Spunden sind unabdingbar. In Abhängigkeit von Disposition und Winddruck korrekt proportionierte Kanzellenbreiten sind genauso wichtig wie die Abstimmung der Maße von Ventilschlitzen und Stockbohrungen. Leider fehlt vielerorts das theoretische Verständnis für diese orgelbautechnischen Zusammenhänge, wie sie Dom Bedos, Töpfer und Ellerhorst zu ihrer Zeit erkannt haben[60].

Die Mechanik ist nicht nur notwendiges Übel, um ein funktionsfähiges Spiel der Orgel zu garantieren. Sie ist die „Benutzer-Schnittstelle" des Organisten mit seinem System. Hier wird deutlich, ob er nur in die Abhängigkeit vom Instrument gedrängt wird oder seine Kreativität voll entfalten kann.

Eine Mechanik ist gut, wenn sie einfach angelegt und genau gearbeitet ist. Die Breite ist abhängig vom Aufbau der Windlade und sollte auf ein Minimum beschränkt werden, um die Torsion der Wellen gering zu halten. Hier kann Holz als bewährtes Material einen wichtigen Beitrag leisten und wird sich in Zukunft zunehmend durchsetzen.

Hängende Trakturen mit einarmigen Tasten erhöhen die Sensibilität des Spiels. Sie sind einfach zu warten und zweiarmigen Tastaturen mit Wippen vorzuziehen. Die hängende Traktur ist aber trotz ihrer Vorzüge mit Problemen für den Orgelbauer verbunden. Nur wenige Anordnungen von Spieltisch und Windladen sind für eine einfache Anlage geeignet. Auch kann die Traktur sehr komplex werden, wenn sie selbstregulierend gebaut wird. Hier muß den Koppeln besondere Aufmerksamkeit geschenkt werden[61].

Eng verbunden mit einer veränderten Spielweise, wie sie von Ewald Kooiman, Harald Vogel und Ludger Lohmann praktiziert wird, ist die Tastenlänge. Hier geht man entsprechend den stilistischen Unterschieden der Musik auf historische Maße vor 1850 zurück und wählt eine Länge von 38 bis 40 mm, zuweilen sogar von 36 mm von der Vorderkante Untertaste bis zur Vorderkante Obertaste. Pedalklaviaturen werden nicht selten in Anlehnung an historische Vorbilder wieder flach gebaut. Dies muß zwangsläufig zu einem Widerspruch zu den geltenden BDO-Normen führen.

Gibt es in Europa heute kaum noch Streit über die Frage, ob eine Spieltraktur mechanisch oder elektrisch konstruiert werden soll, so ist die Situation in Amerika völlig anders. Hier werden Orgeln in der Regel noch als ein kurzlebiges Wirtschaftsgut angesehen, und über 90% aller Instrumente werden mit elektrischen Trakturen und Pitmanladen gebaut. Nur wenige Orgelbauer sehen im mechanischen Orgelbau die einzige Alternative und widmen sich mit außergewöhnlichem Verantwortungsbewußtsein dem Bau mechanischer Instrumente[62].

Die Registertraktur ist in Europa vor allem eine Frage der Ästhetik. Mancher empfindet die Verbindung einer mechanischen Spieltraktur mit einer elektrischen Registertraktur als störend. Auch möchte man von einem Stromausfall unabhängig sein. Hier bietet die Doppeltraktur, wie sie von Josef von Glatter-Götz und Hans Gerd Klais eingeführt wurde und heute von den Firmen Otto Heuß und August Laukhuff angeboten sowie vor allem bei Instrumenten mit etwa 20 bis 30 Registern empfohlen wird, eine gute Alternative. Die Traktur ist vollmechanisch und wird durch Magnete für den Schleifenzug ergänzt, um die Register mit Setzerkombinationen ansprechen zu können[63].

Nur sehr große Instrumente werden noch mit elektrischen Spiel- und Registertrakturen verlangt. Aber auch hier ist eine Tendenz zur mechanischen Traktur erkennbar, denn die Folgekosten bei elektrisch gesteuerten Werken sind nicht unerheblich.

Elektrische Spieltische werden heute unter Zuhilfenahme modernster technischer Hilfsmittel konstruiert, und diese Tendenz wird sich fortsetzen und noch verstärken. Mit dem mißverständlichen Schlagwort „Orgel mit Computer" werden in der Regel die Speichermöglichkeiten eines Rechners angesprochen. Neue Technologien eröffnen einen raumsparenden und im Umfang kaum beschränkten Bau von Setzerkombinationen[64].

Die Aufzeichnung des Spiels mit dem Ziel der Reproduktion und Kontrolle erfordert den Einsatz eines Mikrocomputers und ist heute bereits ohne großen Aufwand realisierbar. Allerdings muß die Kurzlebigkeit unserer Technik immer noch mit einer gewissen Zurückhaltung betrachtet werden. Gefordert wird eine strenge Modularität, um Bauelemente später leicht ersetzen zu können[65].

Die Signalübertragung kann heute bereits mit Glasfaserkabeln ausgeführt werden. Dies führt zu dünnen Kabeln zwischen freistehendem Spieltisch und Orgel, die die dicken Schläuche von früher ersetzen[66].

Nicht unerwähnt bleiben soll die Möglichkeit, die Konstruktion von Windladen und Mechaniken computerge-

[60] Dom Bedos de Celles: *L'Art du Facteur d'Orgues.* Bordeaux, 1766-1768; Johann Gottlob Töpfer: *Lehrbuch der Orgelkunde.* Weimar 1855; Winfried Ellerhorst: *Handbuch der Orgelkunde.* Einsiedeln, 1936;

[61] James Louder und Hellmuth Wolff: *Zukünftige Tendenzen*, S. 88-102, hier S. 91-92. Uwe Pape: „John Brombaugh". In: *The Organ Yearbook*, 10(1979), S. 101-116, hier S. 107.

[62] Uwe Pape: *The Tracker Organ Revival in America.* Berlin 1978.

[63] Otto Heuß: *Hausmitteilung Registermagnete*, 1986. – Gespräche 1987 mit Otto Heuß, Lich.

[64] Ders.: *Hausmitteilung Setzer MP*, 1986.

[65] Ders.: *Hausmitteilung Modulares programmierbares Traktursystem MPT*, 1987.

[66] Ders.: *Hausmitteilung Lichtwellenleiter Übertragungsgerät*, 1986.

Ludwigsburg, Ev. Kreuzkirche. Orgel von Johannes Rohlf, Ruit, 1969. 22 Register, 2 Manuale und Pedal. Foto: Weldenbach

steuert durchzuführen. Eine optimale Auslegung der Windladen, vor allem bei vorgegebener Disposition, Windladenteilung, Mensurierung und Verführung in den Prospekt und eine Auslegung der Wellenbretter mit minimaler Anzahl von Ebenen bei Vorgabe der Ladenteilung und anderer konstruktionsbedingter Parameter eröffnet neue Möglichkeiten, die Laden und damit verbundenen technischen Komponenten einer Orgel einfach und raumsparend zu konstruieren. Die computergestützte Planung in diesem Bereich ist zugleich ein erster Ansatz des Computer Aided Design im Orgelbau[67].

Windversorgung

Seit Generationen bemühen sich Organisten und Revisoren, in ihren Gutachten über einzelne Orgeln die Stabilität des Windes zu bemängeln oder gutzuheißen. In der Fachliteratur lesen wir seit mehr als vier Jahrhunderten, was man unter gutem Wind zu verstehen hat. Arnolt Schlick schreibt hierzu: *Das zehnte Kapitel handelt von dem Wind, den jedes Orgelwerk reichlich haben muß. Wo zu wenig Wind vorhanden ist, können die Pfeifen nicht den gesunden Klang geben, als wenn der Wind ausreichend und gleichmäßig ist.*[68]

Bis in die Ära der Pneumatik hatten alle Orgeln eine flexible Windversorgung, was nicht mit mangelnder Stabilität des Windes verwechselt werden darf. Schon im 18. Jahrhundert gab es Schwimmerbälge, um die Windstößigkeit auf ein optimales Niveau zu bringen[69]. Aber um 1880 hat der Wind sein Leben weitgehend verloren.

Zunächst waren es die Registerkanzellen- und Kastenladen, die bei ausreichender Dimensionierung ohne viel Überlegung konstruktionsbedingt eine bessere Windversorgung als Tonkanzellenladen garantierten. Dann war der verlorengegangene Bezug zur klassischen Windversorgung mit Schleifladen und zentraler Balganlage die Ursache: Windladenbälge waren in der Zeit der Hochkonjunktur ein einfaches Mittel, dem Problem der adäquaten Windversorgung aus dem Weg zu gehen. Aber mit den besseren Ergebnissen kam die „künstliche Leblosigkeit“[70].

Charles Fisk hat in seinem Aufsatz „The Organ's Breath of Life“ am Beispiel Steinkirchen eindrucksvoll auf den lebendigen Wind hingewiesen. Er vergleicht das Gefühl des Organisten, an einem Instrument mit flexiblem Wind ein Stück zu beginnen, mit dem Einsteigen in ein Boot: ... *man setzt einen Fuß vorsichtig hinein, man spürt, wie das Wasser unter dem Gewicht nachgibt, man ist darauf bedacht, daß man nicht zu nah an die Bordwand tritt, weil man sonst Gefahr läuft umzukippen. Ein ruhiges Legatospiel gibt einem das Gefühl, als wenn man mit diesem Boot den Hafen ohne Probleme überquert ... Bewegtere Musik ist wie auf bewegter See: das Boot hat im Wellental seine Mühe, auf den Wellenbergen aber wird es getragen (alte Orgeln bereiten einem übrigens ein sehr starkes Gefühl der Leichtigkeit, des Getragenwerdens).*[71]

---

67 Forschungsprojekt am Institut für Angewandte Informatik der Technischen Universität Berlin.

68 Arnolt Schlick: *Spiegel der Orgelmacher und Organisten.* Speyer 1511, Nachdruck Rheingold, Mainz 1959. – Eine ausführliche Abhandlung über historische Aussagen zur Qualität des Windes gab Gerhard D. Wagner in seinem Referat „Das Problem des Orgelwindes aus der Sicht des Organisten“ auf der Mitgliederversammlung „Bund Deutscher Orgelbaumeister“ am 19./20.6.1978 in Bad Kreuznach (Manuskript, 8 Seiten). Auf derselben Tagung hielt aus der Sicht der Orgelbauer Hans Peter Mebold ein Referat über den Orgelwind (Manuskript, 11 Seiten).

69 Michael Behrens: „Charakteristika und Entwicklungstendenzen im Kleinorgelbau Magdeburger und niedersächsisch-ostfälischer Provenienz in der zweiten Hälfte des 18. Jahrhunderts am Beispiel der Werkstätten Tiensch (Magdeburg) und Boden (Helmstedt)“. In: *Studien zur Aufführungspraxis und Interpretation von Musik des 18. Jahrhunderts.* Michaelstein/Blankenburg 1986, Beilage zum Heft 29, S. 18-43, hier S. 28: – *zusätzliche Stabilisierung der Windversorgung durch Anlage von Ausgleichsbälgen (Stoßfänger) unmittelbar an die Windkästen der Laden.* In dem hier zitierten Fall handelt es sich um zwei original erhaltene Ausgleichsbälge für die Ventil-Pedalkoppel in der Boden-Orgel in Üplingen.

70 Johannes Rohlf: a.a.O., S. 4.

71 Charles B. Fisk: „The Organ's Breath of Life - Lebendiger Wind“. In: Uwe Pape: *The Tracker Organ Revival in America.* Berlin 1978, S. 49-58 (*The Diapason*, (1968) Heft 9).

Keiner wird heute ernsthaft die Rückkehr zu einer Windversorgung wie in Steinkirchen wünschen. Auch Fisk lehnt dies bewußt ab: *Man kann keine Kirchenorgel bauen, die beim Begleiten eines Mendelssohnschen Liedes wie eine Trauerweide zittert, so beschwingt Buxtehude auf ihr klingen mag.*[72] Gefordert sind heute jene Stabilität und Flexibilität, die bei den guten Instrumenten des 18. und 19. Jahrhunderts erreicht worden sind.

Der lebendige Wind beeinflußt entscheidend die Ansprache der Pfeifen. Bedingt durch die langen Kanäle und fehlenden Windladenbälge bleibt der spontane Nachschub zur Kanzelle aus; die Pfeifen sprechen nicht mehr so explosiv an.

Zwar gibt es noch viele Orgelbauer, die einen starren Wind vorziehen. Aber der Trend der letzten Jahre scheint sich fortzusetzen: *Ein unerschütterlich linearer Wind macht den Orgelklang ... ärmer, gemessen an einem Wind, der sich stören läßt und sich bewegt. Die Wahrheit liegt auch hier nicht bei einem Extrem, sondern beim richtigen Maß, welches der gute Geschmack finden muß.*[73] Aber es ist nicht nur der gute Geschmack. Entscheidend ist die Fähigkeit des Orgelspielers, mit flexiblen Windverhältnissen umgehen zu können.

Orgelbauer wie Charles Fisk, John Brombaugh und Hellmuth Wolff haben intensive Untersuchungen an ihren eigenen Orgeln durchgeführt. Alle waren mit der anfangs erzielten Flexibilität einiger ihrer Instrumente auf die Dauer nicht zufrieden. Charles Fisk hat wieder Kanalbälge eingeführt, John Brombaugh hat die Windversorgung durch Veränderungen der Kanalanlage modifiziert, und Hellmuth Wolff hat vermutlich als erster einen Zug zur Stabilisierung eingeführt, der die Blockade eines Kanal- oder Ladenbalgs aufhebt. Über Studien, einen solchen Zug auch noch mit einem Tremulanten zu kombinieren, berichtet John Hamilton[74].

Pfeifenwerk: Materialien und Ausführung

Die Pfeifen sind die Seele der Orgel. Kein Teil des Instruments ist so komplex und in den letzten Jahrhunderten so stark Einflüssen und Wandlungen unterworfen gewesen wie das Pfeifenwerk.

Metallpfeifen werden heute wie in den vergangenen Jahrhunderten vorwiegend aus Zinn-Blei-Legierungen gebaut. Das Bestreben, mit dem in Kirchengemeinden ersparten oder geliehenen Kapital so sparsam wie möglich umzugehen, führte sehr häufig zu einer Wahl alternativer, preiswerter Materialien. In der zweiten Hälfte des letzten Jahrhunderts bis in die Zeit der Orgelbewegung hinein waren dies Tanne und Fichte.

Offene Pfeifen werden ab 2⅔'-Länge zunehmend auf Tonlänge geschnitten. Vor allem größere Pfeifen werden nach oben hin ausgedünnt. Gedeckte Pfeifen und Rohrflöten werden nicht selten verlötet. Ein Blick in die von Johannes Rohlf in Freiburg-Kappel gebaute Orgel läßt diese Bauweise erkennen. Einige Orgelbauer verwenden nach Möglichkeit oder ausnahmslos gehämmerte Pfeifen, beispielsweise Jürgen Ahrend und John Brombaugh.

Seit etwa 1820 wird auch gewalztes Zink im Orgelbau eingesetzt und fand in der zweiten Hälfte des 19. Jahrhunderts weite Verbreitung[75]. Nach der Ablieferung der Prospektpfeifen 1917 wurde Zink als Ersatzmaterial angeboten. Erst seit mehreren Jahrzehnten ist hochwertiges Elektrolytzink auf dem Markt und ist bei richtiger Anwendung heute als gutes Material akzeptiert. Es läßt sich wesentlich besser verarbeiten als gewalztes Zink und hat auch bessere Klangeigenschaften als Walzmetall, hat aber bei mangelnder Stärke ähnliche Nachteile wie Orgelmetall. Das Scheppern in der Naht, wie wir es von den vielen Zinkprospekten her kennen, tritt bei Elektrolytzink nicht auf.

Die klanglichen Nachteile des gewalzten Zinks sind auch heute noch der Grund für die Aversion, die Organisten und Sachverständige, aber auch oft Orgelbauer mit dem Wort Zink verbinden. Dennoch wird es nach wie vor in der 32'- und 16'-Lage bei richtiger Konstruktion ohne klangliche Nachteile eingesetzt. Da inzwischen auch Lacke entwickelt werden konnten, die Zinkpfeifen einen silbernen Glanz verleihen, das Metall nicht verfärben und zudem auf dem Untergrund gut haften, sind Zinkpfeifen selbst in Prospekten gut verwendbar. In Amerika sind Importe aus Deutschland sehr begehrt.

Andere Metalle werden nur in Ausnahmefällen eingesetzt. Kupfer wurde in den 30er Jahren und in der Nachkriegszeit oft als Ersatz für Zinn oder Zink verwendet. Heute wird es aus optischen Erwägungen nur noch bei Prospektregistern gewünscht.

Aluminium wird sehr selten eingesetzt. In Amerika ist Charles Hendrickson durch seine Aluminiumprospekte bekannt geworden. Poliert übertreffen sie Zinnprospekte im Glanz und haben bei hinreichender Stärke gute Klangeigenschaften. In Deutschland wurde Aluminium nur für Stimmringe verwendet. Heute wird hierfür verzinntes Weißblech eingesetzt, weil dieses Material bessere Spannungseigenschaften besitzt.

Als der Zinnpreis 1980 von etwa 28,-- DM/kg auf 40,-- DM/kg anstieg, wichen Orgelbauer, die Zink meiden wollten, auf stärker bleihaltige Legierungen aus. Diese fan-

[72] Ders.: a.a.O., S. 52, 58.

[73] Rohlf, Johannes: a.a.O., S. 4.

[74] John Hamilton: „An Emerging Organbuilding Movement in the U.S.". In: *The American Organist*, 20 (1986)9, S. 48-53.

[75] Eine ausführliche Darstellung über die Verwendung von Zink findet sich in: Alfred Reichling: „Zink als Material für Orgelpfeifen in Geschichte und Gegenwart". In: Hans Gerd Klais: *Beiträge zur Ästhetik der Orgel.* Eigenverlag, Bonn 1983, S. 67-135.

den vor allem bei Gedackten und Flöten Anwendung, jedoch hat man in Deutschland einen Anteil von 15% Zinn selten unterschritten. In Amerika dagegen gibt es Orgelbauer, die mehr als 98% Blei, und dies auch in Prinzipalregistern im Prospekt, verwenden.

Der hohe Zinnpreis führte aber auch zu der Forderung, Kombinationen aus Zink und Zinn herzustellen. Die Firma Carl Giesecke & Sohn hat ein Spezialverfahren entwickelt, mit dem vor dem Verformen auf etwa 80% der Plattenbreite eine 0,75 mm dünne Zinnschicht aufgelötet wird, ohne daß es bei der weiteren Verarbeitung zu Spannungen und Rissen kommt[76].

Andere Orgelbauer sind bei Zinnlegierungen keine Kompromisse eingegangen und versuchten bei der Auslegung der Dispositionen zu sparen oder haben eine Ausführung in mehreren Bauabschnitten angeboten. Dies schließt nicht aus, daß jene Orgelbauer, die eher zu billigeren Materialien griffen, sich ebenfalls dieser Vorgehensweise bedienten.

Als im März 1986 der Zinnpreis auf etwa 15,-- DM/kg fiel, war von Kompromissen in der Materialwahl nur noch wenig zu spüren. Inzwischen hat sich auch bei Sachverständigen eine qualitätsbewußtere Argumentationsweise durchgesetzt, so daß von dieser Seite Kirchengemeinden zunehmend unterstützt werden, nicht am falschen Ende zu sparen.

Heute werden vorwiegend hochwertige Materialien verwendet, und zwar hochprozentige Zinnlegierungen für Prinzipale, zunehmend auch 60%ige Legierungen für Flöten und hochprozentige Bleilegierungen dort, wo es aus klanglichen Gründen gefordert wird. Hier ist zur Erzielung einer guten Stabilität zu beachten, daß die Pfeifen nach oben ausgedünnt werden. Die Kerne sollten nicht mit einem Riegel versehen, sondern nach hinten hin abgeflacht werden.

Immer mehr Orgelbaufirmen gehen zum Hämmern von Pfeifen über, weil dies der Stabilität und dem Klang zugute kommt. Infolge diesbezüglicher Forderungen der Sachverständigen gehen sogar Firmen zu dieser Verarbeitungsform über, die noch vor wenigen Jahren ein Hämmern für unwesentlich hielten.

Die schlechten Erfahrungen mit heimischen Weichhölzern aus dem letzten Jahrhundert haben zu einer Rückkehr zu holzwurmresistenten Hölzern geführt. Neben Eiche finden daher schon seit geraumer Zeit Kiefer, Nußbaum und ausländische Hölzer wie Oregonpine und Mahagoni Verwendung. Diese Hölzer sind zwar preisgünstig und stehen in bequemen Maßen zur Verfügung, dagegen sprechen aber gesundheitsschädigende Emissionen bei der Verarbeitung und späterhin bisweilen völlig unvorhersehbares Arbeiten des Holzes (Brasil-Kiefer).

Das Verständnis von Stimmung und Wartung hat sich geändert oder ist in der Änderung begriffen. Jede Orgel bedarf einer gewissen Wartung. Dabei wird das wertvolle Instrument gewissenhaft kontrolliert. Jeder Orgelbauer aber weiß, daß die Pfeifen durch häufiges Nachstimmen nicht besser werden. Mehr und mehr Firmen beschränken sich auf das Nötigste und versuchen, Verständnis bei Organisten zu finden und Einfluß auf Heizgewohnheiten und Luftbefeuchtung zu gewinnen.

Labialstimmen und Werkaufbau

Organisten, die im Zuge der allgemeinen Rückbesinnung auf Klangideale der Romantik Werke des 19. Jahrhunderts auf Instrumenten interpretieren wollen, die aus der Sicht der Orgelbewegung konzipiert wurden, kommen schnell an die Grenzen des Machbaren. Brustwerke und Kronpositive sind hierfür ungeeignet, und so bleiben oft nur jene drei oder vier labialen 8'-Register, die zwei- oder dreimanualige Orgeln aufweisen, als einzige Klangfarben übrig.

Dieses Defizit hat in den letzten 15 Jahren zu einer völligen Umstrukturierung des Werkaufbaues und der Dispositionen geführt. Neben Hauptwerk und Pedal werden je nach Vorstellung des Organisten oder Sachverständigen ein Schwellwerk oder ein Rückpositiv gebaut. Bei dreimanualigen Orgeln ergänzen entweder Rückpositiv und Schwellwerk oder gar zwei Schwellwerke das Hauptwerk. Brustwerke oder noch seltener Oberwerke werden erst in zweiter Linie diskutiert.

Kopflastige Klangvorstellungen haben sich überlebt; eine bessere Ausstattung der Grundtonlagen ist die Folge, und auch die Zusammensetzung der Klangkronen schließt besser an die 2⅔'-2'-Lage an. Instrumente mit mehr als 25 Stimmen erhalten zunehmend ein Hauptwerk mit 16'-Basis.

In jüngster Zeit wird das Streben nach einer besser ausgebauten Grundtonlage dadurch verstärkt, daß man sich der in der DDR erhalten gebliebenen schönen und teilweise großen romantischen Instrumente, beispielsweise von Ladegast, Peternell oder Sauer, besinnt. Im westeuropäischen Kulturraum sind solche Werke fast ausschließlich umgebaut oder vernichtet worden. Hier sind qualitativ hochwertige Restaurierungen wie in Buxtehude (Ev.-luth. Kirche, Furtwängler, 1858/59), Winterthur (Stadtkirche, Walcker, 1888) oder Mannheim (Christuskirche, Steinmeyer, 1911) erst in den letzten Jahren zu beobachten.

Der Charakter der Schwellwerke wird nicht ausschließlich dem deutschen Schwellwerk spätromantischer Prägung oder dem französischen Cavaillé-Coll-Récit oder gar dem englischen Swell entlehnt, sondern entwickelt sich eigenständig, um gleichermaßen deutsche und französische Werke wieder erklingen zu lassen. Die Wiedergewinnung einer guten Basis für die Darstellung der Werke von Liszt und Reger wird jedoch in den nächsten Jahren im Vordergrund stehen. Besondere Bemühungen gelten charaktervol-

76 Gespräche 1987 mit Klaus Wilhelm Furtwängler, Göttingen.

len Stimmen wie Streichern, Schwebung und überblasenden Flöten, auch in 4'- und 2'-Lage.

Die Veränderung der Registerstruktur in einem Werk muß im engen Zusammenhang mit der Mensurierung gesehen werden. Hier ist eine Tendenz zu weiteren Mensuren, verbunden mit einem höheren Winddruck, festzustellen. Die extrem engen Mensuren mit Aufschnitthöhen in der Größenordnung von 1/5, wie sie Paul Ott verwendete, werden ja bereits seit etwa 1960 nicht mehr gebaut. Aber auch extrem weite Register in einer Bauweise, wie sie Ernst Karl Rößler oder Alfred Hoppe forderten, sind passé.

Gewünscht wird heute eine ausgewogene, differenzierte Klanggebung, die Extreme meidet, aber in einer zunehmend romantisierenden Klangwelt fülligere Stimmen bevorzugt. Daneben ist eine stärkere stilistische Differenzierung zu beobachten, um Orgelmusik auf speziell geeigneten Instrumenten spielen zu können.

Zungenstimmen

Geht bei den Labialregistern die Klangvorstellung stärker in die Richtung eines satteren deutsch-romantischen Ideals, so sind bei den Zungenregistern französische Tendenzen unverkennbar.

Die Trompeten eines Hauptwerkes werden zunehmend in klassischer französischer Bauweise mit einem strahlenden, brillanten Klang gewünscht, so daß sie sowohl hinreichend mischungsfähig, aber auch solistisch einsetzbar sind. Die klassische „Schnitger-Trompete" wird kaum noch gebaut. Dies ist aber auch dadurch bedingt, daß sie mit ihren Bleiauflagen und breiten Zungen schwierig zu intonieren und zu pflegen ist.

Die Zungen der Schwellwerke sind angesichts des großen Interesses an der Darstellung französischer Orgelmusik der Romantik in wachsendem Maße der Cavaillé-Coll-Schule verpflichtet. Ein lückenloser Aufbau der 16'-8'-4'-Lage ist nicht selten.

Klassische Nebenwerke ohne Schweller haben sehr häufig ein französisches Cromorne oder verwandte Register. Stimmen des Frühbarock, wie sie in der Nachkriegszeit gerne gebaut wurden, sind nicht mehr gefragt.

Diese Tendenz im Zungenbau wird sich fortsetzen. Ein Ende der Nachfrage nach französischen Zungen ist, von der Verknappung der Geldmittel einmal abgesehen, nicht in Sicht.

Temperierung

Die Instrumente der Zukunft werden in zunehmendem Maße ungleichschwebend eingestimmt sein. Organisten und Orgelbauer haben erkannt, daß Stimmungsfragen ein integraler Bestandteil des ästhetischen Konzeptes einer neuen Orgel sind. Jürgen Ahrend und Gerhard Brunzema haben 1955 in der restaurierten Orgel in Westerhusen erstmals eine mitteltönige Temperatur gelegt. Richard Rensch dagegen ist vermutlich der erste Orgelbauer gewesen, der in Süddeutschland 1957 in einer neuen Orgel wieder eine ungleichschwebende Temperierung eingeführt hat.

Sweelinck und Frescobaldi klingen am charakteristischsten in einer mitteltönigen Temperatur, während Bach-Werke ihre volle Schönheit erlangen, wenn sie in einer ihr zeitgemäßen Temperierung vorgetragen werden. Gute Erfahrungen wurden mit Werckmeister III und Kirnberger II und III gemacht. Modifizierte Stimmungen dieser Art erlauben auch noch eine werkgetreue Interpretation romantischer und zeitgenössischer Kompositionen.

Die Gründe, auch in Zukunft ungleichschwebende Temperierungen zu verwenden, liegen auf der Hand: der größte Teil des Repertoires, das heute gespielt wird, entstand in einer Zeit, in der die gleichschwebende Temperierung unbekannt war. Dem steht als zugkräftiges Argument für eine gleichstufige Temperatur das starke Interesse an symphonischer Musik entgegen.

Und so wird es mit dem Trend zur Romantik auch noch ausreichend Instrumente dieser Art geben. Es ist sogar anzunehmen, daß mit dem Verlust der Unsicherheit unserer Zeit die historisierende Richtung auf längere Sicht an Boden verlieren und in den Hintergrund treten wird. Instrumente, in denen wie in Stanford zwei Temperierungen vereinigt sind, werden Experimente und damit die Ausnahme bleiben[77].

Die Mikroelektronik eröffnet seit gut einem Jahrzehnt die Möglichkeit, Temperierungen elektronisch gesteuert zu legen. Orgelbauer haben vereinzelt Stimmgeräte entwickelt, in denen jeder Ton einer Oktave einzeln programmierbar ist. Optisch oder akustisch wird der Vergleich von Soll und Ist dargestellt.

RESTAURIERUNGEN

Die Erhaltung alter Instrumente ist eine ebenso wichtige, weil letztlich kostensparende Aufgabe wie der Bau neuer Orgeln. Sie ist kostensparend jedoch nur dann, wenn eine kontinuierliche Pflege gewährleistet ist. Der Restaurierung wertvoller historischer Werke kommt nach einer Phase der Zerstörung durch mangelndes Verständnis und Kriegseinwirkung besondere Bedeutung zu.

Seitens der Orgeldenkmalpflege wurden 1958 im „Weilheimer Regulativ"[78] Richtlinien zum Schutze alter Orgeln entwickelt. Wenn auch diese Leitgedanken heute noch Gültigkeit besitzen, so ist doch in der Formulierung deutlich ein

[77] Robert Cornell: „Stanford. A Rare Opportunity for Organ Building". In: *The Diapason*, 75(1984)6, S. 12-13. – James Welch: Ebda. 18(1984)4, S. S 174-179.

[78] *Richtlinien zum Schutze alter wertvoller Orgeln (Weilheimer Regulativ)*. Berlin 1958.

Sinneswandel bei Definitionen und Maßnahmen erkennbar und eine Überarbeitung, wenn nicht vollständige Neufassung angeraten. Kristian Wegscheider und Helmut Werner haben in ihrer Veröffentlichung „Richtlinien zur Erhaltung wertvoller historischer Orgeln“[79] bereits sorgfältige Vorarbeit geleistet. Und Gerald Woehl, der einige interessante Restaurierungen vorweisen kann, hat sich 1975 eingehend zur Restaurierung historischer Orgeln geäußert[80].

Restaurierung heißt „Rückführung in einen beweisbaren früheren Zustand in voller Funktionsfähigkeit“[81]. Die Rekonstruktion des frühesten Originalzustands ist in der Regel nicht möglich, weil fast immer Veränderungen vorgenommen worden sind, die eine totale Rückführung verhindern (zum Beispiel im Zusammenhang mit Überführungen in eine andere Kirche), in ihrer Qualität konstruktiv oder klanglich das Original übertreffen oder sogar selbst Denkmalswert haben. Nicht selten können erst während der Restaurierung Entscheidungen getroffen werden, die den geplanten, zu erhaltenden Zustand betreffen.

Das Wesen der Restaurierung liegt in einer völligen Unterordnung des Restaurators unter das zu restaurierende Objekt. Woehl schreibt hierzu: *Die Kunst des Restaurierens ist aber, so wenig wie möglich zu verändern, oder überhaupt so wenig wie möglich zu tun. Dieses Prinzip muß für Instrumente aller Stilepochen angewendet werden. Je älter eine Orgel ist, desto schwieriger wird diese selbst auferlegte Beschränkung.*[82] Da Orgelbauer seit 1930 fortwährend Erfahrungen sammeln und an ihre Mitarbeiter weitergeben konnten, gibt es heute einen beachtlichen Fundus an Kunstfertigkeit und Wissen über alte Technologien, so daß die Restaurierung historischer Orgeln generell kein Problem mehr darstellt. Die Schwierigkeit liegt im Detail und in der möglichen Überforderung eines jeden Spezialisten, sich immer wieder auf neue Instrumente und deren Erbauer einstellen zu müssen.

Die Ausführlichkeit, mit der sich Woehl in seinem Beitrag über Vorgehensweisen und Materialien bei Restaurierungen auseinandersetzt, zeigt, daß die zweite Generation im Orgelbau seit 1930 über einen reichen Erfahrungsschatz verfügt und unter der Voraussetzung einer sachgerechten Beteiligung von Sachverständigen in Zukunft Restaurierungen mit hohem Niveau wird durchführen können.

Im folgenden seien einige Leitgedanken zusammengestellt, denen man bei Restaurierungen in Zukunft noch stärker Beachtung schenken wird:

Allgemein:
- Durchführung der Arbeiten in der Kirche, um originale Feuchtigkeitsverhältnisse zu haben; ist dies nicht möglich, so ist in der Werkstatt ein entsprechender Raum herzurichten.
- Möglichst keine vollständige Demontage, weil dadurch mehr als erforderlich zerstört wird.
- Vermeidung artfremder Materialien, zum Beispiel eines Stahlgerüstes zur Lagerung der Windladen.
- Konservierung anstelle von Ersetzung, wenn irgend möglich.
- Fortwährendes Überprüfen, ob bei Unsicherheit die getroffenen Entscheidungen reversibel sind.

Gehäuse:
- Herstellen des Originalzustandes mit den in der alten Orgel verwendeten Hölzern.
- Bei erforderlichen Änderungen Beschränkung auf Abdeckungen über und hinter der Orgel, um Schmutz, Feuchtigkeit und Kälte abzuhalten.

Windladen:
- Ausspänen großer Risse mit Holz und Abdichten mit Lederstreifen.
- Sparsames Verwenden von Warmleim.
- Abdichten mit Leder oder Papier.
- Wiederherstellung der Ventilbelederung wie im Original.
- Wiederherstellung der Pulpeten wie im Original.
- Weitgehende Erhaltung der alten Federn.
- Vermeiden federnder Schleifendichtungen; Tuch und Papier sind meistens völlig ausreichend.

Traktur:
- Verwenden originaler Materialien wie Holz, Draht und Leder.
- Kein Auspolstern von Verbindungsteilen und Austuchen von Achsbohrungen.
- Stützen von Wellen oder Achsen durch Federn oder dünne Stifte.
- Führen der Abstrakten durch dünne Stifte.

Spielanlage:
- Keine Erweiterung des Klaviaturumfangs und keine Veränderung der Klaviaturmaße, kein Pedaleinschub.
- Rekonstruktion abgenutzter Tastenbeläge in genauer Anlehnung an das Original.
- Kein Austuchen der Tastenführungen.
- Rekonstruktion der Registersteuerung, originalgetreu hinsichtlich der Materialien und Maße.
- Freilegen der originalen Registerschilder; falls dies nicht möglich ist, sollten die aus späterer Zeit stammenden erhalten bleiben.

Pfeifen:
- Ermitteln oder Rekonstruieren des originalen Winddrucks[83],

---

[79] Kristian Wegscheider / Helmut Werner: *Richtlinien zur Erhaltung wertvoller historischer Orgeln - Zum Gebrauch für Orgelbauer, Denkmalpfleger, Organisten.* (= Studien zur Aufführungspraxis und Interpretation von Musik des 18. Jahrhunderts, Heft 12), Blankenburg 1981.

[80] Gerald Woehl: „Über die Restaurierung historischer Orgeln“. In: *Ars Organi*, 23 (1975), S. 2153-2161.

[81] Ders.: a.a.O., S. 2153.

[82] Ders.: a.a.O., S. 2154.

[83] Helmut Winter: „Das Winddruckproblem bei den norddeutschen Orgeln im 17. und 18. Jahrhundert“. In: *Acta Organologica*, Band 3, S. 176-182. – Gerald Woehl: a.a.O., S. 2154.

- Reinigen der Pfeifen mit Wasser ohne chemische Zusätze,
- Sortieren der Pfeifen nach den originalen Aufschriften und Zusammenstellen entsprechend der originalen Disposition
- Weitgehende Erhaltung von Kernstichen; ein Zureiben starker Kernstiche ist, falls überhaupt nötig, mit größter Vorsicht auszuführen.
- Sorgfältige Beurteilung von Fußbohrungen.
- Zulöten von Stimmschlitzen, wenn diese später eingeschnitten worden sind; dies trifft bei Orgeln bis zur zweiten Hälfte des 19. Jahrhunderts zu.
- Ausflicken der Pfeifen bei Zinnpest-Befall.
- Ermittlung alter Mensuren für die Rekonstruktion alter Pfeifen.
- Rekonstruktion alter Pfeifen nach alter Arbeitsweise mit derselben Materialzusammensetzung und denselben Parametern wie Labienform, Kerndicke, Kernfase und Kulpung.
- Manuelles Ausdünnen der Pfeifen.
- Beschränkung intonationsbezogener Maßnahmen auf ein Minimum.
- Rekonstruktion der Temperierung oder Legen einer Temperatur in Anlehnung an die in der Zeit bevorzugte.

Windversorgung:

- Restaurierung oder Rekonstruktion der originalen Balganlage, bei älteren Orgeln mit schräg gelagerten Keilbälgen ausreichender Größe und Schöpfbälgen für eine Bedienung durch einen Kalkanten.
- Restaurierung oder Rekonstruktion der originalen Kanalanlage mit in der Regel rechtwinkliger Kröpfung.

Woehl faßt seine Betrachtungen zu fünf Grundsätzen zusammen, die auch in Zukunft bei Restaurierung historischer Orgeln – und hierzu gehören bereits Instrumente der Orgelbewegung – beachtet werden sollten:

- *Die Anlage der Orgel als komplexes Gebilde von Instrument und Raum sowie Klang und Raum und damit der ideelle Wert einer Orgelanlage muß erhalten und wiedergewonnen werden.*
- *Die historische Substanz einer Orgel muß erhalten und konserviert werden unter Berücksichtigung ihrer Brauchbarkeit als Kirchenorgel.*
- *Wenn restauriert werden muß, so soll dies nicht nur unter heutigen funktionellen Ansprüchen geschehen. Eine Rekonstruktion soll materialgerecht, der Bauweise des Originals abgenommen und dem Geist der originalen Substanz verpflichtet sein.*
- *Tatsächlich unbrauchbare Teile werden im Sinne einer Rekonstruktion ersetzt, aber als Belege aufgehoben. Zur Beurteilung der Unbrauchbarkeit sind sehr strenge Maßstäbe anzusetzen. Alle Maßnahmen, die in der Substanz einen Austausch oder eine Hinzufügung darstellen, sollten reversibel sein, d.h. der vorgefundene Zustand soll erkennbar und wiederherstellbar sein. Vor dem Austausch scheinbar unbrauchbarer Teile muß sorgfältig geprüft werden, ob eine Reparatur oder Teilreparatur nicht zu erneuter Brauchbarkeit führt.*
- *Eine umfassende Dokumentation mit Zeichnungen, schriftlichem Bericht aller Arbeiten, Fotografien und Tonbandaufnahmen des Zustandes vorher und nachher ist nötig, um a) die Unterscheidung der originalen Substanz von der Rekonstruktion zu ermöglichen, b) für eventuell später erforderliche Eingriffe Aufschluß über die verwendeten Materialien und Hilfsstoffe zu liefern, und c) ein Instrument dem Interessenten zu erschließen, ohne daß nach Beendigung der Arbeiten der Informationssuchende neu demontieren und vermessen muß.*

Verantwortungsbewußte Orgelbauer unserer Zeit handeln bereits seit weit mehr als zehn Jahren nach den hier formulierten Prinzipien. Die Grenze zwischen orgelbaulichem Schaffen und halbindustrieller Serienfertigung ist jedoch fließend. Im Einzelfall kann für eine Werkstatt die Phase des „Niedergangs“ noch mit einer Jahreszahl verknüpft werden. Eine generelle Einordung, wie sie oft von Kirchen und Sachverständigen gewünscht wird, ist nicht möglich. Deshalb werden auch in Zukunft gleich strenge Maßstäbe dort angelegt werden müssen, wo heute noch Erfahrungen fehlen: bei der Restaurierung pneumatischer Orgeln mit Kegelladen, Taschenladen und Kastenladen, bei Instrumenten mit hohem Winddruck und Stentorstimmen und schließlich bei Werken der Orgelbewegung.

Bad Krotzingen, St. Alban. Orgel von Mönch und Prachtel, Überlingen, 1982. 32 Register, 2 Manuale und Pedal. Foto: Gräber

Viersen, St. Remigius. Orgel von Gerald Woehl, Marburg, 1984-1986. 53 Register, 4 Manuale und Pedal. Foto: Schmitz-Lenders

Freiburg-Kappel, Kath. Kirche. Orgel von Johannes Rohlf, Ruit, 1980. 18 Register, 2 Manuale und Pedal.

Schmalkalden, Schloß Wilhelmsburg. Orgel von Daniel Meyer, Göttingen, 1587-1589. 6 Register, 1 Manual. Restauriert von Wilhelm Rühle & Sohn, Moritzburg, 1976. Foto: Pape

Einpassen der Metallpfeifen in die Rasterbretter (Alfred Führer, Wilhelmshaven). Foto: Harms

Runden von Pfeifenkörpern (Alfred Führer, Wilhelmshaven). Foto: Harms

Bei der Vorintonation (Alfred Führer, Wilhelmshaven). Foto: Harms

Alte Metallpfeifen vor der Restaurierung (Alfred Führer, Wilhelmshaven). Foto: Harms

Herstellen von Holzpfeifen (Alfred Führer, Wilhelmshaven). Foto: Harms

Armin Fett

HARMONIKA-INSTRUMENTE

Im 17. und 18. Jahrhundert verstand man unter Harmonika ein aus schwingungsfähigen Glasglocken, Glasstäben oder Glasröhren als tonerzeugenden Teilen bestehendes Instrument. Später wurde der Begriff Glasharmonika eingeengt auf das von Benjamin Franklin 1762 in London konstruierte Instrument. Bei diesem waren – in Kegelform – Glasschalen der Größe nach auf einer Achse angeordnet, die, durch ein Pedal in drehende Bewegung versetzt, mit angefeuchteten Fingern leicht berührt wurden und dabei einen zarten ätherischen Ton entstehen ließen. Später wurde diese Glasharmonika (Tonumfang zwei, später vier Oktaven von c - c'''') mit einem Klaviermechanismus versehen.

Als Glasharmonika-Spielerin war neben anderen vor allem Marianne Kirchgessner (1769-1802) bekannt geworden, für die Mozart ein *Adagio und Rondo* (KV 617) schrieb[1].

Heute bezeichnen wir mit dem Begriff Harmonika eine in vielfältigen Formen ausgeprägte Familie von Musikinstrumenten mit durchschlagenden Zungen, die seit ihrer Erfindung vor 1800 zunächst Eingang in das volkstümliche Musizieren fanden und später, um die Mitte des Jahrhunderts, auch von Virtuosen gespielt wurden[2]. Ihre größte Verbreitung fanden sie nach dem ersten Weltkrieg. In der ersten Hälfte des 20. Jahrhunderts gehörten sie zu den meistgespielten Instrumenten.

Instrumente mit aus Bambus geschnittenen durchschlagenden Zungen gab es schon bei den Naturvölkern. Hier sei vor allem auf die Forschungen von Curt Sachs und Hans Fischer[3] verwiesen. Die berühmte Konstruktion der mit durchschlagenden Bambuszungenpfeifen versehenen chinesischen Mundorgel *Sheng* geht angeblich auf Kaiser Nyn-Kwa (um 2700 v. Chr.) zurück. Im Abendland erwähnt Michael Praetorius erstmals dieses Tonerzeugungsprinzip (*Organographia*, Wolfenbüttel 1619, S. 143):

Die Malerin Angelica Kaufmann beim Spiel der Glasharmonika, 1819. Kupferstich von Carl Rahl nach Ludwig Schnorr von Carolsfeld. Staatl. Institut f. Musikforschung Preußischer Kulturbesitz. Musikinstrumenten-Museum, Berlin

Im Land zu Hessen ist in einem Kloster eine sonderliche Art von Posaunen funden worden / do uff das Mundstück ein Messingbödemchen uffgelötet / und in der mitten ein ziemlich lenglicht löchlein drinn / darüber dann allererst das rechte zünglein oder blätlein gelegt / und mit geglüeten Messings oder Stälenen Saiten druff gebunden wird / daß es nicht also sehr schnarren und plarren kan. Und weil es dergestalt

[1] Vgl.: Hermann Ullrich: *Die blinde Glasharmonikavirtuosin Marianne Kirchgessner und Wien. Eine Künstlerin der empfindsamen Zeit.* München 1971.

[2] Zitiert nach Riemann, *Musiklexikon.* Mainz 1967[12]. Stichwort: Harmonika.

[3] Curt Sachs: *Die Musikinstrumente Indiens und Indonesiens.* Berlin und Leipzig 1923[2] und Hans Fischer: *Schallgeräte in Ozeanien.* Straßburg/Baden-Baden 1958, S. 63.

etwas mehr als sonsten gedempffet wird / gibt es gleich einer Posaunen / wenn die von einem guten Meister recht intonirt und geblasen wird / einen pompenden / dumpichten / und nicht schnarrenden Resonantz.

Eine solche „Posaune" gab natürlich je Instrument nur einen Ton wie die einzelnen Pfeifen beim chinesischen *Sheng* auch, der übrigens erstmals 1639 von Mersenne (*Harmonie Universelle* ...) in Europa erwähnt wird.

Das Prinzip der Tonerzeugung der Harmonika-Instrumente ist: *...durchschlagende (freischwingende) Stimmzungen, die mit ihrem „Fuß" vor der Längsöffnung einer Stimmplatte aufgenietet sind, werden durch einen Strom verdichteter Druck- oder Saugluft in den Stimmenschlitz hineingedrückt bzw. hineingezogen, schwingen aber infolge ihrer Elastizität wieder zurück. Unterstützt durch die eigene Federkraft, geraten sie durch die Druckunterschiede über und unter den Stimmplatten in schnelle Bewegung, die durch die damit verbundene periodische Verdichtung bzw. Verdünnung der Luft den Ton ergibt, vorausgesetzt, daß jeweils ein Minimum an Frequenz (Reizschwelle) erreicht ist. Nach der Art der Erzeugung des Spielwindes unterscheidet man die Handharmonika-Instrumente von den Mundharmonikas. Bei den ersteren wird der Spielwind (Druck- und Saugluft) durch einen mit Hilfe der Hand bzw. des Armes bewegten Falten- oder Laternenbalg erzeugt, der die beiden Spielseiten des Instrumentes (Manuale) miteinander verbindet. Bei den Mundharmonikas dagegen dient die aus- und einströmende Atemluft der Tonerzeugung. Bei beiden Instrumententypen wird der Spielwind durch viereckige, an einer Längsseite durch die Stimmplatte abgeschlossene Tonkanäle (Kanzellen) gesteuert, die bei der Handharmonika durch Luftklappen geöffnet bzw. geschlossen, bei der Mundharmonika aber durch die Stellung des Instrumentes im Munde in Verbindung mit spieltechnischen Maßnahmen unmittelbar in den Wirkungsbereich des menschlichen Atems gebracht werden*[4].

Die folgende Unterteilung[5] scheidet – nach Art der Erzeugung des Spielwindes – zunächst einmal die *Mundharmonika-Instrumente* von den *Handharmonikas.*[6]

(Alle Typenbezeichnungen der nachstehend genannten Instrumente folgen internationalem Brauch. Bei den Mundharmonikas sind vorzugsweise die Bezeichnungen nach Hohner verwendet.)

I. Mundharmonika-Instrumente[7]

1. *Diatonische* Mundharmonikas
2. *Chromatische* Mundharmonikas
3. *Kombinierte* Melodie- und Begleit-Mundharmonikas
4. *Baß-* und *Begleit*-Instrumente
5. Reine *Akkord-Begleit*-Instrumente und Mundharmonika-*Bässe*
6. *Spezial*-Instrumente (mit außereuropäischen Tonfolgen, pentatonischen Reihen u.a.)

II. Handharmonika-(Handzug-)Instrumente[8]

1. *Diatonische* Handharmonikas *(wechseltönige* Instrumente)
   a. ein-, zwei- und dreireihige diatonische Handharmonikas *Wiener* und *deutscher* Bauart
   b. diatonische Handharmonikas mit *Gleichton* und Hilfstasten *(Club-Modelle)*
   c. diatonische *Spezial*-Instrumente (für das diatonische Orchester)
2. *Chromatische Handharmonikas (gleichtönige* Instrumente)[9]
   a. *Piano*-Akkordeons
   b. *Knopfgriff*-Akkordeons
   c. Akkordeons *(Freebass* und *Convertor*-Instrumente
   d. *Spezial*-Instrumente für das Akkordeon-*Orchester*

III. Sonderformen

Als Sondergruppe bieten sich die *Clarina*[10] und *Melodica*[11]-Instrumente an. Trotz der Verwendung der (ausströmenden) Atemluft bei der Tonerzeugung handelt es sich um keine echten Mundharmonikas, sie können aber, wegen der fehlenden Begleitmöglichkeit und trotz Tastenmechanik im Diskant, nicht zu den Handharmonikas gerechnet werden.

Der wenig glückliche Ausdruck „Handzug-Instrumente" entstammt dem offiziellen Sprachgebrauch bei amtlichen Stellen und wird vor allem in den Berufsbildern der Industrie- und Handelskammern verwendet. Er schließt auch andere nicht zu den Harmonikas gehörende Instrumente wie Concertina und Bandonion mit ein.

Die heute meist als „Ziehharmonika" bezeichneten *diatonischen Handharmonikas*[8] sind wechseltönig und geben im Diskant je nach der Anzahl der Knopftasten-Reihen eine bis drei diatonische Tonleitern mit den dazugehörigen Hauptdreiklängen im Baß. Von den „Wiener Modellen" mit ihren ein bis drei Spielreihen sind die „deutschen Modelle" (ein- und zweireihig) zu unterscheiden (offene Klappenlage, Registerschieber).

---

[4] Zitiert nach A. Fett: „Harmonika" in: *Die Musik in Geschichte und Gegenwart (MGG)*, Bd. 5, Kassel 1956. Sp. 1665-1699.

[5] Hierzu vgl. den ausführlichen Artikel „Harmonika" in: *Die Musik in Geschichte und Gegenwart (MGG)*, Kassel 1956.

[6] *Harmonika-Tabellen* (= Kleine Bücherei des Harmonikafreundes, Heft 1). Trossingen o.J.

[7] Emil Feil: *Die Mundharmonika* (= Kleine Bücherei des Harmonikafreundes, Heft 4). Trossingen o.J.

[8] Armin Fett: *Die Handharmonika* (= Kleine Bücherei des Harmonikafreundes, Heft 15). Trossingen o.J.

[9] Ders.: *Das Akkordeon* (= Kleine Bücherei des Harmonikafreundes, Heft 14). Trossingen o.J.

[10] *Spielanweisung und Farbnotenblätter für die Clarina color.* Trossingen o. J.

[11] Armin Fett: *Die Melodica* (= Kleine Bücherei des Harmonikafreundes, Heft 17). Trossingen o. J.

Ziehharmonika „Wiener Modelle“ (verdeckte Klappenlage)

Einreiher – 1 (diat.) Tonleiter

Zweireiher – 2 Tonarten

Dreireiher – 3 Tonarten

„Deutsche Ziehharmonika“ (offene Klappenlage)

Eine Spezialform der Ziehharmonika ist das mit zwei Spielreihen und einer sog. Hilfstastenreihe ausgestattete Wiener Modell mit Gleichton, *Clubmodell* genannt. Bei diesem ist auf der Melodieseite wesentlich erweitertes Melodie- und Harmoniespiel möglich.[6] Es wurde solistisch, vor allem aber im Orchester eingesetzt.

Clubmodell (Handharmonika mit Gleichton)

Die Anregung zum Orchesterspiel kam in den 20er Jahren aus der Schweiz, wo das Instrumentarium durch sog. Nebeninstrumente für die Mittellage sowie durch Bariton- und Baßharmonikas ergänzt wurde.

Beim heutigen *Akkordeon* liegen die Dinge einfacher. Es ist gleichtönend und läßt das Spiel in allen Tonarten zu. Je nach der Tastatur der rechten Spielseite unterscheiden wir das *Piano-Akkordeon* vom *Knopfgriff-Akkordeon*[9] (vgl. dazu Abb. S. 304).

Bei letzterem sind alle Töne in drei senkrecht nebeneinanderstehenden Reihen untergebracht. Weitere Spielreihen (bis fünf) sind Kopplungsreihen und dienen ausschließlich der spieltechnischen Erleichterung.[6]

Kompliziert aber wird das Bild durch die heute gegebenen Möglichkeiten der Auflösung der gekoppelten Akkorde der Baßseite in Einzeltöne, wodurch ein drittes Manual (M III) notwendig wird. Schließlich gibt es noch die FB-Instrumente (Free Bass), also Akkordeons ohne jede Akkordkopplung auf der Baßseite.

Alle diese Instrumente ermöglichen mit der linken Hand ein- und mehrstimmiges Melodie- und Harmoniespiel.

Die Mundharmonika

1829 kam – vermutlich durch einen wandernden Uhrenhändler – die erste Mundharmonika nach Trossingen, wobei bislang noch nicht geklärt werden konnte, ob diese aus Wien oder aus Knittlingen stammte. Dieses erste Instrument, von einem Zeugweber namens Christian Messner

Christian Messner, „Zeugchriste“

(genannt „Zeugchriste") erworben, sollte der Ausgangspunkt für eine später weltweite Industrie werden[12].

Im Prinzip zeigten die ersten Mundharmonikas den gleichen Aufbau wie die Instrumente unserer Tage: den Instrumentenkörper – aus Holz, bei uns heute aus feuchtigkeitsunempfindlichem Kunststoff – mit den eingefrästen oder ausgesparten kleinen Tonkammern (Kanzellen), nach beiden Seiten abgeschlossen durch die Stimmplatten aus Zinn oder später aus Messing mit den eingestanzten oder eingefrästen Stimmschlitzen, in denen die an einer Seite mit dem „Fuß“ angenieteten durchschlagenden Stimmzungen (Federn) frei schwingen konnten. Später wurden über den Platten zum Schutz der empfindlichen Stimmzungen, aber auch zur Verbesserung der Tonqualität Metalldecken (gelegentlich auch Holzdecken) angebracht.

Bei dem Versuch, die im Laufe der Zeit Mängel aufweisende Mundharmonika zu reparieren, mag dem „Zeugchriste“ der Gedanke gekommen sein, selbst ein solches Instrument nachzubauen. Als Werkzeug stand ihm hier zunächst nur ein Messer zur Verfügung, mit dem er in das einem Zinnteller entnommene weiche Metall die Stimmschlitze einschneiden konnte. Die Stimmzungen klopfte er sich aus Messingdraht und befestigte sie mit ebenfalls selbstgefertigten Messingnieten auf den Stimmplatten. Diese nagelte er dann auf den mit dem Taschenmesser bearbeiteten Holzkörper über den Tonkanzellen auf. Auch das Problem der tonhöhenrichtigen Einstimmung der Zungen und damit das Stimmen des ganzen Instruments konnte er lösen: Der mit ihm befreundete Orgelbauer Braun im nahegelegenen Spaichingen half ihm bei dieser schwierigen und für ihn doch ungewöhnlichen Arbeit[13].

Der „Zeugchriste“ konnte zufrieden sein, und da ihm die Arbeit Spaß gemacht hatte, baute er auch für seine Freunde einige Mundharfen, wie man das Instrument im Schwäbischen nennt. Dadurch wurde – wohl auch durch die Freude am zarten Klang - ungewollt ein Bedarf spürbar, den Christian Messner nur befriedigen konnte, wenn er seinen erlernten Beruf aufgab und sich nur der Mundharmonikamacherei widmete.

Das war 1832. Christian Messner heiratete, machte sich als Mundharfenmacher selbständig und nahm seinen vierzehnjährigen Bruder als Lehrling auf. Aus der zahlenmäßigen Erhöhung der Mundharmonikaproduktion erwuchsen zwangsläufig auch Änderungen in der Herstellung. So wurden die Stimmplatten jetzt aus einer Legierung aus Blei, Zinn und Zink im eigenen Betrieb mit selbstgefertigten eisernen Formen gegossen. Der aus Rottweil bezogene Messingdraht wurde für die Stimmenherstellung zunächst noch mit der Hand breitgeklopft, bis das später durch eine Handwalze übernommen wurde. Sonst aber hatte sich zunächst am Bestand der sehr primitiven Werkzeuge nichts geändert.

Zu Anfang der 40er Jahre stieg der Bedarf an Mundharmonikas nochmals an, doch ließ die Geheimniskrämerei um die Mundharmonikaherstellung bei Christian Messner eine spürbare personelle Ausweitung nur in geringem Maße zu. Neben seinem Bruder Johannes, der von Anfang an dabei war, galt nur Christian Messners Neffe, Christian Weiss, als zuverlässig genug.

Christian, der 1847 in das Geschäft seines Onkels eingetreten war, trennte sich 1855 wieder von ihm und gründete mit der Württembergischen Harmonikafabrik Christian Weiss eine eigene Firma. Diese wurde 1928 von Hohner übernommen. Inzwischen hatte auch der „Zeugchriste“ eingesehen, daß die Geheimniskrämerei keinen Gewinn brachte, und trat jetzt mit einer eigenen Firma vor die Öffentlichkeit: Christian Messner & Co. Nun stellte auch er einige Lehrlinge ein, die üblicherweise vom Lehrherrn nach Ablauf der Lehrzeit mit Werkzeug und Material ausgestattet wurden und für ihre Firma zu Hause arbeiteten. Das waren die sogenannten Stückwerker[14].

Matthias Hohner (1833-1902) hatte 1857 mit dem Bau von Mundharmonikas begonnen. Auch er wollte, nachdem er von dem großen Verkaufserfolg der in seinem Heimatort hergestellten Mundharmonikas gehört hatte, solche Instrumente herstellen. Er war gelernter Uhrmacher und schon bis zu einem gewissen Grade mit der Metall- und Holzbearbeitung vertraut. Wegen der sowohl bei Christian Messner als auch bei Christian Weiss herrschenden Geheimniskrämerei konnte er deren Fabrikationsmethoden nicht

---

12 Josef Zepf: „100 Jahre Trossinger Handharmonika-Industrie“. In: *Die Harmonika* (1957), S. 34ff, 57ff und 88ff.

13 Karl Schilpp: *Die Württ. Akkordeon- und Harmonika-Industrie* (= Tübinger staatswiss. Abhandlungen. Neue Folge, Heft 11). Berlin-Stuttgart-Leipzig 1915 S. 14f.

14 Josef Zepf: *Trossinger Harmonika-Industrie*. Privatdruck, Trossingen o. J. S. 10.

Matthias Hohner (1833-1902) im Kreise seiner Familie

übernehmen und schon gar nicht auf deren besonders gehüteten Erfahrungen aufbauen. Doch mußte er in der Fabrikation den gleichen Weg gehen wie die beiden anderen Trossinger Mundharmonikahersteller: er mußte die benötigten Platten, Stimmzungen, Kanzellenhölzer usw. selbst herstellen.

Mit Beginn seiner Selbständigkeit heiratete er und nahm seinen Bruder Paul und seinen Schwager Paul mit in seinen Betrieb. Matthias Hohners Beispiel fand viele Nachahmer. So begannen u. a. Jakob Birk (der Schwager von Christian Weiss), Christian Kratt, Johannes Irion, Christian Bilger, Andreas Koch u.a. mit der Fertigung. Bei Christian Weiss und Andreas Koch handelt es sich um die Begründer der beiden neben Hohner größten Trossinger Harmonika-Fabriken, die später in der Matth. Hohner AG aufgingen.

Mit der Geheimniskrämerei hatte es nun ein Ende. Jede dieser Firmen stockte ihren Personalbestand auf, konnte aber aus räumlichen Gründen nur etwa 10 Mitarbeiter aufnehmen, so daß wir diese Geschäfte als handwerklich-hausindustrielle Betriebe[15] bezeichnen können (weil sie entgegen dem Brauch beim Handwerk auch nach auswärts lieferten). In Trossingen dürften 1860 etwa 50 Personen mit der Herstellung von Mundharmonikas beschäftigt gewesen sein. Lehrlinge und Gesellen hatten, wie damals beim Handwerk üblich, Kost und teilweise auch Wohnung im Hause. Deshalb betrieb der Meister nebenbei auch Landwirtschaft, eine auch später für die Hohner-Arbeiter typische Regelung, die bis zum Ende des 2. Weltkrieges bestand und wesentlich zur Krisenfestigkeit während schlechter Zeiten beigetragen hat.

Der ständig wachsende Bedarf an Mundharmonikas führte zu erhöhter Produktion, die nur durch jetzt beginnende stärkere Einbeziehung von Maschinen möglich war. Der Werkzeugmacher Kupferschmid in Spaichingen lieferte solche Maschinen, aber man bezog sie auch aus Klingenthal, wo schon zu Beginn der 50er Jahre kleine Maschinenwerkstätten und später auch größere Spezialbetriebe zur Herstellung der Werkzeuge für die Harmonikafabrikation nachzuweisen sind. Schon 1859 wurden Spindelpressen zum Ausstanzen der Stimmplatten aus Zink- und Messingtafeln und der Stimmzungen aus Messingblech eingesetzt, die aber schon bald durch die aus Klingenthal stammenden Hebelpressen (wegen ihrer Herkunft „Sachsenpressen" genannt) und schon 1860 durch Exzenterpressen ersetzt wurden[16].

So dürfen wir für das Jahrzehnt von 1850-60 wie in anderen Fertigungszweigen auch bei der Harmonikaherstellung den Übergang eines bedeutenden Teils der Handarbeit an die Maschine feststellen. Zudem wurde die Produktion auch konzentriert auf die drei Haupttypen der Wiener, Knittlinger und Haydaer (Richter) Mundharmonikas. Diese drei verschiedenen Mundharmonikaformen wurden 1873 auf der Wiener Weltausstellung prämiiert, was eine Verdoppelung des Absatzes zur Folge hatte. Neben recht beachtlichem Umsatz vor allem in Süddeutschland waren die USA, Österreich und die Schweiz die Hauptabnehmer der in Trossingen gefertigten Instrumente[17].

Es wurde schon erwähnt, daß die Mundharmonika wahrscheinlich von Wien aus 1829 durch einen hausieren-

[15] Zepf: a. a. O. (Anm. 12), S. 35.

[16] Schilpp: a. a. O., S. 16 f.

[17] Schilpp: a. a. O., S. 17.

den Wiener Uhrenhändler nach Trossingen gekommen ist. Seitdem bewegt uns die Frage, wie die Mundharmonika nach Wien gekommen ist. Um die Erfindung des Instruments ist ein gelegentlich sehr heftig geführter Streit ausgebrochen, denn neben dem bisher bekannten Christian Friedrich Ludwig Buschmann aus Friedrichroda/Thür. (1805-1852) werden auch Johannes Weinrich aus Uder (Eichsfeld)[18] und Heinrich Scheibler aus Krefeld als angebliche Erfinder genannt. Es ist zu erwarten, daß aufgrund der z.Zt. laufenden Untersuchungen bald festgestellt werden kann, wer wirklich der Erfinder ist.

Christian Friedrich Ludwig Buschmann (1805-1864) der als Erfinder der Mundharmonika gilt.

Von Buschmann wissen wir, daß er schon 1821 ein Metallzungeninstrument mit Stahlzungen erfunden hatte, die über Tonkanäle (Kanzellen) mit dem Munde – also durch Atemluft – angeregt und zum Tönen gebracht wurden[19]. Er nannte dieses Instrument Aura, ein Name, mit dem seinerzeit auch die Maultrommel (im Volksmund Brummeisen oder Judenharfe genannt) bezeichnet wurde. Bei der Maultrommel handelt es sich um ein kleines, aber in verschiedenen Abmessungen und damit Tonhöhen hergestelltes lyraförmiges Instrument mit einer frei durchschwingenden Zunge. Diese wird mit einem Finger angezupft, während das Instrumentchen mit den Zähnen gehalten wird. Trotz der freischwingenden Zunge sollten wir diese Aura aber nicht als Mundharmonika ansprechen. Auch ist sie mit Sicherheit keine Vorform.

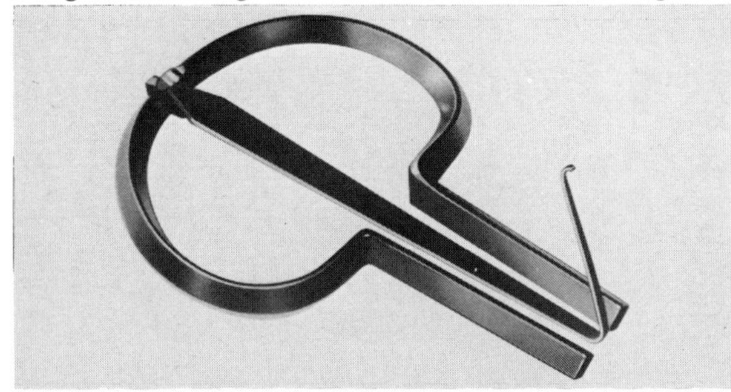

Maultrommel, auch „Aura" genannt

Wir wissen nicht, wie Buschmanns Aura – gelegentlich auch als „Mundäoline" bezeichnet – nach Wien gekommen ist. Auf jeden Fall finden wir das der Aura ein Jahr später folgende Instrument Buschmanns, seine Handäoline, ebenfalls schon in den 20er Jahren in Wien, wo es nach bestimmten Verbesserungen für Cyrillus Demian und dessen Söhne als „Accordion" patentiert wurde, d.h. es wurde 1829 ein auf zwei Jahre lautendes „Privilegium auf die Erfindung eines neuen Instruments Accordion genannt" erteilt und 1831 nochmals um 3 Jahre verlängert.

Auf die weitere Geschichte des Akkordeons wird unten näher eingegangen. Ehe die Entwicklung weiterverfolgt werden kann, muß der Blick auf einen zweiten Herstellungsort für Mundharmonikas im Badischen, auf Knittlingen, und vor allem auf die nach Umfang und Bedeutung außerordentlich zukunftsträchtige Harmonika-Industrie im sächsischen „Musikwinkel", auf Klingenthal, gerichtet werden.

Wir wissen heute, daß der in Knittlingen aus Au in Baden zugezogene Drechsler Ignaz Hotz (geb. 29. 1. 1790) bereits Mundharmonikas oder der Mundharmonika ähnliche Instrumente gebaut hat. Wir wissen aber nicht, ob es sich um eine Eigenerfindung oder um die Übernahme eines bereits fertigen Instruments (wie in Trossingen) gehandelt hat. Hotz' ältester Sohn übernahm 1847 die Werkstatt des Vaters, der nach den USA ausgewandert war. Dieser Matthias Friedrich Hotz, damals 27 Jahre alt, stimmte die Zungen der zweiten Platte der Mundharmonika eine Oktave tiefer, so daß das Instrument jetzt zweichörig in sogenannter Oktavstimmung war. Diese Mundharfe nannte man Konzertharmonika (wohl wegen des etwas volleren Klanges im Gegensatz zu den Richter-Instrumenten), und später erhielt sie den in der ganzen Welt bekannten Namen *Knittlinger Oktav-Mundharmonika* oder nur kurz *Knittlinger.* Natürlich gab es für Hotz auch in Knittlingen Nachahmer und Konkurrenten, wie die Firmen Pohl oder Egler, doch wirkte sich das auf die Firma Hotz kaum aus. Um die Jahrhundertwende lebten in Knittlingen etwa 3000 Menschen direkt oder indirekt vom Mundharmonikabau[20].

Knittlinger Oktav-Mundharmonika. Grundtonart: C-Dur

[18] *Eichsfelder Heimatbote*, 26. Jg. Nr. 11, vom 20.3.1954.

[19] Heinrich Buschmann: *Christian Friedrich Ludwig Buschmann, der Erfinder der Mund- und Handharmonika.* Sonderbeilage der „Hohner-Klänge", Dez. 1938, S. 12.

[20] Fritz Meisel: „Geschichte der Mundharmonika". In: *Musikblatt* 4/82 vom 5.5.83. Göttingen, S. 39-49, hier S. 42f.

Nach dem Tode von Matthias Friedrich Hotz 1896 übernahm dessen Sohn Johann Christian Friedrich die Firma, starb aber schon 1906. Wegen Erbstreitigkeiten wurde die Mundharmonikafabrik im gleichen Jahr an die Firma Matth. Hohner in Trossingen verkauft. Auch für die übrigen Mundharmonikahersteller in Knittlingen bedeutete dies das Ende, weil sie Hohner gegenüber nicht konkurrenzfähig waren. Als Folge der Wirtschaftskrise zu Anfang der 30er Jahre wurde die bis dahin weiterproduzierende ehemalige Hotz-Fabrik stillgelegt. Spätere Versuche, nach 1945 in Knittlingen wieder einen Mundharmonikabetrieb durch sudetendeutsche Flüchtlinge aufzubauen, sind gescheitert. Im Hohner-Mundharmonika-Sortiment aber lebt die „Knittlinger Oktav" als vielgenutztes Instrument im Mundharmonika-Orchester unangefochten weiter.

Der Bedeutung Demians für das Akkordeon und seine Weiterentwicklung entspricht in Wien der zu Anfang der 1820er Jahre nach dort zugezogene Schlossermeister Wilhelm Thie[21]. Er heiratete eine Wienerin und eröffnete eine Schlosserei. 1824 kaufte er in einer Wiener Weinwirtschaft einem böhmischen Schiffer eine Mundharfe ab (so bezeichnete dieser selbst das Instrument) und baute sie nach. Im Laufe der Jahre gab er das Schlosserhandwerk auf und fertigte nur noch Mundharmonikas, so daß Wien als der Sitz des ersten Gewerbebetriebes für Mundharmonikas gelten darf.

Thie, selbst kein Mundharmonikaspieler, gefiel der Ton seiner selbstgebauten Mundharmonika nicht, aber mit den harten, handgefeilten Stimmzungen war ein weicherer, modulationsfähiger Ton nicht zu erzielen. Anfang der 40er Jahre aber hatte einer seiner Gesellen das Problem einer Tonverbesserung gelöst: Er stimmte die Zungen der zweiten Platte um einige Schwingungen tiefer als die der ersten, so daß ein weicher, „schwebender" Ton entstand. Damit war die sogenannte Schwebetonstimmung erfunden, die man auch heute noch – sachlich nicht ganz richtig – bei allen Harmonika-Instrumenten als „Tremolo" bezeichnet. Alle sogenannten Wiener Mundharmonikas sind Tremolo-Instrumente: In den in ihrer ganzen Länge quergeteilten Kanzellen liegen also eine normal und eine geringfügig tiefer gestimmte Zunge zusammen[22]. Es kann angenommen werden, daß der oben erwähnte fliegende Händler eine Wiener Mundharmonika nach Trossingen brachte. Deshalb sprach man auch später dort immer von der „Wienerin".

Bis heute ist nicht belegt, wann der Wiener Tremolo-Mundharmonika unter Beibehaltung des Bauprinzips eine Wiener Oktav-Mundharmonika zur Seite gestellt wurde. Im Gegensatz zur Knittlinger Oktav sind beide Wiener Soloinstrumente. Sie werden meist mehrstimmig (zweistimmig melodisch) oder einstimmig mit sogenanntem Zungenschlag (Akkord) gespielt.

Alte Richter-Mundharmonika

Völlig ungeklärt ist auch die Erfindung der aus dem böhmischen Hayda stammenden Einloch-Mundharmonika, System Richter, so genannt nach dem ersten Fabrikanten[23]. Im Gegensatz zu den Wiener und Knittlinger Instrumenten mit ihren Doppelkanzellen ist sie mit einfachen, im Querschnitt etwa quadratischen Kanzellen ausgerüstet, in denen jeweils eine Stimmzunge auf Ausatmen = Blasen und eine auf Einatmen = Ziehen erklingt, so daß das Tonmaterial einer diatonischen Tonleiter in vier nebeneinanderliegenden Kanzellen untergebracht werden kann:

Blastöne	c	e	g	c
Ziehtöne	d	f	a	h

Die Richter ist, temperiert gestimmt, das geeignete Instrument der Mundharmonikafamilie für das Gemeinschaftsmusizieren in der Gruppe und im Orchester. Als 2. Stimme wird die Knittlinger Oktav bevorzugt im Orchester verwendet. Als *Orchester II* hat sie den gleichen Tonaufbau wie das Richter-Modell *Orchester I*. Das Richter-System wurde – wohl wegen der mit ihm gegebenen Möglichkeiten für das Orchesterspiel – in den großen Zentren Wien und Trossingen, aber auch in Knittlingen aufgegriffen, hat sich über die Jahrzehnte unverändert bis heute erhalten und findet sich sogar in den chromatischen Mundharmonikas *Chromonica* und *Chrometta* (s.u.).

Im sogenannten Musikwinkel, im sächsischen Vogtland, genau gesagt in Klingenthal (und Graslitz), vollzog sich die Einführung und Entwicklung der Mundharmonika mit gleicher Konsequenz wie in den bisher besprochenen Zentren, begann aber dort schon einige Jahre früher als in Trossingen, nämlich 1823, als der Klingenthaler Geigenbaumeister und Musikinstrumentenhändler Johann Georg Meisel eine der ersten deutschen Mundharmonikas – vermutlich die Buschmannsche Aura – von der Braunschweiger Messe mit nach Hause brachte. In seiner Heimat wurden schon seit Generationen Musikinstrumente hergestellt, vor allem Geigen, aber auch Holz- und Blechblasinstrumente, und er galt als weitblickender Fachmann in der gesamten Branche. Er sah die in diesem kleinen Instrument liegenden geschäftlichen Möglichkeiten und plante eine Produktion in größerem Stil[24].

---

[21] Meisel: a. a. O., S. 41.

[22] Korrekt ausgedrückt, handelt es sich dabei um ein sogenanntes *Amplituden-Vibrato* (Schwebetonstimmung).

[23] Meisel: a. a. O., S. 43.

[24] Meisel: a. a. O., S. 44 ff.

Als Geigenbauer und Holzfachmann verstand er sich nicht auf Metalle, wie sie bei der Mundharmonika für die Stimmplatten und -zungen benötigt wurden, wollte aber den dortigen Blechblasinstrumentenbauern sein Geheimnis nicht preisgeben und bestellte die Platten und Stimmzungen beim Gelbgießer Johann Langhammer in Graslitz, der Nachbarstadt Klingenthals – heute in der CSSR gelegen. Aber erst Langhammers Sohn gelang es, aus Messingblech die benötigten Stimmzungen herzustellen und damit das Instrument nach dem Muster anzufertigen. Meisel selbst sorgte für die Holzkörper und bestimmte Langhammer, sich mit seiner Familie auf die Herstellung von Mundharmonikas zu konzentrieren. Vertrieben wurden die Instrumente dann durch Johann Georg Meisel und seinen Sohn Christian. Wilhelm Meisel[25] weist auch darauf hin, daß damals erstmalig der Name „Mundharmonika" auftaucht.

Nach den bisher bekannten Quellen gelangte die Mundharmonika erst 1829 nach Klingenthal[25], und zwar durch Johann Wilhelm Rudolph Glier, der das Instrument vom Physikalischen Verein in Frankfurt/Main erhalten hatte. Was für ein Mundharmonikatyp gemeint war, ist uns nicht überliefert; wir wissen nur, daß es keine Trossinger gewesen sein konnte. Vielleicht war es gar eine Langhammersche, denn die Geheimhaltung in Klingenthal war so gut, daß Meisels Graslitzer Produktion nicht bekannt geworden war.

Glier hat zusammen mit seinen Söhnen noch 1829 die Mundharmonikaproduktion aufgenommen und seine Instrumente im In- und Ausland vertrieben. Da er einen Zweigbetrieb für Blasinstrumente in St. Petersburg unterhielt, konnte er seine Mundharmonikas auch leicht in die östlichen Länder liefern.

Nun setzt in Klingenthal spürbar das Bestreben ein, neue Firmen zu gründen und Mundharmonikas auf eigene Rechnung und für den eigenen Vertrieb zu bauen. Diese Entwicklung nahm ihren Anfang bei den Söhnen Gliers, und viele Arbeiter sprangen bei Glier ab, um sich selbständig zu machen. Meisel[25] meint, es seien gut 50 neue Firmen gewesen, so daß die Mundharmonika im Klingenthaler Raum (d.h. Klingenthal und Markneukirchen) zum Hauptverkaufsartikel wurde. Viele Firmen erlangten durch ihre Qualitätsinstrumente Weltruf, im 19. Jahrhundert etwa die Firmen Leiterd, Brunndöbra, F. A. Rauner, C. A. Seydel Söhne usw.; aber auch kleinere Firmen mit einer Belegschaft von nur fünf Mitarbeitern waren wegen der gelieferten Qualität im In- und Ausland bekannt und hatten ihren festen Abnehmerkreis, wie etwa die Firma Robert Dölling.

Auch die Klingenthaler Mundharmonikafabrikanten hatten sich den amerikanischen Markt erschlossen. Sie kamen auf beachtliche Produktionszahlen: Für 1860 wurden z.B. 250.000 Dutzend Mundharmonikas angegeben[26]. Als Kuriosum darf vermerkt werden, daß die USA im 19. Jahrhundert bis zum 1. Weltkrieg in Klingenthal ein Konsulat unterhielten!

Noch ein Wort zur technischen Herstellung der Mundharmonikas im Musikwinkel. Wir wissen, daß bis etwa 1850 diese Instrumente in reiner Handarbeit und etwas später, wenn überhaupt, dann mit verhältnismäßig primitiven Werkzeugen und Maschinen hergestellt wurden. Zunächst wurde das Korpusholz mit der Handsäge zugeschnitten und gehobelt; die Kanzellen wurden mit dem Stechbeitel ausgestochen und einzeln nachgearbeitet, und es sollte noch länger dauern, bis die Kanzellen durch Fräsmaschinen ausgearbeitet wurden. Am schwierigsten war die Herstellung der Stimmzungen (Federn). Darüber gibt Meisel eine anschauliche Schilderung:

Die Federn wurden viele Jahre in der Weise gewonnen, daß in einen Messingstreifen zuerst die Stiftlöcher gebohrt wurden. Diesen Streifen steckte man mit dem ersten Loch auf den ersten Stift einer vorgestifteten Platte und riß mit einer Stahlnadel den Zungenschlitz auf dem Streifen an. Dann kam das zweite Loch auf den zweiten Stift und so fort, bis für jeden Zungenschlitz eine Feder angerissen war. Mit Hilfe der Handblechschere schnitt man diese dann aus und „paßte" sie mit der Feile in den Zungenschlitz der Platte ein. Nun sollte der Feder der Ton gegeben werden, den eine im Schraubstock eingeklemmte, bereits abgestimmte Feder beim Anschnippen hören ließ. Die Feder wurde in einen Faustkloben gespannt, gefeilt und so oft angeschnippt und wieder gefeilt, bis sie im Ton mit der Feder im Schraubstock übereinstimmte. Man hat aber auch Federn aus Messingdraht geklopft[26].

Die angestrebte und dringend notwendige Steigerung der Produktion in den 1850er Jahren war, wie schon erwähnt, ohne einen stärkeren Einsatz von Maschinen nicht möglich. So kamen jetzt Fräsmaschinen zur Holzbearbeitung und Plattenstanzen in Klingenthal und Trossingen zum Einsatz. Der damals bedeutendste Werkzeugmaschinenbauer war Julius Berthold in Klingenthal[27], der sogar auch eine Stimmenfräsmaschine konstruiert hatte. Seine Erzeugnisse standen bei allen kleinen und großen Mundharmonikaherstellern in bestem Ansehen – auch bei den Trossinger Firmen –, und mit ihnen schufen die Fabrikanten die Grundlage für die weltweite Verbreitung der Mundharmonika gegen Ende des 19. Jahrhunderts. Jetzt konnte sich auch eine Mundharmonika-Industrie auf breiter Basis entwickeln.

Was die musikalischen Möglichkeiten der diatonischen Mundharmonikas anbelangt, so sind sie auf den ersten Blick sehr bescheiden. Zudem meint man, der ständige Wechsel von Blasen und Ziehen bei nebeneinanderliegenden Tönen würde eine organisch fließende Melodieführung nicht möglich machen. Die Spielpraxis aber beweist das Gegenteil. Doch in bezug auf das zur Verfügung stehende Tonmaterial gibt es natürlich Beschränkungen. Alle Mundharmonikas der Wiener, Knittlinger und Haydaer Bauart – also alle bisher hier besprochenen Modelle – sind diatonisch, d.h. sie erlauben nur das Spiel der zu einer diatonischen Tonleiter in

[25] Meisel: a. a. O., S. 45.

[26] Meisel: a. a. O., S. 46.

[27] Paul Biermann: *Die Ziehharmonika-Industrie in Deutschland.* Diss. Würzburg 1930, S. 11 ff.

Dur oder in Moll gehörenden Töne, wobei der Grunddreiklang immer auf Blasen, die anderen Töne auf Ziehen erklingen. Hier zeigt sich beispielsweise, daß auf der als Melodieinstrument bezeichneten Richter-Mundharmonika ein harmonisch richtiges Spiel gar nicht möglich ist, weil etwa (s. Schema auf S. 297) beim Dominantklang G-Dur die Ziehtöne a und h zusammen erklingen[28].

Die Wiener Mundharmonikas – zu den Tremolo-Instrumenten kamen später (offensichtlich in Anlehnung an die Knittlinger Oktav) noch Wiener Oktav-Modelle hinzu – eignen sich in erster Linie für das mehrstimmige, zumeist zweistimmige Spiel, sind also vor allem für den Einzelspieler gedacht und haben deswegen auch einen anderen Tonaufbau: Blas- und Ziehtöne folgen hier abwechselnd aufeinander[29]:

	Λ	O	Λ	O	Λ	O	Λ	O	
Λ = Blasen	c	d	e	f	g	a	c	h	Grundreihe
O = Ziehen	c	d	e	f	g	a	c	h	Tremolo- oder Oktavreihe

Die Einloch-Mundharmonikas des Systems Richter (z.B. das Modell *Piccolo*) werden nur einstimmig geblasen. Sie sind die idealen Melodieinstrumente der Mundharmonika-Gruppe bzw. des Mundharmonika-Orchesters. Von der mit der Knittlinger Oktav besetzten 2. Stimme wurde oben schon gesprochen. Die sogenannte volle Orchesterstimmung wird durch ein weiteres Knittlinger Instrument erzielt, das in jedem geteilten Kanal zwei Stimmzungen im Doppeloktavabstand besitzt. Entsprechend werden die genannten drei Instrumente als *Orchester I, II* und *III* bezeichnet.

Für einen echten Orchesterklang fehlen nun nur noch der Baß und eventuell nötige Füllakkorde. Beides liefert die kombinierte Baß- und Begleitmundharmonika *Vineta*, die die drei Hauptdreiklänge einer Tonart (I., IV. und V. Stufe) auf Blasen und die dazugehörigen darunterliegenden Dominantseptakkorde mit den getrennt oder zusammen spielbaren Grundbässen auf Ziehen gibt.

Die diesen einfachen Instrumenten am besten entsprechende Volksmusik mit Volkslied und Volkstanz kann, da sie sich meist nur innerhalb einer diatonischen Tonleiter und im einfachen Kadenzrahmen bewegt, mit den genannten Mundharmonikas gut dargestellt werden. Auch Ausweichungen in andere Tonarten, ja sogar die in der Volksmusik häufig anzutreffenden einfachen Modulationen sind möglich, wenn die Tonart des Instruments gewechselt wird. Deshalb werden die Orchestermodelle in allen gebräuchlichen Dur- und Molltonarten geliefert. Es gab sogar Mundharmonika-Orchester, die technisch und musikalisch sehr anspruchsvolle Werke mit ihrer oft gelockerten Tonalität nur mit diatonischen Mundharmonikas ausführten, so daß jeder Spieler ein entsprechendes Sortiment bei sich haben mußte. Da konnte es sogar vorkommen, daß die Mundharmonikas Ton für Ton gewechselt werden mußten. Hier war das berühmte, schon 1905 gegründete Mundharmonika-Orchester Stern in Berlin (Leiter Arthur Marquardt) das große, wegen der Schwierigkeiten aber nur in bescheidenem Umfange nachgeahmte Vorbild.

Es ist einleuchtend, daß für die Spieler die Anschaffung einer größeren Anzahl von Mundharmonikas eine kaum zumutbare Belastung darstellte und daß auch der ständige Wechsel der Instrumente dem Spieler nicht sonderlich zusagte. So wurde der Ruf nach einer chromatischen Mundharmonika immer eindringlicher, nach einem Instrument also, auf dem man ohne jeden Wechsel alle Töne in chromatischer Folge spielen konnte. Hier war wieder die Trossinger Harmonika-Industrie führend, und zwar die zweite große Firma Andreas Koch, die zuerst eine chromatische Mundharmonika in der Art der späteren *Chromonica* von Hohner herausbrachte: Zwei diatonische Mundharmonikas in C- und in Cis-Dur wurden baulich in einer vereinigt, doch hatte dieses Instrument technische Mängel, so daß sich das zweite chromatische System von Koch, die chromatische Mundharmonika-Serie *Educator* durchsetzte: In der unteren Hälfte eines griffig runden Mundharmonika-Holzkörpers lagen die den weißen Tasten des Klaviers entspre-

Die Teile einer Richter-Mundharmonika

Schutzdecken (auch für Klang bestimmend)

Obere Stimmplatte mit Stimmzungen

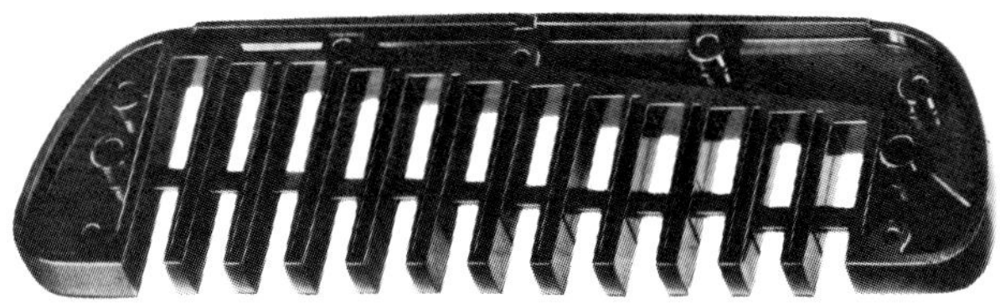

Kanzellenholz (hier Spritzguß)

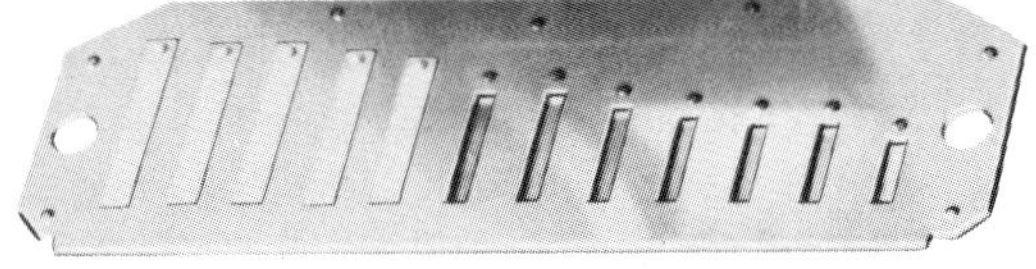

Untere Stimmplatte

[28] [Hans Lüders]: *Wie spiele ich Mundharmonika* (System Richter und Knittlinger Oktav). Trossingen o. J.

[29] [Hans Lüders]: *Leichtverständliche Spielanweisung für die Tremolo- und Wiener Oktav-Mundharmonika.* Trossingen o. J.

chenden Stammtöne. Darüber lagen in der oberen Längsreihe, der Anordnung der schwarzen Tasten des Klaviers entsprechend, die abgeleiteten Töne. Diese erklangen auf Ziehen, die Stammtöne auf Blasen. Da das Instrument rund war (wie eine Rolle), konnte es zur leichteren spieltechnischen Handhabung gedreht werden, so daß die Spielreihen mit den Lippen gut erreicht werden konnten.

Die *Educator*-Modelle wurden, und das ist für den Einsatz dieser Instrumente wichtig, in vier Größen, also familienweise entsprechend den menschlichen Stimmlagen als Sopran, Alt, Tenor und Baß gebaut, waren jedoch für Stücke in schnellerem Tempo weniger geeignet. Ihre Domäne war das getragene Spiel. Heute werden die *Educator*-Modelle zwar auch noch, aber in geringerem Maße verwendet. Eine Ausnahme macht nur der tonlich recht gute und auch leicht zu handhabende *Educator*-Baß.

Die eigentliche Lösung des Problems einer chromatischen Mundharmonika aber brachte erst die Hohner-*Chromonica*, ein aus zwei Richter-Mundharmonikas in C- und Cis-Dur zusammengebautes Instrument, das innerhalb des Gesamtumfanges von drei bzw. vier Oktaven das Spiel einer chromatischen Tonleiter möglich macht. Das geschieht mittels eines gelochten Tonschiebers, der entweder die Töne der diatonischen C-Dur- oder der Cis-Dur-Reihe ausschaltete[30].

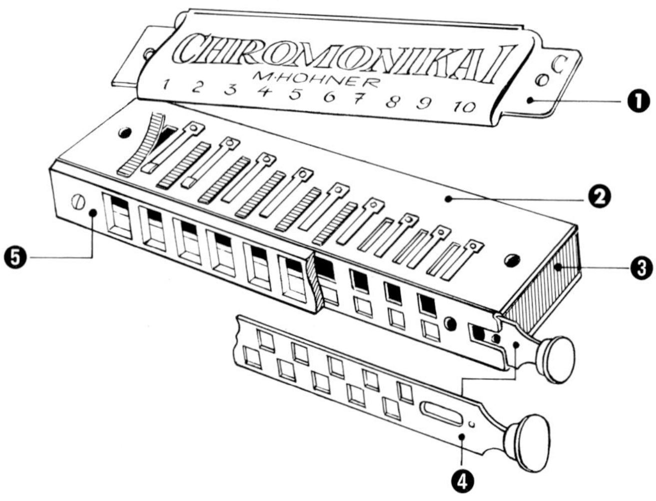

Die Teile einer Chromonica (Schnittbild). 1) Schall-(Schutz-)decke, 2) Stimmplatte, 3) Kanzellenholz, 4) Kanzellenschieber (C nach Cis), 5) Mundstück

Das neue Instrument ließ selbst in schnellem Tempo ein- und mehrstimmiges Spiel, ja sogar polyphones zweistimiges Spiel in langsamem Tempo zu, so daß es nicht wunder nimmt, daß sich die großen internationalen Mundharmonika-Virtuosen – ich nenne hier nur Larry Adler, Ronald Chesney, Tommy Reilly und den Deutschen Fritz Pilsl – dieses Instruments annahmen und bedeutende Komponisten anregten, konzertante Werke für die Chromonica zu schreiben (Darius Milhaud, Ralph Vaughan Williams, Josef Kosma, Jascha Spivakovsky, Hugo Herrmann u.a.).

Ist diese *Chromonica*, die neben einer Ganzmetallausführung (u.a. in reinem Silber) auch in einer feuchtigkeitsunempfindlichen Kunststoffausführung gebaut wird, auf der einen Seite ein ideales Melodieinstrument, also das Instrument des Einzelspielers, das sich den konzertanten und kammermusikalischen Bereich erschlossen hat, so ist es auf der anderen Seite auch das bestgeeignete Instrument für das Mundharmonika-Orchester. Nach Ablauf der Patente wird heute die Chromonica auch in der DDR, in Japan und anderen Ländern gebaut.

Der Einsatz der Chromonica in der kleineren oder größeren Spielgruppe (Trio, Quartett, Quintett) und im Orchester ließ auch den Wunsch nach einem vollchromatischen Baß- und Begleitsatz aufkommen. Der Mundharmonika-Baß bot in seiner zweiteiligen Form auf dem unteren Instrument die C-Dur-, auf dem oberen die Fis-Dur-Tonleiter. Neben die einfachen Bässe traten später die Oktavbässe mit wesentlich vollerem und tragfähigerem Ton[31].

Für die Begleitung wurde zunächst ein dreiteiliges kombiniertes Baß- und Akkordinstrument entwickelt, auf dem neben den Grundbässen Durdreiklänge, Molldreiklänge und Dominantseptakkorde gespielt werden konnten *(Polyphonia I)*. Später stellte man ihm in der *Polyphonia II* ein reines Akkord-Begleitinstrument zur Seite, das – zweiteilig – vierstimmige Akkorde gibt, und zwar auf dem oberen Instrument auf Blasen Durdreiklänge, auf Ziehen Dominantseptakkorde. Auf dem unteren Instrument erklingen auf Blasen Molldreiklänge und auf Ziehen verminderte bzw. übermäßige Dreiklänge[32].

Mit diesen Instrumenten können alle technischen und künstlerischen Anforderungen, die man an eine Mundharmonika-Spielgruppe oder an ein Mundharmonika-Orchester stellt, befriedigt werden. Das zeigt auch die verhältnismäßig umfangreiche Mundharmonika-Orchester-Literatur, die in Bearbeitungen und Originalkompositionen vorliegt.

Aus dem hier gegebenen Überblick über die Entwicklung der verschiedenen Mundharmonika-Modelle von ihrer „Geburt" bis in unsere Tage wird deutlich geworden sein, daß sich dieses Instrument seit seiner Erfindung im Prinzip nicht geändert hat. Heute noch besteht die Mundharmonika aus einem Kanzellenkörper aus Holz, auf dem zwei Stimmplatten befestigt sind. Auf diesen sind über einem ausgestanzten Stimmschlitz freischwingende Zungen aufgenietet, die durch Atemluft in beiden Wegen (Ein- und Ausatmen!) erregt, d.h. in Schwingung versetzt werden und

[30] Hans Lüders: *Chromonica- und Chrometta-Fibel.* Trossingen o. J.

[31] Armin Fett und Helmuth Herold: *Schule für die Hohner-Baß-Mundharmonika.* Trossingen o. J.

[32] Dies.: *Schule für die Mundharmonika-Begleitinstrumte.* Trossingen o.J.

tönen. Die Atemluft wird dabei vom Einblaseloch durch den Tonkanal (Kanzelle) gesteuert. Auf die Stimmplatten werden zwei dünne Metalldecken zum Schutz der empfindlichen Stimmzungen aufgebracht, die aber auch bei der Verbesserung der Tonqualität eine große Rolle spielen.

Harmonetta

Seit der Erfindung der Mundharmonika versucht man, den ständig notwendigen Wechsel von geblasenen und gezogenen Tönen durch neue Konstruktionen zu ersetzen, um alle Töne auf Blasen erzeugen zu können. Das ist bis heute bei der Mundharmonika nicht gelungen. Auch das Anspielen der Töne über die – wie bei der Panflöte – sehr kleinen Einblaslöcher ist, besonders bei „gezogenen" Tönen, schwierig. So hat man bei der Mundharmonika auf konstruktive Verbesserungen verzichtet und sich auf eine Verbesserung der tonlichen Qualität beschränkt.

Etwas wirklich Neues brachte der Schweizer Ingenieur Hans Bibus aus Zürich mit seiner *Harmonetta,* einem mit dem Mund anzublasenden Instrument, das ein gleichzeitiges Spiel von Melodie und (bei den normalen Mundharmonikas nicht immer gegebener) harmonisch richtiger Begleitung zuläßt. Dieses nur auf Blasen klingende Instrument konnte sich aber bis heute nicht durchsetzen, weil seine spieltechnische Handhabung verhältnismäßig schwierig ist[33].

Ein nicht vorherzusehender Erfolg war dagegen einem anderen Instrument beschieden, das seit 1952 in verschiedenen Formen und Größen bekannt geworden ist: der *Melodica.*

Bei der Erfindung der *Melodica* ist man von dem Wunschdenken ausgegangen, gewisse Unzulänglichkeiten der traditionellen Mundharmonika gleichsam mit einem Schlage zu überwinden: Alle Töne sollten sich auf Blasen erzeugen lassen. Dazu sollte die Treffsicherheit der Töne besonders beim schnellen Spiel erhöht werden.

[33] Hans Lüders und Helmuth Herold: *Wie spiele ich Harmonetta?* Trossingen o. J.

Hier hatte man bereits ein Vorbild in dem sog. Blasakkordeon, das Melodiespiel mit gleichzeitiger Begleitung zuließ, das sich aber wegen seines hohen Luftverbrauches nicht durchsetzte.

Aber es gab inzwischen neben der seit langem bekannten Mundäoline Buschmanns (die mit dem Mund angeblasen, deren Tonkanäle aber auf Fingerdruck geöffnet wurden) auch ein Kinderspielzeug mit durchschlagenden Zungen, die *abc-Clarinette*, später *Clarina* genannt, die sieben bzw. 12 Töne einer diatonischen Tonleiter beim Niederdrücken entsprechender Klappenhebel ertönen ließ. Dieses Instrument wird nach Farbnoten gespielt.

Die wichtigsten *Melodica*-Modelle, die man wegen ihrer eigenständigen Form strenggenommen nicht mehr den überlieferten Mundharmonikas zuordnen kann, die aber wegen des Fehlens einer Begleitmöglichkeit mit Einzelbässen und gekoppelten Akkorden auch nicht zu den Handharmonikas gerechnet werden dürfen, sind die *melodica piano 26* (Sopran von h - c''') und das um eine Quinte tiefer stehende Alt-Instrument *melodica piano 27* (f - f''').

Das dritte Instrument dieser Familie ist eine *Melodica* mit einem Tonumfang von drei Oktaven, *professional* genannt. Ein Sondermodell ist die *Melodica cassotto*, ein zur Verbesserung des Tones mit einer vom Akkordeon her bekannten Tonkammer (s.u.) ausgerüstetes Instrument.

In der Klaviertasten-Ausführung wird die *Melodica* heute von allen namhaften Herstellern gebaut, vor allem in der DDR, in Italien und Japan, äußerlich oftmals nur geringfügig abgewandelt, tonlich nicht immer befriedigend. Die Melodica will weder eine Blockflöte noch ein anderes Blasinstrument sein, sondern als eigenständiges Instrument angesehen und entsprechend behandelt werden.

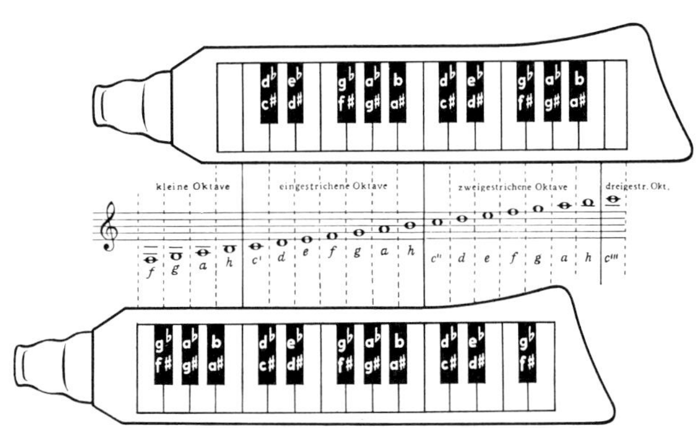

Melodica piano 26 (oben) und 27

Der Vollständigkeit halber sei noch auf Mundharmonikas in anderen Stimmungen hingewiesen, z.B. für die Zigeunermusik, für die *ragas* der Inder, die *maqâmen* der Araber, die Pentatonik der peruanischen Indios oder die temperierte chinesische Stimmung. Hierher gehört auch die auf Vorschlag von Fritz Jöde für die Musikerziehung mit Kindern geschaffene, dem System Richter nachgebildete und nur auf Blasen zu spielende pentatonische *Penta*.

Die Hohner-Werke im Jahre 1921

DIE HANDHARMONIKA[34]

Wir gehen heute davon aus, daß die durchschlagende Zunge um 1750 überall bekannt war, denn jetzt setzt eine Welle von Erfindungen und Neukonstruktionen (auch von Gebrauchsgegenständen, wie z.B. der „Papa" und „Mama" sagenden Sprechmaschine Christian Gottlieb Kratzensteins)[35] ein, die das Prinzip der Tonerzeugung mit Hilfe durchschlagender Zungen verwenden. Man hat lange nach dem Grund gesucht, der diese Entwicklung ausgelöst hat. Wahrscheinlich lag hier der Wunsch zugrunde, einen Ton beliebig lauter und leiser, d.h. expressiv bzw. dynamisch spielen zu können wie etwa – im Gegensatz zum Cembalo – bei den im 18. Jahrhundert aufgekommenen Hammerklavieren. Auch die Orgel ging nach den von Abbé Georg Joseph Vogler (1749-1814)[36] mit Erfolg eingeführten Neuerungen der schwebenden Register diesen Weg. Gabriel Joseph Grenié (1756-1837) gehört mit seiner *Orgue espressif* (1810) ebenfalls hierher, einem Instrument mit durchschlagenden Zungen und der Möglichkeit der Variierung der Tonstärke[37]. Greniés Orgel wurde lange Zeit – besonders von französischen Forschern – als unmittelbarer Vorgänger der Harmonika angesehen, doch hat man heute erkannt, daß sie nicht als Ganzes erfunden wurde, sondern daß sie – mit zunächst völlig anderer Zielsetzung – aus der *Aura* (Mundäoline) Christian Friedrich Ludwig Buschmanns (1805-1852) hervorgegangen ist. Mit dieser *Aura*, „einem Metallzungeninstrument 4 Zoll groß (ca. 10 cm) mit 15 Stahlzungen, durch ebenso viele Tonlochkanzellen mit dem Munde angeblasen", wollte Buschmann „die Art des Luftstromeinflusses auf die Klangwirkung studieren und prüfen, wie sich der Klang der Metallzungen beim Blasen oder Saugen verhielt." Nicht zuletzt aber sollte ihm das neue Instrument die Bezugtöne beim Stimmen von Orgeln und Klavieren liefern[38], wobei er beide Hände zum Stimmen brauchte und nicht gleichzeitig das Instrument an die Lippen halten konnte. Er konstruierte daher im Taschenbuchformat ein Zungeninstrument mit zwanzig wohltemperiert gestimmten Zungentönen und mit Ventilen auf einer Messingtafel, wobei der Wind mit einem Lederbalg aus drei Falten erzeugt wurde.

Buschmann stellte sein Instrument auf den Tisch, zog den Balg hoch, so daß er sich mit Luft füllen konnte, und ließ los. Dann sank unter dem Eigengewicht des Instruments der Balg zusammen, und die Luft trat aus einem der geöffneten Tonlöcher aus, so daß ein anhaltender Ton abgegeben wurde. Nun konnte er bequem und rein stimmen. Aus diesem praktischen Rüstzeug für Orgel- und Klavierstimmer entwickelte Friedrich Buschmann 1822 seine erste *Handäoline*, das Vorbild der heutigen Handharmonika. Er stellte sie mit einem vielfaltigen Balg her und wandte erstmals „elastischen Zieh- und Druckwind" in Verbindung mit Doppelzungen für Ein- und Ausschlag auf den Tonkanzellen der Windkammer an. Die Tonöffnungen wurden durch klaviaturartige schwarze und weiße Tasten oder durch Spielknöpfe freigegeben. Solche verbesserte Handäolinen nannte Friedrich Buschmann *Conzertina*. Er selbst war Virtuose auf diesen Instrumenten.

In Deutschland verliert sich die Herstellung der Buschmannschen Handäoline und die Weiterentwicklung des Instruments zunächst im Dunkel. In Wien aber hat man anscheinend - da andere Vorformen dort nicht nachweisbar sind - die Handäoline Buschmanns weiterentwickelt und Zyrill Demian und seine beiden Söhne Carl und Guido als Orgel- und Klaviermacher zugelassen und ihnen „ein zweijähriges Privilegium [Patent] auf die Erfindung eines neuen Instrumentes, Accordion genannt, erteilt[39]".

Erschwert wird die weitere Betrachtung der Entwicklung durch die uneinheitliche Bezeichnung der Instrumente. Zunächst müssen wir annehmen, daß die Bezeichnungen *Handäoline* und *Accordion* identisch sind und daß mit beiden Begriffen das gleiche (diatonische) Instrument mit zwei Spielseiten für die rechte und linke Hand (Diskant- und Baßseite) und dem beide verbindenden Balg gemeint ist, dessen Einzeltöne abwechselnd beim Aufziehen des Balges (Zug) und Schließen (Druck) erklingen. Ein solches Instrument bezeichnen wir allgemein als Ziehharmonika. Eine weitere Eigenheit dieser Ziehharmonika ist die Möglichkeit, beim Niederdrücken nur e i n e r Taste oder eines Knopfes auf der Baßseite einen sogenannten gekoppelten oder verkoppelten Akkord erklingen zu lassen.

Über Einzelheiten der weiteren Entwicklung sind wir nicht orientiert. Wir wissen aber, daß sich die

34 Bei der folgenden Darstellung wird bewußt auf die Einbeziehung der auch den Handzuginstrumenten zuzurechnenden Klangwerkzeuge *Conzertina* und *Bandoneon* verzichtet, weil sie trotz mancher Parallelen zu der Ziehharmonika eine von dieser völlig abweichende Entwicklung durchgemacht haben. Zudem spielen sie heute eine verhältnismäßig untergeordnete Rolle.

35 Näheres über Christian Gottlieb Kratzenstein findet sich in einem Aufsatz von Mette Müller: „Chr. Gottlieb Kratzenstein talemaskine" im Programmheft der Ausstellung Traek & Tryk & Pust & Sug des Musikhistorischen Museums Kopenhagen 1971 (in dänischer Sprache).

36 Karl Emil v. Schafhäutl: *Abt Georg Joseph Vogler*. Augsburg 1888.

37 Pierre Monichon: *Petite Histoire de l'Accordéon*. Paris 1958.

38 Buschmann: a. a. O., S. 12f.

39 J. A. Haupt: *Wiener Instrumentenbau um 1800*. Diss. Wien 1953, und Helmut Ottner: *Der Wiener Instrumentenbau 1815-1833*. München 1977.

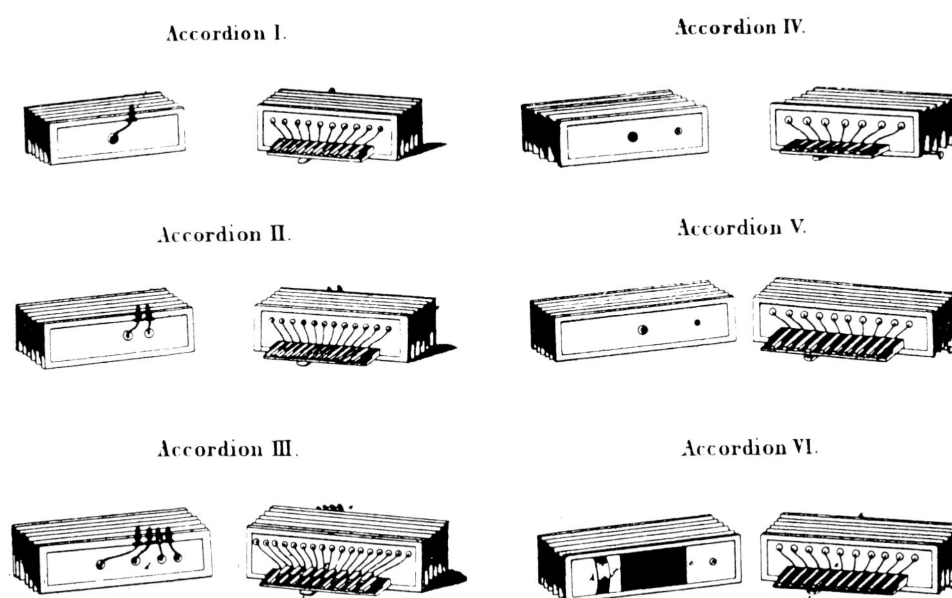

Die ersten Akkordeons (nach Adolph Müller: *Accordion-Schule*, Diabelli, Wien 1834)

Buschmannsche *Handäoline* bzw. das *Accordion* Demians in zwei äußerlich verschiedene Typen von Ziehharmonikas aufgliederten: das sogenannte Wiener Modell und die deutsche Ziehharmonika (vgl. Abb. S. 293).

Deutsche Modelle haben eine offene Klappenlage, d.h. die zum Verschließen und Öffnen der Tonkanzellen dienenden Klappen (Sapper) liegen offen, während sie beim Wiener Modell von einem sogenannten Verdeck (gelochte Holz- oder Metallhaube oder -platte) dem Blick verschlossen sind. Wiener Modelle werden im Diskant mit einer, zwei oder drei Knopfreihen (diatonische Tonleitern im Quint- bzw. Quartabstand, etwa C und F) geliefert, natürlich zusätzlich noch mit einer entsprechenden Anzahl von Baß- und Akkordknöpfen (4-12). Deutsche Modelle haben nur eine bis zwei Spielreihen (ebenfalls quintverwandte Tonarten) auf der Diskantseite. Typisch für die deutschen Instrumente sind die auf der oberen Schmalseite des Diskantteils herausragenden größeren Knopfgriffe, mit denen die einzelnen Tonreihen aus- bzw. zugeschaltet werden können. In der Wirkung entsprechen sie den später aufgekommenen sogenannten Registern.

Über Aussehen, Form, Tonartaufbau, musikalische Möglichkeiten usw. können wir uns am besten in den zu Beginn der 30er Jahre des vorigen Jahrhunderts erschienenen Schulwerken orientieren. Besonders gutes Anschauungsmaterial bringt die 1834 bei Diabelli & Co. in Wien erschienene *Accordion-Schule* des Wiener Kapellmeisters Adolph Müller.

Wegen der schwierigen spieltechnischen Handhabung dieser wechseltönigen Instrumente (jeweils zwei Töne auf einer Taste!) wurden die Hand- bzw. Ziehharmonikas nach einer Ziffern- oder Buchstabenschrift oder einer Kombination beider gespielt. Die Spielliteratur war anspruchslos und bestand aus Liedern, Tänzen, Potpourris (besonders beliebt: Opernweisen) und Charakterstücken.

Was die Entwicklung der Herstellung der Ziehharmonika auf deutschem Gebiet angeht, so können wir mit einer gewissen Überraschung feststellen, daß entgegen der bisherigen Annahme schon in den 1830er Jahren größere Stückzahlen gefertigt wurden, allerdings wissen wir nicht, wo. Nach Ottner sind in Wien für die Zeit von 1815-1833 nur sieben Mundharmonikamacher gemeldet. In Klingenthal kann es auch nicht gewesen sein, denn dort nahm erst 1852 Adolf Eduard Herold die Ziehharmonikaproduktion auf. Aber schon 1834 wurden, wie alte Markneukirchener Geschäftsbücher ausweisen, viele Ziehharmonikas von dem Instrumentenhändler Chr. Püttner in Leipzig an die Markneukirchener Instrumentenhandelsfirma F. T. Merz geliefert, die diese über Bremen nach Amerika weiterlieferte[40]. Über den Herstellungsort dieser Ziehharmonikas erfahren wir nichts. Wir wissen auch nichts über die Herstellung selbst. Analog der Mundharmonikaproduktion wird es aber in dieser Zeit eine fabrikmäßige Herstellung von Ziehharmonikas noch nicht gegeben haben, wahrscheinlich war es reine Handarbeit in kleinsten Herstellergemeinschaften bzw. Familienbetrieben. Allmählich wird man sich dann – ähnlich wie bei der Mundharmonika – erst einfacher Vorrichtungen, später auch komplizierterer Spezialmaschinen für die Holz-(Gehäuse, Kanzellen, Klappen) und Metallbearbeitung (Stimmplatten, Stimmzungen, Baßmechanik), ja sogar auch für die Balgherstellung aus Pappe und die Fertigung der Verpackungskartons bedient haben. Der Beginn der Ziehharmonikafabrikation in Klingenthal im Jahre 1852 fällt ungefähr zusammen mit dem Zeitpunkt, in dem in der

[40] *Kulturbote für den Musikwinkel Klingenthal.* Juli 1956, S. 6 ff.

Mundharmonikaproduktion die Handarbeit mehr und mehr von der Maschine abgelöst wird.

Die 2. Hälfte des 19. Jahrhunderts bringt für die Ziehharmonika einige sehr wesentliche Neuerungen, die teilweise auch völlige Neukonstruktionen bedingen[41]. Leider wissen wir hierüber nur wenig und können den Fortschritt und die durchgeführten Änderungen nur an den Instrumenten selbst feststellen und werten.

Wichtig ist zunächst einmal die systematische Erweiterung und Normung des Tonumfanges der Melodie-Spielseite, die sich, von zunächst acht Tönen der diatonischen Tonleiter ausgehend, im Laufe der Zeit bis auf dreieinhalb Oktaven (41 Tasten beim Piano-Akkordeon, beim Knopfgriff-Instrument wegen des tieferen Korpus wesentlich mehr) ausweitet. Die große Zahl der jetzt benötigten Knopftasten bedingte aber auch eine andere Tastenanordnung. Die 49 bzw. 52 Knopftasten wurden jetzt fortlaufend chromatisch in drei senkrecht nebeneinanderstehenden, aber geringfügig gegeneinander verschobenen Reihen angeordnet. Zur Erleichterung des Spiels und zur Erhöhung der Griffsicherheit wurden noch zwei weitere (senkrechte) Knopfreihen eingebaut, die aber mit den ersten beiden Reihen verkoppelt waren (vier mit 1, fünf mit 2), also keine eigenen Tonreihen brachten.

Diese Knopfgriff-Ziehharmonika gab es in zwei verschiedenen Griffanordnungen: Lag die C-Taste in der dritten Reihe, sprach man von Wiener oder holländischer Tonanordnung, kurz B-Griff genannt. Lag C in der ersten (äußeren) Reihe, dann war es C-Griff oder schwedische oder italienische Tonanordnung. In der spieltechnischen Handhabung sind beide Systeme gleich. Es lag nahe, die ursprünglich verwendete primitive Auslösemechanik zur Öffnung der Kanzellenklappen durch eine leichter zu handhabende und vor allem sicherere zu ersetzen. Hier hatte sich die überlieferte Klaviertastatur angeboten, und so war das Piano-Akkordeon entstanden, je nach Größe mit genormtem Tastenumfang zwischen 25/26 und 45 Pianotasten.

Piano-Akkordeon

Knopfgriff-Akkordeon

Ein besonders wichtiger Schritt in der Entwicklung der Ziehharmonika zum Akkordeon wurde um 1850 durch einen Wiener Musiker namens Walter getan. Er „chromatisierte" die Diskantseite, wodurch im Rahmen des gegebenen Tonumfanges das Spiel aller Töne in chromatischer Folge möglich wurde. Ein weiterer bedeutsamer Schritt war auch die Aufhebung der Wechseltönigkeit im Diskant, so daß hier alle Töne auf Zug und auf Druck gleich erklangen. Auf der Baßseite aber behielt er die Wechseltönigkeit bei. Dieser Harmonikatyp ist heute noch unter dem Namen Schrammel-Harmonika in Gebrauch.

Der verhältnismäßig starre und „trockene" Zungenton gefiel dann offensichtlich doch nicht so recht, so daß man auf Abhilfe sann, den Ton zu beleben. Bei der Mundharmonika war dieses Problem bereits durch einen Mitarbeiter der Firma Thie in Klingenthal gelöst worden. Dieser hatte aus einer Spielerei heraus die Stimmzungen der zweiten Stimmplatte etwas tiefer als die der Grundplatte gestimmt. Damit entstand – bei zweichörigen Instrumenten – ein weicher, schwingender Ton, der eine dynamischere Nuancierung ermöglichte. Wann genau dieses Prinzip, das, wie gesagt, mindestens zweichörige Instrumente voraussetzte, auch bei der Ziehharmonika erstmals angewandt wurde, ist nicht bekannt.

Daß man damit richtig lag, zeigen die jetzt ansteigenden Produktionszahlen. Die Instrumente mit ihrer durch die manuelle Betätigung des Balges gegebenen Möglichkeit dynamischer Abstufung (wenn auch in bescheidenem Rahmen) entsprachen doch irgendwie dem Trend der Zeit, wie wir ihn ähnlich bei der allerdings wesentlich größeren Lautstärke der *orgue espressif* von Grenié beobachten können.

---

[41] Die hierher gehörenden Nachrichten sind sehr verstreut und können nicht einzeln aufgeführt werden. Zudem fehlt noch jegliche Ordnung und kritische Sichtung.

Ihr gegenüber bot aber die Ziehharmonika einen wesentlichen Vorteil: man hatte mit ihr ein leicht transportables Instrument, das außer dem Melodiespiel auch eine Begleitung zuließ.

Ehe die Ziehharmonikafabrikation im vogtländischen Musikwinkel systematisch betrieben wurde, sind in Mitteldeutschland im thüringischen Gera und in Magdeburg zwei andere bedeutende Zentren der Harmonika-Herstellung entstanden. Damals wurde auch – durch aus Wien in ihre Heimat zurückkehrende italienische Arbeiter – in Stradella und Castelfidardo mit der Erzeugung von Ziehharmonikas begonnen und die später weltweit bekannte italienische Harmonika-Industrie begründet[27].

In Gera hatte Heinrich Wagner schon 1836, als er von einer mehrjährigen Ausbildungszeit als Harmonikamacher in Wien in seine thüringische Heimat zurückkehrte, mit dem Handel von Harmonika-Instrumenten begonnen, die Fabrikation aber zunächst zurückgestellt. Besonders begehrt waren damals die sogenannten Chineser-Instrumente: sechsklappige Ziehharmonikas mit schwarzlackierten und mit chinesischen Figuren bemalten Deckeln und der Aufschrift *Ich bin der erste*[42]. Durch ständigen Besuch von Messen und Ausstellungen machte er die Instrumente bekannt und verkaufte sie selbst auch im Hausierhandel auf den Märkten. Und bald sah er ein, daß sich eine eigene Produktion bestimmt lohnen würde. Deshalb holte er sich Arbeiter aus Wien und ließ auch Lehrlinge ausbilden, so daß ihm bald ein großer und geschulter Facharbeiterstamm zur Verfügung stand. Aus Wien bezog er auch stets die neuesten Modelle, die er in seinem Betrieb nachbaute bzw. auch verbesserte. Laut Bericht der Industrie- und Handelskammer Gera verfügte Wagner zwischen 1850 und 1852 über etwa 100 Beschäftigte. Nach der gleichen Quelle waren es 1867 350 bis 400, so daß er jährlich ca. 300.000 Ziehharmonikas im In- und Ausland – auch in Übersee – umsetzte.

Heinrich Wagner verstarb Ende der 1870er Jahre. Um die Weiterführung dieser ältesten Geraer Firma waren dann die Kaufleute Bergner und Bergmann bemüht, die aber auch kurz nach der Geschäftsübernahme starben. Die Firma mußte aufgelöst werden, weil sich kein Nachfolger fand. Die inzwischen weltbekannte Firmenmarke Wagner wurde dann an die Geraer Harmonikafabrik Buttstädt verkauft.

Schon um 1840 war Heinrich Wagner in Friedrich Gessner in Magdeburg ein Konkurrent erwachsen, der, angespornt durch die großen Erfolge Wagners, nun selbst eine Fabrik gründete, die zehn Jahre später schon an die 100 Mitarbeiter hatte. Diese hatte er, da ihm die Beziehungen zu Wien fehlten, zumeist bei den Geraer Firmen abgeworben. Das Geschäft ging auch in Magdeburg gut, und da die Nachfrage nach Ziehharmonikas ständig wuchs, konnte sich dort noch ein weiteres Unternehmen etablieren, die Firma Traugott Schneider. Schneider war sehr weitblickend und sah, daß er mit Handarbeit allein nicht konkurrenzfähig bleiben konnte. Deshalb ließ er sich von Julius Berthold (s.o.) seinen Betrieb mit Spezialmaschinen ausstatten, die durch eine Dampfmaschine angetrieben wurden. Auch Gessner hatte inzwischen seinen Betrieb modernisiert. Die dadurch erreichte Straffung des Produktionsvorganges in Verbindung mit einer Verkürzung der Lieferzeiten führte zu einer nochmaligen Erhöhung des Ziehharmonika-Umsatzes beider Firmen.

Zu den Thüringer Produktionsorten müssen neben Gera auch Altenburg und Oberpöllnitz (Friedrich Töpel AG.) neben etwa zehn weiteren meist kleineren Betrieben gerechnet werden. Bekannt wurde in Altenburg neben A. Pitschler & Sohn vor allem die Firma Kahnt & Uhlmann, die vor dem letzten Krieg in Siegburg als Cantulia-Neuerburg KG wiederauflebte, 1957 die Fabrikation aber wieder einstellte.

Größere Bedeutung, etwa Gera und Magdeburg entsprechend, erlangte auch Berlin als Sitz bekannter Harmonikafabriken. Zu erwähnen sind hier vor allem die um 1860 entstandenen Betriebe von Pietschmann & Sohn sowie von Kalbe, die in den Jahren 1875-1880 je etwa 150 Arbeiter beschäftigten. Sie lieferten vor allem nach Südamerika und in die englischen Kolonien. Da sie mit modernen Maschinen ausgerüstet waren, waren sie sehr leistungsfähig und auch qualitativ vielen anderen voraus. Wegen willkürlicher Zollerhöhungen aber kamen sie gegen 1910 in Schwierigkeiten und liquidierten ihre Betriebe. Die Firma Kalbe wurde – wohl wegen des Warenzeichens Imperial – von Hohner aufgekauft.

Wie schon oben gesagt, brachten von Wien aus italienische Arbeiter die Kunst des Ziehharmonikabaues nach Italien (z.B. nach Castelfidardo), wo den deutschen Firmen mit der italienischen Industrialisierung eine sehr starke Konkurrenz erwuchs. Auch in Frankreich gab es einzelne kleinere Harmonikabauer, die aber ihre Produkte im Lande selbst absetzten. In Graslitz, der böhmischen Nachbarstadt Klingenthals, wurde der Harmonikabau nicht weitergeführt, vielmehr faßte man die kleinen Produktionsstätten der CSSR als Delicia Akkordeon-Produktion in Horovice zusammen. Schließlich ist noch auf Tula in der UdSSR hinzuweisen, wo etwa seit 1870 Harmonikas produziert werden. Andere Länder mit bestehender Harmonikaherstellung können hier – mit Ausnahme von Japan – außer Betracht bleiben, weil deren Produkte auf dem Weltmarkt keine (oder noch keine) wesentliche Rolle spielen. Zur Zeit drängt hier Brasilien nach vorn.

Nun näher zur Geschichte der Ziehharmonikaherstellung in den beiden großen Zentren Klingenthal und Trossingen. Verhältnismäßig spät, erst nach der Jahrhundertwende, beginnt Trossingen mit der Ziehharmonikaherstellung. In Kingenthal war die Ziehharmonika, wie wir gesehen haben, von Anfang an dabei, stand aber zunächst völlig im Schatten der Mundharmonikaherstellung, ja sie ist eigentlich auch dort, wie in Trossingen, aus dieser herausgegangen, wenngleich wesentlich früher.

[42] Darstellung vor allem nach Biermann: a. a. O., S. 16 ff bis 23 und Autorenkollektiv „Das Akkordeon". Leipzig 1964.

Beginnen wir mit Klingenthal[43]. Nach hier brachte, wie schon gesagt, Adolf Eduard Herold zu Anfang der 1850er Jahre die Ziehharmonikafabrikation. Die Instrumente selbst waren dort schon seit langem bekannt, doch konnte man sich wohl aus mancherlei Gründen nicht zum Nachbau entschließen. Vielleicht auch wollte man die in Klingenthal gut laufende Mundharmonikaherstellung nicht negativ beeinflussen, vielleicht ließ auch die fehlende Erfahrung mit diesen Instrumenten die Aufnahme des Nachbaues nicht früher zu. Deshalb wird man wohl auch den gelernten Tischler Herold zur Firma Gessner geschickt haben, um den Bau der Ziehharmonika in allen Einzelheiten kennenzulernen. Jetzt entschlossen sich plötzlich auch andere Mundharmonikafabrikanten, Ziehharmonikas herzustellen, so daß schon 1860 die durchschnittliche Herstellungszahl pro Woche etwa bei 350 Dutzend lag, das sind 215.400 Stück im Jahr. Die Zahl der Fabriken stieg nun laufend: 1862 gab es in Klingenthal 4, in Brunndöbra 6, in Untersachsenberg 9 und in Obersachsenberg 1. Viele der damaligen Firmen – wir nennen hier stellvertretend für alle anderen nur F. A. Rauner in Klingenthal und G. A. Dörfel in Brunndöbra – haben den guten Klang ihres Namens bis zum 2. Weltkrieg weitertragen können.

Die Ziehharmonikaherstellung in Klingenthal geht einen anderen Weg als den bisher – etwa bei den Thüringer Fabriken – geschilderten. Wir sprechen hier mit Biermann[27] von einem Anwachsen der „hausindustriellen Betriebsform", die in den 1870er Jahren den Fabrikbetrieb überlagert. Allenthalben richtete man eigene Werkstätten ein, in denen man Teilprodukte der Harmonikas herstellte und diese dann an einen „Fabrikanten" lieferte, der seinerseits für den Zusammenbau sorgte. Dieser Vorgang kehrte sich erneut um, als die Bertholdschen Spezialmaschinen in die Fabriken einzogen. Jetzt konnten die „Hausindustriellen", die „Stückwerker", wie man sie auch nannte, nicht mehr konkurrieren, so daß sie wieder in die Fabrik zurückgingen. Trotzdem existierte das „Hausgewerbe", ein großer Teil der kleinen Werkstätten, weiter und lieferte Einzelteile, vor allem für die großen Versandgeschäfte, die ihre Harmonikas in Montagebetrieben zusammenbauen ließen.

Kleinere und größere Fabrikbetriebe produzierten wie bisher weiter, kamen aber trotz mehrfacher Bemühungen nicht zu einem angestrebten Zusammenschluß, um der Konkurrenz begegnen zu können. Man wollte jedoch zur Hebung der Qualität auch die Fabrikarbeiter besser ausbilden und ihnen das verschaffen, was sie zumeist nicht besaßen: ein persönliches Verhältnis zum hergestellten Instrument und die Fähigkeit zur Beurteilung der Arbeit. Schon 1843 hatte der Kantor Weber in Klingenthal eine Musikschule gegründet, die sich allerdings erst später auch den Harmonikainstrumenten öffnete. Der Plan, die Arbeiter grundlegend auszubilden, wurde übrigens verstärkt in den 20er Jahren unseres Jahrhunderts verfolgt, als etwa 1926 eine Lehrwerkstatt für Stimmer und 1927 eine für Harmonikabauer gegründet wurde.

Zu einem verstärkten Zusammenschluß der Klingenthaler Betriebe kam es erst 1928/29 als Antwort darauf, daß Hohner Trossinger und andere Konkurrenzfirmen aufgekauft hatte und nunmehr zur größten Musikinstrumentenfabrik geworden war. So entstand in Klingenthal durch Zusammenschluß die Rauner-Seydel-Böhm AG., und auch kleinere Firmen, wie z. B. Zuleger & Meyenburg (Marke Royal-Standard), bemühten sich um Konzentration in der Herstellung und um Qualitätsverbesserungen, um der Konkurrenz auf dem Weltmarkt besser begegnen zu können.

Es ist noch nicht geklärt, wann und wo das erste Akkordeon mit der heute gültigen Tonanordnung auf der Diskant- und Baßseite im sächsisch-thüringischen Raum, in Magdeburg und Berlin gebaut wurde. Größere Abweichungen von den bisherigen Bauprinzipien waren offenbar nicht nötig, lediglich die Umstellung der bisher wechseltönigen Baßseite auf Gleichtönigkeit ist als wesentliche Änderung anzusehen. Die Diskantseite war ja schon seit etwa 1850 gleichtönig. Die Entwicklung der sehr komplizierten Baßmechanik mit der typischen Verkopplung der Grundbässe und Akkorde müßte noch näher erforscht werden, während die der Registermechanik bis zum heutigen Kombinationsregister im wesentlichen bekannt ist.

Trossingen[44] hat die Ziehharmonikafertigung erst sehr spät aufgenommen (ca. 1903) und sich bis dahin ausschließlich auf Mundharmonikas beschränkt. – Kehren wir in das Jahr 1857 zurück, in dem der Uhrmacher Matthias Hohner in seinem Wohnhaus in der Oberdorfer Straße 24 mit der Herstellung von Mundharmonikas begann. In seinem „Stubenbetrieb" beschäftigte er auch Lehrlinge, die nach der Lehrzeit einen Stamm von Heimarbeitern bildeten und „Stückwerker" genannt wurden. Diese sind als Grundstock für das Filialsystem anzusehen, das für Trossingen und seine Harmonika-Industrie typisch werden sollte. So entstanden in den Dörfern um Trossingen herum – auf der sogenannten Baar und auf dem Heuberg – kleinere Fabrikbetriebe, die sich der Herstellung spezieller Teile widmeten. Die Arbeiter hatten zudem den Vorteil, im Ort schaffen und sich außerhalb der Arbeitszeit unmittelbar um ihre Landwirtschaft kümmern zu können.

Zwei Ereignisse haben sich sehr nachhaltig auf die Trossinger Harmonikafabrikation ausgewirkt: einmal die beginnende Exportverbindung mit den USA (um 1865) und zum anderen die Aufstellung der ersten Dampfmaschine um 1880. 1868 gelangte die erste Mundharmonikasendung von Hohner nach Amerika. Ihr folgten Jahr für Jahr immer mehr, so daß 1879 bereits 60 % von der 6000 Dutzend umfassenden Jahresproduktion nach den USA gingen. 1875 gab es in Trossingen etwa 250 Mundharfenmacher, die sich folgendermaßen auf die Trossinger Betriebe verteilten:

[43] Biermann: a. a. O., S. 20.

[44] Ebda. S. 23 ff, und Zepf: a. a. O., (Fußnote 12).

Matthias Hohner	85 Arbeiter
Andreas Koch	60
Chr. Messner & Co.*	40
Christian Bilger	25
Christian Weiss	15
Johannes Irion	10
Gebr. Ulrich, Talheim	8

* Am 12. 12. 74 starb der „Zeugchriste". Seine Firma ging an seine beiden Neffen Matthias und Paul Messner über.

Der Einsatz der Dampfmaschine schuf die Grundlage für den späteren Großbetrieb. Jetzt konnten hier Spezialmaschinen wie die aus Klingenthal stammende Stimmenfräsmaschine eingesetzt werden, so daß die Handarbeit eingeschränkt werden konnte. Der Trossinger Maschinenpark wurde dann durch die Erzeugnisse des Mechanikers Johannes Koch erweitert, der neben selbstkonstruierten Maschinen auch die des Klingenthaler Maschinenherstellers Berthold verbesserte.

Parallel zu dieser Entwicklung wurden aus den bisherigen Harmonikamachern jetzt die Spezialarbeiter: Fräser, Nieter, Stimmer, Stanzer usw. Aus den Gesellen wurden die Fabrikarbeiter und aus dem Handwerksmeister, dem „Meister", wurde z.T. der Fabrikant. Aber auch der Heimarbeiter, der „Stückwerker", existierte weiter, vor allem in den jetzt eingerichteten zahlreichen Filialbetrieben (s.o.), wo er auch kleiner Landwirt bleiben durfte und wirtschaftlich krisenfest dastand. Auch Hohners Trossinger Konkurrenten Andreas Koch und Christian Weiss handhabten dies so. Wie richtig das war, zeigte sich besonders während des 2. Weltkrieges und danach.

Die von Hohner gebauten Mundharmonikas waren sehr gefragt und wurden auch auf den großen internationalen Ausstellungen (Ulm 1871, Wien 1873, Philadelphia 1876, Stuttgart 1881, Brüssel 1888, Chicago 1895 usw.) mit höchsten Auszeichnungen bedacht. Aber auch die beiden anderen Trossinger Firmen florierten und entwickelten sich zu Großbetrieben, bis dieses erfolgreiche Wachstum 1893 durch die Wirtschaftskrise in den USA jäh unterbrochen wurde. Matthias Hohner sorgte durch Export in andere Länder (sogar nach Rußland) für die Überwindung der Krise. Sein Wahlspruch war *Mein Feld ist die Welt.*

1900 übergab Matthias Hohner die Firma an seine fünf Söhne. Von ihnen wurde 1903 die längst fällige Erweiterung der Produktion durch die Aufnahme der Ziehharmonika in den Herstellungsgang durchgeführt. Ihnen folgte noch im gleichen Jahr die Firma Andreas Koch. Der Erfolg zeigte sich schnell, so daß nach kurzer Zeit eine ganze Reihe von Modellen mit immer verbesserter Qualität angeboten werden konnte. Ein Blick in die ersten Ziehharmonika-Kataloge zeigt uns die Vielfalt dieser Modelle. Drei Jahre nach Produktionsbeginn, 1906, stellte Hohner schon 101.285 Ziehharmonikas her. Im gleichen Jahr übernahm Hohner die Knittlinger Firmen Hotz und Pohl, einige Jahre später die Trossinger Firma Chr. Weiß und Cie. Die Christian Weiss AG und Andreas Koch in Trossingen wurden 1928 bzw. 1929 übernommen. Damit war dann die gesamte Harmonikaproduktion in Trossingen in der Hand der Firma Hohner, seit 1909 Familien-Aktiengesellschaft.

Neue Wege im Akkordeonbau[45]

Die dreißiger Jahre unseres Jahrhunderts sind in der deutschen Harmonika-Industrie eine Zeit bewußten Experimentierens, aber auch systematischer Forschungen, um den immer drängender vorgebrachten Wünschen der Spieler und Lehrer gerecht zu werden. Neben vielem anderen stellte sich hier vor allem das Problem des hohen Luftverbrauchs, der das Spiel selbst zu anstrengend machte und sich ungünstig auf die künstlerische Gestaltung auswirkte.

Das erste Ergebnis dieser Bemühungen war die im Hohner-Labor entwickelte Metallbauweise, die eine sehr bedeutsame Einschränkung des Luftverbrauchs zeitigte. Jetzt hatte der Ton auch eine wesentlich größere dynamische Breite, allerdings fand dieser resonanzbedingt schärfere Klang (abfällig als „Blechklang" bezeichnet) nicht überall Beifall. Die Ursache liegt in dem bei der durchschlagenden Zunge besonders reichen und ausgeprägten Obertonspektrum. Diesem galt jetzt die Forschungsarbeit.

Man fing damit gleich am Diskantverdeck an, das sich als ein zu dichtes „Sieb" erwies und das Obertonspektrum im ganzen zu stark beschnitt. Da auf die Luft- bzw. Tonaustrittsöffnungen im Verdeck nicht verzichtet werden konnte, wurde die weiche, stark tonaufsaugende Stoffbespannung auf der Rückseite des Verdecks durch leicht durchlässiges Nylongewebe ersetzt.

Als nächste „Bremse" wurden die die Kanzellenöffnungen in der sogenannten Füllung (Resonanzboden) abschließenden Tonklappen erkannt, die bislang – wie oft der Resonanzboden selbst – mit weichem Schafleder überzogen waren. Jetzt wurden auch sie mit Kunststoff belegt (Schaumstoff) und ließen so den Ton ohne merkliche Einbuße an Obertönen passieren. Durch den Kunststoff war zudem eine bessere Abdichtung erreicht worden.

Schwierig gestaltete sich die Herstellung der Kanzellen. Trotz sauberster Arbeit sind kleine Unebenheiten und Unregelmäßigkeiten innerhalb der aus Holz gefertigten Tonkanzellen nicht zu vermeiden. Dafür – also für die Oberfläche des Holzes – hat man den Ausdruck „akustischer Teppich" geprägt, der Töne und Geräusche schluckt. Erst die neue Metallbauweise ermöglichte es, innerhalb der Tonkanzellen völlig glatte Flächen zu schaffen, die man zunächst zur Erhöhung der Wirkung auch noch polierte. Jetzt war aus dem „akustischen Teppich" ein „akustischer

[45] Die folgende Darstellung beruht auf persönlicher Kenntnis des Verfassers von dieser Entwicklung.

Spiegel" geworden. Man braucht keine Phantasie, um sich vorzustellen, daß der erklingende Ton so fast ohne Widerstand, d.h. nahezu unbeeinflußt mit seinem gesamten Obertonspektrum durch das Verdeck austreten konnte. Nun hatte man dem in den 50er und 60er Jahren – vor allem im Ausland (und hier besonders in den USA) – spürbaren Trend nach einem tragenden und scharf konturierten Ton entsprochen. Im Mittelpunkt aller Bemühungen stand aber weiterhin die Herabsetzung des Luftverbrauchs besonders bei den großen und schweren Instrumenten. Hier war man mit der Einbeziehung neuer Werkstoffe in den Akkordeonbau schon auf dem richtigen Weg, zumal elastischer Kunststoff (darauf konnte schon hingewiesen werden) „satt" abdichtet. Das galt zunächst für die Rahmendichtungen am Balg, aber auch bei den Kunststoffventilen der Stimmplatten und beim Aufsetzen der Stimmstöcke auf die Füllung. Gerade die Stimmstocksohle mit den in ihr laufenden gelochten Registerschiebern hatte einen hohen Luftverlust aufzuweisen, den man dadurch ausschloß, daß man die Registerschieber in die Füllung (Resonanzboden) verlegte. Der geringere Luftverbrauch war aber auch an den mit Kunststoff belegten Tonklappen zu spüren. Alles in allem ein großer Fortschritt, der dem Spieler die Balgführung wesentlich erleichterte. Ausgerechnet in Amerika aber schlug der Trend zu einem obertonreichen, schärfer klingenden Akkordeon nach kurzer Zeit wieder in das Gegenteil um.

Die Industrie stand jetzt vor der Aufgabe, die bisherige Entwicklung auf den alten Stand zurückzuführen oder mit der Beibehaltung des Erreichten Möglichkeiten zu suchen, den Ton des Akkordeons wieder dem Wunschbild des Spielers, aber auch des Hörers anzugleichen. Man entschied sich für die zweite Lösung. Die Kanzelle wollte man nicht wieder ändern. Man beließ es also beim „akustischen Spiegel". Den Weg aber des Tones von der Stimmzunge bis zum Austritt aus dem Verdeck konnte man beeinflussen. Technisch am einfachsten war dieses Problem beim Verdeck zu lösen. Hier brachte man von außen zu bedienende Kunststoffrollos („Jalousien") an, die in jeder Lage festgestellt werden konnten und somit eine ganze Reihe von Möglichkeiten zur Beeinflussung des Obertonspektrums boten. Allerdings war damit die optimale Lösung noch nicht gefunden. Diese ergab sich erst bei der Anwendung von Filtern, die unter dem Namen *Cassotto* (Kästchen) bekannt waren und seit langem schon in hochwertigen Instrumenten (z.B. von Venanzio Morino) verwendet wurden. Dort wird meist die normale 8′-Grundreihe (offen) neben einer Grundreihe 8′ mit *Cassotto* eingebaut. Das *Cassotto*prinzip hat sich auch im traditionellen Akkordeonbau heute durchgesetzt.

Der Wunsch nach weiteren Modifikationen der Tonfarbe führte bei einzelnen großen Akkordeons zum Einbau sogenannter Kaminfilter, also von Röhren mit meist quadratischem Querschnitt, die bei Richtungsänderungen (Knickstellen) einen wesentlichen Teil der Obertöne absorbieren. Wegen des bedeutend schmaleren Korpus ist der Einbau von Kaminfiltern in das Piano-Akkordeon schwieriger als in die wesentlich breiteren Knopfgriff-Instrumente.

Hierher gehört auch ein Wort über die Register, die in einem *Registerpaket* kombiniert sind und jedes Einzelregister und jede Registerkombination durch Druck auf nur einen Registerkipper zulassen.

Streng genommen kann man bei Anwendung der Register nicht von Änderung der Klangfarbe reden, denn die Harmonika-Instrumente haben alle den für sie typischen Zungenton, dessen Obertonspektrum (Voraussetzung für Klangfarbe) nicht geändert, sondern höchstens unten und oben beschnitten werden kann. Vielleicht spricht man hier besser von *Tonfarbe*.

Die bei größeren Instrumenten heute mehr und mehr verwendeten Baßregister unterscheiden sich wesentlich von den Diskantregistern. Hier geht es darum, eine chromatische Tonfolge im Umfang einer großen None in mehreren Oktaven übereinander zu verkoppeln, so daß der Einzelton der Baßseite von 1 - 5 Zungen (einzeln oder miteinander verkoppelt) hervorgebracht werden kann.

Mit Hilfe einer sehr komplizierten Mechanik, über deren Geschichte wir kaum etwas wissen, werden die dreistimmigen Begleitakkorde aus den oberen 3 der 5 Einzelbässe gebildet, so daß also jeder Akkordton aus 3 in Oktaven übereinanderliegenden Einzeltönen verkoppelt wird. Damit entstehen neunfache Akkorde, die durch Registerdruck in ein- und zweifache umgewandelt werden können.

Die Baßregister haben vor allem dynamische Bedeutung.

Schließlich sei noch summarisch auf technische Änderungen und Verbesserungen hingewiesen, unter denen nur zwei völlig neue konstruktive Grundprinzipien herausgestellt sein sollen. Neben die mehr und mehr angewandte Verschraubung der Stimmplatten auf Leder tritt die neuartige Schneidenlagerung der Tasten, die die Reparatur der Harmonika ungemein erleichtert.

Die ersten Jahre nach dem zweiten Weltkrieg brachten auch – endlich – für viele die Erfüllung eines jahrzehntelang vor allem von Komponisten, aber auch von Spielern vorgebrachten Wunsches nach einem tonhöhenrichtigen Melodiespiel auf der Baßseite und im Zusammenhang damit nach einer Auflösung der starren Akkordkopplungen, denn alle über den Umfang einer großen Septime hinausgehenden Baßmelodien mußten „gebrochen", also oktavversetzt werden. Das kann u.U. zu grotesken Verbildungen einer Melodie führen.

Die Beschränkung des Tonraumes im Baß auf den Raum einer großen Septime ließ aber auch das Akkordspiel nur in einer Lage zu, was eine stimmführende Behandlung des Akkordwerkes ausschloß. Deshalb forderte man vor allem für die ständig wiederkehrenden Begleitformen der Volksmusik eine formelhafte rhythmisch-schlagwerkartige Verwendung.

Der Wunsch, auf der Baßseite des Akkordeons tonhöhenrichtig Melodie zu spielen, ist sicher so alt wie das Instrument selbst. Wenn er trotz mancher vielversprechender

Versuche und z.T. schon recht überzeugender Lösungen zunächst nicht realisiert wurde, so lag das wohl daran, daß das Instrument ein Volksinstrument war und daß es dem Musikliebhaber, der das Gros der Spieler stellte, für seine Vorstellungen von der (Volks-)Musik genügte. Und Baß- und Akkordwerk in überlieferter Form entsprachen auch den in der Anfangszeit immer beliebter werdenden Bearbeitungen der Opern- und Salonmusik des 19. Jahrhunderts, die die Musik für Harmonika-Instrumente zu einer Domäne des musikalischen Kitsches werden ließen.

Das Bestreben, die Kopplungen der Akkorde auf der Baßseite des Akkordeons aufzulösen, wurde in den 30er Jahren wieder mehr spürbar. Es kam noch vor dem 2. Weltkrieg zu zwei schon recht überzeugenden Lösungen. In München hatte 1933 Willy Hintermeyer ein „völlig akkordfreies Akkordeon" (eine *contradictio in adiecto!*) zum Patent angemeldet, und der Münchener Ingenieur Viktor Skudies präsentierte ebenfalls ein Patent für eine Chromatische Harmonika (1934), die das Umschalten der Akkorde auf Einzelbässe zuließ. Daneben gab es noch eine ganze Reihe anderer Lösungen für dieses Problem.

Vielleicht war die Zeit damals noch nicht reif für diesen Wandel im Instrumentenbau. Diese Bemühungen hatten jedenfalls keinen Erfolg. Nach dem Kriege aber erklang der Ruf nach Baritonbässen (so nannte man nicht ganz korrekt und eher irreführend die Melodiebässe der Baßseite) immer hörbarer. Nach ersten und gleichsam tastenden Versuchen an zunächst einfacheren, später aber schwierigeren Werken der barocken Polyphonie, ja sogar an der notengetreuen Darstellung Bachscher Orgelwerke, war das Eis gebrochen. In erster Linie waren es skandinavische Komponisten, die zusammen mit dem dänischen Akkordeonsolisten Mogens Ellegaard überzeugende Beispiele lieferten. Schon nach ganz kurzer Zeit hatte sich das neue Instrument mit einem zusätzlichen BB-Manual (Baritonbaß-Manual), heute nur noch *M III* genannt, durchgesetzt. Es wurde bei internationalen Akkordeon-Wettbewerben, aber auch für das Studium in Trossingen und an Musikhochschulen in Deutschland und anderen Ländern (z. B. Polen) offiziell vorgeschrieben und auch in Konzerten mehr und mehr solistisch oder als Kammermusikinstrument eingesetzt.

Was bedeutet nun der neue Begriff *M III*? Gemeint ist damit neben dem Diskant-Manual als M I (Knopfgriff- oder Piano-Akkordeon) und dem überlieferten Baß- und Akkordwerk-Manual als *M II* (seither als Standardbaß-Manual bezeichnet) das III. Manual mit den chromatisch über 3 - 5 Oktaven durchlaufenden Baritonbässen in drei senkrecht nebeneinanderstehenden Reihen wie bei der Diskantseite des Knopfgriff-Akkordeons. Die Tonanordnung entspricht dem C-Griff, Kopplungsreihen wie auf der Diskantseite entfallen hier.

Wir unterscheiden zwei verschiedene Akkordeontypen mit *M III*, einmal das Instrument mit separatem Manual III, unmittelbar unter dem Standardbaß-Manual liegend. Zum anderen handelt es sich um Akkordeons mit sogenanntem Convertor, einer registerähnlichen Schaltvorrichtung, die das Umschalten einer bestimmten Anzahl von Akkorden der Baßseite in Einzeltöne zuläßt. Auch hier gibt es zwei verschiedene Convertor-Typen: den chromatischen und den Quint-Convertor. Beim ersteren werden die Akkordreihen Dur-, Moll- und Dominantseptakkorde in eine dreireihige C-Griff-Knopftastatur umgeschaltet, die im Tonaufbau genau dem separaten Manual III entspricht. Beim zweiten wird durch Umschaltung der Dur- und Molldreiklänge einerseits und der Dominantseptakkorde und verminderten Dreiklänge andererseits der Quintaufbau der Grundbaß- und der Wechselbaßreihe auf die Reihenpaare übertragen. Der einstmals verhältnismäßig viel verwendete Quintconvertor hat heute an Bedeutung verloren, wird aber in den USA noch viel gespielt.

Schließlich gibt es als selbständigen Typ noch das *Free Bass Akkordeon* (*FB*-Instrument), das keinerlei verkoppelte Akkorde mehr besitzt und eigentlich kein Akkordeon mehr ist. Es ist vor allem als Lerninstrument in Gebrauch. Zusammenfassend können wir sagen, daß das separate Einzelbaß-Manual die ideale Form des M III ist. Wegen des erhöhten Raumbedarfs kann es aber nur in große Modelle eingebaut werden. Für die Convertor- und FB-Instrumente dagegen bestehen keine Größenbeschränkungen.

Eine Sonderstellung nehmen die speziell für das gemeinsame Musizieren in der Gruppe und im Akkordeonorchester gedachten Instrumente ein. An erster Stelle ist hier die Hohner-*Basso* zu nennen, eine zweichörige Baßorgel in Oktavstimmung bei einem Tonumfang von C - c'. Die Basso wird in Form des Piano- oder Knopfgriff-Akkordeons gebaut, verfügt aber nur über eine Spielseite für die rechte Hand (auf der linken Seite also keine Bässe und Akkorde). Sie läßt das Spiel von Einzelbässen und (auch bewegteren) Baßmelodien zu. Mit diesem „Zungenbaß" kann das Baßproblem im Akkordeonorchester als gelöst gelten.

Schließlich ist mit einem neuen Bariton-Akkordeon der schon vor über fünfzig Jahren an die Firma Hohner herangetragene Wunsch des Münchener Komponisten Friedrich Haag nach einem Instrument im Klangbereich des Violoncello im Akkordeonorchester erfüllt worden. Damit kann die bisher zwischen dem Akkordeon und dem Harmonikabaß im Orchester bestehende Klanglücke ausgeglichen werden.

An dieser Stelle sei bezüglich der Kultivierung des Akkordeons und seiner Literatur auf die besondere Pilotrolle Dr. Ernst Hohners hingewiesen, der in den 20er Jahren unseres Jahrhunderts die Initiative ergriff, dem Harmonikaspiel neue Vorbilder zu geben. Entsprechende Lehrer gab es damals noch nicht. So holte er schon 1920 den bekannten Akkordeon-Virtuosen Hermann Schittenhelm nach Trossingen, sozusagen als gutes Vorbild für die vielen Akkordeonspieler im Lande. 1926 beauftragte er Paul Hindemith, eine Originalkomposition für Akkordeon zu schreiben. Hindemith gab diesen Auftrag aus zeitlichen

Gründen an den auch zum Donaueschinger Kreis für Neue Musik gehörenden Hugo Herrmann weiter, der 1927 mit seinen *Sieben Neuen Spielmusiken* die erste Originalkomposition für Akkordeon vorlegte.

Das Lehrerproblem wurde 1931 mit der Gründung der 1943 staatlich anerkannten Hohner-Handharmonika-Fachschule in Trossingen gelöst, heute staatlich anerkanntes Hohner-Konservatorium, jahrzehntelang unter der Leitung von Hugo Herrmann stehend. 1931 hatte Hohner auch einen eigenen Musikverlag gegründet, der neben der Edition von Unterrichts- und Spielliteratur sich besonders der Pflege zeitgenössischer Originalmusik für Harmonika-Instrumente widmet.

Wie in Trossingen, wo in regelmäßigen Abständen kulturelle Großveranstaltungen und Wettbewerbe durchgeführt werden (Trossinger Musiktage, Hugo-Herrmann-Wettbewerb u.a.), bemüht man sich auch im anderen Teil Deutschlands, etwa bei den Klingenthaler Musiktagen mit ihren internationalen Akkordeonwettbewerben, um die Kultivierung des Instruments und seiner Literatur.

Weitere Literaturhinweise

Hans Luck: *Die Entwicklung der Balg-Instrumente und ihre Stellung in der Gesellschaft von den Anfängen bis zum Ende des 2. Weltkrieges.* Diss. Leipzig 1978.

Curt Sachs: *Geist und Werden der Musikinstrumente.* Berlin 1928, Reprint Hilversum 1965.

1827-1927. 100 Jahre Harmonika Trossingen. Gewerbe- und Industrieausstellung 2. - 17.7.27.

Wilhelm Haenger: *Die Musikinstrumenten-Industrie.* Tübingen 1919.

Pierre Monichon: *L'Accordéon.* Lausanne o. J. [1984].

Pierre Constant: *Les Facteurs d'Instruments de Musique.* Paris 1893, Minkoff-Reprint.

Theodor Berthold und Moritz Fürstenau: *Die Fabrikation musikalischer Instrumente und einzelner Bestandteile derselben im sächsischen Vogtlande.* Leipzig 1876.

Walter Kürth: *Die hausindustrielle Fabrikation kleinerer musikalischer Instrumente im Vogtland und in Oberbayern.* Diss. Leipzig 1910.

Alfred Heintzeler: *Die Entwicklung der deutschen Harmonika-Industrie unter besonderer Berücksichtigung der Kriegs- und Nachkriegszeit.* 1923.

Akkordeon-Montage (Hohner, Trossingen). Foto: Harms

Zum nachfolgenden Artikel: Montage einer Elektronen-Orgel (Wersi, Halsenbach). Foto: Harms

Wolfgang Voigt

ELEKTRONISCHE UND MECHANISCH-ELEKTRONISCHE MUSIKINSTRUMENTE

EINLEITUNG

Die folgenden Ausführungen vermitteln einen Überblick über die wichtigsten elektronischen und mechanisch-elektronischen Musikinstrumente und deren Hersteller in einem Zeitraum von ca. 1920 bis 1986. Die Instrumente, welche vor dem 2. Weltkrieg in Deutschland bzw. im deutschsprachigen Raum meist nur als Einzelanfertigungen erschienen, werden in chronologischer Reihenfolge vorgestellt; für die nach dem Kriege in Serie hergestellten Instrumente wurde wegen der Fülle des Stoffes eine systematische Gliederung gewählt, wobei jedes Einzelthema wiederum eine chronologische Abhandlung erfährt.

Nicht einbezogen in diese Darstellung sind Einzelanfertigungen von Geräten und Systemen, wie sie in Studios für elektronische Musik z.B. einzelner deutscher Rundfunkanstalten Verwendung finden. Ausgeschlossen sind ferner elektrische Gitarren und Bässe, die in dem Kapitel „Zupfinstrumente" abgehandelt werden. Der Hauptteil der Darstellung ist, dem festlichen Anlaß dieses Buches entsprechend, in erster Linie den elektronischen und mechanisch-elektronischen Musikinstrumenten westdeutscher Produktion der Nachkriegszeit gewidmet. Den Anfang macht, als „Königin der Instrumente" auch in elektronischer Technologie, die elektronische Kirchenorgel, dann folgen die elektronischen Orgeln für Haus-, Konzert- und Unterhaltungsmusik sowie elektronische einmanualige Tasteninstrumente, die man nicht zu den elektronischen Orgeln rechnen kann. Hiermit sind gemeint: einstimmige Kleininstrumente, elektronische Akkordeons, E-Pianos, String-Keyboards, Synthesizer und leichte Keyboards mit Lautsprechern der achtziger Jahre. Außerdem werden behandelt: mechanisch-elektronische Tasteninstrumente, elektronische Blasinstrumente und Geräte der Orchesterelektronik, hier in erster Linie die Effektgeräte.

DIE INSTRUMENTE VOR DEM 2. WELTKRIEG

Wenn auch eine industrielle Produktion größeren Ausmaßes von mechanisch-elektronischen und elektronischen Musikinstrumenten erst nach dem 2. Weltkrieg einsetzte, so sind in Deutschland bzw. im deutschsprachigen Raum doch bereits vor dem Krieg bedeutende Pionierleistungen bei der Nutzung der Elektrotechnik für den Bau neuartiger Musikinstrumente erbracht worden. Nach Erfindung der Verstärkerröhre (1906) und des Lautsprechers (1913) wurden in den zwanziger Jahren die ersten spielfähigen elektronischen Musikinstrumente konstruiert.

1920 stellte der russische Physiker Theremin sein später sogenanntes *Ätherophon* vor. In dem einstimmigen Instrument wurden zwei hochfrequente Schwingungen erzeugt und eine Differenzfrequenz zwischen beiden gebildet, die den hörbaren Ton ergab. Durch mehr oder weniger starke Annäherung der rechten Hand an eine Spielantenne wurde

Abb. 1: Jörg Mager am Kurbel-Sphärophon

die Frequenz des einen Hochfrequenzgenerators verändert, da Hand und Antenne einen variablen Kondensator innerhalb des Schwingungskreises darstellten. Der dadurch auch veränderliche hörbare Ton wurde mit der linken Hand in der Lautstärke gesteuert.

Das *Sphärophon* des bayrischen Volksschullehrers Jörg Mager arbeitete nach dem gleichen Tonerzeugungsprinzip, nur wurde die Tonhöhenänderung durch einen mit einer Kurbel betätigten Drehkondensator bewirkt (Abb. 1). Mager, der seit 1910 dem Kreis um den tschechischen Vierteltonkomponisten Alois Hába nahestand, wollte mit diesem Instrument die Realisierung von Mikrointervallen ermöglichen und fand große Zustimmung nicht nur bei Hába, sondern u.a. auch bei Hindemith.

Später ging Mager bei dem *Klaviatursphärophon* zu einer normalen Klaviatur über und erweiterte es zum mehrmanualigen *Partiturophon*, wobei jedes Manual nur einstimmig spielbar war. Bei diesen Instrumenten benutzte er nun ein Niederfrequenzverfahren mit Rückkopplungsgeneratoren zur Tonerzeugung.

Da er die Klangfarbe offenbar nur in bestimmten Grenzen verändern konnte, bezog Mager seine Lautsprecher in die Klanggestaltung mit ein. Es wurden z.B. Membranen aus Holz, Seidenpapier oder aus Blech verwendet[1]. Abgesehen von elektronischen Gralsglocken, die er für Festspielaufführungen von Wagners Parsifal in Bayreuth baute, ging es Mager in erster Linie wohl um die Kreation neuartiger Klangfarben und nicht um Imitation vorhandener Musikinstrumente.

Mehr Erfolg als Jörg Mager, der 1939 starb und dessen Instrumente bald in der Versenkung verschwanden, hatte der Franzose Maurice Martenot mit seinem 1928 in der Pariser Oper vorgeführten Instrument *Ondes musicales*, später *Ondes Martenot* genannt. Im Klang und in der Tonerzeugung Theremins Ätherophon ähnlich, konnte Martenots einstimmiges Instrument auf einer Klaviatur in der temperierten Tonskala gespielt, jedoch mittels eines Seilzuges auch auf beliebige Tonhöhen eingestellt werden. Das in seiner Klangfarbe durch elektrische Filter veränderbare Instrument wurde in zahlreichen Werken französischer Komponisten wie Messiaen und Milhaud verwendet und ist bis heute unersetzlich geblieben.

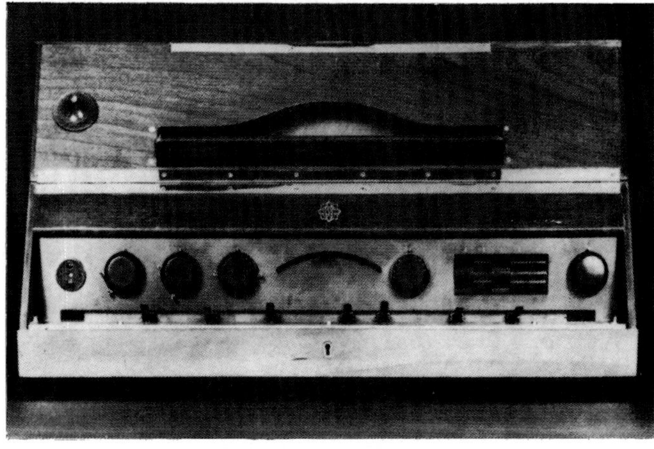

Abb. 2: Telefunken-Trautonium von 1933

In den dreißiger Jahren wurde Berlin zum Mittelpunkt deutscher Aktivitäten im Bereich der elektronischen Musikinstrumente. Hier entwarf Friedrich Trautwein sein *Trautonium*, ein einstimmig spielbares Instrument mit einem Glimmlampen-Tongenerator, welcher einen obertonreichen Klang erzeugte, der dann durch Formantfilter in der Farbe variiert werden konnte. Typisch für dieses Instrument ist das Bandmanual, ein über eine Metallschiene aufgespannter Draht, der einen stromdurchflossenen Widerstand darstellt, welcher durch Niederdrücken verändert wird. Neben der dadurch bewirkten Tonhöhenänderung konnte durch unterschiedlichen Fingerdruck auch eine Änderung der Lautstärke hervorgerufen werden, denn unter der Metallschiene befand sich ein regelbarer Widerstand (Kohlekörnermikrophon, später Flüssigkeitswiderstand), der die Ausgangsspannung beeinflußte. 1933 wurde das Instrument mit einem pultartig aufklappbaren Holzgehäuse von der Firma Telefunken in einer kleinen Auflage in Serie gebaut (Abb. 2).

Später entstanden das zweimanualige Konzerttrautonium und nach dem Krieg das von Oskar Sala entwickelte *Mixtur-Trautonium*, bei dem zu jedem Ton zusätzliche subharmonische Frequenzen eingeschaltet werden können[2]. Für das Trautonium wurde eine Reihe von Kompositionen geschrieben, bemerkenswert sind besonders das *Concertino für Trautonium und Streichorchester* von Paul Hindemith (1931) sowie die beiden Konzerte für Trautonium bzw. Mixtur-Trautonium und Orchester von Harald Genzmer (1936 und 1952). Oskar Sala, der sein Mixtur-Trautonium nach einigen Konzert- und Theatertourneen fest in seinem Berliner Studio installierte, benutzte sein Instrument hauptsächlich für die Filmvertonung.

Durch vielfältige Erweiterungen der klanglichen Möglichkeiten, u.a. durch Rauschgenerator und perkussive Effekte, kann Oskar Sala das Trautonium auch als eine Art *Synthesizer* einsetzen. Mit zu seinen größten Erfolgen gehören die täuschend echt imitierten Vogelstimmen in Alfred Hitchcocks Film *Die Vögel*. Mittlerweile steht in Salas Studio ein Nachfolgemodell des Mixtur-Trautoniums, welches in moderner Mikroelektronik aufgebaut ist, jedoch über die bewährte Spieltechnik mit zwei Bandmanualen verfügt (Abb. 3).

In der Spielweise dem Trautonium durchaus ähnlich war das *Hellertion*, mit dessen Konstruktion Bruno Helberger und Peter Lertes seit 1929 beschäftigt waren[3]. Das Instrument arbeitete mit einem Niederfrequenz-Rückkopplungs-

---

[1] W. D. Kühnelt: „Elektroakustische Musikinstrumente". In: *Für Augen und Ohren.* Katalog 127 (Akademie der Künste, Berlin). Berlin 1980, S. 53. Auch Quelle für Abb. 1, 2 und 4.

[2] O. Sala: „Elektronische Klanggestaltung mit dem Mixtur-Trautonium". In: *Gravesano*, Mainz 1955, S. 78ff.

[3] P. Lertes: *Elektrische Musik.* Dresden u. Leipzig 1933, S. 171f.

Abb. 3: Oskar Sala am Mixtur-Trautonium im Jahre 1985. Foto: Voigt

generator und war ebenfalls mit Bandmanualen ausgestattet, die jedoch, ähnlich wie die Saiten einer Gitarre, nebeneinander angeordnet waren, während die Spielmanuale des Trautoniums wie bei einer Orgel übereinander liegen.

Neben Friedrich Trautwein und seinen Schülern beschäftigte sich in Berlin auch Oskar Vierling am Heinrich Hertz Institut mit der Nutzung der Elektrotechnik für musikalische Zwecke. Seine Versuche mit der elektrischen Abnahme von Saitenschwingungen mündeten in die Konstruktion des *Elektrochords*, eines Klavierinstruments, das 1932 bei der Klavierfabrik Förster gebaut wurde. Vierling strebte mit diesem Instrument neuartige Klangmöglichkeiten an, indem er mehrere Tonabnehmer entlang der Saite anordnete und in verschiedenen Kombinationen zusammenschaltete. Ein Jahr zuvor war der von Walther Nernst entwickelte Neo-Bechstein-Flügel mit eingebautem Rundfunkempfänger und Verstärker fertiggestellt worden, in dessen separatem Lautsprecherschrank sich außerdem noch ein Plattenspieler befand.

Wohl aus kommerziellen Erwägungen sollte der Flügel damit in die Nähe der noch relativ neuen Medien gebracht werden, um den Klavierumsatz wieder zu verstärken. Die musikalische Zielsetzung dieses mit leichteren Mikrohämmern ausgestatteten Instruments bestand in einer Verbesserung des Flügelklanges durch Anreicherung des Diskants mit zusätzlichen Obertönen und durch Verstärkung des Grundtons im Baßbereich (Abb. 4).

Außerdem wurden aber auch zusätzliche, mit einem normalen Flügel nicht erzielbare Klangeffekte ermöglicht, wie An- und Abschwellen sowie orgelartiges Verlängern des Tones[4].

Auch andere Saiteninstrumente wurden im deutschsprachigen Raum vor dem 2. Weltkrieg mit elektrischer Tonabnahme versehen. Oskar Vierling hat ein elektrisches Cello und eine elektrische Geige (beide ohne Resonanzboden) mit Stahlsaiten gebaut, und Wenzel Roßmeisl (Roger Gitarren) stellte bereits in den dreißiger Jahren elektrische Gitarren her[5]. Der Wunsch nach mehrstimmigem Spiel und die infolge des Anwachsens der Radioindustrie immer preisgünstigeren elektronischen Bauteile führten schließlich zur Entwicklung von mehrmanualigen, orgelartigen Tasteninstrumenten mit einem selbständigen elektrischen Generator für jeden Ton. Die Franzosen Armand Givelet und Edouard Coupleux entwarfen bereits Ende der zwanziger Jahre eine zweimanualige Orgel mit Pedal und Niederfrequenz-Rückkopplungsgeneratoren, die sich deutlich am Klang der romantischen Pfeifenorgel orientierte. 1932 folgte ein noch größeres Instrument mit 400 Tongeneratoren, 34 Registern, 3 Manualen und Pedal, auf dem Olivier Messiaen in einer Rundfunksendung die Fantasie und Fuge g-moll von J. S. Bach spielte.

Nachdem 1934 bereits ein Versuchsinstrument gebaut worden war, wurde 1936 zu den Olympischen Spielen von Oskar Vierling die dreimanualige KdF-Großtonorgel fertiggestellt, die auf der Berliner Dietrich-Eckart-Freilichtbühne – der heutigen Waldbühne – installiert wurde. Das Instrument besaß 3 Manuale zu je 56 Tasten, ein 27stufiges Pedal und 96 Glimmröhrengeneratoren. Die Klangfärbung der 44 Register erfolgte durch elektrische Filter[6]. Frequenzschwankungen in der Tonerzeugung machten allerdings ein relativ häufiges Nachstimmen des Instruments erforderlich.

Abb. 4: Saitenführung beim Neo-Bechstein-Flügel

[4] F. Winckel: Artikel „Elektrische Musikinstrumente". In: *Die Musik in Geschichte und Gegenwart*, Bd. 3, Kassel 1954, Sp. 1254ff.

[5] H. Matzke: *Unser technisches Wissen von der Musik*. Lindau 1949, S. 546; ferner H. Lemme / N. Schnepel: *Elektrogitarren aus Westdeutschland*. Dorsten 1987.

[6] W. Meyer-Eppler: *Elektrische Klangerzeugung*. Bonn 1949, S. 105.

Ebenfalls 1936 stellte der Klavier- und Orgelbauer Edwin Welte in Berlin seine *Lichtton-Orgel* vor. Weltes Verfahren war vorher schon von den Franzosen Hugoniot und Toulon sowie von dem Österreicher Emmerich Spielmann bei seinem *Superpiano* angewandt worden: Auf rotierenden Glasscheiben werden Schwingungsbilder aufgezeichnet, die Welte z.T. von wertvollen Pfeifenorgeln aufgenommen hatte. Diese Zackenschrift wird von einem Lichtstrahl abgetastet, dessen unterschiedliche Helligkeitswerte in einer Photozelle entsprechend unterschiedliche Spannungswerte erzeugen, die dann über Verstärker und Lautsprecher hörbar gemacht werden.

Von Vorteil ist bei diesem System, daß man die Tonscheiben, von denen Welte 12 Stück mit 18 verschiedenen Klangfarben verwendete, auswechseln und so die Disposition der Orgel relativ schnell verändern kann. Außerdem ist die Orgel keiner Verstimmung unterworfen und in der Gesamtstimmung leicht zu regeln. Die Reaktion der Presse auf das Konzert vom 16. November 1936, bei dem auf der zweimanualigen *Welte-Orgel* Kompositionen von Heinrich Isaac bis zu Max Reger erklangen, war wegen der noch auftretenden Stör- und Schaltgeräusche nicht sehr günstig.

Handelte es sich bei der Vierling-Orgel und der Welte-Lichtton-Orgel nur um Einzelexemplare, so wurde die zweimanualige *Hammondorgel* mit Pedal in Nordamerika bereits seit 1935 serienmäßig hergestellt. Laurens Hammond, der Präsident der Hammond-Clock-Company, hatte das Instrument nach dem Vorbild des 1900 vorgestellten *Dynamophons* von Thaddeus Cahill mit rotierenden Profilscheibengeneratoren ausgestattet.

Abb. 5: Die Anordnung der Tonräder beim Magnetton

Die metallischen, am Außenrand gewellten Scheiben induzieren in Magnetspulen einen nahezu sinusförmigen Wechselstrom. Die verschiedenen Klangfarben werden durch additive Mischung einzelner passender Sinustöne der insgesamt 91 rotierenden Scheiben gebildet. Es gibt feste Klangfarben, die durch Schalter gewählt werden, und freie Kombinationen, bei denen die Stärke einzelner Sinusschwingungen durch Zugriegel eingestellt werden kann.

Während die Hammondorgel in verschiedenen Ausführungen noch lange nach dem Krieg hergestellt wurde, erreichte ein ähnlich konzipiertes Instrument im deutschsprachigen Raum nur geringe praktische Bedeutung. Es handelt sich um das *Magnetton* (oder *Magneton*), welches von den österreichischen Konstrukteuren Spielmann und Lenk in Verbindung mit der Wiener Klavierfabrik Stelzhammer schon Anfang der dreißiger Jahre entwickelt wurde. Nach einer kurzen Beschreibung in der Funkschau von 1932 besaß das Instrument seitlich vor den rotierenden Zahnrädern angebrachte Magnetspulen, die vom Zahnradrand zur -mitte verschoben werden konnten und somit eine Klangfarbenänderung bewirkten[7] (Abb. 5). Nach Meyer-Eppler wurden für die unterschiedlichen Klangfarben jedoch Scheiben verschiedenartiger Profilierung verwendet[8]. In seiner endgültigen Ausführung von 1934 besaß das Magnetton 2 Manuale mit je 56 Tasten sowie ein 30stufiges Pedal. Es heißt, daß eine „sklavische Nachbildung des Orgeltones" vermieden worden sei. Dementsprechend wird die Disposition angegeben mit „weich" (16′,8′,4′,2′) und „rauh" (16′,8′,4′,2′)[9].

DIE INSTRUMENTE NACH DEM 2. WELTKRIEG

Elektronische Kirchenorgeln

Während in Amerika auch noch lange nach dem Krieg orgelartige Tasteninstrumente mit rotierenden Zahnrädern *(Hammond)* bzw. schwingenden Zungen *(Wurlitzer)* gebaut wurden, setzte man im deutschsprachigen Raum auf Orgeln mit rein elektronischer Tonerzeugung. Konzepte wie das der Welte-Lichtton-Orgel oder des Magnettons wurden nicht weiterverfolgt. Allerdings gab es noch Vorschläge für Orgeln mit rotierenden Generatoren. So wird im Jahre 1951 eine elektrostatische Orgel beschrieben, deren Konzept Karl Reiß im Auftrag der Firma Dr. Georg Seibt entwickelte. Für die Tonerzeugung waren 12 rotierende Generatoren mit elektrostatischer Abtastung und je 80 verschiedenen Klängen vorgesehen[10].

Bei diesen Generatoren liegt an feststehenden Elektroden eine Gleichspannung. Auf einem Rotor, dessen radial angeordnete Rippen sich gegenüber den spannungsführenden Elektroden bewegen, werden bei der Drehung Wechselspannungen durch Influenz gebildet, deren zeitlicher Verlauf abhängig von der Drehzahl des Rotors, der Anzahl seiner radialen Rippen sowie von der Formgebung der metallischen Elektroden ist.

[7] F. Noack: „Elektrische Musik". In: *Funkschau* 1932, S. 122. Auch Quelle für Abb. 5.

[8] W. Meyer-Eppler: a. a. O. S. 110.

[9] V. Goller: „Das Magneton". In: *Zeitschrift für Instrumentenbau* [im folgenden abgekürzt *IZ*] 54 (1934), S. 103ff.

[10] K. Reiß: „Eine deutsche elektronische Orgel". In: *IZ* 5, Nr. 11 (1951), S. 149ff. Auch Quelle für Abb. 6.

Die Formgebung der Elektroden beruhte auf Teiltonanalysen. Einige der verwendeten Elektrodenformen sind in Abb. 6 dargestellt. Daneben findet sich jeweils das dazugehörige Klangspektrum (x-Achse: Ordnungszahl der Teiltöne, y-Achse: Intensität der Teiltöne in %). Form a erzeugt obertonarme Klänge, bei Form b entsteht ein der Prinzipalpfeife ähnlicher Klang, Form c ergibt ungeradzahlige Teiltöne und Form e einen schärferen Klang. Man bemühte sich auch, die Einschwingvorgänge bestimmter Labialpfeifen zu imitieren, indem man z.B. durch geeignete Widerstand-Kondensator-Kombinationen dafür sorgte, daß höhere Teiltöne vor tieferen in Erscheinung treten.

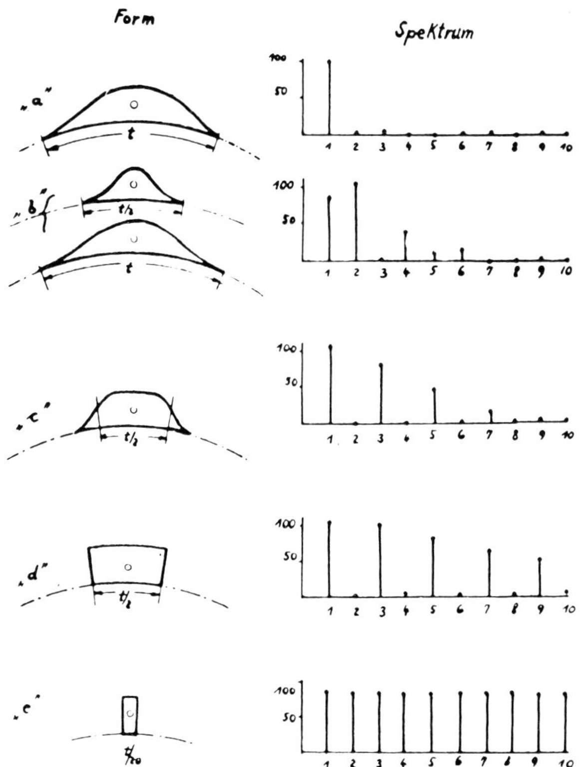

Abb. 6: Elektrodenformen und Klangspektren der Elektrostatischen Orgel von Karl Reiß.

Während diese deutsche elektrostatische Orgel über das Stadium der Projektierung nicht hinauskam, erlangte ein im Prinzip ähnlich konstruiertes Instrument des Franzosen Jean Adolphe Dereux in späteren Jahren auch in Deutschland als Kirchenorgel eine beachtliche Bedeutung, seit 1961 die Firma Steinway & Sons in Hamburg den Vertrieb dieser Orgel übernahm.

Dereux nahm Klänge hochwertiger Pfeifen-Orgeln Register für Register auf und übertrug die Schwingungskurven

Abb. 7: Tongenerator der Dereux-Orgel[11]

auf eine runde Scheibe aus Isolierstoff, so daß die Schwingungskurven auf der Scheibe konzentrische metallische Profile bildeten[11]. Jeder Tongenerator besteht in der ausgereiften Form des Instruments aus zwei feststehenden Scheiben mit den aufgedruckten Originalschwingungskurven, zwischen denen sich eine Abtastscheibe mit radial angeordneten metallischen Stegen dreht. Mit den feststehenden Schwingungsprofilen bilden die rotierenden Stege variable Kondensatoren (Abb. 7). Zwischen den Stegen und jeweils einem Profil können nun Wechselspannungen abgenommen werden, die in ihrem zeitlichen Verlauf dem quasistationären Teil der aufgenommenen Klänge entsprechen. Da die Scheiben permanent rotieren, kann man eben nur Dauertöne speichern und nicht die individuellen Ein- und Ausschwingvorgänge der Pfeifen. Diese werden bei Betätigung der Tasten elektronisch den Originalklängen angenähert. In einem Generatorteil sind die Klänge aller Register im Oktavabstand gespeichert, so daß 12 solcher Einheiten mit rotierenden Scheiben im Halbtonabstand benötigt werden.

Nach diesem Exkurs über die elektrostatische Orgel wenden wir uns der Entwicklung der rein elektronischen Kirchenorgel deutscher Produktion zu. Den ersten größeren kommerziellen Erfolg erzielten elektronische Orgeln der Firma Apparatewerke Bayern (AWB) in Dachau. Dort wurden seit 1949 ein Konzertinstrument und ein Kircheninstrument entwickelt, die auf der Frankfurter Frühjahrsmesse 1952 erstmalig ausgestellt wurden[12].

In diesen sogenannten *Polychordorgeln* nach dem System von Harald Bode wurden 12 Rückkopplungsgeneratoren mit Schwingkreisen aus Spulen und Kondensatoren (LC Kreise) verwendet, welche die 12 höchsten Töne einer Oktave ergaben. Die Töne der unteren Oktaven wurden durch Frequenzteilerketten erzeugt, welche aus einer Aneinanderreihung von miteinander verschalteten Oszillatoren bestanden, die in ihren Schwingungen von dem Generator für den höchsten Ton mitgenommen und synchronisiert wurden[13].

Am Ausgang (Abb. 8) liegen der höchste Ton sowie seine fünf tieferen Oktavtöne, die durch induktive Ankopplung an die Schwingkreise abgenommen werden. Mit dieser Anordnung sparte man die Frequenzstabilisierung für die einzelnen Generatoren und konnte das Instrument relativ einfach stimmen, indem man nur die oberen 12 Generatoren auf die temperierte Skala einstimmte. Die einzelnen

[11] W. Lottermoser: Artikel „Elektronische Orgel“. In: *Die Musik in Geschichte und Gegenwart*, Bd. 16, Kassel 1979, Sp. 53.

[12] K. Gerstung: „Der Stand der industriellen Fertigung von elektroakustischen Musikinstrumenten in Deutschland“. In: *Das Musikinstrument* [im folgenden: *MI*] 6 (1957), S. 415.

[13] W. Kwasnik: „Elektronen-Orgeln“. In: *IZ* 9, Nr. 7 (1955), S. 179ff. Auch Quelle für Abb. 8.

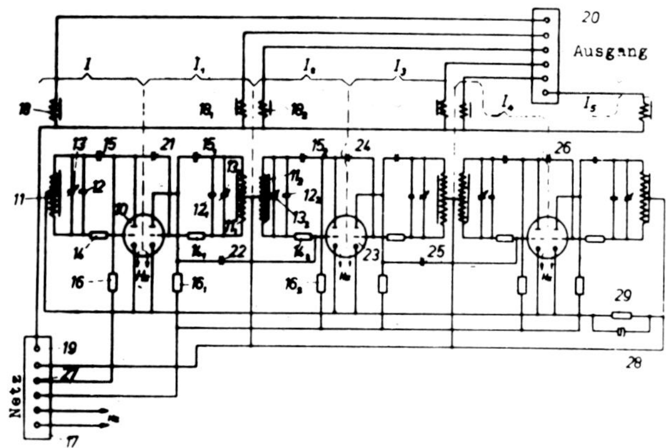

Abb. 8: Generator der AWB-Orgel für einen Ton und die tieferen Oktaven

Generatoren lieferten obertonarme Schwingungen, mit denen man durch unterschiedliche additive Kombinationen die quasistationären Klänge der Pfeifenorgel nachahmte.

Das Kirchenmodell der Polychordorgel verfügte über 2 Manuale mit je 61 Tasten und ein Pedal mit 30 Tasten sowie über 3 getrennte Schweller, Tremolo und Fernwerk[14]. Die Disposition der Orgel (1. Manual: 12 Register, 2. Manual: 14 Register, Pedal: 10 Register) wies auch Mixturchöre auf und war mit ihren barocken Registerbezeichnungen ganz den Wünschen der deutschen Organisten angepaßt. Der Klang wurde, je nach Raumgröße, über eine oder mehrere Schallsäulen mit mehreren Lautsprechersystemen abgestrahlt.

Kritik wurde an den etwas hart klingenden Einschwingvorgängen geübt und an den zu stark verschmelzenden Registern, wodurch das Generaltutti der Polychord-Orgel etwas dick wirkte[15].

Von anderer Seite wurde bemängelt, daß einzelne Aliquotstimmen wie z.B. die Terz $1^{3}/_{5}'$ gegenüber den Grundstimmen nicht rein, sondern temperiert gestimmt waren, wodurch es zu keiner genügenden Verschmelzung mit den Grundstimmen kam[16].

Immerhin wurde eine AWB-Polychord-Orgel 1953 im Rahmen einer Opernuraufführung des *Landarztes* von Hans Werner Henze mit Erfolg eingesetzt, und gegen Mitte der fünfziger Jahre waren ca. 150 AWB-Orgeln in kirchlichem Gebrauch, sowohl in katholischen als auch evangelischen Kirchen des In- und Auslandes[17].

Mit der Gründung der Firma Ahlborn & Steinbach, in Personalunion auch mit der Firma Rich. Lipp & Sohn verbunden, erhielt der deutsche Elektronenorgelbau im Jahre 1955 einen weiteren bedeutenden Impuls. Bereits bei den ersten Modellen elektronischer Kirchenorgeln, bei der *C 1* sowie der zweimanualigen *C 31*, wurde die Tonerzeugung dahingehend verbessert, daß man, ähnlich wie es schon bei der amerikanischen *Connsonata-Orgel* der Firma Conn praktiziert wurde, eine größere Anzahl von Einzeltongeneratoren verwendete.

Dieses Verfahren hat zwar den Nachteil, daß ein größerer zeitlicher Aufwand beim Stimmen erforderlich ist, aber ähnlich wie bei der Pfeifenorgel handelt es sich bei den voneinander unabhängigen Generatoren um einzelne schwingende Systeme, deren Schwingungsphasen gegeneinander in statistischer Weise verschoben sind, so daß z. B. auch zwischen den Oktaven feine belebende Schwebungen entstehen können, während beim Frequenzteilerprinzip die Oktavtöne phasenstarr zueinander liegen. Die Verwendung von Einzeltongeneratoren gewährleistet daher eine bessere Unterscheidbarkeit der Einzeltöne und außerdem eine größere Klangfülle im Sinne von Chörigkeit[18].

Für kleinere preiswerte Haus- und Unterhaltungsorgeln wurde bei Ahlborn-Lipp aber auch weiterhin das Frequenzteilerverfahren verwendet. Zwei Jahre nach der Gründung der Firma Ahlborn übernahm in Ebermannstadt Prof. Dr. Oskar Vierling, einer der bedeutendsten deutschen Pioniere auf dem Gebiet der elektrischen Klangerzeugung, 1957 die Elektronenorgel-Produktion des Apparatewerkes Bayern zusammen mit den wichtigsten Fachkräften dieser Firma. Auch Vierling ging zur Verwendung von zahlreichen Einzeltongeneratoren in LC-Schaltung über und entwickelte schon 1958 Orgeln mit Transistoren[19]. Auch ersetzte er die bisherige Flächenverdrahtung in den Schaltkästen durch gedruckte Schaltungen.

Obwohl die elektronischen Kirchenorgeln laufend verbessert wurden, erfuhr ihre Entwicklung in Deutschland doch sehr starke Anfeindungen, die so weit gingen, daß Landeskirchen es in den fünfziger und sechziger Jahren z.T. verboten, elektronische Instrumente in Kirchen aufzustellen. Gegen die Firma Ahlborn wurde von seiten des Pfeifenorgelbaues in den sechziger Jahren ein Musterprozeß geführt, bei dem es um die Streitfrage ging, ob sich eine elektronische Orgel überhaupt „Orgel" nennen dürfe und nicht besser (in Anlehnung an den Ausdruck „Harmonium") „Elektrium" oder „Elektronium" heißen solle. 1968 wurde schließlich vom Bundesgerichtshof entschieden, daß die elektronische Orgel als „Orgel" bezeichnet werden darf[20].

Im Ausland verhielt man sich gegenüber der elektronischen Orgel seit jeher toleranter. So war es in Amerika, wo man allerdings auch nicht auf eine so lange Orgeltradition zurückblicken kann, durchaus üblich, bestimmte elektro-

14 W. Lottermoser: „Akustische Beurteilung elektronischer Musikinstrumente". In: *Archiv für Musikwissenschaft* 12 (1955), S. 266 f.

15 W. Kwasnik: „Die Elektronen-Orgel als Hausinstrument". In: *IZ* 8, Nr. 11 (1954), S. 278 ff.

16 W. Lottermoser: „Akustische Beurteilung elektronischer Musikinstrumente", a. a. O., S. 267.

17 Vgl. *IZ* 9, Nr. 7 (1955), S. 183.

18 M. Rieländer: „Lineare und nichtlineare Schallstrahlung bei elektronischen Orgeln". In: *MI* 22 (1973), S. 1349 ff.

19 E. Exner: „Elektronische Kirchenorgeln mit Transistoren". In: *MI* 7 (1958), S. 72.

20 M. Rieländer: „Noch heute Vorurteile gegen die elektronische Kirchenorgel". In: *MI* 24 (1975), 765 ff.

nische Orgeln, wie z.B. die Hammondorgel, in fast unveränderter Form sowohl bei Modenschauen, Tanz- und Unterhaltungsmusik als auch im kirchlichen Bereich einzusetzen. Ebenfalls in diesem Zusammenhang sei erwähnt, daß Papst Paul VI. im Jahre 1966 immerhin 22 elektronische Orgeln der Firma Ahlborn für Kirchen seiner früheren Diözese Mailand gestiftet hat.

Gerade zur Zeit der gerichtlichen Auseinandersetzungen zwischen Pfeifenorgel- und Elektronenorgelbau stellt man überrascht fest, daß es Bestrebungen gab, Pfeifenorgel und elektronische Klangerzeuger in einem Gehäuse zu vereinen, so als ob ein Ausgleich zwischen den beiden Parteien angestrebt worden wäre. Bereits in den fünfziger Jahren wurde von der Firma Lipp ein Zusatzpedal mit elektronischer Klangerzeugung angeboten. Dieses Pedal mit 30 Tasten, Labial- und Zungenregisterklangfarben in 16′ 8′ und 4′ Lage konnte auch als klangliche Ergänzung kleiner Pfeifenorgeln verwendet werden. Ab 1962 erfolgte dann bei Ahlborn-Lipp die Herstellung von kombinierten Pfeifen-Elektronenorgeln, und zwar in zwei Versionen: einmal als elektronisches „Teilton-Auxiliaire", wie es von Dr. Walter Leib, Heidelberg, angeregt worden war, zum anderen als Kombination eines Pfeifenorgelpositivs und einer Elektronenorgel[21].

Der Begriff „Auxiliaire" stammt aus dem flandrischen Pfeifenorgelbau und bedeutet soviel wie ein „Hilfs-Werk", welches bestimmte Zusatzstimmen (Solostimmen, Aliquotstimmen) enthält, aber über keine eigene Klaviatur verfügt. Das elektronische Auxiliaire liefert obertonfreie und durch Schieberegler in der Lautstärke regelbare Töne zur Umfärbung bestehender Grundklänge und Ansprachevorgänge der Pfeifenregister. Diese elektronischen Töne können als Oktaven, Quinten, Terzen, Septimen und Nonen unterschiedlicher Fußlagen hinzugemischt werden. Dazu können auf Wunsch beliebig viele feste oder auch frei einstellbare Kombinationen kommen. Ein Generalstimmknopf sorgt für eine rasche Angleichung der elektronischen Stimmen an die von der Temperatur abhängige Stimmung der Pfeifen. Für die Steuerung des Auxiliaires wird hinter jeder Taste lediglich ein Steuerkontakt benötigt.

Bei der Konzeption der Kombinationsorgel der Firma Ahlborn wird einmal beabsichtigt, die klanglichen Möglichkeiten von Pfeifenpositiven zu erweitern, zum anderen, die Chörigkeit und Ansprache bei elektronischen Orgeln zu verbessern[22]. Zur näheren Beschreibung dieses Instruments vgl. Abb. 9.

Die Pfeifen und der elektronische Tonerzeugungsteil (5), bei dem vorzugsweise Generatoren in Frequenzteilerschal-

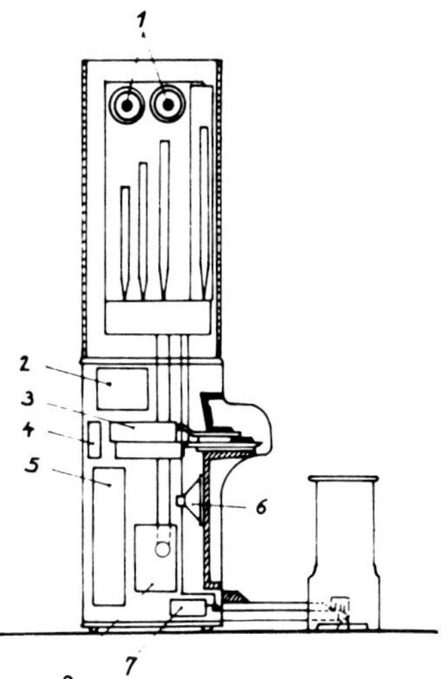

Abb. 9: Aufbau einer Kombinationsorgel

tung verwendet werden, sind an getrennte Manuale angeschlossen. Durch eine Manualkoppel ist es möglich, Pfeifen und elektronische Klangerzeugung miteinander zu kombinieren, außerdem können durch eine weitere Koppel die Pfeifenregister auch auf dem Pedal gespielt werden. Eine Kontakteinrichtung (7) sorgt dafür, daß auf dem Pedal auch vom Manual unabhängige Stimmen gespielt werden können. Für die Abstrahlung der elektronisch erzeugten Klänge sind Tieftonlautsprecher (6) in die Vorder-, Seiten- oder Rückwand eingebaut, die Hochtonlautsprecher (1) werden in Höhe der Pfeifen bzw. zwischen den Pfeifen angebracht, wodurch die hohen Frequenzen weniger stark gerichtet abgestrahlt werden.

Auch Dipl.-Ing. Heinz Ahlborn, der zwar der Namensgeber und Mitbegründer der Ahlborn-Orgel GmbH. war, später aber eine eigene Firma in Dransfeld gründete, beschäftigte sich neben der Herstellung rein elektronischer Kirchenorgeln mit den technisch-musikalischen Kriterien der kombinierten Kirchenorgeln. Er und seine Mitarbeiter kamen ebenfalls zu der Überzeugung, daß die Verwendung von synchronisierten Tongeneratoren in Frequenzteilerschaltung wegen der leichteren Stimmbarkeit in Verbindung mit dem Pfeifenwerk am günstigsten ist[23]. Man kam außerdem zu der Auffassung, daß Windgeräusche, chorische Wirkung und Vorläufertöne weitgehend vom Pfeifenwerk erzeugt werden und eine differenzierte Nachahmung dieser pfeifenspezifischen Gegebenheiten durch den elektronischen Teil der Kombinationsorgel nicht erforderlich ist.

Für die Elektronenorgel selbst strebten die führenden Firmen Ahlborn und Vierling, später dann auch die jüngeren Firmen Heinz Ahlborn und Kienle Ende der fünfziger bzw. in den sechziger Jahren nach einer Verfeinerung der elektronischen Klänge mit dem Ziel, der größeren Komplexität von Pfeifenklängen im Einschwingvorgang und im zeitlichen Verlauf näherzukommen.

Nicht zuletzt waren für solche Entwicklungsimpulse sicherlich auch wissenschaftliche Untersuchungen von

---

[21] K. von Löffelholz / J. Michel: *Das elektronische Auxiliaire zur Pfeifenorgel.* Berlin 1968; ferner J. Michel: „25 Jahre Ahlborn-Orgel GmbH". In: *MI* 29 (1980), 1459ff.

[22] „Patentveröffentlichung der Ahlborn-Orgel GmbH vom 15.9.1966". In: *IZ* 21 (1967), S. 12. Auch Quelle für Abb. 9.

[23] G. Wienands: „Technisch-musikalische Kriterien der kombinierten Kirchenorgel". In: *MI* 28 (1979), S. 920ff.

Bedeutung, wie z.B. vergleichende Hörtests in der Physikalisch-Technischen Bundesanstalt, bei denen der Verwechslungsgrad zwischen Pfeifenorgeln und elektronischen Instrumenten sowie die subjektive Gütebeurteilung durch eine größere Anzahl von Hörern untersucht wurden[24]. Die Auswertung dieser Hörtests zeigte u.a., daß die Nachahmung von Zungenstimmen besser gelingt als von Labialstimmen, weil deren Einschwingvorgänge noch erhebliche Differenzen zu den Pfeifen aufwiesen.

Es gelang den Herstellern elektronischer Kirchenorgeln, ihre Instrumente musikalisch interessanter zu gestalten, indem die Einschwingvorgänge durch geeignete elektronische Verzögerungsglieder einmal in ihrer Dauer regelbar waren. Hierdurch konnte man erreichen, daß, ähnlich wie bei der Pfeifenorgel, tiefere Töne langsamer einschwingen als hohe Töne.

Es wurde auch möglich, bei der elektronischen Nachbildung bestimmter Labialpfeifen höhere sinusförmige Teiltöne früher erklingen zu lassen als tiefere, um sich damit dem Phänomen der Vorläufertöne zu nähern[25]. Schließlich wurden auch (gegen Ende der sechziger und Anfang der siebziger Jahre) zusätzliche Rauschgeneratoren verwendet,

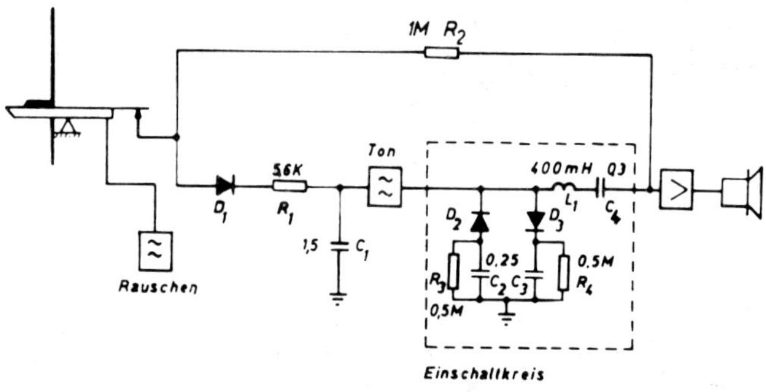

Abb. 10: Schaltung für Vorläufergeräusch und Windmodulation[28]

welche ein Vorläufergeräusch im Einschwingvorgang von elektronischen Labialpfeifenklängen erzeugten und außerdem dem stationären elektronischen Klang statistische Fluktuationen entsprechend der Windmodulation des Pfeifenklanges aufprägten[26].

Außerdem wurde es auch möglich, den vor allem bei Zungenpfeifen auftretenden Frequenzabfall im Abklingen zu realisieren[27].

Wie Vorläufergeräusche vor dem stationären Klang sowie tieffrequente statistische Fluktuationen prinzipiell elektronisch zu realisieren sind, zeigt das folgende Schaltungsbeispiel (nach J. Markowitz und M. F. Nelson, in: *Electronics 17*, (1961) S. 130)[28] (Abb. 10). Beim Betätigen der Taste wird eine Rauschspannung auf die angeschlossene Schaltung gegeben. Die Rauschspannung wird durch die Diode D 1 gleichgerichtet und durch einen Tiefpaß R 1 C 1 von den hohen Frequenzanteilen befreit, so daß die Betriebsspannung des Tongenerators (Ton) mit tieffrequenten Schwankungen statistisch moduliert wird. In der oberen Leitung wird ein Teil der Rauschspannung über R 2 einem Einschaltkreis zugeführt, der eine Rauschkomponente mit höheren Frequenzen als Vorläufergeräusch mit einstellbarem zeitlichem Verlauf (regulierbar durch C 2, R 3 sowie C 3 und R 4) an- und abschwingen läßt.

Die geschilderten Maßnahmen der Verfeinerung und stärkeren Annäherung der elektronischen Orgelklänge an die komplexen Pfeifenklänge eröffneten nun auch dem elektronischen Orgelbau die Möglichkeit der „Intonation", d.h. einer besseren Ausrichtung der Orgel auf individuelle Klangideale sowie auf den Raum durch Regulierung der Lautstärke, der Klangfarbe und der genannten klanglichen Parameter in den An- und Abklingvorgängen.

Neben den Problemen der elektronischen Synthese von musikalisch ansprechenden Klängen bestand aber seit Beginn der industriellen Fertigung von elektronischen Kirchenorgeln auch das Problem der adäquaten Abstrahlung der Klänge. Selbst bei Verwendung von einzelnen Tongeneratoren für die jeweiligen Töne und bei größtmöglichem Aufwand für die Klangsynthese wurden mit dem Einsatz von Lautsprecherkabinetten mit relativ wenigen Systemen die Abstrahlungsbedingungen von Pfeifenorgeln nicht erreicht, bei denen ja eine Vielzahl von räumlich verteilten akustischen Strahlern für die lebendige chorische Wirkung sorgt.

Entsprechend der Forderung nach möglichst vielfältiger Abstrahlung in den Raum wurde auf der einen Seite das Konzept der räumlich verteilt plazierten Lautsprecherboxen mit Mehrwegesystemen verfolgt, wobei in den einzelnen Gehäusen mehrere Speziallautsprecher für unterschiedliche Frequenzbereiche eingebaut sind[29]. Um den Eindruck der Mehrchörigkeit zu erreichen, sind für die Boxen verschiedene Tonkanäle vorgesehen, z.B. zweikanalige Abstrahlung für die Manuale, separate Erzeugung, Verstärkung und Abstrahlung der Zungenstimmen und ein eigener Kanal für den Pedalbereich[30]. Auf diese Weise kann man mit den räumlich verteilten Tonstrahlern versuchen, den „Werkcharakter" des Instruments zu verdeutlichen.

Eine andere Möglichkeit der Schallverteilung wurde bereits Ende der fünfziger Jahre von Oskar Vierling angewandt, z.B. in seiner Orgel *VO 10* von 1958[31]. Hierbei werden zylindrische, beiderseits offene Resonanzröhren unterschiedlicher Länge und auch unterschiedlichen Durchmes-

---

[24] Vgl. *MI* 10 (1961), S. 448.

[25] M. Rieländer: „Die elektronische Konzertorgel als Interpretationsforum für traditionelle Orgelmusik". In: *MI* 23 (1974), 1394ff.

[26] J. Michel: „25 Jahre Ahlborn-Orgel GmbH", a. a. O. S. 1460.

[27] Elektronische Kienle-Kirchenorgeln. In: *MI* 22 (1973), S. 740.

[28] W. Lottermoser: Artikel „Elektronische Orgel", a. a. O., Sp. 57/58

[29] Probleme der Abstrahlung elektronischer Orgeln. In: *MI* 12 (1963), S. 23f.

[30] M. Rieländer: „Schallabstrahlung elektronischer Orgeln in großen Räumen". In: *MI* 32 (1983), S. 1042ff.

[31] Vgl. *MI* 7 (1958), S. 152.

sers verwendet, die somit auch unterschiedlich hohe Eigentöne aufweisen[32] (Abb. 11). Diese Resonatoren sitzen auf einem Sockelteil (2), in welchem sich eine abgeschlossene Druckkammer (3) befindet. In dieser Kammer sind mehrere Lautsprecher (4) angebracht, welche über einen Kopplungsraum (6) auf die Resonanzröhren einwirken. Im

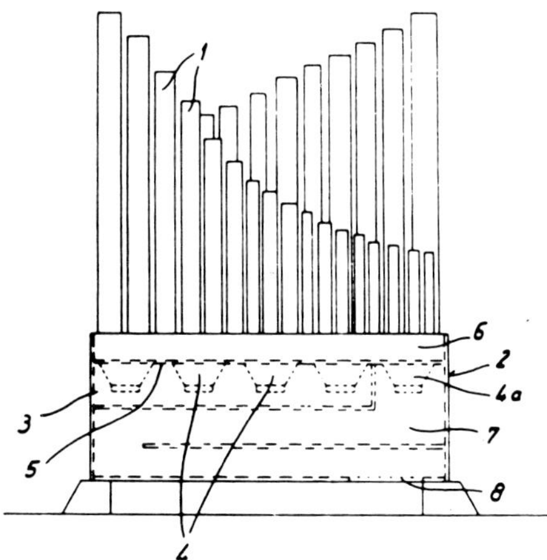

Abb. 11: Klangabstrahlung über Resonatoren nach Oskar Vierling[32]

Sockelteil (2) ist außerdem ein mehrfach abgeknickter röhrenförmiger Luftraum (7) eingearbeitet, der auf eine tiefe Frequenz abgestimmt ist und durch eine Öffnung (8) an der Unterseite des Sockelteils in die Außenluft mündet. An der Oberseite dieses geknickten Rohrverlaufs ist ebenfalls ein Lautsprecher (4a) angebracht, der über den Kopplungsraum (6) auf die Resonatoren einwirkt.

Mit dieser Anordnung wurde einmal beabsichtigt, ähnliche Abstrahlungsverhältnisse wie bei der Pfeifenorgel zu schaffen und die elektronischen Klänge mit den An- und Abklingvorgängen der Resonatoren zu überlagern, zum anderen sollte auch die Anzahl der benötigten Lautsprecher und damit der Preis der Anlage verringert werden. Als Vorteil wurde auch die optisch recht ansprechende, an den Prospektaufbau der Pfeifenorgel erinnernde Wirkung dieser Anordnung empfunden.

Die Firma Kienle griff diese Idee seit Ende der siebziger Jahre in modifizierter Form ebenfalls auf, nachdem sie vorher z.T. Tonstrahler verwendet hatte, an deren Vorderseite stumme Pfeifen bzw. Röhren schallgitterartig zur besseren Schallzerstreuung angebracht waren[33].

Auch einzelne Orgeln der Firma Ahlborn werden neuerdings mit zylindrischen Resonatoren aus Kunststoff geliefert, wobei die Austrittsfläche der Luftsäule noch dadurch erhöht wird, daß ungefähr dort, wo bei einer Pfeife das Labium sitzt, zusätzliche Öffnungen angebracht sind, welche die Abstrahlfläche der Resonatoren um ca. 35 % erhöhen.

Eine andere Form der Schallabstrahlung, deren Entwicklung maßgeblich von der Firma Ahlborn-Lipp in Zusammenarbeit mit Kantor Josef Michel vorangetrieben wurde, fand man in der Konstruktion von Schallgittern[34]. Hierbei werden vor dem Gehäuse, in dessen Vorderwand die Lautsprecher eingebaut sind, gitterartig Leisten aus Holz, Metall oder Kunststoff angeordnet, die verschiedene Profile (Rauten, Winkel, Wetterschenkel) aufweisen können. Durch solche Anordnungen kann der Schall vor seinem Eintritt in den Raum vermischt und indirekt gelenkt werden.

In bezug auf ihre Gestaltung erlauben die Schallgitter mannigfaltige Varianten und Beziehungen zu anderen architektonischen Komponenten des Raumes. Schallgitterähnliche Effekte mit den Vorteilen der Klangzerstreuung und -mischung erzielt man auch bei der Kombinationsorgel und dem stummen Pfeifenprospekt, wenn die Lautsprecher hinter dem Pfeifenwerk abstrahlen. Eine weitere Möglichkeit der vielfältigen Schallverteilung wurde schließlich mit der Großfeldabstrahlung realisiert, bei welcher allerdings sehr viele Lautsprechersysteme benötigt werden. Je nach Größe der Anlage können bis zu ca. 150 Systeme verwendet werden, und zwar sowohl Breitbandlautsprecher als auch Lautsprecher für bestimmte Frequenzbereiche.

Hierbei sind in einem großflächigen Gehäuse, welches z. B. an einer Kirchenwand befestigt und mit einer Kunststoffbespannung versehen ist, die Lautsprecher entsprechend dem Werkaufbau einer Pfeifenorgel räumlich verteilt und zu Gruppen zusammengefaßt. Mit der Großfeldabstrahlung kann man einen tragfähigen, flächigen Klang erzielen, und sie hat sich vor allem in großen Konzertsälen und Kirchen gut bewährt.

Außer den Verbesserungen in der Klangsynthese von originalen Pfeifenklängen sowie bei den Abstrahlungssystemen brachte die Zeit der sechziger und der Beginn der siebziger Jahre auch wichtige Errungenschaften in technologischer Hinsicht. Zum einen wurden die Elektronenröhren durch Silizium-Transistoren ersetzt. Zum anderen führten die Hersteller elektronischer Kirchenorgeln gegen Ende der sechziger Jahre allgemein die elektronische Tontastung ein, bei welcher pro Taste in der Regel nur noch ein Kontakt notwendig war. Bis dahin mußte jede Taste so viele Kontakte aufweisen, wie die Orgel Fußlagen hatte. Bei längerem Gebrauch war infolge der Kontaktverschmutzung die Gefahr von Kontaktgeräuschen bzw. versagenden Kontakten gegeben, außerdem war gegebenenfalls ein genaues und zeitraubendes Einjustieren notwendig, um die Töne gleichzeitig zum Erklingen zu bringen.

Die neuartige Lösung, die von Oskar Vierling prinzipiell schon 1958 in der VO 10 realisiert wurde, bestand nun darin, daß man die Verteilung der Spannungen von der Taste zum Tongenerator und zu den einzelnen Registern über Halbleiterdioden steuerte, bei denen man die stromrichtungsabhängige Durchlaß- und Sperrwirkung ausnutzte. Ein Schal-

32 „Patentbeschreibung". In: *MI* 11 (1962), 101f.

33 Vgl. Patentschrift DE 2924 473 C2 des Deutschen Patentamtes vom 18.6.1979.

34 J. Michel: „Elektronenorgel und Raum". In: *IZ* 21 (1967), S. 110.

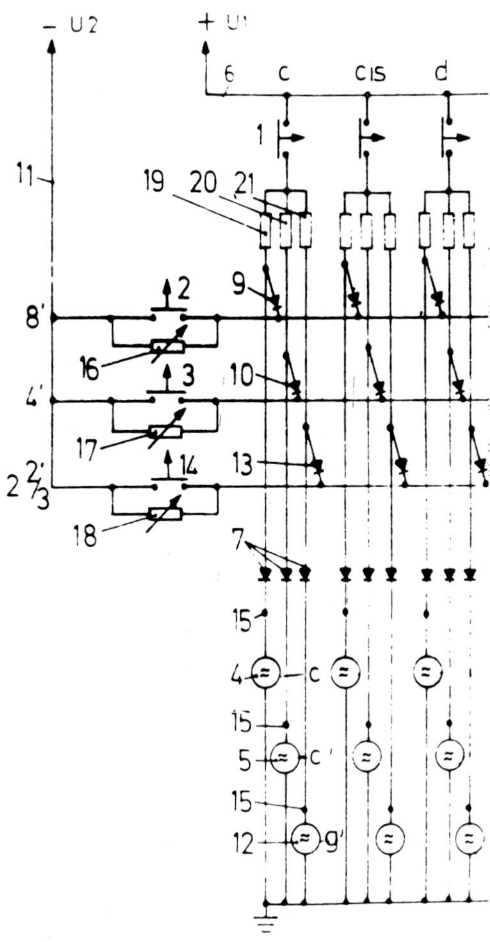

Abb. 12: Schaltungsbeispiel für elektronische Tontastung (Kienle)

tungsbeispiel, wie es von der Firma Kienle angegeben wurde, soll hier etwas näher erläutert werden[35]. Der Einfachheit halber sind hier nur die Tastenkontakte (1) für die Töne c, cis, d sowie 3 Registerschienen für 8′, 4′ und $2^2/_3$′ abgebildet (Abb. 12). Wird z. B. der Tastenkontakt (1) für c geschlossen und sind dabei das 8′ und 4′ Register eingeschaltet, d.h. die Registerschalter (2) und (3) geöffnet, so werden die 8′ und 4′ Tongeneratoren (4) und (5) an die Leitung (6) mit der Versorgungsspannung + U 1 gelegt und zum Schwingen gebracht, weil die Dioden (7) in Durchlaßrichtung gepolt sind. Dadurch, daß die Dioden (9) und (10) der anderen Tasten c, cis usw. gegenüber der Gleichspannung, welche über die Taste c kommt, in Sperrichtung gepolt sind, können die entsprechenden Tongeneratoren nicht erklingen. Bei ausgeschalteten 8′ und 4′ Registern werden die auch zur Lautstärkeeinstellung der Register vorgesehenen Potentiometer (16) und (17) überbrückt. Nun fließt der Strom bei gedrückter Taste c über die Widerstände (19) und (20), und die Dioden (9) und (10) zur Leitung (11), an der die negative Spannung U2 liegt. Diese Minusspannung ist so bemessen, daß sie die Knickspannung der Dioden ausgleicht, wodurch an den Eingängen (15) der Tongeneratoren (4) und (5) Nullvoltpotential herrscht und dort also kein Strom fließen kann. Die Dioden (7) sind normalerweise bei anliegender positiver Spannung und schwingenden Tongeneratoren in Durchlaßrichtung gepolt, so daß die Klänge der Tongeneratoren (4) und (5) auf die Registerschienen gelangen und weiter verarbeitet werden können. Erst beim Loslassen der Taste c erfüllen die Dioden (7) ihre eigentliche Aufgabe: sie werden dann in Sperrichtung wirksam, so daß sich der Abblockkondensator (hier nicht abgebildet) am Eingang des jeweiligen Tongenerators nicht über die Registerschiene entladen kann und die Spannung am Tongenerator nur langsam zusammenbricht. Durch diese Maßnahme wird eine geringe Verstimmung der Tonhöhe im Ausschwingvorgang erreicht, wie es auch bei Orgelpfeifen beobachtet werden kann.

Die Länge des Einschwingvorganges der Tongeneratoren kann bei diesem Schaltungsbeispiel durch die Größe der Vorwiderstände (19) bzw. (20) in Verbindung mit den jeweiligen Abblockkondensatoren am Eingang der Tongeneratoren in seinem Verlauf reguliert werden. Die einzelnen Tongeneratoren selbst haben, wie bei elektronischen Kirchenorgeln mit Einzeltongeneratoren im allgemeinen üblich, mehrere Ausgänge (in der Abbildung nicht gezeichnet), an denen die unterschiedlichen Klangfarben (z.B. Flöte, Prinzipal, Zungenstimmen) abgenommen werden können. Die erwähnten technologischen Neuerungen fanden auch Eingang in die Orgeln der bisher nicht genannten Betriebe Graf und Müller, Woop und Michel.

In dem Bestreben, auf der einen Seite die preislich günstigere und leichter stimmbare Tonerzeugung nach dem Frequenzteilerprinzip zu verwenden, auf der anderen Seite auch der chörigen Wirkung einer Pfeifenorgel näherzukommen, als es mit dieser Tonerzeugung bisher möglich war, entwickelte Adolph Michel, Seeshaupt, Ende der sechziger Jahre eine zweimanualige elektronische Kirchenorgel, die *M 400*. Bei dieser 1972 vorgestellten Orgel realisierte Michel das Verfahren der Einzeltonmodulation[36]. Hierbei werden die Einzeltöne, die bei der Frequenzteiler-Tonerzeugung in bezug auf die tieferen Oktaven der 12 Muttergeneratoren phasenstarr mit den höchsten Tönen verbunden sind, frequenzmoduliert. Die Töne werden mit unterschiedlichen Frequenzen des Infraschallbereichs zwischen 0,15 und 0,24 Hz moduliert, so daß sich unregelmäßige Phasenfluktuationen zwischen den Einzeltönen ergeben. Die Klangfülle und Chorwirkung der Michel-Orgel wurde in verschiedenen Veröffentlichungen gewürdigt[37], allerdings wurde auch eingewandt, daß gegenüber Orgeln mit Einzeltongeneratoren beim Defekt eines Muttergenerators sämtliche Oktavtöne ausfallen[38]. Außerdem stellte man fest, daß die Orgel doch

[35] Offenlegungsschrift Nr. 1903868 des Deutschen Patentamtes vom 6.8.1970. Auch Quelle für Abb. 12.

[36] A. Michel: „Ein neuer Weg der elektronischen Klangerzeugung“. In: *MI* 23 (1974), S. 740ff und S. 1299 ff.

[37] E. Karmann: „Pfeifenorgel und elektronische Orgel“. In: *MI* 26 (1977), S. 1279; ferner M. Rieländer: „Differenziertes und umfassendes Neuangebot an elektronischen Kirchen- und Konzertorgeln“. In: *MI* 26 (1977), S. 698.

[38] Leserzuschrift in: *MI* 24 (1975), S. 682.

teurer als vergleichbare Instrumente mit Einzeltonerzeugung geworden sei[39]. Die neueste Entwicklung der Firma Michel, die *Interdigitalorgel*, nutzt die geringfügigen Stimmfehler, wie sie in digitaler Verkettung innerhalb der Tonerzeugung gebildet werden, um wiederum unterschiedliche Schwebungen zu erzeugen und der lebendigen chörigen Klangwirkung näherzukommen.

Das Prinzip der Phasenmodulation von Tönen, die nach dem Verfahren der Frequenzteilung gewonnen wurden, wandte auch die Firma Wersi, die sonst hauptsächlich auf den Bereich der Instrumente für Unterhaltungsmusik konzentriert ist, bei einigen ihrer Orgeln an. 1977 geschah dies bei der zweimanualigen hauptsächlich für den sakralen Gebrauch konzipierten *Classica* sowie dann auch bei der ein Jahr später erschienenen Sakralorgel *Toccata*[40].

Ähnlich wie die Firma Wersi und andere Firmen wie z.B. Dr. Böhm über ihr Hauptarbeitsgebiet hinaus auch einzelne Orgeln für den sakralen Gebrauch schufen, so baute die Firma Ahlborn-Lipp schon in den sechziger Jahren kleinere Modelle wie z.B. die Instrumente der *Sonett*-Reihe mit verkürztem Pedal, welche in erster Linie als Heimorgeln für den Bereich der Unterhaltungsmusik gedacht waren. Seit 1971 erschien dann die *Sonata*-Baureihe mit Vollpedal, bei welcher einzelne Modelle sowohl für sakrale Musik als auch für Effekte in der Unterhaltungsmusik ausgestattet waren.

Aus den Erfahrungen verschiedener Organisten, wie K. M. Ziegler, R. Finkbeiner, P. Schumann und J. Michel, mit dem Einsatz elektronischer und Pfeifenorgeln bei neuer geistlicher Musik heraus und mit Blick auf die Entwicklung der elektronischen Musik und die Einbeziehung von Elementen der populären Musik in den Gottesdienst erwuchs schließlich der Wunsch nach einer elektronischen Universalorgel mit mehr Möglichkeiten als bisher. Ein solches Instrument wurde mit der dreimanualigen *CS 1* 1973 vorgestellt[41]. Die beiden unteren Manuale dieser Orgel waren vorwiegend traditionellen Klängen der Pfeifenorgel vorbehalten, während das dritte Manual auf den experimentellen Bereich ausgerichtet war. Hierfür war ein Teilton-Auxiliaire vorgesehen mit regelbarer Intensität für jeden Teilton in 18 Fußlagen und mit Effektmöglichkeiten wie Vibrato, Einschwing-Vibrato, regelbarem, perkussivem Klang sowie regelbaren Wiederholungstonfolgen (Repeat).

Das Pedal war mit regelbarem Nachklang (Sustain) versehen, und außerdem gab es noch eine Reihe von Spezialeffekten: Piano, Laute, Cembalo, Schlagzeug (Trommeln, Besen, Becken, Bongos) in automatischen und steuerbaren Rhythmen sowie zahlreiche Spielhilfen: 3 Schwellpedale mit optischer Anzeige, Lautstärkeregler für Pedalwerk, 2 freie Kombinationen für 1., 2. Manual und Pedal, feste Kombinationen (Organo pleno, Tutti, Flötenchor), 6 Koppeln zwischen den Manualen und dem Pedal.

Nach Röhren und Transistoren kündigten sich gegen Ende der sechziger Jahre als dritte Generation aktiver elektronischer Bauelemente die integrierten Schaltkreise (*ICs = integrated circuits*) zur Verwendung in der Musikelektronik an, in denen auf kleinstem Raum nicht nur Transistoren, sondern auch andere Bauteile wie Dioden, Widerstände und Kondensatoren zusammengefaßt sind, wodurch sich u.a. in erheblichem Maße Bauvolumen und Gewicht einsparen ließ. Nachdem sie wohl erstmalig in den Instrumenten für den Unterhaltungsbereich eingesetzt wurden, gingen auch die deutschen Hersteller von Sakralorgeln Anfang der siebziger Jahre nach und nach dazu über, ICs zu verwenden. So waren sie z. B. als Frequenzteiler in einzelnen kleineren Modellen der Firma Ahlborn und auch in der Orgel der Firma Michel zu finden.

Die fortschreitende Miniaturisierung der elektronischen Bauteile und die Erkenntnis, daß man mit der bisherigen Analogtechnik zur Erzeugung von möglichst komplexen Klangverläufen an Grenzen gestoßen war, führten die Hersteller von Sakralorgeln im weiteren Verlauf der siebziger Jahre zur Computertechnologie. Das Grundprinzip dieser Technologie basiert auf dem sogenannten Binärsystem, einer Rechenart, bei der alle Werte, z.B. einzelne Spannungswerte des Amplitudenverlaufs einer Schwingungskurve, durch unterschiedliche Reihungen der Zahlen 0 und 1 digital dargestellt werden. Elektronisch können diese Zahlen durch das Nichtvorhandensein bzw. das Vorhandensein von Rechteckimpulsen realisiert und gespeichert werden. Bei geeigneter digitaler Speicherung möglichst vieler Spannungswerte kann die ursprüngliche analoge, d.h. kontinuierlich verlaufende Schwingungskurve in kleinen Stufen zusammengesetzt und mit hinreichender Genauigkeit durch einen Digital-Analogwandler wieder zurückgewonnen werden.

Nach diesem Prinzip arbeiteten die 1976 erstmals auf der Frankfurter Musikmesse vorgestellten zweimanualigen Digital-Computer-Orgeln des amerikanischen Herstellers Allen Organ Company. Das Allen-Forschungsteam hatte in aufwendiger Detailarbeit herausgefunden, daß eine Anzahl von besonders wichtigen Bestimmungswerten für jeden Ton genügt, um ihn bei digitaler Speicherung dem Originalklang optimal anzunähern. Bemerkenswert an diesen Allen-Computer-Orgeln ist ferner ein Transponierregler sowie das Computer-Kartensystem, mit denen die über 30 Register noch beträchtlich erweitert werden können. Mit dem Transposer können die Orgeln in 5 Halbtonstufen nach oben sowie sieben Stufen nach unten in der Tonlage verändert werden[42].

[39] „Erwiderung der Firma Ahlborn auf den Aufsatz von A. Michel“. In: *MI* 24 (1975), S. 26 f.

[40] E. Karmann: „Die Classica von Wersi, eine sakrale elektronische Orgel der neuen Generation“. In: *MI* 26 (1977), S. 1299 ff; ferner M. Rieländer: „Neue elektronische Kirchenorgel aus dem Hause Wersi-electronic“. In: *MI* 27 (1978), S. 252.

[41] J. Michel: „Elektronische Orgel auf neuen Wegen“. In: *MI* 22 (1973), S. 687 f.

[42] „Ein Wendepunkt in der Geschichte der elektronischen Orgel: Die Allen-Digital-Computer-Orgel“. In: *MI* 25 (1976), S. 1302 ff.

1983 bzw. 1984 wurden auf der Frankfurter Musikmesse nach langjährigen Entwicklungsarbeiten die ersten deutschen elektronischen Kirchenorgeln vorgestellt, die auf der Grundlage der digitalen Klangspeicherung und -erzeugung aufgebaut sind. Die Firma Kienle präsentierte die Orgel *TH-II-C* und die Firma Ahlborn die neue Generation der *BAC-Orgeln* (BAC = *Bradford-Ahlborn Computersystem)*, die nach einem Computersystem der Universität Bradford arbeiten. Bei den Computerorgeln beider Firmen war man überrascht über die lebendige Klangwirkung sowohl des Plenumklanges als auch bezüglich der Ansprache einzelner Register.

Das BAC-System erlaubt, wie die Firma Ahlborn hervorhebt, im Unterschied zu den bisherigen Computersystemen eine volle Intonierbarkeit der Klänge, d.h. jeder Ton kann nach Tonhöhe, Klangfarbe, Lautstärke, An- und Absprache beliebig verändert werden. Mit Hilfe eines Diskettenlaufwerks lassen sich verschiedene historische Stimmungen realisieren. Gespielte Stücke können direkt gespeichert und in beliebiger Geschwindigkeit ohne Tonhöhenänderung abgespielt werden. Auch frei gestaltete Klänge können programmiert werden, und durch einen M.I.D.I.-Anschluß (M.I.D.I. = Musical Instrument Digital Interface) für Synthesizer und Keyboards werden weitere Spielmöglichkeiten eröffnet.

Mit Hilfe der Computertechnik lassen sich daher alle erdenklichen neuartigen Klangfarben und Effekte kreieren, die über die Klänge der klassischen Orgelregister hinausgehen. So besteht also für die elektronische Kirchenorgel die Chance, sich von einer Kopie der Pfeifenorgel weiter zu einem eigenständigen Instrument zu entwickeln und u.U. auch für neue Kompositionen im sakralen Bereich Impulse zu geben.

Elektronische Orgeln für Haus-, Konzert- und Unterhaltungsmusik

Die Kleinorgeln *Harmonetta* und etwas später die *Artista* der Firma Lipp waren die ersten mehrstimmig spielbaren rein elektronischen Tasteninstrumente, welche nach dem 2. Weltkrieg von deutschen Herstellern gefertigt wurden und neben dem Konzertmodell der *Polychordorgel* (vgl. Kapitel „Elektronische Kirchenorgeln") vorwiegend für die Musikausübung außerhalb des kirchlichen Bereichs bestimmt waren.

Die Harmonetta, welche u. a. auch auf Drängen der Unterhaltungsmusiker hin konstruiert und 1952 vorgestellt wurde, hatte, wie auch die Kofferorgel Artista, einen Tastaturumfang von 3 Oktaven, der aber durch Oktavtransposition erweitert werden konnte. Beide Instrumente verfügten über orgelähnliche Klangfarben in neun verschiedenen Fußlagen und konnten durch ein 12- bzw. 13töniges Pedal erweitert werden. Bei der Artista waren die Register in jeweils zwei Stärkegraden vorhanden. Das Frequenzteilerprinzip der Polychordorgel, nach welchem auch die Tonerzeugung der beiden kleinen Instrumente arbeitete, wurde in den meisten elektronischen Orgeln der kommenden Generationen, wenn man von einigen größeren Instrumenten und Sakralorgeln einmal absieht, beibehalten.

Abb. 13: Spinettorgel Ahlborn-Sonett 600 von 1974. Ahlborn, Heimerdingen

Ende der fünfziger Jahre wurden von der zu Ahlborn gehörenden Firma Riegg & Co. mit der *Tarantella* und dann auch von Hohner mit den Orgeln der *Symphonic*-Reihe die ersten zweimanualigen größeren Instrumente gebaut, welche den Typus der sogenannten *Spinettorgel* verkörpern, der sich bis in die heutige Zeit gehalten hat. In der Regel handelt es sich hierbei um ein Instrument im Holzgehäuse mit Lautsprechern, zwei versetzten Manualen mit je 44 Tasten, einem 13tönigen Stummelpedal und einem Fußschweller zur Lautstärkeregelung.

Die ersten Spinettorgeln, wie z.B. die *Tarantella*, verfügten über ca. 20 Register verschiedener Fußlagen (Holz-, Blechbläser, Streicher), unterschiedlich langen Nachklang (z.B. im Pedal, so daß auch ein Zupfbaß imitiert werden konnte), über Vibratogenerator, Lautstärkenanpassung von Pedal und Manualen untereinander sowie z.T. auch über eine Nachhallspirale.

Hinzu kamen dann Glissando-Effekt wie bei der Hohner *Symphonic 300*, und bei späteren Modellen, z.B. der *Tarantella T* und der Ahlborn *Sonett*, fanden sich feste Perkussionsregister wie Vibraphon, Celesta bzw. Marimba, Glockenspiel, Xylophon und Harpsichord, Leslie-Effekt mit rotierendem Lautsprecher sowie Zugriegel für additiv mischbare Klangfarben unterschiedlicher Fußlagen (Abb. 13).

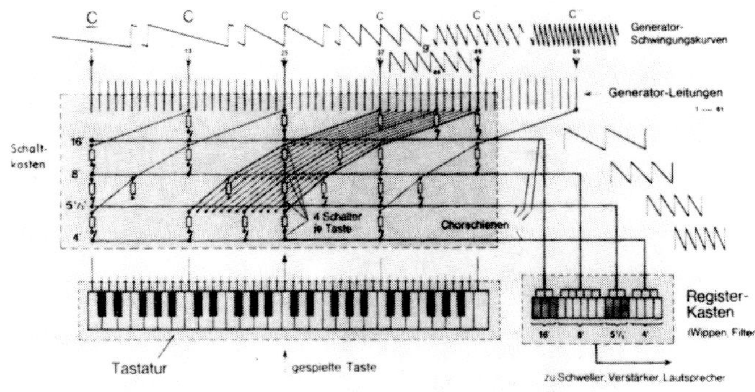

Abb. 14: Funktionsschema einer elektronischen Orgel

Den prinzipiellen inneren Aufbau der Hohner *Symphonic*-Instrumente, der auch für andere elektronische Orgeln der sechziger Jahre – einzelne größere Konzertinstrumente und die größeren Kircheninstrumente ausgenommen, gültig ist – zeigt Abb. 14 für ein Manual[43]: An den Generatorleitungen liegen die obertonreichen Schwingungen für die Einzeltöne. 12 Generatoren liefern die Töne der höchsten Oktave, die tieferen Oktavtöne erhält man durch Frequenzteiler. Von den Generatorleitungen gehen Querverbindungen (Verharfungen) über Entkopplungswiderstände zu den Tastenschaltern unterschiedlicher Fußlagen. In der Abbildung sind alle Schalter der mittleren gespielten Taste geschlossen. Von den Generatorleitungen gelangen also über die Entkopplungswiderstände und die Tastenschalter an die Chorschienen die Schwingungen für die Töne c (16-Fuß), c' (8-Fuß), g' (5⅓-Fuß) und c'' (4-Fuß). Die Leitungen der Chorschienen, mit denen alle Töne einer Fußlage gesammelt werden, laufen zum Registerkasten, wo die obertonreichen Schwingungen durch mehrere elektronische Filter (Hochpaß, Tiefpaß, Bandpaß, Bandsperre) zu den unterschiedlichen Klangfarben geformt werden.

Neben den Spinettorgeln wurden in den sechziger Jahren auch einmanualige Kleinorgeln für den Bereich der Haus- und Unterhaltungsmusik gebaut, deren Manualhälften wie bei der *Concertina* von Lipp oder der *Symphonic 40* von Hohner unterschiedlich registriert werden können, so daß in Verbindung mit einem Zusatzpedal triomäßiges Spiel möglich ist. Auch einmanualige und größere zweimanualige transportable Kofferinstrumente wie die Hohner *Symphonic 35* bzw. die Hohner *Symphonic 600* erfreuten sich immer größerer Beliebtheit. Daneben gibt es dann den Typus der gegenüber den Spinettmodellen noch erweiterten Konzertorgel, wie z.B. das Modell *26 S* von Riegg mit 5 Oktaven Umfang der beiden Manuale, umfangreicherem Baßpedal, 8 Fußlagen (Chöre) oder die 1969 vorgestellte grundsätzlich ähnlich konzipierte *LO 19* von Lipp. Diese Orgeln sind sowohl für Literatur aus dem sakralen Bereich als auch für Unterhaltungsmusik vorgesehen, da sie mit gewissen Effektmöglichkeiten aus diesem Bereich, wie z.B. Perkussion (Zupfklangeffekt), Vibrato bzw. Sustain (Nachklangeffekt) ausgerüstet sind.

Nachdem die amerikanische Firma Wurlitzer schon Anfang der sechziger Jahre ihren *Side Man* entwickelt hatte, wurde 1966 ein elektronisches Rhythmusgerät deutscher Fabrikation, die Rhythmikbox, vorgestellt, welche gemeinsam von den Firmen Ahlborn und Hohner zur Verwendung bei elektronischen Orgeln entwickelt worden war. Neue Maßstäbe hinsichtlich der Spielhilfen bei elektronischen Orgeln deutscher Produktion setzte dann der ab 1971 in die Spinettorgel Ahlborn *Sonett 600* eingebaute Chordomat-Drummer, ein manuell und automatisch steuerbares elektronisches Schlagzeug mit Akkord- und Pedalautomatik (Abb. 15). Programmiert sind 12 unterschiedliche tempogetreue Rhythmen, die mit Hilfe von Taktoszillatoren mit entsprechender Codierung sowie speziellen Ton- und Rauschgeneratoren für die Nachbildung der einzelnen Schlaginstrumente erzeugt werden.

Abb. 15: Chordomat Drummer in der Ahlborn-Sonett 600. Ahlborn, Heimerdingen

Durch einen Drehknopf kann die Temporegelung auch manuell erfolgen. Bei einem gegriffenen Akkord im Untermanual und gedrückter Rhythmus- und Chordomattaste erklingen dann automatisch Begleitakkorde sowie der jeweils richtige Wechselbaß im Pedal gemäß dem gewählten Rhythmus, ohne daß die Pedaltasten betätigt werden. Durch den Synchron-Start und -Stop kann der Spieler Einsatz und Ende der automatischen Rhythmus- und Begleitsequenz mit den Tasten des unteren Manuals bestimmen.

In technologischer Hinsicht erfolgt im Bereich der ein- und mehrmanualigen Orgeln für Haus-, Unterhaltungs-und Konzertmusik während der sechziger Jahre die allgemeine Umstellung auf Transistoren statt Röhren. Die Firma Dr. Böhm drückt dies auch in der Benennung ihrer seit etwa 1965 entwickelten neuen Generation von Bausatzorgeln mit dem Zusatz nT (= neue Transistoren) aus.

[43] R. Bierl: *Elementare technische Akustik der elektronischen Musikinstrumente.* (= Schriftenreihe Das Musikinstrument 4.), Frankfurt 1965, S. 35. Auch Quelle für Abb. 14 und 22.

Anfang der siebziger Jahre beginnen dann der Einsatz von integrierten Schaltkreisen, bei denen viele elektronische Bauelemente auf kleinstem Raum zusammengefaßt sind, und der Aufbau mit elektronischer Tastung (vgl. auch Kapitel „Elektronische Kirchenorgeln"), wodurch die Probleme entfallen, welche bei mehreren mechanischen Kontakten pro Taste auftreten können, da nur noch ein Kontakt notwendig ist. Eine die Anzahl von mechanischen Kontakten ebenfalls verringernde elektronische Tastung mit Hilfe von Glimmlampen, deren Innenwiderstand in Abhängigkeit vom Manualtastenhub gesteuert wird, scheint, verschiedenen Angaben zufolge, übrigens schon bei der einmanualigen Kleinorgel *Ionika* (VEB Klingenthaler Harmonikawerke) 1958 realisiert worden zu sein[44].

Eine weitere Vereinfachung des Generatorteils wurde in den siebziger Jahren mit der Verwendung nur noch eines Hauptoszillators hoher Frequenz (z.B. 4 MHz) eingeführt. Diesem Hauptoszillator nachgeschaltet sind dann ein oder mehrere integrierte Schaltkreise, die mit einer $\sqrt[12]{2}$ Teilung die 12 höchsten Töne einer Oktave erzeugen. Durch 12 weitere Oktav-Frequenzteiler-Schaltkreise mit mehreren Ausgängen werden dann die tieferen Oktavtöne gebildet. Bei dem häufig verwendeten Oktav-Frequenzteiler *SAJ 205* der Firma Siemens liegen an den Ausgängen obertonreiche Schwingungen mit Rechteck- oder (treppenförmiger) Sägezahnform, die dann nach Durchlaufen der Sammelschienen für die verschiedenen Fußlagen zu den einzelnen Registerklangfarben gefiltert werden[45]. Mit besonders steilflankigen Filtern können außerdem aus den Rechteckschwingungen Sinusschwingungen verschiedener Fußlagen entnommen werden, die durch einzelne Schiebepotentiometer (Zugriegel) auf dem Bedienungsfeld der elektronischen Orgel in unterschiedlichen Intensitäten additiv gemischt und so, ähnlich wie bei der Hammondorgel, zu ganz individuellen Klängen geformt werden können (Abb. 16).

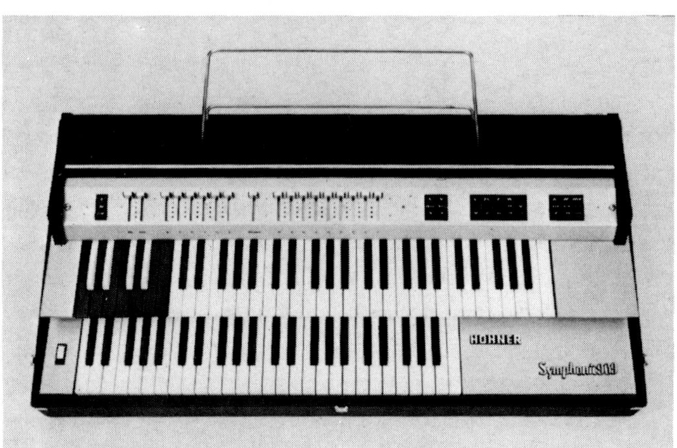

Abb. 16: Hohner-Symphonic 909 von 1974 mit Sinuszugriegeln. Hohner, Trossingen

Neben der Technologie wurden auch die musikalisch-klanglichen Möglichkeiten der elektronischen Orgeln in den siebziger Jahren weiterentwickelt. Es wurden Schaltungsanordnungen geschaffen (Hohner *Modulator, Wersivoice*),

Abb. 17: Konzertorgel Wersi-Galaxis. Wersi, Halsenbach

mit denen durch Mischung des Originalklangs mit ständigen Frequenz- und damit Phasenverschiebungen oder Verzögerungen des gleichen Klangs z.B. eine chorische Wirkung entsteht, die durch zusätzlichen Nachhall noch erhöht werden kann. Bei geeigneter Einstellung kann auch ein Vibrato- bzw. Tremoloeffekt erzielt werden, und mit einer stereophonen Lautsprecheranordnung läßt sich der kreisende Effekt des Rotationslautsprechers nachahmen. Auf der Basis dieser Frequenzverschiebungs- bzw. Signalverzögerungsschaltungen wurden gegen Mitte der siebziger Jahre auch getrennt aufgebaute *String-Keyboards* gebaut (vgl. Kapitel „Einmanualige elektronische Tasteninstrumente"), die von Hohner, Dr. Böhm und Wersi auch in ihre größeren Orgeln integriert wurden. Ebenso wurden auch die teilweise als getrennte Instrumente gebauten elektronischen Klaviere in die größeren Orgeln einbezogen. So findet sich in der Hohner-Spinettorgel *Broadway* von 1976 eine Piano-Section mit den Registern Piano und Clavichord, und die neue Generation der 1977 vorgestellten Konzertorgeln mit Vollpedal *Orion, Helios, Zenit* sowie das dreimanualige Spitzenmodell *Galaxis* von Wersi kann mit den Klangfarben des gleichzeitig gebauten Effekt-Pianos *Piano, Celesta, Kinura, Honky Tonk* (Drahtklavier), *Spinett* und *Banjo* bestückt werden (Abb. 17). Bei der 1980 vorgestellten Orgel *Star Sound DS* von Dr. Böhm, in der ebenfalls Klavierklangfarben und eine Stringeinheit integriert sind, konnten diese und auch andere Klangfarben auf eine separate Zusatzklaviatur *Side Star DS* übertragen und von einem zweiten Spieler verwendet werden.

---

44 *Warenkunde Musikinstrumente.* Leipzig 1962. S. 229. Vgl. auch *MI* 7 (1958), S. 413 und 9 (1960), S. 673.

45 H. Reichardt: „Elektronische Musikinstrumente - Form und Technik". In: *MI* 21 (1972), S. 1294ff und S. 1398ff; ferner A. A. Wuschek: *Kleines ABC der Elektronik-Orgel.* München 1980, S. 55.

Eine klanglich bessere Alternative zur elektronischen Orgel bezweckte Erich Schumann mit seinem Patent Nr. DE2041426 vom 17.8.1970. Im Vordergrund stand hier die Übertragung der Klangfarbendynamik herkömmlicher Musikinstrumente auf ein Tasteninstrument. Die unterschiedlichen Klangspektren z.B. für die Dynamikstufen *p, mf, f* und *ff* eines Trompetentones sollten derart gespeichert werden (z.B. auf rotierenden Scheiben oder Magnetbandschleifen), daß beim Spiel des Instruments kontinuierliche Dynamikübergänge möglich waren. Schumanns Überlegungen zur Klangfarbendynamik wurden wenige Jahre später wieder aufgegriffen, allerdings nicht im Zusammenhang mit Orgeln, sondern bei den elektronischen Blasinstrumenten Martinetta und Variophon (vgl. Kapitel „Elektronische Blasinstrumente").

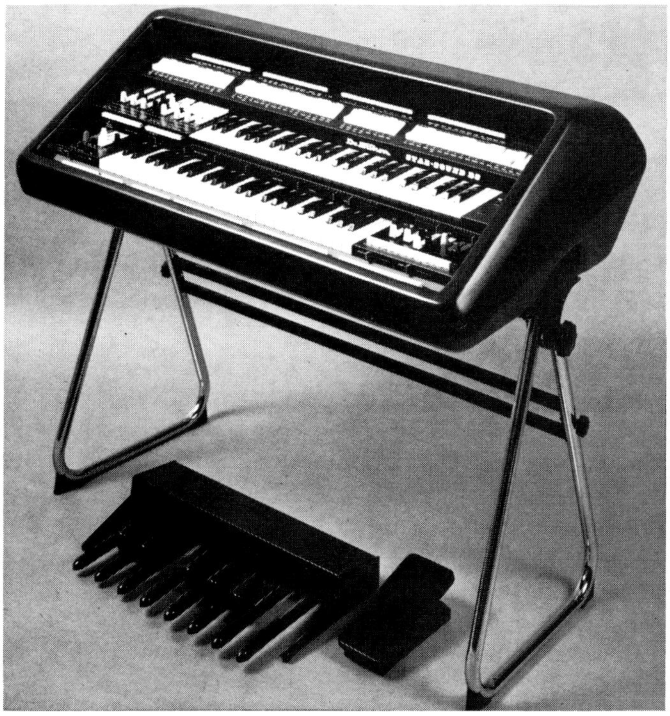

Abb. 18: Spinettorgel Dr. Böhm Star-Sound DS. Dr. Böhm, Minden

Die wachsende Bedeutung der Synthesizer und ihrer neuartigen Klangfarben innerhalb der Popmusik konnte auch die Hersteller elektronischer Orgeln nicht unbeeindruckt lassen. Seit etwa Mitte der siebziger Jahre werden Tendenzen deutlich, die Möglichkeiten des Synthesizers in die Konzipierung von Orgelinstrumenten einzubeziehen. So bot die Firma Wersi 1974 ein Anschlußgerät für *Moog Synthesizer* an, wodurch ermöglicht wurde, den Synthesizer als Solo- oder Effektstimme mitzuspielen[46]. 1975 brachte dieselbe Firma das Effektzusatzgerät *Slalomatik SM 75* auf den Markt, das bei Tastendruck einen automatischen Slalom, also ein kontinuierliches Gleiten der Frequenz

Abb. 19: Bedienungsfeld der Wersimatic CX4. Wersi, Halsenbach

innerhalb einer Oktave nach oben oder unten liefert. In Verbindung mit Shatter- (Flatter-)Effekten und verschiebbaren elektronischen Filtern (Wah-Wah-Effekt) lassen sich die Klänge, ähnlich wie beim Synthesizer, total verfremden. Auch die Firmen Hohner und Dr. Böhm nahmen in den siebziger Jahren Synthesizer-Effekte in ihre Orgeln auf, Hohner beispielsweise in den Modellen *Virtuos, Tivoli* und *Caravelle*, die Firma Dr. Böhm mit dem *Synthemat* in den *nT-Orgeln* und 1980 mit dem DS-Synthesizer in den Orgeln *Top-Sound DS* und *Star-Sound DS* (Abb. 18).

Bei den elektronischen Rhythmus- und Begleitgeräten setzte sich in den siebziger Jahren die Ein-Finger-Automatik durch. In der Hohner-Orgel *President* von 1974 z.B. wie auch bei dem Begleitautomaten der Firma Wersi in Verbindung mit der *Wersimatik 7* und dem *Böhmat* von Dr. Böhm erklangen bei nur einer gedrückten Klaviaturtaste Akkorde in tiefer und hoher Tonlage sowie Baß und Wechselbaß in vorher einstellbarem Rhythmus. Hinzu kamen dann z.T. noch Extratasten für Wirbel einzelner Schlaginstrumente, Baßläufe (Walking-Bässe) oder Auflösung der Akkorde in Arpeggiopassagen[47].

Die Anzahl der Rhythmen der imitierten Schlaginstrumente sowie die Klangfarben innerhalb der Begleitautomatik-Einheiten nahmen ständig zu, und auch das Auflösungsvermögen der vollautomatischen Schlagzeuge wurde durch die Einfügung von mehr Zwischenschlägen in kleineren Notenwerten gesteigert. Anfang der achtziger Jahre gingen die maßgeblichen deutschen Hersteller von elektronischen Orgeln schließlich dazu über, die Schlaginstrumentenklänge der Rhythmusgeräte nicht mehr mit Hilfe einzelner Takt-, Ton- oder Rauschgeneratoren elektronisch zu erzeugen, sondern echte mit dem Mikrofon aufgenommene Schlagzeugklänge in integrierten Halbleiter-Schaltkreisen in digitaler Codierung zu speichern wie bei den Begleitungseinheiten Hohner *Arrangeur, Improviseur,* Böhm *Digital*

46 Vgl. *MI* 23 (1974), S. 528.

47 R. Böhm: *Elektronische Orgeln und ihr Selbstbau.* München 1979, S. 106 ff.

Drums mit *Böhmat* sowie *Wersimatic CX 3 S* und *CX 4* (Abb. 19).

Mit diesen Geräten können auf Knopfdruck z.T. auch passende Einleitungs- und Schlußphrasen (Hohner *Arrangeur*), zusätzliche Melodiestimmen (Hohner *Improviseur*) bzw. Schlagzeugsoli am Anfang oder bei Unterbrechungen des Stückes *(Digital Drums, Wersimatic)* abgerufen werden. Alle Geräte weisen eine beachtliche Speicherkapazität für selbst programmierbare Rhythmen sowie Begleitarrangements auf.

Ausgehend von der Erfahrung, daß herkömmliche Rhythmus- und Begleitautomatiken etwas trocken und farblos klingen, da sie die parallel zu spielenden Instrumente nur absolut zeitgleich erklingen lassen, hat man in die Wersimatic-Geräte wie auch in ähnliche Rhythmusgeräte der Firma Dynacord überdies einen „Human Processor" eingebaut, der die Klangeinsätze nach dem Zufallsprinzip um Bruchteile von Sekunden gegeneinander verzögert.

Etwa parallel zur Einführung der Digitaltechnik in die Rhythmus- und Begleitautomatiken wurde von den erwähnten deutschen Herstellern auch die gesamte Technologie der elektronischen Orgeln für Haus-, Unterhaltungs- und Konzertmusik in den Jahren 1983/84 auf digitale Klangerzeugung umgestellt.

Die bisher von Tongeneratoren erzeugten kontinuierlichen (analogen) Schwingungen werden nun in digitaler Codierung in hochintegrierten Halbleiterschaltkreisen als „Software" gespeichert, bei Tastenbetätigung ausgelesen und über einen Digital-Analog-Wandler wieder in die nahezu kontinuierliche Schwingungskurve zurückverwandelt und hörbar gemacht.

Sowohl das *DMS (Digital-Music-Sound)-System* von Wersi z.B. in der Orgel *Beta DX 400* wie das Hohner *MEG-System (Multiple Event Generator)* z.B. in der *Symphonic D 200* und die Reihe der *Musica-digital-Orgeln* von Böhm speichern und wandeln das klangliche Grundmaterial in dieser Weise, wenn auch in der weiteren Klangfarbengestaltung unterschiedlich verfahren wird.

Die digitale Konzeption dieser neuen Orgelgeneration bringt eine Reihe großer Vorteile mit sich. Der eingestellte Klang der Orgel mit allen seinen Feinheiten (z.B. Stellung der Sinus-Zugriegel, individuelle Ein- und Ausschwingvorgänge usw.) kann programmiert, gespeichert und durch Total-Preset-Tasten wieder abgerufen werden.

Die freien Programmiermöglichkeiten lassen die Instrumente in den Klangfarben nicht veralten, denn neue Klänge können mit Hilfe von Kassetten oder Home-Computern jederzeit nachgeladen werden. Auch ist es möglich, aus den Speichern der Orgel Klangfarben bzw. Klangeinstellungen auf Kassetten zu übertragen und sich so eine jederzeit wieder abrufbare Musikbibliothek zusammenzustellen. Mit Hilfe von mehrspurigen elektronischen Sequencern lassen sich außerdem, wie bei einem Mehrspurtonbandgerät, Playbackaufnahmen des Orgelspiels herstellen, wobei auch noch nachträglich Registrierungen geändert werden können. Neben dem Bereich der Klangmanipulation und -speicherung erweiterten die Hersteller der neuen Digitalorgeln auch die Möglichkeiten des spontanen dynamischen Musizierens erfreulicherweise durch Einführung der anschlagsabhängigen Steuerung von klanglichen Parametern wie Lautstärke, Klangfarbe oder Vibrato (durch Touch-Control, d.h. Fingerdruck). Schließlich wurden die Digitalorgeln auch mit einem M.I.D.I.-Anschluß (Musical Instrument Digital Interface) ausgerüstet, der über eine Schaltverbindung die Übermittlung digital codierter Daten verschiedener Klangparameter wie z.B. Tonhöhe oder Anschlagsdynamik an einen Computer weitergibt. Umgekehrt können der Orgel über M.I.D.I. auch alle Informationen, die sie zur Klangsteuerung benötigt, übermittelt werden. Die vielleicht wichtigste Anwendung dieser digitalen Schnittstelle besteht neben der Anbindung von Tischrechnern oder Rhythmusgeräten in der Anschlußmöglichkeit von anderen Keyboards, Orgeln oder Synthesizern, so daß mit mehreren Spielern die Anzahl der gleichzeitig spielbaren Stimmen und Register vervielfacht werden kann.

Die weitere Steigerung der Speicherkapazität in neuen Generationen hochintegrierter Schaltkreise wird wohl einerseits zu noch natürlicher wirkenden Klängen der Festregister mit den Klangfarben der traditionellen Orgeln bzw. Orchesterinstrumente führen, andererseits die Möglichkeiten der Klangmanipulation so stark erweitern, daß Instrumente entstehen, die eine Integration von Elektronenorgel und Synthesizer darstellen.

Einmanualige elektronische Tasteninstrumente

In diesem Kapitel werden diejenigen Tasteninstrumente abgehandelt, die man nicht zu den elektronischen Orgeln rechnen kann. Hierunter fallen die nur einstimmig spielbaren Kleininstrumente der fünfziger Jahre, die elektronischen Akkordeons, elektronischen Pianos, Effektkeyboards mit Imitation von Streicherstimmen, Synthesizer und schließlich die leichten Keyboards mit eingebauten Lautsprechern der achtziger Jahre.

Mit der nur einstimmig spielbaren *Pianetta*, einem Instrument, welches als Klavierzusatzgerät für den Melodiebereich gedacht war, eröffnete die Firma Rich. Lipp & Sohn, später in Personalunion mit der Firma Ahlborn verbunden, die serienmäßige Produktion elektronischer Musikinstrumente in Deutschland nach dem 2. Weltkrieg. Das Instrument hatte einen Umfang von 3 Oktaven, der auf 6 Oktaven erweitert werden konnte. Es arbeitete mit einem Multivibrator-Generator, der einen teiltonreichen Klang erzeugte, aus dem dann durch elektronische Filter verschiedene Klangfarben, z.B. Imitationen von Orchesterinstrumenten, gebildet wurden[48]. In veränderter Form wurde dieses Instrument

[48] W. Kwasnik: „Marktfähige elektronische Musikinstrumente". In: *Feinwerktechnik*, 59, Heft 3 (1955), S. 85ff.

später vom Firmenverbund Lipp-Ahlborn als *Pianoline* herausgebracht (Abb. 20).

Andere Instrumente dieser Art waren die *Clavioline* des Musikhauses Jörgensen, Düsseldorf, ein Lizenznachbau

Abb. 20: Pianoline der Firma Lipp als Klavierzusatzinstrument. Ahlborn-Lipp, Heimerdingen

eines französischen Musters, sowie das *Electronium-Pi* (wie Piano) von Hohner, mit regelbarem Vibrato, einem Kniehebel zur Dynamiksteuerung und 20 Kipptasten für die Kombination von zahlreichen Klangfarben, u.a. gab es auch Zupfinstrumentenregister mit perkussivem Charakter[49].

Diese Instrumente fanden vor allem schnell Interesse bei Unterhaltungsmusikern, die z.B. als Alleinunterhalter die klanglichen Möglichkeiten ihres Klaviers erweitern konnten. Bei der *Multimonica* von Hohner, die wie das *Electronium* Anfang der fünfziger Jahre erschien, wurde ein einstimmig spielbares elektronisches Instrument mit verschiedenen Klangfarben (oberes Manual) mit einem polyphon spielbaren dreichörigen Zungenstimmeninstrument mit Gebläse kombiniert. Lautsprecher und Verstärker waren

Abb. 21: Hohner-Multimonica. Hohner, Trossingen

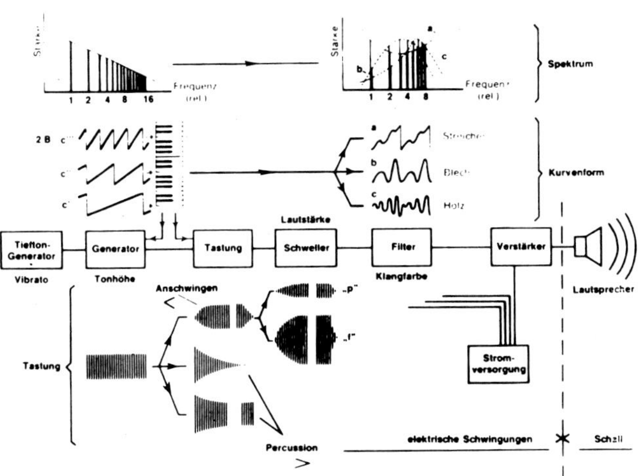

Abb. 22: Blockschaltbild eines einstimmigen elektronischen Musikinstruments[43]

hier in das rundliche Gehäuse eingebaut. Durch zwei Knieschweller rechts und links konnte die Lautstärke der beiden Manuale mit je 41 Tasten unabhängig voneinander geregelt werden (Abb. 21).

Im Blockschaltbild (Abb. 22) wird der prinzipielle Aufbau eines einstimmigen elektronischen Instruments, wie er etwa im Hohner-Electronium realisiert wurde, deutlich. Über und unter den einzelnen Baustufen (als Kästchen dargestellt) wird auch deren Funktion bezüglich der Veränderung des Klangspektrums, der Schwingungskurve sowie unten hinsichtlich der Ein- und Ausschwingvorgänge (Tastung) angegeben.

Der Generator in Multivibratorschaltung liefert obertonreiche Schwingungen unterschiedlicher Tonhöhe und kann für Vibratoeffekte durch einen Tieftongenerator zwischen 3 und 10 Hz in der Frequenz variiert werden. In der Verstärkergruppe „Tastung" können das Anschwingen bzw. das Abklingen unterschiedlich gestaltet, und mit dem Schweller kann die Lautstärke (ohne Klangfarbenänderung wie beim akustischen Musikinstrument) geregelt werden. Schließlich lassen sich mit den verschiedenen Registerschaltern Filter für die einzelnen zu imitierenden Klangfarben einschalten. In späterer Zeit (ab 1969) wurde von Hohner noch ein elektronischer Kontrabaß, ebenfalls nur einstimmig spielbar, auf den Markt gebracht, ein kleines Instrument mit ca. 2 - 2½ Oktaven, mit mehreren Klangfarben (Gitarre, String, Tuba) sowie wahlweise Dauerton oder abklingendem Ton.

Eine weitere Gruppe innerhalb der kleineren elektronischen Tasteninstrumente stellen die Akkordeoninstrumente dar. Mit dem Einbau der elektronischen Klangerzeugung in diese Instrumente wurden den an die spezielle Akkordeonspieltechnik gewöhnten Musikern neue Möglichkeiten eröffnet. So konnte innerhalb eines Akkordeonorchesters z. B. die Solostimme gegenüber der Begleitung stärker abgesetzt werden, oder der Unterhaltungsmusiker innerhalb eines Ensembles, der vorher seine Solostimme auf einem elektronischen Zusatzgerät am Klavier spielte, trat nun mit einem Akkordeoninstrument an die Rampe und gewann größere Aufmerksamkeit des Publikums[50]. Das erste elek-

49 Vgl. *IZ* 8, Nr. 7 (1954), S. 175 f.

50 A. Baresel: „Vom Gebrauch der elektronischen Instrumente. Praktische Beobachtungen". In: *IZ* 13, Nr. 11 (1959), 282 f.

tronische Akkordeoninstrument baute die Firma Hohner mit dem *Electronium* Anfang der fünfziger Jahre. Dieses Instrument war, genauso wie die schon erwähnte Piano-Version, einstimmig spielbar, besaß einen Tastenumfang von 3 Oktaven, welcher durch Oktavumschaltung auf 6 Oktaven erweitert werden konnte, so daß insgesamt der Bereich von Kontra-E bis e'''' zur Verfügung stand. Somit war es möglich, neben der solistischen Führung von Oberstimmen mit elektronischen Klangfarben, welche bekannte Instrumente imitierten, und mit z.T. neuartigen Klangfarben auch den Baßbereich in Akkordeonorchestern zu verstärken. Mit dem beweglichen Balg war eine Steuerung der Dynamik und Artikulation möglich.

Innerhalb des bereits Anfang der fünfziger Jahre gegründeten Studios für elektronische Musik an der Städtischen Musikschule Trossingen wurden die mechanisch-elektronischen und elektronischen Hohner-Instrumente auf ihre praktisch-musikalischen Möglichkeiten hin erprobt und in Konzerten u.a. auch innerhalb der alljährlich stattfindenden Trossinger Musiktage vorgeführt. Für die neuartigen Instrumentengruppen wurden eigene Arrangements z.B. von Werner Niehues geschrieben oder auch eigenständige Kompositionen verfaßt, wie z.B. die 6 Tonbilder für 3 Electronium-Instrumente und Klavier von Hermann Ambrosius[51].

Bald nach Erscheinen des *Electroniums* in Akkordeonform wurde mit der Hohner-*Vox* die Kombination eines normalen Zungenstimmen-Akkordeons mit einem *Electronium* entwickelt. Hierbei können beide Instrumente für sich allein gespielt oder miteinander gekoppelt werden, da an dem Akkordeonmanual zusätzliche Kontakte für die Steuerung der elektronischen Klangerzeugung angebracht sind. Außerdem wurde von Hohner zur gleichen Zeit auch die Möglichkeit geboten, jedes normale Akkordeon mit Spezialmikrofonen zu versehen und zusammen mit anderen Instrumenten zu verstärken sowie klanglich in den Tiefen und Höhen zu regeln.

Später stellte Hohner dann (auf der Frankfurter Messe 1964) ein rein elektronisches, nunmehr polyphon spielbares Akkordeon vor, die *Electravox* mit 41 Pianotasten sowie 120 Knopftasten für Bässe und dreistimmige Akkorde. Das Instrument war wiederum mit mehreren Klangfarben in verschiedenen Fußlagen ausgestattet, verfügte über eine Lautstärkeregelung, Vibrato sowie unterschiedlich einstellbaren Zupfklangeffekt (Perkussion) für die 8'-Register.

Alle genannten Akkordeoninstrumente haben sich über lange Jahre hinweg auf dem Markt halten können und wurden mit der Zeit in ihren klanglichen und bedientechnischen Möglichkeiten weiterentwickelt. So erhöhte man die Anzahl der Klangfarben und Fußlagen, schuf zusätzliche Effektmöglichkeiten wie Wah-Wah, Hawaii-Effekt (kurzes Gleiten der Tonhöhe um ca. ½ Ton nach unten und wieder nach oben) oder regelbare Nachklingzeit (Sustain), Repeat (mandolinenartige Tonwiederholungen) und Phasenvibrato. Die Hohner-*Vox* wurde schließlich auch polyphon ausgelegt und wahlweise mit Rhythmusgerät und Akkordbegleitautomatik kombiniert. Auch in technologischer Hinsicht wurden diese Akkordeoninstrumente dem Stand der Zeit angepaßt und mit modernen Halbleiterbauelementen in IC-Technik ausgestattet.

Neben den mechanisch-elektronischen Hohner-Instrumenten wie *Pianet* und *Clavinet* wurden seit Beginn der siebziger Jahre auch rein elektronische einmanualige Instrumente von deutschen Herstellern gefertigt, welche Nachbildungen von Klängen des Klaviers und anderer Instrumente mit angezupften Saiten erzeugen konnten. Von Hohner wurde bekannt das *Elpiano* mit 61 Tasten bzw. mit 72 Tasten *(Elpiano D)*, außerdem das *Holiday-Piano*, ebenfalls mit 61 Tasten und einem Tonumfang von Kontra-F-f'''. Die Instrumente verfügten über ein Pedal mit Regelmöglichkeit des Nachklanges, waren sehr leicht und flach gebaut, so daß sie u.a. auch als drittes Manual auf einer Orgel plaziert werden konnten. Das *Elpiano* besaß die Register Piano, Cembalo, Honky-Tonky-Piano, Sustain, während das *Holiday-Piano* mit den Klangfarben Piano, Spinett und mit einer Baßzuschaltung ausgestattet war (Abb. 23).

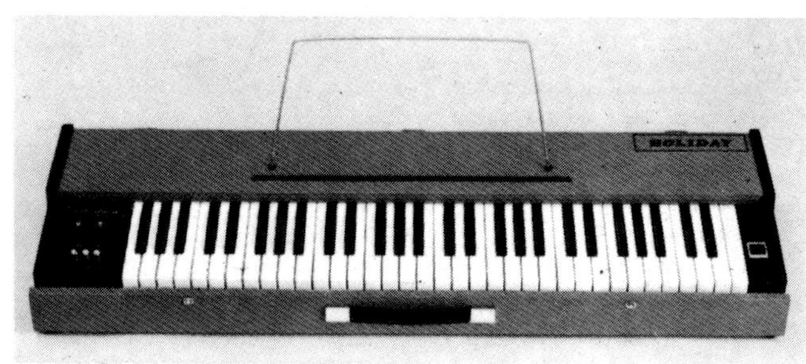

Abb. 23: Holiday-Piano. Hohner, Trossingen

Die 1969 gegründete Firma Wersielectronic, die ihre Produkte teils als Bausatz, teils als Fertigmodelle liefert, stellte 1974 ihr *Effect-Piano* vor[52]. Es verfügte über einen Umfang von 5 Oktaven, regelbares Vibrato, Sustain-Pedal und bot 15 verschiedene Klangmöglichkeiten, z.B. Piano, Harfe, Vibraphon, Hawaii-Gitarre. Durch seine flache Bauweise war es ebenso wie die vergleichbaren Hohner-Instrumente als ergänzendes Manual zu einer Orgel geeignet, deren Endverstärker und Lautsprecher dann gleichzeitig mit verwendet wurden.

1978 wurde auch von der Musikinstrumentenindustrie der DDR ein elektronisches Piano, das *Pianotron* auf der Frankfurter Musikmesse vorgestellt. Ebenfalls mit einem Umfang von 5 Oktaven (Kontra-F-f''') ausgestattet, waren hier die Klangfarben Piano, Clavichord und Spinett, ein in Frequenz und Amplitude regelbares Vibrato sowie ein Entdämpfungspedal vorhanden[53].

---

51 Vgl. *IZ* 7, Nr. 11 (1953), S. 196f.

52 Vgl. *MI* 23 (1974), S. 528.

53 Vgl. *MI* 27 (1978), S. 536 und S. 1387.

Abb. 24: Wersi Piano-Star als Stutzflügel. Wersi, Halsenbach

Ende der siebziger und Anfang der achtziger Jahre entwickelte die Firma Wersi ihr E-Piano weiter zu den drei verschiedenen Ausführungen des *Piano-Star* als Standmodell mit Holzgehäuse in Form eines kleinen Stutzflügels sowie als transportable Ausführung. Das transportable Modell hat 6 Oktaven, die beiden anderen Modelle haben 7 Oktaven Umfang. Die Instrumente verfügen über Dämpfer- und Nachklangpedal, 8 Klangfarben, darunter auch die dem amerikanischen mechanisch-elektronischen Fender-Rhodes-Piano sehr gut nachempfundene Klangfarbe „Stage Piano", sowie über mehrere Effekte wie Hawaii-Effekt, Vibrato, Slalom (Gleiten der Tonhöhe über größeren Bereich) und Klangfarbenänderungen durch spannungsgesteuerte Filtereffekte (VCF). Die Tonstärke kann durch den Anschlag beeinflußt werden, indem die unterschiedliche Anschlagsgeschwindigkeit elektronisch gemessen wird und als variable Größe die Verstärkung regelt (Abb. 24). Eine Interferenzschaltung dient außerdem der elektronischen Nachahmung der Schwebungen zwischen den verschiedenen Saiten eines Tones. Dieser Effekt, der eine Belebung des Klanges zur Folge hat, wird dadurch ermöglicht, daß dem Instrument zwei Tongeneratoren zur Verfügung stehen, die gegeneinander geringfügig verstimmt werden können.

Neben den einmanualigen Instrumenten, welche mit mechanisch-elektronischer oder rein elektronischer Klangerzeugung perkussive Klänge u.a. des Klaviers erzeugten, kamen in den siebziger Jahren auch kleinere Tasteninstrumente auf, welche die Imitation von solistischen und chorischen Streicherstimmen zum Ziel hatten. Sie konkurrierten daher auch mit dem bislang beliebten *Mellotron*, welches mit seinen auf Tonbandschleifen gespeicherten Streicherklängen häufig für einen im Hintergrund liegenden „Streicherteppich" herangezogen wurde. Der chorische Effekt bei den einzelnen Streicherstimmen der elektronischen String-Keyboards wurde in der Regel durch elektronische Laufzeitglieder erreicht, die Frequenzverschiebungen und Phasenfluktuationen innerhalb der Klänge erzeugten.

Die Firma Hohner stellte 1974 die *String Vox I*, ein Jahr darauf die *String-Melody* mit jeweils 4 Oktaven Umfang und 1978 das Hohner-*Orchestra* vor (Abb. 25). Die Instrumente verfügen über eine Manualteilung, so daß beispielsweise die Kontrabaßstimme links und die Violinstimme rechts gespielt werden können, jeweils mit separaten An- und Abklingzeiten (Sustain). Ähnlich konzipiert war auch das *String-Orchestra* der Firma Wersi, welches 1975 auf dem Markt erschien. In dem Hohner-*Orchestra* mit 60 Tasten Umfang stehen zudem auch noch andere Klangfarben wie Piano, Clavichord und Klarinette zur Verfügung.

Auf der Leipziger Herbstmesse 1980 stellten die Klingenthaler Harmonikawerke der DDR ein ähnliches Instrument vor, das *Piano-Strings*, welches die Perkussionsregister Piano, Clavichord und Spinett mit den Streicherregistern Violine, Viola und Cello vereinigte[54].

Vom äußeren Erscheinungsbild her ebenfalls in der Regel mit einem Manual versehen, unterscheiden sich diejenigen Musikinstrumente, welche man unter dem Begriff *Synthesizer* zusammenfassen kann, ganz erheblich von den bisher erwähnten einmanualigen Instrumenten. Von Anfang an, seit Robert A. Moog Mitte der sechziger Jahre die ersten Geräte für die darauf einsetzende Massenherstellung entwarf, war der Synthesizer als ein Musikinstrument konzipiert, welches in viel stärkerem Maße als etwa elektronische Orgeln die experimentelle Erschließung neuer Dimensionen klanglicher und geräuschartiger Strukturen ermöglicht.

Bei den von Moog entwickelten, zunächst in einzelne Baugruppen unterteilten Modulsynthesizern waren durch entsprechende Verkabelung vielfältige elektrische Verbindungsmöglichkeiten der Funktionseinheiten gegeben, und mit Hilfe des Prinzips der Spannungssteuerung konnten u. a. auch automatische Funktionsänderungen bestimmter elektronischer Baugruppen durch die Steuerspannung anderer Bausteine hervorgerufen werden.

Nach der ersten Generation von Synthesizern, die nur einstimmig spielbar waren, entwarfen ausländische Hersteller wie ARP, Moog, Korg, EMS seit Mitte der siebziger Jahre Geräte, bei denen in der Regel mehrere Klangerzeugungssysteme vorhanden sind und durch eine mikroprozessorgesteuerte digitale Abfrageelektronik auch polyphones

Abb. 25: Hohner String-Melody II. Hohner, Trossingen

[54] Vgl. *MI* 29 (1980), S. 1106.

Spiel mit allerdings begrenzter Stimmenzahl (meist vier-, sechs- oder achtstimmig) ermöglicht wird. 1974 begann auch die deutsche Firma Palm mit dem Bau ihrer ersten Synthesizer. Zunächst waren es einstimmig spielbare, modular aufgebaute Geräte. Bekannt wurden dann vor allem die seit Anfang der achtziger Jahre vorgestellten polyphonen *PPG Hybrid-Synthesizer Wave 2-Wave 2.3* mit einem Tastaturumfang von 5 Oktaven, die zu einem umfassenden Computersystem mit immensen Möglichkeiten der Klangspeicherung und -gestaltung ausgebaut wurden.

Bei diesen Synthesizern ist eine große Anzahl von unterschiedlichen Schwingungskurven (Waves), darunter auch Naturklängen, in digitaler Codierung fest abgespeichert. Diese Klänge lassen sich mit Hilfe analog aufgebauter Baugruppen (z.B. spannungsgesteuerter Filter), wie bisher bei Synthesizern üblich, über die Einstellung von Drehpotentiometern weiterverarbeiten. Bei den neueren Geräten kann außerdem der Waveterm-Computer mit Bildschirm und zwei Disketten-Laufwerken zur Datenspeicherung angeschlossen werden. Hiermit bietet sich u.a. die Möglichkeit, über Mikrofon aufgenommene Schallereignisse zu speichern, auf ihren Teiltongehalt zu analysieren, zu verändern und schließlich 8stimmig polyphon zu spielen. Es können aber auch durch Teiltoneingabe bzw. Zeichnen von Kurven, z.B. des Lautstärkeverlaufs, neuartige synthetische Klänge erzeugt werden oder mehrstimmige Kompositionen in ihren einzelnen Stimmen korrigiert, erweitert und auf vielfältige Art verändert werden. Mit dem *PPG Prozessor-Keyboard PRK-FD* (6 Oktaven Umfang) ist außerdem eine anschlagdynamische Steuerung mehrerer wählbarer klanglicher Parameter möglich. So kann man mit der Anschlagge-

Abb. 26: PPG Synthesizer Wave 2.3 (oben) mit Processor-Keyboard PRK (unten). Palm Instruments, Hamburg

schwindigkeit z.B. Lautstärke, Filter und Einschwingzeit beeinflussen oder mehr oder weniger schnell zwischen zwei vorgewählten Klängen hin- und herschalten. Mit Hilfe des Diskettenlaufwerks können innerhalb von 16 Sekunden neue digital gespeicherte Klänge eingelesen werden, während noch mit einer anderen Klangfarbe musiziert wird (Abb. 26).

Abb. 27: Sound-Lab Synthesizer. Dr. Böhm, Minden

In Verbindung mit dem Sequencer des neueren *Wave-2.3*-Synthesizers läßt sich das *PRK-FD* auch vorteilhaft als Drumcomputer verwenden, mit dem in eigener Regie dynamisch lebendige Schlagrhythmusfolgen hergestellt und gespeichert werden können. Außerdem ist das *PRK-FD* auch als Masterkeyboard verwendbar, indem es über die M.I.D.I.-Verbindung digitale Informationen über die Anschlagsdynamikwerte an andere Synthesizer mit M.I.D.I.-Anschluß weitergeben kann.

Anfang der achtziger Jahre stellte auch die Firma Dr. Böhm, Minden, hauptsächlich bekannt als Hersteller von Bausatzorgeln, einen Synthesizer, den *Sound Lab*, vor (Abb. 27).

Hier handelt es sich um ein modular aufgebautes Gerät, bei dem die einzelnen Baugruppen wie spannungsgesteuerter Oszillator (VCO), Verstärker/Abschwächer (VCA) oder Filter (VCF) von außen miteinander verkabelt werden können.

Schließlich sei in diesem Zusammenhang auch die Firma Wersi erwähnt, die Mitte der achtziger Jahre ihren *Stage Performer MK 1* vorstellte, ein Keyboard mit 61 Tasten und Funktionsdisplay, welches polyphon spielbar ist und neben zahlreichen fest gespeicherten Klangfarben (Presets) auch über Synthesizer-Eigenschaften verfügt. Die für verschiedene Klangfarben rechts und links teilbare Tastatur besitzt Anschlagsdynamik und After-Touch, mit dem sich durch unterschiedlichen Fingerdruck frei wählbare Zusatzfunktionen wie Tonhöhe, Vibrato oder die Übertragungseigenschaften eines Filters regeln lassen. Mit den bei Synthesizern üblichen Rändelrädern (Wheels) links neben der Tastatur lassen sich ebenfalls frei wählbare Funktionen manuell stufenlos verändern (Abb. 28).

Die Klangerzeugung erfolgt digital, indem die verschiedenen Schwingungskurven, in kleine Treppenstufen unterteilt, nach dem PCM-Verfahren abgespeichert sind und durch einen Digital-Analogwandler wieder in die ursprünglichen Kurven zurückverwandelt werden. Für die individuelle Klangsynthese lassen sich die Intensitäten von Sinustönen verschiedener Frequenz durch Zugriegel einstellen, und die so entstandene Schwingungskurve kann mit einer in 8 Pegel- und Zeitparametern definierbaren Amplitudenhüllkurve versehen werden. Außerdem lassen sich die fest abgespeicherten Klänge mit anderen Klängen bzw. bestimmten Parametern dieser Klänge verbinden, und den daraus resultierenden neuen Klang kann man mit allen Nuancierungen (z.B. durch „After-Touch" erzeugt) auf Presets ablegen und wieder abrufen.

Abb. 28: Wersi Stage Performer MK 1. Wersi, Halsenbach

Das MK 1 ist außerdem als M.I.D.I.-Keyboard mit Sende- und Empfangsmöglichkeit einsetzbar und durch schnell auswechselbare Speicherkassetten mit zusätzlichen Klangfarben in Verbindung mit den durch Presets rasch abrufbaren, vorher ausprobierten Klangkombinationen vor allem auch für Live-Auftritte auf der Bühne geeignet.

Wie andere kleinere Firmen, so bietet auch die Firma Wersi zusammen mit dem Computerhersteller Commodore ein preiswertes Bausteinpaket mit einer kleinen Tastatur (4 Oktaven Umfang) für den Anschluß an einen Homecomputer mit Bildschirm in Verbindung mit einem Diskettenlaufwerk an. Programme für einen einstimmig und einen dreistimmig spielbaren Synthesizer mit 13 Instrumentenklängen werden mitgeliefert. Durch Veränderungen verschiedener Klangparameter, die vom Bildschirm angezeigt werden, können damit völlig neue Klangsynthesen entstehen.

Eine weitere Gruppe innerhalb der einmanualigen elektronischen Tasteninstrumente bilden die leichten, tragbaren Keyboards mit 3-4 Oktaven Umfang, welche meist auch mit Batterien zu betreiben sind und in der Regel einen oder zwei eingebaute Lautsprecher besitzen. Die ersten Kleinkeyboards wurden von japanischen Herstellern wie dem Casio Computer Konzern 1980 zum erstenmal vorgestellt und leiteten damit einen regelrechten Trend ein[55]. Im Laufe der weiteren Jahre wurden diese mikroprozessorgesteuerten Instrumente mit immer weiteren klanglichen Möglichkeiten ausgestattet, wie Rhythmus- und Begleitautomatik, Speicherung von längeren musikalischen Abläufen, Keyboard-Splitting für unterschiedliche Klangfarben rechts und links, ziemlich naturgetreue Klangfarben durch digitale Speicherung nach der PCM (Puls-Code-Modulation)-Technologie und sogar Mikro-Notendrucker (Yamaha).

Als erster deutscher Hersteller stellte die Firma Hohner 1982 zum 125jährigen Jubiläum auf der Frankfurter Musikmesse ein solches Leichtbau-Keyboard mit 4 Oktaven Umfang, Tragetasche und Chromgestell vor. Dieses *P 100* verfügt über 12 Klangfarben, 8 Rhythmen, Begleitautomatik mit automatischem Arpeggio und Akkordbegleitung sowie Manualteilung in Begleit- und Melodie-Section. 1983 wurde auch von der Firma Dr. Böhm ein kleines einmanualiges Instrument mit eingebauten Lautsprechern präsentiert, der *Benjamin*, welcher zusammen mit anderen Komponenten auch zu einer zweimanualigen elektronischen Orgel zusammengestellt werden kann[56]. 1985 erschien von der gleichen Firma das Keyboard *Musica digital 100*, bei welchem die Klangerzeugung durch Kombination von digital gespeicherten Klangparametern erfolgt.

In den klanglichen Möglichkeiten stark erweiterte und auf digitaler Klangerzeugung basierende Keyboards präsentierte die Firma Hohner 1985 mit den Modellen *PK 150* und *250.* Diese mit M.I.D.I.-Anschluß ausgerüsteten Instrumente verfügen über abnehmbare, relativ große Lautsprecherboxen, 5 Oktaven Umfang und, wie auch der *Musical digital 100* von Böhm, über digital abgespeicherte Original-Schlagzeugklänge innerhalb der Rhythmusautomatik (Abb. 29). Die aufwendige Begleitautomatik Hohner-*Arrangeur* entwickelt zu gespielten Harmonien automatisch Begleitarrangements von 16 verschiedenen Klangfarben, außerdem können bei dem größeren Modell *PK 250* durch einen Knopf mit der Bezeichnung Intro/Ending zu jedem Musikstück passende Einleitungs- bzw. Schlußphrasen abgerufen werden.

Abb. 29: Hohner-Keyboard PK 250. Hohner, Trossingen

Mechanisch-elektronische Tasteninstrumente

Die in den fünfziger Jahren einsetzende Produktion von mechanisch-elektronischen Musikinstrumenten mit Klavia-

55 Vgl. *MI* 29 (1980), S. 1100.

56 Vgl. *MI* 32 (1983), S. 393.

tur war von Anfang an eine Domäne der Firma Hohner und stellt einen gegenüber dem Ausland besonders individuellen Beitrag der deutschen Musikinstrumentenindustrie dar. Ausschlaggebend für die Konstruktion derartiger Instrumente waren wohl einmal die langjährigen Erfahrungen der Firma Hohner bei der Herstellung von Mundharmonikas und Akkordeons mit schwingenden Zungen sowie die vorhandenen Produktionseinrichtungen, die nun bei der Fabrikation von Zungeninstrumenten mit elektrischer Tonabnahme verwertet werden konnten. Als vorteilhaft wurde sicherlich auch empfunden, daß mechanische Schwinger das allmähliche Ein- und Ausschwingen von Natur aus mitbringen[57]. Außerdem ist bei den mechanisch-elektronischen Instrumenten je nach Konstruktion auch eine Klangbeeinflussung durch den Anschlag möglich.

Wichtige mechanisch-elektronische Hohner-Instrumente der fünfziger Jahre waren die *Hohnerola*, die *Minetta* und das 1958 erschienene *Cembalet*. Die auf der Frühjahrsmesse 1955 gezeigte *Hohnerola* produzierte Dauertöne mit Hilfe von Zungen, deren Schwingungen elektromagnetisch abgenommen wurden und deren Klangfarbe, elektronisch verändert, über separaten Verstärker und Lautsprecher wiedergegeben wurde. Die Klaviatur hatte einen Umfang von 61 Tasten, es waren ein Knieschweller sowie eine Vibratoeinrichtung vorhanden. Neben den orgelnahen Klangfarben in den Fußlagen 16′, 8′, 4′, 2⅔′ und 2′, die durch vier Wippen unterschiedlich gefärbt werden konnten, war auch ein Cembaloregister mit perkussivem Klangverlauf vorhanden. Den Anwendungsbereich für das Instrument sah Hohner breit gefächert, von der Unterhaltungsmusik bis zur sakralen Musik, zumal auch ein Pedalzusatz angeboten wurde[58].

Die *Hohnerola* war somit die erste Kleinorgel des Hauses Hohner mit elektronischer Klangformung vor Erscheinen der rein elektronischen *Symphonic*-Instrumente zu Anfang der sechziger Jahre. Ein Nachfolgemodell der *Hohnerola* war die *Minetta*, die sich vor allem durch ihre zeitgemäße äußere Form mit schlanken, schrägen, spitz zulaufenden Beinen im Stil des damaligen Mobiliars von ihrer Vorgängerin absetzte.

1958 wurde das *Cembalet* von Hohner der Öffentlichkeit vorgestellt, ein leicht transportables ca. 23 kg schweres Instrument mit 5 Oktaven Umfang (C-e′′′′), das an ein Rundfunkgerät angeschlossen werden konnte, aber auch mit angehängtem Verstärker lieferbar war[59]. Bei diesem Instrument wurden Zungen durch einen Kunststoffanreißer angezupft und nach Loslassen der Tasten abgedämpft. Die elektronische Abnahme der Zungenschwingung erfolgte kapazitiv, d.h. die Zunge bildete mit einer seitlich angebrachten Elektrode einen veränderlichen Kondensator. Diese Kapazitätsschwankungen variierten die Frequenz eines Hochfrequenzgenerators auf der Flanke seiner Resonanzkurve, und mit einem nachgeschalteten Demodulator konnte man ein niederfrequentes Signal mit der Zungenfrequenz abnehmen. Später wurde die Röhrenschaltung durch eine Transistorschaltung ersetzt und das Niederfrequenzverfahren angewendet, bei dem die schwankende Spannung des „Kondensators“ Zunge-Elektrode direkt verstärkt wird[60].

Neben Hohner gab es in den fünfziger Jahren aber auch noch andere Firmen, die kleinere mechanisch-elektronische Tasteninstrumente herstellten. Die Firma Beleton in Berlin fertigte das *Pianophon*, ein Instrument mit schwingenden Zungen und elektromagnetischer Tonabnahme, wobei auch verschiedene Klangfarben erzeugt werden konnten[61]. Die Zunge wurde durch einen Magneten, der am Tastenende angebracht war, bei Betätigung der Taste ein Stück mitgenommen, um dann abzureißen und zu schwingen.

Ebenfalls in Berlin ansässig war die Firma Melo-Elektroakustik, Fritz Lieblang, von der das sogenannte *Meloforte* hergestellt wurde. Hier handelte es sich um ein Tasteninstrument mit 7 Oktaven, bei dem Zungen durch eine Hammermechanik angeschlagen und die Schwingungen durch einen elektromagnetischen Tonabnehmer abgenommen wurden. Schon 1957 war der eingebaute Verstärker transistorisiert. Das *Meloforte* besaß eine Vibratoerzeugung, außerdem war die Klangfarbe durch Schieberegler veränderbar, und mit einem Sostenutopedal konnte man den Nachklang regeln. Noch 1964 wurde dieses Instrument hergestellt, außer dem Standardmodell gab es auch ein flaches Tischmodell, welches unter der Platte eines normalen Wohnzimmertisches verborgen war und bei Bedarf hervorgezogen werden konnte[62].

Von der Firma Hohner wurde 1960 als Zusatz zum *Cembalet* und zu anderen Instrumenten als weiteres mechanisch-elektronisches Musikinstrument nach dem Prinzip des *Cembalets* ein Zupf-Kontrabaß-Pedal vorgestellt, welches einen Umfang von 13 Tönen (Kontra-C-C) hatte. Mit dem *Pianet* erschien 1962 ein Instrument, welches in der elektrischen Tonabnahme zwar dem Cembalet gleicht, in der Tonerzeugung aber etwas anders funktioniert. Einmal sind die Elektroden, welche mit den Zungen einen variablen Kondensator bilden, nicht seitlich, sondern stirnseitig vor der Zunge angebracht, wodurch sich ein anderes Klangspektrum ergibt. Zum anderen wird die Zunge nicht angezupft, sondern durch die Klebkraft eines am hinteren Tastenende befestigten Dämpfers zunächst mitgenommen, bis sie sich infolge ihrer Rückstellkraft losreißt und

---

57 A. Fett: „Der Einbruch der Elektronik in die Musikausübung unserer Zeit“. In: *MI* 10 (1961), S. 104f.

58 W. Niehues: „Die Hohnerola mit einer Klangplastik - historisch und gegenwartsnah“. In: *MI* 7 (1958), S. 17.

59 E. Zacharias: *Elektronische Musikinstrumente*. Trossingen 1968, S. 32ff.

60 R. Bierl: *Elementare technische Akustik der elektronischen Musikinstrumente*, a. a. O., S. 29.

61 Vgl. *IZ* 7, Nr. 12 (1953), S. 228.

62 Vgl. *MI* 13 (1964), S. 420.

schwingt. Das Instrument ist grundtöniger als das Cembalet und damit auch dem Klavier stärker angenähert.

1980 erschien auf der Frankfurter Musikmesse das klanglich erweiterte *Pianet M.* Über einen aufgesetzten Verstärker erfolgte die Tonwiedergabe durch zwei eingebaute Lautsprecher, wobei mit Hilfe eines Modulators eine künstliche Stereowirkung angestrebt wurde. Durch den einen Kanal wird das direkte von der Zunge abgenommene Signal übertragen, im anderen Kanal wird der Klang ständig phasenverschoben, so daß Schwebungen zwischen beiden Kanälen entstehen, die ein dem Klavier ähnlicheres Klangbild ergeben.

Auch in der DDR wurden in den sechziger Jahren vereinzelt mechanisch-elektronische Tasteninstrumente hergestellt, die ebenfalls in erster Linie für den Bereich der Haus-, Tanz- und Unterhaltungsmusik gedacht waren. Von den Klingenthaler Harmonikawerken wurden die Instrumente *Claviset, EMP 34* und *Weltmeister-Basset* gefertigt, bei denen der Klang von schwingenden Metallzungen abgenommen und elektronisch verändert werden konnte[63].

Beim *Claviset* handelte es sich um ein einmanualiges Standinstrument, das *EMP 34* war zweimanualig ausgelegt und stellte eine Kombination (ähnlich wie die Hohner-*Multimonica* der fünfziger Jahre) aus *Claviset* und dem rein elektronischen Instrument *EMP 3 Matador* dar.

Das *Weltmeister-Basset* war als umhängbares Baßinstrument mit spitz zulaufendem Hals konstruiert worden. Während die Finger der rechten Hand die Klaviatur mit 32 Tasten betätigten, konnte die linke Hand einen Lautstärkeregler bedienen. Die Tonerzeugung erfolgte durch Anreißen von Tonzungen, deren Schwingungen elektrisch weiterverarbeitet wurden[64].

Eine besonders originelle Erfindung des Hohner-Mitarbeiters Ernst Zacharias war, obwohl kein Tasteninstrument,

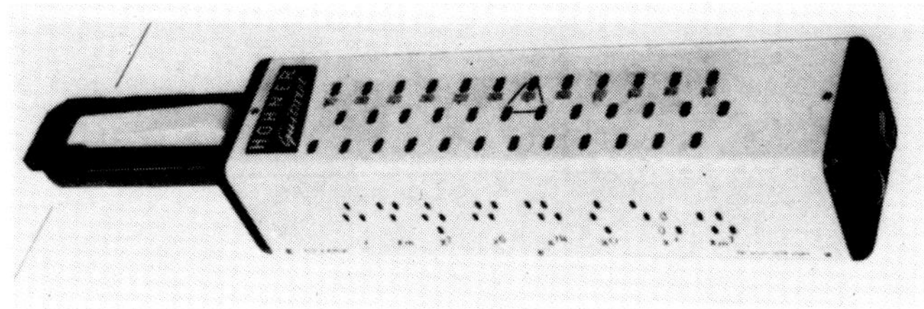

Abb. 30: Hohner-Guitaret. Hohner, Trossingen

das *Guitaret*, auch *Rytmo* genannt, welches auf der Frankfurter Musikmesse von 1963 Premiere hatte und als Akkordinstrument konzipiert war[65]. Es handelte sich um einen länglichen Kasten mit quadratischem Querschnitt und einem Handgriff. 36 Metallzungen ragen auf der Oberseite aus kleinen Öffnungen heraus und werden mit den Fingern angezupft. Mit benachbarten Tönen lassen sich nach einem

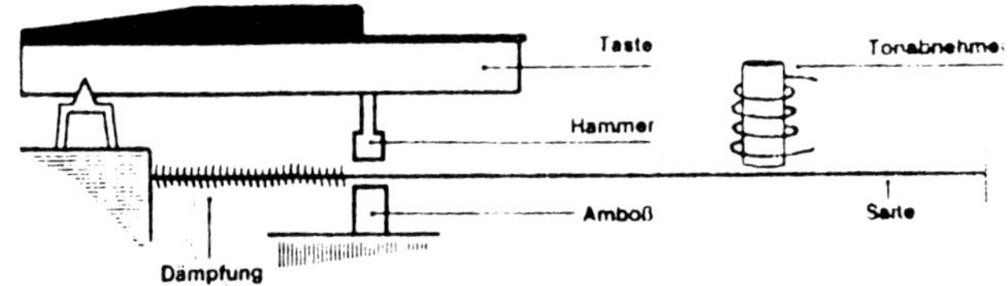

Abb. 31: Die Mechanik des Hohner-Clavinets[59]

auf dem Instrument abgebildeten Schema zahlreiche Akkorde realisieren. Der im Handgriff integrierte Dämpfer verhindert, daß die Töne zu lange ausschwingen (Abb. 30). Die Schwingungen der Zungen werden elektromagnetisch abgenommen. Wegen seines geringen Tonumfangs und wahrscheinlich auch wegen seiner unorthodoxen Bedienung konnte sich dieses Instrument allerdings kaum durchsetzen. Weltberühmt dagegen wurde, zusammen mit dem Pianet, ein weiteres maßgeblich von Zacharias entwickeltes Tasteninstrument, das *Clavinet*, im Prinzip ein elektromagnetisches Clavichord, welches um 1966 erschien. Beim althergebrachten Clavichord schlägt die an der Taste befestigte metallische Tangente die Saite an und biegt sie, je nach Fingerdruck, mehr oder weniger stark durch. Auf diese Weise kann also die Tonhöhe durch Änderung der Saitenspannung in gewissen Grenzen variiert werden. Beim *Clavinet* dagegen liegt der Tangente, in der Abbildung als Hammer bezeichnet, ein Amboß gegenüber, so daß die Saite beim Anschlag eingeklemmt wird (Abb. 31).

Zwar ist die Möglichkeit des Vibratos mit wechselndem Fingerdruck nun nicht mehr so groß, dafür wird jedoch eine wesentlich größere Klangausbeute erreicht, da die Saitenschwingung nicht mehr so schnell aufgezehrt wird. Erhalten bleibt die musikalisch so bedeutsame Möglichkeit, nuancenreiche Abstufungen zwischen forte und piano durch den Anschlag zu gewinnen. 1971 wurden im *Clavinet D 6* die Klangmöglichkeiten erweitert, so daß es jetzt auch ähnlich wie Gitarre, Laute, Harfe oder Cembalo erklingen konnte. Das *Clavinet* wurde später, Ende der siebziger Jahre, schließlich zusammen mit dem *Pianet* in einem Instrument, dem *Pianet-Duo*, vereinigt. Die verschiedenen Klangcharaktere können hier beliebig gemischt werden. Außerdem ist auch eine Manualtrennung zwischen beiden Klangtypen möglich, so daß z.B. im Diskant *Pianet* und *Clavinet*, im Baß nur Pianet erklingen kann. Ursprünglich wohl hauptsächlich für die Hausmusik gedacht, wurden das *Clavinet* sowie die kombinierte Version mit dem *Pianet* besonders erfolgreich in der Jazz-Rockmusik eingesetzt, wo es bei zahlreichen Keyboardspielern (u.a. Chick Corea und Herbie Hancock) an Beliebtheit gewann.

Ende der sechziger Jahre wurde ein weiteres mechanisch-elektronisches Tasteninstrument der Firma Hohner bekannt, das *Electra-Piano* (Abb. 32). Im Umfang von 6 Oktaven eine Oktave größer als *Pianet und Clavinet*, unterscheidet es sich von den früheren Instrumenten vor allem durch den Anschlag von unsymmetrisch ausgeführten Tongabeln mit einer Hammermechanik. Hiermit war dann

[63] Vgl. *MI* 14 (1965), S. 470ff.

[64] Vgl. *IZ* 21 (1967), S. 334.

[65] Vgl. *Hobby* 10 (1963), S. 150ff.

Abb. 32: Hohner Electra-Piano. Hohner, Trossingen

wohl auch eine gewisse Nähe zum Klang des international sehr geschätzten *Fender-Rhodes-Piano* gegeben, dessen Klangerzeugung ebenfalls auf dem Anschlagen von Klangstäben basiert.

Mit zu erwähnen in dieser Überschau ist schließlich auch das *Manthey-Stereo-Piano* der Pianofabriken Ferd. Manthey KG.- A. Grand, welches 1973 auf der Deutschen Industrie-Ausstellung gezeigt wurde. Es handelt sich hierbei um ein über Tonabnehmer, Verstärker und Lautsprecher stereophon verstärktes normales Klavier ohne Resonanzboden, welches daher bei zurückgedrehtem Lautstärkeregler nur sehr leise klingt[66]. Anfang der achtziger Jahre wurde der elektronische Teil des Instruments weiterentwickelt und eine Veränderung der ursprünglichen Klavierklangfarbe mit verschiedenen Varianten ermöglicht[67].

Elektronische Blasinstrumente

Das Bestreben, elektronisch erzeugte Klänge noch differenzierter entsprechend dem spontanen musikalischen Ausdrucksbedürfnis steuern zu können, als es bei elektronischen Tasteninstrumenten möglich ist, führte nach dem Krieg zur Entwicklung einiger elektronischer einstimmig spielbarer Blasinstrumente. Andererseits wurden auch Geräte konstruiert (z.B. von amerikanischen Firmen wie Conn und Fender), die den über ein kleines Mikrofon vom akustischen Blasinstrument abgenommenen Klang elektronisch in Klangfarbe und Tonhöhe verändern konnten.

Von der Firma Hohner wurde 1967 als erstes elektronisches Blasinstrument die *Electra-Melodica* vorgestellt. Der Tastaturumfang von ca. 3 Oktaven (f-e) konnte durch einen Oktavschalter auf 9 Oktaven erweitert werden. Der Anblasdruck wirkt bei diesem Instrument auf einen pneumatischen Schweller, mit dem die Lautstärke sehr feinfühlig reguliert werden kann und u. a. weiche Toneinsätze sowie Zwerchfellvibrato ermöglicht werden. Vibrato, regelbar in Amplitude und Frequenz, kann aber auch rein elektronisch erzeugt werden. Mit Hilfe eines in der Frequenz verstellbaren Formantfilters ist außerdem der Wah-Wah-Effekt realisierbar (Abb. 33).

Die *Electra-Melodica* verfügt über 6 Klangregister mit Imitationen von Holzbläsern (Flöte, Oboe/Fagott, Klarinette, Saxophon), Blechbläsern und Streichern. Das Instrument wird an ein getrenntes Stromversorgungsgerät angeschlossen und kann von dort aus mit einem Verstärker oder Rundfunkgerät verbunden werden. Da man mit einem Instrument sowohl im Baß- als auch im Tenor-, Alt- oder Sopranbereich spielen kann, lassen sich z.B. vier Instrumente in verschiedenen Tonlagen zu einem Quartett vereinigen.

Abb. 33: Hohner Electra-Melodica. Hohner, Trossingen

Ein weiteres deutsches elektronisches Blasinstrument, die *Martinetta*, erschien 1975 auf der Internationalen Funkausstellung in Berlin. Entwickelt wurde es von dem Elektroniker Jürgen Schmitz und dem Verfasser in Zusammenarbeit mit Prof. Dr. J. Fricke (Musikwissenschaftliches Institut der Universität Köln) und der Firma Ernest Martin KG. Das Instrument verfügte über 32 klaviermäßig angeordnete unbewegliche Metallsensoren zum Spielen und weitere Sensoren für die Wahl der zunächst drei Klangfarben Oboe, Fagott und Horn. Der Anblaswandler bestand aus einer kleinen akustisch gedämpften Labialpfeife, deren Ton von einem Mikrofon aufgenommen und zur Steuerung der elektronischen Klangerzeugung benutzt wurde. Die Klangfarben hatte man bisher bei elektronischen Musikinstrumenten in der Regel einmal nach dem subtraktiven Verfahren gewonnen, bei welchem die spektralen Energiemaxima, die Formanten, durch Filter aus einem teiltonreichen Klang, z.B. mit sägezahnförmiger Schwingungskurve, herausgehoben werden. (Vgl. Schaubild Abb. 22, Kapitel „Einmanualige elektronische Tasteninstrumente".)

Die zweite Möglichkeit bestand darin, Klangfarben nach dem additiven Prinzip, d.h. durch Mischung einzelner

[66] Vgl. *MI* 23 (1974), S. 62.

[67] Vgl. *MI* 30 (1981), S. 192.

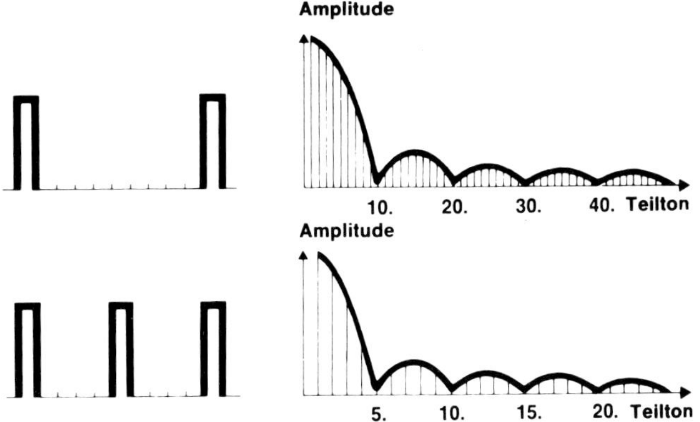

Abb. 34: Schwingungskurve von Impulsen (links) und Klangspektren mit Formantstruktur (rechts). Die Impulsbreite beträgt $^1/_{10}$ (oben), bzw. $^1/_5$ (unten) der Periodendauer. Aus: M. Dickreiter: *Der Klang der Musikinstrumente.* München 1977, S. 46.

Sinustöne oder obertonarmer Klänge unterschiedlicher Frequenz und Amplitude zu bilden. Bei der *Martinetta* jedoch erzeugte man von vornherein Schwingungskurven mit schmalen Impulsen, bei denen eine spektrale Formantstruktur mit Minima und Maxima bereits gegeben war (Abb. 34). Diese Grundstruktur wurde dann mit elektronischen Filtern noch verfeinert. Wissenschaftliche Untersuchungen von Fransson, Fricke und Voigt hatten nämlich ergeben, daß die Formanten bei einigen Blasinstrumenten nicht etwa durch Resonanzen der Röhrenwände erzeugt werden, sondern bereits in der Impulsfolge am Mundstück, also im Quellenspektrum zustandekommen[68].

Ein weiteres typisches Merkmal der Klangerzeugung der *Martinetta* bestand darin, daß durch stärkeres Blasen in das Instrument die jeweilige Schwingungskurve nicht nur verstärkt, sondern auch so verformt wurde, daß der Klang eine Obertonanreicherung und Verschiebungen im Klangspektrum erfuhr, wie sie auch beim akustischen Blasinstrument auftreten und schon 1929 in den Klangfarbengesetzen von Erich Schumann beschrieben worden sind[69] (Abb. 35).

Etwa zur gleichen Zeit wie die *Martinetta* wurde in Amerika das elektronische Blasinstrument *Lyricon* entwickelt und von der Firma Vincent Bach, Indiana, vertrieben[70]. Das *Lyricon* hatte etwa die Größe eines Sopran-Saxophons und war nicht mit Klaviertasten, sondern mit dem Klappensystem einer vereinfachten Boehm-Mechanik ausgestattet. Durch das saxophonähnliche Mundstück mit Blatt wurden über Wandler sowohl der unterschiedliche Blasdruck als auch der Lippendruck als elektrische Signale zur Beeinflussung der elektronischen Klangerzeugung abgegeben. Mit den Spannungen der elektrischen Tastenkontakte, des Anblas- und Lippendruckwandlers steuerte der Spieler einen separaten Synthesizer an, der aus einem Oszillator, einem aufwendigen Obertonfilter, einem Rauschgenerator mit Filter sowie verschiedenen Modulatoren bestand. Mit dieser Apparatur konnten sowohl herkömmliche Blasinstrumentenklänge imitiert als auch total verfremdete Klänge geschaffen werden.

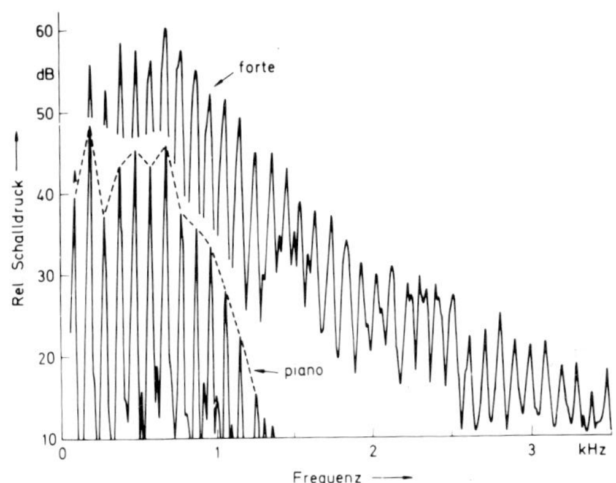

Abb. 35: Veränderungen des Klangspektrums einer Posaune beim Wechsel von *piano* und *forte.* Aus: M. Rieländer, *Reallexikon der Akustik.* Frankfurt/M. 1982, S. 424.

Ein weiteres in Amerika entwickeltes elektronisches Blasinstrument, welches dann von der italienischen Firma Crumar gebaut wurde, erschien 1980 auf der Frankfurter Musikmesse. Die Spieltechnik dieses von Nyle Steiner konstruierten *Electronic Valve Instrument* war der Trompete nachempfunden. Mit der rechten Hand wurden drei Tasten bedient, die linke Hand steuerte über einen drehbaren Zylinder einen Modulator, mit dem Tonhöhengleiteffekte und alle Vibratoarten realisiert werden konnten. Lautstärke und Klangfarbe wurden durch die Intensität des Blasstromes gesteuert. Ähnlich wie das *Lyricon* war auch dieses Instrument an einen kleinen separaten Synthesizer angeschlossen, an dem verschiedene Klangeinstellungen vorgenommen werden konnten. Bekannt wurde die elektronische Steiner-Trompete u.a. durch Solostellen in der Musik zu dem Film *Apocalypse Now.*

Ende der siebziger Jahre erfuhr die nur in einigen Prototypen gebaute *Martinetta* eine Weiterentwicklung mit dem *Variophon*, zu dessen Serienherstellung Helmut Reuter in Euskirchen die Firma Realton gründete. Das ursprüngliche *Variophon-Standard*, bestehend aus einem Blasinstrument mit 32 beweglichen Tasten und einem gegenüber der *Martinetta* verbesserten pneumatisch-elektronischen Blaswandler sowie einem Bedienungscockpit mit eingebautem Lautsprecher, wurde im Laufe der Zeit zu einem umfangreichen kompatiblen elektronischen Blasinstrumentensystem mit

---

[68] F. Fransson: „The Source Spectrum of Double-Reed Woodwind Instruments". In: *Technical Reports from the Speech Transmission Laboratory of Stockholm University, STL-QPSR*, 4 (1966), S. 35ff und 1 (1967), S. 25ff. Siehe auch J. Fricke: „Formantbildung in musikalischen Klängen". In: *Fernseh- und Kino-Technik* 27 (1973), Nr. 4, S. 96; ders.: „Formantbildende Impulsfolgen bei Blasinstrumenten". In: *Fortschritte der Akustik.* Weinheim 1975, S. 407ff und W. Voigt: *Untersuchungen zur Formantbildung in Klängen von Fagott und Dulzianen* (= Kölner Beiträge zur Musikforschung 80). Regensburg 1975.

[69] P. H. Mertens: *Die Schumannschen Klangfarbengesetze und ihre Bedeutung für die Übertragung von Sprache und Musik* (= Fachbuchreihe Das Musikinstrument 30). Frankfurt 1975.

[70] Veröffentlichung des Patents von Roger R. Noble und William A. Bernardi. In: *MI* 24 (1975), S. 769.

mehreren Komponenten ausgebaut, wie es in Abb. 36 zu sehen ist.

Variophon-Standard und *-Spot* (ohne Lautsprecher) bieten die Möglichkeit, 4 Klangfarben, die auf vergossenen einsteckbaren Platinen fest eingestellt sind, einzeln oder gleichzeitig mit lebendiger Klangfarbendynamik zu spielen. Durch einen Abstimmregler und Transponierknöpfe kann eine Angleichung an andere Instrumente bzw. eine Umstimmung (B und Es) erfolgen.

Abb. 36: Elektronisches Blasinstrumentensystem Variophon: Blasinstrument (Mitte), Keyboard mit separatem Blaswandler (rechts), Variophon -Gig- (links oben), -Spot- (links Mitte), Effektpedal (unten). Realton, Euskirchen

Bei dem aufwendiger konstruierten *Variophon-Gig* mit 6 Klangfarbeneinschüben ist darüber hinaus jede Klangfarbe durch 5 Regler individuell veränderbar, so daß z.B. gedämpfte Trompete oder völlig verfremdete Klangfarben zu realisieren sind. Außerdem verfügt das *Gig* noch über einen stufenlosen Intervallregler für eine parallel mitlaufende Zweitstimme sowie eine Anschlußmöglichkeit für ein Fußpedal zur Schaltung programmierbarer Effekte.

Als weitere Alternativen innerhalb des *Variophon*-Systems wurden schließlich noch angeboten: eine Steuerung des *Variophons* über die Akkordeontastatur bei Erhaltung der Akkordeonstimmen und Dynamikregelung über Blaswandler, ein Keyboard mit separatem Blaswandler, ein Blaswandler ohne Tastatur mit Anpassungsbox zum Anschluß an Synthesizer, sowie ein M.I.D.I.-Anschlußgerät.

Bei der allgemeinen Verbreitung der digitalen Klangerzeugung und -speicherung ist zu hoffen, daß auch elektronische Blasinstrumente wie das *Variophon* mit ihren spontanen und lebendigen Gestaltungsmöglichkeiten einen Anschluß an diese Technologie finden und neue musikalische Ausdrucksbereiche erschließen helfen.

Geräte der Orchesterelektronik

Während bei der rein akustischen Schallübertragung der Bereich des Musikinstruments mit dem Resonanzkörper bzw. den Schallaustrittsöffnungen endet, gehören zur Einheit des mechanisch-elektronischen bzw. elektronischen Musikinstruments auch Mikrofon oder Tonabnehmer sowie Verstärker und Lautsprecher, da alle diese Übertragungsstationen das klangliche Ergebnis entscheidend beeinflussen können. Neben den unternehmerischen und technisch-wissenschaftlichen Aktivitäten, die darauf abzielten, die genannten Übertragungskomponenten auf die mechanisch-elektronischen und elektronischen Instrumente genau abzustimmen und zu verbessern, sind aber auch schon früh Bestrebungen zu erkennen, welche den Klang bewußt durch bestimmte Effekte verändern wollen. So hatte man in Amerika mit der Hallspirale ein erstes bedeutendes Effektgerät geschaffen und konnte dem Klang der Hammondorgel, wenn sie in akustisch trockenen Räumen gespielt wurde, eine räumliche Perspektive geben.

Auch die Einführung der Rotationslautsprecher ist aus der Forderung nach einer in stärkerem Maße raumbezogenen Wiedergabe und wohl auch nach einer Belebung des Klanges zu verstehen. Neben der Rundumabstrahlung werden durch den Dopplereffekt hierbei ständige Phasenverschiebungen sowie Tonhöhe- und Lautstärkeänderungen erzeugt. In Deutschland entstanden nach dem Kriege bzw. in den fünfziger Jahren die Firmen Dynacord, Schaller und Echolette, später dann weitere Firmen wie Allsound und Solton, die sich speziell der Herstellung von Verstärkern, Mischpulten, Lautsprecherboxen sowie den Effektgeräten der Orchesterelektronik widmen.

Ein besonderer technischer Effekt in den ersten Geräten der Nachkriegszeit war zunächst das elektronisch erzeugte Vibrato innerhalb der Verstärker, mit dem man z.B. kinoorgelartige Wirkungen erzeugen konnte. Später, als die elektrische Gitarre innerhalb der Tanzkapellen immer mehr an Bedeutung gewann und z.B. für die Melodieführung ein möglichst weicher Klang, für rhythmisches Spiel aber ein harter metallischer Klang verlangt wurde, mußten die Wiedergabeverstärker durch entsprechend tiefgreifende Regelmöglichkeiten hierfür eingerichtet sein[71].

Als zahlreiche Musiker dazu übergingen, solistisch oder in der Gruppe mitzusingen, mußte an den Verstärkern neben den Anschlüssen für verschiedene Musikinstrumente auch eine entsprechende Anzahl von Mikrofoneingängen vorgesehen werden.

Mit der Entwicklung des ersten elektromechanischen Echohallgerätes *Echolette* mit Endlosmagnetbandschleife in Deutschland wurden dann gegen Ende der fünfziger Jahre Hall- und Echoeffekte bei Gesangs- und Orchesterdarbietungen der Unterhaltungsmusik aktuell[72]. Die neuen Echohallgeräte boten mit ihren Regelmöglichkeiten einen bedeu-

71 W. Pinternagel: „Die Marktentwicklung auf dem Gebiet der elektroakustischen Geräte". In: *MI* 13 (1964), S. 130.

72 A. Hoppenrath: „Orchesterelektronik. Die unbegrenzte Klangmanipulation". In: *Musikinstrumente Made in Germany* (Hrsg. Bundesverband der deutschen Musikinstrumenten-Hersteller e.V.). Frankfurt 1981, S. 98.

tend größeren Bereich an Effekten gegenüber der einfachen Hallspirale, die z.T. in Verstärkern und in elektronischen Orgeln eingebaut wurde. Während die Geräte *Echolette* und *Echocord* (Dynacord) Endlostonbandschleifen verwendeten und der räumliche Abstand mehrerer Tonköpfe zeitliche Verzögerungen des zu verhallenden Signals erzeugte, wurde bei dem 1963 vorgestellten *Echo-Sound* der Firma Schaller bei im Prinzip ähnlicher Anordnung der Tonköpfe ein rotierender Leichtmetallzylinder mit aufgespritzter Magnetschicht gewählt, so daß ein eventuelles Reißen einer Bandschleife ausgeschlossen war.

Nach und nach wurden die Echohallgeräte auch für die zweikanalige stereophone Musikübertragung eingerichtet und wie fast alle Geräte und Instrumente der Musikelektronik mit Transistoren statt mit Röhren bestückt. Ende der sechziger Jahre brachte die Firma Dynacord mit dem *Echochord Super 75* ein Gerät auf den Markt, bei welchem Magnetbandhall und Torsionsfederhall kombiniert waren. Indem hier an die einzelnen Echoimpulse des Magnetbandteils der Torsionsfederhall „angehängt" wird, entsteht als neuer Effekt das verhallte Echo, außerdem ist ein stufenloser Übergang vom Echohall über den Shatterhall (mit sehr schnellen Echorückwürfen und hinzugefügtem Federhall) bis zum gebundenen diffusen Nachhall möglich[73].

Mit der Expansion der Rockmusik seit den Triumphen der Beatles kamen als neue Klangeffekte die nichtlineare Verzerrung, hauptsächlich in der Verbindung mit E-Gitarren, sowie der Wah-Wah-Effekt hinzu, bei dem eine kontinuierliche Klangfarbenänderung durch ein in der Frequenz verschiebbares Filter bewirkt werden kann. Besonders der Pop-Gitarrist Jimi Hendrix setzte beide Effekte virtuos ein, z.T. auch in Verbindung mit der akustischen Rückkopplung, so daß der normalerweise abklingende Gitarrenton sich zum Dauerton wandelt[74].

Die elektronischen Schaltungen für diese Effekte wurden hauptsächlich in Effektpedale wie z.B. den *Fuzz King* von Echolette eingebaut. Da immer größere Auditorien beschallt werden mußten, wuchs auch zwangsläufig die Größe der Instrumental- und Gesangsverstärkeranlagen, wodurch allerdings die Kommunikation der Musiker untereinander stark beeinträchtigt wurde, weil die Lautsprecher, oft in einer Einheit mit den Verstärkern zusammengefaßt, auf der Bühne standen.

Um diesem Übelstand abzuhelfen, wurden gegen Ende der sechziger Jahre die PA (Public Address)-Anlagen eingeführt. Die Lautsprecher zur Beschallung des Saales werden hierbei am Bühnenrand aufgestellt, während die Musiker den Gesamtklang ihrer Musik über kleinere Monitorboxen hören. Über ein im Saal stehendes Mischpult faßt man die Einzelmikrofone bzw. Direktanschlüsse der Sänger und Instrumentalisten dann zusammen, und der Tonmeister kann ein optimal ausbalanciertes Klangbild herstellen. Im Zuge der immer stärkere Bedeutung gewinnenden elektronischen Klangexperimente, wie sie z.B. im Electric-Rock-Jazz Anfang der siebziger Jahre mit der Verwendung des Synthesizers bei der Gruppe Weather-Report dokumentiert sind, wurden auch weitere Effektgeräte auf den Markt gebracht. Im Jahre 1971 wurde von der Firma Echolette der *Equalizer Synthesizer* vorgestellt. Neben sehr differenzierten Klangregelmöglichkeiten bietet dieses Gerät u.a. einen Amplitudenmodulator für Tremolo, einen Frequenzmodulator für Vibrato und einen Ringmodulator, wie er z.T. in Synthesizern zu finden ist (Abb. 37).

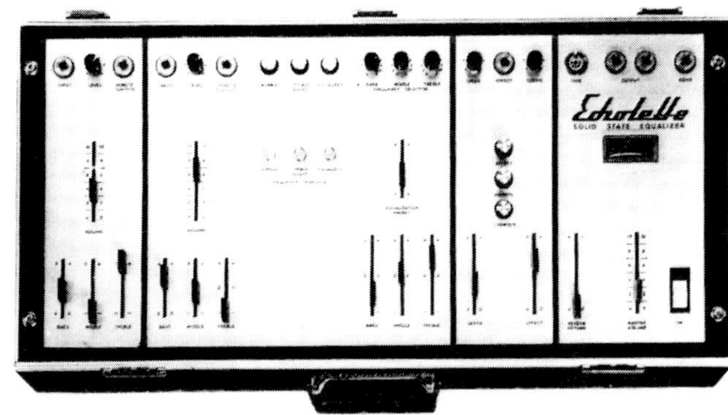

Abb. 37: Equalizer-Synthesizer von Echolette. Aus: *MI* 20 (1971), S. 949

Mit dem Ringmodulator können Klangquellen so kombiniert und verfremdet werden, daß rauhe, metallische oder auch geräuschhafte Strukturen entstehen. Interessante Klangverbindungen können auch mit dem *Vocoder* erzeugt werden. Zwei verschiedene Signale, meist Sprache sowie Instrumentenklänge oder Geräusche, werden hier so miteinander verarbeitet, daß die Artikulation der Sprache auf den Instrumentenklang übertragen wird und z.B. sprechende Glocken oder Orgeln entstehen[75].

1976 wurde ein solches Gerät von der Firma Sennheiser vorgestellt, welches das Eingangssignal in 20 schmalbandige Kanäle unterschiedlicher Frequenzlage aufteilt, deren Tonfrequenzspannungen mit dem zweiten Signal moduliert werden. Der von Dynacord produzierte *Vocoder SR V 66* besitzt entsprechend dem niedrigeren Preisniveau ein geringeres Auflösungsvermögen im Analyseteil mit nur 10 Frequenzbändern.

Eine Erweiterung der Effektmöglichkeiten wurde in den siebziger Jahren mit den Phaser- und Flangergeräten geschaffen, die in sich drehende, schwebende Klangeffekte erzeugen, welche durch Mischung des Originalklanges mit periodisch phasenverschobenen bzw. verzögerten Anteilen desselben Klanges entstehen[76]. Auf ähnliche Weise können

[73] Vgl. *IZ* 22 (1968), S. 232.

[74] M. Bimmerlein: „Effekt-Geräte und -Instrumente in der Musizierpraxis der Bands von heute". In: *MI* 19 (1970), S. 970; ferner U. May: *Elektrische Saiteninstrumente in der populären Musik*. Münster 1984, S. 116.

[75] B. Enders: Artikel „Vocoder" in: *Lexikon Musikelektronik*. Mainz 1985, S. 273.

[76] K. Hörmann / M. Kaiser: *Effekte in der Rock- und Popmusik*. Regensburg 1982, S. 43 ff.

dann auch chorische Effekte, Stimmverdoppelungen sowie eine elektronische Nachbildung des Rotationslautsprechers erreicht werden. Bereits 1969 wurde von der Firma Schaller mit dem Rotor-Sound ein Gerät zur Nachahmung des „Leslie-Effekts" beim rotierenden Leslie-Lautsprecher vorgestellt[77].

In der Folgezeit wurden von deutschen Herstellern weitere Geräte ähnlicher Art, z.B. der Hohner-Modulator oder die Wersivoice, angeboten. Ein Spitzengerät für den Studiobereich erschien 1979 von der Firma Dynacord mit dem TAM 19 (Time-Axis-Manipulation System), einem stereophonen Flanger, Phaser und Voice-doubler.

Nachdem bei den mechanisch-elektronischen Echohallgeräten der mechanische Teil durch rein elektronische Verzögerungsglieder (sog. Eimerkettenspeicher) ersetzt worden war (z.B. bei dem *EC 280* von Dynacord), begann 1978 für die Effektgeräte deutscher Produktion mit dem Echohallgerät *DRS 78* von Dynacord die Ära der Digitaltechnologie. In diesem Gerät werden die einzelnen Echostöße, die etwa 1000mal pro Sekunde anfallen, auf digitaler Basis miteinander verrechnet. Abgesehen davon, daß mit dem digitalen Verfahren die komplexe Struktur des realen Nachhalls besser nachzubilden ist und die störanfälligen mechanisch beweglichen Teile wegfallen, sind auch die elektrischen Störgeräusche wie Rauschen und Brummen weitaus geringer als bei den älteren Magnetbandgeräten. Mittlerweile sind auch die meisten anderen hier erwähnten Effektgeräte in Digitaltechnik auf dem Markt.

Die Firma Dynacord, Wegbereiterin dieser Technik in den Komponenten der Orchesterelektronik, hat sich außerdem in den letzten Jahren auch stark im Bereich der elektronischen Rhythmusgeräte und der elektronischen Schlagzeuge engagiert. Bei den letzteren werden digital abgespeicherte echte Schlagzeugklänge durch Schlagen auf viereckige Schlagflächen (Pads) hörbar gemacht.

Mit dem *Rhythm Stick* stellte Dynacord 1986 ein elektronisches Schlaggerät in Gitarrenform vor, so daß man in vorderster Bühnenfront dynamisch „Schlagzeug" spielen kann. Hierzu wird mit der rechten Hand auf zwei in der Mitte des Instruments befindliche Slapsensoren geschlagen, und mit 8 Triggerselectoren auf dem Hals können durch die linke Hand verschiedene Schlagzeugklänge angewählt werden.

Unsere Betrachtungen über die Entwicklung der elektronischen und mechanisch-elektronischen Musikinstrumente deutscher Produktion begannen mit der Beschreibung von Instrumenten der ersten Stunde, deren neuartige Klänge erst durch die Elektronenröhre möglich geworden waren. Beim Durchblättern neuerer Kataloge z.B. der Firma Dynacord ist der unvorbereitete Leser zunächst erstaunt, daß sich inmitten modernster Geräte in Digitaltechnik noch immer Verstärker mit Röhrentechnologie befinden. Diese nun mit bedientechnischen Raffinessen wie speicherbaren Reglerstellungen und M.I.D.I.-Anschluß für Effektgeräte ausgerüsteten Röhrenverstärker sind wegen ihres warmen Klanges und der seidenweich einsetzenden Verzerrungen vor allem bei Spielern von Elektro-Gitarren und -Bässen nach wie vor sehr beliebt. Immerhin ist dieser Sachverhalt ein erfreuliches Zeichen dafür, daß klangästhetische Forderungen der Musiker berücksichtigt und nicht von der Eigendynamik der allgemeinen technischen Entwicklung verdrängt werden.

[77] H. Lemme: *Gitarren-Elektronik, Teil 2: Gitarren-Verstärker.* Stuttgart 1978.

Jürgen Hocker

MECHANISCHE MUSIKINSTRUMENTE

Einleitung

Wir, die wir uns heute von Musik wecken lassen, mit Musik arbeiten und essen, im Theater, im Kino, in der Disco, im Restaurant von Musik berieselt werden und dann mit Musik wieder einschlafen, können uns die Stille, das Bedürfnis nach Musik in früheren Jahrhunderten kaum noch vorstellen. Zwar gab es in den größeren Städten ab und zu Konzertveranstaltungen – in den Kleinstädten und Dörfern hingegen waren eine Zwei-Mann-Tanzkapelle, ein Leierkasten oder Bänkelsänger bereits ein musikalisches Ereignis.

Da in früheren Jahrhunderten nur wenige die Möglichkeiten besaßen, ein Instrument zu erlernen, ist es nicht erstaunlich, daß schon sehr früh der Wunsch nach selbstspielenden Instrumenten auftauchte. Nicht die Lust an einer technischen Spielerei, nicht die Freude über die Verblüffung der Zuhörer war die Triebkraft für diese Entwicklung, sondern ausschließlich das Bedürfnis des Menschen nach Musik.

Im folgenden soll ein Überblick über die wichtigsten Entwicklungsstufen der mechanischen Musikinstrumente gegeben werden.

Glockenspiele

Die ältesten noch erhaltenen selbstspielenden Musikinstrumente („mechanisch" und „selbstspielend" werden im folgenden synonym verwendet) sind die Glockenspiele alter Kirchen, Dome und Münster. So wurde z.B. das heute nicht mehr erhaltene Glockenspiel des Straßburger Münsters bereits 1354 von den Gebrüdern Isaac und Josias Habrecht erbaut. In Deutschland findet man auch heute noch eine Vielzahl funktionsfähiger Glockenspiele, wie z.B. im alten Rathaus von Freiburg, in mehreren Berliner Kirchen (Kaiser-Wilhelm-Gedächtniskirche, Parochial-Kirche, Garnisonskirche Potsdam u. a.), in Bremen, Lüneburg, Köln und vielen anderen Städten.

Die Augsburger Schule

Die erste Blütezeit erlebte die Entwicklung mechanischer Musikinstrumente um 1600 in Augsburg. Eine beträchtliche Zahl talentierter Handwerksmeister wie z.B. Uhrmacher, Mechaniker, Orgel- und Spinettbauer schufen hervorragende Kunstwerke für die meist fürstlichen Auftraggeber. Hierzu gehörten prunkvolle Schränke und Tafelaufsätze, oft mit eingebauten mechanischen Glocken-, Saiten- und Pfeifenwerken, die über Stiftwalzen gesteuert wurden. Durch besondere Kunstfertigkeit zeichneten sich Samuel Bidermann (1540 - 1624), Hans Schlottheim (1545 - 1626) sowie Achilles und Veit Langenbucher aus.

Einige dieser Kunstwerke sind bis heute erhalten geblieben. So besitzen z.B. das Germanische Nationalmuseum in Nürnberg ein selbstspielendes Spinett von Bidermann

Flötenuhr von C. E. Kleemeyer, Berlin, um 1780. Das Flötenwerk ist im unteren Teil eingebaut und wird durch ein Gewicht in einem Schacht im Inneren der Säule angetrieben. Die Walzen sind spiralförmig bestiftet, so daß sich auch längere Musikstücke auf der Walze befinden können.
Foto: Wendel

und das Wiener kunsthistorische Museum einen Musik-und Figurenautomaten von Hans Schlottheim.

Eines der bedeutendsten Kunstwerke dieser Art – der Pommersche Kunstschrank – wurde im letzten Weltkrieg zerstört. In einem äußerst kunstvoll gearbeiteten Gehäuse befand sich eine Vielzahl z.T. verborgener Laden und Kästchen, die mit den verschiedensten Raritäten und Kostbarkeiten gefüllt waren. Ein im Inneren des Schrankes verborgenes mechanisches Orgelwerk mit 21 Pfeifen wurde um 1612 von Achilles Langenbucher verfertigt, und mit Hilfe einer Stiftwalze erklangen zwei Kanonkompositionen (Präambula, Fantasia), die Christian Erbacher (1570 - 1625) zugeschrieben werden. Der Kunstschrank wurde zwischen 1610 und 1617 im Auftrage des Herzogs Philipp II. von Pommern hergestellt. Die Entwicklung der mechanischen Spielwerke in Augsburg wurde entscheidend von dem Komponisten Hans Leo Haßler (1564 - 1612) beeinflußt.

Flötenuhren

Im 18. Jahrhundert erlebte die Flötenuhr ihre Blüte und hielt Einzug in begüterte Bürgerhäuser. Flötenuhren, die um 1770 im Schwarzwald gebaut wurden, enthalten kleine Orgelpfeifen (Flöten), deren Musikstücke ebenfalls durch Stiftwalzen gesteuert werden. Jeweils zur vollen Stunde erklang ein Stück, das endete, wenn sich die Stiftwalze einmal um ihre eigene Achse gedreht hatte. Eine Walze konnte auch mit mehreren Stücken versehen sein, so daß z.B. morgens und abends verschiedene Musik erklang. Für solche Flötenuhren schufen die berühmtesten Komponisten ihrer Zeit wie Haydn, Mozart und Beethoven Originalkompositionen. Friedrich der Große, der die wirtschaftliche und kulturelle Bedeutung dieser Instrumente erkannte, holte einige der fähigsten Flötenuhrmacher nach Berlin. Flötenwerke wurden auch in viele Gebrauchsgegenstände eingebaut, wie z.B. in Sekretäre und Spinnräder. In Petersburg befindet sich sogar eine Kutsche mit eingebautem, selbstspielendem Orgelwerk, wobei der musikalische Genuß in Anbetracht des Pferdegetrappels und der holperigen Straßen nicht überwältigend gewesen sein dürfte.

Flötenuhren waren die ersten mechanischen Musikinstrumente, denen auch eine wirtschaftliche Bedeutung zukam. Darüber hinaus stellen sie auch „Dokumente" zur Interpretationspraxis des 17. und 18. Jahrhunderts dar. So erlauben sie z.B. Rückschlüsse auf Verzierungen, die in der Notenschrift meist nicht notiert waren, oder auf das Tempo z.B. eines Allegro oder eines Adagio.

Orchestrien

Zu Beginn des 19. Jahrhunderts begnügten sich Konstrukteure und Musikfreunde nicht mehr mit „musizierenden" Uhren – man begann vielmehr, ganze selbstspielende Orchester zu konstruieren, die sogenannten Orchestrien. Berühmte Mechaniker dieser Zeit waren Friedrich Kaufmann (1782 - 1866), sein Sohn Friedrich Theodor (1823 - 1872), Johann Nepomuk Mälzel (1772 - 1838) sowie der in Holland arbeitende Dietrich Nikolaus Winkel. Sie fertigten Instrumente, die an Fürstenhöfen ungläubig bestaunt wurden und die neben den verschiedensten Blasinstrumenten auch Saiteninstrumente (Klavier) und unterschiedliche Schlaginstrumente wie z.B. Pauken und Trommeln enthielten. Wie täuschend echt solche mechanischen Musikinstrumente spielen konnten, belegt die folgende wahre Geschichte: Im Oktober 1806 übernachtete Napoleon nach seinem Sieg über die Preußen in der Schlacht bei Jena und Auerstädt im Schloß Charlottenburg in Berlin. Plötzlich, mitten in der Nacht, ertönte ein preußisches Kavallerie-Trompetensignal und riß Napoleon aus dem Schlaf. Er glaubte sich überfallen und ließ Alarm schlagen. Ein recht verlegener Adjutant brachte jedoch bald des Rätsels Lösung: Im Marmorsaal des Schlosses stand das mit 12 Trompeten ausgestattete Belloneon, dessen Stiftwalze von Kaufmann mit den Trompetenstücken der preußischen Kavallerie versehen worden war und das ihm der preußische König abgekauft hatte. Einige Begleiter Napoleons hatten nachts das Schloß durchsucht und dabei ein sonderbares, schrankähnliches Gebilde entdeckt. Bei ihrer weiteren „Untersuchung" berührten sie versehentlich den Auslösehebel und setzten so das Orchestrion in Gang. Ein noch erhaltenes Belloneon von Friedrich Kaufmann befindet sich im Deutschen Museum in München.

Ein anderes berühmt gewordenes selbstspielendes Instrument ist das Panharmonicon von Mälzel. Johann Nepomuk Mälzel wurde 1772 als Sohn eines Mechanikers und Orgelbauers in Regensburg geboren. Schon früh zeigte er sowohl ausgeprägte technische als auch musikalische Talente. Er siedelte mit 30 Jahren nach Wien über, erwarb die Gunst des Herzogs von Sachsen-Teschen und bekam eine Stelle als kaiserlich-königlicher Kunst-Maschinist. Ende des 18. Jahrhunderts widmete er sich der Konstruktion mechanischer Musikinstrumente. Da Mälzel, der ein kluger Geschäftsmann war, dringend ein Zugstück für sein Wunderinstrument benötigte, wandte er sich an seinen Freund Ludwig van Beethoven. Als im Juli 1813 die Nachricht von dem Sieg eines englischen Heeres unter Wellington über die französische Armee bei Victoria nach Wien gelangte, bewog Mälzel Beethoven dazu, für das Panharmonicon ein Schlachtengemälde auf Wellingtons Sieg bei Victoria zu schreiben. Später wurde dieses Stück von Beethoven unter dem Titel *Wellingtons Sieg oder Die Schlacht bei Victoria, op. 91*, in einer Orchesterfassung herausgegeben.

Dietrich Nikolaus Winkel vollendete 1821 in Amsterdam sogar ein Instrument, das nicht nur Musikstücke spielen, sondern auch selbst komponieren konnte, das Componium. Dieses Instrument, das zwei Stiftwalzen besitzt, ist nach einer zeitgenössischen Berechnung in der Lage, 14.513.461.557.741.527.824 verschiedene Musikstücke zu spielen. Das Componium ist glücklicherweise erhalten

Großes Orchestrion der Firma M. Welte aus Vöhrenbach im Schwarzwald (später Freiburg i. Br.), das 1862 auf einer internationalen Ausstellung in London gezeigt wurde. Im unteren Teil befindet sich die Balganlage zur Winderzeugung. Im Mittelteil sind zwei Stiftwalzen angeordnet, die die Ventile für das Pfeifenwerk und die Schlaginstrumente steuern. Der Antrieb erfolgt über schwere Gewichte.

Das Componium von Dietrich Nikolaus Winkel aus Amsterdam wurde 1821 fertiggestellt. Es diente nicht nur als Orchestrion, sondern konnte – über zwei Walzen gesteuert – auch „selbständig" komponieren. Das erhalten gebliebene Instrument befindet sich im Musikinstrumenten-Museum in Brüssel. Foto: Hocker

geblieben und befindet sich in der Musikinstrumentensammlung des Königlichen Konservatoriums in Brüssel. Trotz vieler Versuche ist es jedoch bisher nicht gelungen, den komplizierten Mechanismus wieder in Gang zu setzen.

In der zweiten Hälfte des 19. Jahrhunderts gelangte die Orchestrionfabrikation im Schwarzwald zu hoher Blüte. Blessing, Duffner, Welte, Imhof und Mukle waren einige Unternehmen, deren Erzeugnisse in der ganzen Welt einen ausgezeichneten Ruf besaßen.

Bis gegen Ende des 19. Jahrhunderts diente nahezu ausschließlich die Stiftwalze zur Steuerung mechanischer Musikinstrumente. Die Herstellung der Stiftwalzen war jedoch schwierig und sehr zeitraubend – bedenkt man, daß eine Walzu oft bis zu 20.000 Stifte besaß, die auf Bruchteile eines Millimeters genau eingeschlagen werden mußten. Wollte man neue Musikstücke hören, so mußte man die vorhandene Walze gegen eine neue austauschen – bei größeren Instrumenten ein schwieriges Unterfangen. Es war deshalb ein entscheidender Fortschritt, als die Freiburger Firma Welte (die vormals in Vöhrenbach ansässig war) um 1890 die Notenbandsteuerung in Deutschland einführte. Bei diesem Verfahren werden die Musikstück in einen Papierstreifen – ähnlich einer Lochkarte – gestanzt. Die Löcher werden durch Druckluft oder durch Vakuum abgetastet und die Ventile der entsprechenden Orgelpfeifen in der so gesteuerten Reihenfolge geöffnet und geschlossen.

Im ersten Drittel des 20. Jahrhunderts verlagerte sich der Orchestrionbau nach Leipzig. Riesige Orchestrien, die ein 60-Mann-Orchester ersetzen konnten, enthielten Klavier, Mandoline, Xylophon, eine Vielzahl von Blasinstrumenten, durch Orgelpfeifen imitierte Streicher wie Violinen und Celli sowie eine Fülle der verschiedensten Schlagzeuge. Solche Orchestrien, die in allen Größen und Preislagen hergestellt wurden, fanden in Kaffeehäusern, Tanzsälen und in späteren Jahren auch in Stummfilmkinos Aufstellung. Die führenden Firmen waren Hupfeld, Lösche, Poppers, Weber, Frati und Philipps.

Dreh- und Karussellorgeln

Das bekannteste mechanische Musikinstrument, das allerdings viel zum Negativimage der ganzen Instrumentenklasse beigetragen hat, ist ohne Zweifel die Drehorgel. Defekte oder schlecht gestimmte, oft von Bettlern bediente

Der Steuermechanismus des Componiums vermittelt einen Eindruck sowohl von der aufwendigen Konstruktion des Instruments als auch von der mechanischen Kunstfertigkeit Winkels. Foto: Hocker

Instrumente täuschten über deren wahren Stellenwert hinweg: Die Drehorgel ist ein Instrument von großer kulturhistorischer und kunstgewerblicher Bedeutung. Um so erfreulicher ist es, daß es heute wieder Orgelbauer gibt, die sich der Konstruktion und dem Bau dieser „musikalischen Kunstwerke" widmen. Hierzu gehören u.a. Carl Frei in Waldkirch, Josef Raffin in Überlingen, K.-H. Hofbauer in Göttingen, Franz Öhrlein in Mainz und Johann Schmider in Hausach.

Vorläufer der Drehorgeln waren vermutlich die Serinetten, kleine Drehinstrumente mit nur wenigen sehr hoch gestimmten Pfeifen, mit deren Hilfe vorzugsweise französische Damen ihren Zeisigen (serin = Zeisig) das Singen beibringen wollten.

Aufwendiges Orchestrion aus der Spätzeit der Ära mechanischer Musikinstrumente: das Violinen-Orchestrion der Firma Philipps, Frankfurt, wurde 1923 gebaut und verfügt über folgende Instrumente: Klavier, Mandoline, Xylophon, Akkordeon, kleine Trommel, große Trommel und Becken. Foto: Wendel

Bereits im 18. Jahrhundert wurden Drehorgeln in Frankreich und Italien hergestellt. In Deutschland wurden die ersten Instrumente vermutlich zu Beginn des 19. Jahrhunderts im Schwarzwald gebaut: Der Schwarzwälder Ignaz Blasius Bruder (1780 - 1845) hatte auf seinen Wanderungen als Maurergeselle in Italien und Frankreich erste Bekanntschaft mit Drehorgeln gemacht. In die Heimat zurückgekehrt, widmete er sich dem Drehorgelbau und stellte 1806 das erste Instrument fertig. Mit der Übersiedlung von Ignaz

Kunstvolle Handdrehorgel der Firma Wilhelm Bruder Söhne aus Waldkirch. Die Figurengruppe im oberen Teil des Instruments bewegt sich beim Musizieren.

Blasius Bruder nach Waldkirch 1834 entwickelte sich diese badische Stadt zu einem Zentrum für den Dreh- und Karussellorgelbau. Die Söhne und Enkel Ignaz Bruders gründeten mehrere Firmen, die sehr erfolgreich arbeiteten und zu dem hervorragenden Ruf des Schwarzwälder Instrumentenbaues beitrugen. Neben der Bruder-Dynastie erlangten die Firmen Ruth und Weber – letztere auf dem Gebiet des Orchestrionbaues – große Bedeutung. 1896 gründete die bekannte französische Orgelbaufirma Gavioli aus Paris eine Zweigniederlassung in Waldkirch, und 1908 folgte die französische Firma Limonaire Frères. Waldkirch war somit zum Zentrum des Karussellorgelbaues geworden, und Waldkircher Instrumente erklangen auf nahezu allen Kirmesplätzen Europas und der Neuen Welt.

Ein zweites Zentrum des Drehorgelbaues, in dem allerdings vorzugsweise Handdrehorgeln gefertigt wurden, entstand im 19. Jahrhundert in Berlin. Erwähnt seien hier nur Cocchi, Frati und Bacigalupo, deren Instrumente sowohl in handwerklicher als auch in musikalischer Hinsicht höchsten Anforderungen genügten. Giovanni Bacigalupo betrieb sein Handwerk noch bis zu seinem Tode 1978 in Ost-Berlin.

Die Drehorgel mit ihrem Zugang bis in die Hinterhöfe entwickelte sich zu einem besonders kommunikativen Instrument mit geradezu nostalgischer Volkstümlichkeit, was sich natürlich auch in der Musik niederschlug. Die Stiftwalzen und in späteren Jahren auch die Lochstreifen enthielten vorwiegend populäre Musik. Glaubt man zeitgenössischen Berichten, so hat die Drehorgel mehr zur Verbreitung der Opern Verdis beigetragen als alle Opernhäuser zusammen. Ouverturen und Arien erklangen in den kleinsten Gäßchen und wurden zu Gassenhauern, die von jedermann nachgepfiffen wurden. Die Drehorgel diente dem Broterwerb vieler sozial Benachteiligter. Dennoch darf man einen Drehorgelspieler nicht mit einem Bettler gleichsetzen, liefert er doch einen musikalischen Gegenwert für die gespendeten Almosen: Versierte Drehorgelspieler können dem auf Walze gesetzten Musikstück in beschränktem Umfang eine persönliche Note verleihen – sie können „interpretieren", indem sie durch schnelleres oder langsameres Drehen der Kurbel Einfluß auf die Geschwindigkeit des Musikstückes nehmen. Die Agogik unterscheidet in der Tat einen guten von einem mäßigen Drehorgelspieler.

Im 19. Jahrhundert ersetzte die Drehorgel gelegentlich die staatliche Rente: Kriegsinvaliden wurde von den Landesfürsten eine Lizenz zum Drehorgelspielen oder gar eine Drehorgel zur Verfügung gestellt, damit sie nicht der Allgemeinheit zur Last fielen und sich ihren Lebensunterhalt selbst verdienen konnten.

Walzenspieldosen

Die am weitesten verbreiteten selbstspielenden Musikinstrumente sind die Spieldosen, die häufig auch fälschlich als Spieluhren bezeichnet werden. Je nach Toninformationsträger unterscheidet man zwischen Walzenspieldosen und Plattenspieldosen.

Die Walzenspieldose hat ihren Ursprung in der Schweiz, erreichte dort auch ihre höchste Blüte und wurde in alle Welt exportiert. Die Spieldose besitzt als tonerzeugendes Organ einen sogenannten Kamm (1796 von Antoine Favre in Genf erfunden), dessen Stahlzähne durch die Stifte einer

Frühe Walzenspieldose (ca. 1820). Der Tonkamm ist noch nicht aus einem Stück gefertigt, sondern in Zweiersegmenten angeordnet. Der Antrieb erfolgt über Federhaus und Schnecke. Diese frühen Instrumente waren häufig in Uhrenkonsolen eingebaut und wurden stündlich ausgelöst.
Foto: Hocker

Walze angerissen und in Schwingung versetzt werden. Während die meisten mechanischen Musikinstrumente Klangerzeuger besitzen, die auch in handgespielten Musikinstrumenten vorkommen (Orgelpfeifen, Klaviersaiten), handelt es sich beim Tonkamm um einen Klangerzeuger speziell für mechanische Musikinstrumente. Seine Stahlzähne besitzen unterschiedliche Längen und Massen und schwingen somit in verschiedenen Tonhöhen. Während bei den meisten anderen selbstspielenden Instrumenten die Stiftwalze aus Holz besteht, ist sie bei den Spieldosen aus Messing gefertigt. Sie kann bis zu 35.000 Stahlstifte besitzen. Durch seitliche Verschiebung der Walze können bis zu 12 Musikstücke auf einer Walze untergebracht werden. Der Kamm enthält nicht selten über 150 – ja sogar über 200 – Zähne. Kriterien für die Qualität und somit für den Wert einer solchen Spieldose sind neben dem Alter und dem Erhaltungszustand in erster Linie die Anzahl der Zähne, die Anzahl der Musikstücke (eine Spieldose spielt meist ein Stück pro Walzenumdrehung) sowie Länge und Dicke der Walze (eine Walze mit größerem Durchmesser ergibt in der Regel eine längere Spieldauer). Zusatzinstrumente und -einrichtungen wie z.B. Mandolinen- oder Zithereffekt, Harmonium (Engelszungen), Glocken, Kastagnetten oder kleine Trommeln erhöhen zwar häufig den Wert, selten jedoch den Hörgenuß, da sie oft den zarten, typischen Klang der Spieldose übertönen oder entstellen.

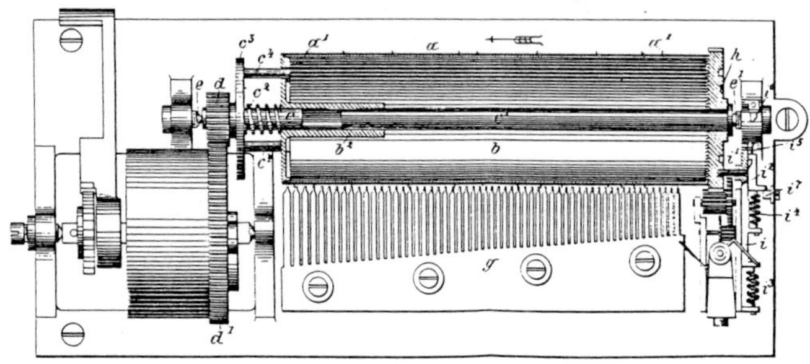

Verbesserungen an einer Walzenspieldose (Patentschrift Nr. 34 253 von H. F. Hambruch aus Hamburg). Obwohl es auch in Deutschland nicht an Versuchen zur Herstellung von Walzenspieldosen mangelte, gelang es nie, die Vormachtstellung der Schweizer Spieldosenfabrikation zu durchbrechen.

Um die Jahrhundertwende wurde eine Vielzahl von Gebrauchs- und Ziergegenständen mit kleinen meist Schweizer Musikwerken (ca. 4 - 8 cm Walzenlänge) versehen und fanden weite Verbreitung. Aus Fotoalben, Obstschalen, Bierkrügen, Nähkästchen, Schmuckschatullen, Karaffen, Schnupftabakdosen, Flaschenständern, Zigarrenschränkchen, ja sogar aus Stühlen und Tischen ertönt auch heute noch bei der Benutzung eine wundersame Melodie. Besonders beliebt waren Christbaumständer, die sich samt Weihnachtsbaum langsam drehten, während aus dem Gehäuse zarte Melodien wie *Stille Nacht* oder *O du fröhliche* erklangen. 1926 wurde sogar ein Kindernachttopf patentiert, aus dem – nach Verrichtung des „Geschäfts" als Belohnung – ein Musikstück ertönte. Dem Autor ist allerdings kein erhalten gebliebenes Exemplar dieser kuriosen Erfindung bekannt.

Walzenspieldosen wurden vorwiegend in der Schweiz hergestellt. Sie wurden – ähnlich wie die Schweizer

Uhren – in die ganze Welt exportiert. Wichtige Zentren der Walzenspieldosen-Fertigung befanden sich bei Genf und im Schweizer Jura (St. Croix, L'Auberson). Berühmte Hersteller waren u.a. Nicole Frères, Lecoultre, Paillard, Mermod und Bremond. Die Firma Reuge beschäftigt sich noch heute in St. Croix mit der Herstellung von Walzenspieldosen. Neben der Schweiz wurden – allerdings in wesentlich geringerem Umfang – Walzenspieldosen in Frankreich, Deutschland, Österreich und der Tschechoslowakei hergestellt.

Plattenspieldosen

Ein großer Nachteil der Walzenspieldosen bestand in ihrem beschränkten Musik-Repertoire. Meist spielte eine Walze zwei bis sechs Musikstücke von etwa einer Minute Länge. War man nun dieser Musik überdrüssig, so mußte man eine neue Spieldose kaufen, da man die Walzen nur in den seltensten Fällen austauschen konnte. Es war deshalb ein ganz entscheidender Fortschritt, als gegen Ende des 19. Jahrhunderts die Stiftwalzen in Spieldosen durch gelochte oder mit Noppen versehene Papp- oder Metallplatten ersetzt werden konnten, die beliebig austauschbar waren. Dadurch wurde es erstmals möglich, sich – ähnlich den heutigen Schallplatten - eine Musikbibliothek zuzulegen.

Die Entwicklung der Plattenspieldosen begann um 1875 in Deutschland und wurde mit großem Engagement von Paul Ehrlich in Leipzig vorangetrieben. Durch viele Patente geschützt, eroberten sich die Plattenspieldosen sehr bald den Weltmarkt, und Deutschland wurde neben den Vereinigten Staaten von Amerika der bedeutendste Hersteller mechanischer Musikinstrumente. Zwischen 1880 und 1910 entwickelten sich aus kleinen Handwerksbetrieben große Fabriken, die mit modernsten – und z.T. speziell zur Fertigung mechanischer Musikinstrumente konstruierten – Maschinen ausgerüstet waren.

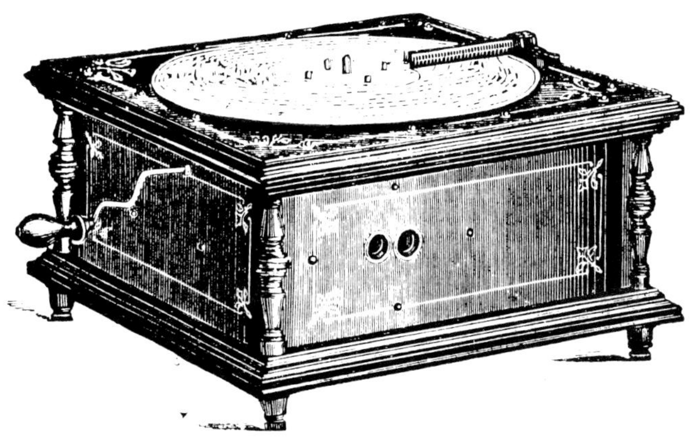

Das „Ariston" der Fabrik Leipziger Musikwerke, vorm. Paul Ehrlich & Co., wurde zu Hunderttausenden gefertigt. Eine Pappscheibe steuert durchschlagende Zungen. Der Antrieb erfolgt über eine Handkurbel.

Die musikalisch unbefriedigenden Tonzungen-Instrumente wurden ab 1885 von Tonkamm-Instrumenten abgelöst, die häufig mit Glockenspielen kombiniert waren. Tonkamm-Instrumente wurden über stabile Stahlplatten gesteuert und von einem starken Federwerk angetrieben.
Foto: Hocker

Die ersten, durch runde oder eckige Pappplatten gesteuerten Instrumente enthielten allerdings zur Tonerzeugung keinen Kamm, sondern durchschlagende Zungen ähnlich einer Mundharmonika. Das bekannteste dieser recht einfach konstruierten Drehinstrumente war das von Paul Ehrlich erfundene „Ariston", das von der „Fabrik Leipziger Musikwerke, vorm. Paul Ehrlich & Co." zu Hunderttausenden fabriziert wurde. Der wirtschaftliche Erfolg dieses Unternehmens rief eine Vielzahl von Konkurrenten auf den Markt, die u.a. Instrumente mit Namen wie „Herophon", „Manopan", „Helikon", „Phönix", „Kalliston", „Ariosa" oder „Intona" anboten. Man bezeichnet diese mit Hilfe von gelochten Pappplatten, Metallringen oder Papierstreifen gesteuerten Zungeninstrumente als Organetten. Der harmonika-ähnliche Klang war jedoch unbefriedigend, so daß man sehr bald versuchte, die musikalisch anspruchsvolleren Tonkämme über auswechselbare gelochte Scheiben zu steuern. Da das Anreißen einer Stahlzunge jedoch einen wesentlich höheren Kraftaufwand erfordert als das Öffnen eines Ventils, waren Pappplatten und Lochstreifen für diesen Zweck ungeeignet. Mit der Entwicklung gelochter bzw. mit Noppen versehener Metallplatten um 1880 stand hingegen ein Toninformationsträger zur Verfügung, der zum Anreißen von Metallzungen eine ausreichende Stabilität besaß. Auch hier waren die Blechplatten beliebig auswechselbar und die Musik somit nicht nur auf ca. 6 Musikstücke einer Walze beschränkt. Bei diesen sogenannten Plattenspieldosen werden die Zähne eines Kammes durch kleine Metallösen (Noppen), die durch Ausstanzungen einer runden Metallplatte gebildet werden, angerissen. Der Erfindergeist schien nahezu grenzenlos: Die Kämme hatten zwischen 20 und mehreren hundert Zähnen (häufig enthielt das Instrument sogar zwei und mehr Kämme), die Plattendurchmesser lagen zwischen wenigen Zentimetern und 80 cm. Zusatzinstrumente wie Glocken, Trommeln, Triangel, Xylophon waren häufig anzutreffen.

Der Antrieb erfolgte meist über starke Federn. In späteren Jahren wurden auch Geräte mit zwei oder drei gleichzeitig ablaufenden Platten (erste „Stereo"-Geräte) angeboten, ja sogar automatische Plattenwechsler erschienen auf dem Markt. Die kleinen Instrumente wurden als Tischgeräte, die größeren als Schrankgeräte – meist zweiteilig mit untenstehendem Plattenschrank – angeboten. Bedeutende Hersteller von Plattenspieldosen waren Polyphon, Kalliope, Lochmann, Symphonion, Komet, Adler und in den USA vor allem die Polyphon-Tochtergesellschaft Regina. Die Plattenspieldosen wurden in ähnlichen Stückzahlen wie die Organetten hergestellt und fanden weiteste Verbreitung. Deshalb sind diese Instrumente auch heute noch relativ häufig auf Trödel- und Antikmärkten anzutreffen.

Selbstspielende Klaviere

Schon im 17. Jahrhundert machten sich Mechaniker und geniale „Bastler" Gedanken darüber, wie man selbstspielende Tasteninstrumente bauen könnte. Diese Bemühungen führten zunächst nur zu Einzelstücken, die heute entweder verschollen sind oder sich in Museen befinden. Als gegen Ende des 19. Jahrhunderts das Klavier zum „Volksinstrument" wurde, kam natürlich auch der Wunsch auf, dieses Instrument als selbstspielendes zu konstruieren. Nicht daß man das manuelle Spielen überflüssig machen wollte: aber nur die wenigsten Klavierschüler kamen ja jemals in die Lage, technisch anspruchsvolle Kompositionen z.B. von Beethoven, Chopin oder Liszt zu spielen. Um das Ergebnis dieser Bemühungen vorwegzunehmen: Die selbstspielenden Klaviere erreichten innerhalb weniger Jahre eine kaum für möglich gehaltene Perfektion, und die berühmtesten Pianisten und Komponisten der Jahrhundertwende bedienten sich dieser Instrumente.

Doch zurück zu den Anfängen: Nach der Erfindung der gelochten Pappscheibe als Informationsträger durch Paul Ehrlich um 1875 versuchten andere Firmen, diese Notenscheibe auch zur Steuerung eines Klavierspielapparates zu benutzen. Das Prinzip war einfach. Die Löcher der sich langsam drehenden Pappscheibe wurden durch kleine Metallstifte abgetastet, die direkt mit Holzfingern verbunden waren und diese nach unten drückten. Der Klavierspiel-Mechanismus befand sich in einem besonderen Kasten, der vorne mit filzbezogenen Holzfingern versehen war. Dieser Kasten wurde nun so vor ein Klavier geschoben (Vorsetzer!), daß die Holzfinger genau über den Tasten angeordnet waren. Drehte man eine Kurbel, so drückten die Holzfinger, die ihre „Befehle" von der Notenscheibe bekamen, die Tasten des Klaviers nach unten – das Klavier spielte. Die Musik solcher frühen Vorsetzer war allerdings noch kein ungetrübter Genuß: Die Anzahl der spielbaren Tasten war auf 24 bzw. 36 beschränkt (ein Klavier verfügt hingegen über 88 Tasten), und der Vorsetzer konnte nicht zwischen laut und leise unterscheiden. Darüber hinaus konnten auch die Pedale des Klaviers nicht betätigt werden. Die mechanische Abtastung arbeitete außerdem zu träge und damit für anspruchsvollere Kompositionen zu unpräzise. Aber bereits nach wenigen Jahren wurde – gleichzeitig in Deutschland und Amerika – ein Verfahren entwickelt, das ähnlich wie bei den Orchestrien und Drehorgeln die Löcher eines Notenbandes pneumatisch abtastete. Bei beiden Erfindungen handelt es sich um Vorsetzer (Klavierspielapparate), die 65 oder sogar 88 Töne eines Klaviers spielen und auch das rechte Pedal betätigen konnten. Sie kamen unter dem Namen Phonola (Fa. Hupfeld, Deutschland) bzw. Pianola (Fa. Aeolian, USA) auf den Markt.

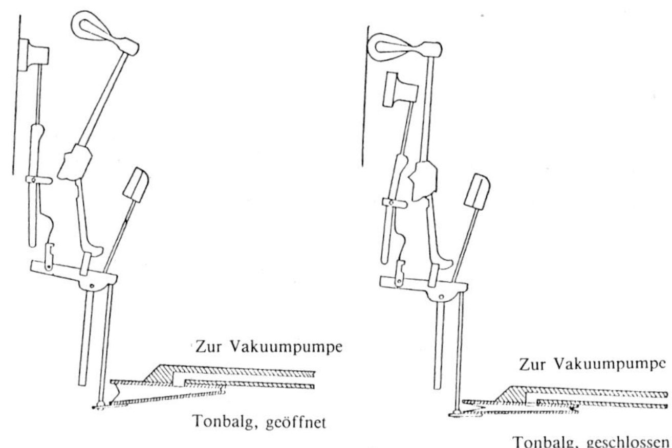

Der Tonanschlag des Selbstspielklaviers: Im Ruhezustand ist der Tonbalg geöffnet. Soll ein Ton angeschlagen werden, so wird der luftgefüllte Tonbalg über ein Ventilsystem (nicht gezeichnet) an ein Vakuum angeschlossen und leergesaugt. Diese Bewegung wird zum Tonanschlag genutzt. Ein schnelles Leersaugen (hohes Vakuum) führt zu einem lauten, ein langsames Leersaugen (geringes Vakuum) zu einem leisen Anschlag.

Diese und alle später verbesserten Klavierspielapparate arbeiteten pneumatisch: der Spieler erzeugt mit den Füßen mit Hilfe zweier Pedale einen Unterdruck. Über einen Windmotor wird dann der Lochstreifen in gleichmäßige Bewegung versetzt. Er gleitet über eine Lochleiste, die für jeden zu spielenden Ton eine Öffnung besitzt und unter Vakuum steht, da sie vom Papier bedeckt ist. Erscheint nun ein Loch im Papierstreifen, so kann Luft in die Öffnung der Lochleiste (= Gleitblock) eindringen. Dieser Luftstoß öffnet ein Ventil, das einen kleinen geöffneten Blasebalg an den mit den Füßen erzeugten Unterdruck anschließt. Der Blasebalg klappt zu und bewegt damit einen Holzfinger nach unten – die Klaviertaste wird angeschlagen. Es ist einleuchtend, daß für jeden Holzfinger ein Loch auf dem Gleitblock und ein Blasebalg vorhanden sein müssen. Durch heftiges oder sanfteres Treten hat es der Spieler in der Hand (besser: im Fuß!), laut oder leise zu spielen – er kann die Musikstücke der Notenrollen also mit entsprechender Dynamik vortragen.

In späteren Jahren wurden die Klavierspielmechanismen in die Klaviere eingebaut, so daß äußerlich – sieht man einmal von den "Fußtritten" ab – kaum ein Unterschied zwischen einem normalen und einem selbstspielenden Klavier zu entdecken ist. Durch eine Zusatzeinrichtung konnte der Phonola-Spieler die rechte oder linke Hand hervorheben (betonen), das Tempo nach eigenem Geschmack variieren

Pneumatik eines Selbstspielklaviers: Vorderansicht. Aus dem Klavier ausgebaute Pneumatik eines Selbstspielklaviers. Über der Windlade befindet sich in der Mitte der Gleitblock mit ca. 100 Öffnungen zur Steuerung der Klaviertöne, der Pedale sowie der Lautstärke. Die gelochte Notenrolle wird oberhalb des Gleitblocks eingesetzt. Sie läuft über den Gleitblock, öffnet und schließt die Öffnungen und wird von der Walze unter dem Gleitblock aufgenommen. In der Mitte rechts ist ein Windmotor angeordnet, der durch Vakuum betrieben wird und die Aufnahmewalze in eine gleichmäßige Drehung versetzt. Foto: Hocker

Pneumatik eines Selbstspielklaviers: Rückansicht. Von jeder Öffnung des Gleitblocks führt ein Bleirohr zu einem Ventil, das einen der in zwei Reihen angeordneten Blasebälge steuert. Während des Betriebes befindet sich sowohl in der Windlade als auch in den Bleirohren ein Unterdruck. Deckt sich nun ein Loch in der Notenrolle mit einer Öffnung des Gleitblocks, so kann Luft einströmen, die ein Ventil (nicht sichtbar) in der Windlade (unterer Teil in der Abb.) öffnet und einen der auf der Windlade aufgeleimten Blasebälge an das Vakuum anschließt. Der Blasebalg schließt sich, und der Impuls wird über die Klaviermechanik auf den Hammer übertragen. Foto: Hocker

und beide Pedale betätigen. Ein geübter Phonola-Spieler war – und ist es auch heute noch – durchaus in der Lage, z.B. Beethovens *Appassionata* mit technischer Perfektion darzubieten, ohne auch nur eine einzige Taste zu berühren.

1904 brachte die Freiburger Firma Welte & Söhne den ersten Klavierspielapparat auf den Markt, der ohne jedes menschliche Zutun ein Klavierstück, das vorher von einem Pianisten auf Lochstreifen eingespielt wurde, wiedergeben konnte. Das sogenannte Welte-Mignon-Verfahren erregte

Die meisten Klavierspielapparate enthielten keinerlei elektrische Einrichtungen. Das Vakuum wurde von dem „Spieler" über Fußtritte erzeugt. Bei den – meist in Wirtshäusern verwendeten – elektrischen Klavieren sowie bei den hochwertigen Reproduktionsklavieren wurde das Vakuum von einem Gebläse erzeugt, das durch einen Elektromotor angetrieben wurde. Hinter dem Schwungrad sind zwei Schöpfersysteme angeordnet. Alle übrigen Funktionen wurden pneumatisch durchgeführt. Foto: Hocker

in der musikalischen Fachwelt das größte Aufsehen. Die Konstrukteure der Firma Welte schufen einen Aufnahmeapparat, der es ermöglichte, das Klavierspiel der berühmtesten Pianisten und Komponisten der Zeit zwischen 1904 und ca. 1925 auf Papierrollen festzuhalten. Dabei wurden nicht nur die Tonhöhe und Tondauer, die Bewegung von Dämpfung und Hammerleiste (Pedale), sondern auch die Dynamik in ihren feinsten Abstufungen festgehalten. Diese Originalinterpretationen konnten dann über genial konstruierte Vorsetzer, Klaviere oder Flügel wieder mit allen dynamischen Details abgespielt werden. Dieses Spiel klang so natürlich, daß nach Aussagen berühmter Zeitgenossen der persönliche Stil des Pianisten unverkennbar wiedergege-

Neben den selbstspielenden Klavieren und Flügeln, bei denen der Selbstspielmechanismus in das Instrument eingebaut ist, wurden sogenannte „Vorsetzer" hergestellt. Der Selbstspielmechanismus ist nach den gleichen Prinzipien konstruiert, jedoch unabhängig von einem bestimmten Klavier. So kann man z.B. einen reproduzierenden Vorsetzer vor jeden modernen Konzertflügel schieben und Originalinterpretationen berühmter Liszt-Schüler der Jahrhundertwende zur Aufführung bringen.

ben wurde. Namhafte Pianisten der Jahrhundertwende, darunter viele Liszt-Schüler und berühmte Komponisten, spielten auf Welte-Mignon-Rollen, so z.B. Eugen d'Albert, Paderewski, Scharwenka, Busoni, Elly Ney, Wilhelm Backhaus, Walter Gieseking und sogar der junge Horowitz, der mit seiner unglaublichen Technik die Grenzen der Wiedergabeinstrumente aufzeigte. Komponisten, die eigene Werke einspielten, waren u.a. Debussy, de Falla, Granados, Grieg, Humperdinck, Leoncavallo, Mahler, Saint-Saëns und Richard Strauß, andere wie Hindemith, Strawinsky und Toch schufen sogar Originalkompositionen für mechanische Klaviere, die von Hand unspielbar sind.

Es ist heute noch faszinierend, daß man z.B. Edvard Griegs *Schmetterling* op. 43 Nr. 1 oder *Vöglein* op. 43 Nr. 4

Ab 1904 war es möglich, das Originalklavierspiel berühmter Pianisten und Komponisten auf Notenrollen aufzunehmen und mit Hilfe sogenannter Reproduktionsinstrumente mit allen agogischen und dynamischen Details wiederzugeben. Dieses Medium wurde von nahezu allen berühmten Musikern genutzt, so daß wir heute z.B. über Originalinterpretationen von Edvard Grieg († 1907) verfügen, dessen Klavierspiel noch nicht auf Schallplatte aufgenommen werden konnte. Foto: Hocker

von ihm selbst interpretiert erklingen lassen kann ohne jedes Rauschen und ohne elektronische Verzerrung, in Hi-Fi-Stereo-Qualität. Und dies, obwohl die Aufnahme aus einer Zeit stammt, in der es noch nicht möglich war, den Klavierton auf Schallplatte zu konservieren (Aufnahmejahr 1905; Grieg starb 1907). Diese Notenrollen, die leider bisher noch kaum Beachtung fanden, sind unerschöpfliche „Dokumente" für Musikwissenschaftler, was den Interpretationsstil vergangener Pianistengenerationen wie auch die authentische Auffassung der betreffenden Kompositionen angeht.

Die Welte-Mignon-Klaviere wurden ein solch großartiger geschäftlicher Erfolg, daß sich bald auch andere Fabriken für Klavierspielapparate der Konstruktion von sogenannten „reproduzierenden Klavieren" widmeten: Die bekanntesten Marken neben Welte waren das DEA (Firma Hupfeld), das Tri-Phonola (Hupfeld), das Duca (Philipps), das Duo-Art (Aeolian, USA) sowie das Ampico (American Piano Company, USA). Jede dieser Firmen hatte – ähnlich den heutigen Schallplattenfirmen – eine Vielzahl berühmter Pianisten fest unter Vertrag und verfügte angeblich über das beste Aufnahme- und Wiedergabeverfahren.

Parallel zu diesen technisch aufwendigen und zur damaligen Zeit sehr teuren reproduzierenden Klavieren entwickelten die Firmen die einfacheren sogenannten „elektrischen Klaviere". Der Name „elektrisches Klavier" ist wenig glücklich, denn außer einem Elektromotor zum Antrieb der Blasebälge sind alle Funktionen rein pneumatisch. Im Unterschied zu den hochwertigen reproduzierenden Klavieren, die für musikalisch anspruchsvolle Käufer hergestellt wurden, waren die elektrischen Klaviere für Gaststätten, Tanzsäle und Stummfilmkinos gedacht. Die Lochstreifen wurden meist nicht von Pianisten eingespielt, sondern aus den Noten mechanisch übertragen. Das hatte zur Folge, daß die Musikstücke mit gleichbleibender Geschwindigkeit abliefen. Diese elektrischen Klaviere konnten auch nur sehr begrenzt Lautstärkeunterschiede wiedergeben. Daraus ergibt sich das unmusikalisch monotone, hämmernde Spiel dieser Instrumente, die häufig fälschlicherweise mit den höchstwertigen reproduzierenden Instrumenten gleichgesetzt werden.

Pianolas, Phonolas, elektrische Klaviere und auch reproduzierende Instrumente wurden in Mengen von vielen 100.000 hergestellt und gehören auch heute noch zu den am häufigsten anzutreffenden selbstspielenden Musikinstrumenten. Das gleiche gilt für die Notenrollen, die von einer Vielzahl in- und ausländischer Firmen zu Millionen hergestellt wurden.

Es gab im ersten Viertel unseres Jahrhunderts kaum eine Klavierbau-Firma, die nicht auch selbstspielende Klaviere hergestellt hätte. Die meisten Firmen fügten die Endung „-ola" an den Firmennamen oder den Namen eines bereits eingeführten Handspiel-Modells an, um auf den Selbstspielmechanismus hinzuweisen. Eine kleine Auswahl an „-olas" möge die Vielzahl der Hersteller verdeutlichen: Perzinola, Ducanola, Grandiola, Combinola, Optimola, Etenola, Claviola, Fratinola, Manola, Imperiola, Virtuola, Quandtola usw.

Andere selbstspielende Musikinstrumente

Obwohl die Konstruktion eines perfekt spielenden mechanischen Klaviers schon eine nahezu unlösbare Aufgabe schien, versuchten sich die Konstrukteure der Fabriken für selbstspielende Musikinstrumente sogar an der Konstruktion von selbstspielenden Violinen – und auch dies mit grandiosem Erfolg. Die Firma Hupfeld brachte um 1910 eine „Violine" mit Klavierbegleitung auf den Markt, die sofort als 8. Weltwunder bestaunt wurde. Dieses Instrument enthielt neben einem selbstspielenden Klavier drei Violinen, wobei

Aufsatz einer selbstspielenden Violine der Firma Hupfeld aus Leipzig. Von drei Violinen wird mit einem rotierenden Rundbogen jeweils nur eine Saite gespielt. Künstliche, von kleinen Blasebälgen bewegte Finger variieren die Tonhöhe. Der Aufsatz ist immer mit einem selbstspielenden Klavier kombiniert. Foto: Hocker

ein Rundbogen jeweils nur eine Saite der Violine spielte. Die amerikanische Firma Mills konstruierte ebenfalls eine Violine mit Klavierbegleitung. Diese Instrumente, die nur in relativ geringen Stückzahlen gebaut wurden, sind heute fast nur in Museen anzutreffen. Anders als die hochwertigen selbstspielenden Klaviere genügen die selbstspielenden Violinen trotz eines hohen technischen Aufwandes nur einem begrenzten musikalischen Anspruch: Während bei einem Klavier der Ton weitgehend durch die Stärke und Dauer des Anschlages charakterisiert ist – ein Vorgang, der sich mechanisch leicht nachvollziehen läßt –, ist die Tonerzeugung bei einer Violine weit subtiler. So erinnern selbstspielende Violinen klanglich häufig an einen mittelmäßigen Wirtshausgeiger, der aber über eine beträchtliche Virtuosität verfügt.

Es gab nur wenige Instrumente, die nicht – zumindest in Prototypen – selbstspielend gestaltet wurden. Violinen und Celli, Flöten und Trompeten, Mund-und Ziehharmonikas, Gitarren und Banjos, Kirchen- und Kino-Orgeln, Mandolinen und Zithern, Harmonien und Glockenspiele, ja sogar Harfen wurden selbstspielend konstruiert und fanden z.T. weite Verbreitung.

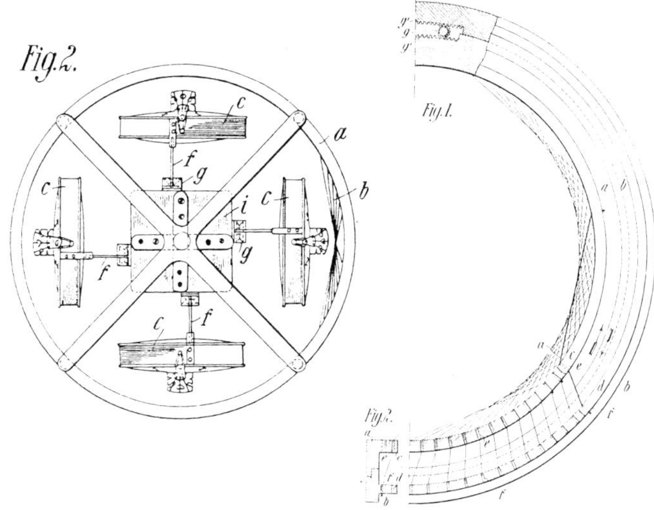

Die Patentzeichnungen der Firma Hupfeld zeigen eine Anordnung für 4 Violinen (Fig. 2 der Patentschrift Nr. 218 816) sowie einen Ausschnitt aus dem mit Roßhaaren bespannten Rundbogen (Fig. 1 und 2 aus der Patentschrift Nr. 215839).

Selbstspielende Violine der amerikanischen Firma Mills (ca. 1920). Der Bogen ist durch eine rotierende Kunststoffscheibe ersetzt. Die Töne werden durch elektromagnetisch gesteuerte Hebel auf dem Steg abgegriffen. Die Violine ist mit einem Klavierteil kombiniert. Die Steuerung erfolgt über Lochstreifen. Foto: Hocker

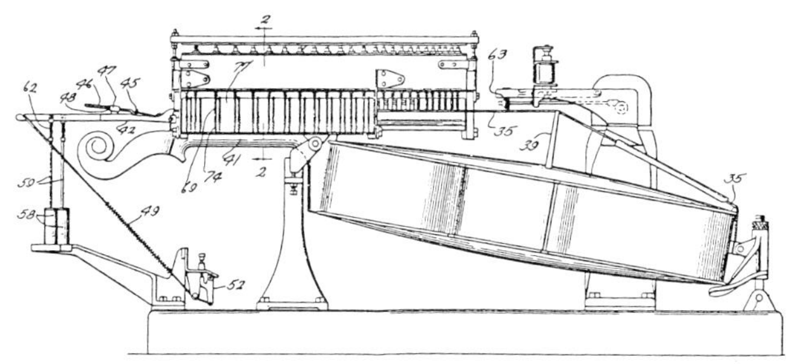

Konstruktionszeichnung der Mills-Violine aus der Patentschrift Nr. 539370.

Durch die Entwicklung der Phonographen und Grammophone wurde es nach dem 1. Weltkrieg möglich, die Musik der verschiedensten Instrumente auf Schallplatten aufzunehmen und wiederzugeben. Diese Schallplatten traten zunehmend in Konkurrenz zu den selbstspielenden Musikinstrumenten und vertrieben letztere in der 2. Hälfte der zwanziger Jahre fast vollständig vom Markt. Einstmals blühende Unternehmen mit Tausenden von Beschäftigten mußten ihre Produktion einstellen und oft auch Konkurs anmelden. Dennoch blieben der Nachwelt eine Vielzahl von genial konstruierten selbstspielenden Instrumenten erhalten, die vom Erfindungsreichtum der Ingenieure und Instrumentenbauer zeugen.

Über einen Lochstreifen gesteuerte selbstspielende Trompete. Der Ton wird – anders als bei einer richtigen Trompete – von durchschlagenden Zungen erzeugt. Foto: Hocker

Mechanische Musikinstrumente in der Patentliteratur

Die Entwicklung der „konventionellen" Musikinstrumente vollzog sich während mehrerer Jahrhunderte und verlief oft in kleinen Schritten und marginalen Verbesserungen, deren Summe jedoch die Musikinstrumente in der heutigen Vollendung ergaben.

Anders bei den mechanischen Musikinstrumenten: hier lag die wichtigste Entwicklungsphase zwischen 1880 und ca. 1920. In einem Zeitraum von weniger als einem halben Jahrhundert wurden die Plattenspieldose, das pneumatische Klavier sowie die selbstspielende Violine erfunden. Dabei bezogen sich die Neuentwicklungen weniger auf das Instrument an sich als auf den Selbstspielmechanismus. Diese z.T. recht aufwendigen Entwicklungen konnten nur durchgeführt und finanziert werden, weil die Firmen Patente nehmen konnten und somit das alleinige Herstellungsrecht für 18 Jahre bekamen. Somit läßt sich die Entwicklung mechanischer Musikwerke nirgendwo besser verfolgen als in den ab 1877 – dem Jahr der Einführung des deutschen Patentgesetzes – erschienenen Patentschriften. Sie stellen eine wahre Fundgrube für den Musikwissenschaftler, den Restaurator und den Sammler mechanischer Musikinstrumente dar.

Bereits zwei Tage nach Inkrafttreten des ersten Reichspatentgesetzes am 1. 7. 1877, nämlich am 3. 7. 1877, ließ sich der Leipziger Erfinder und spätere Fabrikant mechanischer Musikinstrumente Paul Ehrlich eine „Einrichtung an mechanischen Musikwerken" patentieren.

Zwischen 1877 und 1933 erschienen 1378 deutsche Patentschriften mit insgesamt ca. 10.000 Seiten. Die Grafik (rechts oben) zeigt eine steigende Tendenz der jährlichen Anmeldungen bis ca. 1909. Meist wurden jährlich zwischen 30 und 40 Patente angemeldet. Der Höhepunkt lag im Jahre 1908 mit 66 erteilten Patenten. Der erste Weltkrieg legte nahezu alle Aktivitäten auf diesem Gebiet lahm. Nach diesem Rückschlag erholte sich die Musikwerkeindustrie nur langsam und erreichte Mitte der zwanziger Jahre nochmals

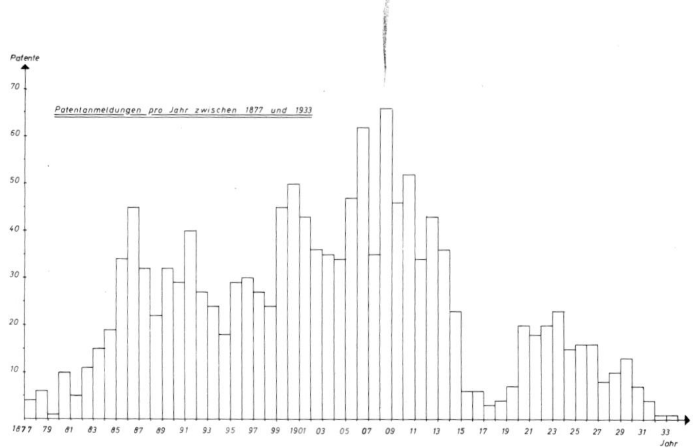

beträchtliche Umsätze. Die nun zügig voranschreitende Entwicklung des Grammophons führte jedoch bald zur Aufgabe aller Aktivitäten. Zwischen 1933 und 1985 wurden insgesamt noch 11 Patente zu mechanischen Musikwerken erteilt.

Interessante Aufschlüsse ergibt eine vom Autor durchgeführte Auswertung der Patentschriften bezüglich der Sachverhalte. So wurden z.B. erteilt:

- 72 Patente über mechanische Streichinstrumente
- 65 Patente über Spielvorrichtungen für Klaviere und Flügel mit *pneumatischem* Betrieb

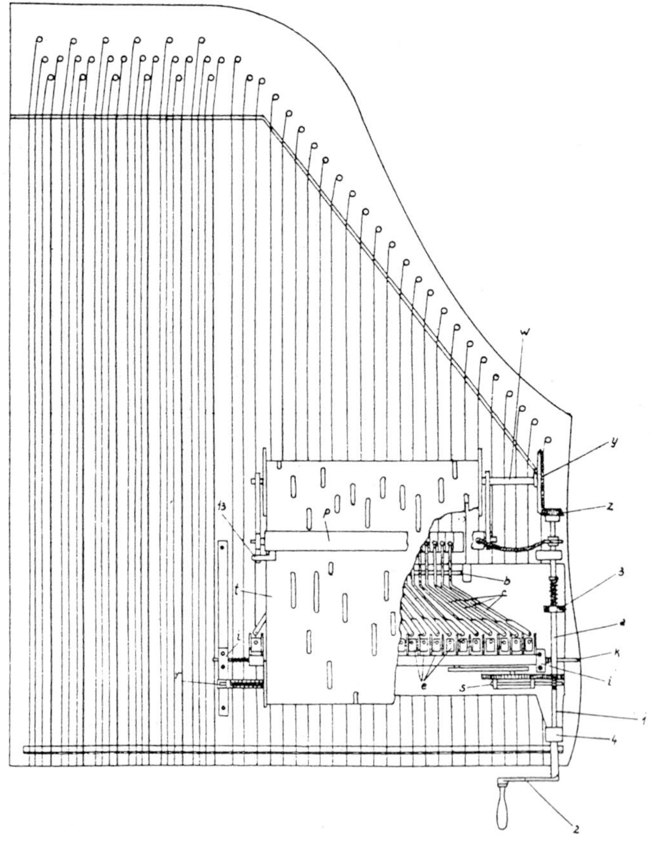

Selbstspielende Zither (Patentschrift von E. Schmerer und O. Weise aus Berlin von 1923). Unter dem Namen „Triola" waren ähnliche über Lochstreifen gesteuerte und durch eine Handkurbel angetriebene Instrumente einst sehr beliebt. Der Lochstreifen steuerte nur die Melodietöne, die Begleitung mußte von Hand gespielt werden.

- 40 Patente über Spielvorrichtungen für Tasteninstrumente mit *elektrischem* Betrieb
- 41 Patente über pneumatische Betonungsvorrichtungen für Tasteninstrumente
- 52 Patente über Windladen für mechanische Tasteninstrumente
- 41 Patente zum Notenbandantrieb.

Obwohl die Bedeutung eines Erfinders bzw. einer Firma nicht zwangsläufig mit der Zahl der erteilten Patente wächst, lassen sich doch gewisse Parallelen feststellen: Häufigster Anmelder war die auf diesem Gebiet sicherlich auch bedeutendste Firma, die Hupfeld AG.

Hupfeld AG:	65 Patente
The Aeolian Company, New York:	54 (deutsche) Patente
Fabrik Leipziger Musikwerke, vorm. Paul Ehrlich & Co.:	44 Patente
Mills Novelty Co., Chicago:	42 Patente
Paul Lochmann u. Folgefirmen:	39 Patente
Popper & Co., Leipzig:	33 Patente
J. D. Philipps & Söhne u. Philipps AG., Frankfurt:	28 Patente
Berliner Musikinstrumentenfabrik AG, vorm. Ch. F. Pietschmann & Söhne:	20 Patente
J. M. Grob u. Co. in Eutritzsch-Leipzig:	19 Patente
Wilhelm Ernst Späthe, Gera:	19 Patente
Polyphon:	17 Patente

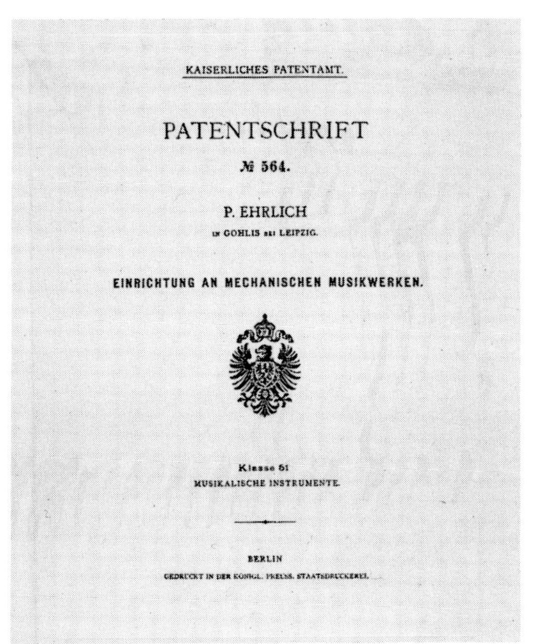
KAISERLICHES PATENTAMT.

PATENTSCHRIFT

№ 564.

P. EHRLICH

IN GOHLIS BEI LEIPZIG.

EINRICHTUNG AN MECHANISCHEN MUSIKWERKEN.

Klasse 51

MUSIKALISCHE INSTRUMENTE.

BERLIN

GEDRUCKT IN DER KÖNIGL. PREUSS. STAATSDRUCKEREI.

Das erste deutsche Patent zu „Mechanischen Musikwerken" wurde am 3. Juli 1877 - 2 Tage nach Inkrafttreten des ersten Reichspatentgesetzes – von Ernst Paul Ehrlich beim Kaiserlichen Patentamt in Berlin angemeldet.

Die weltberühmte Firma Welte & Söhne in Freiburg war – gemessen an ihrer Bedeutung – nicht sehr patentierfreudig. Von ihr existieren nur 9 deutsche Patente, außerdem 2 Patente von Emil Welte in New York sowie ein „spätes" Patent von Edwin Welte in Leipzig. So ließ sich diese Firma z.B. niemals die bis heute geheimnisumwobene Aufnahmeapparatur für die Welte-Mignon-Reproduktionsrollen patentieren. Somit liegt die Vermutung nahe, daß eine Apparatur zur selbständigen Aufnahme der Dynamik des Klavierspiels berühmter Pianisten niemals existiert hat, sondern daß einige – während der Aufnahmesitzungen unsichtbare – Musiker sich eifrig die Dynamik notierten, die dann nachträglich in der Notenrolle berücksichtigt wurde. Hierdurch konnte sich diese Firma den von ihr liebevoll gepflegten Mythos erhalten.

Wirtschaftliche Bedeutung

Im späten Mittelalter wurden mechanische Musikinstrumente – meist eingebaut in kunstvollen Schränken oder Uhren – von wenigen besonders befähigten Kunsthandwerkern im Auftrag von Fürsten und Königen hergestellt. Erst die Flötenuhren gegen Ende des 18. Jahrhunderts fanden weite Verbreitung, und ihre Fabrikation bekam wirtschaftliche Bedeutung. So siedelte auch Friedrich der Große mehrere bedeutende Flötenuhrmacher in Berlin an. Im 19. Jahrhundert widmeten sich im Schwarzwald viele Handwerker – und an langen Winterabenden auch viele handwerklich geschickte Bauern – der Herstellung mechanischer Musikinstrumente. Dörfer und Städte wie Vöhrenbach, Unterkirnach, Villingen oder Waldkirch lebten vorwiegend vom Bau selbstspielender Musikinstrumente.

Mit der Industrialisierung wuchs auch die wirtschaftliche Bedeutung der Musikwerkefabrikation. Die Entwicklung sei exemplarisch an dem Aufstieg der „Aktiengesellschaft Fabrik Leipziger Musikwerke, vorm. Paul Ehrlich & Co." aufgezeigt. Die 1880 gegründete Firma hatte bereits nach kurzer Zeit 60 Mitarbeiter. 1882 fertigten 90 Mitarbeiter ca. 1.300 Instrumente im Monat. 1883 hatte sich die Mitarbeiterzahl mehr als verdreifacht: 280 Mitarbeiter hatten bereits 24.000 Instrumente hergestellt. In kaum mehr als 10 Jahren wurden 300.000 Instrumente – vorwiegend Aristons – und über 6 Millionen Notenscheiben verkauft.

Die Entwicklung der AG Fabrik Leipziger Musikwerke, vorm. Paul Ehrlich & Co.

Jahr	Mitarbeiter	insgesamt gefertigte Instrumente	insgesamt verkaufte Notenscheiben
1882	90	1.300/Monat	?
1883	280	24.000	?
1884	473	75.000	1 Mio
1885	600	100.000	?
1890	?	200.000	5 Mio
1894	?	300.000	6 Mio

Die bedeutendsten Musikwerke-Hersteller in Deutschland 1888:			
Firma	Musikwerke pro Jahr	Beschäftigte	Wert der Produktion pro Jahr
Fabrik Leipziger Musikwerke, vorm. Paul Ehrlich & Co.	30.000	300	1.000.000 Mark
Ch. F. Pietschmann & Söhne, Berlin	13.000	240	550.000
Kuhno, Lochmann & Co., Leipzig-Gohlis	15.000	180	400.000
Wilhelm Späthe, Gera	8.000	50	250.000
Fabrik Leipziger Musikwerke „Phoenix“	7.000	52	200.000
Otto Meinhardt, Gera	3.500	45	75.000
Wagner & Co., Gera	3.000	20	45.000
Gebr. Bruder, Waldkirch (Straßenorgeln)	150	27	80.000
Ignaz Bruder Söhne,Waldkirch (Straßenorgeln)	200	12	30.000
Imhoff & Mukle, Vöhrenbach (Orchestrions)	40	50	120.000
M. Welte & Söhne, Freiburg (Orchestrions)	30	45	120.000
Wilhelm Bruder Söhne, Waldkirch (Straßenorgeln)	50	14	30.000

Nach einer Statistik des Jahres 1888 waren Deutschland und die Vereinigten Staaten von Amerika die bedeutendsten Hersteller mechanischer Musikinstrumente, wobei der Export eine wichtige Rolle spielte: So wurden 1888 in Deutschland 82.500 mechanische Musikinstrumente im Wert von 3,5 Mio Mark hergestellt, von denen über 50 %, nämlich 44.000, exportiert wurden. In der Musikwerke-industrie waren 1888 über 1.500 Arbeiter beschäftigt, wobei die Zulieferanten nicht berücksichtigt sind. Sie verteilten sich auf ca. 50 Fabriken, von denen einige Weltruhm erlangten.

Die Fabrik Leipziger Musikwerke hatte 1888 den Zenith ihrer Entwicklung bereits überschritten. Ab ca. 1890 überflügelte die Produktion der Kammspieldosen diejenige der Zungenspieldosen (Organetten): Nach einer Jahresstatistik der Handelskammer zu Leipzig wurden bereits 1894 Symphonions und Polyphone im Wert von 3 Mio Mark hergestellt. Insgesamt beträgt 1894 der Umsatz an mechanischen Musikwerken im Kammerbezirk Leipzig 4,5 Mio Mark. In dem gleichen Kammerbezirk waren 1895 in 11 Betrieben 1587 Arbeiter und Angestellte mit der Herstellung mechanischer Musikinstrumente beschäftigt.

Um die hohen Auslandszölle zu umgehen, gründeten große Musikwerke-Firmen Auslandsniederlassungen: So eröffnete z.B. die Firma Welte & Söhne eine Niederlassung in New York. Gustav Brachhausen, der Inhaber der Firma Polyphon, gründete 1892 unter dem Namen „Regina Music Box Co.“ ein Zweigwerk in den USA.

Nach der Jahrhundertwende nahm die Bedeutung der Musikwerke-Industrie weiter zu. Nach einer Welthandelsstatistik von 1910 war Deutschland die größte Exportnation für „konventionelle“ und mechanische Musikinstrumente. Zum bedeutendsten deutschen Musikwerke-Hersteller entwickelte sich die Ludwig Hupfeld AG, Leipzig. Sie wurde 1892 gegründet – Ludwig Hupfeld erwarb nach dem Tode J. M. Grobs die Musikinstrumentenhandlung J. M. Grob & Co. –, beschäftigte 1899 ca. 75 Arbeiter und Angestellte und wuchs bis 1917 auf 1.500 Mitarbeiter an. Weitere bedeutende Firmen zu Beginn des 20. Jahrhunderts waren neben Hupfeld Welte & Söhne in Freiburg, Popper in Leipzig, Lösche in Leipzig-Mockau, Frati in Berlin, Weber in Freiburg und Philipps in Frankfurt a.M.

Ausblick

Die Geschichte der selbstspielenden Instrumente ist nicht abgeschlossen, und neben dem Wiederaufleben des konventionellen Drehorgelbaues gibt es sogar Weiterentwicklungen: Als Toninformationsträger kann neben der Stiftwalze und dem Lochstreifen auch der „Mikrochip“ verwendet werden, der den Befehl zum Öffnen oder Schließen der Orgelpfeife gibt. Ein besonderer Vorteil dieser Neuerung liegt in der hohen Speicherkapazität des elektronischen Bauteils.

Auch bei den selbstspielenden Klavieren gibt es beachtenswerte Neuentwicklungen: Erinnert sei hier an den Pianocorder von Marantz oder das von Wayne Stahnke in den USA entwickelte Computersystem, das – als Bösendorfer 290 SE angeboten – eine „exakte“ Aufnahme und selbsttätige Wiedergabe des Klavierspiels ermöglicht. (Im Besitz des Autors befindet sich ein vollständig restaurierter Ampico-Bösendorfer Selbstspielflügel. Ein Vergleich der Leistungsfähigkeiten von konventioneller Pneumatik und der 290 SE-Elektronik steht allerdings noch aus!)

Erwähnt sei auch die Computersteuerung von Selbstspielklavieren vom Typ des Pianocorders. Besonders hervorzuheben ist in diesem Zusammenhang der amerikanische Komponist Conlon Nancarrow (* 1912, lebt seit 1940 in Mexiko), der seit 40 Jahren fast ausschließlich Werke für das *player piano* schreibt, die in jüngster Zeit besonders bei den Festivals moderner Musik großen Anklang finden.

Literaturhinweise

Das Mechanische Musikinstrument. Zeitschrift der „Gesellschaft für selbstspielende Musikinstrumente e. V.", Baden-Baden. Im 10. Jahrgang.

Karl Bormann: *Orgel- und Spieluhrenbau. Aufzeichnungen des Orgel- und Musikwerkmachers Ignaz Bruder von 1829 und die Entwicklung der Walzenorgel.* Zürich 1968.

Q. D. Bowers: *Encyclopedia of Automatic Musical Instruments.* Vestal, New York 1972.

Jan Brauers: *Von der Äolsharfe zum Digitalspieler. 2000 Jahre mechanische Musik, 100 Jahre Schallplatte.* München 1984.

Alexander Buchner: *Vom Glockenspiel zum Pianola.* Prag 1959.

A. Chapuis: *Histoire de la Boîte à Musique et de la Musique Mécanique.* Lausanne 1955.

A. Chapuis und E. Gelis: *Le Monde des Automates. Paris 1928.*

J. E. T. Clark: Musical Boxes - A History and Appreciation. Birmingham 1948 / London 1952/1961.

Arthur W. J. G. Ord-Hume: *The Mechanics of Mechanical Music.* London.

Ders.: *Clockwork Music.* New York 1973.

A. Protz: *Mechanische Musikinstrumente.* Kassel 1939.

H. Rambach und O. Wernet: *Waldkircher Orgelbau – Zur Geschichte des Drehorgel-und Orchestrionbaus - Kirchenorgelbauer in Waldkirch.* Waldkirch 1984.

A. Reblitz und D. Bowers: *Treasures of Mechanical Music.* Vestal, N. Y. 1981.

Ernst Simon: *Mechanische Musikinstrumente früherer Zeiten und ihre Musik.* Wiesbaden 1960; 1980[2].

H. Weiss-Stauffacher: *Musikautomaten und mechanische Musikinstrumente.* Zürich 1975.

Siegfried Wendel: *Das mechanische Musikkabinett.* Dortmund 1983.

W. B. White: *A Technical Treatise on Player Mechanism.* New York 1908.

Typische Berliner Walzendrehorgel von Bacigalupo Söhne (um 1912). Richard Töpfer war einer der vielen Berliner Drehorgelverleiher um die Jahrhundertwende.
Foto: Wendel

Jürgen Meyer

FORSCHUNG FÜR DEN MUSIKINSTRUMENTENBAU

EINLEITUNG

Musikinstrumente stellen ein kulturgeschichtliches Phänomen ganz besonderer Art dar. Denn einerseits dienen sie dem Musiker als ein technisches Hilfsmittel, um seine klanglichen Vorstellungen in die Realität umzusetzen; die technische Entwicklung der Instrumente und die klanglichen wie auch spieltechnischen Anforderungen, die die Spieler an ihre Instrumente stellten, haben sich über viele Generationen hin gegenseitig befruchtet und gefördert, so daß sich aus dieser ständigen Wechselwirkung eine geradezu erstaunliche Vollkommenheit unseres heutigen Instrumentariums herausbilden konnte. Andererseits wirkte das Fluidum des Künstlerischen jedoch auch in der Weise auf die Erbauer der Instrumente zurück, daß sich die Instrumente selbst vielfach von ihrer äußeren Erscheinungsform und der handwerklichen Gestaltung her zu eigenständigen Kunstwerken entwickelten.

Dieses Odium des Künstlerischen wirkt seinerseits wieder auf den Musiker zurück, der sich bei seinem Spiel nicht nur von den klanglichen Möglichkeiten und Vorzügen, sondern auch von der äußeren Schönheit und den Merkmalen handwerklicher Sorgfalt, ja vielleicht sogar vom Alter seines Instruments und von dem Namen seines Erbauers inspirieren läßt. Der Wert, den ein Instrument für seinen Spieler besitzt, gründet sich deshalb nicht ausschließlich auf die spieltechnischen und klanglichen Qualitäten, wenngleich man ihnen immer einen gebührenden Vorrang einräumen wird.

Bei der Faszination, die von dem klanglichen Erlebnis der Musik ausgeht, kann es deshalb keineswegs verwundern, wenn die Musikinstrumente schon von jeher – fast möchte man sagen, solange es sie gibt – einen starken Anreiz auf Forscher verschiedenster Fachrichtungen ausgeübt haben. Dabei richtete sich das wissenschaftliche Interesse sowohl auf die historische Entwicklung als auch auf stilkundliche und form-ästhetische Fragen und schloß schließlich auch naturwissenschaftliche Studien mit ein.

Im Laufe ihrer Entwicklung, die größtenteils auf Intuition und handwerklicher Erfahrung, nur selten jedoch – wie beispielsweise im Fall der Flöte bei Theobald Böhm – auch auf theoretischem Grundwissen beruhte, haben nun die heutigen Musikinstrumente einen derartig hohen Grad an Perfektion und Vollkommenheit erreicht, daß eine weitere Steigerung nur noch durch eine umfangreiche und gezielte Forschung möglich zu sein scheint. Unter Forschung in diesem Sinne ist eine naturwissenschaftliche Forschung mit der eindeutigen Zielsetzung technischer Verbesserungen zu verstehen.

Diese Aufgabe hat sich die Forschungsgemeinschaft Musikinstrumente e.V. gestellt. Sie kann dabei auf eine lange Tradition naturwissenschaftlicher Untersuchungen zurückblicken, die als Ausgangspunkt für die Bearbeitung aktueller Aufgaben dienen können. Eine Darstellung der Schwerpunktthemen, die bisher im Rahmen der Forschungsgemeinschaft für die deutschen Instrumentenbauer behandelt wurden, wäre deshalb ohne einen Blick auf die historische Entwicklung[1] der Musikinstrumenten-Forschung unvollständig.

HISTORISCHER RÜCKBLICK

Natürlich wissen wir heute nicht mehr, wann sich ein Mensch zum erstenmal beim Hören von Sprache oder anderen Klängen Gedanken darüber gemacht hat, wie diese Laute entstehen und warum er sie teils als schön und teils als weniger angenehm empfindet. Doch ist schon bei den alten Griechen die Vorstellung ausgeprägt, daß natürliche Harmonie im Zusammenhang mit sehr einfachen Zahlenverhältnissen stehen müsse, und bereits Pythagoras (etwa 570 - 496 v. Chr.) hat – aller Wahrscheinlichkeit nach beim Experimentieren mit einem Monochord – herausgefunden, daß Saitenabschnitte, deren Längen in einem ganzzahligen Verhältnis zueinander stehen, auf harmonisch klingende Ton-Intervalle führen.

---

[1] Werner Lottermoser: „Akustik, Geschichte". In: *Die Musik in Geschichte und Gegenwart.* Band 1., Kassel und Basel 1951, Sp. 211-224. Und S. Dostrovsky, J. F. Bell und C. Truesdell: „Physics of music". In: *The New Grove's Dictionary of music and musicians.* London 1980, Bd. 14, S. 664-677.

Von diesen frühen akustischen Studien, deren Ziel in der Bestätigung eines philosophischen Weltbildes durch den Nachweis von Naturgesetzen bestand, bis zu unserer heutigen Auffassung von naturwissenschaftlich-technischer Forschung ist es ein weiter Weg. Ihn in allen Details und unter Würdigung aller damit verbundenen Namen darzustellen, würde den Rahmen dieses Beitrages sprengen. Es soll deshalb der Versuch unternommen werden, unter Beschränkung auf charakteristische Beispiele die Entwicklungsgeschichte und die in einzelnen Epochen stark variierende Zielsetzung der Forschung an Musikinstrumenten zusammenzufassen.

Dabei können wir einen Sprung von der Antike bis zum Ende des 16. Jahrhunderts machen, da aus dem ganzen Mittelalter keine Aufzeichnungen über akustische Betrachtungen überliefert sind, was sicherlich auch mit der mehr auf das Transzendente gerichteten Weltanschauung dieser Zeit zusammenhängt. Erst die Renaissance hat in den Menschen wieder ein gesteigertes Interesse an den Vorgängen in der Natur erweckt und zugleich auch das geistige Erbe der Antike ins Bewußtsein zurückgerufen.

Wenn unter den bedeutenden Gelehrten des 17. Jahrhunderts zwei Söhne von Musikern zu finden sind, nämlich Galileo Galilei (1564 - 1642) und Christiaan Huygens (1629 - 1695), so ist dies sicherlich kein Zufall. Denn der tägliche Umgang mit der Musik und ihren Instrumenten weckt die Neugier, den Erscheinungen der Tonentstehung auf den Grund zu gehen, und nur hinreichende eigene musikalische Erfahrung kann zu Fragestellungen führen, die an der Praxis orientiert sind. So ist es denn charakteristisch für die Forschung im 17. Jahrhundert, daß sich die Studien darauf konzentrieren, Vorgänge in der Natur — und so auch beim Erzeugen von Klängen und Hören von Musik — möglichst genau zu beobachten und sie anhand sichtbarer und hörbarer Erscheinungen qualitativ zu beschreiben.

Zu den wesentlichen Ergebnissen dieser Epoche gehört die Erkenntnis, daß die Tonhöhe durch die Frequenz einer Schwingung bestimmt wird und daß musikalische Intervalle durch Frequenzverhältnisse gebildet werden, aber auch, daß Obertöne die Klangfarbe beeinflussen, was sicherlich mit dem ersten Auftreten gemischter Stimmen zur Klangfarbenbereicherung bei den Orgeln jener Zeit in Zusammenhang steht. Marin Mersenne (1588 - 1648) fand u.a. in systematischen Versuchen mit Saiten, deren Eigenschaften er variierte, die Abhängigkeit der Eigenfrequenzen [von der Quadratwurzel (!)] von Saitenspannung und -querschnitt heraus; auch versuchte er, bei den schwingenden Luftsäulen von Orgelpfeifen eine Analogie zu den Saitenschwingungen zu finden, und studierte den Einfluß von Länge, Weite und Anblasdruck der Pfeifen auf die Tonhöhe. Erst Isaac Newton (1643 - 1727) konnte jedoch nachweisen, daß die Länge einer offenen Pfeife einer halben Wellenlänge des abgestrahlten Tones entspricht.

Nach einem Jahrhundert experimentellen Suchens schließt sich im 18. Jahrhundert eine Epoche an, in der die Schwerpunkte der Musikinstrumentenforschung auf theoretisches Gebiet verlagert sind. Aufbauend auf der von Gottfried Wilhelm Leibniz (1646 - 1717) entwickelten Differential- und Integralrechnung wurden Versuche unternommen, die Schwingungsvorgänge mathematisch zu erfassen und vor allem die Eigenfrequenzen schwingungsfähiger Strukturen zu berechnen. Verbunden damit sind auf musikalischem Gebiet vorwiegend Fragen der Stimmungssysteme und der Konsonanz, während der Klangcharakter der Instrumente und insbesondere die Klangfarbe kaum Beachtung finden. Die Instrumente dienen den Gelehrten nur als reizvolle Objekte zum Nachweis physikalischer Gesetzmäßigkeiten, ohne daß ein primäres Interesse an einer Rückwirkung auf den Instrumentenbau besteht.

Einer der wenigen Forscher des 18. Jahrhunderts, die theoretische und experimentelle Studien miteinander verbanden, war Daniel Bernoulli (1700 - 1782), der überdies auch über musikalische Erfahrungen verfügte. Ihm verdanken wir die Beschreibung von komplexen Schwingungsvorgängen als Überlagerung von mehreren Schwingungsmodi, die er in der sogenannten Bewegungsgleichung zusammenfaßt. Auch erkannte er, daß die tiefsten Resonanzen eines konischen Horns sehr stark von der harmonischen Lage abweichen. Brook Taylor (1685 - 1731) leitete die Formel für die Eigenschwingungen der Saiten ab. Leonhard Euler (1707 - 1783) teilte die Schallerzeuger in drei Grundgruppen ein: in schwingende (feste) Körper, in schwingende Lufträume und in plötzlich komprimierte Lufträume, die einen Druckstoß aussenden. Zu den festen Körpern rechnet er u.a. Saiten, Membranen und Stäbe; für letztere stellte er Differentialgleichungen unter Berücksichtigung unterschiedlicher Einspannungen auf. Ferner berechnete er die Schallvorgänge im hyperbolischen Horn und in der konischen Flöte, wobei sich allerdings noch Schwierigkeiten wegen der ungenauen Kenntnis der Schallgeschwindigkeit ergaben. Joseph Louis Lagrange (1736 - 1812) schließlich stellte die Wellengleichung für Hörner mit beliebigem Querschnittsverlauf auf.

Diese rein mathematische Art der Behandlung der Schwingungsprobleme setzte erhebliche Vereinfachungen bezüglich der Randbedingungen voraus und entfernte sich damit sehr stark von den realen Musikinstrumenten. Man konnte nun zwar das grundsätzliche Schwingungsverhalten einfacher Strukturen beschreiben, mußte dabei aber auf alle Details und Nuancen, die den eigentlichen musikalischen Reiz ausmachen, verzichten. Es verwundert deshalb nicht, wenn gegen Ende des 18. Jahrhunderts das Pendel wieder zurückschlug und eine neue Phase des Experimentierens einsetzte. In den Mittelpunkt rückten dabei Bemühungen, die Schwingungs- und Schallvorgänge durch physikalische Messungen objektiv und möglichst genau zu erfassen, während man sich früher auf subjektive Beobachtungen hatte beschränken müssen.

Am Anfang dieser Epoche standen die Versuche von Ernst Friedrich Chladni (1756 - 1827), auf ebenen Scheiben

Abb. 1: Bei wissenschaftlichen Abendgesellschaften erwacht das Interesse an den physikalischen Vorgängen der Klangerzeugung: Ernst Chladni führt die Schwingungsformen vibrierender Platten vor. (Zeitgenössische Darstellung um 1800)

die Knotenlinien einzelner Schwingungsformen durch aufgestreuten Sand sichtbar zu machen (*Abb. 1*). Sein Verfahren erregte seinerzeit großes Aufsehen und erweckte auch über die Gelehrtenkreise hinaus ein zunehmendes Interesse an physikalischen Demonstrationen. Es wird übrigens auch heute noch in unveränderter Form von manchen Geigenbauern zur optimalen Ausarbeitung von Decke und Boden eingesetzt.

Ein weiterer Markstein in der Entwicklung der Meßtechnik ist die Bestimmung der absoluten Werte der Schwingungsfrequenzen – hatte man doch bisher nur Intervalle, als Frequenzverhältnisse, genauer angeben können. Zu nennen sind hierbei zunächst die von Thomas Johann Seebeck (1770 - 1831) eingeführten und im Laufe der Zeit mehrfach verbesserten Sirenen, die die Messung höherer Frequenzen auf die wesentlich einfachere Bestimmung relativ niedriger Drehzahlen zurückführen. Als mindestens ebenso bedeutsam erwies sich das sogenannte Tonometer von Johann Heinrich Scheibler (1777 - 1838), das aus 56 Stimmgabeln von 220 Hz bis 440 Hz bestand und eine Genauigkeit der Frequenzangabe von 4 Hz ermöglichte.

Die wohl bedeutendste Forscherpersönlichkeit des 19. Jahrhunderts war für das Gebiet der Akustik Hermann von Helmholtz (1821 - 1894). Er befaßte sich nicht nur eingehend mit den Schwingungsvorgängen der Instrumente – seine Untersuchungen über die Schwingungen gestrichener Saiten haben bis heute nichts von ihrer Bedeutung verloren –, sondern wandte sich auch der Analyse des abgestrahlten Klanges und der Klangsynthese zu, um Aufschluß über Phänomene wie die Klangfarbe zu erhalten. Damit stieß er auf die Problematik der Zusammenhänge und Diskrepanzen zwischen den physikalischen Reizen, die als Schall das Ohr erreichen, einerseits und der Funktionsweise des Gehörs sowie den Empfindungen beim Hören von Sprache und Musik andererseits und legte damit den Grundstein für das wichtige Gebiet der Psychoakustik. Damit war zugleich aber auch eine Grundlage geschaffen, auf der sich eine klangästhetische Bewertung der Musikinstrumente aufbauen konnte.

DEUTSCHE MUSIKINSTRUMENTEN-FORSCHUNG IM 20. JAHRHUNDERT

Eine entscheidende Wende in der akustischen Forschung trat mit der Erfindung von Mikrofon und Elektronenröhre ein, denn damit war die Möglichkeit geboten, Schallschwingungen in elektrische Spannungen umzuwandeln und so zu verstärken, daß die Klänge nun mit den sehr viel feineren Analyseverfahren der elektrischen Meßtechnik untersucht werden konnten. Verständlicherweise galt das Interesse in der Anfangszeit um 1930 zunächst einer Charakterisierung des Klanges der verschiedenen Arten der Musikinstrumente, ohne auf individuelle oder qualitätsbedingte Unterschiede zwischen einzelnen Instrumenten einzugehen. Die Instrumente bildeten also zunächst – wie in früheren Epochen – nur ein Objekt zur Darstellung der Leistungsfähigkeit der neuen Meßmethoden.

Die von Erwin Meyer und Gerhard Buchmann[2] gemessenen Klangspektren, die den Teiltonaufbau bei einer Vielzahl von Instrumenten vom Flügel über Orchesterinstrumente und Orgelpfeifen bis zum Banjo wiedergeben, gelten noch heute unverändert. *Abb. 2* zeigt einige Beispiele für Flötentöne: Die einzelnen Teiltonkomponenten sind in ihrer Amplitude jeweils auf den stärksten Teilton des betreffenden Spektrums (= 100 %) bezogen und daher als relative Schwingungsamplituden angegeben; die Bilder enthalten keine Aussage über die absolute Stärke des Klanges. Deutlich sind klangliche Unterschiede zwischen Metall- und Holzflöte zu erkennen.

Große Aufmerksamkeit wurde auch der zeitlichen Struktur der Klänge gewidmet. So analysierten Hermann Backhaus[3] und Ferdinand Trendelenburg[4] die Einschwingvorgänge und Tonübergänge von Instrumentalklängen; allerdings war der seinerzeit benötigte Zeitaufwand bei derartigen Analysen für unsere heutigen Begriffe unvorstellbar groß, so daß man sich auf exemplarische Einzelergebnisse beschränken mußte. Später befaßte sich dann Fritz Winckel[5] ausführlich mit den Schwankungserscheinungen in der Musik und wies die Bedeutung ihrer vielfältigen Erscheinungsformen für die Lebendigkeit des Klangein-

[2] Erwin Meyer und Gerhard Buchmann: „Die Klangspektren der Musikinstrumente“. *Sitzungsbericht der Pr. Akad. d. Wiss., Phys.-Math. Klasse*, Berlin 1931, Bd. 32, S. 735.

[3] Hermann Backhaus: „Über die Bedeutung der Ausgleichsvorgänge in der Akustik“. *Zeitschrift für technische Physik* 13 (1932), S. 31.

[4] Ferdinand Trendelenburg, Erich Thienhaus und Ernst Franz: „Klangeinsätze an der Orgel“. *Akustische Zeitschrift* 1 (1936), S. 59, und 3 (1938), S. 7.

[5] Fritz Winckel: *Phänomene des musikalischen Hörens*. Berlin und Wunsiedel 1960

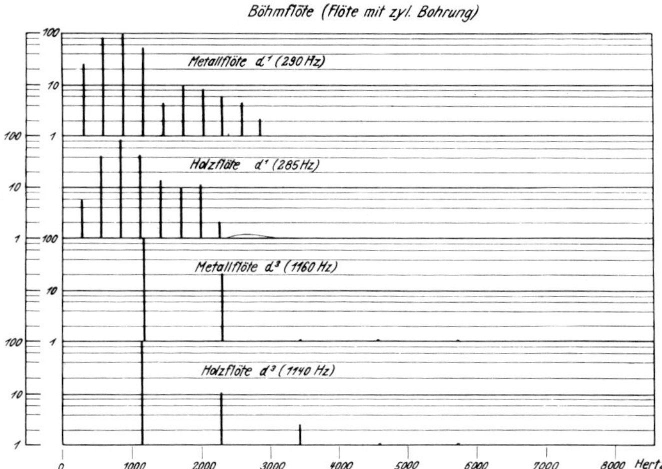

Abb. 2: Teiltonanalysen sind der erste Schritt zu einer objektiven Klangbeschreibung: Klangspektren der Böhmflöte, gemessen um 1930 von Erwin Meyer und Gerhard Buchmann

druckes nach. Er zeigte damit einen direkten Zusammenhang zwischen objektiven Meßdaten und dem subjektiven Musikerlebnis auf.

Es sollte aber keineswegs verkannt werden, daß mit den ersten Arbeiten aus den 1930er Jahren bereits Grundlegendes für den Instrumentenbau geschaffen wurde. Denn schon bald ermöglichte es die Weiterentwicklung der hier erstmals eingesetzten Meßverfahren, den klanglichen Einfluß von Veränderungen am Instrument oder klangliche Unterschiede zwischen Instrumenten verschiedener Qualität sichtbar zu machen. Damit erwuchs für den Musikinstrumentenbau die Chance, die Auswirkungen von vermeintlichen Verbesserungsmaßnahmen objektiv zu überprüfen. Dies konnte einen großen Fortschritt bedeuten; denn bisher beruhte die Beurteilung der Instrumente ausschließlich auf dem subjektiven Gehöreindruck, und ein Vergleich des Klangbildes vor und nach einer baulichen Veränderung konnte durch mangelnde Erinnerung oder durch das Vorurteil, daß die betreffende Maßnahme erfolgversprechend oder nachteilig sei, schwerwiegend beeinträchtigt werden. Es sollte jedoch noch lange dauern, bis die neuen Meßverfahren Eingang in die Arbeitsweise der Instrumentenbauer fanden, da einerseits eine Vielzahl von Detailfragen zu klären war und andererseits ein intensiver Kontakt zwischen Forschung und Instrumentenbau auf der Basis eines besseren gegenseitigen Verständnisses aufgebaut werden mußte. Diese Entwicklung soll an einigen Beispielen näher erläutert werden.

Ein besonders interessantes Forschungsobjekt bildeten für die Akustiker schon immer die Geigen. Da sich die Schwingungsformen ihres Korpus wegen der gewölbten Oberflächen nicht direkt mit der Chladnischen Methode sichtbar machen lassen, entwickelte Hermann Backhaus[6] ein elektrisches Abtastverfahren, um Knotenlinien und gegenphasige Schwingungsfelder darzustellen und Betrachtungen über die Schallabstrahlung daran anzuschließen. Mit dem Ziel, die Resonanzeigenschaften von Geigen objektiv zu erfassen, nahm Hermann Meinel[7] Frequenzkurven des abgestrahlten Schalles bei künstlicher Anregung der Instrumente am Steg auf und stellte dabei deutliche Unterschiede zwischen einer echten Stradivari-Violine und schlechteren Geigen fest. Er benutzte das Verfahren aber auch, um den Einfluß des Lacks, des Stimmstocks sowie der Plattenstärke von Decke und Boden zu bestimmen, wie das Beispiel in *Abb. 3* zeigt.

Diese Untersuchungen wurden in den 1950er Jahren von Werner Lottermoser in dem von ihm gegründeten Laboratorium für Musikalische Akustik an der Physikalisch-Technischen Bundesanstalt in Braunschweig aufgegriffen und in meßtechnischer Hinsicht mehrfach verbessert. Zur Erleichterung der Deutung der Meßergebnisse ordnete er die Resonanzgebiete der Geige den Formanten der Vokale zu;[8] weitere Kriterien für die Qualität guter Geigen wurden im Laufe der Jahre ergänzt, wobei eine größere Anzahl hervorragender altitalienischer Violinen als maßstabsetzende Meßobjekte zur Verfügung standen.[9] Von diesem Meßverfahren, das auch von der Geigenbauschule in Mittenwald übernommen wurde, profitieren Geigenbauer, die ihre Instrumente, vor allem nach klangtechnischen Experimenten, überprüfen lassen. Um Erfahrungen zu sammeln, die auf den Geigenbau direkt übertragbar sind, wurden die Resonanzeigenschaften während des Baues von Geigen, ausgehend von den rechteckigen Platten bis zum fertigen Instrument, meßtechnisch registriert[10]. So konnten die Verschiebungen der Resonanzen durch die einzelnen Bearbeitungsvorgänge verfolgt und daraus Rückschlüsse auf eine günstige Abstimmung für die Einzelteile gezogen werden.

In jüngster Zeit ist von Heinrich Dünnwald[11] im Institut für Technische Akustik der Technischen Hochschule in Aachen ein anderes Anregungsverfahren zur Qualitätsbestimmung vorgestellt, bei dem die Rückwirkung des Meßsystems auf die Resonanzeigenschaften des Instrumentes auf ein Minimum reduziert ist. Aufbauend auf den Meßergebnissen von mehreren hundert Geigen bietet auch dieses Verfahren die Grundlage für gezielte Verbesserungen der Klangqualität durch erfahrene Geigenbauer.

Während alle genannten Untersuchungen vom fertigen Instrument und seinem Klang ausgehen, um später auf Details rückzuschließen, hat Lothar Cremer[12] mit seinen Mitarbeitern im Institut für Technische Akustik der TU

6 Hermann Backhaus: „Über die Schwingungsformen von Geigenkörpern". *Zeitschrift für Physik* 62 (1930), S. 143, und 72 (1931), S. 218.

7 Hermann Meinel: „Akustische Eigenschaften von Geigen verschiedener Klangqualität". *Akustische Zeitschrift* 5 (1940), S. 124.

8 Werner Lottermoser und Jürgen Meyer: „Akustische Prüfung der Klangqualität von Geigen". *Instrumentenbau-Zeitschrift* 12 (1957), S. 42.

9 Jürgen Meyer: „Zum Klangphänomen der altitalienischen Geigen". *Acustica* 51 (1982), S. 1.

10 Werner Lottermoser und Jürgen Meyer: „Resonanzen von Geigendecken und -böden". *Instrumentenbau-Zeitschrift* 13 (1959), S. 185.

11 Heinrich Dünnwald: „Ein Verfahren zur objektiven Bestimmung der Klangqualität von Violinen". *Acustica* 58 (1985), S. 162.

12 Lothar Cremer: *Physik der Geige*. Stuttgart 1981.

Berlin den umgekehrten Weg beschritten. Beginnend mit ausgiebigen Arbeiten über die Schwingungen der gezupften und vor allem der gestrichenen Saiten hat er die Entstehung des Tones und die Formung des Klanges durch die Resonanzen von Steg und Korpus systematisch untersucht. Als Endresultat dieser sehr charakteristischen Grundlagenforschung ist die Funktionsweise der Geige physikalisch erklärbar geworden, wenngleich Aspekte der unterschiedlichen Qualität der einzelnen Instrumente noch ausgespart sind.

Bei der Orgel konzentrieren sich die akustischen Untersuchungen zunächst – vielleicht bedingt durch den komplizierten Aufbau des Instrumentes – auf die Tonerzeugung in der einzelnen Pfeife. So konnte Jürgen Meyer[13] die schon zuvor mehrfach aufgegriffene Frage der sogenannten Mündungskorrektur, d.h. der Abweichung der Resonanzfrequenzen von einer harmonischen Lage in Abhängigkeit von

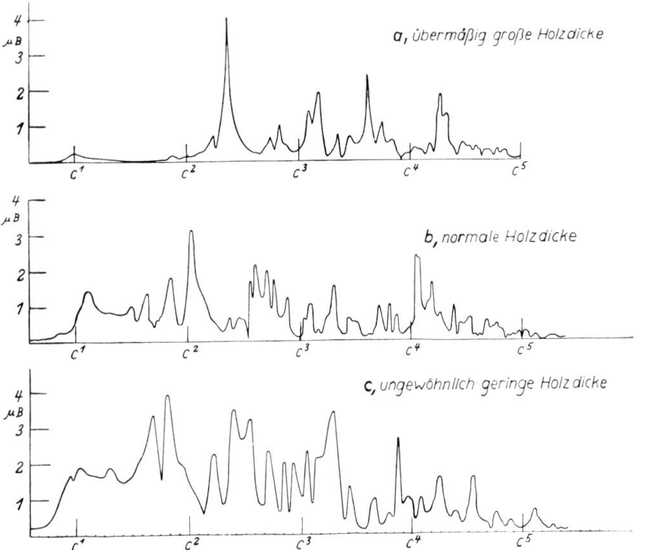

Abb. 3: Akustische Meßverfahren eröffnen die Möglichkeit, verschiedene Bearbeitungszustände eines Instruments nachträglich zu vergleichen: Frequenzkurven von Geigen, aufgenommen vor 1940 von Hermann Meinel

dem Durchmesser und den Labiumabmessungen der Pfeife endgültig klären. Zum anderen wurde auch die Problematik der Schwingungsanregung durch die den Schneidenton bildenden Luftwirbel sowie der Entstehung eines pendelnden Luftblattes eingehend behandelt, woraus sich gezielte Angaben über eine energetisch optimale Intonation[14] oder besondere Klangwirkungen wie die für die Artikulation wichtigen Vorläufertöne ableiten ließen. Den Übergang zum Gesamtinstrument bilden Messungen an Traktursystemen verschiedener Art[15] sowie Untersuchungen über den Einfluß der Luftzuführungen[16].

Neben diesen physikalisch-technischen Grundlagen der Entstehung des Orgelklanges in seiner spektralen Zusammensetzung und in seinem Einschwingverhalten interessierte sich Werner Lottermoser[16] besonders für die Frage, welche Eigenarten den Klang besonders schöner Orgeln ausmachen. Er analysierte dazu den Klang des Plenums – vorzugsweise mit Oktavfiltern – und fand heraus, daß die frequenzmäßige Energieverteilung innerhalb der Spektren möglichst zwei formantartige Maxima aufweisen sollte. Durch psychoakustische Messungen von Empfindungsspektren konnte er begründen, warum derartige Klänge den Energieverteilungen ohne Doppelmaximum, wie sie in Orgeln der Jahrhundertwende anzutreffen sind, vom musikalischen Zuhörer vorgezogen werden. Sein besonderes Verdienst ist in einer Dokumentation vieler historischer Orgeln zu sehen, darunter Meisterwerke des norddeutschen

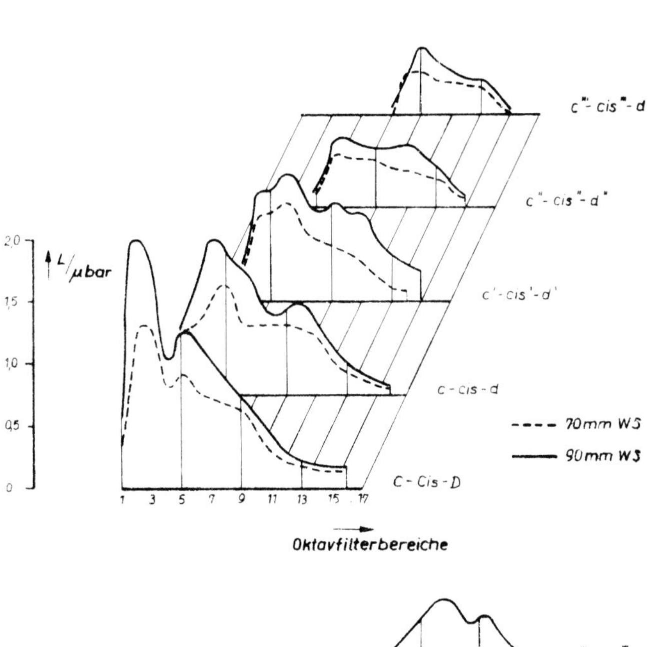

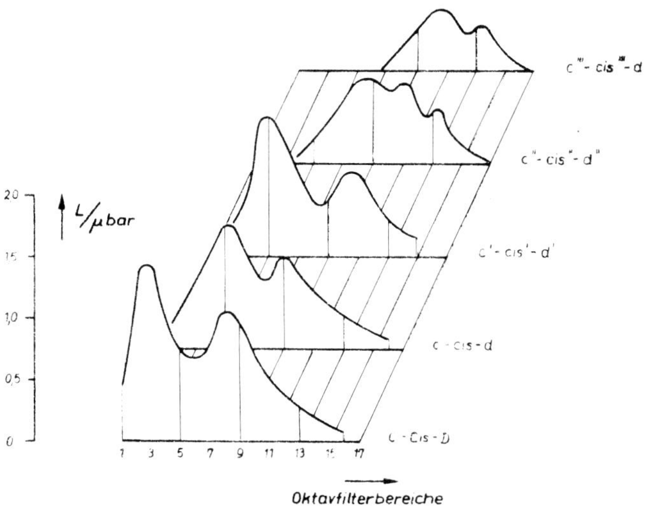

Abb. 4: Oktavsiebanalysen des Plenumklanges von Orgeln bilden die Grundlage für die Rekonstruktion eines historischen Klangbildes: Korrekturen und Nachintonation führten beim Wiederaufbau der Dresdner Kreuzkirchen-Orgel auf die für Barock-Orgeln typischen Doppelmaxima

[13] Jürgen Meyer: *Resonanzeigenschaften und Einschwingvorgänge labialer Orgelpfeifen.* Diss. TU Braunschweig 1961.

[14] Hartmut Ising: „Wirkungsweise und Optimalpunkt von Orgelpfeifen". *Instrumentenbau-Zeitschrift* 24 (1970), S. 164.

[15] Wolfgang Linhardt: *Über Laden- und Traktursysteme der Orgel und ihre Einflüsse auf die Ausgleichsvorgänge der Pfeifen.* Diss. TU Braunschweig 1960.

[16] Werner Lottermoser: *Orgeln, Kirchen und Akustik.* Frankfurt/M. 1983.

und des süddeutschen Barocks sowie Instrumente der Brüder Silbermann im Elsaß und in Sachsen. Er schuf dadurch Maßstäbe, die bei der verantwortungsvollen Restaurierung alter Orgeln, aber auch bei Neubauten zugrunde gelegt werden können.

Ein markantes Beispiel für erfolgreiches Zusammenwirken zwischen orgelbauerischer Erfahrung, physikalisch-technischem Grundlagenwissen und klangästhetischen Erkenntnissen zeigt der Einsatz des Lottermoserschen Meßverfahrens beim Bau der neuen Orgel in der Dresdner Kreuzkirche.[17] In *Abb. 4* sind die Oktavspektren des Hauptwerkplenums einander gegenübergestellt, wie sie in drei Entwicklungsstadien gemessen wurden. Nach der ersten Intonation ergaben sich ziemlich glatte Kurven ohne nennenswerte Nebenmaxima. Eine Erhöhung des Anblasdruckes führte bereits auf schwache, aber noch keineswegs ausreichende Anhebungen bei höheren Frequenzen. Erst eine Erweiterung der Mixtur-Register und die endgültige Intonation wies ausgeprägte Doppelmaxima auf, die dem Klang des vollen Werkes seine erwünschte Brillanz verleihen.

Bei den Blasinstrumenten sind größere Forschungsaktivitäten erst seit den 1960er Jahren zu beobachten, nachdem sich allerdings schon früher Arndt von Lüpke[18] mit der Stimmung von Blockflöten und insbesondere mit der Abhängigkeit der Intonation vom Anblasdruck befaßt hatte. Im Musikwissenschaftlichen Institut der Universität Köln lag der Schwerpunkt der Untersuchungen zunächst in der klanglichen Differenzierung zwischen historischen und

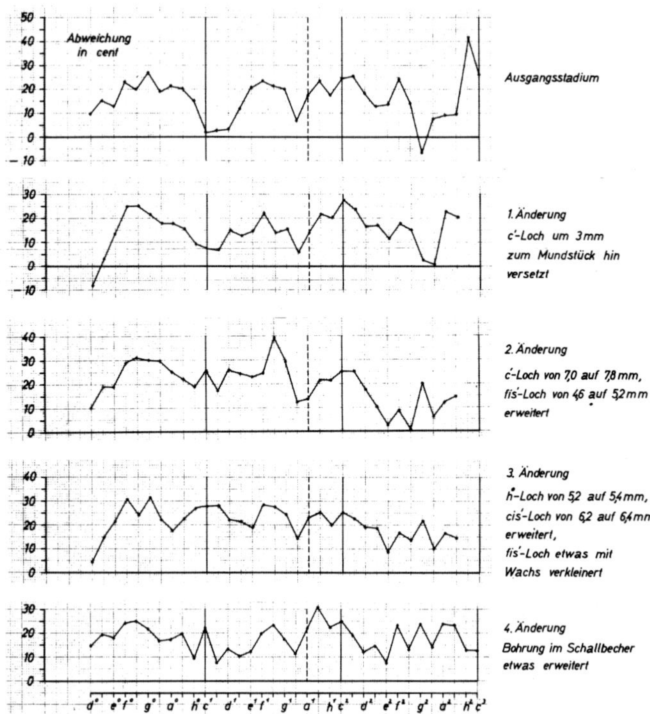

Abb. 5: Genaue Stimmungsmessungen bilden für den Instrumentenbauer den Ausgangspunkt für gezielte Korrekturen: Schrittweise werden die Stimmungsfehler einer Klarinette von einer anfänglichen Streubreite von 50 cent auf etwa die Hälfte reduziert

modernen Instrumenten; genannt seien die Arbeiten von Ulrich Müller[19] über Clarinen und Ventiltrompeten und von Wolfgang Voigt[20] über Dulziane und Fagotte. Dabei interessierte vor allem der Nachweis der Richtigkeit der Schumannschen Formantgesetze, aber auch die Möglichkeit der Übertragung dieser Ergebnisse auf die elektronische Klanggestaltung[21], und Jobst Fricke[22] bemühte sich um die Erklärung für das Zustandekommen der Formanten infolge des Impulscharakters der Anregung.

In ähnliche Richtung zielten auch die Klanguntersuchungen von Jürgen Meyer[23] an historischen und modernen Hörnern und Fagotten verschiedener Provenienz. Im Mittelpunkt der Arbeiten des Laboratoriums für Musikalische Akustik der Physikalisch-Technischen Bundesanstalt (PTB) in Braunschweig, die als Vorläufer der Projekte für die Forschungsgemeinschaft Musikinstrumente zu verstehen sind, standen jedoch die Probleme der Stimmung der Holzblasinstrumente. In der ersten Entwicklungsstufe wurden Verfahren zur Messung der gespielten Frequenzen geschaffen; mit ihrer Hilfe konnten Fehler der Instrumente ziemlich genau erfaßt und dann mit der Erfahrung der Instrumentenbauer korrigiert werden.[24] *Abb. 5* zeigt ein Beispiel für die praktische Anwendung dieser Methode, die sich vor allem bei der Kontrolle von Prototypen für die Serienfertigung bewährt hat.

Um die Objektivität des Verfahrens zu erhöhen, mußte jedoch der Einfluß des Spielers ausgeschaltet werden. Dazu wurden in einer späteren Entwicklungsstufe Vorrichtungen zum künstlichen Anblasen gebaut, bei denen nicht nur der Anblasdruck, sondern auch Lippendruck und Lippenstellung variiert und Temperatur und Feuchtigkeit der Anblasluft einbezogen werden konnten.[25] Die quantitative Darstellung des Einflusses dieser Anblasparameter auf die Intonation fand auch großes Interesse bei den Musikern, die auf diese Weise stärker in die Diskussion über objektiv feststellbare Qualitätsmerkmale hineingezogen werden konnten.

---

17 Otto Jehmlich und Dietmar Krieger: „Die neue Orgel in der Kreuzkirche zu Dresden". *Das Musikinstrument* 14 (1965), S. 151.

18 Arndt v. Lüpke: „Untersuchungen an Blockflöten". *Akustische Zeitschrift* 5 (1940), S. 39.

19 Ulrich Müller: *Untersuchungen zu den Strukturen von Klängen der Clarin- und Ventiltrompete.* Regensburg 1971.

20 Wolfgang Voigt: *Untersuchungen zur Formantbildung in Klängen von Fagott und Dulzianen.* Diss. Köln 1974.

21 Jobst Fricke: „Klangfarbendynamik in der Studiotechnik und bei elektronischen Musikinstrumenten". *Tagungsbericht 10. Tonmeistertagung Köln* 1975, S. 26.

22 Ders.: „Formantbildende Impulsfolgen bei Blasinstrumenten". In: *Fortschritte der Akustik*, DAGA '75. Weinheim 1975, S. 407.

23 Jürgen Meyer: *Akustik und musikalische Aufführungspraxis.* Frankfurt/M. 1972.

24 Ders.: *Akustik der Holzblasinstrumente in Einzeldarstellungen.* Frankfurt/M. 1966.

25 Christoph Mühle: *Untersuchungen über die Resonanzeigenschaften der Blockflöte.* Frankfurt/M. 1966. Ferner Jürgen Meyer: „Über die Intonation bei den Klarinetten". *Instrumentenbau-Zeitschrift* 23 (1969), S. 480.

Gezielte Forschung für den deutschen Musikinstrumentenbau

Im Jahre 1966 wurde durch den Bundesverband der deutschen Musikinstrumenten-Hersteller die Forschungsgemeinschaft Musikinstrumente e.V. gegründet, die der Arbeitsvereinigung industrieller Forschungsvereinigungen angeschlossen ist. Ihre Zielsetzung unterscheidet sich von den früheren Forschungen an Musikinstrumenten dadurch, daß neben den unumgänglichen Grundlagenuntersuchungen vorrangig konkrete, im Instrumentenbau verwertbare Ergebnisse erzielt werden sollen. Aufbauend auf den Arbeiten, die schon zuvor im Laboratorium für Musikalische Akustik der PTB durchgeführt waren, wurden dort nun schwerpunktmäßig Forschungsprogramme für eine Reihe von Instrumentengruppen entwickelt. Die Auswahl der Schwerpunkte wie auch technische Einzelaufgaben wurden bewußt von der Musikinstrumentenindustrie vorgegeben, um die Praxisverbundenheit der Forschungen zu erhöhen. Im Laufe der Zeit konnten natürlich bei den späteren Projekten stets Erfahrungen aus den vorangehenden einbezogen werden, doch liefen die einzelnen Programme im allgemeinen auf dieselben drei Grundprobleme hinaus: Schaffung objektiver Meßverfahren zur Beschreibung der akustischen Instrumenteneigenschaften, Erarbeitung meßbarer Kriterien für die subjektiv empfundene Qualität und Klärung der quantitativen Zusammenhänge zwischen konstruktiven Details und den Qualitätskriterien. Im folgenden werden Zielsetzung, Lösungsmethoden und Ergebnisse der einzelnen Forschungsprojekte zusammenfassend dargestellt.

Abb. 6: Der Verzicht auf die Mitwirkung eines Spielers ist eine wichtige Voraussetzung für objektive Messungen: Vorrichtung zum künstlichen Anblasen eines Waldhorns in einem reflexionsarmen Raum

Forschungsprojekt Blechblasinstrumente

Die Aufgabenstellung der Untersuchungen an Blechblasinstrumenten ließ sich in drei Teilbereiche untergliedern. Der erste bezog sich auf die reinen Resonanzverhältnisse; insbesondere sollte festgestellt werden, in welcher Weise Frequenz und Dämpfung der einzelnen Resonanzen vom Verlauf der Mensur und den Abmessungen des Mundstücks abhängen. Der zweite Teilbereich umfaßte die Zusammenhänge zwischen den Instrumentenresonanzen und den Naturtönen, die unter Einwirkung des Spielers entstehen; besonders interessierten dabei Intonation und Ansprache, und es wurde als wichtiges Ziel angesehen, eine Methode zu entwickeln, mit der man objektiv, d.h. ohne Spieler messen kann, welche klanglichen Details mit Spieler entstehen würden. Schließlich sollte daraus ein industrietaugliches Verfahren zur Gütekontrolle und Fehlerbestimmung abgeleitet werden.

Als Lösungsweg für die Bestimmung der Abhängigkeit der Resonanzeigenschaften von den Abmessungen des Instruments bot sich die sogenannte Leitungstheorie an, weil sich damit sowohl die Wellenfortpflanzung in konischen und zylindrischen Rohrabschnitten unterschiedlichen Durchmessers als auch die Reflexionserscheinungen in Schalltrichter und Mundstück mathematisch beschreiben lassen. Für eine Reihe von Modellinstrumenten mit unterschiedlichen Trichterformen wurden die nach diesem Verfahren berechneten Resonanzfrequenzen mit den Ergebnissen direkter Messungen verglichen. Dabei erwies sich die Registrierung der Eingangsimpedanz des Instrumentes am Mundstück als eine besonders günstige Größe zur Gegenüberstellung der Resonanzeigenschaften mit den tatsächlich geblasenen Tönen.

Um den grundsätzlichen Einfluß des Spielers auf die Tonbildung zu erfassen und dabei die individuellen Eigenarten der einzelnen Musiker möglichst weitgehend auszuschalten, wurden Versuche mit einer größeren Anzahl von Spielern durchgeführt und sowohl die Mittelwerte der Meßergebnisse als auch die persönlichen Charakteristika betrachtet. Außerdem wurden die Fragestellungen dabei so formuliert, daß die Spielweise möglichst nicht durch irgendwelche Voreingenommenheiten der Musiker beeinträchtigt wurde. Ausgehend von den so gewonnenen Ergebnissen wurden verschiedenartige Versuche unternommen, den Anblasprozeß durch mechanische Vorrichtungen mit entsprechender elektronischer Steuerung zu simulieren.

Ein wichtiges Ergebnis der Forschungsarbeiten stellt die Entwicklung einer künstlichen Anblasvorrichtung dar, mit der sich die Naturtöne der Blechblasinstrumente mit einer Ungenauigkeit von nur sehr wenigen cent gegenüber dem Mittelwert der Spieler reproduzieren lassen *(Abb. 6)*. Diese Vorrichtung erzeugt mittels einer Sirene einen zeitlich modulierten Luftstrom, der der Strömung zwischen den vibrierenden Bläserlippen entspricht, und imitiert die für die Schallreflexion maßgebliche Impedanz der Lippen durch einen Adapter, bei dem die Luft durch eine mit Drähten gefüllte Bohrung fließt.[26]

Die Entstehung der geblasenen Naturtöne, deren Grundfrequenz sich vielfach nicht mit einer Resonanzfrequenz deckt, kann dahingehend erklärt werden, daß sich die Bläserlippen auf solche Schwingungen einstellen, bei denen möglichst viele der harmonischen Teiltöne möglichst gut

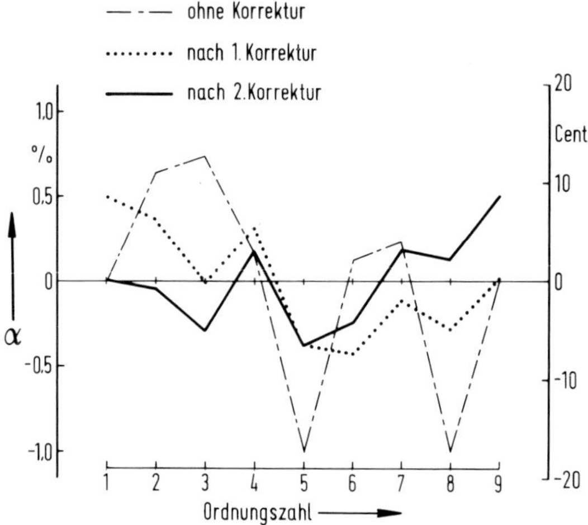

Abb. 7: Ausgehend von den gemessenen Stimmungsfehlern lassen sich die Auswirkungen von Verbesserungsmaßnahmen vorherberechnen: Stimmungskurven eines Horns vor sowie nach einer ersten und einer zweiten Querschnittskorrektur

auf die nicht streng harmonisch liegenden Resonanzen fallen. Mit diesem sogenannten Summenprinzip lassen sich u. a. die schwachen Grundtöne in der tiefen Lage aller Blechblasinstrumente oder auch die nur mit erhöhtem Aufwand spielbaren Zwischentöne zwischen den Intervallen der Naturtonreihe erklären. Vor allem aber erlaubt es das Summenprinzip, die Frequenzlage der Naturtöne aus den Resonanzlagen zu bestimmen.[27]

Basierend auf einer genauen Stimmungsmessung können daher Rückschlüsse auf fehlerhafte oder ungünstige Resonanzlagen gezogen werden. Daraus läßt sich dann berechnen, an welchen Stellen des Instruments und in welchem Ausmaß Veränderungen der Mensur vorzunehmen sind, um die Stimmung einzelner Töne zu verbessern, ohne andere Töne dabei allzu sehr in Mitleidenschaft zu ziehen. *Abb. 7* zeigt ein Beispiel für die Korrektur der Stimmung eines Horns. Dieses Korrekturverfahren, das normalerweise nicht ohne großen Rechner zu bewältigen ist, wurde den deutschen Blechblasinstrumentenmachern in Form eines Tabellenwerkes mit graphischen Ergänzungen für den direkten Einsatz an die Hand gegeben.

Außerdem wurde ein vereinfachtes Meßverfahren entwickelt, mit dem die Instrumentenbauer bei relativ geringem Aufwand die Resonanzeigenschaften bestimmen können, um die Ergebnisse zur Qualitätskontrolle oder bei der Modellverbesserung einzusetzen. Die Kenntnis von Frequenzlage und Dämpfung der Resonanzen gestattet auch Aussagen darüber zu machen, in welcher Weise sich unterschiedliche Spieltechniken wie z.B. ein druckstarker oder ein druckschwacher Ansatz oder die Dynamik auf Intonation und Klangfärbung auswirken. Darüber hinaus lassen sich bei fehlerhafter Ansprache einzelner Töne die verantwortlichen Reflexionspunkte an den Ventilen oder anderen Störstellen mit der Impuls-Echo-Methode eindeutig lokalisieren.

Forschungsprojekt Gitarren

Die Zielsetzung der Untersuchungen an Gitarren bestand zum einen darin, herauszufinden, welche Resonanzeigenschaften des Gitarrenkorpus für die klangliche Qualität der Instrumente verantwortlich sind. Diese Kriterien für die Qualität sollten unabhängig von einem Spieler und von bewertenden Zuhörern objektiv meßbar sein, damit Veränderungen am Instrument eindeutig beurteilt werden können. Zum anderen sollte untersucht werden, in welcher Weise und in welchem Maße einzelne bautechnische Details wie die Versteifungsanordnungen unter der Decken- und Bodenplatte, das Plattenmaterial selbst und die Form des Steges die Resonanzeigenschaften beeinflussen, um konkrete Konstruktionshinweise für eine Verbesserung der Klangqualität oder eine gezielte Veränderung des Klangcharakters geben zu können. Alle diese Untersuchungen sollten sich nur auf sogenannte akustische Gitarren, nicht aber auf elektrisch verstärkte Instrumente beziehen.

Um dieses Ziel zu erreichen, wurden zunächst umfangreiche Hörtests mit einer größeren Anzahl von Gitarren unterschiedlicher Qualität durchgeführt. Dazu waren ein- und mehrstimmige Stücke verschiedenen Charakters mit Kunstkopftechnik auf Tonband aufgenommen und zu Testprogrammen zusammengestellt worden, bei denen die Zuhörer jeweils das klanglich bessere von zwei Beispielen bestimmen mußten. Damit sollte eine qualitative Rangfolge der beteiligten Instrumente festgelegt werden. Außerdem wurden von allen Gitarren mittels künstlicher Schwin-

26 Klaus Wogram und Jürgen Meyer: „Objektive Prüfung der Stimmung von Blechblasinstrumenten". *Das Musikinstrument* 22 (1973), S. 1136.

27 Klaus Wogram: „Die Beeinflussung von Klang und Ansprache durch das „Summenprinzip" bei Blechblasinstrumenten." *Bericht 11. IMS-Kongreß*. Kopenhagen 1972.

gungsanregung am Steg Resonanzkurven aufgenommen und die wichtigsten Eigenarten dieser Kurven mit dem Ergebnis der Hörtests korreliert.

Mit dem gleichen Meßverfahren wurden auch die Resonanzeigenschaften einer Reihe von Gitarren unterschiedlicher Konstruktion ermittelt. Vor allem aber wurden derartige Resonanzmessungen an speziellen Versuchsmodellen durchgeführt, bei denen Decke oder Boden auswechselbar waren und auch die Zargenhöhe verändert werden konnte. Dabei wurden insbesondere die Lage und die Anzahl der Spreizen unter der Decke sowie der Querbalken unter Decke und Boden systematisch variiert. Auch schwingungsunfähige Böden und Zargen wurden in diese Messungen einbezogen, um die Wechselwirkung zwischen Hohlraumresonanzen und Deckenresonanzen zu klären. Schließlich wurden bei den wichtigsten Resonanzen auch die Schwingungsform und die Verläufe der Knotenlinien ausgemessen.

Als ein grundlegendes Ergebnis konnten 19 Qualitätskriterien für das Resonanzverhalten des Korpus abgeleitet werden, die in guter Übereinstimmung mit der subjektiven Bewertung der Gitarren stehen. Sie sind direkt aus der Resonanzkurve ablesbar, und der mögliche Variationsbereich der einzelnen Meßwerte ist in Teilbereiche für gute, mittelmäßige und schlechte Instrumente gegliedert. Dadurch ist eine völlig objektive Beurteilung der klanglichen Auswirkungen bei konstruktiven Veränderungen am Instrument möglich. Grundsätzlich weist die Resonanzkurve drei Einzelresonanzen bei tieferen Frequenzen und mehr oder weniger dichte Resonanzgebiete bei höheren Frequenzen auf. Das wichtigste Kriterium besteht darin, daß die dritte Resonanz (bei etwa 400 Hz) deutlich ausgeprägt und wenig bedämpft ist. Bei den beiden unteren Resonanzen spielt die Frequenzabstimmung eine wesentliche Rolle. *Abb. 8* zeigt als Beispiel, wie stark sich ein Ton von seinen Nachbartönen unterscheiden kann, wenn er direkt mit einer Resonanz zusammenfällt: Die Energie wird der Saite sehr viel schneller entzogen, und der Ton klingt stumpf.

Generell kann man sagen, daß die Qualität des für Decke und Boden verwendeten Materials sich vor allem auf jene Kriterien auswirkt, die sich auf höhere Frequenzen (etwa oberhalb 1000 Hz) beziehen. Bei tieferen Frequenzen überwiegt dagegen der Einfluß konstruktiver Details, so daß sich hier die Nachteile schlechteren Materials zumindest teilweise ausgleichen lassen. Eine Erhöhung der Anzahl der versteifenden Elemente unter der Decke verringert daher die Qualitätsstreuung bei Serienfertigung.

Die Abstimmung der Grundresonanzen läßt sich mit einem aus den systematischen Messungen entwickelten Verfahren für eine beliebige Anzahl und Anordnung von Spreizen oder Querbalken vorherberechnen. Für die meisten der anderen Kriterien wurden teils qualitative, teils sogar quantitative Zusammenhänge zu den genannten konstruktiven Details ermittelt, die eine gezielte Veränderung des Resonanzverhaltens in bestimmten Frequenzbereichen ermöglichen. Als Beispiel ist in *Abb. 9* der Einfluß der Spreizen auf die Stärke und Dämpfung der unteren Resonanzen sowie auf die Stärke der Schallabstrahlung in einigen Frequenzbereichen dargestellt. In entsprechender Weise wurde auch der Einfluß verschiedener Stegformen und unkonventioneller Versteifungsanordnungen (z. B. mit rhombischen Plättchen) auf das Verhalten des Korpus und insbesondere auf die Ausbildung der dritten Resonanz zwecks Schaffung optimaler Schwingungsbedingungen geklärt. Das Gesamtergebnis der Forschungsarbeiten an Gitarren liegt in Buchform vor.[28]

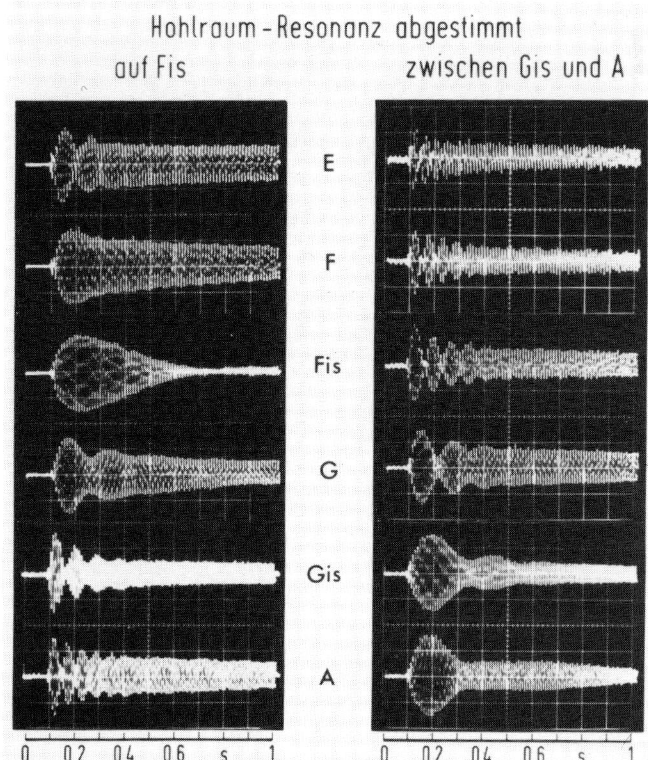

Abb. 8: Die Frequenzlage der Hohlraum-Resonanz beeinflußt die Zeitstruktur der Grundtöne einer Gitarre im unteren Tonbereich: Ein- und Ausschwingvorgänge bei unterschiedlicher Abstimmung des Hohlraumes

Forschungsprojekt Klaviere

Die heute übliche Bauweise von Flügeln und Klavieren hat sich – historisch gesehen – zu einem nicht unbeträchtlichen Teil aufgrund von statischen Überlegungen entwickelt. Dennoch sind natürlich fast alle Details in mehr oder weniger starkem Maße für die schwingungstechnischen Vorgänge und damit für den Klangcharakter des Instruments von Bedeutung. Das Hauptinteresse der Untersuchungen galt daher der Frage, in welcher Weise konstruktive Einzelheiten wie Spanrichtung und Berippung des Resonanzbodens oder auch Bodenlager und Rasten auf

[28] Jürgen Meyer: *Akustik der Gitarre in Einzeldarstellungen.* Frankfurt/M. 1985.

Einfluß der Spreizen auf die Qualität von Gitarren									
Spreizen \ Kriterium	Q_1	L_{80m125}	L_2	L_3	ΔL_3	Q_3	$L_{250m400}$	$L_{315m500}$	$L_{80m1000}$
steigende Anzahl	0	− 1dB/Spr.	0	0	0	0	0	− 0,7dB/Spr.	− 0,5dB/Spr.
optimale Anzahl	/	5	/	/	6....7	6....7	/	3....5	(5)
Schwerpunkt nach außen	− 20%/cm	+ 1dB/cm	+ 1,2dB/cm	0	− 1,7dB/cm	(+)	+ 0,3dB/cm	+ 0,6dB/cm	+ 0,3dB/Spr.
ungleiche Abstände	0	+	+	0	+	−	0	0	0
Mittelspreize	0	+	+	0	0	0	0	+	+
Abstand der inneren Spreizen in cm	>4	<5	<5	<4	/	>4,5	4....6	>6	/
Spreizen am Stegende (8...10cm)	0	0	−	+	+	+	0	0	−
Spreizen außerhalb Steg (12...14cm)	0	+	+	0	−	−	+	+	+
Spreizen weit außen (16...17,5cm)	−	+	+	+	+	+	+	+	+

Abb. 9: Anzahl und Verteilung der Spreizen prägen die Schwingungseigenschaften von Gitarrendecken: Bewertung einzelner Details der Spreizenanordnung hinsichtlich ihrer Auswirkung auf neun verschiedene Qualitätskriterien

den Klang und die Stimmung einwirken. Dabei sollten die generellen Zusammenhänge aufgezeigt, aber auch die individuellen Einflüsse bei Klavieren unterschiedlicher Grundkonstruktion und Mensur erfaßt werden. Ferner sollte das Problem aufgegriffen werden, wie Hammerköpfe noch vor dem Einbau in die Mechanik auf ihre elastischen Eigenschaften hin überprüft werden können, um die spätere Nacharbeit zu reduzieren und ein Auswechseln zu vermeiden.

Um die Klangeigenarten von Klavieren mit reproduzierbarer Art des Anschlages messen zu können, wurde eine künstliche Anschlagvorrichtung gebaut, bei der die Tasten über Elektromagnete angestoßen werden. Da für *forte*-Anschläge starke – und somit relativ schwere – Magnete erforderlich sind, ist der Tonumfang auf zwei Gruppen von je 15 Tönen beschränkt, die sich jedoch über der Tastatur verschieben lassen. Die Stärke des Anschlags ist über eine umfangreiche Elektronik für jeden Magneten einzeln und feinstufig einstellbar.

Sehr wichtig ist der Energieübergang von der Saite auf den Resonanzboden; er hängt von der Eingangsimpedanz des Stegs unter der Saite ab. *Abb. 10* zeigt den Meßaufbau zur Aufnahme der Eingangsimpedanz an elf Punkten auf dem Hauptsteg und drei Punkten auf dem Baßsteg. Der Meßkopf erzeugt unabhängig von der Frequenz eine konstante Schwingungsschnelle. Die dazu erforderliche Kraft, die der Impedanz proportional ist, wird in Abhängigkeit von der Frequenz gemessen und als Impedanzkurve registriert. Der Aufbau befindet sich in einem reflexionsarmen Raum, die Halterung ist zur Vermeidung von Eigenresonanzen durch Sandfüllung bedämpft.

Die Einflüsse der Berippung auf das Resonanzverhalten des Bodens wurden durch systematische Veränderungen von Masse und Steifigkeit der einzelnen Rippen sowie von deren Anzahl und Anordnung erfaßt,[29] auch wurden Versuche mit verändertem Grundmaterial für den Boden durchgeführt. Zur Messung der dynamischen Härte der Hammerköpfe wurde eine Apparatur gebaut, bei der der zeitliche Verlauf der Beschleunigung beim Aufprall einer definierten Masse aufgenommen wird.

Folgende Ergebnisse lassen sich zusammenfassen:

Das Ausklingverhalten hängt in starkem Maße von der Kopplung zwischen Saitenfrequenzen und Bodenresonanzen ab. Je höher die Eingangsimpedanz ist, desto langsamer erfolgt der Energieübergang und damit das Ausklingen. In

Abb. 10: Für den Übergang der Schwingungsenergie von den Klaviersaiten auf den Resonanzboden ist die Eingangsimpedanz am Steg maßgeblich: Vorrichtung mit einem Impedanz-Meßkopf, der an verschiedenen Punkten auf den Hauptsteg und den Baßsteg aufgesetzt werden kann

den Resonanzen erreicht die Impedanz ein Minimum, so daß der Ton extrem schnell abklingt. Um ein langes Ausschwingen zu erhalten, muß deshalb die Steifigkeit des Bodens durch eine geeignete Berippung angehoben werden *(Abb. 11)*.

Wirkungsgrad und Dämpfung des Resonanzbodens werden in erheblichem Umfang von den Rippen bestimmt. Bei den heute üblichen Konstruktionen ist vielfach eine Überkompensation der Steifigkeit quer zum Span vorhan-

29 Klaus Wogram: „Akustische Untersuchungen an Klavieren". In: H. Junghanns (Hrsg): *Der Piano- und Flügelbau*. Frankfurt/M. 1984.

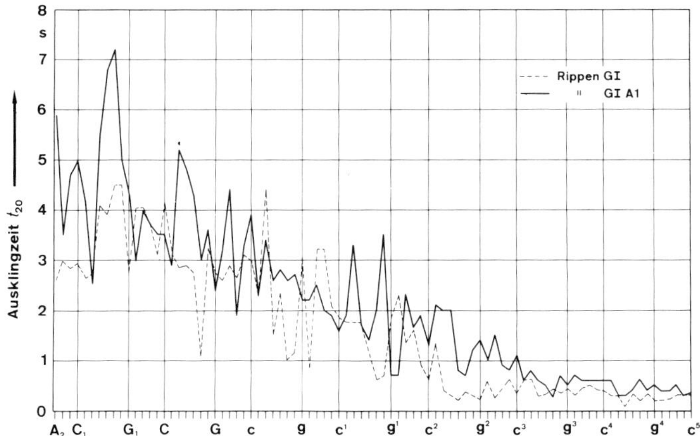

Abb. 11: Die Länge des Nachklingens der einzelnen Töne eines Klaviers hängt über eine Vielzahl konstruktiver Details von der Eingangsimpedanz des Resonanzbodens ab: Verlängerung der Ausklingzeiten (t_{20}) durch Modifizierung der ursprünglichen (——) Rastenkonstruktion

den, weil die Menge der Rippen zu groß ist. Da jede zusätzliche Masse eine zusätzliche Dämpfung bewirkt, sollten die einzelnen Rippen steif und leicht sein, um den Wirkungsgrad zu erhöhen. Eine zu geringe Dämpfung kann andererseits aber zu scharfen Spitzen in der Resonanzkurve und damit zu einer Unausgeglichenheit im Ausklingverhalten benachbarter Töne führen.

Die untere Grenze der Schallabstrahlung wird durch Größe und Form des Resonanzbodens bestimmt, da ein akustischer Kurzschluß über den Rand unvermeidlich ist. Um bei tiefen Frequenzen eine große schallabstrahlende Fläche zu erhalten, muß das Bodenlager im Baßbereich biegeweich sein. Im Diskant sollte es dagegen steif sein, um eine Unterteilung der schwingenden Fläche zu möglichst hohen Frequenzen hin zu verschieben. Jede Stabilisierung der Rastenkonstruktion bewirkt eine Beruhigung des Bodens im Randbereich und führt damit auf eine Vergrößerung des Wirkungsgrades.

Grundsätzlich scheint Holz als Material für die Bodenplatte ersetzbar zu sein. In Frage kommen kunststoffgebundene Laminate wie z.B. glasfaser- oder kohlefaserverstärkte Materialien.

Die Zeitstruktur des Klanges eines Saitenchores wird von der Inharmonizität der Saiten entscheidend geprägt. Sie läßt sich reduzieren, wenn die Einspannung der Saiten möglichst symmetrisch erfolgt, d.h. wenn der Kapotaster senkrecht zur Saite – und nicht schräg dazu – steht.

Die Qualität der Hammerköpfe wird weitgehend durch den Herstellungsvorgang des Filzes bestimmt. Gleichmäßiges Ausgangsmaterial und die Kenntnis eventueller Fehlstellen führen zu Einsparungen bei der Intonation. Eine meßtechnische Vorauswahl ermöglicht es auch, die zu erwartende klangliche Wirkung vor dem Einbau der Hämmer vorherzubestimmen.

Forschungsprojekt Schlaginstrumente

Bei Xylophonen und ähnlichen Stabspielen hängt die Gleichmäßigkeit der subjektiv empfundenen Stimmung in starkem Maße davon ab, wie die höheren, teils unharmonischen Teiltöne abgestimmt sind. Es sollte deshalb zum einen geklärt werden, wie diese Teiltöne für eine optimale Klangwirkung abgestimmt sein sollten, und zum anderen, wie eine derartige Stimmung in der Praxis durchgeführt werden kann. Außerdem sollten die Möglichkeiten klanglicher Verbesserungen an den mit den Stäben gekoppelten Resonatoren untersucht werden. Bei Trommeln interessierten vor

Abb. 12: Mittels der Modalanalyse lassen sich die einzelnen Schwingungsmodi von Xylophonstäben in Zeitlupe sichtbar machen: Meßaufbau mit der Anregung eines Stabes (vorn) und Schirmbild-Darstellung der ersten beiden Teiltöne (links)

allem die Einflüsse des Materials (sowohl der Felle als auch der Kessel) auf das Ausklingverhalten. Bei der Vielzahl der unterschiedlichsten Schlegel stellte sich schließlich die Frage, wie ihre verschiedenen Eigenarten am vorteilhaftesten angewendet werden können.

Zur subjektiven Bewertung der Stimmung wurden auf einem Synthesizer Xylophonklänge nachgebildet, bei denen Stärke, Ausklingzeit und Frequenz der ersten drei Teiltöne variiert werden konnten. In Hörtests hatten die Versuchspersonen bei jeweils zwei Klangversionen einer kurzen melodischen Phrase anzugeben, welche davon besser gefiel. Für reale Klangstäbe wurde die Abhängigkeit der Eigenfrequenzen und der Schwingungsform von dem Querschnittsverlauf sowohl mathematisch behandelt als auch in einer Reihe exemplarischer Fälle mit dem Verfahren der Modalanalyse überprüft. Bei diesem Verfahren wird eine schwingungsfähige Struktur nacheinander an einer Vielzahl von Punkten impulsförmig angeregt und die Reaktion an anderer Stelle abgetastet. Daraus lassen sich dann in einem Computer die Eigenfrequenzen und die zugehörigen Dämpfungen berechnen und die Schwingungen auf einem Bildschirm – quasi in Zeitlupe – sichtbar machen. *Abb. 12* zeigt diesen Meßaufbau, der als ein modernes Pendant zu Chladnis Methode anzusehen ist.

Um das Zusammenwirken von Klangstab und Resonator zu erfassen, wurde das Schallfeld in der Nähe eines Stabes sowie innerhalb eines Resonators und vor dessen Öffnung ausgemessen. Außerdem wurde die Abhängigkeit von Spitzenpegel und Ausklingzeit bei verschiedener Abstimmung von Stab und Resonator systematisch untersucht. Bei Trommeln wurde das Verfahren der Modalanalyse ebenfalls eingesetzt, und zwar um die Schwingungen des Kessels und des Stativs bei unterschiedlicher Masse und Form zu erfassen. Zur meßtechnischen Beschreibung der Schlegel wurde beim Aufschlag auf eine definierte Unterlage der entstehende Kraftimpuls in seiner Zeitstruktur aufgenommen und daraus das Initialstoßspektrum bestimmt.

Als Resümee der Hörtests ergab sich, daß bei Xylophonklängen der 1. Oberton genau bei der Doppeloktave des Grundtones und der 2. Oberton unharmonisch liegen sollte. Wie das in *Abb. 13* wiedergegebene Ergebnis zeigt, wird als günstigste Position die Mitte zwischen der kleinen und der großen Terz über der Dreifachoktave empfunden, weil dabei ein Dur- oder Moll-Charakter vermieden wird; dies bedeutet ein Frequenzverhältnis von 1 : 4 : 9,715 für die ersten drei Teiltöne. Vertretbar wäre auch eine Abstimmung oberhalb der großen Terz.[30] Die Stimmung der einzelnen Teiltöne wird durch Fräsungen an der Unterseite der Stäbe erreicht. Dazu liegen genaue Angaben über die gegenseitige Beeinflussung vor, die bei der Wahl der Orte und Breiten für die Ausfräsungen zu berücksichtigen sind. Will man den dritten Teilton auch gezielt stimmen, ist deshalb eine Vorab-Fräsung in einem für diesen Teilton wirksamen Bereich vorzunehmen, bevor mit der Abstimmung des Grundtones begonnen werden kann.

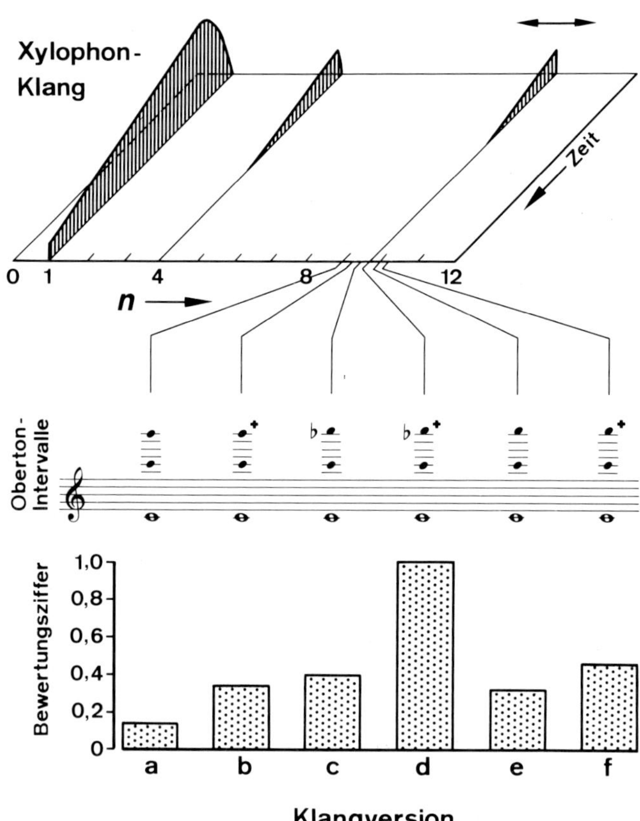

Abb. 13: Die günstigste Abstimmung der Obertöne von Xylophonstäben läßt sich nur durch systematische Hör-Tests ermitteln: Subjektive Bewertung von sechs Abstimmungsvarianten des 3. Teiltones (+ bedeutet eine Erhöhung der betreffenden Note um 50 cent)

Für ein günstiges Zusammenwirken von Stab und Resonator ist eine Anpassung der Resonatoröffnung an die Form des Schallfeldes des Stabes vorteilhaft; in diesem Sinne sind elliptische Öffnungen besser als kreisrunde. Außerdem soll der Schallfluß in der Resonatoröffnung möglichst groß sein, daher ist ein einseitig geschlossenes Rohr einem beidseitig offenen Rohr vorzuziehen. Für Baßxylophone wurde eine spezielle Resonatorform entwickelt, die eine Mittelstellung zwischen dem einseitig geschlossenen Rohr und einem Helmholtz-Resonator einnimmt, um so die große Länge eines Rohrresonators zu umgehen.[31]

Bei Trommeln klingt der Grundton um so länger aus, je größer die Masse des Felles, vor allem im Mittelbereich, ist; bei den höheren Klanganteilen nimmt dann der Einfluß der inneren Verluste im Fell zu. Eine große Kesselmasse hat den Vorteil, die Ausklingzeit unabhängig von der Auslegerlänge und anderen Schwingungseigenschaften des Stativs zu machen. Bei kleiner Masse entstehen gemeinsame Resonanzen von Kessel und Stativ, die um so höher abgestimmt sind, je höher die Biegesteifigkeit des Kessels ist. Reibungsverluste

30 Ingolf Bork und Jürgen Meyer: „Zur klanglichen Bewertung von Xylophonen". *Das Musikinstrument* 31 (1982), S. 1076.

31 Ingolf Bork: *Zur Abstimmung und Kopplung von schwingenden Stäben und Hohlraumresonatoren.* Diss. TU Braunschweig 1983.

im Kesselmaterial spielen vor allem dann eine Rolle, wenn Biegeschwingungen mit großen Amplituden auftreten.[32]

Die exakte Angabe von charakteristischen dynamischen Eigenschaften für die Schlegel erleichtert nicht nur die Qualitätskontrolle, sondern läßt auch erkennen, in welchem Frequenzbereich die Anregung am stärksten sein wird. Dies ist vor allem wichtig, wenn man bei geringen Anschlagstärken besondere Klangfärbungen erzielen will.

Forschungsprojekt Flöten

Während bei den Blockflöten der den Ton anregende Luftstrom durch einen schmalen Kanal am Kopf des Mundstücks auf die Kante des Labiums gerichtet wird, muß der Spieler einer Querflöte den Luftstrom selbst durch seine Lippenstellung auf die Kante des Mundloches lenken. Querflötenspieler sind deshalb besonders sensibel für die Reaktion ihres Instruments. Eine wichtige Teilaufgabe der zur Zeit laufenden Untersuchungen an Querflöten besteht deshalb darin, die vom Spieler subjektiv empfundene Qualität konkret zu erfassen; das schließt natürlich den Einfluß der Spieltechnik mit ein. Anschließend daran sollen dann die Zusammenhänge zwischen einzelnen Qualitätsmerkmalen und bautechnischen Details wie Form des Mundloches oder Konusverlauf im Kopfstück geklärt werden. Diesem Programm vorausgeschickt waren einige Messungen an Blockflöten, die Aufschluß darüber geben sollten, inwieweit die oft unbefriedigende Intonation auf Eigenarten der Instrumente oder auf das Verhalten der Spieler zurückzuführen ist.

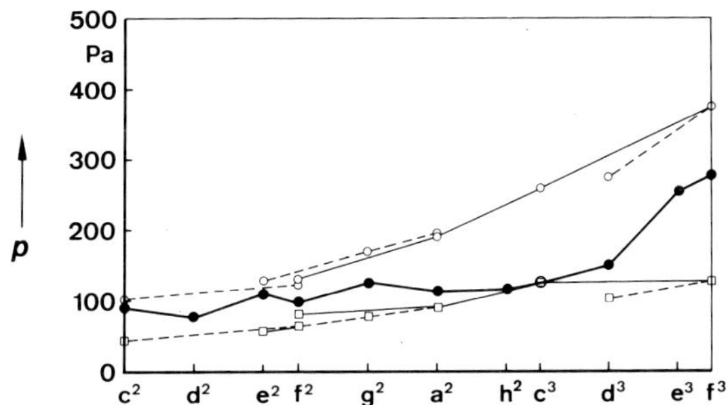

Abb. 14: Blockflötenspieler verwenden oft nicht den für das betreffende Instrument und eine „saubere“ Intonation günstigsten Anblasdruck: Tonhöhenabhängigkeit des Anblasdruckes bei einer Sopranblockflöte

● Erforderliche Druckwerte für eine 0-cent-Intonation

○ Bei einem professionellen Spieler gemessener Anblasdruck

□ Bei einem jugendlichen Amateur gemessener Anblasdruck

Zu diesem Zwecke wurde mittels einer Vorrichtung zum künstlichen Anblasen bei einer Anzahl von Blockflöten für jeden einzelnen Ton die Abhängigkeit der Intonation vom Anblasdruck gemessen und daraus die sogenannte Druckkennlinie des Instruments bestimmt, die angibt, welcher Druck bei den einzelnen Tönen zur richtigen Intonation führt. Außerdem wurde bei mehreren Spielern während eines kurzen Teststückes der tatsächlich verwendete Anblasdruck, die dadurch erzielte Intonation und der abgestrahlte Schallpegel in Abhängigkeit von der Zeit registriert; jeder Spieler hatte dabei auf Blockflöten mit unterschiedlichen Druckkennlinien zu blasen. Ergänzend wurden Messungen der Intonationskurven einzelner Töne bei systematischen Veränderungen von Durchmesser und Lage der betreffenden Seitenlöcher durchgeführt.

Zur Simulation des Anblasvorgangs bei Querflöten wurde eine Apparatur entwickelt, bei der sich außer dem Anblasdruck auch die Lage und die Richtung des Luftstromes sowie der Grad der Abdeckung des Mundlochs kontinuierlich verändern lassen. Die Lippenöffnung wird dabei in einigen auswechselbaren Varianten nachgebildet, die sich hinsichtlich Form und Größe der Ausströmöffnung unterscheiden. Das günstigste Verfahren für eine von den Strömungsvorgängen der Luft unabhängige Beschreibung der Resonanzeigenschaften der Flöte besteht in der Messung der Eingangsimpedanz. Dieses Verfahren läßt sich nicht nur auf das ganze Instrument, sondern auch auf seine Einzelteile anwenden, so daß sich damit zum Beispiel der Einfluß des Aufganges einer einzelnen Klappe auf die Resonanzdämpfung nachweisen läßt. Subjektive Tests mit Spielern sollen schließlich dazu dienen, herauszufinden, in welcher Rangfolge unterschiedliche Flötenmodelle, insbesondere verschiedene Kopfstückausführungen hinsichtlich ihrer Ansprache und der Modulationsfähigkeit des Klanges eingeordnet werden.

Für die Beurteilung der Stimmung einer Blockflöte ist ein wichtiges Ergebnis darin zu sehen, daß die Spieler eine gefühlsmäßige Vorstellung von dem je nach Tonhöhe erforderlichen Anblasdruck haben und die daraus resultierende Anblastechnik – weitgehend ohne die Stimmungseigenarten des jeweiligen Instruments zu berücksichtigen – in ziemlich unveränderter Form bei jeder Blockflöte anwenden. Diese „persönliche Druckkennlinie“ des Spielers kann, wie *Abb. 14* zeigt, zwar höher oder niedriger liegen, doch bleibt immer die zunächst schwach, dann stärker ansteigende Tendenz erhalten, weil diese dem natürlichen Anblasvorgang entspricht. Die Konsequenz aus diesem Spielerverhalten besteht darin, daß sich die Druckkennlinien der Blockflöten dieser Tendenz möglichst weit anpassen müssen, wenn eine gute Stimmung erzielt werden soll. In welchem Maße die Lage oder der Durchmesser der Seitenlöcher die Intonation beeinflussen, läßt sich zahlenmäßig aus *Abb. 15* ablesen. Dazu ist zu ergänzen, daß sich bei einer Vergrößerung der Löcher der mögliche Anblasdruck zu höheren Werten steigern läßt.[33]

Aus der Reihe der vorläufigen Ergebnisse aus den Versuchen mit Querflöten erscheint besonders wichtig, daß die

---

[32] Ders.: „Das Schwingungsverhalten von Trommelfellen und -kesseln“. *Das Musikinstrument* 33 (1984), S. 100.

[33] Klaus Wogram und Jürgen Meyer: „Über den spieltechnischen Ausgleich von Intonationsfehlern bei Blockflöten“. In: *TIBIA* 10 (1985), S. 322.

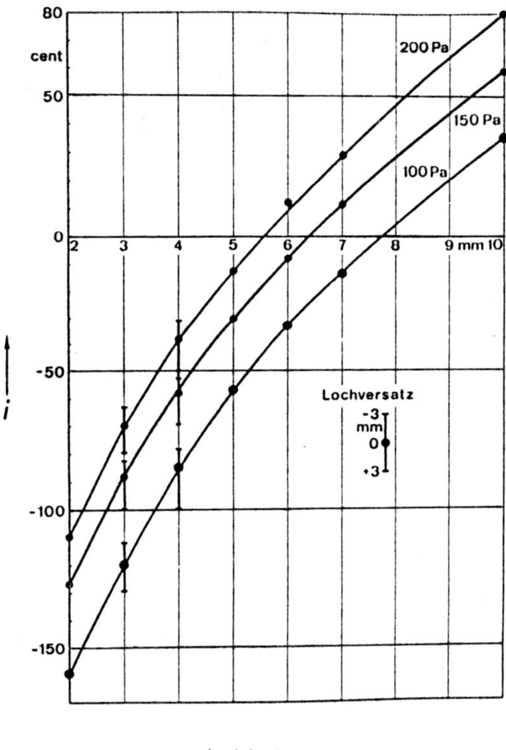

Abb. 15: Zur Verbesserung der Stimmung von Blockflöten lassen sich aus systematischen Meßreihen genaue Angaben für gezielte Veränderungen am Instrument ableiten: Einfluß von Druckmesser und Lage des Fingerlochs auf die Intonation des Tones g^2 einer Sopranblockflöte

Spieler die Ansprache als vorrangiges Qualitätskriterium vor der Klangfarbe und der Stimmung empfinden. Vom Instrument her ist dafür vor allem die Ausführungsform des Kopfstücks und insbesondere des Mundlochs verantwortlich. Um eine sichere Ansprache beim Überblasen zu gewährleisten – was natürlich eine saubere Intonation mit einschließt –, müssen die ersten Resonanzen des Instrumentes etwas gespreizt, d.h. bezogen auf den Grundton etwas höher als harmonisch, liegen. Tiefe Töne sprechen gut an, wenn die Hysterese zwischen dem Überblasen und dem Zurückfallen in die Grundschwingung weit ist, die Überblasgrenze also bei relativ hohem Druck liegt. Für hohe Töne ist eine geringere Hysterese günstiger. Dieses Hysterese-Verhalten wird durch strömungstechnische Vorgänge bestimmt und hängt unter anderem von der Kante des Mundloches ab. Sie läßt sich deshalb nicht aus den Resonanzmessungen ableiten, sondern kann nur mit der Anblasvorrichtung erfaßt werden.

AUSBLICK

Die Darstellung der Forschung im 20. Jahrhundert wurde bewußt auf diejenigen Arbeiten beschränkt, die in mehr oder weniger enger Beziehung zum Musikinstrumentenbau in Deutschland stehen. Das darf natürlich nicht darüber hinwegtäuschen, daß sich Forschung stets im weltweiten Rahmen sehen muß, wenn sie internationales Niveau halten soll. Nichts wäre gefährlicher als eine Abkapselung, die den Blick über die eigenen Grenzen versperrt; denn gerade der Gedankenaustausch auf internationalen Tagungen sowie die umfassende Kenntnis der Forschungsaktivitäten im Ausland bilden den fruchtbarsten Boden, aus dem neue Ideen und Entwicklungen emporwachsen können. Fragt man sich, in welche Richtung neue Impulse für die Musikinstrumentenforschung weisen könnten, so kann man sowohl hinsichtlich der experimentellen Methodik als auch der Einbeziehung neuer wissenschaftlicher Aspekte für die nähere Zukunft deutliche Fortschritte erwarten.

Im experimentellen Bereich stellt die Einführung des Computers eine ähnliche Wende wie die Erfindung der Elektronenröhre dar. Denn mit seiner Hilfe lassen sich nicht nur die herkömmlichen Meßverfahren bei erheblicher Zeitersparnis in ihrer Leistungsfähigkeit steigern, vielmehr ist es auch möglich – zum Beispiel im Anschluß an die Modalanalyse –, rein rechnerisch zu ermitteln, wie sich die schwingungstechnischen Eigenschaften bei konstruktiven Veränderungen am Instrument verhalten, ohne daß diese Veränderungen am Instrument selbst ausgeführt werden müssen. Der nächste Schritt in dieser Richtung ist dann die vollständige Simulation des Schwingungsverhaltens von Instrumenten nach der Finite-Elemente-Methode, bei der dem Computer nur die geometrische Form und die Materialeigenschaften vorgegeben zu werden brauchen; dann lassen sich alle konstruktiven Varianten mit relativ geringem Aufwand durchspielen.

Die Erweiterung der Grenzen des „technisch Machbaren" fordert aber bei einem so subtilen Sujet wie dem Musikinstrumentenbau auch eine deutliche Kennzeichnung der Grenzen des „ästhetisch Erstrebenswerten" heraus. Hier eröffnet sich ein breites Aufgabenfeld für die Psychoakustik, die sich mit den Empfindungen beschäftigt, die durch die – objektiv meßbaren – Schallvorgänge beim Menschen ausgelöst werden. Gerade auf dem Gebiet der elektronischen Musikinstrumente werden derartige Forderungen die Richtungen für technische Entwicklungen in Zukunft zunehmend bestimmen müssen, wenn diese Instrumente ihre Berechtigung als Klangerzeuger im musikalisch-künstlerischen Bereich nicht aufs Spiel setzen wollen. Zum anderen fällt in den Bereich der Psychoakustik auch beispielsweise die Aufgabe, festzustellen, wie groß Veränderungen an den herkömmlichen Instrumenten überhaupt sein müssen, damit man einen qualitativen Unterschied empfindet.

Neue Technologien und Meßverfahren wie auch die Einbeziehung neuer Wissensgebiete stellen für den Musikinstrumentenbau eine Herausforderung dar, die es zur Sicherung der Zukunft dieser Branche anzunehmen gilt. Das wird aber letztlich darauf hinauslaufen, daß das überkommene Berufsbild vom Instrumentenmacher als einem erfahrenen und inspirierten Handwerker mit künstlerischer Begabung einer Revision bedarf. Dem erweiterten und immer vielfältiger werdenden Umfang der notwendigen Kenntnisse wird durch zusätzliche Aus- und Weiterbildungsmaßnahmen Rechnung zu tragen sein, damit die Umsetzung in die Praxis nicht in unnötiger Weise verzögert wird. So wird in nicht allzu ferner Zukunft auch bei uns der Musikinstrumenten-Ingenieur eigener Prägung, der herausgewachsen ist aus der großen europäischen Tradition und nicht nur von Vorbildern aus anderen Kulturkreisen übernommen ist, die Verantwortung für die Qualität der Instrumente tragen.

Abb. 16: Moderne Elektronik ermöglicht eine schnelle Auswertung und Darstellung von Meßergebnissen auf den Sichtschirmen von Monitoren: Apparative Aufbauten für die künstliche Anregung von Querflöten und Klavieren sowie für die Analyse von Schwingungsverhalten und Klang im Laboratorium für Musikalische Akustik an der Physikalisch-Technischen Bundesanstalt in Braunschweig.

Hans Kurt Herzog

FACHZEITSCHRIFTEN

Es steht natürlich noch nicht in einer Fachzeitschrift, weil es eben noch keine gab und noch lange keine geben sollte, daß in Leipzig schon um 1550 „Klafficordienmacher" arbeiten. Aus der Messestadt an der Pleiße ist echt sächsisch in Ratsakten zu lesen, daß 1535 ein Michael Frey und 1555 ein Klaus Hahn Clavichorde hergestellt haben, und es wäre schön, wenn man zu jener Zeit in einem Journal hätte lesen können, daß 1537 auch ein Hans Müller ein Cembalo gebaut hat, denn dieses Instrument gibt es noch heute, anno 1987.

Für Zeitschriften, Journale oder Magazine, wie man sie 150 Jahre später zu nennen pflegte, war offenbar noch kein rechter Bedarf, statt dessen gab es aber schon interessante enzyklopädische Darstellungen. Denken wir nur an Martin Agricola (1486 - 1556) und seine *Musica instrumentalis*, an Arnolt Schlicks 1511 erschienenen *Spiegel der Orgelmacher und Organisten*, an Sebastian Virdungs *Musica getutscht* (gedeutscht) 1511 und an Michael Praetorius' (1571 - 1621) *Syntagma musicum*. Es wäre aber zu weit vorgegriffen, diese Werke in einen Zusammenhang mit den Periodica zu bringen, die erstmals Anfang des 18. Jahrhunderts erschienen.

Von eigentlichen Fachzeitschriften, die sich speziell den Musikinstrumenten widmeten, kann man sogar erst in der 2. Hälfte des 19. Jahrhunderts reden. Immerhin wurde aber bereits in den ersten periodisch erscheinenden Musikzeitschriften wie in der 1722 von Johann Mattheson (1681 - 1764) herausgegebenen *Critica Musica*, in deren Gründung Eckart Rohlfs[1] die Geburtsstunde der deutschen Musikzeitschriften überhaupt sieht, auch über Musikinstrumente geschrieben, ebenso in J.A. Scheibes Wochenzeitschrift *Der Critische Musicus*, Hamburg 1738 - 1740.

Ab 1798 erscheint bei Breitkopf & Härtel dann die über viele Jahrzehnte hinweg maßgebliche *Allgemeine Musikalische Zeitung*. Daß sie sich auch den Instrumenten widmete, mag mit daran gelegen haben, daß der Verlag 1806 selbst damit begann, Klaviere zu bauen. Er legte damit auch den Grundstein zur Entwicklung Leipzigs zu einem der Zentren des deutschen Klavierbaues. 1840 und 1845 konnte man z.B. in der *Allgemeinen Musikalischen Zeitung* lesen, daß Breitkopf & Härtel auf Ausstellungen in Dresden 1840 und 1845 „wegen fortschreitender Vervollkommnung der Konzertflügel mit englischer Mechanik" goldene Medaillen erhalten habe. Aus einer Anzeige konnte man auch entnehmen, daß diese Flügel zum Preise von „500 Thalern Preuss. Courant" zu haben seien, und, um der Sache etwas Nachdruck zu verleihen, verwies man zugleich in aller Ausführlichkeit auf „Urtheile bedeutender Künstler" wie Franz Liszt, Felix Mendelssohn-Bartholdy und Sigismund Thalberg. 1848 stellte diese Zeitschrift, in deren Nr. 1 einst programmatisch zu lesen war, daß „von neuen Erfindungen an Instrumenten u. dgl." berichtet werden sollte, leider ihr Erscheinen ein. 1872, mit der Werkbuch-Nr. 5201, gab Breitkopf & Härtel dann seine eigene Klavierherstellung auf.

Inzwischen hatte der deutsche Musikinstrumentenbau eine stürmische Entwicklung auf allen Gebieten genommen. Überall entstanden neue Werkstätten und größere Betriebe, doch es fehlte an Organen, die darüber hätten berichten können. Das Vakuum, das 1848 nach der Einstellung der *Allgemeinen Musikalischen Zeitung* entstanden war, wurde immer spürbarer. Darüber hinaus war aber mittlerweile eine richtige Fachzeitschrift gefragt, die sich mit Dingen der Produktion, des Handels und der wirtschaftlichen und kulturellen Bedeutung der Instrumente und der so kraftvoll wachsenden Musikinstrumentenherstellung beschäftigte. Zu fragen ist natürlich, warum die anderen damaligen Musikzeitschriften diese Themenkreise nicht berücksichtigten. Waren sie nicht geeignet? Die Antwort ist: Nein. Für sie war das Thema „Musikinstrument" nur ein Nebenthema. Hier spukten in den Köpfen der Zeitgenossen noch Reste mittelalterlicher Vorstellungen von der göttlichen reinen Musik und den, daran gemessen, unvollkommenen irdischen Musikwerkzeugen. Darüber hinaus sind natürlich – und das muß man auch sehen – Herstellungs- und Marktfragen nur von begrenztem Interesse für eine größere Öffentlichkeit.

Im 19. Jahrhundert ist auf dem Gebiet des Musikinstrumentenbaues Hervorragendes in Entwicklung, Fertigung und Forschung geleistet worden, und es entwickelte sich – der zwischenstaatliche Handel mit Musikinstrumenten war bereits vor 1500 sehr ausgeprägt – neben der internationalen Bedeutung der deutschen Musik ein weltweiter Export deutscher Instrumente. Auch dafür fehlte es an einem Sprachrohr, an einem Mittler im nationalen und internationalen Fachhandel, vergleichbar etwa dem *Musikalienhandel*

[1] *Die deutschsprachigen Musikperiodica.* Regensburg 1961.

des 1829 in Leipzig gegründeten „Vereins Deutscher Musikalienhändler", aus dem nach dem 2. Weltkrieg der *Musikhandel* hervorging, heute Organ des Gesamtverbandes Deutscher Musikfachgeschäfte und des Deutschen Musikverleger-Verbandes. Erster Vorbote einer speziellen Instrumentenbauzeitschrift war die 1859 - 1863 von E. Schäfer herausgegebene *Allgemeine Pianoforte-Zeitung.*

Bewegung in die erstarrte Front der Berichterstattung über das, was Musikinstrumente betraf, brachte der Holländer Paul de Wit (1852 - 1925). Als Volontär bei der *Neuen Zeitschrift für Musik* Robert Schumanns war er für eine Herausgebertätigkeit bestens vorbereitet. Auch war er ein begeisterter Sammler von Musikinstrumenten. Rund tausend seltene Stücke hatte er zusammengetragen. Er war aber nicht nur Instrumentensammler, sondern auch Cello- und Gambenspieler. Musizieren, Sammeln, Publizieren und verlegerisch-kaufmännische Arbeiten bildeten eine fachlich ausgezeichnete Grundlage für das, was Paul de Wit plante und schließlich verwirklichte.

Am 1. Oktober 1880 erschien die erste Ausgabe der *Zeitschrift für Instrumentenbau.* Es geschah zur rechten Zeit, mitten in der sogenannten Gründerzeit des gerade proklamierten deutschen Kaiserreiches, in der viele deutsche Musikinstrumentenbau-Firmen entstanden. So manches Unternehmen feierte schon oder feiert jetzt sein 100jähriges Bestehen!

In dieser Zeitschrift wurden nun Erfindungen und Entwicklungen vorgestellt, fachliche Streitfragen erörtert, Beiträge über historische Instrumente veröffentlicht, Verdienste von Instrumentenbauern und ganzen Betrieben gewürdigt; es wurden auch schon wirtschaftliche Strömungen diskutiert und Absatzmärkte für die stürmisch wachsende Musikinstrumentenindustrie angesprochen. Diesem Zwecke diente auch Paul de Wits *Weltadreßbuch der Musikinstrumentenindustrie*, das 1883 erstmals und in seinem Todesjahr 1925 bereits in der 10. Auflage erschien.

Wie war denn die Situation um 1880 im Musikinstrumentenbau, im Exportgeschäft und im Binnenhandel? Zwei Instrumente machten seit der Mitte des 19. Jahrhunderts eine stürmische Entwicklung durch: das Pianoforte und die Harmonika. Einen positiven Trend registrierte man aber auch bei den anderen Instrumenten. Es gab bereits Hunderte von Klavierbauwerkstätten und Betrieben mit einer schon weit über die Grenzen reichenden Bedeutung, und es gab Hunderte von Werkstätten des Holz- und Metallblasinstrumentenbaues, des Streich- und Zupfinstrumentenbaues, des Schlaginstrumentenbaues und in großer Zahl Orgel- und Harmoniumbauanstalten. Daneben hatte sich vor allem in den größeren Städten ein bereits wohlgegliedertes System von Fachgeschäften herangebildet — dies alles bereits ökonomisch so verquickt und entwickelt, daß es durchaus den Namen Musikinstrumentenwirtschaft verdient. Dazu gehört nicht zuletzt eine vielseitige Zulieferindustrie für Teile und Zubehör, die sich vor allem durch die üblich gewordene Arbeitsteilung in vielen Bereichen entwickelt hatte. Alle diese Betriebe mit ihren Fachvereinigungen — z.T. noch landsmannschaftlich aufgegliedert im Geiste der Kleinstaaterei des 19. Jahrhunderts — brauchten ein Sprachrohr. De Wits Zeitschrift schloß diese Lücke und schaffte zugleich eine nationale Bereinigung auf diesem Gebiet.

Es fehlte dieser Zeitschrift nicht an Stoff. 1880 war z.B. auch das Jahr, in dem die von Paul von Janko entwickelte, nach ihm benannte Klaviatur mit 6 Tastenreihen vorgestellt wurde. Sie hat sich in der Praxis nicht durchsetzen können, war aber noch lange ein Thema in Paul de Wits Zeitschrift, da sich etliche Komponisten und Pianisten für sie einsetzten. Im Klavierbau machten damals Namen wie Blüthner, Bechstein, Steinway, Ibach und Bösendorfer Furore, und in Wien erhob die Stimmtonkonferenz 1885 die Pariser Stimmung (a' = 435 Hz) zur Normtonhöhe.

Gleich im ersten Jahrgang 1880/81 wurden auch interessante Erfindungen und Verbesserungen vorgestellt wie die berühmte Flammenorgel „Pyrophon" des Physikers Eugen Kastner, ein neuer Geigenhalter von Professor Consili, ein Bogenführer und eine Taktuhr von Gley, ein Pianino mit klingendem Pedal, eine verstellbare Repetitionsmechanik und ein Resonanzboden mit Reguliersteg sowie Schneiders freischwebender Steg. Im gleichen Jahrgang kann man sich informieren über den Doppelflügel von Mageot Frères und den Resonator-Flügel der damals sehr bekannten Dresdner Firma Kaps sowie über neue Pianinos von Ibach (Schwelm), Rosenkranz (Dresden) und Selinke & Sponnagel (Liegnitz).

Den Geigenbauer dürften die Beiträge über eine stumme Violine, einen fünfsaitigen Contrabaß und über Verbesserungen im Bau von Streichinstrumenten interessiert haben und den Blasinstrumentenmacher die Berichte über eine Klarinette mit Metallmundstück, über eine Trompete in Holz, über neue Verbindungsstücke an Metallblasinstrumenten und schließlich auch eine Betrachtung der verschiedenen Systeme im Klarinettenbau. Bei Maschinen und Werkzeugen wurden in diesem Jahrgang neue Holzbearbeitungsmaschinen, die Nickelplattierung und neue Werkzeuge zur Pianofortefabrikation beschrieben.

Die Zahl der Fachbeiträge erhöhte sich von Jahrgang zu Jahrgang, doch wurden zunehmend Themen des Exports und Imports, des Handels, der Messen und Ausstellungen, aber auch arbeitsrechtliche Fragen behandelt und Vergleiche zum Ausland angestellt.

Sehen wir uns nun 10 Jahre weiter den Jahrgang 1890/91 an, so ging es hier z.B. um „Deutsche Preiscourante in englischer Sicht", um einen Rechtsstreit über Garantiescheine für Pianos, um Übelstände im Klaviergeschäft, um die Arbeit des „Vereins gegen Unwesen in Handel und Gewerbe" und um die Warnung vor dreisten Geigenschwindlern. Interessant sind hier auch Abhandlungen wie „Was heutzutage einem Pianofabrikanten nicht alles zugemutet wird" und über die Einführung einheitlicher Zahlungsbedingungen in Deutschland. „Welche Instrumente von Mitgliedern der europäischen Herrscherhäuser mit Vorliebe gespielt werden", dürfte vor allem den Musikkaufmann in den Residenzstädten angesprochen haben.

Der Jahrgang 1890/91 zeigt deutlich, wie sich inzwischen die Beiträge und Informationen über den Bau von Klavieren, Orgeln, Harmoniums, Streichinstrumenten, Blasinstrumenten und vor allem - was eine sensationelle Nachfrage hatte - von mechanischen Musikwerken umfangmäßig vermehrt haben. Mit Interesse wurde bestimmt auch gelesen, was über Materialien, Bestandteile, Maschinen und vor allem über Winke und Rezepte geschrieben war, darunter manches Exotische und Außergewöhnliche. Auch Themen, die das Akkordeon betrafen, wurden immer häufiger angesprochen. Die Jahre um 1890 bis 1900 und darüber waren nicht nur für den Musikinstrumentenbau eine „goldene" Zeit, sie waren auch die Blütezeit der Zeitschrift, die hier eine solche Fülle an Material bietet, daß es schwerfällt, eine Beschreibung in kurzen Worten zu geben. Die Themen betrafen bei Klavier und Flügel die Mechanik und den Saitenbezug, die Klaviatur und die Repetition, den Resonanzboden und den Rahmen. Bei Orgeln sind vor allem alte und neue Instrumente und Dispositionen von Neubauten, aber auch Probleme der Traktur, der Registerzüge, der Pneumatik und der Pfeifen im Gespräch. Es wurde über neue und ältere Orgelwerke in aller Welt berichtet, von Sydney bis Chicago. Zum erstenmal wird 1890 auch über japanische Klaviere und den Bau eines Enharmoniums von Dr. Tanaka berichtet. Die Silbermann-Orgel in der katholischen Hofkirche zu Dresden, die Orgel der Königin Marie Antoinette und eine neue Orgel für das Stadthaus in Sydney geben einen dankbaren Stoff ab für eingehende fachliche Betrachtung – das sind anno 1890/91 nur einige wenige von nahezu 100 Mitteilungen und Aufsätzen über die Pfeifenorgel und über Harmoniums.

Die interessantesten Beiträge aus dem Bereich der Streichinstrumente betreffen „Eine Stradivarius-Geige vor Gericht", „Neuartige Herstellung von Decken für Saiteninstrumente", ein Preisangebot für Paganinis Geige und technische Details wie Saitenhalter, Spannvorrichtungen an Geigenhälsen, Kinnstützen, Geigenlacke und die Anordnung von Spannungsrippen. Die Blasinstrumentenmacher von damals haben sicher das Heckel-Patent über die Ausfütterung von Blasinstrumenten aus Holz mit Kautschuk, die neue Patentflöte des Kölners E. Wümenberg, ein Oboen-Patent von Fr. Müller und Lässigs Patent über die Verbindung zweier Klarinetten zu einem Instrument aufmerksam studiert. Immer häufiger werden auch die Patentmeldungen über das Akkordeon, über Schlaginstrumente und über Glockenspiele. Für die Klaviaturhersteller wie überhaupt die Klavierbauer sind sicher die Gegebenheiten auf dem Elfenbeinmarkt von vorrangiger Bedeutung. Und man liest 1890 noch mehr als zehn Jahre zuvor über mechanische Musikwerke, über Phonograph, Graphophon und Grammophon, aber auch über Melograph und Melotrop.

Je mehr man sich dann von der frühkapitalistischen Ära entfernt – die industrielle Revolution ist noch in vollem Gange –, desto mehr verändert sich auch der Tenor dessen, was z.B. Soziales betrifft. Um die Jahrhundertwende erlebt die Musikinstrumentenproduktion eine ihrer ganz großen wirtschaftlichen Blütezeiten. Die Exportumsätze steigen, und für deutsche Musikinstrumente gibt es – wie in den Außenhandelsberichten verzeichnet – einen universalen Markt. Es war die Zeit, als man noch nachlesen konnte, welche Musikwaren z.B. über Odessa und St. Petersburg in das weite Rußland gingen. Der Handel mit Australien, Ostindien und Nordamerika blühte ebenso wie der mit allen europäischen Ländern. Es war eben eine „gute alte Zeit". Beim Lesen dieser alten Wirtschaftsberichte über den Musikmarkt zeigt sich deutlich, wie wichtig lange Zeiten des Friedens für das Musikleben und damit auch für den Instrumentenbau sind.

Inzwischen haben sich auch die Verbände und Berufsgenossenschaften formiert; die *Zeitschrift für Musikinstrumentenbau* wird zu ihrem Sprachrohr. Man kann um 1910 nachlesen, welche Wünsche und Forderungen die Berufsgenossenschaft der Musikinstrumentenindustrie hat und welche Aktivitäten die Verbände wie der Verein Deutscher Pianofortefabrikanten, der Verband Deutscher Klavierhändler, die Vereine Deutscher Orgelbaumeister, Deutscher Musikwerke-Fabrikanten und Deutscher Harmonium-Fabrikanten sowie der Verband Deutscher Geigenbauer und der Verband der Geigenmacher der österreichisch-ungarischen Monarchie entwickeln. Die Verbände haben sich als notwendig erwiesen, denn es gab, wie man z.B. den Beiträgen aus dem Jahre 1910 entnehmen kann, keine heile Welt des Musikmarktes. Da ist in den Beiträgen die Rede vom Abzahlungsschwindel mit Geigen, von sonderbarem Ansinnen einer englischen Firma, von betrügerischen Klaviertechnikern, vom Diebstahl in einem Breslauer Pianofortemagazin, von Orgelbaupfuschern in Österreich, von der unlauteren Kampfesweise eines französischen Klavierhändlers gegen deutsche Fabrikate, von Provisionsschwindel und von einem Prozeß gegen einen englischen Händler wegen Benutzung des Namens „Bechstein". Man liest aber auch schon vom japanischen Wettbewerb und von japanischen Klavieren auf einer Ausstellung in London und von Streiks in Klavierfabriken in Liegnitz und in Löbau. Im Jahrgang 1910 beschäftigen sich allein auf dem Gebiete des Pianofortebaues 56 Beiträge mit Neuheiten, Verbesserungen und Patenten, z.B. mit der Clutsam-Klaviatur, einer neuen Herrburger Mechanik, der Klavier-Sordine (Dämpfer), einer Mechanik nach Erard, Pianino-Mechaniken nach Flemming, Fridolin Schimmel, Snyder & Peck und Souhani, Rast für Klaviere von Rehbock, einer Saitenhängeplatte für Klavier und Flügel von Berdux, einem Stegstiftpatent von St. Hain und Streichklavieren von Racca und Piatkiewicz. Gleichermaßen dankbar für die Berichterstattung waren Orgel, Harmonium, Streich- und Blasinstrumente. Erstmals meldet sich über den Elsässer E. Rupp die Orgelbewegung zu Wort, aber zumeist geht es hier bei der Orgel um Umschaltungs- und Ventilrelais, Dispositionen, Registersteuerung, Spieltische, Pedalumschaltungen und Registerzusammenstellung. Einen breiten Raum nimmt die Diskussion über das internationale Regulativ für Orgelbau ein.

Technische und instrumentenkundliche Fragen spielen bei Streichinstrumenten eine kleine Rolle, wenn man von der Vorstellung einer Damen-Viola (System Dessauer), der Viola alta von Hermann Ritter und Neuerungen beim Dämpfer, am Griffbrett, bei der Saiten- und Wirbelbefestigung absieht. Hauptthemen sind Diebstähle, Abzahlungsschwindel, „Geigenzettel alter Meister", Schleuderei im Geigenhandel und Versteigerungen.

Eine rege Diskussion entwickelt sich 1910, angeregt von W. Altenburg, über die hohen Bachtrompeten. An Patentmeldungen sind in diesem Jahr bemerkenswert: ein Dämpfer für Blasinstrumente (Steinbruch), ein Korrektionsventil an Ventilblasinstrumenten (Kottek), eine Tonberichtigungs-Vorrichtung (Lockhardt) und ein Waldhorn für F- und B-Stimmung mit Umschaltventil (Gebr. Alexander). Bei den Zupf-, damals „Rupf"instrumenten, kann man Neues lesen über eine Akkordzither von Donner und Kranke, eine Harfenzither von Roche, eine Mandolinen-Einrichtung für die Zither und eine Zither mit Begleitungsakkordsaiten (Schoen). Immer umfangreicher wird die Berichterstattung über Materialien, Zubehör, Teile, Werkzeuge und Maschinen. Herausgegriffen seien Beiträge über das Granulieren der Metalle, über Leimauftragungsmaschinen, unsichtbare Scharniere, eine Tastenwaage (Heyer & Kube) eine Vorrichtung zum Stimmen mit Mikrophon (Nater), und last not least, über einen neuen Wassermotorantrieb für Orgelgebläse und Musikwerke.

Die Jahre um 1910 müssen handelspolitisch überaus fruchtbar gewesen sein. Die Leipziger Frühjahrsmesse hatte auf dem Musikinstrumentenmarkt ihre internationale Stellung weiter festigen können. Die Handelsbeziehungen zu weiteren Ländern konnten ausgebaut werden, und Ärger gab es nur mit der Mandschurei wegen schlechter Erfahrungen mit Lieferanten von Saitlingen (Därmen zur Saitenherstellung).

Mit dem Beginn des 1. Weltkrieges änderte sich die Berichterstattung über die Handelsbeziehungen zum Ausland schlagartig, aber auch die über den Binnenmarkt mit Musikinstrumenten schwächte sich von Jahr zu Jahr immer mehr ab. Das Kriegsende und die nachfolgende Inflation taten dann das ihrige. Man kann von einem ordentlichen Neubeginn in der deutschen Musikinstrumentenproduktion und einer Anbindung an den internationalen Musikmarkt erst wieder von 1924 ab, d.h. nach Ende der Inflation sprechen. Der Tiefstand der deutschen Mark im Jahre 1923 hatte zwar dem ausländischen Einkäufer große Vorteile gebracht und in einem gewissen Umfange die deutsche Musikinstrumentenwirtschaft wieder etwas belebt, aber die veröffentlichten Zahlen über den Außenhandel zeigen doch deutlich, daß es nur ein schwacher Start einer in vier Jahren Krieg und vier Jahren Inflation sehr zusammengeschrumpften Musikinstrumentenindustrie war.

1924 war schon wieder ein Jahr des gedämpften Optimismus. Man hatte erneut eine feste Währung: die Rentenmark. Dazu trug auch etwas der Verlauf der Leipziger Messe bei. Man feierte wieder – fast möchte man sagen, das Jahr 1924 sei ein Jahr der Jubiläen gewesen. Die Hofpianofabrik Wilhelm Schimmel feierte ihr 40jähriges Bestehen, die Schlagzeugfabrik Joh. Link in Weißenfels ihr 50jähriges und Ed. Seiler in Liegnitz gar sein 75jähriges Geschäftsjubiläum, nur drei von nahezu fünfzig Firmen, die jubilierten. Sie hatten auch allen Grund, denn es ging wieder aufwärts, wenn auch nur für relativ kurze Zeit. Ansonsten war auch von den negativen Seiten des Geschäftslebens der Vorkriegszeit manches hängengeblieben. So berichtete man wieder über Auswüchse im Musikinstrumentenhandel, aber noch mehr über die neue Luxussteuer für Klaviere, die dann aufgrund der Proteste z.B. in Dresden wieder aufgehoben wurde. Prof. Fr. Thiele schrieb über die Ursachen der Geldknappheit und die Auswirkung auf das Musikinstrumentengeschäft, und im Außenhandel war der Krieg noch lange nicht überwunden. Aus Australien kamen Berichte über die Hetze gegen das deutsche Klavier, das englische Fachblatt *Musical Opinion* weigerte sich, Inserate deutscher und österreichischer Firmen aufzunehmen, und zwischen deutschen und niederländischen Firmen gab es allerlei Zwistigkeiten. Aber auch sonst scheute man sich in der Fachzeitschrift nicht, das Kind beim Namen zu nennen. Man veröffentlichte die Namen derjenigen, die gegen den lauteren Wettbewerb verstoßen hatten, und warnte vor Geschäftsbeziehungen mit „schwarzen Schafen", Dinge, die man heute eigentlich in der Fachpresse vermißt.

Bei den Klavieren bewegte sich anno 1924 schon viel. Man berichtete über ein Farbenklavier, über das Ibachsche Hausklavier, über neue Modelle, vor allem über Einbaupianos, die in Leipzig auf den Messen im Frühjahr und Herbst vorgestellt wurden. Das Thema „Neugebaute und alte Meisterinstrumente" war bei Geigen vor 50 Jahren so aktuell wie heute, genauso das der Geigendiebstähle und des Betruges mit Geigen. Besonders interessante Beiträge waren „Chemische Untersuchungen des Holzes einer Amatigeige" und „Altitalienisches Geigenholz", beide von Prof. Dr. Carl G. Schwalbe.

Dem Jahr 1924 folgten im Musikinstrumentenbau und -handel wirtschaftlich verhältnismäßig gute Jahre mit hohem Einfühlungsvermögen seitens der Firmen in die allgemeine Marktsituation. Paul de Wits *Weltadreßbuch der Musikinstrumentenindustrie*, das davon Zeugnis ablegt, hätte nach de Wits Tod eine dynamischere Fortsetzung verdient, doch die Informationen aus der Branche und die Zahl der Beiträge aus allen Sachgebieten der Herstellung und des Handels flossen reichlich. Die Elektronik begann auch das Gebiet der Musikinstrumente zu erobern. In Beiträgen und Informationen wurde immer wieder über die Renaissance alter Musikinstrumente berichtet.

Mit der Weltwirtschaftskrise der Jahre 1929/30 hat dann der Musikinstrumentenbau und -handel in Deutschland wie in der Welt seine härteste Zeit erlebt. Es gab zahllose Firmenzusammenbrüche in allen Bereichen. Besonders hart traf es die Klavierhersteller. Auch für die Fachzeitschriften kamen magere Jahre. Die Anzeigen, die oft allzu lästig die Seiten füllten, blieben aus. Der redaktionelle Umfang schrumpfte zusammen, und man hat sich erst wieder in den fünfziger Jahren richtig erholt, nachdem der 2. Weltkrieg alles zerstört hatte. Zwischen den beiden Kriegen gab es übrigens noch zwei Konkurrenzzeitschriften, beide in Berlin: die *Musikinstrumentenzeitung* und die von Dr. Ernst Euting herausgegebene *Deutsche Instrumentenbau-Zeitung* (bis 1939), die aber beide nicht so große Bedeutung hatten.

Dem Tode Paul de Wits folgte für die *Zeitschrift für Musikinstrumentenbau* eine Zeit ohne Elan, bis sich die Erben entschlossen, sich mit Professor Dr. Hermann Matzke (1890 - 1976), Leiter des Instituts für musikalische Technologie an der Technischen Hochschule in Breslau, als Mitinhaber und Herausgeber zusammenzutun. Nach dem Krieg, bzw. nach der Vertreibung, bekam Matzke zusammen mit seinem Breslauer Mitarbeiter Erwin Bochinsky von der französischen Militärverwaltung in Baden-Baden die Lizenz zur Herausgabe einer neuen *Instrumentenbau-Zeitschrift*, deren erste Ausgabe 1946 in Konstanz erschien. Hierhin hatte Matzke sein Institut für musikalische Technologie noch vor Kriegsende aussiedeln können. Der Kontakt zu den westdeutschen Betrieben war schnell wiederhergestellt, insbesondere zu den aus Böhmen ausgesiedelten und aus Sachsen „verlegten" Firmen. Es galt, die vor dem Kriege seit Jahrzehnten bestehenden Geschäftsverbindungen mit dem Ausland wiederherzustellen und dem Binnen- wie dem Exportmarkt für Musikinstrumente der inzwischen gebildeten Bundesrepublik Deutschland die Tore zu öffnen. Dazu trug auch die *Instrumentenbau-Zeitschrift* im Zuge der Vorbereitung und Durchführung der ersten Fachmessen in Mittenwald, Boppard und Düsseldorf ebenso bei wie der inzwischen wieder erscheinende *Musikhandel.*

1955 ging die *Instrumentenbau-Zeitschrift* in die Hände des Verlages Kaiser in Siegburg über. Sie führt seit einigen Jahren den Titel *musik international* und im Untertitel die alte Bezeichnung. Schon 1952 gründete Erwin Bochinsky in Frankfurt eine eigene Fachzeitschrift *Das Musikinstrument*, die eng mit der Frankfurter Messegesellschaft und der von ihr durchgeführten internationalen Musikmesse zusammenarbeitet. Sie ist mittlerweile die auflagenstärkste und sieht sich auch nach dem Tode von Erwin Bochinsky (1909 - 1982) als führendes Fachblatt für Herstellung, Handel, Handwerk und Forschung auf dem Gebiete der Musikinstrumente und der inzwischen stark gewordenen Musikelektronik an. Die Zeitschrift mit ihrem angeschlossenen bedeutenden Fachbuchverlag (über 100 Titel) befindet sich heute in der Hand einer Frankfurter Verlegergruppe. Im gleichen Verlag erscheint seit 1961 auch die sechssprachige Vierteljahresschrift *euro piano* als Informations- und Werkstattdienst von Europiano, der Europäischen Union der Pianomacher-Fachverbände von Dänemark, Deutschland, Finnland, Frankreich, Italien, Norwegen, Schweden und der Schweiz.

Eine der führenden Zeitschriften im musikmerkantilen Bereich ist, wie schon früher genannt, das offizielle Fachblatt für den Handel mit Musikalien, Schallplatten und Musikinstrumenten, *Der Musikhandel.* Seine Träger sind der Deutsche Musikverleger-Verband und der Gesamtverband Deutscher Musikfachgeschäfte. Es erscheint in Bonn. Mit seiner Beilage *Der Jung-Musikhandel* wird der Nachwuchs mit Ausbildungsaufgaben auf allen Gebieten des Musikhandels vertraut gemacht. Eine Fachzeitschrift für das Musikgeschäft ist auch *Der Musikmarkt.* Sie erscheint in Starnberg und bringt aktuelle Meldungen, Marktbeobachtungen, Umsatzberichte, Firmen- und Musikerporträts, Mitteilungen über Neuerscheinungen und Rezensionen. Eine Neuerscheinung des Jahres 1986 ist das *Musik-Magazin,* eine vierteljährlich erscheinende Zeitschrift mit dem Untertitel *Tips & Trends* auf den Branchengebieten Instrumente, Noten, Bücher und Tonträger. Sie wird bei Schott, Mainz, mit Unterstützung des Bundesverbandes der Deutschen Musikinstrumenten-Hersteller herausgegeben und ist mit einer hohen Auflage ein Supplement der Schott-Musikzeitschriften *Das Orchester, Musik und Bildung, Üben und Musizieren* und *Neue Zeitschrift für Musik.*

Eine ganz besondere Stellung im gesamtmusikalischen Bereich mit einer breitgefächerten Themenstellung von der musikalischen und musikpädagogischen Interpretation bis zur Instrumentenkunde vor allem aus aktueller Sicht nimmt die im Regensburger Gustav Bosse Verlag seit 1951 erscheinende *Neue Musikzeitung*, abgekürzt NMZ, ein. Sie ist nicht nur eine der auflagenstärksten Publikationen, erscheinend alle zwei Monate im Zeitungsformat, sie ist vor allem das Mitteilungsblatt der Musikalischen Jugend Deutschlands und Österreichs, des Verbandes Deutscher Musikschulen und verschiedener anderer Verbände der Schulmusik und der Musikerzieher. Die NMZ wird daher von den Herstellern von Musikinstrumenten gern als Sprachrohr benutzt.

Fachlich von großer Bedeutung ist auch das seit 1952 erscheinende Organ der Gesellschaft der Orgelfreunde im Verlag Merseburger, Kassel, *Ars organi.* Im Mittelpunkt seiner Beiträge stehen Orgelbau, Orgelmusik, Orgelspiel, Instrumentenkunde und Orgelgeschichtsforschung. Von den Orgelbauern selbst herausgegeben werden die ISO-Informationen im Orgelbau-Fachverlag in Lauffen am Neckar. Träger ist die Internationale Gesellschaft der Orgelbauer. Orgelbauer, Glockengießer und Institutionen der katholischen Kirche in Glocken- und Orgelfragen spricht die nach dem 2. Weltkrieg neugegründete Zeitschrift *Die Auslese* im Dr. Krüger Verlag, Herborn, an. Eine der heute fachlich interessantesten Zeitschriften im Dienste der Instrumentenkunde und der musikalischen Interpretation und Spielweise ist die seit 1976 im Moeck Verlag inzwischen vierteljährlich erscheinende Zeitschrift *TIBIA — Magazin für Freunde alter und neuer Bläsermusik*, speziell für Holzbläser von der Block- und Querflöte über Oboe, Fagott, Klarinette und Saxophon bis zu den in unserer Zeit wieder so publik gewordenen historischen Holzblasinstrumenten (verbunden mit dem in den 60er Jahren von Otto Steinkopf im Moeck Musikinstrumentenwerk entwickelten Programm „Holzblasinstrumente der Renaissance- und Barockzeit").

Als Zeitschrift für Streicher bezeichnen sich die *Esta-Nachrichten* der European String Teachers Association, die zweimal jährlich in Leonberg im Verlag Reinhard Seifert erscheinen. Führend auf dem Gebiete der Harmonika-Instrumente ist die 1931 von Erich Auwärter gegründete, im Matth. Hohner Verlag, Trossingen, erscheinende Vierteljahreszeitschrift *Harmonika-Revue*, zugleich Mitteilungsblatt der Deutschen und Österreichischen Harmonika-Verbände und des Deutschen Akkordeonlehrer-Verbandes. Von überregionaler Bedeutung ist auch die in Düsseldorf im Verlag RBDV erscheinende Fachzeitschrift für Musiker, Instrument und Equipment, der *Artist.* Im Dienste der Blasmusik und der Blasmusikinstrumente stehen *Die Blasmusik* des Bundes Deutscher Blasmusik-Verbände in Freiburg, die *Blasmusik-Information* vom Verband der Kreisverbände der Blas- und Volksmusik Rhein-Neckar, Sinsheim, *Der Deutsche Volksmusiker* im Verlag Acker, Gammertingen, von der Bundesvereinigung Deutscher Blas- und Volksmusikverbände herausgegeben, und *Die Bayerische Volksmusik* des Bayerischen Volksmusik-Bundes und des Verlages Obermayer in Buchloe. Der Saarbrückener Volksmusik-Verlag Kunibert Luck bietet verschiedenen Verbänden die Zeitschriften *Das Blasorchester*, *Der Spielmann*, *Blasmusik an der Saar* und *Zupfmusik* an. In München sind zu nennen die Zeitschrift des Deutschen Zithermusik-Bundes *Saitenspiel* und die *Sänger- und Musikantenzeitung* aus der BLV-Verlagsgesellschaft. Der Bund Deutscher Zupfmusiker gibt bei Oertel & Spörer in Reutlingen das *Zupfmusik-Magazin* heraus. Das bedeutendste Fachjournal für Gitarristen und Lautenisten trägt den prägnanten Namen *Gitarre + Laute*, 1979 durch Dr. Peter Päffgen gegründet und erscheinend in der Gitarre + Laute Verlags-GmbH., Köln. Das von Wieland Ulrichs (Göttingen) 1974 gegründete *Musikblatt* richtet sich an Gitarrespieler, Liedermacher, Folklore-Musiker und behandelt Sonderthemen wie u.a. die Zupf- und Streichinstrumentenmacher. *Resonanz* ist das Fachmitteilungsblatt des Zither- und Volksmusik-Landesverbandes Bayern. Als eine der Aufgaben wird die Hebung des Wissens um die Instrumentalbereiche Zither, Hackbrett, Volksharfe und Gitarre angesehen. Eine Spezialzeitschrift für Schlagzeuger und Percussionisten ist *Drums & Percussion*, die in München im gleichnamigen Verlag erscheint. Besonders genannt werden mag auch die von der Deutschen Gesellschaft für Musiktherapie e.V. seit 1979 herausgegebene *Musiktherapeutische Umschau* (seit 1987 im Verlag Erwin Bochinsky, Frankfurt, vorher im Stuttgarter Gustav Fischer Verlag). Hierin wird u.a. über die musiktherapeutischen Möglichkeiten mit Hilfe von Instrumenten geschrieben.

Die schnelle Entwicklung der Elektrik- und Elektronik-Instrumente und -Geräte in den Jahren nach dem 2. Weltkrieg, besonders aber in den Jahren seit 1960, hat auch sehr schnell zu einer ganzen Reihe von meist recht kurzlebigen periodischen Veröffentlichungen geführt. Eine der beständigsten ist *Fono Forum*, die 1956 gegründete Zeitschrift für klassische Musik und konzertanten Jazz mit dem Untertitel *Klassik und High Fidelity*, die, in Bielefeld gegründet, heute in München im Journal-Verlag erscheint. Älteste deutsche Jazz-Zeitschrift ist *Jazz-Podium* im Verlag Dieter Zimmerle in Stuttgart. Der Name *Podium*, auch ein sehr frühes Periodicum auf dem deutschen Musikmarkt, erscheint nur noch im Untertitel der in Pirmasens im Verlag Komet erscheinenden Zeitschrift *Organ Show Business*, eines Organs mehrerer Fachverbände. 1977 wurde in Stuttgart das Magazin für HiFi, Musik und Video *Audio* gegründet, eine Zeitschrift mit einem ausgeprägten Technikteil. Riebes Fachblatt hat sich seit 1972 aus kleinen Anfängen zum weitverbreiteten *Musik Magazin* entwickelt, eine Fachzeitschrift für Professionals und Amateure besonders in bezug auf elektronische Instrumente und Geräte, wobei die Testberichte über Musikinstrumente allgemein großen Anklang finden. Echte Konkurrenten sind ihr dabei entstanden in den Zeitschriften *Sound Check*, *Keyboard* und *Tastenwelt*, die auch mit zum Sprachrohr von Industrie und Musikhandel geworden sind, wenn es darum geht, die Freunde der modernen Rock-, Pop- und Unterhaltungsmusik anzusprechen.

Wie in anderen Bereichen heute ist auch in puncto Zeitschriften bei den Musikinstrumenten viel in Bewegung. Die Informationslust ist in allen Musikinstrumentenbereichen noch nie so groß gewesen wie heute, Ergebnis einer Entwicklung, die ihre Quellen bereits im 17. und 18. Jahrhundert hat. So gehört es auch dazu, in einen Rückblick auf fünf Jahrhunderte Musikinstrumente im deutschsprachigen Raum die Leistungen der Periodica für Herstellung, Handel, Forschung und Instrumentenkunde mit einzubeziehen.

Diese Zeitschrift erscheint am 1. u. 15. jeden Monats und ist durch alle Postanstalten, Buch- u. Musikalienhandlungen, sowie durch die Expedition zu beziehen.

Zeitschrift für Instrumentenbau.

Abonnementspreis: bei directer Kreuzbandsendung pr. Quartal ℳ 2.— die einzelne Nr. ℳ 0.50. Insertionsgebühr: die 4gespaltene Petitzeile oder deren Raum 30 ₰. Bei Wiederholungen Rab.

Central-Organ

für die

Interessen der Fabrikation von Musikinstrumenten und des Handels, für ausübende Künstler und Musikfreunde.

Unter Mitwirkung fachmännischer Redacteure und competenter Theoretiker herausgegeben von

Paul de Wit in Leipzig.

Expedition: Leipzig, Windmühlenstrasse 15.

№ 1. Leipzig, 1. October 1880. **1. Band.**

Inhalt. Zur Einführung. — Unser Programm. — Der Doppelflügel von Comettant-Mangeot Frères. — Ueber die Besetzung der Militaircapellen. — Plastische Pianoforte-Verzierungen. — Patentliste. — Maschinen zur Pianoforte-Fabrikation. — Fremde Nutzhölzer. — Tonzeiger. — Musikbericht. — Vermischtes. — Briefkasten. — Inserate.

Probenummern stehen gratis zur Verfügung. Aufgabe bezüglicher Adressen nehmen wir gern entgegen. Portoauslagen wie sonstige Spesen werden prompt vergütet.

Zur Einführung.

Während in anderen Branchen schon seit langer Zeit Special-Zeitungen durch blühendste Verhältnisse darlegen, wie erspriesslich die Wirksamkeit eines Fachorganes für sämmtliche Betheiligte ist, entbehrte merkwürdiger Weise der Instrumentenbau bis zur Stunde noch eines solchen Unternehmens. —

Ein Meinungsaustausch der Berufsgenossen, eine Umschau auf dem Gebiete der Verbesserungen, neuer Einrichtungen und Herstellungsweise, ein Einblick in die wissenschaftlichen Theorien, Berichte über die Resultate und Vorkommnisse in Fabrikation und Handel, sind aber sicher ebenso begehrt, wünschenswerth, interessant, als nützlich, belehrend und vortheilhaft.

Unsere „Zeitschrift für Instrumentenbau" wird in diesem Sinne wirken, und bringt aus der Feder gediegener Mitarbeiter:

Populäre theoretische Aufsätze aus dem Felde der Physik, Akustik, Mechanik etc., praktische Mittheilungen bewährter Fachmänner, Darstellung in Wort und Bild von den Erzeugnissen, Einrichtungen, Maschinen und dergl. der einzelnen Branchen, Berichte über Rohmaterialien und Bestandtheile. Im volkswirthschaftlichen Theile werden u. A. die Arbeiterverhältnisse entsprechende Berücksichtigung finden, während im Feuilleton: Historisches und Biographisches, wie aus allen Hauptplätzen Musikberichte namhafter Kritiker unter specieller Besprechung der zur Anwendung gekommenen Instrumente mit der ausübenden musikalischen Kunst Fühlung geben werden.

Es sollen alle Arten von Musikinstrumenten in Betracht gezogen werden:

Pianoforte-, Harmoniums, Streichinstrumente, Holz- und Blechblas-Instrumente, Zithern und Guitarren, Harmonikas, Glocken, Spieldosen und automatische Werke, Schlagzeug u. dgl. m.

Für die einzelnen Fächer sind Specialisten zu Redacteuren gewonnen, wie erfreulicher Weise bereits eine in Zahl wie Gewichtigkeit ansehnliche Mitarbeiterschaft uns zur Seite steht.

Um einem grossen Leserkreise stets verständlich zu bleiben, werden wir uns einer fachlich-wissenschaftlichen, aber stets allgemein fasslich populären Ausdrucksweise bedienen und durch Illustrationen für klarstes Verständniss zu sorgen wissen.

In dieser Weise hoffen wir in der That für die grosse Zahl der Interessenten einen für sämmtliche Theilnehmenden erspriesslichen Vereinigungspunkt, ein wirksames „Central-Organ" zu schaffen.

Belehrung — Anregung — Unterhaltung,

das wird das Dreiblatt sein, welchem der redactionelle Theil unter strengstem Ausschluss jeder Sonder-Interessen zum Wohle und Nutzen des grossen Ganzen sich widmen wird. —

Die Kreise, welche sich um den gemeinsamen Mittelpunkt „Musikinstrumente" ziehen, sind vielfache und sehr weit ausgedehnte. „Bezugsquelle" und „Absatzgebiet" will bekannt, will geprüft, will erforscht sein. Hierin findet sich ein gemeinsames Band, welches die Partheien an einander knüpft, zu einander führt.

Der Fabrikant wird nach dem Lieferanten für Rohmaterialien und Bestandtheile, nach geschickten und erfahrenen Arbeitern ausschauen, wie diese nach ihm. Ein gleiches Verhältniss hat der Handel mit seinem weit verzweigten Getriebe in zweiter, dritter Hand, während anschliessend die Abnehmer, die gesammte musiktreibende Welt mit den ausübenden Künstlern an der Spitze für unsere Sache Interesse haben werden.

Was durch persönliche Beziehungen, durch die Erfahrung gewonnen wird, was von bezüglichem Material in der grossen Presse zerstreut sich vorfindet, werden wir zu schnellem Ueberblick unserem Leserkreise sammeln, auf einschlägige nützliche Literatur aufmerksam machen.

Es wird nun unsere Sache sein den vorgezeichneten Contouren durch eine energische und geschickte Redactionsführung ein belebendes farbenreiches Colorit von fesselnder Anziehungskraft zu geben. Wir hoffen auf recht rege Theilnahme und wirksame Unterstützung, damit wir an der Hand der gebotenen Mittel in abwechselungsreicher Fülle unserer Aufgabe in erspriesslicher Weise gerecht werden.

Der Herausgeber.

Was wir wollen.

Die Bedürfnissfrage unseres Organes wird sicherlich von sämmtlichen Betheiligten als sehr wünschenswerth bestätigt, andererseits ist es — und vornehmlich uns — ebenso einleuchtend, wie schwierig die Leitung, die zu beobachtende Tendenz in einer Richtung zu führen ist, dass damit wirklich **allen** Interessenten gedient wird. Unser Beginnen, unser Streben ist schwer, keineswegs aber unmöglich.

Wir wollen uns nicht darin ergehen, dass leider der Deutsche neuen Unternehmungen stets abwartend, um nicht zu sagen misstrauend entgegen kommt; wir wollen nicht durch schöne Redensarten, Hoffnung aussprechende Wendungen diese Thatsache abzuschwächen suchen, bitten vielmehr unseren geschätzten Leserkreis unsere Auseinandersetzungen auf Grund des Gebotenen zu prüfen, um auf diese Weise dann enger mit einander verknüpft zu werden.

Wenden wir uns zunächst gegen ein **Vorurtheil**. Die Veröffentlichung durch die Presse hat sich zu einer Macht aufgeschwungen, deren weittragende Folgen zu augenscheinlich sind, als dass sich irgend jemand denselben entziehen oder sie verläugnen könnte. Der Wunsch sich dieser förderlichen Hülfe theilhaftig zu sehen, hat nun eine Art öffentlicher Mittheilung in's Leben gerufen, die, weil vornehmlich bedacht nur dem Nutzen des Einzelnen dienstbar zu sein dem grossen Ganzen lästig ja oft schädlich wird. Diese vielköpfige Hyder, in unserer Zeit leider sehr häufig gepflegt und sehr weit verbreitet, ist die Reclame. Wir müssen und werden derselben stets fern bleiben, denn **nur dann** ist überhaupt eine gedeihliche Verbreitung unserer Zeitung zu einflussreicher Wirksamkeit für das Gesammtinteresse möglich.

Die Interessen **Einzelner bevorzugen**, hiesse das übrige grosse Gesammte **zurücksetzen**. Wir könnten uns in **dem** Falle aber auch nur der Unterstützung der **bedachten** Kreise versichert halten. Ein **solcher** Wirkungskreis aber wäre für eine **öffentliche Zeitschrift** ein viel zu beschränkter, **dergleichen** Zwecke möge derjenige, der solcher Hülfsmittel bedürftig ist, durch seine eigenen Circulare, Brochüren und wie sonst solche Publicationsmittel heissen mögen, versuchen, **unser redactioneller Theil ist dazu für Jedermann verschlossen.**

Unserer Devise **„Keinem zu Liebe, Keinem zu Leide"** werden wir unbeirrt treu bleiben, im Anfange wie später.

Was wir mit unserem **Central-Organ an streben**, ist die Veröffentlichung, die Mittheilung von Thatsachen, welche speciell den Fachgenossen von Belang, von Interesse sein können.

Nicht wir wollen die alleinigen Richter sein über Bestehendes, über Werdendes, — nein — wir wollen unserem Leserkreis, dem competenten Einzelnen es überlassen, aus dem vorliegenden Factum sich Belehrung, Anregung, Unterhaltung nach seinem Bedürfniss, nach eigenem Ermessen zu schaffen.

In **dieser** Weise wolle man uns aus Fachkreisen durch Einsendung einschlägigen Materials unterstützen. **Praktiker** mögen sich nicht zurückhalten lassen, weil sie vielleicht weniger federgewandt sind, **wir bitten nur um die Gedanken**, denen die **nöthige Form** zu geben **unsere** Sache sein wird.

Die Redaction.

Die Anfänge der *Zeitschrift für Instrumentenbau* 1880

Für diesen letzteren Fall vergrössert man den Füllungsgrad der Dampfmaschine, welche obige Leistung bei $^1/_3$ Füllung schon erreicht, entsprechend. Die Dampfmaschine ist zu diesem Zwecke mit einer variablen Expansionssteuerung versehen, welche während des Ganges regulirt werden kann.

Das Schwungrad dient gleichzeitig als Antriebsriemenscheibe. Die Maschine selbst ist auf das Sorgfältigste construirt, um, dem Betriebe von Holzbearbeitungsmaschinen entsprechend, ohne Nachtheil mit thunlichst grösster Geschwindigkeit, ca. 150 Touren p. M. laufen zu können. Sch......g.

Holz-Schnitzmaschine.

Horizontale Dampfmaschine.

Die beschriebenen Maschinen sind, wie bereits in No. 1 bemerkt wurde, von der Sächs. Stickmaschinenfabrik in Kappel bei Chemnitz in Sachsen wiederholt ausgeführt worden und stehen in einer speciell zu diesem Zwecke eingerichteten Werkstatt im Betrieb zur Beobachtung und Besichtigung. Wir constatiren sehr gern, dass uns auf unsere diesbezügliche Anfrage von renommirten Fachmännern über die Lieferungen genannter Fabrik in Bezug auf Solidität und geschäftliche Coulanz sehr anerkennungsvolle Zuschriften geworden sind. Mit Auszeichnungen bedacht wurden die Fabrikate der Sächs. Stickmaschinenfabrik in Wien 1873, in Erfurt 1878, in Arnheim 1879, in Leipzig 1880 und in Sydney 1880.

D. Red.

Der fünfsaitige Contrabass

von **Carl Otho,** Leipzig.

D. R.-Patent No. 12065. Mitgetheilt von Otto Sack, Civil-Ingenieur und Patent-Anwalt.

Der in beistehender Figur dargestellte Contrabass hat gegenüber den bisher gebräuchlichen Instrumenten dieser Gattung verschiedene Neueinrichtungen.

Zunächst ist er mit fünf Saiten versehen, wovon die fünfte Saite „das tiefe C" ermöglicht. Diese Saite ist ganz speciell für diesen Zweck zusammengesetzt.*)

Der Otho'sche Contrabass ist ferner mit einer stellbaren Stütze versehen, die das Hoch- und Tiefstellen des Instrumentes je nach Grösse des Spielers gestattet.

Die Bauart des ganzen Instrumentes ist im Allgemeinen breiter und kräftiger, die Spannungsvorrichtung der Saiten aber ist die allgemein an Contrabässen übliche.

Die Stellvorrichtung zur Hoch- und Tiefstellung des Contrabasses besteht aus einer in einem Holzkolben eingelassenen eisernen Hülse, in der eine mit einer Spitze versehene eiserne Stange sich führt. Die Stange ist in der Hülse leicht schiebbar und wird je nach Bedürfniss mit einer Schraube in der erforderlichen Stellung festgehalten. Damit beim Losdrehen der Schraube die Stange nicht in ihrer Länge in die Hülse gleiten kann, ist ein Ansatz angebracht.

Ueber die Zweckmässigkeit und das Bedürfniss einer Erweiterung der klanglichen Tonfarbe nach der Tiefe haben sich competente Beurtheiler wie die Dirigenten der Leipziger Oper die Herren Erdmannsdörfer, Nikisch und Seidl unter Anerkennung des Resultats des Otho'schen Basses ausgesprochen. Dr. Hans von Bülow schrieb an den Erfinder:

Sehr geehrter Herr!

Durch Ihre Erfindung eines fünfsaitigen Contrabasses C, E, A, D, G, sind Sie in meinen Augen ein Wohlthäter der musikalischen Menschheit geworden, jedenfalls derjenigen Dirigenten, denen daran gelegen ist, z. B. vor Allem Beethoven's Symphonien in vollkommener Treue gegen den Geist (somit auch gegen dessen sinnliches Merkmal, den Buchstaben) ihres Schöpfers zu reproduciren.

Das vorzügliche Instrument, welches Sie mir geliefert haben, hat sich durch seinen ungewöhnlichen Wohlklang, sowie durch seine Tonfülle, den ungetheiltesten Beifall erworben, ausserdem hat sich seine Construction als so praktisch erwiesen, dass Herr Kammermusiker Ebert hier nach mehrwöchentlicher Einübung schon im Stande gewesen ist, dasselbe öffentlich mit Sicherheit zu spielen. Jedes auf künstlerische Respektabilität Anspruch erhebende Orchester sollte es sich nach meiner Ansicht angelegen sein lassen, von Ihrer sinnreichen Erfindung nach Kraft Gewinn zu ziehen. Mit einem freudigem Glückwunsche zu derselben verbinde ich den Ausdruck meiner aufrichtigen Hochachtung.

Dr. Hans v. Bülow
Intendant der herzogl. sächs. Hof-Capelle, königl. bair. Hof-Capellmeister a. D.

Herr Carl Otho, Instrumentenmacher in Leipzig hat einen Contrabass verfertigt mit fünf Saiten (G, D, A, E, C), der sich im Orchester ganz ausserordentlich bewährt hat. Ist es schon eine grosse Wohlthat die vier Töne: Es, D, Des, C zur Verfügung zu haben, so wird der Vorzug des Otho'schen Basses noch dadurch erhöht, dass er seinem Instrument eine seltene Klangfülle zu geben verstand, und ist daher meines Erachtens die Einführung seines neu construirten Contrabasses in unseren grossen Orchestern auf das Wärmste zu empfehlen.

Leipzig, 20. Juni 1881.
Arthur Nikisch,
Capellmeister.

Mit Ihrer neuen Erfindung, dem fünfsaitigen Contrabass, resp. dessen Vervollständigung durch die vier tiefen Töne C, Cis, D, Dis, deren Mangel so oft und schwer empfunden wurde, haben Sie dem Orchester einen wesentlichen Dienst geleistet. Dass Ihr Instrument auch an Klangschönheit nichts zu wünschen übrig lässt, füge ich gerne bei, wie dass ich nach bester Ueberzeugung die Einführung Ihres Instrumentes fördern will.

Leipzig, 17. Juni 1881.
Max Erdmannsdörfer,
Hofcapellmeister a. D.

Den von Herrn Otho, Mitglied des Leipziger Theater- und Gewandhaus-Orchesters, construirten fünfsaitigen Contrabass, halte ich für unsere Orchester für einen ungeheuren Gewinn, da, vom prachtvollen, ausgiebigen Tone desselben, erst jetzt viele bedeutende Stellen gespielt werden können, die auf unseren, gewöhnlich im Gebrauche des Orchester befindlichen Instrumenten gar nicht zu erreichen waren. Nach dem Vorgange des Leipziger Theaterorchesters empfehle ich allen guten Orchestern die Anschaffung dieses vortrefflichen Instrumentes.

im Juni 1881.
Anton Seidl,
Capellmeister am Stadttheater zu Leipzig.

*) Die C-Saite hat einen Durchmesser von 10 mm. Ein Kern von Stahldraht, der ca. 2 mm. stark ist, ist seiner Länge nach mit Seidenfäden belegt. Auf die Seidenschicht ist dann einfacher Eisendraht gesponnen. Diese Eisendrahtschicht ist wiederum der Länge nach mit Seidenfäden belegt. Darüber ist nochmals einfacher Eisendraht dicht gewickelt; dieser ist wiederum dicht mit einer Schicht Seide überlegt, und über diese ist als letztes Umhüllungsmaterial versilberter oder vernickelter Kupferdraht gesponnen.

Bohrer's automatischer Clavierhandleiter.

Wilhelm Bohrer, ein namhafter Musiklehrer Amerika's, hat eine Erfindung in einer Einrichtung gemacht, welche ungemein wichtig für pädagogische Zwecke, die Anerkennung der betheiligten Kreise gefunden hat.

Es ist dies ein Handleiter, welcher automatisch wirkend, eine schulgerechte Haltung der Arme und Hände bezweckt.

Der Bohrer'sche Handleiter besteht aus zwei Eisenschrauben, welche zu beiden Seiten der Claviatur in das Holz eingedreht werden und zwei horizontal übereinanderliegende Holzstangen tragen, von denen die obere rund, die untere viereckig und gezahnt ist. Die obere Stange ruht auf zwei Spiralfedern, deren Widerstandsfähigkeit durch zwei Holzschrauben regulirt werden kann. An der oberen Stange laufen zwei bewegliche Handgelenkstützen, deren mit Leder gepolsterte biegsame Bügel sich um die eigene Achse drehen. Zwei Stellschrauben am Halse der Gabel lassen den Handleiter höher oder tiefer stellen. —

Von Bedeutung für das Einführen des Handleiters ist es, dass die Construction so eingerichtet ist, dass sie ohne wesentliche Abänderung und ohne bedeutende Schwierigkeit an jeder Claviergattung (Flügel, Pianino oder Tafelform) angebracht werden kann.

Bohrer's Handleiter überwacht selbstständig und unerbittlich streng das Spiel des Schülers und macht auf jede fehlerhafte Hand- und Armbewegung aufmerksam. Er corrigirt unruhige und unrichtige Haltung, entzieht die Gelenkstützen, wenn beim Daumenuntersetzen die Hände zu hoch gehoben werden und hindert durch die gezahnte Stange am Weiterschieben, wenn durch zu tiefe Haltung die Handgelenke sich zu schwer auf die Stützen legen. Diese unablässige Controlle wird eine heilsame Wirkung auf eine correkte Haltung nicht verfehlen. Dieses Hülfsmittel bei den Unterricht dürfte daher nicht zu unterschätzen sein. Eingeführt ist der Bohrer'sche Handleiter bereits von den Conservatorien in München und Stuttgart, während andere Musikschulen auf Empfehlung maasgebender Pädagogen die practische Anwendung in Erwägung gezogen haben. Der Preis eines Bohrer'schen Handleiters stellt sich incl. Verpackung auf M. 33.—. Zu beziehen ist derselbe durch Jos. Aibl in München, Salvatorstrasse 10.

—ng.

Musikberichte.

Leipzig, im October. Die Saison hat uns bis jetzt drei Gewandhaus-Abonnements-Concerte und ein Euterpe-Concert geboten. Im ersten Gewandhausconcert spielte Herr Concertmeister Lauterbach aus Dresden das Goldmark'sche Violinconcert. Die Composition ist mehr interessant in der Arbeit für den Fachmusiker als von Werth in Bezug auf musikalischen Inhalt. Trotz der wenig dankbaren Aufgabe und dazu noch einer widerspänstigen E-Saite verstand der treffliche Künstler mit seiner Straduarius wohlverdiente Triumpfe sich zu erzwingen. Im zweiten Concert erneuerten wir die Bekanntschaft mit dem speciell als Beethovenspieler gefeierten Pianisten Hallé aus London. Hallé bekennt sich zum Geschmack der alten Schule. Sauber und correkt in der Durchführung wird er jeder Note gerecht. Er wird das Instrument nie zu stark angreifen, noch je das Tempo überhasten. Der bestrickende Schmelz melodischer Romantik, das hinreissende Feuer auflodernder Leidenschaft dagegen ist seiner Palette fremd, wodurch seinen Reproductionen auf die Dauer das belebende Colorit fehlt, welches im Wechsel der Farben packt und fesselt. Beethovens C-moll-Concert gefiel uns weit mehr als die späteren Chopiniaden. Der benützte Blüthner-Aliquot-Flügel kam unter Hallé's Händen weniger zur Geltung, als dies in hervorragender Weise im ersten Euterpeconcert durch die kgl. sächs. Kammervirtuosin Frl. Mary Krebs geschah. Frl. Krebs gebietet über eine wundervolle Solidität der gleichmässigen Ausbildung der einzelnen Finger, und verbindet mit dieser accuraten Technik eine fein durchgeistigt musikalische Auffassung. Frl. Krebs erntete stürmischen Beifall mit Beethoven's G-dur-Concert, mit Rubinstein's Barcarole, Mendelssohn'schen Etuden und mit Schubert's von Liszt symphonisch bearbeiteter Wandrer-fantasie.

Braunschweig, 16. September. Die hiesige Concertsaison wurde durch ein Theaterconcert der Hofcapelle wie üblich zum Besten ihrer Wittwen- und Waisen-Casse eröffnet. Zur gefälligen Mitwirkung zugezogen waren Frau Brandt-Scheuerlein aus Magdeburg, die Grossherzogl. Hofopernsängerin Frau Reger-Rödiger, deren sangliche Darbietung durch einen wie es scheint Tremolozug in der Kehle manchem Ohr arg getrübt wurde, ferner die Herren Moriz Moszkowski aus Berlin und der Violoncellvituos Prof. Carl Schröder aus Leipzig. Herr Moszkowski erfreute als Pianist mit dem sauberen Vortrage von Beethovens G-dur-Concert auf einem (?) Flügel von (?) (**Wir ersuchen unsere Herren Referenten diese Angabe und Beurtheilung nicht zu unterlassen. D. Red.**) Als Dirigent und Componist hat sich Herr Moszkowski mit seiner symphonischen Dichtung „Jeanne d'Arc" bestens accreditirt. Herr Carl Schröder, vor seiner Leipziger Thätigkeit erster Violoncellist an der hiesigen Hofcapelle, spielte mit hinreissender Meisterschaft ein Reinecke'sches Concert mit Orchester, später Nocturno von Chopin-Servais, Am Springbrunnen von Davidoff und die bekannte Gavotte von Popper. Letztere natürlich da capo. Herr Schröder spielte ein Instrument von Hammig in Leipzig, erbaut im Jahre 1879. Die Begleitung der Solonummern besorgte Herr Hofmusikdirector Riedel.

B—r.

Im Saale der kgl. Musikschule in **Würzburg** fand am 16. October ein musikwissenschaftlicher Vortrag von Hermann Ritter über die Geige in ihrer Entwickelung von

Warnung!

Ich warne hierdurch ausdrücklich vor dem **An-** und **Verkauf** der seit einiger Zeit unter dem Namen **Chorzither,** auch **Autoharp** in den Handel gebrachten Nachahmungen meiner

patentirten Volkszither (Deutsches Reichs-Patent No. 29930)

und bemerke, dass ich bereits Anzeige bei der Staatsanwaltschaft gegen den **Verfertiger C. F. Thierfeld** wegen Patentverletzung erstattet habe, alle jene Personen aber auch zur Anzeige und Bestrafung bringen werde, **die sich mit dem Verkauf dieser Nachahmungen befassen.**

Klingenthal, 7. October 1890.

H. Lindemann,

Alleiniger Fabrikant der patentirten und privilegirten „Volkszither".

MERMOD FRÈRES,

S^TE. CROIX (Schweiz).

Reizende Neuheit:

Celluloid-Drehdosen

in farbigen Kästchen 72 mm Durchmesser. Sortirt in Cartons à 6 und 12 Stück in soviel Farben und Arien.

No. 100. 1 Arie spielend.
No. 103. 2 Arien spielend.

Soeben erschienen: **Anhang zur Preisliste No. 25,** die neuesten patentirten Specialitäten in Musikwerken enthaltend.

F. A. Jacob,

Wohlhausen bei Markneukirchen i. S.

Musik-Instrumenten- u. Saiten-Fabrik.

Specialität: **Saiten-Instrumente.**

Cataloge gratis.

Eine gr. Pianohandlung sucht einen durchaus tüchtigen **Stimmer u. Reparateur** für dauernde Stellung. Offerten mit Angabe der bisherigen Stellungen u. der Ansprüche unter **E. W. 15.** an die Exped. d. Bl. erbeten.

Die **Hofpianoforte-Fabrik** von **L. Römhildt** in Weimar sucht zum sofortigen Antritt einen gewissenhaft. **Stimmer,** welcher auch **ausarbeiten** kann.

Ein Klaviermacher, welcher gut repariren und gut stimmen kann, wird gesucht. Offerten unter **I. G. No. 39** an die Expedition dieses Blattes.

Ein best eingerichtetes **Orgelbaugeschäft** m. bestemRenommé sucht einen

Associé

mit **10—12000 M.** Baareinlage. Unter Umständen wäre das Geschäft auch zu verkaufen. Off. befördert die Annoncen-Exped. von **Haasenstein & Vogler** in **Bern** (Schweiz) unter **H. 3045 Q.**

Ein **Geigenmacher-Gehilfe** findet **sofort dauernde Stellung.**

Offerten mit Angabe des Alters und der bisherigen Thätigkeit an **Gust. Fassmann,** Geigen- u. Bogenmacher, Magdeburg, Lödische Hof 7.

Gesucht

wird ein tüchtiger u. erfahrener

Orgelbauer,

der **selbständig arbeiten kann,** gegen **Mindestgehalt von 90 Fl. ö. W. monatlich.** Reisekosten werden vergütet.

Johann Sliwinski,
Orgel- u. Harmoniumfabrik
in **Lemberg** (Galizien).

Tüchtige Orgelstimmer

sofort gesucht von **Richard Ibach** in Barmen.

Wegen Todesfall wird einem tüchtigen **Stimmer** u. **Klaviermacher** Gelegenheit geboten, sich selbständig zu machen.

Näheres Piano-Fabrik **Müller** in **Mainz.**

Eine Pianofortefabrik mit 40 bis 50 Arbeitern sucht einen erfahrenen technisch gebildeten **Werkführer,** welcher die Fabrikation selbständig zu leiten hat. Gef. Angebote mit Gehaltsanspr. unter **M. 12.** an die Expedition d. Blattes.

Klavierstimmer-Gesuch.

Ein gelernter Klaviermacher und perfecter Stimmer wird für ein größeres Magazin nach München gesucht. Stellung dauernd und angenehm. Photographie und Zeugniß-Abschriften unter **„München"** an die Expedition dieses Blattes erbeten.

Weltadressbuch

der

Musikinstrumenten-Industrie.

Preis geb. 15 Mark (ausschließl. Porto).

Zu beziehen gegen vorherige Einsendung oder gegen Nachnahme des Betrages durch die **Expedition dieser Zeitschrift.**

Gesucht ein Klavierbauer.

Ein im Bau von Flügeln erfahrener, intelligenter, umsichtiger Mann, welcher gut stimmen, intoniren u. die Leitung einer Fabrik in Rußland übernehmen kann. Zu melden bei

Oscar Köhler, Berlin, Greifswalderstr. 22.

Gesucht sofort oder später ein Gehilfe, der **Harmonikas repariren** kann, bei dauernder Stellung und gutem Lohne von **Theodor Behrend** in Kiel.

Einige **Orgelbaugehilfen,** welche im Stimmen etwas Bescheid wissen, werden baldigst gesucht. Dauernde Stellung. **P. Furtwängler & Hammer, Hannover.**

Für Christiania wird sofort ein tüchtiger Piano- und Harmonium-Stimmer und Reparateur verlangt.

Auskunft ertheilen **Laurinat & Co., Berlin,** Wasserthorstr. 9.

Ein tüchtiger Stimmer sucht Stellung in Fabrik. Stellen, in denen derselbe theilweise als Zusammensetzer oder Ausarbeiter beschäftigt werden kann, bevorzugt. W. Offert unter **G. L. 120.** an d. Expedit. d. Zeitung erb.

Stimmer u. Reparateur gesucht. Nur solche mit guten Zeugnissen wollen sich melden. **H. Adam in Aachen.**

Wir suchen einen perfecten **Stimmer** für Stadt & Land.

Offerten mit Angabe der früheren Thätigkeit u Gehaltsansprüche erb. **Gebr. Schulz,** Piano-Handlung, **Mainz.**

Die Herren Collegen, welche in der Lage sind, mir über den jetzigen Aufenthalt des früheren Pianohändlers **Eisen** in Firma **Eduard Tröster** aus **Cöln a./Rh.** Auskunft zu ertheilen, ersuche ich freundl. mir Mittheilung zu machen unter Chiffre **S. 4** an die Exped. d. Bl.

Ein **Geigenmacher,** absolut zuverlässig, selbständig arbeitend u. mit guten Zeugnissen versehen, wird nach **Paris gesucht.** Off. unter **H. 4.** Exp. d. Bl.

Eine sächsische Pianofortefabrik sucht für ihre Specialität — kleine Stutzflügel — einen gewandten Reisenden für England. Derselbe muß in diesem Artikel bereits gute Erfolge und auch sonst vorzügliche Empfehlungen aufzuweisen haben. Offerten mit Angabe von Referenzen und der Gehalts- und Spesen-Ansprüche werden unter **R. 383.** an **Haasenstein & Vogler A.-G., Leipzig,** erbeten.

Große Läden für Musik-Instrumenten-Ausstellungen etc. geeignet, sind Leipzig, Mozartstr. 5, gegenüber dem neuen Gewandhaus, am Conservator., Universitätsbibliothek u. Reichsgericht gelegen, zu vermiethen.

Jul. Zeißig, Mozartstr. 5.

Ein gebildeter, intelligenter Kaufmann, in der Musikwaarenbranche bestens erfahren, mit guten Sprachkenntnissen, sehr musikalisch und gewandt im Verkehr mit dem Publikum, sucht eine selbständige Stellung, am liebsten als Leiter e. Pianoforte- und Harmoniummagazins. Beste Referenzen. Gefl. Offerten sub **Z. No. 10.** an die Exped. d. Zeitschrift.

Eine Piano-Fabrik in einer größeren Stadt Mitteldeutschlands sucht tüchtige **Bodenmacher, Bezieher u. Zusammensetzer.** Offerten unter **A. 6.** an die Exped. d. Blattes.

Ein **Vorarbeiter** für die Tischler-Abtheilung einer größeren **Mechanik-Fabrik** wird möglichst für gleich, event. für später **gesucht.** Offerten unter Angabe des bisherigen Wirkungskreises nebst Gehaltsansprüchen unter **G. H. 4.** bef. die Exped d. Bl.

Verlag von Paul de Wit in Leipzig. — Papier von Mahla & Grasser in Leipzig. — Druck von Brückner & Niemann in Leipzig.

Crasselt & Raehse.

Pianoforte-Fabrik in Löbau in Sachsen.

Brüssel 1888: ***Goldene Medaille.*** **Bologna 1888:** ***Silberne Medaille.***

Stimmvorrichtung mit Schlüsselschraube.

Stimmschlüssel nat. Gr.

Specialität: PIANINOS

mit **vollendetster** Eisenconstruction und **aufrechtstehender** Stimmschraube.

Eigene Erfindung! System Raehse. D. R.-P. No. 36654.

Hervorragend gediegene Arbeit und von namhaften Autoritäten **als das Vorzüglichste auf dem Gebiete des Pianoforte-Baues bezeichnet.**

Vorzüge unserer Construction sind:

a. ***Absolut sicheres,*** ungemein *erleichterndes* Reinstimmen des Instrumentes.
b. *Ausgezeichnete Stimmhaltung,* selbst bei *schroffstem* Temperaturwechsel und passend für das *ungünstigste Clima,* da der Metallrahmen, auf welchem der ganze Saitenbezug mit der Stimmschraube ruht, *aus einem Stück* hergestellt ist.

Achtung! Den Herren Pianoforte-Fabrikanten, die sich dafür interessiren, theilen wir hierdurch mit, dass wir **sämmtliche Schrauben und Plättchen** zu dieser Stimmvorrichtung zu einem Pianino **incl. Licenz für Mark 25.—** ab hier liefern. Da nun an dem Eisenrahmen zu diesen Konstruction weder etwas zu bohren noch ein Gewinde zu schneiden ist, so stellt sich diese Stimmvorrichtung **nicht theurer als** das alte System (Wirbelstimmung). **Preislisten gratis und franco.**

Musikinstrumenten-Manufactur

Schuster & Co., Markneukirchen.

Instrumente

feinerer Qualitäten;

Saiten,

Bestandtheile

für

Instrumentenmacher.

Zum Selbstunterricht.

	M
Bandonionschule von O. Luther, geb.	2.-
Celloschule v. H. Heberlein, 2 T. geb. à	2.-
Clarinettschule v. R. Kietzer, 3 T. geb. à	2.-
Concertinaschule v. Sokoloff, geh.	1.-
Cornetschule v. A. F. Bagantz, 2 T. geb. à	2.-
Flötenschule v. Ern. Köhler, 2 T. geb. à	2.-
Grosse Klavierschule v. Louis Köhler, op. 314. Sein Meisterwerk, 3 T. geb. à	2.-
Guitarreschule von Alois Mayer, geh.	1.-
Harmonikaschule v. Sokoloff, 1-u 2reih. à	1.-
Harmoniumschule v. Michaelis, 2 T. gb. à	2.-
Harmonium-Selbstunterr. v. Pache geb.	3.-
Harmonielehre v. F. Draeseke, f. geb.	3.-
Mandolinenschule v. E. Köhler, geb.	2.-
Melodielehre v. A. Michaelis, f. geb.	2.-
Münchener Zitherlehrmeister v. O. Messner, leichteste u. beste Methode, geb.	2.-
Musikalischer Kindergarten v. Prof. C. Reinecke, 9 Bde. f. Klav., 2h. à 2.-, 4h. à	3.-
Okarinaschule v. A. Andersen geh.	1.-
Piccoloflötenschule v. E. Köhler, geb.	2.-
Tenorhornschule v. R. Kietzer, 3 T. geh à	2.-
Trompetenschule v. R. Kietzer, 2 T. geh. à	2.-
Violinschule v. A. F. Bagantz, 3 T. geb. à	2.-
Waldhornschule v. F. Scholar, 2 T. geb à	2.-
Wiener Zitherschule v. A. Mayer, geb.	2.-

Verlag v. **Jul. Heinr. Zimmermann,** Leipzig.

Chicago Cottage Organ Co.

Chicago (Illinois).

Solidestes Fabrikat, grosser edler Ton, geschmackvollste, **reichste** Ausstattung bei **ausserordentlich billigen Preisen.**

General-Vertreter für Deutschland:

Max Dorn, Hamburg, Deichstr. 16.

Zu Uebersendung von **Catalogen, Preislisten** und event. zu persönlicher **Besprechung** bereit.

Friedrich & Co.,
Pegau, Sachsen.
Fabrik und Handlung sämmtlicher
Orgel- u. Piano-Bestandtheile.

Hammerkopf-Fabrik

Gegründet 1874. von *Gegründet 1874.*

Albert Paul,

BERLIN W, Steglitzerstrasse 4.

IM MUSIKINSTRUMENTENBAU TÄTIGE BETRIEBE IN DER BUNDESREPUBLIK DEUTSCHLAND, IN DER DEUTSCHEN DEMOKRATISCHEN REPUBLIK UND IN DER REPUBLIK ÖSTERREICH[1]

BUNDESREPUBLIK

Holzblasinstrumente (einschließlich Saxophone)

Mitglieder des Bundesverbandes der Deutschen Musikinstrumenten-Hersteller

Karl Hammerschmidt & Söhne (Klarinetten, Saxophone, Boehm-Flöten), 8872 Burgau
Wilhelm Heckel (Fagotte, Oboen, Klarinetten), 6202 Wiesbaden-Biebrich
Matthias Hohner AG. (Blockflöten), 7218 Trossingen
Julius Keilwerth (Saxophone), 6085 Nauheim
Richard Keilwerth, 6460 Gelnhausen
Hans Kreul (Klarinetten, Oboen), 7400 Tübingen
Kreul & Moosmann (Fagotte), 7050 Waiblingen
Moeck Verlag + Musikinstrumentenwerk (Historische Holzblasinstrumente, Blockflöten), 3100 Celle
Conrad Mollenhauer (Blockflöten, Historische Holzblasinstrumente, Boehm-Flöten), 6400 Fulda
Josef Püchner (Fagotte, Oboen, Klarinetten), 6085 Nauheim
Heinz Rössler (Blockflöten, historische Holzblasinstrumente), 2240 Heide
Wenzel Schreiber & Söhne (Klarinetten, Fagotte, Oboen, Boehm-Flöten), 6085 Nauheim

* * *

Karl Klier & Co. (Hölzer), 6085 Nauheim
Theodor Nagel (tropische Hölzer), 2000 Hamburg 28
Gebhard Steuer (Klarinetten- und Saxophonblätter), 8990 Lindau

Im Handwerk registrierte Betriebe (einschließlich Reparateure)

Karl-Friedrich Bauer, 7802 Merzhausen
Stephan Beck (Historische Holzblasinstrumente), 1000 Berlin
Erich Berger, 7057 Winnenden
Blatz, 6700 Ludwigshafen
Stephan Blezinger (Blockflöten), 6417 Hofbieber-Langenbieber
Neidhart Bousset (Historische Flöten), 1000 Berlin 28
Anton Braun, 6073 Egelsbach
Roland Dörfler, 8192 Geretsried-Stein
Horst-Günter Doerner, 3102 Hermannsburg
Meinrad Ertel (Gemshörner), 4010 Hilden
Karl Fischer, 8220 Traunstein
Werner Fischer (Achim Kopitzki), 2800 Bremen 1
Fisera, 8500 Nürnberg 40
Fritz Gräßel, 8500 Nürnberg
Johannes Hammig (Boehm-Flöten) 7630 Lahr
John Frederick Hanchet (Historische Holzblasinstrumente), 4300 Essen 15
Stephan Herold, 1000 Berlin 12
Max Hieber (Boehm-Flöten, Altflöten etc.), 8000 München
Hans Hold, 8972 Sonthofen
Charles Huebner, 2860 Osterholz-Scharmbeck
Kazuhiko Jizuka (Querflötenreparaturen), 1000 Berlin
Walter Kern, 7706 Eigeltingen
Volker Kernbach (Rohre für historische Holzblasinstrumente), 3101 Eicklingen
Anton Kilian, 7500 Karlsruhe
Hermann Klement, 8192 Geretsried
Hans Klier (Roland Dörfler), 8192 Geretsried
Hakon Klipphahn, 8000 München 70
Peter Kobliczek (Historische Flöten), 6204 Taunusstein
Günter Körber (Historische Holzblasinstrumente), 6101 Brensbach 1
Gerhard Kowalewsky (Historische Flöten), 2255 Ostbargumfeld

[1] Diese Liste ist so vollständig zusammengestellt, wie es nach den zur Verfügung stehenden Unterlagen möglich war.

Margret Löbner (Historische Holzblasinstrumente), 2800 Bremen
Hans-Jochen Mehnert, 7321 Ottenbach
Günter Meyenburg, 5309 Meckenheim
Gustav Mollenhauer & Söhne (Boehm-Flöten, Klarinetten), 3500 Kassel
Josef Müller, 2000 Hamburg 6
Richard Müller, 2800 Bremen
Peter Jakob Neff, 5000 Köln 1
Rudolf Otto (Blockflöten), 7209 Aldingen
Hans-J. Paetzold (Blockflöten), 7400 Tübingen
Herbert Paetzold (Blockflöten), 8939 Markt Wald
Patzelt, 7050 Waiblingen
Wolfgang Petzold, 7742 St. Georgen
Josef Pickert, 7052 Schwaikheim
Kazimierz Piwkowski (Historische Holzblasinstrumente), 6600 Saarbrücken-Bübingen
Josef Rauscher, 8000 München 2
Jost Huibert Reijns (Oboen), 8961 Wiggensbach
Erich Renner, 8221 Seebruck
Hans Riedl, 6085 Nauheim
Walter Rieth, 7763 Öhningen
Joachim Rohmer (Historische Flöten), 3100 Celle
Margitta Sandl, 8265 Neuötting
Helga Sandner (Trommelflöten), 7296 Glatten
H. P. Springer, 8068 Pfaffenhofen
Schaller, 6750 Kaiserslautern
Klaus Scheele (Blockflöten), 2854 Loxstedt
Thomas Schreiber, 6085 Nauheim
O. Schulze (Rohrbau), 4432 Gronau
Fred Schweinfurter (Rohrbau), 8591 Friedenfels
Werner Schwenk, 7400 Tübingen-Pfrondorf
Peter Steiert, 7800 Freiburg
Ingbert Teichmann (Einrichtungen, Reparaturen), 5439 Rennerod
Horst Voigt, 7000 Stuttgart 31
Ludwig Werner, 7000 Stuttgart
Guntram Wolf, 8640 Kronach
Herbert Wurlitzer (Klarinetten), 8530 Neustadt/Aisch
Hans Zinner, 8641 Oberrodach

Metallblasinstrumente

Mitglieder des Bundesverbandes der Deutschen Musikinstrumenten-Hersteller

Gebrüder Alexander - Rheinische Musikinstrumentenfabrik, 6500 Mainz
Max Bauerfeind & Sohn, 6085 Nauheim
Böhm & Meinl, 8192 Geretsried
Josef Dotzauer, 8782 Karlstadt
Helmut Finke, 4973 Vlotho-Exter
Hermann Ganter, 8000 München 83
Heribert und Jürgen Glassl, 6090 Rüsselsheim
Josef Hablowetz (Mundstücke), 8530 Neustadt/Aisch
Kühnl & Hoyer, 8531 Markt Erlbach
Ernst Langhammer & Sohn, 3559 Burgwald-Industriehof
Rudolf Meinl, 8531 Diespeck
Wenzel Meinl, 8192 Geretsried
Josef Meinlschmidt & Co., 8192 Geretsried
Miraphone eG., 8264 Waldkraiburg

Im Handwerk registrierte Betriebe (einschließlich Reparateure)

Romeo Adaci, 7500 Karlsruhe
Walter Johann Anger, 7927 Sontheim
Gerhard Anton, 5216 Niederkassel-Rheydt
Norbert Axmann, 2983 Nordseebad Juist
Barth, 7000 Stuttgart
Anstalt Bethel, 4800 Bielefeld 13
Blatz (Georg Schmuck), 6700 Ludwigshafen
Ernst Blohberger, 5300 Bonn
Bopp, 6600 Saarbrücken-Dudweiler
Brunner, 7520 Bruchsal
Gottfried Büchel, 5300 Bonn 3
Andreas Csurcia, 6800 Mannheim 1
Hermann Deußer, 8700 Würzburg
Bernd Dorfner, 8900 Augsburg
Johann Baptist Elgas (Zylindermaschinen), 8353 Emskirchen
Philipp Erwin, 8390 Passau
Anton Fischer (Mundstücke), 8492 Furth im Wald
Josef Fischer, 8872 Burgau
Karl Fischer, 8220 Traunstein
Eckhart Fritz, 7400 Tübingen 7
Max Fritz, 7470 Albstadt-Truchtelfingen
Willi Garreis, 8170 Bad Tölz
Gillhaus, 7800 Freiburg
E. und D. Glier, 6000 Frankfurt
Hans und Hanna Grimm, 8580 Bayreuth
Otto Groh, 3400 Göttingen
Herbert Gronitz, 2000 Hamburg 1
Hans Haase, 4980 Bünde
Alfred Haug, 7260 Calw
Wolfgang Heber, 2900 Oldenburg
H. Hertenstein, 7830 Emmendingen
Karl Höfer, 8602 Memmelsdorf
Hartmuth Kanitz, 7710 Donaueschingen
Dieter Klabunde, 7141 Murr
Friedemann Klein, 7210 Rottweil
Jürgen Klein, 5400 Koblenz
Josef Klier, 8500 Nürnberg 40
Josef Klier, 8531 Diespeck
Helmut Knoll, 8531 Markt-Erlbach
Franz-Josef Kröger, 5501 Waldrach
Hans Kromat, 2733 Wilstedt
Kurt Laberer, 8000 München 5

Herbert Lätzsch (Hans-Hermann Nienaber), 2800 Bremen 1
Erich Lange, 7980 Ravensburg
Josef Langen, 4500 Osnabrück
Werner Linsin, 7888 Rheinfelden
Friedrich Lüttke, 7701 Volkertshausen
Kurt Mayer, 6740 Landau
Ewald Meinl, 8192 Geretsried
Ursula Menzel, 8000 München 2
Scott Merritt, 8196 Beuerberg
Jürgen Metzger, 3000 Hannover
Albert Meyn, 2000 Hamburg 50
Günter Michl, 8750 Aschaffenburg
Josef Monke, 5000 Köln 30
Wilhelm Monke, 5000 Köln 30
Horst Molter, 6751 Mackenbach
Axel Müller, 8204 Brannenburg
Müller und Sohn, 8520 Tennenlohe
Fritz Wolfgang Ott, 4400 Münster
Dieter Otto, 8267 Neumarkt-St. Veit
Erwin Philipp, 8390 Passau
Hans Joachim Pilar, 1000 Berlin 49
Ralf Radermacher, 4050 Mönchengladbach 1
Reinfried Raff, 7260 Calw-Stammheim
Georg Rauscher, 7300 Esslingen
Erich Regenthal, 2121 Nahrendorf
Christian Reisser (Werner Nonnenberg), 7900 Ulm
Rimmel (Franz Ambrosch), 8960 Kempten/Allgäu
Johann Rödig 8264 Waldkraiburg
Karl Rödiger, 5100 Aachen
Heinz Sablotny, 2050 Hamburg 80
Ludwig Sander, 6758 Lauterecken
Hermann Sandner, 8900 Augsburg
Erich Sattler, 8441 Oberalteich
Udo Schäfer, 7980 Ravensburg
Helmut Scherzer, 4173 Kerken
Anton Schilbach, 8220 Traunstein
Kurt Schippmann, 5900 Siegen
Schlaile, 7500 Karlsruhe
Max Schmelz, 8390 Passau
Manfred Schmelzer, 4050 Mönchengladbach 4
Georg Schmid, 7730 Villingen-Schwenningen
Xaver Schmid, 6544 Kirchberg
Andreas Schmidt, 8531 Diespeck
Hans Schneider, 7406 Mössingen
Sylvester Schwaiger, 7980 Ravensburg
Walter Schwaiger, 7980 Ravensburg
Rudolf Schwarz, 3000 Hannover
Günter Seibold, 7981 Eschach-Sickenried
Dieter Seiler, 8510 Fürth
Peter Steiert, 7800 Freiburg
Toni Steinbrecher, 7530 Pforzheim
Otto Wilhelm Thein, 2800 Bremen
Max & Heinrich Thein, 2800 Bremen
Bruno Tilz (Mundstücke), 8530 Neustadt/Aisch
Hans Volkholz, 5500 Trier
Franz Weber, 8221 Inzell
Armin Werner, 3000 Hannover
Harald Wetzel, 2000 Hamburg 63
Franz Winkelhöfer, 8400 Regensburg
Martin Ziegler, 4900 Herford

Streich- und Zupfinstrumente

Mitglieder des Bundesverbandes der Deutschen Musikinstrumenten-Hersteller

Karl Höfner (Streich- und Zupfinstrumente), 8526 Bubenreuth
Otto Joseph Klier (Streich- und Zupfinstrumente), 8526 Bubenreuth

* * *

Herbert Bauerfeind (Bestandteile), 8521 Langensendelbach
Andreas Gleissner (Tonhölzer und Holzteile), 8526 Bubenreuth
Brüder Kollitz (Tonhölzer und Holzteile), 8520 Erlangen-Eltersdorf
Schaller (Zubehör und Bestandteile), 8501 Feucht
Shellex (Bestandteile), 6080 Groß-Gerau

*Im Handwerk registrierte Geigen- bzw. Streich- und Zupfinstrumentenmacher (einschließlich Reparateure)**

Olga Adelmann, 1000 Berlin 31
Christian Arnold, 6100 Darmstadt
Henning Aschauer, 4000 Düsseldorf 12
Hermann Bächle, 8523 Baiersdorf
Hans-Joachim und Heinrich Bartsch, 4300 Essen
Fritz Bauer, 7120 Bietigheim-Bissingen
Paula Baur, 7967 Ostrach/Sigmaringen
Ingeborg Behnke, 1000 Berlin 19
Peter Benedek, 8000 München
Georg Berwanger, 4800 Bielefeld
Georg Berwanger sen., 3000 Hannover 81
Karl Bitterer, 8102 Mittenwald
Michael Thomas Bitterer, 8102 Mittenwald
Volker Bley, 4600 Dortmund
Rainer Bräumer, 7500 Karlsruhe
Christian Brosse, 2411 Borstorf
Rudolf Buchner, 8520 Erlangen-Eltersdorf
Edda, Heribert und Wolfgang Bünnagel, 5000 Köln 1
Hans Joachim Burger, 8451 Kümmersbruck
Stephan Csonka, 5000 Köln 1
Frans van Dejk, 7799 Heiligenberg
Rudolf Johannes Dick, 2800 Bremen 1

* Speziell als Zupfinstrumentenmacher Registrierte sind im Anschluß zusammengestellt.

Klaus Dobmeier, 8330 Eggenfelden
Friedrich Dohnal, 2300 Kronshagen
Eugen Eder, 8300 Landshut
Richard Edler, 6000 Frankfurt
Robert Eibl, 8000 München 80
Rudolf Elbin, 5300 Bonn 1
Erben + Gaes, 8000 München
Peter Erben, 8050 Freising
Jörn Erichson, 3500 Kassel-Wilhelmshöhe
Alfred Fischer, 4150 Krefeld
Reinhard Fischer, 2000 Hamburg 19
Wolf-Dieter Fischer, 8000 München 60
Dieter Frank, 8314 Gangkofen
Bernhard Franke, 7000 Stuttgart 1
Herbert Franke, 6800 Mannheim 25
Lothar Franke, 6100 Darmstadt
Michael Franke, 6200 Wiesbaden
Albert Fritsch, 8264 Waldkraiburg
Jan Fröhlich, 6050 Offenbach
Rudolf Fuchs, 7080 Aalen
Franz Fürst, 3000 Hannover
Franz Full, 8900 Augsburg
Constantin Fundateanu, 6000 Frankfurt
Stephan Gaes, 8050 Freising
Hans Glässel, 2000 Hamburg
Hugo Götz, 2000 Hamburg
Horst Goldfuß, 8400 Regensburg
Helmut Gotschy, 7959 Wain
Helge Grawert, 2130 Rotenburg/Wümme
Gerriet Groth, 6200 Wiesbaden
Horst Grünert, 8122 Penzberg
Jürgen Hagen, 2401 Groß-Grönau
Walter Hamma, 7000 Stuttgart 80
Stefan Hansen, 2000 Hamburg 13
Ottomar Hausmann, 8102 Mittenwald
Wilhelm Heckenthaler, 2800 Bremen 1
Eberhard Heinemann, 7102 Weinsberg-Winnental
Hirth, 8440 Straubing
Roland Hodapp, 7602 Oberkirch
Frauke Höllinger-Ketels, 2300 Kiel
Peter Josef Hörmann, 8000 München 81
Anton Holzlechner, 8267 Neumarkt-St. Veit
Johannes Hornsteiner, 8390 Passau
Kurt Hoyer, 6204 Taunusstein 4
Georg Irl, 8102 Mittenwald
Wasil Jiwkow, 8000 München 5
Andreas Kägi, 1000 Berlin 41
Henryk Kaletta, 3500 Kassel
Kalley, 6800 Mannheim
Josef Kantuscher, 8102 Mittenwald
Michael Kaufmann, 7000 Stuttgart 1
Hans Keitel, 7400 Tübingen
Georg Kiederle, 8630 Coburg
Genn Kimura, 5400 Koblenz
Rosemarie Kipper-Baranowski, 4800 Bielefeld 1
Gerhard O. Klier, 8524 Neunkirchen
Hans Klotz, 8102 Mittenwald
Rainer Knobel, 3100 Celle
Johann Köberling, 8100 Garmisch-Partenkirchen
Hieronymus Köstler, 7000 Stuttgart 1
Günter Krahmer, 8261 Neumarkt-St. Veit
Günter Krahmer-Pöllmann, 8102 Mittenwald
Hans Peter Krause, 8372 Bayer. Eisenstein
Jürgen Dietrich Krause, 6600 Saarbrücken 2
Helmut Kreppel, 8900 Augsburg
Friedrich Kreuzinger, 8267 Neumarkt-St. Veit
Manfred Kreuzinger, 8720 Schweinfurt
Krüger & Kuhn, 2000 Hamburg
Till Kulla, 5000 Köln 40
Benedikt Lang (Kontrabässe), 8102 Mittenwald
Otto Laudi, 8400 Regensburg
Wilfried Leonhardt, 8102 Mittenwald
Irene Löbner, 8260 Mühldorf/Inn
Günther Lugert (Georg Winterling), 2000 Hamburg 36
Kurt Lutz, 8521 Bubenreuth
Manfred Lutz, 7500 Karlsruhe
Paul Lysen, 8087 Türkenfeld
Machold, 2800 Bremen 1
Andreas Mages, 7133 Maulbronn
Karl Mages, 7000 Stuttgart 1
Anton Maller, 8102 Mittenwald
Ioan Marinescu, 8033 Martinsried
Rudolf Masurat, 2400 Lübeck 1
Leo Mayr 8232 Bayerisch Gmain
Wolfgang Mertin, 1000 Berlin 41
Winfried Michael, 8000 München 22
Dieter Möckel, 6369 Nidderau
Yoshio Morino, 2000 Hamburg 50
Helmut Müllern, 7250 Leonberg-Eltingen
Hartmut Münzberg, 8387 Roßbach
Bastian Muthesius, 1000 Berlin 21
Tilmann Muthesius, 3257 Springe
Münzberg und Waidosch, 8338 Schönau
Alfred Neudörfer, 6140 Bensheim 1
Rudolf Neudörfer, 8521 Bubenreuth
Käthe und Rudi Neumann, 5450 Neuwied
Renate von Niederhäusern, 1000 Berlin
Rudolf von Niederhäusern, 1000 Berlin
Johann Padewet, 7500 Karlsruhe
Roderich Paesold, 8526 Bubenreuth
Felix Paulus, 7000 Stuttgart
Gerhard Penzel, 7965 Ostrach 1
Roland Penzel, 7965 Ostrach 1
Eberhard Pfaff, 3551 Marburg-Frauenberg
Heinrich Pfalzgraf, 3000 Hannover 1
Thomas Pfürtner, 5600 Wuppertal
Jaroslav Pilar, 1000 Berlin 30
Georg Pinnenberg, 2000 Hamburg 60
Rudolf Pliverics, 1000 Berlin 12
Paul Rathmann, 2000 Hamburg 19

Josef Rauscher, 8000 München 2
Elfi Rautmann, 3300 Braunschweig
Kurt Reichmann (Drehleiern), 6000 Frankfurt 1
Franz Reindl, 8102 Mittenwald
Karl Riedel, 8261 Tittmoning
Ernst Heinrich Roth, 8526 Bubenreuth
Paul Roth, 4300 Essen 18
Karl Roy, 8102 Mittenwald
Heinz Rügener, 8500 Nürnberg
Bruno u. Heinz Rügener, 8500 Nürnberg 1
Fridolin Rusch, 8172 Lenggries
Adolf Andreas Sandner, 8100 Garmisch-Partenkirchen
Johannes Sandner, 8520 Erlangen
Anton Sandner-Balzer, 6080 Groß-Gerau
Schallowetz, 5620 Velbert
Hubert Scharff, 6800 Mannheim
Hans Schicker, 7800 Freiburg
Horst Schicker, 8523 Baiersdorf
Max Schmelz, 8390 Passau
Hans Schmidt, 8102 Mittenwald
Reinhold Schnabel, 8526 Bubenreuth
Heinrich Schnier, 4960 Stadthagen
Hubert Schnorr, 2000 Hamburg 36
Johann Scholtz, 4000 Düsseldorf 1
H. J. Schröder, 4200 Oberhausen
Jürgen Johannes Schröder, 6000 Frankfurt 1
Ralf Schumann, 2000 Hamburg 50
Gotthard Schuster, 8526 Bubenreuth
Josef und Rudolf Schuster, 8523 Baiersdorf
Hans Seitz, 6900 Heidelberg
Helge Sigler, 4800 Bielefeld 13
Eugen Sprenger, 6000 Frankfurt 1
Albert Steiner, 8700 Würzburg
Fritz Steiner, 8700 Würzburg
Herbert Stengel sen., 4500 Osnabrück
Herbert Stengel jun., 4400 Münster
Volker Stengel, 4500 Osnabrück
Ernst Stieber, 7400 Tübingen
Jürgen von Stietencron, 7753 Hegne
Konrad Stoll, 8950 Kaufbeuren
Hans-Josef Thomas, 5100 Aachen
Wolfgang Uebel, 3100 Celle
Haat-Hedlev Uilderks, 2400 Lübeck
Thomas Uphoff, 6800 Mannheim 1
Jochen Voigt, 8046 Garching
Erwin Volkmann, 6405 Fulda-Eichenzell 7
Gerhard Wahl, 7500 Karlsruhe 41
Walter Waidosch, 8331 Schönau
Dieter Walther, 8102 Mittenwald
Herbert Wanka, 8523 Baiersdorf
Karl Weidler, 8500 Nürnberg 10
Erich Werner, 8526 Bubenreuth
Franz Wigger, 5100 Aachen
Anton Winter, 1000 Berlin 12
Hermann G. Wörz, 8000 München 2
Christian Zollmann, 8000 München 40
Hans Zunterer, 8000 München 2
Wolfgang Zunterer, 8000 München 2

Im Handwerk registrierte Zupfinstrumentenmacher

Franz Ulrich Albert und Antonius Müller, 6209 Aarbergen
Ali Bal, 5600 Wuppertal
Rudolf Bitterer, Richard Hefele, 8105 Farchant
Rudolf Blazer und Günther Reinhardt, 7400 Tübingen
Manfred Bräuer, 8524 Neunkirchen
Adolf Buchner, 8526 Bubenreuth
Helmut Buchsteiner, 8267 Neumarkt-St. Veit
Herre Chouard, 8300 Altdorf
Henning Doderer, 6273 Steinfischbach
Franz Dotzauer, 8520 Erlangen
W. Lothar Gärtner (Leierbau), 7750 Konstanz
Gustav Glassl, 8520 Erlangen
Johann Glassl, 8070 Ingolstadt
Norbert Glassl, 8520 Erlangen
Georg Gose, 5414 Vallendar
Gabriel Gruber, 8170 Bad Tölz
Erwin von Grüner, 8523 Baiersdorf
Guido Hahn, 8500 Nürnberg 10
Helmut Hanika, 8523 Baiersdorf
Gerold K. Hannabach, 8526 Bubenreuth
Till Harlan, 4923 Extertal
Kurt Hartwig, 8000 München
Hendrik Hasenfuß, 5000 Köln 60
Hermann Hauser, 8386 Reisbach
Anton Heist, 8800 Ansbach
Winfried Heitland, 4048 Grevenbroich 5
Dieter Hense, 6209 Hohenstein
Bernd Hopf, 6204 Taunusstein 4
Dieter Hopf, 6204 Taunusstein 4
Wolfgang Hopf, 6200 Wiesbaden
Maximilian Horngacher (Konzertharfen), 8130 Starnberg
Walter A. Hoyer, 8551 Hausen
Arnold Hoyer, 8520 Erlangen-Tennenlohe
Hartmut Install, 5000 Köln 1
Bernhard Kammel (Hackbrett, Harfe), 8234 Schneizlreuth
Ernst Käshammer, 6800 Mannheim 31
A. J. Keller, 8520 Erlangen
Thomas Keller, 8000 München 70
Klein, 5400 Koblenz
Roberto Kremer, 3400 Göttingen
Rainer Krempel, 6239 Eppstein-Bremthal
Andreas Krüger, 4800 Bielefeld 1
Anna Kühl, 8360 Deggendorf
Wilhelm Liesenfeld, 4000 Düsseldorf 30
Wilfried Liesenfeld-Strehlow, 4000 Düsseldorf 30
Löffler (Konzertharfen), 6200 Wiesbaden
Armin Chr. Mathias, 7793 Sauldorf-Bietingen

Helmut Neubauer, 8526 Bubenreuth
Alfred Pichlmaier (Hackbrett, Harfe), 8059 Fraunberg
Manfred Pletz, 6204 Taunusstein-Bleidenstadt
Thomas Reg'n, 5000 Köln 1
Klaus Röder, 6209 Hohenstein
Roger Rossmeisel, 8261 Neumarkt-St. Veit
Anton Sandner, 8523 Baiersdorf
Hilde Sandner, 8521 Spardorf
Karl Sandvoß, 4000 Düsseldorf
Franz Schallowetz, 5620 Velbert 1
Justus Scherle, 8540 Schwabach
Gerhard Schnabl, 8521 Bräuningshof
Helma Schwarz, 2392 Glücksburg
Martin Seeliger, 6300 Gießen
Reinhold Seiffert, 6204 Taunusstein
Ewald Sommer, 8523 Baiersdorf
Christian Stoll, 6204 Taunusstein
Hans Strohmer, 8500 Nürnberg 20
Harald Teller, 8526 Bubenreuth
Horst Teller, 8526 Bubenreuth
Rainer M. Thurau (Historische Harfen), 7900 Ulm
Paul Uhlemann, 8526 Bubenreuth
Walter Vogt, 7240 Horb
Ernst Volkmann, 8070 Ingolstadt
Herbert Volkmann, 8526 Bubenreuth
Gernot Wagner, 6000 Frankfurt 60
Ludger Wannenmacher, 4800 Bielefeld 1
Michael Wickmann, 2000 Hamburg 6

Bogenmacher

Dörfler, 8526 Bubenreuth
Richard Grünke, 8526 Bubenreuth
Lex-Bogenbestandteile, 6320 Wetzlar
Walter Mettal, 8521 Möhrendorf
Roderich Paesold, 8526 Bubenreuth
Alfons Riedl, 8526 Bubenreuth
Rudolf Riedl, 8526 Bubenreuth
Franz Sandner, 6085 Nauheim
Horst Schicker, 8523 Baiersdorf
Lothar Seifert, 8526 Bubenreuth
Herbert Wanka, 8523 Baiersdorf

Saiten

Mitglieder des Bundesverbandes der Deutschen Musikinstrumenten-Hersteller

Maxima, 8192 Geretsried
Gustav Pirazzi & Co., 6050 Offenbach
Pyramid, 8526 Bubenreuth

Im Handwerk registrierte Saitenmacher

Fackler (TRUXA), 8220 Traunstein
Friedrichs, 8207 Endorf
Friedrich Fritzsch (REGINA) 8520 Tennenlohe
Adolf Hannabach, 8261 Egglkofen
Kürschner, 6204 Taunusstein
Joh. Siebenhüner, 6082 Walldorf
K. u. H. Weidler, 8500 Nürnberg

Schlaginstrumente

Mitglieder des Bundesverbandes der Deutschen Musikinstrumenten-Hersteller

Johannes Link, SONOR Percussion, 5920 Bad Berleburg 2
M. M. Paiste & Sohn, 2373 Rendsburg-Audorf
Studio 49, 8032 Gräfelfing

weitere Firmen:

Josef Klier, 8531 Diespeck
Kolberg Percussion, 7336 Uhingen
Lefima Percusssion, 8490 Cham
Roland Meinl (Becken), 8530 Neustadt/Aisch
Franz Sattler, 6090 Rüsselsheim-Königstädten

Klaviere

Mitglieder des Fachverbandes Deutsche Klavierindustrie

C. Bechstein, 1000 Berlin 36
EUTERPE, 8821 Pfofeld
Julius Feurich, 8821 Pfofeld
Grotrian-Steinweg, 3300 Braunschweig
Rud. Ibach und Sohn, 5830 Schwelm
May Pianofortefabrik, 1000 Berlin 46
Carl A. Pfeiffer, 7000 Stuttgart 1
C. Sauter, 7208 Spaichingen
Schiedmayer & Söhne (Celesten, Tastenglockenspiele), 7000 Stuttgart 1
Wilh. Schimmel, 3300 Braunschweig
Ed. Seiler, 8710 Kitzingen
Steingraeber & Söhne, 8580 Bayreuth
Steinway & Sons, 1000 Berlin 12 / 2000 Hamburg 54
Ferdinand Thürmer, 4690 Herne
Ludwig und Otto Willis, 8300 Landshut

* * *

Eugen Balz (Klavierstühle und Pulte) 7057 Winnenden
Alfred Homberg (Intarsien), 7513 Stutensee-Büching
Alfred Jahn (Bestandteile, Werkzeuge, Saiten), 8621 Grub am Forst
Hermann Kluge (Klaviaturen), 5600 Wuppertal 2
August Laukhuff (Bestandteile), 6992 Weikersheim
Eugen Reiner (Klavierstühle), 7000 Stuttgart 40
Louis Renner (Mechaniken, Hammerköpfe), 7000 Stuttgart 1
Adolf Strunz (Resonanzböden), 8398 Pocking

Rudolf Craemer, 5884 Halver
Blomberger Holzindustrie, 4933 Blomberg
Adolf Edelhoff, 5860 Iserlohn
Julius Klinke, 5982 Neuenrade
Meyne Klaviertechnik, 3303 Vechelde
Riessner Werke, 8832 Weißenburg
Stahl- und Drahtwerk Röslau, 8671 Röslau
Holzwerke Schwaiger, 8355 Hengersberg
Vereinigte Filzfabriken, 7928 Giengen
W. Wagner jr., 5970 Plettenberg
Dr. Rudolf Winkelmann, 3200 Hildesheim
Gebr. Wupper, 5820 Gevelsberg

In den Listen des Deutschen Musikrates 1986/87 und des Gesamtverbandes Deutscher Musikfachgeschäfte sind darüber hinaus vor allem als Pianohäuser und Reparaturbetriebe genannt

Adam, 6348 Herborn
Alber, 7300 Esslingen
Gebr. Alexander, 6500 Mainz
Alster-Nord, 2000 Norderstedt 3
Andresen, 2400 Lübeck
Arendt, 6350 Bad Nauheim
Aumüller, 6370 Oberursel
Auth, 5880 Lüdenscheid
Averkamp, 4420 Coesfeld
Backhaus, 2800 Bremen
Balzer, 6200 Wiesbaden
Baron, 4650 Gelsenkirchen
Bartels, 3420 Herzberg
Barth, 7000 Stuttgart
Bauderer, 8900 Augsburg
Bauer, 5419 Dierdorf
Bauer, 6500 Mainz
Bauer, 6078 Neu-Isenburg
Bayer, 6470 Büdingen
Bayer, 6460 Gelnhausen
Becker, 2390 Flensburg
Becker, 7600 Offenburg
Beckmann, 4200 Oberhausen
Benz, 7410 Reutlingen
Bieling, 4250 Bottrop
Biese, 1000 Berlin 41
Blau, 8972 Sonthofen
Blum, 4700 Hamm
Bock & Hinrichsen, 2370 Rendsburg
Bössmann, 4500 Osnabrück Boger, 7980 Ravensburg
Bohnhorst, 2120 Lüneburg
Boos & Noller, 7000 Stuttgart 1
Bornemann, 3000 Hannover
Bosch, 3500 Kassel
Bovelette, 4200 Oberhausen
Braun, 4930 Detmold
Braxmeier, 7014 Kornwestheim
Bredschneider, 8200 Rosenheim
Breitmann, 6501 Nieder-Olm
v. Bremen, 4600 Dortmund
Briem, 7024 Filderstadt
Brinkmann, 4590 Cloppenburg
Brunner, 7520 Bruchsal
Bruns, 6550 Bad Kreuznach
Busch, 5210 Troisdorf
Cleve, 6000 Frankfurt
Cornelius, 8800 Ansbach
Crusius, 6100 Darmstadt
Dahlhoff, 4770 Soest
Dahling, 2120 Lüneburg
Deininger, 7320 Göppingen
Deußer, 8700 Würzburg
Diemer, 8700 Würzburg
Döll, 3000 Hannover
Döpper, 6430 Bad Hersfeld
Doll, 8058 Erding
Domhoff, 2990 Papenburg
van Dooren, 4050 Mönchengladbach
Dragstra, 4432 Gronau
Eckhardt, 5559 Neumagen
Ehret, 6800 Mannheim
Eichler, 3500 Kassel
Eichmann, 6430 Bad Hersfeld
Eppelsheimer, 6100 Darmstadt
Erlewein, 7173 Mainhardt
Erz, 4971 Hüllhorst
Esterhammer, 8959 Seeg
Fackler, 8220 Traunstein
Faust, 5600 Wuppertal-Barmen
Fey, 2350 Neumünster
Finger-Haase, 3101 Nienhagen
Fischer, 2800 Bremen
Fischer, 5000 Köln
Fischer, 6950 Mosbach
Fischer, 7060 Schorndorf
Flamm, 5220 Waldbröl
Förg, 8960 Kempten
Förtsch, 1000 Berlin 21
Franz, 3502 Vellmar
Frauenhoffer, 7033 Herrenberg
Fricke, 8800 Ansbach
Friedrich, 8510 Fürth
Friemann, 2960 Aurich
Fritz, 6730 Neustadt
Fuchs, 5460 Linz
Füllgraben, 5900 Siegen
Fuhrmann, 8100 Garmisch-Partenkirchen
Funk, 4050 Mönchengladbach
Geiermann, 5440 Mayen
Geissler, 7850 Lörrach
Goldmann, 6450 Hanau
Gottstein, 8078 Eichstätt

Grahmann, 2260 Niebüll
Grand-Schütze, 1000 Berlin 36
Grebe, 3000 Hannover
Greiss, 7440 Nürtingen
Griem, 2056 Glinde
Grimm, 2077 Trittau
Grüllich, 3250 Hameln
Grüntjens, 4178 Kevelaer
Grund, 8070 Ingolstadt
Guckel, 6050 Offenbach
Gügold, 8000 München
Gulden, 7000 Stuttgart
Haas, 7800 Freiburg
Häber, 7100 Heilbronn
Haid, 8500 Nürnberg
Hain, 4150 Krefeld
Haltinger, 8033 Planegg
Hand, 5520 Bitburg
Hannemann, 7552 Durmersheim
Harke, 4930 Detmold
Hartmann, 5240 Betzdorf
Hartmann, 5300 Bonn
Hartmann, 2000 Hamburg 50
Haseneier, 5400 Koblenz
Hassel, 5908 Neunkirchen-Salchendorf
Hauf, 4010 Hilden
Haverkamp,4400 Münster
Heemeier, 2250 Husum
Heinz, 8261 Emmerting
Held, 2300 Kiel
Hell, 6908 Wiesloch-Baiertal
Heller, 6925 Eschelbronn
Hemmerich, 6646 Losheim
Hermes & Weger, 8900 Augsburg
Herrmann, 7570 Baden-Baden
Herrmann, 7070 Schwäbisch-Gmünd
Hieber, 8000 München 2
Hilbig, 4270 Dorsten
Hirsch, 8000 München 2
Hisao, 7518 Bretten
Hochstein, 6900 Heidelberg
Hock, 7570 Baden-Baden
Hoffmann, 6701 Neuhofen
Hoppen, 5650 Solingen
Hornberger, 8960 Kempten
Hübner, 5500 Trier
Hutzel, 7023 Leinfelden-Echterdingen
Jacobs-Laskowski, 5500 Trier
Jäger, 6530 Bingen
Jakobs, 6639 Rehlingen
Janssen, 2870 Delmenhorst
Jehle, 7750 Konstanz
Joop, 3300 Braunschweig
Justen, 5000 Köln
Kaiser, 6231 Schwalbach
Kanitz, 7710 Donaueschingen
Kapitza, 8441 Haselbach
Kastner, 8580 Bayreuth
Keienburg, 4200 Oberhausen
Kelischowski, 3005 Hemmingen
Kellermann, 6962 Adelsheim
Kemp, 4800 Bielefeld
Kerner, 3500 Kassel
Kiederle, 8630 Coburg
Klavins, 5300 Bonn
Klein, 7210 Rottweil
Klenk, 6450 Hanau
Klier, 8000 München 2
Klier, 8500 Nürnberg
Knebel, 5920 Berleburg
Knobloch, 8000 München 2
Knoedel, 8381 Memming-Bubach
Knoll, 6750 Kaiserslautern
Koch, 8520 Erlangen
Kock, 4450 Lingen
Köckers, 4000 Düsseldorf
Köhler, 3400 Göttingen
König, 6550 Bad Kreuznach
Kohl, 4650 Gelsenkirchen
Kohl, 6600 Saarbrücken
Komar, 8803 Rothenburg
Komlew, 8225 Traunreut
Kopp, 2190 Cuxhaven
Kopp, 8485 Sulzbach-Rosenberg
Kraus, 8590 Marktredwitz
Krause, 1000 Berlin 30
Krebs, 6530 Bingen
Krefft, 8540 Schwabach
Kreisel, 8500 Nürnberg
Kreuzinger, 8720 Schweinfurt
Kühn, 1000 Berlin 62
Küster, 5630 Remscheid 14
Landt, 6638 Dillingen
Lang, 8900 Augsburg
Lebens, 2000 Hamburg 90
Lehr, 7480 Sigmaringen
Leithäuser, 5090 Leverkusen-Küppersteg
Lepthien, 7800 Freiburg
Ligensa, 4800 Bielefeld
Limpinsel, 4630 Bochum
Lindner, 8480 Weiden
List, 4060 Viersen
Löffler, 7090 Ellwangen
Lyra, 4400 Münster
Mack, 7920 Heidenheim
Mack, 7500 Karlsruhe
Mahler, 8000 München 82
Maier, 6148 Heppenheim
Manthey, 1000 Berlin 36
Marks, 4630 Bochum

Markus, 6720 Speyer
Marni, 4150 Krefeld
Matthaes, 7000 Stuttgart
Matthes, 8504 Stein
Matthias, 6580 Idar-Oberstein
Maurer, 7500 Karlsruhe
Max, 4200 Oberhausen
Mayer, 7000 Stuttgart 50
Melchior, 6710 Frankenthal
Melchior, 6750 Kaiserslautern
Merkl, 2000 Hamburg 80
Merz, 3400 Göttingen
Meyer, 3000 Hannover
Meyer, 5533 Hillesheim
Meyn, 2000 Hamburg 50
Micke, 4720 Neubeckum
Mößner,8000 München 60
Mollenhauer, 6400 Fulda
Monke, 5000 Köln 30
Müller, 7500 Karlsruhe
Müller, 8803 Rothenburg
Müller, 5600 Wuppertal
Nagel, 3000 Hannover
Naumann, 4600 Dortmund
Nehmann, 6070 Langen
Neufeldt, 3550 Marburg
Neumann, 8600 Bamberg
Neumann, 7208 Spaichingen
Niemann, 4800 Bielefeld
Niemann, 4400 Münster
Nonn-Schulze-Winkel, 4020 Mettmann
Oechsner, 8500 Nürnberg
Oehme, 1000 Berlin 37
Olbrich, 8858 Neuburg
Opladener Musikhaus, 5090 Leverkusen
Osterode, 7000 Stuttgart 1
Overesch, 4440 Rheine
Pahlmann, 3171 Weyhausen
Panier, 5000 Köln 30
Pauly, 4060 Viersen
Peter, 6301 Wettenberg 1
Peters, 2850 Bremerhaven
Peters, 4600 Dortmund
Pfefferkorn, 8051 Freising
Pfeiffer, 6900 Heidelberg
Pfeiffer, 7000 Stuttgart
Pfettscher, 7600 Offenburg
Popandopulo, 2150 Buxtehude
Porth, 6200 Wiesbaden
Prunk, 2870 Delmenhorst
Raab, 7340 Geislingen
Rabus, 7500 Karlsruhe 1
Rating, 4650 Gelsenkirchen
Rating, 4370 Marl
Rawie, 4500 Osnabrück
Rees, 7208 Spaichingen
Rehbock, 4000 Düsseldorf
Rehbock 2970 Emden
Reisser, 7900 Ulm
Remmers, 5830 Schwelm
Renz, 7990 Friedrichshafen
Richters, 5600 Wuppertal-Sonnborn
Riemer, 8070 Ingolstadt
Robert, 2400 Lübeck
Rohlfing, 4500 Osnabrück
Rosenkranz, 2900 Oldenburg
Roth & Junius, 5800 Hagen
Rottwinkel, 4410 Warendorf
Ruckmich, 7800 Freiburg
Rudert, 7290 Freudenstadt
Rudolph, 4100 Duisburg 11
Rück, 8500 Nürnberg
Rührmund, 4950 Minden
Rumler, 5300 Bonn
Rump, 5400 Koblenz
Sanwald, 7800 Freiburg
Sass, 2350 Neumünster
Schadhausen, 8226 Altenmarkt
Schächle, 7700 Singen
Schall, 6520 Worms
Schallowetz, 5620 Velbert
Scheck, 7000 Stuttgart 1
Schestauer, 8000 München
Schimpf, 7500 Karlsruhe 1
Schlager, 8600 Bamberg
Schlaile, 7500 Karlsruhe 1
Schmachtenberg, 4400 Münster
Schmid, 8000 München 2
Schmitz, 4300 Essen
Schneider, 6250 Limburg
Schneider, 7140 Ludwigsburg-Ossweil
Schönau, 6300 Gießen
Schoene, 4150 Krefeld
Schröder, 3380 Goslar
Schulz, 6200 Wiesbaden
Schumacher, 8058 Erding
Schumacher, 7900 Ulm
Schwaiger, 7980 Ravensburg
Schwan, 8501 Feucht
Schwarzer, 7410 Reutlingen 24
Schwartzkopf, 7430 Metzingen
v. Seckendorff, 8940 Memmingen
Sieloff, 2390 Flensburg
Sixt, 5650 Solingen
Sprenger, 2800 Bremen
Sprenger, 2900 Oldenburg
Springer, 4800 Bielefeld
Spula, 2870 Delmenhorst
Stalling, 8100 Garmisch-Partenkirchen
Stein, 3550 Marburg

Steinbauer, 8821 Absberg
Steinbrecher, 7530 Pforzheim
Steiner, 2850 Bremerhaven
Steingraeber, 8580 Bayreuth
Steinmark, 2210 Itzehoe
Stickfort, 4100 Duisburg
Stoll, 8035 Gauting
Strecker, 7861 Hasel
Taiyo, 4010 Hilden
Tetsch & May, 4240 Emmerich
Thein, 2800 Bremen
Thiel, 7500 Karlsruhe 1
Thilemann, 6730 Neustadt
Thilemann, 5450 Neuwied
Trepmann, 4190 Kleve
Trübger, 2000 Hamburg 6
Türk, 3500 Kassel
Uhl, 6330 Wetzlar
Vajen, 2720 Rotenburg
Viegener, 4400 Münster
Vögele, 7400 Tübingen
Vogel, 7505 Ettlingen
Warnke, 2800 Bremen
Weber, 5000 Köln
Weigel, 4100 Duisburg
Wendel, 5000 Köln
Weng, 6945 Hirschberg
Weng, 6800 Mannheim
Werner, 4980 Bünde
Werner, 8360 Deggendorf
Werner, 6382 Friedrichsdorf
Werner, 7312 Kirchheim
Werner, 8440 Straubing
Wiebach, 1000 Berlin 41
Wiedbrauck, 3450 Holzminden
Wiese, 5787 Olsberg
Wiesmann, 4350 Recklinghausen
Winkelhöfer, 8400 Regensburg
Witte, 4590 Cloppenburg
Woehl, 3550 Marburg
Zimmermann, 61 Darmstadt
Zinndorf, 6238 Hofheim
Zöphel, 8750 Aschaffenburg

Historische Tasteninstrumente

Mitglieder des Fachverbandes Historische Tasteninstrumente

Götz-Heiner Hildebrand, 8861 Reimlingen im Ries
Reinhard Hoppe, 8190 Wolfratshausen
J. C. Neupert KG., 8600 Bamberg
Martin Sassmann & Matthias Kramer, 5609 Hückeswagen
Klaus Senftleben, 2172 Lamsted
Kurt Sperrhake, 8390 Passau
Michael Walker, 6903 Neckargemünd
Kurt Wittmayer, 8190 Wolfratshausen
Georg Zahl, 8033 Planegg

Im Handwerk registrierte Betriebe

Klaus Ahrend, 2956 Moormerland-Veenhusen
Nikolaus Damm, 6905 Schriesheim
William Jurgenson, 7128 Lauffen
S. & Ch. Koch, 6052 Mühlheim-Dietesheim
Monika May, 3550 Marburg
Eckehart Merzdorf, 7532 Remchingen
Gerhard Ranftl, 8580 Bayreuth
Annegret Schake, 8580 Bayreuth
Michael Scheer, 7983 Jestetten
Brigitte Schliephake, 5060 Bergisch Gladbach
Rudolf Schüler, 7801 Umkirch
Rainer Schütze, 6900 Heidelberg
Sybille Shima-Jehle, 7750 Konstanz
Martin Skowroneck, 2800 Bremen
Bernhard Freiherr von Tucher, 8851 Schloß Leitheim
Ulrich Wunder, 4050 Mönchengladbach

Orgelbau

Andreas Andresen, 2300 Kiel
Helmfried Basler, 8400 Regensburg
Erich Bauer, 8507 Oberasbach
Markus Bauer, 7506 Bad Herrenalb
Klaus Becker, 2071 Kupfermühle
Rudolf von Beckerath, 2000 Hamburg 76
Diethelm Berner, 7000 Stuttgart
Erhard Beyer (Harmonium), 4800 Bielefeld 14
Gustav S. Bier, 7928 Giengen
Josef Bittner, 8833 Eichstädt
Wolfgang Böttcher, 3558 Frankenberg
Werner Bosch, 3501 Niestetal-Sandershausen
Wolfgang Braun, 7643 Rosenfeld-Bickelsberg
Franz Breil, 4270 Dorsten
E. Breitmann, 6501 Nieder-Olm
Siegfried Bürger, 3300 Braunschweig
Gustav Cartellieri, 5560 Wittlich
Deininger & Renner, 8867 Oettingen
Bruno Döhring, 3579 Neukirchen
Georg Effertz, 4790 Paderborn
Christian Eickhoff, 3005 Hemmingen
Ludwig Eisenschmidt, 8131 Erling-Andechs
Winfried Elenz, 8700 Nürnberg
Anton Feith, 3470 Höxter
Fischer und Krämer, 7833 Endingen
Friedhelm Fleiter, 4400 Münster
Fritz Fleiter, 4400 Münster
Förster & Nikolaus, 6302 Lich
Alfred Führer, 2940 Wilhelmshaven
Josef Garhammer, 8120 Weilheim
Manfred Gaulke, 3207 Harsum

Martin Gegenbauer, 7970 Leutkirch
Winfried George, 8050 Freising
Gebrüder Gerhardt, 5407 Boppard
Friedrich Glöckner, 8260 Mühldorf
Karl Göckel, 6909 Malsch
Winfried Görge, 8050 Freising
Emil Hammer, 3005 Hemmingen
Franz Heinze, 8500 Nürnberg
Franz Heißler, 6990 Bad Mergentheim
Otto Heuß, 6302 Lich
Wolfgang Hey, 8745 Ostheim
Hillebrand, 3004 Isernhagen
Hindelang, 8951 Biessenhofen
Carl Heinz Hofbauer, 3400 Göttingen
Otto Hofmann, 8745 Ostheim
Rudolf Jahnke, 3406 Bovenden
Georg Jann, 8301 Laberweinting
H. Piet Kahout, 8015 Markt Schwaben
Peter Karhausen, 8955 Aitrang
Horst Kenter, 7263 Bad Liebenzell
Graf von Kerssenbrock, 8022 Grünwald
Johannes Klaus, 5300 Bonn
Paul Klein, 3521 Calden
Detlef Kleuker, 4800 Bielefeld
Hermann Kloss, 8420 Kelheim
Konrad Koch, 8805 Feuchtwangen
Dieter Kollibay, 3200 Hildesheim
Klaus Kopetzki, 7141 Murr
Ignatius Korte, 4300 Essen 13
Volkmann Krätzer, 8500 Nürnberg
Matthias Kreienbrink, 4500 Osnabrück
August Laukhuff, 6992 Weikersheim
Gebrüder Link KG., 7928 Giengen
Lobback & Co., 2082 Neuendeich
Karl Lötzerich, 3549 Wolfhagen-Ippinghausen
Otto Loschan, 8939 Türkheim
Gebrüder Mann, 8713 Marktbreit
Hugo Mayer, 6601 Hausweiler
Karl Meisinger, 8265 Simbach
Theresia Miklis, 4800 Bielefeld 12
Mönch & Prachtel, 7770 Überlingen
Münchner Orgelbau, 8000 München 83
Rainer Nass, 6106 Erzhausen
Nenninger GmbH., 8000 München 70
Rudolf Neuthor, 2300 Kiel
Dieter Noeske, 6442 Rotenburg
Hermann und Ernst Oberlinger, 6531 Windesheim
Rudolf Oehms, 5500 Trier
Max Offner, 8901 Kissing
Gerhard Opitz, 5810 Witten
Andreas Ott, 6140 Bensheim 1
Paul Ott GmbH., 3400 Göttingen
Hinrich-Otto Paschen, 2300 Kiel 17
Willi Peter, 5000 Köln 80
Egbert Pfaff, 7770 Überlingen
Peter Plum, 7142 Marbach
Berthold Prengel, 4322 Sprockhövel 1
Peter Reichmann, 3300 Braunschweig
Hans-Peter Reiser, 7950 Biberach 1
Richard Rensch, 7128 Lauffen
Rieger & Friedrich, 8126 Hohenpeißenberg
Franz Rietzsch, 3005 Hemmingen 5
Johannes Rohlf, 7302 Ostfildern 1
Adolf Sandtner, 8881 Steinheim
Hubert Sandtner, 8880 Dillingen
Siegfried Sauer, 3470 Höxter 11
Walter Schäfer, 6000 Frankfurt 50
Bertfried Scharfe, 7333 Ebersbach-Bünzwangen
Wolfgang Scherpf, 6720 Speyer
Dieter Schingnitz, 8127 Iffeldorf
Richard Schlecht, 8900 Augsburg
Gerhard Schmid, 8950 Kaufbeuren
Karl Schuke, 1000 Berlin 37
Siegfried Schulte, 5067 Kürten-Bechen
Günter Schwan, 8510 Feucht
Claus Sebastian, 2054 Geesthacht
Ekkehard Simon, 8300 Landshut/Ergolding
Hartwig Späth, 7801 March-Hugstetten
Späth GmbH., 7947 Mengen-Ennetach 9
Alfred Speckbacher, 8131 Andechs
Speith, 4835 Rietberg
Anton Staller, 8018 Grafing
Gebrüder Stehle, 7452 Haigerloch
Gustav Steinmann, 4973 Vlotho
G. F. Steinmeyer, 8867 Oettingen
E. Stellmacher, 8500 Nürnberg 60
Gebrüder Stockmann, 4760 Werl
Wilhelm Stöbert, 8000 München 83
Rudolf Strohmer, 8000 München 19
Harald Strutz, 5600 Wuppertal 2
Manfred Thonius, 8501 Roßtal
Reinhart Tzschöckel, 7154 Althütte-Fautspach
Peter Vier, 7632 Friesenheim
Vleugels Orgelbau GmbH., 6969 Hardheim-Rüdental
E. F. Walcker & Cie., 7157 Murrhardt
Hugo Wehr, 6733 Haßloch
Friedrich Weigle, 7022 Leinfelden/Echterdingen
Josef Weimbs, 5374 Hellenthal
Michael Weise, 8350 Plattling
G. Weiß & Söhne, 8705 Zellingen
K. Wendhack, G. Redecker, F. Kreuzer, 8000 München 80
Gerd Weyland, 5090 Leverkusen
F. Winterhalter, 7611 Oberharmersbach
Gerald Woehl, 3550 Marburg
Alois Wölfl, 8261 Unterflossing
Josef Zeilhuber & Sohn, 8971 Altstädten
Paul Zimnol, 6750 Kaiserslautern

Elektronische Instrumente

Mitglieder des Bundesverbandes der Deutschen Musikinstrumenten-Hersteller

Ahlborn Orgel, 7257 Ditzingen-Heimerdingen
Dr. Rainer Böhm, 4950 Minden
Dynacord Electronic- und Gerätebau, 8440 Straubing
Matthias Hohner, 7218 Trossingen
Schaller electronic, 8501 Feucht
Wersi electronic, 5401 Halsenbach

Weitere Firmen:

Klotz Musikelektronik, 8013 Haar
Quantec Tonstudiotechnik, 8000 München 71
Shadow IM Elektroakustik, 8520 Erlangen

Darüber hinaus gibt es viele kleinere Firmen, die aber nur schwer zu erfassen sind, weil nicht unter den Musikinstrumentenmachern registriert

Harmonikas

Mitglied des Bundesverbandes der Deutschen Musikinstrumenten-Hersteller

Matthias Hohner, 7218 Trossingen

Im Handwerk registriert

Hans Müller, 7220 Schwenningen
Georg Öllerer, 8228 Freilassing
Walter Porsche, 2400 Lübeck

DEUTSCHE DEMOKRATISCHE REPUBLIK

(VEB = Volkseigener Betrieb; Handwerksbetriebe darüber hinaus sind zusammengefaßt in der Musikinstrumenten-Handwerkergenossenschaft MIGMA, Markneukirchen. Hinsichtlich des Handels vertritt alle diese Betriebe die Handelsgesellschaft DEMUSA.)

Blasinstrumente

VEB Blechblas- und Signalinstrumentenfabrik Markneukirchen
Programm: Holz- und Blechblasinstrumente unter den Markennamen B & S / Weltklang / Hüller / Oskar Adler / Gebr. Mönnig / Sonora / Meister Hans Hoyer / Philipp Hammig / F. A. Uebel / J. Scherzer / Walter Mönnig / Arno Wurlitzer u.a.

VEB Musikinstrumentenbau Markneukirchen (MUSIMA)
Programm: Blockflöten unter den Markennamen Venus / Jupiter / Saturn / Adler / Original Heinrich / u.a.

Bekannte Handwerksfirmen sind u a. Werner Schneider, Ralph Schneider (Blockflöten), Zwota, August Richard Hammig, Karl Christian Lederer, Gustav Reinhold Uebel (Querflöten), Paul Kurt Wurlitzer, Clemens Meinl (Klarinetten), Werner Christoph Schmidt (Mundstücke), Friedbert Syhre (Kunsthandwerkliche Fertigung von Metallblasinstrumenten), Leipzig

Saiteninstrumente

VEB Musikinstrumentenbau Markneukirchen
Programm: Streich- und Zupfinstrumente unter den Markennamen Musima / Rubner / Armin Weller
Bekannte Handwerksmeister sind u.a. die Geigenbauer Eckhart Richter, Werner Barth, Karl Heinz Langhammer, Joachim Schade, Halle, die Bogenmacher Johannes Paulus, H. R. Pfretschner, Hans-Karl Schmidt, Dresden und Werner Uebel und die Zupfinstrumentenbauer Jochen Heinzmann, Frank-Peter Dietrich, Günter Penzel, Adolf Richard Meinel, Horst Wünsche, Georg Voigt, Reinhard Glier, Otto Schuster, Max Dölling u.a.

Schlaginstrumente

VEB Tacton, Weißenfels
Markennamen: Tacton / Bauer / Original Dresdner Pauken

Klaviere

VEB Deutsche Piano-Union Leipzig
Markennamen: Zimmermann / Gerbstädt / Schiller / Wollmann / Alexander Herrmann / Rönisch / Hupfeld
VEB Möbelwerke Eisenberg
Markennamen: Geyer / Eisenberg / Fuchs und Möhr / Ammer (Cembali)
VEB Blüthner-Pianos, Leipzig
VEB Förster-Pianos, Löbau

Harmonikas, elektronische Instrumente, Spielwaren

VEB Klingenthaler Harmonikawerke, Klingenthal
Akkordeons: Weltmeister / Royal / Standard / Barcarole/ Firotti / Galotta
Mundharmonikas: Bandmaster
Elektronische Instrumente: Vermona
Musikspielwaren: Goldon

REPUBLIK ÖSTERREICH

Blasinstrumente

Ernst Ankerl, A 1160 Wien
Robert Engel, A 1160 Wien
Otto Förg (Blechblasinstrumente) A 6170 Zirl
Roman Gomboz, A 8580 Köflach
Willibald Hammerschmidt (Klarinetten), A 6112 Wattens
Anton Küstner, A 2136 Laa/Thaya
Lechner (Blechblasinstrumente), A 5500 Bischofshofen
Musica, A 4400 Steyr
Hugo Stelzhammer & Co. (Blechblasinstrumente), A 1140 Wien
Rudolf Tutz, A 6020 Innsbruck
Zuleger & Co. (Wiener Oboen), A 1040 Wien

Saiteninstrumente

Benedikt Mürnseer (Tiroler Harfen, Zithern), A 6370 Kitzbühl
Dr. Thomastik und Mitarbeiter (Saiten), A 1050 Wien
Andreas Holst (Lautenbau), A 2070 Mitterretzbach
Oskar Koppelmeier (Geigenbau), A 1020 Wien

Klaviere

Bösendorfer, A 1040 Wien
Hugo Stelzhammer, A 1140 Wien
Gustav Ignaz Stingl, A 1040 Wien
Richard Koch (Hist. Tasteninstrumente), A 3430 Tulln

Harmonikas

Albin Flatscher, A 5090 Lofer
Roman Gombotz, A 8580 Köflach
Hermann Jamnik, A 8430 Leibnitz
Peter Müller, Bad St. Leonhard
Rudolf Novak, A 9020 Klagenfurt
Franz Parz, A 8102 Semriach
Franz Schmid, A 8045 Graz
Karl Schwarz, A 4591 Molln
Ernst Strasser, A 8053 Graz
Herfried Zernig, A 8272 Sebersdorf

DIE AUTOREN DIESES BUCHES

Dr. Hermann MOECK (1922) ist Inhaber vom Moeck Verlag + Musikinstrumentenwerk in Celle. Nach Schulzeit und Kriegsdienst Studium der Musikwissenschaft, Philosophie und Kunstgeschichte in Göttingen und Münster. Beiträge zur Musikinstrumentenkunde. Mitherausgeber der Zeitschrift TIBIA. Vorsitzender der Forschungsgemeinschaft Musikinstrumente. e. V., Frankfurt.

Dr. Gunther JOPPIG (1943) aus Arnstadt in Thüringen ist in Bremen zur Schule gegangen und hat dort auch eine Möbeltischlerlehre absolviert. Vier Jahre Oboist bei der Bundeswehr. Dann Abitur und Studium der Musikwissenschaft in Hamburg. Anschließend im Schuldienst und als Fachjournalist tätig. Seit 1987 Leiter des Musikinstrumentenmuseums im Münchener Stadtmuseum. Zahlreiche Veröffentlichungen, vor allem zum Thema Holzblasinstrumente, und praktische Ausgaben für Oboe, Klarinette und Fagott (Universal Edition).

Prof. Dr. Christian AHRENS (1943) aus Berlin hat dort Musikwissenschaft und Romanistik studiert. Nach Schuldienst 1971 Assistent an der Freien Universität, dann an der Ruhr-Universität Bochum. Seit 1984 dort Professor. Forschungen und Publikationen zur Musikethnologie, Instrumentenkunde und zur Musik Bachs und Schuberts.

Karl ROY (1933) aus Hannover besuchte nach Gymnasialzeit und Schreinerlehre die Berufsfachschule für Geigenbau in Mittenwald, an der er seit 1960 als Fachlehrer und seit 1972 als Direktor tätig ist. Vorsitzender und Mitglied verschiedener nationaler und internationaler Kommissionen und Jurys bei Geigenbauwettbewerben. Etliche Veröffentlichungen.

Klaus GRÜNKE (1957) hat im väterlichen Betrieb Bogenbau gelernt. Arbeitete 1980-1982 bei Hans Weisshaar in Los Angeles, speziell auf dem Gebiet historischer Bogen. Goldmedaillen beim Internationeln Geigen- und Bogenbau-Wettbewerb in Hempstead, N.Y., für Viola- und Cello-Bogen. Seit 1982 wieder im väterlichen Betrieb. Meisterprüfung 1985. Silbermedaille beim Internationalen Geigenbau-Wettbewerb „Louis Spohr" Kassel 1983.

Gerold Karl HANNABACH (1928) aus alter sudetendeutscher Instrumentenbauerfamilie im damaligen Schönbach ist Gitarrenbaumeister in Bubenreuth. Fachschule noch in Schönbach. Zupfinstrumentenmacherlehre bei Arnold Hoyer. Eigene Werkstatt 1953. 1966 Meisterprüfung. Fachlehrer und Sachverständiger. 2. Obermeister der Streich- und Zupfinstrumentenmacherinnung Erlangen. Hannabach – spezialisiert auf Meistergitarren – pflegt besonders die Verbindung zu in- und ausländischen Solisten. Zahlreiche Vortragsreisen und Seminare.

Dr. Karl JUNGER (1940) entstammt einer traditionsreichen sudetendeutschen Saitenfabrikantenfamilie im damaligen Schönbach. Nach Reifeprüfung in Erlangen dort und in München Studium der Volkswirtschaft. Seit 1966 in der väterlichen Firma in Bubenreuth. Heute in der Geschäftsleitung (Pyramid Saiten- und Stimmpfeifenfabrik Junger GmbH./Leopold Müller Musikinstrumenten-Großhandel). War zwischenzeitlich (1972 - 1978) in der Computerindustrie tätig. Aufsätze u.a. über die sudetendeutsche Musikindustrie.

Professor Dieter EINFELDT (1935) aus Hamburg hat an der dortigen Hochschule Komposition bei Klussmann, Dirigieren bei Schmidt-Isserstedt und Klavier bei Schönsee studiert. Dann Konzertbegleiter, Korrepetitor, Leiter des Hamburger Universitätsorchester, der Orchesterkurse der Jeunesses musicales, Rundfunk und journalistische Tätigkeit. 1972 Dozent an der Hamburger Hochschule, seit 1979 dort Professor für Theorie, Harmonie- und Formenlehre. Zahlreiche Kompositionen (bei Peer).

Dr. Günther BATEL (1950) aus Hamburg ist Lehrbeauftragter am Seminar für Musik und ihre Didaktik der Technischen Universität Braunschweig. Er studierte Musikwissenschaft, Musikpädagogik, Psychologie, Philosophie und Physik in Hamburg und Göttingen. Seit 1977 Lehrtätigkeit. Zahlreiche Zeitschriftenartikel und Buchveröffentlichungen, u. a. „Handbuch der Tasteninstrumente und ihrer Musik", Arbeitskreis Klavierkunde, Braunschweig 1986.

Professor Franzpeter GOEBELS (1920) aus Mülheim a. d. Ruhr studierte Klavier, Cembalo und Musikwissenschaft in Köln und Berlin. 1940 Solopianist am Deutschlandsender. 1947 Meisterklasse für Klavier und Studio für Neue Musik in Düsseldorf. Seit 1958 Professor für Klavier und Cembalo in Detmold. 1964 Ruhrpreis für Kunst und Wissenschaft. Zahlreiche praktische Ausgaben und Beiträge, vor allem zur Neuen Musik und zu Interpretationsfragen.

Dr. John Henry VAN DER MEER (1920) aus Den Haag hat in Utrecht Musikwissenschaft bei Smijers und Reeser studiert. Danach Lehrtätigkeit an den Konservatorien in Utrecht und Den Haag. 1954 Kurator der Musikabteilung des Gemeentemuseums in Den Haag. 1963 - 1984 stand er der Musikinstrumentensammlung des Germanischen Nationalmuseums in Nürnberg vor. Zahlreiche Veröffentlichungen.

Prof. Dr. Uwe PAPE (1936) ist Informatiker an der Technischen Universität Berlin. Studium in Göttingen, Assistentenjahre in Braunschweig. Daß er daneben noch eine mit besonderer Kompetenz verbundene Leidenschaft für die Orgel hat, ist eine außergewöhnliche Dualität. Er ist Mitglied des Beratenden Ausschusses der Gesellschaft für Orgelfreunde und Sachverständiger für Orgelbau, insbesondere des 19. und 20. Jahrhunderts. Veröffentlichungen in Acta organologica und anderen Periodica.

Dr. Armin FETT (1911) aus Ohrdruff bei Gotha studierte in Leipzig Musik und Musikwissenschaft. 1937 Eintritt in die Firma Hohner in Trossingen. Nach dem Krieg Lehrtätigkeit am dortigen Staatlichen Hochschulinstitut und an der Städtischen Musikschule, der er von 1962 bis 1974 als Direktor vorstand. Daneben Lektor, später Produktionsleiter im Hohner Verlag. Lebt seit der Pensionierung in Salem, wo er noch einige Jahre die Jugendmusikschule leitete und als Lehrer an der dortigen Schloßschule tätig war.

Prof. Dr. Wolfgang VOIGT (1943) war nach dem Abitur als Fagottist in einem Marinemusikkorps. 1964 - 1967 Ausbildung zum Diplom-Tonmeister an der Musikhochschule Detmold, dann Studium der Musikwissenschaft in Köln. War seit 1974 maßgeblich an der Entwicklung der elektronischen Blasinstrumente „Martinetta" und „Variophon" beteiligt. 1975 Assistent an der Universität Münster, wo er sich 1983 habilitierte. Dann Professor am musikwissenschaftlichen Institut in Bochum, wobei die Schwerpunkte seiner Tätigkeit im Bereich der Systematischen Musikwissenschaft liegen.

Dr. Jürgen HOCKER (1937) aus Trier hat in Friedrichshafen Abitur gemacht und nach dem Wehrdienst an der Universität des Saarlandes Chemie studiert. Seit 1970 in der chemischen Forschung tätig; wohnhaft in Bergisch Gladbach. Seit 1980 Vorsitzender der Gesellschaft für Selbstspielende Musikinstrumente e. V. Zahlreiche Publikationen auf dem Gebiet der Chemie und der – als besonderes Hobby – mechanischen Musik.

Prof. Dr.-Ing. Jürgen MEYER (1933) aus Braunschweig leitet die Fachgruppe „Hörakustik" an der Physikalisch-Technischen Bundesanstalt in Braunschweig und ist Professor an der Hochschule für Musik in Detmold (Tonmeisterausbildung). Er studierte an der TU in Braunschweig. Seit 1957 Forschungen im Laboratorium für Musikalische Akustik der Bundesanstalt, anfangs gemeinsam mit Professor Dr. Werner Lottermoser. Zahlreiche Veröffentlichungen. Konzertmeister in einem Liebhaberorchester.

Hans Kurt HERZOG (1909) aus Bischofswerda in Sachsen hat Pädagogik, Philosophie und Musik studiert. Seit 1935 Lehrtätigkeit in Dresden, daneben Journalist und Lektor. Nach dem Krieg Dramaturg, dann Werbechef der Konzertdirektion Berlin und der Musikinstrumentenabteilung der DDR-Außenhandelsgesellschaft. 1953 - 1955 Mitarbeiter der „Zeitschrift für Musikinstrumentenbau". 1955 - 1978 Chefredakteur der Zeitschrift „Das Musikinstrument" und Lektor des Verlages Erwin Bochinsky in Frankfurt. Lebt in Konstanz.